W0202765

Deutsche Literatur von Frauen
Zweiter Band

DEUTSCHE LITERATUR VON FRAUEN

ZWEITER BAND
19. UND 20. JAHRHUNDERT

Herausgegeben von
Gisela Brinker-Gabler

VERLAG C. H. BECK MÜNCHEN

Mit 53 Abbildungen im Text

CIP-Titelaufnahme der Deutschen Bibliothek

Deutsche Literatur von Frauen / hrsg. von Gisela Brinker-Gabler. – München : Beck.
ISBN 3 406 33118 1
NE: Brinker-Gabler, Gisela [Hrsg.]

Bd. 2. 19. und 20. Jahrhundert. – 1988
ISBN 3 406 33021 5

ISBN 3 406 33021 5

© C. H. Beck'sche Verlagsbuchhandlung (Oscar Beck), München 1988
Satz: Fotosatz Otto Gutfreund, Darmstadt
Druck und Bindung: May + Co, Darmstadt
Printed in Germany

Inhalt

Anhang

Vorwort

Der hier vorgelegte Band schließt die ›Deutsche Literatur von Frauen‹ mit einem Überblick über die literarischen Entwicklungen der letzten zweihundert Jahre ab. Wie auch im ersten Band ging es darum, die unterschiedlichen literarischen Verfahren und Sinnbildungen von Frauen deutlich werden zu lassen, und sie zugleich in Beziehung zu setzen zu den gesellschaftlich-kulturellen Entwicklungen und dem Status von Frauen in ihrer jeweiligen Zeit.

Angesichts der Tatsache, daß die Zahl der literarisch tätigen Frauen seit dem 19. Jahrhundert kaum noch zu überblicken ist, war eine Auswahl und Akzentsetzung geboten. Darauf weist auch die ausführliche Einleitung hin, die im ersten Band abgedruckt ist. Das heißt allerdings nicht, daß auf eine weit vorangetriebene Forschung zurückgegriffen werden konnte. Die literaturwissenschaftliche Frauenforschung ist eine noch sehr junge Disziplin. Um dieses Unternehmen durchzuführen, war von seiten der Beitragenden oft umfangreiches Quellenstudium und Forschungsarbeit auf Gebieten erforderlich, die bisher noch nicht oder kaum untersucht worden sind. Was in der vorgelegten Darstellung erfaßt werden konnte, ist daher immer auch mitbestimmt durch den gegenwärtigen Forschungsstand; zu vielen Bereichen liegen noch keine Arbeiten vor oder sie befinden sich erst in einem Anfangsstadium.

Vor allem kam es mir bei dieser Darstellung darauf an, den Fragestellungen nachzugehen, die sich dann ergeben, wenn die unterschiedlichen Möglichkeitsspielräume und die Verschiedenartigkeit der Perspektiven von Frauen und Männern im literarischen Prozeß berücksichtigt werden. Die Auseinandersetzung mit diesen Fragen ermöglicht es, den literarischen Prozeß insgesamt neu in den Blick zu nehmen, Wertvorstellungen zu überdenken und durch neue Weisen des Lesens und Wertens das Verständnis von Literatur zu erweitern. Mit einer solchen Orientierung können sowohl die besonderen Bedingungen einer literarischen Praxis von Frauen durchschaubar gemacht wie auch die Literatur von Frauen in den Traditionszusammenhang eingefügt werden, um sie für die kritische Auseinandersetzung und die Erkundung von Möglichkeiten freizugeben.

Gisela Brinker-Gabler

ERSTER TEIL
19. JAHRHUNDERT

I. Das Reich der Kunst
Literarische Produktivität und Geschlechterdichotomie

1. „Weiber verstehen alles à la lettre“ Briefkultur im beginnenden 19. Jahrhundert

Barbara Hahn

Traditionslinien

In beiden Teilen Deutschlands erschienen in den sechziger Jahren kurz hintereinander zwei Briefsammlungen mit fast identischen Titeln: «Frauen der Goethezeit in Briefen, Dokumenten und Bildern von der Gottschedin bis Bettina von Arnim» und «Frauen der Goethezeit in ihren Briefen».[1] Diese Übereinstimmung über die Grenzen hinweg verdankt sich einer ungewöhnlichen Kontinuität: In der Lektüre von Briefen, gar Briefen von Frauen, hat sich seit dem beginnenden 19. Jahrhundert nichts wesentliches geändert. Nach wie vor sind Briefe in erster Linie biographisch oder psychologisch interessante Zeugnisse einer großen Persönlichkeit, auf deren Leben oder Werk sie verweisen. Da bei den Frauen meist das Werk fehlt, spiegeln ihre Briefe den mehr oder weniger geglückten Versuch, das ‚Leben‘ zu meistern. Goethes Äußerung, nach der „Weiber alles *à la lettre* oder *au pied de la lettre* verstehen, aber verlangen, daß man sie nicht so verstehen soll“,[2] wird also bis heute nicht gerade buchstäblich, aber in Anlehnung an den Doppelsinn von ‚*lettre*‘ wörtlich genommen. Und so schreibt sich die Triade aus Frau, Brief und Goethezeit als festgefügte Konvention bis in unsere Tage fort, auch über die genannten Anthologien der sechziger Jahre hinaus.

Der Name des ‚einen deutschen Dichters‘ überstrahlt die unüberschaubare Zahl von Briefen aus weiblicher Feder, die zwischen 1780 und 1830 geschrieben wurden.[3] Neben seinem Namen bilden wenige andere die Knotenpunkte im weiten Netz der Korrespondenzen: Wilhelm von Humboldt und Schiller, dann folgen die Schlegels, Brentano, Jean Paul und Schleiermacher. Eine große Zahl der überlieferten Briefe richtet sich somit an die, die zum Inbegriff dieser ‚Blütezeit‘ deutscher Literatur zwischen Klassik und Romantik wurden, weshalb sich neben der ‚Goethezeit‘ die ‚Romantik‘ als Obertitel für Frauenbriefe um 1800 anbietet.[4] Die Unsicherheit bei der Kategorisierung dieser Briefe signalisiert, daß es eher um biographische Beziehungen der Schreiber geht als um eine Theorie des Briefeschreibens, für die bis heute auch nur wenige Versuche vorliegen.[5]

Bei der Sichtung der Ausgaben von Frauenbriefen bestätigt sich diese Vermutung: Wohl kein anderer Zeitraum der deutschen Literatur kennt so viele bedeutende Frauen; in keiner Literaturgeschichte und vor allem in keiner Autorenbiographie werden sie ignoriert. Doch nur das Leben dieser Frauen ist relativ gut ausgeleuchtet, ihre Texte dagegen sind schlecht bis miserabel ediert. Bis heute gibt es von keiner Schreiberin eine zuverlässige Briefausgabe,[6] geschweige denn eine Gesamtausgabe. Schon nach Bibliographien der gedruckten Briefe sucht man vergeblich. Es ist eine mühselige Arbeit, sich einen Überblick darüber zu verschaffen, was von den schriftlichen Produkten der Frauen die Zeiten überdauert hat und nach welchen Kriterien gesammelt und gedruckt wurde.

Fast alle Buchausgaben und Zeitschriftenpublikationen präsentieren die Briefe so, daß sie nur als Lebenszeugnisse interessanter Individuen gelesen werden können und somit den Kurzschluß vom Brief auf die schreibende Person nahelegen. Schon die Zusammenstellungen sind völlig unübersichtlich: Es gibt Sammlungen, die nur die Briefe einer Frau, gerichtet an die unterschiedlichsten Adressaten enthalten.[7] Andere Bände nehmen den Namen der Frau auf dem Titelblatt als Adresse,[8] eine dritte, allerdings seltene Art enthält Briefwechsel,[9] und in der vierten herrscht das Stimmendurcheinander einer größeren Gruppe von Schreibern. Ebenso bunt wie die Anordnung der Briefe ist die Bearbeitung für den Druck. Meist gehen die Herausgeber davon aus, daß Briefe auch über Jahrhunderte hinweg direkt mit der Seele des Lesers korrespondieren: Erläutert wird lediglich die Person, die zur Feder griff, während andere Erklärungen fehlen oder spärlich ausfallen. Oft werden die Briefe auf dem Weg von der Handschrift zum Buch erheblich verändert und gekürzt, und oft schweigen sich die Herausgeber darüber aus, welche Kriterien sie dabei leiteten. Manche Briefe sind so stark bearbeitet, daß man Kunstprodukte vor Augen hat, die eher vom Geschmack des Herausgebers denn von der Handschrift zeugen.

Gedruckte Briefe von „Frauen der Goethezeit“ gibt es seit den dreißiger Jahren des vergangenen Jahrhunderts. Erst nach Goethes Tod begannen Buchausgaben von Frauenbriefen zu erscheinen; vorher war es zwar üblich, Briefe kursieren und vorlesen zu lassen, gedruckt wurden jedoch nur sehr wenige, und die einzige Publikationsform war der anonyme Brief in einer Zeitschrift oder einem Sammelband.[10] Goethe war nicht nur *der* Adressat von weiblichen Briefen gewesen, er hatte auch die Praxis des Briefeüberlieferns und -druckens revolutioniert. Die Herausgabe seines Briefwechsels mit Schiller, der jahrelange Auseinandersetzungen mit Schillers Erben vorausgegangen waren – wem gehört ein Brief, dem Schreiber oder dem Empfänger?–, stellte die Weichen. Denn nun waren Briefe nicht mehr ausschließlich testamentarische Zeugnisse, sondern konnten schon zu Lebzeiten eines Schreibers erscheinen.[11]

Entwurf eines Goethedenkmals. Nach der Originalzeichnung Bettine von Arnims gestochen von C. Funke

Frauenbriefe waren aber nicht für den Druck, sondern für den Adressaten bestimmt. Sie scheinen den Hinter- und Untergrund aller Texte männlicher Autoren von der Aufklärung bis hin zur Mitte des 19. Jahrhunderts zu bilden. Zusammen mit dem modernen Autor entsteht als sein Gegenpol der Frauenbrief: Alle Autoren haben mit Frauen korrespondiert; ohne das Echo von Leserinnen kann sich die Einheit von Autor und Werk nicht herausbilden. „So einfach geht die Verteilung der Geschlechter aufs Aufschreibesystem von 1800. (Frauen) sind und bleiben eine Vielheit von Leserinnen um das Zentralgestirn Autor herum.“[12] Weil den Frauen die Autorposition versperrt ist, können sie zwar in eine Vielzahl von Funktionen für den Autor eintreten, aber zu einem Namen von ähnlicher Prägnanz wie ‚Goethe‘ und ‚Schiller‘ kommen sie nicht.

Meine Teure – ich will Ihnen keinen Nahmen geben, denn was sind die Nahmen Freundinn Schwester, Geliebte, Braut, Gattin, oder ein Wort das einen Complex von all denen Nahmen begriffe, gegen das unmittelbaare Gefühl, zu dem – ich kann nicht weiter schreiben, Ihr Brief hat mich in einer wunderlichen Stunde gepackt. Adieu – gleich den ersten Augenblick![13] –

Goethe gibt in diesem Brief an Auguste Stolberg vor, wie sich schreibende Frauen charakterisieren lassen: Sie sind die Töchter, Schwestern, Freundinnen, Bräute, Geliebte und Gattinnen von Autoren und heißen (nach dem Geburtsdatum geordnet): Charlotte Marschalk von Ostheim/von Kalb, Caroline Michaelis/

Böhm/Schlegel/Schelling, Brendel/Dorothea Mendelssohn/Veit/Schlegel, Caroline von Lengefeld/Beulwitz/Wolzogen, Therese Heyne/Forster/Huber, Henriette de Lemos/Herz, Christiane Vulpius/Goethe, Caroline von Dacheröden/Humboldt, Johanna Trosiener/Schopenhauer, Charlotte von Lengefeld/Schiller, Sophie Schubart/Mereau/Brentano, Rahel/Friederike Levin/Varnhagen, Karoline von Günderrode, Bettina Brentano/von Arnim.

Bis auf wenige Ausnahmen haben alle Briefschreiberinnen den Namen – Signal der Autorfunktion par excellence – ausgeschlagen, wenn sie überhaupt zu Lebzeiten publizierten. Pseudonyme und die Bitte um die Wahrung von Anonymität bestimmen die Publikationspraxis. „Nennen Sie mich nicht und schreiben Sie von mir noch weniger; – Der Ruhm wird meinen Namen nicht tragen, und das Gerücht soll ihn nicht mißbrauchen",[14] so schreibt zum Beispiel Charlotte von Kalb an Jean Paul; ähnlich äußern sich Therese Forster-Huber und Rahel Levin Varnhagen.

Briefeschreiben – Briefedrucken

Briefeschreiben und Autorschaft schließen sich aus: Der handschriftliche Brief an einen bestimmten Adressaten hat keinen Autor, sondern erst der überlieferte und gedruckte. Schon in der Brieftheorie des 18. Jahrhunderts geht es neben einer neuen Kunst des *Briefeschreibens* zum ersten Mal auch um eine Theorie des *Briefedruckens.* Gellert legt seinen Lesern gerade nicht das Schreiben an einen Adressaten, sondern an die literarische Öffentlichkeit ans Herz. Intendiert sind damit also immer schon Bücher; und so ist die Geschichte des Briefes seit dieser Zeit eine doppelte: eine des Schreibens und eine des Druckens.

Bei der Sichtung des Überlieferten und Gedruckten läßt sich feststellen, daß die Tradierung genauen Regeln unterliegt. Längst nicht alles hat sich erhalten. Der Flüchtigkeit des Transports zum ersten Adressaten – ein Brief kann auf seinem Weg immer verlorengehen – korrespondiert auch die Flüchtigkeit der Überlieferung an die Nachwelt. Briefe enden entweder im Feuer oder in einer Mappe. Und diese Sortierung ist durchaus nicht zufällig, wie es zuerst den Anschein haben könnte. Die Geschichten der Briefvernichtungen sind ebenso signifikant wie die der Überlieferungen. In der kurzen Zeitspanne, während der in Europa weder Menschen noch Bücher verbrannt wurden, werden Briefe, vor allem Liebesbriefe, dieser Art der Vernichtung ausgesetzt. Hört die Liebe auf, wie Feuer zu brennen, dann brennen die Briefe. So vernichtet Charlotte von Stein ihre Briefe an Goethe, als sie von seiner Beziehung zu Christiane Vulpius erfährt, und Charlotte von Kalb verbrennt die ihren an Schiller. Allerdings bewahrt Frau von Stein die Goetheschen getreulich auf, während Frau von Kalb die Briefe von Schiller gleich mitverbrennt, was sie später bereut. „Lieber! wissen Sie denn nicht, daß ich die Briefe von Schiller verbrannte und daß eben dadurch meine Papier-Scheu und Schreibe-Furcht entstanden ist?"[15] Sie hatte

Autorenbriefe auf den falschen Weg geschickt. Denn Schillers Liebesbriefe waren nicht nur an sie, sondern an die Leserinnen aller Zeiten gerichtet; sie hätten wie alle Briefe von Autoren in Mappen und nicht ins Feuer wandern sollen. Die Adressatin eines solchen Briefes ist nur eine vorübergehende Station auf dem Weg des Briefs zum Buch, sie ist Garant der Tradierung.

Auch andere Transporte waren immer schon Wege zum Buch: von Autor zu Autor ging wenig verloren. Umgekehrt sind die Briefe der Leserinnen an die Autoren weit stärker gefährdet, denn deren Zirkulation ist mit der Ankunft beim Adressaten beendet. Wilhelm von Humboldt verwirft das Aufbewahren von Frauenbriefen ganz programmatisch:

> Ich bin ein großer Feind von alten Briefen [...] Ein Brief ist ein Gespräch unter Abwesenden und Entfernten. Es ist seine Bestimmung, daß er nicht bleiben, sondern vergehen soll, wie die Stimme verhallt. Bleiben soll der Eindruck, den er in der Seele hervorbringt.[16]

Briefe an Autoren machen einen einfachen Weg; sie werden gelesen, bestenfalls beantwortet und haben damit ihre Funktion erfüllt. Auch Briefe von einer Leserin zur andern, oder, emphatisch gesagt, von einer Frau zur andern verschwinden im Laufe der Zeit, auch wenn sie zuerst in einer Mappe gelandet sein sollten. Eine Frau kann eine andere nicht tradieren – über die Ausnahmen wird noch zu sprechen sein.

Der beste Garant für die Überlieferung von Frauenbriefen war die Ehe einer Leserin mit einem Autor. Waren gar beide Ehepartner nur einmal verheiratet, dann hat sich mit Sicherheit eine Korrespondenz erhalten. Die Reihe dieser relativ kompletten Briefwechsel lautet: Arnim, Brentano, Goethe, Humboldt, Schiller, Schleiermacher, Varnhagen.[17] Diese Korrespondenzen sind allerdings völlig unterschiedlich strukturiert. Vor allem die Briefwechsel der Paare Humboldt und Varnhagen repräsentieren geradezu konträre Schreib- und Überlieferungsweisen.

Ehe-Briefe: Die Paare Humboldt und Varnhagen

Wilhelm von Humboldt, Adressat unzähliger Frauenbriefe, die er größtenteils nicht aufbewahrt hat,[18] erzählt in einem Brief an Henriette Herz eine Geschichte, die niemand erzählen kann: die Geschichte des eigenen Todes. An einem schönen Sommerabend geht der junge Student mit einem Freund zum Fluß, um zu baden. Doch Humboldt beherrscht die Technik nicht, die im Wasser das Überleben garantiert: er kann nicht schwimmen. Als er im Wasser, diesem dem Feuer entgegengesetzten Element versinkt, schießen ihm folgende Gedanken durch den Kopf: „Was ich dachte, war ungefähr: die werden doch trauern, und die Briefe im Bureau." Die Zauberformel wirkt: „Auf einmal hob mich das Wasser wieder empor [...]",[19] und weder er noch seine Briefe waren verloren.

Diese Wiedergeburt, die sich dem Nachdenken über den Effekt des eigenen Todes verdankt, stellt in Humboldts Leben neue Weichen. Er schreibt nun nicht mehr so oft an die Berliner Freundinnen, mit denen zusammen er den Tugendbund, einen Schreibe-Kreis mit offen zirkulierenden Briefen initiiert hatte, sondern er schreibt an die Eine, die Verlobte und künftige Ehefrau: Caroline von Dacheröden. Die Streuung der Briefe, ein System von Kettenbriefen, die unter dem Diktat radikaler Offenheit, wie Postkarten sozusagen, geschrieben waren, schlägt um in duale Heimlichkeit. „Wenn Carl, Jette und Brendel behaupten, daß die Aufdeckung all dessen, was uns von anderen anvertraut wird, mit zu den Pflichten der Verbindung gehört, so scheinen sie mir unrecht zu haben",[20] bestätigt Caroline in einem Brief vom 5. 1. 1798. Und so ist das erste und wichtigste Thema im Verlobungsbriefwechsel das Unterlaufen der Statuten des Tugendbundes. Wie eine Bestätigung dieses dualen Modells, das wohl nicht zufällig die jüdischen Freundinnen Henriette Herz und Brendel Veit ausschließt, schreibt Caroline an Humboldt:

Wilhelm! wir sollten ein Archiv unserer Papiere anlegen, damit sie sich in der Folge durch keinen unvorhergesehenen Zufall etwa zerstreuten. Ich versichere Dich, einer der einmal darüber käme, könnte etwas gar Schönes daraus machen.[21]

Es wurde auch etwas Schönes daraus: einer der wenigen relativ vollständig erhaltenen Briefwechsel eines Autors mit seiner Leserin/Ehefrau, während die Briefe der anderen Mitglieder des Tugendbunds unvollständig überliefert sind. Fünfzehn Jahre später thematisiert Caroline von Humboldt in einem Brief an Varnhagen ebenfalls das Tradieren von Briefen.

In meinem Kopf habe ich Ihnen seit einem Jahr schon so manchen Brief geschrieben daß in Ihrem Schreibtisch schon ein eignes Schubfach für mich sein könnte, oder ein eigner Platz in Ihrem Camine zum verbrennen (: wie Sie es mit den Briefen halten weiß ich nicht:).[22]

Diese Frage, die vorher nie gestellt werden mußte, weil sie in der Position des Adressaten bereits beantwortet war, signalisiert einen Wandel. ‚Varnhagen' ist nie der, bei dem die Zirkulation brieflicher Kommunikation beendet ist. Er ist ein Zwischenstopp auf dem Transport ins Buch. Seine prompte Antwort auf Carolines Frage lautet:

Briefe bewahre ich treulich auf, und verbrenne nur solche von Zeit zu Zeit, deren Ausdrücke durch den Verlauf menschlicher Dinge eine unselbständige Lächerlichkeit bekommen haben. Meine Briefe sind das Beste, was ich habe. In den Ihren lern' ich mich selbst liebgewinnen, und das thut Noth![23]

„Meine Briefe" heißen hier die an Varnhagen gerichteten. Auch Rahels Briefe hat er zu den seinen gemacht und deren Tradierung jahrelange Arbeit gewidmet. Allerdings ist das Archiv der Varnhagenschen Ehe-Briefe genau umgekehrt zustandegekommen wie das Humboldtsche. Auch hier ist es die Frau, die das Überliefern zum Thema machte: „Von all unseren Briefen wollen wir zusammen ein Buch machen. Ich kann manchmal schön schreiben."[24] Doch Rahel artiku-

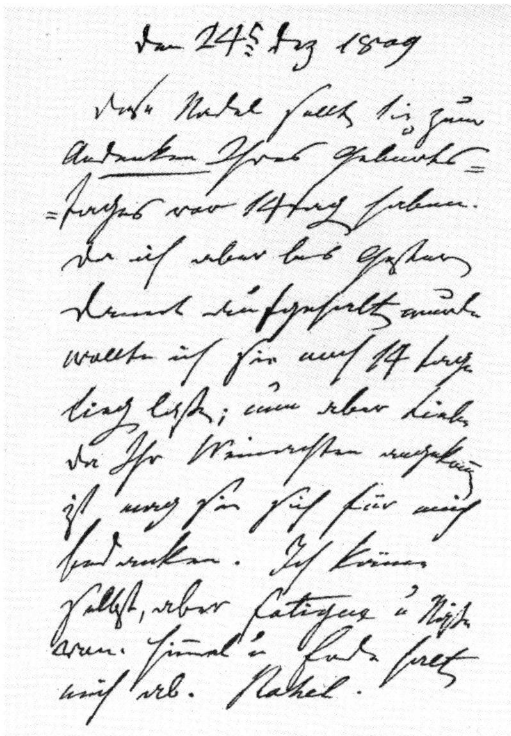

Faksimile eines Autographs Rahel Varnhagens

liert hier den ungewöhnlichen Gedanken, daß eine Briefschreiberin ihre eigenen Briefe nicht nur sammeln, sondern selbst zum Druck geben könnte. Auf diese Idee war zumindest in Deutschland noch keine Frau vor ihr gekommen. Zehn Jahre vorher hatte sie nach dem Ende einer unglücklichen Liebesgeschichte das Überliefern noch einer Freundin anvertrauen und sie damit in eine Position bringen wollen, die einer Frau damals nicht zugänglich war:

> „Und sterbe ich – suche *alle* meine Briefe – durch List etwa – von *allen* meinen Freunden und Bekannten zu bekommen [...]. Es wird eine Orginalgeschichte und poetisch.[25]

Doch dann steht das gemeinsame Sammeln und Publizieren am Beginn der Freundschaft und Liebe zu Varnhagen. Er wird zum ‚würdigen' Briefpartner, indem er Rahels Sammlung von Briefen liest, über die sie beim Kennenlernen schon verfügt. Nicht der Text des Autors adelt die Frau zur Briefschreiberin, sondern die Briefe einer Frau, eine von andern an sie geschriebene ‚Autobiographie', konstituieren den Ehe-Mann zum Leser. Damit ist die Hierarchie in der Verteilung der Geschlechter aufs ‚Aufschreibesystem' nicht einfach umgekehrt, sondern es entsteht etwas Neues: Das gemeinsame Schreiben/Publizieren eines Mannes und einer Frau. Geradezu programmatisch schreibt Rahel:

> Keiner von uns will mehr, daß mein ehrliches Leben auch geschaut werde von solchen, die es selbst sind; und genug findet man immer, unter Deutschlands Lesern, wenn man drucken läßt. Immerfort erzeugt die Erde auch solche. Ich weiß, welche Freude, welches Behagen mir ein Fünkchen Wahrheit in einer Schrift aufbewahrt macht! Nur davon bekommt die Vergangenkeit Leben, die Gegenwart Festigkeit [...]. Ich aber selbst will aus meinen Briefen alles suchen, und verwerfen; und nicht in vierzig, fünfzig Jahren [...], sondern viel früher; ich will noch leben, wenn man's liest.[26]

Und so steht schon am Anfang der ‚Ehe' zwischen Rahel und Varnhagen, die faktisch allerdings erst 1814 geschlossen wird, eine gemeinsame Publikation: «Ueber Goethe. Bruchstücke aus Briefen», eine Textmontage, die 1812 in Cottas Morgenblatt für gebildete Stände erscheint. In dieser Veröffentlichung wird eine neue Art des Überlieferns gleichzeitig praktiziert und reflektiert. Thema der Briefauszüge sind nämlich nicht nur Goethes Texte, wie der Titel nahelegt, sondern Erinnerungen der beiden Schreiber an Jean Paul.[27] Doch der Autor Jean Paul wird nicht über seine Texte eingeführt, sondern als Freund, der Rahel zum Schreiben anregt und ihr gleichzeitig nahelegt, nie zu heiraten. Er spricht aus, was Rahel und Varnhagen bereits vorführen: dialogisches Schreiben, außerhalb des Verhältnisses von Autor/Ehemann und Leserin/Ehefrau. Die Verteilung auf diese beiden Pole wird aufgebrochen, und so konstituiert sich der Brief als Mischung der Genres und der Geschlechter. „Die Mischung, das ist der Brief, die Epistel, die kein Genre ist, sondern alle Genres, die Literatur selbst."[28]

Das verändert auch die Bedeutung von ‚Goethe': In vorgegebener Authentizität, mit falschen Daten und Orten, in fiktiver Briefform also, auch wenn die Auszüge aus ‚echten Briefen' stammen, unterzeichnen die Schreiber mit Kürzeln, die wie ein Anagramm auf den Namen Goethe gelesen werden können. Rahel unterschreibt mit ‚G', dem Anfangsbuchstaben, und Varnhagen mit ‚E'. Nur im Schreiben über Goethe, so kann man sagen, war ein Bruch mit der Position der Leserin möglich. „Mir geht's komisch, Varnhagen. Sonst werden die Autoren besucht; ich bin ein elender Leser, und die Schreibenden suchen mich auf."[29]

Auch Bettine von Arnims erstes Buch «Goethes Briefwechsel mit einem Kinde» signalisiert einen Bruch mit der Position der Leserin. Daß sie Goethes Briefe zusammen mit den ihren zu einem Buch zusammenstellt, verändert alles. Vorher waren Frauen zwar schon als Herausgeberinnen von Briefen hervorgetreten – Therese Forster-Huber hatte die Briefwechsel ihres ersten Mannes Georg Forster ediert,[30] und in Karoline von Wolzogens Schillerbiographie wurde Schiller als Briefschreiber vorgestellt[31] –, doch ihre eigenen Briefe an diese Autoren hatten beide nicht mit in Druck gegeben. Sie sind in den Büchern nur als Adressatinnen präsent. Bettine von Arnim dagegen re-inszeniert in ihrem Buch die Verteilung der Geschlechter innerhalb des ‚Aufschreibesystems' und macht somit auch die stummen Parte hörbar: Es sprechen der Autor, seine

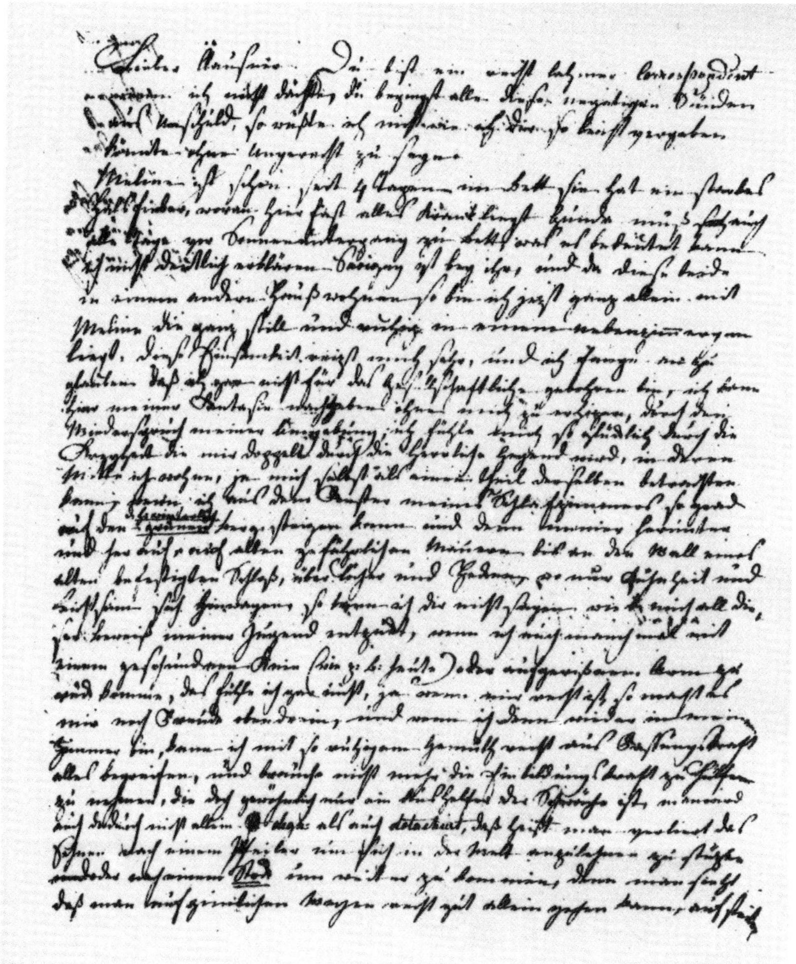

Faksimile eines Briefes Bettine von Arnims an Claudine von Piantaz

Mutter und eine Leserin. In diesem Dreieck konstituiert sich die Autorfunktion, denn erst die Mutter macht den Autor schreiben.[32]

Auch «Die Günderode», Bettine von Arnims zweites Buch, signalisiert einen Einschnitt in die Geschichte des Briefeüberlieferns und -druckens: Es ist der erste gedruckte Briefwechsel zwischen zwei Frauen in der deutschen Literatur, und bis heute gibt es nur wenige andere.[33] Allerdings war Karoline von Günderrode eine bedeutende Frau; ihre schriftstellerische Arbeit war zwar dem Vergessen ausgesetzt, weil sie anonym veröffentlicht hatte, doch da sie publizistisch hervorgetreten war, war sie ‚überlieferungswürdig‘. Rahel Levin Varnhagen dagegen sammelte und bewahrte die Briefe vieler Freundinnen; darunter sind ‚bedeutende' Frauen – Schriftstellerinnen, Gräfinnen und Ehefrauen großer Männer –, aber auch solche, deren Namen ‚nichts' bedeuten. Man kann sagen, daß sie die schriftliche Hinterlassenschaft einer ganzen Generation von Frauen gesammelt hat, die ohne sie sicher verlorengegangen wäre. Wer interessierte sich damals schon für Schauspielerinnen, Gouvernanten oder gar für Köchinnen?[34]

Varnhagen – der ‚Briefträger'

Die „Sammlung Varnhagen", deren Anfänge auf Rahel zurückgehen und die Varnhagen bis zu seinem Tod vervollständigt hat, markiert eine Wende gegenüber der ‚Goethe-Zeit'. Sie ist nicht nur eine der bedeutendsten Handschriftensammlungen des letzten Jahrhunderts, sondern in ihr wird die Überlieferung von Briefen neu organisiert. Vorher war nicht klar, ob und vor allem wie Briefe aufbewahrt werden sollen. Das Archiv für Bücher ist die Bibliothek, und deren Ordnungssystem ist dem der Enzyklopädie nachgebildet. Doch welcher Ordnung gehorchen Handschriften? Dem Alphabet oder dem Kalender? Goethe archivierte die Briefe an ihn zusammen mit seinen Briefkonzepten chronologisch in Quartalheften, nachdem er beim Aufbruch nach Italien eine große Verbrennungsaktion durchgeführt hatte. Diese Hefte könnte man alle mit ‚Goethe', dem Namen der Epoche bezeichnen. Die Sammlung Varnhagen hat dieses Zentrum nicht; sie dokumentiert, was das Schreiben an ein und aus einem Zentrum ausgrenzt, sei es die politische Opposition (Jakobiner), sei es das kulturell Ausgeschlossene (damals vor allem Frauen und Juden). Ihre Ordnung ist streng alphabetisch, und jeder Schreiber spricht ‚allein', in einer einzelnen Mappe.[35] Das Alphabet, das in der zweiten Hälfte des 18. Jahrhunderts als willkürliche Buchstabenanordnung im Prozeß des Lesenlernens zugunsten eines Lesens entthront worden war, das über die Buchstaben hinweghuschend gleich auf den *Sinn* eines Textes rekurriert, bekommt hier als Ordnungssystem für Eigennamen eine neue Funktion zugesprochen. Weil das System unendlich ist und nicht mehr die Welt repräsentiert, sondern die unendlichen Möglichkeiten, eine Welt herzustellen, können potentiell alle Menschen mitschreiben. Und neben den Autoren werden auch die überliefert, die sonst durch die Maschen der Tradierung fallen.

Varnhagen spielt die Rolle des Briefträgers an die Nachwelt nicht nur für Rahel, sondern auch für andere Frauen wie Bettine von Arnim, Charlotte von Kalb oder Therese Forster-Huber.[36] Diese ironisiert in einem Brief an Frau von Reden, daß das Überliefern immer schon mit Bedeutsamkeit konnotiert wird:

> In der Eile dank' ich für Deinen lieben guten Brief und benütze die Artigkeit des Herrn von Varnhagen, um ihn zum Ueberbringer des unwürdigsten Pakets zu machen, welches seinen Händen je anvertraut werden konnte! Wenn er das wüßte! Ich hoffe, er denkt, es sind trockene Herzen, oder ausgerupfte Engelsflügel, oder marinierte Epigramme – wüßte er, daß es Socken wären![37]

Varnhagen wurde für seine Rolle als Briefträger und Überlieferer oft verlacht und verspottet, auch weil er sich nicht scheute, Banales und Alltägliches aufzubewahren. Doch am Anfang des Briefeschreibens von Frauen stand Unbedeutendes, weil nur der Text eines Autors Bedeutung erlangen konnte:

Daß in dieser Zeit die Tagebücher mehr gefüllt wurden, man schreiben lernte, nur um Correspondenz zu führen; und was ein Blatt erfüllte: Wetter und Weg – Schleife und Schuhe – Blumen wie Kuchen – Alles das erforderte Dinte und Porto.[38]

Varnhagen transportierte nicht nur das, was in der Überlieferung aussortiert wurde, er begab sich darüber hinaus in eine Rolle, die ebenfalls die Konstellation der Geschlechter aufweicht: in die Rolle des Witwers. Daß Witwen die Werke ihrer verstorbenen Männer herausgaben, war schon eher üblich, zum Beispiel taten dies Karoline Woltmann, Bettine von Arnim und Therese Forster-Huber. Aber weder Wilhelm von Humboldt oder gar Friedrich Wilhelm Schelling gaben Briefe ihrer Frauen zum Druck. Vielmehr mußten diese nach dem Tod der Ehemänner entweder in jahrzehntelanger Arbeit mühsam zusammengetragen werden – wie die Briefe von Caroline Schlegel-Schelling – oder konnten erst über ein halbes Jahrhundert später erscheinen, wie der Humboldtsche Ehe-Briefwechsel.[39]

Die Schreibweise von Briefen

Wohl in keiner anderen Textart wird beim Schreiben so viel über deren Besonderheit reflektiert wie im Brief, diesem ‚unreinen‘ Genre. In der Briefliteratur um 1800 zeigt sich, daß die Schreibweise von Briefen und das Überliefern an die Nachwelt in einem engen Zusammenhang stehen. Beim Schreiben tauchen zwei große Problemfelder auf, die die literaturgeschichtlichen Kategorisierungen durchqueren: Die Schwierigkeit des Briefeschreibens wird einmal als eine des Schreibens selbst, dann als eine des Schickens artikuliert. Den Männern/Autoren stellt sich mehr das erste Problem, unabhängig davon, ob ihre Texte der Klassik oder der Romantik zuzuordnen sind, während die Frauen/Leserinnen eher in das zweite verwickelt sind. Bei Wilhelm von Humboldt heißt es beispielsweise:

Oft ist's mir, als könnt ich gar nicht schreiben. Du mußt es auch an meinem Briefen fühlen. Da ring ich mit meinen Empfindungen, die ich nicht loszureißen vermag, mit der Sprache, die sich der Idee nicht anschmiegen will.[40]

Nicht nur in Humboldts Briefen finden sich unzählige Varianten dieses Schreibproblems: Die Sprache bilde mehr oder weniger gut ab, was in der Idee vor dem Schreiben schon entwickelt sei. Meist mißlinge der Ausdruck, weil sich die Sprache den Ideen nicht „anzuschmiegen“ vermag. Dem Schreibprozeß, der ein Sich-Äußern ist, wird deshalb mit Abwehr begegnet. Schon unkonturierte Außenräume wie das ‚Freie‘ oder die Straßen und Plätze einer Stadt stören das Schreiben nachhaltig. Nur Innen, abgeschottet gegen Anderes, Fremdes oder

Äußeres, kann der Text gedeihen. Da jedoch keine schriftliche Produktion ohne Papier und Tinte, ohne Raum und Zeit möglich ist, wird dieser Einbruch des Materiellen in einer widersprüchlichen Konstruktion mit dem Schreiben der Frauen konnotiert. Sie „brauchen nur aus Ihrer Seele abschreiben",[41] denn dort oder im „Herzen" ist ein Urtext gegeben: „Wie schön und eingreifend ist die Sprache, wie sieht man, daß das Herz jede Silbe schrieb."[42] Erst das reflektierende Denken scheint die ‚Herzschrift' zu verunreinigen, deshalb sind die Frauenbriefe, die – wie behauptet wird – ohne das Dazwischentreten der Reflexion geschrieben wurden, ein Gang zurück an den Ursprung, in den Zustand des Ungeteilten. Demgegenüber besteht die Autorfunktion in der Übersetzung dieser ‚reinen' Sprache in einen Text, der aus dem Ursprung noch das Ungeteilte bewahrt. In seinem Brief „über die Philosophie. An Dorothea" schreibt Friedrich Schlegel seiner Geliebten/Briefschreiberin, einer „entschiedenen Verächterin alles Schreibens und Buchstabenwesens":

> Dir wäre ein Gespräch vielleicht lieber. Aber ich bin nun einmal ganz und gar ein Autor. Die Schrift hat für mich ich weiß nicht welchen geheimen Zauber vielleicht durch die Dämmerung von Ewigkeit, welche sie umschwebt. Ja, ich gestehe Dir, ich wundre mich, welche geheime Kraft in diesen toten Zügen verborgen liegt; wie die einfachsten Ausdrükke, die nichts weiter als wahr und genau scheinen, so bedeutend sein können, daß sie wie aus hellen Augen blicken, oder so sprechend wie kunstlose Akzente aus der tiefsten Seele. [...] Fast möchte ich in der etwas mystischen Sprache unsers H. sagen: Leben sei Schreiben; die einzige Bestimmung des Menschen sei, die Gedanken der Gottheit mit dem Griffel des bildenden Geistes in die Tafeln der Natur zu graben. [...] Besonders aber mußt Du die Worte heiliger halten als bisher. Sonst stünde es schlimm um mich. Denn freilich kann ich Dir nichts geben, und muß mir ausdrücklich bedingen, daß Du nicht mehr von mir erwartest als *Worte,* Ausdrücke für das was Du längst fühltest und wußtest, nur nicht so klar und geordnet.[43]

Schreiben wird hier zum Übersetzungsprojekt aus der Natur, das die Identität des Autors über die Aneignung eines ihm Fremden garantiert. In der Natur, dem Gegenpol zur „Vernunft", ist die Wahrheit „in schönen Hieroglyphen" vorgegeben, und die Frau als Adressatin und Leserin des Textes garantiert den Übergang von dem einen Terrain ins andere. Sie ist das Fremde und Äußerliche, doch ihr „Gespräch" mit dem Autor ist gleichzeitig die Passage aus dem Außen der Schrift/Natur ins Innere des Autortextes. Die Etappen dieser vielfach wiederholten und variierten Metaphernkette lauten: Natur, Augen, Seele. In einem Brief von Friedrich Schiller an Caroline von Beulwitz heißt es:

> Könnte ich Dir doch für das, was Du in Deinen Briefen mir gabst, Caroline, eine recht heitre Freude zurückgeben. [...] Dein ganzes Wesen bringen mir Deine Briefe. Deine ganze liebe Gegenwart strahlt mir darin, und ich glaube in Deine Augen zu blicken, aus denen mir so oft Deine Seele glänzte.[44]

Diese Konstruktion der ‚Frau' ermöglicht eine wechselseitige Identifikation von Schreiber und Produkt und verhindert, daß ihm dieses als Fremdes und Anderes gegenübertritt. Der Brief, Indiz einer konstitutiven Abwesenheit, präsentiert die imaginäre Gegenwart der Frau, und aus dem Papier, Indiz der

Materialität des Schreibens, sehen Augen, die den Blick in die Seele/Natur freigeben. So konstituiert sich der Brief zwischen Autor und Leserin zum privilegierten Terrain, auf dem metonymischer Stillstand herrscht. In metaphorischer Übersetzung wird die postalische Übertragung gebannt. Das Wort für diesen Stillstand ist ‚Liebe‘; es bezeichnet Zeitlosigkeit und einen Mangel an jeglicher Differenz.

> Schweigend liebten wir uns lang und hätten fortgeliebt, hätte auch nie ein Verhältnis uns verbunden. Aber wie sind auch unsere Wesen im Innersten Eins. Wahrlich, Lina, nie hab ich das in zwei Menschen so gesehen als in uns, und darum bin ich auch so sicher unseres ewig ungetrennten Daseins.[45]

Die Antwort der Leserinnen auf diese Liebesbriefe ist spekulär und reproduziert die Struktur der Identifikation zwischen Schreiber und Produkt – allerdings mit einem eklatanten ‚Mißverständnis‘: Da der Leserin die auktoriale Wahrheit nicht zugänglich ist, produziert sie eine andere, die die Autorität des Autors unterhöhlt. So schreibt Caroline von Dacheröden über den Empfang eines Briefes von Humboldt an den Geliebten: „[...] und wartete noch so lange auf meinen Bill[46] – ach [...]. Endlich kam er, und ich schloß ihn an die Brust.“[47] Ein Mensch mit Namen Kopp, der im Briefwechsel nicht weiter wichtig ist, bringt diese Verwechslung auf den Begriff: „Kopp grüßt zu wiederholten Malen. Er bleibt dabei, Du seiest fein wie Postpapier. Ich weiß gar nicht, wie der Mensch zu *der* Bemerkung kommt.“[48] Aus dem „Postpapier“ sehen nicht die Augen der Natur, die von deren Wahrheit künden, hier artikuliert sich ein anderer Typ von ‚Wahrheit‘: Die Adressatin kann zwischen dem Schreiber und seinem Produkt nicht unterscheiden. Sie liebt – ein Stück Papier, und die Liebe ist ein postalischer Effekt.

Auch in anderen Liebesbriefwechseln ist das Papier, eine Metapher für die Materialität des Schreibens und damit Metapher schlechthin, immer wieder der Kristallisationspunkt, an dem sich ‚wahres‘ von ‚falschem‘ Schreiben scheidet. Allein durch das Benennen der Medien der Kommunikation wird eine Grenze übertreten: In den Texten von Autoren der ‚Goethezeit‘ sind Papier und Federn, Porto und Poststationen der verschwiegene Untergrund des Schreibens. Deshalb auch werden Materialität und Medialität der Schriftlichkeit auf Frauen projiziert und mit der Vorstellung eines Schreibens gekontert, das keiner materiellen Träger bedarf. Clemens Brentano schreibt an Sophie Mereau:

> Sie sind oft zu dem Falle gezwungen worden, des Discurses halber zu reden, des Papieres halber zu schreiben, der Dichterin wegen zu dichten, und so auch wohl des Gedächtnisses wegen sich meiner zu erinnern, – ich habe alle diese Leiden nicht.[49]

„Des Papieres halber schreiben“ – damit ist eine grundlegende Differenz markiert. Autoren geben im Schreiben einem im voraus schon gegebenen Sinn oder Inhalt Ausdruck, sie schreiben der Wahrheit wegen, während sich für Sophie Mereau beim Übermitteln des Textes ein Fehler einzuschleichen scheint, der den intendierten Sinn verfälscht:

Es ist ein sonderbares Gefühl, sich auf dem Papier jemand nähern zu wollen, und ich habe Ihre Entfernung nie mehr gefühlt als jetzt da ich Ihnen schreiben will. Ich hasse alle Briefe an vertraute Wesen, ob ich sie gleich um keinen Preis missen möchte. – Ein Brief ist mir immer wie ein Roman, – und ich mag lieber zu wenig als zuviel sagen. Das Papier ist ein so ungetreuer Bote, daß es den Blick, den Ton vergißt, und oft sogar einen falschen Sinn überbringt, – und doch ist selbst der Kampf mit Irrungen besser als die fürchterliche Öde, die kein Ton durchhallt.[50]

Der „ungetreue Bote" verfälscht den Sinn eines Textes allein schon deshalb, weil er ihn – wörtlich – überträgt. „Anders als der Sinn, teilt sich der Brief", schreibt Eva Meyer. „Dies ist so, weil der Brief einen Ort des Absendens *und* einen Ort der Bestimmung hat und von daher in einer primären Teilbarkeit gegeben ist."[51] In dieser primären Teilbarkeit gründet das Beunruhigende am Briefeschreiben. Schon beim ersten Transport werden Briefe überliefert und einer Flüchtigkeit ausgesetzt, die keiner anderen Textsorte eignet. Sie werden auf unabsehbare Wege zu einem Adressaten geschickt, von dem man nie sicher sein kann, ob er wirklich am anderen Ende des Weges steht. Ob ein Brief angekommen ist, weiß man auch dann nicht genau, wenn man selbst zur Adresse geworden ist und eine Antwort bekommen hat. Ein Brief verfehlt seinen Adressaten immer schon, insofern er Prozessen ausgesetzt ist, die kein Schreiber kontrollieren kann. In einem Brief Rahel Levin Varnhagens an Friedrich de la Motte Fouqué heißt es:

Ich habe dieselbe Hypochondrie über Adressen; es geht bei mir so weit, daß ich sie von Freund und Feind vor dem Abgang lesen lasse, weil eine ewige Furcht mich anwandelt, sie seien schlechterdings nicht zu lesen: ich bin von nichts so eingenommen, wie von meinen Schwächen.[52]

Ist die Adresse nicht zu lesen, dann bin ‚Ich' nicht zu lesen. ‚Ich' bin erst, wenn ‚ich' mich adressiere und ein Anderer mich gelesen haben wird. Im Briefeschreiben entäußert sich ein Subjekt, das sein Produkt nicht kontrolliert und seinem Text nicht ‚Herr' wird. Dieser Prozeß setzt eine andere Zeitlichkeit frei als das Bücherschreiben/drucken: Ein Briefwechsel ist unabschließbar, ein endloses Spiel um Ich und Du, Innen und Außen, Fremdheit und Nähe und den Ort der Bestimmung.

Ich weiß nicht, woher es kömmt, daß ich Ihnen so leicht schreiben kann. Wenn ich Sie sehe, oft, nicht immer, wenn ich ein Billett von Sie bekommen habe, dann sag ich mir oft, das ist der Mensch nicht, an den ich geschrieben habe; und dann verschwindet mir alles das, besonders wenn ich allein bin, und ich – ahnde – ich glaube ein Wesen und an das schreibe ich.[53]

Wenn der Adressat ebenso wie das schreibende Ich ein Effekt des Schreibens ist, dann kann die Beunruhigung über diese konstitutive Fremdheit die Lust am Schreiben in Gang halten. Das Entäußern und Schicken ermöglicht einen Weg, dessen Ende nicht fixierbar ist. Und so entsteht in der ‚Goethezeit' als deren unhintergehbarer Gegenpart ein Schreiben, das weit ins 19. Jahrhundert hinausweist. Da es den Autor nicht ohne den Frauenbrief gibt, eröffnet sich den Frauen ein Feld des Schreibens, das der auktorialen Position fern liegt. Ihre Briefe inszenieren den Schreib- und Überlieferungsprozeß in nuce, so daß die Heterogenität sichtbar wird, die der Verteilung von Lesen und Schreiben auf die beiden Geschlechter innewohnt.

2. Das verschüttete Erbe
Lyrikerinnen im 19. Jahrhundert

Uta Treder

Frauen schreiben Gedichte: Themen, Orte, Normen

1804 gibt Karoline von Günderrode aus eigenem Antrieb und ohne männliche Vermittlung ihren ersten Gedichtband heraus.[1] Diese Handlung ist kühn und für diejenigen, die sie gern fördern, beraten, lektorieren, ja auch zensieren möchten, eine Provokation, wie die Unmutsbezeugungen ihrer Freunde und die Verisse beweisen.[2] Toleranz und Schonung begegnen schreibenden Frauen nur dann, wenn sie auf jeden Kunstanspruch verzichten, ihre Gedichte etwa als Naturerzeugnisse ausgeben, die so zu Papier gebracht wurden, wie sie aus dem Herzen flossen. Sobald Frauen sich zu ihrer Arbeit und ihrem Talent bekennen, aus der Anonymität von Zeitschriftenbeiträgen und Sammelbänden mit eigenen Werken an die Öffentlichkeit treten, ohne kunstverständigen Freunden die Verbesserung und Veröffentlichung ihres Manuskripts anzuvertrauen, sind sie in ganz besonderem Maße männlicher Kritik ausgesetzt.

Im Fall der Günderrode wiegt aber schwerer noch der Formalismus, dem sie ihre ersten Gedichte unterwarf: Die allzu offenkundige innere Zensur, Tribut an die Kühnheit ihrer literarischen Ambitionen, wirkt retardierend auf die Entwicklung einer eigenständigen Bildlichkeit und die Festigung der Sprache. Karoline von Günderrode steht nicht allein. Immer wieder sehen sich Frauen gezwungen, ihren Kunstanspruch zu legitimieren. Diese Legitimation suchen sie unter anderen in allzu strenger Anlehnung an die männlichen Vorbilder, die meist auch ihre Förderer sind. Sophie Mereau zum Beispiel ergeht sich, ganz gegen ihr lyrisches Temperament, in Schillerschen Abstraktionen, Louise Brachmann schreibt den größten Teil ihrer Gedichte streng ‚novalisianisch', Friederike Brun verzuckert ihre Lyrik mit Empfindsamkeiten Matthissonscher Prägung und am Ende des 19. Jahrhunderts gefällt sich Marie Eugenie delle Grazie in einer Übermenschpose, die ihr Vorbild weit in den Schatten stellt.

Ein anderer Tribut an die Geschlechtszugehörigkeit, den die Dichterinnen zu zollen haben, ist der bescheidener Zurückhaltung. Luise Hensel und Annette von Droste-Hülshoff traten erst spät an die literarische Öffentlichkeit, Hensel mit 71 und Droste mit 41 Jahren, nachdem sie wiederholt durch denselben

Mentor, den blinden Philosophen Christoph Bernhard Schlüter, dazu ermutigt worden waren. Vom Geschlecht mitbestimmt, weil dem Frauen zugestandenen Themenbereich entsprechend, sind auch drei der vier Hauptstränge der weiblichen Lyrik des 19. Jahrhunderts: die religiöse Lyrik, die mit den Gedichten Hensels und Droste-Hülshoffs «Geistlichem Jahr» ihren Höhepunkt erreicht, die Naturlyrik und die Liebeslyrik. Ein vierter Strang, der nicht aus dem 18. Jahrhundert übernommen wurde, gesellt sich dazu: die politisch engagierte Lyrik, die von politisch aktiven Frauen wie Louise Aston und Louise Otto im Vormärz begonnen und am Ende des Jahrhunderts von den sozial engagiert arbeitenden Frauen wie Emma Döltz und Clara Müller fortgesetzt wurde.

Doch das Geschlechtsrollenverständnis zeitigt nicht nur Begrenzungsstrukturen. Daß es bis zur zweiten Hälfte des Jahrhunderts kaum eine Lyrikerin gab, die nicht ein Gedicht auf Sappho geschrieben hat, daß ab 1840 vor allem George Sand gehuldigt wird, daß mythologische Frauengestalten besungen werden, daß immer wieder den eigenen Müttern ein Denkmal errichtet wird und Freundinnen und Schwestern schon im Gedichttitel auftauchen, ist nicht nur Legitimation der weiblichen Präsenz in der literarischen Szene durch Erschaffung einer ‚Gemäldegalerie'. Es ist der Versuch, sich eine weibliche Tradition zu erschreiben. Die größte kulturgeschichtliche Leistung der Frauenliteratur, insbesondere der Lyrik des 19. Jahrhunderts, besteht darin, daß sie in und durch ihre Werke ein Stück weiblicher Geschichte fixiert und damit das verschüttete weibliche Erbe in die Gegenwart als Richtungsweiser für die Zukunft einbringt.

Trotz der thematischen Vielfalt zeigt schon ein Blick auf die Inhaltsverzeichnisse der Gedichtsammlungen von Frauen das Wiederkehren einiger obligater Themen. Jahreszeiten werden besungen, Stimmungen zum Ausdruck gebracht in Abend-, Tag- und Nachtliedern, Liebesglück und Liebesklagen klingen in den Titeln an, Träume und Phantasien werden lyrisch gestaltet, immer wieder wird die Kindheit evoziert und über das eigene Dichten reflektiert. Auch die Symbolik hat ihre Schlüsselwerte. Vögel stehen für die Sehnsucht nach Freiheit, Nachtigallen und Lerchen für die Sigle des Dichtens, Wasser, Fluten, Fließendes für Entgrenzungen, Feuer, Flamme, Loderndes für Begeisterung und Leidenschaft, Bäume[3] und Blumen als Bilder für Leben und Lieben der Frauen, Rosen als Symbol der leidenschaftlichen Liebe.[4] Die Grenzen zwischen Liebes- und Naturlyrik sind fließend, denn die Natur ist eine unerschöpfliche Analogiequelle für die weibliche Lyrik. Sie ist Stimmungsbarometer, beliefert Liebes- und Lebenserfahrung mit Bildern und Vergleichen und ist Zufluchtsort, „das Paradies, das nie verloren".[5] Für viele Lyrikerinnen bietet Italien einen Fundus von Üppigkeit und historischer Reminiszenz.[6]

Trotz der Konventionalität der Themen bewegt sich die weibliche Lyrik des 19. Jahrhunderts in einer Bipolarität, die ihre ungelöste Spannung ausmacht. Sie steht in der Tension von Wirklichkeit und Imagination, von Sehnsucht nach Geborgenheit und Ausbruchsphantasien, von Lebenswillen und Lebensüberdruß, von Heimeligkeit und Heimatlosigkeit, von Sich-Bescheiden und Entgrenzungsträumen. Das heißt nichts anderes, als daß sie ihre stereotypen Themen und Bilder auch wieder unterläuft und gegeneinander versetzt. Das Ungenügen an der Enge weiblicher Existenz und Wirklichkeit zieht oft die Bilder des geschützten häuslichen Bezirks hinein in ein semantisches Spannungsfeld, das Schutz entlarvt als Begrenzung und Vereinsamung.[7] Auch die konventionelle Blumenmetapher kann zum Ausdruck der unerträglichen Passivität und Bewegungsstarre weiblichen Lebens werden, die schon im Titel von Luise Hensels Gedicht «Will keine Blumen mehr» ebenso trotzig wie programmatisch abgelehnt werden. Während ihr Bruder frei ist und in der Welt „kämpft", muß das weibliche lyrische Ich untätig zu Hause „verglühn" wie die Sommerrosen:

Die Sommerrosen blühen
Und duften um mich her;
Ich seh' sie all verglühen,
Will keine Blumen mehr.[8]

Selbst die biedermeierlichen Verkleinerungsformen, die die Frauenliteratur des 19. Jahrhunderts durchziehen, erscheinen in entlarvender Funktion. Beispielhaft hierfür steht der Widerspruch zwischen Titel und Gehalt im Gedicht «Das Glühwürmchen»[9] von Agnes Franz, in dem das Glühwürmchen, das nur im Dunkeln leuchtet, symbolischer Ausdruck der Dunkelheit und Verkennung des weiblichen Daseins ist. In Anspielung auf die Heimatlosigkeit der Frau nennt Ida Hahn-Hahn ihre Gedichte „Vöglein ohne Nest"[10], während Louise von Plönnies die weibliche Lyrik im Bild der Nachtviole reflektiert: „Mein Lied ist eine Nachtviole/ [...] Sein Glanzpunkt ist die Nacht."[11] Die Nachtviole ist hier sowohl Symbol für das Sich-Abfinden mit der Dunkelheit weiblicher Existenz als auch Umsetzung eben dieser Dunkelheit in eine weibliche Poetik, die die historische Schwäche der Frau zum „Glanzpunkt" ihrer lyrischen Tätigkeit erhebt.

Ambivalent ist auch die Bedeutung der Liebe. Einerseits erhofft die Frau durch sie Wirklichkeitserfüllung, andererseits dient sie ihr als Motor zur imaginativen Überwindung der Realität.[12] Mit dem Ende der Liebe wird sie ihrer Einsamkeit und Verlassenheit wieder inne:

Ich stehe wiederum
Einsam, verstoßen
Vor Deinem Haus
Vor Deinem Herzen.[13]

Einsamkeit und Verlassenheit werden zum Ort, von dem aus sie ihr Dichten bestimmt: „Und dieses martervolle Schwanken/Dieß Fremdsein an jedwedem Ort."[14] In der Spannung zwischen Wirklichkeit und Imagination befindet sich das weibliche Ich in einem Zustand des Schwankens, des Auf-der-Schwelle-Stehens. Strukturell findet diese Ambivalenz ihren Ausdruck in Bewegungsrhythmen, die hin- und herpendeln zwischen Zustand und Wirkungskraft, formal im Prinzip der Reihung und des kontrastiven Vers- oder Strophenbaus.

Erinnerung und Phantasie

Unter den um die Wende zum 19. Jahrhundert hervortretenden Lyrikerinnen sind einige noch dem 18. Jahrhundert verhaftet, andere gehören mit vollem Recht ins 19. Jahrhundert. Gemeinsam ist ihnen ein klares Bewußtsein davon, daß Frauen sich weder intellektuell noch sinnlich verwirklichen können. Amalie von Imhoff, die 1800 mit Schillers Protektion zum ersten Mal unter ihrem eigenen Namen publiziert, umreißt die Misere der nach Unabhängigkeit strebenden Frau 1801 in einem Brief an ihren Verlobten:

> Das geistreiche selbständige Weib ist fast immer elend – gerade sie muß ihre Eigenthümlichkeit aufopfern, aber es sind doch nicht viele Männer, die etwas dagegen zu geben haben.[15]

Daß sich die Frauen sowohl schreibend als auch sinnlich verwirklichen wollten, bedeutete meist einen zermürbenden Kampf. Sophie Mereau, die nach der Scheidung als freie Schriftstellerin lebte, ging 1803 nach langem Zögern eine zweite Ehe mit Clemens Brentano ein, die mehr „Hölle als Himmel" war, und starb 1806 36jährig bei der Geburt ihres fünften Kindes. Selbständige Werke gab sie während der Ehe kaum noch heraus, sie arbeitete hauptsächlich als Übersetzerin, um die ständig leere Kasse zu füllen. Aus dem Gefühl heraus, ihr Leben

Sophie Mereau

verfehlt zu haben, da sie weder als Schriftstellerin die Anerkennung gefunden hatte, die sie zu beanspruchen glauben durfte, noch in der Liebe das Glück, auf das sie nicht verzichten wollte, beging Louise Brachmann 1822 Selbstmord. Amalie von Imhoff geriet unter die Kuratel eines despotischen Ehemanns, der ihr aus Eifersucht den brieflichen Austausch mit Freunden verbot, sich aber von ihrem Schreiben ernähren ließ. Fakten aus ihrem Leben: Sie hatte eine Fehlgeburt und fünf Kinder, von denen zwei überlebten, und starb 1831 mit 56 Jahren an Schwindsucht.

Die Kluft zwischen Wirklichkeit und Imagination bestimmt die Bewußtseinsbildung dieser Frauen. Gleichzeitig wird sie zur Quelle, aus der sich ihre Dichtung nährt. «Erinnerung und Phantasie» heißt bezeichnenderweise ein Gedicht in Sophie Mereaus 1800 erschienenem ersten Gedichtband. Es schildert den Kampf zwischen der Erinnerung, die das lyrische Ich in die Unzulänglichkeit des wirklichen Lebens zurückziehen will, und der befreienden Phantasie, die ihm „der Endlichkeit Gesetze überwindend" einen Raum unbegrenzter Möglichkeiten eröffnet:

> Dich fesselt nicht das ird'sche Maß der Zeiten,
> Des Raumes nicht; mit Himmlischen verwandt
> Genießest du im Raum der Möglichkeiten
> Ein Glück, das keine Wirklichkeit umspannt.[16]

Die Poesie wird zum imaginären Ort, wo die Wünsche und Träume entfaltet werden, die die Wirklichkeit ihr zu leben verwehrte. Wie viele Lyrikerinnen des 19. Jahrhunderts evoziert auch Mereau in ihren Gedichten die Bilder einer glücklichen Kindheit, in der Entfremdung und Zerrissenheit noch unbekannt waren. Im Gegensatz zu den Romantikern jedoch sind die Kindheitsträume der schreibenden Frauen sehr viel wirklichkeitsnäher, der Bezug zwischen Leben und Kunst konkreter. Sie sind sowohl ein Stück weiblicher Biographie als auch Ausgangspunkt zur Wiedereinholung der verlorenen Kindheitsparadiese in die Zukunft. Aus der Wechselwirkung zwischen Wirklichkeit und Traum entstehen auch Mereaus herbstliche oder abendliche Landschaften, in denen sich ihre lyrische Originalität in einem äußerst differenzierten visuellen und chromatischen Sensorium manifestiert.

> Verdämmert ist in lichte blasse Farben
> Der Fluren Schmelz; der Wälder kühn' Profil
> Sinkt leicht und hellgrau auf die Felder nieder.

Im Verdämmern und Versinken des Bewußtseins in eine Natur, die gleichzeitig real und erträumt ist, wird diese «Herbstgegend» zu einer Landschaft ‚in progress':

> Voll Anmuth wallen glühend gelbe Büsche,
> Wie gold'ne Locken, dort den Hügel nieder,
> indess hier lose um die braunen Zweige
> Gefärbte Blätter säuseln [...][17]

Der stetige Bewegungsfluß dieser ‚weiblichen' Landschaft, in der Farbenfülle und akustische Reize sinnliche Qualitäten haben, unterstreicht die zunehmende Entfernung der Imagination von jeder zeitlichen und räumlichen Begrenzung. Durch die Reihung von visuellen, chromatischen und sensuellen Sensationen entsteht auch in «Vergangenheit» das Bild einer inneren Landschaft, dem die Wirklichkeit nicht mehr entspricht:

Des Dörfchens Weidenkranz verschwimmt in grauem Duft,
Am falben Busche weht der Abendhauch;
Die Vögel taumeln träge durch die Luft,
Und durch die Bäume dringt der Hütten Rauch.[18]

Die Spannung zwischen Wirklichkeit und Wunschdenken löst sich auch in den Gedichten Louise Brachmanns immer wieder zugunsten der Superiorität der Traumphantasien, der „schön'ren Welt Verheißungsglück".

Bürgschaft ist dies Sehnen nach dem lichten,
Nur im Traum erflog'nen Göttertraum;
Sprecht, wo grenzen Wirklichkeit und Dichten?
Ist das Leben selber nicht ein Traum?[19]

In «Antigone» erschreibt sich Louise Brachmann ein weibliches Vorbild, eine Seelenfreundin, die mit ihrer schwesterlichen „Tat der Liebe (Begräbnis des Bruders) gegen das männliche Gesetz (Kreon) verstieß und zugrunde ging".[20] In diesem Gedicht entwirft Brachmann das Bild einer qualitativ anderen Kultur, in der die Liebe, die sinnbezogene Vernunft, über das Gesetz, den Logos, triumphiert.

Unter dem Aspekt frühromantischer Utopien lassen sich auch Amalie von Imhoffs Idyllen in Hexametern «Die Schwestern von Lesbos» (1800) und «Die Schwestern auf Corcyra» (1806) einordnen. In der ersten Idylle wird der von Frauen gelenkte Staat von Lesbos beschrieben. Für die geistig unabhängige Frau gibt es auch hier keine sinnliche Selbstverwirklichung, da der Mann die Konfrontation mit der eigenen Unzulänglichkeit durch die unabhängige Frau nicht erträgt, die weder seines Schutzes noch seines Rats bedarf. Am Tag der Hochzeit übergibt Simaitha ihren Bräutigam der jüngeren Schwester und wird Priesterin in der Estia, „des reinen Feuers Bewahrerin".[21] Anders in der zweiten Idylle das Schicksal Antonias, die sich nach einem bewegten und erfüllten Leben in Byzanz auf die Heimatinsel, „des Landes mütterlichen Boden",[22] zurückzieht, dort ihrer jüngeren Schwester den sie liebenden Mann übergibt zusammen mit dem ‚schwesterlichen' Erbe, an ihrer Stelle das glänzende Leben in Byzanz weiterzuführen.

Karoline von Günderrode: „Gedichte sind Balsam auf unfüllbares Leben"

1780 geboren, gehört Karoline von Günderrode bereits zu der Generation, für die die Französische Revolution zum einschneidenden Erlebnis wurde. Diese Zeitumstände haben der Radikalität ihres Denkens und Hoffens die Richtung gewiesen. Die beginnende Restauration und, nach anfänglichem Enthusiasmus für den aufsteigenden Stern Napoleons, die Enttäuschung über dessen restaurative Entwicklung, und zuletzt durch die geschlechtsspezifischen Eingrenzungen hatten eben diesen Hoffnungen die Möglichkeit einer konkreten Verwirklichung entzogen. Die Radikalität der Hoffnung schlägt um in die Radikalität des Denkens und Dichtens. Schon die Einundzwanzigjährige erträumt den Ausgleich zwischen frustrierten Hoffnungen und dem „pigmäischen Zeitalter" im Heldentod. Aber die Zeit ist unheroisch, und sie ist eine Frau. Da sie nicht leben kann, was sie geistig erarbeitet und erträumt hat, schreibt sie: „Gedichte sind Balsam auf unfüllbares Leben"[23] – das Gedicht als die geistige Heimat der Heimatlosigkeit.

Als Eroberung einer geistigen Heimat, die aus der Diskrepanz zur Wirklichkeit herrührt und sich aus ihr nährt, ist auch die Beschäftigung der Günderrode mit den Mythen zu erklären. Ihrer Belebung griechischer, altpersischer, altindischer und mongolischer Mythen liegt die Überzeugung zugrunde, der Weg in die „Vorwelt", der Weg in den „Mutterschoos" könne die verlorene Einheit mit der Natur wiederherstellen, der Blick in die Vergangenheit, die Vision der Zukunft freilegen. Die sinnliche Selbstfindung als Rückkehr zur Einheit mit der Natur wird in den Gedichten der Günderrode aber nicht nur in der Hinwendung zur mythischen Vorwelt, sondern auch in der Liebe realisiert. Im Gedicht «Liebe» heißt es:

> Lebendiger Tod, im Einen sel'ges Leben,
> Schwelgend in Noth, im Widerstand ergeben,
> Genießend schmachten,
> Nie satt betrachten
> Leben im Traum und doppelt Leben.[24]

Dieses Gedicht ist im Widerstreit zwischen Leben und Kunst geschrieben. Die Auffassung vom Gedicht als Mittler zwischen Wirklichkeit und Traum erhellt der Schlußvers. Die im Traum erahnte Vision des Lebens soll zu einer Potenzierung des wirklichen Lebens führen. Der Widerstreit zwischen Leben und Kunst bestimmt auch die pointiert antithetische Struktur des Gedichts. Die Ganzheitserfahrung in einer magisch-beschwörenden Vision der Vereinigung mit dem Ursprung findet auch in einem anderen frühen Gedicht der Günderrode seinen lyrischen Ausdruck:

> Farbige Kelche
> duftender Blumen

faßten die Thränen,
und ich durchdrang sie,
alle die Kelche,
rieselte Abwärts,
hin durch die Blumen,
tiefer und tiefer,
bis zu dem Schooße
hin, der verhüllten
Quelle des Lebens.[25]

Gegen die Entfremdung beschwört die Günderrode den Traum einer neuen Kultur. Sie erträumt eine Gesellschaft, in der ein Leben gemäß der eigenen inneren Natur identisch ist mit der Harmonie zur äußeren Natur. Selbstkenntnis und Selbstfindung sind kein von sich abstrahierender Prozeß. Selbstkenntnis ist das Bei-Sich-Bleiben sinnlichen Verstehens. Für die Günderrode wird das geschlechtsmetaphysische Alibi, das die Inferiorität der Frau, ihre Unfähigkeit zur Abstraktion und zur Distanz zu sich selbst festschreibt, zum Fundament für eine ‚weibliche' Kultur, die die Dichotomie von Sinnlichkeit und Vernunft überwindet. Nur so ist Einheit Vielheit und Vielheit Einheit: „Daß der Zweiheit Gränzen schwinden/ Und des Daseins Pein",[26] wie es im Gedicht «Die eine Klage» heißt.

Je bedingungsloser sich die Günderrode diesem Traum verschreibt und damit der Liebe, die sein geistiger Wegbereiter ist, desto unerträglicher wird ihr das bedingte Leben. Aber der Bedingtheit muß sie auf Schritt und Tritt Rechnung tragen, besonders in ihrem letzten Liebesverhältnis zu Friedrich Creuzer, einem verheirateten Altphilologen. Von ihm hatte sie sich Einbürgerung in die Realität erhofft. Es war ihr letzter Traum. Als sie erfuhr, daß Creuzer ihr entsagt habe, erdolchte sie sich in Winkel am Rhein, 26 Jahre alt, – und war damit selbst in der Wahl ihrer Todesart noch ‚unweiblich'. Creuzer hatte sie ihr letztes Manuskript anvertraut: «Melete». Er wollte es veröffentlichen, aber ihr Tod trat dazwischen. Der in «Melete» als Eusebio Besungene unterdrückte die Schrift, weil er sich nicht kompromittieren wollte. Durch Zufall wurde ein einziges fragmentarisches Exemplar dieses Bandes am Ende des 19. Jahrhunderts wiederentdeckt und 1906 zum 100. Todestag von Karoline von Günderrode zum ersten Mal herausgegeben. Eines der schönsten Gedichte dieses Bandes mit Dichtungen der Günderrode spricht die Erkenntnis aus, daß, wer schreibend, träumend, sehnend das endliche Leben überwindet, eben dieses Leben um so unerträglicher erfährt. Denkend und schreibend das eigene Verhängnis hervorbringen zu müssen, das ist die ausweglose Erkenntnis, die Karoline von Günderrode das Leben kostete.

Freude kann mir nur gewähren,
Heimlich diesen Wunsch zu nähren,
Mich in Träumen zu bethören,
Mich in Sehnen zu verzehren,
Was mich tödtet zu gebähren.[27]

Annette von Droste-Hülshoff: „Allein mit meinem Zauberwort"

War Karoline von Günderrode ein Stiftfräulein, das vater- und mittellos schon mit 17 Jahren in das Cronstetten-Hynspergische adelige evangelische Damenstift von Frankfurt am Main eintrat, so lebte Annette von Droste-Hülshoff wie ein Stiftfräulein. Sie machte einen bescheidenen Gebrauch von der Welt und den Menschen und unterhielt wenige Freundschaften. Ihr Leben verbrachte sie, von wenigen Reisen unterbrochen, auf Schloß Rüschhaus, dem Witwensitz ihrer Mutter, und der Meersburg, wo sie sich am Ende ihres Lebens von ihrem ersten Honorar ihr einziges kleines Haus kaufte: das Fürstenhäuschen, ihr „Tusculum". Gegen Ende ihres Lebens, als Atemnot und andere Krankheitssymptome immer mehr zunahmen, wurden auch ihre Spazierwege immer kürzer. Diese progressive Reduktion ihres Lebens, bedingt auch durch ihre leicht erregbare Psyche und ihre schon von Geburt an schwache Konstitution, steht in enger Beziehung zu ihrer Dichtung.

Die Reizbarkeit ihres Nervensystems bestimmt sowohl den Gehalt – „Krankhafte Funken im verwirrten Haar/Elektrisch blitzen"[28] – als auch die Form ihrer Gedichte. Wie allgemein im 19. Jahrhundert herrschen bei der Droste drei- oder vierhebige Jamben bei unterschiedlicher Strophengestalt vor. Doch statt der fließenden Melodieführung des Jambus nachzugeben, erhalten die Drosteschen Verse durch die Dichtigkeit der Kola, die häufig beschwerten Auftakte und die spannungsgeladenen Pausen einen abgebrochenen, stockenden oder sprunghaften Rhythmus.[29] In einem jambensüchtigen Jahrhundert stemmt sich der Drostesche Vers gegen jede kulinarische Verflachung, die einen Großteil der weiblichen Lyrik – aber nicht nur diese – charakterisiert. Die knappe Syntax verleiht dem einzelnen Wort eine Autonomie, die auf die Lyrik des 20. Jahrhunderts verweist. Trotzdem wagte es Annette von Droste-Hülshoff nie, freie Rhythmen zu schreiben. Wie in ihrem Leben, so unterwarf sie sich auch in ihrer Lyrik den überkommenen Versschemen und Strophenformen und erarbeitete sich ihre Freiheit und Eigenwilligkeit nur innerhalb des Spielraums, den diese zuließen. Eine biographisch wie formal sehr treffende Selbstcharakteristik enthalten die folgenden Verse:

So sitz ich Stunden wie gebannt
Im Gestern halb und halb im Heute.[30]

Schon Drostes erste Gedichtsammlung «Das geistliche Jahr» gibt der religiösen Lyrik eine sehr eigenwillige Prägung. Ihr Bildrepertoire stammt nicht wie das einer Agnes Franz oder Luise Hensel aus der mystisch-pietistischen Liebesmetaphorik, sondern aus den Elementarkräften der Natur. Die Bewegung dieser Gedichte ist nicht das freudige „Hinweg von hier! Hinauf zu dir",[31] sondern ein Hin- und Hergeworfensein zwischen Aufschwung und Erdenschwere, das einen

Zustand des Verharrens zeitigt, der ohne Herkunft und Ziel scheint. Der offene Anfang vieler Verse unterstreicht diesen Zustand des Auf-der-Schwelle-Stehens:

Und unter den geschloßnen Lidern fahren
Die Schatten alter Sünden hin und her.[32]

Wie Karoline von Günderrode erkennt auch die Droste in ihrem Schreiben die Negation des Lebens. Bezeichnenderweise wird die Poesie mit einem weiblichen Bild belegt:

Nicht lieblich ist die Frau,
'S ist eine strenge Norne,
Erzittre ihrem Zorne,
Sie schlürft dein Leben aus.[33]

Die Drostesche Hingabe an die Natur enthält dämonische Züge, die der weiblichen Lyrik des 18. und frühen 19. Jahrhunderts fremd sind. Oft liest sich bei ihr das Dämonische wie das erotisch Verdrängte, z. B. in den Gedichten «Der Doppelgänger», «Das Spiegelbild» und «Das Fräulein von Rodenschild» (vgl. dazu S. 43 ff.). Am Ende des Jahrhunderts begegnet das Unterbewußte, Verdrängte als Dämon in den Gedichten vieler Frauen, so in Marie Eugenie delle Grazies «Teufelsträumen». „Der Dämon vereinigt alles, was eine Frau, solange sie eine Dame war, sich nicht einzugestehen wagte: erotisches Verlangen, Sinnlichkeit, Leidenschaft."[34]

Die geistige Heimat, die sich die Droste im Gedicht erschafft, ist eine geisterreich-halluzinative. Aus der Sicht eines männlichen lyrischen Ich beschreibt «Die Mergelgrube» einen akustischen Traum, der sich, angeregt vom Tönen und Zischen des Windes, zu einer rückwärtsgewandten Vision vom „zerstörten All" ausweitet.

[...] doch die Natur
Schien mir verödet, und ein Bild entstand
Von einer Erde mürbe, ausgebrannt.
Ich selber schien ein Funken mir, der doch
Erzittert in der toten Asche noch
Ein Findling im zerfallnen Weltenbau.[35]

Wie in vielen weiblichen Traumphantasien nicht nur des frühen 19. Jahrhunderts nimmt das Traumdenken auch hier eine kulturhistorische Wendung und führt zu Mythenbildungen, die richtungsweisend für die Zukunft sind. Nach dreimaligem Anlauf und Richtungswechsel des Traums gipfelt die Mythisierung der Dichtung im Bild der Mumie, die, mit Staub bekleidet, einen Skarabäus als Insignie erhält. Kontrapunktisch setzt das Ende des Gedichts den Alltag gegen den Mythos, die Wirklichkeit gegen die Phantasie, die Geschichte gegen das Untertauchen in einem imaginären Raum jenseits der Zeit. Doch immer wieder überschreitet die Phantasie die Realität und negiert sie in einem für die weibliche Lyrik des 19. Jahrhunderts charakteristischen Wechsel von pathetischen Formeln und antipathetischen Dämpfungen, aus dem eine dissonante Harmonie entsteht, die die Melodie- und Sprachführung dieser Lyrik so unverkennbar macht und weit ins 20. Jahrhundert hineinreicht.[36] Der beschwörenden Evokation vom Versinken in der Natur, das die Konturen ‚schwimmend' werden läßt, paßt sich die Sprache an. Anstelle der logischen Gedankenführung steht die Reihung von sensuell körperhaften Schwebesensationen, die das Auslöschen des Bewußtseins begleiten:

Süße Ruh', süßer Taumel im Gras,
Von des Krautes Aroma umhaucht
Tiefe Flut, tief tief trunkne Flut,
Wenn die Wolk' im Azure verraucht,
Wenn aufs müde schwimmende Haupt
Süßes Lachen gaukelt herab
Liebe Stimme säuselt und träuft.[37]

Im Vergessen des Selbst findet hier eine sinnliche Selbstfindung statt, wie sie an Intensität nicht ihresgleichen hat.[38] Gemeinsam ist der Frauenlyrik dieses Jahrhunderts, die Projektion der Entgrenzungsphantasien in die Natur und die Bestimmung ihres Ablaufs durch assoziative Reihungen, woraus Muster für ähnliche Situationen entstehen.

Auch Annette von Droste-Hülshoff trug das Leben Zerrissenheit, Krankheit und Einsamkeit ein. Emblematisch umreißt das Abschiedsgedicht an Levin Schücking, als dieser sie zusammen mit seiner jungen Frau auf der Meersburg besuchte, ihre Lage:

Lebt wohl, es kann nicht anders sein [...]
Laßt mich in meinem Schloß allein,
Im öden geisterhaften Haus, [...]
Allein mit meinem Zauberwort.[39]

Aus dem immer beschränkteren Kreis ihres Lebens erlöst sie nur ihr „Zauberwort", mit dem sie ihre Einsamkeit auslotet und ausfüllt. Doch dies Abschiedsgedicht ist Abgesang und Beharrungsvermögen, denn da ihr das Dichten geblieben ist, ist sie „erschüttert, aber nicht zerdrückt".[40]

Zeitbilder

Annette von Droste-Hülshoff stand den großen politischen und sozialen Umwälzungen ihrer Zeit kritisch gegenüber. In ihrem Gedicht «An die Schriftstellerinnen in Deutschland und Frankreich» warnte sie vor Blaustrümpfen und George Sands. Doch viele Frauen, die nicht wie sie durch standesgemäße Erziehung von der Politik ferngehalten worden waren, entwickeln im Vormärz ein politisches und soziales Bewußtsein. Auch in ihren Gedichten stellen sie sich den Problemen der Zeit. Paradigmatisch ist die Position von Louise von Plönnies. Zwar sind auch ihre Gedichte noch voller Blumen, Bäume, Vögel und Phantasien, zwar schreibt sie die Frau in der „Einleitung" ihres 1844 erschienenen Gedichtbandes noch fest auf die Liebe („Die Liebe ist der Frauen Poesie"[41]), doch denunziert sie auch die inhumanen Bedingungen der Industriearbeit, besonders der arbeitenden Kinder,[42] soziale Not und Elend, ergreift Partei für die polnischen Freiheitskämpfer und äußert sich positiv zum technischen Fortschritt.[43] In ihren Gedichtsammlungen «Herbstrosen»[44] und «Dur- und Molltöne»[45] prangert auch Kathinka Zitz-Halein die politische und soziale Rückständigkeit an. Einen Gedichtzyklus widmete sie französischen und polnischen Freiheitskämpferinnen. In ihren Gedicht auf die Girondistin «Jeanne Manon Philipon-Roland» umreißt sie ihre Auffassung von Emanzipation, die in einem einfachen Geschlechtsrollentausch besteht: „Du warst ein Mann in Frauenröken."[46]

Differenzierter war der Emanzipationsgedanke schon im ideologisch wie formal durchaus traditionsverhafteten Œuvre von Betty Paoli zum Ausdruck gekommen. In «Kein Gedicht» leistet sie eine Aktualisierung des romantischen Androgynen-Gedankens für den privaten Binnenraum, die aber angesichts der desolaten Lage der Frau um 1841 durchaus politische Valeur hat. Kein Rollentausch, sondern Erweiterung der Weiblichkeit durch das männliche Prinzip par excellence: die Handlung. „Ich war ein Weib und kämpfte wie ein Mann."[47] Aus dieser Lebenserfahrung heraus lehnt das lyrische Ich die Rückkehr in das beschränkte weibliche Dasein als Hausfrau, Mutter und Ehefrau ab. Radikal räumt Louise Aston mit den bürgerlichen Ehe- und Moralvorstellungen auf, indem sie für die freie Liebe auch für die Frau eintritt, die sie nach ihrer Scheidung schon in die Tat umgesetzt hatte. Der subversive Gehalt ihres Gedichtbands «Wilde Rosen» und ihr allzu freies Auftreten führten 1846 zu ihrer Ausweisung aus Berlin. Aus mehreren Städten ausgewiesen wurde auch Louise Otto, „die Lerche der deutschen Frauenbewegung", die 1847 mit ihrem ersten Gedichtband «Lieder eines deutschen Mädchens» an die Öffentlichkeit trat. In ihrem Gedicht «Für alle» entlarvt sie die Revolution als männliches Machwerk, das nur den Rechten der Männer galt. Die Frauen, „der Menschheit Hälfte", sind rechtlos geblieben. Die wahre Revolution für alle – so das Fazit des Gedichts – steht noch aus.

Auch im Werk Ada Christens, besonders in ihrem vierten und letzten Gedichtband «Aus der Tiefe», wird das soziale Elend zum Thema vieler Gedichte. In «Noth» setzt sie anklagend die Überlebensprobleme der Besitzlosen gegen die ephemere Introspektion der Reichen:

> All eure romantische Seelennot
> Schafft nicht so herbe Pein,
> Wie ohne Dach und ohne Brot,
> Sich betten auf einen Stein.[48]

Unter dem Titel «Fünf Treppen hoch» schildert der letzte Zyklus dieser Sammlung in 28 Gedichten den zähen Kampf eines armen jungen Paares ums Glück, das schließlich dem Elend unterliegt. Am Ende des Jahrhunderts öffnet Maria Janitschek die konventionellen Titel der weiblichen Lyrik sozialen Gehalten. Ihre «Vision» ist die der geknechteten Menschheit, des „Stroms der Arbeitssklaven“;[49] in ihrem «Traum» begegnet sie ihrer alten Mutter, um deren elendes Leben mit dem, was sie erarbeitet hat, noch zu verschönen. Doch die Wirklichkeit straft den Traum Lügen: die Mutter ist lange tot.

Nicht zu übersehen ist, daß in der politisch engagierten Frauenlyrik das Interesse am ideologischen Gehalt größer war als das an neuen Formen. Das Bildrepertoire bleibt durchweg konventionell, und auch die Sprachführung kennt nur zwei Töne, den der Rührseligkeit oder den des Wild-Pathetischen. In dieser Ambivalenz zwischen Gehalt und Form klingt die weibliche Tendenzdichtung des 19. Jahrhunderts aus. Vom Gehalt her betrachtet ist das Gedicht «Nein, nicht vor mir im Staube knien» von Isolde Kurz schon im Titel eine Chiffre für die Sensibilisierung weiblicher Wahrnehmung: die Feststellung, daß es den emanzipierten Mann, der die Frau als seine ihm ebenbürtige Partnerin akzeptiert, noch nicht gibt. Doch was an ideologischem Gehalt antizipiert wird, nehmen Bildlichkeit, Duktus und Metrum zurück:

> Der Held, der meines Lebens Stern,
> Wird erst nach meinem Tod geboren.[50]

Das verschüttete Erbe

Während Louise Otto die politische Rechtlosigkeit der Frauen anprangert, unternehmen andere Lyrikerinnen den Versuch, den geteilten Himmel weiblich zu besetzen. Diese Transzendierung der eigenen Subjektivität, wie sie schon von Amalie von Imhoff, Karoline von Günderrode und Louise Brachmann vorgenommen worden war, weist der Utopie einer weiblichen Kultur die Richtung und zeigt den Frauen den Weg ihres Wachsens, ihrer vollkommenen Subjektwerdung. Kindheitsevokationen, Entgrenzungsphantasien und weibliche Mythisierungen sind die Repräsentationsformen und -muster, die das verschüttete weibliche Erbe einholen können. Einerseits wird die Vorstellung von der Vollkommenheit des weiblichen Subjekts in den Mythos projiziert, andererseits wird der Schmerz über die Heimatlosigkeit, die nicht nur Trennung von der Natur, sondern auch das Ausgeschlossensein aus der Geschichte als geschichtsbestimmendes Subjekt meint, zum Motor der Erschaffung eines kulturgeschichtlichen Raums für die Frau. Den Traum von ihrer Kindheit, in der das kindliche Ich noch mit der Natur und dem All verbunden war, entwickelt Isolde Kurz zu einer im Gedicht antizipierten ganzheitlichen Verwirklichung als Frau. Durch das in konkreter Gestalt erscheinende Kind, das von der zukünftigen Frau träumt, werden mythisierte kindliche Vergangenheit und Zukunft austauschbar. Die Metapher des Spiegelbilds hebt jede zeit-räumliche Begrenzung auf.[51]

In ihrem Gedicht «Die eingesargte Amazone» funktioniert Friederike Brun einen männlichen Mythos für das Weibliche zum Mythos weiblicher Befreiung um. Auf die Frage der Dichterin, warum sie in einem hölzernen Sarg liege, statt in einem aus Marmor, antwortet die Amazone: „Thörin, schweig'! Spät öffnen und schwer sich marmorne Särge / Diesen spreng' ich und mich schützt der Freyheit Altar."[52] Durch das Schreiben schafft sich die weibliche Subjektivität eine Transzendenz, die richtungsbestimmend für die Zukunft wird. Betty Paoli vergöttlicht ihr Dichten, indem sie es dem Wort der Pythia vergleicht, Marie von Najmájer beschließt ihr Gedicht «Sappho» mit den Versen: „Strahlt aus fernsten Zeiten dein Name/Siegreich uns entgegen, hehr wie das ew'ge Sternlicht".[53] Bei der Erschaffung einer weiblichen Transzendenz ist der Beitrag der religiösen Lyrik nicht zu unterschätzen. In ihrem Gedicht «Maria» entwirft Luise Hensel eine vom Männlichen vollkommen unabhängige weibliche Kosmogonie: Marias „rein weiblich Gebilde" ist „bekleidet mit der Sonne / Den Mond ihr untertan", und sie hat „von Sternglanz eine Krone".[54] An den Rand eines anderen Mariengedichtes schrieb Luise Hensel die Bemerkung: „Es stehen zwei unter dem Baum des Heils [...] Maria, die neue Eva, Priesterin."[55]

Doch die Lyrikerinnen erschreiben sich ihre Vorstellung von der eigenen Vollkommenheit und deren kulturschaffendem Wert nicht nur im Rekurs auf Mythos und Heilsgeschichte, sie schaffen auch neue weibliche Mythen. Emblematisch der Schwestern-Mythos, den Louise von Plönnies in ihrem Gedicht «Die beiden Lilien» lyrisch umsetzt. Luna ist hier die kosmische Schwester der Lilie, „Der Blumen Priesterin". Bei ihrem Tod geht die Lilie „im Strahlenarm der Schwester"[56] in den weiblichen Kosmos ein. Schwesterliches in Frauenbeziehungen klingt in Gedichten von Isolde Kurz und Marie von Najmájer an, der ersten Lyrikerin, die einen Gedichtzyklus der Frauenliebe widmete.[57] In ihrem Gedicht «Die Griechin» schreibt sie: „Mir ist bei deiner Stimme weichem Klang / Als rief' ein Herz den Schwestergruß mir zu." Schon 1857 forderte Luise Hensel zur Aufgabe des beschränkten irdischen Lebens auf mit den Worten: „O, Schwester, laß uns an den Türen singen!"[58]

Nicht nur im Mythos erschreibt sich die weibliche Lyrik ihren Himmel, auch an konkreten, lebensnahen Frauengestalten wird er festgemacht. Dabei ist es immer wieder der Schmerz über die weibliche Heimatlosigkeit, der noch Else Lasker-Schüler im 1898 entstandenen Gedicht «Chaos» ausrufen läßt: „Meine Mutterheimat ist seelenleer"[59], der die Suche nach dem verschütteten Erbe und nach weiblicher Transzendenz bestimmt. Isolde Kurz, die wie fast alle Lyrikerinnen ihrer Mutter mehrere Gedichte widmete, begegnet in «Nachtgesicht» der vom Tod erwachten Mutter. Der Blick in den Spiegel der Mutter erschließt dem lyrischen Ich einen zukünftigen Raum, der sich in der Forderung manifestiert: „So fordre deinen Teil vom Glück / Von diesem neuen Lenzensreiche",[60] Worte, die alle Frauen zur Verwirklichung ihrer Subjektwerdung und Selbstfindung aufrufen.

Den Entgrenzungsphantasien, Mythisierungen und Transzendierungen liegt die Überzeugung zugrunde, daß aus dem Nichts weiblicher Geschichtslosigkeit keine Zukunft erwächst, denn das Nichts kann weder wachsen noch demoliert werden. Auf der Suche nach dem verschütteten weiblichen Erbe gilt es, dieses

Nichts konkret kulturgeschichtlich aufzufüllen. Die Lyrikerinnen des frühen 19. Jahrhunderts wiesen dabei den späteren die Richtung und den Weg. Hierin besteht die kulturhistorische Leistung der weiblichen Lyrik des 19. Jahrhunderts und ihre Kontinuität. Im Schaffen weiblicher Mythen, die richtungsbestimmend für die Zukunft sein sollen, wird gleichzeitig die Vorstellung vom weiblichen Anderssein und von der eigenen Vollkommenheit transzendiert. Im «Nachruf» auf ihre zu früh verstorbene Freundin Anne Germaine de Staël erhebt Friederike Brun diese als Verwirklichung ihrer Vorstellung von weiblicher Vollkommenheit zum „hellsten Stern des Frauenhimmels".[61]

3. Heraldik des Unheimlichen
Annette von Droste-Hülshoff (1797–1848)
Auch ein Portrait

Irmgard Roebling

Annette von Droste-Hülshoff ist die einzige Frau, die in keiner deutschen Literaturgeschichte des 19. Jahrhunderts fehlt. Außerhalb der Fachwelt und der Neueren Frauenbewegung kann sie bei uns weitgehend als einzige bekannte Dichterin des 19. Jahrhunderts angesehen werden. Der Grund hierfür liegt sicher nicht zuletzt im Lesekanon deutscher Schulen, in dem «Die Judenbuche» und einige Balladen der Droste obligatorisch auftauchen. Abgesehen von der hier immer noch fortwirkenden katholischen Kulturpolitik – die Droste wurde seit dem Ende des 19. Jahrhunderts vor allem als katholische Dichterin propagiert – mag und mochte man wohl davon ausgehen, daß die ausgewählten, meist unheimlichen Texte dieser Autorin in besonderer Weise die Leselust der Jugendlichen fördern.

Und wirklich fällt den meisten bei Erwähnung der Droste entweder das dunkel-unheimliche, in ungeklärter Weise um Schuld, Tod und Sühne kreisende Geschehen der «Judenbuche» oder der Rahmen des berühmt-schaurigen Gedichtes «Der Knabe im Moor» ein mit den Versen:

O schaurig ist's über's Moor zu gehn
[...]
O schaurig war's in der Heide.

Den Kennern der Droste-Dichtung stehen nicht nur zahllose Wortprägungen aus dem Umfeld des Schaurigen, Unheimlichen, Grauenvollen, Dunklen, sondern ebensoviele Situationen vor Augen, die Unheimlich-Bedrohliches, sei es in der Naturszene der westfälischen Heide-Moorlandschaft, sei es im spukhaften Schlösser-Szenario, sei es in menschlich-psychischen Grenzsituationen darstellen.

Was treibt, so kann man sich fragen, dieses zarte, dauernd kränkliche, nach strenger Adelsetikette aufgezogene und behütete Freifräulein Anna Elisabeth Droste zu Hülshoff zur Gestaltung solcher Schauerwelten? Als literarischer Anknüpfungspunkt könnte vielleicht die Tradition der *gothic novel,* der von England aus verbreiteten, vornehmlich von Frauen produzierten und rezipierten Schauergattung angeführt werden in der Nachfolge von Ann Radcliffs 1794 erschienenen «Mysteries of Udolpho». Diese in den 20er Jahren des 19. Jahrhunderts auf dem Höhepunkt stehende Gattung kann der 1797 geborenen Droste nicht ganz unbekannt gewesen sein. Bekannt ist die Vorliebe der Dichterin für die unheimlichen Erzählungen E. T. A. Hoffmanns (die «Elixiere des Teufels» sind 1815/16 erschienen, die klassisch-unheimliche Geschichte «Der Sandmann» 1817); bekannt ist auch ihr vom Vater übernommenes Interesse für Spuk- und Gespenstergeschichten der westfälischen Heimat, ja für mystische Phänomene wie Magnetismus, Telepathie, das Zweite Gesicht und ‚Spökenkiekerei' überhaupt.

Doch die Zeit der Schauerromantik war in Deutschland vorbei, als die Droste mit ihren Werken an die Öffentlichkeit trat (Gedichte und Epen seit 1838, die Novelle «Die Judenbuche» 1842). Wie ist ihr Erfolg trotz dieses Beibehaltens mystisch-schauriger Elemente und Effekte zu erklären? Schon zu ihren Lebzeiten fanden – wie aus der seit 1980 vorliegenden Droste-Rezeptionsdokumentation[1] abzulesen – gerade die schaurig-unheimlichen Texte ein vergleichsweise heftiges und positives Echo. Man nannte die Droste eine „Geistesverwandte Byrons",[2] eine „merkwürdig dämonische Natur";[3] in ihrer Dichtung öffne sich „eine Welt des Traumes und der Ahnung",[4] ihre Texte gefielen sich in der „Ausmahlung schauerlicher und gefährlicher Scenen",[5] man fühle sich in „starres Schaudern versetzt".[6] Ein Rezensent spricht von der „mysteriösen Art" der Erzählung in den Versepen: „man sträubt sich vor Abgründen, schaudert zusammen vor Kälte, fühlt sich einsam und von Furcht bewältigt".[7] Über die Ballade «Das Fräulein von Rodenschild» wird z. B. gesagt, daß sie „uns ein Gesicht, so schaurig umschleiert und doch so kräftig wie selbst Erlebtes vorzaubert, daß es uns durchrieselt und wir noch bleich von dem Geisterhauch, der uns anweht, forschen: wer mag der Dichter sein?"[8] Ein anderer Kommentar wenig später (nach einer Lesung der gleichen Ballade) lautet: „Die lebendige Darstellung, die uns mitfortreißt in ein mystisch verhülltes Reich, läßt, vereint mit der Musik des Verses, jede Saite der Seele erzittern".[9] Unheimlich ist den Lesern schließlich das Phänomen der Dichterin selbst. In zahllosen Rezensionen tut sich Staunen kund, daß eine Frau solche Dichtung hervorbringen könne. Levin Schücking schreibt 1845, die Droste sei uns „fremder als ihre Schwestern, denn ihr Geist hat wirklich die Genialität eines Mannes".[10] Im Vergleich mit Stifter sei ihre „Auffassung dämonischer, kühner, der Mann sinniger, stiller, lieblicher".[11] Über die «Schlacht im Loener Bruch» ist zu lesen:

> Wir hielten es unmöglich, [...] daß eine weibliche Feder diese Zeilen, eine weibliche Phantasie diese schauerlichen Bilder, vor denen des Mannes Sinn erbebt, geschaffen haben könne.[12]

Unheimlich sodann war den Lesern wohl die Mischung vom „mikroskopisch genauen Blick für die Natur“[13] und der Neigung zum Unheimlichen, Spuk- und Gespensterhaften. Unheimlich schließlich war den Freunden und Bekannten der Autorin die Verbindung von Herz und Intellekt, Empathie und Analysedrang. Levin Schücking charakterisiert die Droste so:

Sie besitzt ein Herz voller Wohlwollen und Güte und ist doch schlau und klug wie eine Schlange, die innersten Gedanken einem aus dem Herz lesend.[14]

Christoph Bernhard Schlüter, Freund der Droste und Philosophie-Professor in Münster, rang – wie Briefe und Dokumente zeigen – zu Lebzeiten wie nach dem Tod der Droste um Vereinheitlichung und Fundierung ihres zwischen Auflehnung, Skeptizismus und Frömmigkeit schwankenden Katholizismus. Im Nachruf schrieb er:

Seltsam vereinte sich in ihr mit einem gefühlvollen, die menschlichen Zustände jedes Alters, jeder Lebensepoche, jedes Ranges, Standes, Geschäftes und jeder Situation innig mitempfindenden Herzen eine ungewöhnliche Gabe, die verwickeltsten Zustände zergliedernd zu entwirren, und so sie klar durchschauend zu begreifen und vollkommen zu beurtheilen. Sie übte diese Gabe nachmals schier bis zur Leidenschaft und nichts war vor ihrem psychologischen Anatomiemesser sicher.[15]

Um besser zu verstehen, was an den unheimlichen Texten der Droste die Leser anzog und sie zu den verschiedenartigen Phantasien und Projektionen einlud, und um die Autorin Annette von Droste-Hülshoff selbst auch besser zu verstehen, soll im folgenden zunächst an der als besonders unheimlich geltenden Ballade «Das Fräulein von Rodenschild»[16] dem Phänomen des Unheimlichen in der Drosteschen Dichtung nachgegangen werden. Einbezogen in die Interpretation werden verschiedene Ansätze zur Erklärung des Unheimlichen in der Dichtung sowie – im weiteren Verlauf – wesentliche Teile des Gesamtwerks der Dichterin.

Die Ballade «Das Fräulein von Rodenschild»

Die Ballade «Das Fräulein von Rodenschild» entstand zusammen mit den sogenannten «Rüschhauser Balladen» in den Jahren 1840/41. Der Text dieser Ballade erschien in einer vorläufigen Fassung Anfang 1841 als anonymer Beitrag in der dritten Lieferung des von Freiligrath und Schücking konzipierten Werks «Das malerische und romantische Westfalen». Den Zeugnissen Levin Schückings zufolge[17] geht der Stoff der Ballade auf ein Erlebnis der Droste selbst zurück: Sie habe im Traum ihre eigene Doppelgängerin beobachtet, die, aufgeweckt durch den Ostergesang des Gesindes, in den Hof herabgestiegen und dann mit ihrem Licht in einem anderen Flügel des Schlosses verschwunden sei. Zum Schrecken der Droste hätten die Dienstleute am nächsten Morgen ihr Erscheinen bestätigt. Was auch immer an dieser Überlieferung den Tatsachen entspricht – es handelt sich um einen Text, in dem die Droste Eigenes, das für sie mit Traumgeschehen verbunden ist, poetisch verarbeiten wollte.

Das Fräulein von Rodenschild

1 Sind denn so schwül die Nächt' im April?
Oder ist so siedend jungfräulich' Blut?
Sie schließt die Wimper, sie liegt so still,
Und horcht des Herzens pochender Fluth.
„O will es denn nimmer und nimmer tagen!
O will denn nicht endlich die Stunde schlagen!
Ich wache, und selbst der Zeiger ruht!

2 Doch horch! es summt, eins, zwei und drei, –
Noch immer fort? – sechs, sieben und acht,
Elf, zwölf, – o Himmel war das ein Schrei?
Doch nein, Gesang steigt über die Wacht,
Nun wird mir's klar, mit frommem Munde
Begrüßt das Hausgesinde die Stunde,
Anbrach die hochheilige Osternacht."

3 Seitab das Fräulein die Kissen stößt
Und wie eine Hinde vom Lager setzt,
Sie hat des Mieders Schleifen gelöst,
In's Häubchen drängt sie die Locken jetzt,
Dann leise das Fenster öffnend, leise,
Horcht sie der mählig schwellenden Weise,
Vom wimmernden Schrei der Eule durchsetzt.

4 O dunkel die Nacht! und schaurig der Wind!
Die Fahnen wirbeln am knarrenden Thor, –
Da tritt aus der Halle das Hausgesind'
Mit Blendlaternen und einzeln vor.
Der Pförtner dehnet sich, halb schon träumend,
Am Dochte zupfet der Jäger säumend,
Und wie ein Oger gähnet der Mohr.

5 Was ist? – wie das auseinander schnellt!
In Reihen ordnen die Männer sich,
Und eine Wacht vor die Dirnen stellt
Die graue Zofe sich ehrbarlich,
„Ward ich gesehn an des Vorhangs Lücke?
Doch nein, zum Balkone starren die Blicke,
Nun langsam wenden die Häupter sich."

6 „O weh meine Augen! ich bin verrückt?
Was gleitet entlang das Treppengeländ?
Hab' ich nicht so aus dem Spiegel geblickt?
Das sind meine Glieder, – welch ein Geblend'!
Nun hebt es die Hände, wie Zwirnes Flocken,
Das ist mein Strich über Stirn und Locken! –
Weh, bin ich toll, oder nahet mein End?"

7 Das Fräulein erbleicht und wieder erglüht,
Das Fräulein wendet die Blicke nicht,
Und leise rührend die Stufen zieht
Am Steingelände das Nebelgesicht,
In seiner Rechten trägt es die Lampe,

Ihr Flämmchen zittert über die Rampe,
Verdämmernd, blau, wie ein Elfenlicht.

8 Nun schwebt es unter dem Sternendom,
Nachtwandlern gleich in Traumes Geleit,
Nun durch die Reihen zieht das Phantom,
Und jeder tritt einen Schritt zur Seit'. –
Nun lautlos gleitet's über die Schwelle, –
Nun wieder drinnen erscheint die Helle,
Hinauf sich windend die Stiegen breit.

9 Das Fräulein hört das Gemurmel nicht,
Sieht nicht die Blicke, stier und verscheucht,
Fest folgt ihr Auge dem bläulichen Licht,
Wie dunstig über die Scheiben es streicht.
– Nun ists im Saale – nun im Archive –
Nun steh es still an der Nische Tiefe –
Nun matter, matter – ha! es erbleicht!

10 „Du sollst mir stehen! ich will dich fahn!"
Und wie ein Aal die beherzte Maid
Durch Nacht und Krümmen schlüpft ihre Bahn,
Hier droht ein Stoß, dort häkelt das Kleid,
Leis tritt sie, leise, o Geistersinne
Sind scharf! daß nicht das Gesicht entrinne!
Ja, muthig ist sie, bei meinem Eid!

11 Ein dunkler Rahmen, Archives Thor;
– Ha, Schloß und Riegel! – sie steht gebannt,
Sacht, sacht das Auge und dann das Ohr!
Drückt zögernd sie an der Spalte Rand,
Tiefdunkel drinnen – doch einem Rauschen
Der Pergamente glaubt sie zu lauschen,
Und einem Streichen entlang der Wand.

12 So niederkämpfend des Herzens Schlag,
Hält sie, den Odem, sie lauscht, sie neigt –
Was dämmert ihr zur Seite gemach?
Ein Glühwurmleuchten – es schwillt, es steigt,
Und Arm an Arme, auf Schrittes Weite,
Lehnt das Gespenst an der Pforte Breite,
Gleich ihr zur Nachbarspalte gebeugt.

13 Sie fährt zurück – das Gebilde auch –
Dann tritt sie näher – so die Gestalt –
Nun stehen die Beiden, Auge in Aug',
Und bohren sich an mit Vampyres Gewalt.
Das gleiche Häubchen decket die Locken,
Das gleiche Linnen, wie Schnees Flocken,
Gleich ordnungslos um die Glieder wallt.

14 Langsam das Fräulein die Rechte streckt,
Und langsam, wie aus der Spiegelwand,
Sich Linie um Linie entgegen reckt
Mit gleichem Rubine die gleiche Hand;
Nun rührt sich's – die Lebendige spüret
Als ob ein Luftzug schneidend sie rühret,
Der Schemen dämmert, – zerrinnt – entschwand.

Und wo im Saale der Reihen fliegt,
Da siehst ein Mädchen du, schön und wild,
– Vor Jahren hat's eine Weile gesiecht –
Das stets in den Handschuh die Rechte hüllt.
Man sagt, kalt sey sie wie Eises Flimmer,
Doch lustig die Maid, sie hieß ja immer:
„Das tolle Fräulein von Rodenschild."

Der Eindruck des Unheimlichen, den diese Ballade vermittelt, wird zweifellos durch eine Fülle von Motiven bewirkt, die in der Schauerballade seit Bürger, aber auch den schauerromantischen Erzählungen der Zeit vorlagen: Das Schloß als Kulisse, das ängstliche Fräulein, Mitternacht, unbestimmte Geräusche, Visionen, Phantome, Gesichte, bläuliches Licht, Doppelgänger- und Spiegelbegegnung, Vampire, geheimnisvolle Archive, viel Dunkelheit und eine mit ‚O' und ‚Weh' durchsetzte Sprache. Auffallend ist aber – und das schließt an die Genese des Gedichtes an –, daß das Unheimliche durch die Eingangsbilder auf potentielles Traumgeschehen perspektiviert wird. Das ganze Gedicht könnte als Traum gelesen werden, aus dem Innern des aufgewühlten Fräuleins entstanden. Schon mit diesem Eingang vollzieht die Autorin eine Psychologisierung des Unheimlichen. Von daher wird vielleicht besser verständlich, daß es trotz der hinlänglich bekannten Schauerrequisiten erneut als unheimlich erfahren wurde, als „selbst Erlebtes". Wenn beim Zuhörer „jede Saite der Seele erzittert", müssen im Gewand der Schauerrequisiten doch elementare Ängste angesprochen werden, die hier einen neuartigen Ausdruck gefunden haben. Was wird an Beängstigendem und doch zugleich Anziehendem in der Ballade durchgespielt?

Wesentlich für den Gesamtaufbau der Ballade ist die Aufspaltung der Mittelpunktsfigur in eine – wie es scheint – eigentliche Person, die wahrnimmt und handelt, und eine andere, die als Schemen, Vision, Eben- und Spiegelbild in deutlicher Differenz von der ersten vorgestellt wird. Vermittelt mit diesen beiden Personalitätsformen – und das macht einen Teil der unheimlichen Spannung aus – ist der Wechsel von Bildern, die auf Trieb, Dynamik und Aktivität zielen mit solchen, die Hemmung, Abwehr und Widerstand ausdrücken. Dem in der 1. Strophe unumwunden benannten „siedend jungfräulich(em) Blut" wird in der 2. Strophe unvermittelt der Ostergesang des Hausgesindes als Rettung, Abwehr oder Widerstand bildlich entgegengesetzt. Daß solche christliche Zuflucht aber kein Auslöschen der Triebe bewirken kann, zeigen die hierauf folgenden, aber auch weiter im Text verstreuten Bilder, die körperliche, libidinöse, tendenziell laszive Assoziationen wecken:

Strophe 3: Seitab das Fräulein die Kissen stößt,
Und wie eine Hinde vom Lager hetzt,
Sie hat des Mieders Schleifen gelöst.
Strophe 4: Der Pförtner dehnt sich, halb schon träumend
Strophe 5: Ward ich gesehen an des Vorhangs Lücke?
Strophe 6: Hab' ich nicht so aus dem Spiegel geblickt?

Das sind meine Glieder, – welch ein Geblend'!
Strohpe 7: Das Fräulein erbleicht und wieder erglüht,
Strophe 13: Das gleiche Linnen, wie Schnees Flocken,
Gleich ordnungslos um die Glieder wallt.

Im weitern Sinn ist das ganze nächtliche Erscheinen des Ebenbilds Ausdruck eines triebhaften, nicht den Normen entsprechenden Verhaltens. Gegen dieses Unweibliche, Unstandesgemäße und deshalb Unstatthafte formiert sich in Strophe 5 in der symbolischen Praxis ein zweiter Widerstandswall:

In Reihen ordnen die Männer sich,
Und eine Wacht vor die Dirnen stellt
Die graue Zofe sich ehrbarlich.

Gegen die Begehrlichkeit des erscheinenden, auf Abwege geratenen Doppelbildes des Fräuleins wird also exemplarisch im gedrillten Hausgesinde das christlich geprägte Ordnungsmuster der Welt vorgeführt: Männer und Frauen sind getrennt, den Männern kommt Ordnungsbefugnis und auch Ordnungsbewahrung zu; durch die Reihenbildung werden Vorstellungen von Gehorsam, Gesellschaftsbildung, aber auch Wehrhaftigkeit für die eigene Ordnung verdeutlicht. Die Dirnen, d. h. unverheiratete Frauen, müssen um der Ehrbarkeit willen – der einzigen Tugend, die Frauen außer Frömmigkeit im 19. Jahrhundert haben konnten – nicht nur *von* den Männern, sondern auch *vor* der Männerwelt, für die ein anderer Tugendkatalog gilt, bewacht werden. Bürgin dafür ist die „ehrbarliche graue Zofe", ein unmißverständliches Symbol für die traditionsverhaftete lebensfeindliche Welt der gesellschaftlichen Etikette.

Mit Spannung verfolgt man, wohin das Phantom nach Überwindung dieser Barriere, nach Durchschreiten sowohl der christlichen wie der gesellschaftlichen Schutzwälle sich begibt. Das Archiv, Ort der Pergamente und Dokumente, Inbegriff einerseits für Bildung und philologisches Interesse, Versprechen andererseits des Zugangs zu geheimen, mysteriösen, aus der Vorzeit überlieferten Zeugnissen, ist sein Ziel. Als es da angekommen ist, erlischt seine gespenstige Lampe. Dieses Vordringen zum Archiv nun scheint der Autorin so wesentlich und bedeutungsvoll, daß sie es im Gedicht gleich ein zweites Mal (nun vom bisher sein Doppelbild nur beobachtenden Fräulein) durchführen läßt. Und wieder ist der Weg geprägt von Hindernissen und Barrieren: Dunkel, Nacht, Krümmen, Stoß, Häkeln, Tor, Schloß, Riegel. Angekommen im geheimnisvollen Reich von Bildung und Vergangenheitszeugnissen stellt das Fräulein seine Doppelgängerin im Spiegelbild und bannt sie durch Entgegenstrecken der rechten Hand. Bevor nun das Abschlußbild, das Ergebnis sozusagen des Drang- und Abwehrgeschehens, analysiert werden kann, muß noch der besondere *modus* der Aktivität des Fräuleins selbst untersucht werden.

Bis auf die direkt nach vorwärts gerichteten Aktivitäten (Verfolgen des Phantoms, Ausstrecken der Hand) stellt sich uns die Protagonistin vor allem als intensiv wahrnehmende dar. Entsprechend der gespenstigen Tradition nimmt das

Hören unheimlicher Geräusche natürlich einen gewichtigen Raum ein; gehört wird der „wimmernde Schrei der Eule“, die „wirbelnde Fahne“, das „knarrende Tor“. Wichtig scheint, daß das Horchen als besonderer Ausdruck der Nahsinne zugleich etwas nach innen Geleitetes signalisiert. Außer dem Schlag der Uhr steht am Anfang bezeichnenderweise das Horchen auf den erregten Schlag des Herzens und das Aufsteigen des österlichen Gesangs. Beides sind „Stimmen“, die konfligierende Inhalte des Bewußtseins und des Unbewußten im Fräulein zum Ausdruck bringen. Die folgenden Geräusche, so könnte man folgern, sind als Derivate dieser widerstreitenden Stimmen aus dem Innern zu interpretieren.

Stärker im Vordergrund stehen aber – und das macht ein Spezifikum vieler Drostescher Werke aus – optische Effekte mitsamt eidetischen Aktivitäten. Die durchgehende Hell-Dunkel-Ambivalenz geht dabei nur teilweise in nächtlich-spukhaftem Ambiente auf, das Ringen um Licht und Sehen hat weitergehende Bedeutung: Es zielt im Kontext der Balladenhandlung auf Einsicht und Aufklärung. Doch der *modus* des Sehens wird noch expliziter. Nachdem der Einleitungsteil (Strophen 1–4) die konträren Kräfte (siedendes Blut und Ostergesang) in verschiedenen Bildsequenzen anschaulich gemacht hat, wird der Mittelteil (Strophen 5–9) bildhaft perspektiviert auf das Fräulein, das beobachtend am Fenster steht. Sie wirkt als Schauende und ist sich zugleich des Unpassenden ihres Schauens bewußt. Die Frage: „Ward ich gesehen an des Vorhangs Lücke?“ gemahnt an voyeuristische Einblicke in verbotene Intimsphären. Entsprechend entstammen die Begriffe zur Beschreibung der ersten Blickinhalte des Spiegelbilds, das „Geblend“ der „Glieder“, dem erotisch-libidinösen Sprachgebrauch des 19. Jahrhunderts.

Auf den bildgewordenen Widerstandswall des Gesindes und deren Blickhinweis („Zum Balkone starren die Blicke“) reagiert das Fräulein zunächst mit einem auf das Zentrum des Sehens, die Augen, bezogenen Schock, der sie an den Rand des Wahnsinns bringt.

> „O weh meine Augen! bin ich verrückt?
> [...]
> Weh bin ich toll, oder nahet mein End?“

Trotz des emotionalen Aufruhrs gibt sie der Verunsicherung durch das Gesinde und durch ihr aus den starrenden Blicken der Dienstleute gewissermaßen erst entstandenes Spiegelbild nicht nach und schaut weiter:

> Das Fräulein erbleicht und wieder erglüht,
> Das Fräulein wendet die Blicke nicht.

Erst nach diesem insistierenden Vers kann das Doppelbild, umgeben von visuellen Motiven (Nebelgesicht, Lampe, Flämmchen, verdämmernd, Elfenlicht, Sternendom, Phantom, Helle) weiterziehen, verfolgt von den zugleich hilflosen wie bedrohlichen Blicken, „stier und verscheucht“, der Dienstleute und dem beobachtenden Auge des Fräuleins.

> Fest folgt ihr Auge dem bläulichen Licht.

Nur der konzentrierte Forscherblick ermöglicht, wie es scheint, den im Schlußteil (Strophen 10–15) beschriebenen Zugang zum Archiv und die Bannung des Phantoms, denn im Archiv wartet ja, mit dem Spiegelbild, erneut eine optische Konfrontation auf sie:

Nun stehen die beiden Auge in Aug'.

Auch nach Eintritt in das Reich der Vergangenheit, in den Erfahrungsraum der *arche,* „Tiefdunkel drinnen", trifft sie auf ein nächtlich-libidinös aufgelöstes Ebenbild:

Das gleiche Linnen, wie Schnees Flocken,
Gleich ordnungslos um die Glieder wallt.

Diese Selbstkonfrontation stellt eine Variation der für das 19. Jahrhundert klassischen Doppelgängerbegegnung dar, in der – immer handelt es sich um Männer – gerne durch ein Duell dem unheimlichen Geschehen ein Ende gemacht wird.[18] Schließlich könnte das Vorstrecken der Hand als phallisch-aggressive Geste verstanden werden (parallel dem Pistolen- oder Gewehr-Motiv); der darauf folgende schneidende Luftzug stünde in diesem Sinne für das Todesmotiv. Auch ein Durchstoßen und damit Zertrümmern des Spiegels (der dann schneidet) und damit des Spiegelbildes wird durch die Verse als Vorstellung mitangedeutet:

Nun rührt sich's – die Lebendige spüret,
Als ob ein Luftzug schneidend sie rühret,
Der Schemen dämmert, – zerrinnt – entschwand.

Zweifellos dominiert im Text der Droste aber im Entgegenstrecken beider Hände, der symbolischen Geste der Begrüßung, der kommunikative Aspekt – verstärkt noch durch Benennung des Schmucks auf den Händen – über die aggressive Bedeutung. Das Fräulein will das ihr im Bild Verdeutlichte (auch in seinen gesellschaftlich anstößigen Aspekten) nicht vernichten, sondern zumindest kennenlernen. Daß darauf der Schemen „zerrinnt", könnte als Tendenz zur Integration des abgespaltenen Ichs ins Selbstbild angesehen werden, selbst wenn das Motiv des Spiegelbilds – wie seine zahlreichen anderen Erscheinungen im Werk der Droste bekräftigen[19] – als Symbol der Gespaltenheit und Identitätslabilität von Unheimlichkeit umwittert bleibt. Dementsprechend enthält das Abschlußbild der Ballade vom lustig tanzenden tollen Fräulein von Rodenschild neben den deutlich sieghaften Elementen doch auch – in der eisigen behandschuhten Rechten – ein ‚gehöriges' Maß an Verletzung: Bestrafung und Buße, wie es scheint.

Fräulein und Ebenbild, so wird man zunächst sagen können, haben in ihren Aktivitäten, ihren triebhaften Wünschen, ihrem Forscherdrang, ihrem Eindringen ins Reich der Bildung und der Vergangenheit sich aus Geschlechts- und Standesrolle entfernt. Und das bleibt nicht ungesühnt. Daß die Sühne sich gerade an der rechten, der schreibenden Hand vollzieht, läßt den Bezug zur Autorin, die sich durch ihr Schreiben aus den Rollenzuschreibungen emanzipiert hat, überdeutlich werden. Schließlich ließe sich das ganze Tanzbild als zwiegesichtige Verkörperung ihres Künstlerstatus verstehen.

Dem Namen des Fräuleins, Rodenschild, der Anfang und Ende des Gedichts markiert, kommt dabei die gleiche Ambivalenz zu, die das ganze Gedicht in seiner Vermittlung von Vorwärtsdringen und Abwehr, von Zeigen und Verhüllen, von Berührenwollen und es nicht dürfen durchzieht. Der Schild verkörpert ja in gleicher Weise die Abwehr vor den eigenen Trieben und Wünschen, wie er im Kontext mit der eisigen behandschuhten Hand (die auch an eine Falknerhand erinnert) die Bereitschaft zu Kampf und hochfliegenden Aktivitäten signalisiert. Die Farbe ‚rot' (Roden-) unterstreicht sowohl die emotional-triebhafte wie die kämpferisch-revolutionäre Bedeutung dieses Geschehens.

„Wollüstig saugend an des Grauens Süße"
Ambivalenz und Verdrängung im Unheimlichen

Für die Hervorrufung von Unheimlichkeit stellt Ambivalenz zweifellos eine wesentliche Bedingung dar, doch muß die Ambivalenz in ihrer besonderen Verbindung mit dem zu erkundenden Geheimnis (Archiv), mit der Aufspaltung in zwei Wesen und mit dem Geschlechtsrollenverhalten näher bestimmt werden. In der Droste-Forschung ist dieser Komplex noch nicht wirklich analysiert worden, auch wenn Ansätze dazu vorliegen. Am weitesten dringt wohl Wolfgang Preisendanz auf der Suche nach Begründung des Schaurigen in den Droste-Texten vor. Er schreibt: „Der Schauer, das Grauen, die Unheimlichkeit, das Nichtgeheure haben kaum einmal Eigenwert, sondern ergeben sich aufgrund und im Gefolge bestimmter Wahrnehmungsbedingungen, Wahrnehmungssituationen, Wahrnehmungsprozesse, Wahrnehmungskrisen."[20] Wirklichkeit werde zur Wahrnehmungswirklichkeit, eine der erzählerischen Grundsituationen im Werk der Droste stelle sich dar als „die Schwierigkeit, Erscheinungen zu identifizieren, Eindrücke zu verifizieren, optische und akustische Wahrnehmungen zu orten".[21] Letztlich bleibe aber solches Orten orientierungslos, die Geschichten bleiben dunkel, Wahrnehmung scheitere. In einem vergleichbaren Sinne hat Clifford A. Bernd den Prozeß von „enthüllen und verhüllen" als Grundstruktur der «Judenbuche» beschrieben.[22] Clemens Heselhaus fragt sich, ob die Verquickung von „umschleiern und enthüllen" als Spezifikum weiblichen Schreibens anzusehen sei.[23]

Im Scheitern von Orientierung und Vergewisserung, im Schwanken zwischen „Phänomenen und Phantomen" liegt für Preisendanz „der Spielraum des Schauderns und des Schaurigen".[24] Zu fragen ist aber, warum sich Leser mit diesem Prozeß des Scheiterns auf so spezifische Weise identifizieren. Bei genauerem Hinsehen wird deutlich – und hier muß über Preisendanz hinaus gegangen werden – daß die auf der Oberfläche der Texte erscheinende Wahrnehmungskrise letztlich für eine Wahrnehmungsverarbeitungskrise steht, daß sie – zugespitzt formuliert – kein intellektuelles Problem, sondern ein psychisches Problem signalisiert. Das Unheimliche ist, und das zeigen auch die Eingangsbilder des «Fräulein von Rodenschild», in der Psyche der Personen verankert, und es ist notwendig verbunden mit der Geschlechtlichkeit und der Erfahrung von Ambivalenz. Das Unheimliche ist ein Gefühl der Angst-Lust. In diesem Sinn muß der von der Droste-Forschung so gern zitierte Vers aus dem Gedicht «Der Hünenstein»: „Wollüstig saugend an des Grauens Süße", wirklich wörtlich genommen werden, weil er diese Ambivalenz ja in aller Deutlichkeit offenbart. Gefragt werden muß allerdings weiter nach dem Unaufgelösten in dieser gemeinsamen Präsenz von Grauen und Süße im Unheimlichen. Und: Was hat es mit dem von Preisendanz beschriebenen Suchen, Lugen und Lauern eigentlich auf sich, daß wir als Leser so greulich-gern daran partizipieren?

Bei dieser deutlich psychologisch konnotierten Fragestellung scheint ein Blick auf die Erforschung des Unheimlichen in der psychoanalytisch orientierten Literaturanalyse sinnvoll. Sigmund Freud hat ja selbst unter Bezug vor allem auf E. T. A. Hoffmanns «Sandmann» und dessen «Elixiere des Teufels» eine Abhandlung «Das Unheimliche» (1919) veröffentlicht, die er in den Kontext seiner Untersuchungen zur Ästhetik stellt. Freuds Reflexionen pendeln in diesem Aufsatz in nicht durchweg systematischer Abgrenzung zwischen dem je individuellen Erlebnis des Unheimlichen im Alltag und dessen künstlerischer Erzeugung und Wirkung, eine Vermischung, die sich als eher erkenntnisverhindernd erweist. Während – wie er sagt – „diese Untersuchung in Wirklichkeit den Weg über eine Sammlung von Einzelfällen genommen" hat,[25] beginnt er seinen Aufsatz mit einer Untersuchung des Begriffes ‚unheimlich' nach Voranstellung der These, daß beide Analysewege zum Ergebnis kämen: „das Unheimliche sei jene Art des Schreckhaften, welches auf das Altbekannte, Längstvertraute zurückgeht".[26]

Der Begriff ‚heimlich' hat, so weist Freud durch ausführliche Zitation aus Sanders' und Grimms Wörterbüchern[27] nach, zwei Bedeutungen: zum einen die vom Vertrauten, Zahmen, Nichtfremden, zur Familie Gehörigen (lat: familiaris), Anheimelnden, Heimatlichen (mit meist positiver Bedeutung) und zum zweiten die von Verstecktem, Verborgenem, Nicht-Offenbarem (mit häufig negativer Bedeutung). Der Gegenbegriff des ‚Unheimlichen' werde gewöhnlich nur von der ersten Bedeutung abgeleitet: Das Unheimliche wäre demnach das Fremde, Nicht-Vertraute und von daher Unbehagliche bis Gespenstig-Grauenerregende. Dieses Ergebnis befriedigt Freud nicht, da das Fremde an sich ja nicht notwendig als unheimlich erfahren wird. Er insistiert auf zwei Zitaten von Gutzkow und Schelling, die ihm Anlaß zur Vermutung geben, daß im Begriff des Unheimlichen durchaus beide Bedeutungen in der Negation zusammenfallen können, so daß das Heimliche und das Unheimliche sozusagen zusammenfallen. Schelling schreibt: „Un-h. (= unheimlich, I. R.) nennt man Alles, was im Geheimnis, im

Verborgenen [...] bleiben sollte und hervorgetreten ist".[28] In einer ausführlichen Analyse von Hoffmanns «Sandmann» versucht Freud sodann am literarischen Text nachzuweisen, daß das Unheimliche nicht das an sich Nichtvertraute, Fremde, sondern eine fremdgewordene, verborgene „schreckliche Kinderangst" sei. Die Augenverlust-Phantasien im «Sandmann» verweisen auf verdrängte Kastrationsängste, die Puppenbilder auf Kinderwunsch und Kinderglauben. Für die Interpretation der «Elixiere des Teufels» greift Freud auf Ranks Doppelgänger-Aufsatz zurück, indem er das unheimliche Doppelgänger-Phänomen als sowohl individual- wie gesellschaftsgeschichtlich überwundene narzißtische Selbstvergewisserungsstufe interpretiert, deren Erinnerung für einen späteren (reiferen) Entwicklungsstand negativ besetzt sei. Das Unheimliche, sagt Freud nun, ist das „Heimatliche-Heimische [...], das eine Verdrängung erfahren hat und aus ihr wiedergekehrt ist".[29] Dieses Unheimliche, als Wiederkehr infantiler Vorstellungen (Ich-Verdoppelung als Selbstvergewisserung, Allmachtsphantasien, Triebwünsche, Kinderwunsch) sowie gesellschaftlich-kulturell überwundener Vorstellungen (Seelen- und Schattenängste, Magie, Animismus etc.) könne aber gerade in dem mit ihm so häufig verknüpften Doppelgänger-, Spiegel- und Schattenmotiv über die frühe narzißtische Phase hinaus für das reifere Ich neue, kritische Inhalte (in Form von Selbstbeobachtung, Selbstkritik) gewinnen.[30] Schwierig bleibt es jedoch – bei aller Stimmigkeit und auch Übertragbarkeit vieler Beobachtungen – das Kriterium des Unheimlichen zweifelsfrei mit den aufgezählten Inhalten zu kongruieren. Freud selbst war sich bewußt, daß die verschiedenen stofflichen und strukturellen Momente, die er zur Charakterisierung des Unheimlichen zusammentrug, eben noch kein notwendiges Kriterium ausmachen.

> Nicht alles, was an verdrängte Wunschregungen und überwundene Denkweisen der individuellen Vorzeit und der Völkerzeit mahnt, ist darum auch unheimlich.[31]

Sein abschließender Versuch, zwischen erlebtem und dargestelltem Unheimlichen zu unterscheiden, kommt über weitere Phänomenbeschreibungen nicht wirklich hinaus.

Die Vorstellung vom Unheimlichen als unbotmäßig Offenbarem und daher fremdgewordenem Heimlichen wie auch die Theorie von der Wiederkehr verdrängter oder überwundener Inhalte können in vielen der zum Teil schwülen, zum Teil spukhaft-gespenstigen Texte der Droste ihre Bestätigung finden. Insbesondere das dunkle Gedicht vom «Spiritus familiaris» ließe sich als poetische Gestaltung des potentiell unheimlichen, ja zerstörerischen Charakters des Geheimst-Familiären in seiner Entfesselung ansehen. Die von Rank inspirierten Ausführungen zum Doppelgänger- und Spiegelmotiv schließlich könnten sowohl in ihrer anamnetischen wie in ihrer funktionellen Analyse der Droste-Interpretation Impulse geben. Deutlich begegnen beispielsweise in den Doppel- und Spiegelbildern der Gedichte «Das Fräulein von Rodenschild», «Das Spiegelbild», «Die Schwestern», aber auch in der Doppelgänger-Figur Johannes Niemand aus der «Judenbuche» verdrängte oder abgespaltene Ich-Elemente von selbstbestätigender, libidinöser oder aggressiver Herkunft. Und zugleich eignet der poetischen Konstruktion des Doppelbilds – wie Freud andeutet – eine kritische Erkenntnisfunktion. Als Selbstbeobachtung, Selbstanalyse und -kritik dient sie zur Bestätigung der akzeptierten Zensur oder leistet, wie ansatzweise am «Fräulein von Rodenschild» und dem «Spiegelbild» ablesbar, Integrationsarbeit, indem sie auf der Symbolebene unnötige Abspaltungen rückgängig macht (Entgegenstrecken der beiden Hände), bzw. die Angst vor bestimmten psychischen Inhalten beschwichtigt: In «Das Spiegelbild» heißt es:

Und dennoch fühl ich, wie verwandt
Zu deinen Schauern mich gebannt.
Und Liebe muß der Furcht sich einen.

Uns machen die unheimlichen Texte der Droste aber deutlich, daß das Oszillieren zwischen Heimlichem und Unheimlichem, Verdrängung und Wiederkehr, zwischen Erforschen und Verbergen, Sehen und Nichtsehen, Zeigen und Verhüllen, Ich und Nichtich noch anderen, von Freud nicht restlos aufgedeckten Gesetzen gehorcht, die ohne die Hereinnahme auch historischer Dimensionen wahrscheinlich nicht erfaßt werden können. Dazu kommt in der Interpretation die Schwierigkeit, die für Freud zentralen Stoffmomente der Kastrations- und Blendungsangst in ihrem stark biologischen Verständnis auf reife poetische Produkte von Frauen und auf deren weibliche Protagonisten anzuwenden. Es müßte also entweder eine geschlechtsspezifische Differenzierung bei Produktion und Wirkung des Unheimlichen angenommen werden oder weiter nach noch grundsätzlicheren, deutlicher geschlechtsübergreifenden Kriterien gesucht werden.

Bilder- und Geschehensablauf in der Ballade «Das Fräulein von Rodenschild» mitsamt der ambivalenten sieghaft-büßerischen Schlußattitüde wären ohne unser Wissen um die historisch begründete Geschlechtsrollenzuweisung gar nicht nachvollziehbar. Nur weil Frauen im Lebensumkreis der Droste sowohl sexuell wie gesellschaftlich außerordentlich restriktiv lebten, konnte die gespaltene Bilderwelt dieser Ballade so unheimlich aufgeladen und – von den Rezipienten – entsprechend wiedererfahren werden. Der Ausgangsspannung zwischen sexuellem Aufruhr und christlich-ständischer Triebreprimierung entsprach die konfliktreiche Situation weiblichen Begehrens im 19. Jahrhundert. Der Konflikt – so machen die Bilder sinnfällig – zeigt sich als ein solcher zwischen Zeigen-Wollen und Verbergen-Müssen, zwischen Berühren-Wollen und Unberührt-Bleiben-Müssen. In der abgespaltenen Phantomfigur werden die verdrängten Wünsche vor Augen geführt: Sie wird gesehen, mit Blicken durchbohrt, verfolgt und am geheimen Ort gestellt, und sie wird schließlich im Spiegelbild berührt. Die ‚normengerechte' eigentliche Figur hält sich statt dessen versteckt (Vorhang) und setzt sich keiner körperlichen Konfrontation aus. Im Verlauf der Bilder verschiebt sie die Aktionsmodi und vollzieht das von anderen Erwünschte selbst; sie schaut, sie verfolgt, sie dringt ein, sie berührt. Im Spiegelbild – das damit zum Bild des Kunstwerks wird – überkreuzen sich beide Ebenen: Sehen und Gesehen-Werden, Berühren und Berührt-Werden fallen auf eine zugleich utopische wie unheimliche Weise zusammen. Im Ganzen dominiert aber der unheimlich-beängstigende Charakter dieser (der historischen Geschlechtsrollenzuschreibung zuwiderlaufenden) Usurpation und Verschiebung. Das Kastrationsbild der verletzten Rechten trägt dem Rechnung. Über die Bilder von Triebkompensation hinaus bietet der Text aber auch andere Muster sublimierter Erfüllungslust: durch symbolische Besetzung männlicher Domänen wie Aktivität, Bildung, Wahrheitsfindung wird die restriktive weibliche Rolle verlassen, werden Machtpositionen behauptet. Daher die sieghafte Geste durch die Verwundung hindurch.

Im Kontext des so spezifizierten Unheimlichen könnte der von Norman N. Holland und Leona F. Sherman[32] begonnene und von Claire Kahane[33] fortgeführte Ansatz zur Analyse von Schauerromanen hilfreich sein. Die Verfasser, die sich in ihrer Analyse vor allem auf die Gattung der *gothic novel* in der Nachfolge von Autoren wie Horace Walpole und Ann Radcliff beziehen, fragen sich, wie es zu erklären ist, daß Schauerromane bevorzugt von Frauen geschrieben und gelesen werden. Was macht den schaurigen Grundplot – ein gefährdetes Mädchen wird in einem Schloß von Verführern gejagt und häufig zum Enthüllen eines Familiengeheimnisses gezwungen – für Frauen so wichtig, daß sie ihn in Produktion und Rezeption zu ihrem ‚Thema' machen, das heißt mit ihren Bedürfnissen nach Lust und Abwehr vermitteln können?

Das beinahe obligate Bild des Schlosses bietet – so meinen beide Autoren – einen einladenden Rahmen für die Produktion elterlicher Phantasien. Es ist groß, stark, streng, und es enthält ein Geheimnis.

> Das Schloß ist ein Haus der Nacht – alles, was wir uns als dunkel, beängstigend und unbekannt vorstellen, findet da Eintritt.[34]

Leona Sherman assoziiert mit dem Schloß vor allem den mütterlichen Körper. Das Schloß initiiert für sie Vorstellungen der allmächtigen Mutter, ambivalente Vorstellungen eines ernährenden, schützenden und zugleich vernichtenden Prinzips. Unheimlich ist die ungeklärte Grenze zur Mutter. Die motivierende Angst ist für Sherman die Angst vor der „non-separation, das heißt der nicht erfolgten Ablösung und Trennung":[35] „Im Schloß kann es ein Verschmelzen und ein Anderssein zusammen mit einer Vernichtungsdrohung geben."[36] Da es ein Symbol der Mutter und zugleich der Umwelt sei, stecke im Schloß das „Erzmysterium" des mütterlichen Körpers „mit seinen dazugehörigen Geheimnissen von Geburt und Sexualität".[37] Unheimlichkeit entsteht auch hier durch eine Grenzerfahrung und Spannung von Sagen und Nichtsagen, Zeigen und Verhüllen.

> Es ist, als ob meine Mutter und ich zusammen das Haus, das Schloß, den Kopf, oder den Körper untersuchten. Ich weiß, daß sie weiß, aber mir nichts sagt. [...] Sie sagt eines, aber

ich sehe etwas anderes in ihrem Gesicht [...] Sie meint, die Verheimlichung sei notwendig für mein Weiterleben, und schließlich liebt sie mich und will mich vor allem beschützen. Die Mysterien sind die Fragen von Geschlecht und Geburt und Tod und auch die Notwendigkeit, diese zu verheimlichen.[38]

Auch für Claire Kahane, die im Anschluß an Holland/Sherman weiteres Material zum Thema heranzieht, stehen im Zentrum des Schauderns die labyrinthischen, in Spiegelungen multiplizierten Mutter-Beziehungen. Die Mutter sei schließlich der erste Spiegel des Individuums in seiner Selbstwahrnehmung.

Schließlich stehe ich vor den Mysterien der Identität, die sich um die Grenze zwischen dem Selbst und einer archaisch erfaßten Mutter-Imago drehen, die alle Grenzen bedroht.[39]

Schaurig und furchtauslösend für die Heldin der *gothic novel* ist – so führen Holland/Sherman aus – im Rahmen des Verfolgungsmotivs die Gewärtigung von Penetration. Während Norman Holland durch die Vorstellung von Penetration seine Identität als Mann in Frage gestellt sieht und dementsprechend die bedrohliche Vorstellung mit der Kategorie „Frauendichtung“ abwehrt, erfährt Leona Sherman diese Vorstellung in einer dichten Ambivalenz von Vergnügen und Drohung, Lust und Angst.

Weil meine Gesellschaft von mir eine Non-Identität verlangt, vereinigt sich das Leiden des Ichs mit gesellschaftlichem Vergnügen (und umgekehrt: das Vergnügen des Ichs mit gesellschaftlichem Leiden), und wird zu den masochistischen schizophrenen Gefühlen (ja, Vergnügen), die ich bei der Schauerromantik erlebe.[40]

Der oben zitierte Vers der Droste: „Wollüstig saugend an des Grauens Süße“ faßt die ganze unheimlich widersprüchliche Angst-Lust-Empfindung zusammen. Entsprechend dieser schizophrenen Situation erleben wir die Heldinnen der Schauerromane häufig in einer Doppelrolle: mal eher passiv oder flüchtend „vor angedrohter sexueller Penetration oder vor zudringlicher elterlicher Pflege“,[41] mal aktiv, tätig, forschend selbst penetrierend und Geheimnisse aufdeckend. Am Ende allerdings werden die Protagonistinnen dieser Gattung zumeist doch rollenkonform einer beglückenden Ehe zugeführt. Der weiblichen Zuschreibung wird – eine Entlastung für Autorin und Leserin – Genüge getan.

Im Vergleich zu Freuds Reflexion zum Unheimlichen stellt der Analyse-Ansatz von Holland/Sherman eine Präzisierung des Unheimlich-Heimlichen zumindest für weibliches Bewußtsein dar. Sinnvoll scheint es in bezug auf die Interpretation der unheimlichen Droste-Balladen, die Bedeutung des Mutter-Schloß-Motivs sowie der Gestaltung von Gefühlsambivalenz im Sinne der schon vollzogenen Analyse weiter zu verfolgen.

Im Fall der Droste liegt natürlich die Adaption des Schloßmotivs als Verkörperung elterlicher und insbesondere mütterlicher *imagines* besonders nahe, da die Autorin selbst im elterlichen Schloß aufwuchs und Fürsorge, Schutz, Normensetzung und -kontrolle daselbst dauernd erfuhr. Den größten Teil ihres Lebens hat sie zudem mit der sehr dominanten und – was die Lebensführung der unverheirateten Tochter betraf – auch restriktiven Mutter verbringen müssen.

Die zahllosen Briefe der Tochter an die Mutter und über sie sind ein beredtes Zeugnis ihrer ambivalenten, immer um Konformität, Anerkennung, Liebe und zugleich Abgrenzung kämpfenden Beziehung. Im Dramenfragment «Bertha» findet diese kämpfende Mutterbeziehung den unverhülltesten Niederschlag; später erscheint sie bevorzugt verschoben in Vater-Sohn-Konflikte («Walther», «Die Judenbuche»), wie noch anzuführen. Die Funktion des elterlichen Schlosses mit seinen sowohl anheimelnden wie bedrohlichen, vor allem aber normensetzenden Elementen wird in vielen anderen Gedichten der Droste von der heimatlichen Moor- und Heidelandschaft eingenommen.

Im Kontext solcher mütterlich-elterlichen Umhüllungsbilder vollziehen sich die beschriebenen intensiven Wahrnehmungs- und Forschungsaktivitäten, vollzieht sich auch in den Gedichten der Droste die Suche nach dem Geheimnis der Sexualität, die Suche nach Identität und Ablösung. Im «Fräulein von Rodenschild» entsteht in der Abfolge der Bilder das Doppel- und Spiegelbild gewissermaßen aus den „starren", und das heißt ablehnenden und verständnislosen Blicken der Dienstboten, die in der Ballade durch religiösen Gesang und wachsame Formierung die elterlichen Normen – als Unterworfene – inkarnieren. Die potentielle Zerstörung dieses durch die Umwelt negativ aufgeladenen und dadurch nicht integrierbaren Spiegelbildes in der vorletzten Strophe könnte man – im Sinne Kahanes – auch als Zerstörung der mütterlichen Macht verstehen. Eine solche Interpretation würde schließlich der anderen Deutung, daß die sexuell konnotierten Elemente im Selbstbild versuchsweise integriert werden, nicht entgegenstehen. Ermöglicht wird die partielle Loslösung und Abgrenzung auf der Ebene des Gedichts durch den dezidierten Forschungs- und Bildungswillen der Heldin (Gang zum Archiv), für die Ebene der Droste-Biographie durch das Beharren der Autorin auf ihrem Schriftstellerberuf (rechte Hand). Daß im Bild der vorgestreckten Rechten zugleich die Begrüßungs- und Versöhnungsgeste enthalten ist, unterstreicht das unheimlich ambivalente, ja double-bindartige Verhältnis des seine Identität suchenden Individuums zu den mütterlich-elterlichen *imagines.*

Im Gegensatz zum Trivialgenre ist der emanzipatorische, selbst penetrierende Impuls in den unheimlichen Droste-Texten jedoch stärker als der passive, flüchtende, sich anpassende in den Schauerromanen. Das Endbild etwa im «Fräulein von Rodenschild» bietet eben nicht eine idyllische Einfügung in die Gesellschaft, sondern die zwar forcierte, aber kompromißlose Vision der alleinstehenden, zugleich selbstbewußten wie leidenden Frau. Auch bei der Droste entläßt die Vorstellung von Archiven Bedeutungselemente des Familiengeheimnisses, auch hier wird verdrängtes und vorenthaltenes Wissen um Geburt, Tod und Sexualität mitbedeutet. Außer den zahllosen direkt oder indirekt sexuell aufgeladenen Bildern und Enthüllungsmetaphern spricht dafür in den Droste-Texten das häufige (nicht immer motivierte) Auftauchen eines Kinderbildes neben Todesvisionen («Vorgeschichte», «Doppelgänger», «Der Fundator», «Der Schloßelf», «Ledvina», «Der Spiritus familiaris»). Wichtig und typisch für die

Droste (in Abgrenzung zur Schauerliteratur ihrer Epoche) ist aber die Tatsache, daß die Bedeutung vom Aufschluß der individuell-familiären Vergangenheit als Weg zur abgegrenzten Identität gekoppelt wird mit dem Bildungsmotiv. Wie das Archiv mit seinen Dokumenten und Pergamenten der erkämpfte Ort auch der Aufklärung durch Bildung ist, so hält in der bekanntesten unheimlichen Ballade der Droste, «Der Knabe im Moor», das Kind die „Fibel" zitternd in der Hand.

> Fest hält die Fibel das zitternde Kind
> Und rennt, als ob man es jage.

Geängstigt von Phantomen und Imaginationen behauptet das Kind dieses Grundsymbol allgemeiner Bildung gegen die exemplarisch vor Augen geführten Sanktionen für gesellschaftliche Abweichler, die hier als Verdammte im Moor erscheinen. Nur im Schutz religiöser Hilfskonstruktionen – Schutzengel – bekommt diese kindliche Figur im eigentlichen Sinn des Wortes ‚Boden' unter den Füßen. Sie gewinnt schließlich Heimat bei der Lampe im eigenen Zimmer („Die Lampe flimmert so heimatlich" heißt es), wohingegen die moorige Heide schaurig-unheimlich bleibt. Das Zögern des Knaben am Rande des Moors zeigt auch hier die Ambivalenz des Unheimlichen; bietet sich doch das Moor mit seiner spiegelnden Oberfläche und dem ungewissen Tiefengeschehen in besonderer Weise an, das unaufgelöste Heimlich-Unheimliche in es hineinzuprojizieren.

Weil Heim und Heimat – so könnte man etymologisierend zusammenfassen – für die Droste nie ganz den Charakter einer auch entmündigenden Heimlichkeit verloren haben, bleibt ihr Bedeutungsumfeld vom Unheimlichen umwittert. Von daher ist es nicht verwunderlich, wenn die Autorin behauptet, daß die „heimischste" Zeit ihres Lebens die mit Levin Schücking auf der Meersburg gewesen sei.[42] Hier war sie fern von Heim und Heimat, fern der Mutter auch, und erlebte – trotz aller gesellschaftlichen Einschränkungen – mit Bewußtsein die offenbar einzige eindeutig emotional befriedigende Phase ihres Lebens. Daß diese Lebensphase die kreativste war und daß in ihr besonders viele Heimat-Gedichte und auch ein Muttergedicht («Die junge Mutter») entstanden, kann bei einer so unbeirrt die eigene Identität suchenden und erforschenden Autorin nicht weiter verwundern.

Die vor allem von Leona Sherman vorgetragene Interpretation des Unheimlichen als ambivalentes Erleben von Lust und Schauer oder Grauen kann vom bisher Durchdachten her nur unterstrichen werden. Deutlicher herausgestellt werden müßte aber auch hier die historische Dimension des Phänomens. Zeigen die unheimlichen Texte doch gerade, wie sehr Erfahrung von Sexualität und ihre symbolische Verarbeitung historisch situativ sind. Erst wenn man sich die Zuschreibungen, Normen, Sexualtabus einerseits und die physische, psychische und rechtliche Ausgesetztheit an männliche Übermächtigung andererseits vor Augen führt, denen Frauen in der patriarchalischen Welt des 19. Jahrhunderts ausgesetzt waren, kann man verstehen, warum Sexualität hier so durchgehend masochistisch getönt ist und Ausdrucksformen wie das Unheimliche zu ihrer

Formulierung braucht. Es charakterisieren die unheimlichen Sprach- und Bilderwelten damit zugleich die aporetische Situation weiblichen Schreibens im 19. Jahrhundert als ein Schreiben aus der Differenz: Dem angestrengten Bemühen, in den Texten und durch die Texte genuin weibliche Erfahrung symbolisch als andere faßbar zu machen, steht der auch für die Autorinnen sozialisationsbestimmende historisch dominante männliche Diskurs entgegen. Selbst wenn sie es wollten, könnten die Frauen sich nicht gänzlich außerhalb des konsensuellen Symbolsystems artikulieren, und wenn sie es könnten, wollten sie es nicht, da sie täglich erfahren, daß nur dieser Diskurs zu Ansehen, Macht und Selbstverwirklichung führt, nur in ihm scheint Identitätsbildung möglich.

Schreiben aus der Differenz

Diese in den historischen Gesellschaftsformen und ihren Geschlechtsrollenzuschreibungen fundierte unauflösbare Differenzerfahrung strukturiert weibliche Symbolpraxis bis in unsere Epoche;[43] sie erscheint als gespaltener, ambivalenter, oszillierender, metonymischer Diskurs in beinahe allen weiblichen Texten, sie charakterisiert aber vor allem – wie wir sahen – die unheimlichen Texte der Annette von Droste-Hülshoff.

Zu fragen wäre allerdings, warum auch Männer die Droste-Texte als unheimlich erfuhren – männliche Rezeptionsdokumente sind uns ja vorwiegend überliefert; wieweit sind Männer in die Differenzerfahrung involviert?

Im Kontext einer so erweiterten Fragestellung soll Samuel M. Webers Ansatz zur Analyse des Unheimlichen in die Betrachtung einbezogen werden. Der Lacan-Schüler Weber glaubt Freuds Interpretation des Unheimlich-Heimlichen vor allem in zwei letztlich zusammenhängenden Aspekten präzisieren und korrigieren zu müssen, und zwar dem Kastrationskomplex und der Augenangst. Für Weber liegt der Kern des Unheimlichen im Kastrationskomplex (Angst vor dem Verlust des Phallus) begründet. Dieser wird nicht, wie bei Freud, als ein stoffliches Element neben anderen, das aus der Verdrängung wiederkehrt, aufgefaßt, sondern als Bedingung der Verdrängung überhaupt. Um dies zu verstehen, muß daran erinnert werden, daß der Begriff ‚Phallus' in Lacans Neulektüre von Freud stärker und konsequenter als bei Freud von der biologischen (Penis-) Ebene abhebt und auf die symbolische Ebene mit soziologischen Valenzen verweist. Der Phallus als zentrales Symbol, als „transzendentales Symbol" ist „Insignie des Vaters" in dem durch das väterliche Gesetz strukturierten abendländischen Diskurs; zugleich ist er „Signifikant des Wunsches". Dementsprechend bezieht sich der Begriff der ‚Kastration' auch nicht nur auf den biologischen Verlust des männlichen Gliedes, sondern auf die ‚Differenz' der Geschlechter. Diese ‚Differenz' ist für Weber ein Strukturelement der Wahrnehmung.

Metaphorisch und unmetaphorisch zugleich, bezeichnet sie die Struktur des Subjekts und die konfliktuelle Bewegung seiner Artikulation, sofern diese von den Gesetzen des Begehrens abhängig sind.[44]

Das bedeutet, daß sich die Differenzstruktur gleitend verschiedener Erfahrungsbereiche bemächtigt, und zwar für beide Geschlechter. Zunächst bezeichnet sie die „Differenz der Geschlechter, aber weiterhin auch [...] die Differenz, die das Begehren notwendig von seinem Gegenstand trennt".[45] Die Differenz von Macht und Machtlosigkeit, Leben und Tod, Wachen und Traum, Bild und Wirklichkeit kann an dessen Stelle treten.

Schließlich aber markiert die Nichtidentität des Subjektes die ständige Verschiebung seiner auf Bewußtsein und Wahrnehmung gründenden Identität vermöge ihrer Vermittlung durch das Unbewußte.[46]

Verbunden im Kastrationskomplex als Erfahrung der ‚Differenz' sind also das Begehren, die Erfahrung vom Primat des Väterlichen (als Einheit von Macht, Gesetzlichkeit und Männlichkeit), das Eintreten ins Symbolsystem der Sprache (und damit die Subjektwerdung) sowie der Prozeß der Verdrängung.

Unheimlich wirkt – nach Weber – die Begegnung mit der ‚Kastration' im Sinne der ‚Differenz' auf das Subjekt, einerseits weil dieses sich in seiner körperlichen Identität bedroht fühlt, zum anderen, weil Differenz als Erfahrungsstruktur eine Einheit der Wahrnehmung unmöglich macht.

Das was verborgen hätte bleiben sollen und dennoch hervorgetreten ist, wirkt deswegen unheimlich, weil es gerade durch sein Hervortreten sich der Wahrnehmung entzieht.[47]

Von daher steht auch die Augenangst für Weber nicht bloß – wie bei Freud – in naher Verbindung zur Kastrationsangst; ihr komme vielmehr gerade im Kontext der Wahrnehmungskrise ein zentraler Stellenwert zu. Mittels des Auges werde ja zumeist die „Evidenz" der ‚Kastration' aufgenommen. Die Augen erforschten die Phänomene und durch sie erführen die Subjekte zuerst, daß ‚Bedeutung' im ‚Phänomen' nicht aufginge, sondern metonymisch gleite. Die ‚Differenz' als quasi ontologische Voraussetzung zwinge im symbolischen Bereich zur Substitution und Verschiebung. Wiederholung, Verdoppelung, Spaltung, Spiegelung seien Ausdruck solcher Wahrnehmungskrisen und zugleich Versuche, diese darstellerisch zu bewältigen.

Der von Weber entfalteten strukturellen Interpretation des Unheimlichen als ‚Differenz' ist nur mit Einschränkung zuzustimmen. Zwar bietet sie in ihrer abstrahierenden Allgemeinheit einen Strukturrahmen, innerhalb dessen die Erfahrung des Unheimlichen (und so auch der Kastrationsangst) von Männern wie von Frauen korreliert werden kann. Das ist wichtig für die Analyse der Rezeption und wird von daher bedacht werden müssen. Für das konkrete Verständnis der Texte selbst ist dieses Erklärungsmuster zu allgemein, eben weil es keinen Raum für historische oder geschlechtsspezifische Aussagen gibt. Die Texte zeigen aber, daß die Differenzerfahrung und die damit zusammenhängenden Wünsche und Ängste bei Männern und Frauen nicht gleich begründet und gerichtet sind; zudem ändern sie sich in den historischen Gesellschaftssystemen. Da die Identität des Subjekts grundsätzlich mit seiner geschlechtlichen Identitätsfindung verbunden ist, müssen Frauen in einem vom väterlichen Gesetz strukturierten Symbolsystem die ‚Differenz'-Erfahrung endgültiger und privativer erleben als Männer. Denn für Frauen ist im phallozentrischen System kein positiver Platz vorgesehen. Dennoch müssen sie sich in ihm artikulieren. Über Weber und Lacan hinausgehend muß festgehalten werden, daß Frauen die beschriebene ‚Kastration' nicht nur symbolisch und als Bedrohung betrifft, sondern in einer spezifischen Weise existentiell, nicht nur als Angst, sondern als historische Erfahrung.

Um das situative Element des (praktischen und symbolischen) Umgangs mit Sexualität zu verdeutlichen, soll in einem letzten Schritt die Reflexion über das Unheimliche als Erfahrung von Differenz auf die historische Lebenssituation der Droste hin verlängert und von da aus auf ihr Werk im Ganzen bezogen werden.

Annette von Droste-Hülshoff hat dadurch, daß – entgegen dem Rollenverständnis ihrer Zeit – in ihrem Elternhaus der Vater einen eher weichen, tendenziell weiblichen Part innehatte, während die Mutter qua Bildung und Temperament dominierte und in der Erziehung der Kinder die männlichen Werte der Zeit vermittelte, sicher sehr früh ein Bewußtsein für den Einschnitt der ‚Differenz' entwickelt. Durch das Beispiel der dominanten Mutter sowie durch ihre eigenen früh bemerkten und geförderten Begabungen mußte dem jungen Mädchen die endgültige Verdrängung phallischer narzißtischer Wünsche schwerer als anderen fallen. Da der Vater, in dem sich für sie eine positive Verbindung männlicher und weiblicher Zuschreibung dargestellt hat, früh starb und sie selbst unverheiratet blieb, mußte sie sich ein Leben lang mit der Mutter arrangieren. Diese war ihr notwendigerweise ein Inbegriff divergierender Wünsche, Ängste und Aggressionen. Als Mutter war sie erstes Liebesobjekt und damit Inkarnation elementarer Liebeszuwendung, als Frau war sie Identitätsfigur für ihre Weiblichkeit und doch zugleich Offenbarungsort der ‚Kastration' im Sinne der Geschlechtsdifferenzierung, als lebenslange Erzieherin war sie Sprachrohr der männlich geprägten Normen, Zuschreibungen, Verbote. So verwundert es nicht, daß die 16jährige Dichterin ins Zentrum ihres ersten Dramas, des Fragments «Bertha», die Auseinandersetzung einer ihr selbst sehr ähnlichen Tochter mit der Mutter stellt. Letztlich geht es in dem Mittelpunktsgespräch um das Leiden beider an der ‚Differenz': Bertha will sich in ihren hochfliegenden Phantasien und Träumen nicht mit der zugeschriebenen Frauenrolle bescheiden, und sie will nicht akzeptieren, daß Männer nicht auch ein „empfindend zart Gemüth/Mit stolzer Kraft"[48] vereinen können. Doch die Mutter macht sich zur Anwältin der ‚Differenz' und insistiert auf der Rollenzuschreibung: „nicht zu vergleichen ist dem Sinn/Des zarten Weibes wohl des Mannes Geist".[49] Sie erklärt – quasi ex cathedra – den empfindsamen Mann zum weibischen „Schwächling". Bertha drängt dann auf Enthüllung ihres Geheimnisses, auf Offenbarung ihres zersprengenden Herzens:

Nein zuvor laßt ganz vor eurem Blick
Enthüllen mich mein Herz wie Gott es sieht
Euch zeige sich sein namenloses Weh.[50]

Doch die Mutter, die selbst in eine unglückliche Eherolle gezwungen wurde und nun Bertha im Sinne der väterlichen Interessen (eine politisch vielversprechende Ehe ist vorgesehen) beeinflussen muß, wehrt ab:

Nicht taugt es jetzt zu schärfen deinen Schmerz
Eindringen in sein Tiefstes.[51]

Bertha bleibt mit dem schmerzlichen Geheimnis, das nur die Mutter lösen kann, allein:

Und trostlos muß mein Leid ich tragen[52]

Verbunden in der Differenzerfahrung ist für Bertha im Rahmen des Konflikts mit der Mutter das Problem der versagten sexuellen Erfüllung, die Geschlechtsrollenzuschreibung und die Unmöglichkeit adäquater Artikulation.

Auch der nächste große Versuch der nun 18jährigen Droste, «Walther – ein Gedicht in sechs Gesängen», kreist um das Leiden an der ‚Differenz', das Ringen um Geschlechtsidentität. Das Widmungsgedicht an die Mutter macht deutlich,

Annette von Droste-Hülshoff. Gezeichnet von Adele Schopenhauer, die 1838 auf Rüschhaus weilte

daß auch die Walther-Dichtung elementar mit der Identitätswerdung der Droste zu tun hat. Es wird als ein Produkt der gemeinsamen Vergangenheit ausgewiesen, als Blumen aus dem „Garten der Erinnerungen". Erinnert werde mit Walther ein Name „aus dunkler Vorzeit", wozu die Leser unschwer als dichterische Projektionsfigur Walther von der Vogelweide assoziiert haben dürften. Im Vergleich zu «Bertha» präsentieren sich die um die ‚Kastration' kreisenden Phantasien hier deutlich transformiert: Verschoben wird das Problem zeitlich ins Mittelalter, geschlechtlich zudem auf den Mann Walther. Insbesondere aber in der kunstvoll abgeschlossenen Form der Gesänge wird der Komplex abgewehrt, indem er (der Form nach) gesellschaftlichen Normen eingepaßt wird. Über die „Lustprämie" der Form (Freud) verschafft sich die Autorin also aus der Einsamkeit der Konflikte einen Bezug zur Welt und ermöglicht zugleich den Lesern das straflose Ausleben eigener problematischer Phantasien.

Das Aufbegehren gegen ‚Differenz' und Mangel ist im «Walther»-Gedicht sublimer gestaltet als in «Bertha», ist mit Beschwichtigungs- und Buße-Gesten versehen; auf der symbolischen Ebene ist es jedoch radikaler. Der Jüngling Walther kommt wie Bertha in Konflikt mit den Werten der Vaterwelt, weil er deren Rollenzuschreibung und Lebenspläne für sich nicht akzeptieren kann. Schon seine Mutter starb vor Kummer kurz nach seiner Geburt, da sie eine unüberbrückbare Kluft zwischen ihrem Welt- und Lebensverständnis und der grausamen blutrünstigen Welt des Vaters erkannt hatte:

> Hat je dem Weih' die Taube wohl gewollt?
> Ist wohl der Hinde in des Löwen Höhle?[53]

Der prächtig aufgewachsene Jüngling Walther, Stolz des Vaters und aller Ritter, entdeckt fern vom Vaterschloß bei einem Einsiedler die liebliche Jungfrau Alba (für den Leser eine Wiederauferstehung von Walthers Mutter) und verliebt sich in sie. Doch die Vaterwelt erwartet Heldentaten von ihm. Statt des empfindsamen Liebesglücks ist ihm eine machtpolitische Vernunftehe zugedacht. Am Ende der mit den obligaten Requisiten des Ritter-Genres ausgestatteten Handlung steht Walther allein da. Drei Vaterfiguren sind gestorben: sein eigener, der Albas und der der ihm zugedachten Frau Cecilia. Dieser dreifache symbolische Vatermord wird handlungsmäßig strikt getrennt vom sonst blutrünstigen Geschehen – der Tötungsimpuls ist da, kann sich aber auch in der Phantasie nur verschoben ausleben – und wird exkulpiert durch den Helden. Auch die liebliche Alba, Objekt von Walthers Begehren, ist umgekommen, und Walther entsagt der Welt, indem er sich (angeblich um des Vaters Missetaten zu sühnen) in ein religiöses Leben in Einsamkeit und Askese zurückzieht.

Das Epos zeigt, daß die ‚Kastration' als ‚Differenz' tödlich für beide Geschlechter ist. Die eigentliche Schuld wird – von den Bildern her – den Vätern zugeschoben. Indem Walther für diese Schuld büßt, entsühnt er zugleich auf einer tieferen Bedeutungsschicht das (mörderische) Aufbegehren gegen die Väterwelt und wehrt damit auch für die Leser Ängste vor Bestrafung der

Vatertötungsphantasien und indirekt auch der Muttertötung ab. Dem Bild der Ritterrüstung, welches im ersten vorausschauenden Gesang den Klausner Walther immer wieder von seiner Andacht ablenkt, kommt im Kontext der Dichtung eine ähnliche Funktion wie dem Schild im «Fräulein von Rodenschild» zu: Die Rüstung steht für die Verdrängung des Klausners Walther, der nur schwer seine anhaltende „stille Glut", das Pochen im Busen zügeln kann. Zugleich ist in die schöne Form der Rüstung aber auch das Begehren eingegangen, und so wird sie zum Symbol des Gedichtes in seiner schön gestalteten Verbindung von Lust und Abwehr selbst. Der Leser kann sie sich in seiner phantastischen Kommunikation mit dem Text anpassen und in ihr Abwehr und Begehren zugleich durchleben.

In der berühmten Novelle der reifen Droste-Dichtung, der «Judenbuche», gestaltet die Autorin im Grunde ein dem «Walther»-Gedicht sehr ähnliches Grundmuster, wenn auch auf sehr viel dunklere, deutlicher verhüllende Weise. Die weiblich konnotierte Projektionsfigur Friedrich Mergel („schlank für sein Alter, mit zarten, fast edlen Zügen und langen blonden Locken") ist verstrickt in eine dunkle Welt von Vatertod, Vaterschuld, Vatermord und Vaterrache, wie uns an den verschiedenen Vater-Substitutionen (Vater Mergel, der „unheimliche Geselle" Simon Semmler, Förster Brandis, Hülsmeyer, der Gutsherr, der Jude Aaron) deutlich wird. In den dunklen Geschehenskomplex scheint – trotz ungewissen Anteils – der Protagonist soweit involviert, daß er am Ende im Sinne des jüdisch-patriarchalischen Gesetzesanspruchs Selbstjustiz vollzieht. War das «Walther»-Gedicht in seiner Grundstruktur und -thematik mit den sichtbaren Konflikten tendenziell dramatisch, so ist die Novelle «Die Judenbuche» zweifellos unheimlich. Die durch die ‚Differenz' vorstrukturierte Wahrnehmungskrise wird nun zum Gestaltungsprinzip an sich, betrifft Handlungsablauf, Personenbild, Erzählperspektive und Sprache. Das Geheimnis des Mordes bleibt dunkel wie das Begehren der Personen und diese selbst. Im Fluchtpunkt des Unheimlichen steht bezeichnenderweise die Wahrnehmungskrise der Mutter: Sie glaubt ihren Sohn Friedrich zu sehen und sieht doch einen anderen. Der, den sie sieht, heißt Niemand und verdeutlicht damit den Mangel, der ein Mangel der Identitätsgewißheit ist. Von der Mutter, die Friedrich schon vorher „ganz unheimlich" geworden ist, geht also symbolisch die ‚Kastration' aus: Friedrich ist nicht Friedrich; er ist Niemand. Ab dann weiß der Leser nicht mehr, was er glauben soll. Dunkelheit, Enthüllen und Verhüllen, eine gleitende Substitution von Personen und Ereignissen bestimmen das Geschehen in einem undurchdringbaren Komplex von Schuld, Angst und Sühne.

Dunkelheit, so wird deutlich, ist keine Schwäche der Droste-Texte, sondern ein wesentlicher Teil ihrer Aussage. Die vielen wohlmeinenden Ratschläge von Freunden und Bekannten, doch weiter an ihren Texten zu ‚feilen', um sie klarer zu machen, fanden bei der Autorin kein Gehör. Im Gegenteil, die verschiedenen Fassungen der «Judenbuche» zeigen, daß Änderungen häufig in Richtung auf Verdunklung, auf Zweideutigmachen zielten. Bis zum Ende scheint jede Aussage gespalten und damit auch die zentrale Schuldfrage. Hat Lumpenmoises den

Juden Aaron erschlagen, ist jener Aaron dieser Aaron? Auch im Tod findet der Mensch keine Identität. Die die Novelle abschließende ‚Identifizierung' durch den Gutsherrn öffnet weitere Zweifel (nun auch dessen Person betreffend) und vertieft damit die Differenzstruktur. Warum ist diese letzte Vaterfigur so ängstlich und voller Unruhe, als die Sohn-Figur (Friedrich/Johannes) wieder verschwindet? Was sagt ihm die Narbe? Sein Satz: „Es ist nicht recht, daß der Unschuldige für den Schuldigen leidet", läßt in seiner Allgemeinheit den Bezug auf jeden Schuldkomplex zu. Sicher ist nur, daß am Ende nach „Erschütterung" hervorrufender Wiedererkennung einer alten Verletzung (Narbe) über Schuld gesprochen wird und daß von einer väterlich konnotierten Figur einer Sohnfigur eine Identität zugewiesen wird. Und ist nicht gerade das der Ursprung der ‚Differenz'?

Im religiösen Zyklus «Das geistliche Jahr» übt sich die Dichterin geradezu exerzitienhaft in Unterwerfung unter das (im doppelten Sinne) ‚väterliche' Gesetz; in Demut, Buße und in Verwandlung des Leids in Freude. Ihr Eindringen in die Gestalt Christi und deren liebende Unterwerfung unter ein höheres väterliches Gesetz scheint beinahe wie eine Theodizee des eigenen masochistischen Gefühlskonflikts: Legitimierung, Annahme und Erhöhung zugleich:

Wer kann so großer Lust sich einen,
Der all so große Trauer sah?

Dargereicht wurde der erste Teil des Zyklus, der mit dem Ostergeschehen endet, wiederum der Mutter als deren „natürliches Eigentum". Zugefügt war die Bitte, daß reine Augen Nachsicht üben müßten mit den „vielen Flecke(n), die eigentlich zerrissene Stellen sind". Die aufgeschreckte Mutter hat auf dieses herzzerreißende Dokument offenbar nie reagiert, hat die Gedichte nur in einem Schrank abgelegt. Das Geheimnis blieb wieder einmal gewahrt.

Nur in wenigen Texten erlaubt sich die Autorin ein direktes Ausleben ihrer die Geschlechtszuschreibung überschreitenden Phantasien. Im Epos «Die Schlacht im Loener Bruch 1623» – von den Zeitgenossen mit dem größten Erstaunen aufgenommen – scheint sich die Droste geradezu mit dem tollen Herzog und seinem kämpferischen Treiben gegen übergeordnete Gewalten zu identifizieren. Die Worte „daheim" und „heimlich" unterstreichen diesen Prozeß im hier thematisierten Sinn:

Wohl ist er toll, wohl ist er schlimm,
Ein Tigerthier in seinem Grimm;
Und doch so mancher edle Keim,
War einst in seiner Brust daheim
Als noch an Vaters Hof den Knaben
Sein heimlich Sinnen durfte laben.[54]

Im Gedicht «Am Turme» ruft sie dann in wirklich kühnen, mitreißend unverstellten Bildern ihre phallischen Phantasien aus. Zitiert sei die letzte Strophe, die abschließt mit einem Bild ‚kastrierender' Zuschreibung und der Verdrängung der Wünsche ins Heimliche:

Wär ich ein Jäger auf freier Flur,
Ein Stück nur von einem Soldaten,
Wär ich ein Mann doch mindestens nur,
So würde der Himmel mir rathen;
Nun muß ich sitzen so fein und klar,
Gleich einem artigen Kinde,
Und darf nur heimlich lösen mein Haar,
Und lassen es flattern im Winde![55]

Doch solche Bilder stellen in ihrer Eindeutigkeit nur den einen selten erreichten Pol ihres Empfindens dar. Ihnen entgegen steht eine sehr viel größere Gruppe von Texten, in denen Differenz als Krise von Wahrnehmung und Wahrnehmungsverarbeitung veranschaulicht wird. Nicht alle diese Texte sind wirklich unheimlich, doch ruft beispielsweise in vielen Naturgedichten (und unter ihnen insbesondere den Moorgedichten) das Schwanken zwischen Wirklichkeit und Traum, die ungeklärte grenzhafte Standortbestimmung (zwischen Tag und Nacht, Meer und Land, Leben und Tod, Gegenwart und Vergangenheit), das metonymische Gleiten der Bildkomplexe[56] Irritation und Beunruhigung hervor. Dem Sehen, Blick, Schauen, die häufig in Gesichte und Visionen umschlagen, kommt hier in besonderer Weise eine bildkonstituierende Rolle zu. Im Nachvollzug der Bilder erlebt sich der Leser häufig wie auf der Schnittfläche zwischen divergierenden, aber gleichermaßen wirklichen Welten (so z. B. «Die Mergelgrube») und wird sich der Brüchigkeit und Ambivalenz der eigenen Einheitsprinzipien in sowohl bedrohlicher wie verlockender Weise bewußt.

Die unheimlich-schaurigen Texte verschärfen nur diese Grundstruktur und geben durch ihre auf den Menschen konzentrierten Inhalte deutlicher Hinweis auf den Ursprung der Wahrnehmungskrisen. «Das Fräulein von Rodenschild» setzt – wie gezeigt werden konnte – mit dem Thema der Sexualität („siedend jungfräulich Blut“) ein, dem sofort in den bildgewordenen Zensurorganen von Religion und Etikette der symbolische Kastrationsmechanismus entgegengehalten wird. Die Abfolge dann von Handlung und Bildern könnte als Veranschaulichung dafür gelesen werden, wie das ursprünglich sexuell ausgerichtete Begehren durch Verdrängungs- und Sublimationsprozesse transformiert wird. Während die potentiell sexuellen Objekte des Begehrens substituiert werden durch Bildungswunsch, Behauptungsbegehren, Aktivität usw., verwandelt sich der begehrte *modus* der Befriedigung vom Taktilen zum Optischen. Die tabuisierte Berührung wird – wie an den zahlreichen optischen Bildern abzulesen – ersetzt durch Ausleben einer intensiven Schau- und Zeigelust. Henri-Frédéric Amiels berühmtes Wort von der ausufernden „platonischen Libertinage“ des verdrängenden 19. Jahrhunderts findet in diesem Prozeß seine exemplarische Begründung. Selbst Kommunikation findet in den meisten Droste-Texten zunächst und vor allem durch Blicke statt. Im «Fräulein von Rodenschild» ist die ‚andere‘ überhaupt nur optisch vorhanden (durch die starren Blicke des Hausgesindes und das Spiegelbild), zudem ist die ‚andere‘ gar keine andere, sondern ein Teil des durch die ‚Kastration‘ in unheimlicher Weise auseinandergefallenen Ichs. Die

Berührung des Spiegelbilds ist eine Verletzung des Tabus und wird sofort mit einer Kastrationsmetapher quittiert.

Nun rührt sich's – die Lebendige spürt,
Als ob ein Luftzug schneidend sie rührt.

Ein noch deutlicheres Bild von der unheimlichen Bedrohung auch der körperlichen Identität durch die ‚Kastration' hat die Droste in den Eingangs- und Friedhofsbildern des «Ledwina»-Fragments gestaltet. Im Strom sich spiegelnd – also wieder als optisches Phänomen – erscheint Ledwina die eigene, sich auflösende Gestalt. Dieser tödlichen Erfahrung („Da wurde es ihr als ob sie wie todt sey") versucht sie mit einer männlichen Attitüde zu entfliehen. Sie wendet sich „mit einem scharfen Zug in den wilden Mienen" der Heerstraße zu. Doch auch das als Schutz angestrebte Männliche ist nicht nur das, was es scheint, sondern auch sein anderes, ist nicht Einheit, sondern ‚Differenz'. Entgegen kommt ihr nämlich auf eben dieser Heerstraße ein vierschrötiger Fleischer mit großem Fleischerhund, für Ledwina Inkarnation von Brutalität und Gewalt. Das Männliche als Symbol von Macht und Stärke verspricht Schutz und Leben und impliziert doch zugleich Bedrohung und Tod. Der Vergleich dann des bedrohlichen Fleischerhundes mit einer Sphinx läßt Differenz- und Spaltungserfahrung in eine Bildlichkeit gleiten, die mit den Konnotaten von Rätsel und Geheimnis deren eigentliches Gesicht zeigt. In den folgenden Teilen des Fragments gleitet die Differenzstruktur dann über immer neue Gegenstandsbereiche (Eltern – Kind, Mann – Frau, Heimat – Ferne, Herr – Diener, Leben – Tod, Wachheit – Traum, Normalität – Wahnsinn, Gesundheit – Krankheit, Tag – Nacht, Land – Wasser), welche im Verlauf ihrer Thematisierung in ihren gegenseitigen Abgrenzungen eher dunkler und rätselhafter denn klarer werden. Die in Wahrnehmungsprozessen angestrebte Selbstvergewisserung des in-dividuum als Einheit scheitert. Es bleibt ein dividuum, bleibt gespalten.

Die stärkste bildliche Konzentration findet das Unheimliche in der Dichtung der Droste bezeichnenderweise in einem Augenbild. In ihrer zweifellos dunkelsten Dichtung, dem Epos «Der Spiritus Familiaris des Roßtäuschers», versucht der Roßtäuscher den unheimlichen, in einer Phiole gebannten Zauber, den „Spiritus Familiaris"[57], der ihn zum reichen Mann gemacht hat, nahe einem Kolk im Moore wieder loszuwerden. Der Kolk, bekanntlich wegen seiner trügerischen Oberfläche das unheimlichste Phänomen im Moor, wird ekelerregend als Riesenauge beschrieben, mit „faule(n) Spiegel(n), blau und grün".

Da seitwärts durch Geröhres Speer erglänzt des Kolkes Dintenbecken,
Ein wüster Kübel, wie getränkt mit schweflichen Asphaltes Jauche,
Langbeinig füßelnd Larvenvolk regt sich in Fadenschlamm und Lauche,
Und faule Spiegel, blau und grün,
Wie Regenbogen drüberziehn.
In Mitten starrt ein dunkler Fleck, vom Riesenauge die Pupille,
Dort steigt die Wasserlilg' empor, dem Fußtritt lauschend durch die Stille;

Wen sie verlockt mit ihrem Schein, der hat sein letztes Lied gesungen;
Drei Tage suchte man das Kind umsonst in Kraut und Wasserbungen,
Wo Egel sich und Kanker jetzt
An seinen bleichen Gliedchen letzt.[58]

Daß just im Kontext dieses fauligen Sumpfs die für die Dichtung der Droste zentralen Signale ihrer forschenden Identitätssuche: ‚Auge' und ‚Spiegel' stehen, und daß sie verbunden werden mit dem Versuch, sich hier vom Bann des sogenannten ‚Familiengeistes' zu befreien, zeigt, wie sehr für die Autorin das Unheimliche im peinlichst Heimlichen, dem Familiären wurzelt. Die sogleich assoziativ folgenden Motive von Kind und Tod unterstreichen diesen intimen Zusammenhang. Die Abfolge dieser und der weiteren Bilder zeigt aber auch, welcher Anstrengung und inneren Überwindung es bedarf, bis zu diesem Punkt des Sehens vorzudringen. Deutlich wird die Macht des Familiär-Heimischen, die ja für das ganze sozialisierte Symbolsystem unseres Daseins steht, und die das Individuum im Bann hat. Dem Roßtäuscher gelingt es im Gedicht nicht, sich vor dem ekligen Auge des Kolks von seiner magischen Phiole zu trennen. Erst mit einer Nagel-Reliquie vom Heiligen Kreuz vollzieht sich bei Unwetter und Feuersbrunst – Himmel und Hölle werden also symbolisch in Bewegung gesetzt – die Öffnung der Phiole: das Verborgen-Heimliche kommt heraus und das unheimliche Geschehen macht den Täuscher zum Greis:

Und an der Gotteslampe steigt
Das Haupt des Täuschers, schneegebleicht.[59]

Auch dieses Werk endet mit einer Phase der religiösen Exkulpation, mit ritueller Bußattitüde, mit Verzicht und gnadenverheißendem Tod.

Den Lesern, so kann resümiert werden, tritt in den Gedichten der Droste das Unheimliche als ‚Kastration' im Sinne der ‚Differenz'-Erfahrung entgegen. Die ‚Differenz' wird dabei in den meisten unheimlichen Texten perspektiviert auf ihre früheste Erscheinung und ihren Entstehungsort: die Zuweisung der Geschlechtsidentität im Raum der Familie, des Heims, der Heimat. In den Auflehnungsbildern gegen die Rollenzuschreibung, gegen die Unterordnung unter das väterliche Gesetz, ja gegen Gesetzhaftigkeit überhaupt, kann die Leserphantasie eigene verdrängte Aggressionen agieren. Sie kann es lustvoll und straffrei tun, da hier nicht nur eine feste künstlerische Form die auf Formsprengung zielenden aufrührerischen Impulse in einen gesellschaftlich akzeptierten Rahmen bindet, sondern weil auch inhaltlich alle subversiven Bilder und Symbole von solchen mit Entsühnungscharakter gefolgt sind.[60] Entsühnung vollzieht sich in historisch konsensueller Form: im religiös eingeführten Ritual, das Selbstverleugnung bis zur Selbstvernichtung verlangt. Schließlich kann die rezipierende Phantasie noch aus der Radikalität dieser Selbstbestrafung Befriedigung ziehen, weil die symbolische Exkulpation in der eigenen Hand zu liegen scheint. Noch in der Selbstvernichtung eines Friedrich Mergel können Größenphantasien agiert werden. Am deutlichsten drückt wohl das Abschlußbild des wilden «Fräulein von Rodenschild» mit der verletzten eisigen Hand diesen insgeheim trotzigen Selbstbestrafungsgestus aus.

Zugleich mit der Einladung zum Ausleben schreckhafter bis aggressiver oder mörderischer Phantasien kommen die Texte also dem ängstlichen Bedürfnis nach Abwehr der Wünsche entgegen und zwar in soziohistorisch sanktionierter Form. Damit sind sie wirklich wie ein schöner Schild, der zum Ausbruch verleitet und hinter dem man sich doch herrlich verstecken kann. Im Sinne dieser Mischung aus Abwehr und Adaption war es möglicherweise für die Zeitgenossen der Droste geradezu hilfreich, daß die Autorin eine Frau war und mit zum Teil weiblichen Protagonisten gegen die Differenzzuschreibungen anphantasierte. Die weiblichen Leser konnten sich direkt mit der unheimlichen Mischung aus Lust und Grauen identifizieren, zumal sie durch den besonderen *modus* des Visuellen den ihnen zugestandenen Wirklichkeits- und Wirkungsbereich wiedererkennen konnten. Doch auch für männliche Leser boten die Texte Projektionsmöglichkeiten: Die geschlechtsübergreifende Erfahrung der ‚Kastration' wurde hier im gleichen Zug deutlicher, wie sie auch leichter abgewehrt werden konnte. Denn war die Struktur der ‚Differenz' in der Ausweisung der Frau aus dem patriarchalischen Diskurs des 19. Jahrhunderts auch in besonders existentieller Weise evident, so charakterisierte sie doch auch die konfliktuelle Bewegung männlicher Identitätssuche; als Trennung des Begehrens von seinem Gegenstand war sie in allen Entfremdungs-, Verdrängungs- und Unterdrückungserfahrungen, die das 19. Jahrhundert seinen Bürgern im privaten und öffentlichen Leben reichlich auferlegte, immer schmerzlich präsent. Die Wahrheit dieses Schmerzes wie die Auflehnung gegen ihn konnte in den unheimlichen Bildern, der metonymisch gleitenden Differenzstruktur der Droste-Texte erlebt und zugleich durch deren schöne Form, die verschiedenen Verfremdungsstrukturen, aber auch durch das Konzept ‚Frauenliteratur' abgewehrt werden.

Das Insistieren des poetischen Bildes auf Visuellem, auf Optisch-Eidetischem, auf Schauen und Zeigen, auf Auge, Blick und Erblicktem kommt dabei sowohl der Schau- und Zeigelust als transformiertem Sexualtrieb wie dem existentiellen Bedürfnis nach Aufdeckung und Erkenntnis entgegen. Unheimlich bleibt diese Dichtung, weil ihre voyeuristischen Anstrengungen im Wechsel von Enthüllung und Verhüllung kein Ziel zu Tage fördern, das in einheitsstiftender Weise aus der Kette bipolarer Zuordnungen befreien könnte. Am Anfang oder Ende aller metonymisch gleitenden Substitutionsreihen steht immer wieder die ‚Differenz' der Geschlechter. Erkenntnis- und erlebnismäßig könnte allenfalls das Unheimliche selbst in seiner masochistischen Vereinigung von Lust und Grauen dem um Identität ringenden (In)dividuum ein Schema seiner Einheit bieten. „Wollüstig saugend an des Grauens Süße" geben sich Autorin wie Leser auf je eigene (historische und geschlechtsspezifische) Weise an die Texte hin in der unauslöschlichen Hoffnung, über die Differenz hinaus im Imaginären ihr wahres wenn auch verdrängtes Sein ganzheitlich zu erleben.

4. Auch ein Beruf
„Realistische“ Autorinnen im 19. Jahrhundert

Konstanze Fliedl

Nun Frau über Frau, das passirt allenfalls ...
Louise von François an Conrad Ferdinand Meyer

Ein Schreibezirkel

„So sind Sie, mein Lies, unter allen Selbstgewählten mir als das Liebste und Letzte geblieben, und ich müßte ohne Sie gleichsam von meinem eigenen Blute zehren!“[1] Diese emphatische Anrede richtet Annette von Droste-Hülshoff im November 1844 an Elise Rüdiger (1812–1899), die Tochter der Schriftstellerin Elise von Hohenhausen (1789–1857), die seit der Zeit der von ihr gebildeten Münsterschen „Hecken-Schriftstellergesellschaft“ (1839) Annettes literarische Laufbahn mit Ermutigung, Rat und Vermittlungsaktionen an Verleger begleitete. Gegenüber der aristokratischen Verwandtschaft, die auf Annettes poetische Produktion wenn nicht mit Ablehnung, so doch mit verständnisloser Duldung reagierte, auch gegenüber den anderen, mitunter unzuverlässigen schriftstellernden Freundinnen wie Adele Schopenhauer (1797–1849) und Sibylla Mertens-Schaaffhausen (1797–1857), nahm die Rüdiger an Annettes literarischen Projekten regen und uneigennützigen Anteil, auf den diese besonders nach dem langsamen Scheitern ihrer Beziehung zu Levin Schücking und der zunehmenden Isolation und Erschwerung ihrer Arbeit durch ihre wiederkehrenden Schmerz- und Krankheitszustände dankbar antwortete: Im Jahr 1843 widmete sie der mehrfach als „mein Bestes und Liebstes“, „mein zweites Ich“[2] apostrophierten Elise ein Namenstagsgedicht, in dem sie sich nicht nur – mit Bezug auf ihren zweiten Taufnahmen Elisabeth – auf „gleichen Namens Banden“, sondern auch wieder auf ihre geistige „Blutsverwandtschaft“ berief; dieses Bild trägt nebenher auch die Bedeutung der „Vererbung“ des literarischen Anspruchs:

> Zu alt zur Zwillingsschwester, möchte ich
> Mein Töchterchen dich nennen, meinen Sprossen,
> Mir ist, als ob mein fliehend Leben sich,
> Mein rinnend Blut in deine Brust ergossen. (I, 1, 144)

Zwei Jahre nach dem Tod der Droste erschien das Gedicht einer dritten Elisabeth, das das Werk der Verstorbenen emblematisch als Orientierung für das eigene Dichten charakterisierte:

Betty Paoli (Pseudonym von Barbara Elisabeth Glück)

Auch du dahin! O Gott allein nur weiß,
Was du mir galtst, wie hoch ich dich gehalten.
Wir standen uns im Leben fremd und fern,
Allein im wundersamen Reich der Dichtung
War mir dein Wort der ewig klare Stern,
Der mir das Ziel bestimmte und die Richtung.[3]

Der Vergleich mit der Droste wurde bei den Zeitgenossen der Elisabeth Glück (1814–1894), die unter dem Pseudonym Betty Paoli publizierte, zum Topos. Der in Wien angeblich als uneheliche Tochter eines hohen ungarischen Aristokraten geborenen, durch den Verlust des mütterlichen Vermögens zur Arbeit als Erzieherin in Rußland, als Gesellschafterin in verschiedenen Adelshäusern und als Journalistin gezwungenen Autorin bedeutete die ‚Poesie', in der sie neben der Droste den Vorbildern Schiller und Lenau folgte, ihr eigentliches Geschäft, obwohl man auch schon zu Lebzeiten ihr Prosawerk hochschätzte und ihre Rezensionen für verschiedene Zeitungen nach ihrem Tod gesammelt herausgegeben wurden. „[...] das Weib ist durch und durch *Genie*", schrieb Adalbert

Stifter, der die Paoli in ihrer Funktion als Vorleserin der Fürstin Schwarzenberg im «Nachsommer» porträtiert hatte, an den gemeinsamen Verleger Heckenast, und: „Ich hoffe Vortreffliches, wenn sie sich auf den socialen Roman verlegt.“[4] Ihre Besprechungen von Drostes «Gedichten» – die ihr Stifter geborgt hatte – (1852), Schückings «Lebensbild» (1862) und zwei Bänden Droste-Briefen (1877, 1894) dokumentieren über vierzig Jahre Rezeptionsgeschichte der westfälischen Autorin in Österreich, während derer Betty Paoli sich unausgesetzt bemühte, ihr den „Rang als die größte Dichterin deutscher Nation für alle Zeiten“ zu sichern. Dabei polemisierte sie zunächst gegen die Tendenzlyrik des Vormärz, welche seinerzeit die Rezeption von Drostes „echte[r]“ Poesie aufgehalten habe, während sie später die durch den Druck der Familie erschwerten Produktionsbedingungen der Droste, die „dem freien Aufschwung ihres Genius vielfach hinderlich“ gewesen seien, emphatisch beschrieb.[5]

Unter dem Druck einer aristokratischen Familie hatte sich wohl auch 1847 eine Komtesse Dubsky an die inzwischen bekannte Paoli um eine Beurteilung verschiedener Talentproben gewandt. Zurückhaltender noch als der gleichzeitig von der Stiefmutter der Komteß aufgeforderte Grillparzer (der „unverkennbare Spuren von Talent“ konstatierte, allerdings „Ordnung in den Gedanken“ vermißte)[6] äußerte sich die Schriftstellerin, die anstelle eines Urteils der eben siebzehnjährigen Bewunderin zur Arbeit und Lektüre riet:

> Lesen Sie, aber mit steter Aufmerksamkeit und Beziehung auf sich selbst, unsere großen Dichter [...]. Ihr Ohr muß erst recht gebildet werden; es ist dies mitunter eine verdrießliche Arbeit, sie trägt aber später reichliche Früchte.[7]

Fast drei Jahrzehnte später rezensierte sie den ersten Band der «Erzählungen» der mittlerweile verheirateten, durch eine Reihe erfolgloser dramatischer Versuche entmutigten Marie von Ebner-Eschenbach zwar noch mit Zurückhaltung, aber mit uneingeschränkter Anerkennung ihrer Begabung; den Romanerstling «Božena» (1876) und die 1881 erschienenen «Neuen Erzählungen» kommentierte sie bereits enthusiastisch, vor allem in Hinblick auf die „Lebenswahrheit“ der Charaktere.[8]

Selbst eine „Stummgeborene“,[9] fungierte Ida Fleischl-Marxow (1824–1899), Mittelpunkt eines Wiener literarischen und medizinischen Zirkels, die seit 1855 die Paoli beherbergte, über Jahrzehnte als loyalste Vor-Kritikerin der beiden Autorinnen. Betty Paoli widmete ihr den 1870 erschienenen Band «Neueste Gedichte»:

> Daß ich, als jeder Trost mir fern gelegen,
> Und meiner Hand der Hoffnung Stab entwunden,
> Inmitten all der Larven *dich* gefunden,
> Ich nenn' es meines Lebens höchsten Segen![10]

Noch Conrad Ferdinand Meyer, der ein „Brautcarmen“ zur Hochzeit von Idas Sohn gedichtet hatte, erfuhr von Idas „seltene[r] Herzenswärme und noch seltenere[r] Klarheit und Großzügigkeit des Gedankenlebens“, und zwar durch

Louise von François.[11] Die durch den historischen Roman «Die letzte Reckenburgerin» (1871) mit einiger Verspätung bekanntgewordene Novellistin, die in ihrer „Weißenfelser Mansarde" einsiedelte, hatte sofort und erfreut auf die Zusendung von Marie Ebners «Aphorismen» (1880) repliziert:

> Fast jeder ‚Ring Ihrer Gedankenkette' findet tief in mir einen Anschluß, der einem Ursprung gleichen würde, wenn es mir gegeben wäre, ihn so präcis in edelster Form auszudrücken.[12]

Nach dem zweiten Zusammentreffen mit der Ebner, deren Neuerscheinungen sie von da ab so höflich wie kritisch begutachtete, berichtete sie Conrad Ferdinand Meyer von der „liebenswerthesten Frau, die mir im Leben begegnet ist und gewiß einer der seltensten unserer Zeit und ihrer Zone. Impulsiv wie ein Kind; warmherzig wie eine Achtzehnjährige von der rechten Art und klar und frei denkend wie ein Mann".[13] Die Ebner unterstützte ihrerseits die damals bereits auslaufenden literarischen Agenden der Freundin, regte im geheimen einen Preis der Schillerstiftung für sie an und initiierte zum 70. Geburtstag der François (1887) ein Glückwunschalbum österreichischer Autoren, wobei Verse der Paoli, die mehrere Gedichte an die François gerichtet hatte, obenan standen, worauf diese in poetischen und publizistischen Angelegenheiten, etwa einer geplanten Neuauflage ihres 1873 erschienenen Romans «Frau Erdmuthens Zwillingssöhne», auch den Rat der Paoli und Ida Fleischls einholte.

Auch anläßlich des 70. Geburtstags Betty Paolis (der „Dank der Ungenauigkeit der Literaturgeschichten" 1885 gefeiert wurde),[14] versuchte Marie Ebner die nachlassende Wirkung „unserer olympischen Betterl"[15] mit einem Gratulationsalbum zu festigen, wobei über Paul Heyse auch Freunde und Gönner in Deutschland erinnert werden sollten. Nach ihrem Tod (1895) sichtete die Ebner gemeinsam mit Ida Fleischl den Nachlaß und traf die auf Paolis Wunsch von Saar überwachte Auswahl für einen Sammelband gedruckter und nachgelassener Gedichte.

Wie Ebners Nachruf auf Betty Paoli, in dem sie ihre Lyrik als einen noch „unverwerteten Schatz der Litteratur" propagierte,[16] hatten auch die Nekrologe auf die ein Jahr zuvor verstorbene Louise von François die Funktion, die Publizität der zuletzt nur noch als „Reckenburgerin" bekannten Autorin aufrechtzuerhalten. Die Ebner stellte dabei Briefe der François über ihre literarischen Anfänge zur Verfügung: In Minden habe diese im Kreis ihres Onkels Karl von François, der wegen seiner abenteuerlichen Memoiren aus den Befreiungskriegen bekanntgeworden war, Elise Rüdiger kennengelernt:

> Frau von Hohenhausen [...] nennt sich die Geburtshelferin, ja die Großmutter meiner bescheidenen Geisteskinder, und es ist wahr, ohne ihr Drängen hätte ich nie eine Zeile zu veröffentlichen gewagt, und ohne daß sie ein Schreiben von mir an Hermann Hauff, den Herausgeber des Cottaischen Morgenblattes, geschickt, wäre ich nie dessen Mitarbeiterin geworden.[17]

Dreizehn Jahre nach dem Abdruck der von Schücking Hauff angebotenen «Judenbuche» konnte so auf Vermittlung von Drostes Freundin (die 1845 von

Münster nach Minden übersiedelt war) die literarische Karriere der François mit der Skizze «Potsdam» im selben Blatt beginnen (1855); bis 1861 erschien dann der weitaus überwiegende Teil ihrer Veröffentlichungen im Morgenblatt.

„Töchterchen" der Droste, „Großmutter" des Werks der François – die Kategorie der Verwandtschaft, in der die literarische Freundin angesprochen wird, macht deutlich, wie für die genannten Autorinnen die freundschaftliche Vor-Öffentlichkeit von Lektüre und Gegenlektüre, Kritik und Korrektur, Vermittlung in verlegerischen Angelegenheiten – flankiert vom späteren publizistischen Engagement – vorerst quasi als alternative Familiensphäre gilt, die als Ersatz für die oft heftig gegen die literarischen Ambitionen opponierende reale Familie funktioniert. Der gegenseitige Einsatz in den Randgebieten literarischer Produktion dient darüber hinaus als soziale Stütze, die poetische Kollegenschaft als Modell des Selbstverständnisses in einem gesellschaftlichen Umfeld, das Stand, Rang und Beruf der Frau noch immer durch familiäre Allianzen definiert. So entstehen die erstaunlichen Kontakte zwischen den Schriftstellerinnen der Periode; besonders Marie von Ebner-Eschenbach, unter deren Namen später schreibende Frauen institutionell gefördert wurden – den Ebner-Preis erhielten unter anderen Isolde Kurz (1901), Enrica von Handel-Mazzetti (1904), Helene Böhlau (1905), Ricarda Huch (1907) –, erscheint durch ihre vielfachen Beziehungen zu Schriftstellerinnen und Publizistinnen der Zeit geradezu als „focal point of a loosely organized support network of German women writers".[18] Vor dem oft pathetisch beschworenen emotionalen Hintergrund dieser Relationen können, durch Intimität und Diskretion geschützt, literarische Probeauftritte stattfinden, bevor das „Heraustreten in die Öffentlichkeit" als doppelte „Widerwart" erfahren wird: „Nun, wer sich in das Freie wagt, muß sich das Anblasen gefallen lassen."[19]

Natur und Talent

Weitaus negativer als Literaten und Rezensenten allerdings beurteilte die adelige Verwandtschaft die anonym erschienene erste Veröffentlichung der damals immerhin 41jährigen Annette Droste-Hülshoff:

> Nun tun alle die Mäuler auf und *begreifen alle miteinander nicht,* wie ich mich habe so blamieren können.[20]

Die familiären Interessen, mit einem enormen Aufwand an persönlichem Verkehr und Briefwechsel in Gang gehalten, zentriert um die Mittelpunkte der Geburten, Verheiratungen und Sterbefälle mit den entsprechenden Vermögensverschiebungen, vertrugen sich nicht mit dem Ehrgeiz und den Exzentrizitäten der Droste, die früh sanktioniert wurden. Später nahm die Droste als unverheiratet gebliebene ‚Tante' die marginalste Position in der Familienhierarchie des katholischen westfälischen Adels ein; die „Status- und Funktionslosigkeit" dieser Frauen, die „gar keine Möglichkeit einer öffentlichen oder beruflichen Tätigkeit hatten“, führte unausweichlich zum „Selbstbild des individuellen Scheiterns“.[21] Das Ab- und Ausweichen der Droste in die literarische Produktion blieb unter diesen Umständen auch später Gegenstand gerade noch geübter familiärer Toleranz, ihre „ganze so langsam und mühsam erkämpfte Freiheit (insofern ich die passive Nachsicht der Meinigen mit meiner Weise zu sein und mich zu den Menschen zu stellen so nennen darf)“ immerfort bedroht.[22] Zwischen gesellschaftlicher Aphasie und ästhetischer Artikulation konnte sie zeitlebens nur einen paradoxen Ausgleich finden, indem die „Unmöglichkeit [...], in der Gesellschaft eine Rolle zu spielen“, als romantischer Exzeß wieder auftauchte.[23]

In der katholischen österreichischen Aristokratie scheinen dieselben gesellschaftlichen Normen noch in der zweiten Hälfte des Jahrhunderts intakt gewesen zu sein. Die Situation der dilettierenden Komteß, deren Versuchen die Familie ausgesprochen skeptisch gegenüberstand, verschärfte sich, als die Ebner – Gattin ihres Vetters Moritz von Ebner-Eschenbach, der seine militärische Karriere als Feldmarschalleutnant beendete – mit ihren fehlschlagenden dramatischen Experimenten auch dessen Ruf in Gefahr zu bringen drohte. In ihr Tagebuch notierte sie nach der Aufführung des «Geständnis»:

> Noch eine solche Kritik, u. ich werde für die Bühne überhaupt nicht mehr schreiben dürfen. ‚Du trägst meinen Namen, ich will ihn nicht in solcher Weise verunglimpft sehen.‘

Offenbar hätten sich ihre Stücke durch eine wohlwollende Aufnahme allerdings legitimieren können:

> Wenn dieses Lustspiel gelänge und einen guten Erfolg erringen würde, hätten die Meinen vielleicht nichts mehr einzuwenden gegen die Ausübung meines *Berufes. Das ist er ja doch.*[24]

Noch jahrzehntelang versuchte die Verwandtschaft, der kinderlosen Tante, die wie selbstverständlich Pflichten der Kinder- und Krankenpflege zu übernehmen hatte, das Schreiben als Versäumnis zu suggerieren:

> Ich bin die Empfindung nie losgeworden, daß ich alle Welt innig und heiß um Entschuldigung bitten muß, wenn ich wieder etwas veröffentlicht habe.[25]

Der so erzeugte Schuldkomplex hinsichtlich des Schreibens führt zu apologetischen Argumenten auch bei den Autorinnen, die wie die Paoli oder die François (deren Familienvermögen nach einem jahrelangen Prozeß – während dessen ihre Verlobung mit einem Grafen Görtz scheiterte – 1850 verlorenging) die literarische Produktion als Einnahmequelle betreiben mußten; Alternativen weiblicher Handarbeit wurden von beiden Schriftstellerinnen erwogen.

Unter der Voraussetzung solcher äußerer und verinnerlichter Vorbehalte entwickelten die Autorinnen im Hinblick auf die nun einmal erforderlichen offensiven Aktivitäten der Vermarktung ihrer Produkte die Möglichkeiten der Camouflage, der Verkleinerungsrhetorik und Bescheidenheitsstrategien; am we-

Marie von Ebner-Eschenbach

nigsten machte davon die Droste Gebrauch, für die Schücking die Verlagskontakte herstellte. Ihr zu Lebzeiten veröffentlichtes Œuvre blieb mit zwei selbständigen Buchpublikationen, von denen die erste nur unter den Anfangsbuchstaben ihres Namens erschien («Gedichte», 1838), ohnehin sehr schmal. Schücking allerdings ging mit den Texten der Droste derart leichtfertig um, daß sie ihn anläßlich der Ausgabe der «Gedichte» von 1844 dringlich um sein „*Ehrenwort*, wie Sie es einem Manne geben und halten würden", bitten mußte, an ihren Gedichten keine willkürlichen Veränderungen vorzunehmen.[26] Während Betty Paoli in ihrer Novelle «Auf- und Untergang», einem unverhüllt autobiographisch grundierten „Lebensbild" der französischen Schriftstellerin Élisa Mercoeur (1809–1835), ihre Heldin an der mörderischen Dynamik des literarischen Marktes zugrundegehen läßt, der nach Erstlingserfolgen eine immer größere Beschleunigung der literarischen Produktion verlangt („man forderte Bände von mir, nicht Meisterwerke. Das Geschäft rentirte sich, es mußte folglich fortbetrieben werden" [III, 267]), wurden Marie von Ebner-Eschenbachs Dramen fünfzehn Jahre hindurch überhaupt abgelehnt – entweder durch die Intendanzen oder, spätestens, durch die Rezensionen – von Otto Ludwigs immerhin differenziertem Urteil über die 1860 in Karlsruhe aufgeführte «Maria Stuart in Schottland» bis zu Ludwig Speidels Polemik gegen das 1869 am Wiener Burgtheater gegebene Schiller-Stück «Doctor Ritter». Dem Intendanten der Karlsruher Hofbühne Eduard von Devrient gegenüber lüftete die Ebner, die ihre Bühnenmanuskripte als „M. v. Eschenbach" einreichte, nach der Zurückweisung der «Schauspielerin» ihr Pseudonym:

Ich bin wirklich nur eine arme Frau [...]. *Weil* ich rücksichtslos unbarmherzig beurtheilt sein will [...], habe ich dem edlen und ritterlichen Devrient nicht sagen *dürfen*, daß seine Urtheile über die Arbeit einer Frau gefällt werden.[27]

Der Verzicht auf weitere Dramenproduktion nach dem Mißerfolg des «Waldfräulein» (1873) bedeutete, solange das „Axiom des dramatischen Vorrangs in Sachen der Poesie" unangefochten war,[28] auch eine niedrigere Position innerhalb der Gattungshierarchie und bestätigte die Inferiorität weiblicher Autoren in dieser Sparte. Das (literatur-)satirische Lustspiel der Droste, «Perdü! oder Dichter, Verleger und Blaustrümpfe», das die Ebner vortrefflich fand, war von deren Kreis „förmlich gesteiniget" worden;[29] die Aufführung des einzigen, aus einer Novelle umgearbeiteten Lustspiels der François, «Der Posten der Frau», die Marie Ebner eifrig, aber erfolglos betrieben hatte und die schließlich 1883 in Meiningen zustandekam, erzielte bestenfalls einen Achtungserfolg. Obwohl die darauffolgenden Leistungen Ebners auf dem Gebiet der Prosaerzählung fast durchweg enthusiastisch aufgenommen wurden und sie bis zum Ende des Jahrhunderts als „die erste deutsche Schriftstellerin" und als „jedenfalls der bedeutendste deutsche Schriftsteller in Oesterreich" galt, wie man es anläßlich der Verleihung des Ehrendoktorats der Universität Wien formulierte,[30] mußte sie sich noch 1892 von Heyse sagen lassen, daß sie aufgrund ihrer übermäßigen Bescheidenheiten gegenüber den Verlegern den literarischen Markt ruiniere. Ihr Bedürfnis, die Schriftsteller-Kollegen über sich zu stellen, war chronisch und schreckte nicht vor den drastischsten Selbstbezichtigungen zurück; Ferdinand von Saar, der zur Feier ihres 70. Geburtstags einen Prolog gedichtet hatte, dankte sie mit der Bemerkung, sie wisse nicht, ob sie sich darüber freuen solle: „Der Dichter von Pabst und Kaiser und die Dichterin der zwei mährischen Trotteln!"[31] Ebenso notorisch war Louise von François' Hang zu Selbstverkleinerung: 1865 ließ man sie seitens des Morgenblattes wissen, die Weise, „in der Sie den Wert ihrer eigenen Produktion in Frage zu stellen lieben", sei bekannt und schrecke die Redaktion nicht mehr ab.[32] Als Freunde für die kranke und finanziell unzureichend versorgte Autorin eine Sammlung durchgeführt hatten, mußten sie die Schillerstiftung bitten, die Summe als fingierten Preis zu überweisen, da die François die Annahme verweigert hatte; auf die ihr von der Stiftung selbst gemachten Dotationen pflegte sie mit dem Hinweis auf die Würdigeren und Bedürftigeren, denen sie die Preise entziehe, zu reagieren.

Gerade das mitunter Rhetorisch-Übertriebene solcher Beteuerungen macht deutlich, unter welchen Anpassungsmanövern die Schreiblizenz nur zu haben war. Berühmt auch für ihre „süße Bescheidenheit",[33] verkörpern diese Frauen den Kontrast der geforderten Qualifikationen zwischen femininer Zurückhaltung und künstlerischer Selbstdarstellung – eine Differenz, die sich in dem Maß vergrößert, in dem ihren Werken ästhetische Bedeutung zugeschrieben wird.

Eben weil diese nicht mehr dem Bereich der bloßen „Frauenzimmerlektüre" zugerechnet werden, eben weil sie schon zu Lebzeiten der Verfasserinnen in den literarischen Kanon aufgenommen wurden, muß ihre Leistung in einer Weise attribuiert werden, die sie zugleich als Frauen disqualifiziert, welchem Gegensatz dann nur durch die beschriebene Marginalisierung der eigenen Schriften ausgewichen werden kann. Insofern, als diese das Stigma der ‚weiblichen Hand' verlieren und ihre literarische Qualität akzeptiert wird, müssen die Autorinnen nun auch vor dem drohenden Verdikt der ‚Männlichkeit' in Schutz genommen und ihre Texte durch die Hervorhebung des ‚spezifisch Weiblichen' an ihnen neuerlich approbiert werden.

Unter diesem Aspekt wird die geschlechtsspezifische Charakterisierung der Autorinnen variabel und zuweilen paradox.[34] So drücken die Droste und ihre Freundinnen hohes Lob für ihre Hervorbringungen durch die Versicherung aus, es sei gelungen, die Züge der „weiblichen Feder" zu verbergen.[35] Daß die weibliche Verfasserschaft ein Kunstwerk kompromittiert, bestimmt noch Schükkings «Lebensbild», in dem es über die Droste heißt, sie

> unternimmt ein Werk, wie es von einer Frauenhand nie unternommen ist und in der Ausführung ist nicht der leiseste Strich, der die Frauenhand verriethe.

Der sich andeutenden Normverletzung kommt Schücking jedoch zuvor, indem er andererseits das orthodoxe Rollenbild akzentuiert:

> Trotz aller männlichen Kraft bleibt sie streng innerhalb der Schranken der Weiblichkeit und des Frauenberufs, die Sitte zu hüten, eingedenk.[36]

Analog wird an Louise von François' Stil zunächst männliche Markigkeit festgestellt, während man ihr später zubilligte, daß ihr „Weibliche[s] [...] trotz aller herben Selbständigkeit und kritischen Schärfe stets das Gemüt gefordert und betont" habe.[37] Diese Balance von Männlichkeit und Weiblichkeit, die einerseits die künstlerische Kompetenz, andererseits den intakten Geschlechtscharakter der Autorin verbürgen soll, entwickelt sich offenbar zum neuen Merkmal des Idealtyps der schreibenden Frau; „Ich muß oft denken, wenn ich Ihre Bücher [...] lese: wenn doch von tausend Männern nur zehn soviel *Männliches* hätten als Sie zeigen", schreibt Gustav Frenssen an Marie Ebner, nicht ohne den geläufigen Vorbehalt hinzuzusetzen: „ohne im geringsten unweiblich zu sein".[38] Ähnlich apologetisch dekretiert ein Interpret Betty Paolis, daß „ihre scheinbare Männlichkeit nur die zur höchsten Menschlichkeit geläuterte Weiblichkeit war".[39] Die beliebige Verteilung von Geschlechtsattributen läuft auf ein quasi asexuelles Künstlerstereotyp hinaus; im Bilde schöner Humanität fällt die Dichotomie von Männlichkeit und Weiblichkeit in sich zusammen, kann sich der Gegensatz von ‚Natur' und ‚Talent' endgültig versöhnen. Diese Harmonisierung wird in der jeweils ersten Rezeptionsphase erfolgreich betrieben: Ein großer Teil der frühen Biographien stilisiert den Autorinnen einen Lebensweg, dessen Ergebnisse, meist überaus idealisierte „Persönlichkeitsbilder", die Widersprüche von Herkunft, Erziehung und Produktionsbedingungen und ästhetischem Anspruch und Urteilskriterien verschleiern oder geradezu eliminieren.

Erzählte Pathologie – hygienisches Erzählen

Im Februar 1819 schrieb Annette von Droste ihrer Tante über den Plan zu einer Novelle, deren Heldin schon von Anfang an die Schwindsucht und den Tod hätte in sich tragen sollen, den sie aber wieder fallengelassen habe, da vier daraufhin aus der Lesebibliothek entliehene Romane ebenfalls eine „solche zarte, überspannte Zehrungsperson" zur Hauptfigur gehabt hätten.[40] Gleichwohl wird die Arbeit an der Fragment gebliebenen Erzählung «Ledwina» in mehreren Stufen bis 1826 fortgeführt. Über biographische Reflexe hinaus, etwa die soziale Kontrolle durch Familie und Bekanntschaft und das krampfhafte Bemühen, sich der Gesellschaft „einzuflicken", verarbeitete die Droste auch spätromantisch-schauriges Erzählinventar, wie die Begegnung mit dem eigenen Spiegelbild oder das Aufsuchen des Geliebten im Sarg; Traum oder Vision von Verwesung und Selbstauflösung geben die pathologisch-nekrophile Veranlagung Ledwinas wieder.

Zwar bezeugt Drostes eigener Hinweis die Verbreitung und Trivialisierung von dergleichen Elementen im zeitgenössischen Lektürekanon, trotzdem kann sie dieselben Motive in anderen Kontexten später wieder aufnehmen, beispielsweise in der Ballade «Das Fräulein von Rodenschild» (1841), in der das Zusammentreffen mit dem Gespenst der eigenen Doppelgängerin durchaus noch eine Konzession an das zeitgenössische Interesse an der Geisterseherei bildet, andererseits aber auch als Symbol für das Auseinandertreten von gesellschaftlichen Forderungen und vitalen Triebwünschen gedeutet werden kann (vgl. S. 43 ff.). In der düster-pathogenen Zuständlichkeit von Ledwinas Psyche spiegelt sich der Kontrast zwischen biedermeierlichen Verhaltensnormen und individuellen Entwicklungsbedürfnissen auch insofern, als die soziale Sanktion – die Ehelosigkeit – bereits als eigener Defekt internalisiert ist: „mein loses thörichtes Gemüth hat so viele scharfe Spitzen und dunkle Winkel, das müßte eine wunderlich gestaltete Seele seyn, die da so ganz hinein passte" (V, 1, 93).

Tritt bei der Droste das problematische Verhältnis von Anpassung und Widerstand gegenüber der obligaten Rolle als Nachtseite der weiblichen Seele noch in spätromantisch-metaphorischer Einkleidung auf, werden in den narrativen Texten Betty Paolis verschiedene Varianten weiblicher Lebensläufe durchgespielt und diskutiert; so entwickeln die beiden Novellen «Leonore» und «Honorine» (1844) Alternativen hinsichtlich der Bewältigung einer weiblichen ‚Vergangenheit': Während sich im Fall Honorines ein von materieller Not erzwungener Fehltritt als so schicksalsmächtig erweist, daß eine spätere Ehe daran scheitert, kann Leonore in den Armen eines wahrhaft liebenden Mannes über die enttäuschte Neigung zu einem moralischen Schwächling hinwegkommen. Die

Sympathiewerte sind in der Weise des Trivialromans verteilt; das happy ending kann, nach der Strukturierung der Handlung durch die rivalisierenden Konzepte von ‚Leidenschaft' und ‚(wahrer) Liebe', das konventionelle Liebesprogramm um so effektvoller vertreten:

> Die Liebe, für die Ihr Geschlecht geboren, besteht nicht in einer selbstsüchtigen Neigung für einen Menschen, sondern in dem hohen begeisternden Gefühl, das [...] in dem Heile Andrer seine eigne Befriedigung findet. (III, 90)

Wie häufig in der ‚Frauenliteratur' des 19. Jahrhunderts, stehen die literarischen Modelle hinter den vor und nach 1848 entwickelten theoretischen Positionen erheblich zurück. Allfällige kritische Ansätze ergeben sich hier aus sekundären Konstellationen oder Nebenmotiven, wie den männlichen Kontrastfiguren und ihren destruktiven («Honorine») oder altruistischen («Leonore») Ehrbegriffen oder der im Rahmen von Honorines „Beichte" formulierten Anklage gegen die insuffiziente Mädchenerziehung, die sie nicht mit Fertigkeiten zur eigenen Erwerbstätigkeit ausstatte. Wie die Droste, die mitunter ausdrücklich Stellung gegen die jungdeutschen Weiblichkeitskonzeptionen bezog, beschränkte sich auch Betty Paoli gegenüber der im Vormärz vertretenen Opposition auf den Protest gegen die Bildungsatrophie und die soziale Stigmatisierung der Frau: So gewinnt die Erzählung «Anna» ihre satirische Schärfe in der Charakterisierung des kleinbürgerlichen Ehetyrannen erst in dem Maß, in dem er seiner durch seinen despotischen Willen gebrochenen Frau die Möglichkeit sittlicher Entscheidung nimmt; erst das Monopol auf dem Felde der Moral ermöglicht und legitimiert weibliche Gesellschaftskritik.

In den Jahrzehnten nach der Jahrhundertmitte wird das moralische Übergewicht der Heldin zur unabdingbaren Voraussetzung jedes Votums hinsichtlich der ‚Geschlechterfrage', selbst bei Autorinnen wie Marlitt oder Louise Otto, die ja entschieden liberalere Haltungen vertraten und propagierten als Ebner oder François. Aber auch deren relativ moderat formulierte Ansprüche auf weibliche Selbstbestimmung werden grundiert von Triumphen auf dem Felde der Sittlichkeit, auf dem die Frau auch in traditioneller Sicht dominieren darf. Sowohl in Marie Ebners erfolgreichem Romanerstling «Božena» (1876) als auch in François' berühmtestem Werk «Die letzte Reckenburgerin» (1871) kulminieren die Lebensläufe der Hauptfiguren in Konfliktsituationen, in denen deren moralische Integrität auf dem Spiel steht: Beide werden öffentlich eines Fehltrittes beschuldigt, die „Reckenburgerin" Hardine zu Unrecht, Božena zu Recht, wobei ihr Eingeständnis, ihre unverbrüchliche Wahrheitsliebe, den moralischen Sieg gewissermaßen ex negativo herbeiführt. Die jeweils zum dramatischen Wendepunkt zugespitzte Krise von Sein und (gesellschaftlichem) Schein markiert den moralischen Hochstand, von dem aus das gemeine Vorurteil als *sittliche* Verfehlung bekämpft werden kann. Rezeptionsgeschichtlich wurde die ‚Wahrheit', die Božena zu repräsentieren hat, dabei immerfort auf die ‚Lebenswahrheit' der Figur zurückbezogen; obwohl die Božena-Handlung allerdings in Kontrast steht zur märchenhaften Liebesgeschichte zwischen dem armen Röschen und dem Grafen Rondsperg, in der alle Elemente des zeitgenössischen Trivialroman-Schemas aufgehoben sind, kann die Darstellung der mährischen Magd nicht schlechterdings als wirklichkeitskonform bezeichnet werden: Gerade weil Božena als Parameter der schönen Menschlichkeit zu fungieren hat, wirkt sie schließlich als bloße Verkörperung eines abstrakten Anspruches und keineswegs als literarische Vertreterin etwa der Dienstbotenrealität der Zeit. Gegenüber der „wunderbaren, stillen, stolzen Majestät" (III,225) von Boženas Erscheinung sind die auf Lebensgröße reduzierten Heldinnen, etwa «Lotti, die Uhrmacherin» (1881), Claire Dubois («Wieder die Alte», 1886) oder Maria Dornach («Unsühnbar», 1890) oft auch Figuren des Scheiterns oder der Resignation. Trotzdem bleibt die moralische Überlegenheit auch hier das Fundament der Charakterisierung, auf dem sich, wie im Fall Lottis oder Claires, trotz der erlittenen Enttäuschungen und der still geleisteten Entsagung, auch noch das Ideal praktisch-tätiger Wirklichkeitsbewältigung aufbauen läßt: Lottis Beruf wird als künstlerisch betriebenes Handwerk mit dem sich prostituierenden Künstlertum kontrastiert und damit doppelt positiv besetzt. Neben der Skepsis der Erzählereinsicht, die häufig allzu schnelle Harmonisierung hintanzuhalten weiß,[41] werden mit diesen Modellen auch die konkretesten Reflexe weiblicher Berufstätigkeit gegeben – obwohl Lottis Verzicht auf den Geliebten und das Opfer ihrer Uhrensammlung für ihn nachträglich mit der Hand ihres treuen Vetters honoriert wird. Trotz dergleichen konventioneller Lösungen scheint der Typus des ‚tüchtigen Frauenzimmers' als Korrelat realistischer Literaturkonzeptionen hier seinen Ort zu finden, bevor er von den ‚ästhetischeren' Weiblichkeitsimaginationen der Jahrhundertwende wieder abgelöst wird. Geradezu normbildend fungierte in dieser Hinsicht die «Letzte Reckenburgerin», deren „qualities of firmness and independence which are normally associated with a man rather than a woman", es ihr erlauben, eine Modellkommune in Reckenburg zu errichten.[42] Hardine bewährt sich als Typus wohl auch im Zusammenhang mit dem von ihr vertretenen Arbeitsethos:

> Nicht auf dem Lotterbette, sei es des Elends, sei es der Wollust, aufrecht, im Schweiße seines Angesichts bildet sich der Mensch. (I,304)

Die eigentliche Verbreitung des Romans erfolgte nicht zufällig erst durch Gustav Freytags enthusiastische Würdigung. Dazu kommt, daß die Inkonformität der Charakterisierung Hardines schließlich dadurch zurückgenommen wird, daß sie – eine Reaktion der „versäumte[n]" Natur[43] – in der Liebe zu einer Pflegetochter „erst ein Weib geworden" ist (I,374). Ähnlich wird schon in der frühen Erzählung «Judith, die Kluswirtin» (1862) die Dominanz der Heldin, jedenfalls aus der Figurenperspektive, als Rollenüberschreitung gekennzeichnet („Die Wirtin ist wie ein Mann, ja. Aber sie ist doch kein Mann nicht, nein!" [IV,25]), worauf die entsprechenden Angstprojektionen erfolgen:

> Ja, du Macht, Weib, denn du hast Willen, ja, du hast Willen, denn du hast kein Herz.

Weib ohne Herz, du umgarnst einen mit deinem Willen, wie die Spinne die Fliege mit ihrem Netz. (IV,91)

Die didaktische Tendenz der Erzählung betrifft das durch Judiths Entwicklung – sie wird am Ende Vorsteherin einer Waisenherberge – hergestellte Identifikationsangebot mindestens ebenso wie die von Marie Ebner und Conrad Ferdinand Meyer spontan als allzu lehrhaft gerügte Stellungnahme gegen die Trunksucht, der Judiths labiler Jugendgeliebter zeitweise unterliegt. Impulse aus einem spätaufklärerischen, sozialfürsorgerischen Engagement verbinden sich in den Schriften Ebners und François' häufig mit dem Verfahren, die durch vermehrte Bildungsansprüche auftretenden Rollenunsicherheiten durch ein forciertes Mütterlichkeitsideal auszugleichen. Der starke didaktische Impetus schlägt sich nebenher auch in der Wahl der Textarten nieder: Neben den großen Prosaformen bedienen sich die Autorinnen auch modifizierter Ausprägungen der „Dorfgeschichte", wobei der Einfluß George Sands mitbestimmend war. Schon das „Sittengemälde aus dem gebirgigten Westphalen", wie Drostes «Judenbuche» mit dem zeitüblichen Untertitel hieß, teilt mit dem eben sich entwickelnden Typus der „Dorfgeschichte" des Vormärz zwar nicht die liberal-progressive Grundierung, stellt aber eine (auch ethnographisch) exakte Milieustudie dar, deren kritische Dimension vom Kausalitätsverhältnis zwischen Umwelt und individuellem Schicksal bestimmt wird. Im «Gemeindekind» (1887) Marie Ebners folgt aus dem sozial- und milieukritischen Ansatz die Entwicklungsgeschichte Pavel Holubs, der sich trotz ungünstigster Voraussetzungen zu einem nützlichen Mitglied der Dorfgemeinschaft heranbilden kann. Die lebhafte Zustimmung etwa Victor Adlers zu dieser Erzählung zeigt die von den Zeitgenossen empfundene Fortschrittlichkeit der Stoffwahl; auch in Ebners «Dorf- und Schloßgeschichten» (1884, 1886) wird das ländliche Proletariat präzise porträtiert. Die schon im Titel angezeigte Abweichung von den ursprünglichen Gattungsmerkmalen weist allerdings auf ein traditionelles Sozialmodell von Gutsherrschaft und Untergebenen und trifft sich so mit den idyllisierend-regressiven Tendenzen der „Dorfgeschichte" nach 1848, deren didaktische Möglichkeiten auf individuelle Bildungsappelle oder Beschwörungen eines abstrakten Sittlichkeitsideals beschränkt werden.

Analog wird die Gattung des Märchens, das in seiner Funktion als Lesestoff für Kinder die Verbindung von romantisch-phantastischen und lehrhaft-erbaulichen Elementen erfährt, in Ebners «Die Prinzessin von Banalien» (1872) noch im Sinn einer utopischen Vorgabe eingesetzt. Die Liebe der unter Zivilisationszwängen leidenden Prinzessin zu dem ungebrochene Vitalität und Naturkraft verkörpernden Exoten Abdul bleibt allerdings unglücklich. Demgegenüber ist das 1900 erschienene «Hirzepinzchen» zur reinen Domestikationsparabel geraten. Stellt sich der Gebrauch der beiden Gattungen damit als symptomatisch dar für die ‚mittlere' Position zwischen restaurativen und liberalen Prinzipien, die „eigentümliche Mischung von conservativen Überlieferungen und freien Standpunkten",[44] beziehen die Erzählerinnen aus dem didaktischen Anspruch ihrer Schriften auch die Möglichkeit der Selbstrechtfertigung: Das „hygienische Fabulieren“, wie es von Ebners «Rittmeister Brand» (1896) als „erziehliche Krankenwartung“ am Bett eines Kindes betrieben wird, ist offensichtlich als Paradigma weiblichen Schreibens, als programmatisches Selbstverständnis der eigenen Tätigkeit aufzufassen; die angedeutete Verschiebung vom Erzählen als Manifestation des Pathologisch-Morbiden zum therapeutischen Akt selbst bezeichnet konkret also nichts anderes als eine immer nachdrücklichere Berufung auf die psychohygienische Funktion von Literatur, unter welchem Aspekt die Zuständigkeit von Autorinnen offenbar akzeptiert werden soll:

> [...] jetzt darfst du steigern, spannen, und jetzt mußt du nachlassen, wohltuend und sanft, und jeden Mißton auflösen und verklingen lassen in Frieden und Harmonie. (VII,298)

Der Posten der Frau

Nimmt man die Befunde der Forschung ernst, entsprechen diesem Prozeß auch signifikante stilistische Verfahren, einerseits der sogenannte „Indizienstil“[45] der Droste in der «Judenbuche», andererseits die bei François und Ebner häufig konstatierte ‚Durchsichtigkeit‘, sei es der Sprache, sei es der Komposition; handelt es sich bei der Droste nach einem „angemessene[n] Paradoxon“ Clemens Heselhaus’ um „eine Klarheit, die enthüllt und verhüllt zugleich“,[46] tendiert beispielsweise der Altersstil der Ebner nach einer durch die didaktischen Motive bestimmten „perspicuitas“ im Dienst der vermittelten Inhalte. Gegenüber den ‚Dunkelheiten‘ der Droste, die, wie der häufige Wechsel der Erzählperspektive, ihre Kritik der Wahrnehmung vermittelt, thematisieren die zwei Jahre nach der «Judenbuche» unter dem Sammeltitel «Die Welt und mein Auge» erschienenen Novellen Betty Paolis, die sich in Aufbau und Stil an klassische Romanvorbilder wie Walter Scott halten, Probleme der Apperzeption: Aus traditioneller Metaphorik – z. B. der vom „Auge der Seele“ (III,126) – entwickeln Erzählungen wie «Ein Gelübde» oder «Bekenntnisse« die Darstellung von Wahrnehmungsverweigerung aus Aberglaube oder Gefühlsverwirrung; spürbar wird ein pädagogischer Appell, das „Seelenauge“ (III,107) der Welt zu öffnen. Noch über dreißig Jahre später hat Louise von François ihren letzten großen Roman, «Stufenjahre eines Glücklichen» (1877), anhand der Leitmotivik von Sternenbahnen und Glückssternen als Entwicklungsroman konzipiert, der die Erkenntnis des rechten Lebensweges in einer Fülle von Nebenhandlungen variiert. Im „Nachwort“, das der sich als Erzähler entlarvende Held an seinen Sohn richtet, wird überdies eine Anleitung gegeben, worauf sich dieses Erkennen zu richten habe: Gegen das „Postulat“, daß „die Zeit, in der du zu reifen berufen bist, den idealen Lebensgehalt verkümmern läßt“, wird der Satz gehalten:

> Die Ideale wandeln und wechseln, erhellen und verdunkeln sich wie die Ideen, *das* Ideale währt und webt ewig wie die Idee. (III,657)

Als Ort der Konservierung dieses Idealen ist die Kunst gedacht; diese späte Position deutet zurück auf die programmatischen Projektionen des Vormärz: 1844 hatte Betty Paoli in «Ein einsamer Abend» angesichts der „gedruckten Pockennarben unsrer Zeit" die Vision einer neuen Poesie entworfen:

[...] erst, wenn der Geist über die irdischen Interessen beruhigt ist, wird er sich dem Reich des Uebersinnlichen zuwenden, und der Tempelbau wird beginnen, wenn die sichern Wohnstätten vollendet sind. Aus jenen Entwicklungen wird sich eine Poesie gebären, die wir jetzt nicht einmal zu ahnen vermögen. (III,176,193)

Dieser an Gervinus orientierten Konzeption entspricht bei der Droste und der Ebner ein imaginärer literaturhistorischer Ort der idealen Produktions- und Rezeptionsbedingungen. Mittels der emblematischen Opposition von Weide und Palme stellt die Droste im Gedicht «Der zu früh geborene Dichter» (1842) den „[l]ichtblonde[n] Liederlein" der Gegenwart eine Zukunftsmusik gegenüber, die der Dichter nur „im Traum" vernimmt: „Die Scholle winkt, weh mir, ich bin / Zu früh, zu früh geboren!" (I,1,128 f.) Die vorwärtsgewandte Utopie wird bei Ebner in die Vergangenheit verlegt: Ihr «Spätgeborner» (1875) hält an einem Dichtungsideal der „zeitlichen Offenbarung des Ewigschönen und des Ewigguten" fest, das im zeitgenössischen Literaturbetrieb längst obsolet ist und an dem er scheitern muß: „Sie sind zu spät geboren!" (XI,232) Der (nostalgisch) erträumte Zusammenfall von Ideal und Wirklichkeit in Kunst hatte allerdings inzwischen nicht stattgefunden. Aus der Kontinuität der literaturtheoretischen Debatte vor und nach 1848 ergibt sich aber immer prägnanter der Stellenwert von Literatur, die diese Synthese zu präsentieren hat.

Die Verbindung von ‚Realismus' und ‚Idealismus', die die „tiefere Wahrheit" des Dargestellten erst kenntlich macht, wird als theoretische Position um so vehementer verteidigt, je bedrohter sie durch die literarhistorische Entwicklung erscheinen muß. Drostes Wendung vom „Naturgetreuen, durch Poesie veredelt", auf welchem Gebiet sie allein etwas leisten könne,[47] antizipiert eine spätere „realistische" Programmatik, die auf der versittlichenden Wirkung von Kunst besteht. Betty Paoli, deren zunächst schwankende und später tief enttäuschte Haltung gegenüber der Märzrevolution durch die gleichzeitige Gedichtproduktion illustriert wird, führt schließlich „Alte, neue Poesie" im Überzeitlichen zusammen: „Alt und Neu hat keinen Sinn, / Wenn vom Ewigem die Rede!"[48]

Auch bei Ebner und François wird eine Kategorie der „Zeitlosigkeit" zunächst der literarischen Tagesproduktion, dann aber auch den zeitgenössischen naturalistischen Strömungen entgegengesetzt. Ausgehend von der Ablehnung eines kruden ‚Realismus' – wie in jener vielzitierten Stelle aus dem «Gemeindekind», wo die Details der Haushaltung des gänzlich negativ gezeichneten Hirten Virgil als „würdig des Pinsels eines Realisten" bezeichnet werden (I,16) – wird quasi ex negativo ein Kunstprogramm formuliert, etwa in «Lotti», wo die naturalistischen Sensationsromane ihres Jugendgeliebten beschrieben werden:

Da war dem Tier im Menschen jede Regung abgelauscht und mit schamloser Genauigkeit auseinander gesetzt. Da war eine erzwungene, erlogene Sinnlichkeit, aus der die offenbare Ohnmacht mit bleicher Fratze hervorgrinste. Da war die Fülle niederer Wirklichkeit aus dem seichten Strom des gemeinen Lebens geschöpft, da fehlte alle höchste Wahrheit, die der Poesie. (VIII,100f.)

Immer wieder, zuletzt im nachgelassenen Gedicht «Die naturalistische Schule», hat Betty Paoli dieses Thema variiert:

> Zum Spiegel einer Spanne Zeit / Wollt ihr die heil'ge Kunst erniedern?
> Nichts als die bare Wirklichkeit
> Soll sie euch schildern und zergliedern? [...] Soll diesem Chaos, wüst und fahl,
> Sich eine blüh'nde Welt entringen,
> So muß mit schöpferischem Strahl
> Die Poesie es erst durchdringen. [...] Zur Wahrheit führt nur sie empor,
> Sie, die der Weg, das Licht, das Leben![49]

Gehören die Vorwürfe gegen die „moderne litterarische Widerwart", daß „das Langweilige, Ungenügende, Häßliche [...] jetzt bitter ernsthaft feierlich mit dem Secirmesser zerfasert und mit der Lupe auf Bacillen untersucht" werde, auch zum geläufigen Standard-Repertoire der Naturalismus-Kritik,[50] lassen sich hier doch, besonders von den stereotypen Vergleichen mit Anatomie, Chirurgie und Pathologie, spezifische Gegenentwürfe abheben. Mit der Literatur als Krankenpflege wird aus diesen Topoi nicht nur eine wirkungsvolle Allegorie abgeleitet, sondern hier ist offenbar auch die eigentliche Domäne weiblichen Schreibens markiert. Im theoretischen Rahmen realistischer Literaturkritik findet sich für die Arbeit von Schriftstellerinnen ein Reservat; das Werk, das die entsprechenden Bedingungen erfüllt, kann dann auch kanonisiert und entsprechend honoriert werden: „So sind Sie eine Erzieherin, eine Wohltäterin ohnegleichen geworden, ein Stolz und Ruhm des Vaterlandes", hieß es in der Glückwunschadresse zu Marie Ebners 80. Geburtstag.[51]

Unter dem Aspekt einer solchen Rollenvorgabe wird das Schreiben als „Beruf" reflektiert. Annette von Droste hat ihr 1841/42 entstandenes Gedicht «Mein Beruf» noch apologetisch eingeleitet („‚Was meinem Kreise mich enttrieb, / Der Kammer friedlichem Gelasse?' / Das fragt ihr mich als sey, ein Dieb, / Ich eingebrochen am Parnasse"), bevor das Dichten als Amt gegen die Süchte, Laster und Krankheiten der Zeit definiert wird. Das Emblem am Ende, die Aloë, stellt den Aspekt der Nächstenliebe über den der schöpferischen Entfaltung:

> Farblos und Duftes baar, nichts weiß
> Sie als den frommen Thau zu hüten,
> Und dem Verschmachtenden ihn leis
> In ihrem Kelche anzubieten. (I,1,97f.)

Das Bild als Wiedergabe ihres Selbstverständnisses ist um so plausibler, als die Droste in einer Reaktion auf ihre ersten «Gedichte» tatsächlich als Aloë Westfalens bezeichnet worden war. Diesen Begriff vom Dichten als Ausspenden von Wohltaten unterstützt das Gedicht «Auch ein Beruf» von 1845, wo an der Metapher der Linde das stille, geduldige Dienen verklärt wird. Der didaktische Nebenton – das lyrische Ich beklagt zuvor mit einer ‚Freundin' die Lage des

„hülfbereite[n] fünfte[n] Rad[s]“ (I,1,360) – nimmt viel von den emanzipatorischen Ansätzen früherer Texte, etwa des berühmten «Am Turme», zurück, zugleich ist aber für das Schreiben selbst ein Vergleichsbereich von hoher Autorität gefunden. „[A]uszuspenden mehr, als zu empfangen“, bildet auch die letzte Bestimmung in Betty Paolis Sonett «Beruf».[52] Das „Ich dien'“ als feudales Motto erhält sich als metaphorische Bezugsebene auch noch in Louise von François' Novelle «Der Posten der Frau» (1857). Die auf einer Alten-Fritz-Anekdote basierende Handlung läuft auf einen Ehespiegel hinaus; allerdings sind die weiblichen Qualitäten durch die militärische Bildlichkeit gewissermaßen geadelt. Dieses Verfahren, weibliche Geschäfte durch maskuline Zuschreibungen aufzuwerten – „Das Schlachtfeld der Frau ist das Krankenbett“ (IV,292), „Das Wochenbett ist das Schlachtfeld der Frauen“ (III,43) – bewährt sich immerhin insofern, als gelegentliche Ausfälle gegen die männliche „Erstgeburt“ (V,172) dadurch gedeckt sind; in Ausnahmefällen werden Rollenabweichungen dadurch sanktioniert:

> Noch gilt in Deutschland das Schillersche Frauenideal und vom Standpunkt des Geschlechtes Nummero Eins aus betrachtet, gewiß mit Recht. Nur daß den vielen Unbegehrten und den wenigen nicht Begehrenden nicht der Raum versperrt werden darf, auf eigenen Füßen zu einem würdigen, menschlichen Ziele zu gelangen.[53]

Auch zu Ende des Jahrhunderts wird die literarische Tätigkeit von Frauen noch unter diesem Vorbehalt kommentiert. Obwohl etwa Marie Ebner gegen das „Axiom von den Ausnahmen“ („es kann vor Altersschwäche nicht mehr gehen“)[54] heftig protestiert hat, zeigt vor allem die teils wohlwollende, teils kritische Distanz der Autorinnen zu den Frauenrechtsbestrebungen ihrer Zeit eine Reserve, die wohl im Zusammenhang mit der Selbst- und Fremdbestimmung ihres ‚Berufes‘ als Surrogat der ‚eigentlichen‘ weiblichen Natur zu sehen ist. Die Prämissen realistischer Literaturtheorie, die Eigendefinition des Schreibens als ‚Wohltun‘ schaffen hier die Voraussetzungen für die literarhistorische Anerkennung einer eben exzeptionellen Leistung. Daß dazu noch die Technik des ‚Indizienstils' hinsichtlich eines anderen Selbstbildes kommen kann, läßt sich an Ebners Erzählung «Ihr Beruf» (1905) verdeutlichen: Die Heldin Johanna gibt ihren Entschluß, ins Kloster zu gehen, auch dann nicht auf, als ein liebender Mann um sie wirbt; erst als er ihr sterbend sein Kind anvertraut, besiegt der mütterliche Beruf die geistliche Berufung. Zur auch konventionell erzählten Fabel verhält sich die Vorgeschichte von Johannas Mutter gegenläufig: Diese opferte ihre Arbeit als Künstlerin der Ehe und ging zugrunde, „als sie in sich entwurzelte, was bisher den besten Inhalt ihres Daseins ausgemacht hatte“. (VII,183) Die Anspielung auf die biblische Parabel von den vergrabenen Pfunden und die Applikation des Wortes von den Auserwählten unter den von Gott Berufenen auf die Künstlerin (VII,186) zeigt den hohen Autoritätsbedarf solch superlativischer Besetzung; nur in solcher Deckung kann das Schreiben als selbstverständlicher weiblicher Beruf antizipiert werden.

II. Demokratismus versus Restauration
Autorinnen zwischen Politik, Frauenfrage und Markt

1. „Allein das Bewußtsein dieses Befreienkönnens ist schon erhebend“[1] Emanzipation und Politik in Publizistik und Roman des Vormärz

Germaine Goetzinger

Zur Lage der Frauenliteratur im Vormärz

Als Louise Astons Roman «Aus dem Leben einer Frau» 1847 erscheint, meldet sich in der Novellenzeitung ein Rezensent zu Wort, der vermerkt, er könne das Buch als „confessions“, also als autobiographisches Bekenntnis, unter Umständen wohl noch gelten lassen, zumal die Heldin, eine verheiratete Frau, allen „Liebesandringen“ und „Verführungsversuchen“ widerstehe, er verwehre sich aber aufs entschiedenste dagegen, daß jetzt Frauen auch soziale Fragen in ihren Werken behandelten:

> [...] insofern aber das Büchlein ein socialer Roman ist und eine Nachbildung George Sandscher Producte, können wir es nicht für gelungen anerkennen, da doch der Zustand der Gesellschaft an dem Allen unschuldig ist. Auch ist das Thema der Frauenemancipation, worauf es doch im Grunde hinausliefe, jetzt nicht mehr an der Tagesordnung; die socialen Fragen, die jetzt vorliegen, sind solche, die nur von Männern für Männer verhandelt werden können.[2]

Drei Jahre später verdammt Fr. D. (d. i. Friedrich Daumer) in einem den politischen Roman skizzierenden Literaturbrief dieselbe Louise Aston, weil sie neben „ihrer eigenen Geschichte“ den Zeitgenossen „eine viel weniger romantische ‚Revolution und Contrerevolution‘“ geschenkt habe, und vertritt die Meinung, sie gehöre wegen der im Roman aufgestellten These zur Ermordung des Fürsten Lichnowsky „vor die Hanauer Jury, nicht vor ein ästhetisches Tribunal“. Mit dem Bonmot, Dichterinnen wie Louise Aston, Louise Otto und Ottilie Kapp seien „politische Blaustrümpfe, oder gesinnungstüchtige Rothstrümpfe, oder unterhaltende Lederstrümpfe“, weicht er einer ernsthaften Auseinandersetzung aus, um schließlich zu beteuern, er habe diese Erscheinungen überhaupt nur erwähnt, „um an der Caricatur die Gefahr der Richtung und ihre nächsten Verirrungen nachzuweisen“.[3]

Die beiden Stellungnahmen, die stellvertretend für andere stehen, zeigen zweierlei. Einerseits sind viele männliche Rezensenten verunsichert darüber, daß

Frauen über den Umweg der Literatur danach trachten, in die traditionelle Männerdomäne des politischen und sozialen Lebens einzubrechen. Andererseits wollen sie die Frevlerinnen zurechtweisen und lächerlich machen, um sie so in ihre Schranken zurückzuverweisen. Allenfalls dürfen Frauen über ihr eigenes Leben berichten, solange dies als romantisch, ehrenhaft und sittsam angesehen werden kann.

Seit dem Beginn des 19. Jahrhunderts hat sich der Literaturbetrieb tiefgreifend verändert. Immer mehr Frauen haben die Nadel mit der Feder vertauscht und angefangen zu schreiben. In unzähligen Vorträgen, Pamphleten, Zeitungsartikeln, Verteidigungsschriften, Gedichten und Romanen äußern sie sich zu aktuellen Themen und nehmen Stellung zur Rolle der Frau in der Gesellschaft. Gleichzeitig erlangt die schriftstellerische Aktivität eine neue Qualität, da sie nicht ausschließlich mehr wie im 18. Jahrhundert „den Charakter der Freizeitbeschäftigung oder auch des Nebenerwerbs“ trägt, sondern vielfach zur regelrechten „Berufsarbeit“[4] wird.

Den Widerstand der Männer muß man also in seinem historischen Zusammenhang sehen. Sie erleben das Schreiben der Frauen als Bedrohung der etablierten Ordnung und fürchten, die engagierten Schriftstellerinnen wollten aus dem den Frauen zugewiesenen Raum von Familie und Haushalt ausbrechen. In der gesellschaftlichen Umbruchsituation des ausgehenden 18. Jahrhunderts hat sich in der Tat mit der Geschlechterpolarisierung eine weitreichende Umwertung der Rolle der Frau und des ihr zugestandenen Freiraumes vollzogen. Geschlechtscharakterdefinitionen haben zum Teil die Standesdefinitionen ersetzt. Nicht mehr „soziale Positionen und die diesen Positionen entsprechenden Tugenden“,[5] sondern die „unterschiedliche Qualität der Geschlechter“[6] dient zur Rollenfestlegung. Mit der Zuweisung der „Eigenschaftskomplexe Rationalität – Aktivität für den Mann und Passivität – Emotionalität für die Frau“[7] ist es ein leichtes, die Dissoziation von Erwerbs- und Familienleben als gleichsam natürlich zu erklären, die bürgerliche Frau auf die Rolle der Hausfrau und Mutter festzulegen und die Familie zu ihrem eigentlichen Wirkungsbereich zu bestimmen. Abweichungen vom weiblichen Rollenmuster werden infolgedessen mit Sanktionen belegt. Eine Frau, die schreibt und dabei ausdrücklich politisch Stellung bezieht für die Belange des eigenen Geschlechts, verhält sich unangemessen; sie durchbricht die Schranken des ihr zugewiesenen Freiraums und stellt eine Bedrohung patriarchalischer Ordnung dar.

Im politischen Kontext der Zeit geschieht der Aufbruch der Frauen in die Literatur zeitgleich mit dem Erstarken der demokratischen Bewegung. Egalitäre Vorstellungen unterlaufen ansatzweise die Geschlechterpolarisierung, und der plebejische Demokratismus gestattet das „sukzessive Vordringen der Frauen auf dem Terrain der bürgerlichen Öffentlichkeit“.[8] Der angestrebte Staatsaufbau verspricht nicht nur den Männern, sondern auch den Frauen neue Aussichten des Aufstiegs und der Geltung. Sie nehmen teil an dem, was die Polizei der Zeit ‚demokratische Umtriebe‘ nennt. Das Spektrum möglicher weiblicher Aktivitäten ist zwar begrenzt, aber dennoch vielfältig.[9] Frauen wirken in Wohltätigkeitsvereinen, gründen eigene Frauenklubs, nehmen teil an Kundgebungen, Volksversammlungen und Revolutionsfeiern. Sie sind bei Katzenmusiken und Brotkrawallen dabei. Während der Märzereignisse pflegen sie Verletzte und gießen Kugeln; einige kämpfen sogar auf den Barrikaden oder greifen als Freischärlerinnen unmittelbar in militärische Aktionen ein. Als interessiertes und zum Teil politisch kompetentes Publikum sammelt sich die geistige und gesellschaftliche Elite der Frankfurter Frauenwelt auf der Empore der Paulskirche. Einige Frauen, wie Emma Herwegh, Amalie Struve, Johanna Kinkel, Mathilde Franziska Anneke begleiten ihre Männer auf der Flucht und ins Exil, führen in deren Namen geschäftliche und diplomatische Verhandlungen, vertreten und unterstützen sie als Redakteure. Auf diesem Hintergrund muß auch das politisch engagierte Schreiben von Frauen gesehen werden. Sie gründen eigene Zeitschriften und schreiben Romane, um im Sinne des Demokratismus sich als Frauen in der Öffentlichkeit Gehör zu verschaffen und am politischen Meinungsbildungsprozeß teilzunehmen.

Im folgenden sollen ausgewählte publizistische Texte und Romane untersucht werden, die von Frauen in der Zeit von 1830–1848 verfaßt worden sind. Dabei ist zunächst zu fragen, welche neuen Themen aufgegriffen werden, um dann in einem zweiten Schritt aus der Gegenüberstellung der sachlich-argumentativen Sprache der Publizistik mit den literarischen Texten einige charakteristische Merkmale der Frauenfiktion im Vormärz herauszuarbeiten.

Frühfeministischer Anspruch in der Publizistik

Erkennbar ist in der seit etwa 1830 von Frauen geschriebenen Literatur, daß sich Selbstbild und Selbsteinschätzung von Frauen verändert haben. Die besonders aus Frankreich übernommenen aufklärerischen und frühsozialistischen Ideen kollidieren mit der eignen erlebten Wirklichkeit: auf der einen Seite Freiheit, Gleichheit, Brüderlichkeit, auf der andern Enge, Entmündigung, Unterdrükkung. Ein schmerzhafter Reflexionsprozeß bringt einigen Frauen zum Bewußtsein, daß das weibliche Geschlecht zwar die andere Hälfte der Menschheit ist, daß ihm aber elementare Menschenrechte vorenthalten bleiben und die Frau Gegenstand männlicher Bevormundung ist. So schreibt Louise Dittmar:

> Der Mann ist der Fürst des Weibes, der absolute Monarch, der unumschränkte Gebieter in ihrem Bereich; nicht einmal die Scheinrechte der konstitutionellen Phraseologie sind auf das Weib anwendbar. [...] Arm und rechtslos, gesetzlich und grundsätzlich unterdrückt, physisch zum Kampfe ungeeignet, geistig verwahrlost, in ihren Rechtsgründen nicht rechtsgültig, in ihren Mitteln beeinträchtigt, verhöhnt, verspottet, mit allem Gewicht einer ihr feindseligen Lebensmoral verdrängt und verfolgt – wo soll sie Kräfte sammeln, wo pflügen und säen ohne Land?[10]

Immer deutlicher setzt sich die Erkenntnis durch, daß nur die Frauen selber den entwürdigenden Zustand beenden können. „Vertreten wir unsere Rechte

Barrikadenkämpfe am Köllnischen Rathaus. Aus der „Gartenlaube" 1898

selbst!"[11] Engagierte Publizistinnen fordern ihre Geschlechtsgenossinnen auf, nicht abseits zu stehen bei der Verwirklichung einer Gesellschaft, in der die Ideale von Freiheit und Gleichheit gelten sollen. Sie verlangen mehr oder weniger radikal für die Frauen ihren „Antheil an der Freiheit dieses Jahrhunderts".[12] Die Frau hat das gleiche Recht wie der Mann auf Freiheit und Selbstverwirklichung, Autonomie und harmonische Persönlichkeitsentfaltung.

Unser höchstes Recht, uns're höchste Weihe ist das Recht der freien Persönlichkeit, worin all uns're Macht und all unser Glauben ruht, das Recht, unser eigenstes Wesen ungestört zu entwickeln, von keinem äußern Einfluß gehemmt; den innern Mächten frei zu gehorchen, die Harmonie der Seele durchzubilden, mag sie auch ein Mißklang scheinen gegenüber dem herrschenden Glauben der Welt.[13]

Wenn es zu diesem Zeitpunkt auch noch keine organisierte Frauenbewegung gibt, so kann man doch annehmen, daß durch den Diskurswandel, den die vielen engagierten Äußerungen zum Thema Frauenemanzipation anzeigen, in den vierziger Jahren des 19. Jahrhunderts ein neues weibliches Wir-Bewußtsein entsteht. Es verbindet eine Gruppe von Frauen, die zum Zweck einer feministischen Einflußnahme auf die Grundlage der gesellschaftlichen Ordnung und Wertorientierung sowie im Bewußtsein einer vagen Zusammengehörigkeit publizistisch und – soweit möglich – auch politisch tätig sind. Sie kennen einander, arbeiten zum Teil an den gleichen Zeitschriften mit und nehmen in ihren Publikationen aufeinander Bezug. Louise Otto zum Beispiel schreibt für die von Louise Dittmar herausgegebene Sociale Reform, und Franziska Mathilde Anneke greift zur Verteidigung der ausgewiesenen Louise Aston zur Feder. Wahrscheinlich stärkt das die Identität der Frühfeministinnen, gibt ihnen Rückhalt und Selbstvertrauen. Das Bewußtsein eines gemeinsamen Ziels führt sogar zu einer gewissen Euphorie; so werden viele Texte leitmotivisch von pathetischen, sich an das ganze Geschlecht richtenden Appellen zur Schwesterlichkeit durchzogen:

Wäre es nicht herrlich, wenn wir [...] uns Alle die Hände reichten zum festen, treuen Schwester-Bund: dann würden wir aufhören, ein schwaches Geschlecht zu sein und durch uns selbst groß, stark und frei werden![14]

Zur gleichen Zeit aber werden tendenziell erste Abgrenzungen sichtbar. Da ist in Louise Ottos Frauenzeitung die Rede von „einer ächt weiblichen Emancipation".[15] Sie selbst glaubt, in ihrem ersten programmatischen Leitartikel sich vor „Mißverständnissen" schützen und mögliche Einwände entkräften zu müssen. Sie erklärt ausdrücklich, daß sie nicht zu den sogenannten „Emancipirten" gehöre. Die hätten „das Wort ‚Frauen-Emancipation' in Mißcredit gebracht", indem sie „das Weib zur Carricatur des Mannes herabwürdigten".[16] Die Autorin eines mit Anna unterzeichneten Artikels distanziert sich von „jenen Zwittergeschöpfen, wie George Sand, Mrs. Aston und Consorten, die Mann und Kind verlassen, um in der Welt herum zu irren und die Emancipation zu predigen".[17] Genauso heftig und polemisch setzt sich Louise Aston in ihrem Freischärler zur Wehr. Als Lucie Lenz im ‚demokratischen Frauenklub' die Emanzipation der Frauen durch Gottvertrauen und Weltachtung definiert, schreibt sie:

Und ich will mich nicht beherrschen; ich will nicht freundliche Grimassen schneiden, wenn mir die Brust vor Zorn schwillt. Darum heraus mit dem Freischärler-Schwerte des freien Worts; und fahre es zischend unter die heuchlerische Brut, [...] welche die ernsten Gedanken des leidenden, blutenden Jahrhunderts mit ihren seichten Trivialitäten besudelt.[18]

Die thematische Analyse der publizistischen Texte erlaubt es, drei exemplarische Schwerpunkte hervorzuheben: Frauenbildung, Ehekritik und politisches Engagement. Dabei kommt es entsprechend den eben aufgezeigten Konfliktlinien zu leichten Akzentverschiebungen und zu gegensätzlichen Einschätzungen.

Die Frauenfrage erscheint vielen als Erziehungsfrage. Die unzureichende weibliche Bildung wird in der Regel als maßgebliche Ursache für die untergeordnete Position der Frauen in Staat und Gesellschaft gesehen. Zu jener Zeit ist den Mädchen der Zugang zum öffentlichen höheren Schulunterricht versperrt. Die Mädchenerziehung ist im allgemeinen mit vierzehn Jahren abgeschlossen. Ihre Grundlage ist die an Kants Geschlechterphilosophie orientierte und von Campe formulierte frühbürgerliche Theorie der Mädchenbildung, die eine für das Haus bestimmte und somit angeblich der weiblichen Wesensbestimmung gemäße

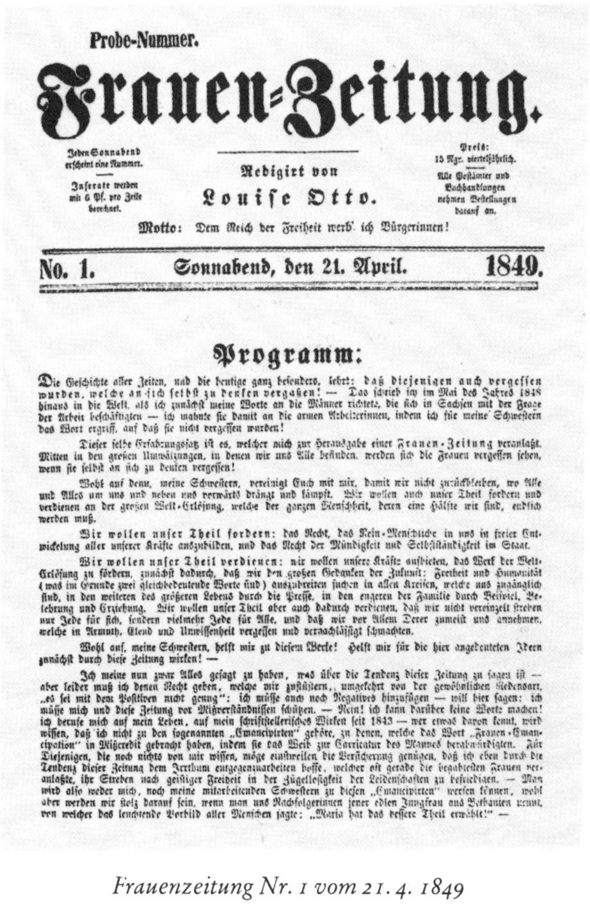

Probe-Nummer.

Frauen-Zeitung.

Jeden Sonnabend erscheint eine Nummer.

Inserate werden mit 6 Pf. pro Zeile berechnet.

Redigirt von

Louise Otto.

Preis: 15 Ngr. vierteljährlich.

Alle Postämter und Buchhandlungen nehmen Bestellungen darauf an.

Motto: Dem Reich der Freiheit werb' ich Bürgerinnen!

No. 1. Sonnabend, den 21. April. 1849.

Programm:

Die Geschichte aller Zeiten, und die heutige ganz besonders, lehrt: daß diejenigen auch vergessen wurden, welche an sich selbst zu denken vergaßen! — Das schrieb ich im Mai des Jahres 1848 hinaus in die Welt, als ich zunächst meine Worte an die Männer richtete, die sich in Sachsen mit der Frage der Arbeit beschäftigten — ich mahnte sie damit an die armen Arbeiterinnen, indem ich für meine Schwestern das Wort ergriff, auf daß sie nicht vergessen würden!

Dieser selbe Erfahrungssatz ist es, welcher mich zur Herausgabe einer Frauen-Zeitung veranlaßt. Mitten in den großen Umwälzungen, in denen wir uns Alle befinden, werden sich die Frauen vergessen sehen, wenn sie selbst an sich zu denken vergessen!

Wohl auf denn, meine Schwestern, vereinigt Euch mit mir, damit wir nicht zurückbleiben, wo Alle und Alles um uns und neben uns vorwärts drängt und kämpft. Wir wollen auch unser Theil fordern und verdienen an der großen Welt-Erlösung, welche der ganzen Menschheit, deren eine Hälfte wir sind, endlich werden muß.

Wir wollen unser Theil fordern: das Recht, das Rein-Menschliche in uns in freier Entwickelung aller unserer Kräfte auszubilden, und das Recht der Mündigkeit und Selbständigkeit im Staat.

Wir wollen unser Theil verdienen: wir wollen unsere Kräfte aufbieten, das Werk der Welt-Erlösung zu fördern, zunächst dadurch, daß wir den großen Gedanken der Zukunft: Freiheit und Humanität (was im Grunde zwei gleichbedeutende Worte sind) auszubreiten suchen in allen Kreisen, welche uns zugänglich sind, in den weiteren des größeren Lebens durch die Presse, in den engeren der Familie durch Beispiel, Belehrung und Erziehung. Wir wollen unser Theil aber auch dadurch verdienen, daß wir nicht vereinzelt streben nur Jede für sich, sondern vielmehr Jede für Alle, und daß wir vor Allem Derer zumeist uns annehmen, welche in Armuth, Elend und Unwissenheit vergessen und vernachlässigt schmachten.

Wohl auf, meine Schwestern, helft mir zu diesem Werke! Helft mir für die hier angedeuteten Ideen zunächst durch diese Zeitung wirken! —

Ich meine nun zwar Alles gesagt zu haben, was über die Tendenz dieser Zeitung zu sagen ist — aber leider muß ich denen Recht geben, welche mir zuflüstern, umgekehrt von der gewöhnlichen Redensart, „es sei mit dem Positiven nicht genug“: ich müsse auch noch Negatives hinzufügen — will hier sagen: ich müsse mich und diese Zeitung vor Mißverständnissen schützen. — Nein! ich kann darüber keine Worte machen! ich berufe mich auf mein Leben, auf mein schriftstellerisches Wirken seit 1843 — wer etwas davon kennt, wird wissen, daß ich nicht zu den sogenannten „Emancipirten“ gehöre, zu denen, welche das Wort „Frauen-Emancipation“ in Mißcredit gebracht haben, indem sie das Weib zur Carricatur des Mannes herabwürdigten. Für Diejenigen, die noch nichts von mir wissen, möge einstweilen die Versicherung genügen, daß ich eben durch die Tendenz dieser Zeitung dem Irrthum entgegenzuarbeiten hoffe, welcher oft gerade die begabtesten Frauen veranlaßte, ihr Streben nach geistiger Freiheit in der Zügellosigkeit der Leidenschaften zu befriedigen. — Man wird also weder mich, noch meine mitarbeitenden Schwestern zu diesen „Emancipirten“ werfen können, wohl aber werden wir stolz darauf sein, wenn man uns Nachfolgerinnen jener edlen Jungfrau aus Bethanien nennt, von welcher das leuchtende Vorbild aller Menschen sagte: „Maria hat das bessere Theil erwählt!“ —

Frauenzeitung Nr. 1 vom 21. 4. 1849

Erziehung propagiert.[19] Großer Wert wird dabei auf hauswirtschaftliche und gesellige Fähigkeiten wie Handarbeit, Gesang, Klavierspiel, französische Konversation, Gesellschaftstanz und Malen gelegt.

Louise Otto kritisiert zuerst die Dauer des Schulbesuchs. „Der Unterricht darf nicht da enden, wo die eigentliche Denkfähigkeit erst beginnt."[20] Darüber hinaus greift sie die an einseitigen Geschlechtsrollenstereotypen ausgerichteten Lehrpläne an. Sie schließen die Frau sowohl von der Wissenschaft als auch von der Allgemeinbildung aus. Sie verhindern kritisches Denken, verantwortliches Handeln und Teilnahme an den Geschicken des Staates; sie erziehen zur Passivität. „[...] wen man niemals denken gelehrt, sondern es stets verwehrt, der kann endlich gar nichts anderes wagen, als – nachzubeten."[21] Ergebnis dieser Erziehung ist unter anderem eine Stabilisierung der Männerherrschaft. Ein so erzogenes Mädchen wird sich weder dem Vater noch dem Ehemann widersetzen. Dennoch wird das Recht auf gleiche Bildung nicht ohne weiteres eingeklagt. Louise Otto sucht den Kompromiß mit der Männerwelt und meint in einer kennzeichnenden Form der Selbstbeschneidung, daß das Recht auf Bildung mit „den häuslichen Pflichten"[22] in Einklang zu bringen sei. Für Louise Aston hingegen ist kompromißlose und vielseitige Bildung in der Tradition etwa des von Rahel Varnhagen oder Karoline Schlegel repräsentierten romantischen Ideals die unabdingbare Voraussetzung innerer Freiheit:

> Bildung erst giebt dem Leben und der Liebe die höhere Weihe und die innere Freiheit, ohne welche jede äußere Freiheit zur Chimäre wird. Nicht die Bildung des Confirmanden-Unterrichts, nicht die Bildung der Pensions-Institute; nein, das höhere Leben des Gedankens, wozu die Frau von der Natur eben so befähigt und berechtigt ist wie der Mann.[23]

Der mit dem Freiheitsbegriff eng verbundene individualistische und gefühlsstarke romantische Liebesbegriff und der saint-simonistische Aufruf zur sexuellen Befreiung geben die Grundlage ab für die frühfeministische Ehekritik. Mit dem Verschwinden des großen Hauses und der Institutionalisierung der Kleinfamilie sind der wirtschaftliche und der familiär-intime Bereich voneinander getrennt worden. Seit der zweiten Hälfte des 18. Jahrhunderts beginnt sich in Europa eine neue Semantik der Liebe zu entwickeln, die sich durch egalitäre Vorstellungen und die prinzipielle Gleichheit der Gatten auszeichnet, ein komplizierter Prozeß, für den auch schichtenspezifische Differenzierungen berücksichtigt werden müssen. Die Ehe soll nun auf Liebe und wechselseitiger Achtung gründen.[24] Entsprechend werden „sogenannte Konvenienz-, Geld- oder Vernunftehen"[25] diskreditiert, denn es sind äußere Verhältnisse, die den Mann bestimmen, sie zu schließen. Das Herz wird nicht befragt, es kann also auch nicht befriedigt werden. Bei dieser Eheform ist die Frau macht- und rechtlos; sie ist der Verfügungsgewalt des Mannes unterworfen.

> Die Frau ist, was der Mann vorstellt [...]. Er ist der politische, moralische und ökonomische Repräsentant ihrer politischen, moralischen und ökonomischen Stellung. Sie ist Nichts, er Alles.[26]

Diese strukturelle Unterordnung der Frau sowie das Kopieren der politischen Hierarchie in der Familie wird in Übereinstimmung mit dem romantischen Ideal abgelehnt. So erscheint die staatlich geschlossene Ehe Louise Dittmar als das „ökonomisch politische Asyl der Unfreiheit“.[27] Ähnlich bekämpft Louise Otto die Ehe als „Versorgungsanstalt“,[28] und sie verlangt gemäß dem Grundsatz „Gleichheit vor dem Gesetz des Weibes mit dem Manne“ die sofortige Abschaffung der „Geschlechtsvormundschaft“.[29]

Häuslich-intime Bindungen einerseits, Erhaltungs- und Gewinnstreben andererseits müssen seit dem Ende des 18. Jahrhunderts verschiedenen semantischen Codes zugeordnet werden; persönliche Bindungen werden von wirtschaftlichen Besitzvorstellungen, die bisher selbstverständliches Motiv der Heirat waren, unterschieden. Verstöße dagegen werden mit besonderer Heftigkeit in der feministischen Publizistik angeprangert. Die Ehe gilt dann als ein demütigendes Geschäft, eine unsittliche Institution, weil oft die Ökonomie wichtiger ist als die „Übereinstimmung der Herzen und Seelen“.[30] Das Paradox der Ehe ist nach Louise Aston, daß sie einen „Seelenbund“ sanktionieren will und statt dessen einen „Seelenhandel“[31] abschließt. Die Ehe wird verworfen, „weil sie zum Eigenthume macht, was nimmer Eigenthum sein kann: die freie Persönlichkeit; weil sie ein Recht giebt auf Liebe, auf die es kein Recht geben kann; bei der jedes Recht zum brutalen Unrecht wird“.[32] Gleichzeitig werden die Folgen der entfremdenden Ehetransaktion erkannt und der Leidensdruck der Frau erfaßt. So vermutet Louise Dittmar, sicher eine der schärfsten Ehekritikerinnen, daß in der Unterdrückung der Sinnlichkeit und der Ablehnung von Weiblichkeit überhaupt die Ursache der vielen „geistigen und körperlichen Störungen und Abnormitäten“[33] liege.

Das Bemühen, die Frau von der Fessel der Ehe zu befreien und die einschränkende Fixierung der Frau auf das Haus zu lösen, verbanden einige Frauen mit den Bestrebungen, an den Geschicken des Staates teilzunehmen und eine gleichberechtigte Berufsarbeit auszuüben. Während für den Brockhaus von 1844 die Frauen vorzugsweise das Familien- und die Männer das Staatsleben repräsentieren,[34] geht Louise Otto davon aus, daß es eine Notwendigkeit darstellt, „das weibliche Geschlecht zu größerem Interesse am Staatsleben anzuregen“.[35] Die Mädchenbildung soll deshalb den Sinn für vaterländische Geschichte und soziale Verantwortung wecken. Darüber hinaus verlangt Louise Otto für die Frauen ein Mitspracherecht bei allen „Gesetzen, welche sie selbst betreffen“.[36] In der Wahlrechtsfrage sind zwei Positionen zu unterscheiden. Louise Otto fordert das aktive Frauenwahlrecht: „Ich fordere diese Stimme für sie auch da, wo es gilt, Vertreter des ganzen Volkes zu wählen – denn wir Frauen sind ein Theil dieses Volkes.“[37] Andere jedoch setzen sich ausdrücklich für die totale „Gleichheit der politischen Rechte“ ein und verlangen auch nach dem passiven Wahlrecht. So fragt eine anonyme Schreiberin im Wiener Freimüthigen: „Weshalb sollten nicht Frauen in den Reichstag gewählt werden? [...] So wie es weibliche Souveräne gab und gibt, so gehören auch wir zum souveränen Volk.“[38]

Louise Aston hingegen hat ein anderes Politikverständnis als Louise Otto. Ihr Beitrag zum öffentlichen Leben zielt eigentlich selten auf langfristige organisatorische und rechtliche Absicherung von Positionen. Sie betätigt sich individuell und spontan, oft auf einzelne Anlässe bezogen, als Politintrigantin und journalistische Freischärlerin. Nach ihrer Ausweisung aus Berlin nimmt sie als Einzelne den Kampf gegen die staatliche Willkür auf und warnt die Zeitgenossen vor einer zivilisierten „Inquisition", die in Form einer neuen „Gewissenspolizei"[39] drohe. Als im nachmärzlichen Berlin Schillers «Don Carlos» aufgeführt wird, geht sie in Marquis-Posa-Haltung in die Offensive gegen „das Wrangelsche Säbelregiment", das „die Gedankenfreiheit in Wort und Schrift unterdrückend, sich zwischen die Krone und das Preußische Volk wie eine eherne Mauer gestellt hat".[40]

Bei Louise Dittmar schließlich spielt die politische und soziale Analyse eine wichtige Rolle. Sie untersucht auf der Grundlage eines konsequenten Engagements, das sie als sozialistisch bezeichnet, die Kollision von Alt und Neu und die Bedingungen der Möglichkeit sozialen Fortschritts. Sie weiß zum Beispiel, welche Belastung es für den einzelnen darstellt, sich gegen die Tradition zu stellen und eine minoritäre Position zu vertreten, hat aber auch erfahren, wie das Bekenntnis zur abweichenden Meinung durch seine Öffentlichkeit und die Zustimmung Gleichgesinnter Auftrieb geben kann.

> Wer sich in dieser halbentfesselten Zeit von sclavischer Convenienz lossagt, wer sich befreit von der Bürde der Heuchelei und des Selbstbetrugs, thut es noch immer auf seine Kosten; aber ihn hebt das Bewußtsein, daß er nicht ganz allein steht, daß er doch von Einigen verstanden und gebilligt wird, daß er nicht mehr der Verachtung anheimfällt. Nur allein das Bewußtsein dieses Befreienkönnens ist schon erhebend; sich nicht mehr bei jeder Lebensregung verurtheilt zu fühlen, nicht mehr die besten Empfindungen wie Verräther in der Brust bergen zu müssen, nicht mehr aus Furcht vor gänzlicher Mißdeutung, wie ein heimlicher Verbrecher vor Andersdenkenden fliehen zu müssen, welche Beruhigung, welcher Genuß![41]

Die Frage nach der Berufstätigkeit der Frau stellt sich je nach der sozialen Herkunft unter einem andern Gesichtspunkt. Bürgerliche Frauen wollen zugelassen werden zu allen Berufen, zu denen sich ihre Kräfte eignen. Sie möchten Lehrerin, Künstlerin, Handelsangestellte werden, um die eigene wirtschaftliche Unabhängigkeit zu sichern. „Es muß dem Weibe Gelegenheit gegeben werden [...] das tägliche Brod sich selbst zu verdienen."[42]

Die Proletarierfrauen hingegen sind gezwungen zu arbeiten; aus Not ist ihnen eine Position beschert worden, welche die bürgerlichen Frauen mutatis mutandis anstreben. Die Entlohnung der Arbeiterinnen aber liegt weit unter derjenigen der Männer, und die materielle Not der Proletarierinnen ist besonders groß. Immer wieder prangern die Vormärzpublizistinnen die rücksichtslose Ausbeutung der Fabrik- und Heimarbeiterinnen an. So schildert Louise Otto die Lage der Spitzenklöpplerinnen im Erzgebirge, die „unter den Herrenrechten des Geldes, unter der Uibermacht des Kapitals, unter dem Drucke tyrannischer

Arbeitgeber und eines Uibermaßes von Konkurrenz“[43] leiden. Zur Bekämpfung des weiblichen Pauperismus sieht sie ein Mittel, nämlich „Association für alle“. Das Assoziationsrecht, das die männlichen Proletarier für sich beansprucht haben und das ihnen im März 1848 gewährt worden ist, muß auch für die Frauen gelten: „Es ist nicht genug, daß die Männer sich associiren, auch die Frauen müssen es thun.“[44] Louise Ottos Position ist dabei in bemerkenswerter Weise differenziert. Einerseits erkennt sie die Bedeutung der aufkommenden Arbeiterbewegung an. Sie sieht aber auch, daß die Arbeiterbewegung in der männlichen Tradition der Korporation von Gesellen- und Zunftgenossen steht. Die indirekte Verbesserung der materiellen Lage der Arbeiterinnen durch eine bessere Entlohnung der Männer lehnt sie als gefährlich ab. Denn davon können nur die verheirateten Frauen und die unmündigen Töchter die Nutznießer sein. Zudem wird dadurch das „rohe Recht des Stärkeren, [...] das ein Geschlecht zum Eigenthum des Anderen gemacht hat“, bestärkt. Also fordert sie die Arbeiterinnen auf, solidarisch mit den Männern zu handeln: „[...] da giebt es nur Brüder und Schwestern, Arbeiter und Arbeiterinnen“,[45] räumt aber gleichzeitig äußerst sachlich ein, daß es einen Interessenkonflikt zwischen Arbeiterinnen und Arbeitern geben kann und daß die Frauen sich deshalb auch untereinander verbünden müssen.

Die Untersuchung der Texte zeigt, daß sich im Verlauf der ersten Hälfte des 19. Jahrhunderts in der Frauenpublizistik eine explizit feministische Thematik herausbildet. Sie ist Ausdruck einer noch diffusen frühfeministischen Bewegung, die ein halbes Jahrhundert vor der organisierten Frauenbewegung bestanden hat und die aus heutiger Sicht mehr als lediglich eine Vorstufe gewesen ist. Es handelt sich um ein Nebeneinander, ein buntscheckiges Panoptikum individueller, sich teils überlappender, teils ausschließender Positionen. Das kann als die erste Phase eines Veränderungsprozesses der sozialen Semantik verstanden werden, in der weder die Selektion der neuen Ideen noch deren Stabilisierung stattgefunden hat. Dichotome Schemata, nach dem Muster hier Louise Otto, da Louise Aston, mögen heute eine kurzfristige Orientierungshilfe sein, sind aber letztlich unangemessen, wenn es darum geht, eine Situation von großer Vielfalt und einem hohen Grad an Labilität zu beschreiben. Zu einem großen Teil handelt es sich außerdem um ein reaktives Phänomen. Der Frühfeminismus wirkt der Polarisierung der sogenannten natürlichen Geschlechtscharaktere entgegen. Er ist dabei in der Regel radikaler als die eingeschränkte und gezähmte Semantik der späteren Frauenbewegung. Denn die frühfeministische Publizistik enthält einen analytischen Diskurs, der auf der Grundlage der Geschlechterrollen und im Wissen um die Gleichheit der Menschen den unterdrückten Frauen ein neues Frauenbild vermittelt. Es bleibt nun zu fragen, ob das, was in der sachlich argumentativen Sprache der Publizistik einklagbar geworden ist, auch in der Fiktion eingelöst werden kann.

Emanzipationsappell und Scheitern der Romanheldinnen

Zunächst fällt auf, daß das sich in der Publizistik äußernde neue feministische Bewußtsein in den fiktionalen Text des Frauenromans transponiert wird. Die gleichen Themen, die gleichen Argumente, die gleichen Schlagwörter kommen in beiden Gattungen vor. So gibt es zum Beispiel eine ganze Reihe von Romangestalten, die das weibliche Recht auf Selbstbestimmung artikulieren. „Gott [...] wie komisch sind die Männer! ganz ernsthaft bilden sie sich ein, der liebe Gott habe unser Geschlecht geschaffen, um das ihre zu bedienen!", fährt Ida Hahn-Hahns «Gräfin Faustine» ihren Schwager an, der die absolute männliche Verfügungsgewalt aus dem Grundsatz ableiten will, daß der Mann zum Herrschen bestimmt und die Frau zum Gehorchen geboren sei.

> Ihr wollt winken, und wir sollen kommen – ein Wort sagen, und wir sollen anbeten – lächeln, und wir sollen auf die Knie fallen – zürnen, und wir sollen verzweifeln – alles auf allerhöchsten Befehl, den ihr von Gottes Gnaden dekretiert. Was ist das anders als uns brutalisieren?

Statt dessen sollen die Männer mit den Frauen umgehen „wie mit ihresgleichen und nicht wie mit erkauften Sklavinnen, denen man in übler Laune den Fuß auf den Nacken stellt und in guter Laune ein Halsband oder ähnlichen Plunder hinwirft."[46]

Fanny Lewald schildert am Beispiel ihrer «Jenny» den mühsamen Prozeß geistiger Befreiung. Auch hier stoßen wir auf Motive, die den in der Publizistik aufgezeigten durchaus entsprechen. Jenny, Tochter eines jüdischen Bankiers, der laut Meinung ihres Bruders „zu viel Selbstgefühl und eine fast unweibliche Energie"[47] eigen ist, löst ihr Verlöbnis mit dem Theologen Reinhard. Der hat von seiner Braut ein eigenhändig abgefaßtes Glaubensbekenntnis und die Taufe verlangt, ehe er sie als Gattin und Hausfrau in die Beschränktheit eines Pfarrhauses einführen will. „Jenny hat zum Glauben viel zu viel Verstand",[48] meint hingegen ihr Vater, der sie im Geist der Aufklärung hat erziehen lassen. Mit den Vorbereitungen zur Taufe beginnt nun paradoxerweise Jennys Emanzipation. Sie wird sich ihrer zunehmenden „geistigen Vereinsamung bewußt"[49] und leidet darunter, „unwahr"[50] gegen sich selbst und den Geliebten gehandelt zu haben. Schließlich bekennt sie ihren Unglauben, auch auf die Gefahr hin, dadurch Reinhard zu verlieren. Acht Jahre später finden wir dieselbe Jenny in Baden-Baden wieder. Sie ist eine selbständige junge Frau geworden, die sich „geistig frei"[51] fühlt; sie will „Theil nehmen an allem Großen und Wichtigen".[52] Liebe beruht für sie auf dem Axiom der Gleichberechtigung. Diese Vorstellung verdeutlicht sie, indem sie das Gleichnis vom Baum und vom Schlingkraut durch eine neue Parabel ersetzt: „Zwei kräftige, üppige Bäume [...], frisch und fröhlich emporstrebend, mit eng verschlungenen Aesten. Darunter [...] die Worte: ‚Aus gleicher Tiefe, frei und vereint zum Aether empor!'"[53]

Luise Mühlbachs «Aphra Behn» ist vielleicht die literarische Figur, die am heftigsten aufbegehrt und nach Freiheit verlangt. Als ihr Kampf für die Ehescheidung erfolglos bleibt, verläßt sie den gehaßten Ehemann Behn, indem sie ihn dazu bringt, sie durch einen eigentümlichen Kaufvertrag zu entlassen. Aphra Behn überläßt ihrem Mann ihr Vermögen, und sie wird Eigentum des ehemals von ihr geliebten, aber zum Zeitpunkt des Vertrags schon auf dem Scheiterhaufen hingerichteten schwarzen Sklavenkönigs Oronokoo. Die rechtlich unmögliche Befreiung der Frau wird also dadurch verwirklicht, daß Aphra durch einen juristischen Winkelzug und die Geldgier des Ehemanns Eigentum des nur mehr in ihrer Erinnerung existierenden edlen Wilden wird und damit endlich sich selbst gehört. Das macht einerseits die Kolonialisierung der Frau in der bürgerlichen Ehe bewußt, andererseits aber auch den utopischen Charakter dieses Emanzipationsversuchs. Sie beschließt „hinfort kein anderes Gesetz, ais [!] das ihres eignen Willens anzuerkennen“,[54] im Verbund mit zwei Freundinnen den Männern den Kampf anzusagen nach dem Motto: „Rache an den Männern für die unterdrückten Rechte der Frauen!“[55] und in der Arbeit das „neue Evangelium“[56] zu sehen, das sie erlösen und ihr Glück bringen soll. Sie wird Schriftstellerin. Als sie in diplomatischer Mission nach Holland geschickt wird, ist sie von der Genugtuung gepackt, das „übermüthige Vorurtheil der Männer, welches die Frauen von jeder geistigen Berufsthätigkeit entfernte“, widerlegen und den Beweis erbringen zu können, daß die Frau „das gleichberechtigte, gleichbefähigte, denkende Wesen (ist), welches Gott an die Seite des Mannes gestellt als die ihm ebenbürtige Ergänzung seines Selbst!“.[57]

Neben den progressiven Vorstellungen von Frauenemanzipation, welche die literarischen Frauengestalten ähnlich wie die Autorinnen in den Frauenzeitschriften vertreten, sticht die Übereinstimmung zwischen Publizistik und Roman besonders bei der Ehekritik ins Auge. Hier wie dort werden in zum Teil gleichem Wortlaut die merkantilen Motive als ehestiftendes Moment angeprangert und verurteilt. Gräfin Faustine zum Beispiel meint, die Braut werde „wie ein Ballen Waren assekuriert, hin und her spediert“.[58] Johanna Oburn, Louise Astons Protagonistin in «Aus dem Leben einer Frau», versucht sich dem Vater und seinen Plänen für ihre Verheiratung zu widersetzen: „Ich lasse mich nicht verhandeln gegen schnödes Gold.“[59] Sie ahnt, daß „es ein Glück geben muß, ein Glück der Liebe und des Genusses, in das sich zu versenken höchste Befriedigung ist“.[60] In der gegen ihren Willen zustandegekommenen Ehe mit dem wohlhabenden Industriellen Oburn wird sie Gegenstand rücksichtsloser ehelicher Verfügungsgewalt. Als Oburn durch das Falliment eines Bankhauses an den Rand des Ruins gerät, verlangt er zur Rettung seiner „Ehre“ und „bürgerlichen Stellung“,[61] daß Johanna sich gegen einen Vorschuß von 10 000 Reichstalern dem Prinzen hingibt. Aber Johanna will nicht wie eine „Sache“ verkauft, wie ein „Eigenthum“[62] verhandelt werden. Sie verläßt Oburn und rettet dadurch „ihr besseres Selbst“.[63] In Fanny Lewalds «Jenny» gibt die Freundin Clara die Kontrastfigur zu Jenny ab. Clara hat auf ihre Leidenschaft zu Jennys Bruder

Eduard verzichtet und ist eine zeittypische Konvenienzehe eingegangen. Zu so viel „Entsagung“ und „freiwilliger Selbstbeschränkung“[64] hätte sich Jenny nie entschließen können. Luise Mühlbachs Ehekritik in «Aphra Behn» schließlich ist verbunden mit der Kritik bürgerlicher Doppelmoral, die den Ehebruch des Mannes hinnimmt und den der Frau verurteilt. Wenn eine Frau

> [...] endlich, dem Beispiel ihres Gatten folgend, einer treubrüchigen Liebe sich hingiebt, dann werden sie Alle Zeter schreien, dann werden die, welche die Ausschweifungen des Mannes belächelten, Verwünschungen ausstoßen über diesen Verrath und diese Schmach des Weibes! Dann wird der Mann über seine verletzte Ehre schreien, und er wird das Recht haben, sein Weib zu strafen, weil sie es gewagt hat, seinem Beispiel zu folgen, und treulos zu werden, wie er es gewesen![65]

Entsprechend dem neuen sich in der Publizistik äußernden Bewußtsein also sind die literarischen Selbstentwürfe dieser Frauen Gegenentwürfe zum tradierten Rollenschema und zu den patriarchalischen Weiblichkeitsbildern. Das ist aber nur die eine Seite der Medaille. Denn zieht man jeweils den gesamten Romanplot in Betracht, kommt man zu einem andern Resultat: Publizistischer Anspruch und fiktionale Artikulation klaffen in charakteristischer Weise auseinander. Der Ausbruch aus der konventionellen Frauenrolle wird im Roman zwar gefordert und phantasiert, aber nicht einmal in der dort abgebildeten Als-ob-Realität läßt er sich ausleben.

Gräfin Faustine handelt zum Beispiel sehr inkonsequent. Während sie in ihrer Verbindung mit Andlau die standesamtliche Legitimierung stets ausgeschlagen hat, ist sie bereit, Graf Mario Mengen zu heiraten, gegenüber dessen dominanter Persönlichkeit sie sich „unfähig zum Widerstand“[66] fühlt. Die Ehe, die sich harmonisch angelassen und Faustine großen Erfolg als Malerin gebracht hat, wird von ihrer zunehmenden depressiven Stimmung überschattet. „Ein Hauch von Melancholie hatte immer um sie geschwebt [...]: jetzt verdichtete er sich oft zu Wolken, die ihre Heiterkeit überschatteten und ihre Beweglichkeit lähmten.“[67] Sie begehrt infolgedessen ein Leben in der Abgeschiedenheit des Klosters zur ewigen Anbetung: „– o, laß mich versuchen, ob die Entsagung alles dessen, was ich bisher so glühend geliebt und gesucht, mir Befriedigung gibt.“[68] Anderthalb Jahre nach ihrer Einkleidung stirbt sie. Der weibliche Titanismus hat nicht zu weiblicher Selbstverwirklichung geführt, sondern mit der Selbstvernichtung der Frau in klösterlicher Askese geendet.

Jenny ergeht es nicht viel besser. Auch am Schluß ihrer Emanzipation steht der Tod. Nach der Auflösung ihrer Verlobung mit Reinhard hat sie sich eine relative Autonomie gesichert. Ihr Wahlspruch lautet: „Thue was Du sollst, komme was mag.“[69] Als der liberale und aufgeschlossene Graf Walter ungeachtet der Mesalliance um die bürgerliche jüdische Jenny anhält, zögert diese. Sie hat sich an „eine gewisse Freiheit“[70] gewöhnt, die sie nicht mehr entbehren möchte. Der eigentliche Grund aber für ihr Zögern ist die Angst, gegen das Ideal der Entsagung zu verstoßen. Sie empfindet, „was sie nur sich selbst bekannte, Scham vor sich selbst, daß sie einer zweiten Neigung fähig sei“.[71] Schließlich steht sie zu ihrem Begehren, da wird Graf Walter in einem Duell tödlich verletzt. In „stummem Schmerz“[72] verbringt Jenny die letzte Stunde am Sterbelager des Geliebten. Sein Tod ist auch ihr Tod. Mit einem Schmerzensschrei greift sie nach dem Herzen und fällt tot auf die Leiche des Bräutigams.

Bei Aphra Behn stehen Vereinsamung und Verbitterung des Herzens im Gegensatz zu ihren Erfolgen als gefeierte Schriftstellerin. Was sie sich vorgenommen hat, gelingt ihr nicht. Sie verstößt gegen die Grundsätze des Frauenbundes, indem sie eine aussichtslose Liebesbeziehung zu Edward Vane eingeht; dabei gehen „all ihre Principien, ihre Gelübde, ihre beschwornen Vorsätze“[73] unter. Ihre diplomatische Mission nach Holland, wo sie sich als geschickte Intrigantin bewährt, endet ebenfalls mit einem Fiasko. Der König schlägt ihre Warnung vor dem bevorstehenden Angriff der Holländer in den Wind. Voll ironischer Bitterkeit, aber auch voll schmerzhafter Selbstverhöhnung hält Aphra Behn dem König entgegen:

> Was versteht auch ein Weib von Staatsklugheit und Diplomatie. Man sollte niemals einem Weibe gestatten, sich mit ernsten Dingen zu beschäftigen, das ziemt sich nicht für sie, sie ist da, um zu lachen und lachen zu machen, – weiter nichts! [...] Ich will nichts mehr suchen, als das Vergnügen, und das Vergnügen ist überall![74]

Glücklich wird sie dabei nicht.

> Sie war eine freie Frau, und dennoch lag sie gefesselt in unzerreißbaren Banden, denn sie war unglücklich! Sie hatte sich losgelöst von allen Vorurtheilen, deshalb schwebte sie jetzt vereinsamt mit ihren von der Welt unverstandenen und geschmäheten Ideen im All umher.[75]

Sie ergibt sich der Poesie, die ihr zwar nicht Erfüllung, aber „Ruhe und Genuß, heitere Stunden und glückliche Phantasieen“[76] ermöglicht. Den Ruhm verachtet sie; sie glaubt an nichts mehr, hegt keine Illusion mehr. Sie hofft nur noch auf den erlösenden Tod.

Die meisten Romane, so läßt sich beobachten, kennzeichnet eine Doppelstruktur: Dem Emanzipationsappell der Romanheldinnen steht ihr Scheitern gegenüber. Kaum ein Frauenroman entwirft das Bild einer befreiten und glücklichen Frau, kaum einer zeigt einen gangbaren Weg zur Transformation der Geschlechtspolarisierung. Enttäuschung, Inkonsequenz, Entsagung, Sühne beherrschen vielfach die Szene. Am Schluß der Romane steht oft Ungewißheit und Trübsal, die Ausblicke sind düster und pessimistisch. Die Romanheldinnen bleiben den eigenen Handlungsentwürfen nicht treu oder machen sie zunichte. Ihre Beziehungen zu den Männern sind ambivalent; sie leiden zwar in der Ehe, scheinen andererseits den Verlust des Mannes nicht zu überwinden. Die selbstquälerischen und selbstzerstörerischen Romanschlüsse erscheinen dann geradezu als Reparation für die anfängliche Rebellion.

Auf diese Besonderheit des Frauenromans ist verschiedentlich hingewiesen worden. Nach Regula Venske wird Schreiben für Fanny Lewald zu „einem Medium, in dem Aufbegehren *und* Anpassung stattfindet, in dem sie Freiräume entwickelt *und* zurücknimmt, Ausbruchsphantasien [...] formuliert *und* diszipliniert".[77] Renate Möhrmann ihrerseits stößt auf die „Diskrepanz von dokumentarischer Einsicht und fiktionaler Kurzsicht"[78], wenn sie der Frage nachgeht, ob die Vormärzautorinnen die Berufstätigkeit der Frau im Roman glaubhaft dargestellt haben. Es handelt sich in beiden Fällen meines Erachtens nicht um Einzelerscheinungen, sondern für die Frauenliteratur um Strukturen von epochaler Relevanz. Während nämlich im publizistischen Diskurs die Exzentrizität des moralischen Anspruchs den Frauen die Feder führt, ist im Roman die faktische Hilf- und Hoffnungslosigkeit der Frauen gegenüber den überlieferten Herrschafts- und Rollenstrukturen erhalten. Hier herrscht kompromißlose Radikalität, und dort wird in depressiver Selbsterkenntnis auch das Scheitern der Emanzipation gestaltet. Selbst wenn die übernommenen Konventionen des Trivialromans zu einem Teil in eine subversive Kritik des Patriarchats transformiert werden, zeigt der Frauenroman dennoch deutlich, wie die Frau im traditionellen Rollenschema gefangen bleibt. Das Protestpotential dieser Romane entsteht nicht dadurch, daß das Bild der emanzipierten Frau gestaltet wird, sondern indem das Scheitern des emanzipativen Anspruchs, des humanitären und sozialen Engagements oder der Liebe den Lesern Schmerzen bereitet.

Politische Paradigmen als Metaphern des Weiblichen

Der Klagegestus, der sich häufig am Schluß der Romane findet, hat also meines Erachtens keine resignative Konnotation, sondern er zeigt durchaus eine Perspektive auf, zumal er an eine bezeichnende Art der Politisierung der Romane gekoppelt ist. Obwohl viele Romanheldinnen politisch abstinent sind, entwickeln die Romane in unterschiedlicher Abstufung neue, politisierte Deutungsmuster zur Lage der Frau. Das geschieht oft, indem Frauenemanzipation auf die Folie eines politischen Paradigmas gesetzt wird. So verbindet Louise Mühlbach in «Aphra Behn» die Frauenfrage mit der Sklavenfrage. Louise Aston und Louise Otto zeigen, wie die Lage der bürgerlichen Frau im Zusammenhang steht mit der sozialen Frage. Fanny Lewald läßt die Geschichte ihrer Jenny auf dem Hintergrund der politischen Emanzipation der Juden spielen. Während der Tod und das Scheitern der Heldinnen Schmerz bereitet, wird der Appellcharakter der Romane durch diese Verknüpfungen wieder deutlich; bezeichnenderweise heißt es am Schluß von Fanny Lewalds Roman, als „auf dem fremden christlichen Kirchhof" der jüdische Vater und sein Sohn um Jennys frisch aufgeworfenes Grab stehen:

> Da richtete Eduard sich mächtig empor: Wir leben, sagte er, mit der Begeisterung eines Sehers, um eine Zeit zu erblicken, in der keine solche Opfer auf dem Altare der Vorurtheile bluten! Wir wollen leben, um eine freie Zukunft, um die Emancipation unseres Volkes zu sehen![79]

Die politischen Paradigmen werden Substitute für die im Roman unaussprechbare Unterdrückung der Frau. Die Schilderung des pauperistischen und proletarischen Elends zum Beispiel ist ein typisches Thema sowohl von Dokumentarberichten als auch von Romanen der Zeit. Im Frauenroman aber ist der Zugang zum Stoff auf eine spezifische Art und Weise vermittelt. Ausgangspunkt für die Konfrontation mit der sozioökonomischen Wirklichkeit ist oft der geschlossene, der Frau zugeordnete Raum, Eßzimmer, Boudoir, Mansarde. Elisabeth von Hohenthal und Pauline Felchner, die weiblichen Protagonistinnen aus Louise Ottos «Schloß und Fabrik» werden im Pensionat, dem Ort der einschränkenden Mädchenbildung, mit dem Fabrikarbeiterschicksal konfrontiert. Dort wird Pauline vom Proletariermädchen Christa aufgesucht, das sie um ihre Unterstützung bittet.

> Wir waren hier bei einander, und warfen Reifen, als wir draußen an der Thüre eine weinende, bittende Stimme hörten, dazwischen scheltende Worte eines unsrer Dienstmädchen [...] – und ein ärmlich-gekleidetes, blasses Mädchen, ein altes Körbchen mit Blumen am Arm, stand vor mir. Es sah sehr leidend und kummervoll aus, und sein Anzug war aus vielen Stücken mühsam zusammengenäht.[80]

In «Aus dem Leben einer Frau» sitzt der Fabrikherr mit seiner jungen Frau „im wöhnlichen Arbeitszimmer“[81] am Frühstückstisch, als der Buchhalter Ehrig vorspricht, um die „herzzerreißende Lage“[82] der Arbeiter zu schildern. Die erste Reaktion der Frauen scheint unangemessen naiv; sie empfinden Mitleid und wollen das Leiden durch Werke der Wohltätigkeit individuell lindern. Hinzu kommt, daß die Frauen keinen Anteil an der theoretischen Reflexion der sozialen Frage haben. Das „Evangelium des Communismus“ in den anonymen Jesuitenbriefen wendet sich nur an die männlichen Fabrikarbeiter; die Fabrikantentochter Pauline bekommt die Schreiben nicht zu Gesicht. Alice von Rosen in «Revolution und Contrerevolution» nimmt nicht teil an den Diskussionen der Achtzehner um den Eigentumsbegriff bei Proudhon. Allein Johanna Oburns richtiger Takt gibt ihr das Bewußtsein von dem, was die Frühsozialisten Cabet, Weitling, Proudhon, Louis Blanc erkannt haben. Wenn Pauline aber verspricht, „wenn nicht die Schwester, doch die Freundin der Armen und Niedriggeborenen“[83] zu sein, und Johanna in Lady-Milford-Pose den Buchhalter Ehrig bittet, ihren Schmuck zu verkaufen, um so die größte Not der Arbeiter zu lindern, stellen diese pathetischen Gesten mehr dar, als es auf den ersten Blick scheint. Das Einbrechen der sozialen Realität in die Abgeschlossenheit des weiblichen Raums, die Solidarisierung mit den Arbeitern hat sowohl Paulines als auch Johannas Ausbruch aus der vorgeschriebenen Frauenrolle zur Folge. Es kommt zum Konflikt zwischen Pauline und ihrem Vater; die Fabrikantentochter stellt sich innerlich an die Seite des engagierten Fabrikarbeiters Franz Thalheim und will an der Linderung proletarischen Elends mitwirken. Johanna Oburn begreift, daß sie genau wie die Arbeiter dem „Werth des klingenden Mammons“[84] geopfert wird und kündigt dem Gatten die Ehe auf. „Frei athmete sie draußen auf“,[85] als sie der Hauptstadt und einem neuen Betätigungsfeld entgegenstrebt.

Louise Aston

Auch jenseits der Romanhandlung bleiben die aufgezeigten Zusammenhänge bedeutsam. Durch die Institutionalisierung der Kleinfamilie, die Veränderung der Literaturproduktion, die Herstellung und Verbreitung von billigen Klassikerausgaben in hohen Auflagen und die fortgeschrittene Alphabetisierung wird den Frauen in der häuslichen Ab- und Eingeschlossenheit die Möglichkeit gegeben zu lesen. „Die politische Poesie hat die deutschen Frauen aufgeweckt!"[86] schreibt Louise Otto. Da ihnen sowohl eine höhere Schulbildung als auch eine politische Betätigung verweigert wird, eignen sie sich lesend politische Vorstellungen und Kenntnisse an. Dabei beziehen sie die pathetischen Aufrufe zur Freiheit und Selbstbestimmung auch auf sich selbst.

Die politischen Paradigmen im Frauenroman lassen sich nicht nur als versteckte Metaphern für die traumatische Situation der Frau entschlüsseln; sie sind auch zukunftsorientierte Chiffren. Denn sie enthalten zum Teil metaphorisch, zum Teil direkt Entwürfe eines neuen Frauenbildes, das aber ähnlich wie die Darstellung der feministischen Rebellion der Romanheldinnen oft als brüchig und doppeldeutig erscheint.

In Louise Ottos Roman «Schloß und Fabrik» stehen sich zwei Personengruppen im Konflikt gegenüber: die von den Jesuiten gelenkten Intriganten und die Mystifizierten, ihre Opfer. Ein Ziel der Romanhandlung ist die Entlarvung der Intriganten. Dem Ethos des Romans entspricht die moralische Verherrlichung der Gegenposition, deren Träger im wesentlichen Pauline Felchner und die beiden Brüder Thalheim sind. Ihr Inhalt ist eine entschiedene Ablehnung des „Communismus“, der Revolution und jeglicher Form von Egalitarismus, positiv ausgedrückt die Achtung vor der gewordenen Ordnung und das religiös gefärbte Engagement für ein wohltätiges und humanes Fabrikantentum, das auf die Bildungsfähigkeit der Proletarier und die Schonung ihrer Kinder setzt. So etwa mahnt Pauline Felchner:

> Vater, wir sind reich genug und bleiben's auch, wenn Du die Arbeiter ein wenig besser bezahlst, auch wenn die Kinder nur den halben Tag arbeiten statt den ganzen; und wenn Du sie in eine Schule schickst, so werden brauchbare und gute Menschen aus ihnen, vor denen Du Dich dann niemals zu fürchten hast.[87]

Den roten Faden von Louise Astons «Revolution und Contrerevolution» liefert die wilde Odyssee der engagierten Vormärzlerin Alice von Rosen. Es verschlägt sie von Wien nach Frankfurt, via Berlin und Schleswig-Holstein. Sie vertritt die Position des demokratischen Radikalismus und setzt auf eine Allianz von Proletariat und Aristokratie gegen das liberale „Bourgeoisphilistertum“.[88] Ihr politischer Aktivismus zeigt sich sowohl auf dem Schlachtfeld und den Barrikaden, als auch bei Konspiration und Intrige in Salon und Boudoir.

Die ideologische Diskrepanz der politischen Utopien, die sich zwischen Otto und Aston nachweisen läßt, entspricht den unterschiedlichen Positionen, die beide in ihren publizistischen Texten zur Frauenemanzipation vertreten. Wichtiger aber als die Kluft an der Oberfläche scheint die Rolle, welche die jeweiligen Utopiechiffren in der Produktion der Romantexte innehaben. Sie sind verbunden sowohl mit unrealistischen Momenten weiblicher Selbstüberschätzung, zum Beispiel dem Bündnis der höheren Töchter gegen die Armut oder Alicens Anspruch, bei allen revolutionären Ereignissen die führende Rolle zu spielen, als auch mit den für die Gattung charakteristischen sentimentalen Liebesgeschichten. Sie retten und stabilisieren damit letztlich das zugrundeliegende Gattungsgefüge des Trivialromans. Insofern bezeichnet Hans Adler «Schloß und Fabrik» zu Recht als einen „religiösen Trivialroman“.[89] Ähnlich gelangt Ruth-Ellen Boetcher-Joeres zur Schlußfolgerung, Alice von Rosen büße ihren politischen Impetus ein und gebe eigentlich eine sehr ambivalente Frauengestalt ab, „ein Zwitterding zwischen feministischem Wunschtraum und der männlichen Vorstellung der idealen Frau als schwach, anhänglich, schön und ohne jegliches politisches Bewußtsein“.[90]

Die schwierige Gestaltung des Neuen

Dennoch ist das feministische Begehren in den unzulänglichen und brüchigen Utopien enthalten. Denn die Autorinnen können die Gattungsgesetze des Romans nicht brechen; sie müssen, als Fremde in einer fremden Architektur, die

Verstellung und Maskerade aufrechterhalten. Ihnen fehlt die solide Position, hinter ihrer Textpraxis steht der „double bind" der schreibenden Frau: sich selbst als Frau nicht behaupten können und gezwungen sein, sich als Schriftstellerin zu behaupten, indem sie Figuren schafft, die sich selbst behaupten. Nur implizit ist der andere Ort der Frau in der Utopie enthalten, nur „schielend"[91], wie Sigrid Weigel sagt, kann er erkannt werden.

Die Gestaltung des Neuen aber ist in der gegebenen historischen Situation in charakteristischer Weise behindert. Louise Dittmar ist sich dieser Problematik durchaus bewußt:

> Die Gegenwart läßt sich nicht allein darum nicht abbilden, weil sie im Werden ist, es läßt sich auch das in ihr Errungene nicht darstellen, weil es noch zu wenig Sympathie erweckt. Es muß zuerst wieder eine Glorie um das Neue entstehen, ehe sich die verweichlichte Phantasie fesseln läßt. Wir wollen die reine Wahrheit und haben doch den alten Selbstbetrug nicht abgelegt. [...] Welche Aufgabe ist jetzt dem Dichter gestellt! Unsere durch das Leben bedingte Anschauungsweise ist ihm die schlimmste Censur, denn er kann sie nicht einmal umgehen.[92]

Der Frauenroman ist möglich geworden durch die außergewöhnliche Expansion der Literaturproduktion,[93] wobei der Zugang gerade zur wenig angesehenen und auch weniger gut bezahlten Erzählprosa am einfachsten gewesen sein mag. Formgeschichtlich ist er auf dem Hintergrund der biedermeierzeitlichen Erzählprosa zu sehen.[94] Durch die Lebensnähe und die Offenheit zur Tendenzrhetorik, aber auch durch die beginnende Subjektivierung des Erzählens entsteht eine Problematik, die sich nicht ohne weiteres durch die Genese einer neuen Form löst. Auch die positive poetologische Sanktionierung des Fragmentarischen, wie sie im Anfang des 19. Jahrhunderts etwa in den Romanvorworten üblich ist, stellt eher ein Krisensymptom als einen wirklichen Ausweg dar. Dabei handelt es sich nicht primär um ein Formproblem, denn die Schwierigkeiten liegen auf der Ebene des sozialen Diskurses. So setzt Louise Dittmar die Selbstthematisierung der Frau im Roman in Verbindung mit der Emanzipation anderer bis dahin vom öffentlichen Leben weitgehend ausgeschlossener Gruppen:

> Welchen Aufwand von Edelsinn bedarf der Dichter um einen jüdischen Helden in die Gleichheit der Menschenrechte einzusetzen. Zu welchem Engel muß er die Frau erheben, wenn sie außerhalb der romantischen Unwahrheit interessiren soll. Mit welch innerem Luxus muß er einen Nichtbesitzenden ausstatten, damit ihm der äußere Mangel verziehen wird. Alle diese Paria's muß er erst in die Anerkennung einkaufen; denn wenn auch das Bewußtsein sich nicht mehr auflehnt, so fordert doch die Gewohnheit ihren Judenschutz.[95]

In dem riesigen und immer noch unübersichtlichen Gebiet, das die europäische Romangeschichte vor dem poetischen Realismus darstellt, tragen die Frauen entschieden dazu bei, daß in den offenen und gemischten Formen der Erzählprosa ein azentrisches und polylogisches Erzählen entsteht. Es ist der Ausdruck einer offenen, inhomogenen Massengesellschaft, in der auch bis dahin unterdrückte Minoritäten ihre Artikulationsmöglichkeit finden. Insofern stellt es eine wichtige Vorstufe der Literatur des 20. Jahrhunderts dar.

2. Gegen den Zeit- und Revolutionsgeist
Ida Gräfin Hahn-Hahn und die christliche Tendenzliteratur im Deutschland des 19. Jahrhunderts

Eda Sagarra

Literatur als Waffe im Geisteskampf – Die evangelische Kirche und ihre Autorinnen

Auf dem ersten Evangelischen Kirchentag in Wittenberg im September des Revolutionsjahres 1848 eröffnete der Gründer der Reformbewegung der Inneren Mission, Johann Hinrich Wichern (1808–1881), seinen 500 Zuhörern ein Zukunftsprogramm für die Kirche. „Die Innere Mission als die bewaffnete Tochter der Kirche", so erklärte er, sich die Sprache des ‚Feindes' zu eigen machend, habe „der Mutter zum offenen Kampfe gegen die Verderber des Volkes [...] zur Bekämpfung der Revolution sich erboten".[1] Einen wichtigen Teil dieses Programms sollte die rege verlegerische Tätigkeit bilden, die in den folgenden Jahrzehnten im Verlag der Inneren Mission „Agentur des Rauhen Hauses" in Hamburg auch Frauen als christlichen Volks- und Jugendautorinnen den Weg in die Öffentlichkeit ebnete. Der christliche Erfolgsroman und überhaupt die christliche Belletristik der mittleren und späteren Jahre des 19. Jahrhunderts in Deutschland bedienten sich gern der Kampfmetapher, ging doch die Förderung einer christlichen Unterhaltungsliteratur aus einer Abwehrposition hervor, in der die christlichen Kirchen sich in der Epoche der Revolution, der Säkularisation der Lesekultur (‚Lesesucht') und der Ausweitung des kommerziellen Buchhandels zu befinden wähnten. So hieß es schon 1830 in der Evangelischen Kirchen-Zeitung, man solle jetzt christliche Leihbibliotheken gründen, damit den kommerziell geführten Leihbibliotheken, „Missionsanstalten für das Reich der Finsterniß", Einhalt geboten werde. Die Gläubigen werden aufgefordert, „die nun einmal zu allen Ständen durchgedrungene Lesesucht zu einem Mittel für die Ausbreitung des Reiches des Herrn (zu) brauchen". Die christliche Leihbibliothek sollte also „den Feind mit seinen eigenen Waffen schlagen".[2]

Die Frau war Ziel solch autoritärer Fürsorge und zugleich ‚Waffenbruder' im Kampf gegen das Jahrhundert. Sie sollte nicht nur vor der „fleischlichen Novellistik" der Jungdeutschen oder gar vor „Ehebruchsgeschichten nach dem Muster der ‚Wahlverwandtschaften'" geschützt werden,[3] sondern es wurde ihr die Aufgabe anvertraut, sich selbst an der Produktion christlicher Eheromane zu beteiligen. Im Laufe der nächsten Dezennien haben viele Frauen, zumeist aus den höheren Ständen, ihre Lebensaufgabe darin gefunden, für die Frau, das Volk und die Jugend christliche Lesestoffe zu produzieren. Der christliche Buchmarkt wurde zusehends seit Ende der sechziger Jahre kommerziell organisiert; eine wachsende Anzahl von Frauen schrieb für christliche Buch- und Zeitschriftenverlage oder für Serien für Jugend und Volk, die wiederum auch von Frauen redigiert wurden. Das „differenzierte und leistungsfähige Distributionssystem der evangelischen Vereine“[4] sollte dafür sorgen, daß sie ihr Publikum auch erreichten.

Eine der ersten Vertreterinnen des christlichen Romans im Kampfgeist der nachmärzlichen Kirche war Wilhelmine Canz (1815–1901), deren Schlüsselroman, «Eritis sicut Deus», in den vierziger Jahren geschrieben, 1854 in der Agentur des Rauhen Hauses anonym erschien. Bemerkenswert an ihrem Werk ist es, daß hier eine Frau über ‚ernsthafte‘ Themen schreibt, und zwar gegen die hegelianische Philosophie als ‚Grundübel‘ der Zeit, und daß die Belletristik im ideologischen Kampf bewußt gegen den Unglauben eingesetzt wird. Canz erhielt gute Rezensionen in den christlichen Blättern wie etwa der Kreuz-Zeitung, wo literarische Rezensionen in der zweiten Jahrhunderthälfte meist von evangelischen Pfarrern geschrieben wurden, und wo eine Empfehlung für einen guten Absatz sorgte, so auch in Menzels Literaturblatt. Noch 1873 wurde dieser „höchst merkwürdige christlich philosophische Roman“ in Höpfners «Praktischer Wegweiser durch die christliche Literatur» warm empfohlen, und dessen „Stil und Darstellung“ als „glänzend“ bezeichnet.[5] Eine zweite Auflage war schon 1855 erfolgt; 1860 äußerte sich die Autorin noch einmal zu ihrem Werk, sonst erschien bis auf ihre Lebenserinnerungen («Gibt es einen lebendigen Gott? Antwort mit Zeugnissen», 1896–7) nichts mehr von ihr.

Zeittypischer und sehr erfolgreich war ihre Landsmännin, die Marbacherin Ottilie Wildermuth (1817–77), eine ‚volkstümliche‘ Schriftstellerin, deren Werke in allen Schichten gelesen wurden und die mit Uhland, Gotthelf, Stifter und Kerner freundschaftlich verbunden war. Sie unterhielt Beziehungen zu christlichen Frauenvereinigungen, in denen sie auch auf lokaler Ebene tätig war. In ihrem Hausfrauenleben in der Provinz fand sie Zeit, für Cottas Morgenblatt und über ein Dutzend andere Zeitschriften zu schreiben.[6] Ihre Erzählungen und Genrebilder erschienen in der Hauptsache bei Krabbe, später bei Kröner. Paul Heyse nahm eine Erzählung von ihr, «Streit in der Liebe und Liebe im Streit» 1875 in seinen «Deutschen Novellenschatz» auf. Noch in unserem Jahrhundert nannte sie der Berliner Börsen-Courier anläßlich ihres 100. Geburtstags „die bekannteste und beliebteste Jugendschriftstellerin [...], die unsere Literatur bisher kennt“; noch Helmut Heißenbüttel erwähnt sie in «D'Alemberts Ende. Projekt Nr. 1» 1970 und spielt 1978 in «Projekt Nr. 3» auf sie an.[7] Ihre 1852 erschienenen «Bilder und Geschichten aus dem schwäbischen Leben», 1865 in fünfter Auflage erschienen, brachten ihr ein erstes Honorar von 350 Gulden ein, von Adolf Krabbe erhielt sie für die achtbändige «Erste Gesamt-Ausgabe» (1862) eine Anzahlung von 2000 Gulden. Die Volksausgabe ihrer «Jugendschriften» erschien 1871 in zwölf Bänden und wurde zum Beispiel bei Höpfner in zeittypischer Charakterisierung wie folgt empfohlen: „gesunde Religiosität [...], empfehlenswerthes Material für Schule, Jugend und Hausbibliothek". Unter der Rubrik „Romane und Novellen" hieß es: „An dieser Frau ist alles gesund, evangelisches Christenthum, Lebensauffassung, Beschränkung auf die ihr selbst zu Theil gewordene, aber reiche Erfahrung."[8]

Ähnliche Dimensionen, wenn auch nicht so lange anhaltenden Publikumserfolg hatten die evangelischen Jugendbuchautorinnen Margarete Wulff (1792–1874), deren «52 Sonntage oder Tagebuch dreier Kinder» (1844) 1891 schon in der 25. Auflage vorlag, und Thekla von Gumpert, verheiratete von Schober (1810–1896), Herausgeberin des vielgelesenen «Tochter Albums» (seit 1855). Als das 43. Bändchen in ihrem Todesjahr erschien, konnte Gumpert auf fast ein halbes Jahrhundert erfolgreicher Schaffenszeit zurückblicken. Das

„Kinderwelt". Ottilie Wildermuth

schenkfreudige, frommpatriotische Bildungsbürgertum fühlte sich von einer Autorin doppelt angesprochen, die beim Hohenzollernschen Herrscherhaus in hoher Gunst stand. Ihr katholisches Pendant, Isabella Braun (1819–86), seit 1855 Herausgeberin der gleich erfolgreichen «Jugend-Blätter», genoß die Unterstützung eines bayerischen Monarchen, Ludwigs II., ebenso wie Ottilie Wildermuth die des Württemberger Königs Karl.[9]

Für diese Frauen und für viele ihrer Nachahmer war die von staatlicher und kirchlicher Seite gesteuerte Verteilung christlicher Lektüre unter die Jugend eine wichtige Quelle des Erfolgs. Überhaupt kamen die Serien für die Jugend in der Epoche der Reichsgründung der christlichen Autorin zugute, wie die vom Hauptverein für christliche Erbauungsschriften in Berlin herausgegebene evangelische „Christliche Jugend Bibliothek" (seit 1874) oder die katholische „Bibliothek für die reifere Jugend" (Manz, Regensburg, schon seit 1865).[10]

Auf ideologischen Antrieb und nicht auf schriftstellerischen oder editorischen Ehrgeiz geht die Gründung einer konfessionellen Familienzeitschrift, des evangelischen «Daheim», zurück, die 1864 im Verlag Velhagen und Klasing mit 32000 Abonnenten erstmals erschien. Auf dem Evangelischen Kirchentag in Altenburg im gleichen Jahre war der Entschluß gefaßt worden, gegen den Massenerfolg der damals noch liberalen «Gartenlaube» mit eigener Produktion anzukämpfen. In „ihrer besten Zeit" kurz nach der Reichsgründung erzielte «Daheim» mit 70000 Abonnenten 20% der Leserschaft der ‚Rivalin'.[11] «Daheim» sollte „christliche Wahrheit durch Unterhaltung und Belehrung ohne erbauliche Färbung bieten".[12] Interessant in diesem Zusammenhang ist die Mitwirkung von Frauen; am bekanntesten von ihnen ist wohl Luise Koppen (1855–1923), Hausautorin bei «Daheim». Koppen war in der Redaktion tätig und selbst Herausgeberin einer Zeitschrift «Die deutsche Frau».

Der christliche Buchmarkt warb förmlich um die Frau. In Höpfners «Allgemeinem literarischen Anzeiger für das evangelische Deutschland» wurde dringend verlangt: „Man biete auch in genügender Zahl Frauenbilder für das Volk."[13] In den Jahrzehnten nach der Reichsgründung ließ der Trend zur Gleichsetzung von „christlich-evangelischen" mit „national-patriotischen" Idealen die Autorinnen von historischen Romanen und die Herausgeberinnen von erbaulichen Serien ihre Vorbilder unter den gekrönten Häuptern Deutschlands suchen: Besonders um und nach der Jahrhundertwende führte die Verehrung der Königin Luise als „größter Frau unseres Jahrhunderts" dazu, diese als eine Art säkularisierte Märtyrergestalt erscheinen und somit zum Gegenstück zu den von katholischen Autorinnen (und Autoren) favorisierten Heiligen werden zu lassen.

Die Katholiken

In ähnlicher Weise wie die evangelische Obrigkeit, wenn auch einige Jahre später, vernahmen die deutschen Katholiken um die Jahrhundertmitte die Gefahren einer säkularisierten Kultur für ihre Glaubensgenossen und versuchten, sich durch verschiedene Maßnahmen dagegen zur Wehr zu setzen. Mit Recht spricht Sengle von der „wehrhaften Geschlossenheit des modernen Kirchentums".[14] Die deutsche katholische Kirche fühlte sich im liberalen Zeitalter von zwei Seiten angegriffen: vom säkulären ‚Zeitgeist' und von den Ansprüchen des modernen Staates auf das Individuum. Letzteres sollte später in der Epoche des Kulturkampfes im familiären und schulischen Bereich zu schweren Konflikten führen.[15] Die katholische Kirche ist stets ihrem Ruf treu geblieben, ihre Anhänger nicht nur in Glauben und Moral, sondern auch kulturell und politisch durch den Klerus zu bevormunden. Charakteristisch für den neuen militanten Geist der katholischen Kirche im Vor- und Nachmärz, der, stärker noch als bei der Erweckungsbewegung im Protestantismus, von einem großen Aufschwung in der Volksfrömmigkeit begleitet wurde, war die Anteilnahme von Laien. Für das wachsende Selbstbewußtsein der katholischen Kirche in Deutschland seit den 40er Jahren, vor allem in der Auseinandersetzung mit einer ‚gottlosen' Gesellschafts- und Staatsordnung, war der französische Katholizismus des Chateaubriand und der liberal gesinnte Lacordaires und Montalemberts Leitbild. Frankreich bot das Modell für eine weitere Zeiterscheinung: die katholische Lesekultur. Im Kampf gegen die moderne ‚Lesesucht' und das Leihbibliothekenwesen sollte neben schreibenden Pfarrern auch Frauen eine wichtige Rolle zukommen.

Im Jahr 1844 gründete eine Gruppe katholischer Laien und Priester in Bonn nach französischem Vorbild den Borromäusverein für den Vertrieb ‚guter Bücher'. Der Verein, der bei westdeutschen Diözesen großen Anklang fand, erfaßte im Verlauf eines weiteren Jahrzehntes fast das ganze deutsche Sprachgebiet. 1850 zählte er 264 Ortsvereine mit mehr als 12000 Mitgliedern; im Todesjahr der Hahn-Hahn (1880) waren es 1287 Vereine mit über 35000 Mitgliedern.[16] Der Borromäusverein ernannte eine literarische Kommission, die über die Aufnahme eines Buches im Zentralverzeichnis entschied. Diese Bestätigung wurde den Ortsvereinen als Empfehlung für die Auswahl ihrer Bücher weitergegeben. Die Werke der Hahn-Hahn gehörten seit den 60er Jahren und bis in die 1920er Jahre zum festen Bestandteil des Borromäusvereins.

Bei den kommerziellen Verlagen in der zweiten Hälfte des Jahrhunderts hat die Existenz einer kalkulierbaren Zahl von Abnehmern, das heißt Leihbibliotheken, die Auflagenhöhe eines literarischen Werkes bestimmt und gleichzeitig zur Förderung der Erzählprosa auf Kosten der einst populären Gattungen wie Lyrik oder Epos beigetragen. Ein ähnlicher Prozeß zeichnete sich auf dem katholischen Buchmarkt ab. Im Wissen, daß so und so viele Borromäusvereine, bzw. die den Pfarreien und Klosterschulen angeschlossenen Bibliotheken, als Abnehmer für eine katholische Belletristik wie auch für eine erbauliche Volkslektüre in Frage kamen, stellten viele kleinere oder Spezialverlage im Zeitalter des Massenkonsums auf ‚populär-katholische' Literatur um. Das sich entfaltende Organisationssystem dürfte wiederum auch ein Ansporn für die Autorinnen gewesen sein, für diesen Markt zu schreiben. Im Gegensatz zu liberalen Schriftstellerinnen wie etwa Fanny Lewald, Louise Aston oder Louise Otto-Peters – auch Hahn-Hahn vor ihrer Konversion –, die wiederholt ihren Verlag wechselten, blieben katholische Autorinnen einem oder zwei Verlagen treu. So erschienen die Werke der schon früh erfolgreichen Maria Lenzen, geborene di Sebregondi (1814–82), bei Manz und dem Kölner Verlag Bachem. Ferdinande von Brackel (1835–1903) war von 1877 bis zu ihrem Tod Hausautorin von Bachem; Antonie Jüngst (1843–1918) veröffentlichte bei Schöningh und Regensberg (Münster). Die schon um die Jahrhundertwende tätige Enrica Handel-Mazzetti (1871–1955) veröffentlichte zumeist bei Kösel bzw. Kösel-Pustet.[17] Sämtliche 27 fromme Schriften der Gräfin Hahn-Hahn sind im Verlag Kirchheim in Mainz erschienen, die Gesamtausgabe ihrer Werke nach ihrer 1850 erfolgten Konversion zum Katholizismus, sie umfaßte 45 Bände (1902ff.), wurde bei Habbel in Regensburg verlegt.

Daß jedoch überhaupt ein Markt für die Werke katholischer Autorinnen geschaffen werden konnte und daß sich der Roman als vollwertige Gattung in der Hauslektüre der weiblichen Gläubigen bei der katholischen Obrigkeit durchsetzte, war nicht zuletzt das Verdienst der Gräfin Hahn-Hahn. Nicht ohne Grund hat sie im Erscheinungsjahr ihres zweiten katholischen Tendenzromans, «Doralice» (2 Bde. 1861), eine biographische Skizze des gegenreformatorischen Erzbischofs Karl Borromäus geschrieben, der dem Verein seinen Namen gab. Diese Schrift, vom ultramontanen Geist der Zeit durchdrungen, erschien in «Vier Lebensbilder. Ein Papst, ein Bischof, ein Priester, ein Jesuit». Der Ausbau von Pfarr- und Klosterschulbibliotheken ging Hand in Hand mit der Ausweitung des Vereinswesens, für beide Konfessionen eine wichtige Errungenschaft der 1848er Revolution. Der im November 1848 gegründete Katholikentag gab dem kirchlichen Leben auf breitester Basis wesentliche Impulse. Das Organisationsnetz umfaßte den gesamten deutschen Raum und war in zahlreiche Spezialvereine untergliedert, wie etwa der Bund katholischer Frauen oder das Jugendwerk, die mit der Zeit eine eigene Literatur verlangten und somit mitverantwortlich wurden für die Erweiterung des literarischen Markts.

Im Nachmärz begann die katholische Zeitungs- und Zeitschriftenpresse Notizen zum katholischen Literaturbetrieb zu veröffentlichen. Im Jahre 1850 wurde vom Konvertiten Friedrich Zarncke das «Literarische Centralblatt» ins Leben gerufen; 1862 gründete der westfälische Publizist Franz Hülskamp im Verlag Schöningh den äußerst erfolgreichen «Literarischen Handweiser für das katholische Deutschland» (bis 1900), der in den siebziger Jahren zu dem am weitest verbreiteten Literaturblatt Deutschlands überhaupt wurde. Zu Hülskamps Freundeskreis zählten Schriftstellerinnen wie Luise Hensel (1797–1867), Antonie Jüngst und Hedwig Kiesekamp. Von den Werken der Hahn-Hahn erschienen 14 Rezensionen und Notizen im «Handweiser», von dem es hieß, daß seine Empfehlungen den Verlagen als beste Werbung galten.[18] Die katholische Presse förderte nicht nur eine katholische Erzählliteratur – sie wies auch die Autorinnen in die Schranken einer eigenen Ästhetik. So hieß es etwa 1867 in der Zeitschrift

«Der Katholik»: „... der katholische Dichter und Schriftsteller" habe „in der Kirche eine Bürgschaft für seine künstlerische Gestaltung und Erweckung".[19]

Zwei weitere wichtige Institutionen für die Förderung der Tendenzliteratur als Teil einer sich entfaltenden katholischen Kultur in der Epoche des liberalen Zeitgeistes und des beginnenden Kulturkampfes sind die katholischen Familienblätter und die politisch-erzieherischen Broschüren. Das erste katholische Familienblatt: «Alte und Neue Welt. Illustrierte katholische Monatsschrift zur Unterhaltung und Belehrung» wurde 1865 ins Leben gerufen, ein Jahr nach dem evangelischen «Daheim»; ihm folgte der bald in katholischen Kreisen führende «Deutsche Hausschatz in Wort und Bild», von Hülskamp und Heinrich Keiter 1872 gegründet. Beide boten schreibenden Frauen eine willkommene Gelegenheit zur Mitarbeit. Der «Katholische Broschürenverein» (Frankfurt am Main ab 1865) und der «Broschüren-Cyclus für das katholische Deutschland» (Soest und Münster ab 1865) können als eine Art moderne Traktatenliteratur angesehen werden, welche auf das vom katholischen Vereinsleben organisierte Massenpublikum zielte. Beide geben eine beredtes Zeugnis der Kampfstimmung jener Jahre, in denen Papst Pius IX. die «Übel der modernen Welt» (1863) verdammte – Liberalismus, Sozialismus, Kommunismus – und der ‚Bruderkrieg' in Deutschland die Vormachtstellung des katholischen Österreich in Deutschland beseitigte. Die Titel einzelner Hefte lesen sich wie Gesprächsthemen aus den Hahn-Hahnschen Romanen, wie etwa «Doralice» oder «Maria Regina»: «Außer der Kirche kein Heil», «Des Teufels Küche oder: wie die aufgeklärte Presse arbeitet», «Die katholische Kirche ist die Mutter aller Civilisation».[20] Sie gehören zum historischen Kontext, in dem die Belletristik der Hahn-Hahn konzipiert und auch rezipiert worden ist. Die Besprechung solcher Fragen gehörte durchaus in den Briefwechsel schreibender Frauen mit katholischen Geistlichen, wie den Hahn-Hahns mit Ketteler oder in die Korrespondenz der publizistisch tätigen Priester C. Moufang und F. Molitor (noch unediert) sowie der Schwestern Ringseis mit Alban Stolz.[21] Solche Briefe legen die Vermutung nahe, daß auch Frauen am Bildungswerk des ‚zeitgemäßen' und selbstbewußt katholischen Bürgers mitarbeiten sollten, wenn auch nach wie vor unter der Anleitung der Männerwelt, insbesondere des Beichtvaters oder Seelsorgers.

Ida von Hahn-Hahn (1805–1880)

Gräfin Hahn-Hahn hat in der Geschichte sowohl des populären katholischen wie auch des christlichen Lesestoffes eine einzigartige Stellung inne. Dennoch ist sie keineswegs die erste populäre katholische Schriftstellerin gewesen. Luise Hensel, Autorin von geistlichen Liedern («Müde bin ich, geh zur Ruh'»), aus dem Kreis der Spätromantiker um Clemens Brentano, und die Volkserzählerin Gräfin Louise zu Stolberg (1788–1868) waren schon in den 30er und 40er Jahren bei der katholischen Leserschaft beliebte Dichterinnen. Beide gehören in eine

Ida Gräfin Hahn-Hahn

Tradition der christlichen Volksdichtung, die ins Mittelalter zurückreicht und bis in die Biedermeierzeit lebendig blieb. So verdankte etwa eine jüngere Autorin, Isabella Braun, ihren ersten Erfolg um 1849/50 den lobenden Rezensionen des volkstümlichen Erfolgsautors und Priesters Christoph von Schmid (1768–1854). Die Werke der Hahn-Hahn und bis zu einem gewissen Grad auch die ihrer Nachfolgerinnen, wie etwa Ferdinande von Brackel mit ihrem bekannten Kulturkampfroman «Im Streit der Zeit» (1897), unterscheiden sich jedoch erheblich von der frühen Tradition der christlichen Erzählung, denn sie sind von Anfang an als literarische Erzeugnisse einer ‚Kampfzeit' zu verstehen, in der Literatur gern als ‚Waffe' bezeichnet und auch so eingesetzt wird. Auch der Lebensweg der Hahn-Hahn vor dem Übertritt zur katholischen Kirche in ihrem 45. Lebensjahr war alles andere als der Tradition entsprechend und machte ihr Angebot einer Mitwirkung als Schriftstellerin im Dienst des Geisteskampfes auch für katholische Geistliche zunächst mehr als suspekt.

Die schriftstellerische Laufbahn der Gräfin begann kurz nach ihrer Scheidung im 25. Lebensjahr.[22] Wie andere berufslose Frauen, z. B. Johanna Schopenhauer,

Therese Huber oder Fanny Tarnow, war sie weitgehend darauf angewiesen, durch Schreiben sich den Lebensunterhalt zu verdienen. Was die Gräfin von diesen trennt, ist nicht nur die adlige Geburt, die ihr sicher in vielem den Weg ebnete, sondern vor allem ihr buchhändlerisches Unternehmertum. Wo Huber, Schopenhauer, auch Fanny Lewald aus ihren Romanheldinnen fügsame Töchter und Gattinnen machten, um den Absatz ihrer Bücher zu sichern, zeigte sich die Hahn-Hahn entschlossen, einen Markt für ihre Meinungsäußerungen zu schaffen. Erst als sie durch ihre Gedichte und damals beliebten Reiseberichte ein Publikum gewonnen hatte – nicht jede geschiedene Deutsche fuhr in Begleitung eines ‚treuen Freunds' in den Orient –, begann sie den Literaturmarkt mit jenen skandalerregenden Romanen zu versorgen, in denen sie ihr Inneres preisgab oder preiszugeben schien. „Schreiben", heißt es in ihrem bekanntesten Roman, «Gräfin Faustine» (1840, 4. Aufl. 1848), sei „ein Surrogat fürs Leben". Die Gräfin verstand es zu leben. Sie muß für ihr provinzielles Lesepublikum eine Art deutsche Lady Hester Stanhope gewesen sein, so selbstsicher im Auftreten und so frei wie jene exzentrische englische Mylady. Auch außerhalb Deutschlands, vor allem in England, das sie 1844 bereiste, verstand sie es, sich einen Namen zu machen. Die katholischen Schriften der Gräfin wurden in Deutschland eigentlich nur in christlichen Zeitschriften rezensiert; in England hingegen wurden sie, wie vor 1850 ihre ‚emanzipierten' Romane, in vielen führenden Reviews – meist sehr kritisch – zur Kenntnis genommen.[23] Die Autorin erkannte schon früh, daß „all publicity is good publicity" und daß eine polemische Kritik den Erlös ihrer Werke nur steigern konnte, der nunmehr ‚der alleinseligmachenden Kirche' zugute kam.

Die büßende Magdalena

„Wäre ich ein Mann", schrieb die Gräfin am 30. 8. 1849 ihrem Vetter, Friedrich Fürst zu Schwarzenberg, im Todesjahr des Freundes, Graf Bystram, „so würde ich auf der Stelle katholisch werden und ein Jesuit – dann hätte ich, was ich brauchte."[24] Was die eigentliche Ursache ihres Entschlusses war, katholisch zu werden, hat sie nie gesagt, nicht im wortreichen Briefwechsel und schon gar nicht in der sogenannten Bekenntnisschrift «Von Babylon nach Jerusalem» (1851), die wegen ihres aggressiv-bigotten Tones in der in- und ausländischen Zeitschriftenpresse viel besprochen wurde. Sie ist weniger ein autobiographisches Werk als ein Loblied auf das ultramontane Papsttum im nachrevolutionären Europa. In auffallendem Gegensatz zu ihren ‚jungdeutschen' Romanen und Reiseerinnerungen hat sie in den Werken der späteren Lebensepoche nichts von ihrem inneren Leben verraten. Zwar wollte sie ihrem Schritt überpersönliche Bedeutung zuschreiben, jedoch nicht (nur) aus Eitelkeit und dem ihr angeborenen Sinn für Theatralik, sondern um andere zu ermutigen, auch ihrerseits mitzukämpfen im Streit gegen ‚den Geist der Zeit'. Demonstrativ verschrieb sie sich ihrem neuen Leben. Als 1850 der Berliner Verleger Duncker die Gesamtausgabe ihrer Werke mit ihr erörterte, die 1851 auch erschien, wollte sie nichts damit zu tun haben. Sie fragte den Fürstbischof Diepenbrock, den sie sich eigens zu ihrem geistlichen Führer und Mentor ausgesucht hatte, „ob Sie es für nötig halten, daß ich einen öffentlichen Widerruf mache für dasjenige, was etwa die Kirche in meinen Schriften verwerflich finden dürfte".[25] Es zeigt das berufliche ‚Können' der Autorin, daß sie nach ihrem Glaubenswechsel keineswegs gezwungen war, katholische Romanhandlungen oder Heldinnen neu zu erfinden. Beides entnahm sie ihren ‚weltlichen' Werken und ‚katholisierte' es. Dabei wurde die Persona des Erzählers ganz gezielt und mit großer Überredungskunst als ‚zeittypische' Figur eingesetzt. Diese sollte nun stellvertretend für jene Menschenscharen gesehen werden, die, so will uns die Autorin glaubhaft machen, den Weg in die katholische Kirche suchten oder zurückfanden.

Daß sie selber sich jedoch erst die Kirche ‚erobern' mußte, geht klar aus dem Diepenbrock–Ketteler Briefwechsel hervor. Noch am 19. Januar 1850, zwei Monate vor ihrer Taufe, schrieb der Kardinal einen Brief an Ketteler über die ihm offensichtlich lästige Dame, indem er sie mit einer Zöllnerin verglich, die „kauernd und lauernd auf allen Wegen und Stegen der Welt (liege), um Allem, was vorüberging, den Tribut einzunehmen für ihre Eitelkeit und Selbstsucht". Und Diepenbrock beschrieb Ketteler in einer Sprache, die auf den ersten Blick vermuten läßt, daß er sich von dem Hahn-Hahnschen Prosastil hat anstecken lassen, den Verlauf der Dinge:

> Ich habe ihr auf ihren zweiten Brief einen furchtbar ernsten Brief geschrieben, ihr die ganze Wahrheit ungeschminkt gesagt: daß es mit bloßen ästhetischen katholisierenden Ansichten nicht gethan sey [...] daß *sie* insbesondere nach ihrem ganzen bisherigen Lebensgange nur in Sack und Asche als Büßerin vor der Pforte der Kirche erscheinen, daß sie in dem engen Felsen-Eingange die *Schlangenhaut,* darin sie bisher irisfarbig geschillert und womit der Teufel der poetisch pantheistischen Welt-Verführung auch ihre Seele umstrickt – abstreifen müsse.[26]

Ketteler schrieb ihr dann in seiner verständigen Art; er versuchte, wie es scheint erfolgreich, die exaltierten Zustände der frisch Konvertierten in die praktische Tat umzusetzen. Freundlich riet er:

> Warum quälen Sie sich aber mit dem Bemühen, Alles aus Ihrem früheren Leben Rabenschwarz anzusehen, oder vielmehr, warum thuen Sie so, als wenn Sie das müßten? Loben Sie und preisen Sie vielmehr Gott, wenn Sie in Ihrem früheren Leben Vieles, was Sie auch jetzt wahr, gut und schön erkennen, antreffen, und trauern Sie nur über den Mißbrauch.[27]

Sie zögerte nicht. Sie nahm ihren ständigen Wohnsitz in Mainz und half bei der Gründung eines Klosters für ‚gefallene Mädchen' (die Schwestern zum Guten Hirten). Sie machte sich auch sonst im Vereinsleben der Mainzer Diözese verdient. In ihren Romanen sind jedoch auch die kontemplativen Ordensschwestern mit vertreten. Dem Klosterwesen galt der Erlös ihrer Schriften, deren Produktion sie sich gleich nach dem Erfolg von «Babylon nach Jerusalem» mit unermüdlichem Eifer und in raschem Tempo widmete, und deren Titel ihre Begeisterung zum Ausdruck bringen: «Aus Jerusalem» (1851), «Unserer lieben Frau» (1851), «Die Liebhaber des Kreuzes» (1852), 2 Bde., «Ein Büchlein vom guten Hirten» (1853), «Das Jahr der Kirche» (1854), «Bilder aus der Geschichte der Kirche» (4 Bde., 1856–1866): «Die Märtyrer, Die Väter der Wüste, Die Kirchenväter».[28]

Der buchhändlerische Erfolg blieb nicht aus. Bei den frommen Schriften erstaunt die Aggressivität der Sprache; das bewußte Operieren mit Freund-Feind-Bildern vermag auch den heutigen Leser in die Kampfstimmung von damals zu versetzen. Sehr geschickt nimmt sie auch die ‚Waffen' der Feinde der katholischen Kirche aus deren Hand und wendet sie gegen diese. So wird etwa in «Peregrina» die Kirche als die wahre Beschützerin der Frau seit dem Mittelalter gegen die Rohheit und Unterdrückungsgelüste der Männerwelt dargestellt. Die wahre fortschrittliche Macht in unserer Zeit, so die Hahn-Hahn, sei weder der liberale Staat noch die Revolution, noch die Emanzipation des Fleisches, sondern die katholische Kirche, die die starke Frau – Heliade («Peregrina»), Doralice, Maria Regina und die konvertierte Jüdin Judith Miranes im gleichnamigen Roman – den eigenen Weg unbeirrbar gehen läßt. Daß die Frau jene weise Beschränkung, in der sie einmal leben muß, als solche anerkennt, sei nicht Zwang, sondern freie Selbstentscheidung. Überdies wirbt die Hahn-Hahn in ihren frommen Schriften für eine Romtreue unter den deutschen Katholiken, die in der vorrevolutionären Zeit nicht zur traditionellen Haltung des deutschen Katholizismus gehört hatte und die später in der Epoche des Vatikanischen Konzils auch ihr selbst zu schaffen machte. So endet sie ihr Lebensbild vom Heiligen Karl Borromäus mit einer Kampfansage an alle Andersgläubigen und auch an die liberalen ‚Feinde':

> Seine Bemühungen für die Kirche sind die, die man heutzutage mit einem gehässigen Nachdruck von allen Feinden der Kirche ultramontan nennen hört. Wörtlich übersetzt heißt dies: Jenseits der Berge [...]. Der Haß gegen die katholische Kirche mißbraucht dies zu einem Feldgeschrei gegen die sog. Abhängigkeit von Rom, die in Wahrheit aber Einheit mit Rom, Einheit in der Glaubenslehre ist [...]. Wir können aus dem Leben des heiligen Karls demnach die ächte Bedeutung des Wortes ultramontan entnehmen weil ultramontan sein – Eins und dasselbe ist mit gut katholisch sein.[29]

Ida von Hahn-Hahn richtete sich nicht nur nach dem Programm der Kirche, sie verstand es auch, durch die Abstimmung ihrer schriftstellerischen Produktion auf den Markt neue Leserschichten zu gewinnen. Sie war zwar keine volkstümliche Dichterin, aber sie kam dem wachsenden Bedarf an katholischer Lektüre für Bibliotheken oder Geschenkzwecke nach, und sie machte sowohl demütig wie gezielt dafür Werbung. So heißt es in der Einführung zu den genannten «Vier Lebensbildern»: „Diese kleinen geschichtlichen Lebensbilder habe ich in den letzten Jahren für unser, Gott Dank! vielgelesenes Katholisches Volksblatt geschrieben." Nicht nur fromme Mütterchen und brave jugendliche Gemüter wurden durch ihre Arbeit versorgt. Sie ging auch auf die Befürchtungen der

Obrigkeit über die Ausbreitung des Kolportagenromans als Lesefutter für Dienstboten ein und schrieb ihr «Leben der heiligen Zita, Schutzpatronin der Dienstboten» (1878),[30] ein Werk, dessen Sprache und Inhalt die Vermutung nahelegen, daß es mehr im Salon als in der Küche gelesen wurde. Ihre Übersetzung des Lebens der heiligen Teresa von Avila (1867) aus dem Spanischen richtete sich an eine geistig anspruchsvolle Leserschaft, deren Bedarf an erbaulicher Lektüre zu den Lebensformen einer katholischen Laienkultur gehörte, die auch im nachmärzlichen Deutschland weiter gepflegt wurde. «Das Buch der Klostergründungen nach der reformierten Carmeliter-Regel», ebenfalls aus dem Spanischen der heiligen Teresa von Avila übersetzt, oder ihr «Leben des Heiligen Wendelin» (1876) und der fromme historische Roman von der «Kaiserin Eudoxia» (1867 2 Bde.) durfte jede Oberin ihren Schwestern getrost als Lektüre bei den Mahlzeiten empfehlen. Französische Übersetzungen ihrer Werke der 50er und 60er Jahre bezeugten ihre Wirkung; in England hat wohl eine lobende Rezension des «Dublin Review» den Ansporn zur Übersetzung mancher späterer Romane sowie ihrer historischen Schriften gegeben.

> Tendenzromane mögen ihre Bedenken, in künstlerischer Beziehung auch regelmäßig ihre Gebrechen haben: sie sind nun aber einmal da und unsere Zeit räumt ihnen allgemach die erste Stelle auf dem Gebiete der Novellistik ein.

So schrieb das «Paderborner Pastoralblatt»[31] in einem Artikel mit dem Titel: „Zur neueren Romanliteratur". Erst beim Erscheinen ihres «Peregrin» (1864; ^{2}1879; französische Übersetzung 1865), nach dem beachtlichen Erfolg der «Erzählungen» bzw. «Gemälde aus der Gegenwart», «Maria Regina» (1860, ^{2}1861, ^{3}1865, ^{4}1876, französische Übersetzung 1863), «Doralice» (1861, ^{2}1863, zwei französische Übersetzungen 1864, russisch schon 1863) und «Zwei Schwestern» (1863, französische Übersetzung 1865) hat die Autorin den Untertitel „Roman" gewagt. Die ganz demonstrativ auf Überzeugungsstrategie angelegte Belletristik der Gräfin nach einem Jahrzehnt als Produzentin erbaulicher Schriften hat den katholischen Tendenzroman als „Waffe im Geisteskampf"[32] etabliert und den Ruf der Hahn-Hahn in katholischen Kreisen gefestigt. Ihre Werke ließen sich ohne weiteres in alle sechs gültigen Kategorien der für 1845–1847 vom Borromäusverein empfohlenen Bücher einreihen: belehrend/belehrend-unterhaltend/unterhaltend-belehrend/belehrend-erbauend/unterhaltend-erbauend und erbauend.[33] Die Gefahren der „Salon-Poesie der Frauen", vor der Eichendorff einst gewarnt hatte, wurden also durch deren führende Autorin von ehemals gebannt.[34]

Wer als heutiger Leser über die langatmige Polemik der Zeitromane erstaunt ist, die sich gegen den Zeit- und Revolutionsgeist, die Sittenlosigkeit und falsches Prophetentum richtet, sollte sich an die Lesepraxis von damals erinnern. ‚Gute Bücher' pflegten vorgelesen zu werden, im Familienkreis, an Klosterschulen für Mädchen oder von den Vorleserinnen an den langen Winterabenden in den ländlichen Adelsschlössern. Die katholische Obrigkeit war sich der Gefahren des allein für sich Lesens bewußt. Und schon im 18. Jahrhundert wurde das Überhandnehmen der Phantasie auf Kosten der Vernunft gerügt: „Ein Buch, das bloß gelesen, nicht beherzigt und inhaltlich angeeignet wird, würde lieber gar nicht gelesen", hieß es 1853 im Organ des Borromäusvereins. „Das Haschen nach bloß angenehmer Lektüre (müsse) durch Octroyirung des Nützlichen getheilt werden."[35] Fabel und Charaktere – schöne Frauen, gutaussehende Männer – sorgten in den Hahn-Hahnschen Tendenzromanen für das ‚Angenehme'; Dialog und Erzählkommentar suggerierten in der Tat das Nützliche.

Im Mittelpunkt eines jeden ihrer Werke steht, wie bei ihren ‚sündhaften' Romanen von ehedem, eine Frau. Ihre Wirkung beim weiblichen Lesepublikum verdanken ihre Romane und Erzählungen nicht zuletzt der Tatsache, daß sie auf die Frau bezogen sind. Die Frauen ihrer Romane – aller wohlwollenden Kritik jener katholischen Rezensionsorgane zum Trotz, die von psychologischer Beobachtungsgabe reden – sind zweidimensional, sie unterliegen einem Schema, sozusagen einem ‚Urroman'. Die Titelheldin ist stets von adliger Geburt, hat aber oft als Nebenfigur ein Mädchen oder eine Frau aus den niederen Ständen, an der sie ihre Caritas ausüben kann oder an deren frommem Leiden und seligem Tod sie sich erbauen soll. Die Heldin ist von unbefleckter Tugend, einmaliger Schönheit, wird den Gefahren der Welt ausgesetzt, als Prüfung ihrer Gottesliebe. Ida von Hahn-Hahn erneuert also in ihren Romanen die altchristliche und biedermeierzeitliche ‚mulier fortis', die starke Frau, die man aus dem Alten Testament oder den Erzählungen eines Gotthelf oder Stifter kennt. Selten sind es Mütter, die zumeist, wie bei «Doralice», schwache, bestimmbare Geister sind oder früh sterben («Maria Regina»), bzw. dem Wahnsinn verfallen («Der breite Weg und die enge Straße»). Die Töchter und (späteren) Ehefrauen müssen ihr Heil – oft unter schrecklichen Qualen – allein suchen, sie werden zwar von ihrer Umgebung geliebt, aber von niemandem, bis auf die demütigen Priester und armen Seelen, verstanden. Was jedoch die Hahn-Hahnschen Heldinnen von den braven Leitbildern der übrigen, auch der späteren christlichen Romane trennt, ist deren Intelligenz. Man lese etwa Doralices Ausführungen über das Papsttum, die Kirche, die Revolution, oder gar ihr Urteil über Goethe – hochaktuelle Themen in bildungsbürgerlichen Kreisen der Zeit, die mit Sicherheit und Kenntnis vorgetragen werden. Hier will die Autorin die intellektuell überlegene Position des modernen Katholizismus glaubhaft machen, sowie die Fähigkeiten der Frau überzeugend vertreten. Diese Romane erschienen in einer Epoche, in der sich ein katholisches Bildungsbürgertum in Deutschland zu entwickeln begann, das – in seinem Selbstverständnis sehr verschieden vom protestantisch-liberalen Bürgertum[36] – dennoch selbstbewußt war und sich als durchaus zeitgemäß empfand. Die aktive Mitsprache der Frau in den Hahn-Hahnschen Romanen über die Zeitereignisse, die die Katholiken betrafen: österreichisch-italienischer Krieg von 1859, Bedrohung des Kirchenstaats, der ‚Bruderkrieg' von 1866, die europäischen revolutionären und nationalen Bewegungen, mag den Leser überraschen. Und die Frau ist nicht nur gleichberechtigte Partnerin: Ihre Anleitung des im Irrtum oder Unwissen verharrenden Mannes – ob Gatte, Bruder, treuer Freund, oder gar Vater – ist ein Teil des Prozesses, der diesen durch die Frau zu seinem Seelenheil führt. Aber nach dem Muster des biedermeierlichen Trivialromans ordnet sich die charakterstarke und geistig höherstehende Frau vollkommen und, wie es scheint, ohne tiefen Konflikt der Autorität des minderwertigen Mannes unter, in allem, was mit den äußeren Bedingungen ihres Lebens zu tun hat. Nicht etwa, wie bei den frühen Lewaldschen Romanen, um den Absatz zu sichern, auch nicht aus Achtung vor der Position des Mannes im bürgerlichen Recht, sondern einfach weil die alleinseligmachende Kirche es so will, weil sie die Unterordnung der Frau unter die Autorität des Mannes fordert.

In den Tendenzromanen der Hahn-Hahn gibt es kaum glückliche Ehen, auch nicht, wenn der Ehemann ausnahmsweise einmal liebevoll und charaktervoll ist wie Graf Veldegg in «Der breite Weg und die enge Straße».[37] Weil Veldegg am Anfang seiner Ehe seiner Frau die Ausübung ihrer Religion verbietet (ein Motiv, das Hahn-Hahn von Canz übernahm), verfällt diese dem Trübsinn. Überhaupt scheinen die Ehe und das Verhältnis der Geschlechter zueinander bei ihr eher Prüfungen zu sein, die zu bestehen Vorbedingung des ewigen Seelenheils ist. Es sind eigentlich nicht christliche Ehen, die bei Hahn-Hahn dargestellt sind, sondern Märtyrerleben, ähnlich dem entsagungsvollen und leiderfüllten Leben, das die Nonne Maria Regina oder die Heilige Teresa geführt haben. An diesen Vorbildern sollten sich jugendliche Leserinnen und brave Matronen orientieren. Wie sie die Romane lasen, wissen wir nicht, nur daß diesen großer Erfolg in und außerhalb des katholischen deutschen Sprachraums beschieden war. Und nicht nur dort. Trotz ihres fanatischen Katholizismus hat man auch in evangelischen Kreisen, wie manche Rezension in der «Kreuz-Zeitung» zeigt, die Werke der Hahn-Hahn als ‚Gegengift' gegen die Gefahren des modernen Unterhaltungsromans verstanden.

Das Phänomen der christlichen Autorin bzw. der religiösen Belletristik von Frauen blieb in den letzten Jahren weitgehend unbeachtet; die Sekundärliteratur hat sie, wenn überhaupt, mit wenigen Ausnahmen vorwiegend ideologiekritisch erfaßt. Zwar sind christliche Belletristik und erbauliche Lebenszeugnisse, die den Hauptteil der religiösen Tendenzliteratur der zweiten Hälfte des 19. Jahrhunderts ausmachen, tatsächlich im restaurativen Geist konzipiert und dienen auch faktisch dazu, die patriarchalische Gesellschaft zu untermauern bzw. wiederherzustellen, aber als bedeutender Aspekt weiblichen Lebens im 19. Jahrhundert bedürfen sie genauerer Erforschung in sozialgeschichtlicher Hinsicht. Allein die so zahlreichen Namen von Autorinnen in den Listen des Borromäusvereins und in Rolfus «Verzeichnis» für die Katholiken, in Höpfners «Wegweiser» für die Protestanten, und die vielen Neuauflagen der Werke christlicher Schriftstellerinnen legen die Vermutung nahe, daß wir es hier mit einem ansehnlichen Prozentsatz von schreibenden und lesenden Frauen zu tun haben. Ein kommerziell organisierter ‚christlicher Buchmarkt' und ein ganz Deutschland erfassendes Distributionsnetz mit Spezialverlagen, Büchereien, Bibliotheken,

Vereinen und Kolportage gehören zum Phänomen der ‚christlichen Autorin'. Diese mag die Aufmerksamkeit der Forschenden weniger von sich aus, wohl aber als wichtiger Teil des literarischen Lebens jener Zeit verdienen. Die Laufbahn der Hahn-Hahn, die so gut verstanden hat, beide Epochen ihres Lebens, die emanzipatorische und die streitbar-fromme, miteinander zu verbinden und mit Akribie publizistisch und kommerziell zu verwerten, bietet hierfür einen guten Ansatzpunkt.

3. Für „fromme, reine und stille Seelen" Literarischer Markt und ‚weibliche' Kultur im 19. Jahrhundert

Günter Häntzschel

Weibliche und männliche Sphäre

„Wir haben unter unsern heutigen Frauen so viele Schriftstellerinnen, weil wir so viel unglückliche Frauen haben, in der Literatur suchen sie die Befriedigung, welche die Häuslichkeit [...] ihnen nicht gewährt, sie flüchten in die Poesie, weil das Leben sie zurückstößt." Diese Beobachtungen von Robert Prutz über «Die Literatur und die Frauen»[1] haben für das ganze 19. Jahrhundert Gültigkeit. Die Bibliographien bestätigen einen rapide wachsenden Anteil schreibender Frauen. 1825 verzeichnet Schindel etwa 500 Schriftstellerinnen,[2] Patakys «Lexikon deutscher Frauen der Feder» von 1898 kennt bereits über 5000.[3] Die Gesamtbevölkerung hat sich in derselben Zeit dagegen nur etwas mehr als verdoppelt.[4] Die soziale Wirklichkeit bestätigt die Bezeichnung „unglücklich" im Zitat: Infolge des tiefgreifenden Wandels der Lebensbedingungen im 19. Jahrhundert verstärkt sich die Diskrepanz zwischen weiblicher und männlicher Sphäre. Besonders im oberen Mittelstand ist zu beobachten, daß die Männer aufgrund ihrer beruflichen Tätigkeit in Verwaltung, Geschäft und Politik sowie aufgrund ihrer Funktionen in der Öffentlichkeit an den dynamischen Modernisierungsvorgängen teilnehmen. Diese entstehen durch die Industrialisierung, die Differenzierung und Spezialisierung der Arbeitsvorgänge, die Herausbildung neuer Berufe sowie durch die technischen und naturwissenschaftlichen Innovationen. Für die Mehrzahl der Frauen derselben sozialen Schicht bleibt dagegen trotz aller gravierenden gesellschaftlichen und ökonomischen Veränderungen eine traditionsgebundene, beharrende Lebensweise die üblichere. Erleichterungen im Haushalt, der Kauf fertiger Produkte gegenüber der ehemaligen Eigenproduktion, der Verstädterungsprozeß und der Bezug kleinerer, bequemerer Etagenwohnungen statt der zeit- und arbeitsaufwendigen ländlichen Anwesen, das Dienstpersonal und andere Faktoren entlasten diese Frauen zwar, verschaffen ihnen aber noch kaum alternative Betätigungsfelder.

Erst um die Wende vom 19. zum 20. Jahrhundert werden die Frauen durch die Neuordnung der höheren Mädchenschule zum Studium zugelassen. Berufstätigkeit ist weitgehend verpönt. Zwar sind 1882 24 % und 1895 25 % der gesamten weiblichen Bevölkerung im Deutschen Reich erwerbstätig, doch für die Mädchen und Frauen des gebildeten Mittelstands sind die Möglichkeiten, durch Berufsausübung unabhängig zu werden, äußerst gering. Während die Frauen der unteren Schichten aus wirtschaftlicher Not gezwungen sind, zu arbeiten, zwingen gesellschaftliche Etikette und Vorurteile die Frauen der oberen Schichten weitgehend zu Untätigkeit und Müßiggang. 1882 sind nur 0,49 %, 1895 erst 0,67 % der weiblichen Bevölkerung in gehobenen Positionen als Beamtinnen und in freien Berufen registriert.[5] An den privaten Bereich der Familie gebunden, mit der männlichen Erfahrungs- und Arbeitswelt zunehmend unvertrauter, von eigener beruflicher Tätigkeit in der Regel ausgeschlossen, gewährt ihnen das verhältnismäßig große Potential freier Zeit nur wenig Anregungen und Möglichkeiten zur Selbstverwirklichung. In Biographien, Tagebüchern und Erinnerungen wird daher immer wieder über Müßiggang und Langeweile, über Unbehagen, Unausgefülltsein und über das Gefühl, nicht verstanden zu werden, geklagt.[6]

Eine Vielzahl von Quellen bestätigt, daß die wohlhabende und gebildete bürgerliche Schicht des oberen Mittelstands, die schon lange als eigentliche literarische Trägerschaft erkannt wurde,[7] unter geschlechtsspezifischer Perspektive zugleich als Nährboden für eine eigene ‚weibliche' literarische Kultur angesehen werden kann. Die gegenüber den anderen sozialen Schichten vermehrt vorhandene Bildung und Freizeit der Frauen setzen diese zu großen Teilen in Literatur um, passiv und aktiv. Das heißt: Mädchen und Frauen bilden in sehr viel stärkerem Maße als Männer, die beruflich in Anspruch genommen werden, das Publikum der schöngeistigen Literatur; und gleichzeitig treten Frauen, wie die eingangs zitierten Zahlen belegen, vermehrt als Verfasserinnen und Herausgeberinnen hervor. Sie produzieren eine Literatur, die aufgrund der spezifisch weiblichen Sozialisation im 19. Jahrhundert einen spezifisch ‚weiblichen' Charakter erkennen läßt.

Zu dieser für Frauen und häufig, wenn auch nicht ausschließlich, von Frauen verfaßten Literatur gehörte natürlich auch das emanzipatorische Schrifttum, das aus der Initiative der bürgerlichen und bald danach der proletarischen Frauenbewegung entstand. Dieser Bereich war aber zahlenmäßig und von seiner Verbreitung her in der Entstehungszeit des 19. Jahrhunderts eher eine Randerscheinung. Man kann sogar feststellen: Je energischer die Stimmen der Frauenbewegung wurden, desto stärker rührten sich konservative Gegenkräfte, die eine auf Traditionen bauende und die Dichotomie zwischen männlicher und weiblicher Lebensweise festschreibende Literatur hervorbrachten. Aus mentalitäts- und sozialgeschichtlicher Perspektive ist es von Interesse, gerade dieses Arsenal des Üblichen und Verbreiteten zu untersuchen und seine Gesetzmäßigkeiten herauszuarbeiten. Auf diese Weise wird es möglich, zu einer genaueren Kenntnis des

Spielraums literarischer Produktivität von Frauen zu gelangen und damit auch zu einem besseren Verständnis der ›Ausnahme von der Regel‹, das heißt von Literatur und Leben der ›anderen Frau‹[8]. Im folgenden sollen acht Gattungen dieser aus der historischen Gesellschaftsrollenzuschreibung resultierenden und diese wiederum stabilisierenden ›weiblichen‹ Literatur des 19. Jahrhunderts vorgestellt werden.

Anstandsbücher, Lebenshilfen, Ratgeberliteratur

Eine verläßliche Quelle zur Erforschung von Lebens- und Verhaltensweise, Bildung, Beschäftigung, Tätigkeit, Erfahrungswelt, Wertesystem, geistigem und gesellschaftlichem Horizont der Mädchen und Frauen des oberen Mittelstandes bietet der an sie adressierte Fundus von weiblichen Anstandsbüchern, Lebenshilfen, Ratgebern und Bildungsmustern. Die große Zahl solcher Schriften, die seit dem letzten Drittel des 18. Jahrhunderts erscheinen, seit 1840 verstärkt auf den Markt kommen, ihre größte Ausbreitung in den Gründerjahren erreichen und bis zum Ersten Weltkrieg am Leben bleiben, erklärt sich aus dem geistigen Vakuum und dem gesellschaftlich-öffentlichen Defizit der Frauen, die in der Regel auf die private Sphäre verwiesen waren. Ihrer ›weiblichen Bestimmung‹ als Hausfrau, Gattin und Mutter nachkommend, bedurften Frauen in besonderem Maße des Trostes und Rates, der Orientierungshilfe oder wenigstens der Ablenkungen, der Bildungsanleitungen und Vorschläge für eine sinnvolle Ausfüllung ihres Lebens. Über diese Sparte der von Geistlichen, Lehrern, Erziehern, Gouvernanten, Gesellschafterinnen, Hausdamen, Lehrerinnen, Pensionatsleiterinnen und Schriftstellerinnen verfaßten Bücher, deren Spektrum von der Erbauungsschrift über die Morallehre, dem ›häuslichen Gemälde‹ mit fiktiver Kommunikationssituation, der Anstandsanleitung, dem praktischen Ratgeber für Haushalt, Kindererziehung, Gesundheitspflege, bis zur Plauderei und Genreszene reicht, informiert eine vorliegende Quellendokumentation.[9]

Viele dieser Mädchen- und Frauenbücher vereinen das Anliegen sogenannter Geistes- und Herzensbildung sowie moralischer Belehrung mit Anstandsvorschriften und praktischen Zielen. Die Bücher wollen belehren und zugleich über die häusliche Arbeit und – allerdings seltener – über die außerhäuslichen Tätigkeiten informieren. Einige von ihnen sind Sachbücher, die auf die alltägliche Gegenwart eingehen und Möglichkeiten und Grenzen des weiblichen Spielraums zeigen. Ihre Titel geben das Programm: «Die Frau in Haus und Welt. Ein praktischer und moralischer Führer für Frauen und Jungfrauen» (Carola Eynáthen), «Der deutschen Jungfrau Wesen und Wirken. Winke für das geistige und praktische Leben» (Caroline Milde), «Der Beruf der Jungfrau. Eine Mitgabe für Töchter bei ihrem Eintritt in's Leben» (Henriette Davidis). Eine weitere Gruppe bilden Bücher, deren Verfasserinnen und Verfasser weder ein bestimmtes moralisch-belehrendes noch ein praktisches Konzept propagieren, sondern sich damit begnügen, die gängigen Ansichten über die Mädchen- und Frauenwelt widerzuspiegeln, häusliche Situationen auszumalen oder mit ihren Leserinnen zu plaudern. Sie verharmlosen oder übergehen Konflikte und verklären das weibliche Dasein, beanspruchen aber dennoch, Trost und Lebenshilfe zu bieten: «Plauderbriefe an eine junge Frau» (Otto von Leixner), «Uns're Pilgerfahrt von der Kinderstube bis zum eignen Heerd» (Elise Polko), «Vom Schulmädel bis zur Großmutter» (Tony Schumacher). Die meisten Bücher ähneln einander in ihrer äußeren Gestaltung. Es sind gefällig aufgemachte, mit Goldschnitt und Titelverzierung ausgeschmückte, durch idyllische Illustrationen angereicherte Bände im Duodez- bis Oktavformat. Titel wie «Brautgeschenk» (Friedrich Christl. Girardet), «Festgabe» (Friedrich von Heyden), «Heilige Stunden einer Jungfrau bei

„Uns're Pilgerfahrt von der Kinderstube bis zum eignen Heerd. Lose Blätter". Von Elise Polko, 4. Aufl. 1871

und nach der Feier ihrer Konfirmation» (Friedrich Wilhelm Opitz) und die häufig wiederkehrenden Untertitel «Mitgabe auf den Lebensweg» (Julie Burow) oder «Mitgabe für Töchter bei ihrem Eintritt in's Leben» (Henriette Davidis) zeigen, daß diese Bücher in die Hände der Mädchen kommen sollten, wenn sie das elterliche Haus verließen, um in einen eigenen Hausstand einzutreten.

Der jungen und unerfahrenen weiblichen Leserschaft entsprechend sind Stil und Sprache der Bücher bewußt einfach, einprägsam und emotional gehalten. Viele Autorinnen stellen durch eine fiktive Gesprächssituation eine enge, persönlich-intime Verbindung mit ihren Leserinnen her. Anreden, vielfache Fragen, Beschwichtigungen und Versuche, Einverständnis zu gewinnen, Eingehen auf fiktive Einwände der Leserinnen bestimmen die Diktion. Der appellative Charakter ist stark ausgeprägt. Oft gibt sich die Verfasserin als erfahrene Mutter aus, die ihren Töchtern ein «Wegweiser» (Elise Roth) sein will, «Mütterlichen Rath» (Elise von Hohenhausen) erteilt oder ihnen als «Ratende Freundin» (Marie von Lindemann) zur Seite steht. Versprechungen, als «Freund und Berater in allen Verhältnissen des Lebens» (Adolphine Breithaupt) zu fungieren und Titel wie «Das goldene Buch des Weibes» (Reinhold Gerling), «Frauentrost» (Wilhelm Langewiesche), «Hausschatz» (Anny Wothe) oder «Des Weibes Glück» (Dies.) erwecken den Eindruck, als sollten und könnten die Bücher den Frauen das ersetzen, was ihnen der in einer fremden Welt lebende Ehemann offenbar nicht bieten konnte. Dementsprechend sind diese Bücher nicht zur einmaligen Lektüre bestimmt, sie wollen ‚durchgelebt' werden, die Leserin soll sie in den verschiedensten Situationen zur Hand nehmen und darin Trost finden wie in einem Gebetbuch oder in der Bibel. Folgerichtig wird auch gern die ehemals religiöse Bezeichnung „Brevier" auf diese Art der Frauenliteratur übertragen, auch dort, wo sie keinen erbaulichen Charakter hat: «Brevier der häuslichen Oekonomie» (Erna von Thirnau) oder «Brevier der Kunst in Haus und Leben» (Adolf Schwarz).

Die meisten dieser Bücher sind gleichzeitig Multiplikatoren einer ‚weiblichen' Kultur und ermöglichen es, den historischen ‚weiblichen' Literaturmarkt zu eruieren. Sie überschneiden sich teilweise mit weiteren Gattungen oder bilden deren Keimzellen.

Zitatenschätze

Viele der Bücher sind mit Zitaten angereichert, andere wie etwa «Der Beruf der Jungfrau» von Henriette Davidis, «Die feine junge Dame» von Elise von Hohenhausen oder «Der Führer der Jungfrau und Frau im häuslichen und gesellschaftlichen Leben» von Friederike Lesser enthalten Anhänge mit „Albumblättern", Sprüchen, Lebensweisheiten und Aphorismen. Solche Zitatenschätze für Frauen wurden auch häufig von den Verfasserinnen weiblicher Anstandsbücher separat herausgegeben. Als Beispiel für viele ähnliche Fälle sei hier nur Julie

Burow genannt, die neben ihrem Bestseller «Herzensworte. Eine Mitgabe auf dem Lebensweg. Deutschlands Töchtern gewidmet» auch «Denksprüche für das weibliche Leben» sammelte, als «Perlen zur Veredelung für Geist, Gemüth und Herz». Die Verfasserinnen ersetzen die in den Anstandsbüchern mit eigenen Worten gegebenen moralischen Betrachtungen und Lehren in den Zitatenschätzen durch Worte aus der Literatur, vor allem der deutschen Klassiker und ihrer Epigonen. Aus der allgemeinen Mode der Zitatenschätze in der Gründerzeit spaltet sich eine eigene an Frauen adressierte Richtung ab. In diesen Sammlungen, von denen Hunderte existieren, sind die Zitate aus ihren originalen Zusammenhängen herausgelöst und auf den häuslich-weiblichen Lebenszusammenhang bezogen. Die dichterische Aussage wird funktionalisiert und dient oft entgegen ihrer ursprünglichen Intention als vermeintlicher Beleg für moralisch-sittliche Maximen. Eine Analyse mehrerer solcher Zitatensammlungen könnte durch Vergleich zwischen ursprünglichem und neuem Stellenwert der einzelnen Textauszüge konkret das für Frauen verengte und verkürzte Rezeptionsmodell herausarbeiten.

Lyrik-Anthologien

In derselben Weise sind die Anstandsbücher mit Lyrik-Anthologien verflochten, die im 19. Jahrhundert überwiegend für Mädchen und Frauen konzipiert waren. Das zeigen schon einige typische Anthologietitel wie «Frauenhort» (A. v. Wyl), «Des Mädchens Wunderhorn» (Gustav Emil Barthel), «In zarte Frauenhand» (Karl Zettel), «Mutter! Ihr Lob, ihre Freude, ihr Leid» (Heinrich Clementz). Das anthologische Prinzip eignet sich besonders, die eingeengte Lebenswelt der Frauen in einer entsprechend engen Auswahl der Poesie zu reproduzieren. Daß im 19. Jahrhundert kritische und innovative Richtungen der Lyrik oder überhaupt anspruchsvolle Texte keine breitere Resonanz fanden, hat seinen Grund darin, daß man dem hauptsächlichen Lesepublikum, den Frauen, Lyrik in erster Linie in beschönigender, harmonisierender Auswahl vorlegen wollte. Was Julie Burow im Vorwort der Anthologie «Blumen und Früchte deutscher Dichtung. Ein Kranz gewunden für Frauen und Jungfrauen» ihren Leserinnen versichert, hier nur „eine Auswahl zu finden, die eben für das weibliche Herz passend und ansprechend ist", und die nichts enthält, „was eine fromme, reine und stille Seele irre machen könnte",[10] kann als opinio communis im Anthologiebetrieb gelten. Viele Verfasserinnen weiblicher Anstandsbücher sind im literarischen Leben als Herausgeberinnen von Anthologien bekannt, andere empfehlen Gedichtsammlungen in ihren Lektüreratschlägen; es gibt Mischformen von Anstandsbüchern und Anthologien; Verlage, die solcherart Lebenshilfen herausbringen, sind häufig auch auf lyrische Anthologien spezialisiert und inserieren beide Sparten gegenseitig.

Gereinigte Dichterausgaben

Ein Pendant zu den moralisch gefilterten Lyrikauswahlen in den Anthologien stellen die gereinigten Ausgaben der Dichter dar, in denen man die Mädchen und Frauen mit der Nationalliteratur bekannt zu machen suchte. Allgemein gilt: je komplexer und vielseitiger ein dichterisches Werk ist, desto mehr ist es, sobald es für das weibliche Publikum bestimmt ist, der Gefahr ausgesetzt, in selektiver Weise mit Texteingriffen, Veränderungen und Kürzungen sowie mit beschwichtigend-harmonisierenden Kommentierungen präsentiert zu werden.

In seiner überwiegend für Mädchen und Frauen herausgegebenen Auswahl von Heinrich Heines «Dichtungen» (Bonn 1887) bemüht sich zum Beispiel der Herausgeber Karl Hessel, die „spitzen Dornen" und die „brennenden Nesseln" zwischen den „Perlen" der Heineschen Dichtung zu entfernen, um einen vermeintlich makellosen „duftenden Rosenstrauch" der Heineschen Poesie, „nur das Beste, Tiefste und Innerste seines Gemütes" darzubieten (Vorwort, S. 5). Irritierende, disharmonische, ironische und ernüchternde Passagen werden kurzerhand gestrichen. Von dem Gedicht

Im Mondenglanze ruht das Meer,
Die Wogen murmeln leise;
Mir wird das Herz so bang und schwer,
Ich denk' der alten Weise,

Der alten Weise, die uns singt
Von den verlornen Städten,
Wo aus dem Meeresgrunde klingt
Glockengeläut und Beten –

Das Läuten und das Beten, wißt,
Wird nicht den Städten frommen,
Denn was einmal begraben ist,
Das kann nicht wiederkommen.

streicht Hessel die letzte Strophe und macht damit aus dem typischen desillusionierenden Heine-Ton ein harmloses, romantisierendes Stimmungsgedicht, das auch von Emanuel Geibel oder Paul Heyse stammen könnte. In den Anmerkungen zu den Gedichten werden wider besseres Wissen kritische oder die Religion in Frage stellende Passagen nicht erwähnt. In diesem Zusammenhang ist auch die zeitübliche Mode der illustrierten Prachtausgaben zu erwähnen, weil die dem originalen Text fremde Beigabe von Illustrationen in den meisten Fällen dazu tendiert, die Multiperspektive der Texte einzuengen, die Rezeption auf die ‚weibliche Bestimmung' hin zu steuern.[11]

Übersetzungen

Geschlechtsspezifische Unterschiede sind auch im Übersetzungswesen der Zeit auszumachen. Es gibt mehrere Belege dafür, daß man den Leserinnen Übersetzungen, die den Charakter des fremden Originals bewußt beibehalten und die somit eine kompliziertere Lektüre erfordern, nicht zumutete. Adaptierende Eindeutschungen dagegen, die ängstlich jede Beeinträchtigung der eigenen Sprache vermeiden, das Fremde ohne Rücksicht auf den sich so einstellenden Verlust an Sinngehalt und Diktion an die übliche deutsche Sprache angleichen, fremde Metren durch vertraute oder schlichte Prosa ersetzen, waren vorrangig für Leserinnen bestimmt. Vergleiche zwischen Übersetzungen ein und desselben Werks einmal für den nicht geschlechtsspezifisch unterschiedenen Leser, einmal für Leserinnen bestimmt, wären ergiebig. Ebenso müßte man der Frage nachgehen, ob Frauen anders als Männer übersetzten. Und schließlich wäre genauer herauszuarbeiten, in welchem Maße das weibliche Publikum als Zielgruppe die Auswahl der übersetzten Werke bestimmte beziehungsweise die Übersetzung mancher als anstößig geltender Werke verhinderte.

Literaturgeschichten für Frauen

Mehrere Anstandsschriften enthalten Ratschläge für den Umgang mit Literatur und Listen empfohlener Bücher sowie Erwähnungen von Titeln, vor deren Lektüre gewarnt wird. Einige Verfasserinnen von Anstandsbüchern veröffentlichen auch eigene Literaturgeschichten, wie zum Beispiel Tinette Homberg, die neben ihren «Gedanken über das wahre Glück» eine «Geschichte der schönen Literatur der Deutschen für Frauen» auf den Markt bringt. Hier und in anderen Literaturgeschichten für Frauen wird deutlich, wie stark der weibliche Lebenszusammenhang auf die ästhetische Kultur abgestimmt war und wie sehr infolgedessen das Spektrum der für Mädchen und Frauen empfohlenen Literatur eingeengt wurde. Während nicht geschlechtsspezifisch ausgerichtete Literaturgeschichten den Gesamtbestand der Literatur vermitteln, bieten die an Leserinnen adressierten nur einen Ausschnitt. Programmatisch erklärt Karl Biedermann in seinem «Frauen-Brevier», „daß im Durchschnitt für Frauen nur diejenigen Erzeugnisse der Literatur wahrhaft schmackhaft und verständlich sind, welche unmittelbar im Bereiche ihres natürlichen Empfindungs- und Vorstellungskreises liegen, nicht erst einer Vermittlung durch künstlerische Reflexion bedürfen“.[12] Kritische und alternative Richtungen der Literatur, wie etwa diejenigen der Jungdeutschen, des Vormärz, der Naturalisten bleiben außerhalb des ‚weiblichen‘ Kanons, der auf die Klassiker und ihre Epigonen im 19. Jahrhundert begrenzt ist.

Weibliche Sozialisation und fiktionale Literatur

Spiegel dieser literarischen Sozialisation und Auswirkung davon ist unter anderem die von Frauen produzierte und rezipierte fiktionale Literatur. Schriftstellerinnen und Schriftsteller, die vor allem für Frauen schreiben, passen sich in ihren literarischen Produkten dem vermeintlichen Wertesystem ihres Zielpublikums bewußt oder unbewußt an. Die Verbindungen zwischen weiblicher Lebenswelt und fiktionaler Literatur sind aber noch enger und handgreiflicher zu fassen, denn viele Verfasserinnen von Anstandsbüchern und Ratgebern sind gleichzeitig in ihrer Epoche bekannte und beliebte Verfasserinnen von Romanen, Novellen, Erzählungen, Märchen, Skizzen, Essays, Plaudereien und Gedichten. Beispiele sind Amely Bölte, Clara Britz, Julie Burow, Marie Calm, Sophie Christ, Henriette Davidis, Constanze von Franken (d. i. Helene Stökl), Elise von Hohenhausen, Tinette Homberg, Marie von Lindemann, Caroline Milde, Anna Plothow, Elise Polko, Amalie Schoppe, Anny Wothe und viele andere. In den meisten Romanen und Novellen dieser Autorinnen wird die fiktive Welt, auch wenn sie in historischen Zeiten oder exotischen Räumen angesiedelt ist, von der eigenen begrenzten häuslichen Erfahrungswelt überlagert. In anderen wird diese unmittelbar, ohne distanzierende Verfremdung, reproduziert. So scheinen manche dieser ‚häuslichen Gemälde‘ der Welt des 18. Jahrhunderts näher zu stehen als der durch so viele Modernisierungen geprägten Gegenwart der Verfasserinnen.

Während manche historische Romane und Novellen, Märchen und Künstlerbiographien trotz ihrer subjektiven Substanz doch immerhin Ansätze zu Bewußtseinserweiterung und neuer Erfahrungswelt enthalten, ist in anderen fiktionalen Texten die begrenzte weibliche Lebenswelt ohne jegliche konstruktive Verfremdung reproduziert. Mischformen von moralisch-didaktischen Anstandslehren, die teilweise selbst schon durch Handlungselemente, Autor-Leser-Kommunikation oder Digressionen fiktionalisiert sind, mit romanartigen Texten, die dasselbe Konzept enthalten, sind typische Erscheinungsformen der Frauenliteratur des 19. Jahrhunderts. In Jeanne Marie von Gayette-Georgens «Brevier der Konversation und gesellschaftlichen Unterhaltung» (Leipzig [4]1879) wird zum Beispiel eine dort inserierte Erzählung folgendermaßen charakterisiert:

> Dieses Buch behandelt die Geschichte einiger der verschiedensten Lebenskreisen angehörenden jungen Mädchen, welche mit einander konfirmiert wurden. – Die Frau in ihrer Thätigkeit und Wirksamkeit als Gehülfin des Mannes, in ihrem Verhältnisse zur Gesellschaft, im weiteren Sinne wie im engeren Raume ihrer Häuslichkeit, Kindern und Untergebenen gegenüber: diese mannigfachen Vorkommnisse bilden den Kernpunkt dieser Erzählung. – Nicht weniger betont die Verfasserin die Pflichten, die das Vaterland von seinen Töchtern fordert; es führt endlich die Frauen als Pflegerinnen des Idealen, als Priesterinnen des Schönen vor Augen.

Bezeichnenderweise trägt diese Erzählung, «Der Veilchenstrauß» von Ernestine Diethoff, einen Untertitel, der vielen Anstandsunterweisungen eigen ist: «Eine Mitgabe für junge Töchter».

Familienblätter und Frauenjournale

Die Expansion des literarischen Markts und insbesondere die Gründung und Verbreitung der Familienblätter sowie vieler konservativer Frauenjournale, Mode- und Unterhaltungszeitschriften ermöglichen und fördern die Ausdehnung der spezifisch für Frauen geschriebenen Literatur. Viele Schriftstellerinnen, die die in den Anstandsbüchern vertretene ‚weibliche' Kultur in ihren fiktionalen Veröffentlichungen reproduzieren, sind in der Lage, einen großen Publikumskreis über die gängigen Periodika zu erreichen. Amalie Baisch zum Beispiel schreibt für das Familienblatt «Über Land und Meer»; Natalie Bruck-Auffenberg ist Hauptmitarbeiterin in der Lipperheideschen «Illustrierten Frauenzeitung»; Julie Burow veröffentlicht im «Bazar», der «Musterzeitung für Frauen und Töchter»; die Romane, Novellen, Märchen und Plaudereien von Anna Plothow erscheinen in der «Deutschen Frauenzeitung», im «Heimgarten», in «Daheim» und in der «Deutschen Hausfrauenzeitung». Jeanne Marie von Gayette-Georgens gründet die Zeitschrift «Zu Hause», Anny Wothe die «Deutschen Frauenblätter», Johanna von Sydow gibt «Mein Haus, meine Welt. Monatszeitschrift für das geistige und wirtschaftliche Leben der Frau» heraus.

Diese Organe bilden ein Sammelbecken für alle diejenigen Literatursparten, die bisher genannt wurden. Zwischen ihnen befinden sich Kochrezepte, Anleitungen zur Weihnachtsbäckerei, Artikel über Garten- und Blumenpflege, Rätsel und Geduldspiele, hausärztliche Unterweisungen, Hinweise zum Einmachen und Einkellern, Heiteres und Anekdoten. Während Familienblätter, wie «Die Gartenlaube» oder «Über Land und Meer», die tatsächlich für alle, auch die männlichen Familienmitglieder bestimmt sind, neben den fiktionalen und hauswirtschaftlichen Texten auch Artikel über Geschichte, Politik, moderne technische Errungenschaften, Handel und Industrie enthalten, läßt sich beobachten, daß solche auf die aktuelle Gegenwart bezogenen Beiträge in eben dem Maße reduziert sind oder ganz fehlen, wenn die Journale überwiegend beziehungsweise ausschließlich für Frauen konzipiert sind.

Da viele Verlage von Frauen- und Familienblättern gleichzeitig Frauenbibliotheken in Serien, Lyrikanthologien, Zitatenschätze, Übersetzungsreihen, Klassikerauswahlen, hauswirtschaftliche und gastronomische Schriften herausgeben, die einzelnen Sparten gegenseitig inserieren, über ein dichtes Distributionsnetz verfügen und Lesebedürfnisse wecken, kann sich die hier skizzierte literarische Kultur für lange Zeit stabilisieren, den literarischen Markt prägen, wenn nicht auf Teilbereichen beherrschen. Dieser, entsprechend der historischen Geschlechtsrollenzuschreibung ‚weibliche' literarische Markt des 19. Jahrhunderts ist noch weitgehend unerforscht.

III. Schreiben als Selbst- und Welterfahrung
Genre und Geschlecht

1. „Wie gerne möchte ich einen neuen Ausdruck dazu erschaffen"
Tagebuchliteratur von Frauen

Rita Calabrese

Die Gattung Tagebuch: Abgrenzungen und Charakteristika

„Ein Tagebuch hat kein Thema, es hat kaum eine Form", es besteht in der Aufzeichnung bemerkenswerter Ereignisse und Eindrücke in zeitlichen Abständen.[1] Nur *das* steht fest, sonst ist das Tagebuch für alle Möglichkeiten offen, kann alles sein: Bekenntnis, *Journal intime*, „Ventil, Spiegel, Zuchtrute".[2] Um ein Tagebuch zu führen, bedarf es keiner besonderen literarischen Begabung, es setzt keine Kenntnis schriftstellerischer Mittel und Normen voraus. „Es ist nicht Kunst",[3] meint übrigens Musil; daher ist es auch den Frauen zugänglich gewesen.

„Ein Mann ohne Tagebuch [...] ist, was ein Weib ohne Spiegel."[4] In dieser Verkennung der weiblichen Diaristik steht Keller nicht allein. Diese am meisten von Frauen gepflegte Ausdrucksform hat bisher keine kritische Bewertung gefunden, wurde nur als „Randphänomen" im Rahmen allgemeiner Darstellungen betrachtet.[5] Nur einzelne Frauennamen erwähnt Hocke in seinem sonst umfangreichen Werk «Europäische Tagebücher», kaum ein Dutzend Boerner in seiner Monographie, Görner beschränkt sich in der kürzlich erschienenen Einführung zum Thema nur auf wenige Frauennamen.

Hier wird versucht, eine Geschichte der weiblichen Diaristik mittels einiger Beispiele zu skizzieren und auf die Frage zu antworten, in welchem Maße weibliches Bewußtsein das diaristische Schreiben beeinflußt hat, wie die Frauen diese offene Form verwendet haben. Zu den verwandten Formen Brief und Autobiographie sind feste Grenzen schwer zu ziehen, sie gehen oft ineinander über. Generell lassen sich folgende Punkte festhalten: Die Tagebuchschreiberin hat keine Adressaten, ist nur auf sich selbst bezogen, ein sprechendes Subjekt, das hauptsächlich sich selbst zum Thema hat und ausführlich analysiert, also Analyse statt der Synthese der Autobiographie bietet. Ein wesentliches Merkmal ist die Zeitdimension. Ein Tagebuch besteht aus Momentaufnahmen, Ablichtungen einzelner Augenblicke fragmentarischen Charakters, Lebenssplittern, die in der Schrift Gleichzeitigkeit erringen. Daraus entsteht eine gleichsam ewige

Gegenwart, die der Zukunft zugewandt ist und die Vergangenheit vernachlässigt. Von der Bewältigung der Vergangenheit in der Geschichtsschreibung war die Frau ausgeschlossen, die Gegenwart dagegen und die Zukunft als Hoffnung wurde ihr zugestanden und diese eigene Zeitdimension hat sie im Tagebuch wiedergefunden. Eine Verwandtschaft besteht „zwischen Adoleszenz und Tagebuch", Offenheit und Werden kennzeichnen sie beide.[6] „Das Tagebuch ist das Selbstportrait eines noch in der Entwicklung begriffenen Geistes", spiegelt die Dynamik des Lebens, die Unsicherheit und zugleich die Vielfältigkeit der Möglichkeiten, Fehlschläge und Niederlagen eingeschlossen, wider, hat keine vorgezeichnete Bahn, im Gegensatz zu der Endgültigkeit und dem Bilanzziehen der Autobiographie.[7] Nicht zufällig behauptet Fanny Lewald, „daß eigentlich nur festige, in sich abgeschlossene Menschen ihre Lebensgeschichte schreiben können".[8]

Das Tagebuch ist ein Niemandsland der Transgression, in dem die Frauen sich dem Vaterverbot entziehen und ihre Sprachlosigkeit überwinden, ihre Innerlichkeit zu Wort kommen lassen. Vom ‚Raum für sich allein' aus kann die Frau ihren Blick auf die sonst verweigerte äußere Welt richten, den Besitz des Mannes. Im Tagebuch sind Innen und Außen nicht klar getrennt, „private Erlebnisse und öffentliche Vorfälle" lösen sich nicht ab, sondern vermischen sich ineinander in wechselseitiger Beziehung, die Geschichte wird ‚von unten' gesehen.[9] Aber die „Schlüssellochperspektive" hat an Minderwertigkeit verloren und kann als Anfang einer weiblichen Geschichtsschreibung betrachtet werden.[10]

Ein Tagebuch muß geheim sein. Das Sich-Erschließen setzt das Alleinsein voraus. Schon die Absicht der Veröffentlichung, und das heißt die Reflexion auf das Urteil der Leserschaft, ändert die Schreibweise; man denke nur an die Aufzeichnungen des späten Goethe oder Grillparzer. Unbekannte wie berühmte Frauen schreiben dagegen meistens für sich selbst. Das ist ein Element für die Authentizität, wenn auch der oft ausgesprochene Vorsatz, „genaue, absolute und strenge Wahrheit" zu geben, nur von der subjektiven Bewertung abhängt.[11] Zerstört wird diese Authentizität beinahe immer durch das postume Erscheinen der Tagebücher. Denn fast keine Diaristin hat ihre Schriften selbst überarbeitet, fremde Hände von Verehrern und Nachfahren haben das erledigt. Durch Bearbeitung, Abstriche und Einmischung ist die Verfasserin teilweise für die Nachwelt zum Bild erstarrt. Zwar wurden auch Tagebücher von Männern nachträglich für die Veröffentlichung redigiert. Aber das Problem ist grundverschieden. „Die Frage nach der Aufrichtigkeit und Wahrheit des Schriftstellers mündet *immer* in eine Analyse seines Verhältnisses zur Sprache".[12] Um so mehr gilt das für die Frauen, die historisch männlich geprägten Denk- und Sprechweisen unterliegen und für die sich das Problem, ihrer Eigentümlichkeit Ausdruck zu verleihen, in ganz spezifischer Weise stellt. M. Buchholz glaubt, an einer Diaristin aus dem 16. Jahrhundert durchaus „weibliche Züge" erkannt zu haben: „starke Gefühlsbetontheit, [...] gewisse Leichtigkeit und Unbekümmertheit, [...] Umgangssprache".[13] Hocke hebt „kundige Feder und ungewöhnliches

Beobachtungsvermögen" als typisch weibliche Eigenschaften hervor, aber auch „die Neigung zum Klatschen, zum Bavardage, zum Gossip, zum Pettegolezzo, zum politischen und psychologischen Voyeurtum".[14] Aus feministischer Perspektive ergibt sich dagegen eine andere Sichtweise: Das Negative wird entlarvt als aus der männlichen Klischeevorstellung von ‚Weiblichkeit' erwachsen.

Pietistische Anfänge und Übergang zur Säkularisation

Der Protestantismus hat großen Anteil an der Entwicklung der Gattung Tagebuch; in den nichtkatholischen Ländern hat es „als eine Art Beichte fungieren" können.[15] Die pietistische Mystik der unmittelbaren Gottsuche hat die Tendenz zur Introspektion gesteigert; der mühevolle Weg der Seele von der Hoffnungslosigkeit der Gottesferne bis zur ersehnten Gottesnähe wird minuziös protokolliert. Das Tagebuchschreiben verbreitet sich und wird zur Pflicht, der man sich kaum entziehen kann. „Damals schon wurde Deutschland ein tagebuchführendes Land par-excellence".[16] Der Pietismus hat der Frau eine Rolle zugewiesen, sie darf zu Worte kommen und das sonst gültige Schreibeverbot brechen (vgl. Band I, S. 265 ff.). Die Aufzeichnungen der Pietistinnen sind von durchaus unterschiedlicher Qualität.

Die Schriften etwa, darunter auch Tagebuchfragmente, der Erdmuthe Dorothea von Zinzendorff (1700–1756) lassen keine Individualität erkennen und entfernen sich nicht von Franckes Bekehrungsschema.[17] Sie erscheint als ganz Gott ergeben und läßt der Phantasie nur freien Lauf in ihren Gedichten. Von Susanne von Klettenberg (1723–1774), der Goethe mit seiner Darstellung «Bekenntnisse einer schönen Seele» ein Denkmal gesetzt hat, ist kein Tagebuch erhalten, aber ihre Autobiographie trägt Merkmale eines Tagebuchs. Die Form ist von ungewöhnlicher Klugheit und Weltaufgeschlossenheit belebt. Liebevoll vergegenwärtigt sie die Stufen ihrer Entwicklung von dem wißbegierigen und lebenslustigen Mädchen, das gern tanzt, ein geselliges Leben führt, Lieben und Geliebtwerden erfährt, zur Mystikerin. Die Unendlichkeit der Gottesliebe wird ‚durch die Fülle' des Lebens erreicht (vgl. Band I, S. 348 ff.). Ein Menschenalter später zeigt das Tagebuch der Fürstin Amalia von Gallitzin (1748–1806) entschieden eigenwillige Züge. Diese vielbegabte Frau, von Goethe hochgeschätzt, vereint Frömmigkeit pietistischer Herkunft – die auch nach ihrem Übertritt zum Katholizismus 1786 bestimmend bleibt – mit philosophischem Denken, Religion und naturwissenschaftlichem Interesse, Rationalismus und Esoterismus in merkwürdiger Weise. Ihre Gottanrufung überragt die Fülle konventioneller Gebete „wie ein Edelstein", ist voll inniger Teilnahme und poetischer Ausdruckskraft.[18] Hinter der scheinbaren Übereinstimmung mit den üblichen Formen pietistischer Tradition offenbaren sich Geist und Klugheit einer ungewöhnlich gelehrten Persönlichkeit. In ihrem Tagebuch findet sich in der Tat nichts von der Enge und Einseitigkeit derartiger Schriften. Die von ihr selbst entsprechend den pietistischen Vorsätzen getadelte eigene Tendenz, „von einer Beschäftigung zur anderen über(zu)gehen“,[19] zeigt die Unersättlichkeit einer aufgeklärten Suchenden, die die Waffen der Vernunft nicht scheut. Sie sieht keinen Gegensatz zwischen Wissenschaft und Glauben, Tod und Leben. Ihr Tagebuch ist „eine unendliche Serie, die einen ersten, aber keinen letzten Termin hat“. Gemüt und Gehirn, Seele und Körper werden in einer Vollständigkeit vergegenwärtigt, die von der pietistischen Mystik geprägt ist.[20] Amalie von Gallitzin ist keine körperlose Erscheinung, sondern eine Frau aus Fleisch, Blut und Nerven, von Krankheiten heimgesucht und um die Erziehung ihrer Kinder zu selbständigen Individualitäten besorgt. Mitleidige Nabelschau scheint ihr fremd zu sein, die Welt ist immer anwesend mit Versuchung, Vielfältigkeit und Genuß. Ihre individuelle Verarbeitung der Normen und die transgressive Tendenz zeigt sich am deutlichsten in ihrem Wortschatz. Die pietistische Sprache der Seele paart sich mit einer entwickelten Sprache des Körpers.

Junge Verfasserin der Cagliostro-Schrift und alte Schwärmerin, die fromme Lieder vertont, das sind zwei Seiten der widersprüchlichen Persönlichkeit Elisa von der Reckes (1754–1833). Ein Tagebuch zu führen ist für sie ein freiwilliger Entschluß, um ihre „einzige Freundin“ zu finden, ein zweites potenziertes Ich.[21] Ihr Tagebuch hat sie selbst – und das ist eine Ausnahme – mit Blick auf eine postume Veröffentlichung redigiert, verkürzt (besonders die „unbefangenen Ergießungen meiner Gefühle“), mit einer Vorrede und schon 1810 mit einem Schluß versehen. Sie steht dem Pietismus fern und lehnt es auch entschieden ab, „dieser Sekte“ nahezutreten.[22] Aber auch dem Katholizismus gegenüber bleibt sie mißtrauisch. Ihre Schriften lassen deutlich den Übergang des Pietismus in die säkularisierte Form der Empfindsamkeit erkennen. Das ‚Herz‘ löst die ‚Seele‘ ab, die Liebe zu Gott wird zur irdischen Liebe, es herrscht die Mystik der Leidenschaft nach Werthers Vorbild. Neugierige Weltoffenheit, Landschaftsschilderungen, die schon romantische Sensibilität andeuten, sprengen die pietistische ‚Sichversenkung‘. Die ‚äußere Welt‘ wird miteinbezogen: die Lebensweise der vornehmen Gesellschaft, konkrete Geldschwierigkeiten und die Ereignisse eines ‚umstürzenden‘ Zeitalters.

Rahel Levin, Lily Parthey

Die Verdrängung der historischen Wirklichkeit durch ein literarisches Bild, zum Kult gesteigert, zeigt sich exemplarisch im Fall Rahel Levins (1771–1833). Die Entdeckung der lange für verschollen gehaltenen Varnhagen-von-Ense-Sammlung in Krakau Anfang 1970 hat die Rahelforschung neu belebt, vor allem hinsichtlich der Tagebücher. Die hervorragende Briefschreiberin, Repräsentantin einer neuen, in ihrem Berliner Salon entwickelten Geselligkeit, ist auch als Tagebuchverfasserin außergewöhnlich. Briefe und Tagebücher zeigen vertauschte Rollen. „Was wir uns in der Intimität des Tagebuchs – auch die persönlichsten

Sachen – zu finden erwarten, das finden wir fast ausschließlich in den Briefen": den unmittelbaren Ausdruck ihrer Gefühle, die stufenweise Selbstverwirklichung.[23] Das Tagebuch ermöglicht ihr hingegen eine Selbststilisierung zweiten Grades. Schon erreichte Ergebnisse werden fixiert; kein Entwicklungsverlauf wird dargestellt, sondern: Ziel statt Ausgangspunkt. Die Doppeldiskriminierung als Frau und als Jüdin sucht sie in der Exterritorialität des Salons zu überwinden, im „erträumte(n) Idyll einer gemischten Geselligkeit", außerhalb des Raumes und der Geschichte.[24] In diesem verborgenen Exil ist das Zeitbewußtsein aufgehoben. Tagebuch und Brief bringen dies zum Ausdruck: Im Tagebuch sind Daten kaum aufgeschrieben, den Augenblick fixiert sie im Brief. Sie fühlt sich nicht als Schriftstellerin und betont oft ihre Unfähigkeit zu schreiben, erkennt aber ihre romantische Fähigkeit, das Leben zum Kunstwerk zu erheben. Sie versucht, eine Schriftform zu realisieren, die der Lebendigkeit des Gesprächs ebenbürtig ist: die direkte Äußerung eines wilden Denkens, „dem die üblichen Regeln, Ordnungen und Kategorien fremd sind".[25] Rahels Schriften zeigen eine verwickelte Schreibweise, Verschlingung von Aphorismen, kurzen Aufzeichnungen, Bekenntnisfragmenten: Französisch, Deutsch und jüdische Buchstaben stehen nebeneinander. Erkennbar ist zugleich ein minuziöses Redigieren nach bestimmten Regeln – der Reichtum einer weiblichen Sprache wird der ‚männlichen' strengen Ordnung unterzogen – die sie später, in der Absicht der Veröffentlichung, zusammen mit Varnhagen unternommen hat.

Der Rahmen, in dem sich das kurze Leben von Lili Parthey (1800–1829) abspielt, ist das Patrizierhaus in der Brüderstraße 13, das ihr Großvater Friedrich Nicolai 1807 erworben hat und das zum Mittelpunkt der Berliner Geselligkeit der Biedermeierzeit wird. Wie bei Mendelssohns wird auch hier musiziert; im Laufe der sonntäglichen „Convents" werden neben Kammermusik ganze Opernstücke aufgeführt. Lili führt das Leben eines wohlhabenden Mädchens des aufgeklärten Bürgertums, das mit dem Hof und bedeutenden Intellektuellen verkehrt, Kunst und Literatur pflegt. Im Alter von 14 Jahren beginnt sie ihr Tagebuch. Die Eintragungen vergegenwärtigen den Alltag mit konventionellen Bemerkungen und Backfischjubel: „17.4. 1814. Ich suchte mit Jenny Veilchen. Als wir zurück kamen, kam die Nachricht, daß Sachsen getheilt werden sollte. Vater ist sehr unzufrieden damit..."[26] Schon mit 22 Jahren kommentiert sie Rahel Levin und Fanny Mendelssohn („Frau von Varnhagen, Schwester des Dichters Robert, sehr unansehliche Gestalt [...] Fanny Mendelssohn, die mir recht scheint!").[27] Die schöne, gutmütige Lili paßt ganz ins biedermeierliche Frauenbild und bereut es, sich nicht an die ‚Regel' gehalten zu haben, als sie einmal spontan und ungezwungen ihre Gefühle verraten hat.[28] Als einzige Willensäußerung erscheint ihre Liebesehe mit einem Musiker. Die Hochzeit und die darauffolgende Italienreise – neben dem zufälligen Treffen mit Goethe in Marienbad – sind die Höhepunkte ihres Lebens, Ansprüche auf eine andere Selbstverwirklichung hat sie nie gezeigt. Mit der Ehe beginnt die ‚Sprachlosigkeit'.

Ernestine Engels, Johanna und Adele Schopenhauer

„Mittag Riemers und D.lle Engels" lautet eine kurze Aufzeichnung in Goethes Tagebuch vom 3. 3. 1816. Ernestine Engels (?–1845) ist Schauspielerin an der Weimarer Bühne. Gegen den Tagebuchwahn des Weimarer Hofs blieb selbst sie nicht gefeit, wenn auch nur ein schmales Heft vom Jahre 1816, vom Januar bis Juni, erhalten ist. Es ermöglicht uns einen ungewöhnlichen Blick auf das klassische Weimar mit den Augen einer Schauspielerin, die keinen großen Wert auf ihre ‚theatralische Sendung' legt – so jedenfalls lautet das bissige Urteil des Herausgebers Albert Köster. Ihre sechsmonatigen Eintragungen vermitteln das Bild einer positiven, lebenslustigen Persönlichkeit. Nach Goethes Gewohnheit kennzeichnet sie einzelne Personen durch eine Geheimschrift. Sie benutzt die Symbole des Kartenspiels; das Herz deutet höchstwahrscheinlich auf einen Schauspieler, der ihr besonders nahe stand. Sternzeichen zeigen „äußerst intime Vorgänge" an, die der keusche Herausgeber leider zu unterdrücken für gut gehalten hat.[29] Ernestine schildert ihren Alltag mit kurzen, stichwortartigen Aufzeichnungen: Geldnöte, die Kunst, die alten Bühnenkostüme immer wieder aufzuputzen, Proben, Kulissenklatsch, die töchterliche Zuneigung zu Goethe,

Tagebücher

der

Adele Schopenhauer

Erster Band

Erschienen
im Insel-Verlag zu Leipzig
1909

bei dem sie oft nach Tisch Lieder zur Gitarre singt. Im Vordergrund steht seine Frau Christiane, ihre menschliche Zugänglichkeit, die Ernestine von ganzem Herzen erwidert, fern vom höfischen Stolz. Den Tod der Christiane verschweigt sie im Tagebuch, obwohl sie bis zuletzt mit tiefer Teilnahme und tätiger Hilfe bei ihr bleibt – in «Lotte in Weimar» ist diese Einzelheit der Aufmerksamkeit Thomas Manns nicht entgangen.

Merkmale weiblicher Diaristik sind im gesamten Werk Johanna Schopenhauers (1766–1836) erkennbar. Nicht nur Gegenwartsdimension, Wahrheitsdrang, bewußtes ‚weibliches' Ich, was zur scharfen Kritik an Frauen führt, die sich männliche Haltung in Kleidung, Gebaren sowie in den Ansprüchen, nach ihren Worten, zu eigen machen, kommen zutage, sondern vor allem die mimetische Transgression. Ihre vielgelesenen Entsagungsromane klassischer Form zeigen eine taktische Verwendung gängiger erzählerischer Mittel und ein scheinbares Akzeptieren der gesellschaftlichen Regeln, das sich aber in der Übertretung derselben umkehrt. Statt vor der Regelübertretung zu warnen, scheinen ihre Frauengestalten die Unmenschlichkeit der patriarchalischen Normen zu entlarven und indirekt daher einen neuen Frauentyp zu verkörpern. Verdrängte Sinnlichkeit bricht durch, Möglichkeiten von Selbstbestimmung und -bewußtsein zeigen sich.

Deutlicher als ihre frühen Tagebücher gibt uns Adele Schopenhauers (1797–1849) «Tagebuch einer Einsamen» eine Vorstellung von ihren entscheidenden Jahren, jener Lebensphase, in der das Mädchen zur alternden Frau wird. Der Salon ihrer Mutter Johanna steht nicht mehr im Mittelpunkt der Weimarer

Adele Schopenhauer: Scherenschnitt

Gesellschaft, kurz danach werden sie endgültig die Stadt verlassen. Adele lebt im Schatten einer lebenslustigen und begabten Mutter, ihr vielseitiges Talent (Schriftstellertum, Scherenschnitte, Theaterliebe, Deklamationskunst, Musizieren) entwickelt sich nicht über einen allseits bewunderten Dilettantismus hinaus, der ihr allerdings, nach dem Verlust eines Teils des Familienvermögens 1819, wirtschaftliche Unabhängigkeit garantiert; hinzu kommt, daß sie nicht ‚schön' ist. Ihre engste Freundin jener Jahre ist Ottilie von Pogwisch, sie besitzt alles, was Adele fehlt: aristokratische Herkunft, Reichtum, Schönheit, Lebenslust und eine oft an Skrupellosigkeit grenzende Unbefangenheit. Durch sie erlebt Adele, was ihr versagt ist, mit einem Gefühl der Teilnahme, Ergebenheit und unausgesprochenem Neid. Bis auf einige Landschaftsschilderungen ist das Tagebuch auf das eigene Selbst konzentriert, mit einem Wahrheitsanspruch, der zur selbstzerstörerischen Grausamkeit wird. In ihren Eintragungen kommt ihre Zerrissenheit zum Ausdruck, ihr unstetes Schwanken zwischen unmöglichen Liebesträumen und Enttäuschungen. Adele scheint zur Rolle der Verlassenen oder der flüchtigen ersten Liebe verurteilt zu sein. Die Aufzeichnungen sind von der unerfüllten Suche nach menschlicher Wärme durchdrungen, die oft ihre Sinnlichkeit offenbart. Um sich der Rolle der ausgeglichenen, liebevollen Freundin anzupassen, muß sie aber alle Triebe und Gefühle verdrängen und sublimieren, auf Kosten ihrer Gesundheit. Das Tagebuch schließt sie im Februar 1826 mit einer Abschiedsszene, in der Adele sich als pathetische Heldin eines Unterhaltungsromans schildert.

Fanny Lewald, Hedwig von Holstein

„Vor keinem Feinde sollte man sich so sehr fürchten, als vor der eignen Phantasie", so lautet die erste Eintragung in Fanny Lewalds (1811–1889) Tagebuch.[30] Kaum einsichtiger könnte ihre Vorstellung von Leben und Emanzipation formuliert sein, die auch schon der Titel «Gefühltes und Gedachtes» andeutet. Alle Schwierigkeiten des Befreiungsversuchs eines jüdischen Mädchens aus streng patriarchalischer Familie kommen zum Ausdruck, vor allem aber die Widersprüche einer Unabhängigkeit ohne Selbständigkeit. Die Internalisierung patriarchalischer Normen zeigt sich in der Übernahme männlicher Verhaltensweisen. Sie strebt danach, von der Männerwelt anerkannt zu werden, greift wiederholt die Frauen an, die der traditionellen Rolle verhaftet bleiben, scheut deren Dilettantismus und Heuchelei und äußert frauenfeindliche Gemeinplätze. Die Anständigkeit der bürgerlichen Ehe befriedigt sie nach dem Kampf ihrer Jugendjahre ganz. Während ihre «Lebensgeschichte» mit der schicksalhaften Italienreise endet, in deren Verlauf sie ihren späteren Ehemann Adolf Stahr kennen und lieben lernt, wird das Tagebuch bis zu ihren letzten Tagen geführt. Die leidenschaftliche Achtundvierzigerin entwickelt sich zur monarchisch Gesinnten und Bismarckanhängerin. Die Zufriedenheit über die erreichte Weisheit wird getrübt von der zunehmenden Vereinsamung nach Stahrs Tod und von dem Bewußtsein des Verfalls. Im Gegensatz zu dem Lebenlernen der «Lebensgeschichte» wird das Sterbenlernen und die Traurigkeit des Dahinschwindens geschildert: „Jeder erlebt den Weltuntergang in sich", lautet die letzte Eintragung.

Entsagung, Verzicht auf Glücksanspruch und strenge Selbstkontrolle kennzeichnen das Tagebuch Hedwig von Holsteins (1822–1897), das der Herausgeber «Eine Glückliche» betitelt hat. Ihr Wahlspruch, „Ich will nicht haben, sondern sein", durchzieht wie ein roter Faden ihr Leben. Das Sein aber, als Versuch, ihre Individualität zu bilden, wird nur ansatzweise deutlich, besonders in den frühen Jahren.[31] Immer wieder zeigt sich die Unzufriedenheit mit den geringfügigen Beschäftigungen eines Mädchens aus gutem Hause unter dem Schreckbild der Ehelosigkeit, des ‚Sitzenbleibens'. Jahrelang verzehrt sie sich in der Stille einer unerwiderten Liebe wegen. Wenn sie ihren Gefühlen einmal freien Lauf gewährt, distanziert sie sich sogleich wieder, verwirrt und bestürzt. Disziplinierung unterdrückt alle Impulse und wird zur zweiten Natur. In Italien mißfällt ihr die Kälte und Nässe, am meisten die allgemeine Lebenslust, die sie nicht teilen kann. Große Emotionen vertraut sie nicht einmal dem Tagebuch an, nur wenn die Stürme sich ausgetobt haben, greift sie wieder zur Feder. Ihre einzige Regelübertretung besteht darin, Dänisch – die Muttersprache ihrer unglücklichen Liebe – heimlich zu lernen. Sie widmet sich der Wohltätigkeit, bis eine späte Liebe zu einem um elf Jahre jüngeren Offizier zur Ehe führt. Von den Ehejahren haben wir keine Aufzeichnungen aus ihrer Hand.

Von oben gesehen

Helene von Taube (Lebensdaten unbekannt) und Hildegard von Spitzemberg (1843–1914), zwei aristokratische Damen, die dem kaiserlichen Hof nahe stehen, befinden sich in einem privilegierten Lebensrahmen, gewissermaßen in einem ‚Observatorium'. Sie sind an den schicksalhaften Ereignissen nur mittelbar beteiligt, aber sie freuen sich offenbar, „an der Quelle aller Nachrichten zu sitzen".[32] Die alltägliche Dimension der Geschichte wird aus dem konservativen Gesichtspunkt der höchsten Klasse gesehen. Standesmut, Pflichtbewußtsein, Beobachtungsvermögen, ungezwungene Urteilskraft kennzeichnen die Schrift dieser gebildeten Aristokratinnen. Ihre Berichte werden nie zum Hofklatsch. Die Schilderung der Kleidermode und Veranstaltungen höchsten Ranges sind auch von kulturgeschichtlichem Interesse. Selbstdisziplinierung und Hofetikette sind so tief verinnerlicht, daß ihre Frauensubjektivität kaum zum Vorschein kommt.

Das Tagebuch Helene von Taubes beschränkt sich auf die kurze Zeitspanne von Oktober 1870 bis Anfang 1872, als sie als Hofdame der Großfürstin Elisabeth, einer geborenen Prinzessin von Württemberg, am russischen Hof weilt. Die junge Gräfin geht völlig in den Pflichten ihres Amts auf, immer wieder staunt sie über die Pracht der goldbestickten Hofroben und den mittelalterlichen Prunk der Festessen. Als Gegengewicht liest sie die Autobiographie von Fanny Lewald und bewundert deren emanzipatorische Ansätze. Es fehlt ihr nicht an Ironie, wenn sie etwa Schopenhauer einen „Damenphilosophen" nennt.

Die Tagebücher der Baronin Spitzemberg sind gepriesene Beispiele der Gattung. Hocke geht in seiner Darstellung sehr ausführlich auf sie ein. Die Baronin führt ihre Tagebücher fast 60 Jahre lang. Mit ungewöhnlicher Geschicklichkeit beurteilt und verurteilt sie die Zeitereignisse aus ihrem vertrauten Kreis, der Bismarck und das kaiserliche Paar einschließt, stets aus der Sicht ihrer gesellschaftlichen Rolle: Die Baronin hat das Wort, die Frau ist zum Schweigen verurteilt. Nur einmal scheint sie die strenge Selbstkontrolle mit privaten, alltäglichen Angelegenheiten zu durchbrechen, als sie den enormen Betrag ihrer Ausgaben bemerkt, wenn auch mit vornehmem Understatement. Ihr von Hocke gelobter Sinn für das „Menschlich-Allzumenschliche" erstreckt sich aber nur auf bedeutende Leute, bleibt geschlechtsspezifischer hierarchischer Ordnung verhaftet. Als sie von der Ermordung der Kaiserin Elisabeth von Österreich erfährt, bemitleidet sie den alten, von Schicksalschlägen heimgesuchten Franz Joseph, der Tod der Kaiserin veranlaßt sie dagegen zu der harten Feststellung: „die (Elisabeth), wie so viele ihres Hauses eigentlich verrückt".[33]

Jahrhundertwende

Zeitgenossenschaft, nördliche Abstammung und tiefe Verbundenheit mit der nördlichen Landschaft, Besuch eines Lehrerinnenseminars, von den Eltern befohlen, um sie so von der Kunst abzuhalten, ein poetisch verklärtes Bild von der Hand Rilkes, der beide kennen- und vielleicht lieben lernte, verbindet zwei so unterschiedliche Frauengestalten wie Franziska zu Reventlow (1871–1918) und Paula Modersohn-Becker (1876–1907). Selbstverwirklichung suchen beide in einem Leben abseits der bürgerlichen Gesellschaft: in der Abgeschiedenheit der Worpsweder Künstlerkolonie und in der Schwabinger Bohemewelt. Ihre Tagebücher lassen die Stufen der Selbstentfaltung erkennen, die Paula ihre Malerei gewährt, Franziska ihre eigenwillige Lebensgestaltung. Marie Bashkirtseff (1870–1884), die frühverstorbene Künstlerin russischer Herkunft, die ihren brennenden vom Tod beschatteten Tatendrang im Tagebuch festgehalten hat, haben beide zum Vorbild; dieselben Themen, Leben, Tod, Kunst, Mutterschaft, von Nietzsches Denken durchdrungen, finden sich in ihren Aufzeichnungen. Mit der unerschütterlichen Sicherheit der gottbegnadeten Künstlerin ihres Talents bewußt, geht Paula ihren Lebensweg bis zur Vollkommenheit. Die krampfhafte Selbstüberwindung Franziskas dagegen kommt einer Zerstörung nahe. Dionysisch gegen Apollinisch, Sichsammeln hier, drohende Zersplitterung dort. Es handelt sich um die diaristische Darstellung zweier individueller Wege, die sich nicht verallgemeinern lassen; es sind Chroniken der Transgression, die die Grenzen des Tagebuchs überschreiten. Eine innere Transgression vollzieht Paula Modersohn-Becker im Künstlerinwerden gegen alle Regeln, ohne äußere Anerkennung, eine äußere Transgression dagegen Franziska zu Reventlow in der Rolle des Geschlechtswesens gegen alle Konventionen. Das Gefühl eines Außenseiterdaseins ist beiden gegenwärtig. Ungewöhnliches Empfindungsvermögen und bewußte Körperlichkeit bringt Franziska zu Reventlow durch Erotik zum Ausdruck: „Es ist alles so sonderbar, so ein schmerzlicher, herrlicher Reichtum nach allen Seiten. Mir ist manchmal, ob ich reicher wäre, mehr umschließen könnte mit meinen Armen wie alle anderen Menschen [...] ich habe so viel Liebe zu geben, warum will nur jeder sie für sich allein haben?", Paula Modersohn durch Einklang mit der Natur: „Und das Ganze gab ein solch anmutiges Konzert von Freude, Friede und Seligkeit, daß meine Seele ihre Schwingen weitausspannte und getragen wurde von der allgemeinen großen Freude der Kreatur".[34]

Das Tagebuch erweist sich beiden allmählich für die Selbstdarstellung als unangemessen; Paula Modersohn findet ihre Sprache in der Malerei, Franziska zu Reventlow wird Schriftstellerin.

Tagebuchromane, Parodie, Transgression und Anpassung

1774 ist «Karolines Tagebuch» von Anna Maria Sagar (1727–1805) entstanden, schon im Untertitel („außerordentliche Handlungen oder gerade so viel als gar keine") und in der Vorrede eine Parodie. Es besteht aus Briefen an die Schwester,

Adele Schopenhauer: Scherenschnitt

in denen Briefe einer Freundin wiedergegeben werden, die die Geschichte einer dritten Frau vorstellen. Verschiedene Erzählebenen und -techniken verschachteln sich in unendlichem Spiel ineinander, die die Struktur des diaristischen Romans sprengen. Karoline sieht mißtrauisch der Erfüllung ihrer Weiblichkeit in der bevorstehenden Ehe entgegen. Ein eigentlicher Schluß fehlt jedoch. Sagar bietet keine Lösung, sondern verdeutlicht Karolinens Suche nach einer unsystematischen „frauenzimmerlichen Logyk", die der Strenge der männlichen Logik entgegengestellt wird und aus Fragmenten und Abschweifungen besteht.[35] In den überlieferten Formen kann sie ihrem Anderssein keinen Ausdruck verleihen, jener Weiblichkeit, die sie durch stetiges Greifen an den Spiegel ahnt: „[..] aber noch scheinet es mir, meiner Empfindung nicht angmessen zu seyn, ich weis nicht [...]. Wie gerne möchte ich einen neuen Ausdruck dazu erschaffen."[36]

Sagars Werk ist eine Ausnahme, die die Regel bestätigt: Andere erdichtete Tagebücher im 18. und 19. Jahrhundert weisen entschieden didaktische Züge auf, bleiben konventionellen Frauenbildern verhaftet; keine andere Bestimmung als die Rolle der Braut und Mutter ist vorgesehen. «Tagebuch eines jungen Ehepaares» (1780), «Der Braut Tagebuch» (1841), «Der Frau Tagebuch» (1842) sind bezeichnende Titel. Sehr beliebt beim Frauenpublikum der zwanziger und dreißiger Jahre des 19. Jahrhunderts benutzt Fanny Tarnow (1779–1862) die Tagebuchform, um traurige Frauenschicksale ohne beruhigende Vorbildlichkeit darzustellen. In ihren Werken «Aus Julianes Tagebuch», «Aus Nataliens Tagebuch», «Blätter aus Theresens Tagebuch» (1830) bedeutet die Regelanpassung kein glückliches Ende, sondern Entsagung und ohnmächtige Unterwerfung.

Einen besonderen Platz in der Tagebuchtradition verdient das «Tagebuch» der Bettina Brentano (1785–1859), dritter Teil des «Briefwechsels mit einem Kinde» (1835), auch als eigenständige Publikation im gleichen Jahr erschienen. Ausgeprägtes Individualbewußtsein, geistige Unabhängigkeit, unersättliche Sinnlichkeit prägen diese lyrisch übertonte Liebeserklärung an Leben, Natur und Goethe. Tagebuch, Brief, Dichtung und Wahrheit zugleich ist das Schreiben eine romantische Aufhebung aller Grenzen, eine Heraufbeschwörung des Namens ‚Goethe', der nur am Ende genannt wird. Der «Briefwechsel mit einem Kinde» ist fast eine Vorbereitung zur literarischen Aufwertung der weiblichen Freundschaft («Günderrode», 1840) und zu den politischen Büchern, Zeugnis einer immerwährenden, selbstüberwindenden Jugend, zu einer Zeit, als die meisten sich auf Erinnerungen beschränken und die Zeitgenossen der romantischen Generation schon reaktionär geworden sind.

Das 1854 anonym erschienene «Tagebuch eines armen Fräuleins» ist ein großer Erfolg geworden und hat die Verfasserin, Marie Nathusius (1817–1854), berühmt gemacht. Das abgedroschene Thema des verarmten adligen Mädchens, das ihren Lebensunterhalt durch eine Gouvernantenstelle bestreitet und den Hausherrn heiratet, wird hier noch einmal behandelt. Die Hauptfigur, Lulu von Plettenhaus, hat eine gewisse Ähnlichkeit mit Fräulein von Sternheim: fromm, gebildet, von Tätigkeitsdrang und einem Erziehungskomplex besessen, bekehrt sie Unfromme und gewinnt alle Herzen. Eine pietistische Stimmung tritt deutlich hervor; die Zeitfolge des Romans ist von religiösen Feierlichkeiten gekennzeichnet und auch der Schluß gemahnt an «Fräulein von Sternheim». Die von Sophie von La Roche im 18. Jahrhundert entworfene Utopie einer in Tat und Liebe erfüllten Weiblichkeit ist aber hier zur biedermeierlichen Häuslichkeit heruntergekommen, die jede außerhäusliche Tätigkeit ausschließt.[37]

Übergang zum 20. Jahrhundert – Gabriele Reuter

In ihrem Versuch, an die immer unterbrochene Tradition der Literatur von Frauen wiederanzuknüpfen und den blinden Fleck der weiblichen Sprachlosigkeit zu erhellen, hat die neue Frauenbewegung in Vergessenheit geratene Schriftstellerinnen wiederentdeckt und bekannte neu bewertet. Dazu zählt Gabriele Reuter (1859–1941). Persönliche Erfahrungen finden in ihren Büchern Niederschlag, aber das Tagebuch benutzt sie als distanzierende Form, um allgemeine Frauenschicksale darzustellen. In der Novelle «Im Sonnenland» (1897) vermischt sich die realistische Schilderung ihres Heimatlandes Ägypten mit der Romantik einer erfüllten, altweibersommerlichen Liebe. «Ellen von der Weiden» (1900) – das Buch erreicht die 65. Auflage – ist das Tagebuch eines Naturwesens in vollem Einklang mit der Berglandschaft, aus der sie durch die Ehe mit einem „vernünftigen Menschen“ herausgerissen und der erstickenden Hektik der Großstadt ausgesetzt wird. Ihrem Tagebuch gibt sie ihre Enttäuschung über Eheleben, Trostlosigkeit und Sehnsucht preis, bis zum traurigen Ende. Ihre Wechselfälle erinnern an das Schicksal einer Effi Briest, die das Wort nimmt, ohne in Süßlichkeit zu verfallen.

Gabriele Reuter gehört schon zu jenem Zarathustra-Geschlecht, das in Nietzsche den umstürzenden Kritiker der damaligen Gesellschaft und ihrer Werte und den Verkünder einer neuen Menschlichkeit sieht, während die Frauenbewegung ihre Blüte erlebt. Davon beeinflußt nimmt der gesellschaftskritische Aspekt um die Jahrhundertwende deutlich zu. Es entwickelt sich eine literarische Typologie des weiblichen Unglücks: die Verheiratete («Das Tagebuch einer Glücklich-Verheirateten», 1906, «Nach dem dritten Kind. Aus dem Tagebuch einer Offiziersfrau», 1911), die Geschiedene, die Alleinstehende ohne bürgerliche Sicherheit, für die Prostitution und Schauspielerei («Tagebuch einer deutschen Schauspielerin», 1912) als Ausweg bleiben, um sich über Wasser zu halten. Elsa Asenjeffs «Tagebuchblätter einer Emanzipierten» (1902) führen einen neuen Frauentyp ein, der Ausnahme bleibt. Der Riesenerfolg von Margarete Böhmes (1869–1939) «Tagebuch einer Verlorenen» (1905) – das später auch verfilmt wurde – löst eine Welle von Imitationen aus («Tagebuch einer anderen Verlorenen», 1905). Margarete Böhme läßt ihrem Bestseller einen zweiten Teil folgen: «Dida Ibsens Geschichte. Ein Finale zum ‚Tagebuch einer Verlorenen‘» (1907). Die aufkommenden Prostituiertenbekenntnisse legen ein beredtes Zeugnis ab von der Debatte innerhalb und außerhalb der Frauenbewegung um die Abschaffung der legalisierten Prostitution und die Entlarvung der bürgerlichen Doppelmoral.

Marie von Ebner-Eschenbach. Franziska zu Reventlow

Literarisch dargestellt kommt das Leben unmittelbar zu Wort, das ‚Ich' bei den Verfasserinnen drückt sich vermittels einer originellen, ironisch gefärbten Tagebuchform aus. Ihre Lebensdaten entsprechen verhängnisvollen Jahren in der Geschichte ihrer Heimatländer: Marie von Ebner-Eschenbach (1830–1916) ist Franz Joseph, Franziska zu Reventlow (1871–1918) dem deutschen Kaiserreich gleichaltrig. Sie überleben beide nicht das Ende ihrer Welt, die sie kritisch betrachtet haben. Ohne ‚frauenbewegt' zu sein, entwickeln sie feministische Ansätze in der Durchsetzung als Frau und Schriftstellerin, in der Suche nach einer geeigneten Schreibweise. Ein Zimmer für sich allein, d. h. die Möglichkeit, problemlos zu schreiben, sucht Marie von Ebner-Eschenbach nicht, als geborene Gräfin Dubsky und von ihrem Mann in ihrem literarischen Schaffen gefördert, aber an den Spuren einer Frauentradition ist ihr gelegen (vgl. S. 73 ff. in diesem Band). Die Bedeutung der Frauensolidarität versteht sie gut und praktiziert sie, Schriftstellerinnen und talentierte Frauen auf jedem Gebiet würdigt sie und setzt sich entschieden für die Frau ein. Marie von Ebner-Eschenbachs «Aus einem zeitlosen Tagebuch», 1916 (sie hat es kurz vor ihrem Tod zusammengestellt) – eine Mischung von Aphorismen, Gedichten, kurzen Erzählungen – verdeutlicht ihre Auffassung von Weiblichkeit und die Suche nach einer angemessenen Ausdrucksform, im Bewußtsein der Unmöglichkeit, die Vielfalt des Lebens zu fixieren. Gemildert durch eine warme Menschlichkeit, aber nicht versöhnlich, belichtet sie die Schwierigkeit des Frauendaseins, die Doppelbelastung durch klug pointierte Witze. Der unaufhaltsame Verfall ihrer Klasse ist ihr klar, aber sie überläßt sich nicht einer Dekadenzstimmung. Wenn auch ihre Welt zugrundegeht, so ahnt die alte Weise, daß die Zukunft den Frauen erhoffte Möglichkeit bieten wird, sich frei zu entfalten und immer weniger „umfriedet" zu werden.

Schriftstellerin ohne Berufung, aus Geldnot, von Freunden angespornt, die Bezeichnung selbst lehnt Franziska zu Reventlow entsetzt ab, die sie mit vollem Recht verdient. Es ist aber ihrerseits nichts anderes als ein faszinierendes Spiel der Verneinung. Schreiben entspricht im Gegenteil einer inneren Notwendigkeit, der sie sich nicht entziehen kann. Sie sehnt sich nach einer Sprache, die die Wärme des Lebens besitzt. Nach dem ersten Roman «Ellen Olestjerne» (1903) braucht sie eine Form, die die Dynamik des Gesprächs festhält, in die das Leben hineinfließen kann. Sie findet sie in der Ich-Erzählung autobiographischen Charakters. Nach der ironischen Bearbeitung ihrer Liebeserfahrungen in Briefform «Von Paul zu Pedro» (1912) bringt sie ihr anspruchsvolles Werk «Herrn Dames Aufzeichnungen» (1913), das gelungenste Portrait der Schwabinger

Boheme hervor. Alles wird der Auflösung unterzogen: Form des Romans, Zeitfolge, erzählendes Ich, so wie in den gleichzeitigen «Aufzeichnungen des Malte Laurids Brigge» Rilkes. In wechselseitigen Spiegelungen wird aus dem Tagebuch des gespensthaften Herrn Dame, durch Anmerkungen und Erläuterungen des angeblichen Herausgebers ergänzt, berichtet. Es soll sich um eine zufällig aufgefundene Handschrift handeln. Das Buch besteht aus losen Materialien und Entwürfen, aus denen nie ein Roman wird. Die Verfasserin stellt sich im Vorwort vor und taucht dann, in viele Gestalten zersplittert, im Buch auf. Der Tod unterbricht die Lehrzeit des Herrn Dame, ohne daß er seine Widersprüche überwunden hätte.

In ihrer Tendenz zur Selbstvernichtung bleibt nichts von Franziska zu Reventlows unerbittlicher Ironie verschont. Noch einmal erscheint ‚weibliches Schreiben' als kritische Übertretung der überlieferten Regel, als unsichere Besitznahme eines fremden Landes, als gründliches Infragestellen, das die Möglichkeit des Neubeginns zeigt.

2. „... von einer Fremde in die andre?"* Reiseliteratur von Frauen

Annegret Pelz

Autorinnen des 18. Jahrhunderts, wie die Engländerin Lady Mary Montagu, die Deutsche Sophie von La Roche und einige Autorinnen des 19. Jahrhunderts, wie die Deutsche Gräfin Hahn-Hahn, die Österreicherin Ida Pfeiffer, die Französinnen George Sand und Flora Tristan gehören zu den wenigen bekannten Reiseschriftstellerinnen und gelten als Ausnahmen in einem Genre, das scheinbar von Männern beherrscht wird. Das scheinbare Fehlen von Frauen in der Geschichte des Reisens und der Reiseliteratur läßt sich jedoch nur bedingt darauf zurückführen, daß diese von unserer Kultur- und Sozialgeschichte nicht zur Kenntnis genommen wurden. Das Problem, das sich bei der Lektüre der Reiseliteratur von Autorinnen stellt, besteht vielmehr darin, daß eine Frau aufhören kann, ‚Frau' zu sein, sobald sie zu reisen beginnt. Um diesem Aspekt des Reisens auch in der Literaturanalyse zu entsprechen, muß daher gesagt werden, daß die Aktivitäten der Reisenden darauf gerichtet sein können, ihre Abwesenheit als Frauen wiederholt und in variablen Formen selbst herzustellen, indem sie sich auf der Reise als ‚Frauen' unkenntlich machen. Durch ihre spezifische Unkenntlichkeit sind reisende Frauen immer wieder spurlos aus der Geschichte verschwunden – ein glücklicher Umstand, dem sie bis heute ihre Freiheit verdanken – ein Unglück aber insofern, als sie sich ihrer Entdeckung immer wieder durch Entfernung entziehen, so daß sie nur durch Negation, als Paradox und als poetische Figuren zu beschreiben sind.

„Es geht nicht!"
Deutsche Karikatur auf die Krinoline

Die unkenntliche Reise

Um als Frauen auf der Reise nicht erkannt zu werden, unternahmen die beiden jungen Griechinnen Axiothea und Lasthenia ca. 400 v.Chr. ihre Reisen von Arcadien und Mantinea aus in Männerkleidern. Nach einer Lektüre von Platons Schriften seien beide derart begeistert und fasziniert gewesen, daß sie sich verlocken ließen, ihr bisheriges Leben aufzugeben, um in das attraktive Athen zu reisen und dort Platons Schülerinnen zu werden. Mehr als zwei Jahrtausende später ist Sidonia Hedwig Zäunemann, „Kayserlich gekrönte Poetin" und eine der wenigen Reisenden des frühen 18. Jahrhunderts, als ‚Mann' gereist. Auf ihren Reisen von Erfurt nach Ilmenau, wo sie ein Bergwerk besichtigt oder ihre Schwester besucht, reist sie allein, unbegleitet und in Männerkleidern.[1]

> Ich war nun der festen Meinung, daß männliche Stärke und Mut aus den männlichen Kleidern in mich übergegangen sein mußten,

schreibt zur selben Zeit das adelige Frauenzimmer Imela von F**, das in entsprechender Verkleidung vor einer Welt ohne Hoffnung aus Ostfriesland flieht, im Verlauf ihrer „merckwürdigen Reisen" Schiffbruch erleidet und als „unglücklich-glückliche Robinsonin" auf eine einsame Insel verschlagen wird.[2]

Die Vorzüge und Eigenarten der unkenntlichen Reise werden zu Anfang des 18. Jahrhunderts von der Orientreisenden Lady Mary Montagu entdeckt, als sie den orientalischen Schleier kennenlernt. Am 1. April 1717 muß die englische Lady in einem Badehaus im fernen Adrianopel vor schönen und unbekleideten Türkinnen die Schnürbrust entblößen, die unter ihrem ungewöhnlichen Reisekleid zum Vorschein kommt. Für die Türkinnen, die gewohnt sind, sich frei und ungehindert unter dem Schleier zu bewegen, trägt diese Besichtigung aber nicht wesentlich zur Aufklärung über die Fremde bei, sie können in dem zur Schau gestellten Kleidungsstück nichts weiter erkennen als eine listige Erfindung des Ehemannes der Lady.

Während ihrer Orientreise (August 1716 bis August 1718) hat Montagu vielfach Gelegenheit, eigene Erfahrungen mit dem Schleier zu machen, die ihr dieses Kleidungsstück nicht nur angenehm, sondern auch sinnvoll erscheinen lassen.[3] Türkinnen, schreibt sie allerdings nicht ohne Ironie, sind

> doch vielleicht freier als alle übrigen des Erdbodens und die einzigen Weiber in der Welt [...], die ein Leben von ununterbrochenem, sorglosem Vergnügen führen, ihre ganze Zeit zubringen mit Besuchen, Baden oder dem angenehmen Zeitvertreib, Geld auszugeben und neue Moden zu ersinnen.[4]

Gemessen an den begrenzten Lebensmöglichkeiten europäischer Frauen des 18. Jahrhunderts und mit kritischem Blick auf die Darstellungen von türkischen Frauen in der zeitgenössischen Reiseliteratur die verschleierten Türkinnen in Montagus Sicht vergleichsweise frei. Unter dem Schleier genießen sie „einen hohen Grad der Freiheit selbst im Schoße der Knechtschaft und haben Mittel zur Verkleidung und zu Schlichen, welche die Liebeshändel sehr begünstigen".[5] Verschleiert – das ist Montagus Erfahrung – läßt es sich als Frau uneingeschränkter noch als in Männerkleidern ‚umherschwärmen', alles Merkwürdige kann in Freiheit besehen werden und die Neugierde, ihre mächtigste Reiseleidenschaft läßt sich unerkannt und mit nur einer Einschränkung befriedigen. Die Verschleierte muß sich immer vor Entdeckungen fürchten, denn diese haben Eifersucht und nicht selten den Tod der Neugierigen zur Folge.

Für Montagu erweist sich der Schleier dennoch als ideale Umhüllung für eine Frau auf der Reise. Deutlicher noch als in Männerkleidern läßt sich in diesem Bild die Erscheinung einer reisenden Frau beschreiben, die sich selbst auf der Reise als eine subjektleere körperliche Hülle erfährt, deren Inneres unkenntlich, verborgen, spekulativ und anonym bleibt, ohne daß es eindeutig beschrieben, begrenzt, kontrolliert oder empirisch nachgewiesen werden könnte. Eine solche Erscheinung hinterläßt unterwegs keine Spur, die sich von der anderer Verschleierter unterscheidet, in der Kulturgeschichte des Reisens findet sie keinen festen Platz, eine um so weitreichendere Tradition aber hat sie in der literarischen und literaturwissenschaftlichen Rede über sie als eine Figur der Imagination. Diese sichtbar-unsichtbare, bewegliche, aber eingeschlossene Figur wird im Laufe des 18. Jahrhunderts als die repräsentative Form der weiblichen Reise entdeckt. Als Prinzip ist diese auch in der Editionspraxis für Texte von Frauen zu erkennen, denn bis auf die wenigen Ausnahmen erscheinen die Reiseberichte und Abenteuerromane von Frauen der Zeit anonym.[6] In dem Versuch, den Schleier über dieser flüchtigen Weiblichkeit zu lüften und dahinter die Frau zu entdecken, zeigt sich in den Texten von Autorinnen und Autoren die Suche des Jahrhunderts nach dem weiblichen Subjekt.

Gänzlich unerkannt sind Frauen als Reisende in der Geschichte natürlich nicht geblieben, im Gegenteil, aus bestimmten historischen Reiseformen, vor allem der begleitenden oder begleiteten Reise, entwickeln sich spezifische Formen, die das Bild der reisenden Frau bestimmen. Man kann sie sich beispielsweise als ein altfranzösisches Ritterfräulein vorstellen, hoch zu Roß, auf einem ‚palefroi', einem typischen Damen- und Reisepferd, das sie „sanft wie ein Schiff bei ruhigem Seegang" dahinträgt.[7] Frauen finden sich in großer Zahl unter dem fahrenden Volk des Mittelalters als Tänzerin, Musikantin, Puppenspielerin, Wahrsagerin, Bärenführerin, Bänkelsängerin, Närrin, Artistin, Marketenderin und Landsknechtsfrau. Mehr als eintausend Pilgerinnen begleiteten in einem Jahr die Kreuzritter auf ihren Kriegszügen in das Heilige Land.[8] Aber bis auf wenige Ausnahmen, wie beispielsweise das legendäre ‚Weib von Bath', das „angeblich dreimal nach Jerusalem gepilgert war, und bereits Rom, Köln und Santiago aufgesucht hatte, bevor es zum Grab des Heiligen Thomas Becket zog, nicht um sich zu kasteien, sondern zu unterhalten ‚und dazu den Segen Gottes und seiner Heiligen nach Hause [zu] tragen'"[9] – wurden diese Frauen jedoch nicht von Prostituierten unterschieden und gehörten dem unehrenhaften Stand

„Es geht doch!"
Deutsche Karikatur auf die Krinoline

an. Selbst die handeltreibenden Beginen, die ja aus beruflichen Gründen reisten, wurden sexualisiert und gerade dadurch in ihrer freien Beweglichkeit eingeschränkt.

Sexualisierung, sittliche Gefährdung und unkontrollierbare Freizügigkeit sind die traditionsreichsten moralischen Einwände gegenüber einer offensichtlich reisenden Frau. Die Doppelmoral in der Bewertung des Reisens, die dem Mann das Reisen gebietet, der Frau aber verbietet, wußte bereits im 17. Jahrhundert der Volksmund klar und prägnant so zu formulieren: „Von ungewanderten Junggesellen und gewanderten Jungfrauen werde beiderseits wenig gehalten." Das paternalistische Interesse, das zu dieser Polarisierung beiträgt, erläutert freimütig die Jenaer Zunftordnung von 1688: die Wanderung nämlich gibt den Frauen „Gelegenheit [...], sich unter den Männern zu bewegen", was nicht nur bedenkliche Folgen für ihre ‚Sittsamkeit' sondern auch für ihre ‚Bescheidenheit' hat. Die Wanderschaft als notwendiger Bestandteil der Ausbildung (dort wird das Handwerk „durch einen häufigen und höheren Gebrauch" vervollständigt) gäbe auch Frauen ein Anrecht auf Meisterschaft und auf ein öffentliches Amt. Dieses aber hielte sie von den ihrem Geschlecht angemesseneren Tätigkeiten, wie sich „unter der Oberleitung des Gatten [...] um die Familie und die Küche zu kümmern, den Durchschlag zu handhaben, zu waschen usw." fern, von genau jenen ‚Hauptbeschäftigungen', die „für den Gatten, welcher Art er auch sein mag, angenehm und notwendig" sind.[10]

Nichtreisende – Reisende

Die Geschichtsschreibung hat eine Reihe ebenso engagierter wie feinfühliger Versuche unternommen, das fragile Gleichgewicht des Weiblichen zwischen Begrenzung und notwendiger Bewegung zu definieren. Analog zu dem erweiterten Erfahrungsraum, den der Bürger im Laufe des 18. Jahrhunderts mehr und mehr durch seine Reisen für sich in Anspruch nimmt, wird zum Beispiel auch der Bewegungsspielraum der Bürgerin Stück für Stück erweitert, indem man sie aus dem Korsett befreit. Gegenüber der adeligen Dame, die

> eingezwängt in einem bombastisch aufgeblähten Reifrock und beladen mit gigantischem Kopfputz, [...] vom eigenen Körper, vom Partner an ihrer Seite und von der umgebenden Natur gleichermaßen weit entfernt [...], sich der höfischen Öffentlichkeit präsentiert[11],

wird damit auch der Bürgerin auf privatem Raum ein neues Raumgefühl gegeben.

Rousseaus pädagogischen Reflexionen im «Emile» ist das Interesse zu entnehmen, der Forderung nach natürlichen Voraussetzungen für ein gesundes Wachstum des bürgerlichen Frauenkörpers auch räumlich zu entsprechen. Entgegen einer bisherigen Praxis, die ein junges Mädchen in abgeschlossenen Räumen sitzend, sprachlos und ohne jede Bewegungsfreiheit erzieht, sollen ihm nun

Spielräume eröffnet werden, die zum „Herumspringen, Laufen, Schreien und zur Hingabe an die seinem Alter natürliche Unbändigkeit" geeignet sind.[12] Den Charakter der Räume, die die neue Mobilität der Frau ermöglichen sollen, bezeichnet Rousseau mit „Kloster" für das junge Mädchen und „Harem" für die erwachsene Frau – das sind signifikante Architekturen nicht nur für hierarische Strukturen, sondern auch für Geschlossenheit und Ausgrenzung.

Die genannten Räume unterscheiden sich deutlich durch ihre Statik von der beweglichen Figur einer verschleiert reisenden Frau. In dem Maße, wie die Bewegungen der Bürgerin auf das Haus und den kultivierten Zier- und Kräutergarten beschränkt werden, kann das bürgerliche Haus jedoch zu einem fixen Orientierungsrahmen werden, in dessen Umgrenzung die Frau wiederholt und eindeutig zu identifizieren ist. Ihre Aktivitäten, die sich auf das Territorium des eigenen Körpers, des Hauses und des Gartens beziehen, sind mit Reisen im Sinne einer empirischen Grenzüberschreitung zu Entdeckung fremder und niegesehener Städte, Landschaften und Erdteile nicht vereinbar. Dennoch bleiben Frauen an diesem Ort von den die Gesellschaft umwälzenden Erfahrungen durch Reise und wachsende Mobilität nicht unberührt. Die Thematik des Reisens erreicht sie auf dem Weg der geselligen Konversation, als Reisebrief und als Lektüre im Haus; Sprache und Imagination bestimmen dort das Verhältnis der Bürgerin zu Reise und Geographie:

> [...] halten Sie zur Übung jeder häuslichen Tugend an, aber lassen Sie sie daneben eine einfache Kenntnis von der Luft, die sie atmen, von der Erde, die sie betreten [...] erlangen; [...] damit sie nicht ganz fremde da sitzen und lange Weile haben, wenn Männer sich in ihrer Gegenwart unterhalten,[13]

rät Sophie von La Roche im «Fräulein von Sternheim» und auch der Philanthrop Joachim Heinrich Campe, der sonst die Frauen vor exzessiver Lektüre warnte und in dessen Erziehungsprogramm für die männlichen Zöglinge die Reiseerfahrung die wesentliche Rolle spielt, spricht sich in seinem «Väterlichen Rath für meine Tochter» dafür aus, die erwachsene weibliche Jugend mit Einschränkungen in geographischen Kenntnissen zu unterweisen:

> [...] von der Geschichte und Erdbeschreibung versuche ich dir und anderen jungen Frauenzimmern deines Standes eine allgemeine Übersicht, welche hinreichend sey, euch da, wo von ältern oder neuern Weltbegebenheiten die Rede ist, leicht zu orientieren, d. i. Zeit und Ort, wo diese Begebenheiten sich ereigneten, wenn gleich nicht mit völliger historischer und geographischer Genauigkeit – denn dies dürfte in den wenigsten Fällen ein Bedürfnis für euch seyn – doch im großen zu bestimmen.[14]

‚Armchair travellers', ‚Fireside travellers' oder ‚Lehnstuhlreisende' werden diejenigen nichtreisenden Reisenden genannt, deren Reiseerfahrungen sich ausschließlich auf den Text beziehen. Weil diese Begriffe statische Formen des Reisens bezeichnen, sind sie besonders geeignet, das spezifische Verhältnis von Bürgerin und Reise zu beschreiben:

> Ohne jemals ihre Heimat zu verlassen, nahmen sie an den Erfahrungen der Original-Reisenden teil, lernten wie diese, formten ihre Urteile wie diese [...]. Sie brauchten keinen

Paß und mußten nie auf Postchaisen warten, hingen dafür aber ganz und gar von den Eindrücken ihrer Gewährsleute ab. [...] Sie lasen ihrer Bildung wegen, wollten die beschriebenen Abenteuer nachvollziehen oder gaben sich, wie es im Titel eines Journals heißt, geographischen Belustigungen hin.[15]

Daß derartige Reisen durch das textuelle Universum Erkenntnisse und Erfahrungen mit sich bringen, die der Reise in andere Fernen an Intensität und imaginativer Kraft nicht nachzustehen brauchen, zeigt sich in den Briefen der Freundinnen von Arnim und Günderrode:

Besinn Dich doch auf unsere Reisenabenteuer, die wir den Winter miteinander durchmachten, keiner von uns hatte eine trübe Minute den ganzen Winter nicht, Deine Sehnsucht ins Innere von Asien hinein brachte uns immer unter die wilden Tiere, Tiger und Löwen und Elefanten haben uns Schabernack gespielt. Was haben wir für Sonnenhitz ausgestanden mitten im Eis; erst später merkte ich, wie sehr wir uns in dies Leben vertieft hatten, da alle Leute diesen Winter als einen der kältesten durchgehustet haben.[16]

An anderer Stelle bemerkt Bettina von Arnim: „So fremde Orte sind wie Feenmärchen" und Christa Wolf erzählt von einer Italienkarte, auf der sich Bettina und Karoline weitere Reiseerlebnisse ausmalen.[17]

Reisende Frauen

Während in den Texten Bettine von Arnims und der Günderrode Sprache und Imagination ungehindert auf Entdeckungsreisen gehen, werden in den Texten von erfahrenen Reisenden wie Mary Wollstonecraft und Johanna Schopenhauer Frauen, die ihnen auf ihren Reisen begegnen, nur mit äußerster Skepsis zur Kenntnis genommen. Die weitgereiste Mary Wollstonecraft – 1785 reist sie zu Besuch ihrer Freundin Fanny Blood nach Portugal, in den Jahren 1792 bis 1795 hält sie sich im revolutionären Paris und in Nordfrankreich auf, 1799 unternimmt sie gemeinsam mit ihrer Tochter eine Reise nach Skandinavien – schreibt in ihrer 1793 auf deutsch erschienenen Verteidigungsschrift für die Rechte der Frauen:

Wenn ein Mann eine Reise macht, so hat er gemeiniglich seinen Zweck im Sinn. Ein Weib hingegen denkt in diesem Fall mehr an die zufälligen Ereignisse, die ihr unterwegs zustoßen, an die seltsamen Dinge, die ihr da begegnen könnten, an den Eindruck, den sie wohl auf ihre Reisegefährten machen möchte; und vor allem ist sie auf den Putz bedacht, den sie bei sich hat, und dann mehr als jemals wie einen Teil ihrer selbst betrachtet, vor allem, wenn sie im Begriff ist, auf einem neuen Schauplatz zu figurieren, und Sensation zu machen hofft.[18]

Weiblichkeit, die Wollstonecraft als „flüchtig", „unstet und rastlos", „ewig schwankend" und „ohne eigenen Standpunkt" beschreibt, wird aus ihrer Sicht durch eine Reise besonders dann noch verstärkt, wenn die Frau sich nicht aktiv, sondern passiv bewegt. Frauen, die sich unbeweglichen Gestalten gleich „auf der Reise genauso befinden, wie in wohlverwahrten Zimmern, in denen man sie schon als Mädchen eingeschlossen hat", werden von Wollstonecraft daher kritisch mit „sanften Blumen, die dem Manne auf seinem Pfade lächeln" verglichen.[19]

Auch für Johanna Schopenhauer ist das seit Beginn des 19. Jahrhunderts zunehmend zu beobachtende Phänomen der eingeschlossen reisenden Frau eng mit solchen Reiseformen und -techniken verknüpft, die Häuslichkeit auch unterwegs erlauben. In ihrem «Ausflug an den Niederrhein und nach Belgien im Jahr 1828» und auf ihrer «Reise durch das südliche Frankreich» läßt sie keinen Zweifel daran entstehen, daß sie den Innenraum verlassen hat, um eine exteriore Perspektive einzunehmen:

> Bei der jetzigen, fast epidemieartigen Reiselust, die in einem einzigen Jahr zehnmal soviel Reisende auf den Heerstraßen hin- und hertreibt, als ehemals in zehnmal so langer Frist, fallen mir zweierlei Gattungen derselben besonders auf, denen man früher fast niemals begegnete: reisende Engländerinnen und reisende Kinder. [...] die Welt ist heut zu Tage auch den Frauen aufgethan, und sie dürfen mit frischem Sinn und heiterem hellen Blick alles des Schönen und Herrlichen, was Kunst und Natur ihnen bieten, sich eine Weile erfreuen, um bei ihrer Heimkehr das Glück, das ihr häusliches Leben ihnen gewährt, um so inniger zu empfinden; denn jede Reise ist jetzt nichts weiter als eine etwas verlängerte Spazierfahrt, und wenigstens alle acht Meilen ist ein Gasthof anzutreffen, in welchem man beinahe eben so gut sich befindet, als im eigenen Hause.[20]

Die Voraussetzung für das öffentliche Erscheinen reisender Frauen im 18. und 19. Jahrhundert ist die Entwicklung entsprechender Reiseverfahren, die Seßhaftigkeit auch auf der Reise erlauben. Gereist wird laut Schopenhauer in einer Kutsche, die einem „Haus auf vier Rädern" vergleichbar ist, in einem „rollenden Heim", mit dem sich Familie, Dienerschaft und Gepäck nebst ihrer häuslichen Hierarchien und Gewohnheiten unmerklich in die Fremde transportieren lassen. Die Ankunft in der Fremde gleicht einem „Debarkement", wobei die Fracht aus einer unbeweglichen Gesellschaft besteht, die das Wirtshaus bezieht, und

> sich nicht wieder blicken läßt, und sollte sie wochenlang verweilen. [...] Auf Mylord folgt Mylady und noch eine Lady, und nun ein paar Kinder, deren Erziehung auf Reisen vollendet werden soll.

Für diese erstarrten Formen des Reisens, die jede Begegnung mit der Fremde vermeiden, ist ein Reiseführer das wichtigste Utensil. Auch auf der «Reise durch das südliche Frankreich» sind gerade die reisenden Frauen Zielscheibe für Schopenhauers Persiflagen auf die Erscheinungsformen des beginnenden Tourismus im Anfang des 19. Jahrhunderts. Hier wird die Engländerin «Miß Lucy» zu einer exemplarischen Zeiterscheinung, die sich auf Reisen ohne eigene Perspektive blind und sklavisch an die literarisch vorgegebene Reiseroute hält. Miß Lucy

> mit Yoriks empfindsamen Reisen in der Hand, die ihr unterwegs zum Leitstern dienen sollten, behauptete: sie müsse überall hin, wo Yorik gewesen wäre, an dessen strenger Wahrheit in Beschreibung des Landes sie nicht den mindesten Zweifel dulden wollte.[22]

Indem sie wiederholt und kritisch auf die Erstarrung der Formen des Reisens, der Lektüre und des Weiblichen aufmerksam machen, weisen nun auch Wollstonecraft und Schopenhauer wie vor ihnen Montagu darauf hin, daß die Reisende die Entdeckung als Frau zu fürchten hat. Dort wo die Reisende als Frau identifizierbar ist, läuft ihre Erscheinung dem Prinzip der Reise entgegen, die erneuernde Bewegung ist und sich nicht mit festumrissenen Frauenbildern verträgt.

Im Kontext einer zeitgenössischen Diskussion um die Frage nach der Reisefähigkeit von Frauen sind auch die beiden um die Jahrhundertwende erschienenen Romane «Das Fräulein von Sternheim» (1771) von Sophie von La Roche und «Florentin» (1801) von Dorothea Schlegel von Interesse. Beide Romane sind von reiseerfahrenen Autorinnen verfaßt, ihre jeweiligen Perspektiven auf die Reiseaktivitäten der Heldinnen führen jedoch extrem divergierende Konzepte und voneinander abweichende Positionen vor. Sophie von La Roche gehört mit ihren Reiseerfahrungen (Schweizer-Reise 1784; Frankreich-Reise 1785; England-Reise 1786) dem 18. Jahrhundert an.[23] Sie läßt das «Fräulein von Sternheim» als „Madame Leidens" eine Reihe unfreiwilliger „Leidensreisen" (Gesellschaftsreisen, Badereisen, Verwandtenreisen, Landpartien, Spaziergänge und eine Reise in das aufgeklärte England) unternehmen, von denen einzig die Bildungsreise die positive Ausnahme darstellt. Der Roman zeigt die Alleinreisende zwar reisefähig aber unglücklich, denn die ideale Form einer Frauenreise ist nach La Roche die paarweise Reise der bürgerlichen Eheleute. Dieses Konzept bestimmt den glücklichen Ausgang der Reisen des «Fräulein von Sternheim» und wird bei La Roche in der 1783 erschienenen moralischen Schrift «Die glückliche Reise» zu einer eigenständigen Konzeption von Frauenreisen entwickelt. Sie sieht die Selbstverwirklichung der Frau durch spezifisch weibliche Aktivitäten auf der Reise vor:

> [...] ich möchte, daß wir [...] einige Reisen machten, und da besonders auf das Bild glücklicher Gatten, Kinder und Unterthanen Achtung gaeben, damit wir diese Modelle fremden Bestrebens nach Tugend und Wohltun mit nach Hause brächten, wie man die Modelle zierlicher Geräte mit sich bringt.[24]

Die „Tugendreise" ist das Pendant einer aufgeklärten Forschungs- und Bildungsreise für die Frau und dient der Vorbereitung der Eheleute auf ihre jeweiligen Aufgaben im Rahmen einer bürgerlichen Ehe. Sie ist zweckhaft und folgt einem festgelegten Reiseplan durch die europäischen Nachbarländer Italien, Frankreich, England und Deutschland, wobei die Ehepartner auf der Reise arbeitsteilig den kulturellen und ökonomischen Fortschritt der Länder erforschen: Der Mann „forschte unter den Männern und seine Louise unter den Wirtinnen nach".[25] Die Reise ist dann glücklich verlaufen, wenn sie ihre Forschungszwecke erfüllt und die Eheleute „nicht nur mit gesammelter Kenntnis fremder Verdienste, sondern mit dem Unterricht einheimischer Tugend begabt, nach Hause kommen".[26]

Eine vollkommene für das 19. Jahrhundert programmatische Absage an die Reisefähigkeit der Bürgerin enthält dagegen der 1801 erschienene Roman «Florentin» der Romantikerin Dorothea Schlegel. Unter äußersten Sicherheitsvorkehrungen (Verkleidung, eigens und mehrfach eingeholte Erlaubnis der Eltern, zeitliche Begrenzung der Reise, genaue Angabe des Reiseziels und des Reiseplans) hat die Heldin von ihrem Vater die schweren Herzens gegebene Erlaubnis erhalten, ihren Verlobten und Florentin zu einem Tagesausflug in das nahe Gebirge zu begleiten. Nach der Reise und der dabei erfahrenen existentiellen Erschütterung läßt Dorothea Schlegel ihre Heldin bekennen:

> Juliane hatte die Erfahrung ihrer Abhängigkeit gemacht, und mußte es sich gestehen, daß sie es nicht so unbedingt wagen durfte, außer ihrer Grenzen und ohne ihre Bande und ihre erkünstelten Bequemlichkeiten fertig zu werden.[27]

Die überschrittene Grenze zwischen Bürgerlichkeit und Reise hatte sich in Gestalt eines ausufernden und auf der Heimreise nur unter größten Mühen und unter Todesgefahr überschreitbaren „vom Regen angeschwollenen Baches" bemerkbar gemacht. In halbtotem Zustand, der Ohnmacht nahe, kann die verwirrte Heldin letztlich herübergerettet und – nach der Entdeckung ihres wahren Geschlechtes – für die Heimreise umgekleidet und den Eltern zurückgegeben werden. In diesem Roman ist die Heldin jedoch nicht die alleinige Nichtreisende, sondern beinahe ebensowenig reisefähig wie sie ist der Verlobte, dessen Aufmerksamkeit draußen wesentlich seiner zukünftigen Frau gilt. Reisefähig ist allein Florentin, ein Wanderer „ohne Aufsicht, ohne Zweck, ohne Plan, als den zu leben",[28] Wanderer, eine in „Genuß der ihn umgebenden Herrlichkeit und in Fantasieen"[29] vertiefte poetische Gestalt ohne Herkunft und Ziel, deren Geschichte nur draußen und auf der Wanderung erzählbar ist.

Intellektuelle Vagabondage

Ein Reisebericht beginnt zum Zeitpunkt des Aufbruchs, in dem Augenblick, in dem Abschied und Neubeginn zusammentreffen: „Ich machte mein Testament [...] und somit trat ich am 22. März 1842 meine Wanderung von Wien aus an"[30], schreibt die 45jährige Ida Pfeiffer, die sich von Beginn ihrer Reisen an auf den Tod zwar gefaßt macht, im Verlauf ihres 16jährigen Reiselebens und ihrer zweimaligen Weltreisen aber immer wieder zu zeigen bereit ist, daß sie den Tod nicht zu fürchten braucht. Sie gibt sich als Frau auf der Reise zu erkennen, weiß sich aber durch unausgesetzte Bewegung vor der Entdeckung sicher. Ihr Frauenleben ist bereits beendet. Ida Pfeiffer war Hausfrau, Mutter, Ehefrau... – Daten, die der Sohn Oscar Pfeiffer zusammengetragen hat, um der erstaunten Leserinnen- und Leserschaft die widerspenstige Mutter zu beschreiben[31] – ein Annäherungsverfahren, das bei Reiseberichten von Frauen notwendig scheint, um die Differenz zwischen einer Reisenden und dem jeweiligen Frauenbild zu überbrücken. Denn wie hier der Sohn die Biographie der „Mutter" nach ihrem Tod publiziert, so hat auch Hans Christoph Buch in seinen «Mutmaßungen über Isabelle Eberhardt» diese zu einer „Tochter" werden lassen[32], so hat Kate Millet in Maryse Holder eine „Schwester" gesehen.[33] Das Scheitern dieser familiären

Projektionen bei der Annäherung an eine Reisende beschreibt mit einfachen literarischen Mitteln Charitas Bischoff, Tochter der Weltreisenden Amalie Dietrich, die Zeit ihres Lebens mit der reisenden Mutter durch wenig mehr als Briefe und Erzählungen verbunden war. Die Biographie «Amalie Dietrich. Ein Leben erzählt von Charitas Bischoff»[34] endet in einem Zusammentreffen zwischen der Biographin und der Reisenden, die bei ihrer Ankunft im Hamburger Hafen nach einer zehnjährigen Reise durch den „Nebel" nicht zu erkennen ist, die die Erwartungen an sie als Heldin enttäuscht und auch noch nach ihrer Rückkehr durch unausgesetzte Ruhelosigkeit eine Fremde bleibt.

Indem sich die Texte der reisenden Autorinnen im Rhythmus eines permanenten Wechsels von Ankunft und Aufbruch bewegen, stellen sie Fremdheit immer wieder neu her. Das ist ein Effekt, der sich aus dem permanenten Perspektivenwechsel und der wiederholten Grenzüberschreitung auf der Reise ergibt. Durch die unausgesetzte Bewegung über die Grenzen sind die Reisenden von dem Gebot der Eindeutigkeit befreit, keine Perspektive läßt sich ihnen vorschreiben, die jeweilige Wahl kann situativ und spielerisch werden – beispielsweise ein Besuch im Badehaus oder im Harem –, und jede Abreise ist ein neuer Aufbruch, an dem sich auch die Identifikation der Reisenden mit der eingenommenen Perspektive bricht. Besonders in den Texten der multinationalen Isabelle Eberhardt wird deutlich, wie durch permanente Verwandlung Fremdheit und Exteriorität entsteht. Sowohl als Mann wie auch als Frau entzieht sie sich unausgesetzt – so daß sie nicht anders mehr wie als Reisende und Schreibende zu beschreiben ist.

Wie wenig sich diese Reisenden auch gegenwärtig als Frauen entdecken lassen, sei abschließend mit einer Vision in Erinnerung gebracht, die aus Elisabeth Lenks Beitrag «Die sich selbst verdoppelnde Frau»[35] bekannt ist: Fünf Frauen stehen darin am Wüstenrand mit allerlei optischem sowie Schreib- und Zeichengerät bewaffnet, um diesem Raum ein Bild der ‚Neuen Frau' zu entlocken. Was sie sehen – Bilder aus der eigenen Vergangenheit – deprimiert, beschämt und ermüdet. Eine Reisende, die man dort hätte erwarten können, wurde nicht gesichtet, was blieb, war lediglich die Erinnerung an eine Fata Morgana...

Mit der Krise der Frauenbilder ist heute wieder das Interesse an reisenden Frauen erwacht.[36] Das Problem einer erneuten Suche besteht jedoch nach wie vor darin, daß eine Entdeckung der Reisenden als Frau das Ende der Reise bedeutet. Um den Reisenden heute zu begegnen, bedarf es wieder oder immer noch einer Aktivität, die Isabelle Eberhardt mit „Vergessenssuchen" bezeichnen würde. Sie versteht darunter ein Recht auf „intellektuelle Vagabondage":

> Ein Recht, das die meisten Intellektuellen vernachlässigen und das nur wenige für sich fordern, ist das Recht auf unstetes Herumirren, das Recht auf Vagabondage. Und doch, die Vagabondage ist Befreiung, und das wandernde Leben auf der Straße ist Freiheit.[37]

3. Rekonstruktionen des eigenen Lebens Autobiographien von Frauen im 19. Jahrhundert

Gudrun Wedel

Neue Aspekte der Gattung

Wir wissen bisher wenig über das Ausmaß und den Charakter autobiographischen Schreibens von Frauen und noch viel weniger darüber, wer die Leser waren und welche Wirkung dieses Schreiben hatte.[1] Von den Autobiographinnen, die im 19. Jahrhundert geboren wurden, sind inzwischen über 600 bekannt.[2] Vermutlich gelangten aber noch weit mehr Autobiographien von Frauen zum Druck. Und die Dunkelziffer der nicht publizierten Manuskripte, die im Laufe der Zeit vernichtet wurden oder die vergessen in Schubladen und auf Dachböden ruhen, mag beträchtlich sein.

Die Gründe, weshalb autobiographische Schriften von Frauen zwar vom Lesepublikum, kaum aber von Wissenschaftlern wahrgenommen wurden, sind vielfältig. Abgesehen von den quellenkritischen Vorbehalten gegenüber diesen Schriften verstellte vor allem ein zu enges Verständnis der Autobiographie als literarischer Gattung mit ihrer Abgrenzung gegenüber Memoiren und Erinnerungen den Blick auf die Vielfalt und Eigenart dieser Werke. Nach der gängigen literarischen Definition wird in einer Autobiographie die Entfaltung der individuellen Persönlichkeit von ihr selbst beschrieben. Die Voraussetzungen dazu waren, aufgrund der gesellschaftlichen Situation, vor allem für Männer des aufstrebenden Bürgertums im 18., stärker noch im 19. Jahrhundert gegeben, nicht aber für bürgerliche Frauen. Denn mit dem Wandel der bürgerlichen Familie seit dem ausgehenden 18. Jahrhundert, ihrer Aufspaltung in das öffentliche Geschäft des Mannes und die private Sphäre der Familie, wurde das häusliche Wirkungsfeld für Frauen zur Geschlechterrolle der Hausfrau, Gattin und Mutter.[3] Im Gegensatz zu den Männern, die über eine Ausbildung verfügten und die verschiedensten Berufe ausübten, konnten Frauen also, mangels dieser Voraussetzungen zur Entfaltung ihrer ‚Individualität', keine ‚Autobiographie' verfassen. Da sie es dennoch unternommen haben, über ihr eigenes Leben zu schreiben, muß die übliche literarische, aber soziologisch auf Männer bezogene Definition erweitert werden, damit diejenigen Frauen, die sich und ihre Familie oder ihre Umwelt beschrieben, nicht als Verfasserinnen von Memoiren, Erinnerungsschriften oder Familienchroniken abgewertet werden und nicht weiterhin ausgegrenzt bleiben.[4] Die folgenden Aussagen schließen alle Werke ein, in denen rückblickend über das eigene Leben geschrieben wird, nicht aber aktuelle Niederschriften, wie Briefe und Tagebücher oder Reiseberichte.

Fern aller terminologischen Abgrenzungsversuche bezeichneten die Autobiographinnen selbst ihre Werke recht willkürlich als ‚Memoiren', ‚Autobiographie' oder ‚Erinnerungen'. Neben lapidaren Titeln wie «Aus meinem Leben» finden sich phantasievolle, wie «Die goldene Wolke», poetische Zitate, wie «Ich träum' als Kind mich zurücke» und programmatische, wie «Fürchte dich nicht». Oft gibt erst der Untertitel näheren Aufschluß über den Inhalt des Werkes, und in manchen Fällen wird der Leser es sogar für einen Roman halten. Doch gerade diejenigen Frauen, die sonst nicht schriftstellerisch tätig waren, verwahrten sich oft dagegen, daß ihre ‚Erinnerungen' am zeitgenössischen Maßstab von ‚Literatur' gemessen wurden.

Die Entwicklung der Autobiographien von Frauen bis 1930

Wie autobiographisches Schreiben sich mit der historischen Entwicklung der gesellschaftlichen Stellung der Frauen und ihres Selbstbewußtseins veränderte, zeigt der folgende Überblick über die Publikationsentwicklung. Es läßt sich beobachten, daß zunehmend Frauen, die seit Mitte des 18. Jahrhunderts geboren wurden, in ihrem späteren Leben eine autobiographische Schrift verfaßten. Dem zeitgenössischen Publikum blieben diese Werke jedoch weitgehend unbekannt, denn nur wenige Autorinnen veröffentlichten sie noch zu ihren Lebzeiten und auch nur dann, wenn sie literarische Ambitionen besaßen oder sich als Schriftstellerin bereits einen Namen gemacht hatten.[5] Ausnahmen sind Wilhelmine von Lichtenau – sie war die Mätresse Friedrich Wilhelms II. und verfaßte nach seinem Tod ihre Apologie (1809) – und Regula Engel, eine abenteuerlustige Schweizerin, die vor allem über ihre Reisen berichtete (1821).

Von 1800 an bis weit ins 19. Jahrhundert erschienen Autobiographien vereinzelt; regelmäßig und in langsam steigender Anzahl gelangten sie erst nach 1875 an die Öffentlichkeit. Seit den sechziger Jahren – 1865 wurde der Allgemeine Deutsche Frauenverein gegründet – wurde die Diskussion um die ‚Frauenfrage' in weiten Kreisen des Bürgertums und der Arbeiterbewegung immer lebhafter geführt. Die Notlage von unverheirateten und unversorgten Frauen, hauptsächlich aus der Beamtenschaft, erwies sich als ein soziales Problem, das die Familie und damit eine zentrale Institution der bürgerlichen Gesellschaft bedrohte.[6] Denn der Ausweg in die Berufstätigkeit bedeutete nicht nur ökonomische Selbständigkeit, sondern ermöglichte auch ein unabhängiges Leben außerhalb der Familie. Bis betroffene Frauen diese Thematik autobiographisch verarbeiteten, sollten aber noch Jahre vergehen. Zunächst traten vor allem diejenigen Frauen mit Veröffentlichungen über ihr Leben hervor, die es gewohnt waren, mit einem Publikum umzugehen. Neben den Schriftstellerinnen, wie Fanny Lewald (Veröffentlichungsdatum ihrer Autobiographie: 1861/62), Malwida von Meysenbug (1869), gehörten zu ihnen Frauenrechtskämpferinnen, wie Louise Otto-Peters (1870), ebenso Künstlerinnen, die sich schon früh dieser Möglichkeit der

Selbstdarstellung bedienten. Zu nennen ist die Schauspielerin Karoline Bauer (1871) sowie ihre Kollegin Anna Löhn-Siegel, die in ihren Erinnerungen (1862, 1880, 1883, 1885) ein anschauliches und realistisches Bild des damaligen Theaterbetriebes gibt und die später auch mit Louise Otto-Peters im Allgemeinen Deutschen Frauenverein zusammenarbeitete. Ebenfalls veröffentlichten die Sängerinnen Marie Börner-Sandrini (1876) und Mathilde Marchesi (1877) ihre Autobiographien. Es traten aber auch Frauen an die Öffentlichkeit, deren Werk der Sensationslust der Leser sicher sein konnte. Adele Spitzeder zum Beispiel, die zu einer Gefängnisstrafe verurteilte Geldverleiherin, publizierte ihre Apologie (1878) und Helene von Racowitza schrieb über ihre Liebesaffäre mit Ferdinand Lassalle (1879), der nach einem Duell mit ihrem Verlobten starb.

Seit den 1880er Jahren entschlossen sich neben den Schriftstellerinnen und Künstlerinnen auch zunehmend Frauen aus den inzwischen anerkannten Berufen der Lehrerin und Krankenpflegerin dazu, über ihr Leben und ihre Tätigkeit zu berichten. Zunächst ohne unmittelbaren Einfluß auf Entstehung und Veröffentlichung autobiographischer Literatur blieben die liberalen und sozialreformerischen Bestrebungen nach dem Fall des Sozialistengesetzes und der erneute Aufschwung der Frauenbewegung in den neunziger Jahren. Allerdings meldeten sich nun einige Arbeiterinnen mit Berichten aus ihrem Leben zu Wort, zunächst noch vereinzelt mit Artikeln in der Arbeiterpresse. Von 1908 an erschienen jedoch mehrere selbständige Autobiographien, die zum Teil von bürgerlichen Männern mit sozialreformerischen Absichten herausgegeben wurden. Und 1912 stellte Adelheid Popp ein «Gedenkbuch» mit autobiographischen Beiträgen der Pionierinnen der Arbeiterinnenbewegung in Österreich zusammen. Im gleichen Jahr erschienen zwei weitere Sammelwerke mit autobiographischen Aufsätzen von Frauen: Hermann Beuttenmüller stellte in seiner Novellensammlung jedem Beitrag eine kurze Autobiographie der Dichterin voran und für den Band «Als unsere großen Dichterinnen noch kleine Mädchen waren» hatten sieben Schriftstellerinnen ihre Jugenderinnerungen beigesteuert. Im übrigen folgten derartige Publikationen der um die Jahrhundertwende aufkommenden Mode, biographische Nachschlagewerke anhand von autobiographischen Beiträgen unterhaltsamer zu gestalten. Eine Welle autobiographischer Schriften ist dann in den Jahren von 1908 bis 1914 zu verzeichnen; darunter befanden sich nach längerer Pause wieder Werke von politisch aktiven Frauen, so allein im Jahr 1909 die Erinnerungen von Lily Braun, Adelheid Popp, Minna Kautsky, Minna Cauer und Bertha von Suttner.

Die höchsten Publikationszahlen wurden während der Weimarer Republik mit durchschnittlich 15 Titeln im Jahr erreicht. Allein 1921 erschienen 22 selbständige Autobiographien von Frauen. Zu erklären ist die ansteigende Zahl autobiographischer Publikationen mit der Neigung der ‚Wilhelminer' zum Personenkult, der die Mentalität dieser zwischen 1853 bis 1865 geborenen Generation charakterisiert.[7] In dieser ‚Erinnerungswut' zeigt sich zum einen die sozialdefensive Haltung des Bildungsbürgertums gegenüber der modernen Massengesellschaft, zum anderen wurden Autobiographien nun von gesellschaftlichen Gruppen wie Arbeitern und Frauen eingesetzt, um emanzipatorische Ansprüche anzumelden.[8] Die Frauen hatten sich im Ersten Weltkrieg in den verschiedensten und zum Teil völlig neuen Tätigkeitsfeldern bewährt und damit den Weg zu ihrer politischen Gleichstellung gebahnt. Nun galt es, die neuen Rechte zur Geltung zu bringen, und die Lebensberichte politisch aktiver und beruflich erfolgreicher Frauen konnten das Bedürfnis nach Orientierung und nach weiblichen Vorbildern auf anschauliche Weise befriedigen. Für die bürgerliche Frauenbewegung stand beispielgebend Helene Lange (Veröffentlichungsjahr der Autobiographie 1921), für die proletarische Ottilie Baader (1921). Franziska Tiburtius (1923) praktizierte als erste Ärztin und Hedwig Heyl (1925) hatte umfangreiche soziale Einrichtungen aufgebaut und geleitet. Else Wentscher beschrieb in «Mutterschaft und geistige Arbeit» (1926), wie sie die Doppelbelastung von wissenschaftlicher Arbeit und Haushaltsführung bewältigte, und Verena Conzett (1929) hatte nicht nur eine eigene Druckerei geführt, sondern sich auch aktiv in der Arbeiterbewegung der Schweiz beteiligt.

Auf das gewachsene Selbstbewußtsein der Frauen ist nicht nur die größere Anzahl von Autobiographien zurückzuführen. Es hat auch bewirkt, daß sich nun immer mehr Frauen zutrauten, aufgrund ihres persönlichen Miterlebens Biographien zu verfassen. Marianne Weber zum Beispiel veröffentlichte das Lebensbild ihres Mannes Max Weber (1926), Dora Stockert-Meynert das ihres Vaters Theodor Meynert (1930), und Julie Gebauer verknüpfte den Lebensweg ihrer Mutter Olga Gebauer mit der Geschichte des Hebammenwesens in Berlin (1930).

Die Entwicklung der autobiographischen Publikationen zeigt also, daß die Zahl der Autobiographinnen im 19. Jahrhundert stetig zunahm, auch wenn deren Werke zum größten Teil erst nach 1900 veröffentlicht wurden, und einen vorläufigen Höhepunkt in den zwanziger Jahren unseres Jahrhunderts erreichte.

Die Vielfalt autobiographischen Schreibens

Unter den verschiedensten Gesichtspunkten weitete sich das Spektrum autobiographischen Schreibens aus. Der sozialen Herkunft nach verschob sich das im 19. Jahrhundert zunächst gleichgewichtige Verhältnis von adligen und bürgerlichen Frauen, zumal auch Autorinnen aus bäuerlichem und proletarischem Milieu hinzutraten. Seit der Jahrhundertmitte kamen die Autobiographinnen vor allem aus dem Bildungsbürgertum. Sie stellen mit einem Viertel den größten Anteil bei autobiographischen Autorinnen, während die Zahl der adligen Frauen rapide sank.

Die breite Palette autobiographischen Schreibens zeigt typische Motive, Darstellungsweisen sowie Themenkomplexe, die jedoch kaum unvermischt vorkommen und deren Grenzen fließend sind. Die Motive reichen von der Selbsterforschung und Selbstdarstellung bis hin zu Bekenntnissen und Rechtfertigungen, von der Anklage bis zur Agitation, wobei die Leser informiert oder getäuscht, beeinflußt oder unterhalten werden sollen. Von der literarischen Ausdrucksfähigkeit und den Absichten wiederum hängt es ab, ob die Autobiographin eher eine romanhafte Schilderung oder einen sachlichen Bericht verfaßt. Im allgemeinen wird das eigene Leben in der Auseinandersetzung mit der Umwelt dargestellt, wobei Zeit- und Kulturgeschichte, Religion, Beruf oder Familie als thematische Leitlinien dienen, denen in der einzelnen Autobiographie allerdings unterschiedliche Bedeutung zugemessen wird.

Seit den 1880er Jahren kam es zu einer Ausweitung der Thematik, was sowohl mit der historischen Entwicklung wie mit der sich ändernden gesellschaftlichen Stellung der Frau zusammenhing. Zuvor hatten diejenigen Frauen, die bereits eine gewisse Publizität besaßen, ihre Autobiographie entweder im Hinblick auf die jeweiligen kultur- oder zeitgeschichtlichen Verhältnisse geschrieben und veröffentlicht oder unter dem Gesichtspunkt ihrer religiösen Entwicklung als Konvertitenschrift oder als religiöses Bekenntnis. Nun aber traten erstmals auch unbekannte Frauen mit ihrer Autobiographie aus der Anonymität heraus. Die Berufstätigen unter ihnen boten dem Publikum Einblick in neu entstandene Berufsfelder für Frauen, während für diejenigen, die weder prominent noch berufstätig waren, die Familie das Hauptthema bot. Zu den Spielarten des Themas Familie gehören Kindheitserinnerungen ebenso wie chronikartige Berichte und Biographien über nahe Verwandte. Häufig übernahmen es die Frauen, die Familiengeschichte mündlich oder schriftlich weiterzugeben, so daß Familien, wie die von Agnes Sapper[9] oder Charlotte Herder über mehrere Generationen hinweg sowohl aus biographischer wie aus autobiographischer Perspektive dargestellt sind.

Im folgenden werden drei unbekannte Autorinnen vorgestellt – zwei von ihnen besaßen keine Erfahrung im Schreiben und im Umgang mit einem Publikum –, deren Werke einen charakteristischen Eindruck davon geben, wie die neuen Themenkomplexe Familie und Beruf in Autobiographien von Frauen zur Geltung kommen. In einem Fall ist das Thema Familie mit dem besonderen Typ ‚Kindheitserinnerungen' verknüpft.

Familie und Beruf in Autobiographien von Frauen

Die Familienerinnerungen der Louise Loesener

Louise Loesener gehört zu den Autobiographinnen, die es sich – mehr oder weniger schreibgewandt – zur Aufgabe machten, für ihre Nachkommen dasjenige aus dem Familienleben aufzuzeichnen, was für die Zukunft im Gedächtnis bewahrt werden sollte. Sie verfaßte Erinnerungen, die dem Typ Familienchronik nahestehen.

1833 in Berlin geboren, wuchs sie in wohlhabenden bürgerlichen Verhältnissen auf, denn ihr Vater Louis Mathieu, aus einer Hugenottenfamilie stammend, war im Traditionsberuf der Familie, dem des Gärtners und Pflanzenzüchters, erfolgreich gewesen. Im hohen Alter von 77 Jahren schrieb sie die «Geschichte meiner Vorfahren», deren Fortsetzung, die eigene Geschichte schildernd, im folgenden Jahr erschien. Beide Werke gab ihr Sohn als Privatdrucke (1910 bzw. 1911) heraus, so daß sie nur ein begrenztes Publikum erreichen konnten – wohl auch sollten, denn sowohl dem Inhalt wie der Diktion nach erfordern sie einen interessierten und ausdauernden Leser. Die Verfasserin gab nämlich ihrem recht trockenen Bericht eine streng chronologische Form mit den jeweiligen Jahreszahlen am Textrand. Daneben bemühte sie sich, jede mit der Familie in Kontakt stehende Person, ob verwandt oder bekannt, namentlich zu nennen und verzeichnete zudem akribisch jeden der zahlreichen Orte, den sie oder nahe Verwandte besucht hatten. Da sie jedoch weitgehend auf persönliche Einschätzungen verzichtete und auch kaum illustrierende Passagen einflocht, ähnelt die Darstellung eher einer buchhalterischen Aufstellung zu Nachschlagezwecken als Erinnerungen aus dem Leben, wie sie im Gedächtnis haften bleiben.

Im zweiten Band, der ihrem eigenen Leben gewidmet ist, wird der Eindruck eines unkomplizierten Lebensweges ohne besondere Höhen und Tiefen durch die einfache Gliederung in ‚Kindheit', ‚Jugend', ‚Ehestand', ‚Witwenstand' und ‚Ereignisse der letzten Jahrzehnte' verstärkt. Allerdings entspricht die als ‚Jugend' beschriebene Lebensphase keineswegs den zeitgenössischen Vorstellungen. Für Louise Loesener beginnt ihre Jugend erst mit ihrer Konfirmation, also mit 17 Jahren, und sie endet mit ihrer Heirat im Alter von 31 Jahren. Der Konvention nach bedeutete die Konfirmation aber den Eintritt in das Erwachsenenalter, das für Mädchen gleichbedeutend mit Heiratsalter war. Ab etwa 25 Jahren galt man als alte Jungfer und mit 30 Jahren schlicht als alt. Daß auch Louise Loesener das Ledigsein nicht ohne Konflikte erlebte, geht aus einer der wenigen persönlichen, hier ganz allgemein gehaltenen Bemerkungen hervor, die dem Jahr 1863 zugeordnet ist und völlig unvermittelt innerhalb der üblichen Aneinanderreihung von Berichten über Besuche und Familienereignisse steht:

> Inzwischen war mir zum Bewußtsein gekommen, daß die nächste Pflicht die größte ist und alles erträumte Glück nur ein Phantasiegebilde. Je idealer sich die Welt in der Jugend gestaltet, desto mehr stößt uns später die rauhe Wirklichkeit zurück und mit dem Schwinden der Illusionen verringern sich die Ansprüche an das Leben.[10]

Ihr Witwenleben seit 1876 teilt sie in zwei Phasen. Die erste schließt 1886 mit der Konfirmation der 17jährigen Tochter ab. Nach diesem Ereignis gibt sie ihre erzählende Berichterstattung mit der Begründung auf, daß ihre Kinder nun – der Sohn studierte bereits – alt genug seien, um die kommenden Ereignisse selbst in der Erinnerung bewahren zu können und sie verzeichnete bis 1911 unter dem jeweiligen Jahresdatum nur noch die wichtigsten Ereignisse in Stichworten.

Louise Loeseners Erinnerungen entwerfen ein Familienbild, das eher durch die Quantität der Begegnungen miteinander als durch die Qualität der Beziehungen zueinander bestimmt wird. Die Personen werden nicht als Individuen gesehen, sondern in erster Linie unter dem Gesichtspunkt ihrer Position zu oder innerhalb der Familie, die Frauen also zunächst als Töchter, dann als Ehefrauen, Mütter und Großmütter oder als Tanten. Louise Loesener selbst hat jede dieser Positionen eingenommen, und sie stellt sich als ein Glied in der Kette der Familiengenerationen dar, aus der sie als Chronistin hervortritt, ohne dabei ihre individuelle Eigenart und subjektive Haltung zum Ausdruck zu bringen.

Die Kindheitserinnerungen der Babette von Bülow

Etwa seit den 1880er Jahren wurden Kindheitserinnerungen nicht mehr nur als Bestandteil des gesamten Lebensweges beschrieben, sondern zunehmend erschienen Werke, die ausschließlich Kindheit und Jugend zum Thema hatten. Häufig folgten die Autorinnen dabei der Tendenz, die Kindheit zu idealisieren, so daß diese Zeitspanne als eine besonders glückliche Lebensphase erschien.[11]

In dieser Weise verfährt Babette von Bülow, 1850 als Tochter des Juristen Felix Eberty geboren. Mit ihren humoristischen Erzählungen aus dem Familienleben hatte sie sich sowohl in Familienzeitschriften wie auf dem Buchmarkt bereits einen Leserkreis geschaffen. Geübt im Verfassen unterhaltsamer Geschichten wollte sie den Leser mit ihren Erinnerungen an eine „unendlich gemütliche Jugend“ in die behagliche Atmosphäre des „es war einmal“ versetzen.[12] Ihrem späteren Lebensweg hingegen maß sie keinerlei Unterhaltungswert bei:

> Ich kann nicht von denkwürdigen Begebenheiten noch interessanten Beziehungen sprechen, ich kann nur von der damaligen Zeit erzählen, von der vielleicht mancher gern hört, eben weil sie die ‚damalige‘ ist.[13]

Wie viele Verfasser von Kindheitserinnerungen läßt auch sie außer acht, daß es nicht wirklich um eine reale ‚damalige‘ Zeit, bei ihr also etwa um die Jahre 1853 bis 1864 geht, sondern allein um diejenige vergangene Zeit, die sie als Kind erlebte und von der sie sich im Laufe ihres Lebens eine ganz subjektive Vorstellung geschaffen hat.

In der Tat scheint ihr weiteres Leben in konventionellen Bahnen verlaufen zu sein.[14] Wohl nicht nur aus Rücksicht auf den ökonomischen Erfolg ihrer Werke veröffentlichte sie unter dem Pseudonym Hans Arnold, denn es ist anzunehmen, daß sie, eine preußische Offiziersfrau, es kaum wagen durfte, offen als Verfasserin von Unterhaltungsliteratur aufzutreten, zumal ihrer gesellschaftlichen Stellung der Makel bürgerlicher Geburt anhaftete. Doch selbst für die Kindheitserinnerungen wird das Pseudonym beibehalten. Lediglich im Vorwort findet sich ein Hinweis, daß sich hinter Hans Arnold „eine alte Frau“ verbirgt. Über die begrenzte Wirkung des Pseudonyms war sich Babette von Bülow aber offensichtlich im klaren, denn sie nennt hier alle Familienmitglieder beim Namen. Dem Titel nach ordnet sich dieses Werk demnach in die übrige literarische Produktion der Verfasserin ein, während es seinem Inhalt nach Authentizität beansprucht.

Vom Thema her bildet die Familie den Angelpunkt sowohl ihrer literarischen Phantasie als auch ihrer Kindheitserinnerungen. Babette von Bülow beschreibt das Familienleben in ihrem Elternhaus, in dem der Vater dominierte und die sanfte Mutter das Hauswesen vorbildlich führte. In biographischen Exkursen über Onkel, Tanten und über den Großvater, der mit in der Familie lebte, stellt sie die Verwandtschaft vor. Und wie so oft in Kindheitserinnerungen bleiben die Geschwister – hier sind es drei Schwestern – merkwürdig anonym. Da die Mädchen fast alles gemeinsam unternehmen und somit das ‚wir' neben dem ‚ich' in der Erzählung breiten Raum einnimmt, scheinen die Schwestern zu einer Person zu verschmelzen.

Im Kreis ihrer Familie wie im Verkehr mit Verwandten und Freunden werden gern Geschichten aus früheren Zeiten erzählt. Die Mutter besitzt ein ausgesprochenes Erzähltalent und verfügt über ein Repertoire von Geschichten, die die Kinder immer wieder hören wollen, vor allem wenn sie aus ihrer eigenen Kindheit erzählt. Um das Wissen über diese Ereignisse zu bewahren, schrieb diese Frau im Alter einzelne Geschichten für ihre Kinder auf, und daraus gibt die Tochter Babette wiederum eine Auswahl in ihrem Buch über ihre Kindheit weiter. Auch aus anderen Autobiographien ist bekannt, daß in den Familien oft und gern aus dem eigenen Leben erzählt wurde, und besonders waren es die Mütter, die ihren Kindern erzählten. Von der mündlichen Überlieferung erprobter und allmählich ausgeformter Geschichten ist der Schritt zur Niederschrift nicht weit. Es ist davon auszugehen, daß diese Erzählpraxis in vielen Fällen die Vorstufe autobiographischen Schreibens darstellte und dann entscheidenden Einfluß sowohl auf die Auswahl des Inhalts wie auf seine Darstellungsweise ausübte.

Mit ihren Kindheitserinnerungen vermittelt Babette von Bülow ein anschauliches Bild von der soliden und „gemütlichen" Lebensweise in einer wohlhabenden Familie des Bildungsbürgertums, aus dem Seitenblicke in weniger privilegierte Verhältnisse verbannt bleiben. Daß die Verfasserin sehr wohl wußte, wie arme Leute leben, geht aus einem Nebensatz hervor. Sie erwähnt, daß der Vater seine Töchter oft mitnahm, wenn er bedürftige Familien besuchte, die er unterstützen wollte. Im Rückblick dient dieser Hinweis aber lediglich als Anlaß, um ausführlich beschreiben zu können, wie ihr ein einziges Mal das Weihnachtsfest verdorben wurde, weil sie sich bei einem dieser Armenbesuche die Masern geholt hatte.[15] Wie andere Autobiographinnen auch verstärkt Babette von Bülow demnach die Vorstellung von ihrer behüteten Kindheit, indem sie bedrohliche Themen ausblendet oder diese nur benutzt, um eine bewegende Geschichte daraus zu gestalten. Ähnlich verfährt sie zum Beispiel bei der Schilderung früher Furchterlebnisse.

Zur Harmonisierung der Vergangenheit paßt ihre Einstellung hinsichtlich der Stellung der Frau. Übereinstimmend mit herrschenden Vorstellungen vom Wesen und von der Rolle der Frau beschreibt sie ihre Mutter als ein Musterbild weiblicher Tugend:

Sie trat mit ihrer Persönlichkeit nie hervor, sie war die beste, rührigste, gastfreieste Hausfrau und nur diejenigen, die ihr näher standen, wußten, daß sie geistig, wenn auch in anderer Art, ebenso reich begabt war wie mein Vater, dem sie auf allen Gebieten mit vollem Verständnis folgte.[16]

Die Eltern orientierten sich in der Erziehung ihrer Töchter prinzipiell an diesem Leitbild. Sie teilten die zeitgenössische Auffassung, daß Mädchen nichts zu lernen brauchten[17] und hatten genaue Vorstellungen darüber, was als unweiblich zu gelten hatte:

Wer einen Kneifer trug, wer einem Herrn beim Gutentagsagen die Hand gab, wer einen Hut ohne Bindebänder auf dem Kopf hatte, war ‚unweiblich' und auch das Violinspiel fiel in diese Rubrik.[18]

Die Sozialisation dieser Schwestern verlief dennoch untypisch. Ausschlaggebend dafür waren die vielseitige Begabung des Vaters und sein offenes und impulsives Wesen:

Dem Vater war es ein absolutes Bedürfnis, Frau und Kinder an allem teilnehmen zu lassen, was ihn augenblicklich gerade beschäftigte, und ich als sein besonderer Liebling teilte vielleicht am meisten mit ihm.[19]

Nicht allein daß die Verfasserin schon früh seine Manuskripte korrekturlesen durfte, auch ganz ‚unweibliche' Tätigkeiten lernten die Mädchen kennen:

[...] ob er am Mikroskop stand, und in begeistertes Entzücken über ein Fliegenauge oder einen Schmetterlingsflügel geriet, ob er an der Hobelbank hantierte, an der seine prächtigen Schnitzarbeiten entstanden, ob er abends mit uns den Sternenhimmel betrachtete und uns von Planeten und Fixsternen erzählte, – wir Kinder mußten überall dabei sein.[20]

Doch auch der Umgang mit Verwandten und mit den Freunden erweiterte ihren Horizont, denn sie nahmen am geselligen Verkehr der Erwachsenen teil. Am ungewöhnlichsten war jedoch die Freizügigkeit, mit der die Mädchen ihre Phantasie in den verschiedensten Spielen ausleben durften:

[...] die Eltern, so ängstlich sie bei Krankheiten waren, ließen uns in Entwicklung unserer Körperkräfte und unserer angeborenen Wildheit ruhig umhertoben.[21]

Zwar gehörten auch Spiele mit Puppen dazu, die sich um Verlobung, Heirat und Haushaltsführung drehten; viel lieber beschäftigten sie sich aber mit selbsterfundenen Tag- und Nachtspielen, die in der Phantasie endlos ausgesponnen werden konnten. Hierzu gehörte unter anderem das Spiel ‚amerikanischer Krieg', bei dem das Bett als Festung diente und eine häßliche Puppe jeden Abend als Spion am Bettpfosten aufgeknüpft wurde.[22] Bei dem ‚Nordpolspiel' war das große Eßzimmer der Schauplatz:

Stundenlang rutschten und fuhren wir so im Saal herum, die größten Gefahren kühn bestehend, mit Eisbären kämpfend, von Frost und Hunger bedroht und uns unausgesetzt alle Fährnisse vormurmelnd.[23]

Der Kontrast zur üblichen Mädchenerziehung wird deutlich, wenn die Verfasserin den Besuch von vier etwa gleichaltrigen Schwestern beschreibt:

Die armen, kleinen Gäste, die zu wohlerzogenen Fräuleins glaubten gekommen zu sein, fanden sich einer wilden Horde gegenüber, die unter Kampfgeschrei und Gertenhieben sich vergnügte.[24]

Babette von Bülow schildert zwar ausführlich und mit Freude dieses ungewöhnlich freizügige Heranwachsen, sie erwähnt aber an keiner Stelle, ob dadurch später die Anpassung an die weibliche Rolle erschwert wurde. Vielleicht erkannte sie nicht, daß die – unbeabsichtigten – emanzipatorischen Züge in dieser Erziehung Entwicklungsmöglichkeiten boten, wie sie für Mädchen im allgemeinen nicht bestanden. Die Autobiographie jedenfalls vermittelt den Eindruck, als ob der Freiraum des Phantasielebens und der Spiele mit dem Ende der Kindheit verschwand. Doch im späteren ‚sozialisierten' Leben schuf sie sich einen neuen Freiraum, in dem sie ihre nun ebenfalls ‚sozialisierte' Phantasie literarisch produktiv umsetzen konnte.

Die Berufserinnerungen von Adelheid Bandau

Mit ihrem Buch «Zwölf Jahre als Diakonissin» (1881) hat die 34jährige Adelheid Bandau den ersten kritischen Bericht über diesen seit den 1840er Jahren expandierenden Berufszweig veröffentlicht. Er erregte Aufsehen und innerhalb eines Jahres erschienen zwei weitere Auflagen, kein Wunder also, daß die Direktionen der Mutterhäuser in „heftigen Unwillen"[25] gerieten. Offensichtlich hatte die Autorin, die bereits 1876 aus dem Kaiserswerther Mutterhaus ausgetreten war, nicht mit derartigen Reaktionen gerechnet, denn sie zog daraufhin das Werk aus dem Buchhandel zurück und sprach öffentlich ihr Bedauern aus.[26] Daß sie mit ihrer Kritik aber tatsächlich problematische Seiten des Berufs getroffen hatte, wurde spätestens zu Beginn der 1890er Jahre deutlich, als eine breite öffentliche Diskussion über die ‚Diakonissenfrage' einsetzte, die zu zahlreichen Publikationen führte.

Mehr als 30 Jahre nach Veröffentlichung ihres kritischen Berichts verfaßte Adelheid Bandau Lebenserinnerungen, in deren erstem Teil «Erfahrungen einer Diakonissin. Treu nach dem Leben erzählt» (1915) sie ausführlich ihre unglückliche Kindheit beschreibt, hauptsächlich aber von ihrer Zeit als Diakonisse berichtet. Sie verwendet dabei weitgehend wörtlich die Fassung von 1881, zu deren Inhalt sie sich jetzt ausdrücklich bekennt.[27] Allerdings nahm sie Kürzungen vor, die nicht nur den appellativen Charakter der ersten Fassung dämpfen, sondern auch den Ausdruck unmittelbarer Betroffenheit und Entrüstung mäßigen. So hat sie zahlreiche biographische Skizzen über Diakonissen und Schülerinnen gestrichen, mit denen sie immer wieder die Berufsproblematik und die Nöte bei Austritt oder Heirat verdeutlicht hatte. Außerdem nennt sie nun Personen mit ihrem richtigen Namen und verzichtet auf die eher karikierend wirkenden Phantasienamen. Nur bei leitenden Personen, so bei ihrem Hauptopponenten, dem Inspektor im Kaiserswerther Mutterhaus, Pastor Disselhoff, behält sie die Initialen bei, obwohl sie unschwer zu entschlüsseln sind. Gekürzt sind zudem mehrere Passagen, die ihren persönlichen Konflikt mit Disselhoff illustriert und dessen Dünkel und Unduldsamkeit enthüllt hatten. Ihr Standpunkt bleibt zwar deutlich, aber ihre Empörung verliert an Eindringlichkeit und Farbe. Weniger ausführlich behandelt sie schließlich auch das heikle Thema der verbotenen ‚intimen Freundschaften' zwischen Diakonissen und sie kürzt gerade dort, wo sie vorher ihre eigene Verstrickung angedeutet hatte.[28]

Adelheid Bandaus Weg zum Beruf der Diakonisse ist typisch für den zahlreicher bürgerlicher Frauen in dieser Zeit. 1847 als Tochter eines Lehrers in Berlin geboren, verlor sie schon früh die Mutter und mit der Wiederheirat ihres Vaters begannen die Quälereien durch die als feindlich erlebte Stiefmutter. Von dieser am Besuch der Höheren Töchterschule gehindert und gezwungen, als Näherin zu arbeiten, fand sie einen Ausweg aus ihrer trostlosen und erniedrigenden Lage in dem Glauben an eine göttliche Fügung und Führung. Seit diesem Wendepunkt gewann sie inneren Halt und lernte, Demütigungen zu ertragen: „Das Leid war mir keine Last mehr, sondern eine Lust."[29] Mit 17 Jahren von der Stiefmutter aus dem Haus gewiesen, folgte sie einem Aufruf des Kaiserswerther Mutterhauses, in dem Pfarrer- und Lehrertöchter aufgefordert wurden, sich ‚zur Ehre Gottes' in den Dienst der leidenden Menschheit zu stellen. In dieser Zeit stellte der Beruf der Diakonisse die einzige Möglichkeit für unversorgte ledige oder verwitwete Frauen dar, außerhalb der Familie, aber auf traditionell weiblichen Arbeitsfeldern, eine qualifizierte Tätigkeit auszuüben, die den Lebensunterhalt auch bei Krankheit und im Alter sicherte und zugleich eine christlich ausgerichtete und familienähnlich organisierte Lebensweise bot. Die Kirche vertrat nämlich im Gegensatz zur bürgerlichen Familienideologie die Auffassung, daß es einer Frau freistehe, ob sie heiraten oder ledig bleiben wolle.[30]

Die Jahre ihrer Ausbildung zur Lehrerin bezeichnet Adelheid Bandau rückblickend als die schönste Zeit ihres Lebens, aber schon bald öffnete ihr der Berufsalltag in verschiedenen Pensionaten die Augen über die Mängel des Diakonissendaseins. Unverblümt kritisiert sie sowohl Mißstände, die von menschlicher Unzulänglichkeit herrührten, als auch Fehler, die in der Struktur und der Ideologie der Institution selbst begründet waren. Ausschlaggebend für ihren späteren Austritt wurde weniger die permanente Arbeitsüberlastung, die bei ihr zu einem Nervenleiden führte, sondern vielmehr die mangelnde persönliche Freiheit, zumal im Umgang mit anderen, sowie die völlige Abhängigkeit vom Mutterhaus, die ihr wie vielen anderen auch die Rückkehr ins weltliche Leben außerordentlich erschwerte. Auf die nachfolgende Tätigkeit als selbständige Lehrerin an verschiedenen Schulen geht sie nur noch kurz ein und läßt den ersten Teil mit der Abreise nach Bukarest im Jahr 1880 schließen.

Bisher war es ihr gelungen, sich mit eigener Kraft aus Verhältnissen zu befreien, die sie an der Entfaltung ihrer Persönlichkeit hinderten, auch wenn sie unter dem Gefühl des Ausgestoßenseins, zuerst aus der Familie, dann aus dem Kreis der Diakonissen, zu leiden hatte. Es bleibt offen, wie ihr weiteres Leben verlief, denn der angekündigte zweite Teil der Erinnerungen erschien nicht mehr.

Alle drei Frauen beschreiben ihr eigenes Leben und jede hat es in ihrer Autobiographie ihrem Selbstbild entsprechend rekonstruiert: Louise Loesener ordnet ihr Leben ganz traditionell in die Generationen ihrer Familie ein und mißt ihrer Individualität keine besondere Bedeutung zu. Babette von Bülow beschränkt sich auf ihre Kindheit, die Zeit also, in der ihre Erziehung zur künftigen Hausfrau, Gattin und Mutter noch nicht voll eingesetzt hatte, wie es sonst üblich war. Allein in Adelheid Bandaus Erinnerungen lassen sich der Kampf gegen einengende Verhältnisse und das Ringen um Selbständigkeit verfolgen, und es ist typisch für die Frauen ihrer Generation und Herkunft, daß die Konflikte aus der Beziehung zwischen Beruf und Familie erwachsen.

Die Vielfalt autobiographischen Schreibens von Frauen mit und ohne Publikums- und Schreiberfahrung erfordert eine neue Sicht der Gattung insgesamt und zeigt gleichzeitig dessen Aussagekraft als sozial- und kulturgeschichtliche Quelle, vor allem was die Entfaltung einer spezifisch weiblichen Identität im historischen Kontext angeht. Vom Selbstbild der Autorin hängt es ab, ob ihre Autobiographie emanzipatorisch wirkt oder bestätigend und stabilisierend im Sinne traditioneller Vorstellungen von der Rolle der Frau in Familie und Gesellschaft.

ZWEITER TEIL
20. JAHRHUNDERT

IV. Zwischen Tradition und Moderne
Literatur, Publizistik und Wertwandel im frühen 20. Jahrhundert

1. Perspektiven des Übergangs
Weibliches Bewußtsein und frühe Moderne

Gisela Brinker-Gabler

Der Übergang vom 19. zum 20. Jahrhundert ist eine Phase umwälzender Modernisierung der Industrie, Wirtschaft, der Technik, des Verkehrs- und Kommunikationswesens sowie der Entwicklung neuer Formen wissenschaftlichen Erkennens. Die tiefgreifenden Veränderungen lösen eine doppelte Krise des Subjekts aus: Krise des Verhältnisses zu den Institutionen, die den ‚Individuen' nicht mehr einen beziehungsvollen Bedeutungszusammenhang vermitteln, und Krise der Subjektkonzeption selbst. Im politischen und kulturellen Leben zeigen sich Neuerungs- und Fluchtbestrebungen: neue Wirklichkeiten werden entworfen, Orientierung an alten Ordnungen wird gesucht, es vollzieht sich eine ‚Umwertung der Werte' wie die Aufwertung alter Werte.

Die einschneidenden gesamtgesellschaftlichen Veränderungen führen zu einer Reaktivierung der aus den sozialen und demokratischen Bewegungen des 19. Jahrhunderts hervorgegangenen Frauenbewegung (vgl. S. 86ff.), und zwar sowohl im Rahmen der Arbeiterbewegung als Entwicklung der proletarischen Frauenbewegung wie auch als Fortsetzung der liberalen Bestrebungen um die Bürgerrechte der Frau; hier kommt es aufgrund unterschiedlicher politischer, sozialer und sexualmoralischer Auffassungen zu einer Verzweigung in verschiedene Gruppierungen (vgl. S. 249ff. und 268ff.). Durch die vielfältigen Initiativen und Aktivitäten der Frauenbewegung, die Veränderung weiblicher Lebensverhältnisse, die Entwicklung neuer Lebensentwürfe wie auch durch die allgemeine Erschütterung traditioneller Vorstellungen von Religion, Staat, Kultur und Moral gerät das mann-weibliche Gegensatzsystem in Bewegung.

Diese Zeit bedeutet für die Frau eine „Weltwende", schreibt 1902 die Schriftstellerin Hedwig Dohm.[1] Auf welche unterschiedliche Weise Frauen in ihren literarischen Werken auf diese Situation reagieren, welche Probleme sie thematisieren, welches Selbstverständnis sie artikulieren, ist mitbestimmt durch das Spektrum der ideologischen Positionen um 1900 ebenso wie durch den Variationsspielraum der unterschiedlichen literarischen Strömungen und Stiltendenzen. Im folgenden wird anhand einiger ausgewählter Erzählwerke weiblicher Autoren der Jahrhundertwende den unterschiedlichen Antworten und literarischen Äußerungsweisen nachgegangen, und zwar bezogen auf die historisch konkrete Erfahrung des ‚Übergangs' und die jeweiligen Orientierungen, die für die Formulierung der Antworten und ihre literarische Gestaltung Bedeutung gewinnen.

Die Thematisierung des Übergangs verlangt eine doppelte Blickrichtung: eine Reflexion auf Traditionen und Erworbenes, die die Fremdbestimmung analysiert und auch eine mögliche neue Inbesitznahme unter veränderten Vorzeichen miteinbezieht; zugleich bedarf es einer Aufgeschlossenheit gegenüber neuen Modellen, die zur Gestaltung einer anderen Gegenwart und Zukunft führen können, die aber auch ‚verfremdet' werden müssen, indem ‚Fremdes' aufgedeckt bzw. Gültiges für die eigene Situation und Bedürfnisdisposition erkannt werden kann. Damit stellt sich die Aufgabe eines doppelten Bezugs und doppelter kritischer Überprüfung: inwiefern ist das ‚Eigene' das Andere und inwiefern steckt im Anderen ‚Eigenes'?

Die zentrale Erfahrung, die Erzählungen und Romane von Frauen um die Jahrhundertwende in unterschiedlicher Akzentuierung thematisieren, ist die des „Zwiespalts". So heißt es von der Protagonistin in Gabriele Reuters Roman «Aus guter Familie» (1895): „Es war nur ein fortwährender Streit zwischen ihrer individuellen Natur und dem Wesen, zu dem sie sich in lobendem Eifer nach einem ehrwürdigen jahrtausende alten Ideal gewandelt hatte."[2] Einige Jahre später schreibt Hedwig Dohm in der Selbstanzeige ihres Romans «Christa Ruland» (1902):

> Es ist ein Zwiespalt in uns Werdenden zwischen dem Altererbten und dem Neuerrungenen. Was seit so vielen Generationen Recht und Brauch war, hat sich unserer Gesinnung einverleibt; es ist beinahe Instinkt bei uns geworden. Wir haben noch die Nerven der alten Generation und die Intelligenz und den Willen der neuen.[3]

Hier zeigt sich eine signifikante Verschiebung des „Zwiespalts" von Innen/Außen auf den Zwiespalt im Inneren selbst. Die unterschiedlichen Sichtweisen weiblicher Identitätsproblematik führen zu unterschiedlichen Weisen ihrer Bearbeitung und zur Orientierung an unterschiedlichen literarischen Richtungen, die sich auch überschneiden können.

Perfekte Domestizierung

1895 erschien Gabriele Reuters Roman «Aus guter Familie. Leidensgeschichte eines Mädchens». Er hatte auf Anhieb großen Erfolg und erreichte bis 1908 14 Auflagen. Wie der Titel des Romans ankündigt, handelt es sich nicht um einen Lebenslauf in aufsteigender Linie bis hin zur erfüllten, reifen ‚Weiblichkeit', sondern an einem individuellen Fall wird das Schicksal der unverheiratet bleibenden Frauen vergegenwärtigt. Der Roman zeichnet den Lebensweg einer bürgerlichen Tochter, Agathe Haidling, in der zweiten Hälfte des 19. Jahrhunderts nach: vom Tag ihrer Konfirmation (der seine besondere Bedeutung dadurch gewinnt, daß ab diesem Tag Mädchen als heiratsfähig gelten) über zwei Jahrzehnte ihrer Entwicklung, vom jungen zum ‚alten Mädchen', bis diese Frau den Verstand verliert. Die Provokation des Romans lag nicht im Sujet, dem Problem der unverheirateten Frau, das schon der Frauenroman des 18. Jahrhunderts wie auch die realistische Prosa aufgreift, sondern in der Darstellung der ungeschönten Realität eines Frauenlebens und dem Verzicht auf eine abdämpfende versöhnliche Lösung. Darin knüpft die Autorin an den Naturalismus an wie auch in der kritischen Schilderung der Wilhelminischen Gesellschaft, den eingeschobenen proletarischen Szenen mit Einarbeitung von Dialekt, die in der Geschichte des Dienstmädchens Wiesing die Korrumpierung der arbeitenden Frauen durch unwürdige Lebens- und Arbeitsverhältnisse zeigen.

Der Roman gibt aber nicht nur eine sozialkritische Oberflächenbeschreibung. Besondere Aufmerksamkeit verdient die für die Weiterentwicklung des Naturalismus charakteristische Mischung von objektiver und subjektiver Erzählweise (durch Übergang in erlebte Rede), ergänzt durch deutende Erzählerineinschübe. Vermittels der Ineinanderschiebung von Außen- und Innensicht vergegenwärtigt der Roman sowohl gesellschaftliche Einschränkungen der Selbstentfaltung der Frau als auch ihre Selbstentfremdung durch die Normen und Phrasen, die sich in ihr aufgebaut haben, fremde Gedanken und künstliche Stimmungen, in denen sie schwelgt. Die Wiederholung der Normen und Phrasen im Bewußtsein der weiblichen Figur verstärkt den Eindruck ihrer Determiniertheit, den auch ihre selbst gewonnenen Einsichten, die thematisierten Widersprüche, die eingeschobenen, zum Teil ironischen Kommentare nicht brechen können.

Gabriele Reuters doppelte Erzählperspektive deckt die Kluft auf zwischen der gesellschaftlichen Realität und einer künstlichen ‚Realität', in der junge bürgerliche Mädchen heranwachsen und ihre Wünsche und Phantasien entwickeln. Daraus entfaltet sich ein Handlungsablauf als Folge von aufgebauten Illusionen und ihrer Desillusionierung, Ausbruchsversuchen und -phantasien und ihren Abbrüchen. Aufzuwachsen als ‚höhere Tochter' im Schutzraum der Familie bedeutet für Agathe Haidling die frühzeitige Einübung in die zukünftige Aufgabe und ‚weibliche' Bestimmung als Gattin, Hausfrau und Mutter, die Erziehung zur liebenden Fürsorge und Aufopferung für andere. Den Kopf voll mit Geboten und Ratschlägen der Eltern, Pastoren, Verwandten, Freunde und Freundinnen und den darauf gegründeten Illusionen von Liebesglück und ‚weiblicher' Erfüllung wird sie unversehens mit der Wirklichkeit konfrontiert. Sie erlebt die doppelte Moral der Gesellschaft, in der gegenüber einfachen Mädchen brutale Sexualität ausgeübt wird, ledige Mütter geächtet werden und Liebe als Geschäft betrieben wird. Sie, die vom romantischen Helden träumt, dem sie sich auf- und hingeben möchte, trifft auf von ihrem Karrieredenken und egoistischen Wünschen gelenkte Männer: Der Vater hält die Selbstaufopferung von Frauen und Töchter für selbstverständlich, der Bruder bezahlt seine Spielschulden mit der Mitgift der Schwester, ein um ihre Hand anhaltender Assessor will sie ohne Mitgift nicht heiraten; dem für das Recht auch der Frau auf Persönlichkeit eintretenden sozialdemokratischen Vetter Agathes fehlt die Durchsicht auf die Strukturen der ‚männlichen' Ordnung.

Behütet und aufgehoben sein im Elternhaus, in der Familie, bedeutet für Agathe in Wirklichkeit die Einübung in die Minderwertigkeitsposition des ‚zweiten Geschlechts', in materielle Abhängigkeit und Fügung in geistige Beschränktheit. Zwar wächst in Agathe immer aufs neue Widerstand gegen ihre Situation, aus dem Wunsch nach geistiger Entfaltung, nach Engagement, aus dem nicht unterdrückbaren Bedürfnis nach persönlichem Glück. Aber es fehlt ihr an Entschlußkraft und Durchsetzungsvermögen; zum Scheitern verurteilt sind Ausbruchsversuche, die sie an andere knüpft und nicht auf eigenen Handlungswillen.

Agathes Ausweglosigkeit wird dadurch unterstrichen, daß kaum eine der sie umgebenden Frauen eine hoffnungsvolle Perspektive bietet. Die Mutter verzehrt sich in häuslicher Pflichterfüllung; Eugenie, die Jugendfreundin und spätere Schwägerin, spielt, unterstützt durch Reichtum und Schönheit, perfekt ihre Rolle, mit selbstbewußtem Anspruchsdenken und Heimlichkeiten, was bei Agathe, das Tugendideal affirmierend, zu einer zunehmenden Abwehrhaltung ihr gegenüber führt. Berufstätige Frauen erscheinen Agathe als bedauernswert, weil sie zur Ehelosigkeit ‚verdammt' sind, wie der (nach zeitgenössischem Klischee) vorgeführte Kreis ältlicher, verwachsener Lehrerinnen, oder weil sie, wenn sie verheiratet sind, keiner Aufgabe gerecht werden können, wie eine befreundete verheiratete Malerin, die ohne Kunstanspruch Bilder produziert, um den Lebensunterhalt aufzubringen für Kind und Mann, der sich ganz seiner Kunst widmet. Auf mögliche Orientierungen deuten zwei Nebenfiguren: die Cousine Mimi Bär, die als Diakonissin sich nicht, wie später Agathe, familiärer Pflichterfüllung, sondern Kranken und Waisenkindern widmet, wobei aber auch Kritisches über die Strenge der Diakonissen-Organisation anklingt. Vor allem in einer sozialen Außenseiterin erkennt Agathe ihre Wünsche und Sehnsüchte wieder: einer Schauspielerin, der Geliebten eines von Agathe geliebten Malers, die von ihm ein Kind hat. In masochistischer Leidensbereitschaft wünscht sie sich, an Stelle dieser Frau zu sein, einer inzwischen unglücklich Liebenden, denn der Maler hat sie verlassen. Diese Identifizierung enthüllt das beharrliche geheime Zentrum von Agathes Wünschen und Träumen, die verheißungsvolle Erfüllung durch Liebe und Mutterschaft.

Daher scheitert auch die letzte Aufbruchshoffnung, die Agathe an den Vetter Martin Greffinger, inzwischen Professor in Zürich, knüpft. Er bietet ihr seine Unterstützung an, will ihr zu einem selbständigen Leben und Arbeit verhelfen. Obwohl sie sich immer wieder selbst versichert, daß sie ihn nicht liebt, glaubt sie sich doch von ihm geliebt, was sich als Selbsttäuschung erweist. Er empfindet nur Freundschaft für sie, vergnügt sich gern mit „hübschen, frischen Schweizermädchen". Damit schwindet ihre Hoffnung auf Glücksgewinn und endgültig jede Perspektive auf Erfüllung ihrer Träume:

> Freilich die Männer ... die nahmen sich auch auf die Höhen mit hinauf, was sie mochten, was ihnen angenehm schien – nur sie – sie sollte da in Eis und Schnee erstarren. Im Grunde war es also gleichgültig, ob sie unten saß oder mit Gefahr ihres Lebens an den Felsenhängen der Wahrheit und der Freiheit hinaufzuklimmen versuchte – für die Mädchen blieb sich die Sache ziemlich gleich – Entsagung überall.[4]

Agathes Unvermögen, auf ihre zentralen Wünsche zu verzichten, läßt sich als Ausdruck ihrer Realitätsuntüchtigkeit und Selbsttäuschung interpretieren. Aber es ist auch lesbar als Widerstand gegen die von der Gesellschaft erwartete bereitwillige Resignation, das Vergessen ihrer Wünsche. Andererseits trägt Agathe zur Unverrückbarkeit der gesellschaftlichen Realität bei durch Festhalten am weiblichen Tugendideal, das ihr, die sich immer wieder mit ihrer Minderwertigkeitsposition konfrontiert sieht, als einzigen Triumph moralische Überlegenheit garantiert. Möglich sind nur, vorsichtig angedeutet, phantasierte Normüberschreitungen, die die moralische Ächtung lediger Mutterschaft und weibliche Triebunterdrückung in Frage stellen. Sie kann aber ihre lebendigen Bedürfnisse nicht in die akzeptierte ‚Identität' des anständigen Mädchens integrieren, und sie kann sie nicht verändern. Denn unmöglich ist es ihr, ihren Konflikt zu artikulieren, sie, das „feine, ernste, gesetzte Fräulein Haidling", kann sich nicht einfach aussprechen, nicht einmal mit ihren ‚Leidensgenossinnen'.[5]

Was in ihr verschlossen bleibt, äußert sich zunehmend in körperlichen Reaktionen: Erkrankung (nach der Begegnung mit der Schauspielerin), Distanzierung von anderen, weil sie Ekel empfindet und schließlich Hysterisierung nach dem Zusammenbruch der säuberlichen Trennung von geheimen Wünschen und dem Bild, dem sie zu entsprechen sucht: „Sie ist gar kein anständiges Mädchen. Sie hat nur geheuchelt, Zeit ihres Lebens."[6] Mit der sie ‚erniedrigenden' Tatsache konfrontiert, stürzt sich Agathe auf die perfekte ‚Heuchlerin', ihre Schwägerin Eugenie, über die sie sich immer erhaben fühlte – ein verzweifelter Versuch, die eigene Makellosigkeit wiederherzustellen durch die Zerstörung des Spiegels, der die unerträgliche Wahrheit enthüllt.[7] Der Roman endet mit der Internierung Agathes in einer psychiatrischen Klinik, die sie nach zwei Jahren verlassen kann. Sie ist nun fähig, das von ihr erwartete ‚normale' Leben eines ‚alten Mädchens' im väterlichen Haus zu führen.

Mit der im Roman vergegenwärtigten ‚weiblichen Sprachlosigkeit' hat Gabriele Reuter später in ihren Erinnerungen ihre literarische Arbeit begründet. Im Roman selbst wird die Notwendigkeit des Aussprechens des bisher ‚Ungesagten' thematisiert. Martin Greffinger schlägt Agathe vor, ihr Leben aufzuschreiben:

> Ich weiß überhaupt nicht, ob es heute darauf ankommt, Kunstwerke zu schaffen... Wir leben alle so sehr im Kampf! – Kümmere Dich nicht um die Form! Sag' Deinen lieben Mitschwestern nur ehrlich und deutlich, wie ihr Leben in Wahrheit beschaffen ist. Vielleicht bekommen sie dann Mut, es selbst in die Hand zu nehmen, statt sich von ihren Eltern und der Gesellschaft vorschreiben zu lassen, wie sie leben sollen, und dabei kranke,

traurige, hysterische Frauenzimmer zu werden, die man mit dreißig Jahren am liebsten alle miteinander totschlüge! – Na – lockt Dich das nicht? Mitzuarbeiten für das Recht der Persönlichkeit? – Komm, stoß an – es lebe die Freiheit.[7]

Es wäre aber verfehlt, in diesem Plädoyer für eine authentische Erfahrungsliteratur mit sozialer Funktion eine eindeutige Formulierung des literarischen Selbstverständnisses Gabriele Reuters zu sehen. Schon der Zynismus dieser Aussage wie auch die Handlungsentwicklung relativieren das hier formulierte Schreibprogramm. Gabriele Reuters Roman modifiziert vielmehr einen ausschließlich an Objektivität orientierten Kunstanspruch durch eine Mischung von objektiver und subjektiver Erzählperspektive, die die gesellschaftliche Einschränkung weiblicher Individualität und die bis in die psychische Struktur, den Körper eingreifende Deformierung vermittelt. Beschrieben wird eine ‚künstliche Wachstumsverhinderung': eine auf Selbstlosigkeit und Triebunterdrückung ausgerichtete Erziehung zur weiblichen Geschlechterrolle, die die Entwicklung zu einer selbstbestimmten und selbstverantwortlichen Persönlichkeit, die Aneignung geistiger und sinnlicher Bedürfnisse verhindert. Die der Identitätsproblematik der Protagonistin zugrundeliegende Spannung zwischen ‚Geschlechtsideal' und ‚individueller Natur' wird im Roman zugleich auf die gegensätzlichen Orientierungen der weiblichen und männlichen Figuren projiziert, mit dem Effekt der zugespitzten Kontrastierung weiblicher und männlicher Verhaltensorientierung: selbstlose Hingabe in der Liebe, der Fürsorge für andere, für ein Ideal vs. egoistisches Durchsetzen eigener Ziele unter rücksichtsloser Verfügung über das weibliche Geschlecht nach eigenen Bedürfnissen. Die Vergegenwärtigung der oppositionellen weiblichen und männlichen Verhaltensorientierung dient der Destruktion des männlichen Superioritäts- und Herrschaftsanspruchs. Die auf diese Funktion bezogene positiv besetzte weibliche Verhaltensorientierung wird allerdings auch kritisch als Schwäche gekennzeichnet, als mangelnde Handlungsorientierung, Selbstaufgabe und Realitätsverlust, darauf verweist das Scheitern der Protagonistin. Die Lösung, die der Roman für die dargestellte Problematik andeutet, liegt nicht in der Anpassung an die moralisch abgewertete männliche, sondern in der modifizierten weiblichen Verhaltensorientierung, verkörpert in den Nebenfiguren: der ledigen Mutter und Schauspielerin und der sich mütterlicher Fürsorge widmenden Diakonissin. Damit zeigt der Roman eine begrenzte Perspektive, die einerseits die traditionelle weibliche Bestimmung bestätigt, und damit auf den normativen Horizont der bürgerlichen Lebenswelt zurückweist, andrerseits bestehende Normen und Konventionen kritisiert vermittels der Rechtfertigung einer durch Liebe begründeten Verletzung des Tugendideals und einer Distanzierung von den ‚Fesseln der Familie' durch eine Arbeit auf ‚weiblichem' Berufsfeld. Dabei lassen sich die überschreitenden Entwürfe – einerseits als bewußte Stellungnahme, andrerseits als unterdrückter Wunsch – mit der Biographie der Autorin verknüpfen. Die unverheiratet gebliebene Gabriele Reuter hatte selbst ein Kind; der Beginn ihrer Schriftstellerinnenexistenz war überschattet durch die töchterliche Betreuung und schließlich Pflege der verwitweten Mutter. Gegenüber den orientierenden Entwürfen weiblicher Selbstbestimmung in den Nebenfiguren des Romans verdeutlichen die Einblicke in die Phantasie- und Gefühlswelt der Protagonistin, ihre Wünsche und Sehnsüchte, ihre Schwächen und Unberechenbarkeiten, welche Schwierigkeiten einer Herauslösung aus der naiven Identifikation mit der anerzogenen Geschlechterrolle entgegenstanden.

Mächtige Seelen

Nach erfolgreichen, im traditionellen Erzählstil gehaltenen Geschichten aus dem Goetheschen Weimar, Novellen und Romanen wandte sich die Schriftstellerin Helene Böhlau wie Gabriele Reuter in der Mitte der neunziger Jahre der aktuellen Frauenthematik zu. Ihre beiden Romane «Der Rangierbahnhof» (1896) und «Halbtier!» (1899) sind in der Darstellungsweise noch deutlicher von Naturalismus geprägt als Gabriele Reuters Roman: durch die Motive, z. B. Aufnahme des Gegensatzes Großstadt – Natur, ausgedehnte Milieuschilderungen und damit verbundener Sprachsphären. Als bestimmend für den Handlungsaufbau erweist sich wie bei Gabriele Reuter die Konfrontation weiblicher und männlicher Lebenswelt, mit dem Unterschied, daß in Helene Böhlaus Romanen die jeweils weiblichen Hauptfiguren zu Verkörperungen ,weiblicher Größe' werden. Diese ,Wende' wird ermöglicht durch ein vor allem von der Philosophie Arthur Schopenhauers inspiriertes kompromißloses Streben nach den Höhen des Geistes und der Kunst.

Der Roman «Der Rangierbahnhof», der eine auktoriale Erzählposition mit der Mischung verschiedener Perspektiven verbindet, beginnt mit der Geschichte eines jungen Mannes, Friedel Gastelmeier, aus bäuerlicher Familie, der sich in München zum Maler ausbildet, und entwickelt sich dann im weiteren Verlauf zu einem *Künstlerinnenroman* durch die zunehmende Konzentration auf die begabte Malerin Olly, der Friedel in München begegnet. Olly, die ganz in ihrer Kunst lebt, heiratet Friedel auf Drängen ihrer Familie, aber auch aus dem Wunsch nach Zuwendung und Zärtlichkeit, findet allerdings Verständnis und Unterstützung für sich und ihre Arbeit durch einen älteren Maler erst, als es für sie, die Todkranke, schon zu spät ist. In stofflichen Motiven, wie dem künstlerischen Ehrgeiz Ollys, ihrer völligen Verausgabung, der Begegnung mit dem älteren Künstler vor ihrem Tod, weist der Roman auf die Tagebücher der Malerin Maria Bashkirtseff (frz. 1889, dt. 1897), die in den neunziger Jahren Aufsehen erregten. Eine Eintragung dort vom 2. 1. 1879 läßt sich als Schlüssel zum «Rangierbahnhof» lesen:

> Ich, ich will versuchen, der Gesellschaft diese Gleichheit [der Frauen, G.B.-G.] zu geben, indem ich ihr ein Weib zeige, welches es zu etwas bringen wird trotz der Nachteile, welche ihm die Gesellschaft bereitet.[8]

Mit der Wahl der Künstlerinnenthematik wird ungleich brisanter als im herkömmlichen Frauenroman die Forderung gestellt, sich mit der traditionellen Lebensform der Frau und den Vorstellungen von Weiblichkeit auseinanderzusetzen. Entsprechend der naturalistischen Orientierung wird im «Rangierbahnhof» der Konflikt von Frauenrolle und Künstlerinnenexistenz in seiner sozialen Dimension vergegenwärtigt. Was sich zunächst als konzeptionelle Unstimmigkeit erweist, der Wechsel vom männlichen zum weiblichen Protagonisten, ermöglicht die Gegenüberstellung unterschiedlicher Lebenswelten und Entwicklungsmöglichkeiten. Während Friedel aus einer reichen bäuerlichen Familie stammt und eine behütete, vor allem von der Mutter zärtlich umsorgte Kindheit verbrachte, wächst Olly in eher chaotischen Familienverhältnissen heran, ohne Vater, mit einer äußerst hektischen Mutter, die ihre drei Kinder zur künstlerischen Arbeit um eines erhofften Geldsegens willen antreibt und die auch Olly zur Heirat mit Friedel aus finanziellen Gründen drängt. Olly ist durch das Leben in dieser Familie, in der es wie auf einem ‚Rangierbahnhof' zugeht, eingeschränkt. Sie kann sich nicht von den alltäglichen Sorgen und Problemen zurückziehen und auf ihre Arbeit konzentrieren. Auch später in der Ehe mit dem eher behäbigen Friedel, wo sie ihren hausfraulichen Pflichten nachzukommen sucht und trotzdem, von künstlerischem Ehrgeiz getrieben, ihre Arbeit weiterverfolgt, gelingt ihr dies nicht. Sie reibt ihre Kräfte auf, verschleißt sich, was zur körperlichen Schwächung führt, schließlich zur Erkrankung mit tödlichem Ausgang.

Die Reaktionen auf Ollys unbedingten Kunstanspruch, die durch die Polyperspektivik des Romans vermittelt werden, zeigen, daß Olly den Erwartungen und Ansprüchen, die an sie als Frau gerichtet werden, nicht entfliehen kann. Wenn sich für sie auch nicht unmittelbar das Problem der ‚Liebe' stellt, so erscheinen doch trotzdem Ehe und Künstlerinnenexistenz nicht vereinbar. Die ‚Lösung' dieser Problematik, die der Roman andeutet, liegt in der Beziehung der Künstlerin zu einem ‚väterlichen Freund', dem Maler Köppert, der ihre persönliche Einsamkeit und künstlerische Isolation aufhebt, eine Perspektive, die, so scheint es, aus dem Konflikt von Frauenrolle und Künstlerinnenexistenz hinausführt.

Der naturalistischen Orientierung zufolge bleibt die Erlebnisperspektive Ollys weitgehend ausgespart, d.h. die sozialen werden nicht durch die individuell-psychischen Probleme vertieft in Form einer Auseinandersetzung Ollys mit der ungenügenden Realität. Das bewirkt einerseits eine Ambivalenz des Romans, da die an Olly gerichteten Ansprüche und Erwartungen kaum widerlegt, verändert oder kritisch reflektiert werden (eine Ausnahme ist die für den Handlungsverlauf notwendige Auseinandersetzung Ollys mit dem Heiratsantrag Friedels). Andererseits wächst Olly dadurch im Verlauf des Romans, unangefochten und unbeirrbar, zu einer Heldin heran. Für diese Entwicklung gibt es einen bedeutsamen frühen Erzählerinkommentar:

> Wenn ein Weib sich einer Sache wirklich hingiebt, giebt sie sich grenzenlos hin. Das liegt in der Natur des Weibes; sie giebt sich der Kunst hin, wie sie sich der Liebe hingiebt, auf Tod und Leben.[9]

Deutlich ist hier das Bemühen der Autorin, unter allerdings problematischer Berufung auf die ‚weibliche Natur', *überhaupt* den absoluten Kunstanspruch einer Frau zu legitimieren. Besondere Aufmerksamkeit verdient der für den Unbedingtheitsanspruch herangezogene Vergleich von Kunst und Liebe: Er hat den Effekt, daß sie sich gegenseitig ausschließen.

Die Eindeutigkeit dieser Aussage ist überraschend; sie gewinnt ihre tiefere Bedeutung, wie im folgenden gezeigt werden soll, vor dem Hintergrund der von Schopenhauer auf der Grundlage seiner Philosophie entwickelten Gedanken „Vom Genie". Diese in den Ergänzungen zum dritten Buch von «Die Welt als Wille und Vorstellung»[10] vorgelegten Überlegungen erweisen sich bis in Einzelheiten als prägend für den Handlungsentwurf des Romans und die Figurencharakterisierung, z. B. Ollys und Köpperts Fähigkeit der „anschauenden Erkenntnis", die sie die Welt anders schauen läßt, weil sie tiefer hineinschauen. Schopenhauer spricht von der „großen und gewaltigen Koncentration",[11] die das Genie auszeichnet; seine Aktivitäten sind auf einen Punkt gerichtet und zwar so ausschließlich, daß ihm die ganze Welt schwindet. ‚Klein' sind alle, die ihr Treiben auf das persönliche Wohlergehen, auf sich selbst richten, ‚groß' sind diejenigen, die sich nicht um eigene Wohlfahrt bekümmern, ihr persönliches Wohl dem Zweck opfern.[12] Diesen Gegensatz von ‚Groß' und ‚Klein' vermittelt die Polyperspektivik des Romans, Ollys Isolation in der Familie und vor allem auch die Gegenüberstellung Friedels und Ollys. Friedel bildet sich zwar auch zum Künstler aus, aber er sucht nur sich, sein Wohlergehen und wird so zum „behäbigen Philister". Was nach Schopenhauer das Genie, wie jeden ‚wahren Helden' vor allem auszeichnet (und was die Intention des Romans enthüllt), ist „jenes erhabene Prädikat: es besagt, daß sie der menschlichen Natur entgegen, nicht nur für sich, sondern für alle gelebt haben", wobei sie auch, wie Schopenhauer einschränkt, „oft nur das Individuum seyn, nur sich im Auge haben" müssen.[13]

Olly erklärt Köppert:

> Es giebt jetzt etwas, das hat es so noch nicht gegeben, so wie ich's meine; – das moderne Weib und das ist immer in der Einzahl. Verstehen Sie? [...] Sie hat Durst nach Ruhm. Ich kann es nicht anders sagen. Es graut ihr davor, wie ein Hund zu sterben. Tausende von Männern haben Ruhm errungen; sie will die Wonne auch haben, und ihr Ruhmdurst ist fürs erste größer als Eurer. Sie will's natürlich für sich erreichen; aber doch nicht nur für sich. So, wissen Sie, als wollte sie sagen: Mit dem, was ich erzielt habe, adle ich Euch alle. Ihr hättet es auch gekonnt, viele von Euch – und besser.[14]

Olly figuriert das ‚weibliche Genie', die mögliche ‚Größe' der Frau und vermag so die Frauen mit ihrer ruhmlosen Geschichte in der Kunst zu versöhnen.

Helene Böhlaus Roman stellt eine Aneignung und zugleich Widerlegung Schopenhauers dar, denn in seinen Ausführungen heißt es. „Weiber können bedeutendes Talent, aber kein Genie haben."[15] Ihre kritische Perspektive zeigt sich darin, daß sie – auf das Soziale bezogen – den Kräfteverschleiß sichtbar macht, den ein ‚weiblicher Lebenszusammenhang' bewirkt, daß sie auf die Notwendigkeit eines Freiraums und geistiger Förderung für die künstlerische Entfaltung der Frau weist. Unkritisch bleibt sie aber, und das ist der entscheidende Mangel, in der Übernahme des Geniekonzepts Schopenhauers. Als verhängnisvoll erweist sich vor allem (für weibliche und männliche Künstler) die Begründung des Genies bei Schopenhauer auf die „anschauende Erkenntnis", die Aussparung des Zusammenhangs erotischer und künstlerischer Potenzen. Da Helene Böhlau Schopenhauers Genietheorie für die Charakterisierung Ollys (und Köpperts) übernimmt, und damit auch die Abtrennung der Kunst von der Liebe, kann sie die Problematik nicht vertiefen, wie zum Beispiel die Amerikanerin Kate Chopin, die in ihrem im gleichen Jahr veröffentlichten Künstlerinnenroman «The Awakening» (1899) die Verflechtung erotischer und künstlerischer Entfaltung verdeutlicht (vgl. den Beitrag von U. Mahlendorf, S. 452f.). Die Möglichkeit einer ‚Umwertung' der Vorstellung von Kunst und Künstler aus ‚weiblicher' Perspektive wird um die gleiche Zeit bei Lou Andreas-Salomé erkennbar (vgl. weiter unten).

Einen neuen Ansatz der Auseinandersetzung mit der Künstlerinnen-Thematik zeigt Helene Böhlaus Roman «Halbtier!». Die Einsicht in weibliche Subjektlosigkeit führt zur Verbindung von Naturalistischem und Symbolischem und zur Wende ins Metaphysische. Helene Böhlaus Roman «Halbtier!» ist der provozierendste Frauenroman der Jahrhundertwende: mit der schon im Titel anklingenden unverhüllten Anklage der Degradierung der Frau, der kompromißlosen Schärfe, mit der in umgangssprachlicher Redensart und pathetischer Redegestik die Minderwertigkeitsposition des ‚zweiten Geschlechts' dargestellt wird. Die Eindeutigkeit der Aussage ist zweifellos um den Preis der Einseitigkeit gewonnen, vor allem der eindimensionalen Charakterisierung der meisten Figuren.

Hauptfigur des Romans ist die kunstbegeisterte Isolde Frey, Tochter des berühmten Schriftstellers Dr. Frey. Im ersten Teil des Romans wird Isolde in ihrem familiären Umfeld gezeigt. Der Vater erscheint als polternder Patriarch, dessen Frau an seiner Seite, durch jahrelanges Leid abgestumpft, ein niedergedrücktes ‚Halbtier-Dasein' führt. Der Bruder tyrannisiert – nach dem Vorbild des Vaters – Mutter und Schwestern. Die Mädchen, neben Isolde die der Mutter ähnelnde, ängstliche Marie, sind dazu bestimmt, nichts als ‚Weib' zu sein.

Der zweite Teil führt Isolde und die Schwester, die den Vater begleiten dürfen, in ländliche Geselligkeit, die Welt von „Geistesmenschen", arrivierte Künstler, Maler und Schriftsteller. Es sind, wie der Schriftsteller Frey, gerade diese Platzhalter „hochentwickelter Geistigkeit", die Frauen zu „geistlosen Geschöpfen" degradieren und ‚weibliche Natur' auf die Erfüllung „tierischer Funktionen" des Lebens reduzieren. Die in diesem Kreis geführten Gespräche entfalten ein Spektrum misogyner Anspielungen und Zitate, die auf die zeitgenössische Weiblichkeitsdebatte zurückweisen. Sie werden zur Anklage einer spezifisch deutschen Tradition der Frauenverachtung verdichtet.

Isolde Frey, in schwärmerischer Liebe dem Maler Henry Megersen, einem

Freund des Vaters, zugetan, läßt sich von diesem, um der Kunst und ihrer Liebe willen, überreden, ihm nackt Modell zu stehen. Er, ein zynischer Frauenverächter, der in der Frau nur das ‚Tier' zu sehen vermag, konfrontiert sie kurz darauf mit einer brutalen Zurückweisung: er hält um die Hand der unkomplizierten Schwester Marie an. In Isolde Frey erwächst aus dieser tiefen Kränkung der leidenschaftliche Drang, „den Begriff Weib in sich selbst umwerten, umgestalten"[16] zu wollen und ihr Leben ganz der Kunst zu widmen.

Nach der Sichtbarmachung der familiären Gewaltverhältnisse und des Repertoires der Degradierung der Frau konzentriert sich der Roman im weiteren Verlauf auf die Künstlerin Isolde Frey; die Polyperspektive des Romans wird weitgehend zurückgenommen zugunsten der nun stärker in den Vordergrund rückenden Innen- und Außensicht Isoldes, die milieuimmanente Darstellung wird durch eine milieutranszendierende abgelöst.

Fünf Jahre sind vergangen. Durch eine Erbschaft ist es Isolde möglich geworden, sich zur Bildhauerin ausbilden zu lassen und sich ein eigenes Atelier einzurichten. Sie hat asketisch gelebt, versucht, das Gefühl der ‚Schmach' abzuwaschen von Seele und Körper und ein neues Verhältnis zu sich zu finden: „Ein solches Gefühl von Starksein, von Schönsein, von Können, von Macht erfüllte sie jetzt oft."[17] Sichtbarer Ausdruck ihres neugewonnenen Selbstgefühls ist ein gerade vollendetes Werk, eine Marmorfigur Buddhas, mit dessen Lehre sie inzwischen vertraut wurde. In diesem Zusammenhang bedeutsam ist die Freundschaft Isoldes mit einem außergewöhnlichen Paar: dem Philosophen Helwig Gerber und seiner Frau Lu. Um die ‚Einzigartigkeit' ihrer Liebe beneidet sie Lu und um den ‚Einzigartigen'. Seine Züge hat sie ihrer Buddha-Figur geliehen; er hat ihr Buddhas Lehre nahegebracht. Wie im folgenden gezeigt wird, ist es nun tatsächlich die Buddhas Lehre einbeziehende Philosophie Schopenhauers, seine Ausführungen über die „Bejahung und Verneinung des Willens",[18] die für den Handlungsverlauf und Isoldes weitere Entwicklung Bedeutung gewinnen. Isoldes Suche nach Selbstfindung mündet in Selbstüberwindung, in die Erlösung vom Ich, und zwar vermittels der zwei Wege, die zur ‚Verneinung des Willens' führen: „Erkenntnis des Leidens der ganzen Welt [hier im Roman auf das Leiden der Frauen bezogen], das man sich freiwillig aneignet [...] und selbstempfundener eigener, überschwenglicher Schmerz."[19]

In ihrem Versuch der Subjektwerdung, der ‚Bejahung des Willens', wird Isolde eingeholt von der bedrückenden weiblichen Realität. Sie erlebt, wie ihre Schwester Marie an der Seite Henry Megersens das Leben der Mutter führt, als Gebärmaschine degradiert zur „matten Halbtierseele" wird. Für ein junges Mädchen, das vom Bruder ein Kind erwartet und sich, völlig alleingelassen, hilfesuchend an sie wendet, kommt jede Hilfe zu spät. Isolde findet sie in der Anatomie, neben ihr das tote Kind und muß zusehen und -hören, wie die Tote der Verachtung witzereißender Medizinstudenten ausgeliefert ist. Indem Isolde sich den weiblichen Kränkungen, Schmerzen und Verlusten aussetzt, wächst ihr Leidensdruck, führt zur „Durchschauung des principium individuationis" und damit zur Fähigkeit, sich das fremde Leid als eigenes anzueignen, im Sinne des „Tat twam asi!“ („Dieses bist Du!“).[20]

Auf der Suche nach Leidensüberwindung wendet Isolde sich gesellschaftlichen Lösungsmöglichkeiten zu, sie trifft auf die „wunderlichste Sklavenbewegung“, die Frauenbewegung. Beim Besuch einer Frauenversammlung erscheint ihr aber das dortige Vorgehen in Nichtigkeiten und Details befangen; sie stellt dem entgegen ihre ‚königliche‘ Vision einer Befreiung der Frau: „Macht etwas Ganzes aus ihr!“ Und das heißt: Gebt ihr ein Kind und Arbeit.[21] Aber sie bleibt stumm. Zu weit ist sie den anderen schon entrückt. Der Rückzug aus der realen Lebenswelt, eine durch den Tod des Vaters ausgelöste Identifikation mit der Mutter, in der sie das Welt- und Schmerzüberwindende erkennt, deren Kraft nur verschüttet ist, führt zur Besinnung auf sich selbst. In der Reflektion auf ihr eigenes künstlerisches und persönliches Leben wird Isolde sich ihrer Unzulänglichkeit, Vergeblichkeit und Vereinsamung bewußt. In jedem Buch eines ‚großen Geistes der Vergangenheit‘, für das sie sich begeistert, trifft sie auf eine schmähliche Kränkung der Frau, selbst bei Buddha, der die Frauen ausgeschlossen hat.[22] Als Künstlerin lähmt sie die weibliche Geschichtslosigkeit, „die tote, leblose Vergangenheit des Weibes“.[23] Und sie fühlt sich um das ganze, volle Leben betrogen, um Liebeserfüllung und um die „all-einige“ Liebe von Mutter und Kind.

In der Darstellung ihrer Schmerzversenkung vermischen sich christliche und buddhistische Leidensbereitschaft und Schmerzüberwindung. Isolde gewinnt eine „Hellsicht des Schmerzes“ (hier zeigt sich eine deutliche Nähe zu Gerhart Hauptmanns ebenfalls unter dem Einfluß Schopenhauers entwickelter ‚Metaphysik des Leidens‘). Die dadurch begründete Autonomie führt, ausgelöst durch die Wiederbegegnung mit Megersen, über Schopenhauers Resignation als ‚Konsequenz des Leidens‘ hinaus zu einer Ethik des Gerichts und der Strafe und schließlich zum Selbstopfer. Als Megersen sie in der Stunde der Schmerzversenkung überrascht, sie sexuell bedrängt, erschießt sie ihn und geht, wie das Romanende andeutet, freiwillig in den Tod. Der Mord dient der Abwehr von Gewalt (aber auch eigener Verführbarkeit), erhält seine sinnstiftende Funktion darüber hinaus als symbolische Tat zur Aufhebung der die Frauen unterdrückenden Gewaltverhältnisse. In der abschließenden Transzendierung des Gegebenen wird eine neue Perspektive deutlich, erkennbar schon in der ‚königlichen Vision‘ Isoldes und einem an Nietzsche-Worte[24] gemahnenden frühen Erzählerinkommentar:

> Das aber wußte er nicht, daß unter den Frauen auch freie Geschöpfe leben, freier als jeder Mann frei ist, mächtige Seelen, die dem großen Zug der Natur, die in ihre Geschöpfe nur den Trieb zum Fressen legt, entgegenstehen, die der Natur zum Trotz sind, wie sie sind, lieben, wie sie lieben – und sich grenzenlos opfern, als stammten sie aus einer anderen Welt mit anderen Gesetzen.[25]

Wie im «Rangierbahnhof» setzt Helene Böhlau gegen die unerträgliche Gegenwart einen Entwurf ‚weiblicher Größe‘, in dem sich hier Schopenhauers

Madge Gill (1884–1961): Figure in Geometrical Setting

Vorstellung vom ‚ethischen Genie' der Weltüberwindung verschränkt mit jener vom wiedergeborenen, erlösungsstiftenden Menschen, wie ihn Nietzsche (seine ansatzweise metaphysische Wende verdeutlichend) am Ende der «Genealogie der Moral» prophezeit. Isolde geht aufrecht und frei in den Tod:

Es gab hier eine Welt dumpfer, dummer, matter Halbtierseelen! Sie wollte einen tiefen Todesschlaf halten, der die Kräfte stählte; dann wollte sie wiederkehren, stark und rein und gut – und mächtig – alles vermögend mit der Kraft zu erlösen.[27]

Die Entscheidung für den Tod ist nicht Akt der Verzweiflung, sondern wird zur Verheißung, in der Öffnung auf erlösende ‚Wiederkehr' und der Vision eines Lebens, das die im Roman dargestellte und reflektierte gesellschaftlich-kulturelle Konstellation versagt. So bedeutsam aber im Roman die Gestaltung der Entwicklung des mitleidenden Wissens ist, so fragwürdig bleibt am Ende die der leidenden Schwäche gegenübergestellte Stärke. Isolde wird zur Geste der Macht verführt („Sie hatte Gericht gehalten"), zur Distanzierung von anderen Frauen („matte Halbtierseelen", „Herdentiere") und erkauft ihren Weg zur „Höhe des Geistes" mit ihrer Opferung im doppelten Sinne, ihrem Tod und dem Verlust der eigenen Perspektive und Sprache:

[Lu:] Mein ‚Guter' sagt: laß Deine Liebe wie Schnee sein, selbst kühl, alles wärmend, was sie berührt. Das ist erlöste Liebe…

[Isolde:] Ja, werde du wie Schnee; gewiß so sollst du auch lieben.[28]

Die selbstkritische Einsicht in die durch Unterdrückung verzerrte Form der weiblichen Liebe („Wir haben die Liebe zu einer Art Untier gezogen. Wir haben uns an ihr arm und dumm gefüttert“[29]) schlägt um in erneute Unterwerfung unter die Lehre der „erlösten Liebe“; sie verspricht die Aufhebung der Widersprüche des Lebens, aber um den Preis des Begehrens, und das heißt letztlich des ‚Lebens‘.

In der im Roman eingefügten Lebens- und Liebesgeschichte des „hohen Paares“ Helwig und Lu Gerber hat Helene Böhlau ihre und ihres Mannes Friedrich Arnd (später Omar al Raschid Bey) eigene Geschichte aufgezeichnet. Als junges Mädchen lernte sie ihn, der schon verheiratet und um viele Jahre älter war als sie, kennen und lieben. Nach seinem Übertritt zum Islam in Konstantinopel, um die Scheidung von seiner Frau zu erwirken, heirateten dort beide und kehrten später nach Deutschland zurück. Einen Teil seines Werkes «Das hohe Ziel der Erkenntnis» (Aranada Upanishad) gab Helene Böhlau 1912 nach seinem Tod heraus. Das darin entwickelte Gedankensystem, an Kant, Schopenhauer und der buddhistischen Philosophie orientiert, zielt auf die „Erlösung zum Geist“[30]. Nach den von Ursula Mahlendorf an der psychoanalytischen Kunsttheorie entwickelten Überlegungen zum Künstlerinnenroman (vgl. S. 453 f.) zeigt sich in Helene Böhlaus Romanen «Der Rangierbahnhof» und «Halbtier!» der Einfluß Omar al Raschid Beys als Hinwendung der weiblichen Figuren zur ‚väterlichen Muse‘, die – das wäre als möglicher Subtext der Schriftstellerin Helene Böhlau zu lesen – eine Entfaltung kreativer und geistiger Kräfte gemäß dem ‚männlichen Prinzip‘ erlaubt, aber um den Preis des ‚Todes‘ (des ‚Weiblichen‘), eine Ausweglosigkeit, die die Doppelfigur Isolde/Lu unterstreicht, da Lus ‚weiblich‘ hingebende Liebe die Einbuße ihrer schöpferischen Fähigkeiten bedeutet.

Helene Böhlau entwickelt in ihrem Roman «Halbtier!» – in der nicht gehaltenen Rede Isoldes – auch eine auf die reale Lebenssituation der Frau bezogene Zukunftsperspektive: Gebt ihr ein Kind und Arbeit. Die Vermeidung des Wortes ‚Liebe‘ entspricht der im Roman vermittelten Einsicht, daß es gerade die Liebe ist, die die Fremd- und Selbstunterdrückung des weiblichen Geschlechts ermöglicht. Helene Böhlaus Forderung, die im Roman im Zusammenhang mit der Thematisierung der Frauenbewegung formuliert wird, stellt einen unmittelbaren Eingriff in die zeitgenössische Diskussion der Frauenfrage dar; denn ihre Forderung impliziert sowohl die Kritik der (gemäßigten) Frauenbewegung, die sich allein auf Bildungs- und Berufsfragen konzentrierte, als auch Kritik einer Reaktionsbewegung, die durch die Forderung nach erfüllter Liebe und Mutterschaft die Rückbesinnung auf ‚weibliche Eigenart‘ forderte. Helene Böhlaus Antwort im Roman ist als Verweigerung der Alternative zu lesen. Allerdings war mit der pointierten Formulierung ‚Kind und Arbeit‘ auch die Gefahr gegeben, daß weibliche Liebe und Sexualität weiterhin auf den Kinderwunsch reduziert wurden, während es auf seiten der Frauen einer eigenständigen Aneignung erotischer und sinnlicher Wünsche bedurfte.

«Unzeitgemäße Betrachtungen»: Die Frauen und die Liebe

Im Erscheinungsjahr von Helene Böhlaus Roman «Halbtier!» veröffentlichte Marie Hecht in der Zeitschrift «Die Frau» ihren Aufsatz «Friedrich Nietzsches Einfluß auf die Frauen», in dem sie ausgehend von der allgemeinen Resonanz Nietzsches auf die große Zahl seiner weiblichen Anhänger weist.[31] In ihrer Analyse des Phänomens gibt Marie Hecht dafür verschiedene Gründe an, etwa den ‚feministischen Zug' in Nietzsche selbst, seine den „ungestillten religiösen Trieb" von Frauen ansprechende „wunderbare Symbolik und Mystik" wie auch seine Vision des ‚gebärtüchtigen' Weibes, „bei dem alles nur eine Lösung hat, die Schwangerschaft heißt". Damit sei Nietzsche zum Propheten einer neuen Richtung innerhalb der Frauenwelt geworden, die entgegen der radikalen Gleichmacherei in ein anderes Extrem, die Berufung auf die „reine Weibnatur", verfalle. Für die hier annoncierte neue Richtung hatten die seit Anfang der neunziger Jahre erscheinenden Schriften der Schriftstellerin Laura Marholm ein Fanal gesetzt. Entgegen den Bestrebungen für die soziale Gleichberechtigung der Frau richtete Laura Marholm den Blick auf ‚weibliche' Liebe und Sexualität und knüpfte damit an die sich in der zweiten Hälfte des 19. Jahrhunderts entwickelnde Debatte um menschliche Sexualität an. So berechtigt Laura Marholms Kritik der sexuellen Unterdrückung der Frau, der Verzerrung der Liebe durch ihre Erziehung zur ‚Scheinweiblichkeit' war, so problematisch erwies sich ihre Definition der Differenz der Geschlechter und die darauf aufbauende Weiblichkeitskonzeption, die sie mit dem Anspruch von Authentizität und darauf gegründeter Autorität vortrug. Der Kern ihrer Aussage war: Nur durch die Hingabe an den Mann gewinnt die Frau ihre Persönlichkeit, weibliche Persönlichkeit erfüllt sich in der Mutterschaft.

Laura Marholms alte, neue Weiblichkeitskonzeption ist, worauf Marilyn Scott hingewiesen hat,[32] im Kontext der sich um die Jahrhundertwende unter dem besonderen Einfluß von Nietzsches Schriften entwickelnden ‚Lebensphilosophie' zu lesen. Sie gehörte mit ihrem Mann, dem schwedischen Schriftsteller Ola Hansson zur Friedrichshagener Dichterkolonie, die später nach Berlin umzog und dort als literarische Gruppe, unter dem Namen „Schwarze Ferkel" (benannt nach dem Berliner Treffpunktlokal), den Naturalismus zurückwies zugunsten der Glorifizierung der Lebenskraft. Diesem Entwurf gesteigerten, rauschhaften Lebens lag eine Re-formulierung der Polarität der Geschlechter zugrunde. Es ist vor allem der von Nietzsche stark beeinflußte Richard Dehmel, sein verklärter Monismus, dem Laura Marholm nahesteht in ihrer Konzeption von männlich-weiblich als Gegensatz von Geist und Materie, Ich und Kosmos, Körper und Seele, die vereinigt zu einem Ganzen höchste Lebenssteigerung in Verbindung zum Unendlichen erreichen. Diese romantisch-mystische Perspektive führte nicht nur zu einem Mythos des Weiblichen, der die Festschreibung bestehender

Stereotypen bewirkte, sondern auch zu einer Feier der Liebe, die ihre Schattenseite verdrängte.

Eine gleichfalls ‚romantisch' inspirierte, aber ungleich differenziertere Auseinandersetzung mit der Liebe vergegenwärtigt der im gleichen Zeitraum erscheinende erste Roman Ricarda Huchs «Erinnerungen von Ludolf Ursleu dem Jüngeren» (1893). Er schildert die leidenschaftliche Liebe zwischen einem Mann und einer Frau, Ezard und Galeide, die aus unterschiedlichen Zweigen eines Patriziergeschlechts stammen. Die Liebe der beiden, die füreinander geschaffen scheinen, ist gegen das Gesetz – der Mann ist verheiratet –, aber ununterdrückbar. Die Geschichte der Liebe ist mit dem Untergang des Patriziergeschlechts verbunden. Als der Weg für das Paar schließlich frei, die Frau des Mannes von einer Choleraepidemie hinweggerafft ist, entbrennt Galeide in ‚wahnsinniger Liebe' zum Bruder dieser Frau, die sie als völlige Entfremdung erlebt. War die Liebe zu Ezard ein Ganzes, durch die sie sich als Ganzes empfand, so verliert Galeide durch die Liebe zu Gaspard den Zusammenhang und die Einheit in sich. Die Macht, die die neue Liebe über sie gewinnt, verdeutlicht die vollzogene Spaltung zwischen Bewußtem und Unbewußtem, jenen unheilbaren ‚romantischen' Zwiespalt; damit ist die ‚ewige und einzige Liebe', auf die sie ihr Dasein gründete, unwiederbringlich verloren, deren Sündhaftigkeit ihr jetzt erst bewußt wird. Der in ihr Unbewußtes eingreifenden, sie zu zerstören drohenden Liebe zu Gaspard entzieht sie sich durch den Tod.

Diese Liebesverwicklung und Schicksalsverflechtung wird in poetisch gesteigerter Bildlichkeit und hochartifizieller Sprache vergegenwärtigt. Der Roman ist eines der frühesten Zeugnisse einer sich vom Naturalismus abhebenden Erzählkunst.[33] Eine sich damit ankündigende ‚neuromantische' Literaturströmung erhielt später durch Ricarda Huchs zweibändiges Werk zur deutschen Romantik «Blütezeit der Romantik» (1899) und «Ausbreitung und Verfall der Romantik» (1902) entscheidende Anregungen.

Einen neuen Ansatz zur Auseinandersetzung mit der Liebesproblematik zeigen die seit 1892 veröffentlichten Aufsätze Helene Stöckers, die später zusammengefaßt unter dem Titel «Die Liebe und die Frauen» (1906) erschienen. Im Gegensatz zur „kühlen Neutralität" der Frauenbewegung gegenüber den Liebesproblemen wie zu den ‚Ketzereien' Laura Marholms versucht Helene Stöcker darin, einen Weg zwischen der Alternative ‚Gleichheit' oder ‚weibliche Eigenart' zu finden. Bemerkenswert ist, daß auch Helene Stöcker auf Teile der Philosophie Nietzsches zurückgreift, aber, wie Heide Schlüpmann gezeigt hat, die Notwendigkeit einer hinzutretenden weiblichen Perspektive erkennt. In Nietzsches Philosophie wird zwar nicht die Anerkennung der Frau als freie Persönlichkeit geleistet (wie später Hedwig Dohm, setzt sich auch Helene Stöcker mit „Nietzsches Frauenfeindlichkeit" auseinander), aber an dem von ihm gegebenen Begriff des souveränen Individuums kann die Frau nach Auffassung Helene Stöckers anknüpfen. Um diesen Begriff für die Interessen der Frau fruchtbar zu machen, bedarf es einer Verschiebung vom männlichen zum weiblichen Individuum:

Nein, nein, nicht Mann sein wollen, oder wie ein Mann sein wollen, oder mit ihm verwechselt werden können: was sollte uns das helfen! Unser Gewissen spricht jetzt: Werde, die du bist![34] [Im Gegensatz zu Nietzsches „Werde, der du bist"]

Mit dem Selbstverständnis der Frau als selbstverantwortliche Persönlichkeit stellt sich für sie auch die Herausforderung, sich als Geschlechtswesen bewußt zu werden, und das heißt eine ‚Umwertung' der Liebe vorzunehmen, die Frauen und Männer einbezieht. Diese ‚neue Liebe' ist bestimmt vom „Wunsch nach wechselseitiger Einwirkung". Sie hebt die herrschenden Einseitigkeiten auf: „wahllose Aufgabe des inneren Selbst" auf der Seite der Frauen, „Glück des Begehrens" auf der Seite des Mannes.[35] Eine solche Liebe hat zur Voraussetzung auch das „Jasagen zu sich selber", damit beginnt die wirkliche Liebe zum anderen.[36] Und sie erfordert eine positive Wendung zu den eigenen sinnlichen Bedürfnissen:

Wenn man den Dingen mit ‚gutem Gewissen' gegenübersteht, dann heißt es nicht mehr: hier brutale ‚Herrenmoral', die die Prostitution nur ‚assanieren' will zur Befriedigung der legalen ‚Bedürfnisse des Mannes' – dort schwächliche ‚Sklavenmoral', ‚Frauenmoral', die nicht den Mut zu sich selber, zu eigenen Empfindungen und Ansprüchen hat.[37]

Die Rehabilitierung weiblicher Sexualität ist an die Aufhebung der Doppelmoral und damit notwendig an die Umorganisation der bürgerlichen Gesellschaft und Kultur gebunden. Diese Einsichten führen Helene Stöcker zur Entwicklung einer Neuen Ethik[38] und zur (Mit-)begründung einer Frauen und Männer einbeziehenden sozialen Bewegung, dem „Bund für Mutterschutz und Sexualreform", dessen Aufgaben im Bereich praktisch-sozialer Tätigkeit und Aufklärung über sexuelle Probleme lagen.[39]

Die Rezeption von Nietzsches Individualismus, „daß jeder, der frei sein will, es nur durch sich selbst werden kann", die Diskussionen um weibliche Liebe und Sexualität bewirken eine subjektivistische Wende, die Verschiebung von der sozialen Thematisierung der Frauenfrage auf die Auseinandersetzung mit dem eigenen Selbst, mit Liebes- und Weiblichkeitsvorstellungen.

Suche nach dem Ich/Anderen

Eine leidenschaftliche Suche nach dem eigenen Selbst und nach der Intensität des Lebens vergegenwärtigt Franziska zu Reventlows 1903 veröffentlichter Roman «Ellen Olestjerne». Der Roman erscheint als Schnittpunkt zeitgenössischer Vielstimmigkeit und Stiltendenzen. Zentrale Begriffe und Themen der Jahrhundertwende sind gegenwärtig: Der Wille zum ‚schönen' Leben, Leben für und als Kunst, Leben als uneingeschränktes Sichausleben, Lebensmystik, Ibsenverehrung und Nietzschekult, Kritik der Erziehung und Moral, Faszination durch die Bohème, fatalistische Schicksalsgläubigkeit, Problematik weiblicher Selbstverwirklichung und ledige Mutterschaft. Typische Jugendstilzüge und -motive, wie

Vorstellungen rauschhaft-entrückten Lebens und die in roter Üppigkeit versinkende „schwüle Stunde" vermischen sich mit impressionistischer ‚Flüchtigkeit' und ‚nordischer' Einsamkeitsstimmung.

Ellen Olestjerne: Das ist zunächst die Geschichte einer bitter unglücklichen Kindheit und Jugend. Ellen, ein leidenschaftliches, phantasiebegabtes Mädchen, fühlt sich von den Eltern unverstanden. Fremd bleibt ihr der Vater, obwohl es Gemeinsamkeiten zwischen beiden gibt. Ungeliebt fühlt sie sich vor allem von der Mutter, einer pragmatischen, sich ganz in Haus- und Familienarbeiten aufreibenden Frau. Ellen kann den Vorstellungen der Mutter nicht entsprechen, bleibt aber emotional stark an sie gebunden, was sich in extremen Gefühlsschwankungen gegenüber der Mutter äußert. Wie in zahlreichen anderen zeitgenössischen Romanen deutet die Thematisierung der Mutter-Tochter-Beziehung auf den Konflikt mit der traditionellen Frauenrolle. Die Problematik wird hier aber in den Bereich des Individuellen verlegt als Schilderung einer traumatischen Mutterbeziehung. Der Roman nimmt auf eindrucksvolle Weise erst später formulierte Deutungen der weiblichen psychosexuellen Entwicklung, der Kompliziertheit der Identitätsentwicklung vorweg, die hier, bewirkt durch eine frühe narzißtische Kränkung in Identitätsdiffusion mündet.[40] „Wenn ich doch nur ein Junge wäre!" wünscht sich Ellen; glaubt sie als kleines Mädchen doch nur die Söhne von der Mutter geliebt. Später ist dieser Wunsch Ausdruck ihres Freiheits- und Unabhängigkeitsdranges. Die Mutter wird nun zur negativen Identifikationsfigur. Ellen verweigert sich, im Gegensatz zu Gabriele Reuters Agathe Haidling, der ‚Domestizierung'. Sie entwickelt ein Außenseiterinnenbewußtsein.

Zu einer entscheidenden Erfahrung wird für sie die gemeinsame Lektüre mit dem Bruder Detlev von Nietzsches «Zarathustra».[41] In Nietzsches emphatischer Lebensbejahung findet Ellen Olestjerne die Sprache für das Unaufgeschlossene ihres Verlangens; sie gewinnt eine Perspektive, die es ihr ermöglicht, sich aus traditionellen Lebensformen zu befreien.

Durch eine abenteuerliche Flucht bricht Ellen „die Ketten", entzieht sich der elterlichen Autorität, reist zum Bruder nach Berlin. Sie lernt Reinhard Laurenz kennen, der sich bereit erklärt, ihr ein Malstudium in München zu finanzieren; kurz vor der Abreise verloben sie sich. In München stürzt sie sich in die Arbeit und findet Zugang zur Bohème.

Ellen gelingt es aber nicht, zu einer kontinuierlichen Arbeitsweise zu finden. Sie schwankt zwischen exzessiver Arbeitswut und Konzentrationsschwäche. Sie projiziert ihre Entgrenzungswünsche in die Kunst, und sie sucht Selbsterfahrung. Sie fühlt eine innere Leere, einen ‚toten Punkt'.[42] Mit der Liebe geht es ihr wie mit der Kunst. Sie phantasiert den Rausch, hofft andererseits auf ein Zu-sich-Kommen. Vom Jugendfreund Friedl versprach sie sich „inneren Halt",[43] Reinhard bedeutet ihr Schutz und Heimat, vor allem nach der endgültigen Trennung von der Familie. Unterwerfungsverlangen, das sich in der Absolutheit der Ansprüche zeigt, prägte die Beziehung zu Allersen, und schließlich in

München zum Maler Walkoff. Die Liebesvereinigung mit ihm, beschrieben als epiphanieähnliche Situation, vermittelt ihr erstmals ein starkes Selbstgefühl, das auch ihre kreativen Kräfte freisetzt. Doch es erweist sich als geborgt. Nach und nach projiziert Ellen ihre Wünsche auf den „Meister", steht ihm Modell, ‚opfert' ihm ihre Ansprüche, läßt sich, als sie ein Kind erwartet, von ihm zur Ehe mit Reinhard überreden; eine Lüge, mit der sie nicht leben kann, wie sie wenig später erkennt. Sie läßt heimlich ihr Kind abtreiben und kehrt mit Reinhards Einwilligung nach München zurück.

So unbedingt Ellens Selbstaufgabe zugunsten Walkoffs war, so radikal vollzieht sich seine Entgötterung. Sie wendet sich Johnny zu; die Beziehung zwischen beiden wird zum – allerdings blassen – Entwurf ‚freier Liebe': rauschhaftes Erleben, ohne Besitzergreifung und ohne Anspruch auf Dauer. Und sie findet den Mut, sich von Reinhard zu lösen. Ihr körperlicher Zusammenbruch zeigt allerdings, wie gravierend diese Trennungserfahrung für sie ist: weil sie erneut die Aufgabe von „Heimat" bedeutet.

Reinhards spätere Zurückweisung weckt in ihr quälende Erinnerungen und enthüllt ihren unverminderten Liebesanspruch:

> Es ist eine ewige Wiederholung, die durch mein Leben geht. – Meine Mutter, die mir sagen ließ: Du gehörst nicht mehr hierher –; dann Henryk, aber der gab mir wenigstens noch die Hand. Und nun auch Reinhard, der mich geliebt haben will. – Das ist also immer das letzte, was Liebe geben kann! – Sie wissen alle nicht, was Liebe ist – sind alle hart.[44]

Daß hier der Text aufreißt und das Bild der Mutter erscheint, erhellt schlagartig die prägende Bedeutung der Mutterbeziehung für alle folgenden Beziehungen. Die (aus der Sicht Ellens) sich wiederholende frühe Erfahrung des Zurückgestoßenseins erleichtert es ihr einerseits, Trennungen zu vollziehen, motiviert andererseits ihre rastlose Suche nach Zuwendung, letztlich die verzweifelte Suche nach der (idealisierten) frag- und maßlosen (Mutter-)Liebe. Es erstaunt daher nicht, daß Ellen im Roman immer wieder als ‚Kind' erscheint, ihren Freunden, ihren Liebhabern und sich selbst.

Einsicht in Ellens oszillierendes Selbstverhältnis, das keinen eindeutigen Lebensentwurf zuläßt, gibt ihr Geständnis einer befreundeten Malerin gegenüber:

> Ich möchte mehrere Leben nebeneinander haben – eines dürfte dann meinetwegen tragisch sein und entsagend mit einer großen stillen Liebe – ‚gut und glücklich' sein – verstehst du, aber das andere – nur hineinstürzen und alles über sich zusammenschlagen lassen.[45]

Eine „große, stille Liebe", das bedeutet Sehnsucht nach Ruhe, Sicherheit und Orientierung und weist auf die Identifikation mit der herkömmlichen ‚weiblichen Bestimmung'. Es heißt aber auch, festgelegt zu sein, was sie nicht erträgt, daher der gleichzeitige Wunsch nach Entgrenzung. Er treibt sie heraus aus der traditionellen Lebensform und Geschlechterrolle, bewirkt andererseits durch die dadurch verhinderte Bildung einer festumrissenen Ich-Identität ein Leiden an

,innerer Leere'. Sie aufzufüllen, läuft sie Gefahr, in einer Verschmelzungssehnsucht völligen Selbstverlust zu erleiden, wie das Walkoff-Erlebnis zeigt. Diese schmerzhafte Erfahrung hat Distanzierung zur Folge, ,Liebe ohne Verpflichtung'. Der Lebensraum der Bohème bietet Ellen die Möglichkeit, sich immer wieder allen Erwartungen, und das heißt auch Anstrengungen, zu entziehen, Neigungen und Wünsche ungestört auszuleben. Der Preis sind materielle wie emotionale Unsicherheit und Einsamkeit.

Die ,Lösung', die Ellen Olestjerne findet, fällt ihr sprichwörtlich in den Schoß. „Jetzt kommt es mir vor, als ob mit dem großen Rätsel, das sich in meinem Körper vollendet, auch all die andern Rätsel sich lösten..."[46] Ihr großes Vorbild kommt hier zu Wort. Also sprach Zarathustra: „Alles am Weibe ist ein Räthsel, und Alles am Weibe hat Eine Lösung: sie heisst Schwangerschaft."[47] Der Ansatz ihrer Emanzipation liegt aber in der Ablösung der Mutterschaft aus der gesellschaftlichen Machtausübung über die Frau, durch einen unbedingten mütterlichen Besitzanspruch („Mein Kind hat keinen Vater, es soll nur mein sein"[48]) und die Begründung eines unabhängigen weiblichen Lebensentwurfs: ihr Kind ermöglicht ihr die Aufhebung ihrer Vereinzelung, ohne sich in ihrem Wunsch, sie selbst zu sein, begrenzt zu fühlen.

Mutter geworden zu sein, das erfährt Ellen Olestjerne als mystisches Erleben, mit sich selbst und dem Leben eins zu sein. Was zuvor die erotische Liebeserfüllung versprach (Walkoff-Episode), übereinstimmend mit der Umsetzung der Lebensmystik in die Literatur der Jahrhundertwende, verwirklicht hier das Erlebnis der Ankunft des Kindes. Die Liebe zum Kind, das sowohl *ein Teil von ihr* als *ein anderes* ist, führt zurück zur Mutter-Kind-Dyade, dem Alleinheitsgefühl der frühkindlichen Entwicklungsstufe und gewährt ihr zugleich in der Hingabe der Liebe ein Bewußtsein ihrer selbst zu gewinnen.

In seinem Handlungsverlauf weist der Roman «Ellen Olestjerne» auf das Genre des weiblichen Entwicklungsromans, der einmündet in die vollendete Weiblichkeit. Ebenso läßt er sich einordnen in den zeitgenössischen Bohèmeroman, dessen „aszendierendem Typus" er nach Helmut Kreuzer zugehört, mit den drei charakteristischen Entwicklungsstufen: Voraussetzungen, Bohèmeleben und schließlich Entwicklung einer neuen Existenzform auf einer höheren Stufe der Bohèmeexistenz.[49] Gegenüber Struktur und Entwicklungsziel beider Genres formuliert Franziska zu Reventlow aber eine eigenwillige Abweichung, indem ihre ,Lösung' sowohl Identifikation mit den jeweiligen Werten bedeutet wie ihre Transgression durch eine ,Vollendung' als Rückkehr und Heimkunft zur Mutter-Kind-Dyade.

«Ellen Olestjerne» ist Franziska von Reventlows erster Roman. Wie so häufig bei Erstlingswerken ist es die Erzählung der eigenen Geschichte, die hier allerdings nicht vermittels der Ich-Aussage, sondern durch die fiktionalisierende Sie-Form vergegenwärtigt wird. Die dadurch bewirkte Distanzierung wird aber im Romanverlauf ständig aufgehoben. Erzählendes und erlebendes Ich gehen immer wieder ineinander über: durch den Gebrauch der „erlebten Rede", durch

Brief- und Tagebucheinschiebungen (vgl. zu Reventlows Tagebüchern S. 138f.). Nicht nur das Leben Ellen Olestjernes wird beschrieben, sondern zugleich ihr *Er-leben*. Zentraler Begriff der Poetik dieses Romans ist: Emotion. „... ob das Werk so wird, daß andere das fühlen?“[50] fragt Franziska zu Reventlow besorgt in einem Brief während der Niederschrift des Romans. So entsteht eine Schreibweise der Subjektivität, die sich auf die widersprüchlichen Gefühle und Gedanken der Protagonistin einläßt, ihre Hoffnungen und Wünsche, ihre Glückserfahrungen und Kränkungen. Mit welcher Gefährdung der Versuch der Aneignung der eigenen Geschichte verbunden war, angesichts der problematischen Struktur des Selbst, erhellt ein während der Niederschrift an Ludwig Klages gerichteter Brief, der den Roman anregte:

> Ich glaube überhaupt, lieber Freund, daß ich oft nicht weit davon bin, verrückt zu werden, z. B. in solchen Momenten, wo man vor dem Spiegel steht und vergebens sucht, sich klarzumachen, daß ich das bin. Und dann ist man auch wirklich nicht da und fühlt, daß nur ein absolutes Nichts da ist.[51]

Die Erfahrung der Fremdheit des Spiegels ist oft beschrieben worden in der Literatur: als vergeblicher Versuch, die wahrgenommene Gestalt als Bild des eigenen Ich zu akzeptieren, als Entdeckung eines anderen Ich. Bei Franziska zu Reventlow enden die Versuche der Selbstwahrnehmung im Gefühl der Nichtexistenz; die Leere des Spiegels enthüllt, daß die Auseinandersetzung mit der eigenen Geschichte an die gefährlichen Ränder der Ichauflösung führt. Vor dem Hintergrund dieser Spiegelerfahrung läßt sich die Problematik der ‚subjektiven‘ Artikulation in diesem Roman verdeutlichen. Die Darstellung der Entgrenzungssehnsucht in «Ellen Olestjerne», der Erfahrung des Alleinheitsgefühls in Liebeserfüllung und Mutterschaft, die dem lyrischen Sprechen angenäherte Darstellung des ‚versöhnenden Augenblicks‘ verweisen auf die literarische Umsetzung der Lebensphilosophie um die Jahrhundertwende. Im Rückgriff auf das zeitgenössische literarische Ausdrucksrepertoire versucht Franziska zu Reventlow, sich der traditionellen Lebensform und den Sprachnormen zu entziehen. Daß dieser Rückgriff unvermittelt erfolgt, darin liegt, worauf schon Helmut Kreuzer hingewiesen hat, die Schwäche des Romans.[52] Indem das Ausdrucksrepertoire nicht durch kritische Überprüfung eigener Empfindungen und Erfahrungen aufgebrochen wird, gerät sie in Gefahr, vermittels der angeeigneten Erlebnisschemata Selbsttäuschungen zu erliegen. So kann sie zu der eigenen Problematik nicht vordringen und ihr keinen eigenständigen Ausdruck verleihen. Von hier aus ist auch die Darstellung der Bohème, des Ortes der Lebensberauschung und Lebensfülle, kritisch in den Blick zu nehmen. Zwar werden die materiellen Bedrückungen nicht ausgespart oder verharmlost, aber als Existenzform, in der ohne Rücksicht auf Konventionen und Normen sexuelle Befreiung gelebt werden kann, wird sie idealisiert. Kritik an der auch hier geltenden ‚Herrenmoral‘ wird vermieden; zum Beispiel durch die Berufung auf das „Schicksal“ angesichts der Folgen der ‚freien Liebe‘, die viele Frauen in Verzweiflung und Elend stürzten oder durch vorschnelle Harmonisierung der

Tatsache, daß sexuelle Freiheit leicht umschlagen konnte in den Erwartungsdruck, als Frau beliebig verfügbar sein zu müssen.

Ein Nebeneinander von transgredierendem Entwurf und Pseudofreiheit läßt sich auch in dem von Franziska zu Reventlow 1899 veröffentlichten Aufsatz «Viragines oder Hetären»[53] erkennen. Wie Laura Marholm übt sie darin scharfe Kritik an der zeitgenössischen Frauenbewegung, die die Geschlechtsunterschiede verwische, indem sie die geistige und berufliche Gleichberechtigung favorisiere, damit die Frauen mit den Männern erfolgreich konkurrieren könnten. Dagegen plädiert sie unter Berufung auf die freien [?] Hetären des Altertums für weibliche Eigenständigkeit auf der Grundlage „voller geschlechtlicher Freiheit": der freien Verfügung über den eigenen Körper ohne Bindung an den einzelnen Mann. So sehr Franziska zu Reventlow recht hatte mit der Skepsis gegenüber einer Anpassung der Frau an den männlichen Konkurrenzkampf im hierarchischen System, so ist ihr Entwurf sexueller Freiheit doch im Horizont der Lebensphilosophie an eine normative Polarität der Geschlechter gebunden, die weibliche Lebenspraxis auf wenige Funktionen reduziert („Männer zu lieben und Kinder zu bauen"), wenn auch – hier über Laura Marholm hinausgehend – jenseits konventioneller Ehenormen.

Die in «Ellen Olestjerne» noch ungebrochene Orientierung an der Lebensphilosophie und der Bohèmewelt hat Franziska zu Reventlow in ihrem 1913 veröffentlichten Roman «Herrn Dames Aufzeichnungen oder Begebenheiten aus einem merkwürdigen Stadtteil» einer kritischen Überprüfung unterzogen (ausgespart bleibt aber der Bereich der Mutter-Kind-Erfahrung). Mit der additativen Verknüpfung verschiedener Ebenen durch einen fiktiven Chronisten, einer ironisierenden, pointierten Erzählweise und einer durch Verdoppelung von Frauenfiguren gebrochenen Selbstdarstellung gelingt ihr eine kritischere, wenn auch grundsätzlich bejahende Darstellung der Bohème und weiblicher Lebensmöglichkeiten in ihr.

Kunst der Autopoiesis

In ihrem Aufsatz «Ketzereien gegen die moderne Frau» in der «Zukunft» hat sich Lou Andreas-Salomé 1899 kritisch mit der zeitgenössischen ‚Bekenntnisliteratur' der Frauen auseinandergesetzt und einen neuen Ansatz ‚weiblichen Schreibens' entwickelt. Der Aufsatz ist eine Entgegnung auf den Beitrag der Schriftstellerin Frieda von Bülow in einer früheren Nummer der gleichen Zeitschrift. Frieda von Bülow hatte darin die kritische Praxis männlicher Literaturrezensenten angegriffen, die nach ihrer Meinung die Literatur von Frauen danach bewerten, „wie nah sie einer tüchtigen Männerarbeit kommt".[54] Als Tadel gelten „stark frauenhaft", „echt weibliche Auffassung", während nach Meinung Frieda von Bülows gerade das „unterschiedene weibliche Element als eine wertvolle Bereicherung der Literatur" erkannt werden müßte.[55] Lou Andreas-Salomé wendet dagegen ein, daß die zeitgenössische Bekenntnis-Literatur, „die mit einigermaßen unkluger Plauderhaftigkeit recht interessante Berichte über das Weib erstatte",[56] schon diesen innersten Motiven nach „unkünstlerisch" sei. Denn Befähigung zur Kunst, und hier bezieht sie sich auf den klassischen Kunstanspruch, setzte u. a. voraus: ein „selbstloses, zum eigenen Selbst Distanz gewinnendes Sich-Verbrauchen-Lassen vom künstlerischen Gebilde; die ausschließliche Orientierung auf das *eine* Ziel, das *eine* Werk".[57] Beides erscheint ihr unvereinbar mit der ‚weiblichen Lebensform'. Um diesen Gedankengang und auch Lou Andreas-Salomés eigene literarische Praxis zu verstehen, ist es notwendig, auf Überlegungen einzugehen, die sie in ihrem im gleichen Jahr veröffentlichten Aufsatz «Der Mensch als Weib» entwickelt.[58] Er stellt den Versuch dar, durch eine radikal formulierte Dualität von Männlichem und Weiblichem der bestehenden *männlichen* Lebensform eine *weibliche* mit eigenen Werten gegenüberzustellen.[59]

Ausgangspunkt ist die in der philosophischen Tradition und durch sozio-biologische Denkansätze erweiterte Konzeptualisierung von ‚Männlichem' und ‚Weiblichem' als ‚Differenziertheit' und ‚Undifferenziertheit'. Die traditionelle Hierarchisierung zur Gleichwertigkeit umzuwerten, ist Lou Andreas-Salomés Anspruch. Ein solcher Versuch konnte durchaus zu Herkömmlichem zurückführen, wie sich an Georg Simmels später vorgelegtem Entwurf einer ‚weiblichen Kultur' ablesen läßt. Auch er geht von einer positiven Wertung der ‚Undifferenziertheit' aus, aber sein Entwurf mündet schließlich in einer ‚Ergänzungstheorie', die in gesellschaftlicher Funktionsbestimmung aufgeht. Andererseits verstellt auch in Lou Andreas-Salomés Aufsatz die Aufnahme zeittypischer Klischees von ‚Männlichem' und ‚Weiblichem' das eigentliche Neue der Aussage: Das ‚Weibliche' wird nicht nur zur Metapher für den Bruch mit einer bestimmten Rationalität, sondern zum Symbol einer anderen Lebensform.

Zwar entwickelt Lou Andreas-Salomé ihre Überlegungen ausgehend von sozio-biologischen Denkansätzen und öffnet damit den Weg zu biologistischen Mißverständnissen. Tatsächlich verhält es sich aber so, daß sie in der Konzeptualisierung des ‚Weiblichen' als ‚Undifferenziertheit' eine frühe eigene ‚religiös' zu nennende Erfahrung bestätigt fand, die sich u. a. in den 80er Jahren durch ihre Begegnung mit Nietzsche noch vertiefte. Diese frühe Erfahrung läßt sich umschreiben als Nicht-Genügen an dem Gegenüber eines glaubenden Subjektes und eines geglaubten Objektes. ‚Religion' vollzieht sich als eine Art Lebensgestaltung: nicht die Fixierung auf ein der Wahl unterliegendes Eindeutiges (z. B. *die* Wahrheit) wird gesucht, sondern die Unmittelbarkeit einer Existenz, in der alle Gegensätze enthalten sind, in der alle Bewußtseinsebenen – die geistige, sinnliche und spirituelle – gelebt werden können.[60] Dieser, als absoluter Wert empfundene Lebensprozeß läßt sich als „Autopoiesis" umschreiben; dieser Begriff ist der gegenwärtigen Evolutionstheorie entlehnt (E. Jantsch) und kennzeichnet eine ständig im Prozeß befindliche Selbstorganisation eines Systems in gewisser Autonomie von der Umgebung und charakteristischer Offenheit.

Madge Gill (1884–1961): Veiled Face

Vor dem Hintergrund ihrer Konzeptualisierung des Weiblichen läßt sich Lou Andreas-Salomés Grenzziehung zwischen ‚männlicher' und ‚weiblicher' Kunstbefähigung genauer aufschlüsseln. Im Gegensatz zu der zum eigenen Selbst Distanz gewinnenden Kunstproduktion werkhaften abgeschlossenen Charakters entspricht der ‚weiblichen Lebensform' ein auf die Moderne weisendes Schreibprojekt, das nicht am Ergebnis der Produktivität als Wert, sondern an dieser selbst, verstanden als Sich-Realisieren, als Wert interessiert ist. Das Selbst wird nicht als ein abgegrenztes, mit sich identisches aufgefaßt, sondern als ein vielfältiges, sich entfaltendes, das dennoch „in sich concentriert",[61] unverwechselbar ist. Eine dem angemessene Schreibweise beschreibt Lou Andreas-Salomé als: „Ungefähr so, wie man jauchzt und weint, ohne den eigenen Namen darunter zu schreiben."[62] Mit der Aufhebung der Grenze zwischen Kunst und Lebenspraxis, der Vorstellung von Kunst als ‚subjektlosem' Können und der Dezentralisierung der Autorposition weist dieses Schreibprojekt und seine Verfahrensweise auf Vorstellungen der Romantik zurück und auf literarische Entwicklungen des 20. Jahrhunderts voraus.

In ihrem „Lebensrückblick" hat Lou Andreas-Salomé später auf einen für sie bedeutsamen Unterschied in ihrem schriftstellerischen und theoretischen Werk hingewiesen:

Bei solchem begrifflichen Arbeiten empfand ich mich verstärkt als bei einem weiblichen Tun, dagegen bei allem, was in Dichterisches einschlägt, als bei einem männlichen; darum sind auch meistens die Frauengestalten von mir mit den Augen des Mannes angeschaut."[63]

Im Hinblick auf ihr ‚Schreibprojekt' bedeutet das, daß ihr in theoretischen Schriften eine ‚Selbstbetätigung' möglich war, die ihr auf literarischer Ebene nicht in gleichem Maße gelang.

Lou Andreas-Salomés erzählerisches Werk, das immer auch autobiographisch in eigentümlicher Weise ist, zeigt überwiegend eine Distanz und Verhüllung ermöglichende beobachtende Erzählposition. Charakteristisch ist eine Konzentration auf bedeutsame Lebensabschnitte, Übergänge, Grenzsituationen, ein, worauf Ernst Pfeiffer bereits hinwies, jeweils offener Rahmen, „nicht wie der eines Kunstwerks",[64] der sich jeder Eindeutigkeit entzieht. Hinzu kommt eine nuancierte psychologische Beschreibung, ohne gerade den weiblichen Figuren ‚den Schleier von der Seele zu reißen'. Ihnen bleibt etwas Geheimnisvolles, Unausgesprochenes. Diese letztliche ‚Verschlossenheit', die herkömmliche Vorstellungsweisen (der Beobachtenden, Lesenden) irritierende Denk- und Handlungsweise der weiblichen Figuren erweckt den Eindruck der Eigenartigkeit und Fremdheit. Lou Andreas-Salomé schildere „sonderbare Frauen", notiert schon die zeitgenössische Literaturkritik.[65]

Der 1895 veröffentlichte Roman «Ruth» behandelt einen Ausschnitt aus dem Leben des Lehrers Erik Matthieux – aus seiner Perspektive wird hauptsächlich erzählt – und des Mädchens Ruth. Matthieux, der unter anderem Privatstunden an einer Petersburger Mädchenschule gibt, lernt die Schülerin Ruth kennen, ein sowohl durch ihr schlichtes Äußeres als auch durch ihre ungewöhnliche Phantasie und Begabung auffallendes Mädchen, das er für einen Sommer in sein Haus aufnimmt. So sehr er sich von ihrem Wissensdurst als Erzieher herausgefordert, zu ihrer Förderung berufen fühlt, so sehr sucht er auch in ihr, deren lebensverlangendes, lebensforderndes Wesen ihn fasziniert, sein eigenes, von ihm unterdrücktes „Lebendigseinwollen", seine verlorene ‚Einheit'. Für Ruth ermöglicht die Beziehung zu Erik Matthieux die Entfaltung ihrer geistigen Persönlichkeit, ihr starker Wille und Lerneifer wächst an ihm. Wenn sie vorher durch ihre Phantasietätigkeit an (kindlicher) Einheit in sich festhielt, so empfindet sie nun durch Erik eine neue Einheit durch das Wachsen ihres geistigen Vermögens. Aus ihrer – zunächst zögernden – Unterordnung unter seinen Herrschaftsanspruch wird Hingebung, die aber nicht als Selbstverlust, sondern Erweiterung, Vertiefung ihres Selbst empfunden wird, als Selbsterweiterung, ohne sich selbst zu verlassen. Während bei Erik Matthieux die Liebe zum Kind umschlägt in die Liebe zur Frau, so führt bei ihr die Entdeckung seiner Liebe zur Spaltung der Erik-Figur: in den ihr Fremden, als Mann, der sie liebt, und den ihr Großen, den sie liebt. Die Spaltung der Erik-Figur vergegenwärtigt den in ihr aufgebrochenen Zwiespalt, mit dem die Einheitserfahrung – wie sie Erik noch einmal ermöglichte – und kindliche Selbstvergessenheit unwiederbringlich verloren sind und der den

Übergang in eine neue Lebensphase markiert.[66] Daß hier am Ende die Distanz der beobachtenden Perspektive umschlägt in die Sicht der Beobachteten selbst, deutet auf Erschütterung durch Selbsterlebtes.

Über die Figurenkonstellation in «Ruth» erschließt sich der Roman als vorausweisende Auseinandersetzung Lou Andreas-Salomés mit der Liebesproblematik. Matthieux' Ehefrau Klar-Bel figuriert die Frau, die Liebe als völlige Hingebung lebt, entsprechend Matthieux' Führungs- und Herrschaftsanspruch. Sie, die Kranke, durch lange Jahre an den Rollstuhl Gefesselte, findet die Kraft, Matthieux um seiner Liebe zu Ruth willen zu verlassen, lernt im wörtlichen Sinn wieder die Fähigkeit, gehen zu können. In ihrem Tagebuch «In der Schule bei Freud» (1912/13) schreibt Lou Andreas-Salomé später:

> Nur bei doppelter Wechselwirkung zwischen Männlich und Weiblich sind zwei Menschen *mehr* als einer und sind sie nicht mehr aufeinander als Ziel gerichtet (wie die armen Hälften, die sich zu einem Ganzen zusammenkleben müssen), sondern gemeinsam auf ein Menschenziel draußen.[67]

In diesem Sinn wird im Roman «Ruth» der Verbindung Klar-Bel und Erik Matthieux das befreundete kinderlose Ehepaar Köhler gegenübergestellt, ein aber nur schwach konturierter Gegenentwurf einer Beziehung, in der für Mann und Frau Liebe und Schaffen (ihr soziales, sein geistiges Wirken) eins sind. Eine dritte Perspektive bietet die Witwe Warwara, die ganz im Gesellschaftsleben aufgeht, sich dann aber aus einem Ungenügen daran entschließt, erneut zu heiraten, um in einem gewünschten Kind eine Aufgabe zu finden. Eine sich darauf gründende Existenz hat Lou Andreas-Salomé später in ihrem Roman «Ma» (1901) thematisiert. Dagegen lassen sich die beiden gemeinsam veröffentlichten Erzählungen «Fenitschka» und «Eine Ausschweifung» als ‚Fortsetzung' von «Ruth» lesen.

Die Erzählung «Fenitschka» vergegenwärtigt vermittels der ‚Verdoppelung' der weiblichen Figur die Problematik der Frau angesichts bürgerlicher Doppelmoral, die auf ihrer Triebunterdrückung beruht. Die Erzählung beginnt an einem Abend in einem Pariser Café. Eine junge Russin mit Namen Fenitschka (auch Fenia genannt), im „schwarzen nonnenhaften Kleidchen", Studentin aus Zürich, erstaunt die sie begleitende Gesellschaft durch eine „schwesterliche" Geste einer Grisette gegenüber. Am gleichen Abend reagiert Fenia mit Verachtung und Ekel auf den plumpen Eroberungsversuch eines jungen Mannes, der zur begleitenden Gesellschaft gehörte, Max Werner, und der sich durch jene Episode ermuntert fühlte. Aus seiner Perspektive wird erzählt und über sie erfolgt eine Auseinandersetzung mit bestehenden Vorstellungen von Weiblichkeit, mit den Zuschreibungen und Projektionen auf die Frau, denen sich die weibliche Figur immer wieder entzieht. So wenig Fenias Geste gegenüber der Grisette sich Max Werners Vorstellungen eines ‚anständigen Mädchens' fügte, so sehr verblüfft ihn ihre Haltung gegenüber dem Geistesstudium. Während es für ihn das „Beschränkendste, Einschränkendste" ist, das es auf der Welt gibt und an der Wirklichkeit des Lebens vorbeiführt, so beansprucht sie für sich – die Frauen –, daß es Befreiung bedeutet, durch die Hingabe des „ganzen Menschen" nicht nur Wissen ermöglicht, sondern die Eroberung eines „Stück Leben voll Gemütsbewegungen".[68]

Jahre später trifft Max Werner die inzwischen zum Dr. phil. promovierte Fenitschka in Rußland wieder, die auf ihre Anstellung als Lehrerin wartet. Genauer gesagt, er trifft auf zwei Frauen, denn Fenia hat eine Doppelgängerin. Diese Frau untergräbt ihren Ruf. Sie trifft sich an entlegenen Orten zu später Stunde mit einem Mann, eine Frau mithin, die der ‚freien Liebe' frönt. Der Schluß läßt zur Gewißheit werden, was Max Werner (und die Lesenden) allmählich ahnen: Es gibt keine Doppelgängerin. Es ist die Doppelmoral einer Gesellschaft, die zwei Klassen von Frauen schafft und auf Fenia gewendet: die ein gespaltenes Ich produziert. Von hier aus gewinnt die Pariser Episode Bedeutung. Der Mann will Fenia heiraten, sie wird dadurch aus dem Zustand des „Friedens"[69] gerissen und erkennt, daß sie für ihn nicht die „volle ganze Liebe" empfindet. Sie hat Schuldgefühle gegenüber dem Geliebten (sie wird ihn verlassen) und Selbstverachtung für sich. In einem Traum sieht sie sich in Paris mitten unter den Grisetten sitzen. In einer Gesellschaft mit doppelter Moral ist es für die Frau nicht leicht, ihr erotisch-sinnliches Potential zu entfalten und Sexualität positiv zu besetzen; sie ist geneigt, entsprechend den Spielregeln, sich selbst zu ‚degradieren'. In Gesprächen mit Max Werner entwickelt Fenitschka ihre Vorstellung, daß für sie Liebe (als Ehe) und Liebe (als Begehren) nicht dasselbe sind. Die Liebe zu ihrem Geliebten ist eine ‚Liebe in Grenzen', die neben, nicht über ihren sonstigen Lebensinteressen steht. Eine Ehe als Lebensziel vermag sie sich aus Gründen der Selbstverantwortlichkeit und „Unabhängigkeit" nicht vorzustellen, zumindest erscheint sie ihr in ihrer gegenwärtigen Lebensperiode als fremde Lebensform. Wenn sie Ehe als Verbindung von zwei Menschen beschreibt, „nicht nur zum Zweck ihrer persönlichen Verliebtheit, sondern zu einer gemeinsamen Aufgabe, – sozusagen im Dienst eines Höheren, Dritten, worin sie sich erst unlöslich verbinden",[70] so deutet sich auch darin eine Transgression herkömmlicher Vorstellungen an, durch die Dezentralisierung der männlichen Position. Diese in Auseinandersetzung mit Max Werner entwickelten Überlegungen lösen seinerseits zwar neue Einsichten aus, führen aber bei ihm nur zum Verständnis Fenias als Ausnahme, nicht zur Korrektur eigener Wünsche. Obwohl Max Werners Perspektive auch für die Abschiedsszene Fenias von ihrem Geliebten gewahrt bleibt (er ist in einem anderen Zimmer Zeuge ihres Treffens), zeigt sich am Ende (wie auch kurz in dem Verführungsversuch) ein Bruch der Erzählperspektive wie in «Ruth», der eine Grenze dieser distanzierenden und verhüllenden Erzählweise markiert.

Die in «Fenitschka» durch den Erzählmodus vorgegebene Notwendigkeit der Beschreibung der ‚anderen Frau' – die die traditionelle Wahrnehmungsweise in eine Bewegung überführen will –, weist auf Schwierigkeiten, Neues als Neues darstellbar zu machen, ohne Stereotypen oder ambivalente Vorstellungen ins Bild zu setzen. Der Strategie der Infragestellung herkömmlicher ‚Weiblichkeit' durch die Ent-täuschungen Max Werners läuft parallel das Bemühen, in Fenia eine neue Positivität zu entwerfen, was zum Beispiel durch kindliche Identifizierung geleistet wird: „Schaute ihn ganz ratlos und kindlich an"; „deine Stimme wußte von nichts Heimlichen, – sie klang so kindlich und hell"; „Sie hatte eine weiße Morgenbluse an, worin sie noch jünger aussah, kindlicher"[71]. Ist diese ‚kindliche Identifizierung' hier als Zeichen für eine offene, noch nicht von Konventionen eingeengte Existenzweise eingesetzt (in ihrer Autobiographie heißt es auch später: „unser aller unverwischbare Kindlichkeit... als heimlicher *Reichtum* unter der Reife"[72]), so ist dieses Verfahren doch angesichts der weiblichen Geschichte problematisch, da, ohne korrigierende Reflexion, die abwertende Verknüpfung von Weiblichkeit und Kindlichkeit nicht aufgehoben wird.

Die in «Fenitschka» beschriebene Liebesverwicklung wird in der mit ihr gemeinsam veröffentlichten Erzählung «Eine Ausschweifung» durch Reflexion auf Voraussetzungen und Entwicklungen einer weiblichen psychosexuellen Struktur vertieft, die über das Individuelle hinaus eine historische Dimension gewinnt. In dieser Erzählung hat Lou Andreas-Salomé die Ich-Form gewählt.

Ausgangspunkt ist das Geständnis einer jungen Frau, Künstlerin, einem geliebten Mann gegenüber – schriftlich und so distanzierend durch seine Abwesenheit –, daß sie durch eine „Ausschweifung", eine frühe „amour passion", nicht mehr mit voller Kraft und Hingabe lieben kann. Was als Resultat vorgegeben ist, wird durch den Blick zurück entfaltet, enthüllt die, stärker als das bewußte Erleben, prägende Kraft schattenhaft undeutlicher Eindrücke, die sich dem Körper, der Empfindungsweise eingegraben haben.

Für Adine gewinnt aus ferner Kindheit jenes Bild Bedeutung, als die von ihrem Mann geprügelte Amme mit „Augen in verliebter Demut"[73] an ihm hing. Es weist – möglicherweise – viel weiter zurück, auf ein kollektives Unbewußtes, auf „längst verstorbener Frauen Sklavenseligkeit".[74] Adines erste Liebe, zunächst problemlos, denn sie beruht auf Gegenseitigkeit und führt zur Verlobung, wird dann für sie unerträglich durch eine notwendige lange Wartezeit. Die damit verbundene Triebunterdrückung führt zur Hysterisierung, einem sie allem anderen entfremdenden Unterwerfungsverlangen, in dem sich für sie „Süße und Grauen" mischen. Die vom Verlobten plötzlich gewünschte Trennung, um ihrer selbst und ihrer Entwicklung willen, worüber sie aber Verlobter und Mutter zunächst im unklaren lassen, löst bei Adine Schmerz und Entsetzen aus. Wie sich durch ihr Unterwerfungsverlangen ihr Verlobter zu einem immer unfehlbareren und autoritativeren Menschen wandelte, der sein Gefühl sicher und selbstbewußt im Griff hat, dessen Liebe sie nur durch Selbstüberwindung gewinnen kann, so wächst er nun in seiner Härte, Grausamkeit und Strenge zur übergroßen Gestalt, von der sie sich zertreten fühlt. Was sich tief in ihr Unbewußtes eingegraben hat, enthüllt zu ihrem lähmenden Entsetzen Jahre später – sie lebt in Paris als Künstlerin und hat einen Brief vom ehemaligen Verlobten mit Bitte um Rückkehr erhalten – der Anblick einer Radierung Max

Klingers «Die Zeit den Ruhm vernichtend». Die Radierung zeigt einen großen kräftigen, gepanzerten Jüngling, „der, eherne Allmacht im Antlitz, dem vor ihm niedergeworfenen Weibe erbarmungslos mit dem Fuß in die Lende tritt --".[75] Das in ihr Verborgene gewinnt Konturen als unausweichliche Erfahrung der Gewaltverhältnisse der Liebe. Das Bild des (gegen alle Gefühle) gepanzerten Jünglings vermischt sich mit dem Anblick der erhobenen harten Hand des Mannes, von deren Schlägen ein feuerroter Striemen auf dem demutsvoll geneigten Nacken der Amme zurückblieb.

Die erneute Begegnung mit dem Verlobten, seine Versuche, sie wiederzugewinnen, ihre Auseinandersetzung mit ihren (Trug)Bildern von ihm, ermöglichen Adine schließlich, ihn wirklich zu sehen, verdeutlicht in dem entscheidenden Augenblick, als er die seinen Blick stets verdeckende Brille verliert. Um ihn vor der ihr grausam erscheinenden Wahrheit zu schützen, daß sie ihn nicht mehr liebt, entschließt sie sich, seine Liebe zu töten, indem sie Zweifel an ihrer Unberührtheit weckt. Dem vor ihr Knieenden rekonstruiert sie das Bild seiner Macht und ihrer Demütigung: „Staub zu seinen Füßen".[76]

Adine ist für immer verloren für die Liebe. Die Liebe eines Mannes, die sie „auf ihren Knien festbannen" würde, könnte sie nicht mehr ertragen, aber sie bleibt als Begehrensstruktur ihrem Körper eingeschrieben. Was zur Unmöglichkeit geworden ist, hält sie gleicherweise in Bann, verführt zur Selbsttäuschung. Wo sie seitdem zu lieben glaubte, das enthüllte sich ihr als Spiel ohne Tiefe und Dauer (vgl. „Frieden" in Fenitschka). Adine ist ‚festgenagelt' zwischen zwei Liebesformen, die personifiziert erscheinen in Nebenfiguren: zwischen der blind-unterwürfigen Liebe der verwachsenen Daniela (vgl. Klar-Bel in «Ruth») und dem heimlichen Spiel, das Mutchen treibt. Unerreichbar erscheint die partnerschaftliche Liebe der emanzipierten Gabriele, deren Verheiratung mit Adines ehemaligem Verlobten am Ende möglich erscheint.

Aus der rückhaltlosen Auseinandersetzung mit den Phantasien und Gefühlen, der Bereitschaft, sich ihnen zu stellen, statt sie zu verleugnen, sie in ihrer historischen Dimension zu reflektieren, erwächst Trauer angesichts des rasenden Gefühlsverbrauchs der ‚ausschweifenden' Liebe, aber auch Bedauern über den möglichen Verlust bei eher oberflächlichen Genüssen (das Beispiel Mutchen), die aber, weniger gefahrvoll, eine Möglichkeit des ‚Überlebens' bieten. Gegenwärtig bleibt das Verlangen nach dem unwiederbringlich Verlorenen, findet Ausdruck in der am Ende plötzlich heimlich aufflammenden „kindischen Sehnsucht" Adines, sich „zur Mutter zurückzuretten und zurück in die erste Jugend".[77]

Lou Andreas-Salomés erzählerisches Werk zeichnet individuelle ‚Seelenschicksale', die ihre über das Individuelle hinausreichende Bedeutung durch spezifische Konstellationen und Fragen und ihre Reflexion auf die inhärente historische Dimension erhalten. Der Zusammenhalt ist nicht durch ein festumrissenes Ziel gegeben, sondern durch einen Verwicklungen vergegenwärtigenden Prozeß des Sich-Realisierens. Die Auseinandersetzung mit Weiblichkeitsvorstellungen und vor allem die Vertiefung in psychosexuelle Strukturen, die Erkundung von Unaufgeschlossenem läßt Lou Andreas-Salomés Hinwendung zur Psychoanalyse plausibel erscheinen, die sie 1912/13 in Wien bei Freud zu studieren beginnt.

Lou Andreas-Salomés Vorstellung ‚weiblicher Lebensform' als unabschließbarer Prozeß des Sich-Realisierens, als „Kunst der Autopoiesis", schließt die Konsequenz ein, für sich gesellschaftliche Normen und Konventionen außer Kraft zu setzen. Diese Position ist anarchistisch, wie ihr Vergleich des ‚Weibes' mit „irgendeiner organisierten Diebesbande"[78] zeigt, die ein außergesetzliches Leben führt, mithin für sich die ‚Gesetze' außer Kraft setzt, ohne auf direktem Wege die Veränderung oder Aufhebung dieser ‚Gesetze' zu erstreben. Das hat auch Konsequenzen für das literarische Werk, in dem unmittelbare Konflikte mit der sozialen Lebenswelt weitgehend ausgespart bleiben, was mit dazu beiträgt, daß Lou Andreas-Salomés weibliche Figuren der Glanz des In-sich-Geborgenseins bleibt.

Aus einer an der politischen Realität orientierten Position, wie die der zeitgenössischen Schriftstellerin Hedwig Dohm, ergab sich eine andere Perspektive. Hedwig Dohm hat sich in ihrem Buch «Die Antifeministen» (1902) kritisch mit Lou Andreas-Salomés Aufsatz «Der Mensch als Weib» auseinandergesetzt.[79] Wenn sich auf ihrer Seite auch eklatante Mißverständnisse des Versuchs Lou Andreas-Salomés, in ‚Weib' eine andere mögliche Lebensform zu entwerfen, erkennen lassen, so weist ihre Kritik doch auf eine Gefahr des Ansatzes hin: die Vermeidung der Konfrontation mit der politischen Realität und daraus folgend eine Unterschätzung der notwendigen Auseinandersetzung mit den Machtverhältnissen. Hedwig Dohm hatte seit den frühen siebziger Jahren in zahlreichen Büchern und Aufsätzen, die sich durch sprachliche Brillanz und argumentative Geschicklichkeit, durch Weitsicht und Konsequenz auszeichnen, Stellung zu Frauenfragen bezogen.[80] Ihre Arbeiten lassen sich insgesamt als Warnungen vor einer Frauen domestizierenden Weiblichkeitsideologie lesen, wie sie das 18. und 19. Jahrhundert entwickelte, und sind ein eindringliches Plädoyer für die Veränderung der politischen, wirtschaftlichen, rechtlichen und familiären Situation der Frau. Hedwig Dohms Position – und das prägt auch die Diktion ihrer Schriften – ist eine humanistisch-aufklärerische: das Aufzeigen bestehender Widersprüche und Absurditäten sollte helfen, die Menschen (Männer und Frauen) von ihren Irrtümern und Vorurteilen zu befreien. Hoffnung und Mut für eine neue Zeit erwachsen aus der Einsicht in die Veränderbarkeit der Dinge: „Kein ehernes Gesetz der Unwandelbarkeit gibt es."[81]

Hedwig Dohms Analysen der ‚Weiblichkeit', des ‚Geschlechts' unter dem Aspekt der Unterdrückung, entspricht ein literarisches Werk, das bestimmt ist durch die Auseinandersetzung mit weiblicher Marginalität und Nicht-Identität, und zwar in einer Weise, dies gilt vor allem für ihren Roman «Christa Ruland» (1902), daß sowohl Distanz als auch Nähe zu Lou Andreas-Salomé sichtbar werden: indem Marginalität und Nicht-Identität gleichzeitig als *Mangel* und *positiver Sinn* für Möglichkeiten erscheinen.

Spiel mit Möglichkeiten

Der Roman «Christa Ruland» gehört zu einer Trilogie, in der Hedwig Dohm das Leben dreier Frauengenerationen vergegenwärtigt, die der bürgerlichen Schicht zugehören. Es ist die Generation der um 1840 Geborenen (wie Hedwig Dohm selbst) in «Schicksale einer Seele» (1899), die Generation von 1860 in «Sibilla Dalmar» (1896) und schließlich die „aufblühende junge Generation" der um die Jahrhundertwende Zwanzigjährigen in «Christa Ruland». Für diese Generation hatte sich die Lebenssituation im Vergleich zu ihren Müttern und Großmüttern erheblich verändert. Sie waren nicht mehr allein auf die häusliche Sphäre verwiesen. Neue berufliche Tätigkeitsfelder hatten sich ihnen eröffnet, höherer Schul- und Universitätsbesuch waren für sie möglich geworden. In einer Selbstanzeige dieses Romans schreibt Hedwig Dohm: „Das Innenleben einer reich veranlagten Frauennatur in seiner Entwicklung aus den Zeitströmungen heraus wollte ich in ‹Christa Ruland› darstellen, einer Frau, die sich auseinanderlebt, statt sich auszuleben, die sich kometenhaft zersplittert, weil sie inmitten einer Zeit steht, die für die Frau eine Weltwende bedeutet, weil sie ein Übergangsgeschöpf ist."[82] Für die angekündigte Problematik der weiblichen Figur, „Auseinanderleben" und „Zersplitterung", erscheint eine ordentliche erzählerische Aneinanderreihung und Verknüpfung nicht geeignet; sie läßt eher an eine räumliche Ausdehnung bzw. Streuung denken, deren Darstellung eine eigene Form entsprechen müßte. In «Christa Ruland» bleibt zwar eine erzählerische Rahmenstruktur gewahrt, es gibt eine Erzählerinstanz, die erläuternd und kommentierend eingreift, mit Wechsel zu personalen Perspektiven und erlebter Rede, aber es zeigen sich auch signifikante Veränderungen des überlieferten Erzählgestus durch das Prinzip der Spiegelung und Variation wie durch formale und stilistische Heterogenität.

Am Beginn des Romans wird Christa Ruland im familiären Umfeld und im Kreis ihrer Freundinnen gezeigt. Deutlich wird ein Spannungsverhältnis zur Mutter, deren Sinn auf eine glänzende Rolle in der Gesellschaft gerichtet ist (dazu gehört auch die standesgemäße Verheiratung der Töchter); näher steht sie dem Vater, einem zeittypischen Skeptiker, der Tun und Wollen seiner Lieblingstochter ständig in Zweifel zieht. Im Entwurf des widersprüchlichen Elternpaares zeigt sich der noch dem Naturalismus verpflichtete Versuch einer auch biologischen und milieuhaften Determinierung der ‚Zwiespältigkeit' Christas. Das junge Mädchen, feinsinnig und über die Maßen hellsichtig, versucht dem herkömmlichen Frauenschicksal zu entkommen. Ähnlich wie in «Ellen Olestjerne» heißt es „... Sie wollte etwas werden, etwas Bedeutendes. Fast alle ihre Mitschülerinnen wollten auch etwas werden. Es lag in der Zeitströmung."[83] Das verlangt Energie, Bereitschaft zum Widerspruch und Durchsetzungsvermögen. Wie die Eingangsszenen zeigen, läßt sich Christa nur widerwillig auf häusliche und gesellschaftliche Verpflichtungen ein, widersetzt sich Kleidervorschriften. Es sind Einübungen in Unangepaßtheit, die ihr vom Vater den Namen *Madame Abseits* einbringen. Anders verhält sie sich in entscheidenden Situationen. Ihren Wunsch nach einer Theaterlaufbahn, dann ihren Entschluß zur Ausbildung als Bildhauerin, schließlich zur Krankenschwester weiß der Vater geschickt zu unterlaufen, und es ist Christa, die – wenn auch mit Widerhaken – nachgibt, sich treiben läßt. Weil es die Mutter wünscht (wegen des gemeinsamen Familiendinners) gibt sie Gymnasialkurse auf, die sie zur Vorbereitung auf ein Universitätsstudium besucht. Trotz der Unsicherheit ihres Gefühls willigt sie später auch in die Verlobung und Heirat mit Adrian von Lützow ein, einem Verehrer ihrer bereits verheirateten Schwester Anne-Marie.

Christas Existenzweise ist demnach durch Negation und Passivität bestimmt. Sie verhält sich ablehnend gegenüber ihrer Umwelt, den in sie gesetzten Erwartungen, ist zugleich aber unfähig, ihre Wünsche und Fähigkeiten in die Wirklichkeit umzusetzen. Damit unterscheidet sie sich von einem Kreis junger Frauen, die ihr zur Seite gestellt werden. Zu ihnen gehört u. a. Anselma, die Künstlerin, die ganz der Kunst und Liebe leben möchte. Sie hat sich Großes vorgenommen, scheitert aber schließlich. Nach Verriß ihrer ersten Ausstellung, dem Verlust ihres Geliebten, endet sie im Delirium, begeht Selbstmord. Julia, das „Vollweib“, die sich ausleben will, bricht mit ihrer Familie und versucht, sich eine Schriftstellerinnenexistenz aufzubauen. Sie gerät auf „die abschüssige Bahn“. Maria Hill, eine Wissenschaftlerin, die nach dem Studium der Chemie und Mathematik in Zürich nach langem Suchen eine Stelle in einem Privatlabor gefunden hat, empfindet ihre Arbeit dort als völlig unbefriedigend; ihren Freundinnen gilt sie als Typ der ‚Neuen Frau‘. Und schließlich Klarissa, ein „stilles sonderbares Mädchen“, das auf Christa eine starke Anziehung ausübt: Ihr Denken und Empfinden gehört einer „mystischen Welt“; in ihrer Sensitivität erscheint sie Christa als „Wegweiser zu Ländern, die noch nicht entdeckt sind“.[84] Sowohl Maria Hill als auch Klarissa werden später heiraten.

Das Beispiel dieser „Übergangsgeschöpfe“, so der Titel eines Vortrags Maria Hills in der Mitte des Romans, zeigt die Diskrepanz zwischen dem Möglichen und dem Wirklichen, zwischen Wollen und Vollbringen. Die Funktion ihrer typisierenden Darstellung erschließt sich aber erst völlig durch die Beziehung auf die Hauptfigur. Dem Prinzip der Spiegelung und Variation folgend personifizieren sie bestimmte Anlagen und Möglichkeiten Christas:

> Zwei Seelen? Nein, in meiner Brust wohnen mindestens ein Dutzend, eine ganze Kollektion von Seelen,

erklärt Christa Ruland.

> Die Männer, die haben höchstens zwei, manchmal nur eine; das liegt daran, daß sie von jeher nur auf ein bestimmtes Fach geeicht worden sind. Entweder sie hobeln immer, oder sie machen immer Musik, treiben immer Mathematik oder gucken immer durch die Fernröhre in die Sterne. Die Einseitigkeit ist ihnen zur zweiten Natur geworden, ihre erste ist auch ganz anders. Meine zwölf Seelen aber – siehst Du, die eine will ins Metaphysische–

Madge Gill (1884–1961): Composition With Faces

Transzendental-Mystische sich versteigen. Eine andere möchte renaissancefürstinnenhaft in Brokatgewändern durch Paläste rauschen. Eine dritte schlüpfte gerne – ab und zu – in ein goldsträhniges, lilientragendes Engelsbild... In selbsterkenntnisreichen Stunden finde ich in mir etwas von Anselma, von Julia, von Maria Hill, auch von Klarissa.[85]

Die Vervielfältigung in Frauen-Bilder und -Figuren zeigt, daß Christa Ruland kein fest umrissenes, begrenztes Ich entwickelt hat. Daher ihre zurückgehaltene Aktivität, ihre Unfähigkeit – im Gegensatz zu ihren Freundinnen – sich mit ihren Möglichkeiten und Fähigkeiten auf die Wirklichkeit einzulassen. Was sich als Mangel erweist, erfährt aber im Roman eine differenziertere Wertung. Wenn in den anderen Figuren immer eine Seite von Christa Ruland enthalten ist, so in einer Weise, daß sie in ihnen vereinseitigt ist. Deren Vermischung mit anderen Zügen läßt sie zu Kontrastfiguren werden, die Christa Ruland ermöglichen, kritischen Abstand zu gewinnen, eigene Ansprüche zu korrigieren und sich der Anpassung an das Gegebene zu entziehen. Durch ihre passive, beobachtende, reflektierende Existenzweise entgeht sie dem Schicksal, Selbsttäuschungen zu erliegen oder sich mit einem Kompromiß zu begnügen.

Eine neue Lebensphase Christas vergegenwärtigt ein eingeschobener Briefroman en miniature, der mit Tagebuchaufzeichnungen der Schwester Anne Marie schließt. Der Briefwechsel mit der Schwester beginnt nach Christa Rulands Verheiratung mit Adrian von Lützow – eine überstürzte Verbindung; beide Ehegatten bleiben einander fremd. Anne Marie ist eine „Frau der Vergangenheit", ein „schwebendes, sonniges Geschöpf". Sie läßt sich nicht auf den Wandel ein, paßt sich den Verhältnissen völlig an. Und so hat ihre Geschichte auch ein konventionelles Ende. Nach dem Tod ihres älteren und vermögenden Mannes, den sie auf Drängen der Mutter heiratete, ist ihr ein selbständiges Leben nicht mehr möglich. Nach ihrem Tod erfährt Christa von der ‚ungelebten' Liebesbeziehung zwischen der Schwester und Adrian, was zur Trennung Christas von Adrian führt.

Der Dialog mit der Schwester – „auf Monologe kriegt man keine Antwort. Im Zwiegespräch mit Dir, Du meine Allerliebste, liebe Schwester, fällt Dir – oder vielleicht auch mir – etwas ein"[86] – ermöglicht durch Beschreibungen, Analysen, Reflexionen die Auffaltung ihrer „Seelenzustände"; er läßt dem Gestus nach an Bettina von Arnims Briefwechsel mit der Günderrode denken. Christa befindet sich in einer Phase des Herumprobierens, Experimentierens. Sie versucht innere Kontinuität durch einen neuen Blick auf ihre Umwelt zu finden.

> Ich versuche Menschen, Dinge, Zustände so zu sehen, als sähe ich sie zum ersten Mal, so einigermaßen wie ein Wilder (aber mit Gymnasialbildung) [...] Ich schaffe das ‚man' ab. Statt ‚man sagt' – ‚man ist der Meinung', sage ich nun: „Ich".[87]

Im Versuch, ihrer selbst habhaft zu werden, nicht als „Sprechmaschine" zu funktionieren, wird das Verhältnis von Sprache und Ich problematisch: „Wundere Dich nur nicht", schreibt sie,

> wenn mein Stil sich ändern sollte und ich nächstens reden werde, wie mir der pathetische Schnabel gewachsen ist. Darum bin ich oft schweigsam. Ich will geistreich sein dürfen, in Bildern sprechen, dabei ein bißchen gestikulieren (ich muß immer auf meine Hände achten, damit sie nicht in die Höhe fahren), und das alles gilt doch für affektiert, lächerlich.[88]

Die Sprache erlaubt nicht zu sagen, *wie* etwas erfahren wird, was zum Schweigen führen kann (erstarrtem Begehren) oder in die Hysterie, wenn nicht zwischen Gestik (Sprache des Begehrens) und einer Sprache, die auch eine verbale Sprache ist, eine Kontinuität gefunden wird.

In die subjektive Wirklichkeitsverarbeitung und Selbstanalyse schiebt sich im Verlauf des Briefwechsels ein neues Gegenüber, dem später ein anderes folgt; sie ermöglichen eine neue Lebensphase der Protagonistin durch die Auseinandersetzung mit den zwei die Zeit prägenden Strömungen des Individualismus und Mystizismus. Christa Ruland, die schon früher Nietzsche und Marx studierte, vertieft sich jetzt in Stirners „Individualaristokratismus", angeleitet von ihrem Freund Frank Richter, eine Figur, die erneut Spiegelung und Kontrastierung ermöglicht.

Zum Kern der Stirnerschen Lehre gehört, daß jede Wahrheit einer Zeit die fixe Idee derselben ist und daß der vollste Genuß der Persönlichkeit persönliche Beziehungslosigkeit verlangt. Christa Ruland hört auf, „Sklavin einer unfruchtbaren Gutmütigkeit zu sein", sie bricht die Beziehung zu vormals ihr Nahestehenden ab. Ein sie tief erschütternder Unfall, dessen Zeugin sie wird, läßt sie aber Distanz zu dieser Lehre gewinnen. Die „diamantharte Konsequenz" der Weltanschauung dieses „philosophischen Messias, auf den in umgekehrter Ordnung der Johannes Nietzsche folgte",[89] wird fragwürdig (durch ein Erlebnis, mit dem Hedwig Dohm, unausgesprochen, auf Nietzsches Zusammenbruch auf der Piazza Carlo Alberto in Turin angesichts einer Pferdemißhandlung durch einen Droschkenkutscher weist[90]). Der Anblick eines unglücklich gestürzten, verendenden Wagenpferdes, um das sich Kutscher und umstehende Leute nicht bekümmern, löst in Christa verdrängten Schmerz und Mitleid mit den ihr einst Nahegestandenen aus. In klassisch weiblicher Bescheidenheit bekennt sie: Sie ist zu klein für Stirners Lehre – ein ironisches Eingeständnis. Denn seine Philosophie der totalen Ichbezogenheit erscheint ihr nun als erzwungene Verkümmerung.

Eine neue Perspektive öffnet ihr die Begegnung mit Daniel Rainer, einer zeittypischen religiösen Sucherfigur.[91] Dieser „Gralsritter" oder „Brahmane" (sein Lieblingsjünger heißt Parsifal) fesselt sie durch „dämonisch-transzendentalen Zauber". Er verheißt Erlösung durch das Erreichen einer „vierten Dimension". Ihm fühlt sich Christa am nächsten. Die Spiegelung wird hier zum Doppelgängermotiv. Die Gemeinschaft mit ihm ermöglicht ihr eine neue Liebeserfahrung: Liebe als mystische Seelenvereinigung, in der auch das Trennende zwischen den Geschlechtern aufgehoben ist; denn

> es [ist] immer das erotische Element [...], das Mann und Weib trennt, wenn sie als Mensch zum Menschen kommen wollen. Bei dem Mann ist's immer so. Aber auch das Weib ist in diese Gefühlsweise verstrickt.[92]

Diese Einsicht weist zurück auf eigene Verstrickung und konfliktreiche Liebeserfahrung, die eine Reihe von Schlüsselszenen im Roman verdeutlicht: Angst vor der Liebe als romantischer Illusion, vor Unterdrückung und eigenem Unterwerfungsverlangen (auf Lou Andreas-Salomés Erzählung «Die Ausschweifung» weisen hier die Reflektion auf die Klinger-Radierung «Die Zeit den Ruhm vernichtend» und Andeutung der Ammen-Episode) und vor einer fremden ‚männlichen' Sinnlichkeit. Die vermittelten Erlebnisse und psychischen Reaktionen motivieren hier den Entwurf einer Liebe als Differenz überwindende, das ganze Wesen erfüllende Seelenvereinigung, eine Lösung, die auf die Schwierigkeit des Umgangs mit Sinnlichkeit und Sexualität deutet, aber auch auf den Wunsch, neue Möglichkeiten von Liebe zu erkunden.

Christa Rulands mystisch inspirierte Gemeinschaft mit Daniel Rainer findet ein jähes Ende, als Daniel, der Selbstzüchtigung durch asketische Selbstzucht betreibt, entdeckt, daß er noch nicht frei von Sinnlichkeit, wie er glaubte, ist. So schmerzhaft die Trennung für Christa von Daniel ist, so ermöglicht sie ihr zugleich, sich auch vom Totalitätsanspruch seiner, wie jeder Lehre zu distanzieren, die wohl „verheißende Durchblicke" gewährt, letztlich aber vielleicht nur einer „imaginären Sonne" entgegenführen mag. Dagegen endet der Roman mit

Reflektionen über weitere Möglichkeiten: Die Verbindung von Individualismus und Altruismus, über diese Möglichkeit einer Versöhnung hatte sie schon früher nachgedacht – aber sie bleibt Utopie, denn das „harmonische Menschengeschlecht, das dies vermöge, war ein fernes Zukunftsideal“.[93] Also würde sie es mit dem Altruismus versuchen, ein Kinderheim gründen: „vielleicht würde sie nun mit den Kindern gleich einem Kinde sein, das sich noch erst entwickeln soll“ – aber, „die Vorstellung eines bestimmten Berufs war ihr von jeher antipathisch gewesen“.[94] Wenn der Schluß des Romans auf den möglichen Wahnsinn Daniel Rainers hindeutet, als Erleben eines paradiesischen Zustandes, so zeigt sich darin die Faszination von einer vielleicht noch unverstandenen Möglichkeit: „Irrsinnig erscheint oft nur, wer anderssinnig ist“,[95] heißt es schon früher im Roman.

Die zeitbestimmte Verfaßtheit des Übergangs wird in Hedwig Dohms Roman nicht als einsinnige Geschichte mit einem Entwicklungsziel beschrieben. Ziel ist hier eine experimentierende Existenzweise der Aneignung und des Widerspruchs zu dem Gegebenen in der unabschließbaren Bewegung von Ironie und Reflexion. Dieser Existenzweise entspricht die experimentelle Form des Romans. Die Auflösung erzählerischer Totalität verweist auf die Distanz gegenüber vereinheitlichenden Weltanschauungen und Wahrnehmungsweisen. Hedwig Dohm ist keine ‚große Erzählerin‘, im Roman wechseln Beschreibungen, Erlebnisse, Reflexionen, Essayistisches, Briefe, Tagebuchaufzeichnungen und ‚Lesefrüchte‘. Die Sprache ist rational und impressionistisch, ironisch, sensibel, emotional und spöttisch. Anleihen an die zeitgenössische Dekorationsästhetik und jugendstilhafte Stilphänomene sind in die ironisierende Sicht einbezogen.[96]

Konstitutiv für den Roman ist die Ironie. Durch sie wird die Wirklichkeit aufgebrochen, und zwar das Gegebene wie auch zeittypische Alternativen und auch die Protagonistin selbst. Das heißt, die Wirklichkeit wird nicht von einem sicheren Ort, einer untrüglichen Gewißheit in Frage gestellt; Christa Ruland sucht diese Position, hat sie nur als Wegrichtung. Ihre Selbstironie ermöglicht ihr, wandlungsfähig zu sein; in ihr wurzelt ihr positiver Sinn für Möglichkeiten. Wandlungsfähig zu sein, bedeutet andererseits drohende Zersplitterung, weckt den Wunsch nach umfassender Einheit im mystischen Erleben.

In Christa Ruland, von der es heißt, „es fehlt ihr an Persönlichkeit“, zeichnet Hedwig Dohm – Musil präludierend – die „Frau ohne Eigenschaften“. Daß sich erste Hinweise auf seinen Roman – seine Hauptfigur Ulrich (wie Musil selbst) gehört der Generation um 1880 wie Christa Ruland an – in seinen Tagebuchaufzeichnungen von 1902 und 1903 finden, weist auf ein gemeinsames Bezugssystem: den literarischen Kommunikationsraum der Décadence. Ihre Signatur zeigt sich in «Christa Ruland» u. a. im Wollen und Nichtvollbringenkönnen, der Lust an schweifender Intellektualität, Skepsis gegenüber der Vita activa, minuziöse Selbsterforschung und Ichzerfaserung, Sehnsucht nach dem Mystischen, Dialogizität mit literarischen und außerliterarischen Werken und Bruch mit formaler Geschlossenheit;[97] dabei gibt es notwendigerweise signifikante Abweichungen, wie zum Beispiel im Bereich erotischen Erlebens.

Die Orientierung am ‚Subsinnsystem' der Décadence ermöglicht Hedwig Dohm, die transitorische Verfassung und Desintegration des weiblichen Ich zu gestalten, und zwar als Konsequenz der Geschichtslosigkeit der Frau und nicht – das markiert ihren Unterschied zu den männlichen Autoren der Décadence – als Verlust oder Verzicht auf ein konsistentes Ich angesichts gesellschaftlicher Krisenerscheinungen. Der Roman «Christa Ruland» vergegenwärtigt die Entwicklung einer *beweglichen Perspektive* in der unabschließbaren komplexen Auseinandersetzung mit gegebener Lebenswirklichkeit, Denkhaltungen und Selbstanalyse, weder eine geschlechtsspezifische Positionalität verleugnend, noch an eine unveränderbare Geschlechterdichotomie gebunden.

2. Träume, Utopien und Wege zur Verwirklichung
Entwürfe der ‚neuen Frau' in Romanen des Auslands um 1900

Livia Z. Wittmann

Die Repräsentation der *neuen Frau* in der Literatur der Jahrhundertwende war vor allem ein europäisches Phänomen. In Deutschland trug die zeitgenössische Literaturkritik und -wissenschaft durch ihre Auseinandersetzung mit einschlägigen Werken der englischen, norwegischen, dänischen, schwedischen und holländischen Literatur zu deren Rezeption bei.[1] Osteuropäische Literaturen hinterließen in dieser Auseinandersetzung kaum Spuren und der französischen Literatur begegnete man mit Vorbehalt. So schrieb Ella Mensch in ihrem 1898 veröffentlichten Buch «Die Frau in der modernen Litteratur» über französische Autoren:

> Wir wollen den Dumas und Augiers, namentlich letzterem, dem Autor von Haus Fourchambault, das Verdienst lassen, daß sie es zuerst waren, die im dramatischen Sittenbilde auf die Ungerechtigkeiten hinwiesen, welchen die Frau in der Ehe ausgesetzt sein könne. Diese Schriftsteller haben mit ihren Dramen, möchte man sagen, Material für die Rechtsschutzvereine geliefert. Aber die Frau außerhalb der erotischen Beziehungen interessiert sie durchaus nicht. Und das ist die große und erschreckende Einseitigkeit der französischen Belletristik, über welche uns auch die glänzende, jede Stimmungsnuance meisternde Technik des Ausdrucks nicht trösten kann.[2]

Zwei Charakteristika werden hier angesprochen: Die Reduktion der Frau auf ihre Sexualität und die Genauigkeit der Beschreibung psychologischer Prozesse. Diese zweite Eigenart, den psychischen Vorgängen Bedeutung beizumessen und ihrer Ausarbeitung erheblichen Raum zu geben, wirkte sich traditionsbildend auch auf die Schreibweise der französischen Schriftstellerinnen aus und wurde in ihrer Subtilität zum unterscheidenden Merkmal ihrer Werke im Vergleich zu denen der meisten englischen oder deutschen Autorinnen. Anders verhält es sich mit dem Stellenwert, den die Erotik und Sexualität in den Romanen von Marcelle

Tinayre, Colette Yver und Gabrielle Réval einnimmt, vor allem in jenen Romanen, die sich der Repräsentation der *neuen Frau* widmen. Die erotische Beziehung zum anderen Geschlecht (selten zum eigenen) ist nur ein Aspekt in der Vielfältigkeit des Lebens einer *neuen Frau*, das heißt einer Frau, die sich in einem der möglichen Stadien des Emanzipationsprozesses befindet. Und doch wurden die Bücher mancher französischen Autorin in Deutschland als zu erotikgeladen empfunden. So beanstandet Käthe Schirmacher 1901 in ihrer Besprechung des im selben Jahr veröffentlichten Romans von Gabrielle Réval, «Un lycée de jeunes filles», daß die Autorin „[...] ihrem Styl ein gewisses erotisches Element einverleibt hat, das Erbe einer literarischen Schule, deren Gewand und Faltenwurf eine Wahrheitskünderin, eine Reformatrix verschmähen müßte.“[3]

Die Romane der Französinnen wurden nachweislich in Deutschland gelesen und von Sexualwissenschaftlern, wie Iwan Bloch etwa, im Zusammenhang mit der sozialen Ächtung und den „heutigen verhängnisvollen Folgen der freien Liebe in Gestalt der *unehelichen Mutterschaft*“ erwähnt.[4] Die wichtigsten französischen Autorinnen, die sich in ihren Romanen den Entwürfen der neuen Frau widmen, sind Marcelle Tinayre, Gabrielle Réval und Colette Yver. Bezeichnenderweise sind alle drei Namen Pseudonyme.[5]

In dem 1899 erschienenen Roman mit dem Titel «Hellé» entwirft Tinayre das Proträt eines jungen adligen Mädchens, das zwar eine außergewöhnliche, nämlich männliche Bildung erhält, diese aber nur für eine ideale Gattenwahl fruchtbar macht. Hellé, eine Waise, wird von ihrem Onkel, einem Gelehrten, in der Philosophie und Ethik des klassischen Altertums unterwiesen, und wird dieser Ausbildung zufolge nicht nur klug und gelehrt, sondern auch unsentimental und sie entwickelt ein ausgeprägtes Rechtsgefühl, dem Sittenkodex ihres gesellschaftlichen Milieus zufolge sehr unweibliche Eigenschaften. Im heiratsfähigen Alter wird sie in die Pariser ‚gute' Gesellschaft eingeführt und fühlt sich sehr bald angewidert von dem dort kultivierten oberflächlichen Treiben. Dennoch verliebt sie sich in den charmanten und weltgewandten jungen Dichter Maurice Clairmont und verlobt sich mit ihm. Es dauert nicht lange, und sie erkennt seine Charakterlosigkeit, löst die Verlobung und heiratet einen anderen, den *idealen Mann*. Dies ist ein Sozialreformer, der Hellé beibringt, wie man den sozial Geächteten wirklich helfen könne, indem man, statt sie lediglich mit Almosen abzuspeisen, ihnen bei der Arbeitsbeschaffung hilft: Es handelt sich um die Mütter unehelicher Kinder. Der Roman endet mit Hellés Erkenntnis ihrer Berufung, der zufolge sie ihrem Mann nicht nur als Lebens- sondern auch als Arbeitsgefährtin zur Seite steht. Der Roman trägt den Stempel der Idealität und des Außergewöhnlichen. Daß die Konzeption eines solchen emanzipatorischen Weges sozialtheoretisch in eine Sackgasse führt, scheint die Autorin bald darauf erkannt zu haben, denn in ihrem 1904–1905 geschriebenen Roman «La Rebelle» erinnern nur noch wenige Motive an den früheren Entwurf.

Auch in «La Rebelle» erfährt die Heldin, Josanne Valentin, von einem *idealen Mann* Bestätigung und die theoretische Klärung ihrer verworren scheinenden

Situation. Der Auftakt des Romans ist eine Straßenszene: Josanne hat eine Verabredung mit ihrem Geliebten, der sie lange warten läßt; um sich die Zeit zu vertreiben, blättert sie in einem Buch, das sie auf dem Bücherstand eines Straßenhändlers entdeckt, und das mit seinem Titel, «La Travailleuse», ihre Aufmerksamkeit auf sich zieht. Es ist die soziologische Studie eines Feministen, Noel Delysle, der Probleme der ‚Arbeiterin', der ‚Angestellten', der ‚Frau in freien Berufen' behandelt und sich ferner Fragen der ‚weiblichen Konkurrenz' und ihren ‚ökonomischen Folgen' widmet sowie eine ‚neue weibliche Moral' entwirft.[6] Josanne erkennt sich in diesem Entwurf als ‚Rebellin': Sie hat ein außereheliches Verhältnis, weil ihr Mann unheilbar krank ist, sie arbeitet und erzieht ihren Sohn, den sie von ihrem Geliebten hat; der jedoch will nichts von dem Kind wissen, er läßt Josanne im Stich.

Nach der Lektüre des Buches schreibt sie an den Autor, und es entwickelt sich eine Korrespondenz, die zur Freundschaft und dann zur Liebe zwischen den beiden Protagonisten der neuen Moral führt. Auch in diesem Roman kommt es am Schluß zu einem Happy End – der kranke Ehemann stirbt und Josanne geht ein neues Bündnis mit dem sozialreformerisch gesinnten Autor ein –, doch hat das Paar vorher eine Krise zu bestehen, denn der *ideale Mann* hat Schwierigkeiten bei der Anwendung seiner Theorie auf die Praxis: Er ist eifersüchtig auf den früheren Geliebten Josannes und dann auf das Kind, obwohl er selbst unzählige Liebesbeziehungen hatte.

Im Gegensatz zu der auf ihren Lebensunterhalt nicht angewiesenen, aristokratischen Hellé, deren Erziehung und Bildung im Geiste der hellenistischen Kultur erfolgt, ist Josanne eine Rebellin aus Not: Um sich und ihre Familie durchzubringen, übt sie den Beruf einer Sekretärin und dann Journalistin bei einem bürgerlichen Frauenblatt aus – und das muß sie von der Pike auf erlernen; statt Mitleid und Respekt für uneheliche Mütter zu entwickeln wie Hellé, ist Josanne selbst eine; statt der Klassiker des Altertums werden Thomas Hardy und Madame La Fayettes «La Princesse de Clève» zitiert, fiktionale Verweise auf die Ahnen der Gegen-den Strom-Schwimmenden.

Der ideale Mann

Nicht nur in den erwähnten Romanen von Marcelle Tinayre, die sich mit neuen Lebensinhalten und Notwendigkeiten der Frauen auseinandersetzen, findet sich der ideale Mann als utopischer Entwurf, sondern auch in den Romanen der Engländerinnen Sarah Grand («The Heavenly Twins», «The Beth Book») und Mona Caird («The Daughters of Danaus»), der Holländerin Cecil de Jong van Beek en Donk («Frauen, die den Ruf vernommen») und der Neuseeländerin Edith Searle Grossmann («In Revolt», «Hermione»). Gemeinsam ist all den genannten Werken, daß ihre neuen Frauen sich zum größten Teil noch im Prozeß der Emanzipation befinden, und in den Romanen wird der Verlauf der Bewußtwerdung ihrer zu verändernden Lage beschrieben. Der ideale Mann ist entweder der Mentor oder der vorbehaltlos Liebende (oder beides) für die jeweilige Heldin. Je selbstbewußter und sozial abgesicherter die Frau, um so mehr verliert der ideale Mann von seiner Idealität. Was bedeutet das? Das Konzept des idealen Mannes kann als alter ego der sich emanzipierenden Frau aufgefaßt werden: Ein ins männliche Geschlecht gekleideter utopischer Entwurf verspricht, weniger verfänglich, von seiten der Kritik und Leserschaft annehmbarer zu sein. Es steckt wohl auch ein didaktisches Prinzip in einem solchen Entwurf, es sind neue Modelle zur Nachahmung für den Leser. Diese idealen Männer sind jedenfalls kritisch gegenüber der Gesellschaft, sie sind meist Sozialwissenschaftler, -ethiker, -philosophen, Ärzte und Künstler. Auf jeden Fall aber stellt der ideale Mann in seiner Zugehörigkeit zur dominanten Kultur, die er trotz seiner Idealität repräsentiert, die höhere Instanz dar, die den neuen Frauen die Rechtmäßigkeit ihrer Ansprüche garantiert.

Solche Strategien erweisen sich als überflüssig, wenn es um die Repräsentation von fiktionalen Frauen geht, die nach ihren emanzipatorischen Rechten nicht mehr fragen, vielmehr dabei sind, sich in diese einzuüben. Solche Frauen, die uns in drei Romanen von Colette Yver begegnen, in «Les Cervelines», «Les Princesses de Science» und in «Les Dames du Palais», besitzen bereits eine Integrität – die nicht zuletzt auf ihrer beruflichen Leistung und demzufolge finanziellen Unabhängigkeit beruht –, die eine höhere Instanz der dominanten Kultur nicht braucht. Haben sie doch zum großen Teil die Werte der dominanten Kultur für sich in Anspruch genommen und sind dabei erfolgreich.

Es gibt zwei männliche Gegenspieler zu den beiden zentralen neuen Frauen in dem Roman «Les Cervelines»: Jean Céline und Paul Tisserel; beide sind Ärzte. Céline, der aus einer Provinzstadt stammt, verliebt sich in Paris in eine Schriftstellerin, eine Witwe, die unter männlichem Pseudonym erfolgreich ist und ein freies, unabhängiges Leben führt, Céline will sie heiraten, sie lehnt jedoch eine Ehe ab, denn diese hält sie für eine einengende Institution, in der sie schon acht Jahre ihres Lebens gefangen gewesen war. Sie bietet ihm aber ihre Freundschaft an, von der sie weiß, daß sie jegliche Verliebtheit überdauern würde. Céline fühlt sich in seiner Männlichkeit verletzt und verläßt Paris mit Groll. Er läßt sich in seiner Heimatstadt Briois nieder und möchte im Verlaufe der Zeit aus Bequemlichkeitsgründen heiraten. Er schreibt daher an seinen früheren, in Paris lebenden Lehrer, daß er ihm ein passendes Mädchen suchen solle:

> Ich möchte nur, daß sie still und sehr jung ist und immer lächelt. Und vor allem ahnungslos! Von der Welt soll sie nur so viel wissen, daß man sich gut kleidet; sie soll ein kleines Vogelgehirn haben, unfähig, länger als eine Minute zu denken [...].[7]

Aus der geplanten Ehe mit einem jungen Mädchen wird nichts, denn der potentielle Schwiegervater lehnt Céline als beruflich nicht vielversprechend genug ab. Nach einiger Zeit verliebt sich der junge Arzt in eine Gymnasiallehrerin, die an der Abendhochschule populäre Vorträge über die Antike hält und den

Traum hegt, in absehbarer Zeit eine Forschungsreise an die Geburtsstätten der antiken Kultur unternehmen zu können. Céline wirbt um sie und Marceline Rhonan erwidert seine Liebe.

Die beiden betrachten sich als verlobt, aber nun beginnt der in seiner Karriere nicht sonderlich erfolgreiche Arzt seine Braut mit seinen Minderwertigkeitsgefühlen zu belästigen. Hinzu kommt, daß die Eltern mit seiner Wahl, eine in der ‚Öffentlichkeit' stehende Person zu heiraten, nicht einverstanden sind. Insbesondere seine Mutter insistiert, daß Marceline ihren Beruf aufgeben solle, um in den gutbürgerlichen Kreisen präsentierbar zu sein. Die junge Lehrerin, die ihren Beruf leidenschaftlich liebt, erbittet sich Zeit, um den Wunsch der Eltern Célines, der auch sein geheimer Wunsch ist, zu erwägen. Sie kommt zur Einsicht, daß sie mit dem Verzicht auf ihren Beruf sich selbst aufgeben würde und trotzdem keine Gewähr dafür hätte, daß das häusliche Glück die entstehende Leere kompensieren könnte. Am Beispiel ihrer früheren Schulfreundinnen, über deren Lebensweg sie eine Dokumentation führt, hat sie zur Genüge beobachtet, zu welch niederschmetternden Ergebnissen die große Liebe führen kann. Céline erkennt schließlich, daß er seine Chancen selbst verdorben hat, denn er, das männliche Mittelmaß, wollte das weibliche Génie versklaven.

Es gibt noch ein anderes Paar, den jungen Chefarzt Tisserel und die Praktikantin Jeanne Boerk, die an beruflicher Begabung ihren Chef weit überragt. Er verliebt sich in sie und verfolgt sie mit seiner Liebe, die sie lediglich als lästig empfindet. Sie geht ganz in ihrem Beruf auf und nimmt den Neid und Haß ihrer männlichen Kollegen zumeist gelassen hin.

Jene Frauen, die der Ehe die Selbstverwirklichung im Beruf vorziehen, werden im Roman von den Männern als „Zerebrale" bezeichnet. Der Ausdruck soll im Kontext des Romans Gefühlskälte signalisieren. Nun sind aber in die Erzählstruktur Signifikante eingebaut, die dieses Urteil unterlaufen: es sind die Religiosität und die reife Liebesfähigkeit Marcelines, und es ist Jeannes Mitgefühl für die von ihr behandelten kranken Kinder. Zweifelsohne hat die Autorin in dem medizinwissenschaftlichen Genie Jeanne Boerk eine neue Frau entworfen, für die weder Liebe noch Ehe als Problem existieren.

Das psychologische Realitätsmuster

In ihren nächsten beiden der neuen Frau gewidmeten Romanen läßt Colette Yver ihre Heldinnen heiraten. Diese haben sich bereits vor der Ehe beruflich qualifiziert: die eine ist Ärztin, die andere Rechtsanwältin. Beide Frauen sind nicht nur erfolgreich in ihren Berufen, sondern sie überflügeln auch ihre Ehemänner, die denselben Beruf wie ihre Frauen ausüben. Wie geht die Autorin mit den daraus resultierenden möglichen Konflikten um?

In dem früheren Roman, dem 1907 erschienenen «Les Princesses de Science», ist ein wesentlicher Teil des Textes der Zeit vor der Ehe zwischen dem jungen

Arzt von mittelmäßiger Begabung, Fernand Guéméné, und Thérèse Herlinge, einer Medizinstudentin in ihrem letzten Ausbildungsjahr, gewidmet. In endlosen Auseinandersetzungen versucht der verliebte Fernand die zurückhaltende Thérèse nicht nur zur Ehe zu überreden, sondern ihr auch das Versprechen abzunehmen, daß sie zu gleicher Zeit die Ausübung ihres Berufes aufgeben würde. Thérèse empfindet dies als eine Zumutung. Fernand verläßt sie darauf voll Zorn, um nach einigen Monaten einen von ihm als Kompromiß verstandenen Vorschlag zu machen: Thérèse könnte zwar als Ehefrau zu Hause forschen, aber nicht als Ärztin praktizieren. Sie kann eine solche Bedingung ebenfalls nicht akzeptieren. Nach und nach sieht er sich gezwungen, von allen sie beruflich behindernden Vorbedingungen Abstand zu nehmen und die junge Ärztin als vollwertige Partnerin anzusehen. Sie heiraten und für eine Weile gelten sie als ideales Paar. Bald wird Thérèse schwanger und muß ihre vielversprechende Forschungsarbeit aufgeben, doch will sie nicht auch noch ihre Praxis als Ärztin wegen der Gebundenheit durch das Stillen verlieren und stellt daher eine Amme an. Das Kind stirbt wegen der Unreinlichkeit der Amme und Fernand gibt seiner Frau die Schuld daran. Auch fühlt er sich allmählich in seiner häuslichen Bequemlichkeit gestört, weil das Essen nicht immer nach seinem Geschmack ist – die Führung des Haushaltes untersteht ihr –, und er ist unmutig, wenn er des öfteren abends allein ist, während seine Frau irgendwo in der Stadt eine Geburt leitet; auch empfindet er Eifersucht ihren männlichen Patienten gegenüber. Unterdessen entwickelt sie sich zu einer gesuchten Ärztin, die viel mehr Patienten hat als ihr Mann und dementsprechend auch mehr verdient. Fernand stürzt sich nun in eine Forschungsarbeit und meint, ein heilendes Serum gegen Krebs entdeckt zu haben. Seine Frau, die er mit seiner Entdeckung beeindrucken will, weist ihm aus dem Stegreif die wissenschaftliche Unhaltbarkeit seiner Formel nach. Er sucht Trost in der häuslichen Atmosphäre einer Witwe, deren krebskranken Mann er nicht heilen konnte, von der er aber vorbehaltlos verehrt wird. Diese Witwe verkörpert nach herkömmlicher Auffassung die ideale Mutter und Hausfrau, und Fernand fühlt sich von ihr angezogen. Bevor er jedoch ein Verhältnis mit ihr eingeht, erfährt seine Frau von dieser Beziehung und gibt endgültig ihren geliebten Beruf auf, um die Zuneigung ihres Mannes zurückzugewinnen. Die Schlußszene ist alles andere als Glück verheißend: Thérèse hat alles geopfert und Fernand ist deprimiert.

Neben dem Schicksal dieser beiden werden in diesem Roman noch andere recht unterschiedliche Beziehungen thematisiert. Frau Adeline etwa ist eine praktizierende Ärztin mit Mann und vier Kindern, die durch ihren Beruf derart überfordert ist, daß ihr Mann sich zum großen Teil um die Kinder kümmern muß: Die Autorin läßt ihn darüber zum Trinker werden und verkommen. Den Gegenentwurf verkörpert die russische Medizinstudentin Dina Skaroff: Trotz großer Entbehrungen hat sie voll Leidenschaft studiert, nach ihrer Heirat, dem Wunsch ihres Mannes folgend, ist sie ausschließlich Hausfrau und Mutter – nach Thérèses Ansicht ein denkbar langweiliges Leben. Immerhin gibt es im Roman auch den Entwurf einer sich behauptenden neuen Frau, der es gelingt, als bedeutende Wissenschaftlerin anerkannt zu werden und zugleich eine Liebesbeziehung aufrechtzuerhalten. Doch geht dies nur, weil sie nicht heiratet und daher selbst die Spielregeln zu bestimmen vermag.

Auch in dem zwei Jahre später veröffentlichten Roman «Les Dames du Palais» tragen die berufstätigen und verheirateten Frauen eine doppelte Belastung, denn daß der Haushalt die Verantwortung der Ehefrau ist, selbst wenn beide Ehepartner den gleichen Beruf ausüben, wird als selbstverständlich angesehen und nicht hinterfragt. Eine solche Doppelbelastung bewirkt aber nicht etwa die Unzufriedenheit der berufstätigen Frau, sondern die des Mannes, dem es zu Hause oft nicht gemütlich genug ist. Auch in diesem Roman wird das Selbstmitleid und der Egoismus des Ehemannes sehr genau und mit großem Einfühlungsvermögen geschildert. Das Milieu ist diesmal das der Rechtsanwälte und der Gerichtsverhandlungen. Henriette, die junge Juristin, heiratet den in sie verliebten André Velines, einen Kollegen, der ihr Recht nicht anzweifelt, ihren Beruf auch nach der Eheschließung auszuüben. Henriette macht durch einen Prozeß, in dem es um die Rechtszusprechung eines Kindes geht und den sie in erster Instanz gewinnt, bald von sich sprechen. Gerade zur Zeit ihres ersten Erfolges wird ihr Mann schwer krank und sie widmet sich vier Monate lang ausschließlich seiner Pflege. Auch erscheint sie während ihrer bald darauf folgenden Schwangerschaft nicht mehr vor Gericht und er übernimmt den von ihr in erster Instanz gewonnenen Prozeß und verliert ihn in der zweiten. Er fühlt sich verunsichert und beginnt auf ihren beruflichen Erfolg – denn sie wird insbesondere für die weiblichen Klienten ein geheimer Tip – eifersüchtig zu werden und empfindet ihr Bedürfnis, berufstätig zu sein, plötzlich als Bedrohung seiner eigenen Karriere. Sein Selbstmitleid entfremdet ihn seiner Frau, er verreist, um sein lädiertes Selbstbewußtsein wiederzugewinnen und läßt seine Frau bei der Geburt des Kindes allein.

Die Lösung des Konfliktes geschieht in diesem Roman weniger schockartig: Henriette, die erfolgreiche Rechtsanwältin, verzichtet auf den interessantesten und bedeutendsten Fall, den man ihr überträgt, zugunsten ihres Ehemannes, damit er sich wieder profilieren kann. Sie tut es aus Liebe zu ihm, wie es heißt, und um seine Liebe zurückzugewinnen. Ein fragwürdiges happy end auch hier. Die unzweideutige Botschaft lautet, daß sich die begabtere Frau ihrem Mann unterordnen sollte, damit seiner Liebe, sprich Eitelkeit, und seinem Selbstwertgefühl kein Abbruch getan wird.

Die neuen Frauen der Colette Yver können sich – trotz Anfeindungen und Neid – in der Gesellschaft und im Beruf durchsetzen, zugleich ihre Liebesfähigkeit kultivieren – allerdings, wenn sie verheiratet sind, mit der Hilfe von weiblichem Hauspersonal. Doch sie scheitern in ihrer intimsten Beziehung und fallen, außer in «Les Cervelines», in die ihnen von jeher zugewiesene Rolle des Opfers zurück. Die Konstellation ist immer eine ähnliche: Die neue Frau ist beruflich und in ihren Gefühlen ihrem Partner überlegen. Und somit scheint sich die Utopie des idealen Mannes nur noch bei Suchenden als Ergänzung anzubieten, bei den selbstsicheren Frauen hingegen geraten die jeweiligen männlichen Gefährten zu Un-Helden, sie versagen vor der Wirklichkeit. Ein psychologisches Realitätsmuster wird von Yver entwickelt, das sich in den Literaturen europäischer Sprachen bis in die dreißiger Jahre verfolgen läßt, selbst unter weniger extremen Konstellationen, wo die Frau dem Mann in keiner Weise überlegen ist. Das Fazit? Sollte von Yver die Auffassung der Aktivistin und Theoretikerin der französischen Frauenbewegung, Madeleine Pelletier, geteilt worden sein, daß es für die beruflich erfolgreiche neue Frau besser sei, unverheiratet zu bleiben?[8]

Die Sittlichen

Die Rezeption der englischen Literatur in Deutschland, die sich um die Jahrhundertwende mit der Frauenemanzipation auseinandersetzt, beweist außer den Arbeiten von Gizycki, Mensch, Bergemann und anderen auch die Tatsache, daß an der Marburger Universität unter der Leitung von Karl Vietor zwei Dissertationen geschrieben worden sind, die sich diesem Thema widmen.[9] Die größere Popularität der englischen Literatur mag zum Teil an einem Merkmal liegen, das sie von der französischen unterscheidet: Die feministische Analyse der Lage der Frauen sowie Konzepte zu ihrer Veränderung erscheinen als Ideologie und oft in rhetorischer Form. Dadurch erhalten die Heldinnen mit ihren Prinzipien die Künstlichkeit des Modells, es entsteht eine Distanz der Unnachahmbarkeit, eine Mittelbarkeit, die eher zum Denken als zur Aktion anhält. Die psychologische Einfühlung der Schreibweise der Französinnen hingegen erzwingt unmittelbare Repräsentation weiblicher Erfahrung, die auf Ablehnung stoßen mag. Auch scheinen die thematischen Schwerpunkte der angelsächsischen Literatur eine größere Affinität zu relevanten Problemen in Deutschland zu haben.

Das puristische Ideal der Enthaltsamkeit für beide Geschlechter vor der Ehe vertreten die neuen Frauen in den seinerzeit berühmten und berüchtigten Romanen von Sarah Grand: «The Heavenly Twins» und «The Beth Book». Sie lehnen sich gegen die bürgerliche Doppelmoral auf, die die Frauen zum Opfer der Geschlechtskrankheiten macht, als Ehefrauen und als Prostituierte, die Männer aber frei ausgehen läßt. Evadne, eine der beiden zentralen Frauengestalten des Romans «The Heavenly Twins», bildet sich autodidaktisch und entwirft für sich die Utopie der gleichen Pflichten für Mann und Frau vor und in der Ehe. Als sich herausstellt, daß der Mann, in den sie sich verliebt hat und den sie heiratet, Frau und Kind verlassen hat, will sie nicht weiter mit ihm leben. Ihre Eltern zeigen keinerlei Verständnis für ihre Haltung, die den öffentlichen Moralkodex beim Worte nimmt, und zwingen sie, zu ihrem Mann zurückzukehren und zumindest den Schein der Ehe aufrechtzuerhalten. Sie willigt unter der Voraussetzung ein, daß sie zwar ihren ehelichen Pflichten nachkommen wird, bis

Sarah Grand

auf eine, die sexuelle. Diese konsequent durchgehaltene sexuelle Enthaltsamkeit prägt die zentralen Frauengestalten; die Sexualität erscheint lediglich in einer Frauen gefährdenden Form: Ehefrauen werden von ihren Männern mit Geschlechtskrankheiten angesteckt und werden oft, zusammen mit ihren Kindern, Opfer der Krankheit; Prostituierte werden in speziellen, zu diesem Zweck eingerichteten Hospitälern zwangsbehandelt, während die Männer frei ausgehen.

Die andere neue Frau in ihrer Aspiration ist Angela, eine Zwillingsschwester, die für sich die gleichen Rechte in der Erziehung und Bewegungsfreiheit in häuslicher, aristokratischer Umgebung fordert, doch wird diesem von ihrem Zwillingsbruder unterstützten Aufbegehren gegen die geschlechtsspezifischen Restriktionen in dem Moment ein Ende gesetzt, da der Bruder sein Studium außerhalb des Hauses fortsetzt und Angela lediglich die Wahl hat, in der weiblichen Sphäre des elterlichen Hauses zu verbleiben oder zu heiraten. Die Autorin entscheidet sich für eine Verlegenheitslösung. Angela initiiert ihre eigene Verheiratung mit einem väterlichen Freund, um sich auf diese Weise einen Freiraum zu schaffen: Die Ehepartner leben in verschiedenen Städten und

Angela besucht ihren Mann nur, wenn sie in finanziellen oder seelischen Nöten ist. Ansonsten versucht sie, eine Traumphantasie auszuleben: Nachts zieht sie sich Männerkleidung an, um das Abenteuer der Freiheit zu genießen. Dabei lernt sie den „Tenor“ kennen, einen idealistischen jungen Mann, und befreundet sich mit ihm, indem sie sich für ihren eigenen Zwillingsbruder ausgibt. Ihre nächtlichen Begegnungen, ihre Gespräche und ihr gemeinsames Musizieren sind die einzigen erotischen Passagen in dem immerhin über siebenhundert Seiten umfassenden Buch. Die Zärtlichkeiten zwischen den beiden sind nicht angstbesetzt, weil die Sexualität von Verbotstafeln verdeckt bleibt: Sie weiß, daß sie, da verheiratet, nur platonisch lieben darf und er denkt, daß er einen Jungen zum Freund hat. Die Idylle nimmt ein jähes Ende, als durch Zufall Angelas wahre Identität zum Vorschein kommt. In der heftigen Auseinandersetzung sind die zornigen Beschuldigungen des Mannes, hintergangen worden zu sein, von kaum überbietbarer philisterhafter Moralität geprägt; Angelas Rechtfertigung dagegen wird zu einem leidenschaftlichen Plädoyer für die gleichen Rechte der Frauen.

Wie enden diese neuen Frauen? Angela kehrt geschlagen zu ihrem Mann zurück und will sich von nun an ihrem gesellschaftlichen Status geziemend verhalten, und Evadne findet zum Schluß noch den idealen Mann, den sie heiratet und mit dem sie auch Kinder hat, doch bleibt sie innerlich gebrochen und will mit sozialen Problemen nichts mehr zu tun haben. Resignation vom feministischen Entwurf aus gesehen, Strategien des ‚schielenden Blickes‘, um für die Zeitgenossen annehmbar zu bleiben; der Salto der Anpassung wird zu guter Letzt noch vollbracht. Die Wandlung der Heldinnen ist zu plötzlich und läuft ihrer ganzen Konzeption völlig zuwider, sie ist mit dem Vorangegangenen kaum in Einklang zu bringen.

Der Untergang der Heldinnen

Zu einer Zeit, da es in Europa und insbesondere in England bereits zahlreiche wirkliche, sich politisch und beruflich profilierende neue Frauen gab, scheinen die Entwürfe der fiktionalen neuen Frauen merkwürdig angepaßt zu sein. Vor allem ihr Mangel an Durchsetzungsvermögen fällt auf. In Sarah Grands «Beth Book» gelingt es zwar der Heldin, sich als Schriftstellerin und Rednerin der Frauenbewegung zu behaupten (wobei der Euphorie über das Errungene die glorifizierte Ankunft des idealen Mannes einen Dämpfer aufsetzt), doch bleibt die Beschreibung dieser Entwicklung merkwürdig stilisiert im Gegensatz zum Realismus des ganzen Romans, der die Leidensgeschichte einer sich sehr allmählich befreienden Frau ist. Und die Heldin des ersten berühmten Romans über die neue Frau, Olive Schreiners «The Story of an African Farm», stirbt jämmerlich im Kindbett, weil sie ihr Prinzip der freien Liebe, der Unabhängigkeit und Verantwortlichkeit ausleben will.[10] Somit entsteht eine seltsame Diskrepanz zwischen der klaren Erkenntnis über die Versklavung der Frauen, der gedanklichen und sprachlichen Kraft ihrer Zukunftsvisionen, und ihrer eigenen praktischen Verelendung. In ihrem Jahre später geschriebenen Roman «From Man to Man»[11] schafft sich die Heldin einen geistigen Freiraum und überlebt physisch. Das Schema des idealen Mannes erscheint als Lohn auch für diese an der Misere ihrer Ehe leidende, aber sich geistig emanzipierende Frau; allerdings geht ihre Schwester, der die geistige Fluchtgelegenheit versagt bleibt, als Prostituierte zugrunde.

Hadria, die Heldin von Mona Cairds Roman «The Daughters of Danaus», entflieht dem traditionsbedingten Schicksal einer bürgerlichen Tochter ebenfalls nicht: Vor ihrer Heirat verhindert ihr Mitleid der Mutter gegenüber, daß sie sich ein unabhängiges Leben aufbaut, und nach sieben Jahren unglücklicher Ehe mißlingt ihr Befreiungsversuch, Musik zu studieren, weil sie von der bettlägerig gewordenen Mutter als Pflegerin vereinnahmt wird. Somit schließt sich der Kreis. Die Versklavtheit der Mutter führt zur Versklavung der Tochter. Die frühe Erkenntnis Hadrias, daß Emersons These, nach der eine starke Seele die Umstände besiegen kann, unhaltbar sei, bewahrheitet sich an ihrem eigenen Schicksal.[12]

Selbstmord begeht Hermione, die sich erst allmählich zu einer neuen Frau entwickelnde Heldin eines Romanzyklus der Neuseeländerin Edith E. Grossmann «A Knight of the Holy Ghost». In dem ersten Teil wird die Leidensgeschichte einer in Australien aufwachsenden und sehr jung heiratenden Frau erzählt, die der Brutalität ihres Mannes, dem sie durch das Gesetz vollkommen ausgeliefert ist, mit dem bloßen Leben entkommt, doch an ihrem Lieblingssohn wird er zum Mörder. Obwohl sich die Schreibweise der Autorin in eingefahrenen Bahnen bewegt, erschüttert der Roman noch heute durch das genaue Nachspüren der psychologischen Beweggründe, die den Mann zum Folterer seiner Frau machen. Demgegenüber gestaltet sich der zweite Teil, in dem der Lebensweg der Heldin weiter verfolgt wird, als utopischer Entwurf, trotz vieler realistischer Einblendungen. Ein Heim für geschlagene Frauen kann Hermione nur gründen, weil ihr der ideale Mann eine Erbschaft vermacht. Sie scheitert am Ende, als ihr rechtmäßiger Mann sie ausfindig macht, das Gericht ihr keine Scheidung ermöglicht und er sie als seinen rechtmäßigen Besitz zurückfordern kann.

Visionäre Träume und Utopien

1891 veröffentlichte Olive Schreiner die berühmten «Dreams» von der neuen Frau als freier Frau.[13] Es sind zumeist Allegorien, in denen es keine individualisierten Gestalten gibt, nur Repräsentanten ihrer Gattung und personifizierte Begriffe. Dadurch gewinnen die „Träume“ mythische Dimensionen. Einer der prägnantesten Träume ist nur eine Seite lang, «Life's Gifts». Eine Frau träumt, daß das Leben vor ihr steht und in beiden Händen eine Gabe hält, in der einen die Liebe, in der anderen die Freiheit. Die Frau soll wählen. Lange überlegt sie, bis sie sich für die Freiheit entscheidet. Das Leben sagt ihr:

Du hast richtig gewählt. Denn hättest Du Liebe gesagt, ich hätte Dir gegeben, worum Du mich batest, wäre fortgegangen und nie mehr zu Dir zurückgekehrt. So aber wird der Tag kommen, an dem ich zurückkehre. Und an dem Tag werde ich beide Gaben in einer Hand halten.

Der Text endet mit dem Satz: „Und ich hörte die Frau lachen in ihrem Schlaf.“[14]

In einem anderen Traum, «Under a Mimosa-Tree», aus «Three Dreams in a Desert», ist der Rahmen für die Visionen das Träumen der Ich-Erzählerin in einer südafrikanischen Landschaft: Die Träumerin hat eine Vision von drei Entwicklungsphasen in der Genealogie der Frau. Zuerst sieht sie die Frau im Zeitalter der Herrschaft der rohen Kraft von schwerer Last niedergebeugt am Boden, ihre Bürde ist festgebunden mit dem „Band der unumgänglichen Notwendigkeit“. Aber es wird durchschnitten durch das „Zeitalter der Nervenkraft“ mit dem „Messer der mechanischen Erfindung“. Der neben ihr stehende Mann hilft ihr nicht, er fühlt nur den Schmerz, wenn das sie verbindende Band fester angezogen wird bei ihrem Bemühen, sich aus der kauernden Stellung zu erheben. Im zweiten Traum begibt sich die Frau auf den mühsamen Weg ins Land der Freiheit. Sie muß vorher den „Mantel der altüberkommenen Ansichten“ und die „Schuhe der Abhängigkeit“ ablegen, und auch das Liebste muß sie zurücklassen, den Mann als Kind an ihrer Brust. Er hatte in der Wüste nur ein Wort ihr zugeflüstert: „Leidenschaft“, aber sie hatte geträumt (Traum im Traum), daß er im Land der Freiheit das Wort „Freundschaft“ zu lernen vermag. Hinter sich hört die Frau den Schritt von Tausenden, die ihr folgen werden. Viele wird der Strom wegschwemmen; ihre Leichen werden die Brücke bilden, über die das ganze Menschengeschlecht ins Land der Freiheit schreitet. Der dritte Traum beschreibt den „Himmel auf Erden“, in dem Mann und Frau Hand in Hand miteinander schreiten, voller Verständnis füreinander und ohne sich zu fürchten. Und auf die Frage der Träumerin, wo dieses Land sei, antwortet die Stimme neben ihr: *„In der Zukunft“*.[15]

Olive Schreiners Botschaft ist eindeutig: Die neue Frau muß den einsamen Kampf um die bessere Zukunft beider Geschlechter wagen; sie ist es, deren Bemühungen ein besseres Leben möglich werden lassen.

Anders die utopischen Visionen George Egertons. Die letzte Erzählung des Bandes «Discords» hat den programmatischen Titel: «The regeneration of two». Eine wohlhabende junge norwegische Witwe, die ihrer nichtssagenden, aber den Verhaltensnormen ihres Milieus entsprechenden Lebensführung überdrüssig ist, begegnet einem wandernden Poeten, der sie mit seiner scharfen Kritik am nutzlosen Leben großbürgerlicher Frauen nachhaltig beeinflußt. In dem einen zufälligen Gespräch, das die beiden miteinander führen, öffnet er ihr die Augen über ihr eigenes sinnloses Leben. Sie ändert es. Bereits einige Jahre später hat sie ihr Haus zu einem Heim für Waisen umgewandelt und zugleich eine Arbeits-

und Wohnstätte für unverheiratete Mütter mit ihren Kindern errichtet. Sie fühlt sich solidarisch mit den im Stich gelassenen Müttern und beschuldigt die Väter eines verantwortungslosen Lust- und Machtprinzips.[16] Ihre für das Wohlergehen aller übernommene Verantwortung und die damit verbundene Arbeit machen aus ihr eine neue Frau. Nun taucht in ihrem Lebenskreis wieder jener Dichter auf, der sie vormals so tief beeindruckt hatte: Diesmal ist er es, der Hilfe braucht, physische und psychische. Sie gewährt ihm beides. Nachdem er gesundet, erkennt er in ihr sein Frauenideal, eine Frau, die sozial verantwortungsvoll, geistig unabhängig und moralisch vorurteilslos ist. Sie bekennt sich zur „weiblichen Umwerthung aller Werthe".[17] Er möchte als freier Mann bei ihr bleiben, sie nimmt diese Herausforderung an und sieht sich in einer zukünftigen Verbindung ebenfalls als freie Frau: „Denn ich bin meiner gewiß und bin stolz auf mein Recht, über mich selbst zu verfügen, wie ich es tun werde, zu wählen –"[18]

Einen großen Schritt weiter in Richtung eines idealen Frauenstaates hat die Amerikanerin Charlotte Perkins Gilman gewagt: Die Bewohnerinnen von «Herland» sind autonom, arbeiten ihrer Begabung entsprechend, verwalten ihren Staat kollektiv und sind gleichwertig. Nicht Profit und Ausbeutung, sondern Befriedigung der alltäglichen und kreativen Bedürfnisse ist die Basis der Arbeit und die Produktionsformen entbehren die Dichotomie von männlich-weiblich.

> Doch im Versuch, eine Frauengesellschaft in der Fiktion zu konkretisieren, die Vorstellung einer männerlosen Gesellschaft zu Ende zu phantasieren, werden Probleme und Mängel einer solchen Utopie deutlich. [...] Diesem fast paradiesischen kollektiven Leben haben die Frauen allerdings ihr Begehren geopfert: Es gibt keine individuellen Wünsche, und es gibt keine Sexualität – und somit auch keine Aggressionen.[19]

Die Verwirklichung

«Stationen» heißt der 1914 geschriebene Roman von Margit Kaffka, einer ungarischen Autorin von europäischem Rang, deren Werke, Erzählungen, Romane und Gedichte sich vorwiegend Aspekten der weiblichen Lebenserfahrung widmen.[20] Der Titel nimmt auf die Entwicklungsstadien der zentralen Frauenfigur, Eva Rosztoky, Bezug, aus deren Perspektive erzählt wird. Das Romangeschehen setzt mit der Trennung Evas von ihrem Mann ein. Sie hat ein kleines Kapital von ihrer Tante geerbt, das ihr ermöglicht, mit ihren beiden Söhnen ein wenn auch bescheidenes, doch unabhängiges Leben zu führen.[21] Eva hofft zudem, durch ihre kunstgewerblichen Fertigkeiten zusätzlich etwas Geld verdienen zu können. Die meisten Männer, die ihr dabei helfen, tun es nicht selbstlos: Der eine will sie heiraten, der andere ein Verhältnis mit ihr haben, ein Dritter vermutet, daß sie die Trennung von ihrem Mann nur aus dem Grunde eingeleitet habe, damit sie sich sinnlich ausleben könne. Mit ihrer kunstgewerblichen Ausstellung hat sie Erfolg, und in dieser erwartungsvollen Phase ihres Lebens – sie ist fünfundzwanzig Jahre alt – verliebt sie sich in einen ihrer Mentoren, den Direktor des Kunstgewerblichen Museums. Die Beziehung wird für sie in jeder Hinsicht eine Enttäuschung: Weder entsteht eine tiefere geistige Freundschaft zwischen ihnen, wie es sich Eva erhofft hatte, noch ist die Sexualität in der Beziehung für sie befriedigend. Aus dem Versuch einer großen Liebe wird allmählich ein Fiasko, das seine Narben hinterläßt.

In der nächsten Phase ihrer Entwicklung zur neuen Frau gerät sie in den Kreis einer ungarischen künstlerischen Avantgarde, beobachtet und lernt, gewinnt Freunde und findet ihr Gleichgewicht – ohne Mann. Es gibt auch andere Typen von neuen Frauen in dem breiten gesellschaftlichen Panorama, das von der Autorin entworfen wird: wohlhabende Jüdinnen, die sich als Mäzeninnen der Kunst betätigen oder selbst dichten, die leidenschaftliche Liebhaberinnen sind oder ausgeglichen freundlich in Keuschheit leben, ferner die vom Land in die Stadt sich verdingenden Dienstmädchen, die die Freiheit haben, Liebschaften zu unterhalten, bis sie eine Ehe eingehen. Die Heldin lernt allmählich, sich in dem politischen Chaos der Vorkriegszeit auszukennen, die menschlichen und künstlerischen Qualitäten ihrer Kollegen und Kolleginnen richtig einzuschätzen, ihren Standesdünkel und ihre rassistischen Vorurteile als solche zu erkennen und schließlich sich selbst zu finden, als kreative, denkende und fühlende Frau. Das Fazit ihrer Erfahrungen lautet, daß man sich die Welt recht nah ansehen kann,

Margit Kaffka

wenn man unabhängig ist und daß das Leben trotz allem schön und vielfältig ist. Der Roman endet mit der rhetorischen Frage: „Und wenn die Jungen fortgehen, ich den Pinsel nicht mehr werde führen können, meine Gesundheit mich im Stich läßt – wie wird es dann mit dem berühmten Alleinsein aussehen?" Doch dann schiebt sie diesen Gedanken von sich und genießt die Schönheit des Frühlings.

Kaffkas «Stationen» ist ein weiblicher Entwicklungs-, Bildungs- und Gesellschaftsroman, wie viele der Werke, die sich der neuen Frau widmen. Er ist jedoch in seiner kulturgesellschaftlichen Auffächerung der am weitesten reichende, in seiner künstlerischen Gestaltung einer der eindrucksvollsten Romane von Frauen der Zeit. Und er ist der einzige, in dem die Heldin ein Leben ohne Liebesbeziehung zu einem Mann – allerdings mit ihren beiden Söhnen – als die ihr am besten entsprechende Lebensform wählt.

Die Themen der Autorinnen sind damit keineswegs erschöpft. So ist etwa die zeitgenössische Mädchenbildung und das Studium für Frauen von besonderer Relevanz. Gabrielle Révals Romane widmen sich vor allem den neuartigen Erfahrungen und Schwierigkeiten der Studentinnen- und Lehrerinnenexistenz. Auch Sarah Grand, Olive Schreiner, Margit Kaffka und Colette Yver schreiben darüber, und nicht nur in ihrem fiktionalen Werk. Wollte man der von Sigrid Weigel als relevant bezeichneten Frage nach der weiblichen Schreibweise der Autorinnen nachgehen, dann ließe sich zusammenfassend sagen, daß jene Schriftstellerinnen europäischer Sprachen um die Jahrhundertwende, die sich mit dem vielschichtigen Prozeß der Identitätssuche der Frau auseinandersetzen, männliche Muster in Genre und Narration wohl oft nachahmen, Frauenbilder kaum. In manchen Fällen entwickeln sie auch eine „eigene, weiblichen Erfahrungen entsprechende Ausdrucksmöglichkeit", doch alle ausgewählten Texte enthalten den „Entwurf einer anderen, befreiten Frau".[23] Dieser Entwurf aber kann sehr verschieden ausfallen; er kann ein praktischer Versuch sein, der mißlingt, abgebrochen und als Kompromiß abgewandelt werden muß, er kann sich als lediglich innere Befreiung gestalten, er kann visionäre oder utopische Gestalt annehmen, er kann schließlich in den Wirklichkeitsbereich der zeitgenössischen Leserschaft als nachlebbar projiziert werden.

3. Die Anstrengungen des Aufbruchs Romanautorinnen und ihre Heldinnen in der Weimarer Zeit

Heide Soltau

Glück und Leid der ‚neuen Frau'

„Meine Aufgabe innerhalb der Frauenbewegung halte ich für erfüllt, da das Bürgerrecht der Frau den Frauen gegeben worden ist. Mein Organ kämpfte dafür, seine Aufgabe ist mithin ebenfalls erfüllt", schreibt Minna Cauer im Dezember 1919.[1] Damit geht eine Ära zu Ende. «Die Frauenbewegung», 25 Jahre lang das Organ der radikal-bürgerlichen Frauenbewegung, stellt ihr Erscheinen ein. Mit Beginn der Weimarer Republik sind die Ziele, für die sich die Zeitschrift stark gemacht hatte, erreicht – zumindest in formal-rechtlicher Hinsicht: Mädchen können Abitur machen und studieren, die meisten Berufe stehen ihnen offen und die Frauen haben endlich auch das lang umstrittene Wahlrecht. Eine neue Zeit bricht an. Ein Teil der aktiven Frauenrechtlerinnen schließt sich einer Partei an, einige wenige ziehen als Abgeordnete in die Nationalversammlung und den späteren Reichstag[2], andere, die radikalen Mitstreiterinnen Minna Cauers, Anita Augspurg und Lida Gustava Heymann, gründen eine neue Zeitschrift: «Die Frau im Staat», um „das politische Leben vom Standpunkt der Forderungen und der Mitwirkung der Frauen zu verfolgen".[3]

Wie reagieren die Schriftstellerinnen auf die neue Zeit? Viele hatten sich auf das Kaiserreich bezogen und mit ihren Romanen für die Ziele der Frauenbewegung Partei ergriffen – auch ohne selbst Mitglied in einem der vielen Vereine zu sein. Die Heldinnen ihrer Romane waren Frauen, die an ihrer Rechtlosigkeit, den traditionellen Rollenzwängen und der doppelten Moral des Bürgertums litten. Für diese Autorinnen ändert sich mit der Weimarer Republik ihr literarischer Objektbereich, denn Lebenszusammenhang und Selbstbewußtsein der Frauen haben sich gewandelt. Während des Krieges hatten die Frauen die an der Front kämpfenden Männer erfolgreich ersetzt, hatten in Fabriken und Kontors gearbeitet und zuhause die Rolle des Familienoberhauptes übernommen. Am Beginn der Weimarer Republik versucht man zunächst, mittels staatlicher Entlassungsverordnungen die Frauen zurück in die Familien zu schicken. Sie sollen Platz machen für heimkehrende Soldaten, heißt es. Die Maßnahme ist nur vorübergehend erfolgreich. Seit 1924 läß sich wieder eine Zunahme weiblicher Erwerbstätigkeit vor allem in den gewerblichen und Angestelltenberufen beobachten; 1925 sind 36% (d.h. 11,5 Millionen) aller Erwerbstätigen Frauen.

Die meisten Autorinnen reagieren überraschend schnell auf die neue Zeit und lassen ihre Heldinnen in den verschiedensten Rollen auftreten. Lehrerinnen, Ärztinnen, Krankenschwestern, Angestellte, Studentinnen, Apothekerinnen, Wissenschaftlerinnen und Künstlerinnen bevölkern nun die von ihnen imaginierten Romanwelten. Es gibt kaum ein Berufsbild, das nicht von Schriftstellerinnen aufgegriffen wird und den Rahmen für eine Geschichte abgibt. Selbst die Parlamentarierin, in der Realität noch eine exotische Figur, betritt die literarische Bühne. Und allen Frauenfiguren gemeinsam ist: Sie sind erfolgreich und tüchtig und machen deutlich: Frauen leisten genauso gute Arbeit wie Männer.[4]

Auffällig ist jedoch, daß die dargestellten berufstätigen Frauen oft ohne Vater aufgewachsen sind. Damit spielen die Autorinnen einerseits zwar auf die realen Verhältnisse an, auf die durch den Krieg bedingte ‚vaterlose Gesellschaft' und die Krise der Familie, andererseits aber konstruieren sie die Handlung so, als würden die Frauen primär aus materieller Not einen Beruf ergreifen, und nicht, weil sie materiell unabhängig sein möchten. Ob es sich um die Angestellte in Christa Anita Brücks «Schicksale» handelt, um Lilli Hallers und Vicki Baums Studentinnen Anna bzw. Helene Willfüer, oder die Lehrerinnen in Martha Nigglis und Clara Viebigs Romanen, alle Frauen sind Waisen und sind darauf angewiesen, für sich selbst zu sorgen.[5] Dazu müssen sie sich ohne Hilfe, aber auch ohne den Widerstand eines männlichen Familienoberhaupts durchsetzen. Gleichwohl orientieren sich die Frauenfiguren bewußt an väterlich-männlichen Werten. Vielfach lernen sie den Beruf, den der Vater für sie vorgesehen hatte, oder von dem sie glauben, daß er dem Wunsch des Vaters entsprochen hätte.

Gewissenhaft, fleißig, pünktlich und sauber erfüllen sie ihre Aufgabe und unterstützen häufig noch ihre mittellosen Mütter und Geschwister. So nehmen sie die Position ein, die sonst der Vater oder ein älterer Bruder innehatte.

Doch wie sie sich für Vorgesetzte aufopfern, klaglos auf Freizeit verzichten und sich neben ihrer Berufsarbeit noch um soziale Belange kümmern, bleiben sie zugleich den traditionellen Weiblichkeitsmustern von Liebe, Aufopferung und Fürsorge verhaftet. Für ihre eigenen Rechte, für ein besseres und bequemeres Leben kämpfen sie nicht. Sie setzen sich für andere, für die Familie, den Chef, die Kinder und Kollegen ein. Berufstätigkeit als eine mögliche Selbstverwirklichung der Frau, diese Dimension fehlt den meisten Texten. Die Konsequenz dieser eingeschränkten Perspektive ist, daß zahlreiche Heldinnen nach ein paar Jahren heiraten und in der Regel ihren Beruf aufgeben.[6]

Während also ein Großteil heiratet, entsagen die anderen der Liebe zu einem Mann und widmen sich ganz der Arbeit.[7] Damit greifen die Autorinnen ein zentrales Problem auf, denn vor der Alternative Ehe oder Beruf stehen die meisten Frauen in der Weimarer Zeit. So sind von vielfachen diskriminierenden Praktiken im Erwerbsleben im besonderen verheiratete Frauen betroffen. Verheiratete Lehrerinnen etwa dürfen nur an Privatschulen und in Ausnahmefällen an staatlichen Einrichtungen Unterricht erteilen. Die bereits oben erwähnten Entlassungsverordnungen von Frauen nach Ende des Ersten Weltkrieges richten sich ebenso wie die seit 1926 erlassenen Aufrufe des Reichsarbeitsministers gegen das Doppelverdienertum, vorwiegend gegen die verheiratete berufstätige Frau.

Derlei Aktionen kommen dem Rollenverständnis der Bevölkerung entgegen, denn für die meisten ist es selbstverständlich, daß eine verheiratete Frau, wenn es die finanzielle Situation zuläßt, ihren Beruf aufgibt.[8] Mit den Lösungen, die die Schriftstellerinnen in ihren Texten anbieten, entfernen sie sich nicht allzuweit von der Realität. Von Ausnahmen abgesehen – ein Beispiel ist der Roman von Hilde Maria Kraus «Neun Monate», in dem die Protagonistin den Vorschlag ihres Mannes ablehnt, ihre Lehrtätigkeit nach der Geburt des Kindes aufzugeben – sind die Frauen entweder verheiratet und Mutter, oder sie stehen im Beruf. Diese Entscheidung für das eine und gegen das andere fällt vielen Frauenfiguren zwar schwer, aber die Autorinnen bewerten durchweg die Ehe höher als den Beruf.

„Warum habe ich meine Jahre durch Männerarbeit vergällt?", klagt die Mathematikerin Sonja Kowalewsky in Klara Hofers Roman (S. 291), und die Angestellte Fräulein Brückner in Christa Anita Brücks «Schicksale hinter Schreibmaschinen» kommt zu dem Schluß: „In der Ahnung kommender Schrecknisse überwältigt mich die Erkenntnis, daß wir alle irren, die wir außerhalb des Muttertums stehen, und daß die Ausgeschlossenheit von unserer natürlichen Bestimmung weher brennt als alles andere, was wir leiden können..." (S. 218)

Nicht nur die Berufstätige ist ein beliebtes Sujet der von Frauen geschriebenen Literatur, die Schriftstellerinnen nehmen ebenso zur sogenannten neuen Moral Stellung, der außerehelichen Liebe und Sexualität, um die in den 20er Jahren

Hannah Höch: Brautpaar (1920)

wiederholt kontrovers diskutiert wird.[9] 1922 publiziert die dem radikalen Flügel der bürgerlichen Frauenbewegung angehörende und in der Bewegung für Mutterschutz und Sexualreform aktive Helene Stöcker ihren Roman «Liebe», die Geschichte der Kunststudentin Irene, die sich in einen verheirateten Professor verliebt und sich auf eine länger dauernde Beziehung zu ihm einläßt. Ohne das Handeln ihrer Protagonistin moralisch zu verurteilen, schildert Helene Stöcker das freie Liebesverhältnis und verteidigt es gegen kritische Einwände. Freizügiger noch als Helene Stöcker behandelt die Österreicherin Grete von Urbanitzky das Thema Liebe und Sexualität. 1927 erscheint ihr Roman «Der wilde Garten», in dem sie die lesbische Liebe als eine Variante sexueller und menschlicher Erfüllung positiv darstellt. In ihrem späteren Roman «Eine Frau erlebt die Welt» steht eine Heldin im Mittelpunkt, die ihre sexuelle Lust auslebt und sich auf kurze, oft nur eine Nacht dauernde Verhältnisse einläßt. Auch Friderike Maria Winternitz und Marta Karlweis gestehen ihren Protagonistinnen sinnliche Leidenschaft zu, ebenso wie die beiden Österreicherinnen Mela Hartwig und Joe Lederer.

Sexualität ist kein Tabu mehr, intime Kontake zwischen Liebenden werden ohne Scheu thematisiert, letztlich aber siegt auch in diesen Romanen die Tugend. Von Ausnahmen abgesehen, wie etwa dem Roman «Der wilde Garten», enden die Verhältnisse nämlich unglücklich und suggerieren: Die pure Lust außerhalb der Ehe führt ins Verderben, auf die Freude folgt das böse Erwachen. Die freie Liebe endet im allgemeinen unglücklich, Krankheit und Tod sind die Folge.[10] So frei sie sich geben mögen, mit der positiven Bewertung der Sexualität tun sich also auch diese Autorinnen noch schwer.

Am Ende des Aufbruchs: die alten Kämpferinnen

Gabriele Reuter, nach der Veröffentlichung der Leidensgeschichte eines Mädchens «Aus guter Familie» 1895 eine der bekanntesten Autorinnen der Kaiserzeit, publiziert 1923 den Roman «Benedikta». Darin geht es um die Liebesgeschichte zwischen einer Industriellentochter und einem kommunistischen Kämpfer und um die Auseinandersetzung mit der deutschen Revolution. Benedikta lernt durch den Mann das Elend der Proletarier kennen und wird Zeugin der Ereignisse in Berlin. Während das soziale Elend der Unterschichten ihr Mitleid erregt und sie von der Notwendigkeit gesellschaftlicher Veränderungen überzeugt ist, stößt sie das Vorgehen der Revolutionäre zunehmend ab, bis sie die kommunistischen Kämpfer schließlich als „phantastische Menschheitsbeglücker", „mordgewohnte Banden" und „sadistische Fanatiker" bezeichnet, die Deutschland mit ihren ihren „blutrünstigen Experimenten" ins Unglück führen (S. 273). Am Ende kehrt Benedikta dem Geliebten und der Revolution den Rücken und stirbt mit der Erkenntnis, daß Veränderungen „aus dem Inneren des Menschen herauswachsen (müssen) – langsam – in jahrtausendlanger Entwicklung" (S. 309).

Die Position Gabriele Reuters ist klar: Sie ist zwar für Reformen, aber gegen die Revolution. Frauen sollen sich entfalten dürfen und nicht zur Untätigkeit verurteilt sein, sie sollen mehr Rechte haben und als vollwertige Menschen anerkannt sein, die bürgerliche Ordnung und ihre Werte aber dürfen sie nicht in Frage stellen. Nach den während des Kaiserreichs entstandenen Romanen, in denen Gabriele Reuter unter anderem die Mädchenerziehung und die Diskriminierung der unehelichen Mutter kritisiert und damit das Bürgertum provoziert hatte (vgl. in diesem Band, S. 170f.), lesen sich die in der Weimarer Republik geschriebenen Romane fast wie eine Revision ihres Emanzipationsprogramms. Die ‚Botschaft' der Texte, besonders deutlich in den Jugendbüchern «Großstadtmädel» und «Grete fährt ins Glück», läßt sich auf die Formel bringen: Wenn Frauen mit Fleiß und Tatkraft ihr Leben in die Hand nehmen und sich an das Gebot der Tugend halten, ist ihnen ihr Glück sicher. Ausgestattet mit mehr Rechten und mehr Freiheiten, werden sie zu besseren Müttern und fürsorglicheren Ehefrauen und, sofern sie ohne Mann leben, zu beruflich tüchtigen Frauen und anerkannten Künstlerinnen – die Grenzen von Ehe, Familie und Klasse jedoch überschreiten sie nicht. Wenn überhaupt außereheliche Liebesverhältnisse dargestellt werden, neben «Benedikta» auch in Gabriele Reuters Roman «Töchter» und «Irmgard und ihr Bruder», dann nur, um sie als Irrwege zu entlarven.

Clara Viebig bleibt in der Weimarer Zeit dem naturalistischen Programm verpflichtet, mit dem sie um die Jahrhundertwende herum Erfolg gehabt hatte. Ihr Vorbild ist Ibsen, an dessen Schauspiel «Gespenster» sie sich thematisch noch in den 20er Jahren orientiert. In dem 1925 erschienenen Roman «Die Passion» beschreibt sie die Folgen der gelockerten Sexualmoral, ungewollte Mutterschaft, Probleme alleinstehender Mütter und auch die sich ausbreitende Syphilis. In dem vier Jahre später publizierten Roman «Die mit den tausend Kindern» erzählt sie vom Leben einer Berliner Lehrerin. Clara Viebig schildert darin das Elend der Armen und die durch moralische Verfehlungen der Eltern, durch Alkohol und „zügellose" Sexualität hervorgerufenen Erbschäden der Kinder. Diese Probleme sind eng mit der Frage nach der Emanzipation des weiblichen Geschlechts verknüpft. Die Frau ist bei Clara Viebig die Bewahrerin der Sitte und Retterin der Moral, und ihre Befreiung ist unlösbar mit ihrer Tugend verbunden. Kommt es zur sexuellen Beziehung außerhalb der Ehe, wird sie sowohl zum Opfer der Gewalt von Männern als auch zur Karikatur einer Emanzipierten.

Neben einigen historischen Romanen und Geschichten aus der Eifel[11] erscheint 1933 «Insel der Hoffnung», ein Text, der eine deutliche Tendenz zum Völkisch-Nationalen erkennen läßt. Clara Viebig erzählt darin von einem Mann, der wegen einer Jugendverfehlung freiwillig einige Jahre auf einer einsamen Insel zubringt und sich schließlich für ein Siedlungsprojekt an der polnischen Grenze engagiert. Es ist eine Frau, die den Mann anregt, auf der eigenen Scholle dem Einfluß des Fremden zu trotzen. Sein Grund und Boden soll damit zur Insel der Hoffnung werden und ein Signal für die Rückeroberung der nach dem Ersten Weltkrieg verlorenen Ostgebiete setzen.

Anders als ihre Kolleginnen Gabriele Reuter und Clara Viebig wendet sich Helene Böhlau in der Weimarer Republik hauptsächlich historischen Sujets zu.[12] Kaum etwas erinnert an ihre in den neunziger Jahren erschienenen kämpferischen und umstrittenen Romane «Halbtier!» oder «Das Recht der Mutter», in denen sie den Status der Ehefrau als ‚Halbtier' charakterisiert und auch für Unverheiratete das Recht auf Mutterschaft eingeklagt hatte (vgl. S. 178 in diesem Band). Wenn Helene Böhlau sich auf die neue Zeit einläßt, wie etwa in dem Roman «Eine zärtliche Seele», dann in Form einer religiös verklärenden Geschichte, in der sie den Ersten Weltkrieg darstellt, als handle es sich um ein Naturereignis, dem sich ein Volk widerstandslos und demütig beugen muß. Dorettchen, die weibliche Hauptfigur, gerät durch den Krieg in eine persönliche Krise: Sie zweifelt an ihrem Gott, der es zuläßt, daß Menschen einander umbringen. Doch sie versöhnt sich schließlich mit dem Schicksal, als sie mithilft, das durch den Krieg hervorgerufene Elend zu lindern. Sie reicht durchreisenden Soldaten, Verwundeten und Flüchtlingen Erfrischungen. Helene Böhlau stellt mit diesem Roman dem tapferen Frontsoldaten die liebende und helfende Frau gegenüber, deren Tod am Ende einem religiösen Opfer gleicht.

Die literarische Entwicklung der drei ‚alten Damen der Frauenliteratur' Reuter, Viebig und Böhlau zeigt deutlich: Die Zeit der Provokationen ist vorbei. Die Autorinnen folgen damit dem Programm des gemäßigten Teils der bürgerlichen Frauenbewegung. „War es Aufgabe der ‚alten' Frauenbewegung, in der Frau den Menschen zu entwickeln, so ist es die der ‚neuen', im weiblichen Menschen die Frau zu erhalten", schreibt eine Mitstreiterin aus dem Umkreis Helene Langes.[13] Damit ist das veränderte Selbstverständnis umrissen. Im Vordergrund für die Frauen steht wieder ihr ‚Wesen': „Organisierte Mütterlichkeit" lautet die Parole, mit der im sozialen Bereich, in Parteien und Verbänden Politik gemacht wird.[14] Für die Schriftstellerinnen gilt dasselbe. Im Mittelpunkt ihrer Romane stehen tugendhafte Berufstätige, die in der Arbeit aufgehen und sich für das Gemeinwohl aufopfern, tapfere Mädchen und treusorgende Mütter.

Kunst und Künstliches

Während sich für die engagierten, im Sinne der Frauenfrage bewußt parteilich schreibenden Autorinnen ihr literarischer Objektbereich ändert, gilt das für Schriftstellerinnen wie Annette Kolb und Isolde Kurz nur bedingt. Beide zählen zu den Autorinnen anspruchsvoller Literatur und werden mehrfach geehrt. Annette Kolb erhält 1913 für ihren ersten Roman «Das Exemplar» den Fontane- und 1931 den Gerhart-Hauptmann-Preis. Isolde Kurz wird 1913 die Ehrendoktorwürde der Universität Tübingen verliehen.

Annette Kolb, die auch als Übersetzerin und Essayistin tätig ist, muß 1917 wegen ihres pazifistischen Engagements in die Schweiz emigrieren. In ihren drei zwischen 1913 und 1934 erscheinenden Romanen, in denen sie sich zum Teil auch selbst portraitiert, stehen Frauen des Übergangs zwischen Kaiserreich und Republik im Mittelpunkt. Es sind Frauen ohne Ort und Ziel, die Annette Kolb mit feinem Spott ironisch in Szene setzt. Die Protagonistin ihres ersten Romans «Das Exemplar» ist eine mittellose Deutsche, die für zwei Monate in England lebt und dort in Adels- und Großbürgerkreisen verkehrt. Sie wartet, um ein ‚Exemplar' ihrer Sammlung außergewöhnlicher Menschen zu treffen, einen Mann, der, wie sich bald herausstellt, inzwischen verheiratet ist. Annette Kolb beschreibt weder ein Eifersuchtsdrama noch eine Tragödie, Mariclée, die Heldin, hat kein Verlangen, einen ihrer Männer zu besitzen. Ihr gehört der flüchtige Augenblick, die kurze Affaire, dann zieht sie wieder ihres Weges: allein, bindungslos und der Zeit entrückt.

Das gilt auch für Daphne Herbst, die Protagonistin des gleichnamigen Romans, der 1927 erscheint. Annette Kolb beschreibt darin exemplarisch am Beispiel der Familie Herbst das untergehende Kaiserreich und die dekadente adlige Gesellschaft, die in grotesker Weise ihren letzten Privilegien nachtrauert.

Eine neue Zeit ist angebrochen, Deutschland ist Republik geworden, „wir wissen aber, ohne hinzusehen, die vielen Hände, die geschäftig sind, das Werk des Friedens zu untergraben", heißt es am Ende ahnungsvoll (S. 312). Wenn Annette Kolb Daphne Herbst sterben läßt, dann ist damit nicht nur der Tod der adligen Gesellschaft gemeint, sondern auch die Unfähigkeit der Deutschen zu wirklichen Veränderungen.

So humorvoll und scharfsinnig sich Annette Kolb mit ihrer Zeit auseinandersetzt und so zutreffend ihre Einschätzung ist, daß die Strukturen des Kaiserreichs trotz des republikanischen Umbaus fortbestehen und der Frieden in Gefahr ist, «Daphne Herbst» und der 1934 publizierte Roman «Die Schaukel» sind auch als Ausdruck der Resignation zu interpretieren. In beiden Fällen steht am Schluß der Tod der Protagonistin, der ästhetisch eine Rücknahme des noch vor dem Krieg im «Exemplar» umgesetzten offenen Erzählkonzepts bedeutet. Während sich dort kleine Skizzen aneinanderreihten, ohne sich zu einem geschlossenen Ganzen zusammenzufügen – Mariclée verabschiedet sich von ihrem Geliebten auf dem Meer zwischen England und dem Kontinent – handelt es sich bei den nach dem Krieg entstandenen Romanen um linear strukturierte, wieder stärker an der epischen Erzähltradition des 19. Jahrhunderts orientierte Texte. Es sind kluge Gesellschaftsromane, denen aber das Mehrdeutige und Dichte fehlt. Einzig der Ton Annette Kolbs, die feine Ironie, mit der sie ihre Figuren zeichnet, erinnert noch an den ersten Roman von 1913.

Einer konventionellen Erzählweise verpflichtet bleibt Isolde Kurz' «Vanadis. Der Schicksalsweg einer Frau». Dieser Entwicklungsroman über Liebe, Leidenschaft und Inzest wurde bei seinem Erscheinen von seiten der Frauenbewegung heftig kritisiert. Die triviale Handlung vom ‚Schicksal' der Vanadis, die, einem inneren Zwang folgend, einen väterlichen Freund heiratet und, ohne je mit ihm zu schlafen, bis zur Selbstaufgabe an dieser Ehe festhält, wird selbst von der gemäßigten bürgerlichen Frauenbewegung negativ rezensiert.[15] Der symbolisch überfrachtete, mit hohem literarischen Anspruch geschriebene Roman vermittelt ein Frauenbild, das ein großer Teil der Frauen längst ad acta gelegt hatte. Diese Form der Aufopferung ist in den 20er Jahren kein Ideal mehr.

Alte Bilder in neuer Fassung

Eine Untersuchung der erzählenden Texte nach dem in ihnen gezeichneten Bild von der ‚neuen Frau'[16], ergibt folgende Bilanz: Die Autorinnen reagieren auf die veränderten Verhältnisse. Ihre Heldinnen sind entweder berufstätig und erfolgreich, dann aber zur Keuschheit verdammt, oder sie heiraten, werden Mutter und geben ihren Beruf auf. Lebensentwürfe jenseits dieser Alternative sind zum Scheitern verurteilt.

Dieser Alternative entsprechen die literarischen Mittel. Es gibt entweder positive oder negative Heldinnen, Zwischentöne fehlen, Ambivalenzen bleiben unberücksichtigt. Die Frauenfiguren sind engelhaft gut und unfehlbar oder böse und verworfen. Häufig unterstreicht eine Gegenspielerin die guten Seiten der Protagonisten. Vicki Baums Roman «Stud. chem. Helene Willfüer», eine Auftragsarbeit für den Ullstein-Verlag und in Fortsetzungen in der Berliner Illustrierten Zeitung erschienen, kann für diese Erzählstruktur als typisches Beispiel gelten.

Helene ist eine Musterstudentin, die, trotz finanzieller Engpässe, alle Entbehrungen auf sich nimmt, um das Examen zu schaffen. Sie verzichtet auf Vergnügungen und schöne Kleider, steht morgens früh auf, härtet sich mit kaltem Wasser ab, folgt gewissenhaft den Vorlesungen und Übungen, ist hilfsbereit und nie schlechter Laune. Ihre Kommilitonin Gudula dagegen repräsentiert das abschreckende Beispiel einer verbissenen Intellektuellen, die bis nachts arbeitet, aber morgens nicht aus dem Bett kommt. Zweite Gegenspielerin ist Yvonne, die anspruchsvolle, vergnügungssüchtige Frau des Professors, die lange schläft und sich nur für Luxus und Liebe interessiert, eine femme fatale also, die Männer ins Verderben stürzt. Die Polarisierungen gehen bis in die Äußerlichkeiten: Helene ist ein frisches Mädel, einfach bis ärmlich gekleidet, aber stets sauber und gesundheitsbewußt, Gudula trägt eine dicke Brille, vernachlässigt sich und hat vom Arbeiten entzündete Augen, während Yvonne eine dunkelhaarige, betörend schöne Frau ist und nur in Samt und Seide auftritt.

Derartige Klischees sind weit verbreitet und nicht nur eine Vorliebe Vicki Baums, die ohne große literarische Ambitionen schreibt. Schminke, Luxus und Schönheit haben negative Konnotationen und verweisen auch in der Literatur von Frauen auf das Bedrohliche: die Sexualität. Diese triviale Erzählstruktur ist allerdings nicht erst ein Phänomen der Weimarer Zeit. Aus Texten von Autorinnen des 19. Jahrhunderts lassen sich ähnliche Polaritäten herausdestillieren, nur fallen sie in den 20er Jahren stärker ins Gewicht. Die frühen Romane Helene Böhlaus oder Gabriele Reuters hatten das Publikum vom Inhalt her angesprochen und eine größere Öffentlichkeit für die Frauenfrage sensibilisiert; von ihnen ging ein Sog aus, der ihre einfache Schreibstrategie vergessen machte. Hinzu kommt, daß eine eindeutig positiv entworfene Identifikationsfigur im Kaiserreich eine andere Funktion hatte: Die tüchtige, beruflich erfolgreiche Frau oder die Studentin waren Leitbilder, die ein Stück Utopie bezeichneten. Indem die Autorinnen das Leben dieser Frauen entwarfen und es gegen die schlechten, als unzureichend erlebten Verhältnisse absetzten, nahmen sie ein Stück ferner Wirklichkeit vorweg.

In den zwanziger Jahren schreiben die meisten Schriftstellerinnen immer noch nach bewährter Manier und übersehen dabei, daß ihre Erzählmuster längst zum Klischee geronnen sind. Sie schreiben weiter aus personaler Perspektive, die ihnen keine facettenreiche Darstellung der politischen Verhältnisse ermöglicht, sie berichten immer noch von den Irrungen und Wirrungen ihrer eindeutig positiven Heldinnen, klagen die Gesellschaft an, wenn sie soziale Ungerechtigkeiten entdeckt haben, und kritisieren Männer und andere Frauen, wenn sie den

Protagonistinnen Schwierigkeiten bereiten. Diese einfache Schwarz-Weiß-Malerei, die früher durchaus eine politisierende Funktion hatte, hat in den zwanziger Jahren an Überzeugungskraft eingebüßt. So bleiben die Romanheldinnen, sofern sie scheitern, bloße Opfer einer verbesserungswürdigen Welt und spielen damit die Rolle, die sie schon immer spielen mußten: sie sind letztlich Objekte des Geschehens. Ihren Schöpferinnen entgeht dabei der aktive Anteil der Frauenfiguren an ihrer Situation: das Moment der Selbstunterdrückung.

Die Mehrzahl der Autorinnen entwirft Heldinnen, die den beruflichen Anforderungen gewachsen sind, die sich aber weiterhin an traditionellen weiblichen Werten orientieren, an Liebe, Hingabe und Aufopferung. Im Grunde ihres Herzens bleibt die Ehe das heimliche Ziel aller Frauen und der Beruf entweder nur ein Übergang für die Zeit bis zur Heirat oder ein Notbehelf für die, die aufgrund des Frauenüberschusses ledig bleiben. Die Frauenliteratur der Weimarer Zeit hat somit einen anderen Charakter als die der Jahrhundertwende: „So geht die Linie des Frauenromans [...] über Kritik und Auflehnung zu einer neuen Einwurzelung und ist damit ein Abbild eines geschichtlichen Vorgangs: die Entwicklung der Frau, die das Haus verlassen mußte, um es wiederzufinden.“[17]

Die Frauenliteratur der zwanziger Jahre trägt ihren Teil mit dazu bei, daß alte ideologische Muster lebendig bleiben und es von seiten der Frauen und ihrer Organisationen kaum Widerstand gibt, als wenig später Hitler an die Macht kommt und es heißt: Die Frau gehört ins Haus.

Im Wartesaal zu einer neuen Zeit: Junge Autorinnen

Am Ende der 20er Jahre machen einige junge Schriftstellerinnen von sich reden, die einen neuen Ton in die Literatur bringen: Marieluise Fleißer, Irmgard Keun und Gabriele Tergit. Ihre Heldinnen treten gewitzter und respektloser auf als die ihrer älteren Kolleginnen. Es sind Frauen und junge Mädchen, die selbstbewußt und zielstrebig ihr Leben in die Hand nehmen.

Noch bevor sie als Dramatikerin Erfolg hat, meldet sich Marieluise Fleißer mit ihren ersten Erzählungen literarisch zu Wort.[18] Lakonisch und ohne moralischen Zeigefinger erzählt sie von jungen Mädchen und ihren Träumen, die an der Gewalt der Armut, des Hungers und der Männer scheitern. Es sind Momentaufnahmen, die ihre Spannung daraus beziehen, daß Marieluise Fleißer vielfach aus der Ich-Perspektive heraus erzählt und damit selbst in die Rolle der jungen Mädchen schlüpft. Dadurch entsteht ein Verfremdungseffekt: Die jungen und naiven Protagonistinnen erscheinen wie altkluge Kinder, die sich von Erwachsenen einiges abgeguckt haben und nun deren Erkenntnisse und Lügen nachplappern. „Der Satz fiel in mich wie ein Stein“ (S. 42), schreibt Marieluise Fleißer denn auch in der «Moritat vom Institutfräulein», als das Mädchen – am Ende zur Prostituierten geworden – neben dem feinen Mann im Hotelbett liegt und plötzlich begreift, was aus ihr geworden ist. Die Frauen sind jedoch nie nur Opfer der Verhältnisse, Marieluise Fleißer legt ebenso offen, wie sie sich auch selbst dem Patriarchat zum Opfer bringen. Ob es die Magd ist, das Institutfräulein oder das Mädchen in der Erzählung «Ein Pfund Orangen», die Frauen geben sich geradezu lustvoll ihrem Unglück hin: „Ich war seltsam befriedigt von den unnützen Gängen", heißt es in der «Stunde der Magd» (S. 27). Trotz vieler ironischer Brechungen sind die Erzählungen von Trauer und Tränen überschattet. Die jungen Frauen der Marieluise Fleißer bewegen sich stets auf der Grenze zwischen Freiheit und Tod.

Wie in den Erzählungen ist die Liebe auch das Thema des 1931 erscheinenden Romans «Mehlreisende Frieda Geier».[19] In diesem Prosatext jedoch steht kein unsicheres junges Mädchen im Mittelpunkt, sondern eine selbstbewußte, schlagfertige und materiell unabhängige Frau, eine Vertreterin für Mehl, die ihre Kunden gut zu nehmen weiß. Doch so tüchtig und erfolgreich Frieda ist und in dieser Hinsicht den Typus der neuen Frau repräsentiert, mit der Liebe will es nicht klappen. Arbeit und Liebe zu verbinden, das gelingt auch ihr nicht, denn Frieda müßte ihre Selbständigkeit aufgeben, wenn sie den Mann halten wollte. Frieda entscheidet sich für ihren Beruf, sie trennt sich am Ende von dem Tabakhändler Gustl, ihre Sehnsucht nach Geborgenheit bleibt als uneingelöster und uneinlösbarer Wunsch bestehen.

Marieluise Fleißers Prosa läßt keinen Zweifel aufkommen: Für Frauen gibt es nur die ihre Selbständigkeit erstickende Wärme innerhalb einer Liebesbeziehung oder die „Fröste der Freiheit" jenseits der Verbindung mit einem Mann. In Sätzen, die dem assoziativen Denken nachempfunden sind, reiht die Autorin die einzelnen Gedanken wie Perlen aneinander. Diese Sprache und der ungeschickt wirkende Wortschatz der Protagonistinnen verleihen den Texten der Fleißer eine Fremdheit, durch die die beschriebene Realität an Tiefenschärfe gewinnt.

Irmgard Keuns Buchtitel setzen wie Werbespots auf Effekte. «Gilgi – eine von uns», heißt der 1931 erscheinende Roman, mit dem sie sofort Erfolg hat. Gilgi, das ist eine von ‚uns', das heißt der jungen Leserinnen, der -zig Angestellten, die davon träumen, ebenso auszusehen wie diese Romanfigur, schmal und langbeinig, sportlich und gepflegt, mit Bubikopf und schicken Kleidern. Irmgard Keuns Heldin, die ganz auf die eigene Kraft setzt und vorgibt, ihr Leben ‚im Griff' zu haben, verkörpert den Typus, der von den Medien, von Zeitschriften und Kino propagiert wird und der für ungezählte Mädchen zum Vorbild wird. Was Gilgi sich wünscht, davon träumen die Angestellten, die in den Büros an den Schreibmaschinen sitzen und für ihre Chefs Briefe tippen: vom Aufstieg und einem besseren, sorglosen Leben, von Reisen nach Paris, London und Granada und „vielleicht wird sie später mal in Paris oder Berlin ein kleines Modeatelier aufmachen" (S. 19).

Kritisch, aber mit liebevoller Anteilnahme begleitet Irmgard Keun ihre jungen Mädchen, wenn sie sich aufmachen, ihr großes Glück zu suchen. „Ich möchte furchtbar glücklich sein" (S. 127), mit diesem Vorsatz verläßt Doris, «Das

Schaufensterdekoration der 20er Jahre

kunstseidene Mädchen» ihren Heimatort und reist in die Großstadt. Sie will „ein Glanz" werden, berühmt und reich. Doch wie der Titel schon andeutet, hat Doris zwei Möglichkeiten, sie kann entweder die Reichen imitieren und darf statt Seide Kunstseide tragen, oder sie steigt in die halbseidene Welt auf, wo der Körper der Frau über ihre Karriere entscheidet. Irmgard Keuns Roman schließt mit einer dritten Möglichkeit: Doris sitzt am Ende glanz- und mittellos im Wartesaal des Berliner Bahnhofs und weiß nicht, was aus ihr einmal werden soll. Der Traum von einem besseren Leben ist zerplatzt, was bleibt, ist die harte Realität, aus dem Aufstieg in die Welt aus Samt und Seide ist der Abstieg in die Arbeitslosigkeit geworden. „Ich will – ich will – ich weiß nicht – ich will zu Karl", kommt es schließlich ratlos über ihre Lippen. Die Sehnsucht nach dem Mann ist der letzte Ausweg. Doris bleibt die bitter-tapfere Einsicht: „Auf den Glanz kommt es nämlich vielleicht gar nicht so furchtbar an." (S. 219)

Ungeschminkt stellt Irmgard Keun die Welt der jungen Angestellten dar, um dann ihre Träume als ‚Flausen' und schönen Schein zu entlarven. Aber die Mädchen Doris und Gilgi bleiben Figuren voller Widersprüche, Irmgard Keun glättet das Sperrige nicht, sie hat Verständnis für die Wünsche ihrer Heldinnen. Diese Mädchen kommen aus dem Milieu der kleinen Leute und kennen die Armut und die Enge, für sie sind Liebe und Geld der Schlüssel zur Welt. Den Aufstieg, den Gilgi mit eigener Arbeit erreichen will, versucht Doris über Männer. Beide müssen scheitern, denn anders als die Medien es der Jugend vorgaukeln wollen, reichen ein hübsches Gesicht und gute Büroarbeit nicht aus, um das große Glück zu machen. Auch Fleiß und Tüchtigkeit können die Differenz zwischen Oben und Unten nicht überbrücken. Gilgi mag zwar zu aller Zufriedenheit ihre Geschäftsbriefe tippen, als die Firma am Ende der zwanziger Jahre nicht mehr floriert, wird sie dennoch entlassen.[20]

Die Romane Irmgard Keuns sind nicht nur eine kritische Auseinandersetzung mit dem neuen Frauenleitbild der zwanziger Jahre, sie sind auch als Antwort auf die Versachlichung der Lebenswelt und die zunehmende Rationalisierung zu verstehen. So wie Arbeitsprozesse zerlegt, geplant und vermessen werden, soll auch das Gefühlsleben funktionieren. Gilgi etwa lebt nach einem genau kalkulierten Tagesplan, in den Unvorhergesehenes nicht hineinpaßt, ihr Leben liegt wie „eine sauber gelöste Rechenaufgabe" vor ihr (S. 60). Doch als sie sich verliebt, verliert Gilgi die Kontrolle, und ihr Lebensmodell bricht zusammen.

Während Irmgard Keun die Auswirkungen der Bewußtseinsindustrie auf die weibliche Jugend thematisiert, beschreibt die Journalistin Gabriele Tergit 1931 mit ihrem Roman das Mediengeschäft von innen. «Käsebier erobert den Kurfürstendamm» wird von der Literaturkritik begeistert aufgenommen und innerhalb kurzer Zeit 5000 mal verkauft. „Beinahe wären es viel mehr geworden", schreibt Gabriele Tergit in ihren Erinnerungen, aber Brünings Notverordnungen, die Steuererhöhungen und Gehaltskürzungen erlaubten es vielen nicht mehr, ihren Lesehunger zu stillen. Die Autorin war den Berlinern keine Unbekannte. Nach Studium und Promotion in Philosophie und Geschichte hatte sich Gabriele

Tergit seit 1925 durch ihre Gerichtsreportagen und Feuilletons im Berliner Tageblatt schon einen Namen gemacht.

Ihre Reportagen kommentieren die Katastrophen des Alltags im Leben von Arbeitslosen, streitenden Mietern, meineidigen Huren, ungeschickten Gaunern, verlassenen und entehrten Frauen; aber die Artikel sind zugleich ein Dokument ihrer Sensibilität für die politische Situation am Ende der Weimarer Zeit. Moabit ist zumeist Ort des Geschehens und damit ist Gabriele Tergit auch im Brennpunkt der Auseinandersetzungen. Dort, wo Armut und Prostitution gedeihen, wo Arbeit und Mühsal den Leuten die Kraft rauben, wo das Elend im Alkohol ertränkt wird und die Mittel fehlen, um am Glück teilzuhaben, zeigen sich ungeschminkt die Widersprüche, die die Justiz auch im besten Fall nicht aufheben kann. Sozialen und persönlichen Dramen läßt sich schwerlich mit der Rechtsprechung beikommen. Der Klage der unehelichen Mutter auf Alimente kann stattgegeben werden, um ihr Lebensglück und die Hoffnungen auf eine Ehe bleibt sie dennoch betrogen. „Um den §218 wurde gestern von morgens bis in den späten Abend verhandelt; aber es ging um Menschliches", (S. 122) heißt es 1926 in einer Reportage mit dem Titel «Moderne Gretchentragödie». Kürzer läßt sich der Sachverhalt nicht auf den Punkt bringen. Das Menschliche interessiert Gabriele Tergit, nicht der Fall, der Verstoß gegen das Gesetz oder den Paragraphen. Sparsam kommentierend entwirft sie die Szenerien und schildert nicht ohne Ironie die Verwicklungen, in die sich die Kleinbürger bringen. Doch bei aller Parteinahme für „die da unten" spart Gabriele Tergit nicht mit Kritik: Sie stellt die Leute nicht nur als Opfer der Verhältnisse dar. Vor allem Frauen sind, wie ihre Reportagen zeigen, oft zu gutgläubig, und begeben sich zu bereitwillig in Abhängigkeit.

Dieser anteilnehmende Blick hinter die Kulissen, der nie zur sozialfürsorgerischen Geste erstarrt, vermittelt ein Stück lebendiges Großstadtleben. Mit dieser an der fremden Welt des Gerichts geschulten Sensibilität wendet sich Gabriele Tergit auch dem eigenen ‚Stall' zu: dem Berliner Journalismus. Der «Käsebier» erzählt von dem, was die Leser gewöhnlich nicht erfahren, vom Entstehen der täglichen Zeitung, von der Jagd nach neuen Themen, von politischen und ökonomischen Abhängigkeiten, vom Erfolgsdruck der einzelnen Journalisten und schließlich von Käsebier, dem Volkssänger aus der Hasenheide, der durch Zufall und die Laune der Zeitungsleute plötzlich zum Star wird.

Mit wenigen Strichen zeichnet Gabriele Tergit die Figuren. Thema ist die Vermarktung des Volkssängers Käsebier. Jeder strebt nach Erfolg und Geld, ob Redakteure, Verleger, Bankier oder Anwalt. Beruflich, finanziell und privat muß die Rechnung aufgehen, für Menschliches ist hier kein Platz mehr, die Personen sind Teile einer Maschinerie, die selbst beim Tod eines Menschen nur kurz ins Stocken gerät, um dann weiter zu funktionieren. Ausführlich schildert Gabriele Tergit die handwerklich-technische Produktion der Zeitung, die Setzerei, die Druckerei und die um ihre Zeilen kämpfenden Redakteure. Alles ist dem Geschäft untergeordnet.

Interessant und neu ist, daß Gabriele Tergit neben Marieluise Fleißer die einzige ist, die ihre Frauen mit den gleichen Kompetenzen ausstattet wie die Männer. Sie wissen sich an die Spielregeln zu halten und, das kommt hinzu, sie setzen sich und ihren Körper gezielt für ihre Wünsche ein. Für die Gymnastiklehrerin Käte im «Käsebier» ist Redakteur Miermann „ehrenvoll, aber langweilig. Wie lange sollte sie noch warten? Sie unterhielten sich gut, aber sonst kam er über ein Streicheln nicht hinaus." (S. 44) Das sind Worte, die sonst nur Männer in den Mund nehmen. Gabriele Tergit unterstellt sie ihrer Käte mit Bedacht: Wenn sie will, kann sich die Emanzipierte wie ein Mann verhalten und das andere Geschlecht wie eine Ware benutzen. Anders als bei Irmgard Keun, deren Mädchen Gilgi und Doris auch berechnend sind, aber schließlich im Verlauf des Geschehens die Fäden aus der Hand geben, gibt es diese melancholische Wende bei Gabriele Tergit nicht. Die Frauen sind zwar nicht alle so selbstsicher wie Käte, Redakteurin Dr. Kohler leidet an einer chronisch unerwiderten Liebe, aber dieser Fall von Verstrickung in eine aussichtslose Sache wird eher amüsiert und spöttisch in das Geschehen eingebracht.

Was in Irmgard Keuns Romanen zu guter Letzt doch noch umschlägt in Sentimentalität und Ratlosigkeit, und bei Marieluise Fleißer als Einsamkeit durchschimmert – ihre Frieda Geier verläßt den Bezirk und geht ebenso wie Doris und Gilgi einer ungewissen Zukunft entgegen – nimmt bei Gabriele Tergit Konturen an. Das Gebäude der Berliner Rundschau, Ort des Geschehens, von dem alles seinen Ausgang nahm, wird abgerissen. Die Minerva, die das Dach des ehrwürdigen Hauses zierte, und eine Stuckrose fliegen auf die Straße. Einer der Redakteure, der inzwischen außerhalb Berlins eine neue Stelle hat, hebt sie auf: als Briefbeschwerer für seinen Schreibtisch. 1931 nimmt Gabriele Tergit damit den Ausverkauf der Weimarer Republik vorweg, ebenso aber entwirft sie die Möglichkeit eines Neuanfangs: Minerva, die Göttin der Weisheit, der Kunst, der Wissenschaft, des Ackerbaus und der Wehrkraft ist in der Hand des ‚Exilanten'.

Der Zeitroman «Käsebier» ist aus einer auktorialen Erzählperspektive heraus geschrieben. Die Mittel des traditionellen Frauenromans, in dessen Mittelpunkt ein ‚Frauenschicksal' steht, greifen hier nicht. Die ästhetisch formale Beschränktheit dieses Genres eignet sich nicht, um die Komplexität der Verhältnisse darzustellen. Frauen sind Teil der Maschinerie, Rädchen im Getriebe der Geschichte, die sich auf den Faschismus zubewegt. Das spezifisch Weibliche kann deshalb auch nur zynisch, als Ware, in Szene gesetzt werden.

Ästhetisch beginnt sich mit Fleißer, Keun und Tergit am Ende der zwanziger Jahre etwas Neues anzukündigen. Die Autorinnen knüpfen nicht an die epische Erzähltradition des 19. Jahrhunderts an, wie die meisten ihrer Kolleginnen, sondern ihre Prosa, die der neuen Sachlichkeit zugerechnet wird, steht im Zeichen der sich auflösenden und zerrissenen Weimarer Zeit. Nicht mehr die geschlossene Form ist der künstlerisch adäquate Ausdruck der sich zum Faschismus hin entwickelnden Gesellschaft, sondern das Fragment: Sätze, die abreißen, Worte, die wie beziehungslos im Raum stehen, Subjekte ohne Identität. Nicht zufällig enden die Romane Irmgard Keuns beide auf dem Bahnhof und nicht zufällig verläßt Marieluise Fleißers Frieda Geier den Bezirk, die Autorinnen sind mit ihren Frauen unterwegs. Wohin die Reise gehen wird, das wissen sie zu Beginn der 30er Jahre noch nicht.

Wenig später muß die Jüdin Gabriele Tergit Deutschland verlassen. Irmgard Keun geht 1936 ins Exil. Marieluise Fleißer bleibt, sie entscheidet sich für die innere Emigration, heiratet und zieht dorthin, woher sie gekommen ist: in die Provinz nach Ingolstadt.

4. Besinnung auf Traditionen Heimat und Geschichte im Roman des frühen 20. Jahrhunderts

Sigrid Schmid-Bortenschlager

„Eines der sinnvollsten, befriedendsten und in Stille befreiendsten Geschehnisse in heutiger Literatur ist der Einbruch oder Aufbruch weiblichen Schrifttums." So beginnt ein „Sendung und Werk weiblicher Prosadichtung" überschriebener Aufsatz in der Zeitschrift «Hochland» im Jahr 1930.[1] Zu den Autorinnen, denen dieser Ein- und Aufbruch zu verdanken ist, zählen Enrica von Handel-Mazzetti, Paula Grogger, Paula Schlier, Ilse Leskien, Ina Seidel und Gertrud von Le Fort. Bei diesen, zwar differenziert, aber im Grunde positiv beurteilten Autorinnen handelt es sich nicht um „die beklagenswerte mannweibliche Sensationsliteratur, um tobende Exzesse, leere Ambitionen und tote Eitelkeiten von Sportamateurinnen, Flugheldinnen, Tennisspielerinnen oder Titaniden und Abenteuerinnen der Kioskliteratur".[2]

Der hier angesprochene Gegensatz im Bereich der Frauenliteratur kann ohne Überinterpretation auf den allgemeinen zwischen ‚Asphaltliteratur' und (heimat-, erdverbundener) ‚wahrer Dichtung' ausgeweitet werden. Diese Oppositionsbildung durchzieht spätestens seit dem Naturalismus die deutsche Literatur und ihre Literaturgeschichtsschreibung; dabei bleibt die Lesergunst der Heimatdichtung treu, während sich die Literaturwissenschaft als konjunkturabhängiger erweist. Die eingangs zitierte Passage kann als repräsentativ für viele derartige Einschätzungen in den dreißiger Jahren stehen, während die siebziger Jahre sich in der Beurteilung ebenfalls wieder einig waren:

> Wer Gestalten schafft, die ständig Naturvorgänge über sich anerkennen zu einer Zeit, da der wissenschaftliche und technische Entwicklungsstand die Natur schon längst beherrschbar gemacht hat, bezieht sich nicht mehr bloß auf Natur, sondern auf alles, was sich machtvoll gibt.[3]

Ein derartig ungebrochener Glaube an Wissenschaft und Technik ist uns in den letzten Jahren wieder abhanden gekommen, Katastrophen- und Umweltbewußtsein haben die Faszination von Begriffen wie Heimat, Natur, Natürlichkeit und Gesundheit zu einem Zeitpunkt neu aktualisiert, zu dem sie schon als längst ‚überwunden' betrachtet wurden. Auf diesem Hintergrund lohnt es sich, die Texte einer neuen Lektüre zu unterziehen, die für breite Leserschichten in der ersten Hälfte dieses Jahrhunderts diese Begriffe in der Literatur in spezifischer Form tradierten und bearbeiteten. Daß ein Großteil dieser Literatur – mit Zustimmung oder stiller Duldung ihrer Autor(inn)en – von den Nationalsozialisten weiter gefördert wurde, hat lange Zeit dazu geführt, die Beschäftigung mit dieser Literatur nur sehr kursorisch und verurteilend zu führen. Aber gerade in der heutigen Situation ist es notwendig, eine differenziertere Analyse zu betreiben, um ähnlichen Phänomenen in der Gegenwart mit einem geeigneten Instrumentarium begegnen zu können. Um das Bild in seiner Komplexität darzustellen, wurden quasi ‚exzentrische' Autorinnen miteinbezogen: Anna Waser aus der Schweiz, die in keinen NS-Zusammenhang zu bringen ist, Rahel Sanzara und Elisabeth Langgässer, deren Literatur von den Nationalsozialisten verboten war.

Enrica von Handel-Mazzetti, Gelegenheitsaufnahme auf der Donaupromenade bei Maria Taferl (1921)

Glaubenskrieg und Mütterlichkeit – Enrica von Handel-Mazzetti

Die Traditionslinien der Heimatliteratur lassen sich in unterschiedlichen Richtungen verfolgen; sowohl die Idylle als zeitunabhängiges Modell wie auch die Dorfgeschichten des poetischen Realismus werden als Vorläufer genannt. Programmatische Ausprägung fand sie in der Heimatkunstbewegung um die Jahrhundertwende, doch gab es daneben auch unabhängige Entwicklungen, besonders im süddeutschen Raum und im Zusammenhang mit der Kulturpolitik des Dollfußregimes in Österreich. Enrica von Handel-Mazzetti ist in diesem katholischen, österreichischen Umkreis zu sehen, doch reicht ihre Leserschaft weit darüber hinaus. Als paradigmatisch möchte ich hier ihren ersten großen Roman «Jesse und Maria» (1906) behandeln, der als ihr stärkstes Werk gilt und die wichtigsten Elemente ihrer späteren Romane klar und ohne Kompromisse enthält.

Der Roman spielt in Pöchlarn, einem kleinen Ort im Donautal, in der Zeit der Gegenreformation. Durch den Religionsstreit ist die Konfliktsituation gegeben, die sich doppelt akutalisieren läßt, intern-österreichisch auf den Kampf der Ultramontanisten und der Los-von-Rom-Bewegung, extern auf den Gegensatz Österreich–Preußen/Deutschland. Den Romanen liegen historische Studien zugrunde, auf die sich Handel-Mazzetti in den Auseinandersetzungen mit ihren Kritikern immer wieder beruft und die auch die Sprache deutlich prägen. Die Durchsetzung des Textes mit altertümlichen und mundartlichen Formen ergibt eine eigene Kunstsprache, die den künstlerischen Anspruch der Romane betont.

Der Begriff ‚Heimat' steht bei Handel-Mazzetti für einen Raum, den die Dichterin mit ihren Gestalten teilt und den sie – im Rückblick in die Vergangenheit – für die Gegenwart beschreibt und erklärt. Ihre Helden und Heldinnen stammen nicht aus dem Bauerntum, sondern aus Adel und Bürgertum. Die Bauern bilden lediglich einen oft sehr negativ geschilderten Hintergrund des ungebildeten Volkes. In «Jesse und Maria» ist Jesse der junge, protestantische Adelige, Maria die fromme Frau des bischöflichen Försters. Der Kampf zwischen diesen beiden äußerlich so ungleichen Personen, die sich aber in ihrer Stärke und in ihrem Edelmut ebenbürtig sind, entflammt um die Religion von Marias Mann Schinnagl und konzentriert sich auf den Kampf um das als heilig verehrte Marienbild von Maria Taferl, einem auch heute noch beliebten Wallfahrtsziel in dieser Gegend. Auf Jesses Seite stehen Jugend, Reichtum, Schönheit, Aufklärung, Mutwille, Stolz, Zorn, Sinn für Ästhetik. Maria setzt dem ihren Glauben, Mitleid und Liebe, das Wissen um Not entgegen. Jesse versucht Schinnagl für den Protestantismus zu gewinnen. Er geht dabei zu weit, als er von ihm verlangt, er möge ihm statt des Geldes, das er ihm schuldet, das Marienbild bringen. Von diesem Punkt an verläßt Maria ihre bisherige Rolle als passive und das Unheil beweinende Gattin, sie wird zur ‚Judith von Pöchlarn'. Allein macht sie sich auf die Reise nach Melk, um das Geld bei Verwandten aufzutreiben. Als dies nicht gelingt, geht sie zu den Jesuiten und zeigt Jesse an. Sie erreicht nicht nur, daß eine Reformationskommission in den Ort kommt, die Jesse verurteilt, sie bekommt auch das Geld für die Bezahlung der Schulden. Vor der Kommission kommt es zum Rededuell zwischen Maria und Jesse, in dem sie siegt, die allgemeine Bewunderung ist auf ihrer Seite; Jesse schießt, gereizt durch den Vorsitzenden, auf diesen und wird zum Tod verurteilt. Nach dem anfänglichen Triumphgefühl kommt Marias wahre Mütterlichkeit zum Durchbruch; der „Bub" beginnt ihr leid zu tun, sie denkt an seine Frau Amy, die ein Kind erwartet. Wiederum macht sie sich ohne Wissen ihres Mannes auf den Weg, besucht Jesse im Gefängnis, geht zu seiner Frau, bringt ihm die Nachricht von der Geburt eines Sohnes, bei dem sie als Amme fungiert, da niemand sonst mit den protestantischen Verbrechern zu tun haben will; der anfängliche Wunsch nach Bekehrung weicht einem menschlichen Mitgefühl und einem Gefühl der Schuld, für Jesses Tod verantwortlich zu sein. Während Jesse hingerichtet wird und Maria öffentlich verzeiht, liegt sie in Gewissensqualen vor dem Altar in der Kirche.

Interessant in unserem Zusammenhang ist einerseits die Heimatverbundenheit, die quasi Legendenform annimmt und den Ursprung eines Wallfahrtsortes erklärt, zum anderen die zentrale Frauengestalt: In ihr werden, zeitlich getrennt im Handlungsablauf, zwei verschiedene Frauenbilder entworfen – die gehorsame, demütige Gattin und Mutter, abhängig von ihrem Gemahl und dem Priester/Beichtvater auf der einen Seite, die aber bei Versagen dieser Instanzen sehr wohl imstande ist, die Rolle der Judith, der Retterin des Volkes und Mörderin des Feindes, zu übernehmen. Sie erweist sich auf der Handlungs- und der verbalen Ebene ihrem Widersacher, dem adeligen Mann, der studiert hat, ebenbürtig. Der Schluß zeigt, daß die Figur der Maria zwar die beiden Rollenmuster in zeitlicher Abfolge getrennt jeweils erfüllen kann, es ihr aber nicht gelingt, sie tatsächlich in ihrer Person zu vereinen, ihre Mütterlichkeit erträgt die Folgen ihrer Judith-Rolle nicht. Typisch für Handel-Mazzetti ist die Parallelisierung Marias mit der schmerzensreichen Muttergottes am Ende.

Zwischen Freiheit der Kunst und Forderungen der Familie – Anna Waser

Zur selben Zeit, als Handel-Mazzetti in Österreich den historischen Roman modifiziert, indem sie nicht die großen Männer, sondern Frauen als Heldinnen wählt, macht die Schweizerin Maria Waser ähnliches mit der Form des Künstlerromans. Ihre Aufnahme einer traditionellen Gattung ist ‚privat' motiviert, sie wählt als Heldin für ihren Roman «Anna Waser» (1913) eine historische Figur aus der Familie ihres Mannes, die Miniaturenmalerin Anna Waser, die von 1678 bis 1714 gelebt hat. Das Buch ist ausdrücklich als Roman bezeichnet, und die Erzählweise, die zwar eine allwissende Erzählerin kennt, den Schwerpunkt aber in der Perspektive der Hauptfigur hat, bestätigt diese Gattungszuordnung. Die historische Situierung ist in diesem Roman primär Motivation für den Umkreis und das Schicksal der Heldin, das sich auf der Ebene der Alltagsgeschichte abspielt.

Der Begriff ‚Heimat' ist in diesem Roman sehr differenziert. Er steht zum einen in der Tradition des Heimatbegriffs des Künstlerromans: Der Herkunftsort – in diesem Fall Zürich – wird als beengend, anti-künstlerisch, bürgerlich beschrieben. Für die Entwicklung der Künstlerin und ihrer Fähigkeiten sind Reisen und die Kenntnis der Fremde Voraussetzung. Doch die Fremde, die in dem Roman beschrieben wird, ist zuerst einmal lediglich Bern, wohin die junge Anna von ihrem Vater in die Lehre geschickt wird. Bern repräsentiert hier, in der Form der Kunstschule des weitgereisten Josephus Werner, Weite, Erfahrung, Freiheit, Bildung. Gleichzeitig aber ist Bern auch Land, im Gegensatz zur (kalvinistischen) Stadt Zürich. Das vierte und fünfte Kapitel, in denen Anna aus familiären Gründen nach Zürich zurückkehren muß, tragen die bezeichnenden Titel „Zum grauen Mann" – so heißt das Elternhaus von Anna, und „Die engen Mauern". Künstlerische Weltoffenheit trifft sich in Bern mit generell freierem Leben und der Offenheit zur Natur, zu den Bergen – Anna beginnt hier nach der Natur zu malen, ihren eigenen Stil zu finden. Neben diesem Binnengegensatz Zürich–Bern, die beide am Begriff der Heimat noch teilhaben, steht aber die weitere Ferne. Einmal die deutsche Residenz Herborn, in der Anna zwei Jahre als Hofmalerin verbringt, zum anderen die Wunschbilder Italien – auf die geplante Italienreise muß sie der Familie wegen verzichten – und Paris, wohin sie am Ende des Buches gerufen wird. Im Text wird diese Ferne praktisch nicht geschildert – die Opposition Realität (= Heimat) und Phantasie (= Ferne) wird auf der Erzählebene, wenn auch nicht auf der Handlungsebene aufrechterhalten. Wir finden einerseits die traditionelle Opposition Heimat–Ferne des Künstlerromans, andererseits ist der Heimatbegriff in sich wieder differenziert, Anna fühlt sich bei Werner in Bern wohl und daheim, kann sich entfalten, während das Daheim bei ihrer Familie in Zürich Pflicht und Verzicht bedeutet.

Als Frauengestalt ist Anna ambivalent angelegt: Ihr starker Wille ermöglicht ihr das Studium der Malerei, sie nimmt die Trennung von der Familie auf sich, lebt in der Fremde, unter Männern, gibt sich nicht mit dem für sie ursprünglich vorgesehenen Kopieren und Miniaturenmalen zufrieden, sondern versucht, einen eigenen Stil zu entwickeln, hat als Miniaturenmalerin Erfolg, ist dadurch finanziell unabhängig, ja, unterstützt sogar ihre Geschwister, findet soziale Anerkennung, wird Hofmalerin, wird durch Watteau, der sie zu sich nach Paris einlädt, da er bei ihr ähnliche Versuche einer neuen Maltechnik erkennt, künstlerisch legitimiert. Diesem Bild einer selbständigen, selbstbewußten Frau widerspricht aber eine andere Ereignisreihe, die sie als folgsame und treue Tochter zeigt: Sie muß Bern gegen ihren Willen verlassen, da eine Schwester in Schwierigkeiten ist; auch aus Herborn wird sie aus Familiengründen zurückgerufen. Das Geld, das sie verdient, wird zweimal von einem Bruder, einmal von einer

Anna Waser

Nichte gebraucht. In all diesen Fällen ordnet sie ihre eigenen Wünsche den Notwendigkeiten der Familie unter, im letzten Fall opfert sie dabei nicht nur ihr Geld, sondern auch ihre Liebe. Zwar werden alle diese Opfer als Gelegenheiten der inneren Reifung dargestellt, doch bleibt die Ambivalenz bis zum Schluß offen. Ihre scheinbare christliche Ergebung („Denn Not und Glück des einzelnen gilt nicht, sondern allein das Ganze"[4]) wird zurückgenommen durch ihre letzte Klage „Eng! Eng! So eng [...]".[5]

Wird bei Handel-Mazzetti die Ambivalenz der Rollenbilder im Schmerz der Maria Schinnagl aufgehoben, so endet sie bei Waser im Tod. Neben der Hauptfigur finden wir bei Waser, im Gegensatz zu Handel-Mazzetti, eine ganze Frauenrollen-Galerie: die schwache, hilflose Mutter, die Schwester, die der Moral gehorcht und damit ihren Verlobten in den Tod treibt, die andere, der er stirbt und die an dem Verlust zur Nächstenliebe wächst, und schließlich die naturhafte Esther, die ihrem Instinkt und ihrer Sexualität gehorcht und damit auch glücklich wird – wenn auch auf Kosten von Anna, der sie den Verlobten nimmt. Das Schicksal all dieser Nebenfiguren wird allerdings nur geschildert, wenn es den Entwicklungsgang der Hauptfigur Anna Waser beeinflußt – äußerlich meist negativ, innerlich gewinnt sie durch diese Konfrontationen und Opfer an Reife – dies die Oberflächenstruktur des Buches, die ja auch dem klassischen Entwicklungsroman entspricht. Doch liegt darunter oder daneben noch eine andere Lesart bereit, die den Roman weitaus eher in die Emanzipationsliteratur von Frauen um die Jahrhundertwende einreiht: All die Opfer machen die Heldin zwar, so wird zumindest behauptet, menschlich reifer, sie nützen jedoch ihrer Kunst nicht, sondern bringen sie vielmehr immer weiter von ihren ursprünglichen Ambitionen und dem in Bern schon erreichten Niveau weg, bis zum Kopieren und zur Kalligraphie. Als Subtext wird hier nicht nur angedeutet, daß eine begabte Künstlerin zu früh tragisch verunglückt sei, sondern es wird vielmehr dargestellt, wie die künstlerische Entwicklung und mögliche Karriere durch Rücksichten auf die Familie systematisch zerstört worden ist – der Tod im Haus des Bruders, der resigniert hat, ist dafür genauso Symbol wie die durchgehende Opposition von Enge und Weite, die auch am Schluß unversöhnt bestehen bleibt.

Mit ihrer Biographie der Anna Waser beantwortet Maria Waser um die Jahrhundertwende die Frage, warum es keine großen Künstlerinnen gebe; sie stellt damit die Traditionsfrage, die auch heute ihre Aktualität noch nicht verloren hat. Die Schriftstellerinnen, die in den zwanziger und dreißiger Jahren dieses Jahrhunderts zu schreiben begannen, sehen sich allerdings schon ganz bewußt in einer bestimmten Tradition; so bezieht sich Grogger immer wieder auf Handel-Mazzetti als ihr Vorbild; so nennt Ina Seidel unter anderen Ricarda Huch, Annette von Droste-Hülshoff, Bettine von Arnim sowie Caroline Schlegel als Vorläuferinnen.

Bild einer aussterbenden Gesellschaftsform – Paula Grogger

Paula Groggers «Grimmingtor» (1926) teilt mit Handel-Mazzetti den österreichischen Raum und die Form des historischen Romans sowie die spezifische Sprache, doch verstecken diese Parallelen eher Trennungen und Unterschiede. Im Gegensatz zu ihrem Vorbild, das eine wichtige Epoche exemplarisch herausgreift und den historischen Konflikt personalisiert, schreibt Grogger einen Gesellschaftsroman im dörflichen Milieu, das die Zeit der Franzosenkriege nur am Rande berührt. Zwar ist der Roman auch als Familiensaga interpretiert worden (mit Waser verbindet Grogger der Ursprung der Erzählung in der eigenen Familientradition), doch ist die „Handlung" in dem Roman eindeutig sekundär gegenüber der Schilderung der Landschaft, der Gebräuche, der Sprache. Der Inhalt läßt sich kurz zusammenfassen: Constantia ist dem reichen Stralz versprochen, der längere Zeit abwesend ist; in dieser Zeit wirbt der arme ‚Jaga' um sie, den sie aber standhaft zurückweist; er will sich, einer alten Sage entsprechend, Reichtum aus dem Berg namens Grimming holen, und geht dabei zugrunde. Constantia und Stralz heiraten, haben vier Söhne, leben angesehen und wohlhabend, nur der älteste Sohn kommt, getrieben durch das allgegenwärtige Gerücht, er sei der Sohn des Jägers, auf Abwege und stirbt ebenfalls am Grimming. Daß diese ‚dürftige' Handlung 570 Seiten beansprucht, macht klar, daß sie nicht im Zentrum stehen kann. Die Situierung des Romans im ländlichen Milieu, noch dazu in einer der ‚Grenzmarken' des Dritten Reichs, hat zu seiner Einordnung als Blut-und-Boden-Roman geführt; die Vermischung des Christentums mit heidnischen Bräuchen hat ein übriges dazu getan, wie auch Groggers Beitrag zum «Bekenntnisbuch». Dennoch zeigt eine genauere Lektüre, daß diese Einordnung bloß oberflächlich funktioniert. Den Gestalten des Romans fehlt jede Heldenhaftigkeit, die den Bauern auszeichnet; am wichtigsten ist jedoch, daß in diesem Buch die Stimme des Blutes eben gerade nicht spricht. Eindeutig wird deklariert, daß Matthäus der Sohn des Stralzen ist, es ist lediglich der unvermeidliche Dorfklatsch, der ihn mit dem Jäger in Verbindung bringt.

Historisches Kolorit wird bei Grogger, wie bei Handel-Mazzetti, durchaus auch über altertümliche Sprache erreicht; in der Handlung selbst spielt die Geschichte eine geringe Rolle – die historische Situierung erscheint allerdings in der Gesamtheit des geschilderten Lebens, die, wie Grogger selbst sagte, in ihren letzten Resten noch in ihre eigene Lebenszeit hineinreichte; auch hier also keineswegs ein ahistorisches ewiges Bauernleben, sondern vielmehr der Versuch, eine untergehende Welt noch einmal durch Beschreibung festzuhalten, wenn man will, aus ethnographischem Interesse. Einmal kommt es zu einer Auseinandersetzung mit Franzosen. Auch hier ist bemerkenswert, daß sich in der Schilderung keinerlei rassistische Stereotypen finden. Der Krieg hat sie in die Gegend gebracht, sie ziehen auch wieder ab und der Obrist begnadigt die bereits zum Tode verurteilten aufständischen Öblarner der unschuldigen Regina (Rögerl) zuliebe: „Er hatte dem Stralzendirnlein zu willen getan. Weiß nicht wie – kaum aus freier Tatkraft, kaum bewußt. Er war als ein halber, halb verdammter Schatten über ihre barmherzige Hand gesunken [...] Und glühte noch einmal auf [...] ehe dem Erlöschen."[6]

Neben der bereits durch den Namen gekennzeichneten Constantia, stolz, unnahbar, herrisch und Herrin in Wirtshaus und Hof, deren Unglück von außen auf sie kommt, durch den „Jaga", durch die falsche Meinung ihres Sohnes, steht als weibliches Rollenmuster Regina, Rögerl, die Tochter des armen Lehrers, von Constantia als Ziehtochter aufgenommen. In ihr sind alle traditionellen positiven Eigenschaften der Frau (Liebe, Mitleid, Hingabe, Unterordnung, Unschuld) vereint, allerdings auch gepaart mit einem großen Ausmaß an Aktivität: Sie überredet den französischen Obristen zu Mitleid, sie trägt das neugeborene schwache Kind mitten in der Nacht, während der französischen Besatzung, zur Taufe in die Kirche, und sie findet auch Matthäus, der sich als Wilderer versteckt, und steht ihm in seinem Tod bei. Daß derartige Selbständigkeit als selbstverständlich und weiter nicht bemerkenswert dargestellt wird, ist nur durch die historische und dörfliche Situierung möglich.

Familiarisierung des nationalen Konflikts und Nationalisierung der Familie – Ina Seidel

Ina Seidels Roman «Das Wunschkind» (1930) teilt mit Grogger die Zeit der Handlung (Franzosenkriege) und das Problem der Mutter, die einen Sohn verliert. Allerdings wird hier die Geschichte, die bei Grogger lediglich das Zeitkolorit bildet, zum eigentlichen Helden der Erzählung, sie manifestiert sich im Schicksal der Hauptperson, Cornelie.

Aus preußischer Offiziersfamilie stammend, heiratet sie einen Offizier aus dem Rheinischen, aus Mainz. Schon diese Konstellation bringt das Thema der deutschen Reichsbildung, der Verbindung von Nord und Süd, protestantisch und katholisch zum Ausdruck. Ihr erstes Kind stirbt, und in der Nacht seines Todes, vor der Abreise ihres Mannes in den Krieg gegen Napoleon, in dem er fallen wird, erzwingt sie, vom Himmel und von ihrem Mann, noch ihr titelgebendes „Wunschkind", Christoph, dessen Leben mit seiner Mutter die Romanhandlung bestimmt. Im Gegensatz zu diesem Wunschkind bekommt Corneliens Stiefschwester, aus der zweiten Ehe ihres Vaters mit einer Französin, ein ‚Zufallskind' von einem französischen Offizier und stirbt bei der Geburt. Die beiden Kinder, Christoph und Delphine, wachsen gemeinsam bei Cornelie auf, und die Handlungsführung widerlegt das im Titel angegebene Thema, denn es ist weniger ‚Wunsch' oder ‚Zufall', die über Charakter und Schicksal der Kinder entscheiden, sondern das Erbgut – Christoph ist ein typischer deutscher Junge, der ein verläßlicher junger Offizier wird. Delphine hingegen ist *die* Französin, unzuverlässig, aber verführerisch, die als Spionin für die Franzosen auf dem Gut ihrer Stiefmutter arbeitet, und ihren Verlobten Christoph wegen eines Schauspielers verläßt.

Die Situation des Romans – Franzosenkriege, deutsch-französischer Gegensatz innerhalb einer Familie – erinnert stark an Luise von François' Roman «Frau Erdmuthens Zwillingssöhne». Während hier deutscher und französischer Nationalcharakter sich in der Ehe einer sächsischen Adligen und eines Hugenotten glücklich ergänzen, bricht bei den Zwillingssöhnen der Gegensatz in aller Schroffheit auf, Raul ist der Franzose, der auch auf Napoleons Seite kämpft, Hermann der Deutsche. Auch hier wird durch die Ankunft einer jungen Französin/Polin, Liska, die sexuelle Ebene ins Spiel gebracht; auch sie bricht die Verlobung mit dem sie bewundernden Hermann und wendet sich dem zurückgekehrten Raul zu. Diese Ähnlichkeiten in der Handlungsführung machen die Unterschiede um so deutlicher. Bei François, deren Roman 1872 (!) erschienen ist, finden sich zwar alle Nationalstereotypen in schöner Vollständigkeit versammelt, sie betont jedoch immer die Gleichwertigkeit beider Seiten und stellt neben das Oppositionsmodell (Hermann–Raul, bzw. Hermann–Liska) auch das der fruchtvollen und sinnvollen Ergänzung (die Ehe Erdmuthens). Bei Seidel ist diese potentielle Gleichwertigkeit zu einer eindeutigen, positiven Beurteilung des Deutschen verschoben, was sich an Ergänzungstheorien noch findet, ist zu einer innerdeutschen Angelegenheit (Preußen–Rheinländer) geworden. Der Wunsch von Liskas Mutter – „Eine große Leidenschaft und dann ins Kloster" – steht bei François dem umsichtigen Schaffen für ein Gemeinwohl gleichwertig, wenn auch fremd, gegenüber. Bei Seidel wird Delphine jede echte Liebesfähigkeit abgesprochen, sie ist die Schauspielerin, die, als Französin, zu echten Gefühlen eben überhaupt nicht fähig ist.

Auch der Begriff der Heimat ist unterschiedlich akzentuiert. In beiden Büchern übernimmt eine Frau die Sorge für ein großes Gut samt Dorf, in beiden Fällen wirkt sie segensreich und erfolgreich. Erdmuthens Heimat ist die ihrer Väter, selbstverständlicher Ort ihrer Kindheit, ihres Wirkens, den sie auch an ihren Sohn weitergeben wird. Bei Seidel ist das Problem komplizierter: Cornelie verläßt ihre preußische Heimat mit ihrem Mann, durch die Umstände bleibt sie nach seinem Tod bei seiner Familie in Mainz. In Mainz erarbeitet sie sich einen neuen Heimatbegriff, Heimat ist der Bereich, in dem man gebraucht wird, kein bloß ererbtes selbstverständliches Gut. Dennoch wird demgegenüber die ursprüngliche Heimat Holkewiese im Text ontologisiert, sie ersetzt alles an menschlicher Bindung. Blut und Boden werden hier dominant gegenüber erarbeiteter Heimat und menschlichen Beziehungen.

> ‚Hölkewiese und ich', so schrieb sie an Maximiliane, ‚wir brauchen einander, um wieder gesund zu werden. Denn, meine liebe Freundin, ich kann den Zustand, in dem ich mich das letzte Mainzer Jahr befand, jetzt nicht anders wie eine Krankheit ansehen. War mir doch mit Buzzinis Weggang die Lebenskraft aus den Adern gezogen! Hier aber lag das Land brach und schlecht bestellt, dennoch voll heilsamer Kräfte. Ich brauchte es nur zu betreten, um zu mir selber zu kommen, zu fühlen, wie sehr alles meiner bedurfte, nicht nur das Land [...]. Ich glaube, ich muß nun auch nicht weiter suchen: für mich heißt es nur, für Lebendes sorgen dürfen, – für Lebendes, verstehe mich wohl, das noch wachsen will, also für Kinder, Tiere, Blumen, Bäume, ja, und nun auch für Äcker und Wiesen, für Land und Leute. Da ist mir wohl, da geb ich so leicht, da strömt es mir doppelt und dreifach an Kräften zurück [...]'.[7]

In diesem Rückblick wird ihre Zeit in Mainz, in der sie an der Seite Buzzinis ja durchaus auch für eine Familie, für die Armen der Stadt gesorgt hat, im nachhinein als Irrweg beschrieben. Wichtiger als persönliche Zuneigung ist die mythische Verbindung zum Boden, zu Hölkewiese: „Heimat" wird in dieser zentralen Stelle in einen unauflöslichen Zusammenhang mit dem ererbten Boden gebracht. Diese Verbindung zum Boden ist in der Handlung auch wichtiger als Blutsbande, denn noch vor dem Helden-Tod ihres Sohnes hat Cornelie bereits Offizierswaisen auf Hölkewiese aufgenommen, um das Gut mit Leben zu erfüllen und ihre Mütterlichkeit ausleben zu können – sie wird dadurch zu einer Art Mutter der Nation. Der nationale Aufstieg Preußens zur Macht im Kampf gegen Napoleon und der sich abzeichnende Beginn einer deutschen Nation (in der Ehe Corneliens bereits vorweggenommen): auf der familialen Ebene werden die französischen Bluts- und Gefühlsbeziehungen aus der Handlung entlassen

(Delphine brennt durch, Christoph stirbt, bevor er es erfährt), deutsche Offizierssöhne können den Platz des heldenhaft gefallenen ‚Wunschkindes' einnehmen. Die nationale Kontinuität ist gesichert durch die Erde von Hölkewiese und die transzendente Mütterlichkeit Corneliens. Daß diese heroische Mutterfigur, die ihren einzigen Sohn freudig fürs Vaterland opfert, während des Zweiten Weltkriegs zu einer vielpropagierten Identifikationsfigur werden konnte, ist klar. Doch auch hier bietet eine genauere Lektüre dieser Lesart Schwierigkeiten. Corneliens Nationalbewußtsein ist, ähnlich wie das von Christoph, gar nicht so eindeutig. Zwar ist in der Figur von Delphine das Negativbild der Französin gegeben, doch stehen dieser Figur die zwar emigrierten, aber immerhin doch auch französischen Freunde Corinne und Valdemaire gegenüber, und Buzzini, die große Liebe Corneliens, ist Italiener.

Auch Corneliens Mütterlichkeit, ihre Haupteigenschaft, zeigt ambivalente Züge. Zum einen nimmt sie den Charakter eines opfersüchtigen Molochs an – sie opfert ihm die Trauer um ihr erstes Kind, die Liebe zum Mann (in der nekrophilen Liebesnacht, die Christophs Zeugung ermöglicht), sie opfert der Mutterliebe ihre Religion (sie wird katholisch, um mit Christoph beten zu können), ihre Liebe zu Männern (Rühle, Buzzini), ihre politische Überzeugung (sie bleibt unter Napoleon in Mainz). Dabei ist das wesentliche Merkmal ihrer Liebesfähigkeit die Abhängigkeit der geliebten Personen – sie liebt das Kind Christoph, das ungebärdig ist, sie liebt die sterbende Schwiegermutter und den senilen Vater, die sie zu ihren Kindern macht, sie liebt Corinna und Valdemaire, die von ihr abhängig sind, sie liebt aber nicht die selbstbewußte und verschlossene Delphine, sie liebte auch nicht ihre Schwester, die ihr immer vorgezogen worden ist. Obwohl sie Delphine praktisch von Geburt an gemeinsam mit Christoph aufgezogen hat, ist sie gern bereit, sie Maximiliane zur Adoption zu überlassen – und der Vorwurf Delphines, sie habe sie nie geliebt, der Christoph so empört, findet als Subtext durchaus seine Berechtigung. Insofern kann das Buch, von heute aus, durchaus als ein Beispiel für Mutterliebe als Machtausübung gelesen werden. Das strukturale Muster der Dominanz mit den Abhängigkeiten tritt im Roman klar zutage durch die Reihenbildung. Konkurrenten um den Platz der Macht werden entfernt (entweder durch lokale Entfernung plus moralische Abwertung oder durch Tod): der autokratische Vater, der die Tochter nach Mainz entläßt, der Ehemann, die Schwester, die Schwiegermutter, Buzzini, der heranwachsende Christoph. Die Position des geliebten (= beherrschten) Objekts ist ebenfalls austauschbar besetzbar: das Baby Delphine, die Kinder, die Armen von Mainz, die kranke Schwiegermutter, der senile Vater, das abgewirtschaftete Hölkewiese, eben „Kinder, Tiere, Blumen, Bäume, Äcker, Wiesen, Land".[8] Signifikant dabei ist, daß das Land (und implizit wohl auch ‚die Nation') in dieser Reihe den Sohn gleichwertig ersetzen kann.

Blut, Sexualität, Boden und andere Weiblichkeitsmythen
Rahel Sanzara und Elisabeth Langgässer

Rahel Sanzara, so das Pseudonym von Johanna Bläschke, ist von der künstlerischen Umgebung her eher der ‚Asphaltliteratur' zuzuordnen (Freundin von Ernst Weiss, Kafka, Schauspielerin in Stücken von Weiss, Wedekind, Sternheim, Hauptmann), doch ihr Roman «Das verlorene Kind» (1926) trägt in vielem Züge der Heimat-, ja der Blut-und-Boden-Literatur; gleichwohl wurde er, da ihr Pseudonym fälschlich als jüdisch identifiziert wurde, von den Nazis verboten. Die Handlung, der berühmten Kriminalsammlung «Pitaval» entnommen, spielt auf einem einsamen Gut, dessen Autarkie typisch ist für den Heimatroman. Auch hier geht es um den Tod eines Kindes, allerdings eines vierjährigen Mädchens, das einem Verbrechen zum Opfer fällt. Interessant in unserem Zusammenhang sind wieder die Begriffe Heimat, Geschichte und die Frauenrollen sowie die Motivationsstruktur von Blut und Erbe. Geschichte ist hier, noch mehr als bei Grogger, lediglich Zeitkolorit für die Autarkie des Hofes. Heimatgefühl ist hier identisch mit agrarischem Leben; dies zeigt sich auch darin, daß der Vater seine Söhne in die USA schickt, auf eine Farm, um ihnen so – erfolgreich – ein neues Leben ohne den Schatten des Unglücks, das auf der Familie in Deutschland lastet, zu ermöglichen.

Die Ferne als Ausdruck des Fremden, des anderen, tritt aber in der Person seiner Frau an ihn heran, die für ihn zur Verkörperung der Sexualität wird. Sie ist eine Waise,

> eine fremdartige Gestalt, klein, zart und doch von leichter Üppigkeit, ihr Haar war schwarz, glänzend umgab es das Haupt und das weiße Gesicht bis tief in die Stirn hinab.[9]

Von dieser Frau erfährt Christian alles Glück und letztlich auch alles Leid. Bei Tag ist sie ihm die treu ergebene Gattin, in der Nacht kommt sie zu ihm. „Sie strömte leises Lachen aus, sie schlang ihre Arme um ihn und zog ihn mit sich zum Bett."[10] All die „lichtere Dunkelheit" ihrer sexuellen Attraktivität geht auf die blonde vierjährige Tochter über und wird ihr zum Verhängnis, da sie von Fritz – in unbewußter Erregung – vergewaltigt und ermordet wird. Fritz, selber Kind einer Vergewaltigung, trägt dieses Erbe mit sich, all seine Versuche, es durch Arbeitsamkeit und Ordnungssinn zu unterdrücken, sind vergeblich. In unbewußten Schüben bricht dieses Erbe durch: er ermordet, was er liebt, kleine Tiere und Kinder, und vergißt die Tat sofort wieder. Erst seine eigene Kastration im Gefängnis bringt ihm schließlich Ruhe. Haben wir hier in der einen Hauptgestalt des Buches, des Verbrechers, extreme Blut-und-Boden-Ideologie, so zeigt sich bei den Frauenbildern eine Differenzierung: Die dunkle, lockende Frau von Christian repräsentiert die gelebte und lebensorientierte Sexualität, ihre Antwort auf den Tod ihres Kindes ist denn auch der Wunsch nach einem neuen – hier finden sich durchaus Parallelen zum «Wunschkind» von Seidel –, und sie geht an Christians Weigerung, weiterhin mit ihr zu schlafen, zugrunde, nicht am Tod des Kindes. Die Magd Emma, Mutter von Fritz, Amme der beiden Söhne des Ehepaars hingegen, hat Sexualität nur einmal, als Gewalt, erfahren, wird aber zum Inbegriff der Mütterlichkeit:

> Über ihrer Gestalt, der blühend gewölbten Brust und den starken Hüften lagen in innigster Vermischung die reinste Keuschheit mit der tiefsten Mütterlichkeit ausgebreitet. Keuschheit und Mütterlichkeit waren das Geschick ihres Lebens.[11]

Diese mütterliche Frau erkennt als erste ihren Sohn als Mann, damit gleichzeitig auch als lange gesuchten Mörder der kleinen Anna, sie bezichtigt ihn des Verbrechens, wünscht seinen Tod, damit sie ihn wieder lieben kann. Auch als Christian ihn nach der Verbüßung seiner Strafe wieder aufnimmt, verleugnet sie ihn bis zu ihrem Tod. Auf der manifesten Ebene läßt sich der Roman durchaus als Blut-und-Boden-Roman lesen – die Fremde, Dunkle bringt Unglück auf den deutschen Gutshof, die mütterliche Magd sorgt für alle, trennt sich von ihrem eigenen Sohn, den das Blut des verbrecherischen Vaters prägt: der Gegensatz blond–dunkel, die Kraft des Blutes werden immer wieder leitmotivisch betont. Doch spricht einerseits der verzeihende, wenn auch nicht verstehende Gestus von Christian, der allerdings ins Heroische gesteigert wird, dagegen, andererseits ergeben die Reihen der Blutsmetaphorik nicht nur eine Erb- und Stammeskomponente, sondern sie stehen vielmehr als Metaphern für Sexualität und ihre Unterdrückung. Die von Emma verkörperte Kombination von Mütterlichkeit und Jungfräulichkeit wird durch das leitmotivische „Ordnung muß sein", das sich sowohl auf den Hof, auf die Kleidung von Fritz als auch auf das Verstecken der Leiche der kleinen Anna beziehen kann, jeglicher positiven Komponente beraubt. Unter diesem Gesichtspunkt erscheint auch die laute, „unordentliche" Trauer von Martha menschlicher als das Verdrängen von Emma und Christian, deren Sorge sich auf die „ordentliche" Weiterführung der Wirtschaft konzentriert. Sanzara nimmt hier Motive der Blut-und-Boden-Literatur und verkehrt sie, durch Inversion bzw. durch Vermischung mit ähnlichen Motiven aus der Literatur des Expressionismus, in eine Kritik an ihren Prämissen. Auch hier haben wir wieder ein doppeltes oder ambivalentes Leseangebot, das verschiedenste Leserschichten sehr verschieden ansprechen kann.

Eine ähnliche Faszination an der Kraft und dem Erbe des Bodens einer bestimmten Landschaft finden wir auch in der 1933 publizierten Erzählung Elisabeth Langgässers «Proserpina».[26] Hier ist es der geschichtsträchtige Boden des Rheinlandes, der für die Figuren, speziell für die weiblichen Figuren, zum Schicksal wird. Aber nicht die positive Kraft dieses Bodens ist es, die demonstriert wird, sondern in bezug auf die Ceres-Proserpina-Mythe die Gefährlichkeit der Hingabe an chthonische Kräfte. Das kleine Mädchen wird fast ihr Opfer, die alte Frau (Hexe) im verwilderten Garten ist ihr verfallen, und auch die Mutter selbst ist, wie die Magd in der Küche, gefährdet. Nach dem Tod des

Vaters, der die männlich-klare, rationale Komponente verkörpert, kann nur ein Verlassen des Ortes Mutter und Kind vor seiner Faszination und tödlichen Gefahr retten.

Große Frauen in geschichtlicher Distanz und heimatlicher Nähe – ein unerschöpfliches Thema der Frauenliteratur

Die Lektüre einer Reihe von Romanen von Frauen, die geschichtliche Themen in einem heimatlichen Umkreis an weiblichen Hauptgestalten behandeln, hat die Breite und Faszination dieser Themen in den ersten drei Jahrzehnten dieses Jahrhunderts gezeigt. Dabei bauen Frauen nicht nur auf eine eigene weibliche Tradition des Schreibens auf, sondern sie stehen auch in engem Zusammenhang mit allgemeinen literarischen Strömungen. ‚Heimat' umspannt dabei das eigene Herkunftsland in seiner geschichtlichen Dimension (Handel-Mazzetti, Grogger, Waser), das Autarkiemodell des ländlichen Besitzes (Sanzara, Grogger, Seidel), bis zum allegorisierten Heimatbegriff, der für österreichische (Handel-Mazzetti) oder deutsche Nation (Seidel) einstehen kann.

Den gewählten geschichtlichen Epochen (Renaissance/Barock bzw. Franzosenkriege) ist gemeinsam, daß sie vor dem 19. Jahrhundert mit seiner Ausprägung der bürgerlichen Familienideologie und dem entsprechenden Frauenbild liegen. Die autonomen, starken Frauengestalten gewinnen aus dieser Situierung ihre Glaubhaftigkeit; wieweit ihre Aktualisierung auf die sozial völlig anders strukturierte Lesergegenwart möglich ist, ist fraglich. Diese Frage wiederholt sich allerdings auch in der Suche nach den großen Vorbildern in der Frauenforschung heute – können sie Modellcharakter annehmen oder lenken sie von der konkreten Situation eher ab, bleiben sie nicht-aktualisierbare Phantasmen.

Geschichte selbst dient dabei einerseits als bloßes Zeitkolorit (Sanzara, Grogger, Waser), oder aber sie ist selbst konfliktbestimmend, wird in den Helden und Heldinnen nur personifiziert (Handel-Mazzetti, Seidel). Die Personifikation geht Hand in Hand mit einer starken Aktualisierungstendenz und bewußter ideologischer oder politischer Stellungnahme der Autorinnen.

Bezüglich der Frauenbilder ist festzustellen, daß in jedem Roman mehrere Möglichkeiten angeboten werden, teils in derselben Person in zeitlicher Abfolge. Bei Handel-Mazzetti verkörpert Maria sowohl die treue, untergebene Gattin als auch die rächende starke Jungfrau, bei Waser finden wir die unabhängige Künstlerin und die folgsame, der Familie ergebene Tochter in einer Person tragisch vereinigt; auch bei Sanzara gibt es diese Doppelnatur: Martha ist die ergebene folgsame Gattin bei Tag, die herrschende Geliebte bei Nacht; Emma leidet unter der Kombination von Mütterlichkeit und Sexualfeindlichkeit. Bei Grogger finden wir die Aufspaltung auf zwei Personen: Rögerl, die das Bild der duldenden, verstehenden Frau (mit einem gewissen Maß an Aktivität) darstellt, und Constantia, die den stolzen Herrinnentyp repräsentiert, bei Seidel schließlich das hohe Lied der Mutterschaft, das sich aber bei genauerer Lektüre auch als hohes Lied an die Macht der Mütterlichkeit entpuppt.

Die Faszination dieser Bücher, denen noch andere an die Seite gestellt werden können, und die ihnen, wie die Publikationsdaten zeigen, eine treue Leserschaft, ungeachtet aller politischen Veränderungen, gesichert hat, liegt zum einen in dem gewählten historisierenden Modell, das Autarkie und selbständiges Handeln zu einer Zeit als möglich darstellt, die gerade unter dem Ausgeliefert-Sein an scheinbar nicht mehr kontrollierbare Mächte (Großstadt, Arbeitslosigkeit, Nationalsozialismus, Krieg, Besatzung, mit allen Entfremdungserscheinungen) leidet. Die soziale Bedingtheit dieses Autarkiemodells wird dabei zugunsten eines zeitlosen Naturbegriffes gern und leicht übersehen. Die Frauenfiguren bieten dabei in ihrer Vielfalt Identifikationsangebote für eine große Zahl sehr differenter Leser(innen). Daß die literarischen Muster dabei verschieden verwendet werden können, zeigt besonders der Hinweis auf Sanzara und Langgässer. Gerade die bei ihnen kritisch verwendeten Motive der Behandlung der Sexualität und der Einbeziehung der Mythologie zeigen die Aktualität dieser Richtung, aber auch die Gefährlichkeit, denn die Gleichsetzung von Frau – Matriarchat – Natur – Natürlichkeit – Sexualität ist zwar auch heute – und nicht nur in der Literatur – wieder aktuell, sie muß aber in jedem einzelnen Fall genau untersucht und beurteilt werden, damit sie nicht zurückführt zur ‚natürlichen Bestimmung' der Frau, der Familie, und damit zum Ausschluß aus Arbeitsprozeß und intellektuellen und künstlerischen Bereichen.

5. Neue Wirklichkeitssicht und politische Praxis
Sozialistische Literatur und Arbeiterinnenbewegung

Ursula Münchow

Die Frauenfrage und das damit zusammenhängende Problem der schreibenden Frau ist in der zweiten Hälfte des 19. Jahrhunderts unter neuen Gesichtspunkten zu betrachten. Während von der Aufklärung bis zum Vormärz in Deutschland alle Bemühungen um die geistige und sexuelle Befreiung der Frau Produkte utopischer Idealvorstellungen, bestenfalls Lebensversuche einiger weniger waren, die gesellschaftlich nicht realisiert werden konnten, änderte sich diese Situation nach 1848. Im Zuge der fortschreitenden industriellen Revolution wuchs die Anzahl der berufstätigen Frauen und deren Fähigkeit, ihr Geschick in die eigenen Hände zu nehmen und sich zu solidarisieren.

Neben der vielschichtigen bürgerlichen Frauenbewegung gewinnt die aus der Arbeiterbewegung hervorgegangene politische Organisation, die so überragende Persönlichkeiten wie Clara Zetkin und Rosa Luxemburg hervorbrachte, immer

Versammlung der proletarischen Frauenbewegung, Carl Koch (1827–1905)

stärkere Bedeutung. Ibsens «Nora» und Bebels «Die Frau und der Sozialismus», beide 1879 herausgekommen, wirkten gleichermaßen programmatisch, trotz der unterschiedlichen Tendenz. Clara Zetkin schrieb 1906 nach Ibsens Tod in der Frauenzeitschrift «Die Gleichheit»: „Die Frauen aber sind Ibsen ob seines befreienden Zerstörungswerkes zu besonderem Dank verpflichtet", sie differenzierte jedoch: „Die Proletarierin hat die größte und entscheidende Schlacht für ihre soziale und menschliche Emanzipation nicht gegen die Helmers und ihre Ehelüge auszufechten, sondern gegen die Kapitalistenklasse und ihre Ordnung."

Bebel hatte festgestellt, die Frau könne sich nur befreien, wenn sie zusammen mit dem Manne für eine bessere Gesellschaftsordnung kämpft, und als er als erster sozialdemokratischer Reichstagsabgeordneter 1895 das Frauenwahlrecht forderte, setzte er sich damit nicht nur für die Arbeiterinnen, sondern für die Gleichberechtigung aller Frauen ein.

Der Aufstieg der Arbeiterbewegung im 19. Jahrhundert war zunächst eine Angelegenheit der Männer, aber schon während der von Bismarck seit 1878 im Reichstag durchgebrachten Sozialistengesetze, die sozialdemokratische Agitation und Öffentlichkeitsarbeit verboten, begannen die Frauen, sich politisch zu engagieren und zu organisieren. Nach der Aufhebung der Sozialistengesetze

1890 und mit der Entwicklung der SPD zur Massenpartei setzte ein Prozeß ein, der im Zusammenhang mit der Entfaltung des sozialdemokratischen Verlags- und Pressewesens eine umfangreiche sozialistische Literatur hervorbrachte, an der bis zur Novemberrevolution 1918 mindestens zwanzig heute noch bekannte Frauen beteiligt waren. Geschrieben haben schätzungsweise doppelt so viele. Proben finden wir in Zeitschriften und Anthologien, oft ohne nähere Angabe zur Person. Seit dem Ausgang des 19. Jahrhunderts ist ein Maß an Politisierung zu konstatieren, das die Anzahl der schreibenden Frauen erheblich ansteigen ließ. Die Frauen hatten mehr zu gewinnen als die Männer ihrer Generation. Das zeigt sich auch daran, daß Schriftsteller, wie Gerhart Hauptmann oder Ernst Preczang und Emil Rosenow, kämpferische Frauengestalten schufen, die den Mann überragen. Die rebellierende Luise Hilse aus den «Webern» steht auf einer Höhe mit der Konsumverkäuferin Liesa Lückel aus Rosenows Bergarbeiterdrama «Die im Schatten leben» (1899 und 1912). In Preczangs Einakter «Töchter der Arbeit» (1898 und 1906) ist die weibliche Hauptperson Streikführerin in einer Textilfabrik. Im letzten Kriegsjahr, unter dem Einfluß der russischen Oktoberrevolution, ebenfalls für das nichtöffentliche Arbeitertheater geschrieben, entstand das Agitationsstück «Die Fabrikarbeiterin» (1918) von Ernst Reichle, in dem die Streikleiterin einer Munitionsfabrik als Friedenskämpferin für die Versöhnung der feindlichen Truppen eintrat.

Das für Arbeitertheater geschriebene Agitationsstück des Leipziger Sozialdemokraten Friedrich Bosse «Die Arbeiter und die Kunst» (1897) zeigt deutlich, welche Ansprüche Arbeiterinnen bereits zu stellen begannen. Frau und Tochter eines Schuhmachers und Leiters des örtlichen Arbeiterbildungsvereins halten es für eine Selbstverständlichkeit, zu lesen, Aufführungen der Volksbühne zu besuchen, über Literatur zu urteilen und im Streitgespräch mit den Männern ihren eigenen Standpunkt zu vertreten. War solche Literatur auch als Mittel der politischen Erziehung zu verstehen, so mag die Wirklichkeit zumindest unter der politisch organisierten Arbeiterschaft nicht allzuweit davon entfernt gewesen sein. Die als Höhepunkte für Arbeitervereinsfeste von Arbeitern geschriebenen und gespielten Stücke veranschaulichen in unterhaltsamer Weise die soziale Problematik der Zeit. Die Volksbühnenbewegung, das Familienblatt «Die Neue Welt» und die nach 1900 erschienene Wochenschrift für das arbeitende Volk «In freien Stunden» sollten gerade auch die Frauen neben der Politik über traditionelle wie über moderne Literatur unterrichten. Vor allem förderte die 1891 bis 1917 von Clara Zetkin redigierte Zeitschrift «Die Gleichheit» die Arbeiterinnen und veröffentlichte deren literarische Versuche. Emma Döltz, Wilhelmine Kähler, Ida Altmann und Anna Mosegaard begannen hier zu schreiben. Aber auch in der Tagespresse der SPD erschienen Beiträge von Frauen in Zeitschriften und später in Parteiverlagen, wie dem Verlag Vorwärts von Paul Singer in Berlin oder dem Dietz-Verlag in Stuttgart.

Schon bald nach der Aufhebung der Sozialistengesetze waren zahlreiche örtliche Frauenvereine entstanden. Der nächste Schritt war die gewerkschaftliche

Organisation und die Herausbildung von Funktionärinnen, von gewerkschaftlichen Vertrauenspersonen, die in den großen Fabriken wirkten oder in zentraler Position die Bewegung unterstützten und lenkten. Unter den Aktiven entwickelte sich eine Bewegung schreibender Arbeiterinnen, deren Literatur im Dienst der Unterstützung ihres gewerkschaftlichen Engagements stand. Auf diese Art bildete sich, wegweisend für die Zukunft, ein durch politische Tätigkeit und schöpferische Arbeit selbstbewußter Typ der neuen Frau heraus.

Arbeiterinnen-Autobiographien

Besonders aufschlußreich sind in diesem Zusammenhang die Autobiographien von Arbeiterinnen, die geschrieben wurden, um durch authentische Erfahrung ein Beispiel zu geben und zur politischen Aktivität zu ermutigen. 1909, als die fünfzigste Auflage von «Die Frau und der Sozialismus» erschienen war, brachte Bebel mit einer Einleitung die «Jugenderinnerungen einer Arbeiterin. Von ihr selbst erzählt» heraus, ein Werk, das bis 1930 sechsmal aufgelegt wurde. Darin berührt vor allem die absolute Offenheit der Lebensbeschreibung. Was sie so populär machte, war nicht allein die agitatorische Tendenz, mit der der Prozeß der Wahrheitsfindung aufgezeichnet wurde, sondern seine Formung. Der Rück-

Die
Jugendgeſchichte einer
Arbeiterin

Von
Adelheid Popp
Mit einführenden Worten von
Auguſt Bebel

Vierte Auflage

1922
J. H. W. Dietz Nachf. – Berlin – Stuttgart

blick der damals vierzigjährigen Autorin ist kompositorisch so gestrafft und erzählerisch so exemplarisch, daß sich die einzelnen Erlebnisse, die die Knotenpunkte der Entwicklung und der allmählichen Politisierung veranschaulichen, den Leserinnen und Lesern in eindrucksvoller Weise einprägen. Interessant ist, daß das Buch erst in der dritten Auflage auf Vorschlag Bebels den Namen der Verfasserin, der Wienerin Adelheid Popp, preisgab, die sich aus ärmlichsten Verhältnissen durch Lesen, autodidaktische Studien und agitatorische Tätigkeit von der Fabrikarbeiterin bis zur Publizistin und Politikerin entwickelte. Man versprach sich von der Anonymität zunächst eine größere Verbreitung, weil in Arbeiterkreisen die lassalleanische Meinung vorherrschte, das Wirken der Frau solle doch besser auf die ‚weibliche Sphäre' beschränkt bleiben, eine Einstellung, die sich erst ganz allmählich änderte. Für die Dynamik der sozialistischen Frauenbewegung ist auch zu bedenken, daß die daran Beteiligten sogar in den eigenen Reihen oft Schwierigkeiten hatten, sich durchzusetzen. Es dauerte lange, bis die kämpferische Genossin zum politischen Leitbild der Arbeiterbewegung wurde. Selbst eine so geniale Frau wie Rosa Luxemburg wurde wegen ihrer Streitbarkeit, ihres scharfen Verstandes von älteren Sozialdemokraten gelegentlich als „zänkisches Weib" bezeichnet. Und Clara Zetkin mußte sich nach dem frühen Tode ihres Mannes mit ihren beiden Jungen kümmerlich durchschlagen, bis ihr die sozialdemokratische Publizistin Emma Ihrer, die Frau eines wohlhabenden Apothekers aus Velten bei Berlin, die sie auf dem Gründungskongreß der II. Internationale 1889 in Paris kennengelernt hatte, die Redaktion der «Gleichheit» anbot und ihr damit eine Existenz und ein Wirkungsfeld verschaffte.

1919 bzw. 1921 erschienen die Autobiographien Luise Zietz' und Ottilie Baaders. Die Fabrikarbeiterin Baader, 1847 geboren, betätigte sich seit den achtziger Jahren in der Arbeiterpartei. Sie wurde deswegen mehrmals zu Geld- und Gefängnisstrafen verurteilt. 1895 wurde sie zur Vertrauensperson der Arbeiterinnen Berlins gewählt und 1899 zur zentralen Vertrauensperson ganz Deutschlands. Sie bekleidete dieses Amt bis 1908 und war in dieser Zeit eine der wenigen weiblichen Delegierten aller Parteitage der SPD. Diese Entwicklung hat sie in ihrer Autobiographie «Ein steiniger Weg» (1921) beschrieben. Es ist eher ein nüchterner Tatsachenbericht, nicht so lebendig und erzählerisch attraktiv wie Adelheid Popps Lebensgeschichte, aber die Schwierigkeiten des Anfangs gut charakterisierend. Das Jahr 1908 war eine Zäsur in der Geschichte der Arbeiterbewegung, weil durch Erlaß des Reichsvereinsgesetzes nun Frauen Mitglied der SPD werden konnten. Aus gutem Grund kann man sagen, daß ihre Zulassung zur politischen Betätigung ein Verdienst der von Clara Zetkin geleiteten sozialistischen Frauenbewegung war, die zur internationalen Bewegung wurde und 1911 zur Gründung des Internationalen Frauentages führte.

Die achtzehn Jahre jüngere Luise Zietz begann ihre politische Tätigkeit in Hamburg. Das ehemalige Dienstmädchen und die spätere Fabrikarbeiterin wurde 1909 als erste Frau in den Parteivorstand der SPD gewählt. Neben Clara Zetkin, Emma Ihrer und Ottilie Baader gehörte sie vor 1914 zu den Führerinnen der proletarischen Frauenbewegung. Wegen ihrer rednerischen und publizistischen Begabung – sie veröffentlichte mehrere politische Broschüren – wurde sie der „weibliche Bebel" genannt. 1919, als sie schon Mitglied der USPD war, wurden die Erinnerungen an ihre kämpferischen Jahre «Aus meinem Leben» veröffentlicht. Auch andere Arbeiterinnen, wie Wilhelmine Kähler und Anna Mosegaard, veröffentlichten kleinere autobiographische Berichte. Die Autobiographien von Adelheid Popp, Ottilie Baader und Luise Zietz haben jedoch als historische Dokumente der Entwicklung des Frauenengagements in der Arbeiterbewegung repräsentativen Charakter. Bezogen auf die Entwicklung des autobiographischen Genres (siehe S. 154ff.) sind sie die ersten Zeugnisse eines vom Bild der „kämpfenden Genossin" rekonstruierten Lebenslaufes.

Minna Kautsky

Am Anfang der sozialistischen Arbeiterliteratur wurde die Herkunft der Schreibenden noch nicht betont. Schriftstellerinnen wie Schriftsteller waren proletarischer oder bürgerlicher Herkunft, die für ein gemeinsames Ziel, eine neue, bessere Gesellschaftsordnung, eintraten. Die autobiographische Skizze, die die älteste und produktivste sozialistische Schriftstellerin Minna Kautsky für die Romanzeitschrift «In freien Stunden» schrieb, vergegenwärtigt aber eindrucksvoll die Unterschiede hinsichtlich der konkreten Entstehungssituation von sozialistischer Literatur. Im Unterschied zu den sozialistischen Funktionärinnen stellt sich hier eine schreibende Frau aus dem wohlhabenden Bürgertum vor, die zwar mit großem Fleiß, aber auch mit jeglicher Unterstützung und ohne zeitraubende gesellschaftliche Tätigkeit ihr Talent entfalten konnte. Minna Kautsky – sie wurde 1837 in Graz geboren, die Bibliographie ihrer Werke verzeichnet über dreißig Titel, darunter sieben große Romane und viele Erzählungen – schrieb eine Art Rechenschaftsbericht im Alter von 72 Jahren, wenige Jahre vor ihrem Tode. Diese autobiographische Skizze war als Information für ihre zahlreichen Leser gedacht, die sie mit liebevollem Spott als „rote Marlitt" bezeichneten. Als Mutter von Karl Kautsky, einem in den Anfangsjahren geschätzten Theoretiker und Herausgeber des führenden Parteiorgans «Die Neue Zeit», hatte sie engen Kontakt zu seinen Freunden, zu dem Literaturkritiker Franz Mehring, zu August Bebel, Wilhelm Liebknecht, Rosa Luxemburg und auch zu Marx und Engels, die ihr beratend zur Seite stehen konnten.

Minna Kautsky verstand als ihre Mission, mit ihrem Werk zur Erziehung der Arbeiterklasse beizutragen. Ihr unermüdliches Schaffen spielte eine nicht unbedeutende Rolle in der sozialdemokratischen Kulturpolitik, nachdem sie wegen eines Lungenleidens in den siebziger Jahren den Beruf der Schauspielerin aufgab, zu schreiben begann und sich zusammen mit ihrem Sohne zum Sozialismus bekannte. Sie ergriff in all ihren Werken, die auf spannende, unterhaltsame Art geschrieben waren, Partei für die Arbeiterklasse, auch wenn bei ihr die Realität des Arbeiterlebens weniger unmittelbar dargestellt wird, als daß davon berichtet wird. Sie versorgte das bildungshungrige Proletariat in hohem Maße mit Lesestoff. Das hieß, sie hielt die Lesefreudigen von den weit verbreiteten billigen Schundromanen, den Dreigroschenheften fern, die nur Ablenkung von der bitteren Realität boten, aber nicht zu ihrer Veränderung beitrugen. Ihr Lieblingsthema war, deutlich autobiographisch geprägt, die Wandlung einer bürgerlichen Frau zur Sozialistin. An Eugenie Marlitt, jene Schriftstellerin der populären Zeitschrift «Die Gartenlaube», die auf ihre Art auch Gesellschaftskritik betreiben wollte, erinnert ihre Vorliebe für verwickelte Verführungsgeschichten armer schöner Mädchen durch einen bürgerlichen Lebemann oder einen skrupellosen Adligen und ihre Rettung durch einen idealisierten Helden. Wenn sie sich auch an Erzählmustern der Trivialliteratur orientierte, so packte sie doch zugleich in ihren Romanen wichtige soziale Zeitprobleme an. Um nur einige herauszugreifen: In «Stefan von Grillenhof» (1881) behandelt sie den Krieg von 1866 vom Standpunkt der einfachen Menschen aus dem Volke, die am meisten unter dem Schrecken des Krieges zu leiden haben, in «Die Alten und die Neuen» (1885) bezieht sie zum erstenmal die Arbeiterbewegung in die Romanhandlung ein, sie beschreibt das harte Leben der Arbeiter eines Salzbergwerks und einen durch profitsüchtigen Raubbau entstandenen Bergrutsch; im Entstehungsjahr des Romans erschien von ihr auch ein Aufsatz zur Lage der Salzarbeiter in der «Neuen Zeit». «Victoria» (1889) zeigt die Folgen der Industrialisierung in einer Spinnfabrik. 1904 siedelte die Kautsky von Wien nach Berlin über, wo die Arbeiterbewegung sich wesentlich dynamischer entfaltet hatte. In ihrem im gleichen Jahr erschienenen Roman «Im Vaterhause» geht es wieder um die Wandlung einer Kleinbürgerin zur Sozialistin. In der am Schluß eingeflochtenen, lebendig erzählten Wahltagsepisode fallen jedoch neue Züge auf, die vermutlich auf Berliner Eindrücke zurückzuführen sind. Dem suchenden bürgerlichen Mädchen stehen differenziert denkende Arbeiterinnen als imponierende, stärkere Persönlichkeiten gegenüber, an ihrer Spitze die Mutter Johanna, die an ihrem Arbeitsplatz eine gewerkschaftliche Organisation der Arbeiterinnen gegründet hat und die Ansicht verkündet, daß politische Auseinandersetzungen ebenso eine Sache der Frauen wie der Männer seien und daß sie sich, obwohl sie sich noch nicht an der Wahl beteiligen dürfe, als Mitglied der revolutionären Arbeiterpartei fühle, für deren Ziele es sich zu kämpfen lohne.

Besonders in ihrem Roman «Helene» (1894) sowie in der Erzählung «Ein Maifesttag» (1907) ist die Kautsky in der Darstellung realer historischer Hintergründe, in der Menschengestaltung und vor allem in der Schilderung beispielhaft tüchtiger Frauen so über sich selbst hinausgewachsen, daß diese Texte den heutigen Lesern wieder zugänglich gemacht werden müßten. Die Titelheldin im Roman «Helene», in den auch Teile der Parteigeschichte eingearbeitet sind, nimmt, um sich nach unbefriedigender Ehe auf eigene Füße zu stellen, als freiwillige Krankenpflegerin am russisch-türkischen Krieg von 1877 teil und arbeitet dort mit einer Gruppe russischer Emigrantinnen zusammen, denen sie dann an die Universität nach Zürich folgt. Die Schrecken des Krieges werden realistisch geschildert. Helene wird im Roman zur Friedenskämpferin und unter dem Einfluß der russischen Studentinnen zur Sozialistin, lernt den „roten Feldpostmeister" kennen, den Herausgeber der illegalen Zeitschrift «Der Sozialdemokrat», nimmt 1880 am illegalen Parteitag zu Wyden in der Schweiz teil, heiratet einen Sozialdemokraten und beteiligt sich an dessen politischer Arbeit, was für damalige Verhältnisse schon viel war. Der in Zürich spielende Teil schildert verschlüsselt die Arbeit des Feldpostmeisters Julius Motteler sowie verschiedene Parteitagsdelegierte. Er hat auch etwas mit Rosa Luxemburg zu tun, über die Minna Kautsky durch ihren Sohn informiert war. Karl Kautsky hatte Rosa Luxemburg in Zürich kennengelernt und 1894, im Entstehungsjahr der «Helene», einen Artikel von ihr in der «Neuen Zeit» abgedruckt. In Rosa Luxemburgs Zimmer in Zürich, Universitätsstraße 77, trafen sich polnische Emigranten, unter ihnen Julian Marchlewski, der als sozialistischer Publizist bis 1925 eine wichtige Rolle in Deutschland spielte, und Leo Jogiches, dem sie lange persönlich eng verbunden war und der ihr 1919, nachdem er in der «Roten Fahne» die Wahrheit über ihre Ermordung enthüllt hatte, in den Tod folgte. Rosa Luxemburg war 1894 Mitbegründerin der polnischen sozialistischen Partei. In den Diskussionen zur Frauenfrage vertrat sie den Standpunkt, daß es nicht um die Emanzipation der Frau im besonderen gehen dürfe, sondern um die Emanzipation der Arbeiterklasse und der Menschheit. Genau diesen Standpunkt vertritt in «Helene» auch Minna Kautsky. Über ihren Sohn erfuhr sie viel vom Zusammenleben der russischen und polnischen politischen Emigranten in Zürich und hat dies in ihrem Roman verarbeitet.

Auch die Erzählung «Ein Maifesttag» (1907) hat indirekt etwas mit Rosa Luxemburg zu tun. Karl Kautsky war 1898 nach Berlin übergesiedelt, seine Mutter wohnte seit 1904 bei ihm, und Rosa Luxemburg ging im Hause aus und ein, unterhielt sich oft mit der Großmutter Kautsky, Granny genannt, und beeindruckte diese außerordentlich. So wurden ihr die politischen Ereignisse, insbesondere der Ausbruch der russischen Revolution von 1905, in besonderer Weise nahegebracht, und ihr Verhältnis zu Rosa Luxemburg wurde besonders eng. Die russische Revolution fand einen starken Widerhall in der deutschen Arbeiterbewegung, den Minna Kautsky in Berlin zu spüren bekam. Das Erlebnis der Maidemonstration des Jahres 1905 in der deutschen Hauptstadt regte sie zu ihrer Erzählung «Ein Maifesttag» an. Sie schildert den Tag der großen Maidemonstration des Jahres 1896 in Wien, deren schockierende Wirkung auf das Bürgertum Stefan Zweig in seiner Autobiographie «Die Welt von gestern» (1944) beschrieben hat. Im Unterschied zu den älteren Romanen ist diese Erzählung nur für Arbeiter und Arbeiterinnen geschrieben, sie konzentriert sich ganz auf die Darstellung der Volksmasse und auf Gestalten aus ihrer Mitte. Die Hauptfigur, eine proletarische Agitatorin, ist gewiß kein Abbild Rosa Luxemburgs, aber man kann sagen, daß der revolutionäre Gehalt dieser Erzählung, die völlig im

Leben des kämpferischen Proletariats wurzelt, ihrem Geiste entspricht. Besonders anrührend ist die Liebesgeschichte, die dem Versuch gleichkommt, neue zwischenmenschliche Beziehungen zu gestalten, die egoistische Ressentiments wie Eifersucht, Neid, Unaufrichtigkeit, Rechthaberei ausschließen und ein Umdenken im humanistischen Sinne erfordern.

Lu Märten

Die jüngere, 1879 in Berlin geborene, und ebenfalls nicht aus dem Arbeitermilieu stammende sozialistische Schriftstellerin Lu Märten hat keine Romane geschrieben, dennoch höchst Bedeutendes geleistet. Sie ist die begabteste und eigenartigste aus der Arbeiterbewegung der Jahrhundertwende hervorgegangene Schriftstellerin, hat aber in ihrem langen Leben – sie ist einundneunzig Jahre alt geworden – in der Hauptsache kunsttheoretische und kulturpolitische Schriften und nur drei belletristische Bücher hinterlassen: den Gedichtband «Meine Liedsprachen» (1906), das Schauspiel in einem Akt «Bergarbeiter» (1909) und das autobiographische Werk «Torso. Das Buch eines Kindes» (1909). Sie entstammt einer mit Tuberkulose behafteten Familie, verlor deshalb in jungen Jahren beide Eltern und drei Geschwister. Ihre Mutter war eine verarmte Adelige, der Vater ein kleiner Beamter. Sie selbst konnte wegen häufiger Krankheit die Schule nur unregelmäßig besuchen, las aber früh schon viel, bildete sich als Gelegenheitsarbeiterin autodidaktisch in Geschichte, Philosophie und Kunstgeschichte, begann ab 1896 Artikel für die «Gleichheit» und «Die Neue Zeit» zu veröffentlichen, trat mit neunzehn Jahren der SPD bei und schrieb schon seit der Jahrhundertwende kunsttheoretische Beiträge für die Parteipresse, die auf ihr gründliches Studium des Marxismus schließen lassen. 1920 wurde sie Mitglied der KPD und begann ihre literarische Tätigkeit in der Republik mit Beiträgen für «Die Rote Fahne».

Ihre Gedichte und ihr Schauspiel zeigen die Neigung, Vereinfachungen und Verallgemeinerungen zu vermeiden und statt dessen psychologische Vorgänge, inneres Ringen zu gestalten und die feinen seelischen Entwicklungsphasen und Nuancen wiederzugeben, die beispielsweise dem Entschluß zu einer politischen Tat vorausgehen. Ihre Besonderheit besteht darin, gesellschaftliche Vorgänge und Erscheinungen in ihrer Komplexität zu erfassen und mit Mitteln poetischer Überhöhung zu gestalten. Mit ihrem Drama «Bergarbeiter» nimmt Lu Märten die vor dem Ersten Weltkrieg anwachsende Streikbewegung und die Massenstreikdebatten auf. Im Unterschied zu aktionistischen Streikdramen männlicher sozialistischer Autoren wie Ernst Preczang, Friedrich Bosse und Paul Mehnert werden in Lu Märtens für das Arbeitertheater geschriebenem Einakter konkrete Details des Arbeitskampfes nur sparsam dargestellt. Sein Schwerpunkt liegt bei den inneren Kämpfen der beteiligten Menschen, aus deren Gesprächen zu entnehmen ist, daß ein neun Wochen andauernder Streik im örtlichen Kohlenrevier in eine Krise geraten ist. Zum erstenmal in der sozialistischen Dramatik wird ein Streikführer, Jakob Burger, gezeigt, der wankt, der die Kraft und den Glauben an sich selbst und seine Aufgabe vorübergehend verliert. Er hat seine Frau und drei erwachsene Kinder durch Tuberkulose verloren und ist niedergeschlagen, daß auch seine letzten Kinder, Hermann und Gretje, unheilbar krank sind. Aber gerade diese beiden intelligenten jungen Menschen geben ihrem Leben über den Tod hinaus einen Sinn, indem sie den Vater überzeugen, daß er seinen Posten bis zum siegreichen Ende des Streiks nicht verlassen darf. Dieses Ringen der drei Hauptpersonen mit- und umeinander geht unter die Haut. Feine Psychologie steht in glücklichem Gleichmaß mit dramatischer Kraft, darauf beruht der weltweite große Erfolg des Stückes, das bis 1931 selbst in vielen Städten Japans gespielt und auch ins Chinesische übersetzt wurde. Das dramatische Genre ist auch im internationalen Maßstab, gegenüber Lyrik und Romanen, seltener von Frauen gepflegt worden. Lu Märtens «Bergarbeiter» und auch ihre Reflektionen über ein zukünftiges proletarisches Theater dürfen als ein bedeutender Beitrag dazu gewertet werden.

Lu Märtens tagebuchartige, verschlüsselte Autobiographie ist durch einen oft expressionistisch überhöhten Sprachstil geprägt. In «Torso» ergreift Lu Märten zwar auch Partei für das Proletariat. Aber im Gegensatz zu den Erinnerungen von Popp, Baader und Zietz steht hier nicht die beispielgebende Funktion im Vordergrund, sondern es geht hier um die Entwicklung eines persönlichen ‚Ich' und seiner Befreiungsversuche aus bedrückenden und beengenden Verhältnissen. Der Titel will noch das Bewußtsein der eigenen Unfertigkeit, die selbstkritische Frage nach dem Weiterhin bezeichnen. Gerade auch dieses Werk ist kennzeichnend für die Bereitschaft Lu Märtens, sich komplexen Fragen zu stellen, so auch der nach der Entstehung und Entwicklung von Kunst und Literatur, der sie zahlreiche Publikationen gewidmet hat. Ihr kunsttheoretisches Hauptwerk ist «Wesen und Veränderung der Formen und Künste. Resultate historisch-materialistischer Untersuchungen. Geschichte der Künste von den Uranfängen bis zur Gegenwart» (1924 bis 1948).

Clara Müller-Jahnke

Die 1860 geborene, aus Pommern stammende Lyrikerin Clara Müller-Jahnke, eine proletarisierte Pastorentochter, die auf Grund persönlicher Erlebnisse zur Sozialdemokratie fand, gilt als begabteste sozialistische Lyrikerin ihrer Zeit. Ihre zahlreichen, zunächst in der Presse veröffentlichten Gedichte erschienen in zwei Buchausgaben: «Mit roten Kressen» (1900) und «Sturmlieder vom Meer» (1901). Nach langen Jahren sozialer Not ermöglichten es ihre Erfolge und die Heirat mit dem Maler Oskar Jahnke, sich in Wilhelmshagen bei Berlin als freie Schriftstellerin niederzulassen. In ihrer ein Jahr vor ihrem frühen Tode veröffentlichten Autobiographie «Ich bekenne» (1904) hat sie alles aufgezeichnet, was sie persönlich empörte, wie ihre bitteren Erlebnisse in einer Berliner Fabrik und die demütigende Erfahrung der unehelichen Mutterschaft. Davon legt auch die Heftigkeit ihrer lyrischen Aussage Zeugnis ab. Bemerkenswert ist die erregte Leidenschaftlichkeit ihrer Gedichte, die das Nachholbedürfnis der Frauen widerspiegelt, sich zu Wort zu melden. So hat sie die Palette der sozialistischen Lyrik um interessante Nuancen bereichert, zu ihrer Weiterentwicklung allerdings kaum beigetragen. Zwar ist ihre Lyrik nur von einem Literaturverständnis zu beurteilen, das im besonderen eine originelle Ich-Aussprache bewertet. Aber es fehlt ihrer Lyrik die Entwicklung einer neuen, prägnanten Bildlichkeit. Wenn sie revolutionäre Gedanken äußern will, bedient sie sich unterschiedlicher Naturmetapher, worauf schon die Titel ihrer Bücher deuten. Die Revolution ist ein herannahendes Unwetter, die Zukunft eine allgemeine Wetterveränderung. In den «Ausgesperrten», einem dem Crimmitschauer Textilarbeiterstreik von 1903/04 gewidmeten Gedicht, verwandelt der Sieg der Streikenden die Arbeitssäle in blühende Frühlingsauen, von ihrer Solidarität heißt es, daß sie die Weihnacht von Crimmitschau wie die Sonne erleuchten lassen werde. Das ist das alte rote Pathos der Aufstiegsperiode, das allerdings um die Jahrhundertwende immer noch stark genug war, in Arbeiterversammlungen und Parteifeiern deklamiert zu werden.

Der agitatorische Ton ihrer Lyrik hat sich in ihren späten, nachgelassenen Gedichten verloren. Sie wurden 1907 von ihrem Mann unter den Titeln «Wintersaat» und «Wach auf!» herausgegeben. Ein bemerkenswertes Beispiel daraus ist das von leiser Schwermut durchzogene Gedicht «Reifer Herbst», in dem es ihr gelingt, bei aller lyrischen Subjektivität einem sozialistischen Wir-Erlebnis mit dem darauf gründenden Zukunftsoptimismus eindrucksvoll Ausdruck zu verleihen.

Reifer Herbst

Nun laß den Sturm aus Norden wehn
Und herbstlich sich die Fluren färben –
Wir glauben nicht ans Sterben,
Ans Sterben und Vergehn!
Uns wirft der früchtereife Baum
Die roten Äpfel vor die Füße,
Wir kosten ihre Süße
Und schlürfen ihren Schaum.

Der Feuermohn im Gartenbeet,
Ob seiner Flammen Pracht verlodert,
Die Knisterseide modert:
Hochragend seine Kapsel steht.
Von meinem Drucke körnerschwer
Zerspringt die reife Hülle –
Keimkräftigen Samens Fülle
Streut rings der Wind umher.

Das ist das ewige Gebot
Des ungestörten Weiterwebens:

Eine neue Form des Lebens
Ist jeder Tod.
Dem Frühling drum im Herbst ein Glas!
Wir trinken aus dem Vollen –
Die goldnen Tropfen rollen,
Dankopfer, ins gelbe Gras...

Emma Döltz und andere sozialistische Lyrikerinnen

Die Lyrik war in der Arbeiterbewegung vor und nach der Jahrhundertwende ein beliebtes literarisches Genre. Ein in der Parteipresse abgedrucktes politisches Gedicht wirkte oft unmittelbarer als ein Leitartikel, konnte aktuelle Fragen aufgreifen und beantworten. Besonderheiten waren damals das vertonbare Gedicht, das Kampflied für Massenveranstaltungen und Demonstrationen sowie das satirische Gedicht, mit dem politische Gegner angegriffen wurden. Auf diesem Gebiet leisteten der Hamburger Jakob Audorf und der Dresdener Max Kegel bereits Großes, in einer Zeit, als sich in den Städten erst einzelne Arbeiterinnenvereine herausbildeten. Marschlieder und auch satirische Lyrik haben Frauen damals nicht geschrieben, wie es überhaupt eine Tatsache ist, daß schreibende Frauen bestimmte literarische Genres bevorzugten. Dabei soll hier keine falsche Theorie aufgestellt werden, daß es dem weiblichen Geschlecht widerstrebe, mit Mitteln des Witzes, der Ironie oder des Spottes umzugehen. Rosa Luxemburg etwa, deren bewundernswerte «Briefe aus dem Gefängnis» zu den großen Zeugnissen der deutschen sozialistischen Literatur gehören, war, wenn es darauf ankam, im Rahmen der politischen Wahrheitsfindung zu äußerst scharfen, entlarvenden Formulierungen fähig. Clara Zetkin, die einen unverwechselbaren, leidenschaftlichen, oft poetisch überhöhten Stil schrieb, konnte Kritik schonungslos äußern und ging zum Beispiel in ihrem Essay über Friedrich Schiller (1909) äußerst grob mit Karl Eugen von Württemberg und auch mit dem fälschlich als Förderer der Kunst gepriesenen Karl August von Weimar um. Erstaunliche Ironie zeichnet ihre Auseinandersetzung mit dem bei dem liberalen Bürgertum so beliebten politischen ‚Schönredner' Marquis Posa aus Schillers «Don Carlos» aus.

Wenn sich sozialistische Lyrikerinnen bei aller Gegenwartsbezogenheit kaum aggressiver Stilmittel bedienten, so lag das wohl daran, daß es ihnen in erster Linie um die Gestaltung der eigenen Nöte und die der unterdrückten Klasse, um den Aufbau eines besseren Lebens ging. In den Gedichten von Lisbeth Eisner, Ida Altmann, Hedwig Henrich-Wilhelmi oder Emilie Hoffmann, die in der damals bekannten Lyrikanthologie «Stimmen der Freiheit» nachzulesen sind, die mit dem Untertitel „Blütenlese der hervorragendsten Schöpfungen unserer Arbeiter- und Volksdichter" von 1899–1914 in vier Auflagen erschien, handelt es sich noch um rein gefühlsmäßige Vorstellungen vom Sozialismus. Wie konnte es auch anders sein! Aber alle Gedichte dieser Frauen haben eins gemeinsam: Sie knüpfen an die Revolution von 1848 sowie an den Kampf der Pariser Kommunarden von 1871 an und treten ein für die Gleichberechtigung und Solidarität der Menschen ohne Unterschied der Geschlechter oder der Rassen und für den Frieden in der Welt. Wenn auch didaktisch und in bekannten Stil- und Ausdrucksformen, werden hier von Frauen Fragen aufgeworfen, die bis heute zur Diskussion stehen.

In der Gruppe der gedichteschreibenden Arbeiterinnen muß auch auf die schon erwähnte Emma Döltz hingewiesen werden, die 1866 in Berlin geboren wurde und 1950 in Fulda starb. Emma Döltz, teils im Armenhaus aufgewachsen, teils schon früh genötigt, zum Lebensunterhalt ihrer Angehörigen beizutragen, konnte die Schule nur unregelmäßig besuchen. Als intelligentes Arbeiterkind brachte sie so etwas wie eine natürliche Freude am Liedermachen mit. Es machte ihr Spaß, bei der Heimarbeit ihrem jüngeren Bruder allerlei selbst ausgedachte Märchen und Geschichten zu erzählen und ihm Lieder beizubringen. Seit ihrem vierzehnten Lebensjahr arbeitete sie in einer Berliner Stahlfederfabrik. Abends besuchte sie die Fortbildungsschule, um so viel wie möglich zu lernen. Zu den Freuden des jungen Mädchens gehörte es zu lesen, heimlich Verse zu machen und in die schöne Umgebung Berlins hinauszuwandern. Soziale Ungerechtigkeit und Not der arbeitenden Bevölkerung nahm sie lange als etwas Unabänderliches hin, bis sie Anfang der neunziger Jahre, angeregt durch einen Vortrag Paul Singers, eines Freundes von Bebel, Liebknecht und Engels, sich den Sozialdemokraten anschloß. 1894 reichte sie eins ihrer Gedichte der «Gleichheit» ein und wurde von Clara Zetkin zu weiteren Beiträgen ermutigt. Doch wie das Schreiben nur ein Teil ihrer Emanzipationsversuche war, so blieb es auch ferner nur ein Teilgebiet ihrer Persönlichkeitsentwicklung in der Arbeiterbewegung, in deren Berliner Vereinen und Kommissionen sie bald Funktionen übernahm und auch ihren Aufgaben entsprechende Berichte und Artikel für die Parteipresse verfaßte. Am liebsten schrieb sie jedoch Märchen, Geschichten und vor allem Gedichte. Es bewog sie keinerlei Ehrgeiz, mehr als nur eine schreibende Arbeiterin zu sein. Sie schrieb operativ, für den Tag brauchbar, ihre Gedichte haben jedoch immer eine originelle Note. Liedhaft schlicht beginnt die Mutter dreier Kinder in einem Aufruf zum Ersten Mai mit Versen, die ihren ganz eigenen Wert in der Männerwelt haben.

Die vierte Auflage von «Stimmen der Freiheit» wurde 1914 mit acht Gedichten von Emma Döltz eröffnet. In den ihren Beiträgen vorangeschickten autobiographischen Notizen schreibt sie, daß ihr Leben immer noch aus Armut und Arbeit bestehe, daß sie sich aber dennoch glücklich fühle, weil sie schreiben und kämpfen könne. So mögen alle Arbeiterinnen und Arbeiter empfunden haben, die, indem sie zu schreiben begannen, sich von der Last bedrückender und unterdrückender Verhältnisse zu befreien begannen.

Steh auf, mein Kind

Nun hurtig, mein Kind, aus dem Bette heraus,
Und reibe die schlaftrunknen Augen dir aus.
Der Himmel ist licht, und die Welt ist so weit,
Und den ersten Mai, den feiern wir heut.
Wie Völker des Nordens die bange Nacht
Des Winters in Dunkel und Kälte verbracht,
Und nun, wenn der strahlende Morgen anbricht
Sich freuen an dem wiedererstandenen Licht,
So heben auch wir unsere Stirnen nun frei,
So grüßen wir jubelnd den ersten Mai.
[...]
Es bricht der Ordnung vermorschter Turm,
Und über ihn hin fegt der Frühlingssturm.
Dann schreite ich singend und jauchzend durchs Land
Und nehme die Kinder an führende Hand.
Ich lehr' sie die neue Ordnung zu baun
Und mit lachendem Mund in die Zukunft zu schaun.
So sprach die Arbeit. Und hörst du mein Kind,
Schon brauset zornig der Frühlingswind.
Er rufet die Völker zur Heerschau herbei,
Komm Kind, wir feiern den ersten Mai.

Berta Lask, Hermynia Zur Mühlen und Maria Leitner

Gegenüber diesen Anfängen der sozialistischen Arbeiterliteratur veränderten sich Voraussetzungen und Bedingungen der sozialistischen Literaturproduktion entscheidend aufgrund der politischen Entwicklungen, im besonderen im Zusammenhang mit dem Ersten Weltkrieg und der Novemberrevolution, ohne daß auf diesen Prozeß hier näher eingegangen werden kann. Als entscheidender Einschnitt für die Entwicklung der sozialistischen Literatur stellt sich die russische Oktoberrevolution 1917 dar. War die Literatur vor 1917 im wesentlichen Widerspiegelung von Ideellem, so konnte die Oktoberrevolution konkretes Vorbild auch für die avantgardistischen bürgerlichen Schriftsteller vom Range Johannes R. Bechers oder Anna Seghers' sein, die sich in viel größerem Maße als die Intellektuellen vorher für die Angelegenheiten des Proletariats engagierten und der KPD beitraten. Nach 1925, dem Ende der Phase der revolutionären Nachkriegskämpfe, hatte sich mit der relativen Stabilisierung der Republik unter Führung der KPD eine neue Kulturpolitik entfaltet, die zur deutlich sichtbaren Weiterentwicklung der sozialistischen Literatur führte. Hieß die Parole der alten SPD noch entsprechend dem Nachholbedürfnis der Arbeiter „Wissen ist Macht, Macht ist Wissen", so lautete die neue Parole „Kunst ist Waffe". Mit Hilfe der Agitpropbewegung sowie durch die Arbeiterkorrespondentenbewegung der «Roten Fahne» konnte die sozialistische Literatur systematisch gefördert werden. Im Zuge dieser Entwicklung erfolgte Ende 1928 die Gründung des Bundes proletarisch-revolutionärer Schriftsteller. Dies alles wirkte sich auf schreibende Frauen aus, die in der Zeit der Weimarer Republik nach neuen Wegen der Literatur suchten. Ihr Schaffen spiegelt am besten die Probleme dieser Periode wider und zugleich die neue Stufe der Emanzipation der Frau nach der Oktoberrevolution. Das soll am Beispiel von Berta Lask, Hermynia Zur Mühlen und Maria Leitner veranschaulicht werden. Die Älteren, Lask und Zur Mühlen, haben das von Frauen genutzte autobiographische Genre im Unterschied zu den sozialdemokratischen Funktionärinnen weiterentwickelt, indem sie über das pädagogisch-propagandistische Moment hinausgehend *bewußt Literatur* schufen. Sie schrieben sprachlich, stilistisch, kompositorisch anspruchsvoll. Es sind Schriftstellerinnenautobiographien, die im Rahmen eines Einzelschicksals ein Zeitbild geben wollen, was ihnen auch deshalb gelingt, weil sie historisch denken konnten, es gelernt hatten. Es war ja doch eine neue Epoche angebrochen. Beide haben sich auch Verdienste um sozialistische Jugend- und Kinderliteratur erworben. Hatte die Döltz schon Märchen geschrieben und gelegentlich sogar die Märten, so wurde über die Märchen hinausgehend in der Jugendliteratur der Weimarer Zeit ein großer Schritt vorwärts getan. Aber auch der didaktische Sinn der neuen Märchen war, historisches Wissen zu vermitteln.

Berta Lask, 1878 in Galizien geboren, ist die Älteste dieser neuen Generation sozialistischer Schriftstellerinnen. 1901 hatte sie einen Berliner Arzt geheiratet. Sie lernte die Elendsviertel der deutschen Metropole und das Anwachsen der Arbeiterbewegung kennen, worauf sie zunächst rein gefühlsmäßig reagierte. Als junge Frau und Mutter von vier Kindern, noch ohne Verbindung zur Sozialdemokratie, aber bereits voller Interesse für die Frauenbewegung, begann sie zu schreiben. Ihre erste soziale Tragödie, «Auf dem Hinterhof, 4 Treppen links» (1912), ist eine ausweglose naturalistische Elendsschilderung. Ab 1915 folgten pazifistische, in der Form vom Expressionismus beeinflußte Gedichte, die später gesammelt mit dem bezeichnenden Titel «Rufe aus dem Dunkel» (1921) erschienen. Zum Sozialismus fand sie durch die Ereignisse in Rußland und dann durch die Ermordung von Rosa Luxemburg und Karl Liebknecht, die sie tief traf. Später hat sie ihren Weg von einer jüdischen Fabrikantentochter zur Sozialistin in einem dreibändigen autobiographischen Roman «Stille und Sturm» (1955), der bis an die Schwelle des Faschismus führt, dargestellt. Stürmisch war ihr Leben ab 1919 in der Tat. Im Zusammenhang mit ihrer regen politischen Tätigkeit entfaltete sie eine Fülle literarischen Talents, sie wurde zu einer wichtigen Neuerin auf dem Gebiet der operativen didaktischen sozialistischen Literatur. Das betrifft vor allem ihre durch die Agitpropbewegung und Erwin Piscator angeregten dramatischen Experimente und auch ihre Beiträge zur Schaffung einer sozialistischen Jugendliteratur.

Berta Lask war 1923 in die KPD eingetreten, 1925 in die UdSSR gereist und 1928 Mitbegründerin des Bundes proletarisch-revolutionärer Schriftsteller geworden. Typisch ist, daß sie mit ihrem Schaffen unmittelbar an politische und persönliche Ereignisse anknüpfte und auch im Auftrage der Partei schrieb. Zum

Internationalen Frauentag 1925 wurde ihre Szenenfolge «Die Befreiung. Bilder aus dem Leben deutscher und russischer Frauen 1914–1920» von Arbeiterspielern in Berlin aufgeführt. Auch hatte sie ihre Reise durch die Sowjetunion zu dem Jugendbuch «Wie Franz und Grete nach Rußland reisten» (1926) angeregt, das, attraktiv geschrieben, sehr beliebt wurde und als Mittel gegen den Antikommunismus auch pädagogisch nützlich war. Zum „Roten Münzertag", der Pfingsten 1925 in Eisleben vor 15000 Menschen gefeiert wurde, hatte sie im Auftrage der Partei ein Massenspiel «Thomas Münzer» geschrieben. Eine der Regierung der Republik nicht genehme Aktualisierung führte nach Erscheinen des Textes zum Verbot. Das Stück war in losen Szenenfolgen geschrieben. In eingestreuten Dialogen wurde der revolutionäre Münzer mit Liebknecht verglichen, während vom Versagen Luthers im Bauernkrieg eine Parallele zur Haltung Eberts und Noskes in der Novemberrevolution gezogen wurde. Auf Anregung von Leuna-Arbeitern schrieb Berta Lask die epische Szenenfolge «Leuna 1921 – Drama der Tatsachen», ebenfalls für Agitpropspieler gedacht. Zur Vorbereitung dieses Werkes reiste sie durch das Mansfelder Land, befragte Augenzeugen und Teilnehmer des mitteldeutschen Aufstandes und informierte sich an Hand von Aktenmaterial über die Folgen seiner blutigen Niederschlagung. Das Stück durfte weder aufgeführt noch gedruckt werden. Berta Lask schrieb noch viele Stücke für proletarische Spielgruppen, in denen Sprechchöre die Meinung der proletarischen Massen ausdrücken sollten, und entwickelte damit eine neue

Hermynia Zur Mühlen mit Wieland Herzfelde

Form des Arbeitertheaters, das nicht mehr wie vor 1917 einen Einzelhelden in den Mittelpunkt stellt. Am 8.7. 1927 wurde zum Beispiel in Kassel von einem Proletkulttheater als Antwort auf die Kriegsandrohungen gegen die Sowjetunion ihr fiktives Revuedrama «Giftgasnebel über Sowjetrußland» aufgeführt. Ihr Jugendbuch «Spartakus» (1928) konnte als Manuskript aus Deutschland herausgeschmuggelt und in Moskau gedruckt werden.

Hermynia Zur Mühlen, 1883 in Wien geboren und 1951 in englischer Emigration gestorben, war eine geborene Gräfin Grenneville, Tochter eines österreichischen Gesandten und auch kurze Zeit mit einem Adeligen verheiratet. Ihre Entwicklung zur Sozialistin ähnelt der von Minna Kautskys ebenfalls aus Wien stammenden Romanheldin Helene, ein Hinweis darauf, daß um die Jahrhundertwende solche Wandlungen bei jungen Frauen durchaus vorkamen. Den Entschluß, sich aus der Ehe mit einem vermögenden Mann zu lösen – im Falle Hermynias war es ein baltischer Baron – und sich auf eigene Füße zu stellen, die Begegnung mit russischen Emigranten in der Schweiz und die daraufhin getroffene Entscheidung, sich der deutschen Arbeiterbewegung anzuschließen, haben beide gemeinsam. Allerdings schildert Zur Mühlen in ihrer Autobiographie «Ende und Anfang» (1929) die Adeligen durchaus differenziert, während die Kautsky in ihrer erfundenen Handlung zu kolportagehaften Klischeevorstellungen greifen mußte, auch um bei ihren Lesern, die an die edlen Grafen der Schundromane gewöhnt waren, eine Gegenwirkung zu erzeugen. Hermynia Zur Mühlen lebte lungenkrank seit 1914 in Davos, studierte in diesen Jahren den Marxismus, zog 1919 nach Frankfurt am Main, trat der KPD bei, veröffentlichte seitdem zahlreiche literarische Arbeiten in der Parteipresse und machte sich einen Namen als Übersetzerin sozialkritischer ausländischer Werke. 1924 wurde sie wegen ihrer Erzählung «Schupomann Karl Müller» des Hochverrats angeklagt. Sie hatte darin die aus dem Alltagsleben gegriffene Entwicklung eines Arbeiters geschildert, der nach längerer Arbeitslosigkeit in die Polizei eingetreten war, dort einen ehemaligen Arbeitskollegen verhaften mußte, sich dessen schämte und während einer Demonstration für die KPD Partei ergriff.

Ihre bedeutende Leistung liegt in der Weimarer Zeit auf dem Gebiet der Kinder- und Jugendliteratur. 1921 erschienen sechs Märchen unter dem Titel «Was Peterchens Freunde erzählten», 1922 die Märchen «Der Rosenstock» und ebenfalls 1922 die Märchenbücher «Warum» und «Der Spatz». Dann «Ali der Teppichweber» (1923), «Das Schloß der Wahrheit» (1924) sowie «Said der Träumer» und «Die Söhne der Aischa», alle 1927. Immer hat sie versucht, Proletarierkinder über die Ursache ihrer schlechten Lebensbedingungen konkret aufzuklären, die sich in der Republik kaum gebessert hatten. Um den Märchenton zu treffen, schulte sie sich teilweise an den Grimmschen Märchen. Dort gibt es eine Geschichte, in der sich Strohhalm, Kohle und Bohne auf Wanderschaft begeben und miteinander sprechen. In dem Märchen «Was die Kohle erzählt» aus dem Zyklus «Was Peterchens Freunde erzählten», reden außer der Kohle auch die Streichholzschachtel, der Eisentopf, die Bettdecke und andere Gebrauchsgegenstände. Die Geschichte wird an der kindlichen Erfahrungswelt orientiert erzählt. Ein Kohlenstück berichtet von den Stationen seiner Reise aus dem Bergwerk: von der schweren und gefährlichen Arbeit der Bergarbeiter, ihrer schlechten Entlohnung, dem Profit und den guten Lebensverhältnissen des Bergherrn und des Besitzers der Brikettfabrik, dem Transport der Kohle, den Gefahren des Güterverkehrs, der Verantwortung des Lokomotivführers, dem Verkauf und der Verteilung der Kohle an Reiche und Arme, ihrer Aufbewahrung, ihrer wärmespendenden Wirkung, die nicht allen gleichermaßen zuteil wird, der Verwendung von Kohle in der Industrie. Der hohe Verallgemeinerungsgrad der Gestaltung, die Scheidung der Figuren nach guten und bösen, armen und reichen sowie das auftretende Wunder – die sprechende Kohle – sind dem Genre des Märchens entsprechend ein interessantes Experiment zu einer neuen Kinderliteratur, die mithelfen will, die Welt zu verändern.

Zur Mühlen hat in der Weimarer Zeit noch viele Erzählungen und Romane veröffentlicht, die ihre Bedeutung als sozialistische Autorin dokumentieren. Ihr 1938 in Wien erschienener Roman «Unsere Töchter, die Nazinnen» ist ein antifaschistisches Buch, in dem es ihr gelungen ist, am Lebensweg dreier Mädchen die drückende Atmosphäre in Hitlerdeutschland und den Kampf gegen das Naziregime zu gestalten. Auf diesen und auf den 1941 erschienenen Roman «Als der Fremde kam», der in der von den Nazis besetzten Tschechoslowakei spielt, wo Zur Mühlen vorübergehend Zuflucht gesucht hatte, soll hingewiesen werden, weil es hier um die erstrebenswerte Wandlung einzelner Menschen geht, die vielleicht einmal zum würdigeren und friedlicheren Leben aller führt. Bei aller künstlerischen Perfektion verbindet sie dieses besondere Anliegen mit der aus der Arbeiterinnenbewegung des 19. Jahrhunderts hervorgegangenen Literatur.

Maria Leitner, deutschschreibende Schriftstellerin ungarischer Herkunft, 1892 in Kroatien geboren, erst seit 1921 in Deutschland und seit 1930 Mitglied des Bundes proletarisch-revolutionärer Schriftsteller, 1933 nach Frankreich emigriert, gehört schon zu den verfolgten und verschollenen sozialistischen Schriftstellerinnen. Sie wurde im Mai 1940 in dem berüchtigten Lager Gurs in den Pyrenäen interniert, aus dem ihr noch die Flucht gelang. Erst zwanzig Jahre später wurde die Vermutung bekannt, daß sie Mitglied der belgischen Widerstandsbewegung war und von den Nazis ermordet wurde.

Die Leitner ist viel gereist, hat in Reportagen und Erzählungen, die teils nur in der «Roten Fahne», der «Welt am Abend» oder der «Arbeiter-Illustrierten Zeitung» erschienen, zentrale politische und gesellschaftliche Probleme verfochten. Sie hat zu Anfang auch Märchen veröffentlicht. Ihre bleibende und beste Leistung ist der Reportageroman «Hotel Amerika» (1930), der 1933 von der nationalsozialistischen Reichsschrifttumskammer verboten wurde, die, wie bekannt, die Emanzipationsbemühungen der Frauen als Degeneration bezeichnete. «Hotel Amerika» schildert einen Tag eines armen irischen Wäschermädchens in einem amerikanischen Luxushotel. Wieder geht es um die Wandlung des weiblichen Geschlechts. Die Wäscherin Shirley O'Brien will die Geliebte eines reichen Hotelgastes werden, um besser leben zu können. Aber unter dem Einfluß ihrer Arbeitskollegen erkennt sie, daß dies keine Lösung ist und daß es ihr nur besser gehen kann, wenn sie sich gegen die Ausbeutung ihrer Arbeitskraft zur Wehr setzt, indem sie sich politisch organisiert. Die einfache und schlichte Darstellung gibt all denen in der Welt recht, die sich im Kampf um bessere Arbeitsbedingungen solidarisieren, sich gegen die Willkür von Unternehmern oder gar gegen Rassendiskriminierung zur Wehr setzen. In erster Linie ging es der Leitner immer wieder um die Solidarisierung der Frauen in der ganzen Welt. So auch in ihrem Bericht über ihre Amerikareise, «Eine Frau reist durch die Welt» (1932), in dem interessante, ja abenteuerliche Reiseberichte immer mit Sozialkritik verbunden sind. Noch aus der Emigration, aus Paris, vertrat sie 1937 in dem Roman «Elisabeth, ein Hitlermädchen» sehr wirksam ihre Ansichten. Wie «Hotel Amerika» ist auch dieser 1937 in der «Pariser Tageszeitung» in Fortsetzungen erschienene Roman eine Synthese von literarischer Gestaltung und journalistischer Information über Selbsterlebtes. Mit diesem Werk hat Maria Leitner innerhalb der antifaschistischen Literatur einen spezifischen Beitrag zur Analyse des alltäglichen Faschismus geleistet. Eigene Erfahrungen bei ihren nach 1933 mehrfachen illegalen Aufenthalten in Nazi-Deutschland verarbeitend, ist es ihr mit der Figur der Schuhverkäuferin Elisabeth und der Geschichte ihrer Liebe zu einem SA-Mann, Erich, gelungen, den Desillusionierungsprozeß einer Jugendlichen im Dritten Reich differenziert und glaubwürdig zu gestalten. Elisabeth, zunächst begeistert von den Parolen und Ideen der Nazis, organisiert und aktiv im BDM, scheitert aufgrund ihrer Ehrlichkeit, Kameradschaftlichkeit und Menschlichkeit an dem Widerspruch von Ideologie und faschistischer Praxis. Von besonderem Wert sind die Schilderungen des Lebens in einem Arbeitslager. Eingefügte faschistische Liedtexte, Zitate aus faschistischen Reden und Veröffentlichungen sind von dokumentarischem Wert und kennzeichnen die passionierte Reporterin Leitner.

Berta Lask wollte in ihren Agitpropstücken, Revuen und Sprechchören der Heldendarstellung alten Stils entgegenarbeiten, indem sie es vermied, Einzelpersönlichkeiten individueller Prägung auftreten zu lassen. Sie wollte in Zeiten immer stärker anschwellender Massenbewegungen den Kampf um bessere Lebensverhältnisse als Kollektiverlebnis verstanden wissen und beim Publikum als solches bewußt werden lassen. Das hat etwas für sich, erfaßt aber nur eine Seite des Problems. Beiden Erzählerinnen, Hermynia Zur Mühlen und Maria Leitner, ist das Einzelschicksal nicht belanglos. Sie vermochten, ausgehend von der Konfrontierung differenzierter Einzelpersönlichkeiten, der Komplexität der sozialen Wirklichkeit näherzukommen, indem sie die Wandlung unverwechselbarer Individuen und deren letztlich notwendige Solidarisierung mit Gleichgesinnten gestalteten. An diesem Punkt begegnen sie wieder den sozialistischen Schriftstellerinnen vor 1917, der schon von ihnen gestalteten Überzeugung, daß die Suche nach einem sinnerfüllten Leben jenseits der gemeinsamen Anstrengungen um gesellschaftliche Veränderungen keine Chancen hat.

6. Liberalismus – Sozialismus – Feminismus Zeitschriften der Frauenbewegung um die Jahrhundertwende

Ute Gerhard, Ulla Wischermann

Die Entstehung der Frauenbewegungspresse

Die Zeitschriften der Frauenbewegung stellen eine unschätzbare und bisher weitgehend unerschlossene Quelle zur Geschichte der Frauenbewegung und des Frauenlebens dar. Als literarische und journalistische Zeugnisse schreibender Frauen geben sie Auskunft über Politik und Philosophie der historischen Frauenbewegung, wie sie sonst nirgends in diesem Umfang und in dieser Differenziertheit zu finden sind. Der folgende Beitrag kann unmöglich die Materialfülle ausschöpfen. Hier soll deshalb unter den politischen Konzepten ‚Liberalismus', ‚Sozialismus' und ‚Feminismus' die Politik der Frauenbewegung um die Jahrhundertwende diskutiert werden. Dazu greifen wir einige brisante Themen heraus, die Schlaglichter setzen.

Über den Reichtum und die Bedeutung der Presse als Quelle hat zum ersten Mal die „Pressa", eine internationale Presseausstellung 1928 in Köln, umfassend eine breitere Öffentlichkeit informiert. In dem hierzu von Frauen zusammengestellten Buch «Frauengenerationen in Bildern»[1] gibt Hilde Lion einen guten Überblick zur Frauenbewegungspresse. Wir folgen ihrer Einteilung der Frauenbewegungspresse in vier Zeitschriftentypen:[2] 1. Die reinen Mitteilungsblätter für periodische Orientierung der Organisierten; 2. Die illustrierten Frauenblätter, die populär allgemeine Tagesfragen für weiteste Frauenkreise behandeln; 3. Die eigentlichen Bewegungszeitschriften für die dauernde Aufklärung und Verständigung der Anhängerinnen; 4. Das Blatt der Führerschicht für die Probleminteressierten.

In unserem Beitrag stützen wir uns vorwiegend auf Presseorgane des dritten und vierten Typs, also die politischen Zeitschriften der Bewegung, die für die Emanzipation der Frauen werben und kämpfen und der Verständigung unter den Anhängerinnen dienen.

Zeitschriften der Frauenbewegung setzen ein gemeinsames Bewußtwerden von Frauen im Hinblick auf die Frauenfrage, das Frauenproblem voraus. Darum entstanden auch mit dem Aufbruch der Frauen in der Revolution von 1848 die ersten Frauenbewegungszeitschriften. Neben Mathilde Franziska Annekes «Frauen-Zeitung», die in nur zwei Nummern erscheinen konnte und deren dritte Nummer bereits beschlagnahmt wurde, neben Louise Astons «Freischärler» mit insgesamt sieben Nummern[3] ragt besonders Louise Ottos «Frauen-Zeitung»[4] als erstes Sammlungsorgan von Fraueninteressen und Sprachrohr einer Frauenbewegung hervor. Trotz des Scheiterns der Revolution, trotz Verfolgung und Presseverbot gelang es ihr, die Zeitschrift ungewöhnlich lange, nämlich vier Jahre lang, erscheinen zu lassen – ein von uns erst spät wiederentdecktes Dokument mit dem politischen Anspruch, bei allen demokratischen Bestrebungen die eine Hälfte der Menschheit, die Frauen, nicht zu vergessen.

Erwähnenswert für die Geschichte der Frauenbewegung sind ohne Zweifel die «Neuen Bahnen», herausgegeben von Louise Otto-Peters und Auguste Schmidt. Sie dienten als Verbandsorgan des 1865 gegründeten „Allgemeinen deutschen Frauenvereins“ und begleiteten mehr als fünfzig Jahre lang seine Geschicke – auch dies eine weitgehend unerschlossene Quelle zur Frauenbewegungsgeschichte. Das Blatt blieb, nach hoffnungsvollem Anfang und Aufschwung, ein relativ ‚braves‘ Vereinsmitteilungsblatt, obwohl es ursprünglich seine Ziele weitergesteckt hatte, wie Louise Ottos Ausführungen in einem Artikel zum zehnjährigen Bestehen zu entnehmen ist:

> Uns ist die Frauenfrage eine Frage des Prinzips, eine Frage des Menschenrechtes, und von diesem Standpunkt aus hat sie unser Blatt vertreten und wird dies nach wie vor mit Gewissenhaftigkeit und mit [...] (einer) maßvollen Haltung tun [...].[5]

Die maßvolle Haltung blieb denn auch prägend, Pragmatismus statt Utopie war angesagt – weswegen Gertrud Bäumer 1901 im «Handbuch der Frauenbewegung» über die „Insektenarbeit der Vereine“ spötteln konnte.[6]

Von Januar bis Juni 1886 erschien die erste deutsche Arbeiterinnenzeitung, «Die Staatsbürgerin». Ihre Herausgeberin war die Gräfin Gertrud Guillaume-Schack. Sie hatte seit Beginn der achtziger Jahre großes Aufsehen erregt, weil sie es wagte, die Prostitutionsfrage zum Thema zu machen, was ihr im prüden Kaiserreich Verunglimpfung und gerichtliche Verfolgung einbrachte. Trotzdem hatten ihre Versammlungen großen Zulauf, auch von Arbeiterinnen, die ihr den Zusammenhang der Prostitutionsfrage mit der Ausbeutung von Arbeiterinnen nachdrücklich klarmachten. Auf die Initiative Schacks entstanden ab 1885 in zahlreichen deutschen Städten Arbeiterinnenvereine. Als „Organ für die Interessen der Arbeiterinnen“ gründete sie dann die «Staatsbürgerin».[7] Das Blatt berichtete über die Lage der Arbeiterinnen im In- und Ausland und fungierte als Mitteilungsorgan einer über ganz Deutschland verbreiteten Frauen-Krankenkasse. Unter Bezugnahme auf das Sozialistengesetz wurde «Die Staatsbürgerin» am 13. Juni 1886 verboten und Gertrud Guillaume-Schack des Landes verwiesen.

Gegenstand unseres Beitrags werden die Zeitschriften sein, die um die Jahrhundertwende die drei unterschiedlichen Richtungen der Frauenbewegung charakterisieren und sich zugleich durch ihr politisches Niveau, ihre lange Erscheinungsdauer und ihre bedeutenden Herausgeberinnen auszeichnen.

Die proletarische, die radikale und die bürgerlich-gemäßigte Frauenbewegung und ihre drei Zeitschriften

Seit dem Beginn der neunziger Jahre des 19. Jahrhunderts erlebte die Frauenbewegung einen neuen Aufschwung. Zahlreiche Vereine, besonders Frauenberufsorganisationen, wurden gegründet, verbreiteten und verzweigten sich: so z. B. 1888 der „Kaufmännische Hilfsverein für weibliche Angestellte“, von Minna Cauer ins Leben gerufen, und der 1890 auf Initiative von Auguste Schmidt, Helene Lange und Marie Loeper-Housselle gegründete „Allgemeine deutsche Lehrerinnenverein“. Im gleichen Jahrzehnt bildeten sich in der Frauenbewegung unterschiedliche Richtungen heraus, heute zumeist bezeichnet als proletarische oder sozialdemokratische, als gemäßigt-bürgerliche und als radikale Richtung. Drei Frauen, die Herausgeberinnen der drei sie repräsentierenden Presseorgane, sollen im folgenden als Protagonistinnen der unterschiedlichen Fraktionen vorgestellt werden: Clara Zetkin, Helene Lange und Minna Cauer.

Um die Jahrhundertwende differenzierte sich in Deutschland die Frauenbewegung nach politischen Zugehörigkeiten aus. Clara Zetkin, die führende Frau innerhalb der sozialdemokratischen Frauenorganisation, hatte auf der II. Internationale in Paris 1889 ein Grundsatzreferat gehalten, das die Einbeziehung von Frauen in die sozialistische Bewegung durchsetzte. Ihre Theorie zur Frauenemanzipation im Sozialismus war in dem Buch «Arbeiterinnen- und Frauenfrage der Gegenwart»[8] niedergelegt, das jedoch in der Folgezeit nicht unumstritten blieb. In der bürgerlichen Frauenbewegung, die in zahlreichen Einzelvereinen organisiert war und sich vorrangig dem Kampf um „Bildung und Erwerb“[9] widmete, wurde 1894 der Plan umgesetzt, diesen Vereinen nach amerikanischem Vorbild[10] eine Dachorganisation zu geben, den „Bund deutscher Frauenvereine“. Von einem so organisierten Zusammenwirken erhofften sich die bürgerlichen Frauen mehr Durchsetzungskraft, z. B. wenn es darum ging, gegenüber dem

Reichstag und den Abgeordneten der Parteien die Sache der Frauen zu vertreten, auf Gesetzesvorlagen einzuwirken und Frauenforderungen durch Petitionen Nachdruck zu verleihen. Laut Programm wollten sie „möglichst erfolgreich an der Erhaltung der höchsten Güter der Familie und der Nation arbeiten, Unwissenheit und Ungerechtigkeit entgegenwirken und eine sittliche Grundlage der Lebensführung für die Gesamtheit erstreben können".[11] Obwohl der Bund den Anspruch hatte, die deutsche Frauenbewegung zusammenzubringen, war an die Sozialdemokratinnen keine Einladung zur Teilnahme an der Gründungsversammlung ergangen. Eine Diskussion über den etwaigen Anschluß sozialdemokratischer Vereine wurde von der Mehrheit als überflüssig erachtet, da das Vereinsgesetz einen Zusammenschluß von Vereinen mit politischer Tendenz überhaupt verbot.

Damit wurde die Spaltung der bürgerlichen und proletarischen Frauenbewegung, die sich eigentlich schon seit der Neuorganisierung von Arbeiter- und Frauenbewegung um 1865 angebahnt hatte, besiegelt. Sozialdemokratische Frauen nahmen diese Vorgänge um die Gründung des „Bundes deutscher Frauenvereine" zum Anlaß, die „reinliche Scheidung" der beiden Bewegungen als wünschenswert und endgültig zu betrachten. Eine Artikelserie in der Zeitschrift «Die Gleichheit» machte dies 1894 zum Thema.

«Die Gleichheit», herausgegeben von Clara Zetkin

Nach dem Verbot der oben erwähnten «Staatsbürgerin» von Gertrud Guillaume-Schack im Jahre 1886 kam es erst 1891 zu einem erneuten Versuch, eine Arbeiterinnenzeitung zu gründen. Auf dem sozialdemokratischen Parteitag in Halle (1890) hatte Emma Ihrer die Notwendigkeit einer besonderen sozialdemokratischen Frauenzeitschrift dargelegt. Mit Zustimmung der Genossen gründete sie 1891, zum Teil mit eigenen Finanzmitteln, die Zeitschrift «Die Arbeiterin». Aber schon nach einem Jahr wurde sie unter dem Namen «Die Gleichheit – Zeitschrift für die Interessen der Arbeiterinnen» von Clara Zetkin übernommen. Sie zeichnete bis 1917 für die Redaktion der «Gleichheit» verantwortlich und prägte die Linie des 14tägig erscheinenden Blattes. Ihr journalistischer Stil war beredt, bilderreich, aber polemisch, er glitt teilweise in einen Parteijargon ab, der der Agitation und Schulung von Gesinnungsgenossinnen dienen sollte. Ihr Hauptanliegen war die Vermittlung der sozialistischen Frauenemanzipationstheorie und -praxis. Dies kommt in ihrem Programm deutlich zum Ausdruck:

> Die Gleichheit tritt für die volle gesellschaftliche Befreiung der Frau ein, wie sie einzig und allein in einer im Sinne des Sozialismus umgestalteten Gesellschaft möglich ist, wo mit der ökonomischen Abhängigkeit eines Menschen von einem anderen Menschen die Grundursache jeder sozialen Knechtung und Ächtung fällt. Sie geht von der Überzeugung aus, daß der letzte Grund der jahrtausendealten niedrigen gesellschaftlichen Stellung des weiblichen Geschlechts nicht in der jeweiligen ‚von Männern gemachten' Gesetzgebung, sondern in den durch wirtschaftliche Zustände bedingten Eigentumsverhältnissen zu sehen ist.[12]

Nr. 28. 9. Jahrgang.

Die Gleichheit.

Zeitschrift für die Interessen der Arbeiterinnen.

Die „Gleichheit" erscheint alle 14 Tage einmal. Preis der Nummer 10 Pfennig, durch die Post (eingetragen unter Nr. 3018) vierteljährlich ohne Bestellgeld 55 Pf.; unter Kreuzband 85 Pf. Jahres-Abonnement Mk. 2.60.

Stuttgart
Mittwoch, den 8. November 1899.

Zuschriften an die Redaktion der „Gleichheit" sind zu richten an Frau Klara Zetkin (Zundel), Stuttgart, Blumen-Straße 34, III. Die Expedition befindet sich in Stuttgart, Furthbach-Straße 12.

Zetkins Konzeption der Zeitschrift als Schulungsblatt führte nicht selten zu Schwierigkeiten mit dem Parteivorstand, der einer Popularisierung des Blattes das Wort redete und immerhin erreichte, daß ab 1905 die Beilagen «Für unsere Mütter und Hausfrauen» und «Für unsere Kinder» entstanden. Danach machte sich die intensive Werbung bemerkbar, mit der die Zeitschrift vertrieben wurde: Gewerkschaften machten Massenbestellungen und verteilten die Zeitschrift kostenlos an ihre weiblichen Mitglieder oder an die Frauen der männlichen Mitglieder. Immense Auflagensteigerungen waren die Folge: Einer Auflage von 9500 Heften im Jahr 1903 stehen zehn Jahre später 112000 gegenüber.[13]

«Die Gleichheit» enthält reiches und vielfältiges Quellenmaterial über die Situation und Entwicklung der Frauenarbeit und der Arbeiterinnenbewegung. Gleichzeitig berichtete sie sehr gut informiert und streitbar über die politischen Entwicklungen im Reich, kommentierte Reichstagsdebatten und Gesetzesvorlagen und profilierte die von den männlichen Vertretern der Sozialdemokratie vertretene Politik. Die einzelnen Hefte enthielten neben dem meist von Clara Zetkin selbst verfaßten Leitartikel Berichte und aktuelle Informationen. Rubriken wie „aus der Bewegung", „politische Umschau" und ein umfassender Teil mit Notizen zur Frauenfrage sowie ein Feuilletonteil mit Erzählungen und Gedichten machten den übrigen Inhalt aus. Zetkins scharfe Zunge bestimmte den Ton der Auseinandersetzungen, in denen es ihr immer um die Betonung der Gegensätze ging. So schreibt sie anläßlich der Gründung des „Bundes deutscher Frauenvereine":

Umsonst war also die Liebesmüh der Frauenrechtlerinnen, den neuen Verband jungfräulich rein zu halten von jeder Berührung mit „offenkundig sozialdemokratischen Vereinen". Die Damen können Gift darauf nehmen, daß auch ohne ihre Erklärungen es nicht einer einzigen zielbewußten proletarischen Frauenorganisation auch nur im Traume eingefallen wäre, Anschluß an den Verband zu suchen. Die deutsche Arbeiterinnenbewegung ist über die Zeit frauenrechtlerischer Harmonieduselei längst hinaus. Jede klare proletarische Frauenorganisation ist sich bewußt, daß sie sich durch einen solchen Anschluß eines Verraths an ihren Grundsätzen schuldig machen würde. Denn die bürgerlichen Frauenrechtlerinnen erstreben nur durch einen Kampf von Geschlecht zu Geschlecht, im Gegensatz zu den Männern ihrer eigenen Klasse, Reformen zu Gunsten des weiblichen Geschlechts innerhalb des Rahmens der bürgerlichen Gesellschaft, sie tasten den Bestand dieser Gesellschaft selbst nicht an. Die proletarischen Frauen dagegen erstreben durch einen Kampf von Klasse zu Klasse, in enger Ideen- und Waffengemeinschaft mit den Männern ihrer Klasse, – die ihre Gleichberechtigung voll und ganz anerkennen – zu Gunsten des gesammten Proletariats die Beseitigung der bürgerlichen Gesellschaft. Reformen sind ihnen nur Mittel zum Zweck, den bürgerlichen Frauen sind Reformen der ersteren Art Endziel. Die bürgerliche Frauenrechtelei ist nicht mehr als Reformbewegung, die proletarische Frauenbewegung ist revolutionär und muß revolutionär sein.[14]

In diesen Worten war schon alles angelegt, was die Unüberbrückbarkeit der beiden Bewegungen in den Folgejahren ausmachen sollte. Der „Kampf von Geschlecht zu Geschlecht"[15] und der „Kampf von Klasse zu Klasse"[16] wurden so diametral entgegengesetzt, daß jede davon abweichende Haltung als „frauenrechtlerische Harmonieduselei" zurückgewiesen werden mußte.[17] Kein Zweifel, es ging darum, zweifelnde Leserinnen von Kontakten zu bürgerlichen Frauenvereinen zurückzuhalten und sie von der Unmöglichkeit von Bündnissen zu überzeugen. Auch der nächste Artikel zielte in diese Richtung. Die (berechtigten) Rechtskämpfe der bürgerlichen Frauenbewegung durften keinen Keil zwischen Arbeiter und Arbeiterinnen treiben; es mußte verhindert werden, daß das „Schlagwort von der ‚Solidarität aller Frauen als gesetzlich gleich Rechtloser'" die Klassensolidarität zerstörte.[18]

Die Ausgrenzung der Arbeiterinnenorganisationen aus dem „Bund deutscher Frauenvereine" brachte dem Bund Vorbehalte und eine ‚schlechte Presse' ein, so daß er sich gezwungen sah, eine Erklärung hierzu abzugeben. Diese nahm allerdings nichts zurück, sondern zog sich zur Rechtfertigung der Entscheidung immer wieder auf die Vereinsgesetze zurück, die eine Aufnahme ‚politischer' Frauenvereine verboten.[19] Nur vier Frauen hatten gegen den Ausschluß protestiert; eine davon war Minna Cauer.

Minna Cauer war zur Zeit der Gründung des Bundes 53 Jahre alt. Sie hatte sich erst relativ spät der Frauenfrage zugewandt, und zwar im Jahre 1888, als sie sich in der Frauengruppe der „Akademischen Vereinigung" engagierte, aus der der Verein „Frauenwohl" hervorging. Er entwickelte sich unter ihrem Vorsitz zum Kristallisationspunkt des radikalen Flügels der Frauenbewegung.[20]

«Die Frauenbewegung», herausgegeben von Minna Cauer

Am 1. Mai 1893 gründete Minna Cauer die Zeitschrift «Frauenwohl», die zunächst nicht mehr als ein Mitteilungsblatt für Vereinsmitglieder war. Doch das

Die Frauenbewegung

Erscheint am 1. u. 15. jed. Mts.
Preis vierteljährlich 1 Mark
bei allen Buchhandlungen
und Postanstalten.
Direkt per + Band 1.75
fürs Ausland 1.50 Mark.

Herausgeberin Minna Cauer.

Inserate:
Die viergespaltene Petitzeile
40 Pf., Stellengesuche 75 Pf.
Expedition
Berlin C. 19, Grünstraße 4.

Mit der Monatsbeilage: Zeitschrift für Frauenstimmrecht

Herausgeberin Dr. jur. Anita Augspurg.

Publikationsorgan der fortschrittlichen Frauenbewegung.

Verlag: W. & S. Loewenthal, Verlagsbuchhandlung, Berlin C. 19, Grünstraße 4.

XIV. Jahrgang.	Berlin, den 1. August 1908.	Nr. 15.

Inhalt: Das Recht der Eltern auf ihre Kinder nach Scheidung der Ehe. Von Magistratsassessor Rhode in Schöneberg. – Die ärztliche Ueberwachung der Prostituierten. Von Prof. Dr. Bettmann in Heidelberg. Bespr. von Carola von Bergen. – Ein Ministerialdirektor über die Frauenfrage. Von M. C. – Der Tanz. Von Marg. N. Zepler in Berlin. – Zur Klarstellung. Von Margarete Bochhammer. – Aus der Frauenbewegung: Frauenbildung und Frauenberufe. Soziales. Die Frau im öffentlichen Leben. Agitation. – Büchersprechungen. – Mitteilungen. – Zeitschrift für Frauenstimmrecht.

Vereinsblatt mit seinem relativ eingeschränkten Leser/innenkreis genügte den politischen Zielen seiner Herausgeberin nicht. Deshalb entschied sie sich, mit einer breiter angelegten, politischen Zeitschrift Stellung zu nehmen und Politik zu treiben. Die Zeitschrift «Die Frauenbewegung», die vom 1. Januar 1895 bis zum 15. Dezember 1919 unter ihrer Herausgeberschaft erschien, ist als ihr Lebenswerk zu betrachten.[21] «Die Frauenbewegung» erschien zweimal monatlich; sie nahm Stellung zu allen wichtigen Aspekten der Frauenfrage, zu Recht, Erwerbsarbeit, Mädchenbildung und Frauenstudium, engagierte sich im Kampf gegen die Vereinsgesetze, gegen die frauenfeindlichen Bestimmungen des neuen Bürgerlichen Gesetzbuches und für das Frauenstimmrecht. Ebenso bildeten die Sittlichkeitsfrage und die Arbeiterinnenfrage die großen, die wichtigen Themen. Denn nie scheute die Zeitschrift davor zurück, kontroverse Themen aufzunehmen; ihre radikale Haltung ließ falsche Vorsicht und Rücksichtnahme nicht zu.

Bedeutende Mitarbeiterinnen standen Minna Cauer in den neunziger Jahren zur Seite: Anita Augspurg für Rechtsfragen, Hedwig Dohm für die Auseinandersetzung mit misogynen Tendenzen in der Gesellschaft, Helene Stöcker für Literaturbesprechungen und philosophische Themen. Die «Frauenbewegung» sollte Diskussionsforum sein:

Wir haben Mode- und Hausfrauen-Zeitungen; wir haben kleine Vereinsorgane aller Art; wir haben Zeitschriften, welche entweder die Bestrebungen der bürgerlichen oder die der proletarischen Frau ausschließlich vertreten. Die Frauenbewegung wird aber niemals ihr Ziel – die Gleichberechtigung der Geschlechter – erreichen, wenn die Frauen sich nicht –

bei allem Festhalten an ihren Sonderinteressen – untereinander verbunden fühlen. Wir gründen daher eine Zeitschrift, welche eine Vereinigung aller Einzelbestrebungen für das Wohl des weiblichen Geschlechtes bilden soll. [...] Während wir uns der möglichsten Unparteilichkeit befleißigen wollen, öffnen wir allen in der Frauenbewegung zur Geltung kommenden Richtungen unsere Spalten, denn wir meinen, daß die Kenntnis dieser verschiedenen Richtungen allein zu ihrer gerechten Würdigung führt, und daß eine gegenseitige Aussprache die Einigkeit zu fördern am besten geeignet ist [...].[22]

Minna Cauer verfaßte die meisten Leitartikel der «Frauenbewegung» selbst. Diese Leitartikel legen Zeugnis von ihrem großen journalistischen Können ab. Sie nehmen einen aktuellen Anlaß und informieren umfassend, um dann zu einer politischen Analyse erweitert zu werden. Darum lesen sie sich auch heute noch spannend und wirken modern. In diesen Artikeln wurde Minna Cauer zu einer bedeutenden Kritikerin und Chronistin ihrer Zeit. Sie analysierte die Frauenbewegung und brachte ihre politischen Anliegen auf den Punkt. Dabei vergaß sie nie, den Blick auf das ‚Ganze' zu werfen, bezog die allgemeinen gesellschaftlichen Verhältnisse in ihre Kritik ein und reagierte auf die Parteien- und Tagespolitik.

«Die Frauenbewegung» entwickelte sich zum publizistischen Sprachrohr der sogenannten ‚Radikalen', wie sie sich damals selbst bezeichneten. Besonders in den neunziger Jahren, als sich der radikale Flügel zur Opposition innerhalb der bürgerlichen Frauenbewegung entwickelte, hatte die Zeitschrift eine wichtige Funktion. In ihr schlug sich nieder, was die Radikalen von den sogenannten ‚Gemäßigten' in der bürgerlichen Frauenbewegung trennte, hier ist ihr theoretisches Rüstzeug zu finden, sind ihre Forderungen dokumentiert. Organisatorischen Zusammenhalt fanden die Radikalen durch die Gründung des „Verbandes fortschrittlicher Frauenvereine" im Jahr 1899. Die Zeitschrift «Die Frauenbewegung» gibt ein gutes Bild über die Gründungsgeschichte dieses Dachverbandes und über seine Programmatik.[23] Mit der Formulierung „Der Verband lehnt jede Trennung der bürgerlichen Frau von der Arbeiterin entschieden ab"[24] setzte sich das Programm bewußt von der zögernden Haltung der Gemäßigten gegenüber den Arbeiterinnen ab.

Die Frage „Warum ein Bund im Bunde?",[25] die Frage also nach der Rolle der Radikalen im „Bund deutscher Frauenvereine", beantwortete ein Artikel von Maria Lischnewska,[26] der die weitergehenden Ziele und Forderungen der Radikalen herausstellte und andere Mittel der Durchsetzung postulierte. Die Radikalen, so Lischnewska, vertreten neue Ideen und Forderungen, die sie „sehr scharf von der älteren Richtung"[27] unterscheiden. Als neue Ideen nannte sie:

[...] die Sittlichkeitsfrage, das Frauenstimmrecht, den socialen Gedanken der Einheit aller kämpfenden und erwerbenden Frauen, der endlich, und sei es nur in der Theorie, die Schranken zwischen der bürgerlichen und proletarischen Frau nieder(wirft).[28]

Die einzelnen Mitgliedsvereine des „Verbandes fortschrittlicher Frauenvereine" arbeiteten weiterhin im „Bund deutscher Frauenvereine" mit, insofern wäre es falsch, von einer Abspaltung der Radikalen zu sprechen. Daß das Gros der im

Bund organisierten Frauen und Frauenvereine von dieser Opposition in den eigenen Reihen nicht begeistert war, ist der Zeitschrift «Die Frau», herausgegeben von Helene Lange, dem Sammelorgan der Gemäßigten, wiederholt zu entnehmen.

«Die Frau», herausgegeben von Helene Lange

Diese Zeitschrift existierte seit Oktober 1893. Helene Lange, ihre Herausgeberin, war zu diesem Zeitpunkt schon eine Reihe von Jahren für die Frauenbewegung tätig. Sie war 1890 Mitbegründerin des „Allgemeinen deutschen Lehrerinnenvereins", hatte einige Jahre den Vorsitz im „Allgemeinen deutschen Frauenverein" inne und gehörte zu den Initiatorinnen des 1894 gegründeten „Bundes deutscher Frauenvereine". Die Zeitschrift «Die Frau» repräsentierte die Anschauungen des gemäßigten Flügels der bürgerlichen Frauenbewegung. Helene Langes Spitzen gegen politisch Andersdenkende waren zwar ‚verpackt', aber trotzdem scharfzüngig. Im Gegensatz zur «Frauenbewegung» war «Die Frau» kein Diskussionsforum. Leser/innenbriefe, Polemiken und Glossen blieben die Ausnahme. «Die Frau» war nicht als Forum für unterschiedliche Richtungen gedacht, sondern sie formulierte die theoretischen und ideologischen Positionen der Gemäßigten. Leitmotiv ihrer keineswegs neutralen Politik war die sogenannte ‚Kulturaufgabe der Frau'. Zwar sollten Frauen an der Öffentlichkeit teilhaben, ohne damit jedoch die Gegensätzlichkeit der Geschlechterrollen aufzuheben oder anzutasten. Helene Lange hielt an der Mutterschaft als der eigentlichen Bestimmung der Frauen fest und entwickelte für die Frau im Berufsleben ein Konzept ‚geistiger Mütterlichkeit'. Die Frau blieb für sie andersgeartet als der Mann; das brachte sie schon in der ersten Nummer zum Ausdruck:

> Nicht eine unselbständige Nachahmung des Mannes gilt es, sondern die Ausgestaltung der Eigenart der Frau durch freie Entwicklung aller Fähigkeiten, um sie in vollem Maße nutzbar zu machen für den Dienst der Menschheit. Nur in diesem Zeichen werden wir siegen.[29]

Mädchenbildung, Frauenstudium und Frauenerwerbstätigkeit wurden zu den meistbehandelten Themen der Zeitschrift. Tagespolitische Fragen hingegen blieben weitgehend ausgespart; kontroverse Themen wie das Frauenstimmrecht nur mit Zurückhaltung und Verspätung angegangen. Helene Langes Artikel in «Die Frau» dienten – mit den Worten einer Zeitgenossin ausgedrückt – vorrangig der „Besinnung auf die letzte Ursache der Bewegung und auf deren Folgen".[30] Sie formulierten das ideologische und theoretische Rüstzeug der Gemäßigten, sie dienten der „Stärkung der Überzeugten".[31] Helene Lange prägte und formte die Linie des Blattes, ihre wichtigsten theoretischen Anschauungen wurden hier erstmals einer größeren Öffentlichkeit bekanntgemacht. Die Aufsätze der «Frau» sind nicht selten sehr lang(atmig), sie lesen sich anspruchsvoll und setzen bei den Rezipienten Geduld und ein hohes Bildungsniveau voraus.

Die Frau

Herausgeberin: Helene Lange.

Verlag: W. Moeser, Berlin.

21. Jahrg. Heft 1

Oktober 1913

Die Gründung des „Verbandes fortschrittlicher Frauenvereine" veranlaßte Helene Lange im Novemberheft der «Frau» zu einer Replik,[32] die den Radikalen „Undank und Selbstüberhebung"[33] vorwarf – und die andere Form der Politik der Radikalen als „jugendliches Ungestüm" abwertete.[34] Außerdem seien die Forderungen der Radikalen nicht neu, sondern allesamt seit geraumer Zeit ausgesprochen und verfochten worden. Die Mitarbeit der Radikalen im „Bund deutscher Frauenvereine", so die abschließende Ermahnung der Autorin, sei willkommen, aber:

> Diese Arbeit wird freilich eine bescheidenere Anschauung von der eigenen Bedeutung zur Voraussetzung haben und eine gründlichere Korrektur in bezug auf die Auffassung der Leistungen der Vorgängerinnen und Mitlebenden.[35]

Die Gegnerschaft zum „Verband fortschrittlicher Frauenvereine" wurde augenscheinlich mit Vehemenz betrieben. Anita Augspurg entgegnete im Novemberheft der «Frauenbewegung» mit dem Hinweis auf die Satzung des „Verbandes fortschrittlicher Frauenvereine", in der es ausdrücklich hieß: „Der Verband steht dem ‚Bund deutscher Frauenvereine' sympathisch gegenüber und wird an der inneren und äußeren Ausgestaltung des nationalen Verbandes einen kräftigen Anteil nehmen."[36] Und sie ermahnte die Gegnerinnen: „Der Bund möge abrüsten, denn wir sind nicht seine Feinde."[37] Doch dieser Vermittlungsversuch wurde in den Folgejahren wenig beachtet. Die Gegensätze zwischen Radikalen und Gemäßigten blieben in vielen Punkten bestehen und schienen insbesondere bei so zentralen Themen wie z. B. dem Frauenstimmrecht und der Sexualreform unüberwindbar.

Die Zeitschriften als Foren politischer Auseinandersetzungen

Im Jahr 1908, als endlich ein für das ganze Deutsche Reich einheitliches Vereinsgesetz die politische Entmündigung der Frauen aufhob, mußte oder konnte die Frauenbewegung in ihren verschiedenen Richtungen endlich auch politisch Farbe bekennen. Frauen durften nun zum ersten Mal seit mehr als einem halben Jahrhundert – nämlich seit den reaktionären Vereinsgesetzen der Deutschen Bundesstaaten von 1850 – wieder an politischen Versammlungen teilnehmen, Vereinen und Parteien beitreten – und das hieß: teilhaben an Verkehrsformen und einem politischen System, das von Männern geschaffen, geprägt und dominiert wurde. Bei aller Genugtuung über die so hartnäckig errungene neue Stufe der Gleichberechtigung mußte dabei aus feministischer Perspektive die Frage auftauchen, ob die in der Frauenbewegung organisierten Frauen das überhaupt wollten, und wenn ja, welche Parteien als Bündnispartner und Vertreter ihrer politischen Interessen in Betracht kamen. In den Frauenzeitschriften entbrannte hierüber eine lebhafte Diskussion.

Wie ‚bürgerlich' war die alte Frauenbewegung?

Wie ‚bürgerlich' war eigentlich die alte Frauenbewegung, oder anders ausgedrückt, was für ein Verhältnis hatte sie zum Liberalismus bzw. den liberalen Parteien? Wenn wir heute den Begriff ‚bürgerlich' benutzen, so in der Regel in einem abwertenden, diskreditierenden Sinn. Dieses Vorverständnis verdankt sich der neomarxistischen Diskussion der Jahre nach 1968. Aber auch schon in der alten Frauenbewegung hatte ja Clara Zetkin die ‚bürgerliche Frauenrechtlerei' in diesem Sinn in Verruf gebracht. Allerdings bleibt die Zuordnung der Frauen zum Bürgertum problematisch, solange sie allein durch den sozialen Status der Väter oder Ehemänner erfolgt. Im Programm der bürgerlichen Gesellschaft, dem einst progressiven Gesellschaftsentwurf der Aufklärung, des revolutionären Naturrechts, meinte ‚Bürgersein' jedoch Emanzipation, Freiheit und Gleichheit anstelle ererbter, feudaler Privilegien, sollte Vertrag und Recht, die Vertretung des Volkes an die Stelle ‚gottgewollter' Unterordnung, Willkür und absolutistischer Gewalt treten, träumte man von einer Zukunft, die von Prinzipien der Vernunft, der Humanität und des Fortschritts geleitet sei. Zumindest prinzipiell war damit auch die „bürgerliche Verbesserung der Weiber"[38] denkbar und möglich geworden, auch wenn sie von Anbeginn an mit Eifer bekämpft wurde. Die Frauenbewegungen des 19. Jahrhunderts – wie übrigens auch die Arbeiterbewegungen – beriefen sich alle auf diese Utopie, auf das Versprechen der Menschenrechte auch für Frauen[39] und klagten sie ein.

Das die bürgerliche Weltanschauung zusammenfassende Konzept war der Liberalismus, als politische Philosophie, als Bewegung und als Partei, ein Konzept, das insbesondere im Deutschland des 19. Jahrhunderts als „Liberalismus in einer illiberalen Gesellschaft"[40] keineswegs eine Erfolgsgeschichte zu vermelden hat. Seit dem Scheitern der bürgerlichen Revolution von 1848 zumindest hatten die liberalen Parteien einen ambivalenten, zu unentschiedenen Kurs geführt, immer wieder zerrieben zwischen links und rechts, zwischen Freiheit und Ordnung, zwischen Volk und Staat,[41] korrumpiert von wirtschaftlichen Interessen und der Teilhabe an staatlicher Macht, die sich seit der Gründung des Kaiserreiches 1871 endgültig nationalen und imperialen Zielen verschrieb. So hatten sich zum Beispiel 1907, kurz vor der Verabschiedung des Reichsvereinsgesetzes, die drei liberalen Parteien im Bülowblock (unter dem Reichskanzler von Bülow) mit den Konservativen in einem Wahlbündnis zusammengeschlossen, um der Regierung Rückendeckung für ihre Kolonialpolitik in Südwestafrika zu geben. Nach der Aufkündigung dieses Bündnisses mit den Rechten schlossen sich die linksliberalen Parteien 1910 zur Fortschrittlichen Volkspartei zusammen mit dem Ziel der Bündelung und Erneuerung der liberalen Kräfte. Doch in ihrem Einigungsprogramm fehlte bezeichnenderweise die Anerkennung der politischen Gleichberechtigung der Frauen, obgleich die Führerinnen der Frauenbewegung von Gertrud Bäumer bis Martha Zietz sich seit 1908 engagiert um die „Erweiterung des Frauenparagraphen" bemüht hatten.[42] Dies ist der konkrete, tagespolitische Hintergrund, vor dem die Frage, welche Parteien Bündnispartner der Frauenbewegung seien, aktuell diskutiert wurde.

Ungewöhnlich bissig und sarkastisch war der erste Kommentar Helene Langes zum liberalen Einigungsprogramm in der Zeitschrift «Die Frau» vom Februar 1910. Da hieß es:

> Nun stehen wir vor der Gründung einer großen neuen liberalen Partei, ein Ereignis, von dem eine Wiedergeburt des Liberalismus erwartet werden muß [...]. Was stellt das Programm, mit dem der Liberalismus in diese neue Phase eintritt, den Frauen in Aussicht? Nichts – oder doch so gut wie nichts. Ein paar magere Sätze am Schluß einer langen Reihe gewichtiger und vollklingender Forderungen. Hinterher kommt nur noch der Weltfriede. Aber der Frauenparagraph bedurfte der abschwächenden Nähe des utopischen Ausblicks auf ferne, ganz ferne Zukunft gar nicht mehr. Er ist schon an sich blaß, unbestimmt und redensartlich genug.
>
> Man hat die ewige Lauheit satt, mit der der Freisinn [...] nur auf energisches Drängen der Frauen sich für sie einsetzt, um sie bei erster Gelegenheit wieder im Stich zu lassen.[43]

Schärfer noch und konsequenter war die Reaktion Minna Cauers in «Die Frauenbewegung». In ihren Leitartikeln nahm sie nicht nur Frauenfragen, sondern auch die allgemeine Politik zum Anlaß, die National- wie die Linksliberalen der Lauheit, der Unentschiedenheit und des Verrats an den liberalen Grundsätzen „Recht, Freiheit und Demokratie" zu bezichtigen. Sie stellte die Gegenfrage: „Kann es die Frauen locken, einen ewig wankenden, von des Gedanken Blässe angekränkelten Liberalismus zu stärken?" Ihre Antwort:

> Der entschiedene Liberalismus, der Liberalismus, der die demokratischen Ideen eines politisch reif gewordenen Volkes zu vertreten hat, ist tot, diesem Programm zufolge [...]. Ach, meine Herren, [...] alles, was Sie zur ‚Lösung der Frauenfrage' (?) beisteuern wollen, ist längst, längst von uns in Angriff genommen, ist teilweise schon erfüllt. Bitte, meine

Herren, wie steht es um das kommunale Wahlrecht der Frauen, wie um das politische Wahlrecht? [...] Zum Volke gehören auch die Frauen! Das wird dem Liberalismus, wie es scheint, unendlich schwer zu begreifen.[44]

Minna Cauer scheute die Auseinandersetzung nicht, auch nicht die Parteinahme in parteipolitischen Auseinandersetzungen, ihre Kommentare wurden auch von den Männern gelesen, beantwortet in offenen Briefen und vice versa. In einer späteren Stellungnahme resümierte sie die Haltung der radikalen Frauen: „Wir halten die Stellung des Liberalismus zu einer Bewegung, wie die der Frauen, die die ganze Welt beschäftigt, für eine ‚Jämmerlichkeit'."[45] Denn ihrer Meinung nach waren „Arbeiter und Frauen" die zwei „neuen Faktoren im modernen Kulturleben, die über den Fortschritt entscheiden werden", deshalb lautete ihr vernichtendes Urteil: „Der alte Liberalismus hat bis jetzt in puncto Frauenbewegung versagt, ebenso wie er in puncto Arbeiterbewegung versagt hat."[46]

Obwohl Minna Cauer es mehrmals in Erwägung zog, wechselte sie nicht über zur Sozialdemokratie, sondern verteidigte in ihrer Frauenzeitschrift die kleine Gruppe entschiedener Linksliberaler um Theodor Barth, Hellmut von Gerlach und Rudolf Breitscheidt. Die von ihnen gegründete Demokratische Vereinigung, die bei den Reichstagswahlen nicht reüssierte, blieb für die radikale Vertreterin der Frauenbewegung eine wichtige Bezugsgruppe, die ebenso wie sie im Ersten Weltkrieg zu entschiedenen Pazifisten wurde.[47]

Wie politisch oder wie ‚neutral' waren die verschiedenen Richtungen der Frauenbewegung?

Der Grundsatz der politischen Neutralität ist in der bürgerlichen Frauenbewegung immer wieder beschworen worden, um die Einheit der Frauenbestrebungen zu retten, aber auch um sich im Gegenzug zur eindeutigen parteipolitischen Festlegung der proletarischen Frauenbewegung an der Seite der Sozialdemokratischen Partei von dieser abzugrenzen. So hatte auch Minna Cauer noch 1906 betont, daß der „Deutsche Verband für Frauenstimmrecht" keiner Partei angeschlossen sei, vielmehr den Grundsatz der „völligen Freiheit der Entschließung und der Unabhängigkeit der Meinungen und Grundsätze" vertrete. Doch mit der Verabschiedung des Reichsvereinsgesetzes war für sie von vornherein klar, daß „nunmehr die neueste Phase der bürgerlichen Frauenbewegung" angebrochen und eine „Scheidung der Geister" unumgänglich, ja, geboten wäre.[48]

Für Helene Lange war die Frage, ob die Frauen nach dem Inkrafttreten des Reichsvereinsgesetzes den politischen Parteien beitreten sollten, anscheinend sehr viel unproblematischer. Für sie stand fest:

Die Frauenbewegung muß politisch neutral sein; Vereine und Verbände, die sich zur spezifischen Förderung von Fraueninteressen zusammengeschlossen haben, dürfen sich als solche nicht politisch festlegen, damit sie nach wie vor Frauen aller Richtungen zusammenfassen können.[49]

Doch bei der Anwendung dieses Grundsatzes verhedderte sich die Autorin in eine ihr eigentümliche Dialektik, in die Unterscheidung zwischen „Logik“ und „politischer Taktik“ oder zwischen „prinzipiellen“ und „praktischen Gesichtspunkten“, um zu begründen, daß man den in der Frauenbewegung organisierten Frauen, zumal den „Führerinnen“, als „einzelnen“ den Anschluß und die Arbeit in den politischen Parteien nicht verwehren könne:

Solange man anerkennt, daß es im politischen Leben noch andere erstrebenswerte Ziele und wichtige Aufgaben gibt als die der Frauenbewegung, und wenn man nicht etwa die naive Überzeugung hat, von dem Punkte der Frauenrechte aus alles Weh und Ach der Welt kurieren zu können, kann man seine Zugehörigkeit zu einer Partei nicht von ihrer Stellung zu den Frauenforderungen abhängig machen. (Sic!) [...] Man ist eben nicht nur Frauenrechtlerin, sondern auch Bürgerin; warum soll man die Bürgerin nach wie vor zur Tatenlosigkeit verdammen?[50]

Dieser politischen Treulosigkeit gegenüber den grundsätzlichen Zielen der Frauenbewegung oder – sagen wir es schonender – diesem politischen Opportunismus wurde von Minna Cauer in der nächsten Nummer ihrer Zeitschrift unter der Überschrift „Staatsbürgerin und Frauenrechtlerin“ unverzüglich widersprochen. Da der Leitartikel ihr politisches Credo enthält, sei er hier zitiert:

Möglich, daß die politisch denkende und handelnde Frau sich dann und wann zu der NUR-Frauenrechtlerin im Gegensatz befinden wird. Im Hinblick auf den Fortschritt des ganzen Volkslebens könnte es sich ereignen, daß die Politikerin ihren Frauenrechtlerinnen-Standpunkt momentan zu unterdrücken für ihre Pflicht hält. Ich denke z. B. daran, daß es Frauen gibt, die das Dreiklassenwahlrecht in Preußen eventuell sogar unterstützen möchten, falls den Frauen dadurch das Stimmrecht verliehen würde. Doch das bedeutet nur Stärkung der reaktionären Mächte, ist also Hemmung des Fortschritts. Meiner Überzeugung nach ist eine solche Unterstützung eines reaktionären Prinzips ein Verrat an dem Grundrecht des Volkes, worauf das Deutsche Reich beruht. Es ist aber auch Verrat an der Frauenbewegung selbst, denn niemals darf dieselbe irgend einer reaktionären Maßnahme oder einem reaktionären Gesetze Vorschub leisten. Die echte Bürgerin des Staates und die echte Frauenrechtlerin kommen bei solchen Fragen nicht miteinander in Konflikt, wohl aber die mit Scheuklappen versehene NUR-Frauenrechtlerin, die nicht gewohnt ist, den Blick auf das Ganze zu richten [...].[51]

Heute würden wir statt der Bezeichnung Frauenrechtlerin den Begriff Feministin wählen. Aber was bedeutet es, wenn in dieser Debatte die NUR-Feministin der Bürgerin gegenübergestellt wird? In der politischen Praxis der Gemäßigten jedenfalls war es mit der programmatischen Neutralität nicht weit her. Vorher und nachher haben Lange und Bäumer und ihre Parteigängerinnen nicht nur als „einzelne“,[52] sondern auch im Namen der Frauenbewegung die politische Einmischung und die Parteinahme in heiklen Fragen nicht gescheut, so explizit im Zusammenhang mit dem äußerst umstrittenen Ausbau der deutschen Kriegsflotte um 1900, den Helene Lange in einem Aufruf „An die deutschen Frauen“ zugunsten der Flottenbewegung begrüßte und mit chauvinistischen Tönen „als Beweis der wachsenden Einsicht der Frauen in die realen Vorbedingungen auch ihrer eigenen Bewegungen“ begleitete.[53] Dagegen liest sich der Kommentar Clara Zetkins aus dem gleichen Jahr unerhört aktuell, wenn wir nur an die Stelle des „Schiffs- und Kanonenbaus" Atomraketen und anstelle der „Arbeiterklasse" Arbeitsplätze setzen:

> Und nur sozialpolitische Kinder lassen sich durch das Märchen narren von den ‚Segnungen', mit denen die Flottenvermehrung in Folge der gesteigerten Thätigkeit im Schiffs- und Kanonenbau die deutsche Arbeiterklasse begnaden würde. Die Arbeiter wissen, daß [...] sie die Zeche der verheißenen ‚Segnungen' zu zahlen haben, und daß nur eine Hand voll Großindustrieller reichen Gewinn einsäckelt.[54]

Jedoch war gerade Zetkin, der es doch immer um die Unterordnung der Frauenfrage unter die Politik ihrer Partei, der SPD, gegangen war, bei Ausbruch des Krieges nicht mehr bereit, ihrer Partei und damit der Politik des Burgfriedens zu folgen. Selbst in der von der Partei mitfinanzierten «Gleichheit» hat sie ihren kriegsgegnerischen und nach wie vor an der internationalen Arbeitersolidarität orientierten Standpunkt nicht verhehlt. Viele weiße Flecken in den Jahrgängen nach 1914 bezeugen die Eingriffe des Zensors, der Überwachung und Verfolgung. Schließlich wurde sie im Jahr 1917 vom Parteivorstand fristlos entlassen und mußte die Redaktion der Zeitschrift abgeben.[55]

Auch die Radikalen haben bei Kriegsausbruch 1914 mutig und als verfemte Minderheit gegen den Krieg Stellung bezogen und 1915 am Internationalen Frauenkongreß in Den Haag teilgenommen. Für sie bedeutete der Kampf um Frauenrechte selbstverständlich zugleich Kampf „gegen das Recht der Gewalt" und seine brutalste Form, den Krieg.[56] Hingegen haben Lange und Bäumer und die große Mehrheit im „Bund deutscher Frauenvereine" durch die Organisierung des „Nationalen Frauendienstes" entscheidend mit Hand angelegt zur Stärkung der Heimatfront und den Krieg als „die große Zeit der Frauen" gepriesen.[57]

Diese Parteinahmen führten zumindest zu einer Klärung der Fronten und geben Antwort auf unsere Frage, wie politisch und wie wenig neutral die verschiedenen Richtungen der Frauenbewegung waren. Aber wir wissen damit noch nicht, welche Politik damit auch als feministisch zu charakterisieren wäre. Versuchen wir, diese Frage abschließend wenigstens zu diskutieren.

Wie feministisch war die alte Frauenbewegung?

Möglicherweise ist die so formulierte Frage nicht zu beantworten, weil die Bezeichnung Feminismus insbesondere im deutschen Sprachgebrauch[58] erst mit der neuen Frauenbewegung üblich geworden ist. Zwar kommt der Begriff auch schon um 1900 vor. Doch er wird hier vornehmlich verächtlich, im pejorativen Sinn verwendet. Die Frauen greifen ihn dann gelegentlich auf, zur Abwehr der Anschuldigungen, oder sie drehen den Spieß provokatorisch um, so etwa Johanna Elberskirchen in ihrer polemischen Replik auf die Gutachten „der Herren Universitätsprofessoren über die Eignung der Frauen zur Wissenschaft",[59] die sie 1903 unter dem Titel «Feminismus und Wissenschaft» veröffentlichte.[60] Eindeutiger scheint da schon sehr früh die Kennzeichnung der „Antifeministen" zu sein.[61]

Nun ist der Feminismus auch heute „keine ausgeformte Weltanschauung, aus der sich ein widerspruchsfreies Programm ableiten ließe“,[62] im Gegenteil, gerade wegen der Verbreiterung und Differenzierung der Frauenbewegung und ihrer Theorien gibt es sehr viele unterschiedliche ‚Feminismen‘. Konnte Simone de Beauvoir unter Feminismus noch sehr unbefangen verstehen, „daß man für die speziellen Forderungen der Frau kämpft“,[63] so beharrt Ursula Krechel als Interpretin der ‚Neuen Frauenbewegung‘ darauf: „Man kann Feminismus nicht als Theorie, als Denkgebäude fassen, wohl aber als Grundstruktur des Bewußtseins.“[64] Doch diese schematische und klischeehafte Gegenüberstellung, die auch bei Herrad Schenk zitiert wird,[65] zeigt das Dilemma einer verkürzten und vergröberten Rezeption der Geschichte und Theorien der alten Frauenbewegung an. Erst eine gründlichere Auswertung der originären Quellen, insbesondere der Zeitschriften, würde hier eine Differenzierung ermöglichen.

Ist Feminismus wirklich nur „die Gesamtheit aller Bestrebungen für eine Verstärkung des weiblichen Einflusses in Staat, Gesellschaft und Kultur, ausgehend von dem Grundsatz der natürlichen Gleichheit der Geschlechter“ – so die Definition im «Lexikon der Frau»,[66] oder beansprucht er, neben der persönlichen Emanzipation jeder einzelnen, auch die Beziehungen zwischen Männern und Frauen umzugestalten, Gewalt, Unterordnung und Ausbeutung aller Menschen, die falschen Präferenzen und Normierungen, kurz gesagt, die Welt zu verändern? Nur im ‚Blick auf das Ganze‘ ist das eigentlich Feministische zu bestimmen.

Einfach scheint die Abgrenzung im Fall der proletarischen Frauenbewegung zu sein. Es gibt Etliche, die den organisierten proletarischen Frauen wegen der Unterordnung der Frauenfrage unter die Parteiangelegenheiten – als nur Nebenwiderspruch – jegliche Berechtigung, Frauenbewegung zu sein, absprechen. Der Vorwurf des „Antifeminismus“ der proletarischen Frauenbewegung ist vielfach Gegenstand wissenschaftlicher Bearbeitung gewesen,[67] und doch verkennt er möglicherweise, wieviel Frauenbewußtsein und Frauenpolitik durch die besondere Organisierung von Fraueninteressen innerhalb der SPD und der Gewerkschaften angeregt und möglich wurde, von der «Gleichheit» über die Frauenkonferenzen bis zum Internationalen Frauentag. Aus dem Blickwinkel einer feministischen Gesellschaftsanalyse war es durchaus nicht revisionistisch, sondern zutreffend, was die Sozialdemokratin Johanna Löwenherz zur Vereinigung der disparaten Richtungen der Bewegung schrieb:

> Jede Frau gehört zweien Klassen an, der gänzlich entrechteten, alleruntersten: der Klasse der Frau und der andern mehr oder minder bevorrechtigten oder auch benachteiligten, welcher sie durch die Medien Gatte oder Vater angehört.[68]

In der Auseinandersetzung zwischen den Gemäßigten und den Radikalen der bürgerlichen Frauenbewegung über Inhalte und Ziele ihrer Politik aber scheinen zwei unterschiedliche Emanzipationskonzepte durch, die auch heute in den Debatten der Neuen Frauenbewegung wieder eine Rolle spielen. Es ist die Frage, ob die Politik der Gleichheit, Gleichberechtigung, die bestehenden Verhältnisse zu transzendieren vermag, oder ob eher die Betonung des Andersseins, der Dualität der Geschlechter, also eine Politik des Unterschiedes, der richtige Weg zur Befreiung der Frauen als Avantgarde einer humaneren Gesellschaft ist. Die Gemäßigten haben die weiblichen Eigenarten kultiviert, dazu nicht nur politische und soziale, sondern auch „intellektuelle Grenzlinien“[69] zwischen Männern und Frauen gezogen und insofern das Konzept Weiblichkeit, Mütterlichkeit auf die Spitze getrieben. Daß solche Orientierung, die Cauer als „Politik der Scheuklappen“ kennzeichnete, politisch bedenkliche Folgen haben kann, zeigt das Ende ihrer Zeitschrift. Nach 1933 gleichgeschaltet, durfte «Die Frau» bis zum 30. September 1944 unter Bäumers Hauptschriftleitung weitererscheinen – ein unrühmliches Jahrzehnt in der mehr als 50jährigen Geschichte dieser Zeitschrift und ein Beispiel für das ‚Sich-Einrichten' in den bestehenden Verhältnissen. Die sogenannte ‚Mäßigung' ihrer Politik, die die anstehende politische Entscheidung ignorierte und meinte, sich auf Frauenfragen beschränken zu können, wird in einem Aufsatz von Bäumer über die «Lage und Aufgabe der deutschen Frauenbewegung in der deutschen Umwälzung» aus dem Jahr 1933 auf den Punkt gebracht:

Es ist [...] für das uns gestellte Problem im letzten Grunde vollkommen gleichgültig, wie der Staat beschaffen ist, in dem heute die Einordnung der Frauen besteht: ob es ein parlamentarischer, ein demokratischer, ein faschistischer Staat ist. Für jeden Aufbau wird sich die Frage der Mitgestaltung für die Frauen ergeben, und immer wird die Grundforderung die gleiche sein, [...] ‚den Kultureinfluß der Frau zu voller innerer Entfaltung und freier sozialer Wirksamkeit zu bringen'.[70]

Cauer beendete die Herausgabe ihrer Zeitschrift «Die Frauenbewegung» 1919, als die Frauen das Wahlrecht erlangten, nicht weil sie nun meinte, am Ziel zu sein, sondern um – achtzigjährig – die Durchsetzung von mehr Gleichberechtigung der jüngeren Frauengeneration zu überlassen.[71] Der Vorwurf, die Radikalen hätten nur „die Hände nach Männerrechten ausgereckt“, verkennt ihre Motive und eine politische Praxis, die sehr wohl den Frauen zutraute, eine bessere als die bisherige männliche Politik zu treiben, privat wie öffentlich:

[...] die politische Frau [will] in den Begriff der Politik andere Momente als die landläufigen und althergebrachten hereingetragen haben: den Begriff, daß die Politik nicht nur eine Machtpolitik des Staates und der Parteien ist, sondern [...] alle Lebensverhältnisse im Volk berücksichtigen und alle Bedingungen zu beschaffen hat, daß ein Volk mündig werde [...].[72]

Falsch wäre es, nicht aus der Geschichte zu lernen und sich auch heute wieder auf eine Alternative zwischen zwei als gegensätzlich begriffenen Emanzipationsstrategien festzulegen, auf die Alternative zwischen Gleichheit oder Anderssein. Denn damit ließen sich die Frauen erneut auf eine Polarität der Geschlechterrollen ein, die in der bürgerlichen Gesellschaft von Anbeginn trotz ihres Programms allgemeiner Freiheit und Gleichheit als Fessel und Rechtfertigung für die Unterdrückung der Frauen gedient hat.

V. Drittes Reich und Exil

1. Die neue ‚Macht des Weibes'
Frauen-Literatur im Umkreis des Nationalsozialismus

Godele von der Decken

Literatur als sozialpsychologisches Dokument

Es geht in diesem Beitrag um ein Thema, das mit der auch heute noch leidenschaftlich diskutierten Schuldfrage verknüpft und darum reichlich emotionsgeladen ist. Jede Autorin, jeder Autor war nach 1945 bemüht, mögliche Verbindungen zum Nationalsozialismus zu verwischen, und bis auf ein paar Namen, etwa Paula Grogger, Agnes Miegel, Ina Seidel und Lulu von Strauß und Torney sind die in Frage kommenden Autorinnen heute kaum noch bekannt. Soll man nun der vagen Erinnerung an vergilbte Bände im Schrank einer Verwandten oder im Billigsortiment eines Antiquars nachgehen? Sie aus den Archiven der großen Bibliotheken hervorholen, wo sie – zum Teil mit den heute wieder ungültigen Aufklebern „Ausleihen verboten" versehen – noch erhältlich sind?

Die Frage „Wie war der Nationalsozialismus möglich?" stellt sich immer wieder neu und ist nicht allein durch Hinweis auf die Wirtschafts- und Machtstrukturen der damaligen Zeit zu beantworten. Es müssen auch die verschiedenen irrationalen Motive derer berücksichtigt werden, die massenweise eine Politik unterstützten, die ihren realen Anliegen nicht entsprochen haben kann. Welches waren ihre Ängste, Sehnsüchte und Erwartungen? Eine Möglichkeit: die heute noch Lebenden fragen; doch wird in der Erinnerung die Vergangenheit oft stark korrigiert. Eine andere Möglichkeit besteht darin, nach verschiedensten zeitgenössischen Dokumenten zu suchen, die über das Leben der damals Betroffenen Auskunft geben. Bezieht man die Literatur mit ein, so wird sie zu einem sozialpsychologischen Dokument, das Rückschlüsse zuläßt auf den Umgang mit Realität von einzelnen und Gruppen. Hier wurden modellhaft Lösungen für reale Konflikte phantasiert und Utopien entworfen.[1]

Für die Beantwortung der Frage, welche Literatur in den Umkreis des Nationalsozialismus gehört, können weder die Parteizugehörigkeit noch eindeutige Solidaritätserklärungen der Autorinnen maßgebend sein, sondern m. E. ist zu fragen nach Zustimmung und Billigung, die ihre Werke erfahren haben.

Anhand von Anthologien, Leseempfehlungen, Literaturgeschichten und literaturwissenschaftlichen Arbeiten der damaligen Zeit läßt sich eine Gruppe von etwa 40 Autorinnen zusammenstellen, die offiziell anerkannt waren, deren Werke verlegt, besprochen und weiterempfohlen wurden.[2] Dabei ist zu berücksichtigen, daß seit 1933 die offizielle Kritik bemüht war, alle Literatur mit halbwegs konservativer Tendenz für den Nationalsozialismus zu vereinnahmen. Man kann deshalb annehmen, daß die anerkannten Werke ein Spektrum von tolerierter Häresie bis hin zur tendenziösen Parteiliteratur abdeckten. Die Einstufung einer Autorin war von offizieller Seite oft umstritten, entsprach auch nicht unbedingt ihrer Selbsteinschätzung. Das zeigt nicht nur der Fall der Ricarda Huch, die ganz sicher als NS-Gegnerin gelten kann. Einige ihrer Werke waren verboten, andere standen sogar in den Bibliotheken von SS-eigenen Schulen. Auch bei Gertrud von Le Fort war man sich nicht einig. Ihr Buch «Die ewige Frau» (1934) löste 1935, als es in der «Neuen Literatur» empfohlen wurde,[3] wegen seines kirchlich-katholischen Charakters eine Kontroverse aus; trotzdem übernahmen einige Germanistinnen und NS-Theoretikerinnen die in diesem Buch entworfenen Frauenbilder als Modell, um Frauenverhalten allgemein und Frauenfiguren in Romanen zu systematisieren und zu bewerten.[4] Auch zeitlich sind die Grenzen fließend: Lena Christ zum Beispiel, deren Werke erstmals zur Gegenwartsliteratur gezählt wurden, starb schon Mitte der zwanziger Jahre; Ina Seidels «Wunschkind», einer der meistgewürdigten Frauenromane in der NS-Zeit, erschien schon 1930 und wurde auch nach 1945 mehrmals neu aufgelegt, zuletzt 1984 von der Deutschen Buch-Gemeinschaft. Es handelt sich also häufig um Literatur, die auch vor und nach dem Dritten Reich existierte, die aber während dieser Periode einen Höhepunkt offizieller Anerkennung erlebte.[5]

Themen

Ein relativ geringer Prozentsatz der Werke von Frauen kann zur militanten Parteiliteratur gerechnet werden; nach Ansicht der NS-Literaturwissenschaftler waren Schriftstellerinnen auch eher für Familien- und Alltagsthemen zuständig.[6] Meist zeigen diese Werke die ‚harmlosen', salonfähigen Seiten faschistischer Ideologie, und ihre manipulative Wirkung wird erst erkennbar vor dem Hintergrund der typisch nationalsozialistischen Frauenkultur, die fast alle Bereiche des individuellen Alltags mit Ritualen und Schulungen der Organisation und des Arbeitseinsatzes für sie erfaßte. Unter dem Einfluß einer speziellen Frauengeschichtsschreibung, einer „wesenseigenen", „fraulichen" Wissenschaft und einer umfangreichen trivial-belletristischen Propaganda mit Dokumentationsanspruch veränderte sich die individuelle Wahrnehmung von Wirklichkeit und beeinflußte dann auch das Handeln. Es gelang der NS-Führung, sich der geistigen Kultur der Frauenorganisationen zu bemächtigen und unter dem Schein von Fortschrittlichkeit emanzipatorisches Potential zu absorbieren.[7] Zentrale Anliegen der

Ideologie wurden nicht in ihrer blutigen, eher abschreckenden Konsequenz thematisiert, sondern konnten auf harmlose Weise in das Alltagsdenken einfließen:

> „War Ihre Frau Mutter Schwabin?" fragte, sich ermunternd, Frau Ursel.
> „Sie war Altmärkin."
> „Dann sind Sie also wie Großvater nicht reinblütig", meinte sie lächelnd.
> Auch er lachte. „Ich müßte lügen, wenn ich sagen wollte, daß ich das als Mangel empfinde. Schwabenblut ist, wie mancher Wein, ganz gut zum Verschnitt."
> „Dr. Hartmann sagt das auch", entgegnete sie und blühte auf.
> „Aber er selbst ist reinblütig", stellte der Knabe in einem Ton fest, als müsse er den Abwesenden verteidigen.
> „Wohl ihm", meinte lachend der Mann, „dann ist ihm manche Spannung erspart geblieben, die andere herumtreibt."[8]

Ein solcher Dialog, hier aus einem Roman Auguste Suppers, fordert nicht zur Verfolgung Andersrassiger auf, aber er macht mit rassistischem Denken vertraut, und er zeigt, wie weit es schon selbstverständlicher Bestandteil des Alltags geworden ist.

Rainer Stollmann hat die Ästhetisierung des öffentlichen Lebens in Anlehnung an Walter Benjamin als das einzige große Kunstwerk des Nationalsozialismus bezeichnet und versucht, seinen Erfolg als Massenbewegung damit zu erklären.[9] Auf die NS-Frauenpolitik traf das sicher zu. Wer neben der Belletristik die umfangreiche Gebrauchsliteratur studiert, die den Alltag einer Frau im Dritten Reich begleitete und an deren Produktion die hier genannten Autorinnen teilweise beteiligt waren, erkennt, wie bereitwillig das Konzept: Uminterpretation der Realität statt Veränderung aufgegriffen wurde. In der täglichen Zelebration des Frauenkultes konnten sich die Frauen die Illusion verschaffen, an der gesellschaftlichen Macht tatsächlich beteiligt zu sein und unterstützten damit den Status quo. Besonders an zwei Bereichen der vorliegenden Literatur läßt sich Stollmanns These demonstrieren: am Frauenbild und an der Lösung der Klassenkonflikte auf ästhetischer Ebene.

Frauenbild

Das Frauenbild ist ein Resultat verschiedener widerstreitender Rollenvorstellungen. Während sich in der faschistischen Literatur von Männern noch fast ausschließlich das traditionelle, patriarchalisch geprägte Frauenbild findet, ließen sich Rosenbergs und Goebbels Vorstellungen von nestbesorgenden und sich putzenden Vogelweibchen in der Realität nicht mehr so ohne weiteres durchsetzen. Eine solche Rollenvorstellung widersprach nicht nur den Erfordernissen eines nationalsozialistischen Idealstaates, der die Männer in permanentem Kriegszustand jenseits der Grenzen halten wollte, während die Frauen zu Hause allein für ihr und ihrer Kinder Überleben sorgen sollten; sie würde auch die Attraktivität des Nationalsozialismus für viele Frauen nicht erklären. Diese bestand ja gerade darin, daß hier ihr besonders im Ersten Weltkrieg entstandenes Selbstbewußtsein scheinbar ernst genommen und geschickt funktionalisiert wurde. Das Frauenbild der Autorinnen ist geprägt von einer Spannung zwischen realer gesellschaftlicher Ohnmacht, ideologischer Aufwertung als Kompensation, Emanzipationsversuchen und dem Widerstand dagegen sowie Realitätsflucht in Allmachtsphantasien. Die passive, auf den Mann bezogene Frau tritt deutlich zurück hinter der autonomen Heldin, die den Mann höchstens noch zum Kinderzeugen braucht. War vorher nur sie als Gebärende willenlos in den Kreislauf von Werden und Vergehen eingebunden, so zwingt sie jetzt dem Mann ihren Willen auf, und er unterwirft sich passiv der Mutter-Natur. Ina Seidel beschreibt in dem von Sigrid Schmid-Bortenschlager (s. S. 243) schon erwähnten Roman «Das Wunschkind» die letzte Nacht der Protagonistin Cornelie mit ihrem Mann, bevor dieser in den Krieg zieht und dort, wie erwartet, fällt:

> [...] und die Erde schrie und bebte und schüttelte ihn: sie würde untergehen, wenn er nicht gehorchte! Denn er gehorchte der Julinacht, die ihn auf Schwaden fruchtbaren Dunstes getragen hatte, dorthin, wo sie ihn haben wollte, gehorchte der verzweifelten, knisternden, Funken sprühenden Unruhe des alten Hauses – gehorchte am tiefsten der Frau, die die Arme um seinen Nacken schlang und leer von allem Wünschen war bis auf den einen Willen zur Fruchtbarkeit.[10]

Der Mann wird deutlich ‚weiblicher': die Gewehrkugel dringt in ihn ein wie Samen in den Mutterschoß, er nimmt sie hin „wie aus Bruders Hand" und fällt „nicht anders als Früchte fallen":[11] die aktive Mutter und der passive Krieger. Noch deutlicher wird die Vertauschung der Rollen in dem Roman «Die Möller von Möllenbeck» (1942) von Lene Bertelsmann, auf dessen Höhepunkt sich Geburts-, Inzest- und Menstruationsphantasien mit denen des Todes mischen. Beschrieben wird das Leben der Gutsbesitzerin Magdalene von der Mädchenzeit bis ins Greisenalter zur Zeit des Dreißigjährigen Krieges. Nachdem sie ihren Mann schon zu Beginn des Krieges verloren hat, rettet sie das Gut allein durch die Kriegswirren, um es ihrem in die Kämpfe verstrickten Sohn zu erhalten. Der rettet sich, zu Tode verwundet, zu ihr auf das Gut und stirbt langsam in ihren Armen. Ihr „schlanker, harter Körper" erhebt sich neben der „hilflosen, blutigen Masse" des seinen wie ein Phallus. In ihr Gesicht phantasiert er den Garten seiner Kindheit mit „hochragenden Königskerzen, die steil und still zwischen blühenden Nesseln und Disteln standen". Die sich langsam rötende „schneeweiße" Binde auf seiner Brust läßt an eine Menstruationsbinde denken: „Du mußt nicht immer hinstarren, ob es schon durchgeblutet ist."[12] Im Wundfieber (=Kindbettfieber) erfährt er, daß er einen Sohn hat (dessen Mutter, um den Inzest literarisch zu ermöglichen, gleich nach der Geburt gestorben ist); der Todeskampf schließlich wird zur orgiastischen Vereinigung mit seiner Mutter:

> „Dein Kind lebt. Es ist doch ein Sohn [...]. Ein schönes, gesundes Kind [...]" Da warf er sich schon an sie. „Ach du – du –" – Er drückte den Kopf an ihren Leib, der schlank wie der eines jungen Mädchens geblieben war. Und sie spürte seine Arme, als müßte sie in ihnen zerbrechen. Sie rührte sich nicht. Sie ließ dieses Wilde seiner Küsse über sich

hinstürzen, an sich abgleiten... Sie preßte ihr weißes Tuch vor den Mund, damit der röchelnde Aufschrei nicht laut würde, und legte die freie Hand lose auf Wolfs heiße Stirn [...] Und dann hob er sich ein wenig aus den Hüften, stieß einen rauhen Laut aus, streckte sich und war still.[13]

Vervollständigt wird das Bild der Mutter als oberster Repräsentantin (Stammhalterin) der Sippe und des Namens, als diese unmittelbar nach dem Tod des Sohnes ein – natürlich weißes – Pferd sattelt und mit dem Enkel den Friedensglocken entgegen zur Taufe reitet:

Wie ein Mann saß Magdalene zu Pferde. Und Heinz Lenzingen sah, daß sie Reitstiefel und Männerhosen unter dem Rock trug. Und auf der rechten Hüfte hing ihr eine Pistole. Aber ihr Kopf war in so sanfter Bewegung gesenkt, daß sie wie eine Braut oder ganz junge Mutter erschien. Eine Herrin war sie. Die Möllerin von Möllenbeck. Aufrecht wie eine Fürstin ritt sie in die Nacht.[14]

Um nach diesem Ausflug zu den literarischen Vorbildern wieder in ihre Gegenwart der dreißiger Jahre zurückzukehren: Die Literaturkritik wertete die Abkehr vom Mann und das Bekenntnis zur Mutterschaft, die in diesen Romanen zum Ausdruck kommen, als Zeichen für eine „Gesundung des weiblichen Typus";[15] in den Schulungsunterlagen für NS-Funktionärinnen wird eine neue Frau entworfen, die die Söhne zu „Kriegern und im Letzten zum Tod erzieht" und die „natürliche Frauensehnsucht nach Ruhe und Friedlichkeit im Dasein" zurückstellt.[16] Die Dichotomie Frau-Geschlecht versus Mann-Krieger-Asket, mit der in Otto Weiningers «Geschlecht und Charakter» noch die Abwertung der Frau begründet wurde, wird von den Frauen in eine Position der Stärke umgewandelt: Über die Leichen ihrer Väter, Männer und Söhne können sie sich mit der Staatsmacht identifizieren, sie sind die Sachwalterinnen dieser Macht im täglichen Leben und als die Überlebenden den Männern noch überlegen. Zwar gibt es durchaus auch die traditionelle Frau, die „ihrem Gatten wunderlieblich getreu in allen Taten und Worten" bleibt,[17] doch überwiegen die alleinstehenden Heldinnen, die den Mann nurmehr als Lieferanten von „erbgesundem" Samen brauchen, so in Josepha Berens-Totenohls «Femhof» (1935) und «Frau Magdalene» (1935), in Margarete Boies «Moiken Peter Ohm» (1935), Marie Grenggs «Kindlmutter» (1943), Lydia Kaths «Aud. Geschichte einer Wikingerfrau» (1934) und Edith Salburgs «Die Unverantwortlichen» (1936), um nur einige Beispiele zu nennen.

Nicht immer erfinden die Autorinnen für die literarische Erfüllung weiblicher Autonomiebestrebungen derart extreme Romanfiguren wie Cornelie und Magdalene. Nach dramatischen Verwicklungen stoßen einige von ihnen durchaus auf ihrer würdige Helden und der Roman endet mit einem: „Und sie wuchsen ineinander in vaterländischen und menschlichen Pflichten."[18] Oder die Männer müssen nicht sterben, sondern schauen nur hin und wieder als Gäste zu Hause vorbei, bevor sie wieder in See stechen, wie in M. Boies «Moiken Peter Ohm». Im Preis, den die heroischen Mütter allerdings für ihren Machtgewinn zahlen müssen, zeigt sich der Kompromiß sowohl mit dem traditionellen weiblichen

Tugendkatalog wie mit dem des Nationalsozialismus, die beide Hingabe an das Leid, Selbstverleugnung und Opferbereitschaft fordern: Weibliche Sexualität bleibt funktional an die Mutterrolle gebunden – die sexuell freie Frau tritt nur als böse Verführerin auf, die mit sozialem Abstieg oder Tod bestraft wird – und die Rolle der Herrin ist sehr oft verbunden mit dem Verzicht auf persönliches Glück. Der Antagonismus zwischen Mann und Frau ist nicht mehr aufhebbar, sondern wird vertieft und entspricht so einem System, das die Geschlechter in einem Zustand permanenter Mobilmachung voneinander trennt.

Klassenkonflikt – Klassenbündnis

War die Umgebung der autonomen Heldin meist ein Hof oder Gut in historischer Zeit, so ist das folgende Thema in vielen Fällen gegenwartsbezogen und nicht unbedingt auf eine ländliche Kulisse angewiesen. In einer Gesellschaftsordnung, die die Versöhnung der Klassenkonflikte nicht vollzog, aber intensiv zelebrierte, bot sich die Verschiebung auf eine private Ebene an, wo Einzelpersonen durch Bündnis oder Eheschließung die Versöhnung stellvertretend für ihre Klasse vornehmen konnten: Solche Verbindungen könnte man als ideologische Ehen und Bündnisse bezeichnen. Dieses Lösungsmodell ist außerordentlich bequem, weil die Handlung ja meist dann endet, wenn sich die Liebenden endlich kriegen und mit einem: Und sie lebten und wurden glücklich... entlassen werden. Der private Rahmen des Happy End macht die Darstellung möglicher gesellschaftspolitischer Konsequenzen der Versöhnung überflüssig. Die handelnden Personen lassen sich in solchen Romanen in Gute, Böse und Schwankende einteilen und werden je nach den sozialen Vorlieben und politischen Wünschen der Autorin miteinander verbunden.

Auf Marie Diers Roman «Freiheit und Brot» (1933) soll aus zwei Gründen eingegangen werden: Er umfaßt die Zeit von 1912 bis 1933 und er ist vorwiegend im Arbeitermilieu angesiedelt; ausnahmsweise zieht sich eine Autorin weder in die Vergangenheit noch auf die Scholle zurück. Im Zentrum steht die Arbeiterfamilie Heese, doch kreuzt sich ihr Schicksal mit dem von Vertretern des Groß- und Kleinbürgertums und des Adels. Der Adel und die Politiker der Weimarer Republik werden in Gestalt von zwei ältlichen, weltfremden Damen am Rand der Handlung erledigt, die kommunistischen Gegner vertritt ein heruntergekommenes, kriminelles Paar, das Selbstmord begeht. Zur sozialen Konfrontation kommt es zunächst zwischen den Arbeitern (der Familie Heese) und den großbürgerlichen Arbeitgebern (Frau Döhring und ihren Kindern Resi und Kurt). Während sich die dekadente Resi zum bösen Finanzkapital schlägt und den jüdischen Fabrikbesitzer Wertheim heiratet, mausert sich der verwöhnte Kurt zu einem verantwortungsbewußten deutschen Offizier. Zwei Mentoren wecken seine guten Eigenschaften: die Arbeiterfrau Heese, die aufopferungsvoll die Heimatfront hält, und ihr Bruder Heinrich, ein braver einfacher Soldat. Kurt und Heinrich kämpfen und fallen gemeinsam; der Bund zwischen deutschbewußtem Bürgertum und Proletariat ist damit besiegelt. Die Hinterbliebenen erleiden die Nachkriegswirren mit Arbeitslosigkeit, Vermögensverfall und Finanzskandalen. Da schlägt die Stunde der zukunftstragenden Klasse: Der kleinbürgerliche SA-Aktivist Hans Ebelin, Sohn einer einfachen Geschäftsfrau, greift in das Geschehen ein und übernimmt den vakanten Platz des großbürgerlichen Helden Kurt. Er überführt Wertheim des Finanzbetrugs, rettet Herrn Heese, den sich Wertheim mit sozialistischen Parolen zum Komplizen gemacht hat, vor dem Gefängnis und führt das Proletariat in das Dritte Reich. Die Arbeiter müssen sich allerdings ihre Weihe als Fußvolk der untadeligen Kleinbürger mit zwei Opfern erkaufen: Frau Heeses Söhne, die Hans Ebelin für die SA-Jugendgruppe angeworben hat, fallen in den Straßenkämpfen vor der Machtergreifung. Die Kleinbürger sind als einzige am Schluß kein klassenübergreifendes Bündnis eingegangen – Hans Ebelin heiratet eine Sekretärin –, sie sind aber in die Stellung des geläuterten und dann eliminierten Großbürgers Kurt aufgerückt. Die Proletarier dürfen nach ihrer ideologischen Aufwertung durch Kurt weiter Proletarier sein, nur diesmal mit einem besseren Gefühl und natürlich besseren Herren.

Der Verlauf einer ideologischen Ehe wird im allgemeinen nur beschrieben, wenn ein Klassenbündnis aufgekündigt werden soll. In Edith Salburgs «Die Unverantwortlichen» wird Erdmuthe, eine natürliche, gesunde und kräftige Großbürgerstochter, von ihrer nach adeligem Glanz strebenden Mutter zur Heirat mit einem blaublütigen Rittmeister veranlaßt. In qualvollen Ehejahren erkennt sie, daß ihr Mann nervenkrank ist und das als „Erbschaden" auf beide Kinder übertragen hat. Nach dem frühen Tod des Mannes und der Tochter kämpft Erdmuthe jahrelang um die Erhaltung des Gutes und hätte alle Voraussetzungen, eine autonome Heldin zu werden, nur der erbkranke Sohn paßt nicht ins Bild. Da bietet sich eine neue Verbindung mit dem Bauerntum an: Schelmer heißt der Vielversprechende, ist bäuerlicher Herkunft, „hatte in sich, wohl von Geschlechtern ererbt, ein natürliches Herrentum ersten Ranges"[19] und war Offizier im Weltkrieg. Das Bündnis wird am Tag von Hitlers Machtergreifung geschlossen, Schelmer und Erdmuthe gründen ein „Jugendheim für vierzig Werdende des kommenden deutschen Kampfgeschlechts",[20] und Erdmuthe bringt einen gesunden Sohn zur Welt. Mit Hilfe des Bauerntums hat so das Bürgertum seinen langen Kampf gegen den Adel doch noch gewonnen und einen neuen, „natürlichen" (nationalen) Adel begründet.

Das hier vorgestellte Konfliktlösungsmodell ist nicht an die deutlichen ideologischen Bekenntnisse dieser beiden Romane gebunden. Für eine schon 1920 erschienene Erzählung von Lena Christ ist die ideologische Ehe titelgebend geworden: «Madame Bäurin». Hier gelingt es sogar, Adel, Bürger- und Bauerntum zu vermählen. Nach anfänglichen Verwicklungen kommt es zum Happy-End zwischen der verarmten, halbblaublütigen Städterin Rosalie und dem Hoferben Franz. Der Zurück-zur-Scholle-Traum gibt sich bei Lena Christ modernistisch: nach der Hochzeit können auf dem Hof endlich die notwendigen Modernisierungen durchgesetzt werden, die bisher am Widerstand der Alten gescheitert sind, und das Anwesen erlebt eine neue Blüte.

Sicher und gleichgerichtet

Der Anschaulichkeit halber habe ich hier eher tendenziöse Romane vorgestellt oder Momente besonders hervorgehoben, die sie in die Nähe faschistischer Ideologie bringen, bzw. die ihnen in der konkreten historischen Situation ein gefährliches politisches Gewicht verleihen. Viele dieser Romane können in anderer Umgebung auch anders eingeordnet werden. So hat es im Laufe der Rezeptionsgeschichte von Ina Seidels «Wunschkind» verschiedenste Lesarten dieses umfangreichen Romans gegeben: Er wurde als historischer oder Heimatroman, rein christlich-philosophisch als Auseinandersetzung mit dem Religionskonflikt oder als Hoheslied der Mutterliebe gelesen. Im allgemeinen kommen die Schriftstellerinnen ohne dezidiert völkisch-nationale, faschistische oder nationalsozialistische Bezüge aus. Eindeutige Abgrenzungsversuche zwischen faschistischer und nicht faschistischer Literatur halte ich aber für fragwürdig, weil sie die Funktion, die Literatur im Dritten Reich übernehmen konnte, nicht erklären. Der NS-Lyriker Gerhard Schumann meint, NS-Literatur müsse nicht einen bestimmten Stoff vermitteln, sondern eine bestimmte Haltung, und Ralf Schnell hält die „Ästhetik der ‚Haltung'" für ihr genreübergreifendes Strukturmerkmal: „Diese Ästhetik will Kampf, Unterwerfung, Ausgrenzung und Herrschaft."[21] Blinde Opferbereitschaft, Entindividualisierung und mechanische Funktionalisierung möchte ich als zentrale ‚Tugenden' zusätzlich anführen.

Bemerkenswert an der hier untersuchten Frauenliteratur ist weniger ihre ideologische Militanz als das Fehlen von Zweifel und Unsicherheit im Urteil. Das Wertesystem ist klar und wird durch die Romanhandlung nur bestätigt, nie hinterfragt; die Männer- und Frauengestalten, die einander in diesen Werken begegnen, symbolisieren seine verschiedenen Elemente, deren Rangordnung sich durch die Paarbildungen im Verlauf der Handlung bestätigt. Weder sprachlich noch inhaltlich wird experimentiert, so daß die Romane auch kein utopisches Moment, keine neuen Perspektiven der Konfliktlösung anbieten. Die Handlung verläuft im allgemeinen erwartungsgemäß. Ganz unpolitische Romane, die in der familiären Privatsphäre angesiedelt sind, können dann allein dadurch schon systemstützend wirken, daß sie das gängige Figurenschema nicht durchbrechen, sondern bestätigen: so in zahlreichen Erzählungen von Agnes Miegel («Das Bernsteinherz» 1943, «Verena» 1944), in den Romanen «Das Verlöbnis» (1942) und «Ring um Roderich» (1929) von Helene Voigt-Diederichs oder in Lisbeth Dills «Der Tenor» (1935). Manchmal reichte die Streichung von ein, zwei Nebensätzen, und ein Text war von seinen nationalsozialistischen Spuren soweit gereinigt, daß er in eine Nachkriegsausgabe aufgenommen werden konnte.[22] Nie entsteht Raum für Mehrdeutigkeit, für eigene Interpretationen der Leser; die Bewegungen und Äußerungen der Figuren bedeuten immer etwas Bestimmtes, Bekanntes. So stellt die Autorin kein diskursives, sondern ein autoritäres Verhältnis zu ihren Lesern her und vermittelt Einordnung und Unterwerfung. Die Grenzen zwischen faschistischer und allgemein autoritär-antiaufklärerischer Literatur sind dabei fließend, und dies ermöglichte es zahlreichen Autorinnen, nach 1945 in dem scheinbar ideologiefreien Raum der Unterhaltungs-, Trivial- und Jugendliteratur weiter zu publizieren.

2. Frauen im Dritten Reich
Autobiographische Zeugnisse

Rita Thalmann

Die neue Hierarchie der Frauen

Die Tatsache, daß der Frau, die Hitlers «Mein Kampf» nur mit dem Gattungsbegriff „Weib" bezeichnete, jegliche Verantwortung im öffentlichen Leben durch den NS-Männerbund aberkannt wurde, führte keineswegs, wie es sich ein Teil der deutschen Frauenbewegung vor 1933 vorstellte, zu einer autonomen „weiblichen Lebenssphäre". Sie förderte vielmehr eine neue Hierarchie der Frauen, in der Sehnsucht nach Geborgenheit, Mutterwürde, selbstloser Dienst an der „Volksgemeinschaft" die „Arierin" adeln sollten, während Streben nach Eigenständigkeit im Denken und Handeln, nach Gleichberechtigung ohne Unterschied der Herkunft, des Glaubens, des Geschlechts von der Anprangerung bis in die tiefsten Stufen der Verfemung führten. Diese „Emanzipation von der Emanzipation", wie sie die NS-Ideologen nannten, wurde von den Frauen sehr unterschiedlich empfunden. Daher ergibt sich anhand ihrer eigenen Aussagen eine Art von Typologie der Verhaltensweisen, die durch Herkunft und Alter, Erfahrung oder Unwissen, Einfluß der Umgebung wie der waltenden Denkmuster oder der Auflehnung dagegen bestimmt waren.

Obwohl die meisten autobiographischen Zeugnisse verständlicherweise nach 1945 veröffentlicht, in manchen Fällen sogar erst niedergeschrieben wurden, das heißt in einer veränderten ‚Konjunktur', vermag dieser Umstand nicht die Grundhaltung im Dritten Reich wesentlich zu entstellen. Jenseits der Idealisierungs- oder Rechtfertigungsversuche lassen sich drei Kategorien von Verhaltensweisen feststellen, die als Kollaboration, das heißt aktive Teilnahme, Anpassung und diverse Formen des Nonkonformismus bis zum Widerstand bezeichnet werden können.

Kollaboration oder der „Dienst am großen Gedanken"

Leibliche und seelische Mütter des Volkes

Was deutsche Frauen aller Generationen im nationalsozialistischen „Aufbruch" begeisterte, war der „Dienst an der Volksgemeinschaft", der sie dem düsteren Alltag der Nachkriegszeit im besiegten, durch inneren Zwiespalt gekennzeichneten Deutschland entriß und die Hoffnung wachrief, tatkräftig am Wiederaufbau teilnehmen zu dürfen. Dankbarkeit für die wiedergefundene Einheit im „Großen Gedanken", für die wiedergefundene Würde der „deutschen Frau" als Mutter der Familie oder des Volkes, Dankbarkeit für das „schützende Haus", das der „väterliche" Führer und die „mütterliche" Reichsfrauenführerin errichtet haben, sprechen aus dem Gedicht, das die sechzigjährige Dichterin Agnes Miegel[1] zum fünften Jahrestag des „Deutschen Frauenwerks" kurz vor Kriegsausbruch Gertrud Scholtz-Klink widmet.

Die Bilanz dieses Werks zieht die 1902 geborene Gertrud Scholtz-Klink selbst in dem 1978 veröffentlichten Buch «Die Frau im Dritten Reich», das sie „allen Frauen, die die nationalsozialistische Zeit gestaltend oder mittragend gläubigen Herzens erlebt haben" widmet, sowie deren Kindern und Kindeskindern, von denen sie hofft, daß sie „niemals an ihren Eltern unsicher geworden sind". Ihre Widmung gilt auch „in Ehrerbietung all den Frauen, deren Männer in Nürnberg, Landsberg und vielen anderen Straf- und Umerziehungslagern unserer Sieger ihr Leben für Deutschland lassen oder lebenslange Schäden an ihrer Gesundheit davontragen mußten".

Der über 500 Seiten umfassende Bericht ihres Wirkens für die „deutsche Frau" wird im ersten Kapitel in die Nachfolge der „ersten deutschen Frauenführerin", Luise Otto-Peters, gestellt, während das zweite Kapitel in knapp zehn Seiten den eigenen politischen Werdegang als „Erlösung aus der Finsternis durch den lichtbringenden Frontsoldaten Adolf Hitler" schildert. Der Rest des Buches gibt Arbeitsberichte, Korrespondenz, Reden der Reichsfrauenführerin wieder, die entweder in den Jahrbüchern oder in anderen Veröffentlichungen der diversen NS-Frauenorganisationen zwischen 1934 und 1944 erschienen. Bezeichnend ist dabei, daß fast alle wiedergegebenen Texte ihr Eintreten für die Verbesserung der sozialen und kulturellen Lage der deutschen Frauen betreffen und zum größten Teil aus den sechs ersten Jahren des Dritten Reichs stammen. Eine Auswahl, die dem Hauptargument entspricht: Der Krieg hätte nie kommen dürfen.

> Niemals wäre die Schuld, die die Staatsführung jener Zeit am schwersten belastet – die Judenfrage – in das Stadium getreten, die heute auf ihr ruht ohne den Krieg. Denn bei aller persönlichen Einstellung Adolf Hitlers oder nächster Mitarbeiter zu dieser Frage hätte eine ruhige Entwicklung der innenpolitischen Ziele beschränkt auf unser eigenes Land die Grundlage gebildet zu einer vernunftgemäßen Behandlung des Themas.[2]

Daß diese Weltanschauung den Krieg voraussetzte, daß sie das demokratische Regime beseitigte und bereits ab 1933 Menschen entrechtete, einsperrte, manche bereits in Konzentrationslagern umbrachte, wird nicht in Frage gestellt. Gertrud Scholtz-Klink bedauert lediglich in ihrem Schlußwort, daß dieser Weltanschauung nicht die Zeit blieb, sich zu „läutern", sich dem menschlichen Vermögen anzupassen und sich ihrer Grenzen bewußt zu werden. Die Leiden der Nachkriegszeit werden nur als „Schicksal der Verlierer" ausgelegt. Den Weg in die Zukunft sieht sie als eine auf deutschem Erbe fußende Demokratie, in der die Frauen als „volkserhaltende Schicht der leiblichen und seelischen Mütter [...] tief im Wesen unseres Volkes verwurzelt sich den entwicklungsbedingten Lebensformen anpassen werden". Die alten Formeln lassen keinen Strahl kritischen Nachdenkens erkennen.

Die deutsche Frauenelite

Dieselbe Überzeugung, aus Idealismus für das Wohl des deutschen Volkes gehandelt zu haben, bringt die nationalprotestantische Guida Diehl in ihrer 1958, mit neunzig Jahren, veröffentlichten Autobiographie «Christ sein heißt immer Kämpfer sein» zum Ausdruck. Auch bei ihr steht an erster Stelle die bittere Erfahrung des Ersten Weltkriegs und der Nachkriegszeit, schon Gegenstand ihrer ersten Veröffentlichung.[3] Wie die meisten Töchter wenig bemittelter bürgerlicher Kreise arbeitete sie als Privatlehrerin bis zum Ersten Weltkrieg. Die Autobiographie schildert ihr Unbehagen in einer jüdischen Familie in Brüssel, wo sie sich ihres deutschen Blutes angesichts „andersgearteter" und „andersdenkender" Menschen, Juden und Franzosen, bewußt wurde. Die „Neulandbewegung", die sie 1920 in Eisenach gründete, bezweckte die „Säuberung deutscher Art und deutschen Wesens". Schon 1923 nahm sie Kontakt zu führenden Nationalsozialisten auf und betreute in ihrem Heim hilfs- und pflegebedürftige SA-Leute. Sie verfügte über einen Verlag, eine Zeitschrift und eine Buchhandlung, die als erste in Eisenach NS-Literatur verbreitete. Doch obwohl Guida Diehl, die dem rechten Flügel des „Bundes deutscher Frauenvereine" (BDF) angehört hatte, nach einer persönlichen Unterredung mit Hitler 1932 zur ersten Kulturreferentin ernannt worden war, wurde sie an den Rand der NS-Frauenbewegung verwiesen, weil sie – wie Lydia Gottschewski und Sophie Rogge-Börner[4] – im Namen einer nordischen Frauenelite das Monopol des Männerbundes beanstandete, wie diese aber die Rolle der Frau als „Trägerin des germanischen Erbgutes anerkannte".

> Zu den Wahrheiten, die der Frau als Mutter eingehämmert werden müssen, gehört insbesondere auch die Klarheit über die jetzt so wichtigen Rassengesetze.

Da der Fraueninstinkt nicht mehr sicher genug sei, um vor „verfehlter Rassenmischung" zu behüten, und da die „mongolisch, negerisch oder jüdisch gemischten Familien" noch großen Kinderreichtum hätten, müsse der deutschen

Frau deutlich gemacht werden, daß sie das „germanische Erbgut" zu schützen habe.[5] Solche Äußerungen erscheinen natürlich ebensowenig in der Autobiographie wie das 1933 veröffentlichte Buch, dem sie entnommen sind. Von den 275 Seiten der Autobiographie behandeln allein die 34 letzten Seiten die „Deutsche Wende" und die Entwicklung der Neulandbewegung bis zum „dunklen Jahr 1940", also bis zur Auseinandersetzung mit den NS-Behörden für die „Heilighaltung der Ehe", in der sie sich gegen die „tierische Erniedrigung zur Erzeugung im Lebensborn" wandte. Dies führte zum Verbot der öffentlichen Betätigung des Neulandbundes und seiner Leiterin. Wenn Diehl wie Scholtz-Klink auch nach 1945 weiter an der Überzeugung festhält, ihr Bestes für ein edles Ideal getan zu haben, so erklärt sie dessen Scheitern nicht durch den Krieg, sondern durch die Abkehr von den ursprünglichen Grundsätzen einer Neuordnung Deutschlands, die sich auf die höhere göttliche Kraft beriefen. Schuld an dieser Entwicklung sei Hitlers „Doppelwesen", das sie anläßlich der Feier des Anschlusses Österreichs im März 1938, der sie in nächster Nähe des Führers auf der Pressetribüne beiwohnte, beschreibt.

Rückblickend will die Neunzigjährige nur „über die so deutliche Führung staunen", die sie erleben durfte. Gemeint ist damit Gottes Führung in den Kämpfen der Jünger Christi, die für die Frauen durch den Dienst in mütterlicher Liebe ergänzt wird. Ihr Bewußtsein bleibt auf Pflicht- und Diensterfüllung beschränkt und bereitwillig erkennt sie eine höhere Führung an – mit dem Unterschied, daß die alles tragende Hoffnung auf Erneuerung durch die politische Entwicklung, die die Erwartungen nicht erfüllte, nun auf die Religion übertragen wird.

Die Faszination der Jugend

Vielleicht hat die ehemalige Reichsjugendführerin Melita Maschmann, die selbst ein „rundes Dutzend Jahre" zur inneren Loslösung vom Nationalsozialismus gebraucht hat, recht, wenn sie behauptet, daß diejenigen, die bei Kriegsende die Mitte des dreißigsten Lebensjahres überschritten hatten, nicht mehr die Kraft fanden, „sich der heilsamen Verzweiflung zu überantworten". Ihr 1963 veröffentlichtes autobiographisches Fragment «Fazit» will, wie es der Untertitel betont, „kein Rechtfertigungsversuch" sein, sondern sich selbst und der für den Nationalsozialismus verratenen jüdischen Freundin, die nach den Vereinigten Staaten emigrierte, in siebzehn Briefen ihre Identifizierung mit dem NS-Regime und die schwierige Loslösung davon erläutern.

Die 1918 in Berlin in einer deutsch-nationalen Familie geborene Melita Maschmann hört von Kindheit an die Klagen der Eltern über die unverdiente Niederlage Deutschlands, die heimtückischen Sieger, das Elend des Vaterlands, das fremden Elementen preisgegeben sei. Hinzu kommt das persönliche Erlebnis der Besetzung des Rheinlands – der Heimat der Mutter – durch farbige Soldaten (die „schwarze Schmach") und die Auflehnung, wie bei vielen bürgerlichen

Jugendlichen, gegen autoritäre Erziehung und Kastendünkel ihres Milieus. Daher die Begeisterung für den Nationalsozialismus, dessen Aufruf an die Jugend zum „Dienst an der Volksgemeinschaft" die Gelegenheit bietet, dem eintönigen Alltag des Hauses und der Schule entrinnen zu können, und der heimliche Eintritt des Mädchens in die Hitlerjugend. Dieser Schritt, der den Bruch mit den Eltern bedeutet, erscheint ihr im Rückblick als die erste und letzte selbständige Entscheidung: Nach dem Abitur lassen Zusammenleben und Wirken mit „vielen vorzüglichen Menschen", Musik, Wanderungen, pausenlose Beschäftigung mit Führerinschulungen, Sport, Redaktionsarbeit in der Presse der weiblichen Jugend, Einsatz bei Bauern keine Zeit mehr für persönliche Lektüre und selbständiges Reflektieren – die Prioritäten hatte sie damit gesetzt. Höhepunkt dieser ersten Phase bildet die Olympiade 1936 in Berlin, die die Jugend der Welt, wie verkündet wird, zu Freundschaft und Frieden aufruft. Daß drei Jahre später der Krieg ausbricht, trübt nicht im geringsten ihre Gewißheit der moralischen Überlegenheit Deutschlands, zumal die einzige Presse, die sie liest, nur von „polnischen Grausamkeiten gegen die Volksdeutschen" berichtet und sie bald danach den Auftrag erhält, an der Verbreitung deutscher Kultur in diesem „primitiven" Land teilzunehmen. Von da an setzt das allmähliche Verdrängen aller persönlichen Gefühle ein: „Alles, was einmal *Ich* war, ist aufgegangen im Ganzen." Diese restlose Identifizierung mit dem Nationalsozialismus läßt auch während der mehrjährigen Inhaftierung ab 1945 nicht nach, vielmehr empfindet Melita Maschmann wie andere Führerinnen der weiblichen NS-Organisationen den Freiheitsentzug als ungerechte Strafe für die gebrachten Opfer. Die Haltung der amerikanischen und der neuen deutschen Behörden, die sie „munter im eigenen Saft schmoren lassen", Fragen der Vernehmer im Stil: „Was würden Sie tun, wenn wir Sie zwingen würden, mit einem Juden zu schlafen?", abwechselnd mit Drohungen, sie an die Russen auszuliefern, wenn sie sich weiter weigere, Angaben über ehemalige Mitarbeiterinnen zu machen, auch die Plakate und Vorträge über die Vernichtungslager, die sie für maßlose Übertreibung hält, weil die mit ihr inhaftierten KZ-Aufseherinnen beteuern, es hätte dort so etwas nie gegeben – dies alles verstärkt nur das Gefühl der Selbstgerechtigkeit. Erst die Entdeckung der im Dritten Reich verbotenen Literatur und Kunst, der Schock der Begegnung mit Opfern und Gegnern des Nationalsozialismus, die Zusammenkunft während ihres Nachholstudiums an der Frankfurter Universität mit Studenten aus aller Welt und ein fast einjähriger Aufenthalt in Frankreich führen zur Erkenntnis, daß die „Rassenmystik", an der sie hartnäckig festhielt, und ihre Liebe zur „Volksgemeinschaft" die Verachtung aller davon Ausgeschlossenen bedeutete. Existieren lernen über einem Abgrund von Trauer und Schuld, ohne bequeme Auswege zu suchen, genügt vielleicht nicht, die von der Autorin ersehnte „verzeihende Liebe" hervorzurufen. Es ebnet aber den Weg für den mündigen Menschen.

Die Vielfalt der Anpassungsformen

Das Bedürfnis, ein aktives Mitwirken im Dritten Reich zu rechtfertigen oder zumindest sich selbst und den anderen verständlich zu machen, bewirkt eine Konzentration auf das persönliche Empfinden und Handeln, so daß die soziokulturellen Umstände, die sie veranlaßten, gewissermaßen nur als Rahmenerscheinung auftreten. Bei Frauen hingegen, die nicht der führenden Schicht im Dritten Reich angehörten, sondern sich mehr oder weniger der „neuen Konjunktur" anpaßten, spielen diese Umstände eine ausschlaggebende Rolle.

Literarischer Eskapismus

Dies unterscheidet zum Beispiel die konservativ-protestantische Ina Seidel oder die liberal-protestantische Gertrud Bäumer von einer Guida Diehl. Erstere kann, dank der Anerkennung ihres Rufes als „wesentlich über dem Durchschnitt stehende Schriftstellerin"[6] zurückgezogen am Starnberger See im alten Stil weiterschreiben. Preis dieser Ruhe ist die für „arische" Schriftsteller unerläßliche Mitgliedschaft in der Reichsschrifttumskammer – nicht zugelassene Autoren dürfen nicht publizieren – sowie die Beteiligung an der NS-Volkswohlfahrt durch Spenden und Aufnahme erholungsbedürftiger Kinder, manchmal auch ein Gelegenheitsbeitrag, wie das Vorwort zu «Dienende Herzen»[7], eine Briefsammlung von Nachrichtenhelferinnen der Wehrmacht. Auch Gertrud Bäumer, die ehemalige Vorsitzende des „Bundes deutscher Frauenvereine" (BDF), die wegen „politischer Unzuverlässigkeit" ihres Amtes als Ministerialrätin enthoben und trotz wiederholter Fürsprache der Reichsfrauenführerin in den Ruhestand versetzt wurde, praktiziert den literarischen Eskapismus. Ihre Biographien von Dante und der in Turin geborenen Kurfürstin Adelheid sind Anlaß zu Studienreisen nach Italien. Gleichzeitig führt sie unbehelligt bis September 1944 die Schriftleitung des früheren Organs des BDF, «Die Frau», weiter, eine Tätigkeit, die ihre Beteiligung an Sitzungen im Propagandaministerium voraussetzt und den Machthabern als Aushängeschild für bürgerliche Kreise im Ausland dient.

„Man konnte nicht mehr anders"

So lautet die am weitesten verbreitete Meinung in den Schichten, die infolge der Weltwirtschaftskrise 1929, die Deutschland besonders hart traf, um ihre Existenzmöglichkeiten bangten. Die „oral history"[8] erlaubt heutzutage, auch nichtschreibende Frauen zu Wort kommen zu lassen und dadurch eine bedeutende Lücke der Sozial- und Kulturgeschichte der Zeit auszufüllen. Auch eine gewisse Schematisierung der Rolle der Frauen im Dritten Reich wird dadurch vermieden.

Einen besonderen Beitrag zur Vielfalt der Anpassungsformen liefert Christa Wolfs Buch «Kindheitsmuster», das das kleinbürgerliche Milieu des ihr fremd gewordenen Mädchens Nelly in der dritten Person darstellt – „sprachlos bleiben oder in der dritten Person leben". Anlaß zu dieser Besichtigung der Vergangenheit ist die lange verzögerte Reise während des Sommers 1971 in die heute polnische Geburtsstadt Landsberg an der Warthe, wobei die Erlebnisse der Vergangenheit wachgerufen werden durch die Orte, in denen sie sich abspielten, gleichzeitig aber durch Dokumentation von und über die Zeit wie durch Zwischenbemerkungen der Autorin und ihrer Reisegefährten korrigiert, ergänzt, bestritten werden. Wesentlich ist der 1929 geborenen, heute in der DDR lebenden Schriftstellerin, „für die heutigen Generationen den Reifeprozeß dieser meiner Generation zu verfolgen, auch die Gründe zu suchen, wenn er ins Stocken kam".[9]

Der Grund, weshalb Nelly Jordan, die wie die Mehrheit der damaligen deutschen Jugend freudig der Größe Deutschlands, dem Führer, der Hitlerjugend dienen wollte, im Gegensatz zu anderen, wie Melita Maschmann, diesem Ziel nicht ohne Hemmungen und Bedenken nachging, liegt hauptsächlich in den widersprüchlichen Einflüssen ihrer Umwelt, so daß sie zwischen den unterschiedlichen Denkmustern und Verhaltensweisen des Familienkreises einerseits, der Schule, der Hitlerjugend und der Medien andererseits schwankt. Daß die Frauen, insbesondere der älteren Generationen, in dieser Geschichte mehrheitlich besser abschneiden als die Männer – mit Ausnahme der Verfolgten – liegt nicht an irgendwelchen angeborenen weiblichen Eigenschaften, sondern an ihrer sozialen Zurückstellung, die eine mindere politische ‚Erfassung' zur Folge hat und dadurch mehr Abstand ermöglicht. Sich anpassen bedeutet, in Widersprüchen zu leben, wenn die Diskrepanz zwischen der offiziellen Lehre und der persönlichen Existenz alle Lebensbereiche berührt: Bedrohung der Sicherheit durch die neuen Machthaber und die Gefahr eines neuen Weltkrieges, Rassenhygiene – eine geisteskranke Tante ‚stirbt' plötzlich in der Anstalt –, Entzweiung der Ehe und der Familie durch die Anforderungen der Partei, Konflikte zwischen der protestantisch-sozialdemokratischen Tradition der Jordans und der Deutschgläubigkeit der Freunde. Obwohl Nellys Mutter hartnäckig ihre Auffassung eines anständigen Familienlebens, der Erziehung der Kinder, der redlichen Geschäfts- und Freundschaftsbeziehungen, der Nächstenliebe auch gegen die „neuen Maßstäbe" behauptet, auch versucht, die romantischen Vorstellungen ihrer Tochter von der Hitlerjugend, von tatkräftigen Männern, von der Liebe durch Nüchternheit abzudämpfen, fördern Krieg, Verschlechterung der militärischen und wirtschaftlichen Lage den Fanatismus der einen, Verbitterung und Angst der anderen, so daß sich die menschlichen Beziehungen allmählich auf ein Mindestmaß reduzieren. Unsichtbare Mauern der Abneigung oder der Vorsicht schließen Augen und Herz vor den Leiden der Verfemten, sogar wenn sie in nächster Nähe leben. „Wo habt ihr denn alle gelebt?" fragt ein deutscher KZ-Häftling, dem Nellys Mutter eine warme Erbsensuppe auf der Landstraße während ihrer Flucht anbietet. Eine Frage, die Nelly erst Jahre später verstehen wird, die sie aber zur Reife der heutigen Christa Wolf geführt hat.

Warum sind wir anders?

Das fragt die ebenfalls 1929 geborene kleine Ilse Koehn ihre „jüdische Oma".[10] Als bewußte Sozialdemokraten hatten ihre Eltern bis 1933 gegen Hitler demonstriert, dann aber, nach den „Rassegesetzen", beschlossen, sich zu trennen, damit ihr Kind als Mischling zweiten Grades (das heißt mit einer jüdischen Großmutter) im „rein-arischen" Teil der Familie mütterlicherseits von der Diskriminierung verschont bleibe. In derartigen Fällen handelte es sich nicht mehr, wie bei der gewöhnlichen Anpassung, um die Lösung von Widersprüchen zwischen persönlichen Überzeugungen und Alltagsleben im Dritten Reich, sondern um die Infragestellung der Identität durch die Umwelt wie durch sich selbst. Die Scheidung zwischen anerkannten deutschen Bürgern und Verfemten wirkt hier bis in den engsten Familienkreis, so daß die junge Ilse zwischen zwei getrennten Welten hin- und hergerissen wird: von der Volksschule im Dorf der „arischen" Großeltern, wo der Tag mit „Heil Hitler" und Gebet für Vaterland und Führer beginnt, zum traditionsbewußten Lyzeum, wo sie der Vater anmeldet, in dem die Lehrer noch mit „Guten Morgen" grüßen und ohne politischen Kommentar unterrichten, von der HJ-Schulung in der „Kinderlandverschikkung" zum Besuch bei den „arischen" Großeltern, die mit Freunden beim Kaffeetisch über Hitler und die Parteibonzen schimpfen, denen es aber nicht einfallen würde, Ilse ein Stück Kuchen oder etwas von ihrem reichlichen Lebensmittelvorrat für die „jüdische Oma", die nur gekürzte Rationen erhält, mitzugeben. Für das junge Mädchen gibt es keinen festen Anhaltspunkt: Die HJ will sie zur Führerin ernennen, was ihr der Vater strengstens verbietet, ihre Mutter ist stets gehetzt zwischen der Zwangsarbeit, oft in Nachtschicht, an der Eisenbahn und der Hilfe im Haushalt ihrer alten Eltern; der Vater, ein qualifizierter Elektriker, ist meistens unterwegs. Wenn sie ihn bei der „jüdischen Oma" antrifft, hören sie schwarz Auslandssender oder er spricht in Andeutungen, die sie nicht genau versteht.

> Ich bin nicht sicher, ob ich weiß, wovon er redet. Ins Ausland gehen? Es ist schlimm genug, daß ich keine Familie habe wie die anderen, kein Zuhause, wo ich mich zu Hause fühle. Und was Vati sagt, hört sich an, als könne ich mich nicht einmal mehr darauf verlassen, daß es Omas Wohnung gibt und daß man hier sicher ist. Ich will ihn umarmen, will ihm körperlich nah sein, aber er und sogar Oma sehen abweisend aus und scheinen weit weg (S. 72).

Im März 1943 wird ihr der Vater ohne Kommentar mitteilen, daß die Oma gestorben ist. Erst zwei Jahre später erfährt sie, daß die alte Dame würdig zum Abtransport nach Theresienstadt gegangen ist und ihren Sohn noch vor der Abfahrt tröstete: „Mit vierundachtzig, Ernst, habe ich mein Leben gelebt." Für Ilse ist der 8. Mai 1945 der Tag, an dem sie wieder mit Vater und Mutter im selben Haus leben darf. War damit die Zeit der zerreißenden Anpassung wirklich überwunden? Daß Ilse 1958 nach den USA auswanderte und dort neunzehn Jahre später ihre Memoiren in englischer Sprache schreibt, weist auf die Antwort: daß nichts überwunden ist.

Vom Nonkonformismus bis zum Widerstand

In Anbetracht der soziokulturellen Zurückstellung der Frauen ist es nicht verwunderlich, daß die diversen Formen ihrer Opposition bis zum Widerstand gegen das NS-Regime äußerst selten vor den siebziger Jahren, das heißt nach der Studentenrevolte und mit Beginn der neuen Frauenbewegung, wahrgenommen wurden. Nun entstand ein Nachholbedürfnis, das sich in Aussagensammlungen,[11] Tagebüchern und Memoiren äußerte. Die Erlebnisse politisch oder ‚rassisch' Verfolgter, die Hitlerdeutschland für ein ungewisses Exil verlassen mußten, bis hin zu den Aufzeichnungen derer, die im Reich untertauchten, im Gefängnis oder KZ überlebten, stellen einen besonders schwer übersehbaren Komplex dar. Es zeichnet sich jedoch ab, daß trotz der Unterschiede der Situationen diese Aufzeichnungen auf eine Loslösung der Frauen von herkömmlichen Denk- und Verhaltensmustern deuten.

Opferbereitschaft und Nächstenliebe

Stellvertretend für das fast unbekannte Schicksal jüdischer Menschen, insbesondere jüdischer Frauen, die ihr Leben freiwillig aufs Spiel setzten, um Angehörige oder Glaubensgenossen zu retten,[12] seien hier die Tagebuchaufzeichnungen angeführt, die Else Behrend-Rosenfeld noch in den schlimmsten Tagen der Verfolgung für ihre nach England geflüchtete Familie niederschrieb. Die 1891 geborene Berlinerin, die Philosophie und Geschichte studierte, während des ersten Weltkrieges freiwillig in einer Munitionsfabrik arbeitete, trotz der Ehe mit einem sozialdemokratischen Landtagsabgeordneten und Ministerialrat im preußischen Justizministerium und ihrer drei Kinder die Arbeit als Sozialfürsorgerin im Berliner Frauengefängnis erst aufgab, als sie 1933 entlassen wurde, war wohl besser als die Mehrheit der damaligen Frauen im Stande, die Lage zu verstehen und dementsprechende Entscheidungen zu treffen. Nach dem Umzug der Familie von der Hauptstadt in ein bayerisches Bergdorf sorgte sie zuerst dafür, daß ihre Kinder außer Landes kamen. Dann überredete sie ihren Mann, der als bekannter Politiker und „Volljude" gefährdeter als sie war, noch kurz vor Kriegsausbruch die einzige Möglichkeit einer Emigration nach England auszunutzen – Permits wurden nur spärlich gegeben –, wobei sie hoffte, später nachreisen zu können. Allein zurückgeblieben, stellt sie sich ganz in den Dienst der verfolgten Glaubensgenossen, organisiert noch Patenschaften für die ersten Deportierten nach Polen und in die Internierungslager Südfrankreichs, übernimmt schließlich die Leitung des letzten bayerischen Sammellagers in Berg am Laim und entgeht in letzter Stunde dem Transport nach dem Osten. Von da an beginnt ihre abenteuerliche Flucht in die Illegalität: sie führt ab September 1942 von den verschiedenen Unterschlupfen in Berliner Vororten – dank einer Kette hilfsbereiter Freunde und Unbekannter – bis zur Nacht vom 20. April 1944, in der sie mit einem verstauchten Fuß jenseits der Mauer des Schweizer Grenzpostens auf dem Boden der Freiheit landet. Entspricht die Haltung von Else Behrend-Rosenfeld einer durch das soziale Engagement angesammelten Erfahrung, die geistige Aufgeschlossenheit, Einfühlungsgabe, Fähigkeit zur Initiative förderte, so geben in anderen Fällen unerwartete Situationen den Anstoß zur radikalen Infragestellung bis dahin gepflegter Denk- und Lebensgewohnheiten.

Das Gefängnis als Lebenswende

Ohne die Willkür der Gestapo, die sie nach der Denunziation einer Freundin wegen „Hochverrat und Wehrmachtszersetzung" in das Traunsteiner Landgerichtsgefängnis brachte, hätte die 1911 in Oberbayern geborene Luise Rinser als erfolgreiche Schriftstellerin mit Mann und Kindern bürgerlich weitergelebt. „Für mich", bemerkt sie im Vorwort zur ersten Ausgabe des zwischen Oktober und Dezember 1944 auf alten Zetteln, Pack- und Klopapier geschriebenen «Gefängnistagebuchs», „wurde der Aufenthalt im Gefängnis zur Wende meines Lebens". Trotz einer nachträglichen, etwas zu optimistischen Bilanz eines Erlebnisses, das Menschen „umgebildet, frei und unabhängig vom Schicksal" gemacht hat, entwirft das «Gefängnistagebuch» kein idyllisches Bild. Es zeigt vielmehr den schweren Prozeß des Umlernens der im Kloster Erzogenen im täglichen Ringen mit Hunger, Kälte, Ekel vor Dreck, vor Gemeinheit und Korruption der Aufseherinnen, vor der Primitivität und Roheit der meisten Zellen- und Arbeitsgefährtinnen; sich zur Wehr setzen auch gegen die Verzweiflung angesichts einer ungewissen Zukunft, gegen das Gefühl, von aller Welt verachtet und verlassen zu sein. Unter den etwa 150 Mädchen und Frauen, die alle wegen „Kriegsverbrechen" auf eine Verurteilung warten, befinden sich wenig ausgesprochen „politische". Als „Kriegsverbrechen" gelten in der letzten Kriegsphase ohne Unterschied: wirtschaftliche Vergehen wie Schwarzhandel, Diebstahl aus Not – besonders bei Fremdarbeiterinnen – verbotener sexueller Verkehr mit Männern „minderwertiger Rassen", illegale Schwangerschaftsunterbrechung (für „nicht arische" Frauen ist sie im Gegenteil angeordnet!), Schwarzhören von Auslandssendern, „Gesinnungsfeindschaft" politischer oder religiöser Art (überwiegend defaitistische Aussagen oder Pazifismus der Bibelforscher/innen). Hinzu kommen Mädchen und Frauen aus besetzten Ländern, die infolge von Razzien, Arbeitsverweigerung, Bezugscheinfälschung, verbotener Entfernung vom Arbeitsplatz festgenommen wurden.

Gemeinsam ist diesen Frauen in der Häftlingskleidung der Haß gegen den Krieg, der sie ihrem normalen Leben entrissen hat – dennoch hofft die Mehrheit der Deutschen auf einen Sieg der Wehrmacht –, Haß gegenüber den brutalen Aufseherinnen, die sie – wie fast alle Menschen, denen sie beim Gang zur Arbeit in der Fabrik oder der Schmiede begegnen – als „minderwertiges Pack" behandeln. Anwesende Nationalsozialistinnen, Vorurteile des Glaubens wie des Standes, Abneigung zwischen Deutschen und Ausländerinnen, die bei manchen an Haß grenzt, bewirken, daß die erforderliche Solidarität in dieser gemeinsamen Not selten über das Erzählen persönlicher Leidensgeschichten hinausgeht: Die Hälfte der Frauen ist geschieden oder im Scheidungsprozeß auf Antrag des Mannes, der entweder eine Jüngere gefunden hat oder sich der Verfemten schämt bzw. Konsequenzen für seine Karriere befürchtet. Annäherung entsteht nur durch gemeinsame Überzeugung, wie bei den Bibelforscherinnen, oder durch persönliche Affinitäten.

Nationale und internationale Solidarität im KZ

Im Gegensatz zu Männern, die durch Kameradschaft im Heer, politische, berufliche, soziale und kulturelle Verbindungen an ein gewisses Gemeinschaftsleben gewöhnt waren, hatten die meisten Mädchen und Frauen im KZ keinerlei Erfahrung außerhalb des Familienlebens. Dieser Umstand und das gezielte Vorgehen der NS-Machthaber, alles Trennende zur Erniedrigung der Häftlinge auszunutzen, erwiesen sich als besonders schwerwiegende Hindernisse für diejenigen, die mit Männern und Frauen am Widerstand teilgenommen hatten und nach ihrer Verhaftung in ein Frauen-KZ eingeliefert wurden. „Fast alle Völker Europas waren in Ravensbrück vertreten und durch die Katalyse des Lagers entblößt", schreibt die französische christliche Ethnologin Germaine Tillion in ihren Erinnerungen, die infolge des Verrats eines Priesters, der ein monatliches Gehalt dafür von der Abwehr erhielt, mit mehreren Mitgliedern der Widerstandsgruppe des Pariser „Musée de l'Homme" – darunter ihre Mutter – am 13. August 1942 verhaftet und mit einem „Nacht und Nebel"-Transport im Oktober 1943 nach Ravensbrück deportiert wurde. Obwohl deutsche Kommunistinnen wie Erika Buchmann,[13] Anne Kässing, Olga Körner, mit sowjetischen Bürgerinnen, wie Evgenia Klemme und Lolja Boika, der Norwegerin Anna Lisa Rakel, der Tschechin „Mama Zapotocka", der Österreicherin Mela Ernst, der Polin Wanda Kiendrzynska,[14] den Französinnen Marie-Claude Vaillant Couturier und Marthe Desrumeaux in der Organisation des Lagerwiderstandes zusammenarbeiteten, war Internationalismus nicht so selbstverständlich, wie es die kommunistische Geschichtsschreibung behauptet. Überlebende wie Wanda Kiendrzynska, Isa Vermehren[15] und Germaine Tillion stimmen in der Feststellung überein, daß die von nationalen Vorurteilen freiesten Beziehungen zwischen Häftlingen mit hohem Bildungsniveau bestanden, während einfache Frauen meistens an nationalen und sozialen Unterschieden festhielten, so daß Tillion die „Überlebenschancen" nach nationalen Gruppen ausrechnen konnte. Deutsche und Polinnen, die als erste im Lager eintrafen und die geschütztesten Arbeitsplätze in Schreibstube, Magazin und Flickstube besetzten, auch Österreicherinnen oder Frauen, die deutsch sprachen, ausgenommen jüdische, schlugen sich besser durch. Unter den unmenschlichen Haftbedingungen des KZs, die den täglichen Kampf ums eigene Überleben erforderten, bedurfte es eines Höchstmaßes an Altruismus, sich anderer, besonders der „Verfemtesten", anzunehmen. Zu dieser Kategorie gehörten die „Schmuckstücke"; so nannte die SS Frauen, die durch Verweigerung von Nahrung und Tätigkeit dahinstarben, Zigeunerinnen mit ihren Kindern, Jüdinnen – ausgenommen diejenigen, die, wie zum Beispiel in der französischen Gruppe in Ravensbrück, als „Politische" besser geschützt waren, während jüdische „Politische", wie die österreichische Sozialistin Käthe Leichter oder die Kommunistin Olga Benario-Prestes, die von der brasilianischen Diktatur 1936 der Gestapo ausgeliefert worden war, vereint durch die Liebe zur Dichtung gemeinsam in den Vergasungstransport nach Bernburg gingen.

Daß trotz aller soziokultureller Barrieren, trotz physischer und psychischer Not eine Art „Gegenkultur" im KZ entstand, wird von allen Überlebenden nicht als Heldentat gewertet – Heroisierung ist den Frauenaufzeichnungen fremd –, sondern als Ausdruck eines Bewußtseins, Leben und Würde gegen Brutalität, Resignation, Verfall und Tod aufrechtzuerhalten. Diese „Gegenkultur" existierte sogar noch in den verschiedensten Formen in der Hölle des Frauenvernichtungslagers Birkenau, wie es der Bericht der Ärztin Ella Lingens-Reiner, die wegen „Judenbegünstigung" Ende 1942 dorthin kam, bestätigt. Wenige dieser Frauen kamen zurück. Noch weniger fanden die Kraft, Unsagbares mitzuteilen. Zeugenaussagen dieser Art überschreiten die Grenzen der Literatur, weisen aber auch auf die äußerste Logik eines kulturellen Modells, das nicht erst mit dem Nationalsozialismus begann und nicht mit ihm vollständig verschwunden ist.

3. „Und alles ist hier fremd"
Schreiben im Exil

Sylvia M. Patsch

Frauen im Exil – ihre Reihe ist lang, und es sind bekannte Schriftstellerinnen darunter: Vicki Baum, Irmgard Keun, Anna Seghers, Hilde Spiel. Dennoch hat sich die deutsche Exilforschung bisher in erster Linie auf männliche Autoren, Künstler und vertriebene Wissenschaftler konzentriert. Die berühmten Namen wie Thomas Mann, Bertolt Brecht, Lion Feuchtwanger, Hermann Broch, Manès Sperber, Alfred Döblin oder Stefan Zweig sind heute Gemeingut der literarisch Interessierten; manche von ihnen gehören zum festen Bestandteil des Deutschunterrichtes in der Schule. Sie sind durch umfangreiche Ausgaben bekannt gemacht worden, die große deutsche Verlage in den letzten Jahren herausgebracht haben, wie z. B. elf Bände von Hermann Broch oder die Werkausgaben von Stefan Zweig und Elias Canetti, alle auch als preiswerte Taschenbücher erhältlich. Ähnlich umfangreiche Ausgaben gibt es von den wenigsten vertriebenen und verfolgten Schriftstellerinnen. Ihre Werke sind zumeist seit Jahrzehnten vergriffen, wenn es überhaupt nach Ende des Zweiten Weltkrieges zu neuen Ausgaben kam, und in den Abhandlungen über deutschsprachige Schriftsteller im Exil ist über sie nur wenig zu erfahren. Den Lesern sind sie deshalb zumeist unbekannt geblieben: Ilsa Barea, Käthe Braun-Prager, Elisabeth Freundlich, Lili Körber, Anna Gmeyner, Salka Viertel, Martina Wied, Hermynia Zur Mühlen.

Die mangelnde Rezeption der Exilschriftstellerinnen und -schriftsteller erklärt sich durch die Geschichte: in den dreißiger Jahren waren sie verboten, ihre Bücher wurden verbrannt; kaum eines ihrer Werke ist in den damals ‚gesäuberten‘ Bibliotheken zu finden. Erst recht wurden sie in der Heimat totgeschwiegen, wenn sie im Exil erfolgreich waren. Mit dem Schlagwort ‚Asphaltliteratur‘ wurden sie bequem abgetan. Die zeitgenössische Rezeption erfolgte, wenn überhaupt, nur durch Rezensionen in den Zeitungen ihrer Asylländer. Wenn sie weiterhin deutsch schrieben, blieben sie vollkommen unbekannt. Hier ist ein Unterschied zwischen den deutschen und einigen österreichischen Schriftstellern anzumerken: die Deutschen blieben mit geringen Ausnahmen bei ihrer Muttersprache, wogegen eine Reihe von österreichischen Schriftstellern zur englischen Sprache überging und so einen bedeutend größeren Leserkreis erreichte. Ihre Werke wurden deshalb auch in den Londoner Zeitungen besprochen, ihre politische Einstellung wurde gewürdigt, ihr sprachlicher Ausdruck gelobt. Dies war der Fall bei Hermynia Zur Mühlen, Robert Neumann – der geradezu als Vorbild für englische Autoren hingestellt wurde –, bei Hans Flesch-Brunningen, Franz Borkenau, Ilsa Barea oder Salka Viertel. Da es sich aber bei ihnen nicht um englische Autoren bzw. Autorinnen handelte, wurden sie auch nicht in die englische Literaturgeschichte aufgenommen. Erst in den letzten Jahren ist hier ein Wandel eingetreten: Man spricht nicht mehr von englischer Literatur, sondern von Literatur in englischer Sprache und kann somit Werke von Autoren aller Nationalitäten erfassen, sofern sie englisch geschrieben sind. So existiert eine kleine Enklave österreichischer Literatur in englischer Sprache.

Diejenigen, die sich zum Exil entschlossen, mußten in das Land gehen, das ihnen die Einreise und den Aufenthalt gestattete – und diese Erlaubnis nicht widerrief, was oft genug vorkam. Dann wurden sie nach Australien oder Kanada abgeschoben, auf Schiffen, die wochenlang Gefahr liefen, von deutschen U-Booten versenkt zu werden. Alle, die nach Frankreich, Belgien oder in die Niederlande geflohen waren, mußten nach dem Einmarsch der deutschen Truppen das Land sofort verlassen, mußten versuchen, über die Pyrenäen zu entkommen, wie Feuchtwanger und seine Frau Marta, Heinrich und Nelly Mann oder Werfel und Alma Mahler-Werfel und viele andere. Die USA waren ein gesuchtes Ziel, aber manche Schriftsteller sahen in England die letzte Bastion Europas und wandten sich dorthin. Die englischen Behörden fürchteten die Entstehung einer ‚Fünften Kolonne', sie mißtrauten also denen, die unter so schwierigen Bedingungen ihr Land verlassen hatten. Englische Zeitungen verlangten vehement die Internierung aller deutschen Flüchtlinge. Ausgewiesene Deutsche, die das KZ überlebt hatten, kamen in England in vielen Fällen gleich wieder hinter Stacheldraht.

Trotz all dieser Schwierigkeiten war England ein wichtiges Zufluchtsland; das beweist die große Zahl der Schriftsteller, Künstler und Wissenschaftler, die dort Asyl fanden: Oskar Kokoschka, Stefan Zweig, ehe er nach Südamerika ging, Robert Neumann, Johannes Urzidil, der dann in die USA gehen konnte, Richard Flatter, Hans Flesch-Brunningen, Peter de Mendelssohn, Hilde Spiel, Ludwig Winder, Robert Braun und seine Schwester Käthe Braun-Prager, Erich Fried, Martina Wied, Hermynia Zur Mühlen. Hermann Broch schrieb von Bord der „Statendam", wie ungeheuer schwer es ihm falle, England zu verlassen und in die USA weiterzureisen.

Eine Gruppe von Frauen wurde erst durch den Verlust der Heimat, durch die Vertreibung und ihre Erlebnisse in einem der häufig eher abweisenden Gastländer zum Schreiben angeregt. Sie wollten das Unerhörte, das Ungerechte, das ihr Leben so entscheidend verändert hatte, berichten. So entstanden die autobiographischen Schilderungen von Marta Feuchtwanger «Nur eine Frau», von Salka Viertel «The Kindness of Strangers», deutsch «Das unbelehrbare Herz», und Friderike Maria Zweig «Stefan Zweig, wie ich ihn erlebte». Sie wurden während oder nach Ende des Exils verfaßt, mit Blickrichtung entweder auf die eigene Familie in der neuen Umgebung, oder auf ihre Begegnung mit berühmten deutschen Schriftstellern, die sie im Exil kennenlernten. Diese Frauen treten in ihren Berichten oft ganz in den Hintergrund: Sie beschreiben, was ihre Männer ertragen müssen, die gegen die Widrigkeiten ihrer Lebenssituation die deutsche Sprache und Literatur nicht der in Deutschland herrschenden Macht überlassen wollten. Diese Frauen sind als Gefährtin dem Mann ins Exil gefolgt, manche haben ihrem Mann das Leben gerettet, wie Marta Feuchtwanger, wie Nelly Mann oder Alma Mahler. Sie schreiben nur selten über die alltäglichen materiellen wie die schweren psychischen Belastungen des Exils für die Frauen, für die Mütter. Diese Exilliteratur von Frauen zeigt vielmehr die ‚großen Männer' im Exil; es sind Augenzeugenberichte aus einer Zeit, für die es keine professoralen Biographen, keine authentischen Schilderungen von akademisch-kritisch geschulten Beobachtern gibt. Über ihre Bedeutung als Quelle für die Literaturgeschichte hinaus dokumentieren diese Autobiographien von Frauen einen der problematischsten Abschnitte in der Geschichte der deutschen Intellektuellen.

Als zweite Gruppe sind die Verfasserinnen von Studien über den beginnenden Faschismus in Deutschland zu nennen: Anna Gmeyner berichtet in ihrem Roman «Manja» von fünf Kindern, die zu Anfang der dreißiger Jahre heranwachsen. Der Roman erschien 1938 in Amsterdam, nachdem die Autorin zuerst in Paris, dann, nach 1933, in England im Exil lebte. Das Vorwort von Heike

Klapdor-Kops in der Neuausgabe von Lisette Buchholz hat die völlig Vergessene wieder in Erinnerung gebracht. Ebenso wie Lili Körbers Zeitroman «Die Ehe der Ruth Gompertz», konzentriert sich die Schilderung auf die Jahre der einsetzenden Verfolgung; über das Exil berichten sie nicht.[1]

Im folgenden werden zwei Autorinnen, Martina Wied und Hermynia Zur Mühlen als Beispiele für Frauen, die im Exil schrieben, ausführlicher vorgestellt; in beiden Fällen handelt es sich um alleinstehende Frauen, die versuchen mußten, im Exil zu überleben. Hermynia Zur Mühlen hatte sich von ihrem Mann, einem baltischen Baron, getrennt und rettete sich nach England. Martina Wied war Witwe geworden, als sie nach England ins Exil gehen mußte. Beide waren bereits vor ihrer Vertreibung schriftstellerisch tätig gewesen. Beiden gelang das Überleben aufgrund ihrer literarischen Interessen: Martina Wied konnte sich als geprüfte Sprachen- und Geschichtslehrerin durchschlagen; Hermynia Zur Mühlen war als Übersetzerin bekannt, und ihre zahlreichen Übersetzungen aus vier Sprachen dürften ihre Haupteinnahmequelle gewesen sein. Bei beiden steht das persönliche Schicksal nicht im Vordergrund ihres literarischen Schaffens; für die Biographin, die versucht, ihr Leben zu schildern, ist es bedauerlich, daß beide nur in seltenen Anspielungen auf ihr Leben in der Fremde hinweisen. Sie stammten aus unterschiedlichem sozialen Milieu: die eine aus dem gutsituierten Bürgertum, die andere aus der Hocharistokratie.

Martina Wied schrieb in ihren Exiljahren weiter in deutscher Sprache, also für die Schublade. Publikationsmöglichkeiten für Bücher in deutscher Sprache gab es während des Zweiten Weltkrieges in England kaum. Das Deutsche war zur Sprache des Feindes geworden. Deutsche Artikel konnten höchstens in der Exilpresse erscheinen. Übersetzungen waren selten. Nur arrivierte Autoren wie Thomas Mann, Stefan Zweig oder Lion Feuchtwanger wurden noch übersetzt. In England waren Buchhandel und Verlagswesen durch den Krieg stark beeinträchtigt. Die Druckereiarbeiter, die Setzer und Graphiker waren beim Militär; Bombenangriffe hatten viele Verlagshäuser in London zerstört; dies erschwert auch die Exilliteraturforschung, denn die Verlagsarchive, in denen man Korrespondenzen mit deutschen Exilautorinnen vermuten kann, sind ebenfalls sehr weitgehend vernichtet. Hermynia Zur Mühlen ging zur englischen Sprache über, nachdem sie schon eine Reihe von autobiographischen Erzählungen, vor allem aber eine Sammlung von ausgezeichneten Kurzgeschichten verfaßt hatte. In englischer Sprache schrieb sie im Exil zwei wichtige historisch-politische Romane. Sie kehrte nicht in die Heimat zurück, sondern starb 1951 unweit von London. Martina Wied kam 1947 wieder nach Wien. Erst danach erschienen die Romane, die sie im Exil geschrieben hatte.

Martina Wied wurde am 10. Dezember 1882 in Wien geboren. Ihre Mutter war die Dichterin Jenny Schnabl, ihr Vater, Dr. Joseph Schnabl, ein Rechtsanwalt. Die Familie war der Mittelpunkt eines kleinen Kreises von literarisch Interessierten. Die bürgerliche Salonkultur zur Zeit des Wiener *fin-de-siècle* bildete ein Gegenstück zur bekannten Kaffeehauskultur eines Karl Kraus oder

Martina Wied

Peter Altenberg. Martina Wied studierte an der Wiener Universität Kunstgeschichte, Philosophie und neuere Literaturen. Einer ihrer Lehrer war Jakob Minor, damals bekannt durch seine Forschungen über das deutsche Drama. 1910 heiratete Martina Wied den Wiener Industriellen Siegmund Weisl. Noch während ihrer Schulzeit hatte sie angefangen, Gedichte zu schreiben. Schon damals verwendete sie ihr Pseudonym „Martina Wied". Frühe dramatische Versuche blieben unveröffentlicht. Ein Lyrikband erschien 1919, «Bewegung», später «Brücken ins Sichtbare», Gedichte aus der Zeit von 1912 bis 1952. Ihr erster Roman, «Das Asyl zum obdachlosen Geist», erschien 1934 in der Wiener Zeitung in Fortsetzungen und wurde 1950 in Buchform unter dem Titel «Kellingrath» wieder aufgelegt.

1927 bis 1929 unternahm Martina Wied Reisen nach Lodz, Warschau und Krakau; dann nach Frankreich, England und Italien. Im Anschluß an ihre ausgedehnten Reisen nach Osteuropa begann sie 1928 den politischen Entwicklungsroman «Die Geschichte des reichen Jünglings», der sozial-, mehr aber noch kulturkritisch die ungezügelte industrielle Entwicklung und das Gewinnstreben beschreibt. In ihrem Roman «Kellingrath» wandte sie sich mit Erfolg einer psychologischen, von Kierkegaard beeinflußten existentialistischen Darstellung zu. Die Hauptfigur des Romans, John Kellingrath, übersetzt den dänischen Philosophen. Die Tragödie von Mayerling bildet den zeitlichen Hintergrund des Romans, in den auch Episoden aus dem Leben des unglücklichen Komponisten Hugo Wolf verwoben sind. Immer drängender wird für Martina Wied die Frage, wo es „auf der schiefhängenden Welt ein Asyl für den obdachlosen Geist" gibt – ein Schicksal, das ihr selbst bevorstand. Ihr nächster Roman, der letzte vor Ausbruch des Zweiten Weltkrieges, erschien 1936 unter dem Titel «Rauch über Sanct Florian, oder Die Welt der Mißverständnisse». Er schildert seltsame Vorkommnisse in einem Dorf im Lauf einer Woche im Sommer 1931. Hier ist die Atmosphäre von bevorstehendem Unheil, von einer nahenden Katastrophe überzeugend gelungen. Scheinbar verlaufen die Vorbereitungen für den Fronleichnamstag gemächlich und von der Tradition bestimmt. Unterschwellig kündigt sich das plötzliche Ende der harmonischen Dorfgemeinschaft an, die durch eine Feuersbrunst vernichtet wird.

Ihr Roman «Das Einhorn», der erst 1948 erschien, trägt die Bemerkung: „Begonnen St. Margaret's Tower, Edinburgh, April 1940, beendigt im Kloster der Barmherzigen Schwestern zu Glasgow im Oktober desselben Jahres". Davor lag die Flucht nach England, die sie in einem ergreifenden Gedicht schilderte:

Gott hat mich in ein fremdes Land geführt –
Nein, hingesandt, versiegelt und verschnürt –
Ganz willenlos. Und alles ist hier fremd:
Die Kost, der Trunk, die Luft, das Wort, die Tracht –
Und was ich trag', geborgt, nichts mein als nur das Hemd
Am Leib – und noch das Heimweh, das ich mitgebracht.[2]

Martina Wied hat sich nie über die Trennung von ihrem Sohn, von der Heimat, ihrem Lebenskreis, ihren Verdienstmöglichkeiten geäußert. Die Klage über die Entwurzelung wurde Dichtung. Nach neun Jahren war sie wieder in Wien, sie hatte zu tun, ihre Romane herauszubringen, die sie in England während des Krieges in deutscher Sprache nicht hatte veröffentlichen können.

Ihr Roman «Das Einhorn», das Wappentier Schottlands, zeigt ihren Versuch, die Geschichte ihrer neuen Umgebung darzustellen: der letzte Stuart, Charles Edward, geht ins Exil an den Hof des Großherzogs Leopold von Toskana. Dort wird er mit seiner jungen Frau bald zum Mittelpunkt von Intrigen. Der Erzähler ist ein schottischer Maler, der am Schluß ermordet wird. Wiederholt stellte Martina Wied Künstler in ihrer Gefährdung in fremder Umgebung dar. Ihre Sprache ist modern, niemals altertümelnd. Die Hinwendung zur Vergangenheit im Sujet hingegen ist charakteristisch für die meisten Vertriebenen. Zu Unrecht wurde ihnen dies von der Kritik gleich nach Ende des Zweiten Weltkrieges als Flucht vor den aktuellen Problemen zur Last gelegt. Die verfolgten Schriftsteller sahen ihr eigenes Los gespiegelt in den Schicksalen von historischen Gestalten. Hans Flesch-Brunningen hat darüber einen heute vergessenen Sammelband unter dem Titel «Vertriebene von Ovid bis Gorguloff» geschrieben, ehe er selbst ins Exil nach England gehen mußte. Die bekanntesten historischen Gestalten, die in der Exilliteratur behandelt wurden, sind Vergil (Broch), Henri Quatre (Heinrich Mann), Tycho Brahe (Max Brod), Alkibiades (Flesch-Brunningen).

Martina Wieds nächster, in Glasgow geschriebener Roman «Der Ehering» sei hier nur kurz erwähnt. „Entstanden im Kloster der Barmherzigen Schwestern Saint Mary's zu Glasgow, Oktober 1940 bis Januar 1941", lautet ihr Zeitvermerk in der Ausgabe der Österreichischen Verlagsanstalt von 1954. Der Zweite Weltkrieg hatte mit dem Einmarsch in Polen begonnen, und da sie das Land von ihren ausgedehnten Reisen her kannte, berichtet sie in diesem Werk über die Lage kurz vor Ausbruch des Ersten Weltkrieges. Vom *fin-de-siècle* in Wien verlegt sie ihren Schauplatz immer weiter nach Osten, nach Krakau, nach Warschau und schließlich St. Petersburg. Eindringlich schildert sie das Motiv der Vereinsamung einer alleinstehenden Frau mitten im turbulenten gesellschaftlichen Leben. Auf der politischen Seite kritisiert sie den Einfluß der Presse, die Sensationssucht der Journalisten, die Diplomaten-Politik und die herrschende Klasse. Ähnlich urteilte Hermynia Zur Mühlen über die «Affen im Frack», wie sie die Diplomaten immer nannte, und die festgefahrenen, verknöcherten Institutionen in der Donaumonarchie wie auch im zaristischen Rußland. Beide Schriftstellerinnen, die eine aus dem Bürgertum, die andere aus der Hocharistokratie, wurden in England zu engagierten Demokratinnen und übten Kritik an den Konventionen der alten Heimat.

Martina Wieds Lebenswerk, «Die Geschichte des reichen Jünglings», stellt in der Chronologie ihrer Werke insofern ein Problem dar, als sie diesen politischen Roman bereits 1928 auf ihren Reisen durch Polen begann, ihn aber erst 1943 in Glasgow fertigstellte. Veröffentlicht wurde er 1952, anläßlich ihres 70. Geburtstages. Der reiche Jüngling Leontjew erfährt schon in früher Jugend, was es heißt, in russische, deutsche und polnische Schulen gehen zu müssen – das Problem der Loyalität in Konfliktsituationen wird ihn sein Leben lang verfolgen. Er nimmt am Kampf der Polen gegen die Russen 1920 bis 1922 teil, kommt dann in Agentenkreise, in den politischen Untergrund von Krakau. Der Partei-Ideologe im Roman ist ein Abbild des ungarischen Philosophen Georg Lukács, den Martina Wied in Wien kennengelernt hatte. Der junge Leontjew gerät ganz unter seinen Einfluß und bewundert den Älteren als Vordenker der Revolution. Als dieser „Privatdozent an der Universität Heidelberg" beginnt, den Parteiapparat zu kritisieren, wird er zur Unperson und verschwindet plötzlich. In diesen Kapiteln setzt sich Martina Wied mit den marxistischen Theorien auseinander: Ihr Roman nimmt eine neue Dimension an, die sie ebenbürtig neben die politischen Autoren vor und nach dem Zweiten Weltkrieg stellt; der Vergleich ihres Werkes mit Arthur Koestler oder George Orwell, mit Jewgeniy Samjatin und H. G. Wells ist berechtigt. Im Zweiten Weltkrieg muß der „reiche Jüngling", der alles verloren hat, fliehen; er gelangt nach England und wird Mitglied der polnischen Anders-Armee. Martina Wied und ihr großer Roman findet heute in Polen mehr Beachtung als in ihrer Heimat. Die Exilsituation ist ihr wiederkehrendes Thema, dem sie überzeitliche Aspekte abgewinnt: sie spricht von „der Ausgesetztheit, der Unwirklichkeit, die allem Exil anhaftet“; sie fragt: „Ist nun aller Ballast abgeworfen, daß wir höher steigen können – daß wir endlich ins Unverlierbare gelangen?“[3]

1951 erschien Martina Wieds Exilroman «Das Krähennest; Begebnisse auf verschiedenen Ebenen». „Begonnen 1944 in Wincanton, Somerset, England.“ Ein Nietzsche-Zitat ist vorangestellt:

> Die Krähen schrein
> Und ziehen schwirren Flugs zur Stadt:
> Bald wird es schnein –
> Weh dem, der keine Heimat hat!

Hier zeigt sich deutlich, wie eng die in der deutschen Forschung immer wieder gesteckten zeitlichen Grenzen der Exilliteratur sind: die deutschen Abhandlungen betonen schon im Titel, daß für sie das Exil 1945 zu Ende ist. Martina Wied, Hans Flesch-Brunningen, Robert Neumann, Salka Viertel und zahlreiche andere Schriftsteller beweisen, daß dieser Zeitraum zu kurz gewählt ist. Es dauerte oft noch Jahre, bis in den zerstörten Städten der Heimat eine neue Bleibe gefunden werden konnte, bis die zehn und mehr Jahre dauernden Beziehungen zum Asylland beendet wurden, bis die Vertriebenen heimkehren konnten. Immer wieder hört man die Klage, niemand habe sie zurückgerufen. Zudem sind die Jahreszahlen der Veröffentlichung in Buchform oft irreführend. Martina Wied ist dafür ein charakteristisches Beispiel. Ihr «Krähennest» wurde erst nach ihrer Rückkehr, sechs Jahre nach Ende des Zweiten Weltkrieges, veröffentlicht. Alle Zweifel, ob es sich dabei um einen echten Exilroman handelt, zerstreut die Bemerkung, sie habe das Buch in Nordwales beendet. Es ist einer der bedeutendsten Romane über England im Bombenkrieg; vergleichbar mit Robert Neumanns Schilderungen in «The Plague House Papers», oder mit «Perlen und schwarze Tränen» von Hans Flesch-Brunningen. «Das Krähennest» ist zudem ihr modernstes Werk: ein experimenteller Roman, der Technik der Bewußtseinsspiegelung einer Virginia Woolf, eines James Joyce verwandt.

«Das Krähennest» ist ein Schul- oder Internatsroman; Schüler und Lehrer flüchten aus London vor den Fliegerbomben, deren Wirkung Martina Wied sowohl im Materiellen als auch besonders in der psychischen Belastung auf die jungen Leute eindringlich schildert. Die angsterfüllten Nächte, die Glassplitter, die berstenden Wände und die nächtlichen Detonationen haben ein solches Ausmaß erreicht, daß die ganze Schule aufs Land verlegt werden muß. „Die Flucht“ heißt ihr erstes Kapitel. Es gelingt, in einer ländlichen Gemeinde eine primitive Unterkunft zu finden, und das Schulleben nimmt unter veränderten, improvisierten Umständen seinen Fortgang. Martina Wieds eigene Lehrtätigkeit in englischen Schulen, an denen sie Deutsch, Geschichte und Kunsterziehung unterrichtete, zeigt sich nur in kurzen Bemerkungen. Der weiblichen Hauptperson, die ihre Sympathieträgerin ist, legt sie den Ausspruch in den Mund, sie habe im vergangenen Jahr „in einem feucht-kalten Kloster“ gehaust, „wo alles schimmelte, rostete und Grünspan ansetzte" und wo sie nicht wenig gefroren habe. Die Figur dieser jungen Sprachlehrerin, deren Vater Franzose und deren Mutter Österreicherin ist, trägt autobiographische Züge: sie ist Fremde, geduldet nur, im Exil ihre Muttersprache unterrichtend; dabei kommt Wieds Heldin, wie es auch ihr eigenes Schicksal war, immer wieder in Gewissenskonflikte: wie verhält sich der Ausländer, der Flüchtling, in seiner neuen Umgebung, wie steht es mit seiner Loyalität dem Gastland, dessen Freunden und Feinden, aber auch der alten Heimat gegenüber. Es ist keine Parteipolitik, die hereinspielt, es sind grundsätzliche Entscheidungen, die ihre Hauptpersonen zu treffen haben, allen voran ihre Madeleine, die junge Lehrerin, die sich für eines ihrer „Vaterländer" entscheiden muß.

Wie aus der Ferne und verschlüsselt nur klingt das Schicksal Österreichs 1938 an:

> ... es ist ja nicht mehr meiner Mutter Land, wovon ich mich abwende –, unfreiwillig, überrumpelt, durch Erpressung, Verrat, feige Preisgabe... ist es rücksichtslosen Siegern ohne Schuß, ohne Waffengebrauch, zugefallen und wird nun von ihnen gewürgt, gepeinigt, geplündert, ausgesaugt.[4]

Wie erträgt man „den Zwiespalt, dieses Zwischen-den-Lagern-Stehen? Das unaufhörliche Hinundzurückgerissenwerden...?" Und an anderer Stelle:

> Gerne nähme Madeleine Verbannung, Armut, Abhängigkeit lebenslang auf sich, dürfte sie nur hoffen, daß die Jahre ihrer einsamen Ausgesetztheit ihrer Heimat Festigung, Eintracht, Erneuerung bescheren würden.[5]

Immer wieder kommt sie zurück auf die Pflicht, das Land zu verteidigen, aber auch auf die moralische Berechtigung, Kriegsdienste zu verweigern. In nüchtern gehaltenen Worten nennt sie den Tod und die Todesart der Schüler, die sie dem Leser nähergebracht hatte, die auf den entlegensten Kriegsschauplätzen gefallen sind – der eine in Libyen, der andere in Burma; der eine in der Luft, mit seinem Flugzeug abgeschossen, der andere mitsamt seinem Schiff im Ozean vermißt. Die Schule wird von Regierungsinspektoren auf Kriegsdienstverweigerer untersucht; sollte einer der Insassen aus irgendeinem persönlichen Grund, aus Haß oder Abneigung gegen einen Mitschüler oder Lehrer eine Anzeige erstattet haben? Wie steht es mit den Verbindungen zur französischen Résistance? Verdachtsmomente, Mißtrauen, Gerüchte, Massenpsychose, ja Hysterie, Probleme, die bei engem menschlichen Kontakt auftreten, weiß die Verfasserin überzeugend zu schildern oder anzudeuten.

1947 kehrte Martina Wied nach Wien zurück. 1952, zu ihrem 70. Geburtstag, wurde ihr der „Österreichische Staatspreis für Literatur" verliehen. Sie starb am 25. Januar 1957. Keines ihrer Werke ist heute im Buchhandel erhältlich. In den Literaturgeschichten wird sie bestenfalls kurz erwähnt. Sie ist ein charakteristisches Beispiel für die Schriftstellerin, die im Exil vergessen, und deren Heimkehr nach fast einem Jahrzehnt nicht mehr zur Kenntnis genommen wurde. Denn an die Kriegsjahre wollten die Leser nicht mehr erinnert werden, noch dazu jene in

England lagen allzu fern. Heute sollte man erkennen, daß viele der von Frauen im Exil geschriebenen Werke nicht nur als Zeitdokumente wichtig, sondern auch aus Gründen der sprachlichen Gestaltung von Bedeutung sind. Gerade die Stilistik Martina Wieds sucht ihresgleichen im deutschen Roman des 20. Jahrhunderts. Ihr weitausholender Satzbau, mit seinen englischen Einsprengseln, mit seiner Andeutungs- und Verhüllungstechnik verleiht ihren Exilromanen, besonders dem «Krähennest» seinen unverwechselbaren Ton.

Hermynia Zur Mühlen wurde 1883 in Wien geboren. Sie war die Tochter des Kämmerers, außerordentlichen Gesandten und bevollmächtigten Ministers Graf Victor Folliot de Crenneville und der Gräfin Isabella, geborene von Wydenbruck. Schon als Kind, auf den großen Reisen in den Orient, auf die sie ihr Vater mitnahm, hatte sie Ausbeutung und Unterdrückung besonders der Frauen beobachtet. Ihr soziales Empfinden erwachte früh, auch durch die enge Bindung an ihre englische Großmutter, mit der sie Gespräche über arm und reich, über soziale Privilegien und soziale Chancenlosigkeit führte. Sie heiratete den baltischen Adeligen und Großgrundbesitzer Victor Zur Mühlen, der im fernen Rußland lebte. Nie habe es zwei Menschen gegeben, die schlechter zusammenpaßten, meinte sie kurz darauf. Die despotische Art, mit der ihr Gatte seine Bauern behandelte, empörte sie. Alles Patriarchalische war ihr schon immer verhaßt gewesen. Sie verließ ihren Mann bald und als 1914 der Weltkrieg ausbrach und sie wieder nach Österreich zurückkehrte, war sie als ‚Russin‘ verdächtig: Man fürchtete sich vor Agenten und als besonders gefährlich galten hübsche Spioninnen. Ihr Erinnerungsbuch «Ende und Anfang» (1925) zeigt, wie relativ, durch den augenblicklichen Standort bedingt, das Urteil über Mitmenschen ausfallen kann, wie Staatsgrenzen im Krieg zu unüberbrückbaren Hindernissen werden. Selbst die Heimat wird zur Fremde. Hermynia Zur Mühlen zog die Konsequenzen und ging nach Ende des Ersten Weltkrieges nach Frankfurt.

Nun fing sie systematisch zu schreiben an: Sie wandte sich den Kindern zu, schrieb moderne Märchen. Ein Bändchen nach dem anderen erschien: «Was Peterchens Freunde erzählen», «Der kleine graue Hund», «Ali der Teppichweber», «Lina: Erzählungen aus dem Leben eines Dienstmädchens». Diese Kinderbücher erregten Aufsehen und Zustimmung in fortschrittlichen Kreisen; sie wurden in viele Sprachen übersetzt, sind aber, wie bei Kinderbüchern zumeist, kaum je in eine öffentliche Bibliothek gelangt, sie sind zerlesen und verschwunden. Die kleine Erzählung «Schupomann Karl Müller» trägt ihr vom Reichsgerichtshof in Leipzig die Anklage wegen „Unterwühlung der Moral der Schutzpolizei“ ein; die ungarische Übersetzung ihres «Was Peterchens Freunde erzählen» wird ebenfalls Gegenstand eines Prozesses; ihre «Erzählung aus dem Leben eines Dienstmädchens» wird beschlagnahmt. 1935 veröffentlichte sie in Wien ihre schärfste Abrechnung mit dem NS-Staat, «Unsere Töchter, die Nazinen».

1938 mußte sie ins Exil, zuerst in die Tschechoslowakei, dann, 1939, nach England. Erst im englischen Exil gelangen ihr politisch-historische Romane, eine

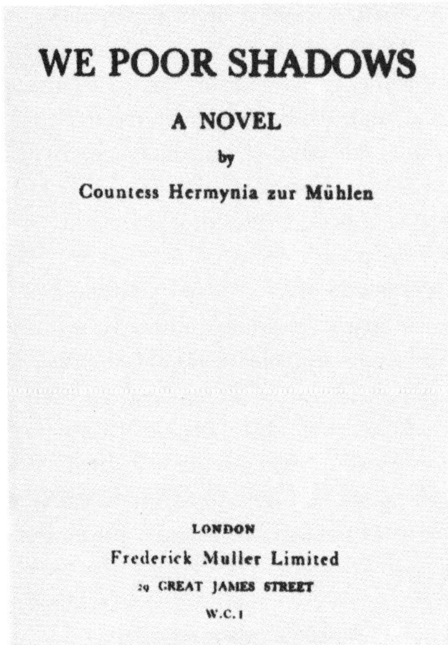

WE POOR SHADOWS

A NOVEL

by

Countess Hermynia zur Mühlen

LONDON

Frederick Muller Limited

29 GREAT JAMES STREET

W.C.1

Art Familiensaga in zwei Bänden: «We Poor Shadows», London 1943, und «Came the Stranger», London 1946. Hermynia Zur Mühlens großes Zeitbild «We Poor Shadows» ist nie ins Deutsche übersetzt worden. Es beginnt mit dem Ende der Napoleonischen Kriege: Die reaktionären Kräfte haben gesiegt und versuchen nun auf dem Wiener Kongreß, ihre Stellung für alle Zeiten zu sichern. Metternich fühlt sich zum Organisator des neuen monarchisch-patriarchalischen Europa berufen: Alles für das Volk, aber nichts durch das Volk, ist die Devise. Enttäuscht wendet sich das Bürgertum von der Politik ab und zieht sich auf das eigene Heim, auf die Familie, aufs Land zurück. Die Soldaten sind entlassen und bevölkern die Städte, in denen die Armut wächst. Um die Kriegsversehrten kümmert sich niemand. Neureiche und unfähige Politiker amüsieren sich auf Bällen und Festlichkeiten. Mit prunkvollem Gefolge treffen die Potentaten aller Länder in Wien ein. Der Kongreß tanzt.

Vor diesem Hintergrund schildert Hermynia Zur Mühlen die Schicksale einer alten Adelsfamilie, die in Böhmen große Ländereien besitzt und in Wien ein vornehmes Stadtpalais bewohnt. Die verschiedenen Mitglieder der Familie Herdegen ähneln Gestalten und politischen Überzeugungen, die sie aus ihrer eigenen Sippe kannte: der eine fortschrittlich, der andere schwerfällig, dem *ancien régime* verhaftet. Die Sympathien der Schriftstellerin liegen deutlich auf der Seite der jungen Generation. Mit großem Einfühlungsvermögen schildert sie Ehen, die zwar nicht über die Standesgrenzen, wohl aber über Sprach- und Nationalitätengrenzen hinweg geschlossen wurden. Eine junge Französin hat in die Familie eingeheiratet, und ihre fortschrittlichen Ideen verursachen beinahe die Scheidung von ihrem Mann. Selbsterlebtes und -erlittenes mischt sich mit Episoden aus der Familiengeschichte. Die junge Französin versucht der Familie zuliebe, sich ebenfalls anzupassen, als ihre Kinder in Wien ihre Heimat gefunden haben und in ihre Umgebung und Gesellschaftsschicht hineinwachsen. Sie erkennt, daß ihr Mann, ohne zu klagen, unter Vetternwirtschaft und Protektion leidet, weil die besten Köpfe systematisch aus der Politik ausgeschaltet werden. Der perfekte Polizeistaat versucht mit Zensur und Verhaftungen, alle freiheitlichen Gedanken fernzuhalten; aber sie drängen heran, aus Griechenland, aus Polen, Italien und auch aus England – dort zwar nicht in Form von Revolution, sondern aufgrund von Schriften, die sich theoretisch mit ökonomischen und sozialen Fragen beschäftigen. Von unmenschlichen Bedingungen in den Gefängnissen ist die Rede, vom Spitzelwesen und wie sich die Flüchtlinge aus den unterdrückten Ländern insgeheim treffen und den Umsturz planen. Die Parallelen zu der Zeit des Zweiten Weltkrieges sind deutlich. Lord Byron, Symbolfigur der neuen Freiheit, wird von den Gestalten im Roman eifrig gelesen und diskutiert. Seine Begeisterung für das unterdrückte Griechenland hatte eine Welle von Philhellenismus ins Leben gerufen; aus allen europäischen Ländern waren junge Männer in den Kampf für die Freiheit gezogen: „Überall auf der Welt loderten die Flammen empor, in Frankreich, Belgien, Polen, Italien.“ Englische Leser erkannten sofort den Hinweis auf den Zweiten Weltkrieg, und die Rezensenten wiesen auf das Aktuelle ihres Zeitbildes hin. Das Los der polnischen Flüchtlinge von damals wiederholte sich unter ihren Augen: Vertriebene waren es, die in England Schutz suchten und die Möglichkeit des Eingreifens zugunsten ihrer Heimat: „England als Asyl der Verfolgten aus aller Welt“, wie Hermynia Zur Mühlen schrieb.

Hier liegen die Berührungspunkte mit Martina Wieds «Geschichte des reichen Jünglings»: Dieselben Probleme zeitigten ähnliche Ansichten. Und bis auf den heutigen Tag dasselbe Bild – zunächst eine Welle von Hilfsbereitschaft, aber bald setzen Bedenken ein, man könnte durch die freundliche Aufnahme der Vertriebenen die Großmacht, die sie ausgewiesen, verärgern, es könnte auf diplomatischer Ebene zu Verwicklungen kommen. Die Staatsraison siegt über die Menschlichkeit.

Wenige Monate nach Ende des Zweiten Weltkrieges erschien Hermynia Zur Mühlens zweiter zeitkritischer Roman in London unter dem Titel «Came the Stranger», 1947 mit dem Titel «Als der Fremde kam» übersetzt. Dieser Fremde ist ein preußischer Agitator, der versucht, die verschiedenen Volksgruppen, die Deutschen, die Tschechen, die Slowaken und Ungarn, die Juden gegeneinander aufzuhetzen und den späteren deutschen Einmarsch vorzubereiten. Ihre Studie über den Haß, das Mißtrauen, Vorurteile, Verhetzung und Unduldsamkeit umspannt die Zeit vom Zusammenbruch der Donaumonarchie 1918 bis zum Beginn des Zweiten Weltkrieges. Die gezielte Propaganda benützt die alten Sprach-, Rassen- und Allianzgrenzen, um die Bevölkerung nicht zur Ruhe kommen zu lassen. Minoritäten werden ausgewiesen; sie müssen binnen Stunden ihre angestammten Wohnsitze, ihre Dörfer verlassen und dürfen nur ihre geringe bewegliche Habe auf Handkarren mitnehmen; die Reise ins Ungewisse hat begonnen.

Unter diesen Zuständen, den Umsiedlungen und sozialen Umschichtungen, leiden auch die Angehörigen der Familie Herdegen, deren ältere Generation im vorhergehenden Band «We Poor Shadows» geschildert wurde. Besonders die männlichen Familienmitglieder können sich mit der neuen Zeit nicht abfinden; der Weltkrieg und die Nachkriegszeit haben sie aus der Bahn geworfen. Frauen sind es, die hilfsbreit eingreifen, um die Not zu lindern und Flüchtlinge aufzunehmen. Frauen aus allen Bevölkerungsschichten überwinden Standes-, Volks- und Konfessionsgrenzen, die ihren Männern unüberbrückbar scheinen. Aber sie können die Prügeleien, die Aufmärsche, die blutig enden, nicht verhindern. Hermynia Zur Mühlen steht der Rolle, die die Kirche in diesem Streit spielt, kritisch gegenüber: „Die jungen Geistlichen und die Studenten schrien ihre Parolen, ‚die Slowakei für die Slowaken! Die Juden nach Palästina!'" Massenpsychose setzt ein,

> die Gesichter wurden häßlich und böse; der Haß beherrschte die Straße, alle brüllten endlich die Hetzrufe mit, eine böst Lust überkam die Menschen, sie waren wie betrunken von grausamer Zerstörungswut.[6]

Für einige der Herdegens erscheint ein Exil in England die einzige Lösung; andere verargen es England, daß es nicht in den Konflikt eingreift. Die vereinzelten Nachrufe, die bei Hermynia Zur Mühlens Tod 1951 erschienen, stellten fest, daß sie sich in den letzten Jahren gewandelt hatte: Von der aktiven Kommunistin war sie zur Christin geworden; einen Hinweis geben die Kapitelüberschriften des Romans «Came the Stranger». Sie brachte die Leidensgeschichte unterdrückter Völker mit der Passion Christi in Verbindung; ihre Überschriften lauten „Der Schatten des Kreuzes", „Gethsemane", „Ehe der Hahn kräht" und „Es herrschte Finsternis über der Welt". Die zeitgenössischen englischen Rezensionen erkannten den Wert ihrer psychologisch-politischen Schilderung, ihrer Kunst, mit der sie das Entstehen von krankhaftem Fanatismus, von Todfeindschaften, von Verhetzung und Massenpsychosen darstellte.

Heute ist von Hermynia Zur Mühlens umfangreichem Werk kaum etwas im Buchhandel greifbar. Ihre Autobiographie, die viele Jahre vor ihrem Exil endet, wurde 1976 in Berlin und Weimar wieder veröffentlicht: «Ende und Anfang. Ein Lebensbuch». In der Kollektion Kinderbuch, Berlin-DDR, brachte Manfred Altner eine Sammlung ihrer Märchen heraus, mit einem Nachwort und einer Bibliographie. Hermynia Zur Mühlen erwarb sich durch ihre Übersetzertätigkeit gute Kenntnisse der englischen Romanliteratur und ließ sich dadurch anregen, einen wichtigen Beitrag zum politischen Roman zu leisten.

Frauen schreiben im Exil: Ist das Exil eigentlich zu Ende? Überall auf der Welt gibt es neue Wellen von Unduldsamkeit und Vertreibung. Über zwölf Millionen

Flüchtlinge verzeichnet die neueste UNO-Statistik. Die Exilliteratur der dreißiger und vierziger Jahre wird bereits – kaum wahrgenommen – schon wieder verdrängt.

4. Staub und Sterne
Deutschschreibende Autorinnen in Erez-Israel und Israel

Margarita Pazi

Ein Zeugnis ist heute vielleicht wichtiger als ein Kunstwerk.
Stefan Zweig an Max Hermann-Neisse, 18. Mai 1940

Die emotionelle und existentielle Situation

Deutschschreibende Autoren befanden und befinden sich in Israel in einer heiklen Situation; sie waren und sind nicht nur Autoren, die in einer anderen als der Landessprache schreiben: Sie bedienen sich einer Sprache, die zwar in den letzten Jahren nicht mehr verpönt ist, die aber in diesem geographischen Raum unweigerlich mit Auschwitz, unmenschlicher Grausamkeit und Bergen von wehrlosen, ermordeten Opfern verbunden wird.

Bei der Eingewöhnung in ein Land ist wahrscheinlich das Sprachproblem das schwierigste und für die deutschsprachigen Einwanderer wurde es zu einem dreifachen, einem praktischen, einem gefühlsmäßigen und einem kulturellen Problem. In dem kleinen Stückchen Land, das 1917 mit der Balfourdeklaration zur Heimstätte der Juden erklärt worden war, hatte nach jahrelangen Zwistigkeiten und Überlegungen das Ivrit, wie das moderne Hebräisch genannt wird, über das Jiddisch gesiegt. Die Einwände der Orthodoxie gegen die Profanisierung der heiligen Sprache wurden mit überzeugenden Gegenargumenten, unter anderem mit Hinweisen auf die orientalischen Einwanderer entkräftet, und die Sprache der Gebete wurde zur Sprache der Pioniere; Worte und Begriffe, die durch Jahrtausende religiöse Vorstellungen ausgedrückt hatten, vermittelten nun alltägliche Begebenheiten.

Für die Einwanderer aus Osteuropa, die mit dem Hebräischen aus den religiösen Schulen, der traditionellen Erziehung, vertraut waren, gab es im eigentlichen Sinn kein Sprachproblem. Anders war die Situation der Einwanderer aus Zentral- und Westeuropa. Die existentiellen Schwierigkeiten ermöglichten nur sehr selten ein ungestörtes Studium dieser im Satzbau und im Schriftbild von ihrer bisherigen so verschiedenen Sprache. Lernbemühungen wurden gefördert, ein Rückfall in die Herkunftssprache mit Nachsicht als Übergangserscheinung betrachtet – aber nicht, wenn es um die deutsche Sprache ging! Diese ablehnende Haltung wurde nicht selten auch von den Betroffenen selbst geteilt, für die diese Sprache nun mit so beklemmenden Vorstellungen durchsetzt war. Die Unkenntnis des Hebräischen isolierte sie aber auch von dem geistigen und kulturellen Leben des Landes. Um zumindest dem Informationsbedürfnis dieser Einwanderergruppe zu entsprechen, wurde 1933 ein Wochenblatt gegründet, das bis 1985 (seitdem in unregelmäßigen Zeitabständen) unter dem Namen «M. B. Wochenzeitung des Irgun Olej Merkaz Europa» (Verein der Einwanderer aus Mitteleuropa) erschien, und 1935 wurde eine deutschsprachige Tageszeitung ins Leben gerufen, die, wenn auch unter anderem Namen und unter anderer Leitung, bis zum heutigen Tage erscheint. Weitere deutschsprachige Presseorgane und Zeitschriften wurden in unregelmäßigen Zeitabständen veröffentlicht; die meisten mußten ihr Erscheinen allerdings nach einiger Zeit einstellen – aus Mangel an finanzieller Unterstützung und Leserpublikum, aber auch weil ihr Erscheinen wegen der deutschen Sprache zu Protestkundgebungen führte.

In den Städten bildeten sich kleine Grüppchen, ‚Kulturkreise', in denen Vorlesungen und Vorführungen in deutscher Sprache geboten wurden. Die siebzigjährige Else Lasker-Schüler konnte in dem von ihr gegründeten „Kraal" in Jerusalem ein interessiertes und dankbares Publikum für ihre Rezitationen finden, und ihr letzter Gedichtband «Mein blaues Klavier» erschien 1943 in Jerusalem in deutscher Sprache. Um Max Brod, der 1940 einwanderte, bildete sich ein Kreis, der sich im Hause seiner Schwägerin, Nadja Taussig, traf und der bis heute, 20 Jahre nach dem Tod Max Brods, besteht.

In diesem Beitrag sollen nun Autorinnen vorgestellt werden, die nicht als Berufs-Schriftstellerinnen gelten können, wie etwa Else Lasker-Schüler, die bis zu ihrem Tod, 1945, in Jerusalem lebte (vgl. zu ihr S. 336f.) oder Anna Maria Jokl (siehe unten). Ihre spärlichen Buchveröffentlichungen mußten aus privaten Mitteln bezahlt werden, und bei der wirtschaftlichen Lage des deutschlesenden Publikums konnte auch kaum mit Buchkäufen in größerem Umfang gerechnet werden. Die Lage der Autorinnen unterschied sich nicht von der ihrer männlichen Kollegen, aber die Anforderungen an den Arbeitswillen und die Arbeitskraft, die in dem Pionierland Erez Israel an die Frauen gestellt wurden, waren kaum dazu angetan, ihre literarischen Neigungen zu fördern; darauf ist auch die geringe Anzahl von Autorinnen zurückzuführen, die in den dreißiger Jahren den Weg und die Möglichkeit zu Publikationen fanden. Es ist anzunehmen, daß nur ein Bruchteil dieser literarischen Aufzeichnungen bewahrt ist. Bis zur Gründung des deutschsprachigen Schriftstellervereins im Rahmen des allgemeinen Schriftstellerverbandes in Israel, 1975, gab es keine zentrale Stelle, die die Interessen der deutschschreibenden Autoren zu wahren oder zu fördern versuchte, und selbst wenn die verschiedenen im Eigenverlag erschienenen Bändchen der National-Bibliothek in Jerusalem übergeben wurden, sind die Namen der Autorinnen nicht bekannt; es ist also durchaus möglich, daß im Lauf anderer Untersuchungen noch weitere Belege dieser schriftstellerischen Bemühungen gefunden werden können.

Die Situation, die seelische wie die existentielle, war für die in den dreißiger Jahren Eingewanderten eine wesentlich andere als für die nach 1945 Gekommenen. Die Ersteren hatten, auch wenn sie durch ihre zionistische Einstellung, die ihre Einwanderung in den meisten Fällen motivierte, gegen die Selbsttäuschung einer jüdisch-deutschen Symbiose nicht gefeit waren, noch nicht in die ganze Tiefe der Abgründe blicken müssen, die sich für die dort zurückgebliebenen Juden auftaten; sie brachten noch die Erinnerungen an die Kindheit und Jugend mit, an die Zeit, „ehe der Teufel ritt", wie Alice Schwarz-Gardos in einem ihrer Gedichte schreibt, wenn auch dieses Gedenken keineswegs eine Lebensstütze bedeutete.

> Erinnerungen hängen wie alte Kleider auf Kleiderbügeln

notierte die 1936 als Dreizehnjährige eingewanderte Netti Boleslav drei Jahrzehnte später.

Nachklänge

Ein weiterer entscheidender Faktor war das Alter: Je älter die Eingewanderten waren, desto geringer waren trotz allen guten Willens die emotionelle Anpassungsfähigkeit und die Möglichkeit, sich in dem so völlig verschiedenen Milieu zurechtzufinden. Auch litten die Mädchen, die mit verschiedenen Jugendgruppen in das Land kamen, an einem bis ins Alter merkbar bleibenden Heimweh, das sich vor allem auf das individuelle ‚Zuhause', auf die Eltern bezog. Ein Beispiel hierfür ist die wahrscheinlich erste Einwanderin unter den Autorinnen, Irma Singer. Der Antrieb zu der ersten literarischen Tätigkeit Irma Singers war die Notwendigkeit, den Kindern der galizischen Flüchtlinge 1914/15 in Prag, die häufig ihre Eltern auf der Flucht ‚verloren' hatten und in einem notdürftig errichteten Waisenheim untergebracht waren, ein bißchen Wärme und Freude zu verschaffen. Nicht nur das Sprachliche, auch das Inhaltliche der westlichen Märchen war diesen Kindern fremd und unverständlich. Irma Singer ‚erfand' die Märchen, die in «Das verschollene Buch» 1920 mit einem Vorwort von Max Brod veröffentlicht wurden. Zehn Jahre später erschienen ihre Gedichte aus dem Lande Israel «Licht im Lager», geschrieben in Degania, dem 1920 gegründeten Kibbutz. Im Vorwort betont die Autorin, daß der dokumentarische Wert über den künstlerischen gestellt wird:

> Diese Gedichte [...], sie wollen nicht als Kunstwerke in die Welt gehen. Sie sind die Stimme aus einem Leben, das durch seinen Reichtum mich zum Sprechen zwang [...]. Aber auch eine Welt des Leidens hat uns umfangen [...]. Die Mutter, die jenseits des Meeres blieb [...] losgerissen sein von allen Gewohnheiten [...] das Ringen um die Sprache der Väter [...]

Irma Singer gehörte zu der Gruppe der Siedler, die sich dem Kibbutz Degania, südlich des See Genezareth, in den zwanziger Jahren anschlossen. Die Problematik der nun zur Realität gewordenen Ideologie, aber vor allem die darin gefundene Befriedigung spricht aus ihren Gedichten, wie dem Gedicht «So über Nacht...»:

So über Nacht verstehen wir zu leben:
gestern noch Ringen,
Brechen der Schwingen,
Nach Sternen und Wolken greifen und streben.

Heute sich wundern, wie Gräser sprießen.
Dankbar den Stunden...
Sich selbst gefunden,
Lächelnd die innere Ruhe genießen [...]

(Aus: «Licht im Lager», S. 88)

Das weitere Werk dieser Autorin umschließt vor allem Kinderbücher: «Kelle und Schwert», das, wie schon der Titel anzeigt, das Leben der Pioniere schildert; «Benni fliegt ins gelobte Land», ein Buch über Degania, erschien 1959 und auch in italienischer Übersetzung «Le Cicogne» 1960 in Rom.

Aus dem gleichen geographischen Raum kam Berta Kraus-Rosen, 1904 in Mährisch-Ostrau geboren und streng orthodox erzogen. Die Entscheidung für die zionistische Bewegung, die in diesem Milieu oft nicht nur Auflehnung gegen die Familie, sondern auch den Bruch mit ihr bedeutete, die Einwanderung 1929, die Jahre im Kibbutz, alle individuellen Schwierigkeiten und Probleme werden in der Erinnerung zu den ‚tröstenden' Schmerzen, die gegen den stets gegenwärtigen Hintergrund des Holocaust in jedem ihrer Gedichte mitklingen. Sie veröffentlichte von 1954 bis zu ihrem Tod 1981 sieben Gedichtbände im Selbstverlag, Tel-Aviv.

Geographisch nicht weit entfernt lag der Geburtsort von Mirjam Scheuer-Goldes, 1899 in Teplitz-Schönau geboren, 1983 in Tel-Aviv gestorben. Mitte der dreißiger Jahre als Zahnärztin eingewandert, gelang es ihr relativ rasch, sowohl die Sprache des Landes zu erlernen, wie Anschluß an die hebräischen literarischen Kreise zu finden. 1949 erschien von ihr, in Zusammenarbeit mit Vera Lewin, einer namhaften Journalistin, eine Übersetzung «Aus neuer hebräischer Dichtung». In der Einleitung wird zu Recht darauf hingewiesen, daß „die Eigenart der hebräischen Dichtung darin liegt, daß es eigentlich immer die gleiche Sprache ist, in der die Dichter singen [...] Hier ist kein Bruch, der die alte Sprache der neuen nicht mehr verständlich macht [...]"; damit wurde nicht nur die immense Spannweite der Assoziationsmöglichkeiten in der hebräischen Poesie gezeigt, sondern auch die Schwierigkeiten der Lektüre eines solchen Gedichtes, wenn man mit der Sprache der heiligen Bücher nicht vertraut ist. Um so größer ist also das Verdienst dieser Übersetzung und auch der Übersetzungen von Nathan Altermanns Gedichten in Zeitschriften und Zeitungen, mit denen Miriam Scheuer zur Kenntnis dieses prominenten hebräischen Autors beitrug. Zu erwähnen ist weiterhin das Manuskript ihres Dramas «Tamlane», ein Ritterspiel aus der Zeit der Tafelrunde; es bei deutschen Verlagen zu publizieren, gelang trotz des positiven Urteils von Lektoren nicht. Eigenartig ist die Gestaltung der Frau in diesem Drama; als Gegenspielerin Tamlanes konzipiert, ist sie nur von egoistischen und oberflächlichen Beweggründen motiviert. Eines ihrer frühen Gedichte, «Der Koffer», verdeutlicht die immanente Zeit- und Schicksalsgebundenheit ihrer Gedankenvorstellungen:

1 Schau an, es gibt für Dich kein Haus
und nicht ein Stückchen Boden.
Ich gehe gern mit Dir hinaus
die Zukunft auszureden.

2 Zwar dieser strauchelt, jener fällt,
doch wer mich hat, der schätzt es:
ich bin Dein Heim und Deine Welt
und an Besitz Dein Letztes.

3 Der Weg ist eng und ganz verpaßt
und jeder Plan zerrissen.
Ich trage alles, was Du hast,
und bin bei Nacht Dein Kissen.

4 Wirst endlich Du gestorben sein
inmitten Deinem Wandern,
bin heut' ich Dein Gedächtnisstein
und morgen dien' ich Andern.

Dieses Weltverhältnis bildet auch den Grundton der Lyrik und Prosa einer weiteren aus der ČSR eingewanderten Autorin, Netti Boleslav (Cohen), 1923 in Mladá Boleslav geboren, 1981 in Tel-Aviv gestorben. 1936 eingewandert, war sie zu jung, in der Sicherheit ihres Wesens die Maßstäbe ihrer Kindheit zu bewahren und sich dem neuen Leben zuzuwenden, nicht jung genug, um zu vermeiden, daß ihre Sehnsucht nach dem verlorenen Zuhause, nach den Eltern, ihrer gefühlsmäßigen Integration in dem neuen Leben im Weg stand. Was blieb, war ein unentwegtes Suchen nach dem „Vollkommenen"; sie hatte es zum Teil in ihren Söhnen gefunden und war dankbar dafür, aber die seelische und geistige Unruhe dauerte an, und ihr ‚unstetes' inneres Leben hinter der Fassade eines geordneten bürgerlichen Daseins enthüllt sich in ihren Schriften, in ihrer Lyrik und in den seltenen Prosatexten. Man hat diese bedeutende Lyrikerin mit Nelly Sachs verglichen (Marcel Reich-Ranicki) und auch mit Else Lasker-Schüler. In beiden Fällen liegt der grundlegende Unterschied in ihrer Schicksalsauffassung: Sie wollte nicht eine Dichterin des „Blauweißen Landes" sein, das sie liebte und besang – sie hätte es als eine Art Verrat an ihrer Kindheit empfunden –, und sie versagte es sich, in dem Volk, dem sie mit jedem Tropfen Blut angehörte, aufzugehen. Sie hegte und pflegte, wie auch Jenny Aloni, das schreckliche Schuldsyndrom, das auf uns „Überlebenden", auf dieser Generation der Shoa, lastet. Aus dem schmalen Nachlaß Netti Boleslavs, der mir von ihrem jüngeren Sohn Efraim zur Verfügung gestellt wurde, sind die folgenden drei Gedichte, die die wichtigsten Menschen und Geschehnisse in ihrem Leben festhalten: den

Vater, dessen strenge Orthodoxie das kleine Mädchen gefürchtet und verehrt hatte, die Söhne, die beide 1967 an der Front standen, und ihren schweren Tod.

Ich bin ein Berg
eine Wüste
von zusammengeworfenen Uniformen
auf dem Himmel Israels
Vater
laß Deine Seele
für meine kämpfenden Söhne beten.
Jeruschalajim
auf Deinen Wegen
aus Deinen Steinen
aufgestellte Pyramiden in Ewigkeiten
kämpfen
Kinder mit blassen Kinderwangen
Blut
auf dem Gewehr
nur der Helm
durchlöcherte Herzen
beten an der Mauer
starr gewordene Finger
um Dich Jeruschalajim

Zerronnen die Zeit
die kleine Zeit
unter Kobaltstrahlen
im Auftrage
des dunkelhäutigen
Brazilianer
im weißen Mantel
seine Hände kugeln
um meine Haut
ich bin Teig
bin Minuten abgegriffen

und die Einsamkeit
preßt mich
in die Tage
auf meinem Bett
wickelt mich
in Sommerstrahlen
ich liege hier
einsam
weltverlassen
wachse langsam
irgendwo hinüber
ins Endlose –
ich schreie nicht
ich weine nicht.

Zu den früh Eingewanderten unter diesen Autorinnen gehört auch Rusia Lampl. 1901 in Kroscienko/Ostgalizien geboren, nahm sie den Weg so vieler bildungshungriger galizischer Juden: Nach dem Schulbesuch in Lemberg folgten einige Jahre an der Universität Wien; dort lernte sie ihren späteren Mann, den Musiker Max Lampl kennen, mit dem sie 1931 nach Erez Israel einwanderte. Sie hatte früh ihre Neigung und ihr Talent zur Literatur entdeckt, schrieb und publizierte in deutscher, hebräischer und englischer Sprache, aber wie bei vielen anderen dieser Autorinnen mußten Jahrzehnte vergehen, ehe die literarischen Bemühungen in Publikationen mündeten; im Falle Rusia Lampl waren es Hörspiele. Dem ersten, 1961 in Israel in hebräischer Sprache ausgestrahlten Hörspiel folgten rasch weitere in anderen Sprachen. «Die beiden Tabakspfeifen» wurden vom Norddeutschen Rundfunk 1962 gesendet, und in Übersetzungen auch vom israelischen, englischen und holländischen Rundfunk; es folgten acht weitere Hörspiele, das letzte 1974, «Das alte Haus», gebracht vom Sender Klagenfurt. Der Erfolg des ersten Hörspiels hatte zu der Aufforderung eines deutschen Verlages geführt, Rusia Lampl möge ein „positives Buch" über die israelische Jugend schreiben. Sie ging an diese Aufgabe mit wissenschaftlicher Akribie heran: Sie bat einige Dutzende junger Leute zu sich, unterhielt sich mit ihnen, lauschte ihren Gesprächen und daraus entstand dann «Der Sommer mit Ora». Doch dieser Tagebuchroman einer sechzehnjährigen Israeli entsprach nicht den Wünschen und Vorstellungen des Verlags; das Buch konnte dann etwas später im Verlag Sauerländer, Aarau, herausgebracht werden, wurde ins Englische und Französische übersetzt und hatte mehrere Auflagen. 1965 wurde Rusia Lampl dafür der deutsche Jugendbuchpreis zugesprochen.

Rusia Lampl griff in diesem ‚Jungmädchenbuch' ein Problem auf, an das israelische Autoren mit großer Vorsicht herangingen und -gehen: die ‚Abwanderung' aus Israel und die Reaktionen auf diese ‚Fahnenflucht' von seiten der Israelis wie der ‚Abgewanderten'. Die Fortsetzung des Buches «Eleanor» (1965), könnte eigentlich auch „Rückkehr" oder „Heimkehr" heißen, denn darin wird der Weg der Freundin Oras, Eleanor, und mit ihr und durch sie der ihrer abgewanderten Familie zurück zum Judentum und nach Israel gezeichnet. Von den weiteren Büchern dieser Autorin kann hier nur noch das Buch «Schuhe für Adina» (1969) genannt werden. Auch hier nimmt die Autorin mit überzeugender Unbefangenheit das schwierige Thema des Neben- und Miteinanderlebens in dem jungen Staat von so unterschiedlichen Mentalitäten, wie die einer vor 1933 aus Mitteleuropa eingewanderten alten Dame und einer kurdischen Jüdin auf. Rusia Lampl starb 1983 in Jerusalem.

Zu den in den dreißiger Jahren aus Deutschland eingewanderten Autorinnen gehören auch Lotte Baerwald und Elfriede Bergel-Gronemann. Lotte Baerwald, 1883 geboren, 1937 in Jerusalem gestorben, war noch in Deutschland mit ihren Texten zu den Schattenbildern von Alex und Lotte Baerwald «Die Arche Noah» und «David und Goliath» bekannt geworden; ihr Lyrikbändchen «Von kleinen Göttern und Menschen» enthält unbeschwerte Gelegenheitsgedichte, Skizzen des mit Liebe und Einsicht Gesehenen.

Elfriede Bergel-Gronemann, 1883 in Danzig geboren, 1958 in Tel-Aviv gestorben, schrieb zahlreiche Beiträge für Berliner Zeitungen und Zeitschriften, die heute nicht mehr auffindbar sind. Soweit es ihre rege soziale Tätigkeit in dem neuen Land zuließ, verfolgte sie ihre schriftstellerischen Interessen weiter; ein Roman, «Der Spaziergang», und ein Lustspiel, «Die Beichte», blieben unveröffentlicht. 1943 erschien, vervielfältigt durch den Dr. Peter Freund Verlag, Jerusalem, ein Büchlein «Begegnung im Spiegel», Überlegungen, Erwägungen meist persönlicher Art. Die «Begegnung im Spiegel» ist das von einem Schaufensterglas zurückgeworfene Bild einer „älteren Frau", in der sich mit der „mitleidsvollen Zärtlichkeit, die man nur für sich selbst hat", die Autorin erkennen muß. Dem kurzen Vorwort läßt sich entnehmen, daß die Veröffentlichung von dem

Wunsch geleitet worden war, ein kleines Detail der zerstörten Vergangenheit festzuhalten, auch wenn dies nur in der deutschen, also in der verpönten Sprache geschehen konnte. Eine weitere Schrift, «Der jüdische Weg», in der wohl die persönlichen Erfahrungen der Autorin festgehalten wurden, ist nicht greifbar.

Die zionistische Ideologie war auch der Kernpunkt in den Schriften Ester Else Rabins, 1889 in Papenburg geboren, 1978 in Haifa gestorben. Als eine der ersten Frauen promovierte Ester Else Rabin 1913 in Breslau über Charlotte Birch-Pfeiffer als Dramatikerin; neben ihrer Lehrtätigkeit widmete sie sich publizistischen Aktivitäten, wandte sich dann stärker jüdischer Kultur und Geschichte zu, was auch ihre schriftstellerische Tätigkeit beeinflußte. 1935 wanderte sie mit ihrer Familie in Erez-Israel ein und widmete sich sofort der sozialen Arbeit, ohne dabei die schriftstellerische zu vernachlässigen. Neben der didaktischen Zielsetzung, die nicht nur ihre Jugendbücher prägt, und bei der ihr sowohl ihr pädagogisches Talent wie ihre praktische Erfahrung zugute kam, wird das frauenemanzipatorische Motiv betont, die besondere Stellung der Frau in der jüdischen Tradition und die daraus erwachsende Verpflichtung. Ester Rabins Interpretationen der jüdischen Geschichte sind von bezwingender Aktualität, und die Lebhaftigkeit ihres Stils beläßt dem Geschilderten sein natürliches, objektives Gewicht und seine Proportionen. Es gelang dieser Autorin auch die Sprachhürde zu nehmen: Ihre Publikationen erschienen in hebräischer und deutscher Sprache und sind zu zahlreich, um hier angeführt zu werden. Nur die beiden letzten Bücher in deutscher Sprache sollen hervorgehoben werden: 1970 «Die Frage» und 1975 «Schattenbilder», die Geschichte ihrer Familie in dem ehemaligen Deutschland, aufgezeichnet für ihre Kinder.

Wohl auch zionistisch motiviert aber in erster Linie von ihren schöngeistigen Interessen gelenkt wurde Margarete Moses, 1890 in Süddeutschland geboren, 1980 in Jerusalem gestorben. Ausgebildete Musikerin, auch als Malerin tätig, wandte sich Margarete Moses auch der Literatur zu und veröffentlichte noch in Berlin zwei Romane. Verheiratet mit Siegfried Moses, dem ersten Staatskontroller (Präsident des Rechnungshofes) Israels, widmete sie sich nach ihrer Einwanderung 1935 ihren künstlerischen Aktivitäten. Nach «Der verborgene Klang» (1948), einem Roman, der die Eingewöhnungsprobleme der Westeuropäer in dem neuen Land mit romantischer Tendenz darstellt, schrieb sie eine größere Anzahl von Filmtexten und Essays, in denen ihr Hang zum Mystizismus deutlich wird.

Malerin und Autorin ist auch Cäcilie Cohen-Kurzweil, die 1933 Deutschland verließ und erst 1950, nach ihrer Einwanderung in Israel, die seelische Ruhe zu literarischen Arbeiten fand. Sie ist Mitglied der Maler- und Bildhauerunion und bringt in ihren kurzen, kaum veröffentlichten Skizzen ihr Beobachtungstalent und ihr plastisches Darstellungsvermögen zum Ausdruck. Vielseitig begabt war auch Margot Klausner, 1905 in Berlin geboren, 1976 in Tel-Aviv gestorben. Sie gehörte führend der Theatergruppe „Habimah“ an und schrieb Schauspiele, Romane und Erzählungen, die nur zu einem kleinen Teil veröffentlicht sind und in denen sich ihr Interesse für Parapsychologie verfolgen läßt. Sie erwarb sich auch große Verdienste um die Entwicklung der Filmindustrie in Israel.

Der ‚Nestor' der deutschschreibenden Autorinnen in Israel ist Lola Landau, 1892 in Berlin geboren und seit 1936 in Jerusalem. „Berlin prägte die Erlebnisse der Entwicklungsjahre, der Jugend [...]. Ich weiß, daß ‚mein Berlin' in einer glücklichen, verhältnismäßig unbeschwerten Epoche der Geschichte, noch heute in meinem Leben nachleuchtet", schreibt die Autorin Jahrzehnte später in ihrem 1980 veröffentlichten Buch «Die zärtliche Buche». Darin wird auch der Beginn ihrer stürmischen Ehe mit Arnim Wegner, die „Erfüllung einer Schicksalsliebe" skizziert, die in dem letzterschienenen Buch Lola Landaus, «Meine drei Leben» (1987), ausführlich beschrieben wird. Die Sprache, der Stil und vor allem der sehr lebhafte, den Leser gleichsam in das Geschilderte einbeziehende Erzählduktus dieses Buches kann angesichts der beschriebenen Zeitspanne von acht Jahrzehnten und des Alters der Autorin nur Bewunderung erregen. Und es entspricht dem Charakter dieser Autorin, wenn sie das Gedicht von 1969 «Die alte Frau» (im Buch von 1980) mit der emphatischen Zeile „... Ich bin nicht alt!" beendet. Wer könnte an dieser Behauptung zweifeln, wenn er den kurzen Prosatext liest, den die Autorin mir Ende des Jahres 1986 mit der Veröffentlichungserlaubnis übersandte:

Mohnblume. Die Mohnblume will sich öffnen. Aus dem schmalen Riß der grünen Kapsel leuchtet der Zipfel eines feuerroten Kleides. Ein Fächergewand. Eine Tänzerin ist die Mohnblume, die sich langsam aufblättert aus ihrem giftgrünen Schal. Nie wurde listiger die Schönheit verhüllt, nie reizte mehr das purpurne Fleisch aus seiner Verschleierung. Sie lockt und gewährt nichts; sie verheißt und verbirgt sich.

Doch bald wird sie aus ihrer Verhüllung springen und die glühende Tarantella in Rot tanzen. Die grüne Mantilla, abgeworfen, wird zu ihren Füßen auf dem Boden liegen; sie aber wird im Tanz brennen, bis die Seidenfetzen ihres gezackten Gewandes flattern.

Noch wartet sie. Sie hat Zeit. Bis der Augenblick der glühenden Blüte gekommen ist und sie dann langsam verglimmt, eine Leidenschaftliche des Lebens unter den ewigen Gestirnen.

Lola Landau veröffentlichte ihren ersten Gedichtband «Schimmernde Gelände» 1916, einen weiteren, «Lied der Mutter» 1920; 1930 wurde «Die Wette mit dem Tod», ein Mysterienspiel, in Wenigerode uraufgeführt. Es folgten eine in Breslau 1931 uraufgeführte Tragödie «Kind im Schatten» (auch in Zürich, Prag und Tel-Aviv aufgeführt), viele Kurzgeschichten, Essays und Gedichte in deutschen Zeitungen und Zeitschriften. Nach 1958 veröffentlichte sie Erzählungen, Gedichte; auch ein Hörspiel wurde im israelischen Rundfunk gesendet: «Der Zeitungsjunge».

Die relativierenden Perspektiven in den Darstellungen Lola Landaus werden in denen Frida Hebels von einer subjektiven Wirklichkeitserfahrung abgelöst. Frida Hebel, in Darmstadt geboren, wanderte 1933 mit ihrem Mann in Israel ein und unterbrach auch während der schweren ersten Jahre in dem neuen Land nicht ihre literarische Tätigkeit, zu der Lyrik, Prosa und Kurzbiographien zu zählen sind. Kennzeichnend für die Autorin ist eine Erzählweise, die von tiefer

Religiosität geprägt ist und in der sich die Tendenz durchsetzt, zeitpolitische und sozialbedingte Geschehnisse durch individuelle Entscheidungen und Begegnungen zu überwinden. Hinter diesem Wunschdenken steht die erlebte und konkret erfaßte Wirklichkeit des Staates Israel und eine fast kritiklose Bewunderung der israelischen Jugend, die mit dem „Schwert und dem Pflug" kämpft. Frida Hebel veröffentlichte eine Vielzahl von Novellen und Skizzen in Zeitschriften und Zeitungen, weiter die Gedichtbände «Gesang des Lebens» (1964), «Der Mond wird voll» (1964) und «Fernes Land» (1967) und den Roman «Asufi von Galiläa». In ihren Gedichten der letzten Jahre werden die trüben Erfahrungen zunehmend von zukunftsorientierten, ethikgetragenen Vorstellungen verdrängt. So in der letzten Strophe des Gedichts «Endlich...»

> ... Er fühlt sich frei, weil er gebunden
> dem Guten sich verpflichten will,
> fühlt endesendlich sich gesunden,
> friedlich vom Wunsch be-freit und still. (1980)

Das fast geschlossene Systemdenken, das hinter der Prosa und Lyrik Frida Hebels erkennbar ist, läßt sich auch bei Ester Rabin und Margarete Moses nicht übersehen; es entspringt nicht dem Wunsch nach eigengesetzlicher Klassifikation oder Reduktion der Phänomene, es ist ein Abwehrmechanismus, eine Lebenshilfe, um die totale Ab- und Umwertung der Postulate und Maximen, die die Jugend- und Entwicklungsjahre dieser Frauen bestimmten, zu bewältigen. Der Ausgangspunkt des Erzählten, eine ‚erkannte' Situation oder Begebenheit, wird von diesen Autorinnen in kausalem Erzählen häufig durch die Zuhilfenahme von Erinnerungen mit Vergangenheitsgeschehen verbunden; das Warnungsmotiv ist impliziert und äußert sich in dem Vertrauen in die Jugend des Landes, nie in Kriegsverherrlichung. Das Motiv des ‚strahlenden Siegers' gibt es weder in der in deutscher, noch in der in anderen Sprachen entstandenen Literatur Israels. Getragen wird diese Motivgestaltung von der Entschlossenheit, nie mehr in die Situation wehrlos ausgelieferter und schutzlos preisgegebener Opfer zu geraten.

Heimat Israel

Es ist nur natürlich, daß in dieser sich so rapide entwickelnden und sich verändernden Umgebung Unterschiede von Halbgenerationen oder noch geringere Altersunterschiede eine entscheidende Änderung der Weltsicht und -beurteilung mit sich bringen, die sich in den Texten der Autorinnen ablesen lassen. Die Weltsicht Alice Schwarz-Gardos, Netti Boleslavs, Jenny Alonis, um nur diese Beispiele zu nennen, wird ja auch von individuellen Erinnerungen beeinflußt – „Man vergißt nichts, nichts. Man ist alles gewesen, die Verschmelzung aller Abläufe in Gleichzeitigkeit", wie es Anna Maria Jokl 1983 in einem Brief zusammenfaßt; unverkennbar ist auch die Absicht, der Wunsch, das

Vergangene in dem erzählten Geschehen wieder aufleben zu lassen; doch dieses Erinnern überschattet die Auseinandersetzung mit dem gegenwärtigen Geschehen nicht, es führt vielmehr zu einer sich zunehmend verschärfenden Sicht aktueller, konfliktgeladener Situationen. Mit der daraus resultierenden schonungslosen Beurteilung werden Mörder und Opfer und nicht selten auch das ‚Versagen' der Überlebenden geschildert, die Etappen erlittener oder miterlebter Ungerechtigkeit zu rächen. Ein erhellendes Beispiel hierfür ist die Lyrik und Prosa Jenny Alonis, 1917 in Paderborn geboren, 1939 in Erez Israel eingewandert. Das Leben Jenny Alonis in dem neuen Land verlief wie das vieler Mädchen und Frauen, die sich plötzlich an eine völlig veränderte Lebensform gewöhnen mußten. Aber Jenny Aloni hatte einen immensen Vorsprung: Sie beherrschte die hebräische Sprache. Sie hatte bereits in Berlin nach dem Abitur hebräisch gelernt, und sie setzte diese Studien an der hebräischen Universität in Jerusalem fort und war dann bis 1946 in der britischen Armee. Die Erfahrungen, gesammelt während ihrer Tätigkeit als Sozialarbeiterin, das Arbeitsfeld, das sie sich 1947 gewählt hatte, waren nicht dazu angetan, ihre pessimistische Grundhaltung zu verändern; sie äußert sich in ihren Erzählungen und Romanen, besonders in «Der Wartesaal» (1969). Ihrer ersten Veröffentlichung «Gedichte» (1956) folgte der Roman «Zypressen zerbrechen nicht» (1961). Der Titel dieses Romans deutet die Tendenz der Autorin an, in Naturmetaphern die Wahrnehmungsmuster lebensgeschichtlicher Erfahrungen zu verschlüsseln; diese Tendenz wird auch in den weiteren Prosatexten beibehalten. Die Lyrik Jenny Alonis bringt ihre Liebe zur Natur und ihre Verbundenheit mit der so schwer erkämpften Heimat zum Ausdruck und ist, wie bei fast allen diesen Autorinnen, stark von der Ein- und Nachwirkung der erlebten Kriege des Landes geprägt. Der Gedichtband von 1980, Selbstverlag Tel-Aviv, dem „Andenken meiner Eltern und Schwester, umgekommen in Theresienstadt und Auschwitz" gewidmet, beinhaltet die «In den schmalen Stunden der Nacht» immer wiederkehrenden Gedanken, die zu bedrückenden Bildvorstellungen werden, in denen

> roter Regen tropft
> von den Ästen des Korallenbaumes
> und an den Zweigen der Trauerweide
> hängen rote Tränen. (S. 81)

In der drei Jahre später veröffentlichten Erzählsammlung «Die braunen Pakete», 1983 Selbstverlag Tel-Aviv, sind Erinnerungen und Assoziationsvorstellungen von 50 Jahren vereint, von den „braunen Paketen", wie die erste Erzählung heißt, die den „bösen Spuk" des Ritualmärchens schildert, von dem kleinen jüdischen Mädchen Ella in dem Land „hoher geistiger Kultur", in dem Land ihrer Geburt, aus nächster Nähe erlebt, bis zu der „Bridgepartie" von alternden Frauen auf einer Veranda der Tel-Aviver Wohnung. Zwischen den einzelnen Spielen „kehrten sie zurück in ihre Jugend, in die als Gegenwart verkleidete Vergangenheit, in jene Kleinstadt, in der sie jung gewesen waren und die dann später ... Stopp. Drei Herz, vier Kreuz, ich sage kontra ... Aber sie hatten nicht vergessen ... das Schicksal jener vergessen, die zurückgeblieben waren, ein Schicksal, das ihr eigenes Schicksal hätte werden können ...". Auch Jenny Aloni hat nicht und nichts vergessen, sie kann es nicht, wie ein kurzer, unveröffentlichter Text von 1969 verdeutlicht, der noch vor dem letzten konklusiven Satz in dem „mit gelber Haut bespannten Sessel" die ständige Präsenz der Holocaustassoziationen fixiert:

> „Nach Auschwitz kann man kein Gedicht mehr schreiben", sagte er in einem Ton, der keine Widerrede duldete, trank von dem roten Wein und streichelte den Arm der Frau, die neben ihm in dem mit rotem Samt bespannten Sessel lehnte.
> „Es ist alles längst vergessen", sagte er in einem Ton, der keine Widerrede duldete, trank von dem gelben Wein und streichelte den Arm der Frau, die neben ihm in dem mit gelber Haut bespannten Sessel lehnte.
> Ich saß am Tisch zwischen ihren Tischen, schrieb ein Gedicht und konnte nicht vergessen.
> 13. 3. 69

Hanna Blitzer, geboren in Beuthen und seit 1933 in Tel-Aviv, „lebt zwischen den Kriegen, dann und wann", wie sie in ihrem Lebenslauf es formuliert; erst 1982, nach vereinzelten Veröffentlichungen in Zeitschriften und Zeitungen, publizierte sie einen Gedichtband «Staub und Sterne». 1984 folgte ein weiterer Band, «Lyrik», und «Noch ein Akkord» erschien 1987. Noch immer sind ihre Vorstellungen und Assoziationen von dem „vom Rauch der Gräber schwarzen Himmel über Europa" nur mühsam mit dem Bewußtsein zu lindern, daß nun, hier

> ... aus Kampf und Tränen
> Blut und Tod
> wuchs der Orangenbaum
> immergrün
> duftend von erwartungsvollen Blüten
> weiß wie der Anfang, ...
> (S. 52, Staub und Sterne)

1934 kam Lilit Pavel, geboren in Stettin, nach Erez Israel; auch sie „erlaubte sich erst nach 1970 wieder deutsch zu schreiben" und veröffentlicht seither in deutschen Zeitschriften und Zeitungen, setzt aber auch ihre englischen Veröffentlichungen fort. Das ambivalente Gefühl, das sie in dem Gedicht «Vergessene Kindheit» andeutet

> Nur manchmal in Liedern
> spürte ich Sehnsucht
> nach Vergangenheit
> die ich vergessen wollte

könnte auch von Erni Goldschmidt-Stern, geboren in Spannenberg und seit 1938 in Tel-Aviv, geschrieben worden sein; ihre 1977 veröffentlichten «100 Lieder mit 100 000 Gedanken» zeugen von einem unter diesen Autorinnen seltenen Optimismus, der von der trüben Vergangenheit in Europa eher gefördert als gehemmt wird. Ähnlich schreibt auch Nora Hauben; in Chemnitz geboren, lebte sie viele Jahre in Rumänien und wanderte erst 1947 in Israel ein. Ihre Gedichte und kurzen Prosatexte wurden zum Teil in Zeitungen veröffentlicht.

Ermutigt von Max Brod, dessen Sekretärin sie seit 1942 bis zu seinem Tod war und dessen Nachlaß sie nun verwaltet, begann Ester Ilse Hoffe 1947 ihre Gedichte in Zeitungen zu veröffentlichen, und 1967 erschien ein Versband «Gedichte aus Israel». 1906 in Troppau, Mähr (Schlesien), geboren, wanderte Ester Hoffe 1939 mit ihrer Familie ein.

Viel weitgehender als bei den letztgenannten Autorinnen werden die literarischen Texte von Salomea Mischel von Erinnerungen an eine Welt inspiriert, die es nicht mehr gibt. 1901 in Galizien geboren, aber schon mit vier Jahren mit ihren Eltern in die Bukowina übersiedelt, studierte Salomea Mischel in Wien Medizin und war auch seit ihrer Einwanderung in Israel bis 1985 als Ärztin tätig. „Mit acht Jahren schrieb ich die ersten Gedichte, und ich schrieb während meines ganzen Lebens Gedichte, kleine Prosastücke...", liest man in dem Lebenslauf Salomea Mischels; ihre erste Publikation, «Dichtungen und Gedichte, Spiegel eines Daseins» erschien allerdings erst 1981. Darin spiegelt sich das Leben einer jüdischen Mutter, Ehefrau und Ärztin während der letzten sieben Jahrzehnte, aber auch einer jung gebliebenen poetischen Seele.

Aus diesem Teil Europas kommt auch Else Keren, 1924 in Czernowitz geboren und seit 1950 in Israel. Auch ihre Gedichte, wie bereits der Titel des 1983 veröffentlichten Buches «... dann ging ich über den Pont des Arts» anzeigt, schöpfen aus den ‚mitgebrachten' Erinnerungen, allerdings zeigen die späteren Gedichte und Haiku dieser Studien- und Jugendfreundin Paul Celans den dominierenden Einfluß der neuen Heimat, und es gelang Else Keren auch, die hebräische Sprache so weitgehend zu meistern, daß sie sich letztens auch der Übersetzung hebräischer Lyrik ins Deutsche zuwandte.

Übersetzungen aus dem Hebräischen ins Deutsche sind auch Devora Ginzburg-Hyrkanos zu verdanken; 1905 in Tarnowitz geboren, wanderte sie, nach vorhergehenden kürzeren Aufenthalten im Land, 1946 ein. Auch in ihren frühen Gedichten überlagert die Erinnerung an das Gesehene und Erlebte in anderen Ländern und Epochen die Bildvorstellungen, so in «Lieder der Talita» (1956); die Gegenwartsbezogenheit tritt in «Antonia» (1969) in den Vordergrund. Diese Autorin publiziert in hebräischer und deutscher Sprache.

Eine bemühte und betonte Losgelöstheit von dem vorhergehenden Leben zeigt die Lyrik von Lies Möller; als protestantische Pfarrerstochter in Basel geboren, wanderte sie 1935 ein und lebte hier bis zu ihrem Tode, 1976. 1957 erschienen ihre «Zeitgedichte» und 1968 «Der junge Mond» in hebräischer Übersetzung.

Seit ihrem sechzehnten Lebensjahr veröffentlicht Mirjam Michaelis, als Lotte Adam 1908 in Berlin geboren, Gedichte. Auch während ihrer Studienjahre an der Universität Berlin, die sie 1934 mit dem Dr. phil. beendete, veröffentlichte sie Lyrik und Prosa, war Mitglied im Schutzverband Deutscher Schriftsteller. 1938 wanderte sie mit ihrem Mann ein und schloß sich dem Kibbutz Dalia an, dessen Mitglied sie bis heute ist. 1983 schrieb sie ihr erstes hebräisches Gedicht und veröffentlicht seither in beiden Sprachen, wirkt auch als Übersetzerin, zum Beispiel bei der Herausgabe von Gustav Landauers Schriften in hebräischer Sprache. Mirjam Michaelis Weg zum literarischen Ausdruck wurde von ihrem Unvermögen motiviert, den Menschen, denen ihre Liebe galt, ihre Emotionen zu vermitteln. „So wählte ich den Weg, mich ihnen mit-zu-teilen, wurde eine eifrige Briefschreiberin. Dieser Wunsch, den Anderen an Erlebtem teilhaben zu lassen, wurde zur Lebensstütze, zur Verpflichtung zum Da-sein." Auch die Lyrik und Prosa dieser Autorin ist getränkt von Erinnerungen, Assoziationen, mündet aber doch immer in der aktuellen Gegenwart des Alltags, zu der sich auch eine zeitbedingte Resignation gesellt, wie in dem Gedicht «Schwere Stunde»:

Und jetzt
da mein Weg dem Ende entgegen geht,
wächst meine Sehnsucht
mein Schweigen zu durchbrechen
damit –
...

Mirjam Michaelis veröffentlicht in deutscher Sprache in Zeitschriften in der Schweiz und in der Bundesrepublik, ein kleiner Gedichtband «Das Schweigen Durchbrechen» erschien 1985; auch als deutschsprachige Journalistin ist diese Autorin mit mehreren Zeitschriften in Verbindung.

Als Journalistin, Schriftleiterin der deutschsprachigen Zeitung in Israel ist Alice Schwarz-Gardos tätig; sie erhielt bereits 1935 und 1936 literarische Jugendpreise; ihre Veröffentlichungen, Bücher, Novellen, Lyrik und Essays, sind zu zahlreich, um hier aufgeführt zu werden. Sie ist in Wien geboren und 1940 eingewandert. Mit einem Vorwort von Arnold Zweig erschienen 1947 ihre Novellen «Im Graswald der Leidenschaften» und seither über ein Dutzend Veröffentlichungen in der Bundesrepublik und in Israel; letztens trat diese Autorin auch als Herausgeberin von Anthologien jüdischer-deutschschreibender Autoren hervor. Ihre Lyrik erweckt manchmal den Eindruck, die Autorin folge einem poetischen Zwang, sich aus dem Sach- und Zweckdenken ihres Berufes zu befreien. Im wesentlichen ist diese Lyrik arm an Metaphern, die Sinnhaftigkeit ihrer Gedichte beruht auf bildkräftigen Gedankenvorstellungen, in denen die Holocaust-Assoziationen die Deutungsinhalte bestimmen. Ein prägnantes Beispiel hierfür ist das bis jetzt unveröffentlichte Gedicht «Öfen», in dem sie eine plastische realistische Rekonstruktion der Öfen in den Zimmern ihrer Kindheit mit den Zeilen beendet

... Doch dann
war ein furchtbarer Ofen
infernalischer Moloch,
Menschenfresser.

Seither kann ich nicht mehr
im Ofenland leben.
Heute sind sie wieder
brav gezähmt, Dauerbrand
preisgünstig, elektrisch,
elektronisch Spiralen Zentralheizung
Heizlüfter
Doch ich
trau ihnen nicht mehr.
Nie mehr ganz.

1965 baute sich Anna Maria Jokl zum sechstenmal das Leben in einer neuen Umgebung und in der vierten Sprache auf. Die Autorin, 1911 in Wien geboren, ging als 16jährige nach Berlin, flüchtete von dort 1933 nach Prag und 1939 weiter zu Fuß nach Polen. Mit einem Penclub-Visum gelang es ihr, von dort nach England zu gehen. Ab 1950 lebte sie in Westberlin und wanderte „nach einigen Israel-Besuchen in historischer Konsequenz in Israel ein". Sie lebt in Jerusalem. Zwischen 1930-32 publizierte Anna Maria Jokl drei Hörspiele, hatte eigene Experimentalsendungen im Hörfunk. In dem Prager Exil erschien unter anderem das Buch für Kinder «Die wirklichen Wunder des Basilius Knox», mit einem Vorwort von Oskar Kokoschka, das großes Interesse erweckte und nach dem Krieg in deutscher Sprache auch in anderen Ländern veröffentlicht wurde. In London, wo sie sich zur Psychotherapeutin ausbildete – ein Beruf, den sie auch in Berlin und in Jerusalem ausübt –, publizierte sie in Anthologien und Emigrantenverlagen. 1947 wurde das in einem „früheren Leben" begonnene Kinderbuch «Die Perlmuttfarbe» beendet, und 1948 ein weiteres, «Die verzeichneten Tiere» publiziert. Während der zwei Jahrzehnte von 1951 bis 1979 war sie fast vollständig von der beruflichen Arbeit in Anspruch genommen und ihre literarische Tätigkeit beschränkte sich auf Beiträge in Anthologien und Fachzeitschriften. Anna Maria Jokls Begabung, Menschen mit wenigen Sätzen nicht bloß zu schildern, sondern auch ihre emotionalen Motivationen und Reaktionen mit bezwingender Logik zu veranschaulichen, läßt sich selbst gerafften Erzählungen und Feuilletons entnehmen, wie zum Beispiel im Beitrag «Das Ende des Weges», über Leben und Tod von Kafkas Schwester Otla (Frankfurter Allgemeine Zeitung, 27. Juli 1969). Diese Autorin muß kein Gestrüpp von Satzkonstruktionen errichten, um die Leseraufmerksamkeit durch sprachlich-stilistische Hindernisse zu erwecken, sie erreicht dieses Ziel mit überraschend kurzen Sätzen und einem relativ einfachen Vokabular, und es wäre zu bedauern, wenn Anna Maria Jokl ihren literarischen Beiträgen zu Anthologien in den Jahren 1968 und 1979 nicht weitere folgen ließe. Da es ihr auch gelang, das Hebräische zu meistern, kann man ihren Darstellungen und Schilderungen aus dieser neuen Umgebung mit berechtigtem Interesse entgegensehen.

Die Vielfalt der Herkunftsländer und Kulturkreise, die Einwirkungen der geistigen und sprachlichen Umgebungsatmosphären und nicht zuletzt die sehr unterschiedlichen Resultate der Bemühungen, sich in Israel gefühlsmäßig und wirtschaftlich zu integrieren, schließt eine einheitliche literarische Tendenz und Form oder Ausdrucksweise in den Arbeiten dieser Autorinnen aus. Nichtsdestoweniger zeichnen sich verbindende Eigenarten ab, die, wie bereits gesagt, vom Datum der Einwanderung mitbestimmt werden. Das Gefühl der Unsicherheit, die Vorstellungen eines unsteten Daseins, wie es so deutlich aus dem oben angeführten Gedicht Miriam Scheuer-Goldes spricht, ist ein Jahrzehnt später nicht mehr denkbar. An die Stelle dieser Empfindungen tritt ein Weltverhältnis, in dessen Mittelpunkt der Staat Israel und das Vertrauen in die junge Generation des Landes steht. Darauf, daß diese Literatur, wie die Literatur Israels überhaupt, von dem Trauma der Shoa geprägt ist, wurde bereits hingewiesen. Nicht nur die phänomenologische Erfassung dieser Epoche, der 12 Jahre des „Tausendjährigen Reiches", trägt diesen Stempel, die individuellen Wertsetzungen und die ethischen Maßstäbe werden davon bestimmt. Das Resultat ist aber keineswegs ein Versuch, unbewältigte Vergangenheit literarisch zu überspielen oder ein selbstquälerisches Heraufbeschwören des Grauens; der Holocaust ist ein nicht wegzudenkender Teil des Denkakts und Reagierens. Es ist ein bewußtes, gewolltes Festhalten an dem erlebten oder erfahrenen Leid, das dem jüdischen Volk zugefügt wurde, das in die Absicht eingeht, den sechs Millionen ein literarisches Grabmal zu setzen. Dies mag für den wesentlichen Teil der von Juden nach 1945 geschaffenen Literatur gelten, in allen Sprachen. Für die deutschsprachige Literatur Israels ist es wegen der in dieser Umgebung besonders assoziationsdüsteren Sprache *das* Merkmal.

Weitere gemeinsame Dominanten dieser Literatur sind der arabisch-israelische Konflikt, die Kriege und der Aufbau des Landes. Symptomatisch für die Prosa und Lyrik, die von Frauen geschrieben wurde und wird, deren Männer, Söhne und Enkel Soldaten waren und sind, ist nicht nur das Fehlen eines jeden Siegesgefühls, sondern auch existentieller Angst; häufig ist hingegen das subjektive, auf den geliebten Menschen bezogene Bangen, das oft zum wiederkehrenden Motiv einer Erzählung oder eines Gedichtes wird. Diesem Gefühl entstammt auch die manchmal ans Naive grenzende Vereinfachung der Probleme, die Ansiedlung der Erzählung in einer subjektiven Wirklichkeit.

Eine nicht unwesentliche Rolle spielt in der biographischen Bezogenheit der Denkpositionen und Geschehniserfassung die religiöse Einstellung der Autorinnen. Das Gottvertrauen drückt sich in Hoffnungsbereitschaft, in dem Glauben an eine zum Guten lenkende Gewalt aus und auch in der Betonung psychologischer und pädagogischer Einwirkungen. Bei den Autorinnen, die noch von den europäischen literarischen Tendenzen der zwanziger und dreißiger Jahre beeinflußt wurden, ist die Neigung zu handlungsreicheren Texten stärker, wenn nicht die beruflichen und gesellschaftlichen Erfahrungen, wie bei Mirjam Michaelis oder bei Jenny Aloni, dominieren. Ein allgemeines Merkmal ist die Verbundenheit mit der Landschaft und vor allem die verehrende Liebe für Jerusalem, wobei an die Stelle des Verheißungsglaubens bei allen Autorinnen die reale gegenwartsbezogene Position Jerusalems als Hauptstadt und Herzstück des Landes tritt. Ein Syndromgefüge von Trauer und Hoffnung verdeutlicht auch hier die Nachwirkung der Shoa in den Bewußtseinsgehalten der Autorinnen.

Ein Großteil der Texte zeichnet sich durch eine spezifische Sprachform aus; sie ist zu einem Teil auf die Einwirkungen einer nicht deutschsprachigen Umgebung in der Kindheit und Jugend der Autorinnen zurückzuführen, teilweise auf die jahrzehntelange Abgeschlossenheit von deutscher Umgebung und in den meisten Fällen auf den Einfluß der hebräischen Sprachumgebung. Wenn auch viele dieser Autorinnen die hebräische Sprache nicht als literarische Sprache benutzen können, es ist die Sprache ihrer Kinder und des Landes, in dem sie ihre Heimat gefunden haben und mit dem sie sich identifizieren. Das alltägliche Leben bringt es mit sich, daß eine ganze Anzahl von Begriffen fast nur in der hebräischen Sprache angewandt werden und nicht selten auch in deutschen Texten selbstverständlich scheint. Es ist kaum zu vermeiden, daß die so völlig unterschiedliche hebräische Syntax und Satzstruktur auf den Stil dieser Schriftstellerinnen einwirkt.

Die angegebenen Geburtsdaten lassen keinen Zweifel daran, daß hier keine Generation von weiteren deutschschreibenden Autorinnen heranwächst. Die hier genannten Namen und die Arbeiten dieser Schriftstellerinnen sollten als Dokumente einer im Erlöschen befindlichen Literatur beachtet und gewertet werden.

VI. Formen neuen Lebens- und Wirklichkeitsverständnisses

1. Wandlungen und Verwandlungen Lyrikerinnen des 20. Jahrhunderts

Ruth Wolf

„An Stelle von Heimat halte ich die Verwandlungen der Welt", heißt es am Schluß eines späten Gedichtes der Nelly Sachs[1]. Eben dieses Gedicht hat sie anläßlich der feierlichen Verleihung des Nobelpreises für Literatur am 10. Dezember 1966 vorgelesen, und gewiß ist es kein Zufall, der sie diese Wahl treffen ließ. Das 20. Jahrhundert wird ja von Anfang an durch Wandlungen politischer, sozialer, wissenschaftlicher und nicht zuletzt künstlerischer Art gekennzeichnet – Wandlungen so mannigfach und so entscheidend, daß sie nach Ausmaß und Bedeutung bis jetzt kaum ausgelotet werden können, von denen aber festzustellen ist, daß sie zu einem neuen, sehr differenzierten Bild vom Menschen geführt haben.

In diesem Zusammenhang kam es auch zu einem neuen Selbstverständnis der Frau, die sowohl im Rahmen der Frauenbewegung wie auch als Individuum anfing, sich auf ihre wesentlichen Probleme in einer partriarchalisch ausgerichteten Gesellschaft zu besinnen. Dabei erstrebte sie nicht an letzter Stelle eine völlig freie Entfaltung auf erotischem und emotionalem Gebiet. Es versteht sich von selbst, daß sich dieses neu anbahnende Bewußtsein der Frau auch in der Dichtung, gespiegelt in Sprache und Metaphorik wiederfindet. Im folgenden Beitrag über die Lyrik von Frauen dieses Zeitalters wird versucht, mittels Untersuchung der Metaphorik ihres Liebeserlebens, ihrer Naturempfindung und ihres sozialen und politischen Bewußtseins einigen wichtigen Metamorphosen auf die Spur zu kommen. Dabei bildet das Jahr 1933 die unvermeidliche Zäsur, weil danach viele Frauen durch das Zeitgeschehen völlig aus ihrer Bahn geschleudert wurden, und dies hat sich in ihrer lyrischen Produktion niedergeschlagen. Daß es sich nur um eine Auswahl aus dem großen Potential der Lyrikerinnen handeln kann, wird ohne weiteres klar sein; sollte diese Wahl jedoch manchmal zu subjektiv getroffen erscheinen, so ist zu bedenken, daß ein Stück Literaturgeschichte, welches nach enzyklopädischer Vollständigkeit strebt, zwar wenig Ärger, aber auch keinerlei Zustimmung, Neugier, Freude oder Anregung erwecken kann.

„Mein Abgott, meine Schlange"

Eine Kategorie, in der Frauen sich von eh und je versucht haben, die Liebeslyrik, läßt die hier angesprochenen Wandlungen und Verwandlungen sogleich eindrucksvoll deutlich werden. Im ersten Jahrzehnt des Jahrhunderts erschienen, um zwei merkwürdig kontrastierende Beispiele herauszugreifen, der Band «Styx» von Else Lasker-Schüler[2] und Ricarda Huchs «Neue Gedichte»[3].

Else Lasker-Schüler (1869–1945) stammte aus einer gutbürgerlichen jüdischen Familie in Elberfeld-Wuppertal. Als jungverheiratete Frau kurz vor der Jahrhundertwende nach Berlin gezogen, hatte sie sich bald von ihrem Mann, dem Hautarzt Berthold Lasker, losgesagt, um in der kommunenartigen „Neuen Gemeinschaft" (Schlachtensee) und in den Kaffeehäusern Berlins eine vollständig freie Boheme-Existenz zu führen. Ihre frühen Gedichte sind noch dem Jugendstil verhaftet, wie die sich windenden und rankenden Formen und stärker noch die ekstatische, exotisch getönte Bilderwelt erkennen läßt; Gott („Zebaoth") gebietet der Dichterin, die Liebe in ungehemmter Freiheit und bis zum kosmischen Ausmaß zu verschwenden:

> Ein prangender Garten wird Dein Herz sein
> Darin die Dichter träumen.
> O, ein hängender Garten wird Dein Herz sein,
> Aller Sonnen Aufgangheimat sein,
> Und die Sterne kommen, ihren Flüsterschein
> Deinen Nächten sagen.
> Ja, tausend greifende Äste werden Deine Arme tragen
> Und meinem Paradiesheimweh wiegende Troste sein!

Und in «Sulamith» heißt es:

> O, ich lernte an Deinem süßen Munde
> Zu viel der Seligkeiten kennen!
> Schon fühle ich die Lippen Gabriels
> Auf meinem Herzen brennen [...][4]

Orientalisch ist die Ornamentik auch noch in ihrem vielleicht berühmtesten Gedicht «Ein alter Tibetteppich», aber in diesen Strophen erscheint nichts mehr epigonal übernommen, nichts gekünstelt; auf vollkommen natürliche Weise sind die dichterischen Elemente miteinander verknüpft. Es liest sich wie ein spontan entstandenes Gebilde, und doch ist es, sieht man genauer hin, wundervoll durchformt: Die Geliebten befinden sich gleichzeitig auf und in dem alten Teppich, der ein Sinnbild des von der Liebe gelenkten Kosmos ist. Menschenseele und Eros, Gewebe und Weltall sind in der dichterischen Schau miteinander verschlungen und zu einer neuen poetischen Wirklichkeit umerschaffen.[5]

Während Else Lasker-Schüler immer an erster Stelle als Lyrikerin gelten wird, ist ihre Generationsgenossin Ricarda Huch (1864–1947) fast nur noch bekannt als Verfasserin historischer Studien und Romane. Man sollte jedoch ihre Lyrik nicht vergessen, die von einer ihrer Biographinnen sogar als der stärkste Beweis ihrer dichterischen Kraft betrachtet wird.[6] In dem formal geglätteten und gestrafften, an bewährten Mustern geschulten Jugendwerk findet man eine erstaunliche Emotionalität, die sich niederschlägt in höchst gewagten Bildern, wobei ebenfalls der Kosmos in die Liebe zum schönen, dämonischen Mann einbezogen wird:

Wo hast Du all die Schönheit hergenommen,
Du Liebesangesicht, Du Wohlgestalt!
Um Dich ist alle Welt zu kurz gekommen.

Und noch merkwürdiger:

Du kamst zu mir, mein Abgott, meine Schlange,
In dunkler Nacht, die um dich her erglühte.
Ich diente dir mit Liebesüberschwange
Und trank das Feuer, das dein Atem sprühte.
Du flohst, ich suchte lang in Finsternissen.
Da kannten mich die Götter und Dämonen
An jenem Glanze, den ich dir entrissen,
Und führten mich ins Licht, mit dir zu thronen.[7]

Ganz in sich zurückgezogen legt die zu Unrecht vergessene Hedwig Lachmann (1865–1918), Frau des Schriftstellers Gustav Landauer, Zeugnis ab von ihrem nach Jahren des Wartens und Zweifels errungenen Eheglück. Sie bevorzugt strenge Formen, das Regelmaß von Reim und Metrum und eine klare, vornehm anmutende Diktion. Aus den Metaphern wird ersichtlich, daß sie in die Schule Stefan Georges ging, aber seine Meister-Ansprüche sind ihr völlig fremd. Die Gedichte haben dank ihrer Klarheit und Sensibilität eine ganz eigene Anziehungskraft. Als Beispiel sei hier die erste Strophe des im April 1905 entstandenen «Für meinen Liebsten» angeführt:

Aus deiner Liebe kommt mir solch ein Segen,
Sie macht mein Herz so sorglos und so fest,
Ich kann so ruhig mich drin niederlegen,
Wie sich ein Kind dem Schlafe überläßt.[8]

Immer freier fühlten sich damals viele Frauen, in Gedichten von ihrer Liebe zu sprechen, ob diese nun beantwortet wurde oder nicht. So die Vortragskünstlerin Emmy Hennings (später die Gattin Hugo Balls) in den Versen:

Einsam irr ich durch die Nächte und denke an dich
Manchmal sehe ich einen Mantel, der deinem gleicht.
Und dann rufe ich dich leise beim Namen
Mein Herz steht still vor Trauer[...][9]

1912 umwirbt Else Lasker-Schüler – damals eben geschieden von ihrem zweiten Mann, Herwarth Walden – den Arzt und Dichter Gottfried Benn. Sie war ihm im Kreis der Berliner Expressionisten begegnet, einer Gruppe recht verschieden gearteter Künstler, die sich um Waldens Zeitschrift «Der Sturm»

Oskar Kokoschka, Die Windsbraut (1914)

scharten. Gemeinsam war all diesen Schriftstellern, Musikern und bildenden Künstlern der aus dem Haß gegen das Bildungsbürgertum geborene umwälzerische Antrieb, ihr visionär anmutendes Erfassen der Wahrheit hinter der verwirrenden Vielfalt der Erscheinungen, wie auch das Wesentliche ihres Innern im Werk zum Ausdruck zu bringen, und vor allem: der messianisch-feurige, utopische Glaube an den Geist als das Instrument, gesellschaftliche Wandlungen zu bewirken. Else Lasker-Schülers Werk kann nur mit Einschränkungen der expressionistischen Bewegung zugeordnet werden, aber als Persönlichkeit gehörte sie voll und ganz zu dieser anarchischen Boheme. Ihrer Liebe zu Gottfried Benn („Giselher") gab sie Gestalt in einer Reihe von Gedichten, die im «Sturm» veröffentlicht wurden und die ganz unverblümt zeigen, wie dringlich sie ihn umwarb. „Immer bettle ich vor deiner Seele; weißt du das?" ... Oder: „Liebe dich so! / Du mich auch? / Sag es doch –"[10] Als sie ihm in ihren Beteuerungen jedoch zu weit gegangen schien: „Ich bin dein Wegrand / die dich streift / stürzt ab ..." da wurde sein Ton schnoddrig und anmaßend: „Niemand wird mein Wegrand sein. / Lass deine Blüten nur verblühen. / Mein Weg flutet und geht allein".[11] Die Antworten ihrer dichterischen Persona auf seine Abweisung sind erschütternd in ihrer Aufrichtigkeit: „ich denke immer ans Sterben, mich hat niemand lieb". Oder: „O, ich möchte aus der Welt / dann weinst Du um mich".[12] Trotz allem riß die Beziehung zu Benn, über die wir nichts Genaues wissen, erst nach 1933 ab; ein Bruch, den sie nie verschmerzt hat, obwohl sie ihr Leben lang auf der Suche blieb nach Traumbildern, denen sie ihre Liebe anhängen konnte.

Nur eine große Liebe hegte um dieselbe Zeit die junge Gertrud Kolmar (eigentlich Chodziesner, 1894–1943[?]) die, ruhig im Elternhause oder als Erzieherin bei Familien mit entwicklungsgestörten Kindern lebend, ganz im Verborgenen ihre Schmerzen ertrug. Verse der äußersten Hingabe wurden jedoch in strenge Formen gedrängt und in seltsam unpersönlich erscheinende Bilder eingebunden, ganz wie es ihr herbes, immer auf Disziplin gestelltes Benehmen erforderte, auch wenn es in ihrem Innern tobte:

Märchen

Ich hab vor deinem Hause still gestanden
In einer Nacht
Und hatte ganz dich lieb und ohne Maßen;
Und wies zu dir den Sternen goldne Straßen
Und habe selig stumm gelacht.

Du aber kamst nicht

Eishagel tanzte höhnend auf den Steinen.
Da klaffte schwarz ein Schacht.
Drin ließ ich die zerbrochnen Arme hangen, –
Geblüht und Frucht getragen – und vergangen
In einer Nacht.[13]

Während des Ersten Weltkrieges begann auch die junge Claire Aischmann-Studer, später Claire Goll (1891–1977), zu schreiben, und zwar veröffentlichte sie aufsehenerregende Beiträge gegen den Krieg in einer Reihe pazifistischer Zeitungen. Dadurch wurde sie bekannt. Nach Friedensschluß zog sie mit dem deutsch-französischen expressionistischen Dichter Ivan Goll nach Paris, wo sie inmitten der größten französischen Künstler des Jahrhunderts lebten und mit ihnen die oft bitterste Armut teilten. Die Golls schrieben aneinander gerichtete französische Liebesgedichte, die sie 1925 veröffentlichten; das Erscheinen der von ihnen selbst verfaßten deutschen Übertragung wurde durch den Zweiten Weltkrieg lange Jahre verhindert.[14] Beide standen in den zwanziger und dreißiger Jahren dem Surrealismus und dem literarischen Kubismus nahe, was in der knappen, freien Form und in assoziativen, traumnahen Bildern zum Ausdruck kommt, wie in Claire Golls Gedicht:

Eifersüchtig bin ich auf die Straße:
Der Schatten einer Frau
Könnte den deinen streifen
Vielleicht betrügst du mich
Mit einer Marmorgöttin im Museum
Die seit Jahrzehnten auf dich wartet?
Eine Tram läuft dir nach wie ein Hund
Und jedes Mädchen stiehlt mir ein Gramm
vom Gold deiner Augen[...][15]

Lange Jahre verbunden war Ivan Goll mit Paula Ludwig, einer aus den einfachsten Verhältnissen stammenden Schauspielerin und Dichterin, die er 1923 anläßlich eines Empfanges in Berlin kennengelernt hatte. Paula Ludwig wurde durch diese Begegnung zu einer Reihe von Liebesgedichten angeregt, die unter dem Titel «Dem dunklen Gott» veröffentlicht wurden.[16] Sie bilden einen großen geschlossenen Komplex, der nicht nur in ihrem eigenen Werk, sondern in der Frauenlyrik der Zeit eine eigene Stellung behauptet. Abgesehen von gewissen Anklängen an Formen und Vergleiche der Else Lasker-Schüler, mutet das große «Jahresgedicht der Liebe» vollkommen ursprünglich an, in dem sie die Stationen ihrer Leidenschaft, Aufkeimen und Erblühen, Versinken und Erstarren in stetig wechselnden Bildern auf die Natur im Wandel der Jahreszeiten bezieht. „Viele Lampen habe ich angezündet / viele ausgelöscht / Mit den Honigblumen habe ich geblüht / in fremden Gärten habe ich geschlafen".[17] Der dunkle Gott des Titels steht sowohl für den Geliebten wie für das todbringende Schicksal, das über der Beziehung waltet. In Bildern, die an das Hohelied erinnern, beschwört das Eingangsgedicht den Geliebten:

> O,
> Aus der Fremde kam er
> In die Fremde ach ging er zurück
> Die Schatten des Totengebirges flogen ihm voraus
> die Nachtvögel schrieen eh er kam.
> Oh wie groß stieg das Kreuz des Südens
> hoch über meiner Stirn
> [...]
> Aber ich brauche den Tod nicht mehr zu fürchten
> denn dunkler als der Tod ist er, den ich liebe.[18]

„Ganz in Hauch gelöster Hades"

In die Gattung der Naturlyrik gehören die in den zwanziger und dreißiger Jahren entstandenen Gedichtbände der Elisabeth Langgässer (1899–1950), katholischen Glaubens mit teilweise jüdischem Hintergrund, die zum Mitarbeiterkreis von Peter Huchels Zeitschrift «Die Kolonne» gehörte und 1933 eine Auswahl von Frauengedichten unter dem Titel «Herz zum Hafen» herausgab, in die sie auch vier Gedichte von Gertrud Kolmar aufnahm.[19] Ihre eigenen Gedichtzyklen «Der Wendekreis des Lammes» (1924) und die «Tierkreisgedichte» (1935) sind ebenfalls dem Gang der Gezeiten verhaftet; während das erste Buch aus christlicher Sicht geschrieben ist, steht das zweite ganz im Banne des vegetativen und animalischen Lebens; der Bauerngott Saturn ist in seinem Gehabe nicht viel besser als ein Tier: „Und es zerfällt, dem eigenen Fraß zum Knechte, der Zeitengott–".[20] Aber indem sie auf die mythischen Entsprechungen dieser im ewigen Kreise verlaufenden Vorgänge hinwies, nahm sie eine in ihrem Spätwerk voll durchbrechende neue Doppelsicht vorweg: „Ganz in Hauch gelöster Hades, / Wenn einst Blatt um Blatt / Fällt..." heißt es in einem ihrer in den dreißiger Jahren entstandenen, jedoch erst nach dem Krieg veröffentlichten Gedichte auf das Sterben der Rose.[21] Daß dieses Gedicht nicht nur schon viel früher entstanden war, sondern daß es auch eine ganz eigene Wirkungsgeschichte zeitigte, wird ersichtlich aus einem Abschnitt in dem autobiographischen Buch der Tochter Langgässers, Cordelia Edwardssons «Gebranntes Kind sucht das Feuer». Das blutjunge Mädchen klammert sich während eines Viehwagentransports von einem Konzentrationslager ins andere in ihren Fieberträumen „hin und wieder an einzelne Gedichtzeilen und Bilder, wie ein Ertrinkender an Treibgut" – und dann folgt die Strophe des eben erwähnten Gedichts.[22]

Von Naturvorgängen hat – zur selben Zeit wie Elisabeth Langgässer – auch Gertrud Kolmar gedichtet, aber sie nahm sich selbst in ihre Verse hinein und identifizierte sich mit niedrigstem Getier, wie etwa mit der schon im 19. Jahrhundert von der Droste in den Blick genommenen Kröte, die in der blauen, feuchten Dämmerung hockt:

Ich bin die Kröte
Und ich liebe die Gestirne der Nacht.
Abends hohe Röte
  schwelt in pupurne Teiche, kaum entfacht.
Unter der Regentonne
Morschen Brettern hock ich duckig und dick...[23]

Das Sichversenken in die Kreatur, das Mit-leiden mit allem Geschundenen, aber nicht auf die Natur, sondern auf die Menschen bezogen, kommt zum Ausdruck in einigen Gedichten von Hedwig Lachmann und der ebenfalls fast vergessenen Berta Lask (1878–1967). In einem ihrer während des Ersten Weltkrieges entstandenen Gedichte profiliert Hedwig Lachmann sich als Frau, die den Verpönten und Geschmähten nahesteht und den bejubelten Helden ihre Verachtung ins Gesicht schleudert:

Preist Ihr den Heldenlauf der Sieger, schmückt
  sie mit dem Ruhmeskranz, Euch dran zu weiden –
Ich will indessen, in den Staub gebückt,
Erniedrigung mit den Besiegten leiden.[24]

Berta Lask, die als Frau eines Berliner Armenarztes das Elend der Großstadt kennengelernt hatte, schloß sich der Arbeiterbewegung an, war ab 1919 Mitarbeiterin an mehreren kommunistischen Zeitschriften und schrieb in den zwanziger Jahren für das proletarisch-revolutionäre Theater Dramen, deren Aufführung verboten wurde; die Autorin wurde mit Prozessen wegen Landesverrat bedroht. Über all diesen turbulenten Entwicklungen wurde ihre Lyrik vergessen. Ihrem ausgeprägten sozialen Bewußtsein zufolge hat auch sie sich als Frau mitverantwortlich gefühlt für die Leiden und das Unrecht des Ersten Weltkrieges:

Ich habe mit getötet
Jeden der draußen fällt.
Ich habe mich inmitten
Des Meeres von Blut gestellt.

Ich habe des Weibes Wissen
Aus Scheu vor der Mannmacht erstickt
Meine blanken, geweihten Schwerter
Verborgen und nicht gezückt.

Da haben plötzlich die Schwerter
Sich eigenes Leben errafft
Und würgen in Höhlen und Sümpfen
Meines Bruders Geist und Kraft.[25]

„Entseelt begegnen alle Welten sich"

Hatte das erste Drittel des Jahrhunderts schon vielerlei Wandel und manche Form der Zerstörung gezeitigt, mit dem Beginn der nationalsozialistischen Schreckensherrschaft trieb Deutschland, trieb einige Jahre später ganz Europa einer völlig neuen Katastrophe entgegen. Die Widerspiegelung der Zeitgeschehnisse findet sich in unzähligen literarischen Äußerungen, nicht zuletzt in der Frauenlyrik, die gerade in jenen Jahren, da so vieler Leben aus der Bahn gerissen wurde, über sich selbst hinauszuwachsen und in unerwarteter Weise an Bedeutung zu gewinnen schien. Die Reflektion über die Situationen der Verfolgung, des Exils und der „inneren Emigration" ließ eine bis dann unbekannte Thematik entstehen, in der jedoch auch ältere Gattungen, sei es in gewandelter Form, kenntlich blieben.

Zu der ältesten Exil-Lyrik können die Gedichte gerechnet werden, die Else Lasker-Schüler im ersten Jahr nach ihrer Flucht aus Deutschland geschrieben hat. Vier davon wurden in der von Klaus Mann redigierten, in Amsterdam erschienenen Zeitschrift «Die Sammlung» veröffentlicht; das erste sollte anfänglich «Das Lied der Emigrantin» heißen, wurde aber auf Verlangen der Dichterin «Die Verscheuchte» genannt.

Es ist der Tag in Nebel völlig eingehüllt,
Entseelt begegnen alle Welten sich –
Kaum hingezeichnet wie auf einem Schattenbild.

Wie lange war kein Herz zu meinem mild...
Die Welt erkaltete, der Mensch verblich.
– Komm bete mit mir – denn Gott tröstet mich.

Wo weilt der Odem, der aus meinem Leben wich?
Ich streife heimatlos zusammen mit dem Wild
Durch bleiche Zeiten träumend – ja, ich liebte dich.

Wo soll ich hin, wenn kalt der Nordsturm brüllt?
Die scheuen Tiere aus der Landschaft wagen sich
Und ich vor deine Tür, ein Bündel Wegerich.

Bald haben Tränen alle Himmel weggespült,
An deren Kelchen Dichter ihren Durst gestillt –
Auch du und ich.[26]

Einer aufmerksamen Lektüre des Gedichts wird nicht entgehen, daß es zwar an ein frühes geliebtes Du gerichtet ist, daß es aber eigentlich eine große Klage um die verlorene Heimat betrifft, ein Verlust, der einerseits das Ausmaß einer kosmischen Katastrophe annimmt („Entseelt begegnen alle Welten sich“) und andererseits einen Prozeß der Entmenschlichung in Gang setzt. Das dichterische Ich streift durch eine eisige Landschaft, wo es Tiere als Gesellschaft hat; schließlich ist es in den eigenen Augen nichts mehr als ein bißchen Unkraut vor der Tür des geliebten Du. Angesichts dessen kann dem Urteil über dieses Gedicht: „Geschichtliche und soziale Gründe für diesen Zustand werden nicht einmal andeutungsweise gemacht“,[27] nicht zugestimmt werden. Das Wesentliche des Exils, eben dieses ganz bestimmten Exils, in seiner einmaligen Wirkung auf die davon Betroffenen, wird hier zu so endgültigem Ausdruck gebracht, daß noch nach einem halben Jahrhundert die existentielle Trauer des dichterischen Ichs als exemplarisch empfunden werden kann. Nie hat Else Lasker-Schüler die Entwurzelung verwunden. Aber sie, die so unbedenklich hassen konnte, wenn ihr Menschen nicht gefielen, hat nie ein böses Wort über Deutschland verlauten lassen, denn: „Ein Mensch der Liebe kann nur auferstehen. / Haß schachtelt ein; wie hoch die Fackel auch mag schlagen“.[28] Als 1943 ihr letzter Gedichtband «Mein blaues Klavier» in Jerusalem erschien, konnte ihr kleiner Leserkreis der Widmung entnehmen, daß das Heimweh der Dichterin nach Deutschland und den zurückgebliebenen Freunden unstillbar war und daß sie sich andererseits weltweit verbunden wußte mit den Leidensgenossen: „Meinen unvergeßlichen Freunden und Freundinnen in den Städten Deutschlands – und denen, die wie ich vertrieben und nun zerstreut in der Welt. In Treue!“[29]

In Verbundenheit mit den ihrigen hat auch Gertrud Kolmar damals ihre Gedichte geschrieben. Aus Rücksicht auf ihren alten Vater hatte sie sich, als es noch Zeit war, zur Ausreise nicht entschließen können. Bis zu ihrer Verschleppung im Februar 1943 lebte sie in einem Zustand, den ich als „inneres Exil“ andeuten möchte. Sie war vom öffentlichen Leben völlig isoliert. Bis Ende 1938 allerdings konnten sich die Juden Deutschlands noch im „Jüdischen Kulturbund“ treffen, die einzig geduldete Organisation jüdischer Künstler, eine Zuflucht für alle, die ihr Bedürfnis nach europäischer Kultur nicht auf Staatsbefehl aufgeben wollten. In 100 Städten zählte der Kulturbund 70000 Mitglieder. Als im Lauf der dreißiger Jahre größere Aufführungen polizeilich verboten wurden, fanden im Rahmen des Bundes kleinere Zusammenkünfte statt, die sowohl in den Briefen Gertrud Kolmars wie in denen der Nelly Sachs erwähnt werden. Daraus geht hervor, daß an mehreren Abenden Gedichte dieser beiden Lyrikerinnen vorgetragen wurden. Im Herbst des Jahres 1938 erschien der Gedichtband «Die Frau und die Tiere» von Gertrud Chodziesner (sie durfte ihr Pseudonym Kolmar nicht mehr benutzen) beim jüdischen Buchverlag Erwin

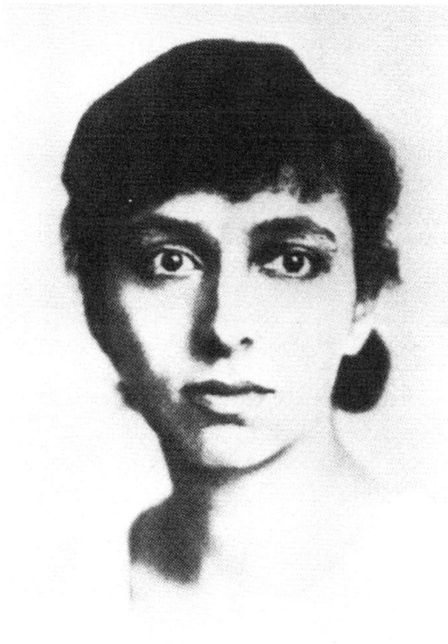

Gertrud Kolmar

Löwe.[30] Kurz darauf fand die „Kristallnacht" statt und die Auflage wurde eingestampft. Eine Flut neuer Verordnungen engte das Leben der Juden aufs äußerste ein. Sie durften sich nicht mehr organisieren, nichts veröffentlichen, keinerlei Veranstaltung besuchen, keinen Wald und keine Anlage mehr betreten. Gertrud Kolmar und ihr Vater lebten von 1939 an zusammen mit einer wachsenden Zahl von Untermietern in einem ihnen angewiesenen Haus im „Sperrgebiet", wo die Juden Berlins, zusammengepfercht in „Judenhäusern", schutzlos und jeglicher Willkür preisgegeben, in Absonderung und Verlassenheit ihre Tage fristeten. Daß Gertrud Kolmar auch in jener Zeit, da sie von allem, was das Leben lebenswert macht, ausgeschlossen war, geschrieben hat, wissen wir aus den Briefen an ihre Schwester in der Schweiz[31]. Daraus geht hervor, daß sie, wie sie sagt, ihr Gesicht „nach Osten" gewandt hat und sich selber als eine „verhinderte Asiatin" sieht, der ein Stück Vergangenheit so „ins Sein eingewachsen" ist, daß sie es, ohne sich schwer zu verwunden, nicht herausreißen könnte.[32] Ihre Liebe zu dem Mann, der sie verließ, zum ungeborenen Kind, das sie immer wieder in magischen Träumen heraufzubeschwören suchte, hat sich gewandelt zu einer anderen Liebe: Es ist das glühende Bewußtsein der Zugehörigkeit zu ihrem Volk, als dessen Vertreterin ihr dichterisches Ich sich fühlt: eine „mit Türmen gegürtete" Jüdin.

Schon 1933 entstand ein großes Gedicht, das von diesem Einheitsgefühl und von ihrem durch die Gesetze des NS-Staates tief gekränkten Rechtsempfinden Zeugnis ablegt: «Wir Juden». Die Anfangszeile lautet: „Nur Nacht hört zu. Ich liebe dich, ich liebe dich mein Volk...". Die aus der Geschichte schöpfende Metaphorik ist grell, grausig, stark rhetorisch überhöht; das Ganze erinnert in seinem pathetischen Duktus an gewisse Historiengemälde des frühen 19. Jahrhunderts, wie etwa in dieser Strophe:

> Ich will den Arm nicht küssen, den ein trotzendes Zepter schwellt,
> Nicht das erzene Knie, den tönernen Fuß des Abgotts harter Zeit;
> O könnt ich wie lodernde Fackel in die finstere Wüste der Welt
> Meine Stimme heben: „Gerechtigkeit! Gerechtigkeit! Gerechtigkeit!"[33]

Dieses Gedicht wurde in dem schon erwähnten Band «Die Frau und die Tiere» veröffentlicht. Trotz der Vernichtung dieser Auflage und des Verlusts mancher Manuskripte konnte ein Großteil ihres Werkes von Verwandten gerettet werden, und so sind wir heute in der Lage, die Stationen ihres inneren Exils anhand der Briefe und der Lyrik zu verfolgen.

Das Martyrium der in Deutschland gebliebenen Juden wurde das Thema, dem sich die Dichtung der im allerletzten Augenblick nach Schweden entkommenen Nelly Sachs (1891–1970) zuwandte. Nächtlich rang sie mit ihren Gesichten, „in Flammen" erlebte sie wie am eigenen Leib das Los der Verwandten, der Freunde, des seit Jahrzehnten heimlich geliebten Mannes, die fast alle schon eines grausamen Todes gestorben waren. Die Schreckensvisionen in Worte umzusetzen, die Worte – Aufschreie manchmal – zu neuen Bilderketten zu knüpfen, war ihr qualvoller Auftrag und ihre Rettung zugleich. In ihrer Heimatstadt Berlin war das wohlbehütete, zurückgezogen lebende Mädchen, einziges Kind begüterter Eltern, mit künstlerischen Dingen beschäftigt gewesen. Sie interessierte sich für Musik, Tanz, Literatur und schrieb zierliche, an die Romantik sich anlehnende Verse. Im schwedischen Exil wuchs aus ihr eine aus den Quellen der jüdischen und christlichen Mystik getränkte Zeugin, deren Lehrmeister, wie sie sagte, der Tod war, deren Metaphern ihre Wunden waren.[34] Einige der von ihr am meisten verwendeten Bilder sind: Staub, Sand, Asche, Fisch, Schmetterling, Stern. Als Zentralthema hat sie sich die Exilkonzeption der jüdischen Mystik zu eigen gemacht, nach welcher die Verbannung des jüdischen Volkes aus seiner Heimat auf das menschliche Leben und das Verhältnis des Menschen zu Gott übertragen wird. Die Anwendung dieser Idee findet sich besonders in der Lehre von der Seelenwanderung als den verschiedenen Graden des Exils der Seele, wobei die „schlimmste Strafe" das völlig heimatlose Dasein zwischen Hölle und Wiederverkörperung ist, ein unheimliches Symbol des Widergöttlichen. Wer nicht mehr verwandlungsfähig ist, dessen Seele ist verloren.[35] Im Werk der Nelly Sachs kann Sand zu Stern, Fisch zu Schmetterling werden, und so die Erlösung finden, ein Prozeß, in den auch die „verlassenen Dinge" bezogen sind:

Hier ist ein Buch, darin die Welten kreisen
Und das Geheimnis flüstert hinter einem Spalt –
Wirf es ins Feuer, Licht wird nicht verwaisen
Und Asche schläft sich neu zur Sterngestalt.

Und im «Chor der Toten»: „Das Wasser, das mit unserem Angstschweiß dahinperlt / Ist mit uns aufgebrochen und beginnt zu glänzen".[36] Darauf bezieht sich auch die schon zitierte Verszeile: „An Stelle von Heimat / halte ich die Verwandlungen der Welt". In diese mystischen Zusammenhänge stellt Nelly Sachs das Geschehen des millionenfachen Mordes. Sie beschönigt nichts, sie ballt das Grauen zu Bilderketten, und macht dadurch klar, daß es sich bei der großen Vernichtung nicht nur um ein einmaliges historisches Ereignis, sondern um einen unheilbaren Riß durch die Schöpfung handelt. Die Ausweitung ins Kosmische weist nicht etwa auf Versöhnung hin, nur auf unstillbare Trauer:

Welt, frage nicht die Todentrissenen
wohin sie gehen,
sie gehen immer ihrem Grabe zu.
[...]
Aber es ist uns in der Fremde
eine Freundin geworden: die Abendsonne.
Eingesegnet von ihrem Marterlicht
sind wir geladen zu ihr zu kommen mit unserer Trauer,
die neben uns geht:
Ein Psalm der Nacht.[37]

Es wäre jedoch falsch, Nelly Sachs als die Dichterin des jüdischen Schicksals einzustufen oder sie, pauschaler noch, als Dichterin des Holocaust abzustempeln und sie auf diese Weise als eine gesonderte Erscheinung zu betrachten. Sie gehört in die Tradition der deutschen Literatur, da wo Hölderlin und Else Lasker-Schüler, Trakl und ihr großer Freund Paul Celan beheimatet sind – alle, deren Sprechen bis an die Grenzen des Schweigens geht, weil sie um das Geheimnis wissen:

Dunkles Zischen des Windes
im Getreide
Das Opfer zum Leiden bereit
Die Wurzeln sind still
aber die Ähren
wissen viele Muttersprachen –
[...]
Geheimnis an der Grenze des Todes
„Lege den Finger an den Mund:
Schweigen Schweigen Schweigen" –[38]

„Licht ist's im Schatten zu wohnen"

Nicht im äußeren oder inneren Exil, sondern in einem als „innere Emigration" bezeichneten Zustand lebten mehrere Dichterinnen, denen der Versuch gemeinsam war, innerhalb der von der Staatsgewalt vorgeschriebenen Grenzen gegen die Zeit zu schreiben. Sie beabsichtigten dabei keineswegs, zum Widerstand aufzurufen, sondern den wirklichen Verhältnissen die überzeitliche Wirklichkeit entgegenzustellen und auf diese Weise Trost und moralischen Rückhalt zu bieten. Gerade die Lyrik bot Möglichkeiten für eine innere Distanzierung von den herrschenden Mächten.

Am schwersten hatte die als „Halbjüdin“ eingestufte Elisabeth Langgässer unter den Maßnahmen des NS-Staates zu leiden. Sie wurde 1936 aus der völlig gleichgeschalteten Reichsschriftumskammer ausgeschlossen und erhielt Schreibverbot. Ihre aus einer unehelichen Verbindung mit einem Juden stammende Tochter Cordelia mußte stellvertretend für die Mutter den Weg nach Theresienstadt und Auschwitz antreten; sie entrann nur mit knappster Not der Vernichtung und blieb auch nach Kriegsende noch längere Zeit verschollen. 1944 wurde die an Multipler Sklerose erkrankte Dichterin zur Fabrikarbeit verpflichtet. In diesen finsteren Jahren entstand der 1947 veröffentlichte Zyklus «Der Laubmann und die Rose». Unter dem Druck des Leidens wandelte sich die magische Naturlyrik zur Mysterienpoesie: der Kreis ewiger Wiederkehr wird durchbrochen von der Erlösung. An Karl Krolow schrieb Elisabeth Langgässer: „Ich bin ja keine Lyrikerin im strengen Sinne, sondern meine Verse sind Teile einer Liturgie. [...] Sie sind reine Mysteriengedichte und fangen alle mit dem Tanzschritt eines Gottes an, und ich weiß am Anfang nie, wohin ich entführt werde. Nur wer mich entführt – das weiß ich“.[39]

In «Orpheus mit der Rose“, dem Schlußgedicht des Bandes, ist erkennbar, wie uralte dichterische Inbrunst sich verbindet mit dem Sinnbild christlicher Reinheit; diese Verbindung ist nur möglich, weil die „Hundertblättrige“ aus dem Tode auferstand, und so den Bann der „Allnatur“ durchbrach.[40]

Ganz aus christlicher Sicht wird von der älteren Dichterin Gertrud von Le Fort (1876–1971) das Zeitgeschehen betrachtet. Sie stammte aus einem Geschlecht adliger Hugenotten, studierte vor dem Ersten Weltkrieg Philosophie und Kirchengeschichte und trat 1926 in Rom zur katholischen Kirche über. Schon zwei Jahre zuvor war ihr Gedichtband «Hymnen an die Kirche» erschienen, der die Begegnung zwischen Seele und Kirche in zyklisch geordneter Bewegung heraufbeschwört. Das «lyrische Tagebuch» verwendet, wie der vorige Band, unregelmäßige, langzeilige, reimlose Strophen, die in der Erhabenheit des Gestus an Hölderlin erinnern. So heißt es in IV:

Viele zogen hinweg, ich aber bleibe
Bei meines Vaterlands Gruft; zum hilflosen Hügel
Wein' ich mich nieder, daß meine zärtlichen Knie
Den fast versunknen bezeugen.
O nahe mir, süße Verzweiflung,
Vorfrühling meines Todes und letzter Frühling der Liebe
Zum herrlichen Vaterland, daß ich die Einsamkeit küsse,
Die hohe Schwester der Trauer, die schweigsame Freundin,
Die einzige, die mit mir wacht!

In III beteuert das dichterische Ich, daß in der Seele kein Gesang mehr zu hören sei, und fährt dann fort mit einem aus Mitteln der Rhetorik gespeisten Bekenntnis zur inneren Emigration:

> Doch selig ists heut zu verstummen,
> Süß ist es abseits zu stehen vom schändlichen Ruhm des Tages
> Licht ists im Schatten zu wohnen,
> Vergessen werden ist Huld, vereinsamt werden ist Gnade
> Getröstet wird nur noch, wer weint, –
> Denn Weinen heißt lieben,
> Und lieben heißt untergehen, heißt lebendiges Sterben! [...]

In IX entwickelt sie den Gedanken, daß nur der Untergehende der Entsühnte ist, ein Konzept, das sie im Zyklus «Schwere Zeit» im Ton eines Kirchenliedes weiter aufarbeitet und zwar in dem Gedicht «Dem verlorenen Sohn»: „Nun hast du's ausgetragen, / der Kelch ist voll zum Rand: / Hör auf dich zu verklagen, / Mein armes Vaterland!"[41] Das gleiche Thema finden wir bei einer zweiten großen alten Dame der deutschen Literatur, Ricarda Huch, in einem aus dem Jahr 1946 stammenden Gedicht:

> Wüßt ich ein Lied, unser Elend zu singen,
> Unsern bitteren Gram, den Worte nicht fassen,
> Es würde Steine bewegen und Eisen durchdringen,
> Und wer es hörte, würde uns nicht mehr hassen.
> Es gibt Unglück, das wie ein himmlisches Feuer
> Mit unserm Glück zugleich unsre Schuld verzehrte.
> Schwer wie die Schuld war das Lösegeld teuer:
> Wir haben gezahlt, was der wägende Richter begehrte.[42]

Die Dichterin sieht sich in diesem Klagelied als Teil des ganzen vom Unglück betroffenen Volkes; sie spricht sich gleichsam mitschuldig an den begangenen Verbrechen, obwohl ihr Verhalten dem Faschismus gegenüber aufgrund ihrer humanen Gesinnung von Anfang an abweisend gewesen war. Schon 1933 hatte sie ihren Austritt aus der Dichterakademie in einem eindrucksvollen Schreiben an den Präsidenten dieses Instituts bekanntgegeben.[43] Als sie 1947 starb, lag eine Reihe von sehr bewegenden Texten zu einem geplanten Werk vor, das «Bilder deutscher Widerstandskämpfer» heißen sollte; im Nachlaß fanden sich dann noch mehrere Entwürfe und Skizzen zu diesem Konzept.[44]

„Vom Tod in das Leben geraten"

Im Todesjahr Ricarda Huchs erschien ein Band Lyrik von Marie Luise Kaschnitz (1901–1974): «Totentanz und Gedichte zur Zeit».[45] In diesen Gedichten wird das zerstörte Frankfurt, ihre Heimatstadt, in großen, elegischen Strophen besungen. Nicht nur wird die Vernichtung des Schönen, wird das Elend der kaum dem Untergang Entronnenen gezeigt, auch das Neue, entstanden aus dem Nichts, die

Würde, geboren aus der Verzweiflung, das Vertrauen, aufsteigend aus der Leere des Niemandslandes:

Und Gott war dort,
So sagten sie,
Nicht wie daheim
Im Frühlingswind
Im Herdgeläut
Im Liebeswort

Er war, wie eh
Er Sonnenlicht
Von Schwärze schied
Und Meer von Land.

Ein Anbeginn.
Sie gingen hin
Und gaben sich
In seine Hand

Und in dem Eingangsgedicht «Große Wanderschaft» heißt es:

Tief in der Unrast Zonen
Eh wir die Furche ziehen
Ehe wir bauen und wohnen
Gehen wir so dahin
Fast wie ungeboren
Fast wie ohne Schuld
Keinem Ding verschworen
Wartend in Geduld [...]
Und lauschen der Stimme des andern
Tages, der in uns beginnt
Und hören nicht auf zu wandern
Bis wir verwandelt sind.[46]

«Totentanz» ist eine Szenenfolge, die in Rhythmus, Wortwahl und Ton an Hofmannthals kleines Drama «Der Tor und der Tod» erinnert. Sie wird von der Autorin in eine imaginäre Zeit verlegt: zehn bis fünfzehn Jahre nach dem Krieg. Die Prophezeiung, daß die Toten dann noch umgehen werden, hat sich für die Dichterin selber jedenfalls erfüllt: In ihren späten, sehr verknappten und zusammengeballten Gedichten und in ihren Tagebuchaufzeichungen tauchen immer wieder in immer eindringlicher werdenden Bildern die Erinnerungen an die Vergangenheit auf und suchen das Heute der dichterischen Person heim:

Feiertags kommt das Vergessene
Auf Hahnenfüßen mit Sporen
Die ritzen mir ins Parkett
Ein Schnittmuster, so
Wird uns zugeschnitten das Nesselhemd
Wenn die Wand
Rosentapete sich auftut
Und ausstößt die Bettlade voll
Von gemergelten Judenköpfen

Wenn durch den versiegelten schon
Glänzenden Estrich hinausdrängt
Nichts. Nur ein Rauch
Stinkender. So
Werden wir eingekleidet
In das was uns zukommt [...][47]

Für diejenigen, die aus dem Exil oder aus dem Untergrund heimkehrten, gab es wohl kaum eine Atempause des Vergessens. Das Vergangene bleibt gegenwärtig, so in den Gedichten der Rose Ausländer (geb. 1907) die in dem 1976 erschienenen Band «Noch ist Raum» ihr Leben in stenogrammartiger Kürze zusammenfaßt. «Biographische Notiz» ist das betreffende Gedicht überschrieben:

Ich rede
von der brennenden Nacht
die gelöscht hat der Pruth

von Trauerweiden
Blutbuchen
verstummtem Nachtigallengesang
Vom gelben Stern
auf dem wir stündlich starben
in der Galgenzeit

Nicht über Rosen
rede ich

Fliegend
auf einer Luftschaukel
Europa Amerika Europa

Ich wohne nicht
Ich lebe[48]

Rose Ausländer wuchs auf in Czernowitz, wo außer Deutsch auch Ukrainisch, Rumänisch und Jiddisch gesprochen wurde. Deutsch war jedoch ihre Muttersprache und in den zwanziger Jahren vertiefte sie sich in das Werk Trakls, Hölderlins, Rilkes, Else Lasker-Schülers und Benns. 1939 erschien noch ihr erster Gedichtband «Der Regenbogen», der verschollen ist; nur wenige Gedichte blieben in Abschriften erhalten. In den vierziger Jahren lernte sie Paul Antschel kennen, der sich als Dichter Celan nannte. Es war die Zeit, zu der sie sich schließlich in einem Keller verstecken mußte und die Welt ringsherum so für sie aussah wie in dem Gedicht «Transnistrien» (1941): „Eislaken auf Transnistriens Feldern / wo der weiße Mäher Menschen mähte / Kein Hauch kein Rauch / atmete / kein Feuer / wärmte die Leichen".[49] Aber sie selber überlebte, und im Jahre 1946 wanderte sie nach den Vereinigten Staaten aus, wo sie als Korrespondentin und Übersetzerin lebte, aber auch dort, in dem von ihr als Exil empfundenen Erdteil, schrieb sie weiter, deutsche und englische Gedichte. Am schmerzlichsten entbehrte sie die Muttersprache, und das ist sicher der wesentliche Grund, der sie 1965 schließlich zur Rückkehr trieb. Den Prozeß der Rückverwandlung in sich selbst hat sie in dem Gedicht «Mutter Sprache» erfaßt:

Ich habe mich
in mich verwandelt
von Augenblick zu Augenblick
In Stücke zersplittert
Auf dem Wortweg
Mutter Sprache
setz mich zusammen
Menschenmosaik[50]

Aber schon in den späten fünfziger Jahren hatte sie die Bekanntschaft der deutschen Gegenwartslyrik gemacht: „Verwandelt tauchte die versunkene Welt wieder empor: in ein anderes Licht. Veraltete Formen waren in den Schatten getreten. Viele dieser modernen deutschen Gedichte wurden für mich von bleibender Bedeutung."[51] Sie schrieb mehrere Nachrufe auf den verehrten Paul Celan, aber auch Gedichte für Nelly Sachs, für Marie Luise Kaschnitz. Anläßlich einer Ausstellung über Leben und Werk Rose Ausländers im Heinrich-Heine-Institut in Düsseldorf schrieb Marie Luise Kaschnitz einen Text: „Unsere Entbehrungen, unsere Ängste", in dem sie die kühnen Metaphern, die ungewohnte Aussage über gewohnte Dinge bei Rose Ausländer rühmt.[52]

Auch Hilde Domin (geb. 1912) kennt die Erfahrungen der Rückkehr. Bis 1954 hat sie auf der karibischen Insel San Domingo gelebt. In einer spanischsprechenden Umgebung begann sie 1951, deutsche Lyrik zu schreiben, ein Vorgang, den sie wie eine Geburt empfand und von dem sie in einem Brief an Nelly Sachs Zeugnis ablegt:

Da wird einer verstoßen und verfolgt, ausgeschlossen von einer Gemeinschaft, und in der Verzweiflung ergreift er das Wort und erneuert es [...]. Und während er noch flieht und verfolgt wird, vielleicht sogar umgebracht, rüstet sein Wort sich für den Rückweg, um einzuziehen in das Lebenszentrum der Verfolger, ihre Sprache. Und so erwirbt er ein unverlierbareres Bürgerrecht als wenn er friedlich hätte zu Hause bleiben dürfen und vielleicht sein Wort nicht diese Kraft einer äußersten Erfahrung hätte, die es so stark macht (oder auch erst gar nicht entstanden wäre). Und er kann nicht anders als die Sprache lieben, durch die er lebt und die ihm Leben gibt. In der ihm doch sein Leben beschädigt wurde. Das äußerste Vertrauen und die Panik fallen hier zusammen, das Ja und das Nein sind nie mehr zu trennen.[53]

Hilde Domin betrachtet ihre eigene Lyrik als ein unbehaustes Gebilde, so in «Hier»:

Ungewünschte Kinder
Meine Worte
frieren
Kommt
ich will euch
auf meine warmen
Fingerspitzen
setzen
Schmetterlinge im Winter

Die Sonne
blaß wie ein Mond

scheint auch hier
in diesem Land
wo wir das Fremdsein
zu Ende kosten[54]

Ihr Heimweh, als unstillbar erfahren, wandelt sich in ein überzeitliches, außerweltliches Verlangen nach der „Wolkenbürgerschaft“:

Ich habe Heimweh nach einem Land
in dem ich niemals war,
wo alle Bäume und Blumen
mich kennen,
in das ich niemals geh,
doch wo sich die Wolken
meiner
genau erinnern,
ein Fremder, der sich
in keinem Zuhause
ausweinen kann. [...][55]

Dieses Verlangen steht in einem fortwährenden Spannungsverhältnis zu ihrem Zeitengagement. Sie leidet unter allem Unrecht, das geschieht, sie fühlt sich aufgrund ihrer eigenen Exilerfahrung mitverantwortlich für das Elend der Unbehausten der Erde. Eine Wiederholung der „Grauen Zeiten“ ist denkbar, bleibt immer zu fürchten, denn:

Menschen wie wir wir unter ihnen
fuhren auf Schiffen hin und her
und konnten nirgends landen
[...]
Menschen wie wir wir unter ihnen
Standen an fremden Küsten
um Verzeihung bittend daß es uns gab
Menschen wie wir wir unter ihnen
Menschen wie ihr ihr unter ihnen
jeder

kann ausgezogen werden
und nackt gemacht
die nackten Menschenpuppen

nackter als Tierleiber
unter den Kleidern
der Leib der Opfer[56]

„Zeitgeschehen und Politik“, so sagt Marie Luise Kaschnitz in einem nachgelassenen Text, einem Vortrag, den sie nicht mehr hat halten können, „haben auch die Lyrik der bedeutenden Frauen unserer Zeit geprägt. Nicht zufällig sind die meisten von ihnen Jüdinnen, denen das große Erbe biblischer und orientalischer Mythen zu Gebote stand und die aus diesem Erbe schöpften, um die furchtbaren Drohungen ihrer Gegenwart zu bestehen. Else Lasker-Schülers farbige Märchenwelt, Gertrud Kolmars geschichtliche Visionen, Rose Ausländers balkanische Schwermut, überall wirkt das Fremde, Dunkle alter Kulturen, und nur

Hilde Domin hat ihre Bilder und ihren lyrischen Ton einer anderen Welt, der spanischen und südamerikanischen, entnommen. Von der 1970 gestorbenen Nelly Sachs will ich Ihnen ein Gedicht sagen:

> Hängend am Strauch der Verzweiflung
> und doch auswartend bis die Sage des Blühens
> In ihre Wahrsagung tritt –
> Zauberkundig
> Plötzlich der Weißdorn ist außer sich
> Vom Tod in das Leben geraten –[57]

Diesen Zauber hat die Sprache der Lyrikerinnen und Lyriker bewirkt, indem sie, tief verwundet und nahe am Verstummen, dennoch das Schweigen durchbrach mit dem einzig richtigen, dem Wirklichkeit spiegelnden und verwandelnden Wort.

2. Lebensanspruch und Kraftentwicklung Anna Seghers (1900–1983). Ein Portrait

Eva Kaufmann

Die Frau im Verborgenen

Ihr Leben lang war Anna Seghers darauf bedacht, Persönliches, weitgehend auch die Probleme ihrer künstlerischen Arbeit nicht öffentlich zu machen. Darin unterschied sie sich schon in ihren Anfängen von bedeutenden Autorinnen Anfang des 20. Jahrhunderts, wie zum Beispiel Else Lasker-Schüler oder Franziska zu Reventlow, die ihrem Ich rückhaltlos Ausdruck gaben. Anders als die meisten Schriftstellerinnen, die ihr um eine Generation oder mehr voraus waren und unter schwereren Bedingungen gelebt und geschrieben hatten, vermeidet Anna Seghers jede ausdrückliche oder gar polemische Erörterung der Frauenemanzipation. Auf den ersten Blick wirkt sie geradezu uninteressiert am Schicksal von Frauen. Nur selten stehen in Texten der frühen Jahre und der Exilzeit Frauen im Mittelpunkt. Lediglich einmal in den zwanziger Jahren bekommt eine Frau die zentrale Stellung zugewiesen: in der Erzählung «Die Ziegler», in der der Untergang einer Kleinbürgerfamilie dargestellt wird. Die ‚Hauptrolle' des Mädchens Marie ergibt sich daraus, daß ihr als älterer Tochter die – männliche – Rolle des Ernährers zufällt und sie die Familie mit ihrer Hände Arbeit so lange über Wasser hält, bis sie selbst erschöpft zusammenbricht. Vor ihrem ersten und zugleich letzten Schrei gedenkt sie des einzigen Glücksmoments in ihrem aufopferungsvollen Dasein, als „ihr Haar flatterte".[1] Das erinnert sehr an Annette von Droste-Hülshoffs bewegendes Gedicht «Am Turme». Auch hier ist es ein eingesperrtes Mädchen, das von großen Taten träumt und doch „nur heimlich lösen" kann das Haar und „lassen es flattern im Winde".[2]

Frauen erscheinen im Frühwerk der Seghers in wenigen Grundtypen, vor allem als Mütter, die durch die Kinder gänzlich gebunden und im Lebensanspruch reduziert sind. Die Frau in der Erzählung «Auf dem Wege zur amerikanischen Botschaft» sieht die anderen als „Freie, Glückliche, die nicht so ein Zimmer hinter sich herschleifen voller Kinder und Teller und Wäsche".[3] Die Lebenschancen von Frau und Mann erscheinen hier und auch im späteren Werk als grundsätzlich unterschiedliche. Die demonstrierende Frau, die mühsam die Namen Sacco und Vanzetti in ihren Kopf zwingt, weiß:

> Niemals würde sie einen dieser leuchtenden Gedanken denken, wie sie die Männer ausdenken, damit man sich daran festhalten und leben konnte.[4]

Das Gegenstück zu den ausgemergelten Müttern sind die ungebundenen Mädchen oder Frauen, die sich mit ihrem Körper (Marie in «Grubetsch», Anna in «Ziegler», Marie in «Aufstand der Fischer von St. Barbara») gewisse Freiräume verschaffen. Aber ‚leuchtende große Gedanken' haben sie in dieser Art Abhängigkeitsverhältnis auch nicht. Wo bleibt bei diesen Frauenbildern die Autorin Anna Seghers?

Offenlegung eines Ahnherrn

Anna Seghers' erste, 1924 veröffentlichte Geschichte «Die Toten von der Insel Djal» ist erst 45 Jahre später durch Wiederabdruck bekannt geworden. Verglichen mit den harten Erzählungen aus der zweiten Hälfte der zwanziger Jahre scheint diese romantische Gespenstergeschichte auf den ersten Blick wie ein unbekümmertes Vorspiel. Dem Milieu, dem Geschehen und den Figuren fehlt jene bleierne Schwere, die die Werke der nächstfolgenden Jahre kennzeichnen. Hier herrscht Unbedingtheit nicht nur des Wollens, sondern auch des Handelns. Das Phantastische macht es möglich: Tote gehen um; die wildeste Lebensgier von allen rumort im Pfarrer von Djal. Die junge Seghers modifiziert das traditionelle Wiedergängermotiv insofern, als nicht ein zu jung ums Leben gebrachter Mensch als Wiedergänger auftritt, sondern einer, der sein Leben 77 Jahre lang ausgekostet hatte, ohne sich im mindesten daran gesättigt zu haben. Er habe, so heißt es, Gott solange mit wilden und zornigen Gebeten zugesetzt, bis er ihn noch einmal in seiner „alten Gestalt ins Leben lassen *mußte*".[5] Die Seghers steigert seinen ketzerischen Lebenshunger – und es ist schwer, darin nicht Identifikation zu sehen – ins Gigantische. Auch die zweite Existenz auf Erden reicht ihm nicht aus. Um sich mehr und immer mehr Leben einzuverleiben, macht er seine Beichtkinder mit Alkohol gesprächig und lernt die Bibel mit ihrem unerschöpflichen Vorrat von Leben aller Art auswendig. Welch rebellische Erfindungen der vierundzwanzigjährigen Mainzer Kunsthändler-Tochter Netty

Reiling, die sich damit unter dem Pseudonym Antje Seghers[6] in die Literatur einführt! Welch eine Idee, zwischen sich und dieser Jan Seghers genannten Figur eine direkte Beziehung herzustellen! Das muß als öffentliche Festlegung auf einen Ahnherrn gewertet werden. Was aber hat die junge Frau, die noch auf Fotos aus den endzwanziger Jahren seltsam sanft und kindlich aussieht, mit der wilden Lebensgier eines Jan Seghers zu schaffen?

Sehnsucht nach Freude, Lebensfülle und freier Ferne sind auch in anderen frühen Werken treibendes Motiv, vor allem in «Grubetsch» und «Aufstand der Fischer von St. Barbara». Von unmittelbar autobiographischen Bezügen ist erst in den siebziger Jahren zu erfahren. Da bekennt sie, daß sie die Angst, in dem „Nest Mainz"[7] hängen zu bleiben, zum Studium getrieben habe und daß sie vom Drang besessen gewesen sei, „auszufliegen, wegzufliegen", um „der typischen bürgerlichen Wohnzimmeratmosphäre"[8] zu entkommen.

Dies scheint ihr, als sie anfängt zu schreiben, bereits gründlich gelungen. Die äußeren Daten ihres Werdegangs bezeugen, daß ihr Bescheidung und Verzicht, für viele Frauen der älteren Generation unausweichlich, erspart geblieben waren. Sie studierte Fächer, die sie liebte – Kunstgeschichte, Sinologie, Geschichte – und promovierte 1924 mit einer – wie sie später findet – bescheidenen Arbeit über «Jude und Judentum im Werk Rembrandts». Sie nützt mit größter Selbstverständlichkeit jene Errungenschaften, um die die bürgerliche Frauenbewegung jahrzehntelang hartnäckig gekämpft hatte und die den deutschen Universitäten erst im 20. Jahrhundert abgerungen worden waren. Durch ihre Ehe mit dem ungarischen Emigranten Laszlo Radvanyi (Heirat 1925) gerät sie nicht in ein sie abkapselndes Hausfrauendasein. Sie führt das Leben einer emanzipierten Frau. Auch die beiden Kinder (Pierre 1926 und Ruth 1928) halten sie nicht vom Schreiben, ihrem eigentlichen Lebensbedürfnis, ab. 1928 wird die bis dahin fast Unbekannte der literarischen Öffentlichkeit durch die Verleihung des Kleistpreises zum Begriff. Sie schreibt und schreibt, ohne daß man bis heute genauer weiß, unter welchen konkreten Umständen, wie es mit dem ‚Zimmer für sich allein' bestellt war.

Bannkreise

In «Grubetsch», dem erstaunlich kraftvollen und düsteren großen Wurf, kehrt sie das Thema vom Lebenshunger – wenn man diese komplexe Erzählung auf einen Nenner bringen will – ins Zerstörerische um. In einer winzigen, in sich geschlossenen Welt treiben die Sehnsüchte und Leidenschaften, vor allem die unausgelebten, unentrinnbar, wie es scheint, ins Verderben. Die Figuren erscheinen auf vielfache Weise eingesperrt: in die Enge des Mietskasernenhofes, in die einzelnen Wohnungen, in die Familien und in sich selbst. Damit schafft sie ein prägnantes Grundmuster: die todessüchtige Existenz des vereinzelten Einzelnen. Wenn schon keine Ereignisse, keine Abenteuer und kein Glück möglich sind,

Anna Seghers

dann wenigstens „rote, glühende, leuchtende Unglücke";[9] das wünschen Starke wie Schwache. Darin artikuliert sich, mit bewunderndem Blick auf die wilde Leidenschaftlichkeit in Dostojewskis Romanen, ihr abgründiger Schauder vor den „eigenen bläßlich-kleinbürgerlichen Sippen, die zu keinem starken Gefühl, zu keinem Gefühlsausbruch fähig waren".[10] Unter den Bedingungen von Inhalts- und Beziehungslosigkeit haben die äußerlich und innerlich Eingesperrten keine Chance, sich gegenseitig mehr als nur flüchtig Lust zu geben, die nur tiefer in die Gefährdung treibt.

Die Erzählung «Die Ziegler», im Hinblick auf die Einsamkeit und Lebensunfähigkeit der meisten Figuren «Grubetsch» verwandt, weist durch die genaue soziale Profilierung eine andere Modellhaftigkeit auf. Während die Figuren in «Grubetsch» ihren geheimen Wünschen „nach Zugrundegehen",[11] also vornehmlich inneren Zwängen, erliegen, werden die Ziegler vom äußeren Druck, von sozialer Not und, was entscheidend ist, der eigenen Widerstandslosigkeit zugrundegerichtet. Bei diesem reißenden Untergang erhält das Wohnzimmer, Inbegriff kleinbürgerlicher Lebensform, eine überragende Symbolfunktion. Entgegen dem Anspruch, wärmende Gemeinschaft herzustellen, hält es die einzelnen in ihrer gnadenlosen Vereinzelung gefangen. So bietet auch die Familie, in ihrer spezifisch kleinbürgerlichen Prägung, weder Schutz noch Kraftressourcen.

Vor Anna Seghers hatte in Deutschland keine Frau mit solcher Härte geschrieben. Im Vergleich zu Ricarda Huchs Erzählung «Das Judengrab» oder den naturalistisch inspirierten Elendsgeschichten Clara Viebigs aus der Eifel wirken Anna Seghers' frühe Erzählungen abgründig und unheimlich.

Erfahrung von Sieg und Niederlage

Ihre Art, Menschen und Verhältnisse schonungslos nüchtern darzustellen, erklärt sich in der Hauptsache – wenn wir von Anknüpfungspunkten in der literarischen Tradition und bei Zeitgenossen absehen – aus unmittelbaren Zeiterfahrungen, aus Krieg, Revolution, Nachkrieg. Sie war mit weltweit tödlichen Spannungen konfrontiert, mit gegenläufigen geschichtlichen Bewegungen und Tendenzen. In Sowjetrußland hatte sich in den Bürgerkriegsjahren die Revolution in blutigen Kämpfen durchgesetzt und mußte danach ihre Schwungkraft in „einer Art kalter Feuerprobe“[12] – so Anna Seghers – im Aufbau-Alltag bewähren. Überall sonst Niederlagen der revolutionären Bestrebungen. Durch Exilanten, nicht zuletzt ihren späteren Mann, war ihr das Schicksal der ungarischen Räterepublik besonders vertraut.

Als Anna Seghers 1927 die Erzählung «Aufstand der Fischer von St. Barbara» beginnt, schreibt sie ‚gegen den Strom‘, gegen das Zeitgefühl der ‚relativen Stabilisierung‘. Revolutionäre Themen und Sujets waren mit dem Abklingen des Expressionismus in der deutschen Literatur rar geworden. Jahre bevor Friedrich Wolf und Ernst Toller ihre Revolutionsstücke («Matrosen von Cattaro» und «Feuer aus den Kesseln»; beide 1930) in der Reaktion auf die sozialen Unruhen der Weltwirtschaftskrise verfassen, holt Anna Seghers das Grunderlebnis Revolution in ihrer Erzählung modellhaft abgehoben und beunruhigend suggestiv herauf. Durch die vorangestellte Niederlage schließt sie falsche Leseerwartungen aus. Der Aufstand vollzieht sich mit der Zwangsläufigkeit eines Naturvorgangs. Darin liegt kein Fatalismus, denn diese Zwangsläufigkeit besagt auch, daß Aufstände und Revolutionen ausbrechen, solange die sozialen Ursachen dafür bestehen. Unvermeidlich erscheint eine Rebellion wie die der Fischer auch deshalb, weil sie aus dem Innern der Individuen herauswächst, bei dem jungen Andreas zum Beispiel aus der „Lust nach Freude“,[13] aus dem Drang, gegen Gehorsamszwänge aller Art aufzubegehren. Die Handlung läßt keinen Zweifel, daß alles Aufständische gründlich niedergeschlagen und ausgemerzt wird. Es bleibt allein das „Feste, Dunkle vom letzten Winter“[14] in den Augen der besiegt ausfahrenden Schiffer. Dieses Symbol meint mit dem Zuwachs an Erfahrung bei den Überlebenden des Aufstands einen wirklich geschichtlichen Gewinn, so gering und verborgen er auch sei. Die Erinnerung an das überwältigende Erlebnis der spontanen gemeinschaftlichen Aktion, die für kurze Zeit die gewohnten Ordnungen außer Kraft gesetzt hat, glimmt wie ein Funke unter der Asche. Deshalb auch die Gelassenheit des Anfangsbildes vom Aufstand, der „die Seinigen" behütet für das, „was für sie am besten war".[15] Die Kraft, die ein erstes Mal geweckt und erprobt worden ist, kann im Leben der Fischer von St. Barbara, die eine breite soziale Schicht, eine Klasse, repräsentieren, nicht spurlos verlorengehen. Ganz anders dagegen der Untergang der Kleinbürgerfamilie, der Ziegler: Mit Marie geht auch ihre Erkenntnis zugrunde, daß „die winzige Kraft in einem selbst"[16] *allein* nutzlos sei.

Nicht im Stich gelassen

Wir sahen: Die überschäumende Lebenslust und der ungehemmt sich entfaltende Lebensanspruch, wie sie sich in Seghers' Erstling äußern, verändern sich grundlegend, wenn sie in konkrete soziale Bedingungen gestellt werden. Für die Ziegler und die Fischer von St. Barbara geht es um das nackte Überleben. Und das erfordert Kraft. Immer wieder stellt Anna Seghers Vorgänge dar, in denen, fast aus dem Nichts, Kraft geboren wird, so zum Beispiel in der Erzählung «Die Wellblechhütte» (1928/29). Alle äußeren und viele innere Voraussetzungen sind hier so beschaffen, daß sich die zwei an einen einsamen Wüstenort Verbannten gegenseitig zugrunderichten müssen. Der kreatürliche panische Überlebenswille des einzelnen vermag nichts. Erst als der eine Deportierte im anderen winzige soziale Impulse wecken und ihn zu bescheidenem gemeinschaftlichen Tun (Fremdsprache lernen) bewegen kann, ist die tödliche Gefährdung, der Tod in ihnen selbst, gebannt.

Dieses Grundmuster,[17] aus lebensfeindlichen Umständen heraus Lebenskraft zu entwickeln, wird Anna Seghers immer wieder variieren, zunächst im Roman «Die Gefährten» (1932), dann in Romanen und Erzählungen der Exiljahre – so einzigartig bewegend in «Das siebte Kreuz», und schließlich auch in Werken, die in der DDR entstehen, nicht zuletzt im Erzählungsband «Die Kraft der Schwachen» von 1965.

Zu den Gründen, die die Seghers zur Arbeiterbewegung hinzogen, schließlich auch zum organisatorischen Anschluß an die KPD (1928) bewogen haben, dürfte auch das Bedürfnis nach menschlicher Verbundenheit, nach Gebrauchtwerden im Großen, zählen. Ich unterstelle als ihre eigene Auffassung, was im Roman «Der Weg in den Februar» (1935) einer Figur in den Mund gelegt ist:

> [...] in unserem finsteren Jahrhundert, [...] in unserer unchristlichen Welt, da war's die Arbeiterklasse allein, die einen ungeheuren Wert hervorgebracht hat, christfeindlich zutiefst zwar, aber doch zutiefst christähnlicher als alles andere sonst: die Solidarität.[18]

Eben dieser Wert verliert für Anna Seghers nie seine Bedeutung, auch und gerade weil die Solidarität durch geschichtliche Umstände, wie die Spaltung der deutschen Arbeiterbewegung, immer aufs neue gefährdet ist.

Dazu kommt ein weiterer Aspekt. Aufgewachsen unter dem Eindruck des Völkermordes im Ersten Weltkrieg, ist Anna Seghers außerordentlich empfindlich gegen jede Art nationaler Abkapselung oder gar Feindschaft. So wird verständlich, daß die internationale Solidarität für sie besondere Anziehungskraft hat. Den Roman, der Schicksale von Revolutionären aus Ungarn, Polen, Italien, Bulgarien und China darstellt, nennt sie «Die Gefährten». Damit betont sie das Ideal der Verbundenheit aller, die sich auf die Losung „Proletarier aller Länder vereinigt euch" verpflichtet fühlen. In diesen Kreis von Gefährten, über die die Fremdheit ihre Macht verloren hat, sieht sich Anna Seghers einbezogen und gebraucht. Anschaulich zeigt dies ihr «Kleiner Bericht aus meiner Werkstatt» von 1932, der in Form eines Dialogs vorführt, wie eine erfahrene deutsche mit einer chinesischen Schreiberin einen Bericht über den 1. Mai in Shanghai erarbeitet, wie sich die Deutsche in chinesische Lebensumstände hineinversetzt, um herauszufinden, wie diese deutschen Lesern nahegebracht werden können. Wo immer ihre Erzählungen spielen, in Mexiko, Haiti oder Abessinien, nie wirken Menschen und Verhältnisse exotisch; sie scheinen von innen heraus gesehen, von jemandem, der dazugehört. Scheinbar ohne Mühe gelingt es ihr, sich in aller Welt, in jeder Art Landschaft und Menschennatur heimisch zu fühlen. Es gehört zu ihrem Anspruch, sich als Erzählerin Menschengeschicke unbegrenzt anzueignen und wieder aus sich herauszustellen.

Dies aber ist nicht ein für allemal gesichert und muß unter den sich wandelnden Bedingungen von Geschichte immer neu begründet werden, gerade auch in der Arbeit, die sie nach ihrer Übersiedlung in den östlichen Teil Deutschlands (1947), in die spätere DDR, auf sich nimmt, die Schwierigkeiten und Widersprüche ganz anderer Art mit sich bringt und auch dem literarischen Werk den Stempel aufdrückt. Für die Überwindung bestimmter Tendenzen zur Simplifizierung, wie sie sich insbesondere in Erzählungen der frühen fünfziger Jahre bemerkbar machen, erweisen sich die Besinnung auf geschichtsphilosophisch großräumige Denkmotive und die Anknüpfung an Grunderfahrungen vergangener Kämpfe als produktiv. Sowohl der nicht nur wegen seiner Stoffülle besonders spröde Roman «Die Entscheidung» (1959) wie auch der anschließende Roman «Das Vertrauen» (1968) werden wesentlich von vier Figuren zusammengehalten, die durch das gemeinsame Erleben als Interbrigadisten im spanischen Bürgerkrieg nicht nur kompositorisch miteinander verknüpft sind. Angesichts erwarteter und unerwarteter, sogar auf Leben und Tod sich zuspitzender Konflikte – die Romane spielen in den Jahren 1947 bis 1953 – wird mehrfach eine lebenswichtige Erfahrung aus dem spanischen Kampf heraufbeschworen: „Wir lassen einander nicht im Stich."[19] Darin liegen sowohl die Feststellung von etwas Gegebenem, als auch Appell und Versprechen. ‚Nicht im Stich lassen' bedeutet zunächst einmal die Erinnerung daran, daß deutsche Spanienkämpfer, Männer also, von der spanischen Krankenschwester Celia gerettet worden waren. Dabei wird eigens hervorgehoben – durch Reflexionen einer männlichen Figur – daß sich diese Celia „niemals in einer Familie verkrochen"[20] habe.

Im zweiten Roman werden wesentliche Tendenzen durch den Begriff „Vertrauen“ auf den Punkt gebracht. Dieser Begriff meint auch, daß das Grundverhältnis vertrauter Solidarität, wie es die Beziehungen der Spanienkämpfer prägte, in der sich bildenden sozialistischen Gesellschaft zum Lebensprinzip nicht nur kleiner Avantgardegruppen werden sollte. Das klingt sehr nach Utopie, entspringt keineswegs einer Realitätsblindheit, denn Vertrauen ist von der Handlung her auf die Vorgänge des konfliktreichen Jahres 1953 bezogen. Gemeint ist sowohl schon gegebenes, als auch gestörtes, als auch erst ahnbares Vertrauen. Analyse und Entwurf sind hier, wie so oft bei Anna Seghers, ununterscheidbar ineinander verwoben.

Begriffe wie Treue und Verläßlichkeit, dem Vertrauen eng verwandt, ziehen sich als Grundmotive durch das gesamte Spätwerk und heben sich in den vielen unglücklich ausgehenden Geschichten deutlich als die erstrebten Werte individuellen Verhaltens und gesellschaftlichen Umgangs heraus. Einmal, in der Erzählung «Das wirkliche Blau», läßt es die Seghers zum glückhaften Sieg der Treue kommen. Die übliche Handlungskonstellation wird umgekehrt: Dieses Mal verläßt der Mann nicht wie gewohnt um seiner Sache willen (Beruf, revolutionärer Kampf) die Familie. Gezeigt wird, wie er die außergewöhnliche Chance nutzt, verschiedenartige Bedürfnisse und Verpflichtungen in Einklang zu bringen: die Treue zur Familie, die Solidarität mit den anderen Arbeitenden und vor allem die Treue zu sich selbst, zu seinen spezifischen Neigungen und Fähigkeiten als Töpfer, als Künstler.

1960 vermerkt sie in einem Brief, daß viele Leute den Roman «Transit» nicht leiden können und nicht verstehen, „welche Anweisung darin gegeben ist, die Leiden dieser Erde wirksam zu bekämpfen“.[21] Mag sich das Wort „Anweisung“ in bezug auf «Transit» seltsam ausnehmen, festzuhalten ist, daß sich Anna Seghers' Impuls, die Leiden dieser Erde wirksam bekämpfen zu wollen, zum Lebensende hin nicht abschwächt. Die Gefährdung humaner Kräfte und Werte erscheint ihr riesig, ihre Zerstörbarkeit denkbar. Um so mehr versucht sie, den Gedanken von der Unversehrbarkeit oder Regenerierbarkeit des Humanen zu bekräftigen. So in der Erzählung «Überfahrt» (1971), in der angesichts von Verlust, Leid und Schmerz nach Lebenshaltungen gesucht wird, die mehr als ein bloßes Vegetieren bedeuten. Am Ende der Erzählung gilt es als möglicher humaner Gewinn, wenn in Menschen „etwas Festes“[22] gewachsen ist, und sei es durch unvergeßliches Leid. Damit kommt Anna Seghers auf Formulierungen zurück, die über vierzig Jahre früher den «Aufstand der Fischer von St. Barbara» beschlossen. Dort war es das „Feste, Dunkle“ genannt worden, was in die Menschen gekommen war. Vom Ende ihres Werkes her gesehen ist der Kampf um den „unverwüstlichen“[23] Kern im Innern des Menschen, im letzten Satz des «Siebten Kreuz» als das bezeichnet, was im Innersten unangreifbar und unverletztbar ist, unentschieden und unabsehbar.

Aus der zweiten Reihe

Bisher wurde der Seghers Zuwendung zu den arbeitenden Massen, ihr Engagement in der politischen Bewegung unter dem Aspekt der Erweiterung ihres Lebensradius, des Gewinns gerade auch für ihr Schreiben betrachtet. Es hieße Persönlichkeit und Werk vereinfachen, wollte man die damit verbundenen Einbußen und Widersprüche nicht in Betracht ziehen. Sie betreffen vor allem die Notwendigkeit, sich auf Leser einzustellen, denen eine entwickelte Kunstsprache fremd ist, aber auch die Schwierigkeit, mit der Darstellung dessen *was ist* den Entwurf von dem *was sein soll* zur Anschauung zu bringen und darüber hinaus auch anzudeuten, wie die ersehnte Veränderung herbeigeführt werden könnte. Es ist sicher ein Verlust, daß die Seghers ihre Anlage zur komischen Gestaltungsweise, mit Ausnahme der kurzen Prosaarbeit «Reise ins elfte Reich», hat verkümmern lassen. Sie selbst hält es keineswegs für eine Tugend, daß in ihrem Schaffen das „was mich heute erregt" und „die Farbigkeit von Märchen"[24] manchmal nicht zusammengehen. An der Erzählung «Die Tochter der Delegierten» (1951), die wie manche andere in der ersten Hälfte der fünfziger Jahre, flächig und didaktisch geriet, kritisiert sie 1979, daß ihr die „Unbekümmertheit" und „Leidenschaftlichkeit"[25] der frühen Erzählungen mangele. Die Tendenz zur Entsinnlichung hat zu viele verschiedenartige Gründe, als daß sie auf einen Nenner zu bringen wäre.

Die Neigung, sich selbst im Erzählwerk zurückzunehmen, spielt dabei eine nur vermittelte Rolle. Im Roman «Das siebte Kreuz» schlägt sie in keiner Weise negativ zu Buche. Andererseits beruht der unverwechselbare Reiz, der dem Roman «Transit» und der Erzählung «Der Ausflug der toten Mädchen» eigen ist, darauf, daß die Seghers im Roman Autobiographisches zur Geltung bringt und in der Erzählung sich offen, subjektiv authentisch einzeichnet. Über lange Strecken spart sie das, was zum Zentrum ihres Seins gehört, die Probleme der künstlerischen Arbeit, vollkommen aus. Sie im Erzählwerk zum Gegenstand zu machen, mochte ihr angesichts der Lebensprobleme der arbeitenden Massen in Krise, Krieg und ersten Aufbaujahren unangemessen scheinen. Wenn sie es jedoch tut, gewinnt das ganze Werk eine neue Dimension, wie in «Transit» durch die Handlung um den Schriftsteller Weidel und in «Das Vertrauen» durch die Episoden um das Spanienbuch des Schriftstellers Melzer. Wenn in einigen späten Erzählungen («Sagen von Unirdischen» und «Das wirkliche Blau» vor allem, aber auch «Überfahrt») Künstler- und Kunstprobleme auf die eine oder andere Weise zentrale Bedeutung erlangen, bedeutet das nicht nur Zuwachs an Beziehungsreichtum und Sinnfülle, sondern auch an poetischer Ausstrahlung.

Beachtung verdienen in Seghers späterem Werk jene – nicht sehr auffälligen – Veränderungen im Umgang mit der Frauenfigur. Das eingangs erwähnte geringe Interesse für Frauenproblematik beruht unter anderem darauf, daß sie die Befreiung der Frau nicht abgesondert von der allgemeinen Emanzipation, vom sozialen Befreiungskampf des Proletariats sieht. Darin folgt sie dem marxistischen Standpunkt. Das allein erklärt den Lakonismus und die Härte in der Behandlung von Frauengestalten nicht. Wenn Frauen bei ihr, vor allem im ersten Jahrzehnt, in der zweiten Reihe stehen, dann weil sie als die Frauen von Fischern, Bergmännern, Revolutionären – im Unterschied zu diesen – keine eigenen und außerhalb ihres engen Kreises liegenden größeren Zwecke verfolgen. Nicht nur durch die Kinder erscheinen sie abgezogen von sich selbst; ihr Weltverhältnis ist meist unselbständig, weil es vermittelt wird durch den Liebsten, den Ehemann, den Vater, den Sohn. Für Frauen gewinnt Anna Seghers in dem Moment ein neues Interesse und Verständnis, als sie in der Emigration die Rolle des ‚gewöhnlichen Lebens', das heißt hier vor allem die Rolle der Alltagsarbeit der Frau in und für Familien, anders sehen lernt. Vordem war der Frauen Dasein niemals ‚großes' Leben, sondern ‚gewöhnlich' in dem negativen Sinn, daß es die Kräfte fruchtlos verschleißt und die Sinne abstumpft. Nun, unter den ungewohnten und harten Bedingungen der Emigration, offenbare sich in vielen Frauen eine unbekannte Kraft, die „vielleicht Jahrhunderte verschüttet war"[26] und die imstande ist, destruktive Gewalten zu bändigen. Dadurch werden Frauen zu selbständigen Größen. In der Erzählung «Das Obdach» (1941) rettet eine französische Arbeiterfrau, zunächst gegen den eigenen Mann, den Sohn eines von den Nazis verfolgten Deutschen. Bisher eine Mutter „wie alle Mütter",[27] springt sie plötzlich über ihren Schatten und sorgt unter Gefahr für die eigene Familie für das fremde Kind. Im Zusammenhang mit dieser ‚Neuentdekkung' der Frau und des ‚gewöhnlichen' Lebens rückt die Familie, vor allem die des Kleinbürgertums, in ein anderes Licht. Endlich sei durch die Zwänge der Emigration „der starre Rahmen der altertümlichen Eigenheimverhexten-Familie" aufgesprengt. Die Familie – für Anna Seghers offensichtlich lange ein Alptraum – könne dann zum Kraftquell werden, wenn sie ihre Mitglieder nicht in sich einspinnt, sondern „auf etwas außerhalb ihrer selbst" beziehe und dadurch „in eine Gemeinschaft höherer Ordnung"[28] einfüge. Auch hier findet sich die leidenschaftliche Abwehr aller Lebensformen und -haltungen, die von Kommunikation, von Gemeinschaftlichkeit absperren – und immer auch die Suche nach Kraft. Die Parallele zur Biographie der Seghers liegt auf der Hand: «Das siebte Kreuz», *der* große Roman über Deutschland unter der Hitlerdiktatur, wurde von einer Frau geschrieben, die unter den außergewöhnlichen Schwierigkeiten des Emigrationslebens, oft allein verantwortlich für die beiden Kinder, eigene Erfahrungen mit unerwartetem Kraftzuwachs machte.

Es zeigt sich, daß die Neubewertung der Frau für die Anlage einiger Romane bedeutungsvoll ist. Durch sein Sujet ist der Roman «Transit» von der Frau her organisiert: „Zwei Männer kämpfen um eine Frau, aber die Frau liebt in Wirklichkeit einen dritten Mann, der schon tot ist."[29] Auch dadurch, daß sie, gebrochen durch die Optik des Ich-Erzählers, mehr von außen gesehen wird, erscheint sie als geheimnisvolles Wesen, das aus gewohnten Rollenbildern herausfällt.

Im Roman «Die Toten bleiben jung» (1949) wird die breit entwickelte proletarische Sphäre von der weiblichen Figur her aufgebaut. Nicht nur durch ihre biologische Funktion als Mutter, so wichtig sie für die Symbolik dieses Romans ist, sondern durch ihre Eigenständigkeit dem Leben gegenüber wird sie zu einem ästhetisch durchgebildeten Charakter, wie neben ihr auch einige andere weibliche Figuren (Amalie von Wenzlow, Lenore Klemm, Elisabeth Lieven), die aus sozialen Sphären „jenseits der Barrikade" stammen.

Die Tatsache, daß Anna Seghers seit den vierziger Jahren mehr Erzählungen schreibt, in denen Frauen Mittelpunktsfiguren sind, signalisiert die gewachsene Aufmerksamkeit für Frauen. Sie bedeutet jedoch nicht, daß die ungleichartigen Möglichkeiten von Frau und Mann, auch der arbeitenden Massen, am Leben Anteil zu haben, ausgeglichen erscheinen. Da Anna Seghers die ganze Welt ins Auge faßt, nimmt sich das Maß von Veränderungen sehr gering aus. Es ist ihr wichtig, immer wieder vor Augen zu führen, daß überall dort, wo das Volk insgesamt leidet, die Frauen den ungleich schwereren Teil zu tragen haben, so in der Geschichte der mexikanischen Crisanta oder in den Erzählungen von den «Drei Frauen aus Haiti». In der späten Prosa dominiert nicht *ein* Frauentyp. Neben den Unansehnlichen («Agathe Schweigert», «Das Schilfrohr») interessieren sie auch die strahlenden Schönheiten («Susi», «Ein Wiedersehen», «Überfahrt»), ohne daß der menschliche Wert der Figuren direkt abhängig gemacht wäre von Schönheit und Weiblichkeit. Frauen haben bei der späten Anna Seghers in höherem Maß eigene Schicksale und deshalb auch eigene Geschichten. In einem Punkte allerdings sind sie, wie die männlichen Figuren auch, seltsam reduziert: in ihrer Erotik. Dies fällt besonders in den Liebesgeschichten von Susi, Celia und Maria-Luisa ins Auge. Die Frauen sind schön, sie lieben und werden wiedergeliebt, aber all das scheint ihre Körper nicht zu betreffen. Wie stark war dagegen die prunkende Sinnlichkeit der Marie in «Grubetsch». Sie wiegte, so heißt es, ihre Brüste „wie zwei schöne Kinder und streichelte sie mit den Enden ihrer schwarzen Zöpfe".[30]

Die für sie ungewöhnlichste Figur erfindet die Seghers in hohem Alter: das Hexlein Katrin in den phantastisch angelegten «Sagen von Unirdischen». Von gemischten Wesen, „frechscheu"[31], teils Mädchen, teils Frau, fällt sie aus allen Normen weiblicher Bravheit. Sie habe vergeblich zu hexen versucht, um ihrem bösen Mann auf dem Besen zu entfliehen. Nun geht sie auf den Fremden, der ihr gefällt, offen zu und läßt sich, wie Bulgakows Margarita, jubelnd in die Lüfte entführen. In dieser ketzerischen Weibsperson, die „den Pfaffen kein Wort"[32] glaubt, findet Jan Seghers nach beinahe einem halben Jahrhundert ein weibliches Pendant, zu einer Zeit, da Hexen in der Frauenliteratur vieler Länder umgehen.

Die triumphierende Frau ist bei der Seghers jedoch Ausnahme. Ihre letzte Kraft gilt in den «Drei Frauen aus Haiti» (1980) der leidenden Frau, drei Schicksalen an jeweils weltgeschichtlichen Drehpunkten, wobei das in unserer Zeit spielende am bittersten ist. Auffallend ist in diesen Geschichten, daß jedes der drei Frauenleben von Eigensperrtsein, von Gefangenschaft in einem Höhlenversteck oder Gefängnisverliesen geprägt ist. Diese Bilder von Frauenschicksalen im Gange gewalttätiger Menschheitsgeschichte sind wahrlich nicht von Altersmildheit geprägt.

Der verwirrende Schimmer

In den sechziger und siebziger Jahren spielt der Begriff Schönheit bzw. Schönes bei Anna Seghers eine große Rolle, sowohl in der künstlerischen Realisation als auch in der Reflexion. Sie diene hohen Zwecken, sie steigere, so heißt es 1967, die Lebenskraft des Menschen. Schönes erscheint darüber hinaus auch selbst als Zweck, der keiner Legitimation bedarf. Schönes liege in der Arbeitskraft eines Menschen, in einem Kind, in der Liebe, in einem Baum, „vor allem in einem Kunstwerk".[33] Anna Seghers sagt schön, wenn sie ihr Wohlgefallen an Kunstwerken anderer ausdrücken will, so zum Beispiel an Kafkas Erzählung «Der Kübelreiter», aus der sie, um ihren Lesern eine Anschauung von Schönem zu geben, in ihrer Erzählung «Reisebegegnung» (1973) ausführlich zitiert. In der Abwehr kurzschlüssiger Definitionen umspielt sie dieses Schöne, vor allem das Kunstschöne, mit einer Vielzahl von Bildern und Umschreibungen. In der Erzählung «Susi» heißt es: „Auf Susis Haar lag ein Schimmer, ich öffnete langsam ihre Zöpfe und suchte nach den Fäden, aus denen der Schimmer kam, es gab aber in den Zöpfen nur braune und rötliche und gelbliche Fäden. Schließlich raffte Susi ihr Haar zusammen und flocht ihre Zöpfe frisch. Jetzt war der Schimmer wieder da. Auf ihrem Scheitel und auch in ihren Augen. Ich hatte damals noch nicht begriffen, wie schön Susi war, so schön, daß es einen verwirrte."[34] Ist hier die Rede davon, daß Schönheit verwirrt, so basiert die Handlung der Erzählung «Der Führer», gleichfalls aus dem Zyklus «Die Kraft der Schwachen», auf ihrer Verführungskraft. Schönes steht bei Anna Seghers als ein Wert, der zu anderen Werten, Gut und Böse zum Beispiel, in keinem Abhängigkeitsverhältnis steht. Schönes ist eine Macht eigener Art und zuweilen schwieriger Natur. „Unter den steinernen Jungfrauen an dem Portal des Domes von Straßburg und wo immer sind die bösen Jungfrauen schöner als die frommen."[35] Und im Geburtstagsbrief an Christa Wolf verweist Anna Seghers 1979 darauf, daß Guardini in Schönheit alles Mögliche ausdrückbar fand: „Gutes und Schlechtes, überhöhte, sichtbar gewordene Schönheit, sogar Dummheit".[36] So geheimnisvoll Schönes in seinem Charakter und seiner Wirkung sei, so hoch setzt sie seinen Wert im Leben der Menschen an. Neben Essen und Trinken, elementare Bedürfnisse, die den Menschen nicht erweitern, erweise sich der Genuß des Schönen als unerschöpflich.

So vorsichtig man bei der Bestimmung dessen sein muß, was Anna Seghers unter Schönem versteht, eines ist deutlich: Es darf nicht als Harmonisierung, als Verschönerung im Sinne von Verklärung verstanden werden. Es mag sein, daß Anna Seghers in ihren späten Jahren so eindringlich um ein vertieftes, dialektisches Verständnis vom Schönen wirbt, weil sie an sich selbst erfahren hatte, daß man als Autor einen hohen Preis zahlen muß, wenn Widersprüche des individuellen Lebens und allgemeinen geschichtlichen Prozesses verharmlost werden. Wenn sie in den «Sagen von Unirdischen» die Faszination beschreibt, die die Wesen von einem anderen Planeten zu dem Schönen zieht, das Erdenbewohner geschaffen haben, ist von einer aus gegensätzlichen Komponenten zusammengesetzten Wirkung die Rede, von dem „drohenden und zugleich hoffnungsspendenden Doppelton"[37] des Geläuts der Domglocken oder von den frohen und schmerzlichen Tönen eines Chorals. Immer wieder steht als Kennzeichen für Schönes, daß es zugleich wohl *und* wehe macht. Dieses Schöne gilt so viel, weil es den Menschen erregt, indem es ihn der Spannung von Leben und Tod, Glück und Unglück, Freud und Leid aussetzt, seine Lebensgeister anreizt, ihm genußvolle Teilhabe an der Fülle des Lebens als ganzer Mensch ermöglicht. Solche Art Lebensstimuli hält das Werk der Seghers in Fülle bereit. Sie zu schaffen war wohl auch für sie selbst ein Genuß. Schreiben war gesteigertes Leben, wenn auch in der ersten Hälfte ihres Lebens, namentlich in der Emigration, ihre persönlichen Lebensumstände nicht selten widrig, ja voller Not waren: Sie konnte ihren Lebensanspruch – in diesem allgemeinen Sinne – unverkürzt verwirklichen, ein Glück, das vielen Schriftstellerinnen ihrer Zeit und vor ihrer Zeit vorenthalten geblieben war.

3. Nachdenken an der Schwelle von Literatur und Theorie
Essayistinnen im 20. Jahrhundert

Ingeborg Nordmann

Annäherungen an den Essay

«Brücke und Tür» hat Georg Simmel einen seiner Essays überschrieben. Geht man den Linien dieser Gedankenbilder nach, so wird man gewahr, daß man einer bestimmten Art des Schreibens selbst folgt. Alle Schwierigkeiten, die Vorstellung vom Essay zu präzisieren, resultieren daraus, daß ihm ein festumrissener Platz in der Ordnung der Schreibweisen zu geben versucht wird, daß er definiert werden soll. Georg Simmels Bilder von Brücke und Tür eröffnen eine andere Orientierungsmöglichkeit. Sie errichten kein System, in das nur eingelassen wird, was begründet Geltung beanspruchen kann. Sie beschreiben die konkrete Beschaffenheit von Orten und wie man sich in und zwischen ihnen bewegt. Dadurch entsteht eine unabgeschlossene Ordnung, eine Struktur von Zwischenzonen, Abwegen und Kreuzungen, die auch dem Unvermuteten und Außerordentlichen Platz läßt.

Der Essay ist Nachdenken an der Schwelle.[1] Er verdankt sein Entstehen dem

Unbehagen an der Trennung zwischen Dichtung und theoretischer Reflexion, aber er verlangt nicht, daß sie aufgehoben wird. Im Gegenteil: Seine Besonderheit ist gebunden an die Existenz eines Zwischenraums. Dadurch wird er fähig, Brücken zu schlagen zwischen den verschiedenen Gegenständen. Aber er bewegt sich auch innerhalb der Diskurse, auf eine andere Art. Dort, wo die Theorie mit begrifflicher Strenge Gedanken zu einer Einheit zusammenfügt, entwickelt der Essay eine „verführerische Legierung des Einfachsten und Komplexesten".[2] Seine Offenheit und Beweglichkeit ist jedoch nicht Willkür, sondern jeweils neu zu schaffende Balance zwischen Erfindungsreichtum und Struktur. Läßt der Essay sich auf ungewöhnliche Metaphern ein, dann überrascht er durch seinen Sinn für die maßvolle Begrenzung des Gedankens. Diese eigentümliche Beweglichkeit, zugleich innerhalb und außerhalb zu sein, hat dem Essay den Ruf stilistischer Vollkommenheit eingebracht. Perfektion scheint vorausgesetzt, wenn Vorschriften hintergangen werden sollen, wenn die Vielschichtigkeit der erste Schritt ist. So erstaunt es nicht, daß in den Darstellungen über den Essay die Ungebundenheit des Denkens mit geistiger Souveränität in einer unlösbaren Einheit zusammengedacht werden.

Man wird jedoch dem Essay nur gerecht, wenn man die stilistische Brillanz und Beweglichkeit des Denkens nicht als positive Werte faßt, sondern als Versprechen, welches die Gedankenarbeit immer wieder anstachelt. Und eben so verhält sich der Essayist, der sich exponiert als Dilettant, indem er die Ungewißheit des Anfangs riskiert und die disziplinären Ordnungen des Schreibens unterläuft. Spuren dieses Selbstverständnisses lassen sich zurückverfolgen bis zu Montaigne. Sie geben Auskunft von einer Ethik der Verweigerung gegenüber der Wissenschaft und ihrem Anspruch, in unermüdlicher rationaler Anfechtung des Scheins zu den untrüglichen Gewißheiten vorstoßen zu können. Kompromißloser als Philosophie und Wissenschaft haben sich die Essayisten darauf eingelassen, daß es weder eine erste paradiesische noch eine zweite utopische Natur des Menschen zu entdecken gilt, sondern daß das Menschliche die Manifestation komplexer kultureller Erscheinungen ist. Darauf weist Lukács mit seinem Satz hin, daß der Essay „immer von etwas bereits Geformtem" spricht.[3] Wer aber den Anspruch erhebt, alles bereits Gedachte mit seiner subjektiven Sichtweise zu durchkreuzen, muß sich in der Tradition auskennen.

Es scheint so, daß gerade die besondere Leuchtkraft dieser Verbindung aus Wissen und theoretischem Wagnis die Frauen dem Essay gegenüber in Distanz gehalten hat. Die Geschichte des Essays ist weitgehend die Geschichte männlicher Autoren. Frauen spielen nur eine marginale Rolle. Für diese Einschätzung gibt es einsichtige Erklärungen: der Ausschluß der Frauen von Universität und Wissenschaft und ebenso die mit der weiblichen Lebenssituation korrespondierende, sie festschreibende Vorstellung, daß Frauen von Natur aus für das Unmittelbare und Konkrete prädestiniert seien. Diese Konstellation erlaubte es den Frauen zwar geistreich zu sein, aber nicht die Hand auszustrecken nach der „kritische(n) Form par excellence".[4]

Zur schriftlichen Kultur der Frauen gehören vor allem Tagebücher und Briefe, Formen also, von denen es heißt, daß sie der Bewegung des alltäglichen Lebens entgegenkommen, daß sie den Kreis der Selbstreflexion nicht verlassen und vor den übermäßigen Ansprüchen der Sprache schützen. Erst der „Schritt hin zur größeren Form"[5] würde dieses Gewebe aus Alltäglichkeit, Selbstreflexion und kleiner Form zerreißen und zu einer anderen Sprache führen, die das beruhigende Gleichgewicht zwischen Leben und Schreiben in Frage stellt. Aber bereits die Briefe Rahel Varnhagens signalisieren, daß diese Einteilung schematisch ist.[6] Nicht in erster Linie deshalb, weil die Briefe Rahels sich in die verschiedensten Schreibbewegungen verzweigen, sondern weil die Ordnung, die der Alltag dem Brief aufzwingt, die des geregelten Anfangs und Endes, der genauen Ortsbestimmung des Autors und des Adressaten, durchbrochen wird. Die Briefe sind wie ein magnetisches Feld: Auf ihm werden die realen Personen zu den riskanten Umwegen hingezogen, die in das Unvorhersehbare der Sprache münden. Dieser plötzlich an die Oberfläche tretende Sprung der Sprache in ihre eigene Komplexität läßt in den Briefen Rahels jene Spannung entstehen, auf die sich der Essay konzentriert: in Erwartung eines Gedankens zu sein, der neue Paradoxien erzeugt. Wo diese Ungeduld der Erkenntnis die Gedankenarbeit motiviert und einen Text in beweglichen Konfigurationen konturiert,[7] wäre mit mehr Recht von Essay zu sprechen, als in den vielen bildungsbürgerlichen Varianten, in denen die schöngeistige Formulierung eine Dauereinstellung ist und die deshalb das Etikett Essay für sich beanspruchen.

Im Gegensatz zum 18. und 19. Jahrhundert, in denen die versteckten Formen weiblichen essayistischen Schreibens überwiegen, bringt das 20. Jahrhundert eine sprunghafte Entwicklung, die durch mehrere politische und kulturelle Umwälzungen begünstigt wurde: durch die politische Gleichberechtigung der Frau, ihre Zulassung zur Universität, durch die Krise traditioneller Denkweisen und eine Vielfalt literarischer und theoretischer Aufbrüche. Eine Reihe von Frauen beteiligt sich an theoretischen Bewegungen außerhalb der etablierten Wissenschaften: Edith Stein wird Assistentin des Phänomenologen Husserl, Margarete Susman und Gertrud Kantorowicz gehören zum Kreis um den Lebensphilosophen Georg Simmel, Hannah Arendt studiert Existenzphilosophie bei Jaspers und Heidegger, Alice Rühle-Gerstel versucht eine Synthese von Individualpsychologie und Marxismus im Rahmen eines linkssozialistischen Engagements als Publizistin. In diesen Zusammenhang gehört auch die relativ große Anzahl von Frauen, die sich der Psychoanalyse zugewandt haben. Aus verschiedenen Gründen geraten einige dieser Theoretikerinnen in die Rolle von Außenseitern: einerseits durch Verhinderung einer universitären Karriere wie bei Edith Stein, andererseits durch bewußtes Engagement an den Rändern institutionalisierter Wissenschaft. Eine kulturelle Zwischenstellung nehmen auch die Frauen ein, die wie Ricarda Huch oder Margarete Susman zwischen Literatur und Wissenschaft hin- und herwechselten. Unter den Autorinnen, die ihr Außenseiterdasein als eine Voraussetzung ihrer theoretischen Arbeit begriffen, läßt sich eine deutliche Neigung beobachten, die Grenzen der Fachsprachen zu überschreiten und sich der essayistischen Schreibweise zuzuwenden. Auffallend viele Jüdinnen gehen diesen Weg.

Ohne eine Zwangsläufigkeit zu behaupten, kann man erkennen, daß die Erfahrungen einer unauflöslichen Fremdheit zu einer Schreibweise motiviert haben, die offen für die Realität der Brüche ist. Diesem Gedanken soll an einigen Aspekten im Werk von Margarete Susman, Alice Rühle-Gerstel und Hannah Arendt nachgegangen werden. Auf jeweils ganz verschiedene Weise haben die genannten Autorinnen es sich zur Aufgabe gemacht, die Widersprüche nicht in ein künstliches Gleichgewicht zu bringen, sondern sie zu erkennen und in ihnen das Moment zu erfassen, das den beherrschenden Gewißheiten widerspricht. Ihnen gemeinsam ist ein durchgängiger rebellischer Zug, ein Drang nach außen gegen den Sog, sich in der Immanenz einer einmal eingeschlagenen Richtung zu verlieren. Diese Fähigkeit zur Distanz, versteht man sie nicht als substantielle Identität, führt in ihren Texten immer wieder zu Augenblicken, wo ein unerwarteter Sinn und eine unvorhersehbare Wirkung den gleichmäßigen Lauf der Argumentation unterbricht. Für jede der drei Autorinnen führte der Nationalsozialismus zu einem tiefen Einschnitt in ihrem Leben. Er bedeutete Exil, Unterbrechung der theoretischen Laufbahn, Margarete Susman und Alice Rühle-Gerstel gerieten in Vergessenheit. Und nicht nur sie, auch die Theorien, an die sie angeknüpft haben. Das Interessante einer heutigen Lektüre liegt jedoch nicht in einer ideengeschichtlichen Rekonstruktion, sondern in dem Auffinden von Gedankenkonstellationen, aus denen heraus sie begannen, die Vertrautheiten des Denkens in Frage zu stellen.

„Nicht verlockt: entschlossen, und mit der Lyra“ Margarete Susman[8]

> Und wenn Rahel von sich selbst sagt: ‚Gestern habe ich erfunden, was ein Paradox ist: eine Wahrheit, die noch keinen Raum findet, sich darzustellen und darum mit einer Verrenkung hervorbricht‘ – so können wir heute sagen, daß ihre Wahrheit nicht so sehr eine geschichtlich verfrühte, wie eine in der geschichtlichen Welt [...] grundsätzlich undarstellbare war.
>
> *Margarete Susman,* Frauen der Romantik

Gershom Scholem hat von Franz Rosenzweigs und Martin Bubers Bibelübersetzung gesagt, sie sei ein „Gastgeschenk, das die deutschen Juden dem deutschen Volk in einem symbolischen Akt der Dankbarkeit noch im Scheiden hinterlassen konnten“,[9] bevor die jüdische Diaspora in Europa vernichtet wurde. Dieser Satz könnte auch in das Werk Margarete Susmans einführen. Aber es wäre falsch, in Margarete Susman eine Repräsentantin einer deutsch-jüdischen Symbiose zu sehen. Nicht von Verschmelzung spricht sie in ihrem Werk, sondern von

Ineinanderfügen, so daß jeder Teil in seiner Besonderheit erhalten bleibt. Zwar erweckt die lebensphilosophische Sprache ihres Denkens zuweilen den Eindruck, alle Verschiedenheiten wären letztlich nur aufblitzende und wieder versinkende Momente eines ewig fließenden Stroms. Aber das Zentrum ihres Denkens heißt nicht „Leben", sondern „mehr-als-Leben", und um die Lebenstranszendenz denken zu können, muß sie sich in einen Raum zwischen den Dingen begeben. Wenn eine durchgängige Spur in ihrem Werk sichtbar wird, dann ist es die Zwischen-stellung Margarete Susmans. „Nicht verlockt: entschlossen, und mit der Lyra", so betritt sie die Schauplätze der Kultur. Sie beginnt als Lyrikerin, bricht diesen Weg ab, um als Gesprächspartnerin der philosophischen Avantgarde (Simmel, Bloch, Lukács) sich einen Platz nicht in der philosophischen Tradition, sondern eher in der des literarischen Salons ihrer berühmten jüdischen Vorgängerinnen zu erobern. Ignoriert wird sie als eigenständige Lyrikerin und als eigenständige Theoretikerin. Dieser kulturellen Zwischenstellung Margarete Susmans korrespondiert ihre nicht eindeutig auf Theorie oder Dichtung festzulegende Schreibweise. Hierin zeigt sich keine Attitüde, auch nicht theoretisches Unvermögen, wie einige ihrer philosophischen Freunde meinten, die sie zu einem stärker logischen Aufbau ihrer theoretischen Schriften überreden wollten. Margarete Susman hat die Fremdheit des jüdischen Daseins in ihre Sprache aufgenommen. Wie man sich in der Sprache fremd bewegt, hat sie mit einem Zitat Georg Simmels zu umschreiben versucht: „Mit der Eigentümlichkeit des Nah- und Fernseins des Fremden hängen zwei weitere Eigenschaften, die Beweglichkeit und die Objektivität, zusammen."[10]

Die Affinität zu Simmels individuellem, keinem System verpflichteten Denkstil ist evident. Aber ebenso deutlich ist die Differenz. Und gerade sie ist es, die den Zugang zu Margarete Susmans Werk schwierig macht. Das Interessante und Moderne an den kulturkritischen Überlegungen Georg Simmels besteht ja darin, daß er in dem Moment, wo die Formen des transzendentalen Denkens zerbrachen, sich der genauen Beobachtung kultureller und gesellschaftlicher Phänomene zuwandte, ohne allerdings den Boden der Metaphysik ganz zu verlassen. Margarete Susmans Arbeiten dagegen beschäftigen sich mit etwas, was man schwer definieren kann, mit einer letzten metaphysischen Wahrheit, die sich der wissenschaftlichen Auseinandersetzung entzieht, auf die deshalb nur mit Schweigen, Ablehnung oder zustimmendem Bekenntnis reagiert werden kann. Es gibt jedoch eine Gewißheit, die so voller persönlicher Integrität und Dialogbereitschaft ist, daß wir uns ihr nicht entziehen können, und diese eigentümliche Anziehungskraft prägt das Werk Margarete Susmans. Sie steht damit in einer Reihe mit der visionären Denkkraft einer Simone Weil oder eines Ernst Bloch. Und auch darin ihnen ähnlich, besteht ihr Werk aus nur wenigen Gedanken, die sich ständig wiederholen. Die Dichte ihrer Mitteilung verdankt sich nicht einer schlußfolgernden linearen Sprache, sondern einer sich in immer neuen Anläufen bis zu überraschenden Beobachtung steigernden Bildlichkeit. Margarete Susmans nicht nachlassende Kritik an der Evidenz von Alltag und Geschichte, an

Margarete Susman (1902)

deren Kontinuität aus Unterdrückung, Vernichtung und Ungerechtigkeit, ist im großen und ganzen eine metaphorische Anstrengung, der Versuch, der Sprache neue Intensitäten abzugewinnen, um auf diese Weise sichtbar werden zu lassen, was als Sehnsucht und eschatologische Hoffnung die Geschichte der Menschheit durchzieht.

Unverkennbar ist, daß Margarete Susman in ihre Sprachutopie sowohl Motive ihres „deutsch-idealistischen Traums" als auch der jüdischen Prophetie verwoben hat. Wenn es daher Tendenzen in ihrem Werk gibt, wo ihre expressive, jede Genauigkeit übergipfelnde Sprache an Bildungsideal und Versöhnungsutopie des 19. Jahrhunderts erinnert, so ist es doch beherrscht von einem anderen Gedanken: daß die Aufhebung der Entfremdung, die endgültige Befreiung der Menschen nicht darstellbar ist. In ihren Texten wird die Liebe zur einzigen Realität erhoben, die auf die Partikularität und Zerrissenheit des Menschen und auf die Katastrophen der Geschichte eine adäquate Antwort zu geben vermag. Das heißt nicht, daß Margarete Susman an die substantielle Macht der Liebe glaubt. Die Liebe ist wirklich nur, wenn wir, während wir sie denken, auf ihre reale Anwesenheit verzichten. Die Liebe „muß Sehnsucht bleiben ihrem Wesen und dem Wesen des Lebens nach".[11] Der Wunsch nach Liebe wird begriffen als der Rückzug aus dem Selbst und der Welt der Selbstbehauptung, jedoch nicht als ein in die inneren Kammern verschlossenes mystisches Gefühl. Es ist eine nach außen gerichtete Bewegung: der Dialog mit dem anderen.

Wenn Margarete Susman Liebe in einer Spannung denkt, die dazu herausfordert, weder die Realität zu fliehen noch sich ihr anzupassen, so ist andererseits nicht zu übersehen, daß sie dies nur deshalb vermag, weil sie einer metaphysischen Perspektive verbunden ist, einer Tradition also, deren Faden, wie Hannah Arendt formuliert, gerissen ist, und an den wir nicht ohne weiteres anknüpfen können. Doch Margarete Susman geht es nicht um den Aufbau eines idealistischen Systems. Ihr unbeirrbares metaphysisches Interesse ist Widerstand gegen die totale Vereinnahmung des Menschen. Um einen Abstand gegenüber den herrschenden kulturellen Formen zu gewinnen, um eine Andersheit zu wahren, geht sie auf einen äußersten Punkt zu, nicht um die Realität zu leugnen, sondern um sie erweitert denken zu können. Es gibt einen nicht-determinierbaren Überschuß im Leben der Menschen, die Möglichkeit, sich frei zu entscheiden und den totalen Sprachen mit einer eigenen Sprache entgegenzutreten. Nicht daß Freiheit spontane Selbstverwirklichung wäre. Es ist immer eine Stimme von außen, die dazu aufruft und die wir unmöglich ‚erkennen' können. Diese Unmöglichkeit beschreibt Margarete Susman in der Metaphorik des jüdischen Messianismus. Sie nimmt hier eine Richtung in der jüdischen Philosophie auf, die im Gegensatz zu mystischen Entwürfen des Einsseins von Mensch und Gott die Offenbarung und den Dialog mit Gott als Erfahrung einer grundlegenden Alterität begreift: „Der Abstand der Menschen von Gott ist und bleibt unendlich."[12] Die messianische Utopie hat daher im Verständnis Margarete Susmans eine paradoxe Struktur. Sie ist „grundsätzlich in der Geschichte unerfüllbar",[13] aber sie kann vergegenwärtigt werden in Momenten der Unterbrechung der geschichtlichen Zeit. Diese Einsicht führt nicht etwa aus der Geschichte heraus, sondern in sie hinein: Die „einzige Form, in der wir die prophetische Wahrheit auf uns beziehen können, ist die geschichtliche Wahrheit".[14] Margarete Susman antizipierte damit ein dialogisches Denken, das sich einer Wahrheit außerhalb des Selbst zu öffnen vermag, ohne als Bestätigung zum Selbst zurückzukehren. Diese Haltung motivierte sie zu erstaunlich vorurteilslosen Lektüren ganz unterschiedlicher Philosophen und Dichter. Ob Georg Simmel, Ernst Bloch oder Franz Rosenzweig, denen sie theoretisch nahe stand, ob Freud, dessen Erkenntnisse für sie zu den „verwirrendsten und unlösbarsten" gehörten, ob die erzwungene Feierlichkeit des Ästheten George oder die strenge Bildlichkeit Kafkas, immer hat sie versucht, jenseits aller Ideologiekritik die Mitteilung, um derentwillen das Werk geschrieben wurde, herauszufinden und mit ihr sich auseinanderzusetzen. Die „eigene Richtung" ihrer Denkweise war an die Notwendigkeit von Entdeckungen gebunden.

Die Fähigkeit, den Fragen zuzuhören, statt sie als gelöst zu betrachten, ist ein Einfallstor für Beunruhigungen, auch durch Politik und Geschichte. Margarete Susman engagierte sich für Rosa Luxemburg und Gustav Landauer als politisch Verfolgte und als vorwärtsträumende Denker. Als sie 1933, nun selbst verfolgt,

Deutschland verlassen mußte, tat sie es „vor allem als Deutsche, die dieses Deutschland nicht ertragen konnte".[15] Hellsichtig hat sie wahrgenommen, was heute noch verstellt wird, daß es für niemanden mehr selbstverständlich sein konnte, in Deutschland weiterzuleben, ohne hindurchzugehen „durch furchtbares Verstummen" (Celan). Die Shoah ist für Margarete Susman eine Herausforderung, die eine jahrhundertelange Geschichte humanistischen und utopischen Denkens in Frage stellt. Sie bezieht sich selbst ein in ihre Kritik an der unheimlichen Realitätslosigkeit des deutschen Idealismus, der sich in der „Nacht des Innern" verliert. Wir haben daher in Margarete Susmans Werk ein Denken vor uns, das sich in die Zeitlosigkeit zurückzuziehen scheint und zugleich zu einem sensiblen geschichtlichen Urteilsvermögen fähig ist, so daß sie mit unwillkürlicher Sicherheit dem Anpassungsdruck an herrschende Tendenzen widersteht. Bei ihrem Werk versagt das Interpretationsmuster, daß jemand, der so fest im metaphysischen Denken verankert ist, nicht mehr zu einer klaren und genauen Sicht seiner Zeit fähig ist und leicht die Beute ideologischer Strömungen wird. Man kann diese Einsicht noch zuspitzen: Vielleicht brauchen wir auch „altmodische Begriffe und ein anderes Verhältnis als das des Besitzes, um die ursprüngliche Beziehung zum anderen zu verstehen".[16] Margarete Susman ist der Realität von Politik und Geschichte nicht ausgewichen, auch in dem Sinne, daß sie sich den Schwierigkeiten, auf die sie keine Antwort wußte, stellte. Verstrickt in ihr Vorhaben, ihrer Zeit einen ethischen Maßstab zu errichten, wurde sie immer wieder von der Realität auch überrascht. Ein sich wiederholendes Motiv ihrer Autobiographie ist, daß sie sich selbst gegenüber sich im Rückstand befindet und daß der Aufbau des Ich nicht gelingt. Das Authentische ihrer Denkweise besteht jedoch nicht darin, daß sie imstande war, sich jeweils in eine neue Ausgangslage zu versetzen, sondern daß sie wohlfeile Lösungen ablehnte.

Die Wahrheit ist konkret und voller Umwege
Alice Rühle-Gerstel[17]

> Immer sah sie so vielerlei Seiten zugleich, an den Dingen, an den Menschen. Und darüber entging ihr der Grundriß des Baus.
>
> *Alice Rühle-Gerstel,* Der Umbruch oder Hanna und die Freiheit

Alice Rühle-Gerstel hat ein Tagebuch verfaßt über ihre Begegnungen mit Leo Trotzki im mexikanischen Exil. Dort findet man eine Notiz, die als Gegenporträt zu ihrem Selbst gelesen werden kann: „Man kann sich nicht vorstellen, daß er bricht – weder ausbricht, noch zusammenbricht. Er ist so bruchlos."[18] Nach dem plötzlichen Tod ihres Mannes Otto Rühle in Mexiko beging Alice Rühle-Gerstel Selbstmord. Sie hatte Freunden gegenüber diesen Schritt lange angekündigt, ohne verstanden zu werden. In den Erinnerungen an sie begegnen wir dem Bild einer intellektuellen und selbstbewußten Frau, die alle Spielarten der

Kommunikation, von der Ironie bis zum sensiblen Einfühlungsvermögen, souverän beherrschte. Auch der Anfang ihrer intellektuellen Biographie zeigte diese Fähigkeit zum selbstbewußten Aufbruch. Sie verließ mit 23 Jahren ihr großbürgerliches jüdisches Elternhaus in Prag aus sozialem Engagement und mit dem Anspruch, nach einem Leben ohne die „Bürde" des bürgerlichen Ich zu suchen.

1933 geriet sie in ein Spannungsfeld unauflösbarer Widersprüche. Nach Jahren unermüdlichen sozialkritischen Engagements in Deutschland an der Seite ihres Mannes, des bekannten Rätekommunisten und Theoretikers der proletarischen Erziehung, erfuhr sie den Zusammenbruch der Weimarer Republik nicht nur als politische Verfolgung, sondern auch als Verlust des Raums, in dem die Auseinandersetzung mit dem Dogmatismus stattfinden konnte. Im Exil, das sie zunächst nach Prag, dann nach Mexiko führte, verfaßte sie einen Roman «Der Umbruch oder Hanna und die Freiheit», der Signatur dieser Erfahrung ist. „Umbruch", eine Metapher, die in das Zentrum des Romans führt, meint Veränderung und Zerstückelung der Identität zugleich. Das Auseinanderbrechen und Neuzusammensetzen der Identität enthält ein Risiko: daß ein lebenswichtiger Teil der zensierenden „Schere" zum Opfer fällt.

Alice Rühle-Gerstels Wagnis, den sicheren Boden der bürgerlichen Identität zu verlassen, hatte sie zu einer theoretischen Aufgabe geführt, für die es eine nur-theoretische Lösung nicht gab. Sie wollte Individualpsychologie und Marxismus zu einer revolutionären Wissenschaft verbinden, ohne die Lücken und dogmatischen Verengungen ihrer Vorbilder. Nach ihrem Studium der Germanistik und Philosophie, das sie 1921 mit einer Promotion über Friedrich Schlegel abschloß, bedeutete die Entdeckung beider Theorien den Schritt von der akademischen Wissenschaft zu einer anderen Funktionsweise der Theorie, die den Anspruch auf endgültiges Wissen und absolute Geltung einer andauernden Kritik zu unterwerfen versprach. Vor allem die theoretischen Elemente bei Adler und Marx interessierten Alice Rühle-Gerstel, die offen für Erfahrungen und auf praktische Veränderungen beziehbar sind, Begriffe in „Bewegung", bestimmt als Anleitung der angestrebten Fähigkeit, Freiheit und Befreiung derjenigen sich vorzustellen, die unter den gesellschaftlichen Verhältnissen am stärksten litten: die Arbeiter, die Frauen, die Kinder. So privilegierte sie – bei völliger Verkennung der theoretisch interessanten Aspekte in Freuds Werk – Adlers praktische Wendung gegen den hermetischen Theoretiker Freud: seine skizzenhafte, weniger auf Konsistenz als auf Wirksamkeit bedachte Theorie, die auch „eine gewisse Irrationalität" zuließ,[19] seine gesellschaftskritische pragmatische Umdeutung Freudscher Kategorien (das Unbewußte ist das Unverstandene), die Ersetzung von Kastrationsangst und Penisneid durch eine Theorie der Macht, in der Alice Rühle-Gerstel eine Loslösung vom Kausalitätsdenken erblickte:

> Man kann den Kernpunkt der beiden Lehren in zwei Schlagworten zusammenfassen. Freud lehrt: Alles kommt vom Sexuellen her. Adler lehrt: Alles kommt vom Machtwillen her. Oder vielmehr: Alles strebt zur Überlegenheit hin. Bei Freud ist es die Frage nach dem „Woher", bei Adler nach dem „Wohin". Freud ist kausal, Adler final orientiert.[20]

Die Gestik ihrer Sprache, die immer auf dem Sprung in die Praxis zu sein scheint und sich deshalb nicht die Distanz komplizierter Erklärungen gestattet, erinnert nicht nur an Adler, sondern auch an den Marx der «Kritik», die sich „durch nichts imponieren läßt" und Veränderung in einer „ganz praktischen Praxis" fordert. Alice Rühle-Gerstel ist, was das ethische Engagement gegen einen Marxismus als abstrakte Gesetzeswissenschaft betrifft, mit Rosa Luxemburg und Karl Korsch zu vergleichen. Aber im Unterschied zu ihnen war es weniger der Marxismus als die Individualpsychologie, die sie zu eigenen Entdekkungen motiviert. Hier leistet sie nicht nur Entzifferungsarbeit der Lehre Adlers, nach der das Individuum in eine Welt von Minderwertigkeit, Ellbogenmentalität und fiktionalen Sackgassen verstrickt ist. Die Individualpsychologie wird Sprungbrett für eine eigene theoretische Bewegung, die sich mit und gegen ihren Wunsch behauptet, Marxismus und Individualpsychologie zu einer überzeugenden Synthese zu verarbeiten.

In ihrem Buch «Das Frauenproblem der Gegenwart», 1932 erschienen, gelingt ihr der Durchbruch zu einer oszillierenden Dualität, die sich weder in der Einheit verfestigt noch in der Trennung auflöst. Immer dann, wenn die Übereinstimmung mit einer der Theorien greifbar wird, beginnt die Darstellung von der Linie abzuweichen und zur anderen Position überzugehen. Das Wechselspiel beider Theorien evoziert einen Denkraum zwischen ihnen, in dem Alice Rühle-Gerstel über ihre Lehrer hinausgeht.

Was daher die Form dieses Werkes – trotz seines Umfangs – zum Essay macht, ist, daß die Reflexionen sich immer wieder distanzierend gegen sich selbst wenden. Die Anstrengung um einen kohärenten wissenschaftlichen Zusammenhang und die Zerstreuung der Aufmerksamkeit an die Vielfalt der Phänomene kreuzen sich und machen aus dem Text nicht eine antwortende, sondern eine fragende Theorie. Die entschiedene Sprache des politischen Manifests („Innerhalb der kapitalistischen Ordnung aber sind alle Frauen der Tendenz nach Proletarierinnen") steht neben dem parodistischen Spiel mit weiblichen Rollenvorstellungen und der kleinen dramatischen Erzählung von den täglichen Maskeraden, Wunschwelten, konstruierten Wirklichkeiten; neben der zugespitzten Erkenntnis im Aphorismus („Der Charakter der Frau ist Chiffre für die Herrschaftsverteilung zwischen den Geschlechtern") und der polemischen Bilderdemontage steht die langsamere Entwicklung wissenschaftlicher Erkenntnis.

Die Verknüpfung verschiedener Sprachen zeigt, wie zusammengesetzt das Thema ist. Welchen Weg Frauen auch immer einschlagen, ob sie sich der „Männerrealität wie ein Mann" angleichen oder sie „übergipfeln", ob sie die vorgeschriebene Weiblichkeit erleiden oder betonen, sie befinden sich auf fremdem Terrain:

> Die ganze Welt, wie sie heute ist, ist Männerwelt. Der Raum, in dem sich die Lebensgestaltung und die Zielsetzungen der Frauen vollziehen, ist entliehener Raum; der Raum der Werte und der Wirklichkeit gehört den Männern.[21]

So kompromißlos genau ist die Situation der Frau damals von niemandem gesehen worden. Alice Rühle-Gerstel hat nicht nur Einsichten formuliert, die fast ein halbes Jahrhundert später erst wieder von der neuen Frauenbewegung thematisiert werden und seitdem als deren theoretische Errungenschaften gelten, sie hat darüber hinaus sich geweigert, den Rückzug in geschichtlich indifferente Räume zu einer weiblichen Gegen-Identität zu stilisieren. Weder den eindeutigen Sprung in das vorgeschichtliche Reich der Natur noch die beredsame Reise in ein Verweisungssystem von Metaphern finden wir bei ihr, sondern die paradoxe Konstellation aus gerader Linie und Umweg. Wenn alle Plätze besetzt sind, dann wird die Behauptung weiblicher Identität im Hier und Jetzt problematisch. Sie scheint zu entgleiten in der Vielfalt sich verschränkender und widersprechender Möglichkeiten. Wie aber steht dieser Gedanke zu der marxistisch inspirierten Vorstellung, daß die Emanzipation mit der sozialen Revolution vernetzt ist, welche wiederum auf die Transparenz der Gesellschaft zuläuft und sie bereits antizipiert?

Die marxistische Argumentation Alice Rühle-Gerstels bewegt sich auf der Ebene einer Geschichtsphilosophie der entfremdeten Arbeit, wie sie für den Marx der «Ökonomisch-philosophischen Manuskripte» charakteristisch ist. Aber im Unterschied zu Marx ist ihr die Reflexion der komplizierten Verflechtungen von Kultur, Psychologie und alltäglicher Erfahrung wichtig, Aspekte, die eher von den Utopisten diskutiert wurden. So kommt sie zu einer Formulierung, die zwar eine direkte Brücke in die Zukunft schlägt, aber zugleich die Sensibilität für die Besonderheit der Widersprüche wachhält, gegen die Einseitigkeiten von Arbeiterbewegung und bürgerlicher Frauenbewegung:

> Es gibt keine Lösung der Frauenfrage ohne Lösung der sozialen Frage – und es gibt keine Lösung der sozialen Frage ohne wenigstens versuchsweise, schrittweise Lösung auch der Geschlechterfrage. [...] Erst wenn die Frau als Geschlecht aufhört, bloßes Privatwesen zu sein, kann sie die Stufe echter Individualität erreichen. Erst durch die Legierung ihrer neuen Individualität mit ihrer geschlechtlich gegebenen Kollektivität kann sie ein wirklich sozialer Mensch werden.[22]

Dieser einfache und gerade Weg erscheint aber nicht als Realität. Alice Rühle-Gerstel nennt ihn „Verheißung". Die kollektive Identität der Frau ist wie das Bedeutungszentrum im Labyrinth. Sie existiert nicht als manifester Kern, sondern nur in den Verzweigungen der Kultur. Deshalb ist für alle Frauen kennzeichnend ihre „Umwegigkeit, Indirektheit, Umschweifigkeit".[23] In paradoxer Umkehrung des Satzes von Marx, daß das Proletariat deshalb revolutionäres Subjekt sei, weil es der Realität am nächsten ist, stehen für Alice Rühle-Gerstel gerade die Frauen, welche die Geschlechterideologie durchschauen und ablehnen, der Realität am fernsten. Daß diese Paradoxie nicht zu kontemplativer Lähmung führt, sondern zur Bewegungsform für ein eingreifendes Denken wird, gelingt Alice Rühle-Gerstel durch das Nebeneinander distanzierender und verschiebender Brechungen der Sprache: durch die parodistische Ausstellung der Spiegel und Fetische, durch die ironische Fähigkeit, sich außerhalb einer unbezweifelbaren Identität zu stellen und zugleich den ‚Zick-Zack'-Kurs zwischen individuellem und gesellschaftlichem Diskurs in Gang zu halten.

In der Sprache kann man die Freiheit für Umwege erringen. Die Sprache kann Heimat sein; auch die vielen Sprachen, die Alice Rühle-Gerstel kennt und die aus der Welt eine komplexe geistige Landschaft machen, in der man viele Orte für sich beanspruchen kann. Die Erfahrung, im polykulturellen Prag aufgewachsen zu sein, hat für sie nichts Bedrohliches. Sie ist der Ausgangspunkt für eine nicht nachlassende Faszination für die Mehrdeutigkeit der Sprache. Die mexikanische Kultur wird jedoch für sie nicht zum Ort eines neuen Diskurses oder eines materialen Reichtums, der den alten entleerten marxistischen Diskurs mit neuem Leben erfüllen könnte. In ihrem Tagebuch zeigt sie sich ganz Europa zugewandt, sie registriert weitere Erschütterungen ihres marxistischen Selbstverständnisses durch die Erfahrung, daß der kühnste Gegner Stalins der „allerärgste Stalinist" ist.[24] Sie war 49 Jahre alt, als sie sich, kurz nach Otto Rühles Tod, in Mexiko das Leben nahm.

Denken als Leidenschaft
Hannah Arendt

> Jede Epoche, der ihre eigene Vergangenheit in einem solchen Maß fragwürdig geworden ist wie der unseren, muß schließlich auf das Phänomen der Sprache stoßen; denn in der Sprache sitzt das Vergangene unausrottbar, an ihr scheitern alle Versuche, es endgültig loszuwerden. Die griechische Polis wird solange am Grunde unserer politischen Existenz, auf dem Meeresgrunde also, weiter da sein, als wir das Wort ‚Politik' im Munde führen.
>
> *Hannah Arendt,* Walter Benjamin

Wenn es eine Richtung in Hannah Arendts Denken gibt, dann ist es die: daß sie nicht die Wahrheit, sondern das Erstaunen suchte. Für Hannah Arendt war Sokrates der ‚Modellfall' des nicht-professionellen, unbestechlichen und subversiven Philosophen, der das Risiko der abgebrochenen Wahrheit einging und in seinem Denken jene dialogische Spannung erzeugte, die zum Übergang in die geschichtliche Verantwortung befähigt: nicht in dem Sinne, daß er „seine Gedanken fleißig anwendete oder theoretische Maßstäbe für das Handeln entwickelte, sondern in dem viel bedeutungsvolleren Sinne, daß er in beiden Sphären gleichermaßen zu Hause ist".[26]

Auf dem Boden der Tatsache, daß „Traditionsbruch und Autoritätsverlust" irreversibel sind, konnte die Rückkehr zu Sokrates' bewußter Ratlosigkeit nicht ohne eine bestimmte schwierige Wendung erfolgen. Hannah Arendts philosophischer Beginn zeigt sie mitten in der Auseinandersetzung mit vorgegebenen Systemen, sei es der antike Seinsbegriff, der über den Abgründen der menschlichen Existenz das unsichtbare Netz der Harmonie und Intelligibilität spannt, oder der auf dem Scheitelpunkt der philosophischen Entwicklung unternommene Versuch Hegels, alle Natur- und Geschichtsphänomene in einem „unheimlich einheitlichen Ganzen“ zu organisieren. In ihrem ersten Buch über Rahel Varnhagen, vor ihrer Emigration fast fertiggestellt, aber erst viel später publiziert, wird ein Gedanke immer wieder in den Vordergrund gerückt: die Welt- und Erfahrungslosigkeit eines Denkens, das sich auf den Bahnen objektiver historischer oder formalisierter Definitionen des Seins bewegt oder sich in die Grenzenlosigkeit von Selbstreflexion und persönlicher Faszination verliert. Dieses entschiedene Insistieren auf der „Wirklichkeit als unausweichlich(er), als nicht durch Denken auflösbar(er)“ ist eine Gebärde, die auf Hannah Arendts engagiertes Nachdenken der Philosophie Heideggers verweist, von der sie behauptet, daß sie „die erste absolut und ohne alle Kompromisse weltliche Philosophie“ sei.[27] Durch die politischen Erfahrungen erhielt jedoch die radikale Diesseitigkeit im Denken Hannah Arendts eine konkretere Formulierung. Die Distanzierung gegenüber Heidegger betraf nicht nur sein politisches Arrangement mit dem Nationalsozialismus. Das zeigt ihr erstes veröffentlichtes und berühmtestes Buch «Elemente und Ursprünge totaler Herrschaft», das 1951 in den USA erschien. Mit ihm errichtete Hannah Arendt ein Manifest gegen die Zwangsläufigkeit im Denken, die sie als ein Gesetz der Gleichschaltung an den äußeren Terror erkannte. Durch den Verlust der „erweiterten Denkungsart“, der Fähigkeit, die Verschiedenheit sich zu vergegenwärtigen und als konstitutive Bedingung einer gemeinsamen Welt zu akzeptieren, werden die isolierten und ohnmächtigen Individuen dazu gebracht, die eigene Urteilsfähigkeit und Verantwortung an das System zu delegieren, in dem „alles gekannt, geklärt und von übermenschlichen Gesetzen im Vorhinein bestimmt ist“.[28] Es war diese Realität und Verantwortungsbewußtsein gleichermaßen ausschaltende Schmiede von Gedankenlosigkeiten, die sie bei den avancierten Intellektuellen ebenso wirksam fand wie als Struktur des Alltagsbewußtseins.

Um dieser intellektuellen und moralischen Sackgasse zu entkommen, akzentuiert Hannah Arendt das autodidaktische Moment in der Haltung des Philosophen:

> Das einzige Gegenprinzip gegen diesen Zwang und gegen die Angst, sich selbst in Widersprüchen zu verlieren, liegt in der menschlichen Spontaneität, in unserer Fähigkeit, „eine Reihe von vorne anfangen“ zu können. Alle Freiheit liegt in diesem Anfangenkönnen beschlossen.[29]

Zugleich verschärft sie die Außenseiterposition des Intellektuellen, die keine neue positive Heimat sein soll, sondern ständig zu erneuernde Anstrengung, sich der Anpassung an Institutionen und herrschende Denkrichtungen zu entziehen: „Zählen werden nur die, die bereit sind, sich weder mit einer Ideologie noch mit einer Macht zu identifizieren.“[30] Darin, daß ihr dieser Anspruch nicht zur pädagogischen Pose und moralischen Über-Anstrengung geriet, liegt das besondere Vermächtnis von Hannah Arendts eigenwilligem Denkstil. Er kommt zustande durch die Verknüpfung zweier Haltungen: einer Form des raschen, energischen Denkens, dem alle Traditionen zu Denkbruchstücken geworden sind und das sie wie einen Hebel ansetzt, der die Vergangenheit umdreht in die Konfrontation mit der Gegenwart; und einer Form erzählenden Denkens, die sich Zeit läßt für die „staunende Darstellung der Faktizität". An mehreren Stellen ihres Werks macht Hannah Arendt deutlich, wie nah sie damit Benjamin steht und seiner Methode, durch die „Gewaltsamkeit" der Interpretation „die tödliche Stoßkraft neuer Gedanken zu retten und in die Gegenwart zu heben".[31] Und wie wichtig es für sie war, bei ihm das vorbehaltlos entdecken zu können, was sie an Heidegger so fasziniert hatte und was sie nur noch mit widerstrebenden Gefühlen wahrnahm, die „Gabe, dichterisch zu denken":

> Was dies Denken leitet, ist die Überzeugung, daß zwar das Lebendige dem Ruin der Zeit verfällt, daß aber der Verwesungsprozeß gleichzeitig ein Kristallisationsprozeß ist; daß in der „Meereshut" – dem selbst nicht-historischen Element, dem alles geschichtlich Gewordene verfallen soll – neue kristallisierte Formen und Gestalten entstehen, die, gegen die Elemente gefeit, überdauern und nur auf den Perlentaucher warten, der sie an den Tag bringt: als „Denkbruchstücke", als Fragmente oder auch als die immerwährenden „Urphänomene".[32]

Aber Hannah Arendts konstruierende Aufmerksamkeit für das Merkwürdige und Fragmentarische, für das Vergessene, das zwischen die Trümmer der Geschichte fiel, hat nicht wie bei Benjamin den Zug zur Einsamkeit, Melancholie und Unbeweglichkeit, zu einer in sich versunkenen Komplexität, weil er zuviel auf einmal sah. Ihre Sätze sind nicht von der konzentrierten Überfülle der Benjaminschen Denkbilder, die auch zum bloßen Anschauen reizen, weil ihre Dichte wenig Raum für Auseinandersetzungen läßt. Hannah Arendts Sprache hat Offenheit und Entscheidungsfähigkeit in ihre Struktur aufgenommen, und zwar jenen doppelten Aktivismus, in dem für sie kritische Zeitgenossenschaft zum Ausdruck kommt: sich der Wirklichkeit „aufmerksam und unvoreingenommen [...] zu stellen und entgegenzustellen".[33]

Unter den Emigranten war sie eine der wenigen, die den Punkt für sich herausfanden, von dem aus sie ihr Engagement an Ort und Stelle neu aufbauen konnten. Die Art und Weise ihres Einstiegs zeigt, daß sie ihr theoretisches Anliegen, nach Maßgabe der geschichtlichen Erfahrung „eine Reihe von vorne an(zu)fangen", für sich selbst zu realisieren vermochte. In Paris wird sie durch Bernard Lazares Vorstellung vom selbstbewußten jüdischen Paria dazu motiviert, nach einer Haltung zwischen allen Übereinstimmungen zu suchen, um den verheerenden Kreislauf von Identitätsverlust und Identitätsfixierung zu durchbrechen. In den USA bestärkt sie das Studium der amerikanischen Unabhängigkeitsbewegung in ihrer Absicht, der politischen Tätigkeit ihre eigenständige Bedeutung zurückzuerstatten. Im politischen Raum ist allein die Entscheidung wichtig, der Freiheit eine bleibende Stätte in der Welt zu schaffen, jenseits aller sozialen und privaten Interessen. In einer Zeit, in der jedes intellektuelle und politische Ereignis der Übermacht von Konformismus und Utilitarismus anheimzufallen droht, beginnt Hannah Arendt jene Erfahrung wiederzubeleben, die in der amerikanischen Revolution durch die Metapher vom öffentlichen Glück zum Ausdruck gebracht worden war: die Erfahrung der Pluralität, die Lust am öffentlichen Meinungsstreit, das Vermögen, die verschiedenen Standpunkte in einem gemeinsamen politischen Programm zu balancieren. Es wäre jedoch ein Mißverständnis, in ihrem Rekurs auf die individuelle Denk- und Entscheidungsfreiheit eine einfache Wiederholung liberaler Einstellungen zu sehen. Beunruhigt von der Erfahrung des Totalitarismus, daß innerhalb der Normalität alles möglich ist, versucht sie denkend das sich überschlagende Tempo nach vorn anzuhalten. Ihre Lektüren der griechischen Polis, der Geschichte der Revolutionen oder der Philosophie Kants sind Experimente auf ein innehaltendes, unabhängiges Denken, das der erdrückenden Last der Vergangenheit und der Ungewißheit der Zukunft den Anspruch auf eine selbstbestimmte menschliche Existenz entgegensetzt: Wir können „unsere Menschenwürde von dem modernen Götzen, der da Geschichte heißt, zurückfordern".[34] Wenn alle objektiven Wertordnungen gleich fragwürdig geworden sind, dann liegt die einzige Chance in einem durch keine Tradition und Institution gestützten Vermögen, „über jede Tat und Absicht aufs neue mit ungebrochener Spontaneität" zu urteilen.[35] Um die Selbständigkeit des Urteils vor jeder historisierenden Bevormundung zu retten, setzt sie die Abfolge der Zeiten außer Kraft und ermöglicht so die unmittelbare Begegnung verschiedener Epochen. Die Kriterien, die sie für ihre Fragestellung findet, werden nicht auf dem Wege der historischen Philologie erschlossen, sondern durch einen Dialog, der das vergangene Denken zu einer gegenwärtigen Problematik macht.

Auf diese Weise eine Frage exponieren, heißt auch, sich selbst exponieren. Ohne die Rückendeckung durch die Grundfiguren der linearen Zeit, der Evolution, der widerspiegelnden Beziehung zwischen Basis und Überbau, der Kohärenz von Subjekt und Wahrheit hat Hannah Arendt sich mehr als einmal in Auseinandersetzungen begeben, für die es keinen Kompaß gibt. Das signalisieren die heftigen Reaktionen auf ihr Buch «Eichmann in Jerusalem» ebenso wie die heute abgemilderten Urteile, die sowohl das Anregende ihres Denkens als auch die mangelnde Wissenschaftlichkeit betonen.[36] Ihre Auffassung vom Denken ohne Geländer, das eher Gewißheiten zerstört als zur Wahrheit führt, hat die Willkür des Anfangs und jene konkrete Materialität, die durch die genaue Erfassung der Tatsächlichkeit der Phänomene entsteht: Das Denken ist etwas anderes als das Erkennen oder das politische Urteilen, Ökonomie und Politik sind miteinander verknüpfte Verschiedenheiten. Jede dieser Tätigkeiten versetzt uns an einen besonderen Ort, dessen Räumlichkeit zu ermessen ist. Das Übertriebene ihres Denkens liegt vielleicht in der Konsequenz, mit der sie ihre Methode, zu trennen und zusammenzufügen, durchführt. Nie könne sie die Webersche „Meisterschaft in der Nüchternheit" erreichen, „etwas Dogmatisches bleibt bei mir immer irgendwo hocken",[37] schrieb sie an Jaspers, als er sie auf Reste „falscher Großartigkeit" à la Hegel in ihrem Werk hinwies. Das Risiko, das sie einging, war Teil ihrer Auffassung vom Denken. Wenn die Begriffe nicht mehr die Wahrheit garantieren können, dann muß sich das Denken seiner selbst neu vergewissern. Für Hannah Arendt wird es zur „Leidenschaft, in dem Denken und Lebendigsein eins" sind.[38]

4. Frauen erobern die Bühne
Dramatikerinnen im 20. Jahrhundert

Erika Fischer-Lichte

Rückblick auf das 19. Jahrhundert: Das Erfolgsstück

In der Zeitschrift «Die Dame» erschien im Januar 1933 ein Aufsatz mit dem Titel: «Dramatikerinnen. Frauen erobern die Bühne». Der Autor Hans Kafka führt darin aus:

> Alle großen Frauenrollen sind bis zur heutigen Zeit von Männern erschaffen worden. Die weibliche Einfühlungskraft in fremde Seelen, die seismographische Empfindlichkeit für die unmerkbaren Schwingungen des Inneren wurde in erzählenden Schriften niedergelegt. In ihnen und in Gedichten gab die schreibende Frau jene Auskunft über ihr eigentliches Leben, das der Mann von sich aus nicht erraten kann [...]. Als die Frau schon lyrisches und episches Neuland gefunden hatte, gab es in Deutschland noch immer keine Dramatikerinnen.[1]

Diese Bemerkung ist richtig und falsch zugleich. Sie trifft insofern zu, als in der Zeit der Weimarer Republik zum ersten Mal in der deutschen Theatergeschichte Dramen, die aus der Feder von Frauen stammen, nicht nur vereinzelt, sondern mit einer gewissen Häufigkeit zur Aufführung gelangten. Dramen von Else Lasker-Schüler, Marieluise Fleißer, Anna Gmeyner, Ilse Langner, Christa Winsloe – um nur die wichtigsten zu nennen – lösten bei ihrer Uraufführung heftige Diskussionen aus und prägten das Repertoire des zeitgenössischen Theaters nicht unwesentlich.

Die Bemerkung Hans Kafkas ist allerdings insofern irreführend, als bereits im 18. und 19. Jahrhundert in Deutschland Frauen Theaterstücke geschrieben haben, die auch aufgeführt worden sind.[2] Für das Theater des 19. Jahrhunderts sind vor allem zwei Dramatikerinnen zu nennen: Johanna Franul von Weißenthurn (1772–1847) und Charlotte Birch-Pfeiffer (1800–1868). Beide produzierten für das triviale Unterhaltungstheater ihrer Zeit gängige Schauer- und Rührstücke, die sich beim Publikum großer Beliebtheit erfreuten. Vor allem Charlotte Birch-Pfeiffer hatte als Bühnenautorin einen geradezu phänomenalen Erfolg. In der Zeit zwischen 1830 und 1860 belieferte sie pünktlich jede Spielzeit die Theater mit einem neuen Schauspiel, das regelmäßig zum ‚Saisonstück' avancierte. Obwohl ihre Dramen von der Tagespresse meist sehr negativ aufgenommen und heftig kritisiert wurden, war die Begeisterung der Zuschauer, der Schauspieler und Theaterdirektoren groß. Denn die Stücke der Birch-Pfeiffer sorgten –

ähnlich wie diejenigen Kotzebues – für gute Rollen und garantierten volle Häuser. Kein Wunder also, daß sich die Theaterdirektoren eifrig um ihre neuen Dramen bemühten. Heinrich Laube, der zwischen 1849 und 1867 das Burgtheater in Wien leitete, wußte derartige Erfolgsstücke zu schätzen und bat die Birch-Pfeiffer dringlich um ein neues Stück: „Sind wir denn so sehr in Ungnade bei Ihnen, daß Sie uns nicht mehr einer Vorlage würdigen?"[3]

Trotz ihrer nahezu ‚großmacht'artigen Monopolstellung beurteilte Charlotte Birch-Pfeiffer ihre dramatische Produktion sehr realistisch:

> Ich habe nicht die Tendenz für die *Unsterblichkeit* zu arbeiten, ich will nicht meine Zeit überleben, ich habe zu viel gesunde Vernunft um nicht zu wissen, daß *dazu* meine Fittiche zu kurz, meine Kräfte zu schwach sind! Ich will nichts als was ich *kann,* der deutschen Bühne nützliche und brauchbare Stücke liefern [...][4]

Die Kluft, die um die Mitte des 19. Jahrhunderts zwischen Literatur und Theater klaffte, ist gewiß nicht der Birch-Pfeiffer anzulasten. Die „ungebührliche Schmähung",[5] die sie von der Tagespresse erfuhr, ist daher auch ungerecht und unverständlich. Heinrich Laube, der ihre Verdienste um das deutsche Theater durchaus zu würdigen wußte, warf der Kritik Blindheit für die Bedürfnisse des Theaters vor: „[...] förderlich für unsere dramatische Hervorbringung ist der bei uns herrschende Ton in der Tageskritik gewiß nicht."[6] In seinem kritischen Nachruf auf Charlotte Birch-Pfeiffer erwähnt er zwar auch die vom literarischen Standpunkt aus nun in der Tat unübersehbaren Schwächen dieser „Schauspielerstücke", erkennt jedoch klar die dramatisch-theatralische Begabung der Autorin:

> Talente, wie Frau Birch-Pfeiffer, welche zahlreiche Stoffe in wohl anmutende theatralische Form bringen, sind dem Theater unerläßlich. Die Theater brauchen alltägliche Nahrungsmittel, und jede Zeit hat ihre Bühnenschriftsteller dieser Art gehabt.

Laube betont, daß sie es vor allem verstanden habe, Rollen zu schreiben: „Das ist nichts so Äußerliches, wie mancher Ästhetiker denkt; es ist eine unabweisbare Forderung der Bühne...". Er stellt bedauernd fest, „daß in unserer Literatur stets eine Gereiztheit vorherrschend gewesen ist gegenüber den wirksamen dramatischen Autoren".[7]

Während Erscheinungen wie die Birch-Pfeiffer im 19. oder die Neuberin im 18. Jahrhundert eher eine Ausnahme darstellten, traten in der Weimarer Republik eine ganze Reihe von Dramatikerinnen hervor. Es ist Hans Kafka daher durchaus darin zuzustimmen, daß Frauen erst jetzt verstärkt die Bühne als literarisches Medium für sich entdeckten, auch wenn von einer „Eroberung" der Bühne wohl kaum die Rede sein kann.

Theater-Avantgarde: Auf der Suche nach einem neuen Drama

In den ersten Dekaden unseres Jahrhunderts hat das europäische Theater tiefgreifende Veränderungen durchgemacht, die sowohl die spezifisch theatralischen

Elemente – wie Schauspielkunst, Kostüm, Dramaturgie, Dekoration, Beleuchtung – als auch das Gefüge der dramatischen Gattungsformen betreffen. Die besonderen historisch-sozialen Bedingungen ließen das überkommene bürgerliche Illusionstheater obsolet werden und eröffneten dem Theater ganz neue Funktionen, die es mit seinen traditionellen Mitteln nicht zu erfüllen vermochte. Es antwortete auf die Herausforderungen der Zeit mit der Erschließung neuer theatralischer Potentiale und der Erarbeitung neuer dramatischer Gattungsformen, die zur Darstellung der veränderten Sicht auf den Menschen und seine Situation in der Welt geeignet erschienen.

Unter Berücksichtigung dieses Kontextes soll im folgenden der Frage nachgegangen werden, welchen Beitrag deutsche Dramatikerinnen des 20. Jahrhunderts zur Entwicklung neuer dramatischer Formen geleistet haben.

Formen des epischen Theaters – Else Lasker-Schüler

Else Lasker-Schüler (1869–1945) hat vor allem als Lyrikerin Anerkennung gefunden (vgl. S. 335 ff.). Neben ihrer außerordentlich reichen lyrischen Produktion sind in großen zeitlichen Abständen nur drei Dramen entstanden: «Die Wupper» (1909), «Arthur Aronymus und seine Väter» (1932) und «IchundIch» (1940/41). Es könnte daher so scheinen, als käme den Dramen, quasi als Nebenprodukten ihres Schaffens, lediglich eine untergeordnete Bedeutung zu. Nichtsdestoweniger stellen sie kühne Experimente dar, die weit über ihre Zeit vorausweisen.

Als Lasker-Schüler «Die Wupper» schrieb, war die Glanzzeit des naturalistischen Dramas auf den deutschen Bühnen vorbei. Mit der Uraufführung von Hauptmanns «Rose Bernd» (1903) hatte es in Berlin seinen letzten Höhepunkt erlebt. In Wien hatte Hofmannsthal mit seiner «Elektra» (1905/6) gerade die lange und fruchtbare Zusammenarbeit mit Richard Strauss aufgenommen. «Die Wupper» orientiert sich jedoch weder am naturalistischen noch am neoromantischen Drama. Es realisiert vielmehr eine neue dramatische Form, die in entscheidenden Punkten auf das epische Theater vorausweist. „So gehört Else Lasker-Schülers «Die Wupper» künstlerisch in die Nähe von Bertolt Brechts «Im Dickicht der Städte», von Thornton Wilders «Unsere kleine Stadt», von Dylan Thomas' «Unter dem Milchwald».“[8]

In der «Wupper», die ursprünglich ganz im Wuppertaler Platt geschrieben war,[9] stellt Lasker-Schüler die gesellschaftliche Realität einer Stadt in den ersten Jahren der Gründerzeit dar. Sie führt die Vertreter dreier Milieus vor: die nicht nur mental-nervlich, sondern auch ökonomisch zerfallende Industriellenfamilie Sonntag, die Proletarierfamilien Pius und Puderbach mit ihren unterschiedlichen Aufstiegswünschen und -versuchen und die „Herumtreiber“ Pendelfrederich, Lange Anna und Gläserner Amadeus. „Ein Hauptthema des Stücks: wie die Gestalten die soziale Realität, die sie bilden, nicht oder doch nur unbestimmt oder unvollkommen begreifen.“[10] Lasker-Schüler stellt diesen ‚Sachverhalt‘ offen dar: Weder ergreift sie für eine der präsentierten gesellschaftlichen Gruppen bzw. Klassen Partei, noch bezieht sie sie durch eine feste, auf ein Ziel hin ausgerichtete Handlungsverknüpfung aufeinander. Strukturell liegt dem Drama das Modell eines Karussells zugrunde. Der dritte Akt spielt auf einem Jahrmarkt. Im Vordergrund ist ein Karussell aufgebaut:

> Im Karussell stehen im doppelten Kreis hölzerne groteske Tiere: Leopard neben Lamm, Reh neben Tiger, Löwe neben Pferd, Hirsch neben einer Riesengans usw. [...] Das Karussell dreht sich noch langsamer auf die schon fast abgelaufene Melodie ‚O du lieber Augustin'. Die letzten Töne: ‚Alles ist hin, hin, hin, alles ist hin–'.
> (III. Akt)

So wie das Karussell dem Zuschauer mit einem festen Standort wechselnde Paare von Tieren vor die Augen bringt, deren Abfolge allein von ihrer Montage auf dem Karussell festgelegt ist, führt die «Wupper» nacheinander Szenen vor, die weder handlungslogisch noch personell einen festen Zusammenhalt aufweisen, sondern immer wieder Ausschnitte präsentieren. Das Karussell wird als Instrument zur Episierung eingesetzt. Andererseits erscheint es als Abbild der von den beteiligten Personen unbegriffenen gesellschaftlichen Realität: der Leopard ist neben dem Lamm, der Tiger neben dem Reh, der Löwe neben dem Pferd montiert – das Raubtier neben seinem Opfer. Natürlich verweist Lasker-Schüler mit diesem Bild auf die messianische Prophezeiung einer versöhnten Schöpfung aus Jesaja 11, Vers 6–8. Aber dieser Hinweis ist eher ironisch zu verstehen, so lange Angehörige der besitzenden Klasse – die ‚Ausbeuter' – neben Arbeitern leben, ohne daß diese Beziehung von beiden Seiten als die des Raubtiers zu seinem Opfer begriffen wird. Heinrich Sonntag kennt wie ein Patriarch noch jeden seiner Arbeiter persönlich und wird von ihnen als einer der ihren akzeptiert: „Gezecht hat er mit uns auf Kaiser sein Geburtstag wie'n gemeiner Soldat mit den anderen." (Ein Arbeiter im III. Akt) Den Streik um kürzere Arbeitszeit kommentieren die auftretenden Arbeiter als eine „Dummheit": „Drei un ein halben Taler weniger im Monat. Mich war die Arbeitszeit nich zu lang." (August, IV. Akt) Weder die Besitzenden noch die Proletarier begreifen ihr von der gesellschaftlichen Situation bedingtes Verhältnis zueinander.

Die Beziehungen, in die sie zueinander eintreten, werden vielmehr von ihrer Sexualität bestimmt: Heinrich, der „Puppenhangri", verführt das Proletarierkind Lieschen Puderbach; Carl Pius ist in Martha Sonntag verliebt, die ihm unverhüllt Avancen macht; Dr. von Simon hat eine Liaison mit dem Dienstmädchen Berta usf. So wie man an jedem Punkt auf das Karussell aufspringen und zwischen seinen Figuren hin und hergehen kann, spielt Mutter Pius den Part der Zwischenträgerin, die diese Beziehungen, wenn nicht vermittelt, so doch fördert: Sie bringt Lieschen, die Zwölfjährige mit „Brüsten wie junge Salatköpfe", auf den Liebesmarkt und verkuppelt sie mit Heinrich; sie verschafft Carl ein Aktphoto von Marta und schürt seine Begierde. Mutter Pius „handelt mit der Sinnlichkeit, der die anderen unterliegen, sie korrumpiert sie und setzt sie zugleich in ihr widerständig-elementares Recht. Sie scheint den anderen, die nicht begreifen, als Hexe, sie ist aber: listige, plebejische Vitalität".[11] Und so halten die anderen sie für „das Karussell, wo wir all drin sitzen" (Auguste, V. Akt), weil sie weder in ihre eigene Triebgebundenheit noch in ihre gesellschaftliche Situation Einsicht gewinnen können.

«Die Wupper» war in vielfacher Hinsicht ihrer Zeit voraus. Trotz intensiver eigener Bemühungen und verschiedener Vermittlungsversuche von Freunden gelang es Else Lasker-Schüler nicht, eine Bühne für ihr Stück zu finden. Erst 1919 präsentierte Heinz Herald es auf der Experimentierbühne „Das junge Deutschland" in Max Reinhardts Deutschem Theater der Öffentlichkeit. Das Bühnenbild entwarf Ernst Stern, die Musik schrieb Friedrich Hollaender. Herald reklamierte das Stück anscheinend für den Expressionismus; er nannte es jedenfalls einen „Beweis für die Naturgewachsenheit der Strömungen, die man mit dem Wort Expressionismus zu umschreiben sich angewöhnt hat".[12] Die Inszenierung wurde von Publikum und Kritik zwiespältig aufgenommen – es gab „Klatschende" und „Pfeifer".[13] Die Kritik bemerkte wohl die unerhörte Neuheit der dramatischen Form, versuchte aber, sie – teils kritisch, teils zustimmend – herabsetzend damit zu erklären, daß die «Wupper» von einer Frau verfaßt worden sei. Monty Jacobs meinte spöttisch:

> Diese Dichterin schreibt nicht, sondern sie schreibt auf, was sich ihr in Gesichtern und Erscheinungen zudrängt [...]. So sind also nicht die Sprünge und Schrullen, sondern die Zusammenhänge und die Reste dramatischen Lebens in der «Wupper» zu bestaunen.[14]

Und Siegfried Jacobsohn behauptete: „Else Lasker-Schüler weiß nichts von der Technik des Dramas [...]. Trotzdem oder eben deshalb ist dies ungekonnte Drama der subjektivsten Lyrikerin ein Muster von Objektivität."[15]

Das Stück wurde erst 1927 wieder inszeniert. Jürgen Fehling führte die Regie und entschied sich, anders als Heinz Herald die realistischen Züge des Dramas herauszustreichen, ohne allerdings die phantastischen dabei zu ignorieren. Er inszenierte

> eine große Untergangsballade. Sein Sinn für magischen Realismus hatte hier einen vorzüglichen Text. Neben Barlach war die Lasker-Schüler für ihn das zweite dramatische Genie nach dem Tode Wedekinds. Nach der Premiere identifizierte sich die Lasker-Schüler mit Fehlings Inszenierung: ‚Ich weiß nicht, wie ich dazu gekommen bin, das zu schreiben, aber ich sage Ihnen, Fehling, ich habe es genauso gemeint, wie Sie es gemacht haben'.[16]

Nach dieser Inszenierung schrieb Herbert Ihering:

> Else Lasker-Schülers «Wupper» kam in Wahrheit zwanzig Jahre zu früh. Jetzt erst wird sie von der Zeit erfüllt. Was früher von einem als ‚phantastische Ballade', vom anderen als detaillierender, nachzeichnender Naturalismus gesehen wurde, erscheint heute als ein visionäres Dokument der Wilhelminischen Epoche. Aus dem Märchen ist Wirklichkeit geworden. Der Mythos ging voraus, die Historie wuchs ihm nach. Das Drama einer Frau, zerfahren und wirr? In einer Zeit als die neoromantischen Männer eine l'art pour l'art Bewegung schufen und kunstgewerbliche Ornamente schnitzten, hielt der Blick einer Frau der Zeit stand. Sie sah die zerfallenden alten, die aufsteigenden neuen Schichten und formte ihre Gesichter. Else Lasker-Schüler, die einzige schöpferische Dichterin im Deutschland der letzten Jahrzehnte, rettete auch die Ehre des deutschen Dramas.[17]

Weil Else Lasker-Schülers Dramen sich nicht den letzten Moden und herrschenden Trends ihrer jeweiligen Entstehungszeit fügten, weil sie darüber hinaus nur als Nebenprodukte einer lyrischen Dichterin galten, war es schwierig, für sie eine Bühnenöffentlichkeit herzustellen. Ihr Drama «Arthur Aronymus und seine Väter», das am Vorabend des Dritten Reiches die Utopie eines versöhnten Zusammenlebens zwischen Juden und Deutschen idyllisch und humorvoll gestaltet, wurde zwar im Dezember 1936 von Leopold Lindtberg im Züricher Schauspielhaus uraufgeführt. Die Inszenierung wurde jedoch nach zwei Vorstellungen endgültig vom Spielplan abgesetzt. Die Gründe sind bis heute nicht vollständig geklärt, auch wenn Leopold Lindtberg schreibt, daß die Aufführung „nach einem belanglosen Streit zwischen Frau Lasker-Schüler und der Direktorsgattin" (einer Schwester Franz Werfels) „sozusagen strafweise abgesetzt wurde".[18]

Im Falle ihres letzten Dramas «IchundIch» waren es sogar Else Lasker-Schülers Freunde und Verehrer, die nicht nur eine Aufführung, sondern bereits die Publikation des Werks zu verhindern suchten. Ernst Ginsberg, der die Nachlaßverwalter beriet, bat ausdrücklich darum,

> [...] im Interesse des Angedenkens und des *unzerstörten* Bildes der Lasker von einer Veröffentlichung dieses Stückes abzusehen. Ich habe nur mit tiefster Erschütterung, ja ich gestehe: zuweilen nur unter Tränen lesen können. Immer klang mir diese Ophelia-Klage im Ohr: ‚Oh, welch ein edler Geist ward hier zerstört!' Denn dieses Drama ist doch der Spiegel der jammervollen Zerstörung und Auflösung. Man spürt die geistige Nacht über die Dichterin hereinbrechen, über die nur noch seltene Sternschnuppen hinzucken.[19]

Dieses eklatante Fehlurteil, das den Schreiber in krassen Widerspruch zu Else Lasker-Schülers eigenen geradezu hektischen Bemühungen um eine Publikation des Werkes bringt, ist nur durch die einseitige Festlegung der Dichterin auf das Bild der unpolitischen, unintellektuellen Lyrikerin zu erklären. Denn mit «IchundIch» ist Lasker-Schüler ihrer Zeit wiederum um Jahrzehnte vorausgeeilt. Das Drama, das sich mit dem Verhältnis von Geist und Macht in der deutschen Realität und Geistesgeschichte auseinandersetzt, stellt eine große Collage dar, in der u. a. Figuren aus der deutschen Literatur (Faust und Mephisto) und Figuren aus der deutschen Wirklichkeit (Hitler, Goebbels, Göring etc.) montiert werden, Zitate aus Goethes Werken neben Zitaten der Lasker-Schüler. Aus Texten bzw. Fragmenten zusammengesetzt, weist «IchundIch» dergestalt auf Formen des postmodernen Theaters voraus, wie sie bei Robert Wilson oder Heiner Müller zu finden sind. Während Gertrude Stein, deren Faust-Drama «Dr. Faustus lights the light» 1938 geschrieben wurde, von der amerikanischen Theater-Postmoderne längst als „Ahnfrau" anerkannt worden ist, steht den deutschen postmodernen Dramatikern eine entsprechende Entdeckung Else Lasker-Schülers noch bevor.

Das neue Volksstück – Marieluise Fleißer

Ein Jahr vor Fehlings spektakulärer «Wupper»-Inszenierung hatte der dramatische Erstling einer anderen Dichterin bei der Berliner Kritik Sensation gemacht. Nach der Uraufführung von Marieluise Fleißers (1901–1974) «Fegefeuer in Ingolstadt» auf Moritz Seelers Junger Bühne (Deutsches Theater) in Berlin urteilt Ihering:

> Marieluise Fleißer ist schöpferische Gestalterin, seit Else Lasker-Schüler die erste wieder in der deutschen Dichtung. Und seltsam: Else Lasker-Schüler schreibt das (zu Unrecht vergessene) Drama «Die Wupper», in dem eine Landschaft, ein Menschenschlag nachtwandlerisch sicher in dramatische Gestalten und szenische Bewegung gefaßt wird. Marieluise Fleißer schreibt das Schauspiel «Fegefeuer in Ingolstadt», das ihre Heimat in einer Fülle von intuitiv geschauten Figuren dramatisch bannt.[20]

Diesmal erkannte nicht nur Ihering die Bedeutung des ersten dramatischen Werkes der Dichterin, sondern auch Alfred Kerr. In seltener Übereinstimmung mit Herbert Ihering nannte er die Fleißer „wirklich eine Hoffnung" für das deutsche Drama und führte in seiner Kritik aus:

> Schärfe des Umrisses ist keine Forderung. Man weiß nicht immer, worum sich's handelt; – doch! man weiß allgemein, worum sich's handelt. Einzelheiten entziehen sich, mit Fug, der Feststellung. Die Atmosphäre kommt... ich hätte fast gesagt: meisterlich heraus. Derlei ist prall und schier und gekonnt und sitzt [...] Begabt – naturalistisch ist die Fleißer – wenn's die gibt... und so sie nicht ein Pseudonym für den Brecht ist. Doch Ingolstadt wirkt eindringlicher als dessen Augsburg; die ersten zwei Akte so gehalten stark, wie Brecht mit seiner hübschen Luftstimmungsfabrik sie bisher nicht gekonnt hat. (Ist er mang?) Wenn somit eine Annaluise Fleißer existiert, scheint sie: eine Beobachterin; eine Festhalterin (nicht tanzige Naturepigonin); eine kostbare Abschreiberin kleinmenschlicher Raubtierschaft, im hiesig-heutigen Mittelalter; und nur eins ist sie nicht: Führerin der Vorgänge.
>
> Immerhin: Statt eines, Baal genannten, einsamen Triebtiermenschen in Wäldern (Probleme der Gegenwart) malt sie furchtbare Residuen eines noch jetzigen, eines vielleicht immerwährenden Zustandes; die tapfere Fleißerin – wenn sie existiert![21]

Ihering und Kerr weisen beide auf die bis dahin unbekannte und daher ungewöhnliche Art der Personengestaltung hin: Was Ihering aufzählend als „gleichzeitig tragisch und humoristisch, erdig und phantastisch, bäurisch und priesterlich, [...] katholisch, [...] bayrisch" zu umschreiben sucht, bringt Kerr prägnant auf den Begriff des „Abschreibens kleinmenschlicher Raubtierschaft". Damit haben sie die wesentlichen Faktoren benannt, welche die von der Fleißer begründete Gattung des kritischen Volksstücks konstituieren.

Der Begriff des Volksstücks ist seit ungefähr 1850 gebräuchlich. Er bezeichnet so unterschiedliche Gattungen wie Posse, Lokalstück, Bauerndrama, Schwank, Genrebild. Seit Mitte des 19. Jahrhunderts entwickelte sich das Volksstück aus der Spannung zwischen Ästhetik und sozialer Wirklichkeit, Literaturbetrieb und Theaterpraxis, Unterhaltung und Kritik. Als Medium kritischer Selbstdarstellung des Volkes vermochte es befreiende Ventil- und Unterhaltungsfunktionen auszuüben, als besondere Form des bürgerlichen Theaters mit bildungspädagogischem Programm diente es der beschönigenden Darstellung kleinbürgerlichen Lebens. Um die Jahrhundertwende setzten die verschiedensten Umwandlungsversuche ein, die sich teils am naturalistischen Drama orientierten, teils der ‚Heimatkunstbewegung' zugehörten und mit ihrer Überbetonung des Archaischen und Schicksalhaften später vor allem völkische Tendenzen realisierten.

Von diesen Formen des Volksstücks unterscheidet sich Marieluise Fleißers «Fegefeuer in Ingolstadt» grundsätzlich durch seine kritische Ausrichtung: Hier wird schonungslos offengelegt, wie die Provinz-Alltäglichkeit, das kleinbürgerliche Milieu schon die Ansätze einer Persönlichkeitsausbildung bei den Heranwachsenden im Keim ersticken, für den einzelnen zum Gefängnis werden und ihn kaputtmachen. Nicht Ich-bestätigende Geborgenheit ist es, was die Enge des Kleinstadtlebens gewährt; sie verlangt vielmehr bedingungslose, das Selbst zerstörende Anpassung.

Nicht nur diese Perspektive auf das kleinstädtische Provinzmilieu ist neu bei der Fleißer, sondern auch die Form des Dialogs, in dem sie sie zur Darstellung bringt. «Fegefeuer in Ingolstadt» handelt von der Beziehung zweier „Aussätziger", des Kleinbürgermädchens Olga, das ein uneheliches Kind erwartet und erfolglos eine Abtreibung versucht, und des Knaben Roelle, den seine Mutter um Liebe und seine Schulkameraden um Geld erpressen, das er seiner Mutter stiehlt. Beide unternehmen verschiedene Versuche, einander näherzukommen, aber sie entfernen sich immer weiter von einander: Nicht nur Liebe, sondern auch einfach Verständigung zwischen ihnen ist ausgeschlossen. Beide haben die geltenden Normen und Werte soweit internalisiert, daß sie unbewußt sich zu ihrem Sprachrohr degradieren und reduzieren und ihre eigenen Bedürfnisse nicht mehr zu artikulieren vermögen. So kann Roelle seinen Wunsch nach einer menschlichen Beziehung zu Olga nur innerhalb einer von Machtstrukturen geprägten Sprache ausdrücken, während Olga sich gegen den in seiner Sprache enthaltenen Machtanspruch nicht wehrt, indem sie ihn ausdrücklich zurückweist, sondern indem sie Roelle als Person zu entwerten sucht:

Roelle (flüsternd): Ich frage Sie als Ihr Katechet: Dieses Kind Ihrer befleckten Empfängnis, ist es Ihnen ein Gegenstand der Liebe oder des Hasses?
Olga: Es ist nichts anderes als mein Widersacher.
Roelle: Ich frage Sie als Ihr *Katechet:* Leugnen Sie, daß Sie es beseitigen wollen?
Olga (stöhnt): Hätte das meine Mama mit mir gemacht!!
Roelle: Sie geht gleichsam hin und schlägt es mit einem Instrument tot.
Olga: Sie wissen immer so bestimmt, daß Sie recht haben, was aus dem Kind wird, sagen Sie nicht. Und was aus mir wird.
Roelle (mit spitzem, falschem Ton): Das hätten Sie und Herr Pepe sich vorher überlegen müssen.
Olga (Aufschrei): Da überleg! Auf mich hetzen sie immer alle ein. *Der geht her* und will eine Sünde mit mir gemein haben.
Roelle: Ich will sagen, beuge dein Knie, und sie wird da beugen ein Knie und wird wie eine Hörige sein vor meinem Gesicht, wie ich es mir ausdenke.
Olga: Was tun Sie mit einem glasigen Kopf so nahe bei mir da?
Roelle: Der Hals und die Arme sind mein, das ist was zum Hinhängen für mich.

Olga: Ihnen schlägt ja die Stimme über.
Roelle: Das dürfen Sie merken, zu.
Olga: Ich will nicht. Mit Ihnen wird einem ganz schlecht.
Roelle: Ich tu's. Ich tu's nicht. Ich tu's. (kalt-zynisch, bis heftige Erregtheit, will sie an sich reißen.)
Olga: Weg! (will um ihn herum)
Roelle: Weg nicht! In die Hölle kommen wir doch! (Hat sie gepackt) (8,I)

Marieluise Fleißer „befreit sich [...] von ihren Figuren, indem sie sie hoffnungslos einsperrt in eine Sprache, die mit jedem Wort das verängstigte, demolierte, verzweifelte Bewußtsein zementiert. [...] Ein Sprach-Exil, das ausgespannt ist zwischen Alltäglichkeit und Bibelpathos, zwischen Kleinstadtenge und Fegefeuer."[22]

Die im «Fegefeuer in Ingolstadt» (das ursprünglich «Die Fußwaschung» hieß) begonnene Entwicklung zu einem ganz neuen Typus des kritischen Volksstücks vermochte die Fleißer nicht konsequent fortzusetzen. Sie wußte, daß sie keine «Vielschreiberin» war:

Ich brauche eine Mordszeit, bis sich was zusammensetzt. Ich möchte immer was geben, wo eine wirkliche Lebensbeobachtung dahintersteckt. Meine Geschichten kommen aus dem Dunkel. Ich kann mir nichts mit Absicht vornehmen, ich kann nichts erzwingen. Es sind Menschen oder Situationen in mir, die bedrängen mich. Das wächst dann zu Geschichten, sehr langsam. Manchmal werde ich davon überrascht, wie die Charaktere sich zuspitzen, wie ihre Fehler sich auswachsen, kann es aber nicht wegnehmen, das käme mir wie die Beschönigung vor.[23]

Von Brecht ließ sie sich drängen, nach einem von ihm gelieferten Modell ein Stück zu konstruieren, das ihm als Anlaß für einen wohlkalkulierten Theater-

Aufführung der „Pioniere" in Berlin (Theater am Schiffbauerdamm), 1929

skandal dienen sollte. Nach der offiziell von Jacob Geis, de facto aber von Brecht geleiteten Aufführung der «Pioniere von Ingolstadt» am Theater am Schiffbauerdamm in Berlin (1929) schäumte die national eingestellte Presse gegen die Fleißer:

> Ein Volksstück ist geplant, ein Soldatenstück – von einer Frau, die erstens keinen Funken von Instinkt für wirkliches Volksleben hat und überdies als Frau bei einem Thema wie hier fehl am Platz ist. Die Welt des Militärs, der richtigen Männer, ist eine sehr ordentliche, anständige Welt. [...] Es ist eine Welt für Männer, gestaltet nur durch Männer – einer Frau unzugänglich, eben weil es die Welt ohne Weiblichkeit ist. Die Verfasserin, die den üblichen ohnmächtigen literarischen Haß des Schwachen auf dies Reich der Kraft hat, versucht trotzdem, diesem maskulinen Bezirk beizukommen [...] So etwas kann sich ein Kerl erlauben mit Mark in den Knochen und Kraft des Wortes und der Gestaltung, nicht ein dünnes, blasses Talentchen.[24]

Der Skandal, der Brecht offensichtlich wichtiger war als ihr Stück oder sie selbst, verunsicherte die Fleißer so stark, daß sie ernsthaft erwog, sich ganz von der Bühne zurückzuziehen. Zwar arbeitete sie 1929/30 an einem neuen Theaterstück, in dem sie ihre aus dem Skandal resultierenden persönlichen Erfahrungen aufzuarbeiten suchte. «Der Tiefseefisch» kam jedoch nicht auf die Bühne:

> Sie liest ihn (1930) im engsten Kreis im Theater am Schiffbauer Damm vor. Aufricht möchte das Stück spielen, der Chefdramaturg Fischer ist strikt dagegen und berichtet Brecht von dem Stück. Brecht läßt sie durch den Kiepenheuer Verlag wissen, daß sie das Stück zurückziehen soll, und sie tut es sofort. Sie sieht das Stück nie wieder an.[25]

Damit war die Laufbahn der Dramatikerin Fleißer beendet. 1935 wurde sie von der Reichsschrifttumskammer mit Schreibverbot belegt. Sie zieht sich in die Ehe mit einem Ingolstädter Tabakwarenhändler zurück. Zwar arbeitete sie in der Zeit zwischen 1938 und 1945 an einem historischen Stück «Karl Stuart» und an einem neuen Volksstück «Der Starke Stamm», das 1950 an den Münchner Kammerspielen auch aufgeführt wurde. Aber im allgemeinen war die Dramatikerin Marieluise Fleißer vergessen. Erst Mitte der sechziger Jahre wurde sie als Begründerin des neuen Volksstücks wiederentdeckt und von den jungen, ebenfalls aus Bayern stammenden Dramatikern Rainer Werner Faßbinder, Martin Sperr und Franz Xaver Kroetz ausdrücklich als Vorbild und ‚Mutter' anerkannt. In den siebziger Jahren setzte dann eine echte Fleißer-Renaissance auf den deutschen Bühnen ein, die ihren Dramen einen festen Platz im Repertoire gesichert hat.

Lyrisches Drama als rituelles Theater – Nelly Sachs

Nelly Sachs' (1891–1970) szenische Dichtungen dagegen harren bis heute ihrer Entdeckung durch das Theater. Wohl ist ihr erstes Drama «Eli» (geschrieben 1943, veröffentlicht 1951) in den sechziger Jahren als Hörspiel, Theaterstück und Oper aufgeführt worden und hat, wie man so schön sagt, einen gewissen Achtungserfolg errungen. Für die anderen szenischen Dichtungen jedoch haben die Theater – mit Ausnahme einiger weniger Keller- und Studentenbühnen – bisher kein Interesse aufzubringen vermocht. Diese Rezeptionssituation ist so merkwürdig, daß sie Erklärungsversuche herausfordert. Im Unterschied zu vielen Nelly-Sachs-Interpreten teile ich nicht die Ansicht, daß ihre szenischen Dichtungen unbeachtet geblieben sind, weil sie „in der Bundesrepublik als ‚Wiedergutmachungstheater' stigmatisiert wurden".[26] Ich gehe vielmehr von der These aus, daß die auf unseren Bühnen in den sechziger und siebziger Jahren vorherrschenden Trends den Blick für das spezifische Innovationspotential dieser Dramen getrübt haben, weil es sich dem von ihnen angebotenen Kategoriensystem entzog. Erst bestimmte Entwicklungen des postmodernen Theaters außerhalb der Bundesrepublik und ihre Rezeption hierzulande haben die Voraussetzung dafür geschaffen, Nelly Sachs' szenische Dichtungen angemessen zu würdigen.

«Eli» konnte noch aufgeführt werden, weil erstens Nelly Sachs sich hier der traditionellen dramatischen Form des Mysterienspiels bedient hat, die in neuerer Zeit bereits von Strindberg, Hofmannsthal und Claudel wiederbelebt worden war, und weil das Stück zweitens thematisch in das Theater der sechziger Jahre paßte, da es sich neben andere Stücke über Auschwitz wie «Lager Tatenberg», «Der Stellvertreter» oder «Die Ermittlung» stellen ließ, auch wenn es signifikant weniger gespielt wurde. In den nachfolgenden Dramen und Szenen schuf Nelly Sachs dann jedoch eine vollkommen neue dramatische Form, für die derartige Anknüpfungspunkte und Vermittlungsmöglichkeiten nicht mehr gegeben waren.

In diesen Werken greift Nelly Sachs im wesentlichen auf zwei verschiedene Traditionen zurück: einerseits auf das lyrische Drama der Romantik und der Jahrhundertwende in der Sprachbehandlung und andererseits auf Experimente eines „Totaltheaters" aus den zwanziger Jahren in der Gestaltung der szenischen Mittel. Es gelang ihr, beide Traditionen miteinander zu verbinden und so eine neue dramatische Form zu konstituieren.

Die Sprache ihrer szenischen Dichtungen ist lyrisch – sie beschwört in Rhythmus, Syntax, Semantik eine eigene Wirklichkeit:

> Du ziehst mich
> aber an keinem Seil
> und ich sehne mich so nach dir!
> Du jagst mich
> aber mit keinem Pfeil
> und ich sehne mich so nach dir!
> Du hast mein Blut entzündet
> aber mit keinem Feuer
> Du hast mich hinter die Wand der Nacht geführt
> aber mit keinem Finger
> und ich sehne mich so nach dir!
> In den Netzen und Gruben der Finsternis
> fingst du dein Wild
> und ich sehne mich so nach dir!
>
> (Abram in «Abram im Salz», Szenische Dichtungen S. 111)

In den Anmerkungen zu «Eli» erläutert die Sachs diesen besonderen Wirklichkeitscharakter der Dialoge folgendermaßen:

> Geschrieben in einem Rhythmus, der auch mimisch für den Darsteller die chassidisch-mystische Inbrunst anschaulich machen muß – jene Bewegung mit der göttlichen Ausstrahlung, die jedes Alltagswort begleitet. Immer bedacht, das Unsägliche auf eine transzendente Ebene zu ziehen, um es aushaltbarer zu machen und in dieser Nacht der Nächte eine Ahnung der heiligen Dunkelheit zu geben, in der Köcher und Pfeil verborgen sind.[27]

Obwohl vor allem die lyrische Sprache es ist, welche diese Wirklichkeit zu konstituieren vermag, handelt es sich bei den szenischen Dichtungen nicht um „Spiele für Stimmen“ (wie beim lyrischen Drama oder beim sogenannten „poetischen Theater“). Neben die Sprache treten die mimisch-tänzerischen Partien, denen eine nicht geringere Bedeutung zukommt:

> Fischauktion. Mimisch darzustellen, wie es auf den Fischauktionen im Norden zugeht. Fast ohne Worte. Zuschlag mit einem Augenblick – einer Bewegung – oder Nicken.
> Stimme des Ausrufers, der auf ein Schattenbild im Hintergrund zeigt, wo ein Köder (Manes) am Angelhaken ins Wasser geworfen wird.
> Das Bühnenbild soll eingerahmt sein von einem wogenden Schlafleib, aus dem die Chöre der Toten wie ein Echo zu vernehmen sind.
> AUKTIONSAUSRUFER Tod, halb tanzend, halb schwimmend, mit einem Fischkopf und weißen Flossen.
> («Simson fällt durch die Jahrtausende» [begonnen 1955] Beginn 9. Bild, S. 220)

Immer wieder werden die lyrischen Partien durch einen Tanz eingeleitet oder fortgeführt, sowohl den Tanz von Chören – wie hier in «Simson fällt durch die Jahrtausende» oder in «Abram im Salz» („Die Bewegung des Leibes als erste Sprache vor dem Wort soll sich vor allem in den Chören zeigen. Die Chöre der Wahnbesessenen sollen blitz-gezeichnet im Zick-Zack, die der Dürstenden schlafwandlerisch zum Mond gezogen sein“)[28] – als auch durch den Tanz einzelner, wie in «Der magische Tänzer»:

Marina: Ich wickle, ich wickle dich aus – (Während sie spricht, dreht sich David immer schneller wie eine Spule, die abgespult wird; Marina, in der Anstrengung ihm zu folgen, ist hingesunken – leise wie mit letzter Kraft, fährt sie fort, fast bewußtlos schon:)
Ich wickle dich aus – wickle dich aus
aus aus allen Banden –
Flieg Schmetterling – flieg –
da ist der Polstern –
abgewickelt –
da – der Äquator –
abgewickelt –
da – da – da –
flieg – flieg – flieg

David (bewegt sich immer weiter von Marina fort, steht plötzlich still im Hintergrund, leuchtend wie ein Cherub)
(Szenische Dichtungen S. 251/252)

Wie bereits erwähnt, weisen die stummen Szenen, vor allem die Tanzszenen in mancher Hinsicht auf Experimente des historischen Avantgardetheaters, wie auf Kandinskys «Der gelbe Klang» oder auf Oskar Schlemmers «Bauhaustänze». Nelly Sachs' szenische Dichtungen unterscheiden sich aber von ihnen ebenso grundsätzlich wie vom lyrischen Drama. Denn weder reduzieren sie die szenischen Mittel zugunsten des Wortes (wie das lyrische Drama) noch das Wort zugunsten szenischer Mittel (wie die Totaltheaterexperimente der zwanziger Jahre). Die Eigenart dieser Dichtungen geht aus der spezifischen Verbindung des lyrischen Wortes mit Mimik, Tanz, Musik und Licht hervor. Sie zielt darauf, die Bühne in einen Raum zu verwandeln, in dem die reale sichtbare Welt transparent wird für eine unsichtbare Welt, wie sie sonst nur im ‚Traum' oder in der ‚Meditation' erscheint. Denn nur in einem solchen Raum kann sich ereignen, was Gegenstand aller szenischen Dichtungen der Sachs ist: die ‚Verwandlung' der dramatischen Figur (z. B. Abrams, Manes', Davids) aufgrund ihrer „Gottes-Sehnsucht".

Nelly Sachs' szenische Dichtungen lassen sich daher durchaus dem rituellen Theater zuordnen wie es Jerzy Grotowski, Richard Schechner oder Peter Brook (und lange vor ihnen Antonin Artaud)[29] unter Rekurs auf ethnologische Studien und theatralische Formen Afrikas, Australiens oder Asiens in der westlichen Kultur wiederzubeleben versucht haben. Die Dramatikerin Nelly Sachs geht ebenso wie die genannten Regisseure von der Grundannahme aus, daß der theatralische Vorgang wesentlich als Akt einer Transformation zu begreifen sei, die beim Einzelnen eine Erweiterung seiner Person über die Grenzen seiner Individualität hinaus ins „Kosmische", ins „Universum" bewirke. Während Artaud, Grotowski, Brook und Schechner sich allerdings lange Zeit der Illusion hingaben, daß diese Transformation sich nicht nur in der dargestellten Figur, sondern auch in den Schauspielern und vielleicht sogar den Zuschauern vollziehen werde, hat Nelly Sachs sich auf die dramatische Darstellung der „Transformation" beschränkt. Wegen der grundlegenden Gemeinsamkeit in den Prämissen ihres Theaters gehört Nelly Sachs nichtsdestoweniger in den Kontext des sogenannten rituellen Theaters, das besonders für die Postmoderne wichtig und charakteristisch geworden ist.[30] Aus diesem Kontext heraus sollte es den Bühnen endlich möglich werden, Nelly Sachs' szenische Dichtungen als bedeutsamen Beitrag zum Theater der Gegenwart angemessen zu rezipieren.

Ausblick: Neuanfänge in der Tradition

Die Situation, der sich die westlichen Dramatiker seit etwa zwanzig bis dreißig Jahren ausgesetzt sehen, findet in der Theatergeschichte kaum ihresgleichen. Nicht nur haben die in der ersten Jahrhunderthälfte entwickelten dramatischen Formen seither noch nicht an Ausdruckskraft eingebüßt, so daß sie – wenn auch mit beträchtlichen Variationsbreiten – bis heute im Gebrauch sind. Darüber hinaus stehen Autoren auch die dramatischen Gattungsformen vergangener Jahrhunderte zur freien Verfügung. Das Problem, das zeitgenössische Dramatiker bewältigen müssen, liegt daher weniger in der Schwierigkeit, für ihre Zwecke geeignete neue dramatische Formen erfinden zu müssen, als in der Notwendigkeit, verschiedene Möglichkeiten für sich zu entwickeln, mit dem umfangreichen Repertoire an vorgegebenen dramatischen Formen gezielt, produktiv und ökonomisch umzugehen. Nicht das *Erfinden* steht mehr im Zentrum ihrer Tätigkeit, sondern das ‚richtige' *Finden* und Zusammenstellen.

Auf diese Situation haben die zeitgenössischen Dramatiker sehr unterschiedlich reagiert. Ihre „Antworten" reichen von der umstandslosen und in gewisser Weise auch unreflektierten Verwendung einer vorgegebenen Form bis zur komplizierten Montage von Elementen, die den verschiedensten Formen entnommen sind. Dies gilt auch für die drei wichtigsten Autorinnen des deutschen Gegenwartstheaters, für Gerlind Reinshagen, Friederike Roth und Elfriede Jelinek.

Gerlind Reinshagen (geb. 1926) verwendet überwiegend Formen des epischen Theaters, die ihr offensichtlich für eine sozialkritische Behandlung zeitnaher Themen besonders geeignet erscheinen. Da es ihr darum geht, „Einsprengsel, Bruchstücke idealer Konstellation, die sich auch in den verzweifeltsten Existenzen, im desolaten Milieu noch aufspüren lassen",[31] sichtbar einzuarbeiten, sollen ihre Dramen über die kritische Zustandsschilderung hinaus eine utopische Dimension entfalten. Diese Dimension versucht die Reinshagen vor allem im Dialog zu verwirklichen: im «Doppelkopf» (1967), in den «Sonntagskindern» (1976), im «Frühlingsfest» (1980) oder im «Eisenherz» (1981) gebraucht sie eine grundsätzlich realistisch gestaltete Sprache, in die auch Jargonelemente aufgenommen werden, „überhöht" sie jedoch immer wieder durch die Einführung von Vers und rhythmisch gegliederter Prosa, so daß häufig Anklänge an die Sprache expressionistischer Dramen entstehen. Ob es sich dabei um bewußte Übernahmen handelt oder ob die Autorin doch Originalität der Sprachbehandlung für sich in Anspruch nehmen möchte, läßt sich im einzelnen allerdings nicht immer leicht entscheiden.

Bei Friederike Roth (geb. 1948) dagegen ist in jedem Fall von einem geschärften Bewußtsein um die Problematik künstlerischer Originalität auszugehen. So nannte sie «Das Buch des Lebens», für das sie 1983 den Ingeborg-Bachmann-Preis erhielt, «Ein Plagiat»: „Hier steht frisch gestohlen alles noch einmal geschrieben, was seit ewigen Zeiten über die Liebe gedacht und geredet wird." Diese Reflexion der besonderen Bedingungen heutiger Kunstproduktion bestimmt auch das dramatische Werk Friederike Roths. Sie arbeitet bevorzugt mit Formen des offenen Dramas, in denen sie sich immer wieder mit dem Verhältnis zwischen den Geschlechtern (wie im «Klavierspieler», 1980, «Die einzige Geschichte», 1983, «Krötenbrunnen», 1984, «Das Ganze im Stück», 1985) und mit Möglichkeiten weiblicher Selbstverwirklichung («Ritt auf die Wartburg», 1981) auseinandersetzt. Anspielungen auf Strindberg, Schnitzler, Horvath und andere fungieren als intertextuelle Wegweiser, welche erst die Bedingung der Möglichkeit herstellen, unter der Originalität sich noch entfalten kann. Dies gilt vor allem für die Behandlung der Sprache:

> Hauptwerkzeug der Friederike Roth aber ist die Sprache. Alltagsjargon? Nein. Zuerst fällt auf, mit welcher behutsamen Genauigkeit, Überlegtheit das umgangssprachliche Verschleifen, Verkürzen von Silben zum Stilmittel gemacht wird. Aus Alltagsbequemlichkeit, -eile wird eine Form, ergibt sich ein Sprachrhythmus.[32]

Am radikalsten wird die Verwendung vorgegebener Materialien von Elfriede Jelinek (geb. 1946) als künstlerisches Prinzip eingesetzt. Sowohl in «Was geschah nachdem Nora ihren Mann verlassen hatte oder Stützen der Gesellschaft» als auch in «Clara S.» und «Burgtheater» montiert sie literarische readymades, die sie den verschiedensten Kontexten entnommen hat.

> Ich sehe [...] mein Nora-Stück als eine Weiterentwicklung des Brechtschen Theaters mit modernen Mitteln der Literatur, den Mitteln der Popkultur der fünfziger und sechziger Jahre, die auch darin bestehen, vorgefundenes Material – pur oder gemischt mit eigenem, aus dem ursprünglichen Zusammenhang gerissenen – nebeneinanderzusetzen, um eine Bewußtmachung von Zuständen und Sachverhalten zu erreichen.[33]

So hat Elfriede Jelinek für «Nora» nicht nur Ibsen, sondern auch Unternehmer- und Anlageberater-Zeitschriften ausgebeutet, für «Clara S.» Tagebücher der Haushälterin d'Annunzios, Briefe und Tagebücher Clara Schumanns, einige Romane d'Annunzios und Ria Endres «Am Ende angekommen», für «Burgtheater» Kitsch- und Propagandafilme der Nazizeit.

> Meine Arbeitsweise funktioniert, wenn es mir gelingt, die Sprache zum Sprechen zu bringen, durch Montage von Sätzen, die verschiedene Sprachen miteinander konfrontiert, aber auch durch Veränderung von Worten oder Buchstaben, die im Schein verhüllte Aussagen entlarvt.[34]

Aufgrund ihres gezielten und souveränen Umgangs mit vorgegebenem Material können Friederike Roth und Elfriede Jelinek heute zusammen mit Heiner Müller und Botho Strauß als wichtigste Vertreter und Exponenten des deutschen Theaters der Postmoderne gelten.

5. Frauen im Schatten
Mitarbeiterinnen und Mitautorinnen
Das Beispiel der literarischen Produktion Bertolt Brechts

Ursula Wiedenmann

Eine besondere Rolle in der Geschichte schreibender Frauen nehmen jene Autorinnen ein, die in der Regel nicht selbständig literarisch produktiv wurden, sondern hauptsächlich als – wie sie genannt werden – ‚Mitarbeiterinnen' an den Werken ihrer schreibenden Freunde oder auch ihrer Ehemänner teilnehmen, an den Werken der Lebensgefährten, ihrer Väter im geistigen oder gelegentlich im verwandtschaftlichen Sinne. Schon die unterschiedlichen Bezeichnungsmöglichkeiten für den Autor, dessen Mitarbeiterin die Frau wird, verweisen auf die Problematik einer solchen Zusammenarbeit.

Die Möglichkeiten und Grenzen einer solchen Zusammenarbeit sind in der Regel mitbestimmt durch die traditionelle Rollenverteilung der Geschlechter und die zentrale Position des männlichen Autors in der kulturellen Tradition. Die Formen der Mitarbeit sind sehr unterschiedlich; das Spektrum reicht von dem „Effekt Frau"[1], der „stummen Unterstützung", der Materialbeschafferin und -bearbeiterin, der Sekretärin, bis zum programmatischen Entwurf – wie in der Frühromantik – eines Männer und Frauen einbeziehenden gemeinsamen Lebens und Schreibens, das sowohl gegen die sozialen wie ästhetischen Normen verstößt.

Das Themengebiet ‚Mitarbeiterin – Mitautorin' beleuchtet in besonderer Weise die Konflikte zwischen ‚künstlerischer Produktivität' und ‚weiblicher' Lebensrealität und es berührt die Problematik der Aufnahme des ‚Weiblichen' in die Kunst wie seine gleichzeitige Abtrennung von dem mit dem Autor identifizierten Werk. Im folgenden sollen exemplarische Fälle der Mitarbeit und Mitautorschaft von Frauen vorgestellt werden. Im Vordergrund steht dabei das Drama, an dem die Frauen bis zum frühen 20. Jahrhundert – verglichen mit Lyrik und Roman – weniger Anteil hatten, das aber aufgrund seines dialogischen Formprinzips eine kollektive Kunstgestaltung begünstigt.[2]

Zahlreiche namentlich bekannt gewordene Mitarbeiterinnen befinden sich im Umkreis und Gefolge Bertolt Brechts, dessen dramatische Produktion ohne ihre vielfältige Unterstützung kaum zu realisieren gewesen wäre. Als die bedeutendsten der ‚Mitarbeiterinnen' Bertolt Brechts befanden sich Elisabeth Hauptmann, Margarete Steffin, Ruth Berlau und Hella Wuolijoki mit Brecht in einer Lebens- und Werkgemeinschaft, die ihre menschlichen Probleme und Krisen immer wieder im gemeinschaftlichen Werk, in der literarischen Arbeit aufzulösen vermochten oder wenigstens versuchten. Die Bezeichnung ‚Mitarbeiterin' stammt von Brecht selbst. In den Ausgaben seiner Werke sind die Personen, die nachweislich Anteil an der Entstehungsgeschichte der jeweiligen Werke haben, als ‚Mitarbeiter/Mitarbeiterin' namentlich zitiert. Die Bezeichnung als solche ist für die Betrachtung der Rolle der Frau in der Funktion der ‚Mitarbeiterin' nicht unproblematisch. Hinter dem Begriff verbergen sich schließlich die unterschiedlichsten Arten einer unterstützenden Tätigkeit. Im Hinblick auf die verschiedenen Aufgaben ist die Bezeichnung wesentlich differenzierter zu fassen; die Zusammenarbeit mit Brecht konnte bestehen in Bürotätigkeit als Helferin, in der Beschaffung von Texten und anderem notwendigen Arbeitsmaterial, in der literarischen Mitarbeit als Mitarbeiterin/Autorin oder auch in der Funktion einer Mitautorin, als nur zeitweilig mit Brecht gemeinsam arbeitender selbständiger Autorin.

Die Aufnahme der Arbeitsgemeinschaft mit Brecht war für die jeweiligen

'Mitarbeiterinnen' in vielerlei Hinsicht ein entscheidender Schritt. Diesen Eindruck vermitteln ihre zahlreichen überlieferten Selbstaussagen. Ruth Berlau, aber auch Marieluise Fleißer berichten in ihren Erinnerungen von der faszinierenden und bindenden Wirkung, die von Brecht ausging. „Und doch war Brecht in meinem persönlichen Schicksal die nachhaltig wirkende Kraft, immer wieder schlug es durch und brachte mir auch die bittere Frucht",[3] schreibt Marieluise Fleißer, und sie umreißt damit das seelische Spannungsverhältnis, in dem sich die Mehrzahl aller Mitarbeiterinnen Brechts bewegten.

Bedeutete einerseits die Bindung an Brecht unter Umständen eine Möglichkeit zur sozialen wie auch literarischen Emanzipation, barg sie doch ebenso die Möglichkeit einer Einschränkung der Persönlichkeitsentfaltung. Zeugnis von Brechts autoritärer Wirkung auf seine 'Mitarbeiterinnen' gibt ebenfalls Marieluise Fleißer in ihrem Aufsatz «Frühe Begegnung»: „Ich schrieb auf den Mann zu nach meinem damaligen Vermögen, ich hatte nur Brocken. Brecht hatte tabula rasa in mir gemacht."[4] Marieluise Fleißer darf als eine der anspruchsvollsten Mitautorinnen Brechts bezeichnet werden, auch wenn ihre Mitarbeit in keinem seiner Werke vermerkt ist; mit Brecht verband sie eine literarische Arbeitsgemeinschaft, die auf einem zunächst selbständigen Autorenbewußtsein von seiten der Frau basierte. Fleißer war aber auch diejenige Mitautorin, die sich infolge der repressiven Wirkung Brechts seiner gestalterischen Vereinnahmung ihrer eigenen Identität und ihres Lebens schließlich gänzlich entzog, wenn nicht aus Gründen der Selbsterhaltung entziehen mußte.[5]

Aus den Lebenserinnerungen der Dänin Ruth Berlau geht im Gegensatz zu Marieluise Fleißers Erfahrungen hervor, daß eine Arbeitsgemeinschaft mit Brecht auch emanzipatorisch wirken konnte. Von zentraler Bedeutung für Ruth Berlau war das gemeinschaftliche Arbeiten am Text, worüber sie immer berichtet. Unter Brechts Anleitung lernte sie „allmählich, eine Sache in fünf, sechs Zeilen zu sagen. Es sind fast Keunergeschichten, herrliche Sachen."[6] Ihr solchermaßen entwickeltes Selbstverständnis als literarisch kreative 'Mitarbeiterin/Mitautorin' bildete die Voraussetzung zu einem Austausch von Arbeiten, der nicht nur auf die Produktion von Theaterstücken beschränkt blieb, in denen sie als 'Mitarbeiterin' von Brecht ausgewiesen ist, sondern auch weniger bekannte gemeinschaftlich verfaßte Texte hervorbrachte. Nach Ruth Berlaus Auskünften sind der Roman «Jedes Tier kann es» und das Stück «Alle wissen alles» gemeinsam mit Brecht entstanden. «Jedes Tier kann es» wurde von Ruth Berlau unter dem Pseudonym „Maria Sten" veröffentlicht,[7] «Alle wissen alles» ist von ihr in Kopenhagen inszeniert worden, es galt als ihr Stück, zur Aufführung scheint es allerdings nicht gekommen zu sein.[8]

Nach ihren eigenen Aussagen gab Ruth Berlaus literarisches Selbstverständnis den Ausschlag, sich für Brecht zu entscheiden und ihm und seiner Familie ins Exil zu folgen.[9] Mit diesem Entschluß löste sie sich zwar aus der gesicherten Existenz als Gattin des Arztes Robert Lund, eines „großen Wissenschaftlers", wie sie ihn selbst nennt, aber die literarisch wie persönlich begründete Partnerschaft mit Brecht fixierte sie erneut auf die übergeordnete Persönlichkeit eines Mannes und Autors.[10]

Unter den ‚Mitarbeiterinnen' seiner Werke, die Brecht namentlich teils einzeln, teils neben anderen, auch männlichen Mitarbeitern ausdrücklich in den Ausgaben seiner Werke erwähnte, war Elisabeth Hauptmann die ihm am längsten verbundene. 1924 lernte er sie in Berlin kennen, und sie soll ihn damals sehr beeindruckt haben, weil sie ihm „sehr genau zuhörte" und sich sogar „Notizen machte". Brecht war in der Sache vor allem durch ihre Englischkenntnisse dazu veranlaßt, sie als „seine Sekretärin" zu engagieren, und er erdachte sich dazu eine finanzielle Lösung, die ihn selbst nicht belastete. Er sorgte nämlich dafür, „daß sie in seinem Verlag eine Stelle erhielt, indem er Gustav Kiepenheuer erklärte, daß er ohne die Hauptmann schwerlich die drei vertraglich vereinbarten Bücher zum Druck vorbereiten könne". Ihre Tätigkeit bestand dabei in Recherchen aller Art, im Sammeln von Zeitungsausschnitten, in Befragungen und in der Erledigung aller Verlagsangelegenheiten. Sie „redigierte seine Publikationen und arbeitete an den Stücken mit", und durch das Entgegenkommen des Verlegers blieb es ihr sogar erspart, ihre Arbeitszeit im Büro zuzubringen.[11] Elisabeth Hauptmann erscheint in Brechts Œuvre namentlich genannt als ‚Mitarbeiterin' der Theaterstücke «Mann ist Mann», «Die Dreigroschenoper», «Der Ozeanflug», «Das Badener Lehrstück vom Einverständnis», «Der Jasager und der Neinsager», «Die heilige Johanna der Schlachthöfe», «Die Ausnahme und die Regel», «Die Rundköpfe und die Spitzköpfe» und der «Don Juan»-Bearbeitung.[12]

Von der Entstehung des Epischen Theaters bis in die ersten Exiljahre begleitete Elisabeth Hauptmann Brechts literarische Entwicklung und seinen Werdegang auch noch bei anderen Werken wie der Lyrik-Sammlung seiner «Lieder Gedichte Chöre».[13] Im Exil trennten sich ihre Wege nur vorübergehend und vereinten sich schon in Amerika wieder. In Ostberlin fand die Zusammenarbeit schließlich mit Brechts Tod 1956 ihr Ende, aber Elisabeth Hauptmann blieb Brechts Werk auch danach noch dadurch verbunden, daß sie die Herausgabe seiner postum erschienenen «Gesammelten Werke» überwachte.[14] Elisabeth Hauptmanns Bedeutung würdigte am ehrlichsten vermutlich Ruth Berlau. „Ich glaube", schreibt sie in ihren Erinnerungen, „die literarische Zusammenarbeit mit Elisabeth Hauptmann war die engste, die Brecht je gehabt hat. Die Hauptmann war selbst eine Schriftstellerin. Sie hat diese Fähigkeit in den Dienst von Brecht gestellt."[15] Ruth Berlau, die in Brechts Exilzeit und während seiner Trennung von Elisabeth Hauptmann selbst neben Margarete Steffin die bedeutendste seiner ‚Mitarbeiterinnen' gewesen war, wußte auch am besten über die Stufen und Grade literarischer Zusammenarbeit mit Brecht Bescheid und charakterisierte sie ohne Rückhalt. Ihre «Erinnerungen und Notate» sind dafür eine aufschlußreiche Quelle. „Es ist interessant", schreibt sie, „wie unterschiedlich die Zusammenarbeit zwischen Brecht und den einzelnen Mitarbeitern war. Jeder hat Brecht auf seine Art geholfen: Material herangeholt, Abschriften gemacht, Korrekturen eingearbeitet und so weiter. Und jeder wurde auch auf seine Art von Brecht eingesetzt."[16]

Mit klarsichtiger Schärfe registrierte Ruth Berlau aber auch, daß von den zahlreichen „Helfern“ Brechts die meisten „allerdings Helferinnen“ gewesen seien, und abgesehen von Elisabeth Hauptmann, die „wirklich an den Stücken mitgearbeitet“ habe, die übrigen ‚Mitarbeiterinnen‘ vor allem als Sekretärinnen für Brecht von unschätzbarem Wert waren.

Als Sekretärin war Margarete Steffin nicht zu ersetzen, durch niemanden. Wenn Brecht in einer Fassung korrigiert hatte, fand er am nächsten Morgen frisch abgeschriebene Manuskripte auf seinem Schreibtisch vor, ohne daß er etwas gesagt hätte, und die Manuskripte hatten die Schönheit und Sauberkeit, die Brecht brauchte, um weiterzuarbeiten. Er bevorzugte sehr feines Papier. Es war ein Kunststück, darauf zu schreiben, noch dazu mit mehreren Durchschlägen. Grete Steffin schaffte das.[17]

Dabei war sie auch literarisch hervorgetreten und hatte „ein paar Kinderstücke geschrieben und gute Übersetzungen gemacht“.[18] Margarete Steffin ist als ‚Mitarbeiterin‘ von Brechts Theaterstücken namentlich genannt für «Die Rundköpfe und die Spitzköpfe», «Die Horatier und die Kuratier», «Furcht und Elend des Dritten Reichs», «Die Gewehre der Frau Carrar», «Das Leben des Galilei» und «Der aufhaltsame Aufstieg des Arturo Ui».[19] Der «Arturo Ui» bot Margarete Steffin kurz vor ihrem Tod im Jahr 1941 zum letztenmal die Gelegenheit, an einem Theaterstück von Brecht als Helferin mitzuwirken. Ruth Berlau berichtet dazu: „‚Arturo Ui‘ tippte sie in Finnland auf Flugpostpapier, damit das Versenden mit der Post nicht zu teuer wird.“[20]

Ruth Berlaus Mitarbeit nahm Brecht erstmals für «Der gute Mensch von Sezuan» in Anspruch, später für «Der kaukasische Kreidekreis» und für «Die Tage der Commune».[21] In ihrer Erinnerung berichtet sie über die Mitarbeit an «Die Tage der Commune»:

Wenn Brecht so lange über einen Stoff nachgedacht hatte wie über die Geschichte der Kommunarden, konnte er ein Stück unter Umständen in drei Wochen schreiben. Das war bei «Tage der Commune» der Fall. Es mußte nur jemand da sein, der ihm das richtige Material zum richtigen Zeitpunkt beschaffte. Diesen Auftrag hatte ich. Ich fuhr mit einem geliehenen Fahrrad zur Bibliothek und holte Bücher über Bücher [...]. Die Bücher mußte ich durchsehen und einstreichen, Brecht las dicke Bücher nicht gern. Außerdem erwartete er Vorschläge für die nächste Szene. Das war meine Nachtarbeit, denn Brecht ging früh zu Bett. Am nächsten Morgen fand er vor seiner Tür die eingestrichenen Bücher und meinen Szenenvorschlag. Ich war stolz, wenn Brecht zwei Sätze benutzen konnte. Brecht mußte irgend was haben, was ihn anregte, das konnten auch zwei Sätze sein. Die Ballonszene habe ich entworfen.[22]

Für «Die Tage der Commune» konnte Ruth Berlau am Text zu belegende Autoranteile geltend machen, aber ihre Mitwirkung bei diesem Stück war bei weitem nicht so emotionell wie beim «Kreidekreis». Die Entstehungsgeschichte des «Kreidekreis» war für Ruth Berlau durch ihre Schwangerschaft zu einem zentralen Ereignis ihres eigenen Lebens geworden, und ihre literarische Mitarbeit an diesem Stück beschränkte sich infolge ihrer damals örtlichen Entfernung von Brecht auf kritische Briefe, mit denen sie seine Manuskriptseiten beantwortete. Das Kind, das Ruth Berlau von Brecht am 3. September 1944 zur Welt

Hella Wuolijoki und Bertolt Brecht

brachte, starb bald nach der Geburt, aber ihre gemeinsame Sorge um sein Überleben setzte sich in der literarischen Gestaltung des Kindes im «Kreidekreis» wenigstens als sinnbildliche Aussage fort.[23]

Kennzeichnend für die Mehrzahl der ‚Mitarbeiterinnen' Brechts ist, daß sie eine Symbiose mit ihm eingingen. Während der Dauer dieser Symbiose fühlten sie sich, wie es Hans Bunge nach den Erinnerungen Ruth Berlaus beschreibt, wohl überfordert, „aber nicht auf ihre Kosten ausgebeutet".[24] Ein Bewußtsein davon, daß sie, wenn nicht ausschließlich, so doch *auch* ausgebeutet wurden, setzte erst dann ein, wenn die Symbiose aufgegeben wurde. Ruth Berlau berichtet, sie hätte am Beginn ihrer Zusammenarbeit mit Brecht von ihm gelernt, „daß Liebe eine Produktion ist und daß eine Produktion der Liebe bedürfe".[25] Richtete Ruth Berlau für die Zeit ihrer gelungenen Mitarbeit ihre ganze Existenz nach diesem Grundsatz aus, machte sie in späteren Jahren doch Einschränkungen. Sie spricht im Grunde von der ökonomischen Verwertbarkeit,[26] die die ‚Mitarbeiterinnen' für Brecht hatten. Der Herausgeber von Ruth Berlaus «Erinnerungen und Notate» überliefert ihre Ansicht, „daß Brecht vor allem sich selber nützen wollte, wenn er ihr eine Produktivität zusprach, die seine Produktion anregen sollte und förderte".[27] Ruth Berlau ist, was das Wechselspiel von Selbständigkeit und Abhängigkeit und allen daraus resultierenden Existenz- und Identitätskrisen anbetrifft, sicherlich kein Einzelfall. An ihr wird nur besonders deutlich, welche Problemstellungen bei der Betrachtung des Phänomens ‚Mitarbeiterin' mitberücksichtigt werden müssen.

Brechts ‚Mitarbeiterinnen' bildeten bis zu seinem Tod und teilweise auch noch darüber hinaus untereinander eine Gemeinschaft, deren Mitglieder, bei aller Verschiedenheit ihrer jeweiligen Arbeitsanteile, letztlich in der Sache zusammenhielten. Ihr Verhalten zeigt mitunter familienähnliche Strukturen,[28] gelegentlich praktizierten sie auch eine Zusammenarbeit zu mehreren. Das anschauliche Beispiel eines solchen Versuchs lieferte Brechts Aufenthalt auf dem Gut Marlebäck bei Hella Wuolijoki, dem Brechts «Herr Puntila und sein Knecht Matti» seine Entstehung verdankte. Ruth Berlau berichtet darüber:

> Beinahe jeden Abend nach dem Abendbrot kamen Brecht, Weigel und Steffin ins Gutshaus. Dann ließ Hella Kaffee auffahren, den sie aus dem großen Nachbarland bekam, und erzählte Geschichten aus Finnland. Sie war unerschöpflich und plauderte bis in die Nacht hinein. Es war so faszinierend, daß selbst Brecht den Mund gehalten hat. Grete Steffin hatte sich hinter eine Palme gesetzt. Dort stenographierte sie alle diese wunderbaren Geschichten mit. Wir wußten das, aber Hella nicht. Eines Abends erzählte Hella von einem Mann aus ihrem Bekanntenkreis. Er war Besitzer eines Sägewerks und wurde Vorbild für den Puntila.

Ruth Berlau schildert in ihren Erinnerungen die absichtsvoll gestellte Erzählsituation, in der Hella Wuolijoki Brecht für den Stoff ihres Stückes zu interessieren versuchte. „Brecht verstand den Wink. So kam es zu einer Zusammenarbeit." Hella Wuolijoki war im üblichen Sinn keine ‚Mitarbeiterin' Brechts wie Elisabeth Hauptmann, Margarete Steffin oder Ruth Berlau. Aber sie regte Brecht als „eine großartige Erzählerin",[29] die sie auch nach Brechts eigenem Urteil gewesen ist,[30] zu einer Arbeitsgemeinschaft an, die darin zwei wesensverwandte Künstler vereinte; denn Brecht war auch als Erzähler im Umgang mit seiner

TAMMEN NÄYTELMIÄ 39.

HELLA WUOLIJOKI ja BERTOLT BRECHT

ISO-HEIKKILÄN ISÄNTÄ
JA
HÄNEN RENKINSÄ KALLE

Komediakertomus hämäläishumalasta
9 kuvaelmaa

KUSTANNUSOSAKEYHTIÖ
Tammi
HELSINKI

Titelblatt der finnischen Puntila-Ausgabe

Umgebung nicht unerfahren[31] und durch ihre Erzählungen, die Brecht ausdrücklich als Anteil Hella Wuolijokis in der Ausgabe des «Puntila» vermerkte,[32] war ihre Mitwirkung einem gemeinschaftlichen Interesse entsprungen, die darin eine grundsätzliche Erfahrung epischer Gestaltung im Verhältnis zwischen Autor und Mitautorin umschreibt.

Eine wichtige Helferin am «Puntila» war auch Margarete Steffin, die Brecht gerade bei diesem Stück aber nicht als ‚Mitarbeiterin' namentlich erwähnte, möglicherweise weil er sie stärker als die ‚Mitarbeiterin' von Hella Wuolijoki empfand und weniger als seine eigene. Hella Wuolijoki diktierte Margarete Steffin eine erste deutsche Übersetzung des finnischen Stoffes in die Schreibmaschine, und sie schaffte damit die Voraussetzung für einen Bearbeitungsprozeß, den Brecht durch mehrere Fassungen und Stufen im „bewährten Kollektiv" seines damaligen Kreises zum Abschluß brachte.[33] Hella Wuolijoki konnte sich dabei aber als ebenbürtige Autorin neben Brecht behaupten. Im finnischen Sprachraum dominiert ihr Name die Ausgaben des «Puntila», und derjenige Brechts erscheint hier nur im Range eines Mitautors.[34]

VII. Egalität – Weiblichkeit – Differenz
Entwicklungen in Literatur und Theorie der Gegenwart

1. Tradition und Aufbruch
Literatur in der Bundesrepublik, in Österreich und der deutschsprachigen Schweiz seit 1945. Ein Überblick

Erika Tunner

Tradition

Das Jahr 1945 bedeutet einen historischen Einschnitt, jedoch erhebt sich die deutsche Literatur keineswegs phönixgleich aus der Asche, in der sie sich selbst verbrannt hat oder in der sie verbrannt worden ist. Gewiß steht hier eine „lost generation" einem Dunkel gegenüber, das ihr Licht genug sein muß, um neue Wege zu finden, die sie nicht allein bestimmen kann, sondern die weitgehend von den politischen und kulturellen Zielsetzungen der Siegermächte in den jeweiligen Besatzungszonen und von dem sich bald deutlich abzeichnenden Antagonismus zwischen Ost und West geprägt sind. Parallel dazu lassen sich freilich geistige Traditionen erkennen, die an die ästhetischen Positionen von vor 1933 anknüpfen und in denen gerade die von Frauen geschriebene Literatur eine entscheidende Rolle spielt. Vorwiegend religiöse Fragestellungen und Auseinandersetzungen, die in historische und mythische Räume getragen, aber auch an Gegenwartsthemen verdeutlicht werden, kennzeichnen die Werke von Gertrud von Le Fort, Elisabeth Langgässer, Luise Rinser.

Gertrud von Le Fort (1876–1971), in Minden geboren, stammt aus einer Hugenottenfamilie. Ihre Vorfahren waren ursprünglich in Piemont und Savoyen ansässig: „Wir kommen aus altem edlem Blut, / Landfremd, von welschem Stamme", heißt es in einem ihrer Gedichte, «Die Emigranten». Ihre Jugend verbrachte sie zum größten Teil auf dem Familiengut Bök am Müritzsee, in Mecklenburg. In Heidelberg studierte sie protestantische Theologie, Geschichte und Philosophie. 1925 trat sie in Rom zum Katholizismus über. Von 1956 bis zu ihrem Tode lebte sie in Oberstdorf im Allgäu. „Wie ich zu meiner Dichtung gekommen bin?" fragt sie in ihren «Autobiographischen Skizzen»: „Ich bin nicht zu ihr gekommen, sondern ich war immer mit ihr zusammen, so weit ich zu denken vermag. Mit neun Jahren versuchte ich mich an einem Drama. Aber freilich, meine Entwicklung als Dichterin war eine sehr langsame."[1] Ihr erster Gedichtband erschien 1900: neben religiösen stehen humorvolle und ins Märchenhafte spielende Gedichte, bei denen das Erlebnis der Landschaft nicht ohne Einfluß geblieben ist. Den ‚Durchbruch' stellen ihre 1924 veröffentlichten, vom Psalmenstil getragenen «Hymnen an die Kirche» dar (vgl. S. 346). Berühmt wird sie mit dem Roman «Das Schweißtuch der Veronika» (1928). Rückblickend schreibt Gertrud von Le Fort 1965 über diesen Roman, die Trümmer des Forums in Rom hätten in ihrer Erhabenheit und Tragik ihrer eigenen psychischen Verfassung entsprochen: „Ich fühlte mich von diesen zerbrochenen Säulen und Tempeln innerlich verstanden".[2] Noch einmal, 1967, beschwört Gertrud von Le Fort die versunkene Herrlichkeit der Ewigen Stadt. Als Antwort auf Rudolf Hochhuths Stück «Der Stellvertreter» schreibt sie «Das Schweigen», dessen Schauplatz sie zwar in das Rom des 15. Jahrhunderts zurückverlegt, jedoch:

> [...] der Dichter hängt [...] mit seiner Zeit und ihren Forderungen zusammen. Er tut es auch dort, wo sein dichterischer Auftrag – wie der meine – oftmals in die Räume der Vergangenheit zurückgespiegelt ist. Ich habe das Historische nie als eine Flucht aus der eigenen Zeit empfunden, sondern als den Abstand, von dem aus man die eigene Zeit schärfer erkennt, so wie man die charakteristischen Linien eines Gebirges erst dann wahrnimmt, wenn man nicht zu nahe ist.[3]

1948 erschien die Erstausgabe ihrer Novelle «Die Consolata», die sie bereits 1943 beendet hatte. Der Schriftsteller Arthur Maximilian Miller berichtet dazu:

> Sie hatte mir das Manuskript ihrer Novelle «Die Consolata» zur Aufbewahrung gegeben, jener Novelle, die, in historischem Gewand verhüllt, den Untergang und Wahnsinnstod Hitlers vorausschaute. Wenn sie in die Hände der braunen Schergen kam, war es um die Dichterin geschehen. Ich staunte über die Kühnheit dieser Frau, mit der sie ohne Zögern das jeweils brennendste Thema aufgriff.[4]

Hermann Hesse hatte die Dichterin 1949 – vergeblich – für den Nobel-Preis vorgeschlagen. In seinem Schreiben an die Svenska Akademie in Stockholm nennt er sie „Meisterin der geschichtlichen und auch der mythischen Erzählung, zugleich innerhalb des Hitlerschen Deutschland wohl die wertvollste, begabteste Vertreterin der intellektuellen und religiösen Widerstandsbewegung".[5] Gertrud von Le Fort ließ sich von keinem äußerlichen Aufstieg täuschen. Sie wußte um die Disharmonie des menschlichen Daseins, um die Angst, die Schwäche, das Verzagen und den Zweifel. „Wer aber wird in Zukunft dem Dichter lauschen", fragt sie, „dem Überlebenden aus längst verloschenen Tagen?"[6]

Eine Überlebende aus verloschenen Tagen ist *Elisabeth Langgässer* (1899–1950). Gerade in den ersten Nachkriegsjahren lauschte man wieder auf sie, ja sie wurde zur bekanntesten Dichterin im Nachkriegsdeutschland. 1946 erschien ihr noch immer umstrittenes Hauptwerk, das trotz Schreibverbot, Krankheit und Zwangsarbeit in der NS-Zeit entstanden ist und zu den bedeutenden Werken des „inneren Exils" gehört: «Das unauslöschliche Siegel». Der Roman ist als Erlösungsparabel konzipiert. Es handelt sich um die Geschichte eines zum Katholizismus konvertierten Juden, Lazarus Belfontaine, der die

Taufe, das „unauslöschliche Siegel", erhält. Dieser „Pakt mit Gott" wird am Ende eines langen Kampfes mit dem Bösen seine rettende Kraft erweisen: Apathie, Bindungslosigkeit, Heuchelei, Lüge, Laster, ja Mord heißen die Stationen einer langen, sündhaften Irrfahrt Belfontaines von Deutschland nach Frankreich, doch kehrt er schließlich als Bettler nach Deutschland zurück, wo sich seine Spuren im Legendären verlieren. Ein ähnliches Schema findet sich auch in Elisabeth Langgässers letztem Roman, «Märkische Argonautenfahrt», der 1950 postum erschien. Trotz antik-mythischer Aspekte sind hier die zeitgeschichtlichen Bezüge vorherrschend, der thematische Impuls geht von der unmittelbaren Gegenwart aus, von der bedrückenden Wirklichkeit des Jahres 1945. Im verwüsteten Berlin führt der Zufall sieben Menschen zusammen, die sich durch eine Wallfahrt Befreiung von ihren traumatischen Erlebnissen im Dritten Reich erhoffen. Sie gewinnen das „andere Ufer", doch freilich wer hätte es je gewonnen, „der zuvor nicht gescheitert wäre?" Die christliche Deutung moderner Welterfahrung, der Dualismus zwischen Naturgeschehen und Heilsgeschichte, bestimmten das Gesamtwerk Elisabeth Langgässers bis in ihre letzten Gedichte, «Der Laubbaum und die Rose» und den unvollendeten Band «Metamorphosen».

Eine biographische Darstellung Elisabeth Langgässers (1956) verdanken wir der mit ihr befreundeten Schriftstellerin *Oda Schaefer* (*1900), die ebenfalls schon vor dem ersten Weltkrieg an die Öffentlichkeit trat und mit ihrem zweiten Ehemann Horst Lange zum Kreis um die gegen nationalsozialistisches Gedankengut gerichtete Literaturzeitschrift «Die Kolonne» gehörte, an der auch Elisabeth Langgässer mitgearbeitet hatte. Das Werk von Oda Schaefer ist vielfältig, einerseits von der Romantik bestimmt, andererseits feuilletonistisch ausgerichtet, ja das Triviale nicht scheuend. 1970 erscheint ihre Autobiographie «Auch wenn du träumst, gehen die Uhren». Kurz nach dem Krieg, im Jahr 1947, veröffentlichte sie drei lyrisch geprägte Prosabände, in denen sie sehr subjektiv empfundene Lebensmomente wiedergibt: «Die Kastanienknospe», «Unvergleichliche Rose», «Kranz des Jahres». Ihr Interesse gilt dem „weiblichen Schreiben": 1957 gibt sie eine Anthologie deutscher Frauenlyrik seit 1900 heraus, «Unter dem Sapphischen Mond».

Nicht nur „weibliches Schreiben", sondern „weibliche Existenz", mit allen Möglichkeiten und Schwierigkeiten, beschäftigen *Luise Rinser* (*1911). «Unterentwickeltes Land Frau» heißt eine Arbeit, die sie 1970 veröffentlicht und deren Thema ein Leitmotiv ihres Gesamtwerkes darstellt: die Frage nach der Freiheit der Frau. Die Gleichberechtigung der Frau wird seit 1848 immer wieder gefordert, und das Godesberger Programm der SPD von 1959 weist darauf hin, daß sie „rechtlich, sozial und wirtschaftlich" verwirklicht werden müsse. Skeptisch meint Luise Rinser, daß das, was derart nachdrücklich gefordert wird, nicht unbedingt verwirklicht ist. Im Mittelpunkt von Luise Rinsers Romanen stehen häufig Frauen und Kinder, deren Probleme aus einer kritischen Auseinandersetzung mit Religion und Gesellschaft erwachsen.

Auch Luise Rinser gehört zu den im Nachkriegsdeutschland bereits bekannten

Autoren, die fortwirken und schon entwickelte Traditionen fortführen. Auch *ihre* Schreibsituation ist zunächst die des „inneren Exils". Bald nach ihrem Erstlingsbuch, «Die gläsernen Ringe» (1941), erhält sie Publikationsverbot. 1944 wegen „Hochverrat und Wehrkraftzersetzung" verhaftet, verbringt sie ein halbes Jahr im Frauengefängnis in Traunstein. Erinnerungen, Tagebücher, Zeugnisse der Existenz im Dritten Reich wurden nach 1945 in rascher Folge veröffentlicht. Zu diesen Dokumenten gehört auch Luise Rinsers «Gefängnistagebuch» (1946). 1947 folgte das Werk, das sie weithin bekannt machte: «Jan Lobel aus Warschau», die Geschichte eines entflohenen jüdischen Gefangenen. Die zahlreichen Romane, Erzählungen, Essays, mit denen sie nun hervortrat, fanden und finden einen großen Leserkreis. «Mitte des Lebens», 1950 erschienen, wurde sogleich als ein ausgeformtes und reiches Buch der deutschen Literatur begrüßt. Es schildert in einer komplizierten Erzähltechnik die Entwicklung einer jungen Frau zwischen 1929 und 1948, die als Studentin der Psychologie einen um zwanzig Jahre älteren Professor der Medizin kennenlernt und in diesem schwierigen Verhältnis allmählich zu einer eigenständigen Persönlichkeit und einer unabhängigen Schriftstellerin heranwächst. In der Fortsetzung, «Abenteuer der Tugend» (1957), wird die Problematik einer stets neu bedrohten Ehe in das Blickfeld gerückt sowie die Kraft des Glaubens, dank dessen die weibliche Hauptfigur, ohne Verzweiflung und ohne Dogmatismus, den Weg in eine lang gesuchte Ordnung findet. Ähnlich wie Elisabeth Langgässer weiß Luise Rinser, daß man den Menschen nicht helfen kann, solange man nicht sündigt wie sie («Daniela»).

Im Gegensatz zu Luise Rinser war *Marie Luise Kaschnitz* (1901–1974) nie eine Vorkämpferin der Emanzipation. Auch stand sie nie im Mittelpunkt des literarischen Gesprächs, was wiederum mit der Eigenart ihrer Dichtung zusammenhängt. Ihre ersten Erzählungen und Gedichte stammen aus der Vorkriegszeit. Nach 1945 fand sie in ihrer Lyrik für die durch Auflösung und Zerstörung hervorgerufene Erschütterung einen vorbildlich sparsamen und doch niemals kargen Ausdruck. Als in Frankfurt der Auschwitz-Prozeß stattfand, schrieb Marie Luise Kaschnitz folgende Verse:

> So werden wir / Du Bruder und ich / Hinübergehen / Schuldig / Denn freizusprechen ist keiner.[7]

Auch die Sprache ihrer Prosa ist knapp und spannungsvoll. Zu ihren bedeutenden Veröffentlichungen in den sechziger Jahren gehören die Erzählbände «Lange Schatten» und «Ferngespräche». Oft haben ihre Geschichten, wie etwa bei E. T. A. Hoffmann, einen realistischen Anfang und entwickeln dann ein phantastisches Element («Das dicke Kind»), oder sie erinnern in ihrer Ausgangssituation an Kleist: „Vor wenigen Jahren wurde vor einem elsässischen Gerichtshof ein Fall verhandelt, der allgemeine Anteilnahme erregte ..." («Die übermäßige Liebe zu Trois Sapins»). Die Handlungen spielen in Frankfurt, in London, in Rom – Rom, dem auch bei Elisabeth Langgässer, bei Luise Rinser, später bei

Ingeborg Bachmann eine so bedeutende Rolle zukommt. Es geht um scheinbar nebensächliche Begebenheiten, die als Chiffren für unsere Existenz gelesen werden können. Gelegentlich wurde ihr Epigonentum nachgesagt. ‚Gepflegtheit' bis an die Grenze des Gefälligen. Konservativ ist sie und fortschrittlich zugleich. Die Frage nach unserem Dasein, heute und morgen, läßt sie nicht los:

> Ob wir davonkommen ohne gefoltert zu werden, ob wir eines natürlichen Todes sterben [...] Ob wir uns fortstehlen rechtzeitig auf ein weißes Bett oder zugrunde gehen am hundertfachen Atomblitz [...] steht noch dahin, steht alles noch dahin.[8]

Die große Dominante in ihrem Werk ist das Lyrische. Das verbindet sie mit *Else Lasker-Schüler*, mit *Nelly Sachs* und mit *Rose Ausländer* (vgl. S. 334ff.).

Fünf Jahre nach dem Krieg stirbt die Unterhaltungsschriftstellerin und Erfolgsautorin *Hedwig Courths-Mahler* (1867–1950), die heute nur noch eine sehr beschränkte Resonanz findet, während die Österreicherin *Vicki Baum* (1888–1960) immer noch zu den meistgelesenen Autoren der Welt gehört. Sie lebte fast 30 Jahre in Hollywood, erhielt 1938 die amerikanische Staatsbürgerschaft und schrieb den größten Teil ihrer Bücher, Filme und Bühnenstücke in englischer Sprache.

Zahlreiche österreichische Schriftstellerinnen bleiben der Tradition verhaftet, die sie, sofern sie der Vorkriegsgeneration angehören, in fast ungebrochener Linie fortführen. *Enrica von Handel-Mazzetti* (1871–1955), in der NS-Zeit verfemt, die ebenfalls eine Vorbereiterin des historisch-religiösen Romans ist, hat häufig den Antagonismus zwischen Katholizismus und Protestantismus dargestellt und einflußreich auf das Schaffen einer *Paula Grogger* (1892–1987) gewirkt (vgl. S. 237ff.). Ihrer steirischen Heimat verbunden, von einer bodenständigen Sprache und einer tiefen Frömmigkeit bestimmt, schreibt Paula Grogger Gedichte, Legenden, Laienspiele. Von traditionellen Erzählformen geht auch *Gertrud Fussenegger* (*1912) aus. Doch sind die Themen vielschichtig: Fundiertes historisches Wissen kennzeichnet ihre Darstellung «Maria Theresia»; zum Zeitgenossen des galiläischen Wanderpredigers Jesus wird der Leser in «Sie waren Zeitgenossen», beides Bücher aus den achtziger Jahren, Zeugnisse einer besonderen Art der Wahrheitssuche wie auch ihr Gedichtband «Gegenruf» (1986). Fast nahtlos jedoch schließen sie sich an die ersten Geschichten aus den dreißiger, aus den fünfziger Jahren an: Ein farbiger Bogen verbindet in der Tat die «Erzählungen aus fünf Jahrzehnten», die Gertrud Fussenegger 1987 unter dem Titel «Nur ein Regenbogen» veröffentlichte. Stifters Idee vom „sanften Gesetz" sowie das Bemühen um Toleranz und Hilfsbereitschaft bestimmen ihr Denken, auch gerade in Zeiten der Not.

In der Tradition Stifters sieht sich auch die Wienerin *Erika Mitterer* (*1908). Sie war mit Paula Grogger und mit *Paula von Preradović* (1887–1951) befreundet, der Dichterin der neuen österreichischen Nationalhymne. In der Lyrik stark von Rilke und Hofmannsthal beeinflußt, wählt sie für Prosa und Drama gern historische oder mythologische Stoffe. Christliche Werte, konventionelle Formen, das Streben nach Bewahrung einer Kontinuität bestimmen ihre Werke. Auch *Christine Lavant* (1915–1973) thematisiert christliches Gedankengut ebenso wie die gleichaltrige *Christine Busta* (*1915). Doch setzt sich bei beiden Autorinnen neben Ergebung, Demut und Leidensbereitschaft auch ein Gefühl des Aufbegehrens durch: „Ich will vom Leiden endlich alles wissen. / Zerschlag den Glassturz der Ergebenheit“, schreibt Christine Lavant, deren Gedichte Ludwig von Ficker als „Lästergebete“ bezeichnete. Für Christine Busta bildet die Schöpfungsgeschichte Ansatzpunkte zur Kritik an der heutigen Welt, an der Zerstörung der Natur durch den Menschen. Sehnsucht nach Harmonie und Frieden bestimmen ihre Werke, von «Jahr um Jahr» (1950) bis «Unterwegs zu älteren Feuern» (1965). Heiterkeit und Phantasie zeichnen ihre Kindergedichte aus: «Die Sternenmühle» (1959). Eine besondere Entwicklung nahm die Vorarlbergerin *Paula Ludwig* (1900–1974), die auch als Schauspielerin tätig war. Ihre Gedichte schrieb sie weitgehend unabhängig von literarischen Vorbildern, in den Jahren des Exils. Eine Auswahl ihrer Gedichte aus der Zeit von 1920 bis 1958 erschien Ende der fünfziger Jahre. 1962 veröffentlichte sie Aufzeichnungen aus den Jahren zwischen 1920 und 1960, eine erweiterte Fassung der «Traumlandschaft» von 1935.

Traum und mystisches Erleben, aber auch Bereitschaft, Geduld, der Wille und die Gabe, sich der Welt zu öffnen, tragen im Werk der sehr produktiven Vertreterin zeitgenössischer österreichischer Prosa *Jeannie Ebner* (*1918) zur Selbsterkenntnis und zur Erkenntnis der Welt bei. In Sydney geboren, lebt die Schriftstellerin heute in Wien, wo sie eine Zeitlang in der Redaktion der Zeitschrift «Literatur und Kritik» arbeitete und zahlreiche junge Autoren ermutigte und förderte. Jeannie Ebner will keine Botschaft verbreiten. Sie besitzt weder eine festumrissene Ideologie, noch glaubt sie an die Vereinbarkeit von literarischer Qualität und pädagogischem Anliegen. Sie verfügt über ein großes Einfühlungs- und Erzähltalent. Erfahrungen und Personen aus ihrem Bekanntenkreis ‚verarbeitet‘ sie in ihren Werken, doch sind konkrete Begebenheiten nie um ihrer selbst willen dargestellt, sie sind nur ein Mittel, „eine Deutung unserer Welt [...], die über das reine Erzählen hinausgeht, zu versuchen“[9], schreibt sie in «Drei Flötentöne» (1981), und 1963 heißt es in «Figuren in Schwarz und Weiß»:

> Da war sie endlich wieder, nach langer Zeit, diese Hellsichtigkeit der künstlerischen Einbildungskraft, die alle zufälligen Einzelheiten eines Lebens vor einem sinnvollen Hintergrund sammelte und in geformte Zusammenhänge einordnete.[10]

Schreiben bedeutet zwar das Anliegen, Erlebtes oder Erdachtes in eine dauerhafte Form zu bringen, doch bleibt Jeannie Ebner skeptisch. In «Aktäon» spricht sie von ihrer Kunst als dem „von allem Anfang an zum Scheitern verurteilten Versuch, die Zeit zum Stillstand zu bringen, die Augenblicke zu fixieren“. In den fünfziger Jahren erzielte Jeannie Ebner einen großen Erfolg mit der Erzählung «Der Königstiger», einer Parabel für das Leben, das vorbeizieht „wie ein Zirkus“.

Wenn im Nachkriegsdeutschland, seit 1949 in der Bundesrepublik, deutlich eine Strömung der Traditionsverbundenheit zu spüren ist, so erklärt sich das mindestens aus zwei Umständen. Eine Zäsur für die Literatur bildet nicht erst das Jahr 1945, sondern bereits (spätestens) das Jahr 1933. Mit der Machtübernahme der Nationalsozialisten zog sich ein großer Teil der Schriftsteller in die innere Emigration zurück oder mußte das äußere Exil auf sich nehmen.

In Österreich hört die jahrzehntelange Erörterung über die Eigenständigkeit der österreichischen Literatur nicht auf. Dem Zusammenbruch des Nationalsozialismus, der auch in Österreich tiefe Wurzeln gehabt hat, wird dadurch etwas von seiner Problematik genommen. Trotz und wegen seiner Nationalitäten- und Kulturmischung war Österreich in seiner Literatur zwar für das Neue aufgeschlossen, doch auch stets von der Kraft traditionsbildender Komponenten überzeugt. In Zustimmung und Ablehnung waren die Betroffenen von der kulturellen Atmosphäre „Kakaniens" geprägt.

Auch für die deutschsprachige Literatur in der Schweiz bedeutete das Jahr 1945 nicht einen unbedingten Neuanfang. In den Jahren der faschistischen Diktatur hatte die Schweiz eine wesentlich bewahrende Funktion erfüllt. Verschont von zwei Weltkriegen, bleibt sie ein Sonderfall. Ein Sonderfall ist sie auch für die literarische Produktion von Frauen: Bis in die siebziger Jahre ist die Zahl der Autorinnen von Rang und überregionaler Bedeutung auffallend gering. Zu den Ausnahmen gehören: *Cécile Lauber, Regina Ullmann, Silja Walter, Erika Burkart, Gertrud Wilker.* Die Werke von *Cécile Lauber* (1887–1981) und *Regina Ullmann* (1884–1961) sind stark in ihrer Schweizer Heimat verwurzelt. In dem umfangreichen Epos «Land deiner Mutter» (1946–1957) behandelt Cécile Lauber die Kultur- und Entwicklungsgeschichte der Schweiz für die Jugend. Selbst ihre späteren Werke, «Luzern» (ihre Geburtsstadt) und «In der Gewalt der Dinge» sind Zeugnisse ihrer Verbundenheit mit ihrem Vaterland. Auch *Regina Ullmann,* die mit Rilke befreundet war, der ihre Arbeiten sehr förderte, wenngleich ihr Werk erst nach 1945 eine breitere Wirkung erfuhr, ist geprägt von der Natur und der Landschaft, in die sie hineingeboren wurde. Hermann Hesse schätzte ihre Erzählungen als Volksdichtungen. Die ersten Gedichtveröffentlichungen von *Silja Walter* (*1919) fallen noch in die Kriegsjahre. 1948 tritt sie in ein Benediktinerinnen-Kloster ein. Seitdem sind von ihr zahlreiche lyrische, epische und dramatische Werke erschienen, in denen sie zu „melden" versucht, was ihr in der gesegneten „Wüste" widerfährt. In dem Zeitraum von 1950 bis 1968 veröffentlicht sie vor allem Gedichte (1950) und Erzählungen («Beor Bileams Weihnacht», 1961). Der ehemalige Sommersitz der Äbte von Muri ist das Elternhaus von *Erika Burkart* (*1922), aus dessen Umgebung sie sich nie weit entfernt hat. In ihrem persönlichen Leben wie in ihren Schriften ist ihr Zeitgefühl kaum an die Ereignisse des Tages gebunden: „In meinem Leben besagen / Daten nicht viel. / Lang / die Stunden, / die Minuten länger, / doch einige Sekunden / unendlich."[11] *Gertrud Wilker* (1924–1984) lebte von 1962 bis 1964 in den USA. Amerika spielt in ihrem Œuvre eine Rolle, so in «Collage USA» (1968). Auch ist ihr stets bewußt, daß wir nichts unser eigen nennen können, daß nichts Bestand hat und auch unser Nachleben nur sehr prekär ist.

Aufbruch

Wenn auch in den vierziger Jahren zunächst jene Autoren die literarische Szene beherrschten, welche an die ästhetischen Traditionen von vor 1933 anknüpften, so waren doch gleichzeitig ein Klärungsprozeß und ein Wandel erforderlich, welcher die ältere Generation nur unzureichend zu unterstützen vermochte. Neben Schriftstellern, die eine christliche Problematik vertraten, die durch eine moralische Glaubwürdigkeit oder durch die Erfahrung in den Jahren der Verfolgung persönlich überzeugend legitimiert waren, erhoben sich diejenigen Stimmen, die von der elementaren Not der Gegenwart sprachen. «Draußen vor der Tür» standen viele: in der Trümmerlandschaft, in der sie ihre „Trümmerdramen" schrieben, in der sie sich für den Frieden einsetzten.

Eine hervorragende Gestalt unter den schreibenden Frauen dieser Zeit ist *Ilse Langner* (1899–1988). Wissensdurstig, kosmopolitisch denkend, notiert sie auf ihren zahlreichen Reisen kulturelle, philosophische, anthropologische Bemerkungen. In ihren frühen Dramen, «Frau Emma kämpft im Hinterland», «Katharina Henschke», «Die Heilige aus USA», befaßt sie sich mit der Antikriegs-Thematik, mit dem Existenzkampf der Frau im Ersten Weltkrieg, mit dem Geschick der Mary Baker, der Begründerin der „Christian Science". Während der NS-Zeit war ihr Name verpönt, ihr Roman «Die purpurne Stadt» wurde verboten. 1948 tritt sie mit dem schmalen Gedichtband «Zwischen den Trümmern» wieder an die Öffentlichkeit. Dann folgen ihre beiden „Trümmerstücke" «Heimkehr» (1949), das die Tapferkeit und Überlebensfähigkeit einer jungen Frau darstellt (nie gedruckt, wurde diese dramatische Dichtung 1952 von Erwin Piscator für den Funk als Hörspiel inszeniert), und «Carneval», in welchem die Menschen versuchen, an einem Faschingsdienstag im Maskenspiel aus ihrem täglichen Elend in eine Traumlandschaft zu flüchten. 1949 folgt «Angst», als Hommage an zwei Freundinnen Ilse Langners konzipiert, die unter schwersten Bedingungen in einem Konzentrationslager überlebt hatten. Auf ihren ausdrücklichen Wunsch fügt die Dichterin in das Drama eine Liebesbeziehung zwischen einem jungen SS-Mann und einer im KZ Inhaftierten ein, welche symbolisch für ein Bemühen um Verständnis und Versöhnung stehen soll. Nach zahlreichen Reisen quer durch die Welt nahm Ilse Langner 1947 am Frauen-Friedens-Kongreß in Paris teil; sie war auf die Bürgschaft einer jüdischen Freundin hin eingeladen worden. Außer einer Funkredakteurin war sie der einzige deutsche Gast: „Für die aus den KZ entlassenen Französinnen, Belgierinnen, Holländerinnen war die Zeit gekommen zur Freude, zur Zuversicht, zum erneuten Glauben an des Menschen Güte, so daß sie mich einluden, bei ihnen zu wohnen im [...] Maison des Déportés, am Luxembourg-Park ... Den Geprüften, Gefolterten, Eingekerkerten im Rausch ihrer Befreiung vertraute ich die Zukunft [...].“[12] Vorübergehend übersiedelte Ilse Langner nach Paris, wo sie Vorträge hielt und aus ihren eigenen Werken las. Während dieses Aufenthaltes entstehen drei „Paris-Stücke“: «Sylphide und der Polizist», «Rettet Saint-Julien-le-Pauvre», «Métro. Haute Couture de la Mort». «Métro» ist auch heute noch, bei aller Phantastik, ein aktuelles Stück: Zwei Freundinnen treffen sich in einer Geschäftsstraße der Pariser Metro, wo man Totenkleider kaufen kann, denn die Menschen, die unter der Erde leben, warten auf „das Plötzliche“, auf einen dritten, diesmal nuklearen Weltkrieg. „Schon vor dem zweiten Weltkrieg, Anfang der dreißiger Jahre, quälte mich das Problem der Wissenschaft und ihrer Gefahr“, schreibt Ilse Langner in «Mein Thema und mein Echo».[13] Die Verantwortung der Wissenschaftlerin behandelte sie bereits in ihrem Drama «Die große Zauberin» (1938) und erneut in dem 1955 uraufgeführten Stück «Cornelia Kungström»: Cornelia Kungström erschießt den eigenen Sohn, der ihre Vernichtungsformel gestohlen hat und bereit ist, sie bekannt zu machen, um sie zur Begründung von Macht und Reichtum zu nützen. „Schweigen ist die Pflicht der Wissenschaft“, sagt Cornelia, „wenn ihre Entdeckung der Welt Vernichtung statt Daseinserleichterung bringen kann.“[14] Sie plädiert gegen die absolute Freiheit der Wissenschaft, weil diese immer die Gefahr des Mißbrauchs in sich birgt, und für eine dem Menschen würdige Existenz. In dem 1960 erschienenen Roman «Die Zyklopen» berichtet Ilse Langner von dem Bau eines Atomreaktors in der Provence (der dann einige Jahre später dort tatsächlich errichtet wurde), und mit diesem Roman hält das Thema des Atomkraftwerkes in der Literatur seinen Einzug, das gewiß mit «Störfall» von Christa Wolf noch nicht sein Ende gefunden hat.

Im Spannungsfeld zwischen Trümmerwirklichkeit und Aufbruchstimmung entstand die *Gruppe 47*, eine der bedeutendsten Erscheinungen auf der literarischen Szene im Nachkriegsdeutschland. Diese Vereinigung von etwa hundert Schriftstellern war hervorgegangen aus dem Kreis der Mitarbeiter der Zeitschrift «Der Ruf», die von deutschen Kriegsgefangenen in den USA gegründet worden war und die, herausgegeben von Hans Werner Richter und Alfred Andersch, in Deutschland eine geradezu sensationelle Beachtung gefunden hatte. Für eine künftige deutsche Demokratie wurde geworben, sozialistische Gesichtspunkte traten ins Blickfeld, Warnrufe bezüglich der zukünftigen Ost-West-Entwicklung ließen sich hören, die Notwendigkeit eines Neuanfangs wurde betont. Können Dichter, können Publizisten die Welt verändern? 1947 wurde «Der Ruf» von den Amerikanern verboten. Mit der Entlassung der Herausgeber verlor die Stimme entschlossener Schriftsteller an Kraft und Wirkung. Sie suchten nach einer neuen Plattform, auf der sie ihre Ideen vortragen konnten. Noch im Herbst desselben Jahres wurde die *Gruppe 47* geboren, die sich alljährlich zu einer Tagung zusammenfand und etwa zwanzig Jahre eine aktive Rolle im literarischen Leben der Bundesrepublik spielte. Eine 1968 geplante Tagung in Prag kam wegen der Besetzung der Tschechoslowakei durch Truppen des Warschauer Paktes nicht zustande. Danach unterblieben weitere Treffen. Nominell bestand die Gruppe noch bis zu ihrer offiziellen Auflösung im Jahre 1977. Der Leiter der Gruppe, Hans Werner Richter, formuliert ihre Ziele folgendermaßen:

> Ihre Absicht ist nur aus dem Zusammenbruch des Dritten Reiches und aus der Atmosphäre der ersten Nachkriegsjahre zu erklären. Sie [ihre Mitglieder] wollten unter allen Umständen und für alle Zukunft eine Wiederholung dessen verhindern, was geschehen war, und sie wollten zur gleichen Zeit mit den Grundstein für ein neues demokratisches Deutschland, für eine bessere Zukunft und für eine neue Literatur legen, die sich ihrer Verantwortung auch gegenüber der politischen und gesamtgesellschaftlichen Entwicklung bewußt ist.[15]

Aus dieser Absicht heraus begannen sie die „Sklavensprache" zu roden, worunter sie einerseits das Gestrüpp der Propagandasprache, andererseits die konventionellen und für sie nicht mehr zeitgemäßen Formen der „inneren Emigrationsliteratur" verstanden. Wolfgang Weyrauch, der damals noch nicht der Gruppe angehörte, nannte diesen Versuch „den Kahlschlag". Durch „Gruppenkritik" sollte eine „neue Literatur" erarbeitet werden, die zeitkritische, antiautoritäre und antirestaurative Tendenzen vertrat. Schöngeistige Prosa und religiöse Problemstellungen schienen überholt. Natürlich gab es Mißverständnisse, Rivalitäten, Inkompetenzen, Einseitigkeiten. Und dennoch war die Gruppe eine Chance: eine Chance für den Austausch durch das lebendige Wort, eine Chance für den Mittelweg zwischen hohler Eloquenz und bloßem Schrei. Nur wenige Frauen gehörten der Gruppe an. Bei *Ilse Schneider-Lengyel,* in ihrem Häuschen am Bannwaldsee nahe Hohenschwangau im Allgäu, traf sich die Gruppe zum ersten Mal. Nach diesem Treffen gab ihr Hans Georg Brenner den Namen *Gruppe 47.* 1952 erschien Ilse Schneider-Lengyels Gedichtband «Septemberphase»: Wort, Schall, Gefahr sind darin die Leitmotive. „das wort ist ein unerklärliches geräusch / krank wurde der mensch daran."[16] Ihr Lebenslauf inspirierte Gerhard Köpf zu der Gestalt der Karlina Piloti in dem Roman «Innerfern» (1983). Die heute noch bekanntesten Namen weiblicher Autoren der *Gruppe 47* sind: *Ingeborg Bachmann* (vgl. S. 433f.), *Ilse Aichinger* und *Gabriele Wohmann.*

Ilse Aichinger, 1921 in Wien geboren, gehört zu den skeptischen Autoren, die sich nach 1945 in Österreich zu Wort melden und sich mehr an der angloamerikanischen und französischen Literatur als an der deutschen orientieren. «Aufruf zum Mißtrauen» heißt einer ihrer ersten Essays, der 1946 erscheint:

> Uns selbst müssen wir mißtrauen. Der Klarheit unserer Absichten, der Tiefe unserer Gedanken, der Güte unserer Taten! [...] Werden wir mißtrauisch gegen uns selbst, um vertrauenswürdiger zu sein.

1948 veröffentlicht sie ihren ersten und einzigen Roman, «Die größere Hoffnung». Er stellt ein Ereignis dar, er bedeutet den Anfang von etwas Neuem. „Es begann mit Ilse Aichinger", stellte Hans Weigel fest.[17] «Die größere Hoffnung» ist die Geschichte des Mädchens Ellen. Der „arische" Vater hat die Familie verlassen. Ellen versucht, für sich ein Visum zu bekommen, um die jüdische

Mutter in die Emigration begleiten zu können, in das Land der Freiheitsstatue, Symbol der großen Hoffnung. Doch niemand bürgt für Ellen und so muß sie zurückbleiben bei der jüdischen Großmutter. Die große Hoffnung scheitert. Als Ellen am Ende des Romans von einer explodierenden Granate zerrissen wird, hat sie eine innere Freiheit, eine „größere Hoffnung" erlangt, eine Erlösung von der Angst durch einen inneren Frieden: Am Horizont leuchtet der Morgenstern. Ellens Schicksal im Hitlerdeutschland ist kein geradliniges Geschehen. Die Erzählperspektive wechselt, Bilder, Träume, Reden, innere Monologe schieben sich ineinander. Die Brücke ist inhaltlich und formal ein Leitmotiv: Sie verbindet nicht nur ein Ufer mit dem andern, sondern auch verschiedene sprachliche Bereiche, so wie sie für denjenigen, der sich nicht opportunistisch anpaßt und die Furcht überwindet, aus Ungewißheit und Bedrohung zu einer seltsamen Sicherheit führt, wo einem niemand mehr etwas anhaben kann. Obwohl Ilse Aichinger Erlebtes aus der Zeit des Dritten Reiches verarbeitet, ist ihr Roman doch weit mehr als Dokument: Er setzt Modelle der Verweigerung und ist gleichzeitig in hohem Maße poetische Fiktion, was seine künstlerische Faszination ausmacht.

1948 begegnet Ilse Aichinger in Ulm Inge Scholl, der Schwester von Sophie und Hans, die 1943 wegen ihrer Zugehörigkeit zur Widerstandsgruppe der „Weißen Rose" hingerichtet worden waren. Kurze Zeit arbeitet Ilse Aichinger mit Inge Scholl am Aufbau der Volkshochschule, dann treibt es sie zurück zum Schreibtisch. Die «Spiegelgeschichte» entsteht; sie ist heute noch ihre bekannteste Erzählung: Eine junge Frau stirbt an den Folgen einer Abtreibung. Während ihrer Agonie rück-erlebt sie, spiegelverkehrt, einzelne Episoden ihres Lebens bis zur Stunde ihrer Geburt, in welcher der Tod eintritt. „Beginnt nicht jetzt erst alles?" fragt sie am Ende.

Bei einer Tagung der *Gruppe 47* in Bad Dürkheim lernt Ilse Aichinger den Schriftsteller Günter Eich kennen, 1953 wird sie seine Frau. Es ist das Jahr, in dem sie ihr erstes Hörspiel schreibt: «Knöpfe». Der Gattung des Hörspiels bleibt sie eine Zeitlang treu, doch kehrt sie immer wieder zu der Form zurück, die ihr wirklich angemessen ist: das Gedicht und die lyrische Kurzprosa. Der Band «Verschenkter Rat» (1978) bringt eine Sammlung ihrer Gedichte aus den Jahren 1958 bis 1978 (vgl. S. 482). Bei der Anordnung hat Ilse Aichinger die jeweilige Entstehungszeit unberücksichtigt gelassen: Rat verschenken kann man zu jeder Stunde. Es ist der Rat, wachsam zu bleiben. Es gibt kaum theoretische Äußerungen von Ilse Aichinger und wenn, dann nur in der ihr eigenen poetischen Sprache. Die beiden wichtigsten Texte in dieser Hinsicht sind «Meine Sprache und ich» (1968) und «Schlechte Wörter» (1973). „Meine Sprache ist eine, die zu Fremdwörtern neigt. Ich suche sie mir aus, ich hole sie von weit her."[18] Fremdwörter: Wörter aus der Fremde. Eine „kleine" Sprache, eine Sprache, die nicht „rund um, rund um mich herum" reicht, wie sie sagt. Es ist in der Tat keine redselige Sprache, wohl aber eine genaue Sprache, neu ausgehorchte Wörter, Bedeutungsschattierungen werden wieder offenbar, Ordnungen, die fraglos schienen, werden fragwürdig, Spiele sind möglich. In dem Erzählband

«Eliza Eliza», 1965, einem großen Buch der Nachkriegsliteratur, werden surrealistische Geschichten erzählt, die uns sensibilisieren für bestimmte Dimensionen der Realität: moderne Märchen, Chiffren des Möglichen, aber auch Ausdruck dessen, was *ist*: Man muß nur richtig hinsehen. Hat Frau Welt nicht mindestens zwei Gesichter?

Seit 1958 veröffentlicht *Gabriele Wohmann* (*1932) regelmäßig Erzählungen, Romane, Hörspiele. «Mit einem Messer» ist der Titel, unter dem ihre ersten beiden Erzählungen erscheinen (1958); 1959 folgt ihr erster Roman «Jetzt und nie». Nach Prosastücken und Hörspielen legt sie 1965 ihren zweiten Roman vor: «Abschied für länger». Es folgen wieder kürzere Arbeiten: «Bütows» (1967), «Sonntag bei den Kreisands», «Ländliches Fest» (1968). Im Gegensatz zu Ilse Aichinger erzählt Gabriele Wohmann realistisch, sie beschreibt und denunziert Schwierigkeiten im Ehe- und Familienleben, ihre Personen kommen zumeist aus klein- und mittelbürgerlichen Verhältnissen. Als ihr Thema gilt bis zum Ende der sechziger Jahre: „alltägliche Schrecken und die schreckliche Alltäglichkeit“.[19] Sie schreibt mit einem gewissen Rigorismus, ja Puritanismus. Privates, Autobiographisches geht unverkennbar in ihre Geschichten ein, die, auch wenn sie scheinbar von Banalem handeln, unterschwellige Machtstrukturen im Beziehungssystem der Menschen erkennen lassen. Oft drücken sie eine Sehnsucht nach Geborgenheit aus, die auszusprechen Gabriele Wohmann sich nicht scheut. – In den siebziger Jahren wird Gabriele Wohmann immer stärker betonen, daß das Schreckliche und das Schöne eine Art Immanenz haben und daß sie zusammengehören. Nicht mehr das Miese, das Schäbige, steht im Vordergrund, Glück und Trost werden als Möglichkeiten demonstriert («Schönes Gehege», 1975).

Das Zusammenwirken von innen-, außen- und wirtschaftspolitischen Faktoren bildet einen Nährboden für die Veränderungsbewegungen in der Literatur der sechziger Jahre. Am 13. August 1961 beginnt der Berliner Mauerbau. Der Vietnamkrieg und die Probleme der „Dritten Welt“ sind zentrale Diskussionsthemen dieser Zeit. Die ersten einschneidenden Rezessionen 1966 und 1967 führten zu Massenentlassungen und Arbeitslosigkeit. Das kulturelle Establishment sah sich einer radikalen Kritik ausgesetzt. Die antiautoritäre Revolte der Studenten, die sich nicht zuletzt auf die Theorien der „Frankfurter Schule“ um Adorno, Horkheimer, Herbert Marcuse und Jürgen Habermas stützte, erreichte in der politischen Protestbewegung im Jahre 1968 ihren Höhepunkt.

Die Literatur der sechziger Jahre sucht und findet ihre Themen in der Gegenwart. Ein neues Wirklichkeitsverhältnis soll definiert werden, die Literatur politisiert sich zunehmend, es wird von ihr eine unmittelbare und produktive Wirkung auf die gesellschaftlichen Verhältnisse erwartet. Immer wieder wird die Frage aufgeworfen, was „Realismus“ sei, wie „realistisch“ geschrieben werden könnte. Hauptsächlich vier Namen weiblicher Schriftsteller sind mit dem Begriff des sogenannten „Schwarzen Realismus“ verbunden: *Renate Rasp* (*1935), *Gisela Elsner* (*1937), *Erika Runge* (*1939) und *Angelika Mechtel* (*1943). *Renate Rasp* war Mitglied der *Gruppe 47*. Mit ihrem ersten Roman, «Ein ungeratener Sohn» (1967) erzielt sie gleich einen beachtlichen Erfolg. Er mag bedingt scin durch den Einfall – und dessen adäquate formale Durchführung – den Horror als Normalfall darzustellen. Renate Rasp schildert, wie die Erziehung des Sohnes einer bürgerlichen Kleinfamilie – als Karriere definiert – tatsächlich eine berechnete progressive Verstümmelung bedeutet. Durch ihre Sympathie für Ulrike Meinhof und Gudrun Ensslin fühlte sie sich immer mehr in eine Außenseiterposition gedrängt und verließ Deutschland.

Gisela Elsner wurde mit dem 1964 veröffentlichten Roman «Die Riesenzwerge» gleich über die Grenzen der Bundesrepublik hinaus bekannt. Auch dieses Buch, aus der Sicht eines Jungen geschrieben, ist eine Satire auf die Bösartigkeit (spieß)bürgerlicher Verhaltensweisen. Wie eine Verhaltensforscherin berichtet Gisela Elsner von den häßlichen Seiten eines neuen Mittelstandes, den die Konsum- und Wohlstandsgesellschaft wie ein Krebsgeschwür hervorgebracht hat. Die scharfsichtige und scharfzüngige Kritik der „Träger" der Gesellschaft bestimmt auch ihre weiteren Werke. Ihr Interesse gilt nicht den Beleidigten und Erniedrigten, nicht den Opfern und nicht den Randgruppen, sondern den sogenannten anständigen Leuten, deren Vorgehen sie nicht moralisch wertend, sondern in der Kunstform der Satire aufzeigt. Gisela Elsner war Mitarbeiterin der Dortmunder *Gruppe 61*, die bis zum Jahre 1972 existierte: ein Arbeitskreis zur Förderung jener Kräfte, die sich mit der modernen Arbeitswelt beschäftigen. Der Gruppenname deutet bewußt auf eine Gegengründung zur *Gruppe 47*. Zu ihren Zielen gehörte zwar die kritische Beschäftigung mit der Arbeiterdichtung und ihrer Geschichte, doch verstand sich die Gruppe auch als Ort der Begegnung verschiedener Charaktere, als Förderungsmöglichkeit unterschiedlicher Begabungen und als Austausch gegensätzlicher Meinungen. Im Mittelpunkt sollte die geistige Auseinandersetzung mit dem technischen Zeitalter stehen. Ebenfalls Mitglied der *Gruppe 61* ist *Erika Runge*. In ihrem Bestreben nach einer möglichst authentischen Erfassung der Wirklichkeit versucht sie, einen programmatischen Anspruch in die Tat umzusetzen: Mit ihrer Erstveröffentlichung, den 1968 erschienenen «Bottroper Protokollen», hält sie auf Tonband aufgenommene Äußerungen aus dem Bottroper Arbeitermilieu fest. Sicher ist es aufschlußreich, Gehörtes und Erlebtes als unmittelbares Dokument wiedergegeben zu finden, doch ist natürlich Niederschrift von Berichten – so geordnet diese Niederschrift auch sein mag – nicht gleich Literatur. Sie bleiben ein Mosaik deutschen Lebens und, so man will, deutscher Geschichte, aus einer mittelgroßen Stadt im Ruhrgebiet. Erika Runge entwickelt ihre „Methode" der Direktaufnahme und des anschließenden Arrangements zwar weiter, doch ist sie sich auch der Grenzen der „Dokumentarliteratur" sehr bewußt und versucht in den siebziger Jahren, der Phantasie und der ästhetischen Reflexion mehr Spielraum zu geben.

Auch *Angelika Mechtel* gehört zur *Gruppe 61*. Sie begann mit elegischen Naturgedichten. 1968 erschien ihr erster Erzählband «Die feinen Totengräber». Im Gegensatz zu Gisela Elsner schreibt Angelika Mechtel Geschichten, in denen

Howard Kanovitz. Journal. 1972/73.
Museum Ludwig, Köln

Dies ist keine Photographie, sondern eine Acrylmalerei auf Leinwand. In der Stilrichtung des Photorealismus rollen die Künstler in einem dialektischen Prozeß die kulturhistorische Entwicklung von ihrem Ende her wieder auf. Hatte zunächst die neue, billigere, exaktere Photographie die Malerei verdrängt (insbesondere die gemalten Portraits wurden durch auch vom kleinen Mann erschwingliche Lichtbilder ersetzt, die Veduten eines Canaletto oder Guardi durch Ansichtspostkarten), so wird jetzt die Photographie malerisch imitiert.

sie unleugbar ihre Sympathie mit den Schwächeren bekundet, zu deren Symbolfigur für sie die Frau wird. Wenn auch die Themen zumeist gesellschaftskritischer Natur sind und die Probleme aus der Arbeiterwelt immer wieder aufgenommen werden, so ‚photographiert' Angelika Mechtel doch keineswegs; ihre Schreibweise ist eher von surrealen Montagen und assoziativen Reihungen geprägt. Eine gewisse (gewollte?) Diskrepanz zwischen Sujet und Ausdruck ist auch in ihren späteren Arbeiten bemerkbar.

Zwei höchst begabte Schriftstellerinnen, wenngleich völlig entgegengesetzter Art, sind die Berlinerin *Unica Zürn* (1916–1970) und die Wienerin *Friederike Mayröcker* (*1924). *Unica Zürn* hat nach eigener Aussage eine „wunderbare Kindheit" verbracht, nach ihrem Studium und einer kurzen Ehe beginnt sie, Kurzgeschichten zu schreiben. 1953 begegnet sie Hans Bellmer, mit dem sie bald darauf in Paris zusammenlebt, wo sie die Bewunderung von André Breton erregt, der sie mit der Gruppe der Surrealisten in Verbindung bringt. Damals begannen für sie die ersten Perioden einer ausbrechenden Schizophrenie, die einen mehrmaligen Aufenthalt in psychiatrischen Kliniken erforderte. Während ihrer gesunden Phasen schrieb sie die „Eindrücke aus einer Geisteskrankheit" nieder, denen sie den Titel «Der Mann im Jasmin» gab. 1969 zeichnet sie ihre Kindheitserinnerungen auf, die noch im gleichen Jahr erscheinen: «Dunkler Frühling». 1970 setzt sie ihrem Leben freiwillig ein Ende. Zur Entstehung des Buches «Der Mann im Jasmin» – er bleibt im Werk selbst übrigens unbenannt –, dessen Niederschrift sie 1966 vollendete, hat sie sich selbst einmal, wie meist in der dritten Person von sich sprechend, schriftlich geäußert: „Die kurze und sehr schöne Zeit des halluzinierenden Deliriums, die sie nicht im mindesten ängstigt, bezahlt sie teuer danach, wenn sie wieder in tiefe Depressionen und Hoffnungslosigkeit verfällt. [...] Hingegen sind die phantastischen Zustände, in die sie jedesmal durch den Ausbruch der Krise versetzt wird, faszinierend und reich an Poesie. Diese Eindrücke aus ihrer Geisteskrankheit hat sie nach der Heilung aufgezeichnet."[20]

„Krankheit als Metapher", wie Susan Sontag sagt,[21] Krankheit als Erlebnis, zur Metapher geworden, ist auch das Thema von *Marlen Haushofer*, die 1970 im Alter von fünfzig Jahren an Krebs starb. In dem Roman «Die Wand» (1968) stellt sie die Geschichte einer Frau dar, die sich plötzlich als einzige Überlebende wiederfindet, mit ein paar Tieren isoliert auf dem Lande wohnt und auf alten Kalenderblättern ihre täglichen Erfahrungen zu notieren versucht, um sich selbst nicht zu verlieren – um sich selbst zu finden. „Mach dir keine Sorgen – alles wird vergebens gewesen sein – wie bei allen Menschen vor dir. Eine völlig normale Geschichte."[22] Das Thema der psychischen und physischen Krankheit wird bei vielen Autoren der siebziger und achtziger Jahre im Mittelpunkt stehen.

Für *Friederike Mayröcker* (*1924) ist die Welt eine Art Kaleidoskop, dessen bunte Partikelchen ununterbrochen auf sie wirken. Ihre ersten Veröffentlichungen erschienen etwa gleichzeitig mit denen von Ilse Aichinger und Christine Busta. Ihr erstes Buch, Prosa mit dem Titel «Larifari», entstand in den fünfziger Jahren, als sie sich als einzige Frau der sogenannten *Wiener Gruppe* um H. C. Artmann, Friedrich Achleitner, Konrad Bayer, Gerhard Rühm, Ernst Jandl und Oswald Wiener anschloß. In den sechziger Jahren erschienen die Werke, die auf sie aufmerksam machten: «Tod durch Musen», 1966; «Sägespäne für mein Herzbluten und andere Gedichte», 1967; «Minomonsters Traumlexikon. Texte in Prosa», 1968. Hier kann nur auf die frühen „Texte in Prosa", wie Friederike Mayröcker die von ihr vorgelegten Arbeiten selbst nennt, eingegangen werden (zur Lyrik vgl. S. 480f.). Durch die gewählte Gattungsbezeichnung setzt die Autorin «Minomonsters Traumlexikon» bewußt ab von den „poetischen Texten" ihres Bandes «Tod durch Musen»; gleichzeitig gibt sie damit zu verstehen, daß es sich nicht um Prosa im herkömmlichen Sinne, um erzählende Prosa handelt. Es sind anti-narrative Texte. Das Frühwerk der Friederike Mayröcker ist der *écriture automatique* des Surrealismus verwandt und doch völlig eigenständig. Ernst Jandl spricht treffend von einem neuen poetischen Raum, den er folgendermaßen definiert:

In den 29 Texten ihres Buches «Minomonsters Traumlexikon. Texte in Prosa», 1968, handhabt Friederike Mayröcker jeweils zwei Modelle, ein konstantes Strukturmodell und ein variables Formmodell. Konstant ist das Strukturmodell ‚Prosa', eine Vorstellung von Prosa als einer auf eine bestimmte Weise linear fortschreitenden Sprache in Sätzen und Absätzen; variabel das Modell der Form als einer Art Umriß, das auf einer Vorstellung von Formen basiert, in denen Prosa verwendet wird. Solche Formen bezeichnet die Autorin ausdrücklich als ‚Gespräche' [...][23]

Doch gibt es Abweichungen von der Modellvorstellung, das Modell bleibt sichtbar, doch der Text bleibt frei und erlaubt dem Leser eigene Assoziationsmöglichkeiten. Erst Ende der sechziger Jahre beginnt Friederike Mayröcker realistischer zu schreiben und erst mit dem Buch «Abschiede» (1980) meint sie, daß es ihr zum erstenmal gelungen sei, „eine Parallelbewegung herzustellen zwischen dem sprachlichen Engagement und der Handlungsidee".[24]

Im selben Jahr wie «Minomonsters Traumlexikon» erscheint das erste Buch von *Barbara Frischmuth* (*1941), die sich in der Folgezeit als eine der bedeutendsten Vertreterinnen der zeitgenössischen österreichischen Literatur erweisen wird. In «Die Klosterschule» (1968) beschreibt sie die von einer erstarrten Ordnung geprägte Erziehung junger Mädchen in einem katholischen Internat, einer Welt, die das Kind-Sein und später das Frau-Sein nicht zuläßt. Ebenfalls 1968 erscheint der erste und bislang einzige Roman der großen Lyrikerin *Hilde Domin* (*1912), die, nach einem langen Exil in Südamerika, seit 1961 wieder endgültig in Deutschland lebt (zur Lyrik vgl. S. 350f.). Die drei Hauptthemen ihres Buches «Das zweite Paradies» sind: Heimat, Exil, Liebe. Erzählt wird die Geschichte eines Paares, das nach der furchtbaren Wirklichkeit von Exil und Verfolgung, die auch die Beziehung selbst in Krisen gebracht hat, nach Deutschland zurückgekehrt ist. Vertreibung aus dem Zuhause, dem Paradies – Rückkehr, aber Rückkehr nach vorn: Suche nach dem zweiten Paradies, in dem Wissen, daß man immer unterwegs ist und daß nichts von Dauer ist: „Wie das Zuhause, die Liebe: vielleicht auf Widerruf."

In der gesellschaftlichen Umbruchstimmung des Jahres 1968 wurde der „Tod der Kunst" verkündet, während des Pariser Mai kehrten leitmotivisch auf Plakaten, Wandaufschriften und in Slogans die Worte wieder: „L'art est mort!"

Der König ist tot? Es lebe der König.

Die Literatur hat das Jahr 1968 überstanden und ist erfreulich lebendig geblieben.

2. Von der realen zur romantischen Utopie
Zeitgenössische Entwicklungen in der Erzählprosa der DDR

Lia Secci

Phasen der Erzählprosa zwischen den fünfziger und siebziger Jahren

In den letzten Jahren hat sich die Produktion der DDR-Schriftstellerinnen sowohl in deren eigenem Land als auch jenseits seiner Grenzen mit ständig wachsendem Ansehen durchgesetzt. Dieses zunehmende Interesse ist vor allem durch die literarische Qualität begründet – Christa Wolfs Werk ist dafür das bekannteste Beispiel. Zur künstlerischen Qualität kommt jedoch zweifellos der hohe Informationswert dieser Texte hinzu, der in zwei Richtungen ausstrahlt: Einerseits lernen die westlichen Leser einen Bereich des ‚realen Sozialismus' kennen, der von den offiziellen Quellen nicht zu erfahren ist; andererseits werden ideologische Botschaften und kulturelle Thematiken, die sonst einer strengen Zensur unterworfen sind, in der DDR zugänglich.

Im Übergang von den sechziger zu den siebziger Jahren, als die Regierung Erich Honeckers eine Kulturpolitik zuließ, die dem internationalen Austausch und der Selbstkritik des Sozialismus offener gegenüberstand, setzte die Herausarbeitung einer komplexen Problematik sowie eines dementsprechend verfeinerten Stiles ein. Die ersten Phasen der Erzählprosa waren, auch hinsichtlich der Darstellung der Lage der Frau, in der DDR im engen Rahmen der Vorschriften des sozialistischen Realismus geblieben. Auf das Anfangsstadium der in den fünfziger Jahren, der Zeit des sozialistischen Aufbaus, geschriebenen didaktischen Romane, in denen Muster von ‚positiven' Heldinnen entworfen worden waren, die in die Arbeitswelt integriert waren und den negativen, noch an bürgerliche Vorstellungen gebundenen Figuren gegenüberstanden, war in den sechziger Jahren ein zweites Stadium gefolgt, das der Kampagne für die berufliche Qualifizierung der Frauen im Einklang mit den neuen wirtschaftlichen Richtlinien entsprach.

Nun stellte man bereits ‚arrivierte' Frauen dar, die in bis dahin den Männern vorbehaltenen Berufen, besonders im wissenschaftlichen und technologischen Bereich, tätig waren. Es tauchten jedoch allmählich mit der Anpassung an die neue Rolle zusammenhängende Schwierigkeiten auf, die Ursache für Konflikte zwischen individuellen Gefühlen und den Erfordernissen der Allgemeinheit wurden. In diese Phase fällt das erste bekannte und umstrittene Werk von Christa Wolf, «Der geteilte Himmel»: Die Heldin ist vor die Entscheidung gestellt, zwischen der Selbstverwirklichung in der sozialistischen Gesellschaft und der Liebe zu einem Mann, der in den Westen geht, zu wählen. In einem dritten Stadium, welches man das des „veränderten Bewußtseins“ genannt hat, wurden die Konflikte in die persönliche Sphäre verlegt, was kritische und antikonformistische Einstellungen ermöglichte.[1]

Wenn die Werke von Schriftstellerinnen im ersten Stadium von denjenigen ihrer männlichen Kollegen kaum unterscheidbar waren, so kam es nun zu einer subjektiven und bewußten Analyse des schwierigen Vorgangs der Emanzipation. Sowohl im Vergleich zu den anderen sozialistischen als auch zu den westlichen Ländern weist die Frauenfrage in der DDR ganz besondere Merkmale auf: einerseits die Notwendigkeit, die Arbeitskraft der Frauen voll einzusetzen, andererseits das Bevölkerungswachstum zu unterstützen. Den Frauen in der DDR sollen laufend auf den letzten Stand gebrachte Gesetze und Verordnungen den Zugang zur Arbeit und zur beruflichen Qualifizierung erleichtern und gleichzeitig ihre traditionellen Aufgaben in der Familie begünstigen. Vollbeschäftigung und wirtschaftliche Unabhängigkeit haben sich, abgesehen davon, daß sie keine echte Gleichstellung mit den Tätigkeiten der Männer gewährleisten – und dies zunehmend weniger auf den höheren Stufen der politisch-sozialen Pyramide –, als nur schwer vereinbar mit der Rolle der Ehefrau und Mutter herausgestellt und zu Konflikten in den Beziehungen innerhalb der Familie sowie zwischen den Ehepartnern geführt.

Diese psychologischen und sozialen Probleme wurden auch von den Autoren behandelt, die seit Beginn der neuen DDR-Literatur versucht hatten, die rasche Umgestaltung der verschiedenen Rollen der Frau zu unterstützen. Und bis heute werden die vielfältigen Konsequenzen dieses Prozesses von Schriftstellern ersten Ranges wie Peter Hacks, Ulrich Plenzdorf, Volker Braun, Heiner Müller und Günter de Bruyn mit größter Aufmerksamkeit verfolgt. Trotz guter Absichten und ehrlicher Bemühungen, die patriarchalische Mentalität zu überwinden, laufen die Schriftsteller dennoch Gefahr, „die erzählerische Kolonisierung des weiblichen Schweigens“[2] fortzusetzen. Plausibler ist der selbstkritische Ansatz ihrer männlichen Figuren, während sie bei den emanzipierten und selbständigen Frauenfiguren nicht davon abzusehen vermögen, ihre eigenen imaginären Ideale, ihr eigenes fortschrittliches Über-Ich in sie hineinzuprojizieren.

Ganz andere Sehweisen und viel kompliziertere Problemkreise haben sich durch die Schriftstellerinnen eröffnet. Immer zahlreicher und kampfbereiter geworden, haben sie sich der Literatur genähert, indem sie sie zu einem Instrument des Selbstbewußtseins machten. Ihre Bücher signalisieren Wachstums-, Anpassungs- und Identitätskrisen; sie weisen auf Widersprüche und Defizite hin, sie fordern Veränderungen und rufen nach Lösungen, die angesichts der Realität auch deren Grenzen ins Utopische übersteigen müssen. Christa Wolf hat durch die umstrittene Veröffentlichung von «Nachdenken über Christa T.»[3] im Jahr 1968 diese kritische Phase eingeleitet. Nach dem Grundsatz der „subjektiven Authentizität“ führt sie Nachforschungen über die Biographie von Christa T. durch, einer wirklichen und zugleich symbolischen Frau, die innerhalb des produktiven Pragmatismus der offiziellen Rollen keinen Platz findet und dadurch zu entfliehen sucht, daß sie sich in die Privatsphäre zurückzieht; Krankheit und früher Tod allerdings scheinen auf die Unmöglichkeit hinzudeuten, einen solchen Rückzug zu realisieren.

1968 stellt auch Irmtraud Morgner, die bis dahin die Regeln des sozialistischen Realismus befolgt hatte, zum erstenmal in «Hochzeit in Konstantinopel» einen eigenen originellen Frauentyp dar, der unabhängig und kritisch, arbeitsam und von praktischer Intelligenz ist, gespalten zwischen dem realen Alltag und der surrealen Phantasie als Gegengift zu dem unfruchtbaren und unfruchtbar machenden „intellektuellen Fanatismus". Sowohl Irmtraud Morgner wie auch Christa Wolf gehören der zwischen den beiden Kriegen geborenen Generation an, die in jungen Jahren den Übergang vom Nationalsozialismus zum Sozialismus erlebt hat und am Aufbau des neuen Staates in enger Fühlung mit der Welt der Arbeit beteiligt war; dabei nutzten sie die Verbindungen, die zwischen dieser und der Welt der Studien, in der sie ihr literarisches Talent entwickelten, hergestellt worden waren. Dieses setzen sie daher ein, um ihre eigenen gesellschaftlichen Bestrebungen zu präzisieren und deren rasche und vollständige Verwirklichung innerhalb der neuen Gesellschaftsstrukturen zu fordern.

Fragen und Probleme des beruflichen und persönlichen Lebens werden auch behandelt von zwei Schriftstellerinnen derselben Generation, Brigitte Reimann und Gerti Tetzner, in den Romanen «Franziska Linkerhand» und «Karen W.» aus dem Jahr 1974. Wie die Titel anzeigen, handelt es sich um Bildungsromane mit weiblichen Hauptfiguren und zum Teil autobiographischem Hintergrund. Die Architektin Franziska Linkerhand spiegelt die Erfahrungen der Autorin wider, die bei der Planung neuer Kollektiveinrichtungen und beim Aufbau neuer persönlicher Beziehungen zwischen Hoffnungen und Enttäuschungen hin- und hergerissen wird. In ähnlicher Weise wie Christa T. lehnt Karen W. ihre private und berufliche Rolle polemisch ab, da es ihr nicht gelingt, sich mit einem von außen aufgezwungenen Schema, das sie als ihren eigentlichen Bedürfnissen unangemessen empfindet, zu identifizieren.

Die umfassendste und eingehendste Synthese der Erwartungen und Verweigerungen, der Ansprüche und Ausflüchte bietet Irmtraud Morgner mit dem Roman «Leben und Abenteuer der Trobadora Beatriz nach Zeugnissen ihrer Spielfrau Laura», ebenfalls aus dem Jahr 1974, von dem deshalb später ausführlicher zu sprechen sein wird.

DDR-Schriftstellerinnen als ‚Dissidenten'

Seit den siebziger Jahren verbindet die führenden Autorinnen der DDR eine gesellschaftskritische Haltung, deren politische Bedeutung Voraussetzung zum Verständnis ihrer Werke ist. Sie wird von Irmtraud Morgner in ihrem letzten Roman, «Amanda» (1983), folgendermaßen formuliert: „Emanzipierte Frauen sind alle potentielle Dissidenten“ (S. 455). Sowohl in diesem Werk als auch in der im gleichen Jahr erschienenen und noch bekannteren «Kassandra» von Christa Wolf hat das weibliche Gesichtsfeld Probleme von internationaler Tragweite mit einbezogen: die ökologische Bedrohung, die Alternative von Krieg und Frieden, die Anklage gegen die Macht der Männer. Beide Romane sind in der DDR, nach Widerständen seitens der Zensur, sehr gegensätzlich aufgenommen worden.[4]

Jedoch auch durch diesen ‚Dissens‘ unterscheiden sich die Schriftstellerinnen von ihren Kollegen, die ihre Kritik bis zur Auswanderung aus der DDR getrieben haben. Mit Ausnahme von Sarah Kirsch, die im Dezember 1977 in den Westen übersiedelte, äußern die anderen Autorinnen Zweifel und Polemik innerhalb der vom System tolerierten Grenzen. Bei all den Schwierigkeiten und Risiken, die ihnen aus ihrer provozierenden Haltung erwachsen, vertreten sie dennoch die Ansicht, daß Konflikte und Widersprüche innerhalb des Sozialismus gelöst werden könnten und daß es von grundlegender Wichtigkeit sei, nicht den Kontakt mit dem Publikum ihres Landes zu verlieren. Wenn die Literatur-Institutionen der DDR bis zur Veröffentlichung von Texten schwierige und langwierige Prozeduren vorsehen, so bringen sie im übrigen Autoren und Leser bei Treffen und Debatten unmittelbar zusammen; dies in einem Klima, das – anders als im Westen – von intensivem und weitverbreitetem Interesse an der Literatur bestimmt ist.

Eine Zeitlang konnte es so scheinen, als ob die Thematik der DDR-Autorinnen derjenigen des westlichen Feminismus ähnlich wäre. Jedoch distanzierten sich die Autorinnen von dieser Einschätzung, um den Anspruch auf eine Emanzipation zu bejahen, die nicht durch einen individualistischen Kampf zwischen den Geschlechtern, sondern im Rahmen einer allgemeinmenschlichen, von den Voraussetzungen des Sozialismus untrennbaren Emanzipation zu erreichen ist. Christa Wolf hat versichert, daß sich die Frauen in der DDR – im Unterschied zu bestimmten Frauengruppen in den kapitalistischen Ländern – nicht als Gegnerinnen der Männer betrachten. Irmtraud Morgner hat ihrerseits erklärt, die kapitalistischen Länder erschienen ihr „unbewohnbar für Frauen“, auch wenn sie dies nicht daran hindert, in «Leben und Abenteuer der Trobadora Beatriz nach Zeugnissen ihrer Spielfrau Laura» festzustellen, daß die Überwindung der „Ausbeutung des Menschen durch den Menschen“ noch nicht die „Ausbeutung der Frau durch den Menschen“ in der DDR abgeschafft habe.[5]

Dokumentarprosa

Gleichzeitig mit den erzählerischen Werken der siebziger Jahre drückt sich das neue weibliche Selbstbewußtsein, das sich in der DDR entwickelt hat, in der literarischen Gattung der Dokumentarprosa aus; diese nahm 1973 mit dem Band «Die Pantherfrau – Fünf unfrisierte Erzählungen aus dem Kassettenrekorder» von Sarah Kirsch ihren Anfang. Das Buch enthält fünf Interviews mit Frauen, die mittels ihrer oft ungewöhnlichen Tätigkeit die neue sozialistische Wirklichkeit darstellen: eine Dompteuse, die dem Buch den Titel gibt; eine Parteifunktionärin; eine Geschichtsforscherin, die sich auch mit politischer Arbeit befaßt; eine junge Wirtschaftlerin, die einen verantwortungsvollen Posten innehat; eine Arbeiterin, die eine Halbtags-Beschäftigung wählte, um die zahlreiche Familie zu versorgen. Der vorherrschende Eindruck, den man bei der Lektüre gewinnt, ist der der Mühe, die den Frauen durch den Aufbau des Sozialismus auferlegt ist, denn sie werden durch die Produktivitätspflicht bedrängt, sie vernachlässigen Privatleben und Kinder, sie sind häufig vom Partner enttäuscht und zur Einsamkeit gezwungen, die von der Last der doppelten Arbeit nicht befreit. Die Sympathie der Verfasserin gilt den beiden Frauen, die die Interviewreihe einleiten und beschließen und die dem Muster der offiziellen Propaganda am wenigsten entsprechen. Es sind die Pantherfrau mit ihrer Entscheidung für das Vagabundenleben, das nicht konventionell verläuft und doch voll kleiner konkreter und normaler Dinge des Alltags steckt, und die Arbeiterin, die gegen die Disziplin in Studium und Arbeit aufbegehrt und im Hausfrauenleben Raum für ihre Kreativität zu finden vermag.

Ebenfalls eine längere Reihe von weiblichen Lebenszeugnissen ist das Buch «Guten Morgen, du Schöne» (1977) der österreichischen Schriftstellerin Maxie Wander. Maxie Wander war mit dem Wunsch in die DDR übergesiedelt, festzustellen, bis zu welchem Grad ihre Fortschrittserwartungen verwirklicht würden. Die Interviews bestätigen ihr, daß die Emanzipation inzwischen im Gange, jedoch keineswegs frei von Konflikten ist. Christa Wolf spürt in ihrem einleitenden Kommentar zu dem Buch in den Zeugnissen insgesamt eine ablehnende Tendenz gegenüber der herrschenden Ideologie und den alten patriarchalischen Machtstrukturen auf; sie stellt darin die Suche nach einer neuen und spezifisch weiblichen Lebens- und Gesellschaftsorientierung fest. Indem Christa Wolf das Leiden vieler Frauen betont, die sich im Hinblick auf den Mann, die Kinder, den Haushalt, die Arbeit und den Staat als „Über-Mann" in eine Schuldposition gedrängt fühlen, ruft sie zu einer Reaktion gegen die männliche Unterdrückung auf, deren Opfer auch die Männer selbst sind. Da diese, historisch gesehen, in eine durch Unterordnung und Leistung bestimmte, ihnen zur zweiten Natur gewordene Rolle hineingezwungen wurden, sind sie nicht mehr imstande, die Frauen zu verstehen und können mit diesen auch keine Gemeinschaft aufbauen, deren Wertvorstellungen im Interesse am Nebenmenschen, in der Selbstachtung, im Vertrauen und in der Freundlichkeit bestünden. So wichtig die Gleichberechtigung und die institutionellen Maßnahmen auch sind – sie genügen der DDR-Frau also nicht; denn Förderungspläne, Krippenplätze und Kinderbeihilfen reichen nicht aus, um ihren Anspruch auf ein vollwertiges Leben zu garantieren. Christa Wolf hält es auch nicht für angebracht, mehr Frauen in die Entscheidungsgremien, die in der Hand der Männer sind, zu entsenden:

Sollen Frauen es sich überhaupt wünschen, in größerer Zahl in jene hierarchisch funktionierenden Apparate eingegliedert zu werden? Rollen anzunehmen, welche Männer über die Jahrhunderte hin so beschädigt haben?[6]

Um solche problematischen Gesichtspunkte herauszustellen, liefern die Schriftstellerinnen subjektive Beiträge zu dem registrierten Material. Auswahl, Zuschnitt und Montage entziehen diese Dokumentarprosa den engen Grenzen eines einfachen Berichts und verleihen ihr erzählerische Dichte. Dies gilt auch für eines der jüngsten Beispiele, Irina Liebmanns «Berliner Mietshaus» (1983). Hier erzählt die Autorin die Geschichte eines alten Wohnblocks am Prenzlauer Berg anhand einer Umfrage, die sie an den Türen seiner 28 Wohnungen durchgeführt hat.

Christa Wolf und die Todesproblematik

Trotz des grundsätzlichen Vertrauens in die Möglichkeiten des Sozialismus hat die politische Situation, die im letzten Jahrzehnt immer bedrohlicher wurde, in der DDR-Literatur zu einer pessimistischen Stimmung geführt, die sich in den Werken Christa Wolfs gut verfolgen läßt. In den auf «Nachdenken über Christa T.» folgenden Erzählungen und Romanen bleibt sie bei ihrer Entscheidung, ‚negative' Heldinnen darzustellen, die in narrativen Strukturen mit mehreren Dimensionen und Perspektiven erscheinen. Es schwankt die Identität des erzählenden Ichs, es wechselt die Zeitperspektive, die sich auf einander überschneidenden Ebenen bewegt, auf der Suche nach dem Ursprung einer durch ungelöste Konflikte und drohende Gefahren so bedrückenden Gegenwart.

Der Horizont der Autorin reicht von ihrer persönlichen Vergangenheit in den autobiographischen Erinnerungen «Kindheitsmuster» (1976) bis zur nationalen Vergangenheit in der evozierenden Behandlung der Dichterin Karoline von Günderrode in den beiden 1979 erschienenen Schriften «Kein Ort. Nirgends» und «Der Schatten eines Traumes». Im Mittelpunkt steht auch hier eine ‚unvollendete' Gestalt, die sich in der Dichtung nicht verwirklichen konnte und in jugendlichem Alter Selbstmord beging. In einer fiktiven, aber möglichen Begegnung mit dem ebenfalls ‚unvollendeten' Heinrich von Kleist spricht sie von der Unbewohnbarkeit Deutschlands für die Dichter. In «Kassandra» (1983) schließlich geht Christa Wolf von der Geschichte zum Mythos über, um eine bevorstehende Todesdrohung zu offenbaren. Wiederum handelt es sich um eine ‚negative' Heldin, um eine personifizierte Anklage gegen die wahllose Gewalttätigkeit der Männerherrschaft. Kassandra entlarvt die grausame Austauschbarkeit von Angreifern und Angegriffenen, Siegern und Besiegten, Griechen und Trojanern. Zum tödlichen Zusammenstoß, zur unaufhaltsamen Eskalation des Krieges gäbe es eine Alternative: „Zwischen Töten und Sterben ist ein Drittes: Leben."[7] Es ist das Friedensangebot einer griechischen Gefangenen an Penthesilea, die Königin der mit den Trojanern verbündeten Amazonen. Es ist eine weibliche Alternative, und in der Tat vermag die weibliche Solidarität die beiden Gegnerinnen Klytämnestra und Kassandra durch Gesten und Blicke zu verbinden: Obgleich Feindinnen, sind die beiden Frauen vereint durch die Abhängigkeit von demselben Mann und als Opfer desselben Schicksals.[8] Dagegen findet die Solidarität zwischen den Bundesgenossinnen Kassandra und Penthesilea ein Ende, als die kriegerische Amazone die männliche Gewalt mit gleichen Waffen bekämpfen und Gemetzel mit Gemetzel und Tod mit Tod beantworten will.[9]

Nur eine der männlichen Logik, ihren grundsätzlichen wie entgegensetzenden Unterscheidungen und ihrem begrenzenden Empirismus fremde Sensibilität könnte ‚das Andere', die heilsame Alternative erfassen:

> Für die Griechen gibt es nur entweder Wahrheit oder Lüge, richtig oder falsch, Sieg oder Niederlage, Freund oder Feind, Leben oder Tod. Sie denken anders. Was nicht sichtbar, riechbar, hörbar, tastbar ist, ist nicht vorhanden. Es ist das andere, das sie zwischen ihren scharfen Unterscheidungen zerquetschen, das Dritte, das es nach ihrer Meinung überhaupt nicht gibt, das lächelnde Lebendige, das imstande ist, sich immer wieder aus sich selbst hervorzubringen, das Ungetrennte, Geist im Leben, Leben im Geist.[10]

Vorläufig bleibt die alternative Botschaft der schwachen Stimme der Dichtung anvertraut: „Nicht der Gesang, nur der Befehl bewegt mehr als die Luft."[11] Erst in einer fernen Zukunft erahnt die Seherin eine Menschheit – „Menschen", Männer und Frauen – die dazu fähig ist, den Wettlauf um die Macht zu bremsen und den Sieg in Leben zu verwandeln:

> Ich glaube, daß wir unsere Natur nicht kennen. Daß ich nicht alles weiß. So mag es, in der Zukunft, Menschen geben, die ihren Sieg in Leben umzuwandeln wissen.[12]

Doch in der von Männern regierten Welt bleibt Kassandra als Frau nichts anderes übrig als sich durch den Tod dem eisernen Gesetz der Wiederholung, durch das auch der Anti-Held Äneas dazu gezwungen wird, sich in einen herrscherlichen Helden zu verwandeln, zu entziehen. Nach patriarchalischen Gesetzen besteht das Schicksal der Frau im Tod als Person und im Schweigen als Schriftstellerin. Christa Wolf bricht dieses Schweigen in ihren theoretischen Schriften, die zum erstenmal in dem Band «Lesen und Schreiben» (1972) gesammelt und später nach und nach erzählenden Texten bis hin zu den «Voraussetzungen einer Erzählung: Kassandra» (1983)[13] vorangestellt wurden. Die klaren Überlegungen der Autorin schaffen die Grundlage zu einer möglichen weiblichen Ästhetik und veranschaulichen ihr schwieriges Engagement als Intellektuelle in der dialektischen Beziehung zu den Institutionen. Die Wiederaneignung romantischer Schriftstellerinnen in den Karoline von Günderrode, Bettina Brentano[14] und anderen Gestalten aus der gleichen Epoche in dem jüngst erschienenen Band «Ins Ungebundene gehet eine Sehnsucht. Gesprächsraum Romantik»[15] gewidmeten Aufsätzen zeigt, wie Christa Wolf an die literarische Überlieferung anknüpfen will, indem sie eine Verbindungslinie zieht, die von der Erschütterung des klassischen Gleichgewichts bis zur gegenwärtigen Krisensituation reicht.

Erzählerinnen der achtziger Jahre

Seit dem Ende der siebziger Jahre treten die Frauen in der DDR-Literatur immer stärker hervor, so daß sie ein gesellschaftliches und nicht nur ein literarisches Phänomen darstellen. Häufig handelt es sich um Autorinnen, die nicht hauptberuflich Schriftstellerinnen sind, sondern das Schreiben als zweite, wenngleich wichtige Tätigkeit pflegen und vor allem Erzählungen veröffentlichen. Es sind die gleichen Frauen, die einige Jahre vorher ihre Stimme der Ausdruckskraft von Schriftstellerinnen wie Sarah Kirsch und Maxie Wander liehen und die sich jetzt imstande fühlen, eine eigenständige Sprache zu sprechen, gestärkt durch eine erste Emanzipationsphase und darauf bedacht, ihren Anspruch auf neue Ziele anzumelden. Einige Namen seien hier genannt: Helga Königsdorf, Helga Schubert, Christine Wolter, Rosemarie Zeplin, Monika Helmecke, Doris Paschiller, Brigitte Martin, Monika Maron, Angela Stachova, Christa Müller, Barbara Krause, Beate Morgenstern, Petra Werner, Angela Krauß ... Die Reihe ließe sich fortsetzen, doch was man in manchen Fällen bereits ausschließen kann, ist in anderen nur schwer vorauszusehen: Ob nämlich der große Erfolg, der sich bei der ersten Veröffentlichung eingestellt hat, auch durch spätere Werke gerechtfertigt sein wird.

Im Unterschied zu den Schriftstellerinnen der vorhergehenden Generation, wie zum Beispiel Elfriede Brüning, oder solchen, die wie Helga Schütz schon zu Beginn der siebziger Jahre tätig waren und die in ihren Büchern stets eine Beziehung zwischen den Gegenwartsproblemen und ihren geschichtlichen Wurzeln herstellten,[16] richten die jüngeren Autorinnen ihre Aufmerksamkeit beinahe ausschließlich auf das aktuelle Geschehen. Gerade darin liegt häufig der Grund dafür, warum sie unmittelbar Anklang finden. Aspekte des Alltagslebens in der DDR werden aus einer kritischen Sicht beschrieben, die von einer Selbstanalyse ausgeht, um die Ursachen eines allgemeinen Unbehagens und seine bedrückendsten, von der offiziellen Information ignorierten oder unterdrückten Seiten festzustellen. Wenn das Fehlen von raum-zeitlichen Spiegelungen zu weniger bedeutenden künstlerischen Ergebnissen führt, so ist diese kurze, schmucklose und parataktische Prosa dennoch reich an konfliktgeladener Realität, und manche Schriftstellerin hat hier einen eigenen, unverwechselbaren, strengen oder witzigen, schockierenden oder phantasiereichen Ton gefunden.

Der verbreitetste Konfliktstoff scheint zunächst in den Beziehungen zwischen den Geschlechtern zu liegen: Eine der häufigsten Situationen ist die der alleinstehenden Frauen, denen es nicht gelingt, das Familienleben mit der Berufstätigkeit zu vereinbaren oder eine harmonische und dauerhafte Partnerbeziehung herzustellen. Die Tatsache, daß etwa 70% der Scheidungen in der DDR von den Frauen verlangt werden, gibt zu verstehen, daß sie nicht mehr bereit sind, ein unbefriedigendes Zusammenleben hinzunehmen, so problematisch ein unabhängiges Leben auch sein mag. Die Psychologin Helga Schubert beschreibt in ihrer

ersten Erzählung «Meine alleinstehenden Freundinnen» die positiven und negativen Aspekte eines solchen Lebens und bietet in den übrigen in ihrem Buch «Lauter Leben» (1975) enthaltenen Texten gelungene Porträts. Die Einsamkeit der Frauen ist in den Erzählungen «Wie ich meine Unschuld verlor» (1976) und im Roman «Stückweise leben» (1979)[17] von Christine Wolter thematisiert und wird in ihrem Werk «Die Alleinseglerin» (1982) bereits im Titel angedeutet.

Die Verantwortlichkeit des Mannes für dieses Scheitern der Zweierbeziehung wird in Erzählungen wie «Schattenriß eines Liebhabers» (1980) von Rosemarie Zeplin und besonders in den «Ungehörigen Träumen» (1980) der Wissenschaftlerin Helga Königsdorf scharfsinnig analysiert. Mit der unerbittlichen Logik mathematischer Beweisführungen, in Verbindung mit der tieferen Logik der Träume, macht die Autorin die Egozentrik der Männer, ihre Unfähigkeit, neue Rollen zu übernehmen, ihre konformistische Fügsamkeit gegenüber der bürokratischen Hierarchie sowie gegenüber der lähmenden Ordnung der Institutionen augenfällig. In ihren ‚zweiten Werken' scheinen Helga Königsdorf und Helga Schubert ihre polemische Kühnheit zu mäßigen und die Selbstsicherheit ihres kritischen Urteils zu dämpfen, um sich Christa Wolfs Tendenz zu den dunklen und tragischen Seiten des Daseins anzuschließen. In dem Buch «Der Lauf der Dinge» (1982) verwandeln sich Königsdorfs „ungehörige Träume" in „zentnerschwere Träume", in bedrückende Alpträume, die die Schwere der Realität den Vorurteilen anlasten, der Verständnislosigkeit, dem beruflichen Wettbewerb, der Unterdrückung von Instinkten und Gefühlen, dem Ausschluß der ‚Andersgearteten' und der Krankheit. Krankheit und Tod, die im ‚realen Sozialismus' ebenso, wenn nicht gar stärker als in den westlichen Mythen des obligatorischen Wohlstands tabuisiert werden, durchziehen seit der impliziten Anspielung auf den mißglückten Selbstmord der Hauptfigur im Buch «Der geteilte Himmel» wie ein Leitmotiv das erzählerische Werk Christa Wolfs. 1987 veröffentlichte sie ihre neue Erzählung mit dem Titel «Störfall. Nachrichten eines Tages». Sie bleibt insofern ihrer Thematik treu, als das Erscheinen des Buches mit dem Jahrestag des Unglücks von Tschernobyl, das sich mit einem schweren Krankheitsfall in der Familie Wolf verband, zusammenfallen sollte.

Nicht als literarische Fiktionen, sondern durch die bestürzende Evidenz des autobiographischen Zeugnisses sind Krankheitsverlauf und Gegenwärtigkeit des Todes in der Auswahl von Briefen und Tagebüchern Maxie Wanders dokumentiert, die ihr Mann 1979 postum herausgab. Dieses Zeugnis ist dennoch voller Lebensenergie, die auch der Titel ankündigt: «Leben wär' eine prima Alternative».[18] Die Autorin quält vor allen Dingen die Angst, daß der individuelle Tod nicht durch ein kollektives Wachstum kompensiert wird, daß die Lebenskraft der jungen sozialistischen Republik im Dogmatismus erstickt und daß der revolutionäre Prozeß, an den sie so fest geglaubt hatte, daß sie aus Österreich in die DDR übersiedelte, durch kleinbürgerliche Rückzieher und Anpassung gehemmt wird. In Königsdorfs und Schuberts Erzählungen taucht umgekehrt der Zweifel auf, ob nicht Unbehagen, Not und Tod des einzelnen in der Grausamkeit des Systems begründet sein oder ob dieser darin keinerlei Ermutigung finden könnte. Helga Schuberts zweite Erzählungssammlung, «Das verbotene Zimmer», hat in der DDR lange auf die Druckerlaubnis warten müssen, da verschiedene Erzählungen als zu „traurig und pessimistisch"[19] beurteilt worden waren. Schwierigkeiten in der Paarbeziehung treten gegenüber den umfassenderen menschlichen Themen der Gebrechlichkeit und des Leidens in den Hintergrund. Auch Helga Königsdorf korrigiert in Erzählungen wie «Die Wahrheit über Schorsch» und «Unverhoffter Besuch» ihre polemische Perspektive, um die Schwierigkeiten der Männer, die ihnen durch Leistungszwang und Technologie zudiktierte erdrückende Rolle, neu zu überdenken.[20] In dieser Richtung bewegt sich auch die Dokumentarprosa Christine Müllers und Christine Lamprechts mit ihren Veröffentlichungen von Männerprotokollen.

Helga Königsdorf macht selbst die beängstigende Erfahrung einer unheilbaren Krankheit, die sie in ihr letztes Buch «Respektloser Umgang» (1986) einbringt. Es ist ein nüchterner und mutiger, in seiner Ehrlichkeit unerbittlicher Bericht, in dem die Verfasserin ihre eigene existentielle Lage ins Auge faßt, und zwar im

Rahmen eines Makrokosmos, der die Unsicherheit ihres persönlichen Mikrokosmos widerspiegelt:

> Sicherheit durch Abschreckung. Mehr Sprengköpfe. Mehr Raketen. Dabei geht es in Wirklichkeit längst um ganz neue Waffen.
>
> Der Mensch ist gut. Der Mensch will das Böse nicht. Aber die Verhältnisse. Die ökonomischen. Diese verfluchten. Und die KZ-Ärzte? Und die Waffenhändler? Und die Strategen, die mit Megatoten rechnen?
>
> Nachts erwache ich weinend. Ich kann mich an keinen Traum erinnern. Aber es ist, als läge ein Stein auf meiner Brust.[21]

In den durch Medizin hervorgerufenen Halluzinationen erscheint der Ich-Erzählerin die Gestalt der Atomphysikerin Lise Meitner, die seit fünfzehn Jahren tot ist. Diese Erscheinungen eröffnen der Hauptfigur einen Zugang zur Vergangenheit, der sie fernsteht:

> Ich bin geschichtslos. Zu spät geboren, um mitschuldig zu werden. Zu betroffen, um Mitschuld nachträglich für möglich zu halten. Ohne Identifikation mit Vergangenheit.[22]

In ihrer Biographie gibt es durch ihr Geburtsjahr, 1938, einen Berührungspunkt mit derjenigen von Lise Meitner: Damals wurde die ältere, jüdische Kollegin aus Deutschland vertrieben und mußte ihre Zusammenarbeit mit Otto Hahn bei den Forschungen, die zur Entdeckung der Uranspaltung führten, aufgeben, um in Stockholm im Exil zu leben. In abwechselnden Selbst- und Zwiegesprächen vergegenwärtigt die Ich-Erzählerin ihren täglichen Kampf gegen die Mühsale der Krankheit und setzt sich mit ihrer Familiengeschichte auseinander, mit der Erinnerung an ihren Vater sowie mit der Problematik der Verantwortung: der Verantwortung der Deutschen, der Verantwortung der Wissenschaft und insbesondere der Verantwortung einer Wissenschaftlerin, die vom Ehrgeiz getrieben wird, sich in einem herkömmlich männlichen Bereich durchzusetzen, wo ihr eine untergeordnete Rolle zugeteilt wird, die sie schließlich resigniert hinnimmt. Die das Buch abschließenden Betrachtungen sind ein wissenschaftliches Gegenstück zu den mythischen Ermahnungen Kassandras:

> Keinesfalls werde ich sagen, Wissenschaft verbiete sich von jetzt an. Gefährlich ist der Mythos, wir könnten mit ihrer Hilfe getrost jede Suppe auslöffeln, die wir uns einbrocken. Das Warten auf Wunder. Aber gefährlicher ist der Glaube, wir kämen ohne neue Erkenntnis aus. Unsere materielle Welt ist begrenzt. Irgendwann – sehr bald schon – werden diese Grenzen erreicht sein. Wenn wir dafür nicht gerüstet sind, gerät die Welt aus den Fugen. Dann geht es um die nackte Existenz. Um Luft, Wasser und Energie. Der Kampf würde mörderisch sein, überließe man die Vorkehrungen jenen, die heute bereits unverfroren verkünden, die Lösung bestünde in Überlegenheit der Waffen und dem Ausschalten der Konkurrenten. Dazu muß es eine Alternative geben. Ein guter Kompaß wird nötig sein für die enge Durchfahrt zwischen Szylla und Charybdis. Beim Umschlag von Quantität in Qualität.[23]

Wie Helga Königsdorf haben sich auch andere Schriftstellerinnen, die in der literarischen Szene der DDR hervorstechen, nicht lange mit dem Alltagsbereich aufgehalten und die Notwendigkeit verspürt, eine genauere Einschätzung der Gegenwart durch eine bewußte Rückwendung zur Vergangenheit zu stützen.

Die allgemeine Tendenz geht heute sowohl bei Schriftstellerinnen wie bei Schriftstellern dahin, Gattungen wie den historischen Roman und die Romanbiographie zu wählen und das Vergangene mit Hilfe der Sensibilität und der Erfahrung unserer Tage zu rekonstruieren. Das nächste Werk Helga Schuberts wird Frauenbiographien aus der nationalsozialistischen und aus der Nachkriegszeit, die sich zwischen fiktionaler Literatur und authentischen Dokumenten bewegen, umfassen. Gisela Kraft hat Novalis eine Monographie gewidmet; die Germanistin Sigrid Damm hat, nachdem sie 1979 die Briefe von Caroline Schlegel-Schelling sowie Gedichte von Lenz herausgegeben hatte, 1985 eine Lenz-Biographie verfaßt.[24] Nach Christa Wolfs Vorbild orientiert sich die Wiederaneignung des literarischen Erbes vornehmlich an der Romantik, deren ästhetische und ideologische Kategorien offensichtlich den Autorinnen zur Interpretation der Problematik der heutigen Wirklichkeit am angemessensten erscheinen.

Irmtraud Morgner: Von der realen zur romantischen Utopie

Eine ähnliche Entwicklung vom Realismus zur romantischen Zerrissenheit läßt sich in den Werken Irmtraud Morgners verfolgen. Sie wurde während des Dritten Reiches geboren und setzte sich im neuen sozialistischen Staat durch. Aus einer Chemnitzer Proletarierfamilie stammend, hat sie die Mühen der Handarbeit kennengelernt, bevor sie ihr Germanistikstudium beendete und sich dem literarischen Beruf widmete.[25] Irmtraud Morgner gehört als Mitglied der SED und des Präsidiums des Schriftstellerverbandes zur Parteihierarchie. Im übrigen stimmt ihre Gegnerschaft zum patriarchalischen System in vieler Hinsicht mit den radikalsten kritischen Einwänden der westlichen Feministinnen überein. Diese Doppelposition erklärt Morgners großen Erfolg in Ost und West, der vor allem dem Roman «Leben und Abenteuer der Trobadora Beatriz nach Zeugnissen ihrer Spielfrau Laura» aus dem Jahr 1974 zu verdanken ist. Er wurde mit dem Heinrich-Mann-Preis, dem wichtigsten Literaturpreis der DDR, ausgezeichnet, erreichte aber auch in der Bundesrepublik Deutschland höchste Auflagen.[26] Der Roman stellt den ersten Teil einer Trilogie dar, der sich um die Hauptfigur Laura Salman dreht. Auf Laura und auf die Trobadora Beatriz hat die Verfasserin ihre Vorbilder kindlicher Identifikation übertragen: einerseits das biographische, die Vaterfigur des Lokomotivführers, die die Greifbarkeit der manuellen Arbeit und zugleich den Wunsch nach Abenteuer und Flucht in ferne Länder ausdrückte, und andererseits das literarische, die großen symbolischen Gestalten von „Übertretern" wie Faust und Don Giovanni.

Laura Salman, eine für die DDR typische Frau, eine Triebwagenführerin und Germanistin, die sich mit der doppelten und dreifachen Arbeit im Haus und außerhalb desselben herumplagt und gespalten ist durch ihre Pflichten als Ehefrau, Mutter, Arbeiterin und Studentin, tritt durch die Trobadora Beatriz mit der Welt der Phantasie und Magie in Verbindung. Diese kommt, nachdem sie aus einem jahrhundertelangen Schlaf erwacht und aus der mittelalterlichen Provence in den Pariser Mai des Jahres 1968 versetzt worden ist, in die DDR. In Paris hatte ein kommunistischer Student der unruhigen und unvoreingenommenen Intellektuellen die Hoffnung eingeflößt, in der DDR seien für die Frauen endlich bessere Zeiten angebrochen. Doch die Erlebnisse der Freundin Laura enttäuschen Beatriz, die sich wieder auf Weltreise begibt, auf die Suche nach dem legendären Einhorn, das den langen Prozeß der Gleichstellung zwischen den Geschlechtern in der sozialistischen Republik beschleunigen könnte. Im ersten Roman hat Beatriz' Suche keinen Erfolg; die Trobadora stirbt zufällig bei ihrer Rückkehr in die DDR. Dennoch schließt das Buch mit einer zuversichtlichen Erklärung bezüglich der Realisierbarkeit der Utopie:

> Sie durchquerte ein Land, in dem Frauen, wenn sie die gleiche Arbeit wie Männer verrichteten, schlechter bezahlt wurden, und eins, in dem sie für gleiche Arbeit gleichen Lohn erhielten. Dort ließ sie sich nieder und nahm Arbeit beim VEB Hochbau Berlin. Keine Kampagne ohne die betriebseigene Trobadora, keine Versammlung, kein Festival. Beflügelt von den Liedern der Beatriz de Dia, erfüllte und übererfüllte der VEB Hochbau seine Produktionspläne. Der Wohnungsmangel in der Hauptstadt Berlin schwand. Sonnabends ermannten und erweibten sich die Mieter ab und zu und rafften Unkraut und Unrat von den Plätzen vor ihren Haustüren. Sonntags versprühten Flugzeuge der Interflug goldene Worte der Trobadora über die Spaziergänger. Da überwand die proletarische Solidarität ihrer Bewohner, international bewährt, sogar die Barriere der Familie. Denn natürlich war das Land ein Ort des Wunderbaren.[27]

Der zweite Teil der Trilogie ist unter dem Titel «Amanda. Ein Hexenroman» erst 1983 erschienen.[28] Die lange Entstehungszeit erklärt sich ohne Zweifel aus dem Wunsch, hinsichtlich des Umfangs und der strukturellen Vielfältigkeit mit dem ersten Roman zu wetteifern, der 700 Seiten stark ist und dreizehn Bücher, sieben Intermezzos und 172 Kapitel umfaßt. Auch «Amanda» zählt über 650 Seiten und 139 Kapitel; diese werden durch eine Rahmenerzählung zusammengehalten, die angefüllt ist mit mythologischem, historisch-literarischem und magisch-alchemistischem Wissen, welches mit der zeitgenössischen Wissenschaft verknüpft wird und beständig in Lauras Erlebnisse mit autobiographischem Hintergrund hineinwirkt. Aber die verzögernden Momente und die Überlegungen der Verfasserin sind nicht nur künstlerischer Natur gewesen, obgleich ihre direkte Konfrontation mit den großen männlichen literarischen Mustern – angefangen von Goethes «Faust» bis zu Thomas Manns Romanessay – immer kühner geworden ist. Die Überlagerung und Einschachtelung vieler Erzählebenen und heterogener Elemente verraten auch eine ideologische Unsicherheit; denn Irmtraud Morgners Bedenken wegen der Zensur, die die Veröffentlichung des Buches zwei Jahre lang aufgeschoben hat, veranlaßten sie, ihre kritischen Botschaften in zunehmend stärker chiffrierter Form zu überarbeiten.

Sowohl in Lauras Geschichte wie in die Rahmenerzählung haben sich die gleichen Krankheits- und Todeskeime eingeschlichen, die sich im erzählerischen Werk Christa Wolfs und in der jüngsten Produktion anderer Schriftstellerinnen

eingenistet haben. Wenn die DDR „ein Ort des Wunderbaren" ist, müssen die Frauen, um dort überleben zu können, zu den wunderbaren Mitteln des Mythos und der Hexerei greifen. Die Trobadora taucht im Roman in Gestalt einer Sirene mit gefiedertem Vogelleib und Menschenkopf wieder auf, um vor der Bedrohung durch einen totalen Krieg zu warnen und die symbolischen Geschehnisse um Laura und Amanda festzuhalten. Amanda ist die energische und schöpferische Hälfte, deren Laura beraubt worden ist; so führt sie, wie alle Frauen, ein reduziertes und bedrücktes Leben. Als sie im Begriff ist, sich selbst und ihren Sohn Wesselin zu töten, wird sie durch die wiederhergestellte Verbindung mit Amanda gerettet. Unter deren Anleitung und in Gemeinschaft mit anderen frustrierten Frauen nimmt Laura in Berliner Küchen die alchemistischen Experimente zu dem Zweck wieder auf, die auch im Sozialismus noch immer vorhandene Männerherrschaft zu stürzen und die im Blocksberg gefangengehaltenen weiblichen Doppelgestalten zu befreien:

Deshalb lassen sich die für die Weltgeschichte nicht länger entbehrlichen weiblichen Erfahrungswerte nur auf dem Blocksberg schnell experimentell in nutzbare Form bringen.

[...] Der Brocken/Blocksberg als alte Heimat der Seher könnte zur neuen Heimat der Retter werden: das heißt zur Heimat der Friedensforscher.[29]

Irmtraud Morgners Meisterschaft hat sich nun schon aufs beste bewährt; sie zeichnet sich durch scharfe Ironie und provozierende Erfindungskraft aus, rückt sie doch in immer neuen Facettierungen den unverdienten Vorrang der männlichen Rollen sowie die öffentliche und private Diskriminierung der Frauen in den Vordergrund. Der Schriftstellerin fällt es jedoch nicht leicht, an zwei Fronten, einer inneren und einer äußeren, zu kämpfen, für und gegen den Sozialismus. Der Zwiespalt ergibt sich deutlich aus der Art und Weise, wie das Problem des Tages in «Amanda» – es ist dasselbe wie in «Kassandra» –, nämlich die Alternative zwischen Krieg und Frieden, angepackt wird. Sosehr die ökologischen Argumente von Beatriz auch mit denjenigen des westlichen Pazifismus übereinstimmen, so sehr auch ihre Alternative zur Zerstörung des Planeten durch die weibliche Eigenschaft des ‚Hegens' im Gegensatz zum ‚Zerstören' geprägt ist, Irmtraud Morgner hat es nicht gewagt, die Hauptmetapher des Romans zu einer über den politischen Blöcken stehenden Anklage zu benutzen; denn der Brokken, einst Schauplatz von Hexenversammlungen, ist evakuiert worden, um einem Militärstützpunkt des Warschauer Paktes Platz zu machen, und die Verschwörung zwischen Laura und Amanda sollte an der Grenze zwischen den beiden Deutschland, am neuralgischen Punkt zwischen Ost und West, eine friedliche Regierung der Frauen aufrichten. Aber das Bündnis zwischen Laura und Amanda löst sich wegen der Mutterschaft Lauras auf. Die Existenz des Sohnes Wesselin gewinnt im Roman eine strukturelle Funktion, die in vielen Kapiteln als ein den logischen Fortgang der Erzählung unterbrechendes Moment in Erscheinung tritt. Auf diese Weise verwirklicht die Autorin eine ihrer Thesen zur Frauenliteratur, die der Qualität des Frauenlebens stilistisch nur mittels offener Formen sowie Montage- und Mosaiktechniken entsprechen könne.[30] Ein Kind legt im übrigen auch den unabhängigsten Müttern Mäßigung und Vorsicht auf. So opfert Laura Wesselin einen der bei Irmtraud Morgner erstrebenswertesten Ansprüche, die freie weibliche Sexualität:[31] Laura enttäuscht Amanda dadurch, daß sie Kompromisse schließt, um einen Gefährten zu finden, der dem Kind als ‚Vorbild männlicher Identifikation' dienen kann. Sie, Laura, verlangt außerdem eine männliche Mitwirkung, um vom Brocken einige Tropfen des Elixiers zu erhalten, das ihr eine kleine persönliche Zuflucht sichern soll. So scheitert also Amandas revolutionärer Plan.

Im Nachwort definiert die Sirene Beatriz diese „Niederlage der individualistischen Strategien" als „halben Sieg" und verschiebt den Abschluß der Trilogie auf eine noch in Arbeit befindliche Fortsetzung. Der erste Roman kündigte eine reale Utopie an und trug ein aktivistisches Motto: „Am Anfang war die andre Tat", bei dem die Variante „andre" zum Goetheschen Original[32] Beatriz de Dia zugeschrieben wird. So versuchte Irmtraud Morgner, den eben erst in die Geschichte eingetretenen Frauen ein weibliches Vorbild, das ebenso bedeutungsvoll wie Faust in der männlichen Symbolwelt ist, vorzuschlagen. Das Motto des

Romans «Amanda» ist dagegen ein Zitat von E.T.A. Hoffmann: „Das Lachen ist nur der Schmerzenslaut der Sehnsucht nach der Heimat, die im Innern sich regt.“ Dem Motto entspricht der letzte Satz des Romans: Die alte Hexe Girgana bringt sich durch Gelächter um – das Verb „totlachen“, das in der «Hochzeit in Konstantinopel» das Lachen zu einer wirksamen Waffe machte, die die Feinde besiegen konnte,[33] wird hier, reflexiv gebraucht, zur Selbstmordwaffe, die gegen eine Frau gerichtet ist.

Mit dem Hoffmann-Zitat hat Irmtraud Morgner den romantisch schmerzlichen Hintergrund ihrer Ironie enthüllt, wobei sie die unberechenbare Entfernung, die die Gegenwart von der angekündigten Utopie trennt, abschätzt – eine Entfernung, die sich mit der von der Seherin Kassandra im Augenblick des Todes wahrgenommenen vergleichen läßt. Antike Mythologie und Alltagsmythologie münden ineinander im Verzicht auf individuelle Heldentaten, im Hinausschieben der Utopie auf unbestimmte Zeit, bis zu einem langwierigen Arbeitsprozeß, den nur die zukünftigen Generationen durchführen können, falls sie nicht durch einen totalen Krieg vernichtet sein werden.

3. Grenzerfahrungen der poetischen Existenz Ingeborg Bachmann (1926–1973). Ein Portrait

Andrea Stoll

Für mich ist das eine der ältesten, wenn auch fast verschütteten Erinnerungen: daß ich immer gewußt habe, ich muß dieses Buch schreiben – schon sehr früh, noch während ich Gedichte geschrieben habe. Daß ich immerzu nach dieser Hauptperson gesucht habe. Daß ich wußte: sie wird männlich sein. Daß ich nur von einer männlichen Position aus erzählen kann. Aber ich habe mich oft gefragt: warum eigentlich? Ich habe es nicht verstanden, auch in den Erzählungen nicht, warum ich so oft das männliche Ich nehmen mußte. Es war nun für mich wie das Finden meiner Person, nämlich dieses weibliche Ich nicht zu verleugnen und trotzdem das Gewicht auf das männliche Ich zu legen [...]

So äußerte sich Ingeborg Bachmann zu ihrem 1971 erschienenen Roman «Malina».[1] Was für eine poetische Entwicklung hat stattgefunden, wenn eine Schriftstellerin anderthalb Jahre vor ihrem Tod zu dieser Erkenntnis kommt? Wo liegen die Problemkonstanten eines Schreibprozesses, dem eine Spracherfahrung zugrunde liegt, die immer auch Grenzerfahrung beinhaltet? Dieser Beitrag markiert die Schnittstellen und Veränderungen im Prozeß des Bachmannschen Schreibens in der Gegenüberstellung von weiblichem Lebensverständnis und poetischem Bewußtsein.

Ambivalenzen der Lyrik

Zeitkritik und Ausdruckstraum

Kein Lyriker der Nachkriegszeit hat ein ähnliches enthusiastisches öffentliches Echo erfahren, wie die 1926 in Klagenfurt in Österreich geborene Schriftstellerin Ingeborg Bachmann auf ihren ersten 1953 erschienenen Gedichtband «Die gestundete Zeit» und auf ihren zweiten Band «Anrufung des großen Bären» 1956. ‚Der Spiegel' widmete ihr eine Titelstory, die die für die Bachmann-Rezeption charakteristische Vermischung von Werk und Person begründete. In der ‚Süddeutschen Zeitung' schrieb Günter Blöcker am 13. 11. 54 angesichts des ersten Bandes: „Das lyrische Jahr 1953/54 hat alle Aussicht, in die Literaturgeschichte einzugehen [...]. Es hat uns einen neuen Stern am deutschen Poetenhimmel beschert." Das breite Maß an Zustimmung, die die Gedichte Ingeborg Bachmanns bei Kritik und Lesern hervorriefen, ist in der Tat ungewöhnlich und darf nicht fraglos hingenommen werden. Nur zögernd beachteten Forschung und Kritik die gesellschaftliche Relevanz der Bachmannschen Dichtung. Ab Mitte der siebziger Jahre stand für die von der Frauenbewegung beeinflußte Rezeption vor allem die späte Prosa im Mittelpunkt des Interesses, so wie in den Jahren zuvor einzig die Lyrik einer Untersuchung für wert erachtet wurde. Deren deutliche Auseinandersetzung mit den Spuren der faschistischen Vergangenheit in Deutschland und Österreich ‚übersah' die zeitgenössische Kritik weitgehend.

Ingeborg Bachmanns souveräner Umgang mit der lyrischen Tradition verdeckte in der Wahrnehmung ihrer Zeitgenossen die mitunter schonungslose Radikalität der lyrischen Bildinhalte. Sprache und Gestus dieser Gedichte kamen offensichtlich dem Bedürfnis nach Restauration entgegen: „Es ist das Klassische selbst, das hier sein ewiges Recht anmeldet",[2] schrieb Hans Egon Holthusen 1958. In bezug auf die Dichtung bemühte man schon wenige Jahre nach dem Zusammenbruch das „Wahre" und „Schöne", um „ein Sich-zur-Sprache-Bringen eines ursprünglichen Menschseins"[3] zu verbürgen. Die Bemühung um ein neues ethisches Maß in Literatur und Gesellschaft spiegelt sich in vielen Diskussionen literarischer Zeitschriften nach dem Krieg.

Vor diesem Hintergrund gleicht die Lyrik der jungen Ingeborg Bachmann einer weitausholenden Sprachgebärde, die wie keine andere in jener Zeit noch einmal alles vereinen möchte: Tradition und die erst seit wenigen Jahren wieder zugängliche literarische Moderne, Nihilismus und Utopiedenken. Das Bewußtsein, mit deutscher Sprache und europäischem Denken an einem Abgrund zu stehen, ist sehr früh manifest, aber auch der Wunsch, die gesetzten Grenzen zu überschreiten.

Die ‚schöne Sprache' feiert Auferstehung. Als rettendes Potential wird sie in einem neu zu erschaffenden Ordo gegen die zerstörende und zerstörbare Wirklichkeit gesetzt. Sprache ist im Bachmannschen Denken der fünfziger Jahre absolut gesetzt. Als „nie ganz zu verwirklichender Ausdruckstraum",[4] als „das Vollkommene, das Unmögliche, Unerreichbare", dem die Schreibbewegung des ernsthaft suchenden Schriftstellers innerhalb der gesteckten (Sprach-)Grenzen gilt, wird die Sprache im Denken Bachmanns zur „reinen Größe", wie Wahrheit und Liebe.[5] Alle drei Komponenten sind in ihrem Werk auf das engste miteinander verbunden.

Auch wenn die Ingeborg-Bachmann-Forschung der letzten Jahre einige frühe Prosaarbeiten der Autorin zutage förderte und damit der öffentlichen Meinung, Ingeborg Bachmann sei zuerst und vornehmlich Lyrikerin gewesen, Einhalt gebot, so läßt sich doch feststellen, daß diese frühen Erzählungen aus den späten vierziger Jahren kaum mehr als bemerkenswerte Schreibansätze darstellen. Im lyrischen Werk der fünfziger Jahre nehmen die zentralen ‚Problemkonstanten' des Bachmannschen Schreibens ihren Ausgangspunkt. In ihm setzt sie sich zuerst am entschiedensten mit den ästhetischen Traditionen der Moderne auseinander.

Sprachmoral und dissonantes Sprechen

Die aus der historischen Distanz befremdende Harmoniesehnsucht der Nachkriegsgesellschaft bildet jene zutiefst irrationale Basis, die sich als Ausgangspunkt für Bachmanns lyrisches Sprechen erweist. Das Spannungsgefüge der Lyrik ist ein Geflecht nicht auflösbarer Dissonanzen, deren Schärfe auf das Merkwürdigste in die Harmonien einer musikalischen Sprachbewegung eingebettet wird. Einer breiten Leserschaft haben die musikalischen Akzente dieser Lyrik, ihr Klang und Motivgefüge und der oft erst auf den zweiten Blick als verfremdet erkennbare volksliedhafte Ton ohne Zweifel den Zugang erleichtert. Emotionalität und intellektuelle Schärfe stehen sich in den Gedichten häufig dissonantisch gegenüber und beeinflussen die Bildstruktur.[6] Ein weiteres Phänomen Bachmannscher Gedichte ist die an den spanischen Surrealismus erinnernde Polyvalenz der Bilder, die genaue Deutungen nahezu ausschließt und es den verschiedensten geistigen Richtungen in den fünfziger Jahren erlaubte, sich mit dieser Lyrik einig zu fühlen.[7]

Moralische Haltung und beschwörender Sprachgestus, der Wechsel zwischen kollektiver und persönlicher Aussageform, vor allem aber die Übertragung eindeutiger politischer Aussagen auf die mythische Ebene entsprachen einem Zeitbedürfnis, das eher auf die Verdrängung politischer Fragen gerichtet war als auf deren allzu genaue Darstellung. Hinter der scheinbar leicht zu rezipierenden Fassade entfachen die überhöhten politischen und gesellschaftlichen Fragen der Bachmannschen Lyrik eine Spannung, die offensichtlich nur von wenigen Zeitgenossen wahrgenommen wurde.

Die polyvalente Bildhaftigkeit setzt, wie das Hoffen auf eine ‚Ordnung' in der ‚schönen Sprache', dem absoluten Wahrheitsanspruch der Autorin („Wir müssen wahre Sätze finden, die unserer eigenen Bewußtseinslage und dieser veränderten Welt entsprechen") Grenzen.[8] Der hier einsetzende Konflikt muß die ‚schöne Sprache' der Lyrik fast zwangsläufig sprengen. Will man die Veränderungen im poetischen Prozeß des Bachmannschen Schreibens kennzeichnen, so ist es notwendig, sich das innere Movens der frühen Jahre zu vergegenwärtigen, das Antrieb und Ziel ihres Schreibens zugleich ist. Bachmann ist überzeugt, „daß ja nur eine einzige Bemühung beim Schreiben sinnvoll ist: die um die Sprache".[9]

Wahrheit als poetische Forderung

Ingeborg Bachmanns Forderung nach einer neuen Sprache in der Dichtung ist mit der Forderung nach Wahrheit durch ein rigides sprachmoralisches Verständnis im Krausschen Sinne verbunden. Sie glaubt nicht nur, daß alle Vorzüge einer Sprache in der Moral wurzeln, auch die Erinnerung an die mühsam überdeckte faschistische Vergangenheit kann nur mit Hilfe der Sprache aufrechterhalten werden.[10] In der Zeit des Wiederaufbaus weiß sich die Schreibende „Im Keller des Herzens, schlaflos, [...] / auf der Spreu des Hohns, im Herbstmanöver der Zeit".[11]

Über weite Strecken bestimmt die Auseinandersetzung mit der nationalsozialistischen Vergangenheit den Charakter des ersten Bandes «Die gestundete Zeit». Das Spiel mit verfremdeten volksliedhaften Elementen in «Früher Mittag» legt in goethescher Replik den Finger auf die „goldenen Becher" der Nachkriegsgesellschaft im „Totenhaus" Deutschland: „Die Augen täten dir sinken."

Die „Wolke" als häufig verwendete Metapher für dichterische Sprache sucht „nach Worten und füllt den Krater" (bildlich: das Organ des Sprechens) „mit / Schweigen". Und doch: „Das Unsägliche geht, leise gesagt, übers Land."[12] Das „Unsägliche" wird sagbar gemacht durch das Ethos des dichterischen Sprechens. Der metaphorische Ausdruck für Papier: „Holz und Späne" wird zum Dokument für Vergessenes:

> Aber ins Holz,
> solang es noch grün ist, und mit der Galle,
> solang sie noch bitter ist, bin ich
> zu schreiben gewillt,
> was im Anfang war![13]

Der dialogische Charakter vieler Gedichte fordert auch hier die Leser heraus: „Seht zu, daß ihr wachbleibt!"

In der Nachkriegsgesellschaft wird „Der Krieg [...] nicht mehr erklärt, / sondern fortgesetzt. Das Unerhörte / ist alltäglich geworden".[14] Bachmann sucht in ihren Lesern Verbündete: „Schweigt mit mir, wie alle Glocken schweigen!", denn sie weiß: „In der Nachgeburt der Schrecken / sucht das Geschmeiß nach neuer Nahrung."[15] Die Konfrontation mit der gesellschaftlichen Realität markiert die Forderung nach Wahrheit, die Grenzen der Sprache und weist auf den Weg ins Schweigen:

> In die Mulde meiner Stummheit
> leg ein Wort
> und zieh Wälder groß zu beiden Seiten,
> daß mein Mund
> ganz im Schatten liegt.
>
> («Psalm», 4, Werke I, S. 54/55.)

Ingeborg Bachmann erfährt die dichterische Sprache als die ganz andere. In der Metapher „Nebelland" faßt sie die Erfahrung der Fremde, des Verborgenen, in dem man sich nur tastend, suchend bewegen kann. Das Bild des Nebels zeigt, daß sich unter dem poetischen Blickwinkel auch die vertrauteste Erfahrung radikal verändert.[16] Mit ihrer Sprache geht die Schreibende auf Raub aus, gleichzeitig ist die Eroberung der dichterischen Sprache selbst eine „Landnahme".[17] Die poetische Wahrheitsforderung treibt die dichterische Sprache voran:

> Was wahr ist, unterbleibt nicht bis zum Raubzug,
> bei dem es dir vielleicht ums Ganze geht.
> Du bist sein Raub beim Aufbruch deiner Wunden;
> nichts überfällt dich, was dich nicht verrät.
>
> («Was wahr ist», Werke I, S. 118)

Aus der Erkenntnis, daß die gesuchte dichterische Sprache Grenzland ist, daß jedes Wort die Grenzerfahrung in sich trägt, steigert sich der Sprachtraum Bachmanns noch einmal zum utopischen Kräftefeld:

> Wo ist Gesetz, wo Ordnung? Wo erscheinen
> uns ganz begreiflich Blatt und Baum und Stein?
> Zugegen sind sie in der schönen Sprache,
> im reinen Sein [...]
>
> («Von einem Land, einem Fluß und den Seen», VIII, Werke I, S. 92)

Eng verbunden mit dem Glauben an die utopische Macht des Wortes („Mein Wort, errette mich!") ist die durchaus an religiöse Vorstellungen erinnernde Erlösungssehnsucht, die das Bachmannsche Liebesverständnis zutiefst prägt.[18] Der frühen Skepsis und der Erfahrung des Liebesverlustes zum Trotz, überwiegt in der Lyrik die leidenschaftliche Hinwendung an ein Du. In der Entwicklung der Gedichte vom ersten zum zweiten Band spiegelt sich die Steigerung der Liebe zur ekstatischen Macht, um schließlich in dem 1958 gesendeten Hörspiel «Der gute Gott von Manhattan» ihr ganzes zerstörerisches Potential freizusetzen.[19] Bei Bachmann ist die Ekstasis der Liebe untrennbar mit sprachlicher Macht verbunden:

> Von meinen Worten umklammert
> die Erde,
> von meinem letzten Wort noch umklammert
> das Meer und der Himmel!

Heimgesucht von meinen Lauten
diese Erde,
die schluchzend in meinen Zähnen
vor Anker ging
(«Lieder auf der Flucht», VIII, Werke I, S. 143)

Verstoß, Verurteilung und Hinrichtung des ehemals Geliebten vollziehen sich in einer Bewegung:

und die mich schleiften, die Augen!
Mund, der das Urteil sprach,
Hand, die mich hinrichtete!
(«Lieder auf der Flucht», XII, Werke I, S. 145)

Dem Wunsch „Erlöse mich! Ich kann nicht länger sterben" (XIII, Werke I, S. 146), folgt das poetische Bild des großen Tauens, das alle Töne löst (XIV).

Dem Schreiben allein wird als „Bewegung aus Leiderfahrung" die bleibende Macht zugesprochen:[20]

Die Liebe hat einen Triumph und der Tod hat einen,
die Zeit und die Zeit danach.
Wir haben keinen.

Nur Sinken um uns von Gestirnen. Abglanz und Schweigen.
Doch das Lied überm Staub danach
wird uns übersteigen.
(«Lieder auf der Flucht», XV, Werke I, S. 147)

Sprache als Grenzerfahrung

Utopie und Sprachtraum

Als „ein tausendfacher und mehrtausendjähriger Verstoß gegen die schlechte Sprache" hat der Prozeß des Schreibens nach Bachmann utopischen Charakter. Die Grenze zwischen einer Sprache des Alltags und dem „Sprachtraum" einer Sprache, „die noch nie regiert hat, die aber unsere Ahnung regiert und die wir nachahmen", wird zum Minenfeld für die suchende Poetin.[21] Bachmann verleiht ihrer Angst, die dichterische Sprache könne sich als treulos erweisen, in zahlreichen Gedichten Gestalt. Mit ihrer in den ‚Frankfurter Vorlesungen' formulierten Überzeugung, daß der Schriftsteller mit jedem Wort „der Wahrheit immer etwas schuldig" bleibt, zeichnet sich das Ende der utopiegetragenen Bewegung ab.[22] Ingeborg Bachmanns Erfahrung des Begrenztseins („Es ist auch mir gewiß, daß wir in der Ordnung bleiben müssen, daß es den Austritt aus der Gesellschaft nicht gibt und wir uns aneinander prüfen müssen") hat sich gegenüber der frühen Lyrik entschieden verfestigt.[23] Sie steht in nicht auflösbarer Spannung zu der von ihr angestrebten Schreibbewegung auf das ‚Unmögliche' und ‚Unerreichbare' hin:

Benedetta Cappa Marinetti, Velocità di motoscafa (1927–28)

Wir aber wollen über Grenzen sprechen,
und gehn auch Grenzen noch durch jedes Wort:
wir werden sie vor Heimweh überschreiten
und dann im Einklang stehn mit jedem Ort.
(«Von einem Land, einem Fluß und den Seen», V, Werke I, S. 89)

Die Liebe ist eine dem Bachmannschen Spracherleben verwandte Grenzerfahrung. Als alles zersprengende Macht fordert sie in «Der gute Gott von Manhattan»: „[...] was noch niemals war: kein Ende."[24] Die ekstatische Liebe („für die es tatsächlich keinen Platz in der Welt gibt und nie gegeben hat") steht in der „Gegenzeit" und bezeugt ihre Nähe zur Dichtung mit der Forderung nach einer „neuen Sprache", mit ihrer Absage an die Geschäfte der Welt.[25] „Hörig" dem Klang der menschlichen Stimme sucht sie das Unerhörte in der „neuen Sprache", das nie gehörte Wort. Indem Bachmann die Liebe absolut setzt gegen die Ordnung der Welt, ist ihr Untergang schon beschlossen.[26] Auch der Glaube an die ‚schöne Sprache' kann im poetischen Prozeß neben der Forderung nach Wahrheit nicht bestehen. Es ist die Liebeserfahrung der Autorin, die den regressiven Umschlag bewirkt:

In diesen Tagen schmerzt mich nicht,
daß ich vergessen kann
und mich erinnern muß.
Ich liebe.
(«Tage in Weiß», Werke I, S. 112)

Die rein utopischen Impulse sind erschöpft. Ausgereizt ist die Hoffnung auf Erweiterung der Sprach- und Schreibmöglichkeiten ohne den tiefgreifenden Einbezug von Erfahrungswerten, die immer auch Erinnerungskräfte sind und ihrer Natur nach der utopischen Bewegung entgegenwirken.

Die Zersplitterung des Leserbezuges

Auffallend ist der dialogische Charakter vieler Gedichte, zielt er doch auf die Nahtstelle zwischen poetischer Wirklichkeitsauffassung und rezeptiver Wirklichkeitserfahrung. Die Aufforderung: „Erinnre dich! Du weißt jetzt allerhanden" weist auf eine neue, Autorin und Leser verbindende Größe, die der utopischen Bewegung entgegenläuft.[27] 1959 faßt Bachmann anläßlich der Verleihung des Hörspielpreises der Kriegsblinden in ihrer Dankesrede die wesentlichen Positionen ihrer Auffassung von der Aufgabe dichterischen Sprechens zusammen: „Der Schriftsteller [...] ist mit seinem ganzen Wesen auf ein Du gerichtet." Er soll Schmerzerfahrung „wahrhaben und noch einmal, damit wir sehen können, wahrmachen. Denn wir wollen alle sehend werden. Und jener geheime Schmerz macht uns erst für die Erfahrung empfindlich und insbesondere für die der Wahrheit." Der Schriftsteller hat die Verpflichtung, von dem Stolz dessen zu künden, „der in der Dunkelhaft der Welt nicht aufgibt und nicht aufhört, nach dem Rechten zu sehen".[28] Der moralische Appell ist unüberhörbar und dokumentiert die Ernsthaftigkeit, mit der sich Bachmann ihren Lesern zuwendet. Sie versuchte offensichtlich, die „erste und schlimmste" Frage eines Schriftstellers, die nach der Rechtfertigung seiner Existenz, lange Zeit durch einen ekstatischen Leserbezug aufzufangen.[29] Der Griff nach dem Absoluten prägt auch dieses von der Autorin gefeierte Liebesband:

> [...] ich will in deinen Sinnen und in deinem Geist aufspringen wie die Goldadern in der Erde, und durchleuchten und durchschimmern will ich dich, wenn der schwarze Brand, deine Sterblichkeit, in dir ausbricht. Ich weiß nicht, was du willst von mir. Zu dem Gesang, mit dem du ausziehen könntest, um eine Schlacht zu gewinnen, taug ich nicht. Vor Altären ziehe ich mich zurück. Ich bin der Vermittler nicht. Alle deine Geschäfte lassen mich kalt. Aber du nicht. Nur du nicht. Du bist mein Ein und Alles. Was möchte ich nicht alles sein von Dir!
>
> («Das Gedicht an den Leser», Werke IV, S. 307)

Zum Zeitpunkt der Entstehung dieses Entwurfs ist das Verhältnis der Autorin zu ihren Lesern offensichtlich schon von tiefgreifenden Irritationen geprägt. Bachmann sieht sich nicht mehr in der Lage, dem Bedürfnis ihrer Leser nach einem „schönfärbenden Wort" nachzukommen. Die Zersplitterung des sinngebenden Leserbezuges, der in der Prosa nie mehr die Übereinstimmung wie in den Zeiten lyrischen Sprechens erreicht, erschüttert Bachmanns poetisches Selbstverständnis zutiefst:

> Was hat uns voneinander entfernt? Seh ich mich in dem Spiegel und frage, so seh ich mich verkehrt, eine einsame Schrift und begreife mich selbst nicht mehr.[30]

Abkehr vom lyrischen Sprechen

Wer, wie Bachmann, Sprache und Schreiben als veränderten und verändernden Prozeß begreift, fordert von der poetischen Sprache „weder zuerst noch zuletzt ästhetische Befriedigung [...], sondern neue Fassungskraft". Einzige „Gewähr für die Authentizität einer dichterischen Erscheinung" bietet Bachmanns Auffassung nach „die durchgehende Manifestation einer Problemkonstante", die dem Schreibenden und seinem Schreiben jede Zufälligkeit nimmt.[31] Die Fragen Bachmanns nach der verändernden Wirkung von Kunst, ihrem Anteil an Wahrheit und Irrtum, zielen im inneren wie im äußeren Aufbau der Vorlesung auf einen Höhepunkt: dem „Ich ohne Gewähr".[32] Bachmann sucht sich diesem Ich im epischen Vergleich anzunähern; es ist seiner Bestimmung nach kein Ich des lyrischen Sprechens. Form und poetische Konstitution des gesuchten ‚Ich' sprengen die Dimension ihrer lyrischen Sprache. In einer Welt, die die Einheit der Wahrnehmung nicht mehr gewährleisten kann, glaubt Bachmann, daß sich das Ich „nicht mehr *in* der Geschichte aufhält, sondern daß sich neuerdings die Geschichte *im* Ich aufhält".[33]

Als entscheidende Qualität des poetischen Ich bestimmt Bachmann seine Fähigkeit zur Erinnerung, weil es „an allen Tatorten war und von dem Mörder Zeit zum Weitergehen und Vergessen gezwungen wird".[34] Was Ingeborg Bachmann am Beispiel des Proustschen Ich erläutert, gilt in hohem Maße für die Ich-Gestaltung ihrer Prosa. Die Erinnerungsfähigkeit verhilft dem epischen Ich zu einem neuen Umgang mit der Zeit. Ihrem Wesen nach fragmentarisch, entsprechen die Erinnerungskräfte einer schon 1956 formulierten Wirklichkeitserfahrung Bachmanns, der Komposition und Aufbau ihrer Gedichte zumeist widersprechen: „Man kann es nur noch in Partikeln sagen!"[35] Das lyrische Ich hatte sich der Illusionslosigkeit fragmentarischer Wirklichkeitswahrnehmung noch verweigert:

> Mit meinem Mörder Zeit bin ich allein.
> In Rausch und Bläue puppen wir uns ein.
> («Strömung», Werke I, S. 156)

Die freigesetzte poetische Erinnerungsdimension unterhöhlt diesen lyrischen Puppenzustand. Bachmanns Forderung nach „neuer Fassungskraft" in der dichterischen Sprache verweist die souveräne Handhabung lyrischen Sprechens in ihre Grenzen: „einreißen das Papier, / wegfegen die angezettelten Wortopern".[36] Dem zweiten Gedichtband «Anrufung des großen Bären» folgten nur noch wenige einzelne Gedichte. Bachmann bekennt 1961, daß

> [ich] mir verboten habe, noch so ein Gebilde zu machen, das man Gedicht nennt. Ich habe nichts gegen Gedichte, aber Sie müssen sich denken, daß man plötzlich alles dagegen haben kann, gegen jeden Zwang, Worte zusammenrücken zu lassen, gegen dieses absolute glückliche Auftretenlassen von Worten und Bildern. Daß man es ersticken möchte, damit man es noch einmal überprüfen kann, was daran ist, was es ist, was es sein sollte.[37]

Kritik und Leser verzeihen Ingeborg Bachmann ihre Abkehr vom lyrischen

Schaffen über viele Jahre nicht. Die mutwillige Zerstörung des schönen Bildes von der jungen Lyrikerin, die sich scheinbar bruchlos in die Tradition der literarischen Moderne einfügte, nahm die (vorwiegend männliche) Kritik, wie viele Rezensionen belegen, äußerst übel.[38] In ihrer Prosa führt Bachmann die entscheidenden thematischen Konstanten ihrer Lyrik: Sprache, Wahrheit und Liebe immer entschiedener in ein Grenzland divergierender männlicher und weiblicher Lebensvorstellungen, was ihr in späteren Kritiken den Vorwurf einbrachte „Damenpoesie" zu schreiben.[39]

Erinnerung als subversive Macht der Bachmannschen Prosa

Vom utopischen Tagtraum zur regressiven Größe

Die sich in Lyrik und Hörspielen vorbereitende Grenzerfahrung wird zu dem zentralen Thema des ersten 1961 erschienenen Erzählbandes «Das dreißigste Jahr». Sprachbewußtsein und Sprachverhalten der Figuren ziehen die Grenze zwischen Individuum und umgebender Gesellschaft. Bachmann erweitert ihre zentralen Motive Sprache, Wahrheit und Liebe um das (in vereinzelten Gedichten auch schon anklingende) Motiv einer schuldhaften Geschlechtlichkeit und führt sie in ihren Erzählungen an eine äußerste Grenze.[40]

Mit dem stolzen Satz „Ein Wildermuth wählt immer die Wahrheit" eröffnet Bachmann die tragische Geschichte eines Richters, der an seiner Wahrheitsforderung zerbricht.[41] Die große Hoffnung ihrer Generation, die Welt sei „geschieden, und für immer, in Gute und Böse", muß in der Erzählung «Unter Mördern und Irren» als fataler Irrtum erkannt werden.[42] Das männliche Ich scheitert in der Erzählung «Alles» in seinem Bemühen, den eigenen Sohn eine neue Sprache zu lehren, die ihn herausheben könnte aus den Niedrigkeiten menschlicher Existenz. Doch das Kind findet nicht zu der erträumten „Wassersprache", „Steinsprache", „Blättersprache". Mit jeder Geste und jedem Wort ahmt es das Vorgefundene nach. Der Mann beginnt das Kind zu hassen und bleibt hilflos zurück, als es zu Tode stürzt. Die Erkenntnis der Schuld führt ihn zu der Forderung: „Austreten aus dem Geschlecht, zu Ende kommen, ein Ende, dahin sollte es nur kommen!"[43] Auch die Pianistin Charlotte in «Ein Schritt nach Gomorrha» erträumt für Momente einen „Schichtwechsel", einen Austritt aus der festgefügten Ordnung zwischen Mann und Frau.[44] Doch auch sie steht an einer Grenze, die sie nicht überschreiten wird.

Die Irrfahrten des männlichen Ich in der Titelerzählung «Das dreißigste Jahr» entstehen aus einer nicht einlösbaren Sehnsucht, die irrlichternd aus der Erinnerung erwächst.

> Er wirft das Netz Erinnerung aus, wirft es über sich und zieht sich selbst, Erbeuter und Beute in einem, über die Zeitschwelle, die Ortschwelle, um zu sehen, wer er war und wer er geworden ist.[45]

Der Lockruf Undines schließlich: „Komm. Nur einmal. Komm" vereinigt in seiner ambivalenten Spannung die Dissonanz der genannten Motive (Sprache und Liebe stehen der Wahrheit gegenüber und erweisen sich als unvereinbar) mit dem strukturbildenden Motiv der Erinnerung.[46] Erinnerung läßt als poetische Größe logische Handlungsverläufe nur am Rande zu, da sich ihre Kraft erst im Assoziativen voll entfalten kann und ihre anarchische Spannung entlädt. Erinnerung ist als poetische Kraft im Bachmannschen Sinne niemals auf plumpe Weise autobiographisch zu verstehen. Erinnerung liefert das poetische Strukturmodell für ein geistiges Prinzip. Die Vorstellung von Autobiographie ist – wenn überhaupt – nur in dieser Weise anzuwenden. Erinnerung erweist sich als die eigentliche subversive Macht der Bachmannschen Prosa.[47]

> Mein Gedächtnis ist unmenschlich. An alles habe ich denken müssen, an jeden Verrat und jede Niedrigkeit. An denselben Orten habe ich euch wiedergesehen; da schienen mir Schandorte zu sein, wo einmal helle Orte waren.[48]

Gesellschaftskritik und Prosastruktur

Den Gegensatz von Lebensentwurf und Lebenserfahrung tragen alle Figuren des «Dreißigsten Jahres» in den Erzählungen aus. Die poetische Kraft der Erinnerung mobilisiert die einstigen Ideale und verweigert der Gegenwart ihre Anerkennung. Erinnerungs-, Erlebnis-, Gedanken- und Gesprächsfetzen konstituieren ein Erzählnetz, das sich der schlüssigen Fabel verweigert. Die stakkatohaften Rhythmen kurzer Aussagesätze unterbrechen abrupt den steigernden Erzählfluß langer Satzreihen. Mit dem Erzählprinzip der Motivwiederholung und Variation transportiert Bachmann musikalische Strukturelemente in ihre Prosa. Für ihren 1971 erschienenen Roman «Malina» ist „‚Komposition' ein wichtiges Schlüsselwort".[49]

Zeigt Bachmann schon an den Figuren des «Dreißigsten Jahres», daß fixierte gesellschaftliche Erwartungen das individuelle Bewußtsein korrumpieren und daß die scheinbare Sicherheit gesellschaftlicher Integration um den Preis der persönlichen Integrität gezahlt wird, so geht die gesellschaftliche und politische Radikalität des von ihr in den sechziger Jahren konzipierten «Todesarten»-Zyklus noch weit darüber hinaus. Die vielschichtige Verknüpfung von subjektivem und gesellschaftlichem Bewußtsein führt in der nur als Fragment erhaltenen Prosa-Trilogie den Anspruch der späten sechziger und frühen siebziger Jahre, Literatur habe gefälligst politisch zu sein, in seiner rasterhaften Verkürzung ad absurdum. Die Äußerung Franzas an ihren Bruder „Du sagst Faschismus, das ist komisch, ich habe das noch nie gehört als Wort für ein privates Verhalten", zielt auf ihre eigene psychische Zerstörung durch ihren Mann, den berühmten Wiener Psychiater Leo Jordan.[50] In dem Romanfragment «Der Fall Franza» identifiziert sie auf einer Reise durch die ägyptische Wüste ihr persönliches Schicksal mit der Ausrottung der kolonialisierten Völker durch die ‚weißen Herren'.

Man kann nur die wirklich bestehlen, die magisch leben, und für mich hat alles Bedeutung. [...] Er hat mir meine Güter genommen. Mein Lachen, meine Zärtlichkeit, mein Freuenkönnen, meine Animalität, mein Strahlen, er hat jedes einzelne Aufkommen von all dem ausgetreten, bis es nicht mehr aufgekommen ist.[51]

In einem Interview erklärt Bachmann zu ihrem 1971 erschienenen «Malina»-Roman:

Ich möchte auch nicht, weder in diesem Buch noch in späteren Büchern, etwas über den Krieg schreiben. Das ist einfach, für mich zu einfach. Über Krieg kann jeder etwas schreiben, und der Krieg ist immer schrecklich. Aber über den Frieden etwas zu schreiben, über das, was wir Frieden nennen, denn das ist der Krieg [...]. Der Krieg, der wirkliche Krieg, ist nur die Explosion dieses Kriegs, der der Frieden ist.[52]

Der aus dem geplanten «Todesarten»-Zyklus einzig fertiggestellte und zu Bachmanns Lebzeiten erschienene Roman erzählt keine leicht auflösbare Fabel. Die verschlungene Komposition der drei Hauptfiguren stellt hohe Anforderungen an die Leser. Bei näherem Hinsehen erweisen sich das weibliche Ich und die männliche Titelfigur Malina als symbiotische Einheit, beide agieren im Roman aber auch durchaus eingenständig. Ivan, der Geliebte des Ich, und Malina treffen in der Handlung niemals aufeinander, die Wahrnehmung des weiblichen Ich stellt sie jedoch ständig einander gegenüber. „Ivan und Ich: die konvergierende Welt. Malina und Ich, weil wir eins sind: die divergierende Welt." Malina und das weibliche Ich bilden die männliche und weibliche Hälfte einer einzigen Person. Doch nur der männliche Teil erweist sich in der Gesellschaft als lebensfähig und drängt das weibliche Ich in die Wand. „Es war Mord" lautet die Schlußzeile des Romans. An anderer Stelle schreibt Bachmann:

Die Gesellschaft ist der allergrößte Mordschauplatz. In der leichtesten Art sind in ihr seit jeher die Keime zu den unglaublichsten Verbrechen gelegt worden, die den Gerichten dieser Welt für immer unbekannt bleiben.[54]

Das Prinzip der ‚aufgelösten Figur'[55] korrespondiert in «Malina» mit dem Prinzip der aufgelösten Fabel. Realistische Erzählmomente durchsetzt Bachmann mit surrealen Komposita, innere Monologe wechseln mit Dialogen, deren fragmentarische Gesprächsform jede Kommunikationsabsicht wie auch die Sehnsucht nach menschlicher Nähe ins Leere laufen läßt. Der Ironie steht als sprachliches Mittel grelles Pathos gegenüber. Ironische Leichtigkeit bestimmt die Gesellschaftsszenen am Wolfgangsee, ihnen folgt das Höllenkapitel der Traumsequenzen: Variationen über die Zerstörung des Weiblichen.

Weibliches Lebensverständnis und poetisches Bewußtsein

In der Prosa des «Todesarten»-Zyklus ist „Erinnerung" ein Schlüsselwort. Heißt es zu Beginn von «Malina»: „Ich muß erzählen. Ich werde erzählen. Es gibt nichts mehr,was mich in meiner Erinnerung stört", so demonstriert die Erzählstruktur des Romans das Gegenteil.[56] Bewußtsein und Erinnerungsvermögen des weiblichen Ich erweisen sich als zutiefst gestört. Sie sind nicht integrierbar in einen logischen Handlungsverlauf. Erst das Traumkapitel konfrontiert den Leser mit einem Spiegelkabinett von Zerstörungsformen, die die Konstitution des Weiblichen im Roman erklären. Das Ich erkennt: „Es ist eine Störung in meiner Erinnerung, ich zerbreche an jeder Erinnerung."[57]

Die gesellschaftliche und politische Radikalität des Romans ist in der zeitgenössischen Kritik nur von wenigen erkannt worden. Gesellschaftliche Relevanz, deren Schärfe sich an der Nicht-Lebbarkeit des Weiblichen entzündet, wirkte unglaubwürdig. Helmut Heißenbüttel sprach angesichts des «Malina»-Romans von der „ich hoffe zum letzten Mal, [...] Geschichte einer schönen Seele".[58] Marcel Reich-Ranicki warf dem Roman „backfischhafte Überspanntheit" vor. Der Versuch des Verlages, die komplexe Erzählstruktur für die Leser goutierbar zu machen und die Erzählstränge des Buches auf „Dreiecksgeschichte" und „Mord" zu verkürzen, half wenig weiter. Leser und Kritik waren von dem Roman irritiert.

Frau sein und Schreiben werden für Ingeborg Bachmann im Verlauf ihrer schriftstellerischen Entwicklung zu einer Schere, deren Enden auseinanderlaufen. Schon in ihrem Gedicht «Erklär mir, Liebe» aus dem Band «Anrufung des großen Bären» heißt es:

> Erklär mir, Liebe, was ich nicht erklären kann:
> sollt ich die kurze schauerliche Zeit
> nur mit Gedanken Umgang haben und allein
> nichts Liebes kennen und nichts Liebes tun?
> Muß einer denken? Wird er nicht vermißt?
>
> («Erklär mir, Liebe», Werke I, S. 110)

Das tradierte Liebesverständnis fordert von einer Frau die Hingabe und Zurückstellung ihrer Persönlichkeit an die (Liebes-)Interessen des Mannes. Für die ernstzunehmende künstlerische Arbeit bedeutet eine solche Haltung die Preisgabe aller schöpferischen Fähigkeiten, im Falle einer Schriftstellerin das poetische Aus. Die Verweigerung der bedingungslosen Hingabe mit Hilfe der Ratio zum Schutz der kreativen Kräfte erweist sich als männliches Prinzip und wird von der Frau schmerzvoll als Einbuße ihrer Liebesfähigkeit erfahren. In den Erzählungen «Simultan» und in «Drei Wege zum See» zeigt Bachmann die Folgen einer zurückgenommenen weiblichen Emotionalität in einer Verkarstung der Gefühlslandschaften. Mann und Frau können „nur freundlich sein und gut zueinander, eine Weile". Frauen und Männer sollten

> am besten Abstand halten, nichts zu tun haben miteinander, bis beide herausgefunden hatten aus einer Verwirrung und der Verstörung, der Unstimmigkeit aller Beziehungen.[59]

In «Malina» knüpft Bachmann die auseinandergelaufenen Enden männlichen und weiblichen Bewußtseins in dem Kunstgriff der Doppelfigur Ich/Malina zusammen. Das Strukturprinzip des Romans ist ein Spiegel des von Bachmann selbst erkannten Konflikts in ihrer poetischen Existenz.

4. Der weiße Rabe fliegt[1]
Zum Künstlerinnenroman im 20. Jahrhundert

Ursula Mahlendorf

Über das Verhältnis von Dichter und Dichterin

In Monika Marons Künstlerinnenroman «Die Überläuferin»[2] findet sich folgende groteske Szene zwischen einem Dichter und einer Dichterin, die das Verhältnis beider zueinander und das Leben aus weiblicher Sicht beleuchtet. Der Mann stellt sich als „führendes Mitglied der Assoziation dichtender Männer" (S. 155) vor und sagt, er sei gekommen, die Frau zu töten. Vorerst aber sei es Teestunde und sie solle Tee machen. Im folgenden gibt der Mann Auskunft auf die Frage, warum die Frau getötet werden soll; dabei werden zwei Auffassungen von Dichtung und Leben einander gegenübergestellt. Der Mann behauptet: „Das höchste Gut des Menschen ist die Sprache" (S. 155), und dagegen habe die Frau durch ihre „Schreibversuche" verstoßen. Man habe ihr „Romantizismen, Lyrismen, Pathos, Selbstmitleid, Infantilismus und modisches Feministengeplapper nachweisen können" (S. 156). Für die Frau dagegen ist das höchste Gut das „Leben" (S. 155). Früher, so behauptet der Mann, hätten die Männer gegenüber den Frauen nur „ein Schreibverbot ausgesprochen" (S. 156) oder sie dazu gebracht, den Freitod zu wählen. Das hätte die Männer dazu ermutigt, sie heute zu töten. Vorerst versucht er aber die Frau zu verführen und ihr das Blut auszusaugen. Vom scharfen Biß des Vampyrs erwacht die Dichterin.

Die geschilderte Szene hält einen bedeutsamen Unterschied fest, den Künstlerromane und Künstlerinnenromane in ihrer Auffassung von Kunst machen. Im folgenden wird der Versuch unternommen, die unterschiedliche psychosoziale Funktion und Bedeutung von Kunst für Dichter und Dichterin genauer herauszuarbeiten, und zwar mit Hilfe psychoanalytischer und sozialgeschichtlicher Untersuchungsansätze wie textkritischer Analyse.[3] Für die psychoanalytische Betrachtung des Themas ist besonders die Theorie der frühesten Objektbeziehung aus der britisch/amerikanischen Psychoanalyse wichtig, etwa eines René Spitz in «The First Year of Life»[4] oder einer Margaret Mahler in «The Birth of the Human Infant»[5] sowie Donald Winnicotts Theorie des Übergangsobjekts, das heißt das früheste Spielen, Spielzeug und den psychischen Raum, den diese zwischen Mutter und Kind errichten.[6] Geschlechtsspezifische Entwicklungsunterschiede hinsichtlich der Objektbeziehung hat Nancy Chodorow in ihrem Buch «The Reproduction of Mothering: Psychoanalysis and the Sociology of Gender»[7] erarbeitet. Für den sozialgeschichtlichen Aspekt des Themas ist hier besonders auf die Studie der amerikanischen Literaturwissenschaftlerin Elaine

Showalter «A Literature of their Own: British Novelists form Brontë to Lessing»[8] zu verweisen.

Zur Psychologie des Künstlerromans

Für den Künstlerroman, zum Beispiel Thomas Manns «Doktor Faustus», steht das Ringen um das Werk, seinen Ausdruck, seine Form im Zentrum des Interesses. Um der Kunst, um des Werkes willen sind Adrian Leverkühn, der Künstler, aber auch Serenus Zeitblom, der kunstliebende Bürger und Erzähler, gewillt, das Leben aufzuopfern. Zwar stimmt der Autor, Thomas Mann, dieser Aufopferung nicht zu, sieht aber außer in der Bewußtmachung dieses Todeswillens durch seine Kunst keinen Ausweg aus dieser Sackgasse. Psychologisch gesehen heißt das, daß der Dichter/Künstler auf sein Medium und auf das daraus entstandene Werk fixiert ist, während die Künstlerin dieser Fixierung nicht unterliegt. Ironisch heißt es daher bei Monika Maron, daß auch ein schlechtes, von einem Mann geschriebenes Werk grundsätzlich anderer Natur sei als das einer Frau. Jedes männliche Kunstwerk sei Baumaterial am Turme der Dichtung, das weibliche dagegen „Wind, Sonnenstrahlen und Wellenschaum" (S. 159). Wenn, wie in der psychoanalytischen Kunsttheorie,[9] das Werk als aus dem Übergangsobjekt entstanden gedacht wird, dann enthüllt sich für den Künstler die Mutter als die Muse, die Muttersprache und das Werk als symbolischer Mutterersatz, den der Künstler nützt, um die Umwelt zu bewältigen oder um sich vor der Welt zu bewahren. Denn *wie* die Kunst – analytisch gesehen – gebraucht wird, ist von Fall zu Fall verschieden und zwar je nach der Art der frühesten Objektbindung und ihrer Auflösung. Im Künstlerroman wird vom künftigen Künstler das frühe Objekt (die frühe Mutterbindung) zugunsten eines symbolischen Objekts (etwa eines die Mutter ersetzenden Gegenstandes) aufgegeben und mit diesem Ichschutz die Entfremdung von der realen Welt menschlicher Bindungen, auch der Welt des Gefühls, erkauft. Aus seiner Beziehung zu dem symbolischen Objekt baut sich der Künstler seine Rolle gegenüber der Welt auf. In dieser Rolle übt er eine geistig-intellektuelle Kontrolle aus. Dadurch gerät er in Konflikt mit Vatergestalten, die den geistig-intellektuellen Institutionen mit ihren überlieferten symbolischen Bindungen vorstehen und sie gegen den Neuling ausspielen. Bei allem Konflikt mit dem Väterlichen bleibt damit aber auch eine nachödipale Identifikation bestehen. Die Ausrichtung auf das Werk, auf den Geist, gegen die reale, menschliche Bindung kommt gerade auch dadurch im Künstlerroman zum Ausdruck, daß in ihm eine eingehende Auseinandersetzung mit den Theorien der Kunst erfolgt. Das gilt schon für Goethes «Wilhelm Meister», dann für Novalis «Ofterdingen» und auch für Manns «Doktor Faustus».

Zur Psychologie des Künstlerinnenromans

Im Künstlerinnenroman steht das Werk nicht im Vordergrund des Geschehens, und Fragen der Kunsttheorie werden kaum erörtert. Wohl aus diesem Grund hat man frühe Künstlerinnenromane, wie zum Beispiel Kate Chopins «The Awakening» (1901), bis in die achtziger Jahre nicht als Künstlerinnenromane angesehen. Beiläufig spricht Chopin davon, daß Edna Pointellier im Atelier arbeitet und am Ende des Buches von Bildaufträgen lebt. Noch bei Barabara Frischmuths «Kai und die Liebe zu den Modellen» (1979) stehen die Beziehungen der schriftstellernden Protagonistin zu ihrem kleinen Sohn Kai und dessen Vater im Vordergrund des Geschehens. Etwaige Ansätze zu Literaturgesprächen zwischen der Schriftstellerin und ihrer Lektorin unterbricht Kai ständig. Zudem definiert die Frau das Kunstwerk auf den Gebrauch hin.[10] Kunst und Gebrauchsliteratur sind nicht streng unterschieden, Briefe, Rezepte, Tagebücher werden ins Werk aufgenommen. Das Werk dient dem alltäglichen Leben und die Künstlerin macht nicht viel Aufhebens davon. Die tragische Künstlerpose ist ihr gar nicht möglich, denn der alles verschlingende Alltag, die Beziehung zu Kindern und Mann lassen weder Zeit noch Raum dazu. Die Funktion des Kunstwerks kann real oder psychologisch sein. Chopins Roman beschreibt Ednas Zeichnen schon früh in ihrer künstlerischen Entwicklung auf seine psychologische Funktion hin. Die eben aus ihrer Unbewußtheit erwachende Edna liebt die mütterliche Adele und findet bei ihr vor ihrer erwachenden Sinnlichkeit Schutz. Gleichzeitig fühlt sie sich aber auch von dem Gefühl für Adele bedroht und versucht, dadurch Abstand von ihr zu gewinnen, daß sie sie porträtiert. Das Bild der Mutterfigur soll der Abgrenzung von ihr und damit der Selbstdefinition dienen.

Abgrenzung von der Mutterfigur und von der Verschmelzung mit ihr bestimmt den weiblichen Umgang mit der Kunst. Aber immer bleibt die Verbindung zu wirklichen Menschen in zwischenmenschlicher Beziehung erhalten. Von der psychosozialen Entwicklung her gesehen spielt für das Mädchen als Kleinkind das Übergangsobjekt eine andere Rolle als für den Jungen. Denn in der patriarchalischen Gesellschaft bindet die Mutter das Mädchen enger an sich. Das Übergangsobjekt des Mädchens bleibt mit der Welt der Mutter verschmolzen, der Symbolwert des Übergangsobjektes geringer. Doch ändert sich das in der ödipalen Periode, wenn die Mutter zur Rivalin wird, gegen die sich das Mädchen gerade durch die Identifizierung mit der Welt des Vaters auflehnt. Nun füllt sich das Übergangsobjekt des Mädchens mit geistigen Werten aus der vom Vater bestimmten, öffentlichen Kulturwelt der Sprache und der symbolischen Formen auf. Mit diesem veränderten Übergangsobjekt kann sich das Mädchen gegenüber der Mutter in der Phase der Latenz abgrenzen, demjenigen Entwicklungsabschnitt, in dem das Mädchen in der bürgerlich-patriarchalischen Welt seiner ‚weiblichen' Bestimmung zugeführt wird. Die beschränkende Gewalt der Mutter erfährt das Mädchen gefühlsmäßig als erstickend, ertränkend und verschlingend. Damit verschlechtert sich das Verhältnis zur Mutter bis hin zum ausgesprochenen Kampf mit ihr. Der Künstlerinnenroman stellt diese mütterliche Gewalt negativ als ertränkendes Meer, als verschlingende Natur, als erstikkende Narkose dar. Doch kann die Künstlerin diese Gewalt auch positiv erfahren, so wie zum Beispiel Chopins Edna die See beim Schwimmen als tragende Macht erlebt. Bei der negativen Mutterbindung erscheinen der Vater und Vaterfiguren als stärkende Helfer, die die Welt der Tochter mit intellektuellen Werten bereichern und Willensstärke, Härte und Widerstand jeder Art gegen die erstickende Mutterwelt ermöglichen. Die Vaterfigur und der Geliebte als ihre jugendliche Repräsentation erscheinen der Künstlerin daher bis spät ins 20. Jahrhundert als Muse.

Die geschichtlich-soziologische Situation des Bildungs- und Künstlerromans

Nach Herbert Marcuse wird der Künstlerroman historisch erst dann in der gesellschaftlichen Entwicklung möglich, wenn der Künstler eine eigene Lebensform repräsentiert, die Lebensformen der Gesamtheit seinem Wesen nicht mehr gemäß sind, das heißt wenn die „Kunst [...] nicht mehr notwendiger Ausdruck des vollendeten Lebens der Gesamtheit ist".[11] Ende des 18. Jahrhunderts, konkret: von Goethes «Wilhelm Meister» an, sieht Marcuse den Künstlerroman als eine Form des Bildungsromans, die allerdings von Anfang an verneint wird, denn „für den modernen Epiker ist [...] Künstlertum zwar eigene Lebensform – aber er entsagt ihr, ordnet sich bewußt der Umwelt ein. So muß er auch den Künstlerroman überwinden: Er kann für ihn nur Abbild der eigenen Entwicklung sein: Der Künstler entsagt dem eigentlichen Künstlertum, er tritt entsagend in den großen Kreis der Umwelt ein. Der Künstlerroman wird zum episch-objektiven Bildungsroman."

Der Held des bürgerlichen Künstler- und Bildungsromans beginnt seine Entwicklung zum Ideal des eigenständigen Individuums nach der frühen Sozialisation durch die Familie und die ihn umgebenden Institutionen mit der Reise in die Welt im Zeichen des Abenteuers, der Abkehr von der bürgerlichen Gesellschaft, des Konflikts mit ihr. Doch wegen der Bindung an das Werk ist der Künstlerroman weitgehend eine Reise nach innen. Künstler und Bürger erleben aber durchaus ähnliche Entwicklungsstadien, Roman- und Lebensstruktur verlaufen linear. Heimkehr und Einfügung in die Gesellschaft als festgefügte Persönlichkeit, die Übernahme von verantwortungsvollen Geschäften in der Gesellschaft bedeuten für den Künstler den Verlust des Schaffensvermögens, während für den Bürger der Verlust der Gefühlsunmittelbarkeit das Endstadium ist. Allen Varianten des männlichen Entwicklungsgedankens ist das Folgerichtige und Lineare gemeinsam.

In der tragischen Variante des Künstlerromans geht der Protagonist im Kampf mit der feindlichen Vaterwelt unter, wie etwa Leverkühn im «Doktor Faustus». Der Künstler opfert sich aber nicht der Gesellschaft, sondern allein der Kunst. Sie ist ihm wichtiger als alles Leben. Gerade deshalb wird die Kunst dem Leben gefährlich, trennt es durch Vergeistigung und Entfremdung von der Realität ab. Nun ist aber ein zweiter Held eines solchen Romans immer der Erzähler, der den Tod des Helden oder den Sieg der Gesellschaft überlebt, der das Geschehen durch seine Ironie oder direkte Aussage relativiert. Die Kunst überlebt in der Figur des Erzählers und seiner Aussage. Trotz dieser Absicherung ist aber das Schreiben eines Künstlerromans eine schwierige Aufgabe. Es setzt von seiten des Erzählers voraus, daß er Abstand zum Protagonisten hat; vom Autor aber eine genügend stabile Auffassung seines Künstlertums, so daß er wagen kann, es öffentlich in Frage zu stellen. Wie die vielen unvollendeten Künstlerromane (Tiecks, Novalis', Kellers) und die schmerzhaften Erwägungen eines Thomas Mann über seinen «Faustus» zeigen, erfordert das Schreiben eines Künstlerromans immer eine Selbstkonfrontation, die bis zur Selbstaufgabe in Krankheit, Wahnsinn und Tod führen kann.

Die geschichtlich-soziologische Situation des *weiblichen* Bildungs- und Künstlerromans

Der weibliche Bildungs- und Künstlerroman muß schon wegen der ganz anderen Entwicklungsmöglichkeiten und Grenzen der Frau in der patriarchalischen Gesellschaft bis ins 20. Jahrhundert hinein ganz anders aussehen. Denn nicht Auseinandersetzung mit der Gesellschaft, die den Charakter bildet, nicht Erfahrung der großen Welt werden von der bürgerlichen Frau erwartet. Im Gegenteil, gerade Einfügung in Familie und bestehende Gesellschaft ohne Konflikt, Beschränkung auf das Private gelten als Ideal und Aufgabe der Frau.[12] Im Gegensatz zu den literarischen Themen des männlichen Bildungsromans und seinem männlich geschulten Lesepublikum sind die passiven und häuslichen Prozesse des weiblichen Bildungsromans undramatisch und unheroisch; er kann also höchstens als Sittenroman interessieren, wie etwa der von Sophie von La Roche oder Jane Austen. Die Protagonistinnen sind hier weniger Persönlichkeiten als Vertreterinnen eines Standes, einer Gesellschaftsschicht und ihrer Sitten (vgl. Bd. I, S. 434ff.). In der Romantik, im Roman der Brontës in England, im Märchen von der Gräfin Rattenzuhausbeiuns Bettine von Arnims entwickelt sich zwar eine Frauenpersönlichkeit, die sich aber am Ende doch dem Dienst an Mann und Familie überantwortet.[13] Stärker tritt eine solche Persönlichkeit bei George Eliot in der Darstellung der Maggie in «The Mill on the Floss» (1860) hervor. Doch auch Maggie wendet sich nicht der Welt zu wie etwa ihr Bruder. Vielmehr ist die

Reise, die sie unternimmt, eine Reise nach innen. Und so liest sich der weibliche Entwicklungsroman von der Romantik bis ins 20. Jahrhundert hinein genauso wie oft der männliche Künstlerroman: als Beschreibung eines Wegs nach innen. Allerdings gibt es im weiblichen Entwicklungsroman keine lineare, folgerichtige Entwicklung, vielmehr wird diese von retardierenden Perioden unterbrochen und von plötzlichen Erwachenserlebnissen bestimmt.[14]

Auffallend ist, daß Schriftstellerinnen im 19. wie im frühen 20. Jahrhundert häufig einen Mann zum Protagonisten ihrer Entwicklungsromane wählen, wie etwa George Eliot und Ricarda Huch. Mitverantwortlich dafür mag die Problematik – und damit Schwierigkeit – des weiblichen Entwicklungsromans sein, daß Persönlichkeitsentfaltung und fixierte Rolle der Frau konfligieren beziehungsweise einander ausschließen. Dieses Problem stellt sich noch schärfer für den Künstlerinnenroman. Gerade der Künstlerroman als Genre beschäftigt sich ja mit dem Werden des Künstlers und den Ursprüngen seiner Kreativität in der persönlichen Entwicklung. In der Diskussion über die Rolle der Frau in Gesellschaft und Kultur hat daher der Künstlerinnenroman eine geradezu exemplarische Bedeutung, denn hier zeichnet sich ab, wie, wann, unter welchen Bedingungen und inwiefern eine Frau sich überhaupt zur Künstlerin entwickeln kann.

Künstlertum – so wie es sich in der kulturellen Tradition herausbildete – als eine Lebensform, die sich von der Gesellschaft absetzt, ist für die Frau erst dann möglich, wenn sie im Hinblick auf Familienaufgaben und wirtschaftliche Existenz ein Mindestmaß an Freiheit gewonnen hat, wenn sie die Möglichkeit zur Selbstverwirklichung durch die Förderung ihrer geistigen Fähigkeiten und Talente erfahren hat. Bis ins späte 19. Jahrhundert schrieben Frauen, Töchter von Vätern der gebildeten Klassen, die ihnen erlaubten, wenigstens die Landessprache recht und schlecht schreiben zu lernen; sie schrieben häufig gegen den Willen der Familie und veröffentlichten oft anonym oder pseudonym.[15] In Haus und Familie eingeschlossen, war ihr Bild der Welt notwendigerweise privat und ahistorisch. Erst der wissenschaftliche und technische Fortschritt, die damit verbundene strukturelle Differenzierung und der soziale Wandel ermöglichten Frauen, aus der Privatsphäre und Geschichtslosigkeit herauszutreten und ihren Anspruch auf Bildung und Selbstverwirklichung durchzusetzen.

Für die Entwicklung des Künstlerinnenromans ist weiterhin wichtig, daß die *öffentliche* Rolle der Frau als Künstlerin anerkannt wird. Dies war zum Beispiel in den Vereinigten Staaten eher möglich, weil dort der Frau bei der Besiedlung des Landes eine unabhängigere und öffentlichere Rolle zugefallen war als in Europa. Einen Künstlerroman schreiben bedeutet aber auch, diese Rolle aufs Spiel setzen, genügend Selbstgefühl haben, um eine Selbstkonfrontation auszuhalten, ein Wagnis, dessen Gefährlichkeit sich am Leben und Werk der amerikanischen Schriftstellerin Kate Chopin ablesen läßt. Weder Chopin selbst noch ihre Protagonistin überstehen die vernichtende Ablehnung der bürgerlichen Gesellschaft und der Mutterfiguren. Chopins Heldin sucht den Freitod. Mit der Verfemung von «Awakening» erlosch Chopins Genie.[16]

Gwen John, Eine Ecke im Zimmer der Künstlerin in Paris (1907–1909)

Im Verlauf der letzten achtzig Jahre muß aber auch infolge der Veränderung der geschichtlich-sozialen Rolle der Frau eine Änderung in der Kleinkinderziehung und daher der Objektbeziehungen stattgefunden haben. Denn eine Frau, die nicht ausschließlich für ihre Familie lebt, entzieht sich nicht nur, wie in der patriarchalischen Gesellschaft, dem Sohn, sondern nun auch der Tochter und lockert deshalb die enge, oft erstickende Beziehung zu ihr. Dies müßte eine Änderung in der Beziehung zum Vater und zu den Brüdern zur Folge haben, und zwar in der Weise, daß diese Beziehung für das Mädchen erst enger, dann von der Pubertät an gespannter sein wird, da die Tochter/Schwester mit der männlichen Welt in den Wettbewerb tritt. Aus der veränderten Mutterbeziehung dagegen würde sich für Mädchen eine andere Beziehung zum Übergangsobjekt und damit für Frauen eine andere psychosoziale Funktion von Kunst ergeben. Dies könnte ein Grund dafür sein, daß heute eine so große Zahl von Schriftstellerinnen am Literaturbetrieb beteiligt ist.[17] Und doch ist, nach Christa Reinig, Literatur „ein hartes Männergeschäft von dreitausend Jahren her. [...] Die Formen und Formeln der Dichtersprache sind nicht geschaffen, daß ein weibliches Ich sich darin artikulieren kann." In bezug auf ihre Generation fügt sie allerdings hinzu: „Ich glaube, daß die Durststrecke der weiblichen Ichlosigkeit hinter uns liegt."[18]

Kate Chopins «Awakening»[19]

Kate Chopins Roman «The Awakening» ist eines der ersten Zeugnisse einer Frauenliteratur, die die Sexualität der Frau aus der Perspektive der Frau darstellt und bejaht. Als das Buch 1899 erschien, war die Autorin, Witwe und Mutter von fünf Kindern, sechsunddreißig Jahre alt. Die Protagonistin des Romans Edna Pontellier erlebt bei einem Sommeraufenthalt an der Golfküste mit ihrem Mann, ihren Söhnen und kreolischen Freunden und Bekannten das Erwachen zu einer Sensualität und Sexualität, die der Reproduktion nicht untergeordnet, sondern ihr entgegengesetzt sind und ihre Künstlerschaft bedingen. Ihr Erwachen zu „her position in the universe as a human being" (S. 14f.) veranlaßt sie nach einer kurzen Liebesaffaire, ihre Rolle als Frau und Mutter aufzugeben und sich in der Kunst und freien Liebe eine neue, eigene Existenz aufzubauen. Doch mißlingt der Versuch zur Selbstverwirklichung; sie schwimmt ins Meer hinaus, um nicht wiederzukehren.

Es geht Chopin in ihrem Roman um Ednas – ihr Name bedeutet „Wiedergeburt" – Ringen um ihre Individualität. Ihre Kunst, die Malerei, ist das Mittel, mit dem sie versucht, sich von all den Beziehungen abzugrenzen, die sie zu verschlingen drohen. Da sind nicht nur die Forderungen der Kinder, ihres Mannes und ihrer Geliebten an sie; was sie am stärksten bedroht, ist gerade ihre Sensualität/Sexualität, die einerseits ihr ‚Erwachen' und ihre Künstlerschaft bedingen, andererseits aber ihre besondere Identität auszulöschen drohen. Sensualität und Sexualität verkörpern sich für Edna in zwei mütterlichen Elementen, in der Freundin Adele und in der sommerlichen verführerischen See. Adele, die Mutterfigur des Romans, hat zwar Ednas Liebe zuerst erweckt, fordert aber auch, daß Edna sich in die gesellschaftliche Rolle der Hausfrau und Mutter fügt, die sie vor ihrem Erwachen verträumt, unbewußt, recht und schlecht erfüllt hat. Ihr Künstler- und Liebesleben soll sie dieser Rolle opfern. Edna ist nicht stark genug in ihrer noch unerprobten Identität, sich dem Willen der Mutterfigur zu widersetzen. Sie gibt sich der Verführung des Meers als dem alles auflösenden mütterlichen Element hin, um dem Konflikt zwischen Künstlerschaft und traditioneller Frauenrolle auszuweichen.

Wie die Geschichte Ednas in Chopins Darstellung des Künstlerinnenproblems zeigt, wird die Künstlerin durch die Mutterbeziehung zur Begegnung mit dem Schöpferischen geführt. Doch gleichzeitig hat die Mutter die zornig-verbietende Rolle inne, die im Künstlerroman dem Vater zufällt. Adele widersetzt sich Ednas Bestreben nach sinnlicher Entfaltung und zwingt sie in den Dienst ihrer ‚weiblichen' Rolle. Dagegen ist es gerade der Vater, der Ednas Neigung zur Kunst fördert – zumindest solange sie gut verheiratet ist. Ednas Geliebter, Robert Lebrun, benannt nach dem französischen Hofmaler des 17. Jahrhunderts, ist ihre ‚väterliche' Muse. Und wie in vielen Künstlerinnenbiographien des 19. und 20. Jahrhunderts ist es der Vater, zu dem die Künstlerin eine gute Beziehung hat, während die Mutterbeziehung konfliktreich ist.[20] So zeigt Chopin die Problematik der Künstlerin in der patriarchalischen Gesellschaft in beinahe klassischer Weise. Noch in dem 1963 veröffentlichten Künstlerinnenroman Sylvia Plaths «The Bell Jar» ist die psychische Lage der Künstlerin dieselbe wie die Ednas. Auch hier stellt die Verschmelzung mit der Mutter die tödliche Gefahr für die Künstlerin dar.

Christa Wolfs «Kindheitsmuster»

Das Ringen um die Identität, das Ich, ist auch das Anliegen des Künstlerinnenromans Christa Wolfs von 1976. Das Schreiben und das Werk dienen der politischen und der persönlichen Vergangenheitsbewältigung, die geleistet werden muß, damit die Erzählerin zu sich ja sagen kann, damit sie die Todsünde ihrer Klasse und Zeit, nämlich sich selber nicht kennenlernen zu wollen, überwindet. Der politischen Vergangenheitsbewältigung steht die Verneinung der Wirklichkeit, die Engstirnigkeit, die Sprachlosigkeit und das Vergessenwollen der kleinbürgerlichen Klasse entgegen, die sie vorwiegend als die ihrer Mutter erlebt.

Die persönliche Vergangenheitsbewältigung der Erzählerin läßt ein vielfach verzweigtes Schuldbewußtsein erkennen. Seine verschiedenen Aspekte werden dem Leser durch Traumerzählungen vermittelt, die den Erinnerungstext regelmäßig durchziehen. Die Traumfähigkeit der Erzählerin bedeutet zweierlei: Gefährdung durch Schuldbelastung und Rettung aus der Schuldverschlungenheit. Da ist zu einem das Hausfrauenschuldgefühl der Schreiberin im Traum vom Familienfest: Als einzige kann sie die einen Familienmitglieder „von den andern unterscheiden" (S. 18), also sich und andere erkennen, und muß dennoch in der Küche abwaschen. Das bedeutet: Sie entkommt der kleinbürgerlich weiblichen Rolle nicht. Da ist das Schuldgefühl gegenüber der Mutter, die im Traum das Erinnerungsmanuskript findet, das „Mutter" betitelt ist, dessen Plan die Mutter „erraten und sich verletzt fühlen" (S. 18) wird. Denn Sich-an-die-Kindheit-erinnern, wie sie wirklich war, bedeutet für sie, sich an den Eltern, besonders an der Mutter, zu vergreifen. Der Traum, der von diesem Schuldgedanken inspiriert ist, zeigt denn auch, wie die Schreibhand, die Rechte, zwar nicht biblisch verdorrt, aber auf moderne Weise „kunstvoll wegoperiert wird" (S. 39). Der Traum enthüllt damit ihren ambivalenten Wunsch, bloßzustellen und zu schweigen. Ihre Traumfähigkeit verbindet sie mit der Mutter. Auch diese hat als Kind – wie sie selbst – über das Milieu durch Erziehung hinauskommen wollen. Auch die Mutter hat als Erwachsene im Traum sich als Kind gesehen, das an den Eltern schuldig wird. Noch als Erwachsene von dem Traum dieser Schuld verfolgt, will die Mutter „mitten in der Nacht aufstehn und [den] Traum aufschreiben". Sie wagt es aber nicht, ihrer Traumfähigkeit das Wort zu geben. „Wie konnte ich das, [...] die Frau eines Lebensmittelkaufmanns." (S. 64) So reicht die Mutter die Traumfähigkeit an die Tochter weiter und auch den Wunsch, die Schuldgefühle an den Eltern durch Schreiben abzutragen.

Im Verlaufe der Wiedererinnerung baut die Erzählerin durch ihr Schreiben, also durch die Kunst, das Verleugnen und das Übersehen, beide Vermächtnis ihrer Familie und Klasse, ab. Mehr und mehr befreit sie dadurch ihr verschüttetes Gefühl, denn sie hat von der Mutter zeitig gelernt „ihre wahren Gefühle vor sich selbst zu leugnen" (S. 189). Damit ändern sich auch die Träume. Sie baut die kleinbürgerlichen Ängste sogar im Traum ab, verliert Schuldgefühle gegenüber den Eltern und ihrem Ursprung. So kann sie ihre Mutter mit Mitgefühl ansehen, im Traum als Spionin ihre Gesellschaftsklasse verraten und „zwei Menschen [...] erschießen, Bösewichter der schlimmsten Sorte, der eine von ihnen als Arzt getarnt" (S. 58). Am Ende des Romans hat sie durch ihre Erinnerungsarbeit das Vermächtnis ihrer Familie und Klasse in sich kennengelernt und damit die Sünde ihrer Zeit überwunden. Schon zu Beginn ihrer Aufgabe hört die Erzählerin auf, von sich als einem ‚Ich' zu sprechen. Denn dieses ‚Ich' erscheint ihr als ein vom Gedächtnis verfälschtes Bild. Im Selbstgespräch der Erinnerung redet sie sich mit ‚Du' an. Von sich als Kind spricht sie entfremdet in der dritten Person. Aus ihrer Selbstprüfung bis in den Traum hinein geht am Ende ihres Berichts ein neues Ich hervor, das die Selbstentfremdung überwunden hat. Und dieses Ich fürchtet sich nicht vor Traum und Wachen, es kann es sich leisten, sich in andere Menschen, Tiere und Dinge einzufühlen, ohne sich selber zu verlieren.

Diese Auseinandersetzung mittels der Kunst bewegt sich im formalen Rahmen eines Bildungsromans, zeichnet jedoch auf der Ebene der Vorvergangenheit, der Geschichte der Kindheit, Jugend und Erziehung, einen ‚Verbildungsprozeß' nach. Auf der Ebene der Vergangenheit, der Reise in die Heimat und des vierjährigen Schreibens, schildert der Roman einen Umbildungsprozeß. Die Erzählerin grenzt sich durch das Schreiben von ihrer Vergangenheit ab, besonders von der Mutter. Gleichzeitig gewinnt sie aber durch das erinnernde Schreiben verschüttete Gefühls- und Erlebnisweisen aus der Kindheit zurück, die ihr als Mensch und Schriftstellerin notwendig sind, zum Beispiel Mitgefühl, schöpferische Neugierde, Aufrichtigkeit. Doch ist dieser Prozeß der Selbstgewinnung nicht nur von privater Bedeutung, sondern vielmehr politisch-soziale Tat der verantwortungsvollen politischen Schriftstellerin. Bei Wolf findet sich wie bei Chopin eine männliche Muse. Ehemann und Bruder begleiten als Fahrer des Familienautos die Erzählerin auf ihre Reise in die Vergangenheit und stehen ihr da, wo sie von ihrer Subjektivität überwältigt zu werden droht, mit Sachlichkeit (der Bruder, ein Ingenieur) und Gefühlssicherheit (ihr Mann, ein Schriftsteller) helfend zur Seite. Endlich dient auch die Tochter der Erzählerin auf der Reise als Helferin. Die sachlich kühle, jugendlich unverbildete Betrachtungsweise der

Fünfzehnjährigen zeigt, daß die Erzählerin nicht wie ihre Mutter die Schuldlast der kleinbürgerlichen Vergangenheit an die neue Generation weitergegeben hat. Die Augen der Tochter ermöglichen der Mutter einen unbefangenen Blick auf ihre Vergangenheit. Wie Chopin bevorzugt auch Wolf androgyne Lösungen. In der Schwäche des Vaters der Erzählerin, seiner schattenhaften Machtlosigkeit als Mitläufer in der SA Hitlers, wird die Auflösung des kleinbürgerlichen Patriarchats deutlich, eine Auflösung, die die androgyne Lösung vorbereitet. Der Mutterfigur sind bei Wolf die mythischen Schrecken genommen, die sie noch als verschlingende Erde bei Plath in der «Glasglocke» rund ein Jahrzehnt früher hatte. Doch daß die Erzählerin gleich drei Helfer auf ihrer Reise benötigt, zeigt die Schwierigkeit und Gefährlichkeit von Selbstkonfrontation und Selbstverwirklichung an, auch wenn sie anerkannten gesellschaftlichen Zwecken, wie der politischen Vergangenheitsbewältigung, dienen. Die Zahl der Helfer verdeutlicht die Größe der Gefahr.

Monika Marons «Die Überläuferin» oder die Künstlerin auf Abwegen

Wolfs Roman bewegt sich mit seiner Vergangenheitsbewältigung weitgehend in einer geschichtlichen Periode und einer Klasse, in denen feministisches Gedankengut noch keine Rolle spielt. Er zeigt aber im Eheverhältnis der Generation der Erzählerin neue Lösungen für die schaffende Künstlerin auf. Die Vielzahl der Künstlerinnenromane der späten siebziger und achtziger Jahre beleuchtet das Problem der schöpferischen Frau von immer neuen Seiten. Die beiden Romane von Monika Maron «Flugasche» (1981) und «Die Überläuferin» (1986), seien als Beispiele herausgegriffen.

Wie sehr Kunst im Künstlerinnenroman immer noch mit Gebrauchskunst zusammenfällt, zeigt sich schon daran, daß Josefa Nadler, die Protagonistin von «Flugasche», Journalistin ist, deren ‚Werk' Mißstände in einem Kraftwerk aufdeckt. Dem Temperament nach, aufgrund ihrer Neugierde, ihrer Konzentration auf das Schreiben und gute Schreiben, ihrer Intoleranz gegen die bürokratische Routine ist Josefa Künstlerin. In wortwörtlichem Sinn ist ihr Werk Gebrauchsliteratur mit dem praktischen Ziel, gesellschaftliche Veränderung zu bewirken. Der Angriff auf das Kraftwerk ist auch ein Angriff auf die zählebige Bürokratie, die als unpersönliche Gewalt die repressive Rolle der Mutter und der Gesellschaft des früheren Künstlerinnenromans übernommen hat. Als die Bürokratie die Veröffentlichung ihrer Reportage verbietet, verlangt Josefa in einem Brief an die Regierung die Schließung des Werkes. Der daraufhin erfolgenden Kritik ihrer Vorgesetzten bei der Zeitung widersetzt sie sich. Sie wird aber auch von der Mutterfigur, der Redakteurin, die sie erst gefördert hat, und von ihrem Freund, dem Mitstreiter und Vater ihres Sohnes, verlassen, als sie sich weigert, den Kampf aufzugeben und hartnäckig an ihrer Position festhält. Auch den Freunden und früheren Mitstreitern erscheint ihr Kampf als egoistische Vereinzelung, das Bestehen auf der Richtigkeit ihrer Reportage als individualistischer Angriff auf die sozialistische Gesellschaft. Die Handlung endet mit der völligen Isolation und dem Ausschluß der Protagonistin aus aller menschlichen Gemeinschaft. Damit ist ihr Überleben nur eine Frage der Zeit. Obgleich der Mensch Josefa zu Grunde geht, hat ihr Werk doch eine Wirkung. Der letzte Paragraph berichtet kommentarlos, daß das Kraftwerk kurze Zeit nach ihrem für sie so verhängnisvollen letzten Protest stillgelegt wurde.

Marons «Überläuferin» (1986) setzt in der Vereinzelung ein, in der «Flugasche» die Protagonistin belassen hatte. Die Protagonistin Rosalind, nicht zufällig Historikerin, also Erinnerungsspezialistin, erleidet aus unbekannten Gründen den Ausschluß aus aller menschlichen Bindung. Doch schon der Titel «Die Überläuferin» macht klar, daß Rosalind die Verantwortung für den Ausschluß trägt, den sie allerdings vorerst passiv erlebt. Von Anfang an bewegt sich dieser Roman auf symbolischer, innerer Ebene, ist Suche durch Erinnerung und Spiel mit der Phantasie nach der menschlichen Identität, die Rosalind in der gradlinigen geschichtlich-sozialen Welt verloren hat. Wie Kafkas Gregor Samsa – die Parallelen sind Maron sicher bewußt – findet sich Rosalind in ihr Zimmer eingeschlossen, gelähmt, ohne Schlafbedürfnis, Hunger und Durstgefühl, aus der Natur und der Zeit ausgestoßen. Vorerst empfindet sie ihre Isolation als Geschenk, da ihre Abwesenheit von der Arbeit diesmal nicht bemerkt wird. Aus der Geschichte buchstäblich ausgeschlossen, hat Rosalind Zeit zur Suche nach dem verlorenen Ich. Diese Suche, so sehr sie sich auch als Kritik der patriarchalischen Gesellschaft der modernen Welt des Westens und Ostens entlarvt, ist dennoch weitgehend Flucht und Abweg. Sie bewegt sich hin und her zwischen der Erinnerung an die Stadien einer mit der Kindheit einsetzenden, linear fortlaufenden Biographie und den aus ihrer Phantasie geborenen Zwischenspielen, den Gesprächen von Freunden und Zeitgenossen.

Schon früh im Roman wird deutlich, daß ein Teil des verlorenen Ichs die Freundin Martha ist, die Rebellin und Anarchistin, die Dichterin, die ihren Berliner Polizistenvater und die weinerliche Mutter verleugnet und sich eine phantastische Identität erdichtet, indem sie behauptet, ihre Mutter sei schon als Kind gestorben und ihr Vater sei der König der Juden. Sie sei von einem Piraten, „einem Wissenschaftler, Maler oder Dichter“ (S. 51), unterwiesen worden, ihre „nutzloseste Eigenschaft herauszufinden“, das heißt, sich der Verwendbarkeit durch die Gesellschaft zu entziehen. Martha steht für das ungebundene Leben. Rosalind dagegen hat sich der Gesellschaft angepaßt, obwohl sie sich von Kind auf gegen das Leben gestemmt hat, ja sich wie Oskar Matzerath, ihr Vorgänger im Künstlertum, geweigert hat, geboren zu werden. Ihren kleinbürgerlichen Vater stumm hassend, hat sie dennoch seine männlichen Eigenschaften angenommen, ist ehrgeizig, logisch, zielstrebig geworden. Der Wissenschaftlerin mit achtstündigem Bürotag hat sie ihre Spontaneität geopfert und ist nur noch in der Phantasie Rebellin. Nur zusammen mit Martha hat sie den Traum von dem im Warenhaus angezettelten Aufstand der Hausfrauen gegen die Konsumgesellschaft geträumt. Doch typischerweise bestraft sich Rosalind für diesen Zerstörungstraum durch ein erträumtes Verhör seitens der Behörden. Diese halten rebellische Identitäten aber nicht durch Gewalt und Verbote unter Aufsicht, sondern durch verführerische junge Beamte. Die repressive Rolle der Gesellschaft, die bei Wolf noch der mütterlichen Sphäre zufällt, wird bei Maron dem Mann zugeschrieben. Allerdings herrschen die Männergestalten des Romans nicht durch Gewalt, sondern durch Verführung, Verhinderung und Manipulation, durch Taktiken, die traditionell als weiblich bezeichnet werden.

Der Lähmung und der Klausur in ihrem Zimmer ist das Verschwinden Marthas vorausgegangen. Das heißt wohl, daß die bürokratische Routine der Historikerin die Dichterin in Rosalind in die Flucht geschlagen hat. Aber ihre weitgehende Ichspaltung hat Rosalind zunehmend in die körperliche Krankheit geführt; ihr Körper weigert sich, den Verlust des schöpferischen Ich, der Muse, hinzunehmen. Die Lähmung, die Abgrenzung von der äußeren Wirklichkeit, die Reise nach innen auf der Suche nach Martha künden gleichzeitig vom Versuch, die Ichspaltung und Selbstentfremdung zu überwinden. Die Erinnerung und das Spiel mit der Phantasie, die Zwischenspiele, die Rosalind in ihrer Gefangenschaft entwirft, stellen den Versuch dar, durch den Gebrauch des Wortes, der Kunst, sich mit ihrer Vergangenheit, ihrer Gesellschaft und sich selbst auseinanderzusetzen. Es ist der Versuch einer Selbstfindung und Selbsterfindung, der der väterlichen Helfer und der mütterlich tragenden Kräfte des früheren Künstlerinnenromans völlig entbehrt.

Gedankenspiel und Erinnerung führen Rosalind vorerst fort vom Ziel der Selbstfindung und Selbstbejahung. In den Gesprächen mit ihrem Freund Bruno erlebt sie seine herablassende Arroganz und versucht, ihrem dadurch erregten weiblichen Selbsthaß, ihrem Männerneid, ihrer Scham, Frau zu sein, durch die Flucht in eine nur ihr verständliche Sprache zu entkommen. Da dies nicht gelingt, entflieht sie ihrer bedrückenden Selbsterfahrung mit dem Kopf durch die Wand in eine andere Welt. Doch dieser Fluchtversuch führt in einen noch schlimmeren Alptraum, einen Traum der überpersönlichen Vergangenheit und Gegenwart, der für den modernen Menschen mit alten Nazis, mit von Bomben zerfetzten Leibern bevölkert und mit sterilen Gegenständen der kleinbürgerlichen Ordnung angefüllt ist. Die gute überpersönliche Welt als utopische Fluchtmöglichkeit gibt es nicht mehr. Doch auch die Gedankenflucht in die Zukunft und die technologische Utopie zur Lösung des Identitätsproblems führt ins Groteske, in die Begegnung mit einem Klon, dem künstlichen Ersatz für einen Menschen, der seine Überlegenheit über den Menschen zu beweisen sucht. Rosalind gibt nun die Flucht in die überpersönliche Vergangenheit und die Zukunft auf und wendet sich wieder der Suche nach Martha zu.

Martha und Rosalind sind zwei moderne Möglichkeiten, Frau und Künstlerin zu sein in einer Gesellschaft, in der der Mensch Statistik ist, dessen Nutzwert von Geburt an berechnet ist. Zwar hat Martha unter Anleitung des Piraten auf ihrer Nutzlosigkeit bestanden. Als Dichterin ist sie zudem dem Leben nicht so entfremdet wie der Dichter, das „führende Mitglied der Assoziation dichtender Männer" (S. 155), der eingangs schon erwähnt wurde. Für Martha ist das „höchste Gut der Menschen" nicht die Sprache, sondern das Leben. Doch hat auch Martha genauso wie Rosalind versucht, aus dem Gemeinschaftsleben auszutreten und nach einem Ideal gesucht, das sie „Vater" nennt. Daß dieses Ideal Verleugnung und Abkehr von der Realität bedeutete, berichtet Martha Rosalind bei ihrer Wiederbegegnung. Nicht zufällig ging Marthas Flucht in den Westen, und die Vereinigung der Teile des Ich findet im Land der unbegrenzten Möglichkeiten, in der Hölle des New Yorker Bowery statt. In der völligen Erniedrigung bei der Suche nach dem Vater wird Martha, so berichtet sie Rosalind, einmal von einem Regen überrascht, vor dem Schutz nicht möglich ist:

> Statt mich gegen das Unabwendbare zu wehren, gab ich mich ihm hin, anfangs gleichmütig, bald aber lustvoll. Das Wasser umspülte mich wie das Meer. [...] Ich öffnete den Mund, ließ das Wasser in mich hineinlaufen ... und für eine Weile glaubte ich, selbst der Regen zu sein und die Erde. [...] Ein unbekanntes Gefühl von Einverständnis klang in mir nach [...]. Seitdem weiß ich etwas (S. 215 f.).

Nach diesem Erlebnis des Einverständnisses mit der Natur stellt Martha sich ihrer kleinbürgerlichen Herkunft. Damit gibt sie die Suche nach dem idealen Vater auf und beschließt, daß sie sich nicht entfliehen, nicht Überläuferin sein will. Auch Rosalind stellt sich, wenn auch nur in der Phantasie, einer Wirklichkeit, nämlich ihrer bis dahin verleugneten Sexualität. Daraufhin kehrt sie mit Martha in die Wirklichkeit ihres Zimmers zurück. Dort wird ihr klar, daß ihr *alter ego* sie selbst ist, lahm, doch nicht gelähmt, rebellisch, doch verantwortungsfähig, und sie sehnt sich danach, wieder in der Welt zu sein und wie Martha das Leben in sich aufzunehmen: „[D]er Anblick des klaren kalten Regenwassers machte ihr Durst. Den Mund weit öffnen und das Wasser in mich hineinlaufen lassen, naß werden, dachte sie, vom Regen naß werden, ja, das wäre schön" (S. 221).

Wie oben gezeigt wurde, ist bei Maron die Muse weiblich, da die männliche Umwelt die Rolle der repressiven Mutter übernommen hat. Der Druck der männlichen Repression ist aber so stark, daß die Psyche der Heldin sich spaltet und ein Werk deshalb nicht mehr möglich ist. Trotzdem versucht die Protagonistin und ihr *alter ego* aus der Welt des Vaters, die wie sie selbst gespalten ist, geistige Hilfe zu holen. Am Ende aber erkennt sie diesen Ausweg als Irrweg. Maron geht es darum zu zeigen, wohin die Abkehr vom Leben und die Hinwendung zur Phantasie führen können. Gerade in der Begegnung mit dem männlichen Vertreter der Wortkunst, dem die Sprache mehr als das Leben bedeutet, erfährt die Künstlerin, daß sein Ziel nicht ihres ist. Eine nur geistige Existenz lehnt sie ab, gerade weil auch sie versucht war, der Wirklichkeit zu entfliehen. Der männliche Weg in die Geistigkeit als Ausweg erscheint Maron als Irrweg und tötend tödlicher Abweg. Die Künstlerin, die sich auf dem Weg in die Geistigkeit befand, kehrt in die Natur zurück. Im Bild des Regens und der Erde, die ihn auffängt, deutet sich Martha/Rosalinds männlich/weibliche Vereinigungssehnsucht an.

Die Sehnsucht nach der Wirklichkeit und die Rückbesinnung auf weibliche Lebenskraft lösen aber wohl das Identitäts- und Wirklichkeitsproblem kaum; eindringlicher und realer als diese Sehnsucht wirkt der Alptraum einer der Frau feindlichen gesellschaftlichen Welt. Die Aufhebung der Spaltung der Künstlerin in Martha und Rosalind überzeugt wenig. Die Rückkehr in die Welt der Menschen ist nur angedeutet. Doch weicht Maron nicht wie der Künstlerroman in die Parodie oder die Ironie aus. Wie die weitere Kunstausübung bei Maron dem Leben dienen wird und wohin die weißen Raben des Künstlerinnenromans fliegen werden, ist abzuwarten. Von der Flucht in die Geistigkeit der Kunst, in die Kunst um der Kunst willen, ist ein weißer Rabe auf alle Fälle zurückgekehrt.

5. Arbeit an weiblicher Subjektivität
Erzählende Prosa der siebziger und achtziger Jahre

Ricarda Schmidt

Obwohl die neue Frauenbewegung bereits Ende der sechziger Jahre begann, waren feministische Ansätze in der Literatur und der Literaturkritik in der ersten Hälfte der siebziger Jahre noch nicht von prägender Bedeutung. Prominente Schriftstellerinnen aus der BRD wie Gabriele Wohmann und Gisela Elsner hatten keinerlei feministische Perspektive in ihren gesellschaftskritischen Texten. Ingeborg Bachmanns Roman «Malina» (1971) war von der Kritik größtenteils verrissen worden und wurde erst Ende der siebziger Jahre von der feministischen Literaturkritik wiederentdeckt. Christa Wolf wurde damals primär als DDR-Schriftstellerin rezipiert, die von der offiziellen Parteilinie in Sachen Literatur abweicht. Karin Strucks Erstlingsroman «Klassenliebe» (1973) wurde ebenfalls vornehmlich durch die Brille bekannter politischer Kategorien gelesen, die den neben dem Klassenkonflikt erst ansatzweise formulierten Geschlechterkonflikt ausblendete. Es gab dokumentarische Literatur, die Probleme von Frauen als spezifischen Nebenwiderspruch des Kapitalismus behandelte («Liebe Kollegin», herausgegeben vom Werkkreis Literatur der Arbeitswelt, 1973), und neo-realistische Romane mit einer weiblichen Heldin (Margot Schroeder: «Ich stehe meine Frau», 1975). Aber erst mit Verena Stefans «Häutungen» (1975) beginnt die Frauenbewegung, nachhaltigen Einfluß auf Literatur und Literaturkritik auszuüben. «Häutungen» markiert die Loslösung des Feminismus aus linken Denkstrukturen, artikuliert ein neues Politikverständnis, lenkt die Aufmerksamkeit auf patriarchalische Strukturen in der Sprache und initiiert damit in der BRD die bis heute anhaltende Diskussion über eine ‚weibliche' Ästhetik. Daß «Häutungen» eine historisch wichtige Funktion in der Entwicklung feministischer

Literatur hatte, zeigt sich auch daran, daß es das am meisten gelesene Buch der neueren Frauenliteratur ist und zugleich dasjenige, das von Feministinnen am heftigsten kritisiert wurde. Die thematischen und ästhetischen Neuansätze von «Häutungen» lösten sowohl identifikatorisches Erkennen und Nachahmung aus als auch kreatives Aufnehmen der Anstöße und kritische Analysen ihrer regressiven Implikationen.

Neue Subjektivität: Autobiographische Wahrhaftigkeit als Beginn feministischer Literatur

Männliche Kritiker haben «Häutungen» – wenn sie überhaupt Literatur von Frauen erwähnen – unter die Kategorie der neuen Subjektivität subsumiert, ohne aber die Besonderheit einer weiblichen Subjektivität zu erfassen.[1] Denn die neue Subjektivität der Männer mit ihrer „Konzentration auf die Krise eines entfremdeten, egozentrischen Ich mit Schuldkomplex und Liebesnöten“[2] kann sich selbst in ihrer Krisensituation noch auf eine literarische Tradition in der Darstellung männlicher Subjektivität berufen. Das Subjektsein des Mannes steht nicht grundsätzlich in Frage. Für die Frau jedoch gilt es zu allererst zu entdecken, daß ein weibliches Subjekt noch gar nicht existiert.

Von ihren Körpererfahrungen ausgehend beschreibt die Ich-Erzählerin in «Häutungen», wie das Fehlen eines weiblichen Ich sich in fremdbestimmtem sexuellen Verhalten manifestiert:

> Der eine küsste leidenschaftlich und wild, so daß
> ich zähne spürte, nichts als zähne
> Und ich küsste leidenschaftlich und wild.
> Der andere küsste sanft und fand alles andere unreif
> und unerwachsen –
> Und ich küsste sanft und erwachsen.[3]

Verena Stefan läßt dieses angeblich privateste Verhalten als Politikum sichtbar werden, dessen Veränderung einen von der traditionellen linken Theorie abweichenden Politikbegriff impliziert. „Sexismus geht tiefer als rassismus als klassenkampf“,[4] erkennt die Ich-Erzählerin und beginnt, das Individuum zum Ausgangspunkt der Veränderung zu machen. Dessen privater Umsturz oder ‚Häutungen‘ meint das Verlassen vertrauter Lebenszusammenhänge und die autonome Suche nach dem, was Weiblichkeit ohne patriarchalische Zuweisung heißen kann.

Dieser politischen Neuorientierung in Richtung eines lesbischen Separatismus entspricht die Suche nach neuen ästhetischen Formen. Stefans «Autobiographische Aufzeichnungen Gedichte Träume Analysen» vertrauen nicht auf die Unmittelbarkeit von Erfahrungen. Das Autobiographische ist hier eine bewußt gewählte Darstellungsform, die den Charakter des Authentischen aus der Arbeit am Material erreicht, aus der Konzentration auf ein Thema, das nicht linear in positivistischer Faktenanhäufung, sondern selektiv und kreisförmig entwickelt wird. Im Gegensatz zum sprachblinden Engagement der politischen Dokumentarliteratur problematisiert Stefan die vorgefundene Sprache als ein System, in dem patriarchalische Normen reflektiert und perpetuiert werden. Aber Stefan versucht über die weitgehend nüchterne Kritik hinaus auch, neue positive Worte für den weiblichen Körper zu finden. Ihre häufig im Bereich der Natur angesiedelten Bilder oszillieren zwischen Regression und Utopie, zwischen Kitsch und neuer Sichtweise. Die „schamlippler" und die „waldaugen" sind oft zitiert worden als Beweis für Stefans Regression auf theorieloses Wissen, Irrationalismus und Mutter Natur. Tatsächlich erscheint Natur in Stefans Metaphern als positive heile Ganzheit. Stefan versucht, die Integration der Frau in diese Ganzheit – die teilhabende Beziehung zur Natur, wie die Autorin sie in den Anfängen der Phylogenese sieht – als konkretes Individuum des 20. Jahrhunderts mittels eines neuen Verhältnisses zu ihrem Körper zu realisieren. So wichtig diese Neubestimmung des Verhältnisses zum weiblichen Körper und zur Natur ist, so bereitet Stefans Behandlung des Problems doch zugleich den Boden für dessen Verkürzung. Sie erzeugt die Illusion, die Aufhebung der weiblichen Entfremdung (vom eigenen Körper und der äußeren Natur) sei eine unmittelbar zu realisierende Lösung für jedes Individuum. Insofern haftet ihren Naturbezügen für den Körper etwas zu Glattes, zu Schönes, zu Einfaches, zum Teil Kitschiges an.

Den Versuchen, Ansatzpunkte für die Entwicklung anderer Vorstellungen von Weiblichkeit in mythischer Vergangenheit oder harmonischer Natur zu finden, stehen aber andererseits die wiederholten Tatbestandsaufnahmen vom offenen, unabgeschlossenen, unvorhersehbaren Prozeß der Suche nach einer anderen Weiblichkeit gegenüber. Die Frauen befinden sich in einem „leeren, unausgeloteten raum",[5] „ohne spielregeln, ohne alte menschen, ohne neue menschen, spärlich bevölkert von fabelwesen, die neue menschen werden wollen",[6] „in einem leeren feld. wir wollten nicht nachahmen".[7] Die Figur Cloe des in der dritten Person erzählten letzten Kapitels hat schließlich den Prozeß des Häutens nicht etwa mit einer neuen ‚natürlich-weiblichen' Haut abgeschlossen:

> Cloe trägt flicken ihrer alten häute an sich herum. sie ist bunt gescheckt und geht kichernd durch die strassen. im wechsel von licht und schatten schillern hier und da hautverschiedenheiten auf. die sanfte kompromissbereite haut, die sei-doch-nicht-so-mimosenhaft-haut, die ich-strahle-ruhe-aus-haut, die sinnliche neugierige haut, die alles-erkennen-wollen-haut. Wer kann bunte haut lesen?[8]

«Häutungen» kommt nicht beim neuen ganzen, das heißt uniformen weiblichen Subjekt an, strebt aber zum Teil in diese Richtung. Dieses in «Häutungen» implizierte Wunschdenken wird in vielen nachfolgenden Texten zum expliziten Schreibmuster. Im Gefolge von «Häutungen» und durch die Selbsterfahrungsgruppen der autonomen Frauenbewegung ermuntert, persönliche Erfahrungen wichtig zu nehmen und zu veröffentlichen, um die weibliche Geschichtslosigkeit zu beenden, schrieben Frauen autobiographische Texte, die wieder und wieder

M. A. F. Raederscheidt, Die Seele der Nacht

die Loslösung aus einer entfremdenden Beziehung zu einem Mann als Weg ihrer Selbstfindung schilderten. Statt aber das Autobiographische als Form subversiv zu nutzen, verdoppelten die meisten Texte die schlechte Realität, ohne ihr neue Aspekte abzugewinnen.[9] Karin Petersens gestelzte Literarisierung in «Das fette Jahr» (1978) und Svende Merians distanzlose Reproduktion von Scene-Sprache in «Der Tod des Märchenprinzen» (1980) stellen zwei typische Varianten dieser Gattung dar, in der weibliche Ichsuche dem Traum von einfacher Eigentlichkeit folgt: „Ich bin ich"[10] heißt das tautologische Ziel der Selbstfindung.

Kritik an der gesellschaftlichen Verhinderung weiblicher Subjektivität

Geht es bei der autobiographisch orientierten Literatur der neuen Subjektivität um weibliche Ichsuche, die sich oft auf den Bereich Sexualität und Liebe konzentriert, so entstanden im gleichen Zeitraum auch Texte, die von einem individuellen Ich bewußt absahen, um abstrahierend, verfremdend, typisierend gesellschaftliche Strukturen als institutionalisierte Verhinderung weiblicher Subjektivität bloßzulegen.

Elfriede Jelineks «Die Liebhaberinnen» (1975) unterläuft sarkastisch die im Titel evozierten Erwartungen an eine Liebesgeschichte. Kritik an der österreichischen Mystifizierung von ‚schöner' Heimat, an kapitalistischen Arbeitsbedingungen und der spezifisch weiblichen Ausbeutung und Entfremdung im Kapitalismus sind die bereits im Vorwort skizzierten Parameter dieses Romans. Literarisches Medium von Jelineks Kritik ist weder Dokumentation noch Realismus – die von der bundesrepublikanischen Linken seit Ende der sechziger Jahre so oft verwendet wurden –, sondern satirische Überspitzung. Jelineks Stilprinzip ist das Heraustreiben der ideologischen Inhalte aus stehenden Redewendungen durch Kontrastierung, Montage, Parallelisierung, Wiederholung von Phrasen, die derartig verfremdet Perspektiven und Zusammenhänge sichtbar machen, die sie im alltäglichen Sprachgebrauch verbergen.

In alternierenden Kapiteln erzählt der Roman die Geschichte von zwei Frauen, die einander nie begegnen, die aber durch ihr Verhältnis zu den Produktionsmitteln mittelbar verbunden sind: Brigitte näht zu Beginn des Romans in einer großstädtischen BH-Fabrik im Akkord und steigt am Ende nach harter Arbeit in Sachen Liebe durch Ehe auf und aus der Fabrikarbeit aus.[11] Paula näht am Ende des Romans in der ländlichen Zweigstelle der gleichen BH-Fabrik im Akkord – nach abgebrochener Lehre, unehelichem Kind, Ehe mit einem Alkoholiker, Prostitution, Scheidung dort angekommen, wo Brigitte anfing. Beide Frauen figurieren im Roman nicht als Individuen, sondern als Repräsentantinnen: „sie sind geradezu symptomatisch für alles, was unwichtig ist."[12] Als Personen unwichtig sind die Frauen auch für die Erzählstrategie des Romans. Denn um ihren Objektstatus ästhetisch zum Ausdruck zu bringen, spiegelt die Erzählerin ihn in der Erzählweise des Romans wider, indem sie die Frauen als bloße Rollenträgerinnen zur Illustrierung ihrer Gesellschaftsanalyse und zur sarkastischen Entlarvung eines in Sprachhülsen verhärteten falschen Bewußtseins benutzt.

Die Erzählerin zeigt am Beispiel von Brigitte, daß Liebe unter kapitalistischen Bedingungen Warencharakter hat. Die Ehe mit dem Aufsteiger Heinz stellt für die ungelernte Arbeiterin die einzige Möglichkeit dar, dem Fließband zu entkommen. Unter diesen Umständen bedeutet die sogenannte Liebe für die Frau ebenfalls entfremdete Arbeit, bei der sie ihren Körper als einziges Produktionsmittel in ekelerregender Prostitution einsetzt, um sich die Zukunft, die Heinz heißt, zu sichern. Während das Stadtkind Brigitte zynisch genug ist, anfängliche Illusionen von Liebe schnell abzulegen, um ihr wirtschaftliches Ziel zu erreichen, will das naive Landkind Paula neben weißen Gardinen im Eigenheim noch dazu Liebe. Jelinek steht in der linken Tradition der späten sechziger Jahre, wenn sie Paula als Opfer der Bewußtseinsindustrie vorführt, dem Zeitschriften und Schlagersänger den Floh ins Ohr gesetzt haben, daß allein die Liebe einen Menschen zum Menschen macht, nicht etwa die Arbeit. Da sie von der Liebe eine Sinngebung und gar eine plötzliche Änderung ihres Lebens erwartet, gilt für sie ebenso wie für Brigitte: „die zukunft, das ist immer der andere."[13]

Jelinek zeigt in «Die Liebhaberinnen» ein von kapitalistischen Strukturen determiniertes Leben und kolonisiertes Bewußtsein. Sie stellt Frauen als diejenigen dar, die noch unter den durch entfremdete Arbeit und kleinbürgerliches Aufstiegsstreben deformierten Männern stehen und den Männern durch ihre Abhängigkeit eine Illusion von Wichtigkeit und Bedeutung vermitteln. Jelineks

Analyse ergänzt somit die klassische marxistische aus weiblicher Perspektive. Ihre Schreibweise will nicht Identifikation und Einfühlung erzeugen, sondern intellektuelle Distanz, Erkenntnis des Typischen. Diese Erkenntnis ist jedoch nur für Jelinek und ihre Leser/innen möglich, nicht für ihre Figuren, denn Jelinek zeigt uns ihre Figuren wie Fliegen im Spinnennetz. Durch die Perspektive sarkastischer Überlegenheit will Jelinek den Beginn eines – in der Fiktion nicht vorgezeichneten – bewußtseins- und handlungsverändernden Prozesses in ihren Leser/inne/n provozieren. Dem steht allerdings die widerspruchsfreie Lückenlosigkeit des Weltbildes im Roman entgegen, das in seiner schematisierenden monokausalen Darstellung den Glauben an einen Spielraum der Subjektivität innerhalb entfremdender Gesellschaftsstrukturen ad absurdum geführt hatte.

Während Jelineks Analyse weiblicher Subjektlosigkeit ganz in marxistischen Kategorien aufgeht, entzieht sich Christa Reinigs «Entmannung» (1976) der Zuordnung zu irgendeinem Muster überhaupt. Vielleicht liegt es mit an Reinigs unorthodoxen Verknüpfungen von zum Teil esoterischen Kulturbruchstücken, die sich nicht zu einem kohärenten Ganzen fügen, daß der Roman bei seinem Erscheinen wie „ein fremder monolithischer Block in der Literaturlandschaft“[14] wirkte und daß Reinig von der feministischen Literaturkritik bis heute nicht einmal ansatzweise soviel Aufmerksamkeit bekommen hat wie Ingeborg Bachmann und Christa Wolf. Reinig entfaltet nicht etwa historische und mythische Themen so, daß sie nachvollziehbar sind und zugleich die Gegenwart symbolisch entschlüsseln (wie Christa Wolfs «Kein Ort. Nirgends» und «Kassandra»), sondern sie läßt innerhalb von diskontinuierlich erzählten Szenen aus einer phantastischen Gegenwart Bezüge auf Vorgeschichte, Mythos, Religion, Kunst, Philosophie kaleidoskopisch aufblitzen. Anspielungen, Sentenzen, geistreiche Streitgespräche in phantastischer Kombination von Gesprächspartnern charakterisieren Reinigs Form der Auseinandersetzung mit der patriarchalischen Kultur, zu deren vergnüglichem Verständnis oft erst weitreichende Forschung auf seiten der Leser/in führt.

Mit «Entmannung» schrieb Reinig sich zugleich ihren Weg in die Frauenbewegung, es ist auch die Geschichte ihrer Entmannung, nämlich der Abarbeitung ihrer Identifikation mit dem Männlichen. Hatte Reinig in ihrer Lyrik bis dahin nie ein weibliches Ich sprechen lassen, so gibt sie hier der weiblichen Ichlosigkeit ästhetische Form, indem sie ihre Suche nach dem Weiblichen in einer männlichen Hauptfigur verobjektiviert. Der Chirurg Otto Kyra möchte herausfinden, was Weiblichsein eigentlich bedeutet, wie das Geschlechterverhältnis sich entwickelt hat, wie Frauen heute leben. Er umgibt sich mit Frauen, läßt seine Arztkarriere sausen und beginnt, einen weiblichen Alltag zu leben. Während er in Genetik, Philosophie und unzähligen anderen Gebieten forschend versucht, „ein neues Geschlechtsbewußtsein geistig zu erarbeiten“,[15] scheitert das Leben aller Frauen in seinem Umkreis trotz ihrer Einsichten und ihrer Ansätze, ihr Leben zu ändern. Die vier Frauen sind keine Modelle emanzipierter Frauen, sondern Typen aus dem patriarchalischen Rollenreservoir für die Frau: Da erscheint die

Intellektuelle als Ärztin Doris Dankwart, die Hausfrau und Mutter als Klytämnestra van der Leyden, die Hure als Thea Gutsmann und die junge Naive als Xenia Gerstenberg. Kyra studiert an diesen Frauen Manifestationen von Weiblichkeit im Patriarchat – Weiblichkeit, die nicht als ganze in einem kohärenten personalen Ich sichtbar ist, sondern nur in kontradiktorisch aufeinander bezogenen Facetten. An diesen vier Frauen demonstriert Reinig im Zerrspiegel der Satire die weiblichen Existenzmöglichkeiten im Patriarchat:

> Irrenhaus, Krankenhaus, Zuchthaus. Das ist der Dreisatz der Weiber-Weltformel. Lehnst du dich auf, kommst du ins Zuchthaus, lehnst du dich nicht auf, drehst du durch und mußt ins Irrenhaus und beneidest die Weiber, die zum Beil gegriffen haben. Unterwirfst du dich mit Lust, kommst du mit einem kaputtgerammelten Unterleib ins Krankenhaus. Und mit sieben Schläuchen aus dem Bauch beneidest du die Frauen, die im Irrenhaus dahindämmern dürfen, während du dich zu Tode kreischen mußt.[16]

Ebenso wie Reinig aus dem (ihrem) aufgesplitterten weiblichen Ich am Schluß des Romans kein einheitliches zusammensetzt, so unterlegt sie auch den Bruchstücken, die sie aus dem patriarchalischen Bildungsgut herausreißt und in ein neues Licht stellt, keine Kontinuität oder Geschlossenheit. Von besonderer Bedeutung ist jedoch in «Entmannung» die Dekonstruktion der Orestie, die Reinig als mythische Darstellung des Geschlechterkampfes sichtbar macht. Im Spiel mit diesen mythologischen Versatzstücken imaginiert Reinig im Schlußkapitel eine Vision von entmanntem Leben, die Utopie eines friedlichen Lebens miteinander, die – doppelt entrückt – nicht auf der Ebene fiktionaler Wirklichkeit, sondern auf dem Theater stattfindet: Männer – vom Männlichkeitswahn entmannt – verweiblichen, Frauen unterstützen nicht mehr die Sache der Männer (Athene zieht ihre Hand von Orest ab), und das patriarchalische Gesetz wird aufgehoben bzw. nicht eingeführt (Apollo, der durch seinen Fürspruch für Orest zur Institutionalisierung der Männerherrschaft beigetragen hatte, entläßt die Weiber aus der Haft).

Ist die Lösung des Geschlechterkampfes für Reinig nur auf der Ebene der dichterischen Phantasie denkbar, so motiviert sie die reale Notwendigkeit einer Veränderung nicht nur mit der auf krasse Weise dargestellten Unterdrückung der Frau, sondern auch mit der am Rand der Katastrophe angelangten Zivilisation männlicher Prägung. Christa Reinig weitet die Belange des Feminismus zum Ökofeminismus aus.[17]

Deformationen weiblicher Subjektivität

Gegen Ende der siebziger Jahre bahnen sich Veränderungen in der literarischen Arbeit an weiblicher Subjektivität an. Zum einen werden die Themen vielfältiger; neben die autobiographische Abarbeitung von Liebesbeziehungen treten Auseinandersetzungen mit der Mutter (Helga Novaks «Die Eisheiligen» (1978)) und dem Vater (Brigitte Schwaigers «Lange Abwesenheit» (1980)), die oft zugleich historische Dimensionen haben, sowie Krankheitsberichte (Maria Erlenbergers «Hunger nach Wahnsinn» (1977)).

Zum anderen beginnt der Begriff Subjektivität seine scheinbare Einfachheit und Verfügbarkeit zu verlieren, seine Attraktivität als feministische Opposition gegen patriarchalische Fremdbestimmung einzubüßen. Hatten viele Texte, die der neuen Subjektivität zugerechnet wurden, die Überwindung eines mit rückhaltloser Offenheit geschilderten fremdbestimmten Ichs zugunsten eines wahren Selbst autobiographisch aufgezeichnet, so wurden nun – vermittelt über die Rezeption des französischen Poststrukturalismus – dieser teleologische Gestus, das Denken in Gegensatzpaaren und die Konzeption des Subjekts als einer widerspruchsfreien geschlossenen Ganzheit kritisiert als unfreiwillige Nachahmung phallokratischer Subjektkonstitution. Überdies beginnt die Fetischisierung von Erfahrung als Gegensatz zu den entfremdenden Instanzen Theorie, Abstraktion, Ideologie nachzulassen. Erfahrung und deren literarischer Ausdruck werden nun als stets bereits kulturell vermittelt erkannt.

Auf literarischer Ebene bahnen sich differenzierte Auseinandersetzungen mit Subjektivität an, die das autobiographische Element mit Fiktion verknüpfen sowie der Erfahrung von Identitätsmangel – zum Teil auch in historischen Zusammenhängen — nachgehen, ohne das Weibliche in einer neuen Positionalität und Positivität zu bestimmen. Zum anderen wird subjektive Erfahrung in fiktionalen Texten verdichtet, die die Deformation eines Subjektes erforschen, also ebenfalls die Positionalität neuer Weiblichkeit verweigern.

Jutta Heinrichs Roman «Das Geschlecht der Gedanken» (1978) gehört zu den ersten Texten, die die Euphorie der Ichfindung und die beginnende moralisierende Gleichsetzung von neuer Weiblichkeit mit ‚gut' durchbrachen. Die aggressiven, zerstörerischen Handlungen ihrer Ich-Erzählerin Conni schockierten ein Lesepublikum, das Frauen als leidende Opfer oder/und als Heldinnen vorbildlicher Selbstveränderung zu sehen gewohnt war. In Conni zeichnet Heinrich eine Figur, die sich gegen die weibliche Zurichtung im Patriarchat auflehnt, aber in ihrem Sadismus, ihrer Einsamkeit und ihrem Wiederholungszwang noch die Deformation reproduziert, gegen die sie rebelliert.

Im Verweben von äußerer Realität und Phantasie zu einer glasglockenartigen Atmosphäre schildert Heinrich, welche Spuren das Verhältnis ihrer Eltern zueinander im Innern des Mädchens Conni hinterlassen hat. Conni sieht an ihrem Vater, den sie Pferd nennt, Brutalität und Macht und an ihrer Mutter, der sie den Namen Ameislein gibt, Demut und Unterwerfung. Im Geschlechtsakt der Eltern, den Conni visionär erlebt, werden diese Muster besiegelt. Der Gewaltförmigkeit des Geschlechterverhältnisses korrespondiert Connis gewaltförmige Reaktion. Mit magischer Einbildungskraft ‚straft' Conni die Eltern als Träger von Rollen, die individuelle Entfaltung nicht zulassen. Als Conni selbst zur Frau zugerichtet werden soll und als Sexualobjekt behandelt wird, entzieht sie sich in eine Phantasiewelt, sie entdeckt „das unberührbare Geschlecht der Gedanken".[18] Sie negiert ihre eigene Sexualität, ja jegliche Sexualität, um im

Bestrafen und Zerbrechen derjenigen, die wie ihre Eltern nach den Mustern von Herrschaft und Unterwerfung leben, rauschhafte Befriedigung zu erleben. In unverbunden nebeneinanderstehenden Episoden schildert die Ich-Erzählerin Varianten dieses Musters, die von ihrer Kindheit bis zur Gegenwart der etwa 20jährigen Erzählerin reichen. Stets spürt sie mit großer Sensibilität das Monströse im scheinbar normalen Leben der anderen auf, und stets erlebt sie erotische Lust nur in omnipotenten Zerstörungsphantasien solch falschen Lebens. Erst gegen Ende des Romans, nachdem Conni in ihrer verwitweten Mutter eine Verhaltensänderung wahrnimmt, die nicht mehr mit dem Bild übereinstimmt, das sie sich von ihr gemacht hat, beginnt Conni, Einsicht in ihren zwanghaften Kreislauf zu gewinnen.

Durch die Form der Ich-Erzählung einer hochsensiblen, bösen Heldin, in deren Wahrnehmung sich Wirklichkeit und Phantasie vermischen, und durch eine stark metaphorische Sprache hatte Jutta Heinrich das Zerstörerische einer in der patriarchalischen Kleinfamilie deformierten Subjektivität auf so aggressive, nachhaltig bestürzende Art und Weise dargestellt, daß sie nach Abschluß des Romans 1971 lange keinen Verlag für ihn fand, trotz der anerkannten literarischen Qualität. Selbst der Verlag Frauenoffensive wollte die ungewöhnliche Schärfe dieses Romans nur mit einem erläuternden Vorwort und einem versöhnlichen Schluß auf den Markt bringen – beides ist glücklicherweise in späteren Auflagen gestrichen worden.

Komplementär zur sadistischen Komponente der Figur Conni steht der Masochismus der Erika Kohut in Elfriede Jelineks «Die Klavierspielerin» (1983). Während Heinrich durch die Ich-Perspektive der Leserin eine fiktive Figur nahebringt, deren egozentrische Gewalttätigkeit zugleich Distanzierung hervorruft, erzählt Jelinek – von kurzen Perspektivewechseln abgesehen – in der dritten Person voll höhnischer und sarkastischer Distanz einen Roman, den sie selbst „sehr unverblümt autobiographisch“[19] nannte. Das Individuelle des Autobiographischen ist hier fiktional verfremdet und zum Typischen abstrahiert. Jelinek entfaltet kein Psychogramm, sondern steigert die Deformation des Subjekts zur Karikatur.

Auf der Gegenwartsebene des Romans spielt das Zusammenleben der 36jährigen Klavierlehrerin Erika Kohut mit ihrer tyrannischen Mutter, deren Alleinbesitz der Tochter durch die Annäherungsversuche von Erikas 10 Jahre jüngerem Klavierschüler Walter Klemmer bedroht wird. Dazwischengeschaltet sind im ersten Teil des Romans Szenen aus Erikas Jugend, die namenlos doch emphatisch von „IHR“ und „SIE“ handeln und ihre Abtötung durch die Mutter, unter Mitwirkung der Großmutter, beschreiben: „In dicken Scheiben schneiden sie IHR das Leben ab [...]. Jede Schichte, in der sich etwas Leben regt, wird als verfault erkannt und weggesäbelt.“[20] Durch die Verschiebung der Signifikanten, die das Übertragene zum Wörtlichen macht, gewinnt die Darstellung ihre scharfen Konturen. In dieser Abrechnung mit dem „grauen und grausamen Land der Mutterliebe“[21] erscheint die Mutter als blutrünstiges „Muttertier“[22] verschiedener Tiergattungen, das die Tochter aussaugt und auffrißt, um ihren Ehrgeiz und ihren kleinbürgerlichen Dünkel zu füttern. Erika scheitert an der für sie vorgesehenen Laufbahn als Konzertpianistin und kann die erfahrene Unterdrükkung nur nach unten weitergeben. Ihrem absolut empfindungslos gewordenen Körper versucht sie mit Rasierklinge und Nadeln, durch Pornofilme, Peepshows, voyeuristische Abenteuer und Gewaltphantasien Gefühle abzulocken. Klemmer kann sie, da sie kein Ich hat, nur ihre Sehnsucht nach einer totalen Vereinnahmung entgegenbringen: „Sie will sich von dem Mann förmlich aufsaugen lassen, bis sie nicht mehr vorhanden ist. [...] Die Frau will jahrealte Versteinerungen aufweichen, und wenn der Mann sie dabei verschlingt! ihr ist es recht."[23] In dem von Erika brieflich entworfenen sadomasochistischen Szenario für die sexuelle Begegnung mit Klemmer gehen Machtphantasien einher mit Unterwerfungssehnsüchten und einem verzweifelten Versuch von Selbstbewahrung da, wo kein Selbst ist, sondern nur ein starrer leerer Panzer. Erika erleidet schließlich anstelle der in der Phantasie ausgemalten und kontrollierten Qual eine reale Vergewaltigung. Der Roman endet tragikomisch mit Erikas Aufspürung des Vergewaltigers, ein Küchenmesser fest gefaßt, das sie sich letztendlich nur in die eigene Schulter sticht als Besiegelung ihres Gefangenseins in masochistischer Deformation, die ihr nur den Weg dorthin läßt, wo ihre Abtötung begann: nach Hause.

Jelinek greift in diesem Roman zwei bekannte Topoi aus dem patriarchalischen Reservoir an Weiblichkeitsbildern auf: weiblichen Masochismus und die allmächtige Mutter, die an allem Schuld ist. Die durch die feministische Kritik an eben diesen Stereotypen verunsicherten männlichen Kritiker reagierten darauf mit erleichtertem Wohlwollen: „[...] diese Autorin riskiert etwas. Sie nimmt ohne Rückversicherung bei den Theorien der Emanzipationsbewegung das Tabu der heiligen Mutterschaft unter Beschuß und zeigt schonungslos die perversen Folgen besitzergreifender Fürsorge auf."[24] Entgegen dieser Behauptung gehört die kritische Auseinandersetzung mit der Macht der Mutter seit langem zur Tradition weiblicher Literatur. Es gibt viele differenziertere Behandlungen dieses Themas, jedoch keine, die die Deformation der Tochter durch die Mutter derart auf die Spitze und in den Bereich des Pornographischen treibt. In der durch eine stark metaphorische Sprache (in der das Metaphorische oft als das Konkrete erscheint) und durch zynische erzählerische Distanz erzeugten grellen Ausleuchtung liegt das Besondere und Charakteristische von «Die Klavierspielerin»: So scharf war weiblicher Masochismus nie als Folge mütterlicher Tyrannei gezeigt worden. Darin liegt aber zugleich auch die Begrenzung dieses Textes, denn vor diesem Licht erscheinen die Figuren nur noch als Schattenrisse. Was an Erkenntnis vermittelt wird, ist ins Eindimensionale geglättet. Das Subjekt tritt in diesem Roman als irreversibel deformiertes auf, das jedoch in seiner Deformation im Grunde als ebenso vollkommen erfaßbar und mit sich identisch dargestellt ist wie die Ichs am Ende vieler autobiographischer Texte nach erfolgreicher Selbstfindung. Bei Jelinek wird die Frau zwar nie als autonomes ganzes Subjekt gezeigt, sondern stets als gebrochenes. Doch diese Gebrochenheit selbst erscheint als Totalität. War in «Die Liebhaberinnen» die Abwesenheit von Subjektivität vollkommen, so in «Die Klavierspielerin» die Deformation von Subjektivität. Es gibt nichts, was sich diesem Muster entziehen würde. Die Frauen gehen in Jelineks Darstellung in der Opferrolle auf, denn jegliche Vorstellung von Individualität entlarvt Jelinek als Illusion und Verkennung von Fremdbestimmung. Als Ergebnis werden neue Gewißheiten produziert, Schuldige vorgeführt – sei es das System Kapitalismus, sei es die tyrannische, aufstiegsorientierte Mutter.

Identitätsdiffusionen

Feministische Auseinandersetzungen mit weiblicher Subjektivität gestalten sich in der Literatur der 80er Jahre zunehmend durchlässiger, vermittelter. Weibliche Subjektivität erscheint weniger in konkretistischer Form mit instrumentaler Funktion. Avantgardistische Texte (zum Beispiel Anne Dudens und Christa Reinigs) bedienen sich autobiographischer Elemente auf völlig andere Weise als die larmoyanten und zugleich naiv insistierenden Geschichten vom Weg aus patriarchalischer Entfremdung zu weiblicher Selbstfindung, die so oft als „neue Frauenliteratur" vermarktet werden. Hier tritt ein Ich auf, das sich nicht in neue Substantialität verdichtet. Anders aber auch als in Jelineks sarkastischem Sezieren von einem Erzählstandpunkt, der – hoch über dem in seiner Uneigentlichkeit bloßgelegten ‚Subjekt' des Textes angesiedelt – das ‚Subjekt' zum Objekt macht, um den gesellschaftlich produzierten Subjektverlust als Totalität erzählerisch vorzuführen, ist in den Texten von Duden und Reinig das Subjekt trotz seiner fließenden Konturen, seinem Mangel an Einheit, Klarheit, Festigkeit und Autonomie das ernstzunehmende Medium von Empfindungen und Erkenntnissen.

In Anne Dudens Erzählbänden «Übergang» (1982) und «Das Judasschaf» (1985) erfahren wir wenig an äußeren Lebensdaten von der Ich-Erzählerin. Das Ich – in «Judasschaf» oft auch verfremdet in „die Person" – breitet keinen Lebensüberblick vor uns aus, sondern mikroskopische Bilder von körperlichen und seelischen Wahrnehmungen. Angst, Schmerz, Terror, Wahnsinn, Ichauflösung werden in minutiösen Abläufen nüchtern und zugleich auf dem Niveau von Passionsgeschichten erzählt. In «Übergang», der zentralen Erzählung in Dudens erstem Buch, wird die repräsentative Qualität sowie die historische Dimension von Dudens Passionsgeschichten besonders deutlich. Ausgangspunkt des Erzählens ist ein Überfall (in der dritten Person erzählt), bei dem die untere Gesichtshälfte einer Frau zerschlagen wird. Die individuell erlebte Gewalt empfindet die Frau als repräsentativ für die universelle Gewalt, so daß erst ihre eigene Zerstörung sie in Einklang mit der Welt bringt, zu sich bringt, wie es sich im Wechsel der Erzählperspektive von der dritten zur ersten Person manifestiert. Zugleich löst das körperliche Erleben von Zerstörung Erinnerungsfetzen – in

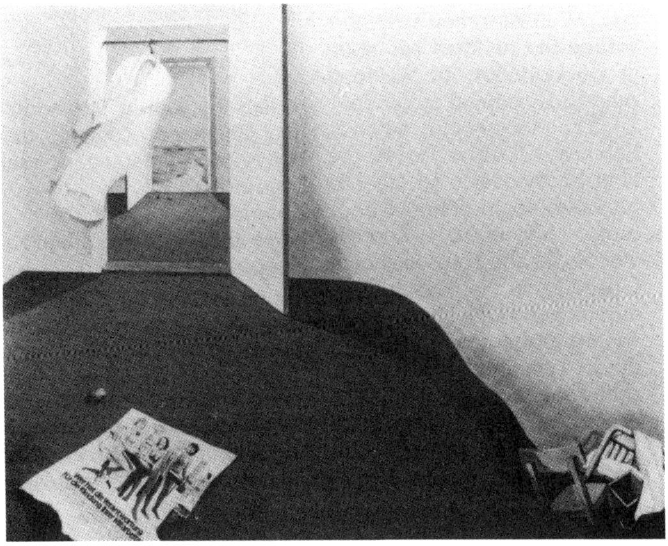

Renate Sautermeister, Raum XVI, Wer hat die Verantwortung (1975)

Schrägschrift zwischen die Krankengeschichte geschoben – daran aus, wie das Ich früher auf die Gewalt, die es um sich herum wahrnahm, reagierte. Das Zerschlagen des Mundes läßt ihn als das Organ bewußt werden, das in einem metaphorischen Schlucken stets nur aufnahm, in sich hineinfraß, ohne Widerstand, ohne Erkenntnis. Eine Geschichte des Schluckens, die im Kontext der historischen Verdrängung der Nazizeit als spezifisch deutsche zu begreifen ist:

> Ich schluckte ganze Schlachten weg, Leichenberge von Besiegten. Für einen Moment von Frieden, der nie eintrat. Es war ja ein Geheimnis, und die anderen wußten es nicht.
>
> Daß dieser Mund kaum einmal stillstand, daß ich auch sie immer wieder verputzte, ihre Migränen, Kotzanfälle und Krampfadern, ihre Niederlagen und Traurigkeiten, die Blässe ihrer Gesichter und die Schweißfüße am Abend. Daß ich wegsteckte, was sie eingesteckt hatten. Ich tat es nur, ich hätte nichts darüber sagen können, da die Sprache ja das Gegessene und Verschluckte selber war. Und ich war wie eine Tafel, auf der ununterbrochen geschrieben wird, aber nie ein einziger Buchstabe stehenbleibt und nachzulesen ist: der Körper das unbeschriebene Blatt. Beweis für das Verschwinden von Kriegen.[25]

In der ärztlichen Behandlung ihres Mundes durch Verdrahten der Kiefer durchlebt die Ich-Erzählerin die Reduktion ihres Mundes auf die Funktion des Schluckens noch einmal auf konkrete Weise. Ihr körperliches Heilen ist so ein fremdbestimmtes, dem keine seelische Wiedergeburt als aktives, selbstbestimmtes, einheitliches Ich korrespondiert, sondern ein Bewußtsein von Eingeschlossenheit, Enge, Gebrochenheit, Leere, Tod. In Anne Dudens Erzählungen kommt der Körper als Medium einer Subjektivität zur Sprache, die sich primär als Verdrängtes, Abwesenheit, Negativität, Leiden erfährt. Damit entspricht Dudens Erzählstrategie französischen Theoremen, die vom Weiblichen als dem Negativen innerhalb der als positiv gesetzten phallogozentrischen Ordnung sprechen und den weiblichen Körper als Ort begreifen, in den die kulturelle Signifikation eingeschrieben worden ist und von dem zugleich Widerstand gegen sie ausgeht. Hélène Cixous schreibt:

> mehr als der Mann, der den sozialen Aufstieg verfolgt, ist die Frau Körper. Mehr Körper – mehr Schreiben. Lange hat sie mit ihrem Körper auf die Benachteiligungen, die familiäre und eheliche Unterwerfung, die wiederholten Kastrationsversuche geantwortet. [...] Die Frau wird, indem sie sich schreibt, zu diesem Körper zurückkehren, den man ihr mehr als weggenommen hat, aus dem man den besorgniserregenden Fremden gemacht, den Kranken oder den Toten, und der so oft der schlechte Geselle ist, Ursache und Ort der Untersagungen.[26]

Allerdings wird in Dudens Text auch deutlich, daß es reine Negativität nicht geben kann, daß auch die Auseinandersetzung mit dem Weiblichen als dem Negativen „uns vor die unvermeidliche Konfrontation mit der Positionalität von Frauen im Verhältnis zur herrschenden Ordnung"[27] stellt. Leslie A. Adelson hat diese Problematik sehr differenziert in der Analyse der Metapher ‚Schwärze' herausgearbeitet. Sie kann in Dudens Text „als das Zuhause dessen gesehen werden, was unsichtbar gemacht worden ist, d.h. weibliche Erfahrung und Subjektivität",[28] erscheint aber andererseits in einem rassistischen Kontext im Bild der Schwarzen, die den Überfall ausführten, als Verkörperung des Bösen. „Im Grunde läßt Duden diese Schwarzen als die Ängste erscheinen, die Männer sonst auf Frauen projizieren: Dunkelheit, Selbstverlust, Lebensgefährdung. Die Frau bleibt hier gefangen zwischen der herrschenden (weißen) Ordnung und der Schwärze, die dieser Ordnung die Ruhe raubt."[29] Darüber hinaus birgt das Insistieren auf der ausschließlichen Erfahrung der Negativität die Gefahr, diese Negativität in einen positiven Wert zu verkehren. Das Leiden des Ichs erscheint, besonders in seinem historischen Bezugsrahmen, geradezu als die einzige moralisch adäquate Form des Lebens. In seiner Konzentration und mikroskopischen Vergrößerung gerät dies intensiv erzählte Leiden manchmal in die Nähe des Preziösen.

Eine weniger emphatische Art des Umgangs mit der Erfahrung des Leidens und der Identitätsdiffusion findet sich bei Christa Reinig. Schon in ihrem autobiographischen Roman «Die himmlische und die irdische Geometrie» (1975) hatte Reinig die Linearität und Teleologie der klassischen Autobiographie durch das Prinzip der Assoziation heterogener Elemente ersetzt, die keinem übergreifenden sinnstiftenden Prinzip untergeordnet werden. Auch «Die Frau im Brunnen» (1984) – wie «Geometrie» als Roman etikettiert – ist durch die assoziative Verknüpfung autobiographischer Bruchstücke und theoretischer Teile charakterisiert. Zu letzteren gehören patriarchatskritische Interpretationen und Neuübersetzungen der Gedichte Sapphos und die Entwicklung einer Theorie, nach der am Ursprung aller Götternamen Zahlen gestanden haben, die Mond- und

Sonnenstände in einer frühen Zeitrechnung bezeichneten. Reinig konstruiert aus dieser ‚himmlischen Geometrie' die „Topographie des heiligen Berges" als Windrose.

Dieser spielerisch-schöpferische Umgang mit Mythen (der aber, wie noch zu zeigen ist, dennoch lebenswichtig ist) erscheint als Teil eines Lebens, das ironisch verfremdet als Vexierbild dargestellt wird. Die Ich-Erzählerin, deren Gespräche mit der Frau im Brunnen die autobiographisch-romanhafte Auseinandersetzung mit dem Ich bereits in der Form der Ichverdopplung eröffnen, entwirft für sich ein Leben, das scheinbar als Umkehr ihres wirklichen Lebens zu lesen ist. Das Ich der Erzählerin schlüpft in die Phantasiegestalt Sylvia Großmann, die zeitweise so real wird, daß die Persona Christa Reinig ihr gegenüber als Phantom und alter ego erscheint. Der Roman zielt nicht darauf hin, Sylvia und Christa zu einem Ich zusammenzufassen, sondern darauf, das Heterogene dessen, was gemeinhin ‚Ich' heißt, in der Verdopplung des Ichs sichtbar zu machen. „Was dich zusammenhält und dir die Illusion von dir selbst als Einheit beschert, ist deine Erinnerung."[30] Hinter der ironisch-belustigten Auseinanderfaltung in ein Sylvia-Ich und ein Christa-Phantom – die sich schließlich sogar in einem Interview gegenübersitzen, in dem Christa der Sylvia Rede und Antwort stehen muß – versteckt sich die Qual eines weiblichen Ichs, das im Bewußtsein der Todesnähe über sein Leben nachdenkt – und zwar sehr dezidiert als ein weibliches Leben innerhalb einer patriarchalischen Gesellschaft –, ohne es in das Licht einer sinnstiftenden Harmonie oder Teleologie zu stellen. Das Thema Tod erweist sich auch als das assoziative Bindeglied zwischen vielen Erzählabschnitten, die schlaglichtartig unterschiedliche Erfahrungen und geistige Auseinandersetzungen des Ichs darstellen: Träume, Erinnerungen an die Mutter, die Interpretation irischer Märchen, die Liebe zur ‚Frau meines Lebens', Alltagsepisoden von männlicher Brutalität gegenüber Frauen, kritische Schilderungen von weiblicher Kooperation an der eigenen Unterdrückung – all dies wird selbstkritisch, schnoddrig, aggressiv, zärtlich und mit viel lakonischem Witz erzählt. Angesichts der intensiv empfundenen Todesnähe verliert das Ich Glaube und Hoffnung, die Sinnkonstruktion seines Lebens zerfällt: „Der Himmel brach über mir zusammen."[31] Dieses Zusammenbrechen kann die Ich-Erzählerin nur ertragen, indem sie die Ordnung eines ganz anderen Himmels konstruiert. Die fremdartig anmutende Topographie des heiligen Berges, die die Erzählerin in Bruchstücken über den Roman verstreut erarbeitet und zusammengestellt hat, ist der Versuch, den Schmerz über die Sinnlosigkeit des Lebens im Angesicht des Todes durch die Konstruktion von Sinn und Zusammenhang auf mythischer Ebene zu bannen. Das Besondere dieser Mythenrekonstruktion ist aber, daß daraus keine Lehre für die Gegenwart abgeleitet wird. Die Gegenwart bleibt unversöhnt. Das Ich kann am Ende des Romans den Tod als Begrenzung eines Lebens akzeptieren, das keine transzendentale Verankerung hat, kein Ziel erreicht hat: „Ich will nicht mehr über den Tod hinausdenken. [...] Der Tod soll wie der Schnee alles gleichermaßen zudecken. Das Gute und das Böse sollen weiß werden."[32]

Fiktionale Rekonstruktionen des abwesenden Weiblichen in Geschichte und Mythos

An die Stelle des anfänglichen Gefühls von Traditionslosigkeit weiblichen Schreibens und weiblicher Subjektivität tritt in den achtziger Jahren ein zunehmend differenzierter werdendes Bewußtsein über die Formen weiblicher Subjektlosigkeit und deren Zusammenhang mit männlicher Gesellschaft, das auf der feministischen Auseinandersetzung mit Theorie und Geschichte basiert. Die feministische Literaturwissenschaft entdeckte nicht nur viele ‚vergessene' Schriftstellerinnen wieder, sondern analysierte auch die sozialen Bedingungen weiblicher Subjektkonstitution und Kreativität und stellte den etablierten ästhetischen Kanon in Frage. Dies regte neben neuen Formen subjektiven Schreibens eine vielfältige literarische Auseinandersetzung mit historischen Aspekten des Weiblichen an. So erzählt Katja Behrens in «Die dreizehnte Fee» (1983) das Leben von drei Frauengenerationen, in das sich der Geschichtsverlauf des 20. Jahrhunderts auf subtile Weise einschreibt. Indem sie anstelle eines chronologischen Erzählens von Knotenpunkten im Leben von Großmutter, Mutter und Tochter ausgeht, macht Behrens die Weitergabe bestimmter Gefühls- und Verhaltensformen an die Töchter sichtbar.

Das historische Interesse der Literatur wendet sich auch Gestalten zu, die in der männlichen Tradition nur als weißer Fleck vorkommen. Christa Wolf hatte diese Richtung eingeleitet, als sie in «Kein Ort. Nirgends» (1979) die Umrisse der damals kaum bekannten Dichterin Karoline von Günderrode entwarf. Ria Endres nähert sich in «Milena antwortet» (1982) der Journalistin Milena Jesenská, die als Adressatin von Kafkas Briefen selbst stumm in die Literaturgeschichte eingegangen ist; ihre Briefe an Kafka sind verschollen. Im gleichen Jahr erschien Karin Reschkes Roman «Verfolgte des Glücks. Findebuch der Henriette Vogel», der der nicht einmal auf dem Grabstein erwähnten Todesgefährtin Heinrich von Kleists eine Stimme verleiht.

Daß die Rekonstruktion des abwesenden Weiblichen mangels Fakten der Fiktion bedürfe, folgt einer Einsicht von Virginia Woolf in «Ein Zimmer für sich allein».[33] Was aber die Rekonstruktion sichtbar macht und was sie uns heute bedeutet, hängt davon ab, welcher Form sie sich bedient. Während Endres im fiktiven Brief ihrer Milena, den sie im Zug zwischen Prag und Wien schreibt, in der ersten und dritten Person sowohl die Suche der Autorin nach Milena als auch Milenas Suche nach sich selbst im Wechselspiel von Verschmelzung und Distanzierung zur Sprache bringt, sind Gegenstand und Stil des Nachdenkens in erster Linie von der Auseinandersetzung mit Kafkas Leben und Schreiben bestimmt.

Karin Reschke erzählt dagegen das Leben von Henriette Vogel ganz ungebrochen aus dem Innern ihrer Person heraus. Das Findebuch erfindet Tagebuchaufzeichnungen, Briefe, Gedichte und Märchen dieser historischen Figur, von der außer ihrem im Roman abgedruckten Brief an Kleist und einigen Abschiedsbriefen nichts zu finden war. Indem Reschke eine spezifische Verkümmerung weiblichen Lebens am Beginn des bürgerlichen Zeitalters zum Gegenstand wählt, führt sie zugleich ein paradigmatisches Modell weiblichen bürgerlichen Unglücks vor, wie es noch bis in die Gegenwart reicht. Doch obwohl der Blick der Leser/innen durch das Erzählen aus Henriettes Perspektive ganz auf den subtil evozierten weiblichen Lebensraum gelenkt wird, kann dadurch das Problem, daß von eben diesem historisch kaum etwas überliefert ist, nicht überspielt werden. Sigrid Weigel kritisierte, daß der Roman den blinden Fleck des Fehlens historischer Zeugnisse über ein weibliches Leben nicht problematisiere, sondern auf selbstgefällige Art durch eine vollständig erfundene Lebensgeschichte ausfüllc.[34] Bei genauerem Hinsehen zeigt sich jedoch weniger eine Selbstgefälligkeit in der Erfindung als die Dominanz literarischer Muster. Trotz der geringen Rolle, die Kleist als Person in diesen Aufzeichnungen spielt, wirkte das Kleistsche Erzählen prägend auf Reschkes Darstellung: So ist die blutige Geschichte vom Mord und Selbstmord aus Ehre zu Beginn des Romans bereits Kleistisch gefärbt (siehe zum Vergleich etwa Kleists anekdotische Mitteilung «Mord aus Liebe»). Motive wie ein weissagendes altes Weib, das dem Vater Henriettes und seinen Nachkommen Unglück prophezeit, der Bericht des Lehrers vom Erdbeben in Lissabon, erotische Gewaltphantasien, die Erziehung zu Vernunft und Pflichterfüllung, die aber die Gewalt des Gefühls nicht nachhaltig zähmen kann, akzentuieren Henriettes Leben in Affinität zu Kleist, noch bevor die beiden sich begegnen. Der historische Brief Henriettes an Kleist, in dem sie kurz vor ihrem Tode Kleists litaneienhaften Brief an sich selbst nachahmend spiegelte, wird im Roman zum durchgehenden Stilprinzip. Bereits die 16jährige benutzt die oft kontradiktorisch aufeinander bezogenen Metaphern aus Henriette Vogels Brief, redet von ihrer Milch als „Mein Morgen- und Abendrot",[35] von ihrer Ziehmutter als „Meine Lethe, meine Wiege",[36] von ihrer Dienerin und Freundin Fränze als „Mein Tau, mein Friedensbogen".[37] Indem die fiktive Ich-Erzählerin im Verlauf ihres Findebuchs fast alle auf Kleist gerichteten Epitaphe antizipiert und ihrem Lebenszusammenhang assimiliert, kommt in „den kurzen Umriß meines unfertigen Lebens"[38] so etwas wie Schwerkraft, die auf ein vorhersehbares Ende zielt. Das Unfertige ihres früh beendeten Lebens erhält so den Charakter tragischer Unausweichlichkeit. Es wird im Beginn ihrer Liebesbeziehung mit Louis Vogel während einer Vorstellung von Schillers «Piccolomini» zudem mit dem Schicksalsgedanken des klassischen Dramas verknüpft. Vogel greift ihre Hand, während auf der Bühne von Weltgeist und Schicksal die Rede ist. Henriettes halbbewußte Ahnung, daß sie wie Wallenstein dabei ist, ihr Leben ganz auf eine Nummer zu setzen, und daß ihre ferne Zukunft davon bestimmt wird, ob sie Vogel ihr Jawort geben wird, weisen nicht nur etwas melodramatisch darauf hin, daß Henriette wie Wallenstein auf das falsche Haupt setzen wird, sondern auch darauf, daß das Schicksal einer Frau jener Zeit durch den Mann bestimmt wird, nicht durch eigene Handlungen.

Das Leben von Henriette Vogel wird also auf der Folie bekannter literarischer Konventionen erfunden und einfühlsam im Ton der Zeit erzählt. Das gibt dem Roman den Reiz des Entrückten, das dennoch vertraut erscheint, vertraut auch deshalb, weil der Darstellung von Henriettes Leben die Einsichten von heute zugrundeliegen: die Langeweile des Hausfrauendaseins, die sexuelle Gewalt in der Ehe; das Leiden an der Unerfülltheit von Bedürfnissen, die sich noch nicht einmal klar denken oder formulieren lassen; der Mangel an Entfaltungsmöglichkeiten, die Reduktion der Frau auf schönes Beiwerk.

Neben dem Zurückdenken durch die Mütter und dem Ausfüllen der blinden Flecken weiblichen Lebens seit der Konstituierung des Bürgertums manifestiert sich das historische Interesse der neueren Frauenliteratur in Versuchen, Frauenbilder aus der kulturellen Überlieferung neu zu zeichnen. Denn wie die Liedermacherin in Angelika Mechtels Roman «Gott und die Liedermacherin» (1983) ein Axiom der Frauenbewegung salopp artikuliert, müssen wir „davon ausgehen, daß alle Geschichten über Gott und die Welt von Männern erfunden wurden".[39] Im Entwurf einer weiblichen Perspektive auf die Welt und ihre Geschichte ist Christa Wolfs «Kassandra» (1983) am größten angelegt. Wolf verbindet die Kritik an der Spätform des Patriarchats mit der Kritik seines Beginns in einer als Historisierung und Psychologisierung des Mythos vom Fall Trojas gestalteten Schlüsselerzählung. So weitgehend und grundlegend Wolfs Kritik an den Denk- und Gefühlsformen des Patriarchats auch ist, so sehr wiederholen das festschreibende Einschließen des Mythos in die Wahrheit seiner historischen Grundlage, die binäre Opposition von patriarchalisch=töten und matriarchalisch=leben sowie die nach Vorbildern des klassischen Dramas gestaltete heldenhafte Kassandra dennoch ideologische und ästhetische Prämissen eben dieses Patriarchats.

Sehr viel bescheidener im Anspruch, doch verwandt mit «Kassandra» im Entsetzen über das Wettrüsten zum Tode und dem Versuch, weibliches Schreiben gegen männliches Töten zu setzen, ist Angelika Mechtels «Gott und die Liedermacherin». Auch Mechtel knüpft Verbindungen zwischen dem gegenwärtigen Rüstungswahn und den weit zurückreichenden ideologischen Grundlagen patriarchalischer Gesellschaft – in diesem Fall dem Christentum. Sieben Erzählungen der Liedermacherin Julia Ritter sind als Belastungsmaterial der Rahmenhandlung eingefügt, nämlich einem Gerichtsprozeß gegen die Liedermacherin wegen obszöner Verunglimpfung männlicher Werte in eben diesen Geschichten, die sie während einer USA-Tournee erzählt hat. Zwar ist die Erzählstruktur dieser Farce sehr konventionell, doch läßt sie die Freiheit, Unabgeschlossenes und Ausschnitthaftes im kritischen Blick auf das Patriarchat zu zeigen, anstelle von Linearität und Geschlossenheit. Zudem haben diese Neufassungen der Genesis und anderer bekannter Motive nicht «Kassandras» emphatischen Anspruch auf Wahrheit, sondern wollen durch phantasievolles Fabulieren wirken. Julia Ritter formuliert ihre Erzählabsicht so:

Weißt du, ich glaube an das Geschichtenerzählen, weniger übrigens an die Lehre, die aus einer Geschichte zu ziehen ist, schon gar nicht an Belehrung. Es waren weder Lehre noch Belehrung, die am Ende der tausendundeinen Nacht den Sultan vom Töten abbrachten, es war das Geschichtenerzählen selbst, das Vergnügen, das es dem Zuhörenden und der Erzählenden machte. Es war das Zuhören, das den Sultan veränderte, weil es gleichermaßen Kopf und Gefühl forderte, Anteilnahme, Einsicht und Phantasie; und im übrigen vielleicht auch eine Entwöhnung vom täglichen Töten, weil er es, solange er zuhören wollte, nicht ausführen konnte.[40]

Zwischen diesem Anspruch und der Praxis von Julias Erzählungen sowie der Praxis der Autorin besteht jedoch eine Differenz. Denn im Vergleich mit der beschworenen Scheherazade sind sowohl Julias Geschichten als auch der gesamte Roman phantasiearm, in der Stilisierung des mündlichen Erzählens sprachlich dürftig und durchsichtig didaktisch. Auch hier werden Heldinnen geschaffen, nämlich Frauen, deren Klugheit und Lebenslust vor der Folie männlicher Dummheit und dem männlichen Machtgebaren als Kompensation von Impotenz entfaltet wird. Damit greift der Roman – auf dem Niveau von Liedermacher/inne/n – Themen und Stimmungen der Frauenbewegung in popularisierender Sprache auf, ohne sie jedoch weiterzuführen. Feministisches Schreiben, das derartig massiv Manifest-Charakter hat, wird jedoch in den achtziger Jahren immer seltener.

Auflösung des Subjektes

Es ist wohl kein Zufall, daß im Jahr nach Tschernobyl, dessen zerstörerische Wirkung von Christa Wolf in «Störfall» (1987) und von Jutta Heinrich in «Eingegangen» (1987) literarisch behandelt wurde, auch das moderne Individuum fern solcher tagespolitischen Aktualität als ein gespaltenes, zerstörtes erscheint. Anders als das euphorisch aufgenommene Theorem der siebziger Jahre, weibliches Schreiben sei das Schreiben des Körpers, es meinte, hat Karin Reschke in «Margarete» (1987) eben diesen Satz verwirklicht. Reschke stellt dar, wie Widersprüche des Empfindens sich in den weiblichen Körper einschreiben, ohne diese Widersprüche direkt auf gesellschaftliche Ursachen zurückzuführen. „Die Nacht hat keinen Ort und läßt sich Zeit",[41] heißt es zu Beginn des Romans «Margarete». Erzählt wird von der Nacht, in der die angehende Verkäuferin Margarete Fromme ganz allein in ihrem Zimmer und ohne daß irgend jemand das Geringste ahnt, ein Kind zur Welt bringt. Aus der Perspektive Margaretes, deren Unmittelbarkeit jedoch distanziert und diszipliniert ist im nüchtern-knappen Erzählen in der dritten Person, folgen wir zwischen den Wehen ihrer visionären Reise durch die Nacht, die sie die Geschichte ihrer Verführung und ihres Verlassenwerdens durch den Versicherungsvertreter Harry Bein noch einmal durchleben läßt. Die Nacht dieses Romans ist auch die Nachtseite des Lebens, das Zerstörerische, Ungestillte, Beunruhigende, rational nicht Kontrollierbare, wie es in Margaretes Körper Ausdruck findet: „Nachts befindet sich der Körper in seiner ruhigsten Lage und arbeitet an seinem Werk. Der Schmerz ist sein Werk, die Schlaflosigkeit, die Furcht und die Träume selbst im Wachen."[42] In den Träumen dieser Nacht wird für Margarete ihr Begehren noch einmal Gegenwart. Bereits die erste erotische Begegnung mit Harry Bein hat identitätsauflösende Wirkung: „Sie fühlt sich aus zittrigen Einzelgliedern bestehen, die weder zusammenpassen wollen noch zu ihr gehören."[43] Im Begehren Margaretes paaren sich Lust und Ekel, die das Subjekt der Erfahrung von Entfremdung im Lacanschen Sinne aussetzen, „kann es doch nicht verkennen, daß das, was es begehrt, ihm sich darstellt als das, was es nicht will".[44] Margarete kann diese Entfremdung nicht überwinden, ihr Begehren treibt sie in sexuelle Hörigkeit und schließlich – wie das klassische Vorbild Gretchen – in den Wahnsinn, in dem sie ihr neugeborenes Kind umbringt. Die Stufen der zunehmenden Auflösung des Subjektes werden in den präzise beschriebenen körperlichen Erfahrungen Margaretes konkret faßbar und in der Verwirrung von Innenwelt und Außenwelt in Margaretes Wahrnehmungsweise perspektivisch nachgezeichnet.

Die neuere Frauenliteratur, die in autobiographischen Texten über die konkrete Suche nach einer neuen Weiblichkeit jenseits patriarchalischer Rollenzuweisungen ihren Anfang nahm, hat innerhalb weniger Jahre eine Vielfalt von literarischen Arbeitsformen an weiblicher Subjektivität entwickelt. An die Stelle der anfänglichen euphorischen Beschwörung einer neugewonnenen weiblichen Subjektivität ist zunehmend die Auseinandersetzung mit der patriarchalischen Prägung des Ichs getreten. Gesellschaftliche Strukturen als institutionalisierte Verhinderung weiblicher Subjektbildung, Deformation, Diffusion und Desintegration des Ichs sowie historische und kulturgeschichtliche Rekonstruktionen von Weiblichkeit werden in weiterentwickelten ‚subjektiven' und fiktionalen Schreibweisen literarisch sichtbar gemacht.

6. Härte, Herz und Auge
Zur Lyrik der Gegenwart

Ton Naaijkens

Lyrik und Subjekt

Bereits seit Anfang des vorigen Jahrhunderts wird der Übergang von der Selbstgewißheit des souveränen Subjekts zu der vorherrschenden Erfahrung, fremdbestimmtes Subjekt zu sein, geahnt, erwogen und literarisch verarbeitet. Seit den fünfziger und sechziger Jahren dieses Jahrhunderts herrschen nunmehr Denkweisen vor, die der initiierenden Rolle des Subjekts ein Ende setzen wollen. Nietzsche gilt als der besondere Stimulator der Maxime, die Selbsterkenntnis für unmöglich hält, wenn er vom ‚Selbst' behauptet, es sei eine Leerstelle, an der eine Vielheit von Subjekten sich mischt und auseinandersetzt.[1] Die Verneinung der Einheit des Subjekts hat in den letzten Jahren zwei grundverschiedene Argumentationen mit sich gebracht. Die eine spricht von einer „bracing form of consciousness" und „an expansion and a prelude to growth"; die andere ist weniger optimistisch und meint, daß die Pluralisierung des Subjekts an sich leer sei, „a doubling and redoubling of absences to an infinite progress of frames that frame nothing".[2] Innerhalb dieses Spannungsfelds spielt sich die Diskussion ab, in der zeitgenössische Lyrikerinnen und Lyriker sich behaupten und konkrete Konsequenzen für ihre Art des Schreibens ziehen. Auf den ersten Blick gibt es nur zwei Möglichkeiten: Entweder gelangt das Subjekt, sich blitzartig inszenierend, zu einer Einheit des Augenblicks, oder es verliert sich in einer ungreifbaren Vielheit von Stimmen, von denen es übertönt wird. Während aber der ‚Augenblick' als „letztes und zufälliges Residuum der einstigen Machtvollkommenheit des Subjekts" betrachtet wird und das angetastete Subjekt als ‚dezentriert' gilt, gibt es Gedichte, in denen die angesprochene Thematik in anderer Weise aktuell wird.[3] Das zeitgenössische Gedicht erspielt sich eine reiche Skala von Möglichkeiten. Die Frage nach dem Subjekt als Ein- oder Vielheit kann deshalb differenziert nur beantwortet werden, wenn an Ort und Stelle, im Gedicht selbst, festgestellt wird, *wie* es sich aus der Lage rettet.[4]

In einer Analyse von Balzacs Erzählung «Sarrasine» sagt Barthes, daß ein Text desto pluraler werde, je unauffindbarer der Ursprung der Aussage sei.[5] Wenn man den Ursprung des Sprechens deshalb als ‚weiblich' definiert, beraubt man das sprechende Subjekt etlicher anderer Dimensionen. Das ist ein Grund, warum ‚Lyrik von Frauen' hier von einem diskursstrategischen, nicht prinzipiellen Ansatz aus betrachtet wird. Außerdem wird noch immer viel zu sehr davon ausgegangen, daß derjenige, der ein Gedicht liest, immer schon weiß, wer spricht. Diese Tendenz bringt es mit sich, daß ein lyrisches Ich sich kaum vom Leser trennt, da dieser jenes mit seinen Bestimmungen füllt. Das zeitgenössische Gedicht ist aber keineswegs auf *eine* Identifizierung konzipiert. Wo das dennoch der Fall zu sein scheint, nimmt es zugleich die Möglichkeit wahr, der jeweiligen Identifizierung zu entfliehen. In dieser Tendenz wird das lyrische Subjekt als eindeutiger Ursprung des Sprechens aufgefaßt, von dem auch der Sinn des Textes ausgeht. Dem gegenüber steht die Auffassung, den möglichen Sinn eher als Effekt des Schreibens zu betrachten. Das lyrische Subjekt steht dann nicht fest, sondern muß erarbeitet werden. Daß das Lesen und Verstehen eines zeitgenössischen Gedichts Probleme aufwirft, hat damit zu tun, daß das Subjekt als identifizierbar in seiner Gestalt, einheitlich in seinem Konzept und ununterbrochen in seiner Schreibweise verstanden wird. Im Grunde aber verteilt es seine Erkenntnisse, löst sie auf und läßt sich von dem in der Sprache verankerten Verteilprinzip verführen. Er präsentiert und organisiert sich in einer sich uneindeutig gestaltenden, pluralisierten Weise.

Elke Erb und Friederike Mayröcker

Elke Erb (*1938) gehört der bedeutenden lyrischen Generation an, die Anfang der siebziger Jahre in der Lyrik der DDR versuchte, Subjektivität zu artikulieren und nicht mehr von einer von vornherein gegebenen Identität von Individuum und gesellschaftlichem, historischem Subjekt auszugehen. Von Anfang an bestand sie darauf, poetische Selbstverwirklichung als eigenständige Kategorie zu sehen und von einer gesellschaftlichen Evolution loszusprechen. Zugleich aber behalten ihre Texte, deren äußere Form nicht auf Lyrik oder Prosa schließen läßt, etwas von der „Arglosigkeit dieses Kindes, das in der Eifel aufgewachsen ist".[6] Sie sind geschrieben aus einer eigenwilligen Perspektive und ohne eine erklärende, beschreibende Absicht. Die so typische Scheu vor nicht eigenständigen Formen äußert sich in einer ‚Würdigung der Dinge' und in einer Anerkennung der „Majestät des einzelnen Seins".[7] Die Texte zeigen eine extreme Nähe zu den verzeichneten Gegenständen und Figuren. Wenn man mit Christa Wolf eine Verstrickung in die Stoffe vermutet, die „das Subjekt aus dem Text treibt", antwortet Elke Erb mit der äußersten Konsequenz der Nähe: sie sei „selbst in den Texten drin".[8]

In dem Band «Der Faden der Geduld» (1978) werden immer wieder die Grenzen zwischen wahrnehmender und wahrgenommener Instanz aufgehoben, indem erstere letztere in sich aufnimmt und umgekehrt, wie in der „Gestalt des Wolfs", letztere erstere „frißt". Die von der Gestalt des Wolfs gefressenen Gestalten werden wie im Märchen von Steinen ersetzt. Das männliche Subjekt in «Memento» nimmt als „empfindlicher Held" eine Nuß und einen Apfel zu sich und zeigt so seine Fähigkeit, die Angst, „daß es ihn nicht gibt", zu überwinden. „Ich mache mit den Gegenständen im Grunde dasselbe, was ich möchte, daß man mit mir tut: direkt vor mich hintreten, mich sein lassen und mich aufnehmen."[9] Die Majestät der Dinge, um so größer, je weiter ihre Geschichte in die Kindheit zurückreicht, wird von Elke Erb hervorgehoben, um die „nagende Kraft" der Desillusion zu untergraben. Dem stellt sie die Möglichkeit der körperlichen Vereinnahmung gegenüber, auch immer als Ansatz zum Leben. In dieser Motivik spielt die Konnotation zu Gebären und Geburt eine Rolle, sowie eine Assoziation zu der auch in anderen Texten auftauchenden Krankheit anorexia nervosa. Essen, Frau werden, ein Kind gebären sind Handlungen und Haltungen, die der von Elke Erb immer radikal mit Tod gleichgesetzten Unproduktivität entgegenwirken.

Das Schreiben selbst ist für Elke Erb stets eine lösende, konkrete Aktivität, die in dem Band «Vexierbild» (1983) stärker betont wird. Es ist eine Verschiebung vom Arbeitsresultat auf den Schreibprozeß festzustellen. „Ich höre nur das Wie", erklärte sie.[10] Ihr prozessuales Schreiben will sich sofort auf die Folgen einlassen und während der Schreibart das Bewußtsein verändern. In Texten wie

«Einen Schmelz des schönen Mannes» und «Alex in M. oder Der Weg zum Ziel» wird dies als Gewinn und Befreiung gesehen. Elke Erb arbeitet in «Vexierbild» noch näher am sprachlichen Material, ihre „Letteratur" zeigt eine fortwährende Reflexion über das Schreiben und eine sich an der Tradition der Moderne orientierende Schreibweise auf. Sie ist in der DDR inzwischen zu einer Leitfigur der jüngeren Generation geworden, bei der sich ebenfalls eine auffällige und eigene Bemühung um Modernität feststellen läßt.[11]

Wie Elke Erb bleibt Friederike Mayröcker (*1924) nahe am sprachlichen Material. Ihre Konstellationen aus Wort, Bild und Erfahrung sind aber insofern offener, als sie eine breite Skala von Assoziationsmöglichkeiten anbieten und erzeugen. Die Österreicherin bezeichnet sich als „Augenmenschen": „Plötzlich schießt es auf einen los durch ein Schriftbild oder durch ein Gesicht oder durch ein Wort."[12] Sie schreibt in einer experimentellen Tradition, die zunächst Methoden des Surrealismus, dann die der konkreten Poesie und der Wiener Gruppe erprobte. Im Jahre 1972 wechselte Friederike Mayröcker zur Prosa über, bis sie mit «Ausgewählten Gedichten» (1979), «Gute Nacht, guten Morgen» (1982) und «Winterglück» (1986) zu „kommunikationsoffenen" (Walter Hinderer) Arbeiten kam. Es werden in diesen Gedichten eher Sinnzusammenhänge hergestellt, der Kontext wird mitgeliefert, Doppel- und Nebenbedeutungen werden artikuliert. Siegfried Schmidt sieht in den Texten von Friederike Mayröcker ein Beispiel für eine subjektabhängige Textkonstruktion: Die sensiblen Modi von Kontiguitäten, Assoziationen, Klängen, Korrespondenzen und Farben lassen das Ich nicht verschwinden, sondern rücken es „als weltkonstitutiven Ort in sein Recht".[13] Auch die Autorin bestätigt im Moment die Wichtigkeit von „Erinnerungspunkten" in ihren Texten, die sowohl aus der Lektüre als aus der Biographie kommen und an die die unendliche Zahl der möglichen Fortsetzungen anknüpft.

In Gedichten in «Gute Nacht, guten Morgen» ist in dieser Hinsicht die Rede von einer „Vorgeschichte", auf die jede Äußerung prinzipiell zurückgeht. Gisela Lindemann hat in ihrer Laudatio zur Verleihung des Literaturpreises der Stadt Bad Gandersheim 1982 auf eine frühere Aussage der Autorin hingewiesen, in der diese Vorgeschichte als „eine Art Dunkel-Kammer" gesehen wird, „in der schon alles vorausentwickelt wurde"; sie sieht darin mit Recht das „noch immer unabgegoltene Arsenal ihres poetischen Stoffes und ihrer Schreibobsession".[14] Die Lyrik von Friederike Mayröcker, die die höchste Konzentration erfordert und gleichermaßen dem Leser die Freiheit des Assoziierens einräumt, ist so Erinnerung und Erfahrung zugleich, mit und in der Sprache vollzogen. Die verbale Welt der Kindheit geht auf im Text, der zum Spielfeld der Sprache gewordenen Erfahrung wird. Es fällt auf, daß der erste Leser der Texte von Friederike Mayröcker, der ebenfalls experimentelle Lyriker Ernst Jandl, eine ähnliche Entwicklung durchmacht. Er ist es, der vor allem den Eigensinn der Dichterin wie den des Lesers hervorhebt, zugleich aber in bezug auf einige Gedichte aus «Winterglück» von „Selbstporträts" spricht, von einer souveränen „Eigenmächtigkeit gegenüber der Sprache" und einer „Konfrontation realistischer Zentren mit imaginärer Gegenwelt".[15] Anders, aber ähnlich wie in «selbstporträt schachspielers als trinkende uhr», sind viele Gedichte in «Winterglück» als gegen den Tod geschrieben zu lesen. Das Prinzip der Simultaneität, die Verneinung einer linear ablaufenden Geschichte – als Story und als Leben – werden in ihren letzten Gedichten pointierter eingesetzt und durchaus zu einer spannungsvollen Polarität von Erlösung und dem Nichteinsetzen davon umgebildet. Die Erhellung dieser Spannung wird „an meinerstatt jetzt in dieser / süszen Stunde Sekunde" nachempfunden und als momentane, in sich widersprüchliche Erfahrung sprachlich aktualisiert.

Inge Müller und Ilse Aichinger

Liest man von der Österreicherin Mayröcker, daß sie, geboren 1924, das Dritte Reich nicht bewußt miterlebt hat und ihre Zeit als Luftwaffenhelferin „wie hinter einem Schleier" verbracht hat, wundert man sich um so mehr über die Lyrik von Inge Müller (*1925), die in Berlin Luftwaffenhelferin war: Sie geriet unter den Schutt. Einige Gedichte aus ihrem erst 1985 veröffentlichten Band «Wenn ich schon sterben muß» thematisieren diese Erfahrung – direkt, unmetaphorisch und ohne Distanz zum Ereignis. Der politische Impetus der Gedichte von Inge Müller, die 1966 Selbstmord verübte, ist unverkennbar und authentisch. „12-Zeilen-Befehl, Stakkato in Phrasen / Ein Stempel: Mädchen, du bist Soldat / Weg mit den Locken, den Kleidern – den Rasen / Ob grün oder weiß, zahlt der Staat." Der unverblümte, unmittelbare Ton übt einen entscheidenden Einfluß auf die DDR-Lyrik aus. Die Grautöne, die Rückgriffe auf Kindheit, Traum und deren Zerstörungen fehlen in keinem Gedicht. Jeder Augenblick von Klausur und Selbstkasteiung „vernarbt die Wunde. / Der Bruch verheilt: schief."

Die Lyrik von Inge Müller zeige einen „permanenten Stilbruch", laut Adolf Endler, der sie sehr hoch einschätzt: „Eine nervöse und nervös-diszipliniert agierende Sensivität höchster Alarmiertheit muß es gewesen sein, die dieses staunenswerte Ergebnis zeitigte, diese Form des Gedichts – [...] eine Poesie knapp vorm Absturz."[16] Kriegs- und Faschismuserfahrungen sind nirgendwo wegzudenken in dieser emotionalen, in einem gewissen Sinn wilden Lyrik. Die Überwältigung des Subjekts, von der Autorin am eigenen Leibe erfahren, in den Gedichten auf eine andere Ebene gehoben, findet hier ihren Ausdruck – als Allegorie auch eines Ereignisses, das den Atem stocken läßt. Karg und klar tauchen dann die Zeilen auf, wie

> Vielleicht werde ich plötzlich verschwinden
> Weil die Luft nicht mehr reicht
> Und nicht aufzufinden
> Ist die Leich

und

Inge Müller

In den Gaskammern
Erdacht von Männern
Die alte Hierarchie
Am Boden Kinder
Die Frauen drauf
Und oben sie
Die starken Männer:
Freiheit und democracy.

Wenn man von einer Tradition der DDR-Lyrik spricht, beginnt sie mit Inge Müller. Es ist auch ihr konsequenter, entschiedener und authentischer Ton, der die weibliche Linie innerhalb dieser Lyrik prägt. Inge Müller, Sarah Kirsch, Elke Erb und Brigitte Struzyk (*1946), die 1984 eindrucksvoll mit «Leben auf der Kippe» debütierte, machen zusammen einen wesentlichen Faktor der DDR-Lyrik aus, der rückhaltlose Subjektivität an eine kunst- und kompromißlose Sprache koppelt. Bei Inge Müller herrschen die destruktiven Strukturen vor. Ursula Heukenkamp datiert „die generelle Entwertung des Glücksanspruches, die das Individuum durch ständige Bedrohung des nackten Lebens erfährt" mit Recht auf das Jahr 1945.[17] Dieses Datum fixiert die Sprache dieser Lyrikerin so extrem, daß jede ästhetische Anstrengung zu fehlen scheint.

Neben Inge Müllers monologischem, fast monomanem Sprechen springt der dialogische Charakter der Lyrik Ilse Aichingers (*1921) um so mehr ins Auge. Die österreichische Schriftstellerin präsentierte sich im Jahr 1978 zum erstenmal als Lyrikerin mit dem Band «verschenkter rat». Fast jedes der Gedichte, die in 25

Jahren entstanden und teilweise in Zeitschriften vorpubliziert wurden, weisen dieselbe „apodiktische Installierung des Paradoxen" vor, die ihre Prosa kennzeichnet.[18] Alle appellieren auch an den Leser – mit einer Frage, einer Aufforderung, einem Wunsch, einer Anrede oder Selbstanrede. Die Texte behalten eine Aura der Rätselhaftigkeit und eine unmißverständliche Lakonie, die an die Gedichte von Günter Eich erinnert. Doch die provozierende Kargheit des appellativen Sprechens gerät nicht, wie Sigrid Weigel behauptet, zur Beliebigkeit einer „verselbständigten Spracharbeit".[19] Jedes der kleinen Gedichte hat als ganzes Bildcharakter und verfährt nach dem Muster der Allegorie.[20] Die Merkbilder der Ilse Aichinger halten Erfahrungen und Wahrnehmungen fest und fordern zur Betrachtung auf.

> Hör gut hin, Kleiner,
> es gibt Weißblech, sagen sie,
> es gibt die Welt,
> prüfe, ob sie nicht lügen,

heißt es – ein Beispiel für den charakteristischen Imperativ, der die Lethargie, den Stillstand durchbrechen will, wie zynisch und skeptisch er auch vorgetragen wird. Mit nüchterner Strenge wird eine fragile Lebenssituation hingestellt und von der Kraft eines skeptischen Glaubens unterstützt:

> Der Tag, an dem du
> ohne Schuhe ins Eis kamst,
> der Tag, an dem
> die beiden Kälber
> zum Schlachten getrieben wurden,
> der Tag, an dem ich
> mir das linke Auge durchschoß,
> aber nicht mehr,
> der Tag, an dem
> in der Fleischerzeitung stand,
> das Leben geht weiter,
> der Tag, an dem es weiterging.

Das unumständliche Sprechen, eine leichte Ironie und das Fehlen jeder Scheu vor dem Alltäglichen sind übrigens auch Merkmale der Lyrik der 1976 debütierenden Lyrikerin Karin Kiwus (*1942), die mit prägnanter, manchmal lakonischer, immer geladener Sprache sich am Ich orientiert – ein Tendenz, die sich auch in ihrem zweiten Band «Angenommen später» fortsetzt.

Ulla Hahn und Sarah Kirsch

Es ist nicht nur ein bisweilen salopper Ton, der eine Nähe der Lyrik von Ulla Hahn (*1946) zu der von Sarah Kirsch vermuten läßt. Auch Stilfiguren, wie das doppelte Verbinden von Satzteilen, das die Schweißstellen unbedeckt läßt, und der alltägliche Jargon, der sich leicht abgewandelt im Gedicht feststellen läßt, tragen dazu bei. Sowohl Ulla Hahn als Sarah Kirsch schreiben Liebesgedichte; die Schriftstellerin aus der Bundesrepublik seit 1981, als ihr erster Gedichtband «Herz über Kopf» erschien, dessen Musikalität, Charme und Wohlklang von Marcel Reich-Ranicki gelobt wurden. Günter Kunert war kritischer und stellte eine „vorgetäuschte Schlichtheit" fest, eine zarte Ironie, eine „artistische Syntax" und eine Gebundenheit an Traditionen, die auf das Volkslied zurückgingen. «Herz über Kopf» thematisiert die Einheit und Getrenntheit des Paares, ein Thema, das in Sarah Kirschs «Rückenwind» (1976) einen konkreten, politisch brisanten Hintergrund hat. Die Ironie ist bei Ulla Hahn schärfer, zugleich kunstvoller. Hahn beutet die Sterilität der Bilder, die immer eine intertextuelle Referenz aufzeigen, geradezu aus, damit der schöne Schein von Liebe entsteht. Mit einer perfekten Technik wird quasi vorgemacht, wie schön die Gedichte hätten sein können, gäbe es nicht die Zeit, die das Schöne hinter sich hat und das Grauen immer mitdenken muß. Man täuscht sich in ihrer Poesie, wenn man die Tragik nicht mitliest, die in den späteren Gedichtbänden «Spielende» (1983) und «Freudenfeuer» (1985) immer unharmonischer zum Vorschein kommt. Die freundliche Ausgewogenheit ist nur Schein. Darum ist Michael Braun nicht zuzustimmen, wenn er die Lyrik als Kunstgewerbe affichiert, die real verlorene Tradition ästhetisch zu surrogieren versucht und Stileigenschaften klassisch-romantischer Art mit einer Biedermeierschen Perspektive kombiniert.[21] Trotzdem ist es manchmal merkwürdig, emotionale Unbefangenheit und einen vorurteilslosen Blick suggeriert zu sehen. Spiegelt man den Band «Freudenfeuer» an Gedichten von Sarah Kirsch, so vermißt man die durchlebte Authentizität und eine Verantwortung dem minimalen Ort gegenüber, den das Subjekt in dem Gedicht einnimmt. Der «Firlefanz», wie ein Gedicht heißt, ist sicherlich ernster zu nehmen, als die Autorin manchmal lässig meint vortäuschen zu müssen.

Was ich ergreife fällt mir aus der Hand
in Scherben eine Welt saust
nach der anderen an mir herunter
bricht sich das Genick. Mein Fuß
verbrennt was er betritt. In Asche
schlepp ich mich vorwärts.
Was er berührt mein Mund vermodert
meinen Augen verglüht das
was sie sehn und deckt
mir die Pupillen zu. Vor meiner Nase
zerstäubt was übrigblieb
zum Firlefanz nichts bleibt bei Trost
und alles ganz
beim Alten.

Ob „alles ganz" bleibt oder „in Scherben" fällt, beantwortet dieses Gedicht nicht: Es lebt den spannungsvollen Gegensatz eher aus, so daß der Rest sowohl „zum Firlefanz" wird als „zum Firlefanz nichts" gelesen werden kann.

Die Lyrik von Sarah Kirsch (*1935) erreichte mit dem Gedichtband «Rückenwind» (1976) einen vorläufigen Höhepunkt. Der Band enthält den inzwischen berühmten Wiepersdorf-Zyklus und thematisiert die Bewegungen von Vereinigung und Trennung, die eine Liebe ausmachen. „Wie wir zerrissen sind, und ganz / Nur in des Vogels Kopf", lautet die Zeile, die diese Bewegungen am schärfsten beschreibt. Der Kontext nicht nur dieser Zeile zeigt darüber hinaus die politische Dimension dieser Liebe, die mit einer erstaunlichen Selbstverständlichkeit als unlebbar und erlebbar zugleich zum Gedicht wird. Nach ihrer Übersiedlung publizierte Sarah Kirsch den Band «Drachensteigen» (1979), der Gedichte enthält, die noch in der DDR, aber auch schon in West-Berlin und in Italien entstanden. Nachdem «La Pagerie» (1980) den Zauber der südfranzösischen Provence und «Erdreich» (1982) Reisebilder aus Death Valley in den Vereinigten Staaten vorgestellt hatten, war der Gedichtband «Katzenleben» (1984) ein neuer Exponent der von Sarah Kirsch bekannten, keineswegs zarten oder sanften, jedoch „wie ohne Widerstand gesprochenen" (Elke Erb) Sprachkunst. Die Idylle, die in dem frühen Band «Landaufenthalt» (1967) manchmal so ungebrochen schien, wird hier vorgeführt und zugleich endgültig verunsichert. Noch immer wird die Natur als sinnvoll erfahren, stets aber als Peripherie beschrieben. „Ich empfinde mich als Chronist einer Endzeit. Ich nehme auf, was es alles gibt auf der Welt. Manches, wie die Bäume, kann man nur noch betrauern. Ich versuche, das alles ein wenig aufzuheben", sagte Sarah Kirsch 1983.[22]

Es handelt sich aber in dem Band «Katzenleben», der wiederum mit einer leicht verstörten Grammatik und ohne Scheu vor ‚gewöhnlicher' Sprache arbeitet, nicht um eine Verteidigung von ideologischen Standpunkten. Vielmehr wird der Widerspruch gesucht, der das Landleben in der heutigen Zeit bestimmt. In der Luft hängt nicht mehr „schön schwimmendes Wolkengetier", in der Pflanzenwelt wird nicht nur „Augentrost" gesucht. Trotz der Trägheit, die das Subjekt mit seinen Katzen umgibt und die auch von ihm besungen und umhegt wird, schweben jetzt am „Weltrand" sowohl „abgeschlagene Köpfe der Kühe / [...] im Nebel über den Wiesen" als Kiele von englischen Kriegsschiffen, die den hinterm Deich bei Husum erfahrenen Falkland-Konflikt evozieren sollen.

Die Toten steigen im Herbst auf aus den
Strömen und Flüssen willfähriger Winde
Führen am Himmel bewegte Bilder den Ausgang
Mördrischer Schlachten vor hingeworfene
Leichen erfrorene Seelen geschnürte
Kehlen Körper von grauen Fetzen gehalten
Schweben über den weggebückten ackernden Menschen
Eh sie zerblasen werden die Sonne
Im Spiegel des Himmels erneut
Trostlos pathetische Wolken
Aufstehn und wandern läßt.

Das Gedicht liest sich wie ein innerpoetischer Selbstkommentar, der den Vorwurf eines unkritischen Manierismus von sich weist. Im Titelgedicht des

Bandes «Katzenleben» wird das Leben des exilierten Dichters Peter Huchel assoziiert, der sich in seiner ‚Idylle' mit Katzen umgab und weiter lebte „hinter dem Jägerzaun". Diese Position eines „Überwachten in seinen vier Wänden", der längst „die Grenzen hinter sich ließ", ist es, die Sarah Kirsch in den Mittelpunkt ihrer Problematik rückt. Christoph Geiser stellte für den Prosa-Band «Irrstern» (1986) fest, daß dieser Irrstern nicht mehr so menschenfern sei wie in «Katzenleben». Die eigene Idylle kann auch von außen gesehen werden, mit selbstironischer Distanz: „Ich schüttele mich vor Lachen weil alles so gut gelungen erscheint als wäre das ein herrliches Haus mit lebendigen Schafen davor obwohl es auch Kopien sein können unterirdisch durch Seile auf Rollen bewegt." Nach Geisers Auffassung scheint von den früheren Prosastücken her ein „leichteres, heiteres Lebensgefühl in diese Erzählstücke herüberzuwehen – Erzählstücke tatsächlich, trotz der stark lyrischen Rhythmisierung der Sprache wachsen sich die Texte allmählich geradezu ins Epische aus".[23]

Neue Tendenzen in der deutschsprachigen Lyrik

Parallel zu einem spektakulär zunehmenden Einfluß der Lyrik, die ihre Wurzeln in der Deutschen Demokratischen Republik hat – vor allem abzulesen an den seit 1984 erscheinenden «Luchterhand Jahrbüchern der Lyrik» – ist ein Teil der westdeutschen Poesie virtueller in ihrer Aussagekraft, reicher an Schnittflächen, expressiver und weniger privat geworden. Neben einer starken Tendenz zum Kultivieren der traditionellen Formen und bisweilen einem erneuten Vergnügen an Reim und Rhythmus drängt sich die inzwischen kanonisierte experimentelle Lyrik stärker in den Vordergrund, wird spielerischer und befaßt sich mit Themen und Motiven, die man bisher nur in nicht-experimenteller Lyrik konstatierte. Sarah Kirsch, Elke Erb und Friederike Mayröcker haben zu dieser Entwicklung entscheidend beigetragen, die sich keineswegs auf die von Frauen geschriebene Lyrik beschränkt. Daß die Lyrik sich im Moment wieder politisiert, ist ebenfalls wahrnehmbar. Es erscheinen aber auch sehr lange Gedichte und Zyklen, in denen die Probleme des zeitgenössischen Menschen erörtert werden, und zwar in einer weniger irdischen, fast kosmischen Perspektive. Handkes «Gedicht an die Dauer» und «Diese Erinnerung, an einen, der nur einen Tag zu Gast war» von Botho Strauss sind hier zu nennen. Im Vergleich zu diesen beiden Texten sind die Gedichte der hier besprochenen Lyrikerinnen weitaus lakonischer, weniger pontifikal und entschieden härter. „Härte ist schon seit Jahrtausenden das Kennzeichen bedeutender Frauenlyrik", hat Adolf Endler in bezug auf die Gedichte von Sarah Kirsch festgestellt.[24] In dem Vorwort zu den gesammelten Gedichten von Christa Reinig, die größtenteils in den sechziger Jahren erschienen sind, spricht Horst Bienek von einem unüblichen, auffallenden Ton: „Ein kalter, genauer gesagt: ein gekälteter Ton, eine einfache, lapidare Sprache, eine strenge klassische Form."[25] Es ist sicher gefährlich, von einer

Konstante in der Lyrik von Frauen zu sprechen; es wäre aber sinnvoll, diese Kategorie der Härte in all ihrer Widersprüchlichkeit näher zu untersuchen und zu überprüfen, in welcher neuen Weise sie die „Fröste der Freiheit“ (Marieluise Fleißer) durchsteht.

7. Der Ort der Leerstelle
Weiblichkeit als Poetik der Negativität und der Differenz

Barbara Lersch

> Vous devriez ne pas la connaître [...]
> *Marguerite Duras,* La Maladie de la Mort
>
> Diese Geschichte geschieht im Ausnahmezustand und in allgemeiner Katastrophe
> *Clarice Lispector,* Die Sternstunde
>
> Wenn ich hier wegbleibe, kann mir nichts mehr passieren
> *Anne Duden,* Das Judasschaf

„Auch die Verhinderung, die Absenz ist ein Teil weiblicher Geschichte“
Zur Exposition der Diskussion um eine ‚weibliche Ästhetik‘

Der Text, aus dem ich mein Titelzitat entlehne, ist zuerst 1976 erschienen und mittlerweile schon lange zum ‚Klassiker‘ geworden. Dies ist für mich aber nur ein Grund, an Silvia Bovenschens Aufsatz «Über die Frage: gibt es eine ‚weibliche‘ Ästhetik?» als an die initiatorische Vorlage zur mittlerweile also elfjährigen Auseinandersetzung um „weibliche Ästhetik“ und die „Möglichkeiten weiblicher Kreativität“ zu erinnern. Ein weiterer Grund ist weniger formal. Er betrifft meine Einschätzung, derzufolge in Bovenschens Text Momente noch miteinander verbunden sind, die sich im weiteren Verlauf der Diskussion bis heute weitgehend verselbständigt haben. Bovenschen verbindet die Reflexion auf die Bedingungen einer kulturgeschichtlichen Prägung des ästhetischen Vermögens von Frauen mit der Perspektive einer konzeptuellen, aber nicht normativen Beschreibung von weiblicher Ästhetik. Ästhetik erscheint in diesem Zusammenhang als sinnlich-kreatives Vermögen in einer unspezifisch habitualisierten, das heißt nicht gezielt auf künstlerische Praxis, sondern ebenso auf Alltagshandlungen und allgemeine Reizwahrnehmungen eingerichteten Form:

> Wenn aber der sinnliche Zugang, das Verhältnis zu Stoff und Material, die Wahrnehmung, die Erfahrung und Verarbeitung taktiler, visueller und akustischer Reize, die Raumerfahrung und der Zeitrhythmus [...] bei Frauen qualitativ andere Voraussetzungen

haben, dann müßte das logischerweise auch in besonderen Formen der mimetischen Transformation sichtbar werden.[1]

Freilich: „Die Wirklichkeit ist nicht so logisch.“[2] Jedenfalls erweist sich die Grenze zwischen konzeptioneller Wünschbarkeit und tatsächlicher Wirksamkeit von so etwas wie einer „femininen Qualität“[3] als nicht eindeutig bestimmbar, zumal dann nicht, wenn man die klassischen „Fallgruben“[4] des Feminismus, als welche Silvia Bovenschen „Reduktionstheorien“, „Ergänzungstheorien“ und „Egalitätstheorien“[5] ausgibt, vermeiden will. Eine „weibliche Ästhetik“, nach der zu fragen ästhetische Theorien Bovenschen zufolge bis 1976 „aufgeschoben“[6] haben, erscheint mithin schon bei den allerersten Versuchen, ihr zur Sprache oder zu einem Namen zu verhelfen, als etwas, dessen Wirklichkeitsgehalt sich allenfalls ungefähr angeben läßt, – das heißt: über die Sprachformen der *Negation* und der *Differenz*.

Was Silvia Bovenschen unter dieser Voraussetzung 1976 gleichwohl über ‚weibliche Ästhetik‘ ausgesagt hat, kann ich 1987 so zusammenfassen: Weibliche Ästhetik findet sich vor allem in den dezentrierten – vom Zentrum abgestoßenen – Randzonen unserer Kulturgeschichte: in der anonym und sprachlos gebliebenen Alltagsgeschichte von Frauen etwa oder in den „vorästhetischen Räumen“,[7] zu denen neben der dekorativ ausstaffierbaren bürgerlichen Privatsphäre auch der Körperraum der Frauen gezählt werden kann. Zum Produktionsort einer weiblichen Ästhetik, an der die Frau sowohl als Subjekt als auch als Objekt beteiligt ist, wird dieser Körperraum als Schauplatz der Mode, aber ebenso auch als Schauplatz der psychosomatischen Rematerialisierung von kulturgeschichtlichen Erfahrungen, wie ihn am ausführlichsten zuletzt Christina von Braun in ihrem Buch über die Hysterie dargestellt hat.

Als dezentrierte stehen solche Räume des Weiblichen nicht nur in einem hierarchisch untergeordneten Verhältnis zu dem, was die vordergründig präsente (repräsentable) Geschichte – auch die der Ästhetik – ausmacht. Sie sind auch untereinander nicht durch ein Einheit stiftendes Medium verbunden. Ihre Existenzweise ist – wie lange Zeit und häufig heute noch die der Frauen – marginal und dissoziiert. Daraus folgte für Bovenschen 1976 eine weitere negative Bestimmung, diesmal mit Bezug auf die analytische Zugänglichkeit von unter den Bedingungen einer weiblichen Ästhetik entstandenen Kunstprodukten: Statt über den Königsweg ästhetikgeschichtlicher Generalisierungen werde man sich ihnen nur je und je „an einzelnen Beispielen weiblicher Subversion, weiblicher Imagination, formaler Konstruktion in den jeweiligen Werken“[8] nähern können.

Formulierungen wie diese beziehen die Modalkategorien von ‚Verhinderung‘ und ‚Absenz‘ implizit auf ästhetische Theorie und kulturkritische Praxis. Damit weist die Exposition, als welche ich Bovenschens Aufsatz lese, auf zwei Denkzusammenhänge voraus, die den Weiblichkeitsdiskurs im ästhetisch/literarischen Kontext aktuell beschäftigen. Denn der Stil der Selbstreflexivität, den sie einklagen, ist heute Gegenstand und Impuls sowohl der poetologischen (Selbst)verortung von Schriftstellerinnen im literarischen Diskurs als auch der geschichtsphilosophischen Konzeption von Weiblichkeit als Diskursform.

„Eine Poetik kann ich Ihnen nicht bieten." – Atopie und Utopie in den Poetikvorlesungen von Ingeborg Bachmann und Christa Wolf

Ingeborg Bachmann: Eine Poetik der Melancholie und der stummen Bilder

Von ‚weiblicher Ästhetik' oder einer ‚weiblichen Schreibweise' ist in den fünf Vorlesungen, die Ingeborg Bachmann im Wintersemester 1959/60 als erste Gastdozentin in der neugeschaffenen Institution „Poetikvorlesung" der Universität Frankfurt gehalten hat, explizit nirgendwo die Rede. Sie sind in diesem Kontext erst später, verstärkt während der letzten fünf Jahre rezipiert worden, also erst seit der Weiblichkeitsbegriff als Paradigma für eine feministisch orientierte Literaturwissenschaft zur Diskussion steht.

Ingeborg Bachmann hat in Frankfurt über „Probleme zeitgenössischer Dichtung" gesprochen. Das war der offizielle Titel für die in Auftrag gegebene Ware. Er klingt sehr allgemein, etwas hilflos vielleicht und etwas hohl. Aber mit dem, was Bachmann zu ihm beigetragen hat, hat sie den Bedeutungsraum des simplen Begriffs „Probleme" so weit aufgerissen, daß in ihm der Sinn des anderen Begriffs, „Dichtung", dekonstruiert wurde. Und dies bedeutete in dem institutionellen Rahmen, in dem es geschah, gleich ein Doppeltes: die Dekonstruktion der Instanz, deren Lehrmeinung vom Podest gefragt war, und die Dekonstruktion des literarischen Subjekts, über dessen Konstitution ein Autoren-Ich um Auskunft gebeten worden war (vgl. S. 437f.).

Vor allem über die Reflexion des sprachlichen Bildervermögens und seiner Grenzen hat Bachmann versucht, intellektuellen Zugang zu einer Form literarischer Erfahrung zu gewinnen, deren Authentizität auch über den Verlust an historisch verbürgter Wahrheit hinaus, also als voraussetzungslose, zur Geltung gebracht werden könnte:

> Zeitlos freilich sind nur die Bilder. Das Denken, der Zeit verhaftet, verfällt auch wieder der Zeit. Aber weil es verfällt, eben deshalb muß unser Denken neu sein, wenn es echt sein und etwas bewirken will.[9]

Dies kann man als programmatische Aussage über ein poetologisches Grundproblem, nämlich die Herstellbarkeit von Literatur als zwischen Bildern und Ideen interferierendes Gefüge, verstehen. Tut man es, so verweist die ethisch/ästhetische Überwertigkeit, die Bachmann unter produktionsästhetischem Gesichtspunkt der Idee und der Reflexion zuspricht, auf die werkbiographische Verlagerung von der Lyrik zum Roman, zu der ja die Poetikvorlesungen auch so etwas wie den definitiven Übergang markieren. Christa Bürger zufolge ist dieser Wechsel der Gattungen bei Bachmann vor allem aus dem Eingeständnis des lyrischen Ich motiviert, „daß seine Verzweiflung nur eine ästhetische Haltung ist".[10] Er entspricht insofern dem Akt einer poetischen Selbst-Dekonstruktion, als dessen konsequentesten Ausdruck Bachmann selbst das „Verstummen" und das „Schweigen"[11] bezeichnet hat. In dem zitierten Satz äußert er sich in der Weise, daß das Denken, von dem Bachmann sagt, das literarische Subjekt müsse es als seine schöpferische Produktivkraft in die ästhetische Praxis einbringen, zugleich dem Verdikt des historischen Verfalls anheimgestellt wird. Was bleibt, wenn die kontrollierte Subjektivität, die sich im Denken äußert, sich dergestalt verflüchtigt haben wird, ist die unbestimmbare Subjektivität der Bilder.

„Zeitlos" der geschichtlichen Linearität entzogen, wird man sich diese so voraussetzungslos vorstellen müssen wie das weibliche Ich, an dem die Geschichte vorbeigegangen ist und von dem daher nur als von einem Absenten gesprochen werden kann. Aber auch die Zukunft der unbestimmbaren Subjektivität der Bilder wird man im Anschluß an Bachmann nicht als geschichtliche Zielprojektion beschreiben können, nicht einmal ex negativo. Sie muß wohl eher gedacht werden als unbestimmte Ausdehnung in einer räumlichen Dimension, mit welcher ein Ich – vergleichbar der Daphne in Ovids «Metamorphosen» – verschmilzt, nachdem es aufgehört hat zu sprechen.

Das weibliche Ich in Bachmanns 1971 veröffentlichtem Roman «Malina», wissen wir, geht zuletzt in eine Wand. Dies ist ein allegorisches Bild, in dem die wechselweise Transformation von Imagination und Erfahrung ästhetisch reflektiert wird: Die Erfahrung, deren Konsequenz das Bild vor Augen führt, ist die Erfahrung eines Mangels, eine Nullwert-Erfahrung, die nur veranschaulicht werden kann aus der Perspektive ihres Anderen, der Perspektive der Imagination. Und die Imagination, die sich im allegorischen Bild zur Realie verdichtet, ist die Imagination eines Zustandes, der so etwas wie Erfahrung allererst ermöglichen würde. Das Bild, das das Wechselspiel von Imagination und Erfahrung in stummer Melancholie[12] bezeugt, ist mithin eine Raumstelle, die – als sensible Atopie etwa im Sinne von Roland Barthes[13] – den Platz einer fiktiven Zeit besetzt hält. Dies ist die Zeit, in der die Frau – als spezifisches Subjekt – verschwindet. Aber daß man bemerkt, daß sie verschwindet, setzt voraus, daß sie vorher sichtbar gewesen ist. Wenn sie sich zurückzieht und auflöst – etwa in eine Wand –, bedeutet dies folglich nicht, daß sie abtritt und abwesend ist, so als wäre sie nie gewesen. Statt sich den Existenzmodalitäten einer sich linear aufzehrenden Zeit zu unterwerfen, zieht sie die Qualität von Zeit in ein ästhetisches Konzept, welches dem entspricht, was Viktor von Weizsäcker als „biologische" oder „subjektive" Zeit beschrieben hat. „Gestalt", so lese ich, „entsteht nicht in der Zeit, sondern Zeit entsteht in der Gestalt."[14] – Im Rahmen einer Weiblichkeitspoetik, wie Ingeborg Bachmann sie implizit entwirft, ist dies die Zeit Malinas, das heißt: eine Zeit des Gewesenseins auch dann, wenn es um einen zukunftsbezogenen Entwurf geht. – „Ich ohne Gewähr!" – so heißt es in der dritten Poetikvorlesung Bachmanns, die ausdrücklich vom „schreibenden Ich" handelt. „Ohne Gewähr" – das ist die atopische Subjektivität, die sich als souveränes Subjekt der Sprache selbst entmachtet und damit – tendenziell – auflöst in eine imaginäre Form:

> [...] als wäre ich ein Nichts, die Hypostasierung einer reinen Form, irgendetwas wie eine geträumte Substanz, etwas, das eine geträumte Identität bezeichnet, eine Chiffre für etwas, das zu dechiffrieren mehr Mühe macht als die geheimste Order.[15]

Christa Wolf: Weiblichkeit als Paradigma des Widerstands und der Versöhnung

Christa Wolf, die um drei Jahre jüngere Schriftstellerkollegin Ingeborg Bachmanns, war 1982, also nach mehr als zwanzig Jahren und fast zehn Jahre nach Bachmanns Tod, deren erste weibliche Nachfolgerin am Frankfurter Poetikpult. Nicht erst zu diesem Zeitpunkt hat Christa Wolf ihre poetologische Nähe zu Bachmanns elegischem Authentizitätsanspruch zum Ausdruck gebracht. Aber 1982 hat sie sich auf ihre Vorgängerin ausdrücklich aus der Perspektive einer weiblichen „Kehrseite unserer Kulturgeschichte"[16] bezogen. Das Denken aus der Perspektive des Marginalen, Unsichtbaren, Negativen und Absenten, welches Bachmanns Selbstreflexion auf poetische Praxis im Kontext der ästhetischen Moderne bestimmt hat, wird von Wolf damit in Verbindung gebracht, daß die Krisen des modernen Konzepts von Gesellschaft in besonderer Weise zu Lasten der Frauen ausgetragen worden seien. Dies habe einen fatalen Zusammenschluß von gesteigerter Sensibilität und Opferbereitschaft bewirkt, der auch in der Literatur der Frauen zum Ausdruck komme. „Ich behaupte", so sagt Wolf in diesem Zusammenhang mit Bezug auf «Malina», „daß jede Frau, die sich in diesem Jahrhundert und in unserem Kulturkreis in die vom männlichen Selbstverständnis geprägten Institutionen gewagt hat – ‚die Literatur', ‚die Ästhetik' sind solche Institutionen – den Selbstvernichtungswunsch kennenlernen mußte."[17]

Dies bezieht sich offensichtlich auch auf die, die diesen Satz sagt. Und in der Tat wissen wir, daß der Zweifel an den Möglichkeiten eines authentischen Subjekts der Literatur, die fast schon sprichwörtliche „Schwierigkeit, ‚ich' zu sagen", stets im Zentrum von Christa Wolfs Arbeit gestanden hat. Freilich ist es eine Sache, Zweifel an der Fähigkeit eines Ich zur authentischen Aufnahme und Entäußerung innerer und äußerer Wirklichkeiten zu haben. Eine andere Sache ist es, diese Zweifel so weit zu radikalisieren, daß ihnen der Kunstanspruch insgesamt geopfert werden muß. Nach einer Formulierung Sigrid Weigels entspräche dem eine „Schreibweise, die erzählt und im Erzählen die Strukturen des Erzählens zerstört. Sie erzählt und streicht das Erzählen durch".[18] Weigel und andere haben eine solche Schreibweise in den Texten Ingeborg Bachmanns erkannt. Und auch in Christa Wolfs Poetikvorlesungen finde ich Formulierungen, in denen die Möglichkeit einer „Verselbständigung der Kunstmittel"[19] reflektiert wird. „Sind also", so fragt sich Wolf an einer der am häufigsten zitierten Stellen ihrer Vorlesung, – „sind also diese Kunst-Objekte (‚Werke') auch Produkte der Entfremdung innerhalb dieser Kultur, deren andere perfekte Produkte zum Zweck der Selbstvernichtung produziert werden?"[20]

Darin, daß Christa Wolf diesen Gedanken in Form einer Frage ausspricht, zeigt sich, denke ich, auch ein Widerstand gegen den Selbstvernichtungswunsch der Künstlerin. Er ist in den Poetikvorlesungen auch direkt verbalisiert, etwa als „Glaube an die Kraft des Wortes"[21] oder als Vertrauen, daß „Erzählen [...] Humanes, Gedächtnis, Anteilnahme, Verständnis bewirkt".[22] Noch deutlicher steht es in einem Interview, das Christa Wolf Anfang 1984 anläßlich des Erscheinens von «Kassandra» in der DDR der Ostberliner «Wochenpost» gegeben hat. „Immer mehr wurde ich mir darüber klar", heißt es dort, „daß mein Hauptantrieb für Schreiben Selbsterforschung ist." Er führe sie in einen „besonderen Zustand der Erregung, jenes Gefühl von Authentizität, [...] um dessentwillen ich eigentlich schreibe".[23] – Authentizität: Als Erfahrungsmodus des Produzierens gibt es sie für Christa Wolf also noch, obwohl die Texte, die sie produziert, mehr und mehr vom Mangel – als Verlust oder Unerreichbarkeit – von Authentizität handeln. „Das Bewußtsein der Unangemessenheit von Worten vor den Erscheinungen",[24] das uns Wolf an einer anderen Stelle ihrer Vorlesung vor Augen geführt hat, wird so zuallerletzt doch immer wieder mit dem Sinnkonzept Authentizität versöhnt.

Christa Wolfs poetisches Konzept beruht, so gesehen, auf einer offenen Ambivalenz. Diese zirkuliert zwischen der Exposition eines virtualisierten Subjektbegriffs und der Suspension dieser Virtualisierung in einem produktionsästhetischen Sinnkonzept. Es ist dies, metaphorisch auf poetische Praxis bezogen, auch die Ambivalenz von Selbstvernichtung und Selbsterhaltung. Und es ist die Ambivalenz zwischen einerseits dem Wissen der neuzeitlichen Frau – um ihre Geschichtslosigkeit, ihre Stummheit, ihre Abwesenheit und ihren Mangel – und andererseits dem dem Wissen inhärenten Drang zur positiven Setzung, Selbstbehauptung, Repräsentanz. – In ihrer dritten Poetikvorlesung hat Christa Wolf eine Notiz aus ihrem Arbeitstagebuch mitgeteilt: „Schreiben für Frauen als ein Mittel, das sie zwischen sich und die Männerwelt legen", heißt es dort mit Bezug auf Marieluise Fleißer; und: „Unvermeidlich der Moment, da die Frau, die schreibt [...], nichts und niemanden mehr vertritt, nur sich selbst, aber wer ist das."[25]

Man kann Sätze wie diese als Parteinahme im Spannungsfeld der beschriebenen Ambivalenz lesen, zumindest als Formulierung einer Präferenz. Sie beschreiben dann ein poetisches Konzept, das, extremen Zweifeln an der Möglichkeit seines Gelingens zutrotz, auf eine positive Überwindung des Mangels an Bildern und des Mangels an Geschichte setzt, die kulturgeschichtlich vor allem mit der Situation der Frau konnotiert sind. Ungeachtet der kategorischen Absage an die Festschreibung poetischer Konzepte überhaupt – „eine Poetik kann ich Ihnen nicht bieten"[26] –, beinhaltet das Entäußerungskonzept weiblichen Schreibens, wie Wolf es hier formuliert hat, eine Vorentscheidung für einen humanistischen und aufklärerischen Standard von Literatur, in dessen Rahmen auch so

etwas wie eine weibliche Utopie zuletzt ihren Platz haben könnte. Anders gesagt: Christa Wolf gibt das Repräsentationsprinzip von Poetiken nicht preis, auch wenn es, so wie sie es versteht, nicht eigentlich mehr ‚Prinzip' genannt werden kann und auch wenn das, was repräsentiert werden soll, auf die Schwundstufe eines Mangels, der der Schmerz einer Frau ist, reduziert ist und insofern der Logik der Repräsentation zuwiderläuft: „Die Frau, die schreibt, [...] vertritt nur sich selbst."

Ortungsversuch: Poetologische Aspekte des neueren Weiblichkeitskurses

Ich habe schon darauf hingewiesen, daß die theoretischen Versuche zur Konzeptionalisierung von Weiblichkeit als Paradigma für eine ‚andere' Diskursform in die geschichtsphilosophische Selbstreflexion der ästhetischen Moderne unmittelbar eingreifen. Sie tun dies so, daß sie sich auf deren aporiengefährdete Grenzbereiche in einer Weise beziehen, die Friederike Hassauer als „asymmetrische Negation"[27] bezeichnet hat. Das heißt: ‚Weiblichkeit' wird in ihnen als Bezeichnung für eine Rede ins Spiel gebracht, deren Subjekt, die Frau, sich der vorgefundenen kulturellen Ordnung nicht über die Zentralperspektive nähert, sondern deren Blick von außen kommt, von der Peripherie, den abgestoßenen Randzonen, den dunklen Ursprüngen des Subjekts. Der Traum, die unkontrollierten Bilder der Imagination, die expressive Zeichensprache des Körpers, Mimik und Gestik sowie die vorsymbolischen Ausdrucksformen von Sprache und Intonation, Kristevas „Echolalien" und „Glossolalien",[28] sind solche Randzonen, in denen das neuzeitliche Subjekt sich sondiert, ohne schon bei sich angekommen zu sein, und die es darum aus seinem Bewußtsein als „moralischer, d. h. zurechnungsfähiger, identischer Person"[29] auszuschließen geneigt ist.

‚Weiblichkeit' erscheint vor diesem Hintergrund als Analogiemetapher für eine Art, den modernen Subjektbegriff zu reflektieren, die hinter die Geschichte der Ausgrenzungen zurückzugehen beansprucht und die mit der Überschreitung von Grenzen die Negation von hierarchischen Setzungen, zentrierenden Vereinnahmungen, normativen Entwürfen verbindet. ‚Weiblichkeit' negiert den Kanon logozentrischer Zurichtungen kulturellen Wissens, der ideengeschichtlich mit dem Mann konnotiert ist. Aber sie tut dies nicht, indem sie sich diesem kategorisch und gewissermaßen aus dem Nichts als dichotomische Gegen-Rede gegenüberstellt. Vielmehr erfordert es ihre Kritik an der repräsentativen Logik, daß sie sich selbst in den Prozeß der Zurichtungen, gegen den sie Einspruch erhebt, einbezieht: als das Bild der Frau, das auch als das per se „ganz Andere, das Nicht-Definierte",[30] Anteil hat an einem substantialisierenden Denken, das niemals ganz ohne Grenzsetzungen auskommen wird.

Als Begriff für eine Diskursform trägt ‚Weiblichkeit' erstens der Tatsache Rechnung, daß die Frau in der Kulturgeschichte des Abendlandes die längste Zeit gleichzeitig sowohl Beteiligte und Gegenwärtige, nämlich in Alltagspraxis und gesellschaftlicher (Re-)Produktion, als auch Unbeteiligte und Abwesende, nämlich im repräsentativen System von – öffentlicher und privater – Herrschaft gewesen ist. Zweitens schließt der Weiblichkeitsbegriff als Diskursbegriff daran an, daß Spuren dieses Zivilisationsprozesses, auch wo und nachdem ihm ein Teil seiner geschichtlich manifesten Bedeutung abhanden gekommen ist, vornehmlich im Zuge von Frauenemanzipationsbewegung und Feminismus, weiterhin wirksam sind: als individuell greifende psychische Konditionierung mit geschlechtsspezifischen Implikationen und als deren Sedimentierung in psychosemiotischen Strukturen, die dem Funktionieren gesellschaftlicher Symbolhandlungen zugrunde liegen.

So jedenfalls läßt sich der gemeinsame Bezugshorizont beschreiben, von dem die Beiträge zur Konzeption von ‚Weiblichkeit' als Paradigma im Kontext von Literaturwissenschaft und ästhetischer Moderne, auf die ich mich im folgenden beziehe, ausgegangen sind. Es sind dies Beiträge von westdeutschen Literaturwissenschaftlerinnen, die sich aus unterschiedlichen Perspektiven ihres Faches in den letzten Jahren mit der Frage nach dem Vorkommen und der Wirkweise von so etwas wie einem weiblichen Diskurs im Diskurs von Literatur und Ästhetik beschäftigt haben. Gemeinsam ist ihnen darüber hinaus die Orientierung an der jüngeren Linie von Theorieentwicklung, die vor allem aus Frankreich zu uns gekommen und uns aktuell als Post- oder Neostrukturalismus präsent ist.[31]

Renate Lachmann: Metonymie als Schreibweise

Als Renate Lachmann 1984 ihre «Thesen zu einer weiblichen Ästhetik» formuliert hat, geschah dies unter dem Vorbehalt einer „radikalen Skepsis".[32] So wie

Lachmann sie beschrieben hat, war diese Skepsis selbst schon ein Effekt und ein Bestandteil ihrer Gegenstandsreflexion. Denn sie hat sie als hypothetisches Pendant zu jenem anderen „Extrem im Bereich der Konzepte der Weiblichkeit" ins Spiel gebracht, das sie vor allem durch Hélène Cixous vertreten sieht und als „das Aus-Sich-Heraustreten in der Schreibeuphorie"[33] charakterisiert hat. Zudem teilt Lachmann die Einschätzung Julia Kristevas, derzufolge die empirische Schreibpraxis von Frauen bis heute wenig zustandegebracht habe, was deren prompte Analogisierung mit einem „Gegendiskurs"[34] plausibel machen könnte. Es ist insofern konsequent, wenn Renate Lachmann „weibliche Ästhetik" als „theoretische Fiktion"[35] bezeichnet. Als eine Projektion und ein Projekt, nicht aber als empirische Textgattung ‚Frauenliteratur', ist „weibliche Ästhetik" für Lachmann Bestandteil eines Diskurses, den sie auch „inoffiziell"[36] und „spekulativ"[37] nennt. Darum, sagt sie, könne man die „inoffizielle, subversive, avantgardistische Schreibweise" auch als „weiblich" bezeichnen, weil sie „diejenige ist, die von Frauen ganz zu der ihren gemacht und ausgebaut werden könnte, und zwar aufgrund ihrer geschlechtsspezifischen Erfahrungen, wozu vor allem die Formerfahrung gehört".[38]

Mit dem Satz greift Lachmann Bovenschens Vermutung einer geschlechtsspezifischen Habitualisierung der Sinne auf. Darüber hinaus verweist er auf ein semiotisches oder poetisches Konzept, das Lachmann unter dem Begriff des *metonymischen Schreibens* erörtert. Metonymisch ist die Austauschbewegung, die der Satz dadurch vollzieht, daß die Bedingungen des ästhetischen Produktionsprozesses in ihm in einer Perspektive erscheinen, die die übliche Sicht umkehrt. Statt davon zu sprechen, wie eine Produktionsweise, eine Redegattung, ein Stil von einem schreibenden Subjekt als ganze angeeignet und ausgearbeitet, also in ihren formalen Möglichkeiten ausgeschöpft werden können, spricht der Satz davon, wie das Subjekt sich eine Form ganz zu eigen machen könne. Statt auf die Realisierung eines Textes, wird so der Blick auf die Konstitution eines Subjekts gezogen. Dieses erscheint mithin als das ‚eigentliche' Produkt der Textpraxis, als das jedenfalls, was sich verändert haben wird, wenn der Aneignungsprozeß, von dem die Rede ist, abgeschlossen sein wird. Dagegen erscheint die Schreibweise hier als ein Verfahren, das etwas bewirkt, dabei selbst aber erst in sekundärer Folge, also als ‚uneigentlicher' Effekt, verändert wird.

Metonymisch ist die Ersetzung der Wirkung durch die Ursache, des Textes durch das Subjekt auch insofern, als sie nur als virtuelle Operation nachvollzogen werden kann. Denn tatsächlich ist das Subjekt, das der Satz als den ‚eigentlichen' Gegenstand der Textproduktion erscheinen läßt, zunächst nur als Platzhalterzeichen, Chiffre vorhanden. Was es repräsentiert und bedeutet, ist also überhaupt nichts ‚Eigentliches', sondern im Gegenteil sensu strictu seine ‚Uneigentlichkeit'. Dies entspricht der Struktur der metonymischen Rede. Denn diese basiert, rhetorisch gesehen, auf einer Ersetzungsrelation, deren tertium comparationis nicht – wie bei der Metapher – die Ähnlichkeit (Similarität) zwischen einem benutzten Bild und einem gemeinten Gegenstand ist, sondern die Berührung (Kontiguität) einer Person oder Sache mit einem ihrer kontingenten Attribute. Durch eines ihrer Attribute werden Person oder Sache in der metonymischen Rede ersetzt; etwas steht für sie ein, das nicht sie ist, aber zu ihnen gehört. Ein ‚Eigentliches' verschwindet hinter einem ‚Uneigentlichen'. „‚Verwandt' und ‚angrenzend' ist in der Metonymie [...] das, was in einer realen Beziehung zur ‚eigentlichen Sache' steht."[39] Die Anführungszeichen in diesem Kommentar von Ueding/Steinbrink weisen darauf hin, daß ‚das Eigentliche' dasjenige ist, was nicht wirklich benennbar ist. Es existiert nur als Beziehung oder Perspektive; aber von beiden kann es nicht eingeholt, es kann in ihnen nur gedacht werden: als Ort der Leerstelle.

Die Erweiterung des Metonymiebegriffs aus der engeren Bedeutung einer rhetorischen Trope zu einer Schreibweise, die dem „Gegendiskurs" zuzurechnen wäre, wird von Lachmann im Anschluß an Jakobson und Lacan nachvollzogen. Sie führe zu einem „Schreiben, das der Kanonbildung widerstrebt und das seine eigene Programmatik ständig desavouiert".[40] Prototypisch entfaltet sieht Lachmann eine solche Schreibweise in den Texten Luce Irigarays. In ihnen zeigt sich für sie darüber hinaus die besondere Affinität der metonymischen Schreibweise zur Perspektive, mit der sich Frauen „in die Schreibgeschichte einschreiben"[41] sollten. Denn es ist die metonymische Schreibweise, in der das Bewußtsein der ‚Uneigentlichkeit', das dem Status der Frauen in der Geschichte analog ist, perspektivisch so umgewertet werden kann, daß in der Arbeit an der ‚Uneigentlichkeit' – nicht ein ‚Eigentliches' entsteht, aber das ‚Uneigentliche' sichtbar gemacht und damit dem ‚Eigentlichen' sein Sinnprivileg genommen wird. ‚Weiblich' kann in diesem Zusammenhang eine Ästhetik genannt werden, die an vorgefundene Formpraktiken – also etwa auch: Poetiken – anschließt, aber weder so, daß sie sich ihnen assimiliert, noch so, daß sie sich ihnen hinzufügt, sondern indem sie sich ihrer bedient und in ihnen Platz nimmt, ohne damit die Repräsentation eines hypostasierten Sinnkonzepts mitzuübernehmen. Lachmann zufolge gelingt dies der metonymischen Schreibweise über eine metapoetische Reflexion, mittels derer der „Anschluß des Schreibens als Handlung"[42] an die Erfahrungen des Subjekts in die Struktur eines Textes eingeht.

Sigrid Weigel hat – vor allem mit Blick auf Nietzsche und Derrida – zu bedenken gegeben, daß auch in Theorie und Kritik der Versuch, ‚Weiblichkeit' als Gegenkonzept zu profilieren, Gefahr laufe, zu einer neuen Substantialität zu gerinnen: indem „die Frau als Metapher für die metonymische Bewegung gesetzt wird".[43] Weigel versteht darunter die Fixierung des ‚Uneigentlichen' in einer alten ontologischen ‚Eigentlichkeit': dem „‚Rätsel Weib'";[44] und dem liegt für sie nach wie vor die „Perspektive des Mannes" zugrunde: „Wegen der ambivalenten Beziehung der Frau zur Sprache, zum Symbolischen macht der Mann sie zum universellen Bild der Ambivalenz."[45] Demgegenüber kann die Perspektive der Frau Weigel zufolge einstweilen nur als „schreibende Hervorbringung des Mangels bzw. der Negation"[46] produktiv gemacht werden.

Elisabeth Lenk: Mimesis der Traumform

Elisabeth Lenks vielperspektivische Durchquerung dessen, was sie 1983 „die unbewußte Gesellschaft“ genannt hat, kann – pointiert – als Versuch, die Ästhetik der Moderne vor den Zurichtungen ihrer Theorien zu retten, gelesen werden. Indem Lenk die ästhetische Form als expressive Form beschreibt, die der Traumform analog ist, möchte sie Subjektivität als ästhetische Qualität jenseits von Identitätskonzepten geschichtsphilosophischer oder psychoanalytischer Provenienz (wieder) sichtbar machen und so auch in ihrer kritischen sozialen Funktion behaupten. Lenks Position im Kontext von Moderne, Ästhetik und Weiblichkeit zu beschreiben, ist freilich nicht ganz leicht. Das hängt nicht nur mit ihrer poetisierten Sprache zusammen; dazu trägt auch die eigenwillige Verknüpfung unterschiedlicher und ambivalenter Entwicklungsstränge dieser Konzepte bei.

Die Traumform wird von Lenk als Phänotyp für ein Gattungsvermögen und ein Gattungsbedürfnis verstanden, deren Produktivkraft Subjektivität ist. Diese beruht auf der ungeregelten, unzensierten und selbstbezüglichen Tätigkeit der Imagination, die keinen Zwecken genügt und Lenk zufolge auch „irrational“,[47] „asozial“ und „amoralisch“[48] genannt werden kann. Sie ist allgegenwärtig und beruht insofern auf einer Form archaischer Resistenz, als sie als Naturkraft konstituiert ist. Im Anschluß an Georges Bataille versteht Lenk die Naturform des Subjekts aber zugleich als „ein komplettes Modell der Vergesellschaftung“.[49] Dieses beruht auf einem ursprünglichen, vor-diskursiven Sinn von Ästhetik: als handlungsentlastete Perspektivität, mimetische Rezeptibilität von ungestalten Qualitäten der raum-zeitlichen Wahrnehmung. Indem der mimetische Nachvollzug, um sich seiner selbst zu vergewissern, zum mimetischen Ausdruck drängt, materialisiert er sich Lenk zufolge in einem Sprachdenken, über das er sich als kollektives Ereignis (wieder)erkennt. Als Vergesellschaftungsmodell wirkt die Mimesis der Traumform über die – metonymische – Imagination einer „Gesellschaft, in die das Individuum vollständig eingeht“.[50] Dies ist das Modell einer Gesellschaft für das Subjekt, freilich nicht in dem Sinne, daß ein individuelles Ich sich in ihm als identische Person imaginierte, sondern dergestalt, daß der Sinn von Gesellschaft an die vitale Struktur von Subjektivität angeschlossen bliebe, statt sich als normensetzendes Ideal – Lenks „Vernunftform“ – von dieser zu lösen:

> Das Ich ist aufgelöst, und an seiner Stelle bewegt sich eine mimetische Vielheit. Es gibt nicht das eine Ich, sondern allen Personen, ja sogar den Dingen wird Subjektivität geliehen.[51]

Die Verdrängung des Vergesellschaftungsmodells *Mimesis* durch das Vergesellschaftungsmodell Vernunft im abendländischen Zivilisationsdiskurs ist Lenks zentrales Thema. Ihr Interesse gilt dem Aufspüren der marginalen Orte, in die Subjektivität dabei verschoben wurde und von denen aus sie, sichtbar gemacht, ihre kritische soziale Funktion auch weiterhin geltend machen könnte. Dies sind für Lenk vor allem: der Traum und die Ästhetik der Moderne. Obwohl Lenks Argumentation inhaltlich und methodisch also vor allem um solche Topoi kreist, die auch die poststrukturalistische Diskurskritik beschäftigen, geht sie nicht in so etwas wie einer postmodernen Perspektive auf. Grob umrissen heißt das: Ihr geschichtsphilosophischer Ort ist nicht die Rückseite der Katastrophe, wenngleich sie dieser mit Benjamins Angelus Novus den Rücken zukehren mag. Wie dieser ist Lenk jedenfalls auf der Suche nach so etwas wie einem Ursprung, gedacht als „materialistische Erkenntnistheorie",[52] die vom Subjekt ausgeht. In der *Mimesis* glaubt sie, diesen Ursprung gefunden zu haben, – zwar vom neuzeitlichen Gesellschaftsprozeß arg entstellt und verstümmelt, stigmatisiert, pathologisiert, aber immerhin wiedererkennbar und lebendig. Angesichts dessen ist Lenks Perspektive die einer Revision: der Revision eines Vermögens, eines Vergesellschaftungsmodells, eines Diskurses. Und es ist wohl ganz in diesem Sinne, wenn sie immer wieder vom „Rückgängigmachen" und „Zurücknehmen" spricht.

Dem entspricht es, wenn Elisabeth Lenk ihre Arbeit intentional an Adorno/Horkheimer und deren «Dialektik der Aufklärung» anschließt. Bei einer vergleichbaren Diagnose und einer vergleichbaren Intention durchkreuzen sich freilich die konzeptionellen Schlußfolgerungen und Optionen Lenks mit denen der Kritischen Theorie: Entgegen deren erklärter Absicht, nämlich eine „Urgeschichte der Subjektivität als Vernunftkritik" schreiben zu wollen, bezieht Lenk die «Dialektik der Aufklärung» von ihrer Wirkung her in den Prozeß der theoretischen Etablierung der „Vernunftform" mit ein. Denn der Subjektbegriff, den Adorno/Horkheimer entlang der Dichotomie von Mythos und Vernunft konzipiert haben, unterschreitet Lenk zufolge die Ebene der „gesellschaftlichen Ritualisierungen" nicht und trägt insofern zum Ausschluß und zur Verdrängung der mimetischen Grundform von „Subjektivität als eine allen Ritualisierungen spottende Kraft"[53] bei.

Entsprechend argumentiert Elisabeth Lenk auf der Ebene der ästhetischen Theorie. Etwa greift sie Adorno/Horkheimers Interpretation des Odysseus-Mythos als Paradigma für die Geburt des neuzeitlichen – männlichen – Subjekts auf. Aber sie übernimmt nicht auch deren – affirmative und normative – Einbindung in das Konzept von ästhetischer Moderne. Was für Lenk die Sirenenepisode mit der Literatur der Moderne verbindet, ist nicht deren zentrale Tendenz, sondern ein Nebensinn, der besagt, daß die von Odysseus betriebene Selbstzügelung zum Zweck der Selbstfindung nicht völlig gelingt. Odysseus hat ja seinen Sieg über die Sirenen, der genauer der Sieg über seine eigene Verführbarkeit sein sollte, auch dadurch zu dokumentieren versucht, daß er den Sirenen vorwarf, daß sie nicht existierten. Lenk zufolge ist dies aber die symbolische Entäußerung einer Imagination, die ganz im Gegenteil die volle Präsenz der Sirenen bezeugt: als Präsenz für Odysseus, dessen Sinnlichkeit und Verführbarkeit in der Imagination weiterleben. Odysseus' Imagination wurzelt für Lenk in der unbesiegbaren Bilderflut der Erinnerung. Und sie bewirke, daß Odysseus, während er sich nach außen erfolgreich bemüht, seine Sinne beisammen – bei sich – zu halten, in seinem Innern in extremer Weise außer sich sei:

> Der handelnde Kämpfer drängt vorwärts, aber die Sinnlichkeit drängt unablässig zu jener verlorenen, seligen Wirklichkeit zurück. Der gefesselte Körper ist ganz Ohr, reine Sehnsucht.[54]

Welchem Verständnis von ästhetischer Moderne Lenk folgt, zeigen schon die Paradigmen, auf die sie sich bezieht – vor allem die Literatur der Romantik und die Ästhetik des Surrealismus. Aber es wird auch in ihren Formulierungen deutlich:

> In der Literatur der Moderne kommt ein anderes Ich zu Wort und erzählt seine Geschichte. Dieser dunkle Teil des Menschen redet anders als der helle. Es kann sich nur indirekt ausdrücken, er steht immer am Ursprung der Sprache, daher redet er in Bildern. Man kann auch sagen, daß dieser dunkle Teil sich der modernen Dinge, des Rezenten, der gesamten Welt und ihrer Gegenstände bemächtigt, nur um sich auszudrücken. Zugleich aber stellt die moderne Literatur diesem verdrängten Teil den ganzen Apparat jenes Wissens zur Verfügung, den der helle Teil monopolisiert zu haben schien.[55]

Dies ist wohl die komprimierte Fassung von Lenks Traumformtheorem. Ihm zufolge ist die ästhetische Moderne eine – dialektisch verstandene – Bewußtseinsformation, in der die Ursprungs- oder Naturform von Subjektivität aufgehoben werden konnte, nachdem das neuzeitliche Konzept von Ästhetik als institutionalisierte Repräsentativform von Subjektivität „dysfunktional"[56] geworden war. Prototypisch ist sie für Lenk vor allem mit den Namen Baudelaire, Lautréamont, Carroll, Breton und Kafka verbunden.

Eva Meyer: Semiotik des Weiblichen

„Es ist schon lange kein Geheimnis mehr, daß die empirische Wahrheit Frau durchaus kein Garant des ‚Weiblichen' ist."[57] Dieser Satz war, denke ich, zu dem Zeitpunkt, zu dem Eva Meyer ihn geschrieben hat, eine rhetorische Simulation. Denn 1978 war die Frage nach einer weiblichen Ästhetik noch jung; und ihre Einbindung in feministische Theorie und Praxis stand weitgehend außer Frage. So macht die Formulierung deutlich, daß Meyer ‚Weiblichkeit' schon früh als einen Begriff konzipiert hat, der zwar von der politischen Empirie des Feminismus berührt werden, auch durch diese motiviert sein kann, sie als Begriff aber überschreitet und von sich distanziert. „Weiblichkeit", von Meyer 1978 mit „Heterogenität, Negativität" und Kristevas „sujet zérologique" konnotiert, ist von ihr seither in zahlreichen Texten als etwas beschrieben und weitergedacht worden, das man vielleicht als philosophisches Mythem bezeichnen könnte. Denn so wie Meyer von „Weiblichkeit" spricht, kann man diese nicht einer begrifflichen Logik subsumieren, dergemäß sie entweder eine Substanz bezeichnete oder eine Methode definierte. Vielmehr ist „Weiblichkeit" für Meyer ein gegenüber Gegenstand und Methode „ähnliches Drittes",[58] das, statt vermittelnde Instanz, als Distanzierungszeichen wirkt, in dessen Horizont Gegenstand und Methode im Hinblick auf die Möglichkeit, etwas zu bedeuten oder zu repräsentieren als auf „die grundlegende Berechtigung des Identitätsprinzips auf exemplarische Weise in Frage gestellt“ werden.[59]

Statt als „Wesensmerkmal der Frau“ versteht Meyer „Weiblichkeit“ als „Operation in der Sprache“,[60] nämlich als „unabgeschlossenen Transformationsprozeß“ im Diskurs,[61] der der Perspektive der Frau folgt, aber für den die Frau sich darum nicht als Spezialistin gerieren kann, weil sie sich darüber mit der Position des einen Subjekts und mit dem Denken der einen Wahrheit arrangieren würde. Gegen sie setzt Meyer die Kategorie des „Dritten“, der Differenz. Sie löst den Diskurs über die Frau auf in eine diskursive Bewegung, die sich querlegt zur prädikativen und attributiven Logik der Sprache. Diese Bewegung kann nur über die gegebene Sprachform zum Ausdruck gebracht werden; sie bedeutet für Meyer ausdrücklich nicht die „Regression ins Außerlogische“.[62] Aber sie öffnet die Sprachform, indem sie diese um ihre Negation und Kritik erweitert, hin zu einer Struktur, die Meyer als „komplex“ oder „translogisch“ bezeichnet:

> Es wird darum gehen, diesen ontologischen Ort des Nichts, den Schauplatz des Weiblichen wieder ins Spiel zu bringen, und zwar nicht als Negation, wie sie logischerweise eine Opposition, also eine Dichotomie artikuliert und somit phallisch reduzierbar ist.[63]

Meyer bezeichnet die Schreibweise, die solch einer diskursiven Struktur entspricht, als „Semiotik des Weiblichen“. Der Begriff reproduziert die „antinomische Funktionsweise“,[64] die mit seiner Hilfe erfaßt werden soll. Denn die Dekonstruktion der prädikativen Logik sprachlicher Operationen kann semiotisch nur über die Auflösung von Gegenstand und Sujet in einen selbstexplikativen Prozeß der Bedeutungsverschiebung gedacht werden. Eine „Semiotik des Weiblichen“ überführt, so verstanden, ihren Gegenstand, also auch: Weiblichkeit in ein unendliches „Spiel der Differenzen“.[65] Das heißt aber: Sie nimmt dem Gegenstand seine Gegenständlichkeit und setzt ihn in Beziehung zu jener Nullwert-Logik – zérologie –, die nach Meyer „nur von einem aporetischen Denken gestreift werden kann“.[66] Denn darum „dürfte ein weiblicher Text eigentlich nicht mehr von Weiblichem sprechen, da etwas, das jenseits von Sein und Nichts gefaßt wird, nicht mehr attributiv oder prädikativ vorkommen kann“.[67]

Poetologisch entspricht dem Versuch, das Jenseitige und Aporetische relationslogisch nachzuvollziehen, für Meyer in prototypischer Weise die Stilfigur des *Chiasmus*. In der Rhetorik ist der *Chiasmus* „die parallele Überkreuzstellung einander entsprechender antithetischer Satzglieder oder Wörter“ und „soll vor allem einen Gegensatz verdeutlichen“.[68] Semiotisch verkörpert er für Eva Meyer in Anlehnung an Roman Jakobson eine „kontradiktorische Opposition“, in der die – weibliche – Dimension der Differenz als räumliche Position des Dazwischen sichtbar wird. Denn die chiastische Überkreuzung zweier Antithesen hebt diese Meyer zufolge nicht in einer geeinten Synthese positiv auf, sondern hält die negative Spannung, die zwischen ihnen besteht, lebendig: als Beunruhigung, prozessuales Wechselspiel, Bruch. Die „Leerstelle", zu der sich der Chiasmus als Denkform und Schreibweise zusammenzieht, bringt, so Meyer, „indem sie das Innerste mit dem Äußersten verschränkt, den Bruch-Strich als – weiblichen – Schriftrest hervor".[69] Der chiastische „Bruch-Strich" ist in diesem Sinne das poetologische Zeichen für eine nicht vermittelnde Vermittlung. Sein poetisches Pendant ist das Fragment. Dieses löst sich für Eva Meyer auf in eine postmoderne Perspektive. Denn in ihm gehe die Erinnerung an „all das, wofür das Weibliche gut war",[70] über in die Zeitform des futur antérieur, in der es gleichzeitig erinnert und vergessen ist und in der es unwichtig geworden ist, ob es wirklich (so) gewesen ist.

Weiblichkeit – ein poetisches Konzept?

Was ich im Vorigen vorgestellt habe, sind Beispiele. Sie bilden kein System. Sie erschöpfen auch die Reichweite der jeweiligen Konzeptionen nicht. Aber sie machen – quer zu deren Einbindung in ganz unterschiedliche Methoden, ‚Schulen' oder Disziplinen – unübersehbare Übereinstimmungen im intellektuellen Ansatz deutlich. Dies sind etwa: die Interpretation von ‚Weiblichkeit' als diskursivem, statt als empirischem Begriff; dessen Auflösung in eine Sprach- oder Denkform; seine Ableitung über eine Analogiebildung zum kulturgeschichtlichen Bild der abwesenden Frau; die Akzentuierung des ‚Verqueren' und Nichtsagbaren in seinen logischen, psychoanalytischen und poetologischen Dimensionen; die Vorstellung einer verräumlichten Sprache als Gegenmodell zum linearen Denken; ein Verständnis von Sprache als Materialisierung des Körpers. Entsprechend ihrer unterschiedlichen theoretischen ‚Ableitung' werden die konzeptionellen Beiträge zu einer Weiblichkeitstheorie als Diskursform auch mit sehr unterschiedlichen wissenstheoretischen Perspektiven, etwa im Kontext der aktuellen Auseinandersetzung um ‚Moderne' und ‚Postmoderne' verbunden. Die Differenz in der Analogie, als die sich meine selektive Zusammenschau des gegenwärtigen Weiblichkeitsdiskurses strukturell darstellt, verweist auch auf offene Fragen in diesem selbst.

Die Abkoppelung des ‚Weiblichkeits'-Begriffs vom empirischen Begriff ‚Frau' hat einerseits zu einer präziseren Darstellung und Analyse der durch ihn bezeichneten Sprachform geführt. In dem Maße, in dem ‚Weiblichkeit' als Operation oder Verfahren in der Sprache verstanden wird, dessen Verbindung zur Empirie und Geschichte ‚der Frau' nur über eine strukturelle Analogisierung möglich ist, wird sie andererseits als Begriff zu einer Metapher. Dies geschieht auch dann, wenn es der – metonymischen, traumhaften, differentiellen – Denkform und Struktur, die mit ‚Weiblichkeit' als Konzept erfaßt werden soll, zuwiderläuft. Eine solche Metaphorisierung hat aber unweigerlich auch ideologisierende Wirkungen und läuft somit Gefahr, den ‚Weiblichkeits'-Begriff nur als hohle Form mitzuschleppen. Denn auch wo ‚Weiblichkeit' vor allem als provozierendes Platzhalterzeichen für eine erst einzuklagende „Theorie der Alterität“[71] konzipiert ist, bleibt ihre konnotative Verbindung mit dem Besonderen der Frau gewahrt. Es verliert sich aber leicht im Diffusen; darum wird auch in Zukunft darüber nachzudenken sein, inwieweit der ‚Weiblichkeits‘-Begriff den Anschluß an eine Realdimension geschlechtsspezifischer Habitualisierungen wiedergewinnen könnte, ohne an Komplexität zu verlieren. Die andere Möglichkeit wäre seine Auflösung im allgemeineren Kontext von Moderne und Postmoderne. Sie erscheint mir als unwahrscheinlich. Denn obwohl ‚Weiblichkeit‘ nach wie vor als Konzept mühsam zu beschreiben ist, scheint auch das Bedürfnis, es als etwas, von dem sich nicht genau sagen läßt, was ihm entspricht, gleichwohl zu verteidigen, ungebrochen.

Das Problem, für das Negative und Differente eine Sprache zu finden, ist auch ein methodisches Problem. Vor allem die Poetikvorlesungen von Bachmann und Wolf zeigen deutlich, wie schwierig es ist, den Anspruch der Selbstreflexion und Selbstexplikation poetischer Praxis mit der Kritik an Regelpoetiken und der Kanonisierung ästhetischer Normen zu verbinden. Ein ähnliches Problem stellt sich der Literaturwissenschaft. Denn einerseits wird ‚Weiblichkeit‘ auf konzeptueller Ebene als heterogene und vielsinnige Struktur beschrieben, die sich der Vereinnahmung durch Regelbegriffe und fixe Kategorien verweigert. Andererseits ist die Sprache, in der dies geschieht und mit der etwa Lachmann von der Metonymie, Meyer vom Chiasmus und Lenk von der Traumform sprechen, die Sprache der Hermeneutik. Das heißt: Sie ist als Poetik lesbar, auch wenn sie als Anti-Poetik gedacht ist und ihre wichtigste Kategorie die der Leerstelle – als Atopos der Negation und der Differenz – ist. Auf der Ebene der Theorie kann solch eine hermeneutische Ambivalenz dadurch, daß sie reflektiert wird, ganz gut ausgehalten werden. Schwieriger wird es, wenn es darum geht, eine ‚Poetik des Weiblichen‘ als analytisches Verfahren zu profilieren. Denn es ist nicht ganz leicht, den Stil der Selbstreflexion auch in der Sprache der Analyse durchzuhalten. Und so können die der hermeneutischen Tradition entlehnten Begriffe schnell in stereotype Stildefinitionen umschlagen. Trotzdem kann die Trennung zwischen einerseits der relativ konventionell als Sozialgeschichte und Ideologiekritik verfahrenden Analyse von ‚Frauenliteratur‘ und andererseits der hochgradig abstrakten Diskurskritik, wie sie häufig als eine Konsequenz aus diesem Dilemma beobachtet werden kann, keine Lösung sein. Ganz im Gegenteil könnte eine mittlere Ebene von ‚Weiblichkeitspoetik‘ vielleicht aus sich heraus Impulse geben, die einen Ausblick aus dem oben skizzierten Metaphorisierungsproblem gestatten.

ANHANG

Bibliographien

Erster Teil
I.1. „Weiber verstehen alles à la lettre“

Bohrer, Karl Heinz: Der romantische Brief. Die Entstehung ästhetischer Subjektivität. München 1987.

Brentano, Bettine: Die Andacht zum Menschenbild. Unbekannte Briefe der Bettine Brentano. Hrsg. v. Wilhelm Schellberg u. Friedrich Fuchs. Jena 1942.

Briefwechsel zwischen Karoline von Humboldt, Rahel und Varnhagen. Hrsg. v. Albert Leitzmann. Weimar 1896.

Caroline. Briefe an ihre Geschwister, ihre Tochter Auguste, die Familie Gotter, F. L. W. Meyer, A. W. und Fr. Schlegel, F. W. J. Schelling u. a. nebst Briefen von A. W. und Fr. Schlegel. 2 Bde. Hrsg. v. Georg Waitz. Leipzig 1871.

Derrida, Jacques: Die Postkarte von Sokrates bis an Freud und jenseits. Erste Lieferung. Berlin 1982. Zweite Lieferung. Berlin 1987.

Deutsche Briefe. Hrsg. v. Karoline von Woltmann. Leipzig 1834.

Feilchenfeldt, Konrad: Bettine, Rahel und Varnhagen. In: „Herzhaft in die Dornen der Zeit greifen...“ Bettine von Arnim 1785–1859. Hrsg. v. Christoph Perels. Frankfurt a. M. 1985. S. 233–243.

Förster, Ernst: Denkwürdigkeiten aus dem Leben von Jean Paul Friedrich Richter. Zur Feier seines hundertjährigen Geburtstages. Bd. 2: Blätter der Liebe. München 1863.

Forster, Johann Georg: Johann Georg Forsters Briefwechsel. Nebst einigen Nachrichten von seinem Leben. Hrsg. v. Th. H. geb. H. 2 Bde. Leipzig 1829.

Frauen der Goethezeit in Briefen, Dokumenten und Bildern von der Gottschedin bis Bettina von Arnim. Hrsg. v. Helga Haberland u. Wolfgang Pehnt. Stuttgart 1961.

Frauen der Goethezeit in ihren Briefen. Hrsg. v. Günter Jäckel. Berlin (Ost) 1966.

Frauenbriefe der Romantik. Hrsg. v. Katja Behrens. Frankfurt a. M. 1981.

Geiger, Ludwig: Therese Huber. 1767–1829. Leben und Briefe einer deutschen Frau. Berlin 1901.

Goethe, Johann Wolfgang: Briefe an Auguste Gräfin zu Stolberg. Hrsg. v. Jürgen Behrens. Frankfurt a. M. 1983.

Hahn, Barbara: Rahels Schriften II. Überlegungen für eine künftige Edition. In: Rahel Levin Varnhagen. Die Wiederentdeckung einer Schriftstellerin. Hrsg. v. Barbara Hahn u. Ursula Isselstein. Zeitschrift für Literaturwissenschaft und Linguistik. Beiheft 14 (1987), S. 37–46.

Humboldt, Wilhelm von: Aus Briefen und Tagebüchern. Hrsg. v. Rudolf Freese. Darmstadt 1986.

–: Wilhelm von Humboldts Briefe an eine Freundin. 2 Bde. Hrsg. v. Albert Leitzmann, Leipzig 1909.

Humboldt, Wilhelm u. Caroline von: Wilhelm und Caroline von Humboldt in ihren Briefen. Hrsg. v. Anna von Sydow. 7 Bde. Berlin 1906–1916.

Kahn-Wallerstein, Carmen: Die Frau im Schatten. Schillers Schwägerin Karoline von Wolzogen. Bern, München 1970.

Kalb, Charlotte von: Briefe von Charlotte von Kalb an Jean Paul und dessen Gattin. Hrsg. v. Paul Nerrlich. Berlin 1882.

–: Charlotte. Für die Freunde der Verewigten. Berlin 1851.
Kittler, Friedrich A.: Aufschreibesysteme. 1800/1900. München 1985.
Lebe der Liebe und liebe das Leben. Der Briefwechsel von Clemens Brentano und Sophie Mereau. Hrsg. v. Dagmar von Gersdorff, Frankfurt a.M. 1981.
Meyer, Eva: Briefe oder die Autobiographie der Schrift. Bern 1986.
Naumann, Ursula: Charlotte von Kalb. Eine Lebensgeschichte (1761–1843). Stuttgart 1985.
Riemer, Friedrich Karl: Mitteilungen über Goethe. Leipzig 1841.
Schlegel, Friedrich: Über die Philosophie. An Dorothea. In: ders.: Kritische Ausgabe. 1. Abt. 8. Bd., S. 41–62.
Schuller, Marianne: Dialogisches Schreiben. Zum literarischen Umfeld Rahel Varnhagens. In: Rahel Levin Varnhagen. Die Wiederentdeckung einer Schriftstellerin. Hrsg. v. Barbara Hahn und Ursula Isselstein. Zeitschrift für Literaturwissenschaft und Linguistik. Beiheft 14 (1987), S. 173–185.
Stern, Ludwig: Die Varnhagen von Ensesche Sammlung in der Königlichen Bibliothek zu Berlin. Berlin 1911.
Varnhagen, Rahel: Gesammelte Werke. 10 Bde. Hrsg. v. Konrad Feilchenfeldt, Uwe Schweikert u. Rahel E. Steiner, München 1983.
Wolzogen, Karoline von: Schillers Leben, verfaßt aus Erinnerungen der Familie, seinen eigenen Briefen und den Nachrichten seines Freundes Körner. 2 Bde. Berlin 1826/27.
–: Literarischer Nachlaß. 2 Bde. Hrsg. v. K. Hase. Leipzig 1848–1849.

I.2. Das verschüttete Erbe

Arnim, Bettina von: Werke und Briefe. Hrsg. v. G. Konrad. Frechen/Köln 1963.
Aston, Louise: Wilde Rosen. Zwölf Gedichte. Berlin 1846.
Bissing, Henriette: Das Leben der Dichterin Amalie von (Imhoff) Helvig. Berlin 1898.
Brachmann, Louise: Auserlesene Dichtungen. Hrsg. und mit einer Biographie und Charakteristik der Dichterin begleitet von Prof. Schütz. 2 Bde. Leipzig 1834.
–: Der Traum. In: Taschenbuch für das Jahr 1817 (Frankfurt a.M.) S. 152.
Brinker-Gabler, Gisela: (Hrsg.): Deutsche Dichterinnen vom 16. Jahrhundert bis zur Gegenwart. Gedichte und Lebensläufe. Frankfurt a.M. 1978.
Brun, Friederike: Gedichte. Zürich 1806.
–: Neueste Gedichte. Bonn 1820.
Christen, Ada: Aus der Tiefe. Neue Gedichte. Hamburg 1878.
Droste-Hülshoff, Annette von: Gesammelte Werke. Hrsg. v. R. Schneider. 3 Bde. Vaduz 1957.
Franz, Agnes: Gedichte. Essen ²1836.
Grazie, Marie Eugenie delle: Italische Vignetten. Leipzig 1894.
Günderrode, Karoline von: Gesammelte Werke. Hrsg. v. L. Hirschberg. 3 Bde. Berlin 1920.
Hahn-Hahn, Ida: Venezianische Nächte. Leipzig 1836.
–: Neue Gedichte. Leipzig 1836.
Heselhaus, Clemens: Annette von Droste-Hülshoff. Halle 1943.
Imhoff, Amalie von: Die Schwestern von Lesbos. Heidelberg ²1832.
–: Die Schwestern auf Corcyra. Heidelberg 1806.
Janitschek, Marie: Gesammelte Gedichte. München 1910.
Kurz, Isolde: Gedichte. Frauenfeld 1889.
–: Gesammelte Werke. 7 Bde. München 1925.
Lasker-Schüler, Else: Werke. Bd. 1 (Gedichte 1902–1943). München 1959.
Mereau, Sophie: Gedichte. Heidelberg 1800.

Najmáier, Marie von: Neue Gedichte. Stuttgart 1891.
Otto, Louise: Gedichte. Leipzig 1868.
Paoli, Betty: Gedichte. Pesth 1841.
–: Nach dem Gewitter. Pesth 1843.
Plönnies, Louise von: Gedichte. Darmstadt 1844.
Zitz-Halein, Kathinka: Herbstrosen. Mainz 1846.
–: Dur- und Molltöne. Mainz 1859.

I.3. Heraldik des Unheimlichen

Bernd, Clifford Albrecht: Enthüllen und Verhüllen in Annette von Droste-Hülshoffs Judenbuche. In: Untersuchungen zur Literatur als Geschichte. Fs. f. Benno von Wiese. Hrsg. v. V.J. Günther u.a. Berlin 1973. S. 347–362.
Droste-Hülshoff, Annette von: Historisch-Kritische Ausgabe. Hrsg. v. Winfried Woesler. Tübingen 1978ff.
–: Die Briefe der Annette von Droste-Hülshoff. Gesamtausgabe. Hrsg. v. K. Schulte-Kemminghausen. Bde. 1 u. 2. Jena 1944.
Freud, Sigmund: Das Unheimliche. In: Studienausgabe Bd. IV. S. 241–274.
Grimm, Wilhelm: Deutsches Wörterbuch. Bd. 4, 2. Abtheilung. Leipzig 1877.
Heselhaus, Clemens: Die Judenbuche – Die Sprache der Frau in der Literatur. Neue Studien und Interpretationen. Sonderheft der Zeitschrift für Deutsche Philologie. Bd. 99, 1980. S. 143–160.
Holland, Norman N. u. Leona F. Sherman: Schauerromantische Möglichkeiten. In: Psychoanalyse und das Unheimliche. Essays aus der amerikanischen Literaturkritik. Hrsg. v. C. Kahane. Bonn 1981. S. 71–101.
Kahane, Claire: Der unheimliche Kern der Schauerromantik. In: Psychoanalyse und das Unheimliche. Hrsg. v. C. Kahane. Bonn 1981. S. 102–121.
Preisendanz, Wolfgang: „... und jede Lust, so Schauer nur gewähren mag". Die Poesie der Wahrnehmung in der Dichtung Annette von Droste-Hülshoff. In: Beiträge zur Droste-Forschung. Hrsg. v. W. Woesler. Nr. 4, 1976/1977.
Rank, Otto: Der Doppelgänger. In: Psychoanalytische Literaturinterpretation. Aufsätze aus Imago. Zeitschrift für Anwendung der Psychoanalyse auf die Geisteswissenschaften 1912–1937. Hrsg. v. Jens Malte Fischer. Tübingen 1980. S. 104–188.
Roebling, Irmgard: Weibliches Schreiben im 19. Jahrhundert. Untersuchungen zur Naturmetaphorik der Droste. In: Frauen in Sprache und Literatur. Hrsg. v. I. Roebling. Der Deutschunterricht 1986 Heft 3. S. 36–56.
Sanders, Daniel: Wörterbuch der Deutschen Sprache. Leipzig 1860.
Schücking, Levin: Annette von Droste. Ein Lebensbild. Mit ausführlichem Nachwort neu herausgegeben v. Levin L. Schücking. Leipzig 1942.
Weber, Samuel M.: Das Unheimliche als dichterische Struktur: Freud, Hoffmann, Villiers de l'Isle-Adam. In: Psychoanalyse und das Unheimliche. Essays aus der amerikanischen Literaturkritik. Hrsg. v. C. Kahane. Bonn 1981. S. 122–147.
Woesler, Winfried: Modellfall der Rezeptionsforschung. Droste-Rezeption im 19. Jahrhundert. Bde. I,1; I,2; II. Frankfurt 1980.

I.4. Auch ein Beruf

Aichinger, Ingrid: Harmonisierung oder Skepsis? Zum Prosawerk der Marie von Ebner-Eschenbach. In: Österreich in Geschichte und Literatur 16 (1972), S. 483–495.

Alkemade, Mechthildis: Die Lebens- und Weltanschauung der Freifrau Marie von Ebner-Eschenbach. Graz 1935.
Bettelheim, Anton: Marie von Ebner-Eschenbach. Biographische Blätter. Berlin 1900.
–: Marie von Ebner-Eschenbachs Wirken und Vermächtnis. Leipzig 1920.
Bettelheim-Gabillon, Helene: Zur Charakterisierung Betty Paolis. In: Jahrbuch der Grillparzer-Gesellschaft 10 (1900), S. 191–250.
Brinker-Gabler, Gisela: Die Schriftstellerin in der deutschen Literaturwissenschaft. Aspekte ihrer Rezeption von 1835 bis 1910. In: Die Unterrichtspraxis. For the teaching of German IX (1976) 1, S. 15–28.
Droste-Hülshoff, Annette von: Historisch-kritische Ausgabe. Werke – Briefwechsel. Hrsg. v. Winfried Woesler. Tübingen 1980ff.
–: Die Briefe der Annette von Droste-Hülshoff. Gesamtausgabe. Hrsg. v. Karl Schulte Kemminghausen. 2 Bde. Jena 1944.
Ebner-Eschenbach, Marie von: Sämtliche Werke. 12 Bde. Leipzig o.J. [1928].
–: Louise von François. In: Neue Freie Presse vom 23. 2. 1894, S. 1–3.
– u. *Gustav Frenssen:* Ein Briefwechsel. Hrsg. v. Anton Bettelheim. Wien 1917.
Enz, Hans: Louise von François. Zürich 1918.
Fischer, Erika: Marie von Ebner-Eschenbach und ihr Verhältnis zur Frauenfrage. In: Die Frau 46 (1939), S. 343–349.
–: Soziologie Mährens in der zweiten Hälfte des 19. Jahrhunderts als Hintergrund der Werke Marie von Ebner-Eschenbachs. Leipzig 1939.
François, Louise von: Gesammelte Werke in fünf Bänden. Leipzig o.J. [1918].
– u. *Conrad Ferdinand Meyer:* Ein Briefwechsel. Hrsg. v. Anton Bettelheim. Berlin 1905.
Freund, Winfried: Annette von Droste-Hülshoff: Das Fräulein von Rodenschild – Die phantastische Spiegelung einer Bewußtseinskrise. In: Wirkendes Wort 31 (1981) 3, S. 11–17.
Grillparzer, Franz: Sämtliche Werke. Hrsg. v. August Sauer u. Reinhold Backmann. 42 Bde. Wien 1909–1948.
Harriman, Helga H.: Marie von Ebner-Eschenbach in Feminist Perspective. In: Modern Austrian Literature 18 (1985) 1, S. 27–28.
Henel, Heinrich: Annette von Droste-Hülshoff: Erzählstil und Wirklichkeit. In: Fs. f. Bernhard Blume. Aufsätze zur deutschen und europäischen Literatur. Hrsg. v. Egon Schwarz, Hunter G. Hannum, Edgar Lohner. Göttingen 1967, S. 146–172.
Heselhaus, Clemens: Annette von Droste-Hülshoff. Die Entdeckung des Seins in der Dichtung des neunzehnten Jahrhunderts. Halle 1943.
–: Annette von Droste-Hülshoff. Werk und Leben. Düsseldorf 1971.
Mumbauer, Johannes: Der Dichterinnen stiller Garten. Marie von Ebner-Eschenbach und Enrica von Handel-Mazzetti. Bilder aus ihrem Leben und ihrer Freundschaft. Freiburg 1918.
Oeding, Fritz: Bibliographie der Louise von François. Weißenfels 1937 (= Heimatkundliche Schriften 1).
Paoli, Betty: Die Welt und mein Auge. 3 Bde. Pest 1844.
–: Gesammelte Aufsätze. Eingel. und hrsg. von Helene Bettelheim-Gabillon. Wien 1908 (= Schriften des literarischen Vereins in Wien 9).
–: Nach dem Gewitter. Gedichte. Pest [1]1843, [2]1850.
–: Neueste Gedichte. Wien 1870.
–: Gedichte. Auswahl und Nachlaß. Stuttgart 1895.
Preisendanz, Wolfgang: ‚... und jede Lust, so Schauer nur gewähren mag'. Die Poesie der Wahrnehmung in der Dichtung Annette von Droste-Hülshoffs. In: Beiträge zur Droste-Forschung 4 (1976/77), S. 9–21.
Reif, Heinz: Westfälischer Adel 1770–1860. Vom Herrschaftsstand zur regionalen Elite. Göttingen 1979 (= Kritische Studien zur Geschichtswissenschaft 35).

Rölleke, Heinz: Annette von Droste-Hülshoff: Die Judenbuche. Bad Homburg 1970 (= Commentatio 1).
Saar, Ferdinand von: Briefwechsel zwischen Ferdinand von Saar und Maria [!] von Ebner-Eschenbach. Hrsg. v. Heinz Kindermann. Wien 1957.
Schücking, Levin: Annette von Droste. Ein Lebensbild. Hannover 1862.
Stifter, Adalbert: Sämtliche Werke. Hrsg. v. August Sauer u.a. 25 Bde. Prag und Reichenberg 1901–1939.
Thomas, Lionel: Luise [!] von François: ‚Dichterin von Gottes Gnaden'. In: Proceedings of the Leeds Philosophical and Literary Society. Literary and historical section 11 (1964) 2, S. 7–27.
Veselý, Jiřý: Tagebücher legen Zeugnis ab. Unbekannte Tagebücher der Marie von Ebner-Eschenbach. In: Österreich in Geschichte und Literatur 15 (1971), S. 211–241.
Werner, Richard Maria: Betty Paoli. Preßburg 1898.

II.1. „Allein das Bewußtsein dieses Befreienkönnens"

Adler, Hans: Soziale Romane im Vormärz. Literatursemiotische Studie. München 1980.
Allgemeine deutsche Real-Encyclopädie für die gebildeten Stände. Bd. 5. Leipzig 1844.
Aston, Louise: Aus dem Leben einer Frau. Hamburg 1847.
– (Hrsg.): Der Freischärler für Kunst und sociales Leben. Nr. 1–7. Berlin 1848.
–: Meine Emancipation, Verweisung und Rechtfertigung. Brüssel 1846.
–: Revolution und Contrerevolution. 2 Bde. Mannheim 1849.
Boetcher-Joeres, Ruth-Ellen: Die Anfänge der deutschen Frauenbewegung: Louise Otto-Peters. Frankfurt 1983.
–: Frauenfrage und Belletristik: Zur Position deutscher sozialkritischer Schriftstellerinnen im 19. Jahrhundert. In: „Frauen sehen ihre Zeit". Katalog zur Literaturausstellung des Landesfrauenbeirates Rheinland-Pfalz. Mainz 1984, S. 21–40.
Fr. D. [d.i. *Daumer, Friedrich*]: Litteratur=Briefe. In: Beilage der Allgemeinen Zeitung (1850) 99, S. 1577–1580.
Dittmar, Louise: Das Wesen der Ehe. Nebst einigen Aufsätzen über die soziale Reform der Frauen. Leipzig 1849.
–: Skizzen und Briefe aus der Gegenwart. Darmstadt 1845.
Goetzinger, Germaine: Für die Selbstverwirklichung der Frau: Louise Aston. Frankfurt 1983.
Hahn-Hahn, Ida: Gräfin Faustine. Bonn 1986.
Hausen, Karin: Die Polarisierung der ‚Geschlechtscharaktere' – Eine Spiegelung der Dissoziation von Erwerbs- und Familienleben. In: Sozialgeschichte der Familie in der Neuzeit Europas. Hrsg. v. Werner Conze. Stuttgart 1976, S. 363–393.
Hummel-Haasis, Gerlinde (Hrsg.): Schwestern zerreißt eure Ketten. Zeugnisse zur Geschichte der Frauen in der Revolution von 1848/49. München 1982.
Köster, Udo: Literatur und Gesellschaft in Deutschland 1830 bis 1848. Die Dichtung am Ende der Kunstperiode. Stuttgart 1984.
Lewald, Fanny: Jenny. Berlin ²1872.
Lipp, Carola: Frauen und Öffentlichkeit. Möglichkeiten und Grenzen politischer Partizipation im Vormärz und in der Revolution 1848/1849. In: Schimpfende Weiber und patriotische Jungfrauen. Hrsg. v. Carola Lipp. Moos 1986, S. 270–307.
Literaturbericht. In: Novellen=Zeitung 4 (1847) 176, S. 1567.
Ludwig, Karola: Darstellung und Kritik des bürgerlichen Frauenlebens in Fanny Lewalds Romanen ‚Jenny' und ‚Clementine'. Unveröffentl. Magisterarbeit. Köln 1985.
Luhmann, Niklas: Liebe als Passion. Zur Codierung von Intimität. Frankfurt 1982.

Möhrmann, Renate: Die andere Frau. Emanzipationsansätze deutscher Schriftstellerinnen im Vorfeld der Achtundvierziger-Revolution. Stuttgart 1977.
–: Frauenarbeit im Spiegel der Weltliteratur. In: Frauen in der Geschichte VI. Frauenbilder und Frauenwirklichkeiten, Hrsg. v. Ruth-Ellen B. Joeres u. Annette Kuhn. Düsseldorf 1985, S. 143–163.
– (Hrsg.): Frauenemanzipation im deutschen Vormärz. Texte und Dokumente. Stuttgart 1978.
Mühlbach, Luise: Aphra Behn. 3 Bde. Berlin 1849.
Otto, Louise (Hrsg.): Frauen=Zeitung, Jg. 1–4. Großenhain 1849f, Gera 1850f.
–: Schloß und Fabrik. 3 Bde. Leipzig 1846.
Sengle, Friedrich: Biedermeierzeit. Deutsche Literatur im Spannungsfeld zwischen Restauration und Revolution 1815–1843. 3 Bde. Stuttgart 1971–1980.
Tornieporth, Gerda: Studien zur Frauenbildung. Ein Beitrag zur historischen Analyse lebensweltorientierter Bildungskonzeptionen. Weinheim und Basel 1977.
Venske, Regula: „Ich hätte ein Mann sein müssen oder eines großen Mannes Weib!“ – Widersprüche im Emanzipationsverständnis der Fanny Lewald. In: Frauen in der Geschichte IV. „Wissen heißt leben...“. Düsseldorf 1983, S. 368–396.
Weigel, Sigrid: Der schielende Blick. Thesen zur Geschichte weiblicher Schreibpraxis. In: Die verborgene Frau. Hrsg. von Inge Stephan und Sigrid Weigel. Berlin 1983, S. 83–137.

II.2. Gegen den Zeit- und Revolutionsgeist

Zeitschriften/Serien:

Alte und neue Welt. Illustrirte katholische Monatschrift zur Unterhaltung und Belehrung. Einsiedeln 1865–.
Bibliothek für die reifere christliche Jugend. Regensburg 1865–.
Christliche Jugend Bibliothek: Berlin 1874–.
Daheim. Ein deutsches Familienblatt. Bielefeld 1864–.
Deutscher Hausschatz in Wort und Bild. Regensburg 1872–.
Dublin Review. London 1836–.
Historisch-politische Blätter für das katholische Deutschland. München 1838–.
Jugend-Blätter, Stuttgart, später München 1855–.
Der Katholik. Straßburg 1821–.
Literarisches Centralblatt für Deutschland. Leipzig 1850–.
Literarischer Handweiser für das katholische Deutschland. Münster, später Paderborn 1862–.
Neue Preußische Zeitung = Kreuz-Zeitung. Berlin 1848–.
Tochter-Album. Glogau 1855–.

Literatur:

Anonym *[Wilhelmine Canz]:* Eritis sicut Deus. Hamburg 1854–56.
Brackel, Ferdinande Freiin von: Im Streite der Zeit. Köln 1897.
Brinker-Gabler, Gisela, Karola Ludwig und Angela Wölffen: Lexikon deutschsprachiger Schriftstellerinnen 1800–1945. München 1986.
Canz, Wilhelmine: Gibt es einen lebendigen Gott? Antwort mit Zeugnissen, 1. u. 2. Bd. Mannheim 1896–7.
Doppler, Bernhardt: Katholische Literatur und Literaturpolitik. Enrica von Handel-Mazzetti. Eine Fallstudie. Königstein/Ts. 1980.

Eichendorff, Joseph Freiherr von: Die deutsche Salon-Poesie der Frauen. In: Historisch-politische Blätter für das katholische Deutschland 19 (1847). S. 463–480.
Hahl, Werner: Die Einstellung des deutschen Protestantismus zur literarischen Kultur im 19. Jahrhundert (1820–1880). In: Zur Sozialgeschichte der deutschen Literatur von der Aufklärung bis zur Jahrhundertwende. Einzelstudien. I. A. der Münchener Forschergruppe: „Sozialgeschichte der deutschen Literatur 1770–1900" hrsg. v. Günther Häntzschel, John Ormrod und Karl N. Renner (Studien und Texte zur Sozialgeschichte der deutschen Literatur, Bd. 13). München 1985, S. 151–201.
Hahn-Hahn, Ida Gräfin: Gräfin Faustine. Berlin 1840.
–: Von Babylon nach Jerusalem. Mainz 1851.
–: Aus Jerusalem. Mainz 1851.
–: Die Liebhaber des Kreuzes. 2 Bde. Mainz 1852.
–: Ein Büchlein vom Guten Hirten. Mainz 1853.
–: Das Jahr der Kirche. Mainz 1854.
–: Bilder aus der Geschichte der Kirche. 4 Bde.: Die Märtyrer; Die Väter der Wüste; Die Kirchenväter. Mainz 1856–66.
–: Maria Regina. Eine Erzählung aus der Gegenwart. 2 Bde. Mainz 1860.
–: Doralice. Ein Familiengemälde aus der Gegenwart. 2 Bde. Mainz 1861.
–: Vier Lebensbilder. Ein Papst, ein Bischof, ein Priester, ein Jesuit. Mainz 1861.
–: Zwei Schwestern. Eine Erzählung aus der Gegenwart. 2 Bde. Mainz 1863.
–: Peregrin. Ein Roman. Zwei Bde. Mainz 1864.
–: Eudoxia, die Kaiserin. Ein Zeitgemälde aus dem 5. Jahrhundert. 2 Bde. Mainz 1867.
–: Teresa von Jesus. Leben der heiligen Teresa von Jesus von ihr selbst erzählt. Übersetzt von Ida Gräfin H.-H. Mainz 1867.
–: Das Buch der Klostergründungen nach der reformierten Carmeliter-Regel. Mainz 1867.
–: Das Leben des heiligen Wendelin. Aachen 1876.
–: Der breite Weg und die enge Straße. Eine Familiengeschichte. 2 Bde. Mainz 1877.
–: Die heilige Zita. Dienstmagd zu Lucca im dreizehnten Jahrhundert. Mainz 1878.
–: Meine Reise nach England. Hrsg. v. Bernd Goldmann. Mainz 1981.
Heydebrand, Renate von: Literatur in der Provinz Westfalen. Ein literarhistorischer Modell-Entwurf. Geschichtliche Abhandlungen zur Westfälischen Landesforschung. Geistesgeschichtliche Gruppe (Veröffentlichung der Historischen Kommission für Westfalen XXIIB), Bd. 2, Münster 1983.
Höpfner, H.: Praktischer Wegweiser durch die christliche Volksliteratur. Herausgegeben auf Veranlassung des Rheinisch-Westfälischen Provinzial-Ausschusses für innere Mission. 3. Ausg. Bonn 1873.
Jäger, Georg, Alberto Martino und Reinhard Wittmann (Herausgeber): Die Leihbibliothek der Goethezeit. Exemplarische Kataloge zwischen 1790 und 1830. Mit einem Aufsatz zur Geschichte der Leihbibliotheken im 18. und 19. Jahrhundert. Hildesheim 1979.
Ketteler, Wilhelm Emmanuel Freiherr von: Sämtliche Werke und Briefe. I. A. der Akademie der Wissenschaft und der Literatur Mainz, hrsg. v. Erwin Iserloh. Abt. II, Bd. 1. Briefe 1825–50. Mainz 1984.
Koep, Leo und Alfons Vodermayer: Die katholischen Volksbüchereien in Deutschland. Borromäusverein und St. Michaelbund. In: Handbuch des Büchereiwesens. Hrsg. v. Johannes Langfeldt. Wiesbaden 1965, S. 387–420.
Kupisch, Karl: Der Deutsche zwischen 1850 und 1865. In: Zeitschrift für Religions- und Geistesgeschichte 19 (1966), S. 108–142.
Literarischer Ratgeber des Borromäusvereins: 6. bedeutend erweiterte und veränderte Auflage des Literarischen Ratgebers der Bücherwelt. Bonn 1926.
Möhrmann, Renate: Die andere Frau. Emanzipationsansätze deutscher Schriftstellerinnen im Vorfeld der Achtundvierziger Revolution. Stuttgart 1977.

Nowack, Alfred: Briefwechsel des Kardinal Diepenbrock mit Gräfin Ida Hahn-Hahn vor und nach der Konversion. München 1931.
Oberembt, Gert: Ida Gräfin Hahn-Hahn. Weltschmerz und Ultramontanismus. Zum Unterhaltungsroman im 19. Jh. (Abhandlungen zur Kunst-, Musik- und Literaturwissenschaft 302). Bonn 1980.
Promies, Wolfgang: Ottilie Wildermuth. In: Lexikon der Kinder- und Jugendliteratur. Bd. 3. Weinheim und Basel 1979.
Rolfus, Hermann: Verzeichnis ausgewählter Jugend- und Volksschriften, welche katholischen Eltern, Lehrern und Erziehern, sowie zur Errichtung von Jugend- und Volksbibliotheken empfohlen werden können. Nebst zwei Anhängen. Freiburg i. B. 1892.
Rüppel, Rudolf: Das evangelische Büchereiwesen. In: Handbuch des Büchereiwesens. Hrsg. v. Johannes Langfeldt. Wiesbaden 1965, S. 421–490.
Sagarra, Eda: Quellenbibliographie autobiographischer Schriften von Frauen im deutschen Kulturraum 1730–1918. In: Internationales Archiv für Sozialgeschichte der deutschen Literatur. Bd. 11 (1986), S. 175–231.
Schenda, Rudolf: Volk ohne Buch. Studie zur Sozialgeschichte populärer Lesestoffe 1770–1910. Frankfurt a. M. 1970.
Schmid-Jürgens, Erna I.: Ida Gräfin Hahn-Hahn. Germanistische Studien 144. Berlin 1933.
Sengle, Friedrich: Biedermeierzeit. Deutsche Literatur im Spannungsfeld zwischen Restauration und Revolution 1815–1848. 3 Bde. Stuttgart 1971–1980.
Wildermuth, Rosemarie (Bearb.): Ottilie Wildermuth. Hrsg. von Ulrich Ott. Marbacher Magazin 37 (1986).
Wulff, Margarete: 52 Sonntage oder Tagebuch dreier Kinder. Berlin 1844.

II.3. Für „fromme, reine und stille Seelen"

Barth, Dieter: Zeitschrift für alle. (Blätter fürs Volk.) Das Familienblatt im 19. Jahrhundert. Ein sozialkritischer Beitrag zur Massenpresse in Deutschland. Münster 1974.
–: Das Familienblatt – ein Phänomen der Unterhaltungspresse des 19. Jahrhunderts. Beispiele zur Gründungs- und Verlagsgeschichte. In: Archiv für Geschichte des Buchwesens 15 (1975), Sp. 121–316.
Biedermann, Karl: Frauen-Brevier. Kulturgeschichtliche Vorlesungen für Frauen. Leipzig 1856.
Bouvier, Beatrix W.: Frau und Familie in der Geschichte. Anmerkungen zu neueren Veröffentlichungen. In: Archiv für Sozialgeschichte 23 (1983), S. 637–651.
Brinker-Gabler, Gisela: Die Schriftstellerin in der deutschen Literaturwissenschaft. Aspekte ihrer Rezeption von 1835–1910. In: Die Unterrichtspraxis. For the Teaching of German 9 (1976) I, S. 15–28.
Brockhaus' Konversations-Lexikon: Leipzig [14]1898.
Burow, Julie (Hrsg.): Blumen und Früchte deutscher Dichtung. Ein Kranz gewunden für Frauen und Jungfrauen. Berlin 1860.
Gerhard, Ute: Verhältnisse und Verhinderungen. Frauenarbeit, Familie und Recht der Frauen im 19. Jahrhundert. Mit Dokumenten. Frankfurt 1978.
Goodman, Kay: Die große Kunst, nach innen zu weinen. Autobiographien deutscher Frauen im späten 19. und frühen 20. Jahrhundert. In: Wolfgang Paulsen (Hrsg.): Die Frau als Heldin und Autorin. Neue kritische Ansätze zur deutschen Literatur. Bern, München 1979, S. 125–135.
Grenz, Dagmar: Mädchenliteratur. Von den moralisch-belehrenden Schriften im 18. Jahrhundert bis zur Herausbildung der Backfischliteratur im 19. Jahrhundert. Stuttgart 1981.

Häntzschel, Günter: Lyrik und Lyrik-Markt in der zweiten Hälfte des 19. Jahrhunderts. In: Internationales Archiv zur Sozialgeschichte der deutschen Literatur 7 (1982), S. 199–246.
– (Hrsg.): Bildung und Kultur bürgerlicher Frauen 1850–1918. Eine Quellendokumentation aus Anstandsbüchern und Lebenshilfen für Mädchen und Frauen als Beitrag zur weiblichen literarischen Sozialisation. Tübingen 1986.
–: Ein entdornter Heine. Zur Sozialgeschichte der Lyrik des 19. Jahrhunderts. In: Heine-Jahrbuch 21 (1982), S. 89–110.
–: Gedichte und Illustrationen in Anthologien und Prachtausgaben des 19. Jahrhunderts. Das Beispiel Heinrich Heine. In: Buchillustrationen im 19. Jahrhundert. Wolfenbüttel 1988.
Hausen, Karin (Hrsg.): Frauen suchen ihre Geschichte. Historische Studien zum 19. und 20. Jahrhundert. München 1983.
Hohorst, Gerd, Jürgen Kocka u. Gerhard A. Ritter: Sozialgeschichtliches Arbeitsbuch, Materialien zur Statistik des Kaiserreichs 1870–1914. München. 1975.
Kößler, Gottfried: Mädchenkindheiten im 19. Jahrhundert. Gießen 1979.
Meyer, Sibylle: Das Theater mit der Hausarbeit. Bürgerliche Repräsentation in der Familie der wilhelminischen Zeit. Frankfurt, New York 1982.
Möhrmann, Renate: Die andere Frau. Emanzipationsansätze deutscher Schriftstellerinnen im Vorfeld der Achtundvierziger Revolution. Stuttgart 1977.
Pataky, Sophie (Hrsg.): Lexikon deutscher Frauen der Feder. Eine Zusammensetzung der seit dem Jahre 1840 erschienenen Werke weiblicher Autoren nebst Biographien der lebenden und einem Verzeichnis der Pseudonyme. 2 Bde. Berlin 1898. Reprint Bern 1971.
Prutz, Robert: Die deutsche Literatur der Gegenwart 1848–1858. Bd. 2. Leipzig 1859.
Schindel, Carl Wilhelm Otto August von: Die deutschen Schriftstellerinnen des neunzehnten Jahrhunderts. 3 Bde. Leipzig 1823–1825. Reprint Hildesheim, New York 1978.
Simmel, Monika: Erziehung zum Weibe. Mädchenbildung im 19. Jahrhundert. Frankfurt, New York 1980.
Weber-Kellermann, Ingeborg: Frauenleben im 19. Jahrhundert. Empire und Romantik, Biedermeier und Gründerzeit. München 1983.
Wittmann, Reinhard: Das literarische Leben 1848 bis 1880. In: Realismus und Gründerzeit. Manifeste und Dokumente zur deutschen Literatur 1848–1880. Hrsg. v. Max Bucher, Werner Hahl, Georg Jäger, Reinhard Wittmann. Bd. 1. Stuttgart 1976, S. 161–241, 253–257.

III.1. „Wie gerne möchte ich einen neuen Ausdruck dazu erschaffen“

Alimadad-Mensch, Faranak: Gabriele Reuter. Porträt einer Schriftstellerin. Bern, Frankfurt 1984.
Arendt, Hannah: Rahel Varnhagen. Lebensgeschichte einer deutschen Jüdin aus der Romantik. München ^{3}1981.
Arnim, Bettina von: Tagebuch. Berlin 1835.
–: Goethes Briefwechsel mit einem Kinde. Berlin 1835.
Asenijeff, Elsa: Tagebuchblätter einer Emanzipierten. Leipzig 1902.
Bashkirtseff, Marie: Journal. 2 Bde. Paris 1955.
–: Tagebuch der Maria Bashkirtseff. Hrsg. v. Gottfried M. Daiber. Gekürzte Ausgabe. Frankfurt, Berlin 1983.

Böhme, Margarethe: Tagebuch einer Verlorenen. Von einer Toten. Bearb. u. hrsg. von Margarethe Böhme. Berlin 1905.
–: Didas Ibsens Geschichte. Ein Finale zum Tagebuch einer Verlorenen. Berlin 1907.
Boerner, Peter: Tagebuch. Stuttgart 1969.
Brinker-Gabler, Gisela: Fanny Lewald. In: Frauen. Porträts aus zwei Jahrhunderten. Stuttgart 1981, S. 72–86.
Buchholz, Magdalena: Die Anfänge der deutschen Tagebuchschreibung. Münster 1983.
Calabrese, Rita: Paula Becker: tra pittura e letteratura. In: Comunità 181 (1979), S. 360–403.
–: Una figura della monaco fin-de-siècle: Franziska zu Reventlow. In: Comunità 185 (1983), S. 254–290.
–: L'utopia feminile in „Fräulein von Sternheim" di Sophie von LaRoche. In: Comunità 188 (1986), S. 379–402.
Critchfield, Richard: Prophetin, Führerin, Organisatorin. Zur Rolle der Frau im Pietismus. In: Die Frau von der Reformation zur Romantik. Die Situation der Frau vor dem Hintergrund der Literatur- und Sozialgeschichte. Hrsg. v. Barbara Becker-Cantarino. Bonn 1980, S. 112–137.
Ebner-Eschenbach, Marie von: Aus einem zeitlosen Tagebuch. 1916.
Engels, Ernestine: Das Tagebuch der Demoiselle Ernestine Engels vom Jahr 1816. Bearbeitet von Albert Köster. In: Jahrbuch der Sammlung Kippenberg 1 (1921), S. 65–122.
Gallitzin, Amalia von: Briefwechsel und Tagebücher. 3 Bde. Münster 1874–76.
Hanke, Henriette: Der Braut Tagebuch. 1841.
–: Der Frau Tagebuch. 1842.
Harriman, Helga H.: Marie von Ebner-Eschenbach in Feministischer Perspektive. In: Modern Austrian Literatur. Vol. 18, N. 1 1985, S. 27–38.
Hausner, Alexandra: Die Tagebücher der Gräfin Franziska zu Reventlow (1895–1910) Unveröfftl. Zulassungsarbeit München 1982.
Heuser, Magdalene: Tagebuchschreiben und Adoleszenz. In: Diskussion Deutsch 13 (1982), S. 537–559.
Hocke, Gustav: Europäische Tagebücher aus vier Jahrhunderten. Wiesbaden und München ³1986.
Holstein, Hedwig von: Eine Glückliche. Hedwig von Holstein in ihren Briefen und Tagebuchblättern. Leipzig 1901.
Isselstein, Ursula: Costruzione e ricostruzione di un' identità. Rahel Levin Varnhagen e i suoi diari. In: Riserche di identità. Herausgegeben von Cesare Cases. Turin 1985, S. 135–155.
Jünger, Ernst: Jahre der Okkupation. Tagebuchwerk zum II. Weltkrieg. April 1945 bis Dezember 1948. In: Ernst Jünger: Gesammeltes Werk, Band 1–4. Stuttgart 1969ff.
Jurgensen, Manfred: Das fiktionale Ich. Untersuchungen zum Tagebuch. Bern 1979.
Just, Klaus Günther: Das Tagebuch als literarische Form. In: ders.: Übergänge. Probleme und Gestalten der Literatur. München 1966, S. 25–41.
Keller, Gottfried: Briefe, Tagebücher, Aufsätze. Hrsg. v. Martin Hürlimann. Zürich o.J. Bd. 7.
Klettenberg, Susanna Katharina von: Die schöne Seele. Bekenntnisse, Schriften und Briefe. Hrsg. v. Heinrich Funk. Leipzig 1911.
Knab, Susanna Barbara: Tagebuch einer jungen Ehefrau. Stuttgart 1780.
Lewald, Fanny: Meine Lebensgeschichte. 3 Abteilungen. Berlin 1861–62.
–: Gefühltes und Gedachtes (1838–1888). Hrsg. v. Ludwig Geiger. Dresden und Leipzig 1900.
Martens, Lorna: The Diary Novel. Cambridge 1985.
Meyer, Richard: Zur Entstehungsgeschichte des Tagebuchs. In: ders.: Gestalten und Probleme. Berlin 1905, S. 281–298.

Modersohn-Becker, Paula: In Briefen und Tagebüchern. Hrsg. v. Günther Busch und Liselotte von Reinken. Frankfurt 1979.
Mühlau, Helene von: Nach dem dritten Kind. Aus dem Tagebuch einer Offiziersfrau. Berlin 1911.
Musil, Robert: Tagebücher, Aphorismen, Essays und Reden. Hrsg. v. Adolf Frisé. Hamburg 1955.
Nathusius, Marie: Tagebuch eines armen Fräuleins. Halle 1854.
Neumann, Bernd: Identität und Rollenzwang. Frankfurt 1970.
Niggl, Günther: Geschichte der deutschen Autobiographie im 18. Jahrhundert. Theoretische Grundlegung und literarische Entfaltung. Stuttgart 1977.
Parthey, Lili: Tagebücher aus der Berliner Biedermeierzeit. Hrsg. v. Bernhard Lepsius. Berlin, Leipzig 1926.
Recke, Elisa von der: Tagebücher und Selbstzeugnisse. Hrsg. und mit einem Vorwort versehen v. Christine Träger. München 1984.
Reuter, Gabriele: Im Sonnenland. In: Der Lebenskünstler. Novellen von Gabriele Reuter. Berlin [3]1897.
–: Ellen von der Weiden. Ein Tagebuch. Berlin [2]1900.
Reventlow, Franziska Gräfin zu: Tagebücher 1895–1910. Hrsg. v. Else Reventlow. München, Wien 1971.
–: Von Paul zu Pedro. Herrn Dames Aufzeichnungen. In: Franziska Gräfin zu Reventlow: Romane. München, Wien 1971.
–: Ellen Olestjerne. In: Franziska zu Reventlow: Autobiographisches. München, Wien 1980.
Rüdiger, Horst: Das Tagebuch als Literatur. Versuch über das Tagebuch als literarische Form. In: Jahrbuch der deutschen Akademie. 1975, S. 24–35.
Sagar, Maria Anna: Karolines Tagebuch ohne außergewöhnliche Handlungen oder gerade so viel als gar keine. Prag 1774.
Sagarra, Eda: Quellenbibliographie autobiographischer Schriften im deutschen Kulturraum 1730–1918. In: Internationales Archiv für Sozialgeschichte der deutschen Literatur. 1986. Bd. 2, S. 175–235.
Scharfenstein, Helene: Aus dem Tagebuch einer deutschen Schauspielerin. Stuttgart 1912.
Schopenhauer, Adele: Tagebücher. Leipzig 1909.
–: Tagebuch einer Einsamen. Hrsg. v. Heinrich Hubert Huoben, 1921. Neuausgabe München 1986.
Schopenhauer, Johanna: Ihr glücklichen Augen. Jugenderinnerungen, Tagebücher, Briefe. Hrsg. v. Rolf Weber. Berlin 1978.
Spitzemberg, Hildegard Baronin von, geb. Freiin von Varnbühler: Das Tagebuch der Baronin Spitzemberg. Aufzeichnungen aus der Hofgesellschaft des Hohenzollernreichs. Ausgew. und hrsg. v. Rudolf Vierhaus. Göttingen 1960.
Das Tagebuch. Eine Einführung von Rüdiger Görner, München und Zürich 1986.
Das Tagebuch eines Glücklich-Verheirateten. (1906)
Tagebuch einer männlichen Braut. (1907)
Tagebuch eines Modells. (1907)
Tarnow, Fanny: Aus Julianens Tagebuch. Aus Nathaliens Tagebuch. In: Auswahl aus Fanny Tarnows Schriften in 15 Bdn. Leipzig 1830, Bd. 4.
Taube, Freifrau Helene von, geb. Gräfin Keyserling: Am russischen Hof in den Jahren der deutschen Reichsgründung. Tagebuch eines Hoffräuleins. Hrsg. v. Otto von Taube. Berlin 1921.
Treder, Uta: Virtù e follia nella scrittura femminile nella Weimar classica. Im Druck.
Varnhagen, Rahel: ‚Jeder Wunsch wird Frivolität genannt.' Briefe und Tagebücher. Ausgewählt und herausgegeben von Marlis Gerhart. Darmstadt und Neuwied 1983.

–: Gesammelte Werke. Hrsg. v. Konrad Feilchenfeldt, Ute Schweikert und Rahel E. Steiner in X. Bdn. München 1983 (Tgb. Bd. IX).

Wuthenau, Ralph-Rainer: Das erinnerte Ich. Europäische Autobiographie und Selbstdarstellung im 18. Jahrhundert. München 1974.

Zinzendorff, Erdmuthe Dorothea Gräfin von, geb. Gräfin Ress zu Plauen: Ihr Leben zur Geschichte des Pietismus und der Brüdergemeinde dargestellt v. W. Jannatsch. Herrnhut 1915.

III.2. „...von einer Fremde in die andre?"

Arnim, Bettina von: Die Günderrode. Hrsg. v. Elisabeth Bronfen. München 1982.

Beier, Lothar: Der Lehrjung. Jena 1688.

Bischoff, Charitas: Amalie Dietrich. Ein Leben erzählt von Charitas Bischoff. Berlin 1923.

Blackwell, Jeannine: An Island of Her Own: Heroines of the German Robinsonades from 1720 to 1800. In: The German Quarterly. Winter 1985, S. 5–26.

Boerner, Peter: Goethes „Englische Reise" oder Gedanken zur Physiognomie des nichtreisenden Reisenden. In: „Der curiöse Passagier". Beiträge zur Geschichte der Literatur und Kunst des 18. Jahrhunderts. Hrsg. v. der Arbeitsstelle Achtzehntes Jahrhundert Universität Münster. Münster 1983, S. 75 ff.

Brinker-Gabler, Gisela (Hrsg.): Deutsche Dichterinnen vom 16. Jahrhundert bis zur Gegenwart. Gedichte und Lebensläufe. Frankfurt a. M. 1978.

Campe, Joachim Heinrich: Väterlicher Rath für meine Tochter. Gegenstück zum Theophron. Der erwachsenen weiblichen Jugend gewidmet. Braunschweig 1789.

Eberhardt, Isabelle: Sandmeere. Bd. 1–4. Hrsg. v. Hans Christoph Buch. Berlin und Jossa 1981.

Fischer, Hubertus: Fahrende Ritter. Von abenteuerlichen Wegen zwischen Himmel und Erde. In: Journal für Geschichte 4 (1983), S. 4.

Fraling, Anna: Zum Verhältnis von Kunstproduktion und Lebenspraxis in den Schriften Bettina von Arnims. Examensarbeit, unveröff. Manuskript. Marburg 1980.

Frauen – Literatur – Politik. Dokumentation der 3. Tagung von „Frauen in der Literaturwissenschaft" in Hamburg. Hrsg. v. Pelz/Schuller/Stephan/Weigel/Wilhelms. Hamburg 1988.

Frederiksen, Elke u. Tamara Archibald: Der Blick in die Ferne. In: Frauen Literatur Geschichte. Schreibende Frauen vom Mittelalter bis zur Gegenwart. Hrsg. v. Hiltrud Gnüg u. Renate Möhrmann. Stuttgart 1985, S. 104 ff.

Fuchs, Eduard: Die Frau in der Karikatur. Sozialgeschichte der Frau. München 1979.

Griep, Wolfgang: Die Stärke der schwachen Frau. Frauenreisen im 18. Jahrhundert. In: Reiseliteratur im 18. und frühen 19. Jahrhundert. Hrsg. v. Wolfgang Griep u. Hans-Wolf Jäger. Heidelberg 1988.

Holder, Maryse: Ich atme mit dem Herzen. Mit einer Einführung von Kate Millet. Reinbek bei Hamburg 1980.

Kuczynski, Ingrid: „The Ladies Travel to Much Better Purpose than their Lords": Reisebeschreibungen englischer Frauen des 18. Jahrhunderts. Wissenschaftliche Zeitschrift der Martin Luther Universität Halle-Wittenberg 1987.

La Roche, Sophie von: Geschichte des Fräulein von Sternheim. Hrsg. v. Kuno Ridderhoff. Berlin 1907.

–: Die glückliche Reise. Eine moralische Erzählung von der Verfasserin der Geschichte des Fräulein von Sternheim und Rosaliens Briefen. Frankfurt und Leipzig 1783.

Lehnert, Maximilian (Hrsg.): Die Ostfriesländische Robinsonin. Berlin o. J.

Lenk, Elisabeth: Die sich selbst verdoppelnde Frau (1976), wiederaufgelegt in: Kritische Phantasie. München 1986, S. 149 f.

Mamozai, Martha: Herrenmenschen. Frauen in den deutschen Kolonien. Reinbek bei Hamburg 1982.
Maurer, Michael (Hrsg.): Ich bin mehr Herz als Kopf. Sophie von La Roche. Ein Lebensbild in Briefen. München 1983.
–: Der Anspruch auf Bildung und Weltkenntnis. Reisende Frauen. Unveröffentlichtes Manuskript.
Montagu, Lady Mary: Briefe aus dem Orient (1724). Hrsg. v. G. A. Naraciss. Frankfurt a. M. o. J.
Pfeiffer, Ida: Reise einer Wienerin in das Heilige Land [1844]. Frankfurt a. M. 1980.
Pfeiffer, Oscar: Ida Pfeiffer nach ihren eigenen Aufzeichnungen, Biographische Skizze. In: Ida Pfeiffer: Reise nach Madagaskar [1869]. Marburg 1960, S. 9ff.
Rousseau, Jean Jaques: Emile oder über die Erziehung. Stuttgart 1963.
Saadawi, Nawal el: Tschador. Frauen im Islam. Bremen 1980.
[Schlegel, Dorothea]: Florentin. Ein Roman herausgegeben von Friedrich Schlegel. Lübeck, Leipzig 1801.
Schopenhauer, Johanna: Ausflug an den Niederrhein und nach Belgien im Jahr 1828. Leipzig 1831.
–: Reise durch das südliche Frankreich. Rudolstadt 1817.
Schmugge, Ludwig: „Pilgerfahrt macht frei". Eine These zur Bedeutung des mittelalterlichen Pilgerwesens. In: Römische Quartalschrift 47 (1979) H. 1–2, S. 30.
Spickernagel, Ellen: Zur Anmut erzogen – Weibliche Körpersprache im 18. Jahrhundert. In: Frauen in der Geschichte IV. Hrsg. v. Bremer/Jacobi-Dittrich/Kleinau/Kuhn. Düsseldorf 1983, S. 305–319.
Viaggio e scrittura: Le straniere nell'Italia dell'800 e primo Novecento. Hrsg. v. Libreria delle Donne di Firenze. Turin 1988; deutsche Übersetzung: Bremen 1988.
Wehinger, Brunhilde: Reiseberichte. Reisen und Schreiben, weibliche Grenzüberschreitungen im 19. Jahrhundert. Unveröff. Manuskript.
Wolf-Graaf, Anke: Frauenarbeit im Abseits. Frauenbewegung und weibliches Arbeitsvermögen. München 1981.
Wollstonecraft, Mary: Verteidigung der Rechte der Frauen. Rettung der Rechte des Weibes. Hrsg. v. Berta Rahm. Zürich 1975.

III.3. Rekonstruktionen des eigenen Lebens

Als unsere großen Dichterinnen noch kleine Mädchen waren. Selbsterzählte Jugenderinnerungen. Leipzig, Berlin 1912.
Arnold, Hans (d. i. Babette von Bülow): Aus der Kinderzeit. Erinnerungen. Stuttgart 1909.
Baader, Ottilie: Ein steiniger Weg. Lebenserinnerungen. Stuttgart, Berlin 1921.
Bandau, Adelheid: Zwölf Jahre als Diakonissin. Berlin ²1881.
–: Erfahrungen einer Diakonissin. Treu nach dem Leben erzählt. Leipzig 1915.
Bauer, Karoline: Aus meinem Bühnenleben. Erinnerungen. Hrsg. v. Arnold Wellmer. Berlin 1871.
Berck, Marga (d. i. Magda Pauli): Die goldene Wolke. Eine verklungene Bremer Melodie. Bremen 1954.
Bildende Geister. Unsere bedeutendsten Dichter und Schriftsteller der Gegenwart und Vergangenheit in charakteristischen Selbstbiographien sowie gesammelten Biographien und Bildern. Hrsg. v. Fritz Abshoff. 1. Bd. Berlin-Schöneberg 1905.
Börner-Sandrini, Marie: Erinnerungen einer alten Dresdnerin. Dresden 1876.
Braun, Lily: Memoiren einer Sozialistin. Roman. 2 Bde. München 1909/1911.

Bussemer, Herrad-Ulrike: Frauenemanzipation und Bildungsbürgertum. Sozialgeschichte der Frauenbewegung in der Reichsgründungszeit. Weinheim, Basel 1985.
Cauer, Minna: Aus meinen Lehrjahren. In: Das freie Volk. 2. Probenummer vom 18. 12. 1909.
Conzett, Verena: Erstrebtes, Erlebtes. Ein Stück Zeitgeschichte. Leipzig, Zürich 1929.
Deutsches Frauenbuch. Hrsg. v. Hermann Beuttenmüller. Leipzig, Berlin 1912.
Doerry, Martin: Übergangsmenschen. Die Mentalität der Wilhelminer und die Krise des Kaiserreichs. Weinheim, München 1986.
Engel, Regula (-Egli): Lebensbeschreibung der Wittwe des Obrist Florian Engel von Langwies in Bündten, geborener Egli, von Fluntern, bey Zürich. Enthaltend: die Geschichte ihres Herkommens, Jugendschicksale, Verheurathung, und weitläufigen Reisen im Gefolge der französischen Armeen durch ganz Frankreich, die Niederlande, Italien, [...] Deutschland und besonders auch die Expedition in Egypten, und einer spätern Reise nach Amerika. Von ihr selbst beschrieben, und von einem ihrer ältern Verwandten revidiert und mit Anmerkungen begleitet. Zürich 1821.
Friedrichs, Elisabeth: Die deutschsprachigen Schriftstellerinnen des 18. und 19. Jahrhunderts. Ein Lexikon. Stuttgart 1981.
Gebauer, Julie: Erinnerungen an Olga Gebauer. Osterwieck/Harz 1930.
Gedenkbuch. 20 Jahre österreichische Arbeiterinnenbewegung. Hrsg. v. Adelheid Popp. Wien 1912.
Goetz, Carl: Der Diakonissenberuf in seinen Grundanschauungen und seiner Ausgestaltung in den Diakonissenhäusern unserer Zeit. Gotha 1890.
Goodman, Kay: Weibliche Autobiographien. In: Frauen-Literatur-Geschichte. Schreibende Frauen vom Mittelalter bis zur Gegenwart. Hrsg. v. Hiltrud Gnüg u. Renate Möhrmann. Stuttgart 1985, S. 289–299, 533.
Hardach-Pinke, Irene u. Gerd Hardach (Hrsg.): Deutsche Kindheiten 1700–1900. Autobiographische Zeugnisse. Kronberg/Ts. 1978.
Hausen, Karin: Die Polarisierung der ‚Geschlechtscharaktere'. Eine Spiegelung der Dissoziation von Erwerbs- und Familienleben. In: Sozialgeschichte der Familie in der Neuzeit. Neue Forschungen. Hrsg. v. Werner Conze. Stuttgart 1977, S. 363–393.
Herder, Charlotte: „... schaut durch ein farbiges Glas auf die aschfarbene Welt". Kindheit und Jugend im alten Prag. Freiburg 1954.
–: Vorfahren und Nachkommen. Eine deutsche Familiengeschichte. 2 Bde. Freiburg 1928/1952.
Herding-Sapper, Agnes: Agnes Sapper. Ihr Weg und ihr Wirken. Stuttgart 1931.
Heyl, Hedwig: Aus meinem Leben. Berlin 1925.
Jessen, Jens: Selbstzeugnisse, Erinnerungen, Tagebücher und Briefe deutscher Schriftsteller und Künstler. München 1987.
Kautsky, Minna: Autobiographische Skizze. In: In Freien Stunden. 13 (1909) Bd. 2, S. 23–24.
Lange, Helene: Lebenserinnerungen. Berlin 1921.
Lewald, Fanny: Meine Lebensgeschichte. Berlin 1861–62.
Lichtenau, Wilhelmine von: Der Gräfin Lichtenau Apologie. Von ihr selbst entworfen. Hrsg. v. J. G. Schummel. 2 Bde. Leipzig, Gera 1809.
Löhn-Siegel, Anna: Theatererinnerungen und Vermischtes. Berlin 1862.
–: Wie ich Schauspielerin wurde. Aus den Anfängen meiner Theaterlaufbahn. Berlin 1880.
–: Aus der alten Coulissenwelt. Mein Engagement am Leipziger und Magdeburger Stadttheater in den Jahren 1847 und 1848. Leipzig 1883.
–: Vom Oldenburger Hoftheater zum Dresdner. Letzte Tagebuchblätter. Oldenburg 1885.
Loesener, Louise: Geschichte meiner Vorfahren. Hrsg. v. Theodor Loesener. Steglitz 1910.
–: Erinnerungen aus meinem Leben für meine Kinder zusammengestellt. Hrsg. v. Theodor Loesener. Steglitz 1911.

Lüders, Marie-Elisabeth: Fürchte dich nicht. Persönliches und Politisches aus mehr als 80 Jahren. 1878–1962. Köln, Opladen 1963.
Marchesi, Mathilde: Erinnerungen aus meinem Leben. Wien 1877.
[Meysenbug, Malwida von]: Mémoires d'une idéaliste (entre deux révolutions) 1830–1848. Genève 1869. (Dt. 1876, 3 Bde.)
Otto-Peters, Louise: Erinnerungsbilder eines deutschen Frauenlebens. In: Politische Frauenzeitung. Sonntags-Beilage zur „Tages-Presse". Wien 1870.
Pfaff, Else: Aus Frau Pauline Braters Mädchenjahren. 1845–1849. München 1931.
[Popp, Adelheid]: Die Jugendgeschichte einer Arbeiterin. Mit einer Einführung von August Bebel. München 1909.
Racowitza, Helene von: Meine Beziehungen zu Ferdinand Lassalle. Breslau 1879.
Sagarra, Eda: Quellenbibliographie autobiographischer Schriften von Frauen im deutschen Kulturraum 1730–1918. In: Internationales Archiv für Sozialgeschichte der deutschen Literatur 11 (1986), S. 175–231.
Sapper, Agnes: Frau Pauline Brater. Lebensbild einer deutschen Frau. München 1908.
–: Ein Gruß an die Freunde meiner Bücher. Stuttgart 1922.
Semmig, Jeanne Berta: Ich träum' als Kind mich zurücke. Erinnerungen. Dresden 1927.
Spitzeder, Adele: Geschichte meines Lebens. Stuttgart 1878.
Stockert-Meynert, Dora: Theodor Meynert und seine Zeit. Zur Geistesgeschichte Österreichs in der 2. Hälfte des 19. Jahrhunderts. Wien, Leipzig 1930.
Suttner, Bertha von: Memoiren. Stuttgart, Leipzig 1909.
Tiburtius, Franziska: Erinnerungen einer Achtzigjährigen. Berlin 1923.
Weber, Marianne: Max Weber. Ein Lebensbild. Tübingen 1926.
Wedel, Gudrun: „... nothing more than a German woman ..." Remarks on the Biographical and Autobiographical Tradition of the Women of One Family. In: German Women in the Eighteenth and Nineteenth Centuries. A Social and Literary History. Ed. by Ruth-Ellen B. Joeres and Mary Jo Maynes. Bloomington, Ind. 1986, S. 305–320. (über Agnes Sapper)
–: Autobiographische Schriften deutscher Frauen aus dem 19. Jahrhundert. (Diss. 1989/90)
Wentscher, Else: Mutterschaft und geistige Arbeit. Langensalza 1926.

Zweiter Teil
IV.1. Perspektiven des Übergangs

Andreas-Salomé, Lou: Ruth. Erzählung. Stuttgart 1896.
–: Fenitschka. Eine Ausschweifung. Erzählungen. Stuttgart 1898. Neu herausgegeben und mit einem Nachwort versehen von Ernst Pfeiffer. Frankfurt/M., Berlin, Wien 1983.
–: Ketzereien gegen die moderne Frau. In: Die Zukunft 7 (1898/99) 26, S. 237–240. Wiederabgedruckt in: Jahrhundertwende. Manifeste und Dokumente zur deutschen Literatur 1890–1910. Hrsg. von Erich Ruprecht und Dieter Bänsch. Stuttgart 1981, S. 566–69.
–: Der Mensch als Weib. In: Die Neue Rundschau 10 (1899), S. 225–43. Neudruck in: Zur Psychologie der Frau. Hrsg. von Gisela Brinker-Gabler. Frankfurt a. M. 1978, S. 285–311.
–: Lebensrückblick. Aus dem Nachlaß hrsg. von Ernst Pfeiffer. Neu durchgesehene Ausgabe. Mit Abbildungen und einem Nachwort. Frankfurt a. M. 1968.
–: In der Schule bei Freud. Tagebuch eines Jahres (1912/1913). Frankfurt a. M., Berlin, Wien 1983.
Bashkirtseff, Maria: Tagebuch. Breslau, Leipzig, Wien 1897. Neu herausgegeben und mit einem Nachwort versehen von Gottfried M. Daiber. Frankfurt, Wien 1983.

Böhlau, Helene: Der Rangierbahnhof. Roman. Berlin 1896.
–: Halbtier! Berlin 1899. [4]1902.
–: (Hrsg.): Omar al Raschid Bey: Das hohe Ziel der Erkenntnis (Aranda Upanishad). Berlin 1912.
Brinker-Gabler, Gisela: Die Frauenbewegung im deutschen Kaiserreich. In: Die deutsche Frauenbewegung. Die soziale Rolle der Frau im 19. Jahrhundert und die Emanzipationsbewegung in Deutschland. Hrsg. von Ingeborg Drewitz. Bonn 1983, S. 53–84.
–: Die Frau ohne Eigenschaften. Hedwig Dohms Roman „Christa Ruland". In: Feministische Studien 3 (1984) 1, S. 117–127.
–: Der leere Spiegel. Franziska Gräfin zu Reventlows „Ellen Olestjerne". Nachwort in: F. Gräfin z. R.: „Ellen Olestjerne". Frankfurt a. M. 1985, S. 239–255.
–: Feminismus und Moderne. Brennpunkt 1900. In: Kontroversen, alte und neue. Akten des VII. Internationalen Germanisten-Kongresses Göttingen 1985. Bd. 8. Stuttgart 1986, S. 228–34.
Bülow, Frieda von: Männerurtheil über Frauendichtung. In: Die Zukunft 7 (1898/99) 26, S. 26–29. Wiederabgedruckt in: Jahrhundertwende. Manifeste und Dokumente zur deutschen Literatur 1890–1910. Hrsg. von Ernst Ruprecht und Dieter Bänsch. Stuttgart 1981, S. 562–69.
Bürger, Christa, Peter Bürger und Jochen Schulte-Sasse (Hrsg.): Naturalismus/Ästhetizismus. Frankfurt a. M. 1979.
Bullivant, Keith: Naturalistische Prosa und Lyrik. In: Glaser, Horst Albert (Hrsg.): Deutsche Literatur. Eine Sozialgeschichte. Bd. 8. Reinbek b. Hamburg 1982, S. 169–187.
Chodorow, Nancy: The Reproduction of Mothering. Psychoanalysis and the Sociology of Gender. Berkeley and Los Angeles 1978 (University of California Press).
Dohm, Hedwig: Sibilla Dalmar. Roman. Berlin 1896.
–: Schicksale einer Seele. Berlin 1899.
–: Christa Ruland. Roman. Berlin 1902.
–: Die Antifeministen. Ein Buch der Verteidigung. Berlin 1902.
–: Erinnerungen und weitere Schriften von und über Hedwig Dohm. Ges. und mit einem Vorwort von Berta Rahm. Zürich 1980.
Fischer, Jens Malte: Fin de siècle. Kommentar zu einer Epoche. München 1978.
Frederiksen, Elke (Hrsg.): Die Frauenfrage in Deutschland. Texte und Dokumente. Stuttgart 1981.
Gerhard, Marlis: Franziska zu Reventlow. In: Frauen. Porträts aus zwei Jahrhunderten. Hrsg. von Hans-Jürgen Schultz. Stuttgart 1981, S. 226–43.
Glaser, Horst Albert: Deutsche Literatur. Eine Sozialgeschichte. Bd. 8, hrsg. von Frank Trommler. Reinbek b. Hamburg 1982.
Groddeck, Georg: Ein Frauenproblem. Leipzig 1905.
Hecht, Marie: Friedrich Nietzsches Einfluss auf die Frauen. In: Die Frau 6 (1898/99) 8, S. 486–91. Wiederabgedruckt in: Jahrhundertwende. Manifeste und Dokumente zur deutschen Literatur 1890–1910. Stuttgart 1981, S. 543–49.
Hermand, Jost: Gralsmotive um die Jahrhundertwende. In: Deutsche Literatur der Jahrhundertwende. Hrsg. von Viktor Žmegač. Königstein/Ts. 1981, S. 145–163.
Huch, Ricarda: Erinnerungen von Ludolf Urslen dem Jüngeren. In: R. H. Gesammelte Werke. Bd. 1. Köln, Berlin 1966.
Jantsch, Erich: Die Selbstorganisation des Universums. München 1982.
Kreuzer, Helmut: Die Bohème. Analyse und Dokumentation der intellektuellen Subkultur vom 19. Jahrhundert bis zur Gegenwart. Stuttgart 1971.
Marholm, Laura: Zur Psychologie der Frau. In: Die Neue Rundschau 3 (1892), S. 1094–1105; S. 1202–1214; S. 1304–1313.
–: Das Buch der Frauen. Zeitpsychologische Porträts. Berlin 1894.

Mayreder, Rosa: Zur Kritik der Weiblichkeit. Essays. Leipzig 1905.
Möbius, Paul Julius: Über den physiologischen Schwachsinn des Weibes. Halle a. d. S. [12]1922.
Nietzsche, Friedrich: Sämtliche Werke. Kritische Studienausgabe in 15 Bänden. Hrsg. von Giorgio Colli und Mazzino Montinari. München 1980.
Pfeiffer, Ernst (Hrsg.): Friedrich Nietzsche, Paul Rée und Lou von Salomé. Die Dokumente ihrer Begegnung. Frankfurt a. M. 1970.
Rasch, Wolfdietrich: Zur deutschen Literatur seit der Jahrhundertwende. Gesammelte Aufsätze. Stuttgart 1967.
–: Über Robert Musils Roman „Der Mann ohne Eigenschaften". Göttingen 1967.
Reed, Philippa: „Alles, was ich schreibe, steht im Dienst der Frauen". Zum essayistischen und fiktionalen Werk Hedwig Dohms (1833–1919). Frankfurt, Bern, New York 1987.
Reuter, Gabriele: Aus guter Familie. Leidensgeschichte eines Mädchens. Berlin 1895.
–: Vom Kinde zum Menschen. Die Geschichte meiner Jugend. Berlin 1921.
Ruprecht, Erich und Dieter Bänsch: Jahrhundertwende. Manifeste und Dokumente zur deutschen Literatur 1890–1910. Stuttgart 1981.
Reventlow, Franziska Gräfin zu: Briefe 1890–1917. Hrsg. von Else Reventlow. Mit einem Nachwort von Wolfdietrich Rasch. Frankfurt a. M. 1977.
–: Ellen Olestjerne. München 1903. Neuauflage: Frankfurt 1985. Mit einem Nachwort von Gisela Brinker-Gabler.
–: Herrn Dames Aufzeichnung oder Begebenheiten aus einem merkwürdigen Stadtteil. München 1913.
–: Autobiographisches. Hrsg. von Else Reventlow. Mit einem Nachwort von Wolfdietrich Rasch. München, Wien 1980.
Schlüpmann, Heide: Radikalisierung der Philosophie. Die Nietzsche-Rezeption und die sexual-politische Publizistik Helene Stöckers. In: Feministische Studien 3 (1984) 1, S. 10–34.
Schopenhauer, Arthur: Sämtliche Werke. Hrsg. von Julius Frauenstädt. Zweite Auflage. Leipzig 1877.
Scott, Marilyn: Laura Marholm (1854–1928): Germany's Ambivalent Feminist. In: Women's Studies 7 (1980) 3, S. 87–96. (Queens College, City University of New York).
Simmel, Georg: Weibliche Kultur. In: Philosophische Kultur. Leipzig 1911.
–: Zur Philosophie der Geschlechter. In: Philosophische Kultur. Leipzig 1911.
Stöcker, Helene: Die Liebe und die Frauen. Minden i. Westf. 1906.
Székely, Johannes: Franziska Gräfin zu Reventlow. Leben und Werk. Mit einer Franziska-Gräfin-zu-Reventlow-Bibliographie. Diss. Köln 1977.
Weininger, Otto: Geschlecht und Charakter. Wien 1903. Neudruck: München 1980.
Wittmann, Livia Z.: Zwischen ‚femme fatale' und ‚femme fragile' – die Neue Frau? Kritische Bemerkungen zum Frauenbild des literarischen Jugendstils. In: Jahrbuch für Internationale Germanistik 17 (1985) 2, S. 74–110.
Žmegač, Viktor (Hrsg.): Geschichte der deutschen Literatur vom 18. Jahrhundert bis zur Gegenwart. Bd. II/1 und Bd. II/2. Königstein/Ts. 1980.
– (Hrsg.): Deutsche Literatur der Jahrhundertwende. Königstein/Ts. 1981.

IV.2. Träume, Utopien und Wege zur Verwirklichung

Adolph, Eliza: Die frauenbewegung nach englischen romanen der gegenwart. Marburg 1915.
Bäumer, Gertrud: Die Frau und das geistige Leben. Leipzig 1911.
Bergemann-Jena, Paul: Die werdende Frau in der neuen Dichtung. Leipzig [2]1898.

Bloch, Iwan: Das Sexualleben unserer Zeit in seinen Beziehungen zur modernen Kultur. Berlin [10-12]1919.
Caird, Mona: The Daughters of Danaus. London 1894.
Cecil de Jong van Beek en Donk: Frauen, die den Ruf vernommen. Aus dem Holländischen von Else Otten. Berlin 1907.
Dohm, Hedwig: Frauen, die den Ruf vernommen. In: Die Frau (1906–1907) S. 74f.
Egerton, George: Discords. London 1894.
Forester, Ernst: Frauenfrage in den Romanen englischer Schriftstellerinnen der Gegenwart. Marburg 1907.
Gilman, Charlotte Perkins: Herland. (1915) London 1979.
Gizycki, Lily von: Die Neue Frau in der Dichtung. Stuttgart 1896.
Grand, Sarah: The Heavenly Twins. London 1893.
–: The Beth Book. London 1897.
Grossmann, Edith Scarle: In Revolt. London 1893.
–: Hermione: A Knight of the Holy Ghost. London 1907.
Kaffka, Margit: Állomások. Budapest 1917.
Mensch, Ella: Die Frau in der modernen Litteratur. Ein Beitrag zur Geschichte der Gefühle. Berlin 1898.
Réval, Gabrielle: Un Lycée de Jeunes Filles. Paris 1901.
Schirmacher, Käthe: ‚Un lycée de jeunes filles'. In: Dokumente der Frauen 6 (1901) 19, S. 374f.
Schreiner, Olive: The Story of an African Farm. London 1883.
–: Dreams. London 1892.
–: From Man to Man. London 1926.
Tinayre, Marcelle: Hellé. Paris 1899.
–: La Rebelle. Paris 1905.
Weigel, Sigrid: Die geopferte Heldin und das Opfer als Heldin. Zum Entwurf weiblicher Helden in der Literatur von Männern und Frauen. In: Die verborgene Frau. Sechs Beiträge zu einer feministischen Literaturwissenschaft. Mit Beiträgen von Inge Stephan und Sigrid Weigel. Berlin 1983.
–: Frau und „Weiblichkeit". Theoretische Überlegungen zur feministischen Literaturkritik. In: Feministische Literaturwissenschaft. Hrsg. v. Inge Stephan und Sigrid Weigel. Berlin 1984.
Yver, Colette: Les Cervelines. Paris 1903.
–: Les Princesses de Science. Paris 1907.
–: Les Dames du Palais. Paris 1909.

IV.3. Die Anstrengungen des Aufbruchs

Baum, Vicki: Stud. chem. Helene Willfüer (1928). München [21]1983.
–: Es war alles ganz anders. Erinnerungen. Köln: 1987.
Beicken, Peter: Marieluise Fleißer oder zur Situation schreibender Frauen in der Weimarer Republik. In: die horen, Jg. 28, 4/1983, S. 45–61.
Böhlau, Helene: Eine zärtliche Seele. Stuttgart 1929.
Bullivant, Keith (Hrsg.): Das literarische Leben in der Weimarer Republik. Königstein/Ts. 1978.
Fleißer, Marieluise: Gesammelte Werke. 3 Bde. Frankfurt a. M. 1983.
Die Frau. Monatsschrift für das gesamt Frauenleben unserer Zeit. Hrsg. v. Helene Lange und Gertrud Bäumer. Jg. 26–40. 1918–1932.
Die Frau im Staat. Eine Monatsschrift. Hrsg. v. Anita Augspurg und Lida Gustava Heymann, 1. u. 2. Jg., 1919–1920.

Glaser, Horst Albert (Hrsg.): Deutsche Literatur. Eine Sozialgeschichte. Bd. 9. Weimarer Republik – Drittes Reich: Avantgardismus, Parteilichkeit, Exil 1918–1945. Reinbek bei Hamburg 1983.
Haller, Lilli: Die Stufe. Bern 1923.
Hartwig, Mela: Das Weib ist ein Nichts. Berlin, Wien, Leipzig 1929.
Hermand, Jost u. Frank Trommler: Die Kultur der Weimarer Republik. München 1978.
Hofer, Klara: Sonja Kowalewsky. Die Geschichte einer geistigen Frau. Stuttgart, Berlin 1926.
Karlweis, Marta: Amor und Psyche auf Reisen. Berlin 1928.
Karwarth, Juliane: Marie Duchanin. Die Apothekerin und ihr Weg. Berlin, Leipzig 1926.
Keun, Irmgard: Das kunstseidene Mädchen (1932). Bergisch-Gladbach 1980.
–: Gilgi – eine von uns (1931). Bergisch-Gladbach 1981.
King, Lynda J.: The Image of Fame: Vicki Baum in Weimar Germany. In: German Quarterly 4/1985, S. 375–393.
Kolb, Annette: Die Romane. Das Exemplar, Daphne Herbst, Die Schaukel. Frankfurt 1969 (11. bis 15. Tsd).
Kollontai, Alexandra: Die neue Moral und die Arbeiterklasse (1920). Münster 1977.
Kraus, Hilde Maria: Ärztinnen. Eine Erzählung aus Sowjet-Rußland. Breslau 1929 (4.–6. Aufl.).
–: Neun Monate. Breslau 1931.
Kurz, Isolde: Vanadis. Der Schicksalsweg einer Frau. Tübingen 1931.
Lange, Helene: Kampfzeiten. 2 Bde. Berlin 1928.
–: Lebenserinnerungen. Berlin 1927.
Munier-Wroblewska, Mia: Schwester Ursula. Berlin, Stuttgart 1920.
Nathusius, Annemarie von: Eros. Berlin, Leipzig, Wien, Stuttgart 1919.
Niggli, Martha: Zwischen Zwanzig und Dreißig. Der Roman einer Berufstätigen. Freiburg 1930.
Reuter, Gabriele: Benedikta. Dresden 1923.
–: Großstadtmädel. Jugendgeschichten. Berlin 1920.
–: Töchter. Der Roman zweier Generationen. Berlin 1927.
–: Grete fährt ins Glück. Berlin, Leipzig, Wien, Stuttgart 1919.
–: Irmgard und ihr Bruder. Berlin 1930.
Soltau, Heide: Trennungs-Spuren. Frauenliteratur der zwanziger Jahre. Frankfurt 1984.
Sozialgeschichte der deutschen Literatur von 1918 bis zur Gegenwart. Frankfurt 1981.
Stöcker, Helene: Liebe. Berlin 1922.
–: Erotik und Altruismus. Leipzig 1924.
Tax, Sissi: Marieluise Fleißer. Schreiben, überleben. Frankfurt 1984.
Tergit, Gabriele: Blüten der Zwanziger Jahre. Gerichtsreportagen und Feuilletons 1923–1933. Hrsg. v. Jens Brüning. Berlin 1984.
–: Etwas Seltenes überhaupt. Erinnerungen. Frankfurt, Berlin, Wien 1983.
–: Käsebier erobert den Kurfürstendamm. Roman. (1931) Frankfurt 1978.
Thomas, Adrienne: Die Katrin wird Soldat. Ein Roman aus Elsaß Lothringen. Berlin 1930.
Viebig, Clara: Die mit den tausend Kindern. Berlin, Leipzig 1929.
–: Die Passion. (1925). Berlin, Leipzig 1926 (16. bis 20. Tsd).
–: Insel der Hoffnung. Stuttgart, Berlin 1933.
Widmar, Josefine: Drei gehen aus dem Parlament. Innsbruck, Wien, München 1931.
Winternitz, Friderike Maria: Vögelchen. Berlin 1919.
Wittrock, Christine: Weiblichkeitsmythen. Das Frauenbild im Faschismus und seine Vorläufer in der Frauenbewegung der 20er Jahre. Frankfurt 1983.

IV.4. Besinnung auf Traditionen

Amann, Klaus: Wiederaufbau. Der österreichische PEN 1945–1955. In: Friedbert Aspetsberger, Norbert Frei und Hubert Lengauer (Hrsg.): Literatur und Nachkriegszeit in den fünfziger Jahren in Österreich. Wien 1984, S. 112–127.

Aspetsberger, Friedbert: Literarisches Leben im Austrofaschismus. Der Staatspreis. Königstein 1980.

Bekenntnisbuch österreichischer Dichter. Hrsg. v. Bund deutscher Schriftsteller Österreichs. Wien 1938.

Binder, Christoph Heinrich: Paula Grogger. Ein biographischer Abriß. Gröbming 1985.

Decken, Godele von der: Frauenkultur und Frauenliteratur im Umkreis des Nationalsozialismus. Diss. Graz 1986.

Doppler, Bernhard: Katholische Literatur und Literaturpolitik. Königstein 1980.

François, Luise von: Frau Erdmuthens Zwillingssöhne. 1872; jetzt Zürich o. J.

Grogger, Paula: Das Grimmingtor. Breslau 1926. (1931 und 33 erscheinen Buchgemeinschaftsausgaben, bereits 1950 erscheint in der Schweiz wieder eine Neuauflage.)

–: Späte Matura oder Pegasus im Joch. Graz 1975.

Handel-Mazzetti, Enrica von: Jesse und Maria. Ein Roman aus dem Donaulande. 2 Bde. Kempten 1906. (Im selben Jahr vierte Auflage, 1911 eine Jubiläumsausgabe (138.–147. Tausend.)

Harpprecht, Klaus: Auf chronische Weise deutsch. Über Ina Seidels Roman ‚Das Wunschkind'. In: Frankfurter Allgemeine Zeitung, 14. Nov. 1980.

Knoblauch, Adolf: Sendung und Werk weiblicher Prosadichtung. In: Hochland 27 (1930), Bd. 1, S. 57–75.

Langgässer, Elisabeth: Proserpina. (Leipzig 1933) Frankfurt 1982.

Rossbacher, Karlheinz: Heimatkunstbewegung und Heimatroman. Zu einer Literatursoziologie der Jahrhundertwende. Stuttgart 1975.

Sanzara, Rahel: Das verlorene Kind. (Berlin 1926) Frankfurt 1983.

Schwerte, Hans: Deutsche Literatur im Wilhelminischen Zeitalter. In: Wirkendes Wort 14 (1964), S. 254–270.

–: Zum Begriff der sogenannten Heimatkunst in Deutschland. In: Hermann Glaser (Hrsg.): Aufklärung heute – Probleme der deutschen Gesellschaft. Ein Tagungsbericht. Freiburg 1967, S. 177–189.

Seidel, Ina: Frau und Wort. Ausgewählte Betrachtungen und Aufsätze. Stuttgart 1965.

–: Das Wunschkind. Stuttgart 1930. (Buchgemeinschaftsausgabe 1934, 1944 bereits 440 Tsd., erste Neuauflage nach dem Krieg 1948. Neuauflage 1980.)

Soltau, Heide: Trennungs-Spuren. Frauenliteratur der zwanziger Jahre. Frankfurt 1984.

Umfer, Peter: Paula Groggers Grimmingtor. Sprache und Stilmittel. Diss. Innsbruck 1979.

Waser, Maria: Die Geschichte der Anna Waser. Ein Roman aus der Wende des 17. Jahrhunderts. Stuttgart 1913.

Wittrock, Christine: Weiblichkeitsmythos. Das Frauenbild im Faschismus und seine Vorläufer in der Frauenbewegung der zwanziger Jahre. Frankfurt 1983.

IV.5. Neue Wirklichkeitssicht und politische Praxis

Beiswanger, Konrad: Stimmen der Freiheit. Blütenlese der besten Schöpfungen unserer Arbeiter- und Volksdichter. Mit 100 Portraits und Textbildern. 4. Auflage Nürnberg 1914.

Brinker-Gabler, Gisela, Karola Ludwig u. Angela Wölffen: Lexikon deutschsprachiger Schriftstellerinnen 1800–1945. München 1986.

Hetmann, Frederik: Rosa L. Die Geschichte der Rosa Luxemburg in ihrer Zeit. Weinheim und Basel 1977.
Kautsky, Minna: Auswahl aus ihrem Werk. Hrsg. v. Cäcilia Friedrich. Berlin 1965.
Knilli, Friedrich und Ursula Münchow (Hrsg.): Frühes deutsches Arbeitertheater 1847–1918. Eine Dokumentation. Berlin und München 1970.
Leitner, Maria: Elisabeth ein Hitlermädchen. Erzählende Prosa, Reportagen und Berichte. Hrsg. v. Helga Schwarz. Berlin, Weimar 1985.
Märten, Lu: Formen für den Alltag. Schriften, Aufsätze, Vorträge. Hrsg. v. Reinhard May. Dresden 1982.
Münchow, Ursula (Hrsg.): Aus den Anfängen der sozialistischen Dramatik. 2 Bde. 1964, ³1987.
–: Frühe deutsche Arbeiterautobiographien. Berlin 1973.
–: Arbeiterbewegung und Literatur. 1860–1914. Berlin 1981.
Zetkin, Clara: Über Literatur und Kunst. Berlin 1955.
Zur Mühlen, Hermynia: Als der Fremde kam. Roman. Berlin, Weimar 1979.

IV.6. Liberalismus – Sozialismus – Feminismus

Zeitschriften:

Die Gleichheit. Hrsg. v. Clara Zetkin, 1.Jg. 1891ff.
Die Frau. Hrsg. v. Helene Lange, 1.Jg. 1893/94ff.
Die Frauenbewegung. Hrsg. v. Minna Cauer, 1.Jg. 1895ff.

Literatur:

Die akademische Frau. Gutachten hervorragender Universitätsprofessoren, Frauenlehrer und Schriftsteller über die Befähigung der Frau zu wissenschaftlichem Studium und Berufe. Hrsg. v. Arthur Kirchhoff, Berlin 1897.
Bauer, Karin: Clara Zetkin. Berlin 1978.
Beauvoir, Simone de: Das andere Geschlecht. Reinbek 1974.
Dohm, Hedwig: Die Antifeministen. Berlin 1903.
Elberskirchen, Johanna: Feminismus und Wissenschaft. Leipzig 1903.
Frandsen, Dorothea: Helene Lange. Hrsg. v. der Niedersächsischen Landeszentrale für politische Bildung. Hannover 1974.
Frauengenerationen in Bildern. Hrsg. v. Emmy Wolff. Berlin 1928.
Frauen gegen den Krieg. Hrsg. u. eingel. v. Gisela Brinker-Gabler. Frankfurt 1980.
Freier, Anna-E.: „Dem Reich der Freiheit sollst Du Kinder gebären." Der Antifeminismus der proletarischen Frauenbewegung im Spiegel der „Gleichheit", 1891–1917. Frankfurt 1981.
Gerhard, Ute: „Bis an die Wurzeln des Übels." Rechtsgeschichte und Rechtskämpfe der Radikalen. In: Feministische Studien 3.Jg., 1984, Nr. 1, S. 77–97.
Goetzinger, Germaine: Für die Selbstverwirklichung der Frau: Louise Aston. Frankfurt 1983.
Greven-Aschoff, Barbara: Die bürgerliche Frauenbewegung in Deutschland 1894–1933. Göttingen 1981.
Handbuch der Frauenbewegung. Hrsg. v. Helene Lange und Gertrud Bäumer, I. Teil: Die Geschichte der Frauenbewegung in den Kulturländern. Berlin 1901.
Henkel, Martin u. Rolf Taubert: Das Weib im Conflict mit den socialen Verhältnissen. Mathilde Franziska Anneke und die erste deutsche Frauenzeitung. Bochum 1976.
Hippel, Theodor Gottlieb: Über die bürgerliche Verbesserung der Weiber (Anonym erschienen). Berlin 1792.

Huber, E. R.: Deutsche Verfassungsgeschichte seit 1789. Band IV. Stuttgart, Berlin, Köln, Mainz 1982.
Krechel, Ursula: Selbsterfahrung und Fremdbestimmung, Bericht aus der neuen Frauenbewegung. Darmstadt, Neuwied 1976.
Lange, Helene: Intellektuelle Grenzlinien zwischen Mann und Frau. Berlin (1899).
Lexikon der Frau, 2 Bde. Zürich 1952.
Lion, Hilde: Die allgemeinen Frauenzeitschriften in Deutschland. In: Frauengenerationen in Bildern. Hrsg. v. Emmy Wolff. Berlin 1928, S. 108–115.
Löwenherz, Johanna: Können Sozialdemokraten und bürgerliche Frauenrechtlerinnen für gemeinsame Ziele auch gemeinsam kämpfen? In: Sozialistische Monatshefte, 3. Jg. 1897, S. 356–359.
Lüders, Else: Der „linke Flügel". Ein Blatt aus der Geschichte der deutschen Frauenbewegung. Berlin 1904.
–: Ein Leben des Kampfes um Recht und Freiheit. Minna Cauer zum 70. Geburtstag. Berlin 1911.
–: Minna Cauer. Leben und Werk. Dargestellt anhand ihrer Tagebücher und nachgelassenen Schriften. Berlin 1925.
Otto, Louise: Das Recht der Frauen auf Erwerb. Hamburg 1866.
Rauther, Rose: Rosika Schwimmer. Stationen auf dem Lebensweg einer Pazifistin. In: Feministische Studien, 3. Jg. 1984, Nr. 1, S. 63–75.
„Dem Reich der Freiheit werb' ich Bürgerinnen". Die Frauenzeitung von Louise Otto. Hrsg. v. Ute Gerhard, Elisabeth Hannover-Drück, Romina Schmitter. Frankfurt 1980.
Richebächer, Sabine: Uns fehlt nur eine Kleinigkeit. Deutsche proletarische Frauenbewegung 1890–1914. Frankfurt 1982.
Schenk, Herrad: Die feministische Herausforderung. 150 Jahre Frauenbewegung in Deutschland. München 1980.
Seeger, Jutta: Das Wesen der deutschen allgemeinen Frauenzeitschriften unter besonderer Berücksichtigung von „Die Frau" (1893–1944). Phil. Diss. München 1953.
Sheehan, James J.: Der deutsche Liberalismus. München 1983.
„Die Staatsbürgerin". Hrsg. u. eingel. v. Ulla Wischermann und Hartwig Gebhardt. München (1988).
Thönnessen, Werner: Frauenemanzipation. Politik und Literatur der deutschen Sozialdemokratie zur Frauenbewegung. Frankfurt 1976.
Wischermann, Ulla: Die Presse der radikalen Frauenbewegung. In: Feministische Studien, 3. Jg. 1984, Nr. 1, S. 39–62.
Zetkin, Clara: Die Arbeiterinnen- und Frauenfrage der Gegenwart. Berlin 1899.

V.1. Die neue ‚Macht des Weibes'

Amtswalterinnenblätter der NS-Frauenschaft, Heft vom 1. 1. 1934.
Berens-Totenohl, Josepha: Der Femhof. Jena 1935.
–: Frau Magdalene. Jena 1935.
Berglund, Gisela: Der Kampf um den Leser im Dritten Reich. Die Literaturpolitik der „Neuen Literatur" und der „Nationalsozialistischen Monatshefte". Worms 1980.
Bertelsmann, Lene: Die Möller von Möllenbeck. Roman. Gütersloh 1942.
Boie, Margarete: Moiken Peter Ohm. Stuttgart 1926.
Christ, Lena: Madame Bäurin. Leipzig 1920.
Decken, Godele von der: Emanzipation auf Abwegen. Frauenkultur und Frauenliteratur im Umkreis des Nationalsozialismus. Fankfurt a. M. 1988.
Dill, Lisbeth: Der Tenor. Wien, Leipzig 1935.

Grengg, Marie: Die Kindlmutter. Berlin 1943.
Hoppe, Else: Liebe und Gestalt. Der Typus des Mannes in der Dichtung der Frau. Hamburg 1934.
Kath, Lydia: Aud. Geschichte einer Wikingerfrau. Berlin 1934.
Langer, Norbert: Deutsche Dichtung seit dem Weltkrieg. Leipzig 1940.
Miegel, Agnes: Wunderliches Weben. München 1943.
–: Das Bernsteinherz. Leipzig 1944.
Salburg, Edith: Die Unverantwortlichen. Roman einer Ehe. Berlin 1936.
Schaumann, Ruth: Die Silberdistel. Berlin 1940.
Schnell, Ralf: Was ist nationalsozialistische Dichtung? In: Merkur 5 (1985), S. 307–405.
Seidel, Ina: Das Wunschkind. (1930) Stuttgart, Berlin 1949.
Stollmann, Rainer: Faschistische Politik als Gesamtkunstwerk. Tendenzen der Ästhetisierung des politischen Lebens im Nationalsozialismus. In: Die deutsche Literatur im Dritten Reich. Hrsg. v. Horst Denkler u. Karl Prümm. Stuttgart 1976, S. 83–101.
Supper, Auguste: Das Mädchen Peter und der Fremde. Gütersloh 1936.
Voigt-Diederichs, Helene: Ring um Roderich. Jena 1929.
–: Das Verlöbnis. Jena 1942.

V.2. Frauen im Dritten Reich

Bäumer, Gertrud: Lebensweg durch eine Zeitwende. Tübingen 1956.
Behrend-Rosenfeld, Else: Ich stand nicht allein – Erlebnisse einer Jüdin in Deutschland 1933–1944. Frankfurt a. M. 1949.
Buchmann, Erika: Die Frauen von Ravensbrück. Berlin (DDR) 1960.
Diehl, Guida: Die deutsche Frau und der Nationalsozialismus. 1933.
–: Christ sein, heißt immer Kämpfer sein. Gießen 1958.
Elling, Hanna: Frauen im deutschen Widerstand. Frankfurt a. M. 1977.
Kiendrzynska, Wanda: Darstellung aus der Geschichte des KZs Ravensbrück. In: Internationale Hefte des Widerstands, Heft 3. Wien 1960.
Koehn, Ilse: Mischling zweiten Grades – Kindheit in der Nazizeit. Reinbek bei Hamburg 1979.
Lingens-Reiner, Ella: Prisoners of Fear. London 1948.
Maschmann, Melita: Fazit – Kein Rechtfertigungsversuch. Stuttgart 1963.
Mayer, Gertrud: Nacht über Hamburg. Frankfurt a. M. 1971.
Miegel, Agnes: An die Reichsfrauenführerin Scholtz-Klink. In: Frauenkultur im Deutschen Frauenwerk. Berlin, März 1935, zitiert in: Rita Thalmann: Frausein im Dritten Reich. München 1984, S. 111.
Reuter, Angelika u. Barbara Poneleit: Frauen im Faschismus 1933–1945. München 1977.
Rinser, Luise: Gefängnistagebuch. München [1]1946.
Scholtz-Klink, Gertrud: Die Frau im Dritten Reich. Tübingen 1978.
Szepansky, Gerda: Frauen leisten Widerstand 1933–1945. Frankfurt a. M. 1985.
Thalmann, Rita: Frausein im Dritten Reich. München 1984.
–: Jüdische Frauen nach dem Pogrom 1938. In: Die Juden im Nationalsozialistischen Deutschland 1933–1945. Hrsg. vom Leo Baeck Institut. Tübingen 1986.
Tillion, Germaine: Ravensbrück. Paris 1973.
Vermehren, Isa: Reise durch den letzten Akt – Ein Bericht (10. Februar 1944–29. Juni 1945) Hamburg 1947.
Weinzierl, Erika: Zu wenig Gerechte. Graz, Wien, Köln 1968.
Wittrock, Christine: Weiblichkeitsmythen. Frankfurt a. M. 1983.
Wolf, Christa: Kindheitsmuster. Berlin, Weimar 1976.

V.3. „Und alles ist hier fremd"

Berry, Jesse Leroy: Martina Wied, Austrian Novelist. Diss. masch. Vanderbilt University, Nashville, Tennessee 1966.
Cohn, Wilhelm: Chinesische Malerei. Übersetzt von Martina Wied. London 1948.
Melzwig, Brigitte: Deutsche sozialistische Literatur 1918–1945. Bibliographie der Buchveröffentlichungen. Berlin, Weimar 1975. [Umfassend zu Veröffentlichungen Hermynia Zur Mühlens bis 1945]
Orlowski, Hubert: Martina Wied und Polen. In: Österreichisch-polnische Nachbarschaft. Uam Poznań 1979, S. 117–125.
Patsch, Sylvia M.: Österreichische Schriftsteller im Exil in Großbritannien. Wien 1985.
–: Österreichische Schriftsteller im Exil – Texte. Wien 1986.
Prokop, Hans Friedrich: Martina Wieds Romane. Diss. masch. Wien 1972.
Wied, Martina: Romane der Lebensmitte. In: Der Brenner 1913, S. 696–702.
–: Otto Stoessl der Erzähler. In: Der Brenner 1913/14, S. 120–128.
–: Bewegung. Gedichte. Wien 1919.
–: Gedichte. In: Die Botschaft. Neue Gedichte aus Österreich. Hrsg. v. E. A. Rheinhardt. Wien 1920.
–: Francis Thompson. In: Zeitwende 1925, S. 547–549.
–: Neue Lyrik. In: Zeitwende 1925, S. 426–433.
–: Das Asyl zum obdachlosen Geist. Wien 1934.
–: Rauch über Sanct Florian oder Die Welt der Mißverständnisse. Wien 1936.
–: Das Einhorn. Wien 1948.
–: Kellingrath. Innsbruck 1950.
–: Die Geschichte des reichen Jünglings. Innsbruck 1952.
–: Brücken ins Sichtbare. Ausgewählte Gedichte 1912–1952. Innsbruck 1952.
–: Jeder hat sein Grundmotiv. Ein Selbstporträt. In: Welt und Wort 1953, S. 298–299.
–: Der Ehering. Innsbruck 1954.
–: Das unvollendete Abenteuer. Eine Novelle. Wien 1955.
Zur Mühlen, Hermynia: Came the Stranger. London 1946. (Dt.: Als der Fremde kam. Wien 1947.)
–: Guests in the House. London 1947.
–: Eine Flasche Parfüm. Wien 1947.
–: In: Lexikon der Kinder- und Jugendliteratur. Hrsg. v. Klaus Doderer. Weinheim, Basel 1979.
–: Der Spatz. Märchen. Hrsg. und Nachwort v. Manfred Altner. Berlin/DDR 1984.

V.4. Staub und Sterne

Aloni, Jenny: Gedichte. Ratingen (Henn Verlag) 1956.
–: Zypressen zerbrechen nicht. Witten-Berlin (Eckart Verlag) 1961.
–: Jenseits der Wüste. Witten-Berlin (Eckart Verlag) 1963.
–: Der blühende Busch. Witten-Berlin (Eckart Verlag) 1964.
–: Die silbernen Vögel. München (Starczewski Verlag) 1967.
–: Der Wartesaal. Freiburg (Herder Verlag) 1969.
–: In den schmalen Stunden der Nacht. Tel-Aviv (Eigenverlag) 1980.
–: Die braunen Pakete. Tel-Aviv (Eigenverlag) 1983.
Baerwald, Lotte: Von kleinen Göttern und Menschen. (Carl Herman Fatho) o. O., o. J.
–: Die Arche Noah / David und Goliath. Texte zu Schattenbildern von Alex und Lotte Baerwald. Berlin (frühe 30er Jahre).

Bergel-Gronemann, Elfriede: Begegnung im Spiegel. Überlegungen. Jerusalem (Peter Freund Verlag) 1943.
–: Der jüdische Weg. Jerusalem (nicht greifbar).
Blitzer, Hanna: Staub und Sterne. St. Michel (J. G. Bläschke Verlag) 1982.
–: Lyrik. St. Michel (J. G. Bläschke Verlag) 1984.
–: Noch ein Akkord. Bovenden (Graphikum Verlag) 1987.
Boleslav, Netty: Der Weg ist tausend Schlangen weit. Rothenburg/o. T. (Verlag J. G. Peter) 1965.
–: Ein Zeichen nach uns im Sand. München (Delp'sche Buchhandlung) 1972.
–: Graue Straße. (tschechisch) Regensburg 1876. Übersetzungen aus dem Tschechischen, Erzählungen in Zeitschriften. Nachgelassene Gedichte mit einem Essay von Margarita Pazi veröffentlicht in: Neue Deutsche Hefte 29 (1982), H. 4, Nr. 176.
Cohen-Kurzweil, Cäcilie: Seltene Skizzen in Zeitungen.
Ginzburg-Hyrkanos, Devora: Lieder der Talita. München (Müller Verlag) 1956.
–: Antonia. München (Müller Verlag) 1969.
Goldschmidt-Stern, Erni: 100 Lieder mit 100 000 Gedanken. Darmstadt (J. G. Bläschke Verlag) 1977.
Hauben, Nora: Veröffentlichungen in Zeitungen.
Hebel, Frida: Gesang des Lebens. Tel-Aviv (Simson Verlag) 1964.
–: Der Mond wird voll. Karlsruhe (Karlsruher Bote Verlag) 1964.
–: Fernes Land. Karlsruhe (Karlsruher Bote Verlag) 1967.
–: Asulfi von Galiläa. (hebr. Übersetzung) Tel Aviv (Eigenverlag) 1969.
–: Essays, Gedichte, Erzählungen in Zeitschriften und Zeitungen.
Hoffe, Ester Ilse: Gedichte aus Israel. München (Starczewski Verlag) 1967.
Jokl, Anna Maria: Die wirklichen Wunder des Basilius Knox. Kinderbuch. Prag (CIN) 1938. Neuauflage: Wien (Globus) 1947.
–: Die Perlmutterfarbe. Berlin (Dietz Verlag) 1948.
–: Die verzeichneten Tiere. Berlin (Altberliner Verlag) 1948. Beiträge zu Anthologien seit 1940. Drei Hörspiele. Wien, München (Max Pfeffer Theaterverlag) 1932. Drehbücher für Experimental-Kurzfilme. Leipzig (Dr. Werner Klinkhardt) 1932.
Keren, Else: ... dann ging ich über den Pont des Arts. G. Tel-Aviv (Eigenverlag) 1983.
Klausner, Margot: Julius Klausner. Biographie. Düsseldorf-Benrath (Kalima Druck) 1974. Filmexposés, Drehbücher (nicht greifbar).
Kraus-Rosen, Berta: Sang des Lebens. Tel-Aviv (Eigenverlag) 1954.
–: Asaf Halevi. Tel-Aviv (Eigenverlag) 1960.
–: Hebräisch-Arabischer Diwan. Tel-Aviv (Eigenverlag) o. J.
–: Ilse Weber-Theresienstadt. Tel-Aviv (Eigenverlag) o. J.
–: ... wie's also zu mir spricht. Tel Aviv (Eigenverlag) 1977.
Lampl, Rusia: Der Sommer mit Ora. Aarau (Sauerländer Verlag) 1964.
–: Eleonor. Aarau (Sauerländer Verlag) 1965.
–: Schuhe für Adina. München (Langen-Müller) 1969.
–: ... als ob wir in Frieden lebten. Freiburg (Herder-Verlag) 1974. Hörspiele in hebräischer und deutscher, englischer und holländischer Fassung 1962–1974.
–: Schimmernde Gelände. München (Georg Müller) 1916.
–: Das Lied der Mutter. Charlottenburg (Lehmann) 1919.
–: Urlaub. Einakter. Uraufgeführt in Breslau 1919.
Landau, Lola: Abgrund. Zwei Erzählungen von Liebe und Tod. Berlin (Weltgeist-Bücher Verlagsgesellschaft) 1926.
–: Wasif und Akif oder die Frau mit zwei Ehemännern. Ein türkisches Puppenspiel in acht Bildern. Gemeinsam mit Arnim T. Wegner. Berlin (Oesterheld) 1926.
–: Die Wette mit dem Tod. Mysterienspiel. Uraufgeführt in Wernigerode 1930, später aufgeführt in Zürich, Prag und Tel Aviv.

–: Kind im Schatten. Tragödie. Uraufgeführt in Breslau 1931.
–: Der Zeitungsjunge. Hörspiel. Radio Israel 1955.
–: Das häßliche Mädchen. Gütersloh (Bertelsmann) 1958.
–: Das Mädchen, das immer „Nein" sagte. Gütersloh (Bertelsmann) 1959.
–: Noch liebt mich die Erde. Gedichte. Bodman/Bodensee (Hohenstaufen-Verlag) 1969.
–: Hörst du mich, kleine Schwester? Sieben Erzählungen. Bodman/Bodensee (Hohenstaufen-Verlag) 1971.
–: Variationen der Liebe. Sieben Erzählungen. Bodman/Bodensee (Hohenstaufen-Verlag) 1973.
–: Die zärtliche Buche. Erlebtes und Erträumtes. Gedichte und Erzählungen. Bodman/Bodensee (Hohenstaufen-Verlag) 1980.
–: Vor dem Vergessen. Meine drei Leben. Frankfurt a. M., Berlin (Ullstein) 1987.
–: Außerdem erschienen Kurzgeschichten in Anthologien, deutschsprachigen Zeitschriften und Zeitungen sowie eine Biographie: Pessach Chewronis. Jerusalem 1969. Vgl. auch: Leben in Israel. Gesammelt und mit einem Vorwort versehen von Margarita Pazi. Stuttgart 1987.
Michaelis, Mirjam: Das Schweigen durchbrechen. Berlin (T. & N. Böesche) 1985. Zahlreiche Gedichte und Erzählungen in namhaften hebräischen und deutschen Zeitschriften, Anthologien seit 1963.
Mischel, Salomea: Dichtungen und Gedichte. Spiegel eines Daseins. Haifa (Shurot) 1981.
Möller, Liesl: Zeitgedichte und „Der junge Mond" in hebräischer Übersetzung. Tel-Aviv 1957/8.
Moses, Margarete: Traum im Abgrund. Berlin (Schocken) 1932.
–: Zwei Romane. Titel unbekannt. Berlin (Brandus Verlag) 1934/5.
–: Der verborgene Klang. Tel-Aviv (Eigenverlag) 1948.
–: Daniel. Stuttgart 1973.
Pavel, Lilit: Geschichten in deutscher und englischer Sprache in Zeitschriften und Zeitungen seit 1980.
Rabin, Ester Else: Die Frage. Hist. Erz. Tel-Aviv (Massada) 1970.
–: Schattenbilder. Geschichte der Familie. Tel-Aviv (Massada) 1975. Mitherausgeberin und Mitarbeiterin des „Jüdischen Jugendbuchs" bis 1935: Hamburger Frauenorganisation Mizrachi. Novellen, Märchen, Essays, überwiegend hebräisch, z. T. von der zionist. Weltorganisation veröffentlicht.
Scheurer, Miriam: Im Buchladen. Übersetzungen Nathan Altermanns. Tel-Aviv (Sever Press) 1949. Vereinzelte Gedichte in Zeitungen, Zeitschriften.
Schwarz-Gardos, Alice: Labyrinth der Leidenschaften. Fünf Novellen. Mit einem Vorwort von Arnold Zweig. Haifa (Ringart's Bookshop) 1947.
–: Schiff ohne Anker. Roman. Berlin, DDR (Verlag der Nation) 1960.
–: Schiff ohne Anker. Roman. Frankfurt a. M. (Verlag Ner Tamid) 1962.
–: Die Abrechnung. Roman. Graz, Wien, Köln (Verlag Styra) 1962.
–: Joel und Jael. Eine Geschichte von Sabras, Räubern und Spionen. Stuttgart (Franckh-sche Verlagshandlung) 1963.
–: Versuch in Nazareth. Roman. Wien, Basel (Hans Deutsch Verlag) 1963.
–: Entscheidung im Jordantal. Roman. Stuttgart (Franckh'sche Verlagshandlung) 1965.
–: Frauen in Israel. Die Emanzipation hat viele Gesichter. Ein Bericht in Lebensläufen. Freiburg (Herder Verlag) 1979.
–: Paradies mit Schönheitsfehlern. So lebt man in Israel. Essays, mit einem Vorwort von Salcia Landmann. Freiburg (Herder Verlag) 1982.
– (Hrsg.): Heimat ist anderswo. Deutsche Schriftsteller in Israel. Erzählungen und Gedichte. Mit einem Vorwort v. Martin Gregor-Dellin. Freiburg (Herder Verlag) 1983.
– (Hrsg.): Hügel des Frühlings. Anthologie. Deutschsprachige Autoren Israels erzählen. Freiburg (Herder Verlag) 1985.

–: Zahlreiche Beiträge in Zeitschriften und Zeitungen in Israel und der BRD. Beiträge in allen einschlägigen Anthologien.
Singer, Irma: Das verschollene Buch. Jüdische Märchen. Wien, Berlin (R. Döwit Verlag) 1920.
–: Licht im Lager, Gedichte aus dem Land Israel. Prag, Leipzig (Dr. Max Prager Verlag) 1930.
–: Kelle und Schwert. Wien, Jerusalem (R. Löwit Verlag) 1936.
–: Benni fliegt ins gelobte Land. Wien, Jerusalem (R. Löwit Verlag) 1936.
–: Le Cigogne, Fondazione per la Gioventū Ebraica. Rom 1960.

Anthologien:

Stimmen aus Israel. Eine Anthologie deutschsprachiger Literatur in Israel. Hrsg. v. Meir M. Faerber. Gerlingen bei Stuttgart 1979.
Nachrichten aus Israel. Hrsg. v. Margarita Pazi. Hildesheim 1981.
Heimat ist anderswo. Freiburg 1983.
Hügel des Frühlings. Deutschsprachige Autoren Israels erzählen. Freiburg 1984.
Leben in Israel. Hrsg. v. Margarita Pasi. Stuttgart 1987.

VI.1. Wandlungen und Verwandlungen

Ausländer, Rose: Gesammelte Gedichte. Köln 1977.
–: Rose Ausländer. Eine Ausstellung im Heinrich-Heine Institut. Düsseldorf, 4. Mai bis 5. Juni 1977.
Brinker-Gabler, Gisela (Hrsg.): Deutsche Dichterinnen vom 16. Jahrhundert bis zur Gegenwart. Gedichte und Lebensläufe. Frankfurt a. M. 1978.
Brinker-Gabler, Gisela, Karola Ludwig u. Angela Wölffen: Lexikon deutschsprachiger Schriftstellerinnen 1800–1945. München 1986.
Dischner, Gisela: Nelly Sachs zu Ehren. 2. Fs. f. Nelly Sachs. Frankfurt 1966.
Domin, Hilde: Gesammelte Gedichte. Frankfurt 1987.
–: Aber die Hoffnung... München 1982.
Edwardsson, Cordelia: Verbranntes Kind sucht das Feuer. München 1986.
Friedrich, Hugo: Die Struktur der modernen Lyrik. Hamburg 1956.
Goll, Claire: Lyrische Filme. Gedichte. Basel, Leipzig 1922.
–: Memoiren eines Spatzen des Jahrhunderts. München, Wien 1978.
–: Ich verzeihe keinem. Berlin, München 1981.
Hennings, Emmy: Die letzte Freude. Leipzig 1913.
Heselhaus, Clemens: Deutsche Lyrik der Moderne. Düsseldorf 1962.
Huch, Ricarda: Liebesgedichte. Leipzig 1913.
–: Gesammelte Werke. Hrsg. v. Wilhelm Emrich. 5 Bde. Köln, Berlin 1971.
Kaschnitz, Marie-Luise: Totentanz und Gedichte zur Zeit. Hamburg 1947.
–: Gedichte. Ausgewählt v. Peter Huchel. Frankfurt a. M. 1975.
–: Marie-Luise Kaschnitz. Herausgegeben von Uwe Schweikert, Suhrkamp Materialien. Frankfurt 1984.
Kolmar, Gertrud: Das lyrische Werk. München 1960.
–: Briefe an die Schwester Hilde. Hrsg. v. Johanna Zeitler. München 1970.
–: Marbacher Magazin 25/1983 für die Ausstellung im Schiller-Nationalmuseum. Marbach 1983.
Kunisch, Hermann: Handbuch der deutschen Gegenwartsliteratur in drei Bänden. München [2]1969.
Lachmann, Hedwig: Gesammelte Gedichte. Hrsg. v. Gustav Landauer. Potsdam 1919.

Landauer, Gustav: Ein Lebensgang in Briefen. Frankfurt 1929.
Langgässer, Elisabeth: Die Tierkreisgedichte. Leipzig 1935.
–: Der Laubmann und die Rose. Hamburg 1947.
Lask, Berta: Stimmen. Hannover 1919.
Lasker-Schüler, Else: Sämtliche Gedichte. Hrsg. v. Friedhelm Kemp. München 1966.
–: Lieber gestreifter Tiger. Wo ist unser buntes Theben. Briefe in zwei Bänden. Hrsg. v. Margarete Kupper. München 1969.
Le Fort, Gertrud von: Gedichte und Aphorismen. München 1970.
Lehnert, Herbert: Geschichte der deutschen Literatur vom Jugendstil bis Expressionismus. Stuttgart 1978.
Ludwig, Paula: Gedichte. Gesamtausgabe. Hrsg. v. Kristian Wachinger und Christiane Peter. Ebenhausen bei München 1986.
Raabe, Paul: Den Traum alleine tragen. Wiesbaden 1960.
Sachs, Nelly: Späte Gedichte. Frankfurt 1965.
–: Briefe der Nelly Sachs. Hrsg. v. Ruth Dinesen und Helmut Müssener. Frankfurt 1984.
Scholem, Gershom: Die jüdische Mystik in ihren Hauptströmungen. Zürich 1957.
Wolf, Ruth: „Ik heb mijn gezicht naar het Oosten gekeerd". Het leven van de dichteres Gertrud Kolmar (1894–1943). In: Het oog in 't Zeil 4 (1987) Nr. 5, S. 6–11.
–: Prins Joessoef van Thebe. Leven en werk van Else Lasker-Schüler. s'Gravenhage 1986.
Wulf, Joseph: Literatur und Dichtung im Dritten Reich. Gütersloh 1963.
Žmegac, Victor (Hrsg.): Geschichte der deutschen Literatur vom 18. Jahrhundert bis zur Gegenwart. Bd. III, 1 und 2. Königstein/Ts. 1984.

VI.2. Lebensanspruch und Kraftentwicklung

Droste-Hülshoff, Annette von: Gesammelte Schriften. Bd. 1. Stuttgart 1878.
Greiner, Bernhard: Der Bann der Zeichen. In: Jahrbuch zur Literatur in der DDR. Hrsg. v. Paul Gerhard Klussmann und Heinrich Mohr. Bonn 1983.
Kaufmann, Eva: Modellanalyse von Anna Seghers „Das wirkliche Blau". In: Probleme der Literaturinterpretation. Leipzig 1978.
Roscher, Achim: Im Gespräch mit Anna Seghers. In: Positionen 1. Wortmeldungen zur DDR-Literatur. Halle, Leipzig 1984.
Seghers, Anna: Die Toten auf der Insel Djal. In: dies.: Über Kunstwerk und Wirklichkeit. Bearbeitet und eingeleitet von Sigrid Bock. IV. Ergänzungsbd. Berlin 1979.
–: Grubetsch, Die Ziegler, Auf dem Wege zur amerikanischen Botschaft, Die Wellblechhütte, Das Obdach. In: dies.: Erzählungen 1926–1944. Berlin 1977.
–: Susi, Überfahrt, Sagen von Unirdischen. In: dies.: Erzählungen 1963–1977. Berlin 1977.
–: Aufstand der Fischer von St. Barbara. Berlin 1951.
–: Der Weg durch den Februar. Berlin 1951.
–: Die Entscheidung. Berlin 1959.
–: Das Vertrauen. Berlin 1968.
–: Woher sie kommen, wohin sie gehen. In: dies.: Über Kunstwerk und Wirklichkeit. Bd. II: Erlebnis und Gestaltung. Berlin 1971.
–: Revolutionärer Alltag, Selbstanzeige. In: dies.: Aufsätze – Ansprachen – Essays 1927–1953. Berlin, Weimar 1984.
–: Für Christa Wolf. In: dies.: Aufsätze – Ansprachen – Essays 1954–1979. Berlin, Weimar 1984.
–: Frauen und Kinder in der Emigration, In: Anna Seghers / Wieland Herzfelde. Ein Briefwechsel 1939–1946. Berlin, Weimar 1985.

–: Briefe an Leser. Berlin, Weimar 1970.
–: Glauben an Irdisches. Essays. Nachwort von Christa Wolf. Berlin 1969.

VI.3. Nachdenken an der Schwelle von Literatur und Theorie

Adorno, Theodor W.: Der Essay als Form. In: Noten zur Literatur 1. Frankfurt a. M. 1958.
Arendt, Hannah: Diktatur und persönliche Verantwortung. (1964) In: Befreiung 29, 1985, S. 13–24.
–: Eichmann in Jerusalem. Ein Bericht von der Banalität des Bösen. (1963) München 1986.
–: Elemente und Ursprünge totaler Herrschaft. [1]1951. Bd. 1: Antisemitismus. Frankfurt, Berlin, Wien 1980. Bd. 2: Imperialismus. Frankfurt, Berlin, Wien 1975. Bd. 3: Totale Herrschaft. Frankfurt, Berlin, Wien 1975.
–: Martin Heidegger ist achtzig Jahre alt. In: Merkur 10, 1969, S. 893–902.
–: Ideologie und Terror. In: Offener Horizont. Fs. f. Karl Jaspers. München 1953.
–: Rahel Varnhagen. Lebensgeschichte einer deutschen Jüdin aus der Romantik. (1958) Frankfurt a. M., Berlin, Wien 1975.
–: Über die Revolution. (1958) München 1974.
–: Vita activa oder Vom tätigen Leben. (1958) München 1981.
–: Vom Leben des Geistes. Bd. 1: Das Denken. Bd. 2: Das Wollen. München 1979.
–: Was ist Existenzphilosophie? (1946) In: dies.: Sechs Essays. Heidelberg 1948.
–: Hannah Arendt – Karl Jaspers: Briefwechsel, 1929–1969. Hrsg. v. Lotte Köhler und Hans Saner. München, Zürich 1985.
–: Hannah Arendt. Materialien zu ihrem Werk. Hrsg. v. A. Reif. Wien 1970.
Benjamin, Walter: Passagen-Werk. Frankfurt a. M. 1983.
Die Kontroverse, Hannah Arendt, Eichmann und die Juden. Hrsg. v. F. A. Krummacher. München 1964.
Gerhardt, Marlis: Nachwort. In: Deutsche Essays. Von Frauen des 20. Jhds. Frankfurt a. M. 1987.
Lukács, Georg: Die Seele und die Formen. Berlin 1911.
Paz, Octavio: Der Bogenschütze, der Pfeil und die Scheibe. In: Jorge Luis Borges. Der mythische Bibliothekar. München, Wien 1987.
Rohner, Ludwig: Der deutsche Essay. Materialien zur Geschichte und Ästhetik einer literarischen Gattung. Neuwied und Berlin 1966.
Rühle-Gerstel, Alice: Das Frauenproblem der Gegenwart. Eine psychologische Bilanz, Leipzig 1932; Reprint unter dem Titel: Die Frau und der Kapitalismus. Frankfurt a. M. 1972. (Auszüge daraus in: Zur Psychologie der Frau. Hrsg. v. Gisela Brinker-Gabler. Frankfurt 1978, S. 102–123 und 251–267.)
–: Der Umbruch oder Hannah und die Freiheit. Frankfurt a. M. 1984.
–: Der Weg zum Wir. Versuch einer Verbindung von Marxismus und Individualpsychologie. (1927) München 1980.
–: Freud und Adler. Elementare Einführung in Psychoanalyse und Individualpsychologie. Dresden 1924.
–: Kein Gedicht für Trotzki. Tagebuchaufzeichnungen aus Mexico. Frankfurt a. M. 1979.
Rühle, Alice und Otto: Erziehung und Gesellschaft. 1924–25. Reprint Berlin 1972.
Scholem, Gershom: An einem denkwürdigen Tage. In: Judaica 1. Frankfurt a. M. 1981.
Simmel, Georg: Brücke und Tür. In: Brücke und Tür. Essays des Philosophen zur Geschichte, Religion, Kunst und Gesellschaft. Im Verein mit Margarete Susman hrsg. v. Michael Landmann. Stuttgart 1957.
Sperber, Manès: Alfred Adler oder Das Elend der Psychologie. Frankfurt a. M., Berlin, Wien 1983.

Susman, Margarete: Das Judentum als Weltreligion. In: Vom Geheimnis der Freiheit. Gesammelte Aufsätze 1914–1964. Hrsg. v. Manfred Schlösser. Darmstadt, Zürich 1965, S. 105–121.
–: Die geistige Gestalt Georg Simmels. Tübingen 1959.
–: Die messianische Idee als Friedensidee. In: Vom Geist der Freiheit, S. 56–67.
–: Frauen der Romantik. (1929) Köln 1960.
–: Gestalten und Kreise. Konstanz 1954.
–: Ich habe viele Leben gelebt. Erinnerungen. Stuttgart 1964.
–: Vom Sinn der Liebe. Jena 1912.
–: Vom Sinn unserer Zeit. In: Vom Geist der Freiheit, S. 3–14.
–: Für Margarete Susman. Auf gespaltenem Pfad. Fs. Hrsg. v. Manfred Schlösser. Darmstadt 1969.

VI.4. Frauen erobern die Bühne

Bahr, Ehrhard: Nelly Sachs. München 1980.
Bauschinger, Sigrid: Else Lasker-Schüler. Ihr Werk und ihre Zeit. Heidelberg 1980.
Behrendsohn, Walter A.: Nelly Sachs, der künstlerische Aufstieg der Dichterin jüdischen Schicksals. In: Nelly Sachs zu Ehren. Gedichte, Prosa, Beiträge. Frankfurt a. M. 1962.
Falkenstein, Henning: Nelly Sachs. Berlin 1984.
Fleißer, Marieluise: Gesammelte Werke. Hrsg. v. Günther Rühle. Drei Bände. Frankfurt 1972.
Henning, Jakob: Else Lasker-Schüler. Biographie einer deutsch-jüdischen Dichterin. Düsseldorf 1985.
Henrichs, Benjamin: Die Lyrik weicht der Gewalt. Wie ein Männertheater ein Frauenstück in die Faust nimmt. In: Theater heute 3, 1981, S. 41.
Jäger, Gerd: Der Tod als Leben? Über Gerlind Reinshagens neues Stück «Himmel und Erde» und die Stuttgarter Uraufführung. In: Theater heute 10, 1974, S. 28–30.
–: Episches Theater – hin zur Einfühlung. «Sonntagskinder» von Gerlind Reinshagen in Stuttgart, München, Wiesbaden und Düsseldorf. In: Theater heute 1, 1977, S. 4–9.
Jelinek, Elfriede: Theaterstücke. Hrsg. und mit einem Nachwort v. Ute Nyssen. Köln 1984.
Kässens, Wend: Montagsszenen aus einem Büro. Gerlind Reinshagens «Eisenherz» in Bochum und Zürich uraufgeführt. In: Theater heute 1, 1983, S. 38–43.
–: Liebe und Leben, rettungslos verloren. Zur Uraufführung der «Einzigen Geschichte» von Friederike Roth in Bremen. In: Theater heute 8, 1985, S. 38.
Klapdor-Kops, Heike: Dramatikerinnen auf deutschen Bühnen. Notwendige Fortsetzung einer im Jahr 1933 unterbrochenen Reflexion. In: TheaterZeitschrift 9, 1984, S. 57–77.
–: Friederike Roth: «Krötenbrunnen». Anmerkungen zum Verhältnis von Thema und Variation. In: TheaterZeitschrift 14, 1985, S. 11–18.
Kraft, Friedrich (Hrsg.): Marieluise Fleißer. Anmerkungen. Texte. Dokumente. Mit Beiträgen von Eva Pfister und Günther Rühle. Ingolstadt 1981.
Kruckart, Judith: Im Spiegel der Bäche find ich mein Bild nicht mehr. Frankfurt 1985.
Kruntorad, Paul: Was geschah, als Elfriede Jelinek Ibsen verließ: Uraufführung einer «Nora»-Projektion in Graz. In: Theater heute 11, 1979, S. 63.
Lasker-Schüler, Else: Prosa und Schauspiele. Hrsg. v. Friedhelm Kemp. Ges. Werke. 2. Bd. München 1962.
–: Die Wupper. Ein Schauspiel in 5 Akten. Stuttgart 1977.
–: IchundIch. Eine theatralische Tragödie. Hrsg. v. Margarete Kupper. München 1980.
–: Verse und Prosa aus dem Nachlaß. Hrsg. v. Werner Kraft. München 1961.

Laube, Heinrich: Theaterkritiken und dramaturgische Aufsätze. Hrsg. v. Alexander von Weilen. 2 Bde. Berlin 1906.
Laube, Horst: Marieluise Fleißers Pläne mit dem «Tiefseefisch». In: Spectaculum 1974.
Lutz, Günther: Die Stellung Marieluise Fleißers in der Bayerischen Literatur des 20. Jahrhunderts. Frankfurt, Bern, New York 1979.
Melchinger, Siegfried: Nelly Sachs. In: Theater heute 1965, Heft 12, S. 11–12.
Mennemeier, Norbert: Modernes Deutsches Drama Bd. 1. München 1973.
Merschmeier, Michael: Artistin unterm Drahtseil, ratlos. Zur Aufführung von Gerlind Reinshagens «Die Clownin» am Düsseldorfer Schauspielhaus. In: Theater heute 1, 1987, S. 30–31.
Michel, Peter: Mystische und literarische Quellen in der Dichtung von Nelly Sachs. Phil. Diss. Freiburg 1981.
Mielke, Rita: Friederike Roth. In: Heinz-Ludwig Arnold (Hrsg.): Kritisches Lexikon der deutschen Gegenwartsliteratur, 1978 ff. Stand 1. 8. 1986.
Müry, Andres: Dramaturgie des Eigensinns. Zu den Theaterstücken von Gerlind Reinshagen. In: Spectaculum 36, 1982, S. 277–279.
Puknus, Heinz: Neue Literatur der Frauen. München 1980.
Reinshagen, Gerlind: Doppelkopf. In: Theater heute 4, 1969.
–: Himmel und Erde. In: Theater heute 10, 1974.
–: Sonntagskinder. In: Theater heute 7, 1976.
–: Frühlingsfest. In: Theater heute 6, 1980.
–: Eisenherz. In: Theater heute 1, 1983.
–: Die Clownin. In: Theater heute 1, 1987.
Rischbieter, Hennig: Wann spielt «Die Wupper»? Überlegungen zum Stück der Lasker-Schüler und zu Aufführungen an der Schaubühne und in Darmstadt. In: Theater heute 8, 1976, S. 29–38.
–: Jürgen Flimm inszeniert «Die Wupper» von Else Lasker-Schüler am Hamburger Deutschen Schauspielhaus. In: Theater heute 7, 1978, S. 9–10.
–: Wie Günther Krämer Friederike Roths «Ritt auf die Wartburg» als Parforce-Revue inszenierte. In: Theater heute 11, 1982, S. 30–32.
Roth, Friederike: Ritt auf die Wartburg. Klavierspiele. Frankfurt 1984.
Roumois-Hasler, Ursula: Dramatischer Dialog und Alltagsdialog im wissenschaftlichen Vergleich. Die Struktur der dialogischen Rede bei den Dramatikerinnen Marieluise Fleißer und Else Lasker-Schüler. Bern, Frankfurt a. M. 1982.
Rühle, Günther: Theater für die Republik. Frankfurt a. M. 1967.
– (Hrsg.): Materialien zum Leben und Schreiben der Marieluise Fleißer. Frankfurt a. M. 1973.
Sachs, Nelly: Zeichen im Sand. Die szenischen Dichtungen der Nelly Sachs. Frankfurt a. M. 1962.
Schmid, Michael (Hrsg.): Else Lasker-Schüler. Ein Buch zum 100. Geburtstag der Dichterin. Wuppertal 1969.
Stritzke, Barbara: Marieluise Fleißer «Pioniere in Ingolstadt». Frankfurt am Main, Bern 1982.
Tax, Sissi: Marieluise Fleißer. Basel, Frankfurt a. M. 1984.
Töteberg, Michael: Marieluise Fleißer, Dramatikerin des Welttheaters. Velber bei Hannover 1977.
–: Gerlind Reinshagen. In: Heinz-Ludwig Arnold (Hrsg.): Kritisches Lexikon der deutschen Gegenwartsliteratur, 1978 ff. Stand 1. 4. 1983.
Völker, Klaus: Phantasie ist kein Hindernis. Zu Else Lasker-Schülers «IchundIch». In: Spectaculum 42, 1986, S. 263–266.
Wack, Edith: Kein Grund zur Freude. Über die Rezeption von Friederike Roths «Ritt auf die Wartburg». In: TheaterZeitschrift 9, 1984, S. 40–56.

Weilen, Alexander von (Hrsg.): Charlotte Birch-Pfeiffer und Heinrich Laube im Briefwechsel. Berlin 1917.
–: Karl Gutzkow und Charlotte Birch-Pfeiffer. Berlin 1918.
Wendt, Ernst: Fegefeuer in Ingolstadt. In: Theater heute 6, 1971, S. 14.
Wirsig, Sibylle: Was war. Berlin: Kultopfer der Kinogesellschaft. „Leben und Tod der Marilyn Monroe". In: Theater heute, 6, 1978, S. 58ff.
Wünsche, Konrad: Theater als Meditation. Über die seelischen Dichtungen von Nelly Sachs. In: Theater heute, 1, 1967, S. 14f.

VI.5. Frauen im Schatten

Banholzer, Paula: Meine Zeit mit Bert Brecht. Erinnerungen und Gespräche. Hrsg. v. Axel Poldner u. Willibald Eser. München 1981.
Berendsohn, Walter Arthur: Thomas Mann und die Seinen. Bern, München 1973.
Berlau, Ruth: Brechts Lai-Tu. Erinnerungen und Notate. Hrsg. v. Hans Bunge. Darmstadt, Neuwied 1985.
Brecht, Bertolt: Arbeitsjournal. Hrsg. v. Werner Hecht. 2 Bde. Frankfurt a.M. 1973.
–: Briefe. Hrsg. u. kommentiert v. Günter Glaeser. 2 Bde. Frankfurt a.M. 1981.
–: Gesammelte Werke in 20 Bänden. Hrsg. vom Suhrkamp Verlag in Zusammenarbeit mit Elisabeth Hauptmann. Frankfurt a.M. 1968.
Brinker-Gabler, Gisela: Selbständigkeit oder/und Liebe. Über die Entwicklung eines „Frauenproblems" in drei Romanen aus dem Anfang des 20. Jahrhunderts. In: Frauen sehen ihre Zeit. Katalog zur Literaturausstellung des Landesfrauenbeirates Rheinland-Pfalz. Mainz 1984, S. 41–53.
Dultz, Sabine: Aktuelles Interview. Ein Gespräch mit Tankred Dorst. In: Münchner Theater Zeitung (10) Jg. Dezember 1986, Nr. 12, S. 10–12.
Ege, Friedrich: Brecht ist nur der Mitverfasser des «Herrn Puntila ...». Der nicht eingehaltene Vertrag und eine finnische Erstaufführung. In: Theater Mosaik 3 (1965) 4.
Fleißer, Marieluise: Gesammelte Werke. Hrsg. v. Günther Rühle. 3 Bde. Frankfurt a.M. 1972.
Knopf, Jan: Brecht Handbuch Theater. Stuttgart 1980.
Kristeva, Julia: Produktivität der Frau. Interview von Eliane Boucquey. In: alternative 108/109. München 1976, S. 166–172.
Reich-Ranicki, Marcel: Thomas Mann und die Seinen. Stuttgart 1987.
Rühle, Günther: Begegnung mit E.H. Eine Mitarbeiterin Bert Brechts. In: FAZ vom 5. Oktober 1967. Nr. 231, S. 22.
Tax, Sissi: marieluise fleißer schreiben, überleben; ein biographischer versuch. Basel, Frankfurt a.M. 1984.
Völker, Klaus: Bertolt Brecht. Eine Biographie. München, Wien 1976.

VII.1. Tradition und Aufbruch

Aichinger, Ilse: Meine Sprache und ich. In: Dialoge, Erzählungen, Gedichte. Stuttgart 1977.
Antes, Klaus: Nachwort zu Marlen Haushofer, Die Wand. Frankfurt, Berlin, Wien 1985.
Ebner, Jeannie: Drei Flötentöne. Graz 1981.
–: Figuren in Schwarz und Weiß. Graz 1963.
Henry, Ruth: Begegnung mit Unica Zürn. In: Unica Zürn, Der Mann im Jasmin, Dunkler Frühling. Frankfurt, Berlin, Zürich 1982.

Jandl, Ernst: Ein neuer poetischer Raum. Zur Prosa von Friederike Mayröcker. In: Friederike Mayröcker. Hrsg. v. Siegfried J. Schmidt. Frankfurt 1984.
Kaschnitz, Marie-Luise: Steht noch dahin. Frankfurt 1981.
La Chevallerie, Eleonore von: Gertrud von Le Fort. Wirken und Wirkung. Heidelberg 1983.
Langner, Ilse: Mein Thema und mein Echo. Darmstadt 1979.
Pulver, Elsbeth u. Sybille Dallach: Zwischenzeilen. Schriftstellerinnen der deutschen Schweiz. Pro Helvetia, Zürich 1985.
Richter, Hans Werner: Almanach der Gruppe 47. Reinbek 1962.
Schloz, Günther: Gabriele Wohmann. In: Neue Literatur der Frauen. Hrsg. v. Heinz Puknus. München 1980.
Schmölzer, Hilde: Frau sein & schreiben. Österreichische Schriftstellerinnen definieren sich selbst. Wien 1982.
Sontag, Susan: Krankheit als Metapher. München, Wien 1978.
Weigel, Hans: Aufforderung zum Mißtrauen. In: Protokolle 1966.

VII.2. Von der realen zur romantischen Utopie

Baab, Patrik: Die Mitwelt hat Anspruch auf Auskunft. Konzeptuelle Wandlung der Rezeption des ‚negativen' romantischen Erbes in der DDR am Beispiel von Christa Wolf. In: horen 29 (1984) 4, S. 49–61.
Badia, Gilbert: Féminisme et littérature en RDA. In: Revue d'Allemagne XI (1979) 4, S. 577–596.
Bock, Hans Michael: Christa Wolf. In: Kritisches Lexikon zur deutschsprachigen Gegenwartsliteratur. Hrsg. v. Heinz Ludwig Arnold. Bd. 6, München 1984, A–L.
Crips, Liliane: Une tragédie optimiste. L'image de la femme et la conception de la morale dans le roman de la R.D.A. (1949–1964). In: Recherches Germaniques 8 (1978), S. 113–128.
–: Métamorphoses. L'image de la femme et la conception de la morale dans le roman de la R.D.A. (1964–1976). In: Recherches Germaniques 9 (1979), S. 186–204.
Damm, Sigrid: Vögel, die verkünden Land. Das Leben des Jakob Michael Lenz. Berlin, Weimar 1985.
dwf – donnawomanfemme. (1981) 18: Cieli divisi. Le scrittrici della Germania Orientale. Mit Beiträgen von Anna Chiarloni Pegoraro, Antonella Gargano, Eva Kaufmann, Erika Knoglinger, Irmtraud Morgner, Vanda Perretta, Lia Secci, Marialuisa Weichselbaumer, Christa Wolf, Christine Wolter.
Emmerich, Wolfgang: Identität und Geschlechtertausch. Notizen zur Selbstdarstellung der Frau in der neueren DDR-Literatur. In: Basis 8 (1978), S. 127–154 und 245–248.
Engler, Jürgen: Rezension zu Irmtraud Morgner: «Amanda». In: Neue Deutsche Literatur 32 (1984) 7, S. 135–144.
Fehervary, Helen: Die erzählerische Kolonisierung des weiblichen Schweigens. Frau und Arbeit in der DDR-Literatur. In: Arbeit als Thema in der deutschen Literatur. Hrsg. v. Reinhold Grimm u. Jost Hermand. Königstein/Ts. 1979, S. 171–195.
Feyl, Renate: Rezension zu Irmtraud Morgner: «Amanda». In: Neue Deutsche Literatur 32 (1984) 1, S. 77–84.
Girnus, Wilhelm: Wer baute das siebentorige Theben? Kritische Bemerkungen zu Christa Wolfs Beitrag in: Sinn und Form 35 (1983) 1, S. 439–447.
Grunenberg, Antonia: Träumen und Fliegen. Neue Identitätsbilder in der Frauenliteratur der DDR. In: Jahrbuch zur Literatur der DDR 3 (1983), S. 157–184.

Hammerschmidt, Volker u. Andreas Oettel: Christa Wolf. In: Kritisches Lexikon zur deutschsprachigen Gegenwartsliteratur. A.a.O., S. 1–13.
Hein, Christoph: Der fremde Freund. Berlin, Weimar 1982.
Herminghouse, Patricia: Wunschbild, Vorbild oder Porträt? Zur Darstellung der Frau im Roman der DDR. In: Literatur und Literaturtheorie in der DDR. Hrsg. v. Peter Uwe Hohendahl und Patricia Herminghouse. Frankfurt a. M. 1976 (²1981), S. 281–334.
–: Die Frau und das Phantastische in der neueren DDR-Literatur. Der Fall Irmtraud Morgner. In: Die Frau als Heldin und Autorin. Hrsg. v. Wolfgang Paulsen. Bern, München 1979, S. 248–266.
–: Schreibende Frauen in der DDR. „Der Autor nämlich ist ein wichtiger Mensch". Zur Prosa. In: Frauen Literatur Geschichte. Schreibende Frauen vom Mittelalter bis zur Gegenwart. Hrsg. v. Hiltrud Gnüg und Renate Möhrmann. Stuttgart 1985, S. 338–348.
Heukenkamp, Ursula: Frauen in der Literatur der DDR und die Frauenliteratur. In: Germanistische Mitteilungen 21 (1985), S. 37–45.
Huffzky, Karin: Interview mit Irmtraud Morgner. In: Frankfurter Rundschau 16. 8. 1975.
Johnson, Sheila K.: A new Irmtraud Morgner: humor, fantasy, structures, and ideas in «Amanda. Ein Hexenroman». In: Studies in GDR culture and society 4 (1984), S. 45–64.
Kaufmann, Eva: La letteratura femminile degli anni '70 nella Germania orientale. In: dwf. donnawomanfemme. A.a.O., S. 95–101.
–: Interview mit Irmtraud Morgner, und: Der Hölle die Zunge rausstrecken ... Der Weg der Erzählerin Irmtraud Morgner. In: Weimarer Beiträge 30 (1984) 9, S. 1494–1514 und 1515–1532.
–: Gespräch mit Irmtraud Morgner. In: Auskünfte 2. Werkstattgespräche mit DDR-Autoren. Berlin, Weimar 1984, S. 383–407.
Kirsch, Sarah: Die Pantherfrau – Fünf unfrisierte Erzählungen aus dem Kassettenrekorder. Berlin, Weimar 1973; Ebenhausen bei München 1975.
Königsdorf, Helga: Meine ungehörigen Träume. Geschichten. Berlin, Weimar 1978 (²1980).
–: Der Lauf der Dinge. Geschichten. Berlin, Weimar 1982 (³1985).
–: Hochzeitstag in Pizunda. Geschichten. Berlin, Weimar 1986.
–: Respektloser Umgang. Berlin, Weimar 1986.
Lennox, Sara: „Nun ja! Das nächste Leben geht aber heute an". Prosa von Frauen und Frauenbefreiung in der DDR. In: Literatur der DDR in den siebziger Jahren. Hrsg. v. Peter Uwe Hohendahl u. Patricia Herminghouse. Frankfurt a. M. 1983, S. 224–258.
Liebmann, Irina: Berliner Mietshaus. Halle, Leipzig 1982.
Maron, Monika: Flugasche. Frankfurt a. M. 1981.
–: Das Mißverständnis. Frankfurt a. M. 1982.
–: Die Überläuferin. Frankfurt a. M. 1986.
Morgner, Irmtraud: Hochzeit in Konstantinopel. Berlin, Weimar 1975, Darmstadt, Neuwied ⁵1985.
–: Leben und Abenteuer der Trobadora Beatriz nach Zeugnissen ihrer Spielfrau Laura. Berlin, Weimar 1974. Darmstadt, Neuwied 1976.
–: Amanda. Ein Hexenroman. Berlin, Weimar 1983. Darmstadt, Neuwied 1983.
Motylowa, Tamara: Frauen in der DDR-Literatur. In: Neue Deutsche Literatur XVII (1979) 10, S. 151–166.
Müller, Christine: James Dean lernt kochen. Männer in der DDR. Protokolle. Berlin 1986. Darmstadt, Neuwied 1986.
Pischel, Joseph: Zur Darstellung der Geschlechterbeziehungen in der DDR-Literatur der 60er und 70er Jahre. In: Arbeiten zur Deutschen Philologie 13 (1979), S. 283–294.
Püschel, Ursula: Rezension zu: Christa Wolf: «Kassandra». In: Neue Deutsche Literatur 32 (1984) 8, 1984, S. 132–151.

Puknus, Heinz: Irmtraud Morgner. In: Kritisches Lexikon zur deutschsprachigen Gegenwartsliteratur. A.a.O., 4. Bd. München 1983, S. 1–10, A–E.
Reimann, Brigitte: Franziska Linkerhand. Berlin 1974. München 1974.
–: Die geliebte, die verfluchte Hoffnung. Tagebücher und Briefe 1947–1972. Hrsg. v. Elisabeth Elten-Krause u. Walter Lewerenz. Berlin 1983. Darmstadt, Neuwied 1984.
Rosenberg, Dorothy: On beyond superwomen: the conflict between work and family roles in GDR literature. In: Studies in GDR culture and society 3 (1983), S. 87–100.
–: Another perspective: young women writers in the GDR. In: Studies in GDR culture and society 4 (1984), S. 187–197.
Schmidt, Sigurd: Emanzipation, Frau, Selbstverwirklichung. Beobachtungen in der Literatur der DDR. In: Frauen und Frauenbilder. Dokumentiert durch 2000 Jahre. In: Osloer Beiträge zur Germanistik, 1983, S. 168–181.
Schmitz, Dorothee: Weibliche Selbstentwürfe und männliche Bilder zur Darstellung der Frau in DDR-Romanen der 70er Jahre. Frankfurt, Bern 1983.
Schubert, Helga: Lauter Leben. Geschichten. Berlin, Weimar 1977.
–: Das verbotene Zimmer. Geschichten. Darmstadt, Neuwied 1982.
–: Blickwinkel. Geschichten. Berlin, Weimar 1984.
Secci, Lia: Questione femminile e letteratura. Dall'utopia reale all'utopia romantica. In: La valigia di Heidelberg. Tendenze della narrativa nell'altra Germania. Hrsg. v. Paolo Chiarini u. Lia Secci. Roma 1987, S. 67–85.
Tetzner, Gerti: Karen W., Halle 1974. Darmstadt, Neuwied 1975.
Wander, Maxie: Guten Morgen, du Schöne. Frauen in der DDR. Protokolle. Mit einem Vorwort von Christa Wolf. Berlin 1977. Darmstadt, Neuwied 1978.
–: Leben wär' eine prima Alternative. Tagebuchaufzeichnungen und Briefe. Hrsg. v. Fred Wander. Berlin 1979. Darmstadt, Neuwied 1980.
Wolf, Christa: Der geteilte Himmel. Berlin, Weimar 1963 (Reinbek 1968).
–: Nachdenken über Christa T. Halle 1968 (Darmstadt, Neuwied 1969).
–: Kindheitsmuster. Berlin, Weimar 1976 (Darmstadt, Neuwied 1977).
–: Berührung. In Maxie Wander: Guten Morgen, du Schöne. A. o. O., S. 9–20.
–: Kein Ort. Nirgends. Berlin, Weimar 1979 (Darmstadt, Neuwied 1979).
–: Karoline von Günderrode: Der Schatten eines Traumes. Gedichte, Prosa. Briefe. Zeugnisse von Zeitgenossen. Hrsg. u. mit einem Essay von Christa Wolf. Berlin, Weimar 1979 (Darmstadt, Neuwied 1979).
–: Kassandra. Vier Vorlesungen. Eine Erzählung. Berlin, Weimar 1984 (Darmstadt, Neuwied 1983).
–: Lesen und Schreiben. Neue Sammlung. Berlin, Weimar 1972 (Darmstadt, Neuwied 1972).
–: Fortgesetzter Versuch. Berlin, Weimar 1979.
–: Ins Ungebundene gehet eine Sehnsucht. Gesprächsraum Romantik. Berlin, Weimar 1985 (zus. mit Gerhard Wolf).
–: Die Dimension des Autors. 2 Bde. Berlin, Weimar 1987 (Darmstadt, Neuwied 1987).
Wolter, Christine: Wie ich meine Unschuld verlor. Berlin, Weimar 1976.
–: Die Hintergrundsperson oder Versuche zu lieben. Berlin, Weimar 1979. Id. mit dem Titel: Stückweise leben. Zürich, Köln 1980.
–: Die Alleinseglerin. Berlin, Weimar 1982.
–: Areopolis. Berlin, Weimar 1986.
Zehl Romero, Christiane: Vertreibung aus dem Paradies: zur neuen Frauenliteratur in der DDR. In: Studies in GDR culture and society 3 (1983), S. 71–85.
Zeplin, Rosemarie: Schattenriß eines Liebhabers. Berlin, Weimar 1980.

VII.3. Grenzerfahrungen der poetischen Existenz

Bachmann, Ingeborg: Werke. München 1978. Bd. I. Gedichte, Hörspiele, Libretti, Übersetzungen. Bd. II. Erzählungen. Bd. III. Todesarten: Malina und unvollendete Romane. Bd. IV. Essays, Reden, Vermischte Schriften, Anhang.

–: Wir müssen wahre Sätze finden. Gespräche und Interviews. Hrsg. v. Christine Koschel u. Inge von Weidenbaum. München 1983.

Blöcker, Günter: Nur die Bilder bleiben. Zu Ingeborg Bachmanns Erzählungsband «Das dreißigste Jahr». In: Der Tagesspiegel, Berlin v. 8. 10. 1961.

Bondy, Barbara: Schichtwechsel. Ingeborg Bachmanns «Das dreißigste Jahr». In: Süddeutsche Zeitung v. 15/16. 7. 1961.

Bürger, Christa: Ich und Wir. Ingeborg Bachmanns Austritt aus der ästhetischen Moderne. In: Text und Kritik. Sonderband. Ingeborg Bachmann. Hrsg. v. Heinz Ludwig Arnold. München 1984, S. 7–27.

Callsen, Max: Sensibel plätschert ein sanftes Schicksal. In: Berliner Morgenpost, Berlin v. 23. 2. 1973 (Simultan-Rezension).

Fehl, Peter: Sprachskepsis und Sprachhoffnung im Werk Ingeborg Bachmanns. Diss. Mainz 1970.

Friedrich, Hugo: Die Struktur der modernen Lyrik. Von der Mitte des neunzehnten bis in die Mitte des zwanzigsten Jahrhunderts. Erweiterte Neuausgabe. Hamburg 1975.

Gregor-Dellin, Martin: Zwischen Welterfahrung und Damenpoesie. In: Bücherkommentare, Freiburg 6 (1972) Nr. 6, S. 8 (Simultan-Rezension).

Heißenbüttel, Helmut: Über Ingeborg Bachmanns Roman «Malina». In: Text und Kritik. Heft 6. Ingeborg Bachmann. Hrsg. v. Heinz Ludwig Arnold. München 1971, S. 25–27.

Henscheid, Eckard: Leere, trübe Frauengeschichten. In: Frankfurter Rundschau v. 1. 11. 1972 (Simultan-Rezension).

Holthusen, Hans Egon: Das Schöne und das Wahre in der Poesie. Zur Theorie des Dichterischen bei Eliot und Benn. In: Merkur. Hrsg. v. Joachim Moras u. Hans Paeschke. XI (1957) 4, S. 305–330.

–: Kämpfender Sprachgeist. Zur Lyrik Ingeborg Bachmanns. In: Merkur. Hrsg. v. Joachim Moras u. Hans Paeschke. XII (1958) 6, S. 563–584.

Jens, Walter: Zwei Meisterwerke in schwacher Umgebung. Ingeborg Bachmanns Prosa muß an höchsten Ansprüchen gemessen werden. In: Die Zeit. Hamburg v. 8. 9. 1961, S. 13.

Jurgensen, Manfred: Ingeborg Bachmann. Die neue Sprache. Bern 1981.

Kienlechner, Toni: Ich schreibe keine Programm-Musik. In: Die Zeit. Hamburg v. 9. 4. 1971. In: Ingeborg Bachmann. Wir müssen wahre Sätze finden. München 1983.

Reich-Ranicki, Marcel: Ingeborg Bachmann. Das dreißigste Jahr. In: Neue deutsche Hefte 8 (1961) Heft 84, S. 113–117.

Summerfield, Ellen: Ingeborg Bachmann. Die Auflösung der Figur in ihrem Roman «Malina». Bonn, 1976.

Svandrlik, Rita: Ästhetisierung und Ästhetikkritik in der Lyrik Ingeborg Bachmanns. In: Text und Kritik. Sonderband. Ingeborg Bachmann. Hrsg. v. Heinz Ludwig Arnold. München 1984, S. 28–49.

Thiem, Ulrich: Die Bildsprache in der Lyrik Ingeborg Bachmanns. Diss. Köln 1972.

Weigel, Sigrid: Ingeborg Bachmann – Was folgt auf das Schweigen? In: Frankfurter Rundschau v. 15. 10. 1983.

VII.4. Der weiße Rabe fliegt

Abel, Elisabeth, Marianne Hirsch u. Elisabeth Langland (Hrsg.): The Voyage in. Fiction of Female Development. London 1983.
Arnim, Bettine von: Das Leben der Hochgräfin Gritta von Rattenzuhausbeiuns. Ein Märchenroman. In: Werke und Briefe. Hrsg. v. Gustav Konrad. Bd. 4. Frechen 1963.
Brügmann, Margret: Amazonen der Literatur. Amsterdam 1986.
Chopin, Kate: The Awakening. Hrsg. v. Margaret Culley. New York 1976.
Eliot, George: The Mill on the Floss. Edinburgh, London 1860.
Frischmuth, Barbara: Kai und die Liebe zu den Modellen. Salzburg 1979.
Gnüg, Hiltrud u. Renate Möhrmann (Hrsg.): Frauen Literatur Geschichte. Schreibende Frauen vom Mittelalter bis zur Gegenwart. Stuttgart 1985.
Goethe, Johann Wolfgang von: Wilhelm Meisters Lehrjahre. In: Werke (Hamburger Ausgabe). Hrsg. v. Erich Trunz. Bd. 7. Hamburg 1950.
Goldchen, Anna Lisa: Bettine von Arnim's and Female Development in her Fairy Tale Novel. Unveröff. Diss. Santa Barbara 1986.
Hardenberg, Friedrich von: Heinrich von Ofterdingen. In: Novalis. Schriften. Hrsg. v. Paul Kluckhohn u. Richard Samuel. Bd. 1. Stuttgart 1960.
Kafka, Franz: Die Verwandlung. In: Gesammelte Schriften. Hrsg. v. Max Brod u. Heinz Politzer. Bd. 1. Berlin 1935.
Mahlendorf, Ursula: The Wellsprings of Literary Creation. Columbia, S. C. 1985.
Mann, Thomas: Doktor Faustus. Das Leben des deutschen Tonsetzers Adrian Leverkühn erzählt von einem Freunde. In: Gesammelte Werke. Bd. 6. Stockholm 1947.
Marcuse, Herbert: Der deutsche Künstlerroman. Frankfurt 1981.
Maron, Monika: Die Überläuferin. Frankfurt 1986.
–: Flugasche. Frankfurt 1981.
Mechtel, Angelika: Der weiße Rabe hat fliegen gelernt. Die schreibende Frau im Literaturbetrieb. In: Die Zeit. 16. 9. 1977.
Plath, Sylvia: The Bell Jar. New York 1963.
Reinig, Christa: Das weibliche Ich. In: Alternative 108/109. Juni/August 1976, S. 119–20.
Schweizer, Antonie u. Simone Sitte: Tugend–Opfer–Rebellion. Zum Bild der Frau im weiblichen Erziehungsroman. In: Frauen Literatur Geschichte. Stuttgart 1985.
Serke, Jürgen: Frauen schreiben. Frankfurt 1983.
Showalter, Elaine: A Literature of their Own: British Novelists from Brontë to Lessing. London 1978.
Wolf, Christa: Kindheitsmuster. Berlin 1976.
Woolf, Virginia: A Room of One's Own. London 1929.

VII.5. Arbeit an weiblicher Subjektivität

Adelson, Leslie A.: Rassismus und feministische Ästhetik in Anne Dudens «Übergang». Papier auf der Hamburger Tagung „Feministische Literaturwissenschaft", Pfingsten 1986.
Bachmann, Ingeborg: Malina. Frankfurt a. M. 1971.
Behrens, Katja: Die dreizehnte Fee. Düsseldorf 1983.
Burger, Hermann: Giftmutterliebe. In: Frankfurter Allgemeine Zeitung 9. 4. 1983.
Cixous, Hélène: Schreiben, Femininität, Veränderung. In: alternative 108/109 (1976), S. 134–147.
Duden, Anne: Übergang. Berlin 1982.
–: Das Judasschaf. Berlin 1985.

Endres, Ria: Milena antwortet. Reinbek 1982.
Erlenberger, Maria: Der Hunger nach Wahnsinn. Reinbek 1977.
Heinrich, Jutta: Das Geschlecht der Gedanken. München 1978.
–: Eingegangen. Berlin 1987.
Jannberg, Judith: Ich bin ich. Aufgez. v. Elisabeth Dessai. München 1980.
Jelinek, Elfriede: Die Liebhaberinnen. Reinbek 1975.
–: Die Klavierspielerin. Reinbek 1983.
–: Wahrscheinlich wäre ich ein Lustmörder. Gespräch mit Georg Biron. In: Die Zeit 28.9. 1984, S. 47–48.
Kolkenbrock-Netz, Jutta u. Marianne Schuller: Frau im Spiegel. Zum Verhältnis von autobiographischer Schreibweise und feministischer Praxis. In: Entwürfe von Frauen in der Literatur des 20. Jahrhunderts. Hrsg. v. Irmela von der Lühe. Berlin 1982, S. 154–174.
Krechel, Ursula: Vorgestellt – vorgelesen. Rezension von «Entmannung». Westdeutscher Rundfunk III. 28. 11. 1976.
Kreuzer, Helmut: Neue Subjektivität. Zur Literatur der siebziger Jahre in der Bundesrepublik Deutschland. In: Deutsche Gegenwartsliteratur. Ausgangspositionen und aktuelle Entwicklungen. Hrsg. v. Manfred Durzak. Stuttgart 1981, S. 77–106.
Lacan, Jacques: Schriften II. Olten und Freiburg im Breisgau 1975.
Mechtel, Angelika: Gott und die Liedermacherin. München 1983.
Merian, Svende: Der Tod des Märchenprinzen. Hamburg 1980.
Möhrmann, Renate: Feministische Trends in der deutschen Gegenwartsliteratur. In: Deutsche Gegenwartsliteratur, S. 336–358.
Noeske, Britta u.a. (Hrsg.): Liebe Kollegin. Frankfurt a.M. 1973.
Novak, Helga M.: Die Eisheiligen. Darmstadt 1979.
Petersen, Karin: Das fette Jahr. Köln 1978.
Reinig, Christa: Die himmlische und die irdische Geometrie. Düsseldorf 1975.
–: Entmannung. Darmstadt 1977. Düsseldorf 1976.
–: Die Frau im Brunnen. München 1984.
– im Gespräch mit Marie Luise Gansberg: Erkennen, was die Rettung ist. München 1986.
Reschke, Karin: Verfolgte des Glücks. Findebuch der Henriette Vogel. Berlin 1982.
–: Margarete. Berlin 1987.
Schmidt, Ricarda: Westdeutsche Frauenliteratur in den 70er Jahren. Frankfurt a. M. 1982.
Schroeder, Margot: Ich stehe meine Frau. Frankfurt a.M. 1975.
Schwaiger, Brigitte: Lange Abwesenheit. Wien, Hamburg 1980.
Stefan, Verena: Häutungen. München [5]1976.
Struck, Karin: Klassenliebe. Frankfurt a.M. 1973.
Weigel, Sigrid: Overcoming Absence: Contemporary German Women's Literature (Part Two). In: New German Critique 32 (Spring-Summer 1984), S. 3–22.
–: Die Stimme der Medusa. Schreibweisen in der Gegenwartsliteratur von Frauen. Dülmen-Hiddingsel 1987.
Wolf, Christa: Kein Ort. Nirgends. Darmstadt 1979.
–: Kassandra. Darmstadt 1983.
–: Störfall. Darmstadt 1987.
Woolf, Virginia: Ein Zimmer für sich allein. Dtsch. v. Renate Gerhardt. Berlin 1978.

VII.6. Härte, Herz und Auge

Aichinger, Ilse: verschenkter rat. Gedichte. Frankfurt a.M. 1978.
Anderson, Sascha u. Elke Erb (Hrsg.): Berührung ist nur eine Randerscheinung. Neue Literatur aus der DDR. Köln 1985.

Barthes, Roland: SZ. Frankfurt a. M. 1976.
Bienek, Horst: Vorwort. In: Christa Reinig: Gesammelte Gedichte 1960–1979. Darmstadt, Neuwied 1985.
Braun, Michael: Ulla Hahn. In: Kritisches Lexikon zur deutschsprachigen Gegenwartsliteratur. Hrsg. v. Heinz Ludwig Arnold. 23. Nachlieferung. München 1978.
Calinescu, Matei: From the One to the Many: Pluralism in Today's Thought. In: Ihab Hassan u. Sally Hassan: Innovation/Renovation: New Respectives on the Humanities. Madison 1983.
Endler, Adolf: Sarah Kirsch und ihre Kritiker. In: Sinn und Form 1 (1975), S. 142–170.
–: Fragt mich nicht wie. Zur Lyrik Inge Müllers. In: Sinn und Form 1 (1979), S. 152–161.
Erb, Elke: Der Faden der Geduld. Mit einem Gespräch zwischen Christa Wolf und Elke Erb. Berlin, Weimar 1978.
–: Vexierbild. Berlin, Weimar 1983.
–: Jahrbuch-Arbeitsphasen I. In: Luchterhand Jahrbuch der Lyrik 1986. Hrsg. v. Christoph Buchwald u. Elke Erb. Darmstadt, Neuwied 1986, S. 130–132.
Geiser, Christoph: Schöner Zerfall, fruchtbares Chaos. Neue Prosa von Sarah Kirsch: «Irrstern». In: Deutsche Literatur 1986. Hrsg. v. Volker Hage. Stuttgart 1987, S. 227–229.
Graff, Gerald: Literature against itself: Literary Ideas in Modern Society. Chicago 1979.
Hahn, Ulla: Herz über Kopf. Gedichte. Stuttgart 1981.
–: Spielende. Gedichte. Stuttgart 1983.
–: Freudenfeuer. Gedichte. Stuttgart 1985.
Heissenbüttel, Helmut: Rückzug nach Innen? In: Friederike Mayröcker. Hrsg. v. Siegfried J. Schmidt. Frankfurt a. M. 1984, S. 216–224.
Heukenkamp, Ursula: Poetisches Subjekt und weibliche Perspektive. In: Hiltrud Gnüg u. Renate Möhrmann (Hrsg.): Frauen Literatur Geschichte. Schreibende Frauen vom Mittelalter bis zur Gegenwart. Stuttgart 1985, S. 354–366.
Jandl, Ernst: Zu fünf Gedichten von Friederike Mayröcker. In: Text + Kritik 84 (1984), S. 31–33.
Kirsch, Sarah: Rückenwind. Gedichte. Berlin, Weimar 1976.
–: Drachensteigen. Stuttgart 1979.
–: La Pagerie. Stuttgart 1980.
–: Erdreich. Gedichte. Stuttgart 1982.
–: Katzenleben. Gedichte. Stuttgart 1984.
–: Alles aufheben. In: Deutsche Literatur 1983. Hrsg. v. Volker Hage. Stuttgart 1984, S. 244.
–: Irrstern. Prosa. Stuttgart 1986.
Kiwus, Karin: Von beiden Seiten der Gegenwart. Frankfurt a. M. 1976.
–: Angenommen später. Frankfurt a. M. 1979.
Ledanff, Susanne: Die Augenblicksmetapher. Über Bildlichkeit und Spontaneität in der Lyrik. München, Wien 1981.
Lindemann, Gisela: Eine Art zu leben. In: Text + Kritik 84 (1984), S. 34–42.
Mayröcker, Friederike: Ausgewählte Gedichte 1944–1978. Frankfurt a. M. 1979.
–: Gute Nacht, guten Morgen. Gedichte 1978–1981. Frankfurt a. M. 1982.
–: Winterglück. Gedichte. Frankfurt a. M. 1986.
Müller, Inge: Wenn ich schon sterben muß. Gedichte. Hrsg. v. Richard Pietrass. Berlin, Weimar 1985.
Naaijkens, Ton: Lyrik und Subjekt. Pluralisierung des Subjekts bei Nicolas Born, Rolf Dieter Brinkmann, Paul Celan, Ernst Meister und Peter Rühmkorf. Diss. Utrecht 1986.
Nietzsche, Friedrich: Werke in drei Bänden. München ^{6}1969.
Schafroth, Heinz: Ilse Aichinger. In: Kritisches Lexikon zur deutschsprachigen Gegenwartsliteratur a.a.O., 9. Nachlieferung.

Schmidt, Siegfried J.: Der Fall ins Ungewisse. Anmerkungen zu einer Nicht-Erzählerin. In: Friederike Mayröcker. Hrsg. v. Siegfried J. Schmidt. Frankfurt a. M. 1984, S. 13–23.
–: Es schießt zusammen. Gespräch mit Friederike Mayröcker (März 1983). In: Friederike Mayröcker. Hrsg. v. Siegfried J. Schmidt. Frankfurt a. M. 1984, S. 260–283.
Weigel, Sigrid: Schreibarbeit und Phantasie: Ilse Aichinger. In: Inge Stephan/Regula Venske/Sigrid Weigel: Frauenliteratur ohne Tradition? Neun Autorinnenporträts. Frankfurt a. M. 1987, S. 11–37.

VII.7. Der Ort der Leerstelle

Bachmann, Ingeborg: Frankfurter Vorlesungen. Probleme zeitgenössischer Dichtung. München 1980.
Barthes, Roland: Fragmente einer Sprache der Liebe. Frankfurt a. M. 1984.
Bovenschen, Silvia: Über die Frage: gibt es eine ‚weibliche' Ästhetik? In: Ästhetik und Kommunikation 25 (1976), S. 631–645.
Braun, Christina von: Nicht Ich – Ich nicht. Logik. Lüge. Libido. Frankfurt a. M. 1985.
Brügmann, Margret: Weiblichkeit im Spiel der Sprache. Über das Verhältnis von Psychoanalyse und ‚écriture féminine'. In: Frauen Literatur Geschichte. Schreibende Frauen vom Mittelalter bis zur Gegenwart. Hrsg. v. Hiltrud Gnüg u. Renate Möhrmann. Stuttgart 1985, S. 395–415.
Bürger, Christa: Ich und wir. Ingeborg Bachmanns Austritt aus der ästhetischen Moderne. In: Ingeborg Bachmann. Sonderband Text und Kritik. München 1984, S. 7–27.
Ecker, Gisela: Poststrukturalismus und feministische Wissenschaft – eine heimliche oder unheimliche Allianz? In: Frauen – Weiblichkeit – Schrift. Hrsg. v. Renate Berger u. a. Berlin 1985, S. 8–20.
Hassauer, Friederike: Der verRückte Diskurs der Sprachlosen. Gibt es eine weibliche Ästhetik? In: Notizbuch 2 (1980), S. 48–65.
Jakobson, Roman: Der Doppelcharakter der Sprache und die Polarität zwischen Metaphorik und Metonymik. In: Theorie der Metapher. Hrsg. v. Anselm Haverkamp. Darmstadt 1983, S. 163–174.
Kristeva, Julia: Produktivität der Frau. Interview mit Eliane Bouquey. In: alternative 19 (1976), 108/109, S. 166–172.
Lacan, Jacques: Das Drängen des Buchstabens im Unbewußten oder die Vernunft seit Freud. In: Schriften II. Olten 1975, S. 15–55.
Lachmann, Renate: Thesen zu einer weiblichen Ästhetik. In: Weiblichkeit oder Feminismus? Hrsg. v. Claudia Opitz. Weingarten 1984, S. 181–194.
Lenk, Elisabeth: Die unbewußte Gesellschaft. Über die mimetische Grundstruktur in der Literatur und im Traum. München 1983.
–: Kritische Phantasie. Gesammelte Essays. München 1986.
Meyer, Eva: Theorie der Weiblichkeit. Heterogenität, Negativität, sujet zérologique. In: Die Schwarze Botin, 6 (1978), S. 31–39.
–: Vorspiel: Annäherung an eine andere Schreibweise. In: Weiblich – Männlich. Kulturgeschichtliche Spuren einer verdrängten Weiblichkeit. Hrsg. v. Brigitte Wartmann. Berlin 1980, S. 62–76.
–: Zählen und Erzählen. Für eine Semiotik des Weiblichen. Wien, Berlin 1983.
–: Versprechen. Frankfurt a. M. 1984.
–: Architexturen. Frankfurt a. M. 1986.
Schuller, Marianne: Vergabe des Wissens. Notizen zum Verhältnis von ‚weiblicher Intellektualität' und Macht. In: Konkursbuch 12 (1984), S. 13–21.
Sontag, Susan: Fragmente einer Ästhetik der Melancholie. In: Vera Lehndorff u. Holger Trülzsch: Body Art. ‚Veruschka'. Transfigurative Malerei. Stuttgart 1986, S. 6–12.

Ueding, Gert u. Bernd Steinbrink: Grundriß der Rhetorik. Geschichte, Technik, Methode. Stuttgart 1986.

Weigel, Sigrid: „Ein Ende mit der Schrift. Ein anderer Anfang". Zur Entwicklung von Ingeborg Bachmanns Schreibweise. In: Ingeborg Bachmann. Sonderband Text und Kritik. München 1984, S. 58–92.

–: Das Schreiben des Mangels als Produktion von Utopie. In: Die Frauen mit Flügeln, die Männer mit Blei? Notizen zu weiblicher Ästhetik, Alltag und männlichem Befinden. Hrsg. v. Friederike Hassauer u. Peter Roos. Siegen 1986, S. 123–129.

–: Die Stimme der Medusa. Schreibweisen in der Gegenwartsliteratur von Frauen. Dülmen–Hiddingsel 1987.

Weizsäcker, Viktor von: Zeit und Gestalt. Göttingen 1960.

Wolf, Christa: Voraussetzungen einer Erzählung: Kassandra. Frankfurter Poetik-Vorlesungen. Darmstadt, Neuwied 1983.

–: Die Dimension des Autors. Essays und Aufsätze, Reden und Gespräche 1959–1985. Darmstadt, Neuwied 1987.

Anmerkungen

Erster Teil
I.1. „Weiber verstehen alles à la lettre“

[1] Vgl. Frauen der Goethezeit in Briefen, Dokumenten und Bildern (1961) und Frauen der Goethezeit in ihren Briefen (1966).

[2] *Friedrich Karl Riemer:* Mitteilungen, S. 266.

[3] Diese Daten sind durchaus willkürlich; die Zäsuren in einer Geschichte des Briefeschreibens müssen noch herausgearbeitet werden, vermutlich liegen sie um 1750 und dann in den dreißiger Jahren des 19. Jahrhunderts.

[4] Vgl. die von *Katja Behrens* zusammengestellte Sammlung: Frauenbriefe der Romantik.

[5] Eine Theorie des romantischen Briefes legte vor *Karl Heinz Bohrer:* Der romantische Brief. *Bohrer* bezieht sich neben den Briefen von Clemens Brentano und Heinrich von Kleist vorwiegend auf die der Karoline von Günderrode, vgl. ebd. S. 75–84, 115–130 und 179–210.

[6] Die Briefe von Dorothea Schlegel erscheinen in der Briefabteilung der Kritischen Ausgabe von Friedrich Schlegels Schriften, von der bisher drei Bände vorliegen; eine textkritische Auswahlausgabe von Rahel Levin Varnhagens Briefen ist in Vorbereitung, vgl. *Hahn:* Rahels Schriften I. Bettine von Arnims Briefbücher werden zur Zeit sowohl in der BRD als auch der DDR neu ediert. Mit am sorgfältigsten wurden bisher die Briefe der Karoline von Humboldt herausgegeben.

[7] Die erste Buchausgabe von *Rahel Levin Varnhagen:* Das Buch des Andenkens, ist so aufgebaut, weiter: Andacht zum Menschenbild, eine Zusammenstellung von *Bettine von Arnims* Briefen. Caroline Schlegel-Schellings Briefe wurden bisher nur in dieser Anordnung gedruckt.

[8] Vgl. vor allem die zweibändige Briefausgabe der *Karoline von Wolzogen:* Literarischer Nachlaß.

[9] Als Briefwechsel erschienen vor allem Ehebriefwechsel. Komplette Briefwechsel mit Nicht-Ehemännern hinterließen z. B. Rahel Levin Varnhagen und Bettine von Arnim.

[10] Mit der Briefform wurde allerdings publizistisch experimentiert. Vor allem Karoline von Wolzogen und Karoline de la Motte Fouqué gaben Briefe zum Druck. Der Brief ist hier eher eine journalistische Form.

[11] *Karoline von Woltmann* legitimiert ihre Briefanthologie: Deutsche Briefe, in der sie auch eigene Briefe mitteilt, ausdrücklich im Rekurs auf Goethe. Vgl. ebd., S. IV.

[12] *Kittler,* S. 132.

[13] *Johann Wolfgang Goethe:* Briefe an Auguste Stolberg, S. 9.

[14] Brief vom 10. 12. 1797. In: *Ernst Förster:* Denkwürdigkeiten, S. 53.

[15] Brief an Johannes Erichson, zitiert nach *Naumann,* S. 287. Erichson hatte Charlotte von Kalb folgendes Angebot gemacht: „Werd' ich nicht noch vielleicht einmal etwas für Sie tun können, welches gewissermaßen der Schlußstein und die Verklärung Ihrer Existenz wird? Wenn ich einmal, wenn Sie nicht mehr sind, Ihre Briefe von Schiller etc., was sich davon fürs Allgemeine eignet, herausgäbe. Da würden Sie vor der Welt so dastehn, als Sie dastehn wollten. Schreiben Sie mir darüber.“ Ebd.

[16] Brief vom 10. 7. 1922. *Wilhelm von Humboldts* Briefe an eine Freundin. Bd. I, 1909, S. 48 f. Nur die Briefe seiner Ehefrau hat Humboldt aufbewahrt und selbstverständlich die von Autoren.

[17] Von Dorothea und Friedrich Schlegels Briefwechsel ist nur ein kleiner Teil erhalten; Schellings Briefe an Caroline sind fast vollständig verloren, die Gegenbriefe sind ebenfalls nur fragmentarisch erhalten. Die Junggesellen (Kleist, Hölderlin, Novalis) haben keine Briefwechsel mit Frauen hinterlassen.

[18] Zum Beispiel sind die Briefe von Caroline Schlegel und Therese Forster-Huber nicht, die von Karoline von Wolzogen und Rahel Levin Varnhagen nur fragmentarisch überliefert. Charlotte Diedes Briefe ließ Humboldt nach seinem Tod vernichten.

[19] *Wilhelm von Humboldt:* Aus Briefen und Tagebüchern, S. 26.

[20] *Wilhelm und Caroline von Humboldt* in ihren Briefen, Bd. I, S. 19.

[21] Ebd., S. 36.

[22] Brief vom 23. Mai 1812. *Leitzmann,* S. 45 f.

[23] Brief vom 22. Juni 1812. Ebd., S. 53.

[24] Brief vom 30. April 1810. *Rahel Varnhagen:* Gesammelte Werke. Bd. IV/2, S. 6[illegible]

[25] Brief vom Juli 1800 an Wilhelmine Boye. In: Ebd., Bd. I, S. 208.

[26] Brief vom 22. Februar 1810. In: Ebd., S. 466.

[27] Vgl. den ersten Band des Rahel-Varnhagenschen Briefwechsels in: Ebd., Bd. IV/1, S. 79, 91, 93, 121 und 194.

[28] *Derrida,* S. 62.

[29] Brief vom 19. März 1810. *Rahel Varnhagen:* Gesammelte Werke. Bd. IV/2, S. 47.

[30] *Johann Georg Forster:* Briefwechsel.

[31] *Karoline von Wolzogen:* Schillers Leben.

[32] Vgl. *Kittler,* S. 59 ff.

[33] Auszüge aus ihrem Briefwechsel mit Therese Forster-Huber gab Karoline von Woltmann zum Druck, vgl. Deutsche Briefe. In den siebziger Jahren erschien die Korrespondenz von Caroline von Humboldt und Friederike Brun unter dem Titel «Frauen der Goethezeit»; andere überlieferte Briefe sind bis heute ungedruckt. Rahels Briefwechsel mit Freundinnen sollen in der textkritischen Auswahlausgabe (vgl. Anmerkung 6) in drei Bänden vorgestellt werden.

[34] Im Sternschen Katalog der Sammlung Varnhagen sind neben den Namen der Korrespondenzpartnerinnen oft auch deren Berufe verzeichnet.

[35] Von dieser Aufbewahrungsart gibt es zwei große Ausnahmen: der Ehebriefwechsel und die Briefe von Rahels Familie sind ineinander geordnet.

[36] Vgl. dazu *Feilchenfeldt,* S. 237 ff.

[37] Brief vom 26. 2. 1818. *Geiger,* S. 263.

[38] *Charlotte von Kalb:* Charlotte, S. 136.

[39] Vgl. das Vorwort von *Georg Waitz* in: Caroline und ihre Freunde, S. VII. Der Humboldtsche Ehe-Briefwechsel erschien erst 1906–1916, vgl. *Wilhelm und Caroline von Humboldt* in ihren Briefen.

[40] Ebd., Bd. I, S. 233.

[41] Brief an Charlotte Diede vom 13. November 1824, *Wilhelm von Humboldt:* Briefe an eine Freundin, Bd. I, S. 150.

[42] Humboldt über einen Brief der Caroline von Beulwitz, *Wilhelm und Caroline von Humboldt* in ihren Briefen. Bd. I, S. 13.

[43] *Friedrich Schlegel:* Über die Philosophie. An Dorothea, S. 42. Vgl. dazu *Schuller,* S. 174 f.

[44] Brief Schillers vom 5. Nov. 1789. *Karoline von Wolzogen:* Literarischer Nachlaß Bd. I, S. 319.

[45] Brief vom 18. 9. 1790. *Wilhelm und Caroline von Humboldt* in ihren Briefen. Bd. I, S. 216 f.

[46] Bill ist ein Kosename für Wilhelm von Humboldt.

[47] Ebd., S. 298 f.

[48] Brief vom 9. April 1789. Ebd., S. 37.

[49] Brief vom 10. Januar 1803. Lebe der Liebe und liebe das Leben, S. 100.

[50] Brief vom Ende November 1799. Ebd., S. 84.

[51] *Meyer,* S. 13.

[52] Briefe vom 14. September 1809. *Rahel Varnhagen:* Gesammelte Werke, Bd. III, S. 438.

[53] Charlotte von Kalb an Goethe, in: *Naumann:* Charlotte von Kalb, S. 184.

I.2. Das verschüttete Erbe

[1] *Karoline von Günderrode:* Gedichte und Phantasien (1804).

[2] Bezeichnend ist die Unmutsbezeugung *Clemens Brentanos* (vgl. seine Briefe an Karoline Günderrode vom 1. Mai und 2. Juni 1804). Er faßte Karolines Eigenmächtigkeit als eine Kränkung auf, die er nie verwand, und machte ihre Gedichte hinter ihrem Rücken schlecht (vgl. die Briefe *Creuzers*).

[3] Vgl. *Sophie Mereau,* An einen Baum im Spalier, in: *Brinker-Gabler,* S. 151; *Louise von Plönnies,* Zwei Bäume, ebd. S. 189; *Marie von Najmaier,* Bäumchen der Heide, in: Neue Gedichte, S. 8/9.

[4] Vgl. *Betty Paoli,* Es ist der Kelch der Rose/In Purpurgluth getaucht, in: Nach dem Gewitter, S. 29; *Maria Janitschek,* Unterm Weiß brennt der Rosen begierig Rot, in: Gesammelte Gedichte, S. 33; *Louise Aston,* Wilde Rosen, und den Zyklus «Lieder aus der Rosenzeit» von *Marie von Najmaier.*

[5] *Betty Paoli:* Nach dem Gewitter, S. 113.

[6] Von Italien inspiriert wurden viele Gedichte von Friederike Brun, Betty Paoli, Ida Hahn-Hahn, die nach der italienischen Reise erstmals Gedichte schrieb, Marie Eugenie delle Grazie und Isolde Kurz.

[7] Als Paradigma hierfür *Annette von Droste-Hülshoffs* «Das öde Haus».

[8] *Luise Hensel:* Lieder, S. 239.

[9] *Agnes Franz:* Gedichte, S. 339–341.

[10] *Ida Hahn-Hahn:* Gedichte, S. 1.

[11] *Louise von Plönnies:* Gedichte, S. 210.

[12] Durch die Liebe beflügelt, setzt Isolde Kurz das Bild des Hauses „in blaue Luft" und enthebt es damit jeder Begrenzung.

[13] *Ada Christen:* Aus der Tiefe, S. 30f.

[14] *Betty Paoli:* Gedichte, S. 33.

[15] *Bissing:* Das Leben, S. 58f.

[16] *Sophie Mereau:* Gedichte, S. 93.

[17] Ebd., S. 74 u. 76.

[18] Ebd., S. 85.

[19] *Louise Brachmann,* Der Traum.

[20] *Brinker-Gabler,* S. 52.

[21] *Amalie von Imhoff:* Die Schwestern von Lesbos, S. 154.

[22] Dies.: Die Schwestern auf Corcyra, S. 11.

[23] *Bettina von Arnim:* Werke, Bd. I, S. 298.

[24] *Karoline von Günderrode:* Gesammelte Werke. Bd. 2, S. 71.

[25] *Brinker-Gabler,* S. 161.

[26] Ebd., S. 162.

[27] *Karoline von Günderrode:* Gesammelte Werke, Bd. 2, S. 13.

[28] *Annette von Droste-Hülshoff:* Gesammelte Werke, Bd. 2, S. 53.

[29] Vgl. *Heselhaus:* Annette von Droste-Hülshoff, S. 23–29.

[30] *Annette von Droste-Hülshoff:* Gesammelte Werke, Bd. 2, S. 184.

[31] *Luise Hensel:* Lieder, S. 107.

[32] *Annette von Droste-Hülshoff:* Gesammelte Werke, Bd. 1, S. 124.

[33] Ebd., S. 103.

[34] *Brinker-Gabler,* S. 55.

[35] *Annette von Droste-Hülshoff:* Gesammelte Werke, Bd. 2, S. 58.

[36] Vgl. die Lyrik und Prosa Else Lasker-Schülers, Ingeborg Bachmanns und Friederike Mayröckers.

[37] *Brinker-Gabler:* S. 170.

[38] Vgl. auch *Drostes* Gedicht «Durchwachte Nacht».

[39] Dies.: Gesammelte Werke, Bd. 2, S. 329.

[40] Ebd.

[41] *Louise von Plönnies:* Gedichte, S. 111.

[42] Vgl. „Glas", in: *Brinker-Gabler,* S. 190–193.

[43] Vgl. die Gedichte «Der Auswanderer», «Der verbrannte Pole» und «Auf der Eisenbahn».

[44] *Kathinka Zitz-Halein:* Herbstrosen.

[45] Dies.: Dur- und Molltöne.

[46] *Brinker-Gabler,* S. 216.

[47] *Betty Paoli:* Gedichte, S. 66.

[48] *Brinker-Gabler,* S. 220.

[49] *Maria Janitschek:* Gesammelte Gedichte, S. 50.

[50] *Brinker-Gabler,* S. 251.

[51] *Isolde Kurz:* Gedichte, S. 46.

[52] *Friederike Brun:* Gedichte, S. 46.
[53] *Brinker-Gabler,* S. 226.
[54] *Luise Hensel:* Lieder, S. 232f.
[55] Ebd., S. 201.
[56] *Louise von Plönnies:* Gedichte, S. 247.
[57] *Marie von Najmaier:* Neue Gedichte, S. 29–48.
[58] *Brinker-Gabler,* S. 227.
[59] *Else Lasker-Schüler:* Werke, Bd. 1, S. 39.
[60] *Isolde Kurz:* Gesammelte Werke, Bd. 1, S. 167.
[61] *Friederike Brun:* Gedichte, S. 131. Hervorhebung im Text.

I.3. Heraldik des Unheimlichen

[1] *Woesler:* Modellfall.
[2] *Woesler:* Modellfall, Bd. I, S. 12.
[3] Ebd., S. 39.
[4] Ebd., S. 12.
[5] Ebd., S. 13.
[6] Ebd., S. 17.
[7] Ebd., S. 26.
[8] Ebd., S. 30.
[9] Ebd., S. 34.
[10] Ebd., S. 49.
[11] Ebd., S. 48f.
[12] Ebd., S. 26.
[13] Ebd., S. 53.
[14] Zit. nach *Schücking:* Annette von Droste, S. 137.
[15] *Woesler:* Modellfall, Bd. I, 1, S. 104f.
[16] *Droste:* Gedichte zu Lebzeiten, S. 260ff.
[17] *Schücking:* Annette von Droste, S. 80ff.
[18] Zum Doppelgängermotiv s. *Rank,* S. 104–188.
[19] In der «Judenbuche» erkennt der junge Friedrich Mergel in seinem Doppelgänger Johannes Niemand und auch im heruntergekommenen Onkel wie „in einem Zauberspiegel das Bild seiner Zukunft". Im Gedicht «Die Schwestern» beugt sich Gertrud nach langem unheimlichem Umherirren über ihre verkommene ertrunkene Schwester Helene, eine Abspaltung deutlich von sinnenfreudigen, nicht sittenhaften eigenen Wünschen, wie „über den Spiegel":

Und zeigte er ihr das eigene Bild,
Dann flüsterte sie beklommen:
„Wie alt sie sieht, wie irre und wild,
Und wie entsetzlich verkommen!"

Auch im Gedicht «Das Spiegelbild» erfährt das lyrische Ich „spionhaft" und „voll Schauern" das fremd erscheinende Gegenbild im Spiegel – und das heißt eben auch in der Kunst – als „Phantom", als „gespenstig" und „wunderlich":

Es ist gewiß, du bist nicht Ich,
Ein fremdes Daseyn, dem ich mich
Wie Moses nahe, unbeschuhet,
Voll Kräfte, die mir nicht bewußt,
Voll fremden Leides, fremder Lust;
Gnade mir Gott, wenn in der Brust
Mir schlummernd deine Seele ruhet!

Und wenn es trotz dieser Fremdheit in der letzten Strophe heißt:

Und dennoch fühl ich, wie verwandt,
Zu deinen Schauern mich gebannt,
Und Liebe muß der Furcht sich einen –

so könnten wir auch hier über „Bannung" und „Liebe" einen Zugang zu den schaurig-unheimlichen Bildern entdecken, die diesem Phantom als verdrängtem Ich-Anteil („entschlüpft der Träume Hut") trotz allem Befremden nachtrauern:

Mich dünkt – ich würde um dich weinen!

[20] *Preisendanz,* S. 9–21.
[21] Ebd., S. 13.
[22] *Bernd,* S. 347–362.
[23] *Heselhaus,* S. 143–160.
[24] *Preisendanz,* S. 18.
[25] *Freud:* Das Unheimliche, S. 244.
[26] Ebd.
[27] *Sanders:* Wörterbuch, S. 248.
[28] *Freud:* Das Unheimliche, S. 248.
[29] Ebd., S. 268.
[30] *Freud* schreibt: „Die Tatsache, daß eine solche Instanz vorhanden ist, welche das übrige Ich wie ein Objekt behandeln kann, also daß der Mensch der Selbstbeobachtung fähig ist, macht es möglich, die alte Doppelgängervorstellung mit neuen Inhalten zu erfüllen und ihr mancherlei zuzuweisen, vor allem das, was der Selbstkritik als zuge-

hörig zum alten überwundenen Narzißmus der Urzeit erscheint.“ Ebd., S. 258.

[31] Ebd., S. 268.

[32] *Holland/Sherman*, S. 71–101.

[33] *Kahane*, S. 102–121.

[34] *Holland/Sherman*, S. 77.

[35] Ebd., S. 79.

[36] Ebd.

[37] Ebd., S. 86.

[38] Ebd.

[39] *Kahane*, S. 110.

[40] *Holland/Sherman*, S. 79.

[41] Ebd., S. 80.

[42] *Droste-Hülshoff*, Bd. 2 S. 93. Levin Schücking, selbst Dichter, Sohn einer älteren, früh verstorbenen Freundin der Dichterin (Katharina Schücking) spielt im Leben der Droste eine wesentliche Rolle. Für die Dichterin war er – nach einer frühen, für sie tragischen Gefühlsverwirrung zwischen zwei Männern – wohl der einzige Mann, zu dem sie eine starke Liebesbeziehung entwickelte, ohne daß beider Verhältnis, das zwischen Mutter-Sohn-Beziehung, Mann-Frau-Liebe und der gegenseitigen Bewunderung und Förderung als Dichter oszillierte, je ganz geklärt wurde. Mit viel Geschick und Hilfe durch ihre Schwester Jenny hatte es die Droste arrangiert, daß Schücking in der Bibliothek ihres Schwagers Laßberg arbeitete, während sie einige Monate – ohne die Mutter! – auf der Meersburg, dem Wohnsitz der Laßbergs, verbrachte.

[43] *Claudine Herrmann* schreibt in ihrem Buch mit dem vielsagenden Titel «Die Sprachdiebinnen» (München 1978, S. 7ff.) über das Sprachverhalten von Frauen: „So ist diejenige, die sich Kenntnisse aneigenen will, dazu gezwungen, in sich einen ‚kleinen Mann‘ heranzuziehen [...]. Die Frau eignet sich Wissen an und damit die Fähigkeit, sich auszudrücken, doch sie irrt sich, wenn sie denkt, daß sie als Komplizin der Kultur der Männer ihre Situation verleugnen [...] kann. [...] es braucht viel Kraft, um in sich einen ‚Mann‘ wohnen zu lassen und gleichzeitig eine Frau, die ihre eigenen Gedanken nicht vernichten will [...]. Die Frau, die diesen Versuch unternimmt, ist zwangsläufig schizoid [...] und ein Zwitterwesen. Es gibt indessen keine Wahl: wir müssen lernen – und zwar mit dem, worüber wir verfügen: ein kolonisiertes Wissen und eine trügerische Sprache“.

[44] *Weber*, S. 130.

[45] Ebd., S. 129.

[46] Ebd.

[47] Ebd., S. 144.

[48] *Droste-Hülshoff:* Bertha oder die Alpen. In: Dramatische Versuche, S. 125.

[49] Ebd., S. 123.

[50] Ebd., S. 131.

[51] Ebd.

[52] Ebd., S. 132.

[53] *Droste-Hülshoff:* Walther. In: Epen, S. 156. „Taube“ und „Hinde“ symbolisieren hier in besonderer Weise die Sanftmut und Friedfertigkeit weiblicher Lebensentwürfe. Zum anderen stellt sich im Begriff „Hinde“ auch der Defiziensmodus weiblichen Daseins dar, da Hinde (= „hornlos“) ja den geweihlosen Hirsch meint, d. h. das seiner männlichen und herrschaftlichen Insignien ‚kastrierte‘ Tier.

[54] *Droste-Hülshoff:* Die Schlacht im Loener Bruch 1623. In: Epen, S. 78f.

[55] *Droste-Hülshoff:* Am Turme. In: Gedichte, S. 78.

[56] S. dazu *Irmgard Roebling*, S. 55ff.

[57] Das Motiv des ‚Spiritus Familiaris‘ übernimmt die Droste den von den *Grimms* 1816 herausgegebenen «Deutschen Sagen», deren Text sie im Prosavorwort des Gedichtes zitiert. Der ‚Spiritus Familiaris‘ ist eine Art Hausgeist oder Talismann, der seinem Besitzer Glück und Reichtum bringt, ihn aber am Ende in die Hölle führt. Vorgestellt wurde er als kleines Tier (Spinne oder Fliege) in einem Fläschchen oder in einer Schachtel. S. Vorspann in *Droste-Hülshoff:* Der Spiritus Familiaris des Roßtäuschers. In: Gedichte, S. 301f.

[58] Ebd., S. 310.

[59] Ebd., S. 313.

[60] Wie stark das Bestreben nach harmonischem Ausgleich zwischen Untat und Sühne in der Rezeption von Dichtung ist, macht die Vorliebe der Leser für die Droste-Ballade «Die Vergeltung», die auch Eintritt in den literarischen Kanon der Schulbücher gefunden hat, deutlich. Es werden hier ja gar nicht – wie so gern behauptet wird – christliche Werte veranschaulicht,

sondern eine harte alttestamentarische Auge-um-Auge-Mentalität. Die Leser lieben die Ballade wahrscheinlich, weil sie sich im „schwarzgelockten Passagiere" und seinem düster-brutalen Vitalismus nur allzusehr selbst erfahren und diesen in Angst-Lust genossenen Drang am Ende gesühnt wissen wollen.

I.4. Auch ein Beruf

1 *Droste-Hülshoff:* Briefe, Bd. 2, S. 358.
2 Ebd., S. 219 und 159.
3 *Paoli:* Nach dem Gewitter, 2. Aufl., S. 214.
4 *Stifter:* Sämtliche Werke, Bd. 17, S. 125 und 287.
5 *Paoli:* Gesammelte Aufsätze, S. 27, 3 und 34.
6 *Grillparzer:* Sämtliche Werke, 3. Abt., Bd. 3, S. 25.
7 In: *Bettelheim-Gabillon,* S. 238 f.
8 *Paoli:* Gesammelte Aufsätze, S. 104 passim.
9 *Bettelheim:* Wirken und Vermächtnis, S. 102.
10 *Paoli:* Neueste Gedichte, S. III.
11 *Louise von François und Conrad Ferdinand Meyer:* Briefwechsel, S. 255.
12 *Bettelheim:* Biographische Blätter, S. 111.
13 *Louise von François und Conrad Ferdinand Meyer:* Briefwechsel, S. 19.
14 Brief an Paul Heyse vom 4. 12. 1885, in: *Alkemade,* S. 285.
15 *Ferdinand von Saar und Maria (!) von Ebner-Eschenbach:* Briefwechsel, S. 77.
16 In: *Paoli:* Gedichte, S. XII.
17 *Ebner-Eschenbach:* Louise von François, S. 2.
18 *Harriman,* S. 30.
19 *Louise von François und Conrad Ferdinand Meyer:* Briefwechsel, S. 9 und 15.
20 *Droste-Hülshoff:* Briefe, Bd. 1, S. 337.
21 *Reif,* S. 277 f.
22 *Droste-Hülshoff:* Briefe, Bd. 1, S. 542.
23 *Heselhaus:* Werk und Leben, S. 37.
24 In: *Veselý,* S. 215 f.
25 In: *Fischer:* Soziologie, S. 73.
26 *Droste-Hülshoff:* Briefe, Bd. 2, S. 259.
27 In: *Bettelheim:* Wirken und Vermächtnis, S. 312 f.
28 *Louise von François und Conrad Ferdinand Meyer:* Briefwechsel, S. 63.
29 *Droste-Hülshoff:* Briefe, Bd. 1, S. 548.
30 *Bettelheim:* Biographische Blätter, S. 245.
31 *Ferdinand von Saar und Maria (!) von Ebner-Eschenbach:* Briefwechsel, S. 112 (bezieht sich auf Saars Drama «Kaiser Heinrich IV.» und Ebners Novelle «Die Freiherren von Gemperlein»).
32 In: *Oeding,* S. 8.
33 *Mumbauer,* S. 33.
34 Vgl. dazu auch die Zusammenstellung in *Brinker-Gabler,* S. 23 f.
35 *Heselhaus:* Werk und Leben, S. 87.
36 *Schücking,* S. 101 und 152.
37 *Enz,* S. 49.
38 *Marie von Ebner-Eschenbach und Gustav Frenssen:* Briefwechsel, S. 7.
39 *Werner,* S. 57.
40 *Droste-Hülshoff:* Briefe, Bd. 1, S. 26.
41 *Aichinger,* S. 485 passim.
42 *Thomas,* S. 16.
43 *Louise von François und Conrad Ferdinand Meyer:* Briefwechsel, S. 9.
44 Ebd., S. 1.
45 *Henel,* S. 157.
46 *Rölleke,* S. 199; *Heselhaus:* Entdekkung des Seins, S. 147.
47 *Droste-Hülshoff:* Briefe, Bd. 1, S. 317.
48 *Paoli:* Neueste Gedichte, S. 29.
49 *Paoli:* Gedichte, S. 200 f.
50 *Louise von François und Conrad Ferdinand Meyer:* Briefwechsel, S. 163.
51 *Bettelheim:* Wirken und Vermächtnis, S. 274.
52 *Paoli:* Nach dem Gewitter, S. 129.
53 *Louise von François und Conrad Ferdinand Meyer:* Briefwechsel, S. 27.
54 In: *Fischer:* Frauenfrage, S. 345.

II.1. „Allein das Bewußtsein dieses Befreienkönnens"

[1] *Dittmar:* Skizzen und Briefe, S. 53.
[2] Novellenzeitung Nr. 176 (1847), S. 1567.
[3] Beilage zu Nr. 99 (1850) der Allgemeinen Zeitung, S. 1577f.
[4] *Möhrmann:* Frauenemanzipation, S. 11.
[5] *Hausen,* S. 370.
[6] Ebd., S. 373.
[7] Ebd., S. 381.
[8] *Lipp:* Frauen und Öffentlichkeit, S. 271.
[9] Vgl. *Lipp* (Hrsg.): Schimpfende Weiber.
[10] *Dittmar:* Das Wesen der Ehe, S. 15.
[11] Louise Otto, in: *Dittmar:* Das Wesen der Ehe, S. 20.
[12] *Aston:* Meine Emancipation, S. 7.
[13] Ebd., S. 7.
[14] Frauen-Zeitung Nr. 12 (1849), S. 6f., in der Folge FZ zitiert.
[15] FZ Nr. 1 (1849), S. 2.
[16] Ebd. S. 1.
[17] Ebd., S. 5.
[18] Der Freischärler Nr. 1 (1848), S. 3.
[19] Vgl. *Tornieporth,* S. 41f.
[20] Louise Otto, in: *Dittmar:* Das Wesen der Ehe, S. 20.
[21] Louise Otto, in: *Möhrmann:* Frauenemanzipation, S. 47.
[22] Ebd., S. 48.
[23] *Aston:* Meine Emancipation, S. 47.
[24] Vgl. *Luhmann,* S. 163ff.
[25] *Dittmar:* Das Wesen der Ehe, S. 49.
[26] Ebd., S. 53.
[27] Ebd., S. 58.
[28] Louise Otto, in: *Dittmar:* Das Wesen der Ehe, S. 21.
[29] Ebd., S. 20.
[30] FZ Nr. 18 (1849), S. 2.
[31] *Aston:* Meine Emancipation, S. 45.
[32] Ebd., S. 45f.
[33] *Dittmar:* Das Wesen der Ehe, S. 50.
[34] Allgemeine deutsche Real-Encyclopädie, Bd. 5, S. 552.
[35] *Boetcher-Joeres* (Hrsg.): Die Anfänge der deutschen Frauenbewegung, S. 76.
[36] Louise Otto, in: *Dittmar:* Das Wesen der Ehe, S. 21.
[37] Ebd.
[38] *Hummel-Haasis* (Hrsg.): Schwestern, S. 150.
[39] *Aston:* Meine Emancipation, S. 43.
[40] Der Freischärler Nr. 3 (1848), S. 11.
[41] *Dittmar:* Skizzen und Briefe, S. 53.
[42] Louise Otto, in: *Dittmar:* Das Wesen der Ehe, S. 20.
[43] FZ Nr. 3 (1849), S. 7.
[44] FZ Nr. 4 (1849), S. 4.
[45] Ebd.
[46] *Hahn-Hahn:* Gräfin Faustine, S. 49f.
[47] *Lewald:* Jenny, S. 28.
[48] Ebd., S. 113.
[49] Ebd., S. 149.
[50] Ebd., S. 247.
[51] Ebd., S. 267.
[52] Ebd., S. 274.
[53] Ebd., S. 271.
[54] *Mühlbach:* Aphra Behn, Bd. 2, S. 175.
[55] Ebd., S. 219.
[56] Ebd., S. 181.
[57] Ebd., Bd. 3, S. 255.
[58] *Hahn-Hahn:* Gräfin Faustine, S. 82.
[59] *Aston:* Aus dem Leben einer Frau, S. 12.
[60] Ebd., S. 13.
[61] Ebd., S. 151.
[62] Ebd., S. 150f.
[63] Ebd., S. 154.
[64] *Lewald:* Jenny, S. 275.
[65] *Mühlbach:* Aphra Behn, Bd. 2, S. 214f.
[66] *Hahn-Hahn:* Gräfin Faustine, S. 202.
[67] Ebd., S. 233.
[68] Ebd., S. 239.
[69] *Lewald:* Jenny, S. 278.
[70] Ebd., S. 298.
[71] Ebd., S. 299.
[72] Ebd., S. 331.
[73] *Mühlbach:* Aphra Behn, Bd. 3, S. 164.
[74] Ebd., S. 295.
[75] Ebd., S. 302.
[76] Ebd., S. 303.
[77] *Venske,* S. 373.
[78] *Möhrmann:* Frauenarbeit, S. 160.
[79] *Lewald:* Jenny, S. 332.
[80] *Otto:* Schloß und Fabrik, Bd. 1, S. 60.
[81] *Aston:* Aus dem Leben einer Frau, S. 118.
[82] Ebd., S. 121.

[83] *Otto:* Schloß und Fabrik, Bd. 1, S. 97.
[84] *Aston:* Aus dem Leben einer Frau, S. 152.
[85] Ebd., S. 154.
[86] *Boetcher-Joeres* (Hrsg.): Die Anfänge der deutschen Frauenbewegung, S. 81.
[87] *Otto:* Schloß und Fabrik, Bd. 2, S. 212.
[88] *Aston:* Revolution und Contrerevolution, Bd. 2, S. 185.
[89] *Adler,* S. 181.
[90] *Boetcher-Joeres:* Frauenfrage und Belletristik, S. 27.
[91] Vgl. *Weigel,* S. 104ff.
[92] *Dittmar:* Skizzen und Briefe, S. 116f.
[93] Vgl. *Köster,* S. 28ff.
[94] Vgl. *Sengle,* Bd. 2, S. 803ff.
[95] *Dittmar:* Skizzen und Briefe, S. 117f.

II.2. Gegen den Zeit- und Revolutionsgeist

[1] *Kupisch,* S. 118, Anm. 19.
[2] *Rüppel,* S. 351.
[3] *Hahl,* S. 174.
[4] Ebd., S. 193.
[5] Vgl. der pietistische Pfarrer Schwerdtmann in *Wilhelmine Canz:* Eritis sicut Deus: Goethe sei „wahr wie die Sünde [...], kräftig wie die Verführung" oder „wer Romane liest, der fröhnt des Fleisches Lust", Bd. I, S. 33 und 36.
[6] Zu Ottilie Wildermuth siehe *Rosemarie Wildermuth* und *Brinker-Gabler* et al., S. 326ff.
[7] *R. Wildermuth,* S. 77.
[8] *Höpfner,* S. 171 und 258. Die neuere Forschung distanziert sich zwar nicht völlig von diesem Urteil, betont aber Wildermuths Bemühungen um eine bessere Ausbildung für Mädchen, die sie befähigen sollte, im Notfall selber ihr Leben zu verdienen. Die «Jugendschriften» mit den bekannten und beliebten Illustrationen vermittelten einfühlsame Bilder von Not und Armut in den unteren Ständen, und auch die Gefühlswelt sozial Außenstehender und der Menschen anderer Rassen. Siehe hierzu *Promies,* Bd. 3, S. 805.
[9] Zu Gumpert siehe Allgemeine Deutsche Biographie, Bd. 49, S. 628ff.; zu Braun Allgemeine Deutsche Biographie, Bd. 47, S. 194ff. Unter den anderen in ihrer Zeit bekannten evangelischen Autorinnen wären zu nennen: Katharine Diez (1808–92), Luise Pichler (1828–89), beide Verfasserinnen von historischen Romanen; die in der Fürsorge für Fabrikkinder tätige Marie von Nathusius, geb. Scheele (1817–57), die für die Zeitschrift ihres Mannes, Das Volksblatt, schrieb, oder die Hausautorinnen der Christlichen Jugend Bibliothek, Annette Weditz (= Dewitz), geb. 1838, Elsa von Manteuffel, geb. 1848, und Berta Sauer.
[10] Im Gegensatz zu den evangelischen Serien bringen katholische Volks- und Jugendschriften viele Übersetzungen aus der französischen Literatur, vielfach von Frauen geschrieben. Wie man bei der Rezeption der Hahn-Hahn sieht, steht die katholische Autorin in Deutschland in einer europäischen Tradition. Beide Konfessionen kennen Übersetzungen populärer Schriften aus dem Roman «Fabiola» des englischen Kardinals Nicolas Wiseman.
[11] *Heydebrand,* S. 86.
[12] *Rüppel,* S. 374.
[13] Zitiert in *Hahl,* S. 189.
[14] *Sengle,* Bd. I, S. 53.
[15] Die katholische Belletristik seit der Hahn-Hahn versteht sich im Kontext einer stark ausgebauten und z. T. recht aggressiven Publizistik, zu deren Begründern vor allem Joseph Görres und auch Joseph von Eichendorff gehören.
[16] *Koep und Vodermayer,* S. 389.
[17] Siehe *Doppler,* S. 21f. und 97f. Weitere Literatur bei *Brinker-Gabler* et al., S. 120ff.
[18] *Heydebrand,* S. 73.
[19] Zitiert in der grundlegenden Arbeit von *Oberembt* über Werk, Leben und Wirkung der Hahn-Hahn, S. 249f.
[20] «Broschüren-Cyclus» 1868, 3, Heft 8; 1869, 4, Heft 2; 1870, 5, Heft 8.

[21] *Sagarra*, Nr. 156, 332, 570, 583.

[22] Zu Hahn-Hahn und ihrer Laufbahn vor der Konversion siehe *Möhrmann*, S. 85 ff. und *Brinker-Gabler* et al., S. 117 ff. mit Literaturangaben.

[23] Westminster Review 56, 1851, S. 134 ff.; 59, 1853, S. 302; 83, 1860, S. 529 f.; 96, 1867, S. 575 f.; New Quarterly Review and Digest of Literature 1, 1852, S. 101 und 221 f.; Dublin Review 33, 1852, S. 46 ff.; Dublin University Magazine 42, 1853, S. 184 ff.

[24] *Oberembt*, S. 412.

[25] *Nowack*, S. 39.

[26] *Ketteler*, Abt. II, Bd. 1, S. 437.

[27] *Ketteler*, S. 513.

[28] Nach Josef Schmidt (McGill Universität, Montreal), der gegenwärtig an einer Studie über den historischen Roman im Deutschland des 19. Jahrhunderts arbeitet, soll das Werk «Bilder aus der Geschichte der Kirche» als heimliche Quelle für spätere Verfasser von ‚christlichen' historischen Romanen gedient haben (zumeist ohne Angabe).

[29] *Ida Hahn-Hahn:* Vier Lebensbilder, S. 195.

[30] Es gibt auch evangelische Gegenstükke hierzu, wie etwa: Der Dienstbotenstand, Bremen 1868 (Buchhandlung der evangelischen Gesellschaft).

[31] Zit. nach *Oberembt*, S. 313 f.

[32] Zit. nach *Heydebrand*, S. 70.

[33] *Koep und Vodermeyer*, S. 390.

[34] „Die deutsche Salon-Poesie der Frauen". In: Historisch-politische Blätter, Bd. 19, 1847, S. 463–480.

[35] *Koep und Vodermeyer*. S. 391.

[36] Vgl. *Hahl*, S. 178 ff.

[37] Eine Ausnahme bildet der ‚irische' Roman «Peregrina» (1864).

II.3. Für „fromme, reine und stille Seelen"

[1] *Prutz*, S. 252 f.

[2] Vgl. *Schindel*.

[3] Vgl. *Pataky*.

[4] Das Deutsche Reich hatte 1895 52,28 Millionen Einwohner, eine Berechnung ergab für 1816 24,83 Millionen Einwohner. Vgl. Brockhaus' Konversationslexikon, Bd. 5, S. 119.

[5] Vgl. den Artikel „Frauenarbeit" in: Brockhaus' Konversationslexikon, Bd. 7, S. 230–33. Weitere Angaben in: *Hohorst* et al., S. 57–67.

[6] Vgl. *Goodman*.

[7] Vgl. *Wittmann*.

[8] Vgl. *Möhrmann*.

[9] *Häntzschel* (Hrsg.): Bildung und Kultur bürgerlicher Frauen.

[10] *Burow* (Hrsg.): Blumen und Früchte deutscher Dichtung, S. III.

[11] Vgl. *Häntzschel*: Gedichte und Illustrationen.

[12] *Biedermann*: Frauen-Brevier. In: *Häntzschel* (Hrsg.): Bildung und Kultur, S. 450.

III.1. „Wie gerne möchte ich einen neuen Ausdruck dazu erschaffen"

[1] *Jünger*, Einleitung.

[2] *Boerner*, S. 20.

[3] *Musil:* Tagebücher, S. 31.

[4] *Keller:* Tagebücher, 8. Juli 1843.

[5] *Sagarra*, S. 175.

[6] *Heuser*, S. 539.

[7] *Meyer*, S. 289.

[8] *Lewald:* Gefühltes und Gedachtes, S. 35.

[9] *Boerner*, S. 11.

[10] *Hocke*, S. 220.

[11] *Bashkirtseff:* Journal, Bd. 1, S. 7.

[12] *Goerner*, S. 11.

[13] *Buchholz*, S. 113.

[14] *Hocke*, S. 220.

[15] *Just*, S. 34.

[16] *Hocke*, S. 58.

[17] *Niggl*, S. 7.

[18] *Hocke,* S. 421.
[19] *Gallitzin:* Briefwechsel und Tagebücher, Bd. I S. 141.
[20] Ebd., S. 148. Diese esoterische Auffassung teilt sie mit Lavater, Baader, Zinzendorff u. a.
[21] *Von der Recke:* Tagebücher, S. 54. Ihre Reiseberichte werden hier nicht berücksichtigt.
[22] Ebd., S. 74.
[23] *Isselstein,* S. 151.
[24] *Arendt,* S. 62.
[25] *Gerhardt,* S. 11.
[26] *Parthey:* Tagebücher, S. 37.
[27] Ebd., S. 269.
[28] Ebd., S. 89, 17. 1. 1817 „Ach, wann werde ich denn behalten, daß ein Mädchen nie liebenswürdig sein kann, wenn sie bescheiden und sanft ihre weibliche Würde behauptet und nicht so ausgelassen und wild alle Sitte und Schicklichkeit von sich wirft, wie ich gewiß an diesem unglücklichen Abend that [...]."
[29] *Köster,* S. 68.
[30] *Lewald:* Gefühltes und Gedachtes, S. 2.
[31] *Holstein:* Eine Glückliche. Hedwig von Holstein, S. 1.
[32] *Spitzemberg:* Das Tagebuch, S. 253.
[33] Ebd., S. 377.
[34] *Reventlow:* Tagebücher, S. 136 u. 376. *Modersohn-Becker* in Briefen, S. 132.
[35] *Sagar:* Karolinens Tagebuch, S. 198. Vgl. auch S. 14: „es waren nur lauter unzusammenhängende Fragmente von Gedanken, nur Halbe- oder Viertelanfänge eines Gedanken".
[36] Ebd., S. 285.
[37] Für eine Interpretation des «Fräulein von Sternheim» als weiblichen Bildungsroman im Fahrwasser der pietistischen Tradition vgl. meinen Beitrag: „L'utopia femminile in ‚Fräulein von Sternheim' di Sophie von La Roche", S. 401–402. Sophie von Sternheim hat großen Anteil an der Organisation und Verwaltung des Gutes ihres Mannes, Lord Seymours. Sie wird als ‚weibliches Genie', tätige und bewußte Herrin einer Gemeinschaft gepriesen. Die folgenden Werke Sophie von La Roches zeigen fortschreitende Enttäuschung und Bewußtwerden der Unrealisierbarkeit einer frauenwürdigen Welt, die zur Zurückgezogenheit in die Häuslichkeit («Rosaliens Briefe», 1779–1781) und in den eigenen Raum («Mein Schreibtisch», 1799) oder zur Zuflucht in die Exotik («Erscheinungen am See Oneida», 1798) führen.

III.2. „... von einer Fremde in die andre?"

* *Friedrich Hölderlin,* Hyperion (1797/99).
[1] *Zäunemann,* in: Brinker-Gabler, S. 121–127.
[2] *Lehnert,* S. 146. Zu Robinsonaden von Frauen siehe *Blackwell.*
[3] Zu den Reisen von Montagu und weiteren reisenden Engländerinnen des 18. Jahrhunderts s. *Kuczynski.*
[4] *Montagu,* S. 196.
[5] Ebd., S. 166.
[6] Vgl. *Blackwell;* vgl. *Griep.*
[7] *Fischer,* S. 4.
[8] *Wolf-Graaf,* S. 350ff. und 336ff.; zu den Angaben über die Kreuzzüge s. *Nawal el Saadawi,* S. 65. Eine wesentliche Rolle spielen Frauen als Reisebegleiterinnen im deutschen Kolonialismus. Vgl. *Mamozai.*
[9] *Schmugge,* S. 30.
[10] *Beier,* S. 35f.
[11] *Spickernagel,* S. 305.
[12] *Rousseau,* S. 735f.
[13] *La Roche:* Geschichte des Fräulein von Sternheim, S. 259.
[14] *Campe,* S. 109.
[15] *Boerner,* S. 75.
[16] *Arnim:* Die Günderrode, S. 197.
[17] *Fraling,* S. 33.
[18] *Wollstonecraft,* S. 120.
[19] Ebd., S. 121.
[20] *Schopenhauer:* Ausflug an den Niederrhein, S. 121f.
[21] Ebd., S. 124–126.
[22] *Schopenhauer:* Reise durch das südliche Frankreich, S. 270.
[23] Zu La Roche vgl. *Maurer.*
[24] *La Roche:* Die glückliche Reise, S. 8.

[25] Ebd., S. 9.

[26] Ebd., S. 62.

[27] *Schlegel:* Florentin, S. 259/60.

[28] Ebd., S. 150.

[29] Ebd., S. 4.

[30] *I. Pfeiffer:* Reise einer Wienerin, S. 10.

[31] *O. Pfeiffer:* Biographische Skizze, S. 9ff.

[32] *Eberhardt:* Sandmeere, Bd. 1–4.

[33] *Holder*: Ich atme mit dem Herzen.

[34] Amalie Dietrich. Ein Leben erzählt von *Charitas Bischoff.*

[35] *Lenk*, S. 149ff.

[36] Im November 1986 fand in Florenz die erste Tagung zum Thema „Reiseliteratur von Frauen" mit dem Titel: „Viaggio e Scrittura: Le straniere nell' Italia dell' 800 e primo Novecento" statt. Vorgestellt wurden europäische und amerikanische italienreisende Frauen seit Beginn des 19. Jahrhunderts. Vgl. Viaggio e Scrittura. Auf der Tagung „Frauen – Literatur – Politik", die im Mai 1986 in Hamburg stattfand, gab es eine Sektion zum Thema: „Eurozentrismus. Zum Verhältnis von sexueller und kultureller Differenz", vgl. «Frauen – Literatur – Politik». Auf dem Symposium „Europäische Reiseliteratur im 18. und frühen 19. Jahrhundert", das im Oktober 1986 in Bremen stattfand, hielt Wolfgang Griep einen Vortrag zum Thema. Siehe außerdem: *Frederiksen/Archibald, Wehinger* und *Maurer.*

[37] *Eberhardt*, Bd. 4, S. 391.

III.3. Rekonstruktionen des eigenen Lebens

[1] Vor kurzem sind zwei, allerdings unvollständige Bibliographien erschienen: *Sagarra,* S. 175–231; *Jessen.*

[2] In meiner Dissertation werden diese Autobiographinnen in einer kommentierten Bibliographie erfaßt.

[3] *Hausen,* S. 363–393.

[4] *Goodman,* S. 291.

[5] Sie sind als Schriftstellerinnen nachgewiesen bei *Friedrichs.*

[6] Vgl. *Bussemer,* S. 12–23.

[7] *Doerry,* S. 68.

[8] Ebd., S. 68f.

[9] *Wedel,* S. 305–320. Autorinnen sind Agnes Sapper, ihre Tochter Agnes Herding-Sapper und ihre Kusine Else Pfaff.

[10] *Loesener:* Erinnerungen aus meinem Leben, S. 24.

[11] *Hardach-Pinke, Hardach,* S. 49–51.

[12] *Arnold* (d. i. Babette von Bülow): Aus der Kinderzeit, S. VII.

[13] Ebd.

[14] Das geht aus ihrer Kurzautobiographie hervor, in: Bildende Geister, S. 20.

[15] *Arnold:* Aus der Kinderzeit, S. 138–140.

[16] Ebd., S. 21f.

[17] Ebd., S. 4.

[18] Ebd., S. 73.

[19] Ebd., S. 5.

[20] Ebd., S. 6.

[21] Ebd., S. 184.

[22] Ebd., S. 58.

[23] Ebd., S. 59.

[24] Ebd., S. 156.

[25] *Bandau:* Erfahrungen einer Diakonissin, S. 2.

[26] Ebd.

[27] Ebd.

[28] Vgl. *Bandau:* Zwölf Jahre, S. 179f. mit dies.: Erfahrungen einer Diakonissin, S. 198.

[29] *Bandau:* Erfahrungen einer Diakonissin, S. 31.

[30] *Goetz,* S. 58.

Zweiter Teil
IV.1. Perspektiven des Übergangs

[1] *Dohm:* Erinnerungen, S. 149.
[2] *Reuter:* Aus guter Familie, S. 262.
[3] *Dohm:* Erinnerungen, S. 150.
[4] *Reuter:* Aus guter Familie, S. 363.
[5] Ebd. S. 290.
[6] Ebd. S. 357.
[7] Ebd. S. 344.
[8] *Bashkirtseff:* Tagebuch, S. 249f.
[9] *Böhlau:* Der Rangierbahnhof, S. 146.
[10] *Schopenhauer:* Sämtliche Werke, Bd. 3, S. 429–455.
[11] Ebd. S. 445.
[12] Ebd. S. 440f.
[13] Ebd. S. 441.
[14] *Böhlau:* Der Rangierbahnhof, S. 244f.
[15] *Schopenhauer:* Sämtliche Werke, Bd. 3, S. 449.
[16] *Böhlau:* Halbtier!, S. 290.
[17] Ebd. S. 252.
[18] *Schopenhauer:* Sämtliche Werke, Bd. 2, S. 320–487.
[19] Ebd. S. 465.
[20] Ebd. S. 442.
[21] *Böhlau:* Halbtier!, S. 298.
[22] Ebd. S. 289f.
[23] Ebd. S. 341f.
[24] *Nietzsche:* Sämtliche Werke, Bd. 5, S. 336f. „Eine tiefe mächtige Altstimme, wie man sie bisweilen im Theater hört, zieht uns plötzlich den Vorhang vor Möglichkeiten auf, an die wir für gewöhnlich nicht glauben: wir glauben mit Einem Male daran, dass es irgendwo in der Welt Frauen mit hohen, heldenhaften, königlichen Seelen geben könne, fähig und bereit zu grandiosen Entgegnungen, Entschliessungen und Aufopferungen, fähig und bereit zur Herrschaft über Männer, weil in ihnen das Beste vom Manne, über das Geschlecht hinaus, zum leibhaften Ideale geworden ist." Auf den im Erzählerinkommentar zum Ausdruck kommenden Nietzsche-Einfluß weist schon *Bullivant*, S. 179, hin. Seine Interpretation ist mit Rücksicht auf den hier belegten Schopenhauer-Einfluß zu korrigieren. Der Erzählerinkommentar bezieht sich auch nicht auf den Vater, wie *Bullivant* schreibt, sondern auf Henry Megersen.
[25] *Böhlau:* Halbtier!, S. 165.
[26] Ebd. S. 360.
[27] *Böhlau:* Halbtier!, S. 360; vgl. *Nietzsche:* Sämtliche Werke, Bd. 5, S. 336f.
[28] *Böhlau:* Halbtier!, S. 354f.
[29] Ebd. S. 360.
[30] Im Roman wird auf die androzentrische Perspektive in Buddhas Lehre hingewiesen: „Wie ein Fluch traf sie es, als sie auch durchschaut hatte, daß Buddha, der Wundervolle, der Tiefste der Tiefen, der Welterlöser, Leidensüberwinder, das Weib ausgeschlossen hatte – ausgeschlossen aus ihrem ureigenen Reich der Leidensüberwindung und Erkenntnis des Leidens." (S. 290) Eine androzentrische Sicht zeigt sich aber auch in Omar al Raschid Beys Werk, einem Gespräch zwischen dem „Verehrungswürdigen" und seinem Schüler; dort heißt es z. B. „Wie ein Kind im nichtigen Spiele zum Manne wächst, so wachsen wir Menschen in Samsara zu Nirvana" (S. 159).
[31] *Hecht,* S. 543f.
[32] *Scott,* S. 91.
[33] *Žmegač,* Geschichte der deutschen Literatur, Bd. II/2, S. 369.
[34] *Stöcker,* S. 14.
[35] Ebd. S. 156/158.
[36] Ebd. S. 158.
[37] Ebd. S. 104.
[38] *Stöcker* rührte aber nicht an der Ehe als höchstem Ideal einer Lebensgemeinschaft bzw. an der „Dreieinigkeit von Vater, Mutter und Kind"; darüber ging später Franziska zu Reventlow hinaus. Für Helene Stöcker blieb Orientierungspunkt der Wunsch nach einem lebenslänglichen, monogamischen Zusammenleben, den sie aus „religiösen und ästhetischen Bedürfnissen" des Menschen ableitete, wobei sie aber die Geschichte und gesellschaftliche Funktion der Eheinstitution nicht in ihre Analyse

miteinbezog. Sie wandte sich allerdings entschieden gegen die Verurteilung außerehelicher Sexualität, weil sie das Ideal lebenslanger Treue als nur wenigen erreichbar ansah; daher forderte sie reformerische Maßnahmen, wie neue Ehegesetze, Erleichterung der Ehescheidung, rechtliche Anerkennung „freier Verbindungen", praktische Hilfe für ledige Mütter und Empfängnisverhütung. Vgl. *Brinker-Gabler:* Die Frauenbewegung im deutschen Kaiserreich, S. 74f.

[39] Der „Bund für Mutterschutz und Sexualreform" wurde 1905 gegründet. Seine Zeitschrift „Mutter-Schutz" (ab 1908 unter dem Titel „Die Neue Generation") gab *Helene Stöcker* von 1905 bis 1932 heraus.

[40] Vgl. *Chodorow* und dazu *Brinker-Gabler*, Der leere Spiegel, S. 241f.

[41] *Reventlow:* Ellen Olestjerne, S. 91.

[42] Ebd. S. 149.

[43] Ebd. S. 87.

[44] Ebd. S. 226.

[45] Ebd. S. 192.

[46] Ebd. S. 231.

[47] *Nietzsche:* Sämtliche Werke, Bd. 4, S. 84.

[48] *Reventlow:* Ellen Olestjerne, S. 225.

[49] *Kreuzer,* S. 82f.

[50] *Reventlow:* Briefe, S. 359.

[51] Ebd. S. 353.

[52] *Kreuzer,* S. 101f. (Anm.).

[53] Wiederabgedruckt in: Autobiographisches, S. 468–81.

[54] *Von Bülow,* S. 562.

[55] Ebd. S. 563.

[56] *Andreas-Salomé:* Ketzereien, S. 566.

[57] Ebd. S. 567.

[58] In: Deutsche Rundschau 10 (1899), S. 225–43. Neudruck in: Zur Psychologie der Frau. Hrsg. von *Gisela Brinker-Gabler.* Frankfurt a. M. 1978, S. 285–311.

[59] *Lou Andreas-Salomés* Überzeugung von unterschiedlichen erotischen und schöpferischen Potenzen des ‚Weiblichen' weist Parallelen zu Entwürfen der französischen Theoretikerinnen *Luce Irigaray* und *Hélène Cixous* auf.

[60] *Pfeiffer:* Friedrich Nietzsche, Paul Rée, Lou von Salomé, S. 189.

[61] Ebd.

[62] *Andreas-Salomé:* Ketzereien, s. 568.

[63] Dies.: Lebensrückblick, S. 172. *Lou Andreas-Salomé* gibt dafür eine Erklärung, die sich auf ihren persönlichen Entwicklungsgang bezieht: die Beziehung zu Hendrik Gillot, die sie im Roman „Ruth" gestaltet hat.

[64] *Pfeiffer:* Nachwort. In: Fenitschka. Eine Ausschweifung, S. 126.

[65] Das literarische Echo IV (1901/02), S. 346.

[66] In ihrem Lebensrückblick (S. 31) schreibt *Lou Andreas-Salomé*, daß dem Roman das Erlebnis ‚Gott' fehle (beschrieben im „Lebensrückblick", S. 9ff.). Das ist so zu verstehen: Wenn zunächst die ‚verlorene Einheit' durch einen Phantasieakt in Gott festgehalten wurde, so wurde ihr nun Hendrik Gillot (Erik) zu ‚Gott'.

[67] *Andreas-Salomé:* In der Schule bei Freud, S. 50.

[68] Dies.: Fenitschka, S. 15.

[69] Ebd. S. 29.

[70] Ebd. S. 22.

[71] Ebd. S. 44, 65, 37.

[72] Dies.: Lebensrückblick, S. 153.

[73] Dies.: Adine, S. 72.

[74] Ebd. S. 73.

[75] Ebd. S. 81.

[76] Ebd. S. 118.

[77] Ebd. S. 121.

[78] Dies.: Der Mensch als Weib, S. 303.

[79] *Dohm:* Die Antifeministen, S. 119 bis 137.

[80] Zum Beispiel: Was die Pastoren von den Frauen denken (1872), Der Jesuitismus im Hausstande (1873), Die wissenschaftliche Emanzipation der Frau (1874), Der Frauen Natur und Recht (1876), Die Mütter (1903), Erziehung zum Stimmrecht der Frau (1909).

[81] Zit. nach *Fredriksen*, S. 124.

[82] *Dohm:* Erinnerungen, S. 149.

[83] Dies.: Christa Ruland, S. 32.

[84] Ebd. S. 83f.

[85] Ebd. S. 144.

[86] Ebd. S. 195.

[87] Ebd. S. 196.

[88] Ebd. S. 156.

[89] Ebd. S. 239.

[90] Vgl. dazu *Fischer*, S. 168.

[91] Vgl. *Hermand.*

[92] *Dohm:* Christa Ruland, S. 304.
[93] Ebd. S. 311.
[94] Ebd. S. 311f.
[95] Ebd. S. 268.
[96] Vgl. dazu *Wittmann.*
[97] Vgl. *Fischer.*

IV.2. Träume, Utopien und Wege zur Verwirklichung

[1] *Gizycki:* Die Neue Frau in der Dichtung; *Mensch:* Die Frau in der modernen Litteratur; *Bergemann:* Die werdende Frau; *Bäumer:* Die Frau und das geistige Leben; *Dohm:* Frauen, die den Ruf vernommen.

[2] *Mensch,* S. 3f.

[3] *Schirmacher,* S. 375. ‚Reformatix' = Anhängerin der ‚Reformbewegung', die sich für die Emanzipation der Frau einsetzt.

[4] *Bloch,*S. 764.

[5] Marcelle Tinayre: Pseudonym für Mlle. Chasteau; Gabrielle Réval: Pseudonym für Mme. Logerot; Colette Yver: Pseudonym für Antoinette de Bergevin, später Mme. Huzard. Den Hinweis auf die französischen Autorinnen verdanke ich Jennifer Waelti-Walters.

[6] *Tinayre:* La Rebelle, S. 12.

[7] *Yver:* Les Cervelines, S. 113: „Je la voudrais seulement silencieuse, souriante et très jeune. Ignorante surtout! ne sachant rien au monde que s'habiller bien; une toute petite cervelle d'oiseau, incapable de penser plus d'une minute ..."

[8] Wenn auch die Romane für heutige Leserinnen einen solchen Schluß nahelegen, will die Autorin 1920 in ihrem Buch «Dans le jardin du Feminisme» ein derartiges Verständnis ihrer Romane nicht zulassen: Sie denunziert die Überzeugungskraft ihrer fiktionalen Gestaltung und spricht ihre Heldinnen schuldig, weil sie nicht von Anfang an die Ehe als ihre absolute Priorität angesehen haben.

[9] Vgl. *Foerster* und *Adolph.*

[10] *Schreiner* (Pseudonym: „Ralph Iron"): The Story of an African Farm.

[11] *Schreiner:* From Man to Man. Der Roman erschien sechs Jahre nach ihrem Tod; geschrieben wurde er 1873–1920.

[12] Das Zitat lautet: „If the soul is strong enough, it can overcome circumstances."

[13] *Schreiner:* Dreams.

[14] Zitate übersetzt von Eliza Adolph. Das Original in «Life's Gifts», S. 115f., lautet: „And Life said, Thou hast well chosen. If thou hadst said, 'Love', I would have given thee that thou didst ask for; and I would have gone from thee, and returned to thee no more. Now, the day will come when I shall return. In that day I shall bear both gifts in one hand. I heard the woman laugh in her sleep."

[15] Ebd., S. 84.

[16] *Egerton* (Pseudonym für Mary Chavelita Dunne): Discords.

[17] Ebd., S. 241.

[18] Ebd., S. 252: „For I am sure of myself, proud of my right to dispose of myself as I will, to choose ..."

[19] *Weigel:* Die geopferte Heldin, S. 149.

[20] *Kaffka:* Állomások.

[21] Zum „bescheidenen" Leben in Budapest in bürgerlichen Kreisen gehörte, bis zur kommunistischen Machtübernahme Ende der vierziger und Anfang der fünfziger Jahre, selbst in kleinen Wohnungen, ein Dienstmädchen.

[22] „A fiúk elmennek, az ecset elnehezül a kezemben, elhagy az egészség! Hogy leszünk akkor a hires egyedülléttel?" S. 540.

[23] *Weigel:* Frau und „Weiblichkeit", S. 105.

IV.3. Die Anstrengungen des Aufbruchs

[1] Editoral von *Minna Cauer,* in: Die Frauenbewegung. Revue für die Interessen der Frauen. Jg. 25 (1919), H. 12.

[2] Drei prominente Frauenrechtlerinnen, die als Abgeordnete im Parlament saßen, waren: Gertrud Bäumer für die DDP,

Käthe Schirmacher für die DNVP und Adele Schreiber für die SPD.

[3] Editoral von *Anita Augspurg/Lida Gustava Heymann:* Was will die Frau im Staat? In: Die Frau im Staat. Eine Monatsschrift. Jg. 1, (1919) H. 1.

[4] Vgl. ausführlicher zur Frauenliteratur der Weimarer Zeit: *Soltau:* Trennungs-Spuren. Dort auch eine ausführliche Bibliographie.

[5] Vaterlose Töchter treten auf bei: *Brück:* Schicksale; *Haller:* Die Stufe; *Baum:* Helene Willfüer; *Niggli:* Zwischen Zwanzig und Dreißig; *Viebig:* Tausend Kinder.

[6] Die Heldinnen Vicki Baums und Martha Nigglis heiraten, Lilli Hallers Anna ‚vermählt sich mit Gott'.

[7] Die Frau zwischen Liebe und Beruf ist das Thema folgender Romane: *Stöcker:* Liebe; *Viebig:* Tausend Kinder; *Fleißer:* Frieda Geier; *Hofer:* Sonja Kowalewsky. Clara Viebigs Heldin entsagt dem Mann und der Liebe, um sich ganz ihren Schülerinnen, den tausend Kindern, widmen zu können.

[8] Nicht nur Männer vertraten die Ansicht, die Frau gehöre nach der Heirat ins Haus, auch die katholischen und evangelischen Lehrerinnenvereine sprachen sich strikt gegen die Vereinbarkeit von Ehe und Beruf aus. Vgl. dazu auch die Untersuchung von *Frieda Glass/Dorothea Kische.* Die wirtschaftlichen und sozialen Verhältnisse der berufstätigen Frau. Berlin 1930.

[9] Vgl. die zum Thema Sexualkrise erschienenen Artikel in der Zeitschrift «Die Frau». Dazu auch *Soltau:* Trennungs-Spuren, S. 148 ff.

[10] Mit einer Schwangerschaft bestrafen Vicki Baum (in: Helene Willfüer) und Clara Viebig (in: Passion) ihre Heldinnen, unglücklich werden die Protagonistinnen Helene Stöckers und Gabriele Reuters (in: Irmgard), unheilbar krank wird Clara Viebigs Olga (in: Passion) und sterben müssen die Frauen Mela Hartwigs (in: Weib), Helene Böhlaus (in: Seele), Friderike Maria Winternitz (in: Vögelchen) und Annemarie von Nathusius' (in: Eros).

[11] Von Clara Viebig erschien jährlich mindestens ein Buch. Hier sei verwiesen auf: Charlotte von Weiss. Roman einer schönen Frau. Berlin 1929; Unter dem Freiheitsbaum. Berlin 1922; Die Schuldige. Novelle aus der Eifel, Berlin 1927.

[12] Einige Titel mit historischen Sujets sind: Die leichtfertige Eheliebste. Ein Liebeswirrwarr (1925); Die Teufelsmauer (1927); Die kleine Goethemutter (1928).

[13] *Gertrud Israel:* Um die deutsche Frauenbewegung. In: Die Frau. Jg. 32, H. 5, S. 153–157.

[14] Vgl. *Stoehr:* ‚Organisierte Mütterlichkeit'. Zur Politik der deutschen Frauenbewegung um 1900. In: *Hausen* (Hrsg.): Frauen suchen ihre Geschichte. München 1983. Auch die radikalen Bürgerinnen hielten am Mutterideal fest. Vgl. dazu *Soltau:* Erotik und Altruismus. Emanzipationsvorstellungen der Radikalen Helene Stöcker. In: *Jutta Dahlhoff, Uschi Frey, Ingrid Schöll* (Hrsg.): Frauenmacht in der Geschichte. Düsseldorf 1985. S. 65–83.

[15] *Helene Stöcker* schreibt in der «Neuen Generation» Jg. 27, H. 12, S. 224–225: „So bleibt doch am Ende leise Traurigkeit, wehe Enttäuschung zurück: daß ein so reich hochbegabter Mensch wie Isolde Kurz lebt und schafft, als lebten wir um 50 oder 100 Jahre früher..." *Leonore Kühn* kritisiert in der «Frau» Jg. 39, H. 3, S. 182–183 den Roman folgendermaßen: Das Geschehen hat „oft etwas seltsam Irreales und durch die Art der gestalteten Verhältnisse Quälendes und nicht Überzeugendes".

[16] Von der ‚neuen Frau', zeitgenössischen Frauentypen in der Literatur weiblicher und männlicher Autoren, schwärmt *Alexandra Kollontai:* Die neue Moral und die Arbeiterklasse (1920). Münster 1977.

[17] *Agnes von Zahn-Harnack:* Bücher von Frauen. In: Die Frau. Jg. 38, H. 6, S. 373.

[18] Die Erzählungen sind 1929 unter dem Titel «Ein Pfund Orangen» erschienen und heute, von Fleißer selbst leicht überarbeitet, in den Gesammelten Werken zugänglich.

[19] Die überarbeitete Fassung des Romans trägt den Titel: Eine Zierde für den Verein. Roman vom Rauchen, Sporteln, Lieben und Verkaufen. In: Ges. Werke.

[20] Zur Situation der Angestellten vgl. die immer noch lohnende Studie von *Kracauer:* Die Angestellten aus dem neuesten Deutschland. Frankfurt 1930, sowie *Frevert:* Traditionale Weiblichkeit und moderne Interessenorganisation: Frauen im Angestelltenberuf 1918–1933. In: Geschichte und Gesellschaft. Jg. 7, 1981, H. 3/4 Frauen in der Geschichte des 19. und 20. Jahrhunderts. S. 507–533.

[21] *Gabriele Tergit:* Etwas Seltenes S. 80.

IV.4. Besinnung auf Traditionen

[1] *Knoblauch,* S. 57.

[2] Ebd., S. 57.

[3] *Rossbacher,* S. 52.

[4] *Waser:* Geschichte, S. 344.

[5] Ebd., S. 344.

[6] *Grogger:* Grimmingtor, S. 221.

[7] *Seidel:* Wunschkind, S. 625.

[8] Ebd., S. 625.

[9] *Sanzara:* Das verlorene Kind, S. 11.

[10] Ebd., S. 12.

[11] Ebd., S. 18.

IV.6. Liberalismus – Sozialismus – Feminismus

[1] Frauengenerationen in Bildern. Hrsg. von *Emmy Wolff.*

[2] *Lion,* S. 108.

[3] Zu Anneke vgl. *Henkel, Taubert;* zu Aston vgl. *Goetzinger.* Es handelt sich um keine Bewegungszeitschriften im eigentlichen Sinn, weil sie sich nicht als Sprachrohr organisierter Fraueninteressen verstehen.

[4] Hrsg. u. eingeleitet von *Ute Gerhard* u. a.

[5] Neue Bahnen, Nr. 1, 1875, S. 1.

[6] Handbuch der Frauenbewegung, Bd. I. S. 76f.

[7] Hrsg. und eingeleitet von *Hartwig Gebhardt* u. a.

[8] *Zetkin:* Die Arbeiterinnen- und Frauenfrage.

[9] Vgl. *Otto:* Das Recht der Frauen auf Erwerb.

[10] 1891 wurde dort der National Council of Women eingerichtet.

[11] Zit. nach: Die Frau, Nr. 1, 1894, S. 553.

[12] Die Gleichheit, Probenummer vom 28. 12. 1891. Zur Herausgeberin der Gleichheit, Clara Zetkin, allgemein: *Bauer:* Clara Zetkin. Vgl. auch: *Richebächer,* bes. S. 120.

[13] *Thönnessen,* S. 62.

[14] Die Gleichheit, Nr. 8, 1894, S. 63.

[15] Die Gleichheit, Nr. 13, 1894, S. 103.

[16] Ebd.

[17] Die Gleichheit, Nr. 8, 1894, S. 63.

[18] Die Gleichheit, Nr. 15, 1894, S. 115.

[19] Die Erklärung wird zitiert in: Die Gleichheit, Nr. 22, 1894, S. 172.

[20] Zum radikalen Flügel der bürgerlichen Frauenbewegung: *Lüders:* Der „linke Flügel"; zu Minna Cauer allgemein: *Lüders:* Minna Cauer – Leben und Werk.

[21] So schon *Lüders:* Ein Leben des Kampfes, S. 22.

[22] Die Frauenbewegung, Nr. 1, 1895, S. 1. Zur Zeitschrift allgemein s. *Wischermann:* S. 40ff.

[23] Z. B. Die Frauenbewegung, Nr. 20, 1899, S. 173f.

[24] Ebd., S. 174.

[25] Ebd., S. 177.

[26] *Lischnewska:* Die Stellung und die Aufgaben des Verbandes innerhalb des Bundes deutscher Frauenvereine. In: Die Frauenbewegung, Nr. 20, 1899, S. 176–178; Nr. 21, 1899, S. 188–190.

[27] Ebd., S. 177.

[28] Ebd.

[29] Die Frau Nr. 1, 1893, S. 4; zu Helene Lange allgemein: *Frandsen:* Helene Lange. Zur Zeitschrift «Die Frau» allgemein: *Seeger:* Das Wesen der deutschen allgemeinen Frauenzeitschriften.

[30] *Lion:* Die allgemeinen Frauenzeitschriften, S. 113.

[31] Ebd.

[32] *Lange:* Frauentage, in: Die Frau, Nr. 2, 1899/1900, S. 93–99.

[33] Ebd., S. 98.

[34] Vgl. das Faust-Zitat, ebd. S. 96f.

[35] Ebd., S. 98.

[36] Die Frauenbewegung, Nr. 21, 1899, S. 185f.

[37] Ebd., S. 186.

[38] So das gleichnamige Buch von Theodor Gottlieb Hippel.

[39] So z. B. Louise Otto, die ab 1849 ihre Zeitschrift «Die Frauen-Zeitung» mit dem Untertitel: „Dem Reich der Freiheit werb' ich Bürgerinnen" herausgab. (Reprint hrsg. v. Ute Gerhard u. a.)

[40] *Sheehan,* S. 8ff.

[41] Ebd., S. 259.

[42] Vgl. Martha Voß-Zietz im Jahrbuch der Frauenbewegung 1912, S. 120f.

[43] Die Frau, 1909/10, S. 291f.

[44] Die Frauenbewegung, Nr. 1, 1910, S. 1.

[45] Die Frauenbewegung, Nr. 5, 1910, S. 35.

[46] Die Frauenbewegung, Nr. 10, 1910, S. 75.

[47] Vgl. Huber, IV, S. 84, 88.

[48] Die Frauenbewegung, Nr. 1, 1908, S. 1f.

[49] Die Frau, 1908/09, S. 735.

[50] Die Frau, 1908/09, S. 737f.

[51] Die Frauenbewegung, Nr. 19, 1909, S. 148.

[52] Vgl. Zu den Parteimitgliedschaften im einzelnen: *Greven-Aschoff,* S. 159f.

[53] Die Frau, 1900/1901, S. 321f.

[54] Die Gleichheit, Nr. 4, 1900, S. 25.

[55] Vgl. hierzu *Freier,* S. 4f.

[56] Vgl. hierzu ausführlich die Aufsätze von *Rose Rauther* und *Ute Gerhard* in: Die Radikalen in der alten Frauenbewegung (Feministische Studien Nr. 1, 1984) und: Frauen gegen den Krieg, hrsg. v. *Gisela Brinker-Gabler.*

[57] Vgl. Die Frau, 1914, S. 709f.

[58] Die weltweite Verwendung des Begriffs „Feminismus" heute kommt ohne Zweifel aus dem Englischen und Französischen. Dennoch verwundert es, daß das Stichwort – ganz zu schweigen von deutschen Lexika – auch in englischen und französischen Enzyklopädien kaum auftaucht, lediglich in «The Encyclopedia Americana», Int. Ed. 1968, Vol. 11, war neben einer ausführlichen Behandlung der Hinweis zu finden, daß *Alexandre Dumas* in einem Pamphlet aus dem Jahr 1872 ‚L'Homme-femme' die aufkommende Frauenbewegung zum erstenmal als Feminismus bezeichnet habe.

[59] Die akademische Frau, hrsg. v. Arthur Kirchhoff.

[60] Vgl. *Elberskirchen.*

[61] So der Titel einer brillanten Polemik von Hedwig Dohm.

[62] *Schenk,* S. 187.

[63] *Beauvoir,* S. 461.

[64] *Krechel,* S. 11.

[65] *Schenk,* S. 187.

[66] Lexikon der Frau, Band 1, Sp. 1021–1024.

[67] Grundlegend waren hier *Thönnessen* und *Freier.*

[68] *Löwenherz,* S. 357.

[69] Programmatisch hierfür war u. a. der Aufsatz *Langes:* Intellektuelle Grenzlinien von Mann und Frau.

[70] Die Frau, Nr. 7, 1933, S. 385.

[71] Die Frauenbewegung, Nr. 24, 1919, S. 128.

[72] Die Frauenbewegung, Nr. 1, 1908, S. 1f.

V.1. Die neue ‚Macht des Weibes'

[1] Ich greife hier auf die Ergebnisse meiner Untersuchung zurück und kann viele Fragen nur andiskutieren; vgl. *von der Decken.*

[2] Um Mißverständnisse zu vermeiden, möchte ich die von mir untersuchten Autorinnen hier aufzählen: Gerda von Below, Josepha Berens-Totenohl, Lene Bertelsmann, Margarete Boie, Marie Diers, Irma von Drygalsky, Traut Gravenhorst, Marie Grengg, Paula Grogger, Suse v. Hoerner Heintze, Marie Kahle, Lydia Kath, Anne

Marie Koeppen, Ruth Kristekat, Gertrud von Le Fort, Agnes Miegel, Erika Müller-Hennig, Maria Müller-Gögler, Mia Munier-Wroblewska, Lenelies Pause, Alma Rogge, Toni Rothmund, Maria Veronika Rubatscher, Edith Salburg, Ruth Schaumann, Anna Schieber, Margarete Schiestl-Bentlage, Ina Seidel, Lina Staab, Lulu von Strauß und Torney, Auguste Supper, Kuni Tremel-Eggert, Helene Voigt-Diederichs, Margarete Weinhandl, Ines Widmann. Ricarda Huch und Isolde Kurz möchte ich, obwohl sie in diesem Zusammenhang öfter genannt werden, ausdrücklich ausnehmen; vgl. dazu *von der Decken,* S. 261 ff.

3 Vgl. dazu *Berglund,* S. 87ff.

4 So die Germanistin *Maria Jechel* in: Probleme der Nachkriegszeit in der deutschen Frauendichtung, Diss. Wien 1941; ebenso *Anneliese Oberheiden:* Haltung und Wertung der Frau im deutschen Schrifttum der Gegenwart, Würzburg 1939; *Katharina Voigt-Abeska:* Wesenseigene Dichtung der Frau, Diss. Wien 1948. In einem Essay von *Josepha Berens-Totenohl* finden sich ebenfalls Bezüge zu Le Forts Motiven: Die Frau als Schöpferin und Erhalterin des Volkstums, Jena 1938.

5 Vgl. dazu auch *Sigrid Schmid-Bortenschlager* zur Bewertung der Heimat- gegenüber der ‚Asphaltliteratur', in diesem Band S. 235 f.

6 Vgl. dazu z. B. *Langer,* S. 181 ff.

7 Vgl. dazu das Kapitel über die Sach- und Gebrauchsliteratur in *von der Decken,* S. 113–181.

8 *Auguste Supper:* Das Mädchen Peter und der Fremde, S. 110.

9 *Stollmann,* S. 83–101.

10 *Seidel:* Das Wunschkind, S. 17.

11 Ebd., S. 19.

12 *Bertelsmann:* Die Möller von Möllenbeck, S. 258.

13 Ebd., S. 262 f.

14 Ebd., S. 278.

15 *Hoppe,* S. 296.

16 Amtswalterinnenblätter der NS-Frauenschaft, Heft vom 1. 1. 1934, S. 4.

17 *Schaumann:* Die Silberdistel, S. 83.

18 *Salburg:* Die Unverantwortlichen, S. 252.

19 Ebd., S. 106.

20 Ebd., S. 251.

21 *Schnell,* S. 404.

22 Vgl. dazu *von der Decken* S. 211 f. über die ‚Reinigung' der Erzählung «Besuch bei Marget» von Agnes Miegel.

V.2. Frauen im Dritten Reich

1 *Miegel,* S. 111. A. M. erhielt nach persönlicher Empfehlung von Goebbels 1940 den Goethepreis der Stadt Frankfurt für ihre Gedichtesammlung «Ostland».

2 *Scholtz-Klink,* S. 479–480.

3 *Guida Diehl,* 1868 in einer deutsch-protestantischen Lehrerfamilie in Südrußland geboren, übersiedelte als Kind mit ihrer Familie nach Frankfurt/Main, wo ihr Vater Vorsitzender der lokalen Stoecker-Partei war. Hauptveröffentlichungen: Heilige Flamme glüh! [1]1916, [2]1928; Deutscher Frauenwille, 1928; Erlösung vom Wirrwahn. Wider Mathilde Ludendorff, 1931; Die deutsche Frau und der Nationalsozialismus, Eisenach 1933; Christ sein, heißt immer Kämpfer sein. Gießen 1958.

4 Vgl. *Wittrock; Thalmann:* Frausein im Dritten Reich.

5 *Diehl:* Die deutsche Frau, S. 100.

6 Gauleitung NSDAP Oberbayern, Abt. Politische Beurteilung 7.7. 1938, Document Center Berlin.

7 Dienende Herzen. Kriegsbriefe von Nachrichtenhelferinnen der Wehrmacht. Berlin 1942.

8 Vgl. *Thalmann:* Frausein im Dritten Reich, besonders dank der Interviews von Jochen Köhler: Klettern in der Großstadt. Berlin 1976.

9 *Wolf:* Auskünfte – Werkstatt Gespräche mit DDR- Autoren.

10 Ilse Koehn, Mischling zweiten Grades, S. 39.

11 Vgl. unter anderem *Erika Weinzierl:* Zu wenig Gerechte. Graz, Wien, Köln 1968: *Gertrud Mayer:* Nacht über Hamburg. Frankfurt a. M. 1971; *Hanna Elling:*

Frauen im deutschen Widerstand. Frankfurt a.M. 1977; *Angelika Reuter u. Barbara Poneleit:* Frauen im Faschismus 1933–1945. München 1977; *Gerda Szepansky:* Frauen leisten Widerstand 1933–1945. Frankfurt a.M. 1985.

[12] *Thalmann:* Jüdische Frauen, S. 295–302.

[13] *Buchmann:* Die Frauen von Ravensbrück. Berlin (DDR) 1960.

[14] *Kiendrzynska:* Darstellung aus der Geschichte des KZs Ravensbrück. In: Internationale Hefte des Widerstands, Heft 3. Wien 1960. Nach Kiendrzynska betrug der Anteil der verschiedenen nationalen oder „ethnischen" Gruppen in der letzten Phase des Lagers: 24,9% Polinnen, ca. 20% Deutsche und Österreicherinnen, 19,1% Russinnen und Ukrainerinnen, 15,1% Jüdinnen verschiedener Nationalitäten, 7,3% Französinnen, 5,4% Zigeunerinnen, 2,9% Belgierinnen und 8,3% Frauen verschiedener Nationalitäten.

[15] *Vermehren:* Reise durch den letzten Akt. Ein Bericht (10. Februar 1944–29. Juni 1945) Hamburg 1947.

[16] Bezeichnend hierfür ist, daß auch die prominente österreichische Kommunistin Antonie Bruha ihre Erinnerungen unter dem Titel «Ich war keine Heldin» veröffentlichte.

V.3. „Und alles ist hier fremd"

[1] Die genannten Romane von *Anna Gmeyner* und *Lili Körber* erschienen in dem „ein-Frau-Verlag" von Lisette Buchholz in Mannheim in neuer Ausgabe: «Manja» 1984, «Die Ehe der Ruth Gompertz» im selben Jahr. Anna Gmeyner wandte sich nach ihrer Verheiratung in England religionsgeschichtlichen Themen zu. Lili Körber arbeitete im amerikanischen Exil als Krankenschwester.

[2] Das ganze Gedicht ist etwa doppelt so lang wie hier wiedergegeben. Der Dichter Felix Braun, ein Leidensgenosse im englischen Exil, zitierte es in seinem Nachruf auf Martina Wied vor dem Wiener Kunstsenat.

[3] *Wied:* Die Geschichte des reichen Jünglings, S. 20.

[4] *Wied:* Das Krähennest, S. 79.

[5] Ebd. S. 115.

[6] *Zur Mühlen:* Came the Stranger, S. 158. Das Buch ist ihrem 2. Gatten Stefan Klein gewidmet.

VI.1. Wandlungen und Verwandlungen

[1] *Sachs:* Fahrt ins Staublose, S. 262.

[2] *Lasker-Schüler:* Styx. Das Buch erschien erstmals 1902 und wurde in späteren Gesamtausgaben mit Änderungen aufgenommen. Zitiert wird hier nach der Ausgabe von 1966: Else Lasker-Schüler: Sämtliche Gedichte.

[3] *Huch:* Neue Gedichte. Das Buch erschien 1907. Zitiert wird hier nach dem Inselband: Liebesgedichte, 1913.

[4] *Lasker-Schüler:* Sämtliche Gedichte, S. 25.

[5] Ebd., S. 103.

[6] *Baumgarten:* Ricarda Huch, S. 26f.

[7] *Huch:* Liebesgedichte, S. 5, S. 23.

[8] *Lachmann:* Gesammelte Gedichte, S. 53.

[9] *Hennings:* Die letzte Freude, S. 15.

[10] *Lasker-Schüler:* Sämtliche Gedichte, S. 121, S. 123.

[11] Ebd., S. 127, S. 128. Benns Antwort in: *Paul Raabe:* den Traum alleine tragen.

[12] *Lasker-Schüler:* Sämtliche Gedichte, S. 131.

[13] *Kolmar:* Das lyrische Werk, S. 296.

[14] Hierzu *Goll,* in: Memoiren eines Spatzen des Jahrhunderts, S. 363.

[15] Ebd., S. 80.

[16] *Ludwig:* Gedichte, S. 77–121.
[17] Ebd., S. 80.
[18] Ebd., S. 77.
[19] Dazu Bibliographie in *Kolmar:* Das lyrische Werk, S. 611.
[20] *Langgässer:* Tierkreisgedichte, zit. nach *Heselhaus:* Deutsche Lyrik der Moderne, S. 354–355.
[21] *Langgässer:* Der Laubmann und die Rose, S. 44.
[22] *Edwardsson:* Gebranntes Kind sucht das Feuer, S. 16.
[23] *Kolmar:* Das lyrische Werk, S. 159.
[24] *Lachmann:* Gesammelte Gedichte, S. 98.
[25] Zit. nach: *Brinker-Gabler:* Deutsche Dichterinnen, S. 302.
[26] *Lasker-Schüler:* Sämtliche Gedichte, S. 204.
[27] *E. Rotermund* in: *Zmegac:* Geschichte der deutschen Literatur, Band III, 1, S. 298.
[28] Aus dem Gedicht „Herbst“, *Lasker-Schüler:* Sämtliche Gedichte, S. 206.
[29] Angeführt in *Lasker-Schüler:* Helles Schlafen, Dunkles Wachen, S. 139.
[30] Loewe war am 13. Oktober 1938 noch als im deutschen Reich zugelassener jüdischer Buchverlag eingeschrieben. Siehe Marbacher Magazin, 25/1983.
[31] *Kolmar:* Briefe an die Schwester Hilde, 1938/1943.
[32] Ebd., S. 25, S. 198–199.
[33] *Kolmar:* Das lyrische Werk, S. 101–102.
[34] Aus einem Brief der Nelly Sachs an Gisela Dischner. Zit. in: Nelly Sachs zu Ehren, II, S. 108.
[35] Scholem: Die jüdische Mystik in ihren Hauptströmungen, S. 274.
[36] *Sachs:* Fahrt ins Staublose, S. 48, S. 56.
[37] Ebd., S. 114.
[38] *Sachs:* Späte Gedichte, S. 214.
[39] *Krolow:* Aspekte zeitgenössischer deutscher Lyrik, S. 47.
[40] *Langgässer:* Der Laubmann und die Rose, S. 58–59.
[41] Zit. nach: *Gertrud von Le Fort:* Gedichte und Aphorismen, S. 37, S. 59.
[42] *Huch:* Gesammelte Werke, Bd. V, S. 365.
[43] Zit. in: *Wulf:* Literatur und Dichtung im Dritten Reich, S. 26.
[44] *Huch:* Bd. V, S. 965–1047.
[45] Die Bibliographie in *Schweikert:* Marie Luise Kaschnitz, vermerkt 1948 als Erscheinungsjahr, das Copyright jedoch gibt 1947 an.
[46] *Kaschnitz:* Totentanz und Gedichte zur Zeit, S. 86–87, S. 45.
[47] *Kaschnitz:* Ein Wort weiter. Zit. nach: Gedichte, ausgewählt von Peter Huchel, S. 86.
[48] *Ausländer:* Noch ist Raum. In: Gesammelte Gedichte, S. 492.
[49] Dies.: Es bleibt noch vieles zu sagen. In: Gesammelte Gedichte, S. 375.
[50] Dies.: 36 Gerechte. In: Gesammelte Gedichte, S. 161.
[51] Dies.: Alles kann Motiv sein. In: Gesammelte Gedichte, S. 551.
[52] *Kaschnitz:* Unsere Entbehrungen, unsere Ängste. In: Rose Ausländer, eine Ausstellung im Heinrich-Heine-Institut, S. 19.
[53] *Domin:* Offener Brief an Nelly Sachs. In: Nelly Sachs zu Ehren, II, S. 195.
[54] *Domin:* Was für ein Zeichen mache ich über die Tür. In: Dies.: Gesammelte Gedichte, S. 253.
[55] *Domin:* Nur eine Rose als Stütze. In: Gesammelte Gedichte, S. 131.
[56] Dies.: Die Haut des Planeten. In: Gesammelte Gedichte, S. 131.
[57] *Kaschnitz:* Rettung durch die Phantasie. In: *Schweikert:* Marie Luise Kaschnitz, S. 314.

VI.2. Lebensanspruch und Kraftentwicklung

[1] *Seghers:* Die Ziegler, S. 110.
[2] *Droste-Hülshoff:* Am Turme. In: Gesammelte Schriften. Bd. 1, S. 126.
[3] *Seghers:* Auf dem Wege zur amerikanischen Botschaft, S. 168.
[4] Ebd., S. 171.

[5] *Seghers:* Die Toten auf der Insel Djal, S. 209.

[6] Der Name Seghers ist hergeleitet von dem niederländischen Maler und Graphiker Hercules Seghers (um 1590 bis nach 1635).

[7] *Roscher:* Im Gespräch mit Anna Seghers, S. 144.

[8] Ebd., S. 153.

[9] *Seghers:* Grubetsch, S. 7.

[10] –: Woher sie kommen, wohin sie gehen, S. 183.

[11] –: Selbstanzeige, S. 7.

[12] –: Revolutionärer Alltag, S. 5.

[13] –: Aufstand der Fischer von St. Barbara, S. 13.

[14] Ebd., S. 90.

[15] Ebd., S. 7.

[16] *Seghers:* Die Ziegler, S. 115.

[17] –: Der Weg durch den Februar, S. 191.

[18] Die Grundstruktur Identitätssuche und Identitätsfindung, die Bernhard Greiner zum Hauptschlüssel für das Werk der Seghers bis «Transit» macht, trifft viel, verengt aber auch durch Einseitigkeit.

[19] *Seghers:* Das Vertrauen, S. 402.

[20] –: Die Entscheidung, S. 327.

[21] –: Briefe an Leser, S. 47.

[22] –: Überfahrt, S. 410.

[23] Ebd., S. 403.

[24] *Seghers:* Glauben an Irdisches, S. 372.

[25] *Roscher:* Im Gespräch mit Anna Seghers, S. 159.

[26] *Seghers:* Frauen und Kinder in der Emigration, S. 114.

[27] –: Das Obdach, S. 279.

[28] –: Frauen und Kinder in der Emigration, S. 119.

[29] –: Briefe an Leser, S. 43.

[30] –: Grubetsch, S. 6.

[31] –: Sagen von Unirdischen, S. 435.

[32] Ebd., S. 439.

[33] *Seghers:* Verändern-Wollen und Verändern-Können, S. 262.

[34] –: Susi, S. 121.

[35] –: Sagen von Unirdischen, S. 516.

[36] –: Für Christa Wolf, S. 393.

[37] –: Sagen von Unirdischen, S. 435.

VI.3. Nachdenken an der Schwelle von Literatur und Theorie

[1] *Benjamin,* „Die Schwelle ist ganz stark von der Grenze zu scheiden. Schwelle ist eine Zone. Wandel, Übergang, Fluten liegen im Worte ‚schwellen'."

[2] *Paz,* S. 17.

[3] *Lukács,* S. 23.

[4] *Adorno,* S. 39.

[5] *Gerhardt,* S. 335. Unhaltbar erscheint mir die von Marlis Gerhardt vertretene These, daß erst von dem Moment an, wo Autorinnen sich die Frauenfrage stellen, auch die Tradition und der ganze bildungsbürgerliche Ballast problematisiert wird. Danach bleiben Ricarda Huch und Hannah Arendt „Erbinnen und Epigoninnen", während ausnahmslos Schriftstellerinnen, die im Zusammenhang mit der neuen Frauenbewegung genannt werden, als „Experimentierende, Fragende und Risikofreudige" herausgestellt werden (ebd. S. 342). Das wird auch den Autorinnen nicht gefallen, denen auf diese Weise die Last der Avantgarde auferlegt wird, da sie als Essayistinnen doch offensichtlich dazu angetreten sind, das avantgardistische Denken zu konterkarieren. Essayistisches Schreiben hat bei Marlis Gerhardt Substanz und Charakter. Die neue Tiefe heißt weibliche Subjektivität und der alles erschließende Schlüssel ist die Psychoanalyse. Sie geben dem sprachlichen Experiment, das nur Hohlform ist, die eigentliche Fülle.

[6] Wie schwierig es ist, eine Geschichte des Essays zu schreiben, zeigt die verdienstvolle Arbeit von Rohner. Einerseits müssen die komplexen Beziehungen zwischen Fiktion und Theorie begrifflich präzisiert werden, andererseits ist zu berücksichtigen, daß sich der Essay glatten Definitionen und Kontinuitäten entzieht. Diese Schwierigkeit nimmt zu, wenn die Linien einer Kulturgeschichte des weiblichen Essays entwickelt werden sollen. Ohne einer Apologie „weiblicher Kleinmeistereien" (Gerhardt, S. 335) nachzugeben, wäre besonders für das 18. und 19. Jahrhundert

eine genauere Erforschung der versteckten Formen in Tagebüchern, Briefen, Romanen erforderlich.

[7] *Adorno,* S. 30.

[8] Margarete Susman, geboren 1874, wuchs in Hamburg und Zürich auf. Trotz der liberalen Einstellung ihres Elternhauses durfte sie nicht studieren. Nach dem Besuch von Malakademien in Düsseldorf und Paris begann sie in München, dann in Berlin bei Georg Simmel als Gasthörerin philosophische Vorlesungen zu besuchen. Sie blieb jedoch Privatgelehrte. Der akademische Denkstil hat ihr nicht gelegen. Sie publizierte mehrere Gedichtbände, bevor sie mit theoretischen Schriften an die Öffentlichkeit trat. Ihr Werk umfaßt neben Büchern zahlreiche Aufsätze und Rezensionen, an denen eine sensible Aufmerksamkeit für das Neue auffällt. Freundschaftliche oder briefliche Beziehungen verbanden sie mit Simmel, Bloch, Groethuysen, Landauer, Rosenzweig, Buber, George, Wolfskehl und in ihren letzten Lebensjahren mit Celan. Sie stand der jüdischen Frauenbewegung nahe, besonders Berta Pappenheim. Ihr Versuch, theoretische Existenz und familiale Rolle miteinander zu vereinbaren, scheiterte. Als ihre Ehe mit dem Kunsthistoriker Eduard von Bendemann zerbrach, geriet sie in eine tiefe psychische Krise. Der Ausweg, den sie fand, zeigt an, daß sie etwas Unverlierbares besaß: ihr leidenschaftliches Interesse an Literatur und Philosophie. Von ihr muß eine große Faszination ausgegangen sein, so daß sie Zeit ihres Lebens eine gesuchte Gesprächspartnerin blieb. Sie emigrierte 1933 in die Schweiz; dort starb sie im Alter von 92 Jahren.

[9] *Scholem,* S. 214.

[10] *Susman:* Die geistige Gestalt Georg Simmels, S. 38.

[11] Dies.: Vom Sinn der Liebe, S. 25.

[12] Dies.: Das Judentum als Weltreligion, S. 107.

[13] Dies.: Vom Sinn unserer Zeit, S. 8.

[14] Dies.: Die messianische Idee als Friedensidee, S. 62.

[15] Dies.: Ich habe viele Leben gelebt, S. 137.

[16] *Finkielkraut,* S. 10.

[17] Alice Rühle-Gerstel, 1894 in Prag geboren, hat sich mit 23 Jahren zum Studium entschlossen, wahrscheinlich motiviert durch Diskussionen in den literarischen Zirkeln Prags, wo sie Willy Haas, Franz Werfel und Egon Erwin Kisch kennenlernte. 1918 verließ sie Prag und setzte in München ihr Studium fort. Dort beschäftigte sie sich zum erstenmal mit der Individualpsychologie Alfred Adlers. Nach ihrer Promotion 1921 heiratete sie Otto Rühle, der damals bereits ein bekannter Politiker war. Er hatte zusammen mit Karl Liebknecht 1915 die Kriegskredite verweigert, war Gründungsmitglied der KPD, mit der er aber bald durch sein rätekommunistisches Engagement in Konflikt geriet. Sein bekanntestes Buch ist die «Kulturgeschichte des Proletariats». Ein großer Teil der Unternehmungen Alice Rühle-Gerstels war durch die gemeinsame Arbeit mit Otto Rühle bestimmt. Sie gründeten einen eigenen Verlag „Am anderen Ufer“, in dem eine gleichnamige theoretische Schriftenreihe und die Zeitschrift «Das proletarische Kind» erschienen. In diesem Verlag wurden auch Alice Rühle-Gerstels Bücher «Freud und Adler» und «Der Weg zum Wir» veröffentlicht. Zusammen mit Otto Rühle hat sie ebenso zahlreiche Aufsätze zur sozialistischen Erziehung verfaßt. Im Rahmen ihrer umfangreichen Vortragstätigkeit in kulturellen Organisationen der Arbeiterbewegung lernte sie Manès Sperber kennen, der das gleiche theoretische Interesse wie sie vertrat: Individualpsychologie und Marxismus zu verbinden. Gegen Ende der 20er Jahre beschäftigte sich Alice Rühle-Gerstel vor allem mit der Frauenfrage. Ihr Buch «Das Frauenproblem der Gegenwart» fand bei seinem Erscheinen große Beachtung, u. a. wurde es von Hannah Arendt rezensiert. Ebenso schrieb sie mehrere Rezensionen zum Thema Frauenliteratur für die von Willy Haas herausgegebene Zeitschrift «Die Literarische Welt». Im mexikanischen Exil ist eine deutliche Akzentverschiebung von der Theorie zur Literatur wahrnehmbar. Daß Alice Rühle-Gerstel einen Roman schrieb, war keine zufällige Entscheidung, sondern erneute Konzentration auf ein immer vorhandenes Interesse. Sie wählte

Schreibweisen, von denen sie meinte, daß sie der Erfahrung sehr nahestehen: den Realismus und das Tagebuch. In zunehmendem Maße wurden derartige Aktivitäten zu Randphänomenen ihrer Existenz, die weitgehend durch die mühselige Suche nach Gelegenheitsarbeiten geprägt war. Politisches und theoretisches Engagement und berufliche Tätigkeit wurden ganz auseinandergerissen. Es blieben der Zirkel um Trotzki, die Diskussionen mit ihrem Mann und einige briefliche Kontakte. Eine ausführliche biographische Einführung vermittelt das Vorwort zu ihrem Roman «Der Umbruch oder Hannah und die Freiheit», dem auch diese Informationen entnommen sind.

[18] *Rühle-Gerstel:* Kein Gedicht für Trotzki, S. 19.

[19] *Sperber,* S. 94.

[20] *Rühle-Gerstel:* Freud und Adler, S. 69.

[21] Dies.: Das Frauenproblem der Gegenwart, S. 83.

[22] Ebd., S. 399 und S. 407.

[23] Ebd., S. 78.

[24] Dies.: Kein Gedicht für Trotzki, S. 57.

[25] Hannah Arendt, geb. 1906 in Hannover, in Königsberg aufgewachsen, hatte nach eigener Darstellung sehr günstige Startbedingungen: durch ihr linksbürgerliches Elternhaus wurde sie frühzeitig zu einer selbstbewußten und vorurteilsfreien Haltung ermutigt. Ihre Leidenschaft für das Philosophieren hätte sie wahrscheinlich zu einer großen Philosophin gemacht, wenn nicht die politischen Ereignisse sie in eine andere Richtung gedrängt hätten. Obwohl sie Zeit ihres Lebens eine große Vorliebe für die Denker der abendländischen Metaphysik behielt, bezeichnete sie sich nicht als Philosophin, sondern als politische Schriftstellerin. Sie engagierte sich zum erstenmal politisch in Paris, wo sie in der Youth Aliya zur Rettung jüdischer Kinder mitarbeitete. 1941 gelang ihr die Flucht in die USA. Bis zu ihrem Tod (1975) lebte sie in New York. Sie entwickelte sich zur Linken, und eine nicht unbedeutende Rolle hat dabei ihr zweiter Mann, Heinz Blücher, gespielt, der Mitglied des Spartakusbundes gewesen war. Ihn hatte sie nach einer kurzen Intellektuellenehe mit Günther Stern (Anders) in Paris geheiratet. Aber sie war keine Linke im marxistischen Sinn. Ihr Interesse galt den spontanen Revolutionären, Rosa Luxemburg, den verschiedenen Rätebewegungen, der Studentenbewegung. Immer wieder überraschte sie durch unvermutete Stellungnahmen, die ihre merkwürdige Ungebundenheit zwischen rechten und linken Positionen deutlich machen. Sie hat nicht nur die politische Entwicklung in den USA und in Europa aufmerksam beobachtet und kritisch reflektiert, sondern auch an exponierter Stelle an den Debatten der amerikanischen Intelligenz teilgenommen. Sie war befreundet mit Walter Benjamin, Hermann Broch, Hans Jonas, die wie sie emigrieren mußten, zu ihren amerikanischen Freunden zählten Mary McCarthy und W. H. Auden. Eine lebenslange Freundschaft verband sie mit Karl Jaspers. Neben ihrer schriftstellerischen Tätigkeit arbeitete sie als Verlagslektorin, als Professorin in Chicago und an der New School for Social Research in New York; ihr letztes philosophisches Werk «Vom Leben des Geistes» hat sie im Rahmen der berühmten Gifford Lectures an der Universität von Aberdeen vorgetragen.

[26] *Arendt:* Vom Leben des Geistes. Das Denken, S. 167.

[27] Dies.: Was ist Existenzphilosophie?, S. 70.

[28] Dies.: Ideologie und Terror, S. 248.

[29] Dies.: Elemente und Ursprünge totaler Herrschaft, Bd. 3, Totale Herrschaft, S. 257.

[30] Dies.: Hannah Arendt, Karl Jaspers: Briefwechsel, 1926–1969, S. 65.

[31] Dies.: Walter Benjamin, S. 57.

[32] Ebd., S. 62.

[33] Dies.: Elemente und Ursprünge totaler Herrschaft, Bd. 1. Antisemitismus, S. 16.

[34] Dies.: Vom Leben des Geistes. Das Denken, S. 212.

[35] Dies.: Diktatur und persönliche Verantwortung, S. 19.

[36] Vgl. dazu Die Kontroverse um Hannah Arendt, Eichmann und die Juden, hrsg. v. F. A. Krummacher, und Materialien zu ihrem Werk, hrsg. v. A. Reif.

[37] *Arendt,* Karl Jaspers: Briefwechsel, S. 186.

[38] Dies.: Martin Heidegger ist 80 Jahre alt, S. 896.

VI.4. Frauen erobern die Bühne

[1] Zit. nach *Klapdor-Kops:* Dramatikerinnen, S. 57f.

[2] Vgl. hierzu *Ruth Dawson:* Dramatikerinnen im 18. Jahrhundert, in Band I.

[3] Brief vom 21. 12. 1856. Zit. nach *Weilen:* Charlotte Birch-Pfeiffer und Heinrich Laube, S. 113f.

[4] *Weilen:* Karl Gutzkow und Charlotte Birch-Pfeiffer, S. 319, Brief an Gutzkow.

[5] *Laube:* Theaterkritiken, Bd. 2, S. 381.

[6] Ebd., S. 382.

[7] Ebd., S. 381f.

[8] *Mennemeier,* S. 132f.

[9] Auf einem Exemplar der «Schaubühne» im Besitz der Stadtbibliothek Wuppertal, die 1908 in Nummer 33/34 den ersten Akt der «Wupper» abdruckte, hat *Else Lasker-Schüler* handschriftlich vermerkt: „Das Schauspiel war zuerst auf Wupperthaler Platt (sehr schwierig zu lesen) geschrieben, Friedrich Holländer schrieb auch, er könnte es nicht ordentlich entziffern, da habe ich es übersetzt ins Hochdeutsche – und Maximilian Harden und S. Jakobowski schrieben mir von selbst und ihrem Auftrag es deutsch noch einmal privat an Dr. Reinhard zu senden, was ich, wie gesagt tat. Keine Antwort!"

[10] *Rischbieter:* Wann spielt «Die Wupper»?, S. 37.

[11] Ebd.

[12] Zit. nach ebd., S. 29.

[13] *Fechter* in: Deutsche Allgemeine Zeitung, 28. 4. 1919.

[14] Vossische Zeitung, 28. 4. 1919.

[15] Das Jahr der Bühne, Jg. 1918/19, Bd. 8, S. 212.

[16] *Rühle:* Theater für die Republik, S. 806.

[17] Berliner Börsen-Courier, 17. 10. 1927.

[18] „So glänzte der Traum des Arthur Aronymus", in: *Michael Schmid,* S. 86.

[19] Zit. nach *Kraft,* in: Ders.: Verse und Prosa aus dem Nachlaß, S. 171.

[20] Berliner Börsen-Courier, 26. 4. 1926.

[21] Berliner Tagblatt, 26. 4. 1926.

[22] *Wendt* in: Theater heute, 6, 1971, S. 14.

[23] In *Rühle:* Materialienband, S. 346.

[24] *Fechter* in: Deutsche Allgemeine Zeitung, 3. 4. 1929.

[25] In *Rühle:* Materialienband, S. 417.

[26] *Bahr,* S. 163, unter Hinweis auf Helmut Geißner, Sprache und Tanz. In: Das Buch der Nelly Sachs. Hrsg. v. Bengt Holmquist. Frankfurt a.M., 1977, S. 368.

[27] Szenische Dichtungen, S. 345.

[28] Ebd., S. 346.

[29] Vgl. hierzu *Antonin Artaud:* Das Theater und sein Double, Frankfurt a. M. 1979; *Jerzy Grotowski:* Das arme Theater, Velber bei Hannover 1970; *Peter Brook:* The Empty Space, London 1968; *Richard Schechner:* Between Theatre and Anthropology, Philadelphia 1985.

[30] Unter den Büchern, die Nelly Sachs in Stockholm in ihrem Arbeitszimmer stehen hatte, befand sich auch ein Exemplar von *Frazers* «The Golden Bough», jenes Werkes also, das für die Ausbildung des modernen rituellen Theaters von grundlegender Bedeutung gewesen ist.

[31] „Der Mensch muß träumen", Interview mit Horst Laube; in: Theater heute, Sonderheft 1976, S. 102.

[32] *Rischbieter:* Friederike Roth, S. 30.

[33] „Ich schlage sozusagen mit der Axt drein". In: Theater-Zeitschrift 7, 1984, S. 15f.

[34] Ebd., S. 16.

VI.5. Frauen im Schatten

[1] Vgl. *Kristeva,* 167.

[2] Vgl. die Äußerungen der derzeit wohl bekanntesten ‚Mitarbeiterin' Ursula Ehler über ihre Zusammenarbeit mit Tankred

Dorst. In: *Sabine Dultz,* Aktuelles Interview; in: Münchner Theaterzeitung Nr. 12, Dez. 1986, S. 10–12. Sie beschreibt darin die gemeinsame Arbeit am Dialog als leichter zu realisieren als das kollektive Verfertigen von Prosatexten. „Wir reden viel darüber; die Szenen werden meist im Sprechen gefertigt." Die Aussagen Ursula Ehlers belegen ein Übergreifen der Erfahrungen aus der künstlerischen Produktion mit Dorst auf die Gestaltung des gemeinsamen Lebens. Ihre Betrachtungen, veröffentlicht in einem gemeinsam mit Dorst veranstalteten Interview, verdanken ihre Entstehung einem Sprechakt, der in seiner Gestaltung als „Dialog" im Grunde nur Erfahrungen aus der gemeinsamen Theaterproduktion mit Dorst wiederholt. Ursula Ehler reflektiert ihre Mitarbeit im Rahmen des literarischen Oeuvres von Dorst geradezu als einen theatralischen Vorgang. Als Autorin ist sie darin aber keine Einzelgängerin, steht sie doch mit ihrer künstlerischen Auffassung vom Dialog als kollektivem Formprinzip in der romantischen Schaffenstradition.

[3] *Fleißer:* Frühe Begegnung, in: Gesammelte Werke. Bd. 2, S. 307.

[4] Ebd., S. 299.

[5] Vgl. *Tax,* S. 57ff.

[6] *Berlau:* Brechts Lai-Tu, S. 59.

[7] Ebd., S. 63ff., besonders S. 64; ferner Brief 445 Brechts an Ruth Berlau von Ende Mai/Anfang Juni 1942; Brief 458 Brechts an Ruth Berlau vom 3. Juli 1943; in: *Bertolt Brecht:* Briefe. S. 460, 465f. Entgegen den neueren Aussagen Berlaus zur Publikation von «Jedes Tier kann es» heißt es im Kommentar *Glaesers* zu Brief 445, diese „Sammlung von Geschichten Ruth Berlaus" sei bisher unpubliziert.

[8] *Berlau,* S. 80ff.

[9] Ebd., S. 67f., 79f.

[10] Ebd., S. 159.

[11] *Völker,* S. 101, 123.

[12] Vgl. *Brecht:* Gesammelte Werke. Bd. 1, S. 298; Bd. 2, S. 394, 500, 566, 588, 614, 666, 792; Bd. 3, S. 908; Bd. 6, S. 2548.

[13] Vgl. *Völker,* S. 207.

[14] Vgl. *Rühle.*

[15] *Berlau,* S. 107.

[16] Ebd., S. 106f.

[17] Ebd., S. 110.

[18] Ebd., S. 107.

[19] *Brecht:* Gesammelte Werke. Bd. 3, S. 908, 1042, 1074, 1196, 1230; Bd. 4, S. 1446, 1488, 1720.

[20] *Berlau,* S. 110.

[21] *Brecht:* Gesammelte Werke. Bd. 4, S. 1488; Bd. 5, S. 2000, 2108.

[22] *Berlau,* S. 221f.

[23] Ebd., S. 200ff.

[24] Ebd., S. 304.

[25] Ebd., S. 303.

[26] Vgl. *Brinker-Gabler,* S. 50.

[27] *Berlau,* S. 303.

[28] Das bekannteste Beispiel literarischen Zusammenwirkens im Familienkreis findet sich unter Brechts Zeitgenossen in der Familie Thomas Manns. Neben seinem Bruder Heinrich und seinen Söhnen Klaus und Golo sind auch seine Ehefrau und die älteste Tochter Erika als Schreibende hervorgetreten. Beide haben auch an Thomas Manns Werken mitgearbeitet. Vgl. *Berendsohn,* S. 129–75, und *Reich-Ranicki,* S. 180 591, 237–44.

[29] *Berlau,* S. 130.

[30] *Brecht:* Arbeitsjournal. Bd. 1: 1938–1942. S. 129, 135, 164.

[31] Vgl. *Banholzer:* Meine Zeit mit Bert Brecht, S. 113f.

[32] Vgl. *Brecht:* Gesammelte Werke. Bd. 4, S. 1610.

[33] Vgl. *Knopf,* S. 214f.

[34] Vgl. *Ege.* Ich danke Herrn Dr. Hans Peter Neureuter, Regensburg, für den Hinweis auf diese Veröffentlichung sowie für die Bereitstellung des Titelblattes der finnischen «Puntila»-Ausgabe.

VII.1. Tradition und Aufbruch

[1] *La Chevallerie,* S. 25.

[2] Ebd., S. 65.

[3] Ebd., S. 42.

[4] Ebd.

[5] Schon 1935 hatte *Hermann Hesse* ihr Buch «Das Schweißtuch der Veronika» für

Bonniers Litterära Magain (Jg. IV, H. 7) besprochen und es ein „eigenartiges und einzigartiges Buch" genannt.

6 *La Chevallerie*, S. 53.

7 *Kaschnitz:* Zoon politikon.

8 *Kaschnitz:* Steht noch dahin, S. 7.

9 *Jeannie Ebner:* Drei Flötentöne, S. 31.

10 *Jeannie Ebner:* Figuren in Schwarz und Weiß, S. 180.

11 *Pulver/Dallach*, S. 168.

12 *Langner*, S. 55.

13 Ebd., S. 65.

14 Ebd., S. 66.

15 *Richter:* S. 8.

16 Ebd., S. 98.

17 *Weigel*, S. 25.

18 *Aichinger:* Meine Sprache und ich, S. 3.

19 *Schloz*, S. 81.

20 *Henry:* Begegnung mit Unica Zürn, S. 207.

21 *Sontag:* Krankheit als Metapher.

22 Nachwort zu *Haushofer:* Die Wand, S. 283.

23 *Jandl*, S. 51.

24 *Schmölzer*, S. 107.

VII.2. Von der realen zur romantischen Utopie

1 Diese Periodisierung ist von *Patricia Herminghouse* in einer Abhandlung über die Darstellung der Frau im Roman der DDR vorgenommen worden. Die Arbeit wurde in einem Symposion der Washington University in St. Louis im Jahr 1974 vorgelegt und 1976 veröffentlicht: Wunschbild, Vorbild oder Porträt? Zur Darstellung der Frau im Roman der DDR, S. 281–334. Zu den ersten Phasen der Frauenliteratur in der DDR siehe auch *Herminghouse*, Schreibende Frauen in der DDR, in: *Gnüg/Möhrmann*, S. 338–348. Dazu noch: *Crips.*

2 Der Ausdruck geht auf den Titel eines Aufsatzes der amerikanischen Forscherin *Helen Fehervary* zurück: Die erzählerische Kolonisierung des weiblichen Schweigens. Frau und Arbeit in der DDR-Literatur. In: *Grimm/Hermand*, S. 171–195.

3 Der Roman, der in DDR-Zeitschriften leidenschaftliche Debatten entfachte, wurde 1968 im Mitteldeutschen Verlag in Halle in einer vorsichtig beschränkten Auflage veröffentlicht. Aufgrund der neuen kulturellen Leitlinien Erich Honeckers wurde «Nachdenken über Christa T.» erst nach 1971 einem größeren Leserkreis zugänglich.

4 «Kassandra» ist 1983 nur bei dem westdeutschen Verleger Luchterhand erschienen, und zwar zusammen mit der Entstehungsgeschichte, die von der Verfasserin in den an der Frankfurter Universität gehaltenen Poetik-Vorlesungen beschrieben wurde: «Voraussetzungen einer Erzählung: Kassandra». Ein Vorabdruck dieser «Voraussetzungen», der in der ersten Nummer von «Sinn und Form» 1983 veröffentlicht wurde, hat Wilhelm Girnus zu einer scharfen Auseinandersetzung veranlaßt. Die Publikation der beiden Werke von Christa Wolf in einem einzigen Band ist in der DDR erst im Frühjahr 1984 erfolgt. Aus der dritten Vorlesung über die «Voraussetzungen» sind einige Stellen zensiert worden; die Autorin hat erreicht, daß die Auslassungen im Text gekennzeichnet wurden, was natürlich eine Jagd auf die westliche Ausgabe auslöste. Die Veröffentlichung hat in der DDR die Auseinandersetzungen um das Werk weiter angeheizt. Siehe besonders die negativen Rezensionen *Ursula Püschels* in «Neue Deutsche Literatur» Nr. 8, August 1984, S. 132–151, auf die hin im September eine Diskussion im Schriftstellerverband stattfand; ferner die Erörterung mehrerer Verfasser in den «Weimarer Beiträgen» Nr. 8, August 1984, S. 1352–1381. Die Veröffentlichung von «Amanda» wurde von der Zensur, die die Autorin zu verschiedenen Änderungen veranlaßte, um zwei Jahre verzögert. Im Vergleich zur positiven Aufnahme seitens der westlichen Kritik waren die Reaktionen in der DDR viel vorsichtiger. Siehe die Rezensionen von *Renate Feyl* in «Neue Deutsche Literatur» Nr. 1, Januar 1984, S. 77–84, und von *Jürgen Engler* in Nr. 7 derselben Zeitschrift, Juli 1984, S. 135–144. Mehr Verständnis zeigen die Beiträge von *Eva Kauf-*

mann: „Interview mit Irmtraud Morgner" und „Der Hölle die Zunge rausstrecken ... Der Weg der Erzählerin Irmtraud Morgner", in: «Weimarer Beiträge» 30 (1984) 9, S. 1494–1514 und S. 1515–1532.

[5] *Morgner:* Leben und Abenteuer der Trobadora Beatriz, S. 152.

[6] *Wolf:* Berührung, in: *Wander:* Guten Morgen, du Schöne, S. 18.

[7] *Wolf:* Kassandra, S. 134 (die Seiten beziehen sich auf die Luchterhand-Ausgabe).

[8] Ebd., S. 118.

[9] Ebd., S. 134.

[10] Ebd., S. 121–122.

[11] Ebd., S. 122.

[12] Ebd., S. 132.

[13] Die erste Aufsatzsammlung «Lesen und Schreiben» wurde erweitert und 1980 bei Luchterhand mit dem Untertitel «Neue Sammlung» veröffentlicht. In der DDR erschien diese erweiterte Sammlung 1982 unter dem Titel «Fortgesetzter Versuch». Im Aufbau-Verlag erschien 1987 eine Ausgabe der Aufsätze von *Christa Wolf* unter dem Titel «Die Dimension des Autors» in zwei Bänden.

[14] Aus dem Jahr 1978 stammt der Essay «Der Schatten eines Traumes. Karoline von Günderrode – ein Entwurf», der später der von *Christa Wolf* besorgten Anthologie von Texten der Günderrode vorangestellt wurde. Der Essay «Nun ja! Das nächste Leben geht aber heute an. Ein Brief über die Bettine» geht auf das Jahr 1979 zurück.

[15] Der Band «Ins Ungebundene gehet eine Sehnsucht. Gesprächsraum Romantik», der 1985 beim Aufbau-Verlag erschien, enthält außer verschiedenen Aufsätzen *Christa Wolfs* auch Schriften ihres Mannes *Gerhard Wolf* über Hölderlin, Bettina und Achim von Arnim.

[16] Vgl. *Herminghouse* in: Gnüg/Möhrmann, S. 343ff. und das Referat von *Eva Kaufmann* «La letteratura femminile degli anni '70 nella DDR» (Die Frauenliteratur der 70er Jahre in der DDR), das sie auf dem in der Philosophischen Fakultät der Universität Perugia am 5. und 6. Mai 1981 veranstalteten Kongreß „La questione femminile nella letteratura della Repubblica Democratica Tedesca" („Die Frauenfrage in der Literatur der Deutschen Demokratischen Republik") hielt. Die Kongreßakten wurden unter dem Titel «Cieli divisi. Le scrittrici della Germania Orientale» (Geteilte Himmel. Die Schriftstellerinnen Ostdeutschlands) in Nr. 18 (Herbst 1981) der Zeitschrift «nuova dwf. donnawomanfemme» veröffentlicht.

[17] Der Roman ist 1979 unter dem Titel «Die Hintergrundsperson. Versuche, zu lieben» im Aufbau-Verlag und 1980 unter dem Titel «Stückweise leben» im westdeutschen Benziger-Verlag erschienen. 1986 veröffentlichte *Christine Wolter* im Aufbau-Verlag die Erzählungen «Areopolis».

[18] *Wander:* Leben wär' eine prima Alternative. Tagebuchaufzeichnungen und Briefe, hrsg. v. Fred Wander, ist 1979 beim Buchverlag Der Morgen und 1980 bei Luchterhand erschienen.

[19] Persönliche Mitteilung der Autorin. «Das verbotene Zimmer. Geschichten» wurde 1982 bei Luchterhand publiziert; das verbotene Zimmer ist der Westsektor in Berlin. Diese Erzählungen sind mit Ausnahme von «Frühere Standpunkte», «Ansichtskarten» und «Mildernder Umstand» 1984 im Aufbau-Verlag erschienen. Frustration und Einsamkeit, Krankheit und Tod sind Hauptthemen auch in den Werken von *Monika Maron:* «Flugasche», «Das Mißverständnis» und «Die Überläuferin» sind 1981, 1982 bzw. 1986 im westdeutschen Fischer-Verlag erschienen. Dieselben Themen finden sich in *Irina Liebmanns* Dokumentarwerk «Berliner Mietshaus», Halle-Leipzig 1982, und in *Christoph Heins* Novelle «Der fremde Freund», Berlin und Weimar 1982, in der sich der Autor die bis dahin von den Schriftstellerinnen behandelte Problematik in der ersten Person zu eigen macht. 1984 veröffentlichte der Verlag Neues Leben die Tagebücher und Briefe der Schriftstellerin *Brigitte Reimann,* die, noch nicht vierzigjährig, 1973 starb.

[20] *Königsdorf:* Der Lauf der Dinge, S. 50, 181, 186.

[21] *Königsdorf:* Respektloser Umgang, S. 12.

[22] Ebd., S. 20.

[23] Ebd., S. 93.

[24] *Damm:* Vögel, die verkünden Land.

Das Leben des Jakob Michael Lenz, Berlin und Weimar 1985.

25 Über Morgner siehe die in Anm. 4 zitierten Beiträge von *Eva Kaufmann.*

26 Der Roman wurde 1976 bei Luchterhand veröffentlicht. Erstauflage 40000 Expl.

27 *Morgner:* Leben und Abenteuer der Trobadora Beatriz, S. 687–688.

28 «Amanda» wurde gleichzeitig vom Aufbau-Verlag und vom Luchterhand-Verlag veröffentlicht.

29 *Morgner:* Amanda, S. 547–548.

30 *Morgners* Thesen über Frauenliteratur kommen sowohl in ihren erzählerischen Werken, wie z. B. in «Leben und Abenteuer der Trobadora Beatriz nach Zeugnissen ihrer Spielfrau Laura», S. 249 und 258, als auch in Artikeln und Interviews zum Ausdruck. Vgl. das Interview von *Karin Huffzky* in der «Frankfurter Rundschau» vom 16. August 1975 und *Eva Kaufmann:* Gespräch mit Irmtraud Morgner. In: *Hähnel/Rönisch,* S. 383ff.

31 Über den befreienden Wert der weiblichen Sexualität bei Morgner vgl. das angeführte Interview von *Karin Huffzky.*

32 Das Zitat stammt aus *Goethes* «Faust»: Studierzimmer, V. 1237.

33 *Morgner:* Das Duell. In: Hochzeit in Konstantinopel, S. 12–17.

VII.3. Grenzerfahrungen der poetischen Existenz

1 *Bachmann:* Wir müssen wahre Sätze finden, S. 99f.

2 *Holthusen:* Kämpfender Sprachgeist, S. 573.

3 *Holthusen:* Das Schöne und das Wahre, S. 19.

4 *Bachmann:* Frankfurter Vorlesungen, V, Werke IV, S. 268.

5 *Bachmann:* Die Wahrheit ist dem Menschen zumutbar, Werke IV, S. 276.

6 Ich verwende den Dissonanzbegriff im Sinne Hugo Friedrichs. Was die dissonante Spannung des Bildgebrauchs angeht, so ist darin ein wichtiges ästhetisches Phänomen der Moderne erkennbar. Vgl. *Friedrichs:* Zur Struktur der modernen Lyrik. C. Bürgers Einwände, am Beispiel Bachmannscher Gedichte, die die Auseinandersetzung mit der faschistischen Vergangenheit zum Thema haben, halte ich nur hinsichtlich der politisch-moralischen Fragestellung für relevant, sie sind nicht haltbar hinsichtlich der ästhetischen Vielschichtigkeit dissonanter Motive. Vgl. *Bürger,* S. 10. Vgl. zur Bildstruktur der Lyrik Ingeborg Bachmanns v. a. die Untersuchungen von *Fehl* und *Thiem.*

7 Vgl. *Bürger,* S. 10f.

8 *Bachmann:* Wir müssen wahre Sätze finden, S. 19.

9 Ebd., S. 11.

10 Vgl. *Bachmanns* Hervorhebung eines Karl Kraus-Zitates. In: Frankfurter Vorlesungen, II., Werke IV, S. 206.

11 *Bachmann:* Herbstmanöver, Werke I, S. 36.

12 *Bachmann:* Früher Mittag, Werke I, S. 44f.

13 *Bachmann:* Holz und Späne, Werke I, S. 40f.

14 *Bachmann:* Alle Tage, Werke I, S. 46.

15 *Bachmann:* Psalm, 1, Werke I, S. 54.

16 *Bachmann:* Nebelland, Werke I, S. 105f. Vgl. *Svandrlik,* S. 36.

17 *Bachmann:* Landnahme, Werke I, S. 98.

18 *Bachmann:* Rede und Nachrede, Werke I, S. 117f. Zu dem nicht selten an religiöse Wendungen erinnernden Bachmannschen Bildgebrauch: Vgl. *Jurgensen,* v. a. S. 14ff., 37f., 48f., 52.

19 *Bachmann:* Der gute Gott von Manhattan, Werke I., S. 269–327.

20 *Bachmann:* Frankfurter Vorlesungen, II, Werke IV, S. 208.

21 Ebd., V, Werke IV, S. 268ff.

22 Ebd., I, Werke IV, S. 187.

23 *Bachmann:* Die Wahrheit ist dem Menschen zumutbar, Werke IV, S. 276.

24 *Bachmann:* Der gute Gott von Manhattan, Werke I, S. 317.

25 *Bachmann:* Wir müssen wahre Sätze finden, Werke I, S. 86.

[26] „Denn die hier lieben, müssen umkommen, weil sie sonst nie gewesen sind." Ebd., S. 322.

[27] *Bachmann:* Von einem Land, einem Fluß und den Seen, Werke I, S. 85.

[28] *Bachmann:* Die Wahrheit ist dem Menschen zumutbar, Werke IV, S. 275 ff.

[29] *Bachmann:* Frankfurter Vorlesungen, I, Werke IV, S. 186.

[30] *Bachmann:* Das Gedicht an den Leser, Werke IV, S. 307f.

[31] *Bachmann:* Frankfurter Vorlesungen, I, Werke IV, S. 192f.

[32] Ebd., III, S. 218.

[33] Ebd., S. 230.

[34] Ebd., S. 231.

[35] *Bachmann:* Wir müssen wahre Sätze finden, S. 20.

[36] *Bachmann:* Keine Delikatessen, Werke I, S. 173.

[37] *Bachmann:* Wir müssen wahre Sätze finden, S. 25.

[38] Vgl. u. a. *Blöcker:* Nur die Bilder; *Bondy:* Schichtwechsel; *Jens:* Zwei Meisterwerke; *Reich-Ranicki:* Ingeborg Bachmann.

[39] Vgl. die bezeichnenden Titel der in der Bibliographie genannten Rezensionen zu Ingeborg Bachmanns letztem Erzählband: Simultan.

[40] Vgl. in bezug auf das genannte Motiv das frühe Gedicht: Menschenlos, Werke I, S. 19.

[41] *Bachmann:* Ein Wildermuth, Werke II, S. 214.

[42] *Bachmann:* Unter Mördern und Irren, Werke II, S. 173.

[43] *Bachmann:* Alles, Werke II, S. 153.

[44] *Bachmann:* Ein Schritt nach Gomorrha, Werke II, S. 211.

[45] *Bachmann:* Das dreißigste Jahr, Werke II, S. 94.

[46] *Bachmann:* Undine geht, Werke II, S. 263.

[47] *Weigel*, S. 3.

[48] *Bachmann:* Undine geht, Werke II, S. 260.

[49] *Kienlechner*, S. 95.

[50] *Bachmann:* Der Fall Franza, Werke III, S. 403.

[51] Ebd., S. 413.

[52] *Bachmann:* Wir müssen wahre Sätze finden, S. 70.

[53] *Bachmann:* Malina, Werke III, S. 126.

[54] Ebd., S. 276.

[55] Vgl. *Summerfield:* Die Auflösung der Figur.

[56] *Bachmann:* Malina, Werke III, S. 23.

[57] Ebd., S. 261.

[58] *Heißenbüttel*, S. 27.

[59] *Bachmann:* Drei Wege zum See, Werke II, S. 450.

VII.4. Der weiße Rabe fliegt

[1] *Mechtel:* Der weiße Rabe hat fliegen gelernt. In: Die Zeit. 16. 9. 1977.

[2] Frankfurt 1986. Seitenzahlen der Zitate werden im folgenden nach den Zitaten in Klammern gesetzt.

[3] Vgl. dazu auch meine Untersuchung über den schöpferischen Prozeß: The Wellsprings of Creation, Columbia, S.C. 1985.

[4] New York 1965.

[5] New York 1987.

[6] Playing and Reality, New York 1971.

[7] Berkeley 1978.

[8] London 1978.

[9] Etwa bei Winnicott und seinen Schülern. Vgl. das Kapitel „The Anatomy of the Literary Muse" meiner Studie über den schöpferischen Prozeß in: Wellsprings.

[10] Vgl. *Brügmann:* Die Amazonen.

[11] *Marcuse*, S. 11–12. (Wiederveröffentlichung der Dissertation von 1922)

[12] Vgl. *Schweitzer/Sitte.*

[13] *Goldchen:* Bettine von Arnim's Child Persona and Female Development in her Fairy Tale Novel.

[14] *Abel* et al. (ed.): The Voyage in: Fiction of Femal Development.

[15] *Showalter:* A Literature of their Own.

[16] Vgl. mein Chopin-Kapitel „Engulfment and Diffusion" in: Wellsprings, S. 147ff.

[17] *Serke:* Frauen schreiben.

[18] *Reinig:* Das weibliche Ich, in: Alternative 108/109, Juni/August 1976, S. 119.

[19] Hrsg. v. *Margaret Culley.*

[20] *Showalter,* S. 61.

VII.5. Arbeit an weiblicher Subjektivität

[1] Vgl. *Möhrmanns* Kritik an dieser herablassenden Geste, S. 340f.

[2] *Kreuzer,* S. 88.

[3] *Stefan:* Häutungen, S. 42.

[4] Ebd., S. 34.

[5] Ebd., S. 90.

[6] Ebd., S. 75.

[7] Ebd., S. 81.

[8] Ebd., S. 124.

[9] Vgl. die Kritik an der autobiographischen Schreibweise von *Kolkenbrock-Netz und Schuller,* S. 154–174.

[10] *Karin Petersen:* Das fette Jahr, S. 112. Dies ist gleichzeitig der Titel von Judith Jannbergs Autobiographie.

[11] Fast in der gesamten Sekundärliteratur wird fälschlicherweise behauptet, der Roman spiele auf dem Lande. Daß Jelinek die Universalität kapitalistischer Strukturen gerade in der erzählerischen Parallelisierung des Lebens einer Frau vom Lande und einer aus der Stadt sinnfällig macht, entgeht den meisten Kritiker/inne/n.

[12] *Jelinek:* Die Liebhaberinnen, S. 11.

[13] Ebd., S. 25.

[14] *Krechel.*

[15] *Reinig:* Entmannung, S. 88.

[16] Ebd., S. 153.

[17] Vgl. die Analyse von «Entmannung» in *Schmidt,* bes. S. 275–280.

[18] *Heinrich:* Das Geschlecht der Gedanken, S. 27.

[19] *Jelinek:* Wahrscheinlich wäre ich ein Lustmörder, S. 47.

[20] *Jelinek:* Die Klavierspielerin, S. 45.

[21] Ebd., S. 194.

[22] Ebd., S. 34.

[23] Ebd., S. 258.

[24] *Burger.*

[25] *Duden:* Übergang, S. 77.

[26] *Cixous,* S. 145 und 147.

[27] *Adelson,* S. 8.

[28] Ebd., S. 4.

[29] Ebd., S. 8.

[30] *Reinig:* Erkennen, was die Rettung ist, S. 70.

[31] *Reinig:* Die Frau im Brunnen, S. 114.

[32] Ebd., S. 131.

[33] Vgl. *Woolf,* S. 6.

[34] Vgl. *Weigel:* Overcoming Absence (Part Two), S. 12. Vgl. dazu das erst nach Manuskriptabschluß dieses Aufsatzes erschienene Buch von *Weigel:* Die Stimme der Medusa, S. 327f.

[35] *Reschke:* Verfolgte des Glücks, S. 12.

[36] Ebd., S. 22.

[37] Ebd., S. 43.

[38] Ebd., S. 8.

[39] *Mechtel:* Gott und die Liedermacherin, S. 21.

[40] Ebd., S. 27.

[41] *Reschke:* Margarete, S. 7.

[42] Ebd., S. 9.

[43] Ebd., S. 26.

[44] *Lacan,* S. 181.

VII.6. Härte, Herz und Auge

[1] *Nietzsche,* Bd. 3, S. 473 u. 540.

[2] *Graff,* S. 57, und *Calinescu,* S. 273.

[3] *Ledanff,* S. 35.

[4] Vgl. *Naaijkens.*

[5] *Barthes,* S. 46.

[6] *Erb:* Der Faden der Geduld, S. 133.

[7] Ebd., S. 122.

[8] Ebd., S. 114.

[9] Ebd., S. 112.

[10] *Erb:* Jahrbuch-Arbeitsphasen I, S. 130.

[11] Vgl. *Anderson/Erb:* Berührung.
[12] *Schmidt:* Es schießt zusammen, S. 269f.
[13] *Schmidt:* Der Fall ins Ungewisse, S. 18ff.
[14] *Lindemann,* S. 38.
[15] *Jandl:* Zu fünf Gedichten von Friederike Mayröcker, S. 31ff.
[16] *Endler:* Fragt mich nicht wie, S. 154.
[17] *Heukenkamp,* S. 354ff.
[18] *Schafroth,* S. 2.
[19] *Weigel,* S. 33.
[20] Vgl. *Heissenbüttel,* S. 219.
[21] *Braun,* S. 7ff.
[22] *Kirsch:* Alles aufheben, S. 244.
[23] *Geiser:* S. 228.
[24] *Endler:* Sarah Kirsch und ihre Kritiker, S. 147.
[25] *Bienek,* S. 7.

VII.7. Der Ort der Leerstelle

[1] *Bovenschen,* S. 73.
[2] Ebd.
[3] Ebd., S. 71.
[4] *Brügmann,* S. 395.
[5] *Bovenschen,* S. 62.
[6] Ebd., S. 60.
[7] Ebd., S. 72.
[8] Ebd., S. 71.
[9] *Bachmann,* S. 12.
[10] *Bürger,* S. 18.
[11] *Bachmann,* S. 12.
[12] Als „melancholische Objekte" hat *Susan Sontag* kürzlich die „Body Art" von *Vera Lehndorff* und *Holger Trülzsch* bezeichnet. In ihr wird ein fotografierter weiblicher Körper präsentiert, der vor seiner Ablichtung so bemalt wurde, daß er mit seinem jeweiligen Hintergrund zu verschmelzen scheint. Und bei *Barthes* (S. 64) lese ich: „Dieses Bild, in dem meine Abwesenheit wie in einem Spiegel eingefangen wird, ist ein trauriges Bild."
[13] Vgl. etwa *Barthes,* S. 44.
[14] *v. Weizsäcker,* S. 42.
[15] *Bachmann,* S. 42.
[16] *Wolf:* Voraussetzungen einer Erzählung, S. 145.
[17] Ebd., S. 149.
[18] *Weigel:* „Ein Ende mit der Schrift", S. 65.
[19] *Bürger,* S. 14.
[20] *Wolf:* Voraussetzungen einer Erzählung, S. 8.
[21] Ebd., S. 25.
[22] Ebd., S. 36.
[23] *Wolf:* Die Dimension des Autors, S. 933.
[24] *Wolf:* Voraussetzungen einer Erzählung, S. 85.
[25] Ebd., S. 90.
[26] Ebd., S. 7.
[27] *Hassauer,* S. 57.
[28] Vgl. *Kristeva,* S. 167 und S. 170f.
[29] *Lenk:* Die unbewußte Gesellschaft, S. 300.
[30] *Hassauer,* S. 57.
[31] Vgl. *Ecker* und *Brügmann.*
[32] *Lachmann,* S. 190.
[33] Ebd.
[34] Ebd., S. 185.
[35] Ebd., S. 191.
[36] Ebd., S. 188.
[37] Ebd., S. 191.
[38] Ebd., S. 183.
[39] *Ueding/Steinbrink,* S. 272.
[40] *Lachmann,* S. 187.
[41] Ebd., S. 188.
[42] Ebd., S. 190.
[43] *Weigel:* Die Stimme der Medusa, S. 212.
[44] Ebd., S. 197.
[45] Ebd., S. 213.
[46] *Weigel:* Das Schreiben des Mangels, S. 126.
[47] *Lenk:* Die unbewußte Gesellschaft, S. 13.
[48] *Lenk:* Kritische Phantasie, S. 10.
[49] Ebd., S. 302.
[50] Ebd., S. 174.
[51] *Lenk:* Die unbewußte Gesellschaft, S. 22.
[52] *Lenk:* Kritische Phantasie, S. 9.
[53] *Lenk:* Die unbewußte Gesellschaft, S. 44.

54 Ebd., S. 309.
55 *Lenk:* Kritische Phantasie, S. 268 f.
56 *Lenk:* Die unbewußte Gesellschaft, S. 317.
57 *Meyer:* Theorie der Weiblichkeit, S. 31.
58 *Meyer:* Zählen und Erzählen, S. 7.
59 Ebd., S. 7.
60 Ebd., S. 34.
61 Ebd., S. 35.
62 Ebd., S. 10.
63 *Meyer:* Vorspiel, S. 66.
64 *Meyer:* Zählen und Erzählen, S. 126.
65 Ebd., S. 93.
66 Ebd., S. 126.
67 Ebd., S. 36.
68 *Ueding/Steinbrink*, S. 284.
69 *Meyer:* Versprechen, S. 44.
70 *Meyer:* Architexturen, S. 83.
71 *Schuller*, S. 18.

Personenregister

Kursive Seitenangaben bezeichnen eine Nennung in den Anmerkungen.

Bildquellennachweis

Seite 19: Universitätsbibliothek Bonn, Autographensammlung
Seite 70: Bildarchiv Österreichische Nationalbibliothek
Seite 102: Bibliothèque Nationale Paris
Seite 181, 192, 201: Madge Gill Collection, East Ham Library London
Seite 236: Bildarchiv Österreichische Nationalbibliothek
Seite 337: Öffentliche Kunstsammlung, Kunstmuseum Basel
Seite 355: Deutsche Staatsbibliothek Berlin (DDR)
Seite 387: Theatermuseum Köln-Wahn
Seite 414: Museum Ludwig Köln

Die übrigen Aufnahmen stammen aus den Archiven der Herausgeberin und der Autoren und Autorinnen.
Besonderer Dank gilt Herrn Günter Keim, Bochum, für die Anfertigung von Bildvorlagen.

Danksagung

Mein Dank gilt allen Mitarbeitenden, die mit ihren Beiträgen die vorliegende Darstellung der Literatur von Frauen vom Mittelalter bis zu Gegenwart ermöglichen, wertvolle Anregungen, wichtige Hinweise gaben und mit ihrem Verständnis zur guten Abwicklung des Unternehmens beitrugen. Unter ihnen sei vor allem denjenigen ein besonderer Dank ausgesprochen, die aufgrund aufgetretener Schwierigkeiten kurzfristig Beiträge übernommmen haben und durch ihren beachtlichen Einsatz eine Verzögerung des Projekts verhindert haben. Danken möchte ich vor allem auch der Lektorin Christine Zeile, die dieses Projekt betreute. Mit ihren richtungsweisenden Vorschlägen und ihrer Hilfestellung, ebenso wie mit ihrem ermunternden Zuspruch und ihrem organisatorischen Talent hat sie maßgeblichen Anteil an der Verwirklichung dieses Projekts. Im besonderen danken möchte ich der Mitarbeiterin des Lektorats, Annette Seybold, für ihre aufmerksame, kritische Durchsicht und Einrichtung des Manuskripts. Dorothee Röhl, die für die technische Herstellung verantwortlich war, konnte mit ihrer sorgfältigen und kundigen Arbeit auch noch überraschend auftretende Probleme kurzfristig lösen. Das Korrekturlesen und die Anfertigung des Registers besorgten Elisabeth Hupfeld und Hans-Peter Kistner. Auch ihnen allen möchte ich danken. Für die positive Resonanz auf dieses Unternehmen, die verständnisvolle Unterstützung über die Jahre hinweg gilt mein Dank dem Verlag, Wolfgang Beck und dem Cheflektor, Ernst-Peter Wieckenberg. Zu Dank verpflichtet bin ich an dieser Stelle auch den im Bildquellennachweis aufgeführten Bibliotheken und Archiven für die Überlassung von Material und Bildvorlagen. Danken möchte ich insbesondere auch Günter Keim, der für mich, wie schon für andere Buchprojekte vorher, sorgfältig und schnell Reproduktionen von Bildvorlagen anfertigte. All denjenigen, die mir persönlich während der Arbeit an diesem Unternehmen Unterstützung und Verständnis zuteil werden ließen, möchte ich abschließend sehr herzlich danken, insbesondere Lissy und Helmut, Udo und Kai, Iris und Tanja.

Über die Autorinnen und Autoren

Brinker-Gabler, Gisela, Dr. phil., lehrt Vergleichende Literaturwissenschaft an der State University of New York in Binghamton (USA). Herausgeberin der Taschenbuchreihe „Frau in der Gesellschaft – Texte und Lebensgeschichten" (S. Fischer). Veröffentlichungen u. a.: Deutsche Dichterinnen vom 16. Jahrhundert bis zur Gegenwart. Gedichte und Lebensläufe (1978); Poetisch-wissenschaftliche Mittelalter-Rezeption. Ludwig Tiecks Erneuerung altdeutscher Literatur (1980); Lexikon deutschsprachiger Schriftstellerinnen 1800–1945 (1986).

Calabrese, Rita, Dr., unterrichtet Deutsche Sprache und Literatur an der Universität Palermo (Italien). Veröffentlichungen u. a.: Una Figura della Monaco Fin de Siècle: Franziska zu Reventlow. In: Comunita 37, S. 254–290 (Novembre 1983); Paula Becker: Tra pittura e letteratura. In: Comunita 33, S. 360–402 (Ottobre 1979); Franziska zu Reventlow: Da Paul a Pedro. Amouresken (Hrsg. u. Übers.) (1986).

von der Decken, Godele, Dr. phil., Redakteurin für Kultur und Politik in Bozen (Italien). Veröffentlichungen u. a.: Die Verniedlichung von Massenvernichtung oder Wer hat Evi geschwängert? In: Beiträge zur Friedensforschung. Dialog 10,3: Modelle Alternativer Verteidigung und Sicherheit in Europa. Hrsg. v. J. Binter und W. Graf. Österreichisches Institut für Friedensforschung und Friedenserziehung, S. 359–366 (1987); Teilung Tirols – Gefahr für die Demokratie? Sondernummer der „Sturzflüge" (Hrsg.) (1988); Emanzipation auf Abwegen. Frauenkultur und Frauenliteratur im Umkreis des Nationalsozialismus (1988).

Fischer-Lichte, Erika, Dr. phil., lehrt als Professorin für Allgemeine und Vergleichende Literaturwissenschaft an der Universität Bayreuth. Veröffentlichungen u. a.: Bedeutung. Probleme einer semiotischen Hermeneutik und Ästhetik (1979); Semiotik des Theaters. 3 Bde. (1983); Das Drama und seine Inszenierung. Hrsg. u. Mitarbeit von Ch. Weiler und K. Schwind (1985).

Fliedl, Konstanze, Mag. Dr., ist Universitäts-Assistentin am Germanistischen Institut der Universität Wien. Veröffentlichungen u. a.: Zeitroman und Heilsgeschichte. Elisabeth Langgässers ‚Märkische Argonautenfahrt' (1986); Das Weib und der Kitsch. In: Sturzflüge 5, 17, S. 31–36 (1986); Die melancholische Insel. Zum Werk Marlen Haushofers. In: VASILO 35, 1/2, S. 35–51 (1986).

Gerhard, Ute, Dr. phil., Professorin für Soziologie, insbesondere Frauenarbeit / Frauenbewegung an der Universität Frankfurt. Veröffentlichungen u. a.: Verhältnisse und Verhinderungen. Frauenarbeit, Familie und Rechte der Frauen im 19. Jahrhundert. Mit Dokumenten (1978); „Dem Reich der Freiheit werb' ich Bürgerinnen". Die Frauen-Zeitung von Louise Otto. Hrsg. und kommentiert gemeinsam mit E. Hannover-Drück und R. Schmitter (1980); Die Radikalen in der alten Frauenbewegung. Feministische Studien 3, 1, gemeinsam mit Heide Schlüpmann (1984).

Goetzinger, Germaine, unterrichtet als Gymnasiallehrerin in Luxemburg. Veröffentlichungen u. a.: Für die Selbstverwirklichung der Frau: Louise Aston (1983); Floréal: eine Fallstudie zur literarischen Öffentlichkeit in Luxemburg. In: Clierwer Literaturdeeg 1985,

S. 56–64 (1986); Aline Mayrisch und der Verein für die Interessen der Frau. In: Galerie. Revue culturelle et pédagogique 5, No 2, S. 169–81 (1987).

Häntzschel, Günter, Dr. phil., ist Professor für Neuere Deutsche Literaturwissenschaft an der Universität München. Veröffentlichungen u.a.: Tradition und Originalität. Allegorische Darstellung im Werk Annette von Droste-Hülshoffs (1969); Johann Heinrich Voß. Seine Homer-Übersetzung als sprachschöpferische Leistung (1977); Bildung und Kultur bürgerlicher Frauen 1850–1918 (1986); Zur Sozialgeschichte der deutschen Literatur von der Aufklärung bis zur Jahrhundertwende. Einzelstudien. Hrsg. gemeinsam mit J. Ormrod und K. N. Renner (1985).

Hahn, Barbara, Literaturwissenschaftlerin, lebt in Berlin. Veröffentlichungen: (Hrsg.) Rahel Levin Varnhagen. Die Wiederentdeckung einer Schriftstellerin. 16 Beiträge (Zeitschrift für Literaturwissenschaft und Linguistik, 14) 1987 (gemeins. m. U. Isselstein).

Kaufmann, Eva, Dr. phil., ist Professorin an der Sektion Germanistik der Humboldt-Universität Berlin. Veröffentlichungen u.a.: Arnold Zweigs Weg zum Roman (1967); „Geschichte der deutschen Literatur" (1917–1945), Bd. 10, verantwortlich für den Teil 1917–1923 (1978); Erwartung und Angebot. Studien zum gegenwärtigen Verhältnis von Literatur und Gesellschaft in der DDR. Hrsg. gemeinsam mit H. Kaufmann (1976); Herr im Hause. Schreibende Frauen zwischen Gründerzeit und Erstem Weltkrieg (1988).

Lersch, Barbara, Literaturwissenschaftlerin, lebt in Aachen. Veröffentlichungen u.a.: Schreibende Frauen – eine neue Sprache in der Literatur? Denkvoraussetzungen zu einer ‚Poetik der Weiblichkeit'. In: Diskussion Deutsch 15, 77, S. 293–313 (1984); „Hervorbringen müssen, was einen vernichten wird". – Mimik als poetisches Prinzip in Christa Wolfs Erzählung „Kassandra". In: Deutsche Vierteljahrsschrift für Literaturwissenschaft und Geistesgeschichte 59, 1, S. 145–166 (1985); „Verschiedene Zeit". Naturerfahrung als reflektiertes Zeitbewußtsein in Sarah Kirschs „Katzenleben". In: Der Deutschunterricht 38, 1, S. 79–89 (1986).

Mahlendorf, Ursula, Dr. phil., lehrt als Professorin für Deutsche Sprache und Literatur an der University of California, Santa Barbara. Veröffentlichungen u.a.: The Wellsprings of Literary Creation (1985); Psychoanalytisch orientierte Zeitschriftenveröffentlichungen über Literatur des 19. und 20. Jahrhunderts u.a. in: „American Imago", „Modern Austrian Literature", „The German Quarterly".

Münchow, Ursula, Dr. phil., Mitarbeiterin des Zentralinstituts für Literaturgeschichte der Akademie der Wissenschaften der DDR. Veröffentlichungen u.a.: Deutscher Naturalismus (1968); Frühe deutsche Arbeiterautobiographie (1973); Arbeiterbewegung und Literatur. 1860–1914 (1981).

Naaijkens, Ton, Dr. phil., ist Mitarbeiter am Institut für Übersetzungswissenschaft an der Universität von Amsterdam. Veröffentlichungen u.a.: Lyrik und Subjekt. Pluralisierungen des lyrischen Subjekts bei Nicolas Born, Rolf Dieter Brinkmann, Paul Celan, Ernst Meister und Peter Rühmkorf, Dissertation (1986); Spiegel von de Duitse poezie von 750 tot heden. Gemeinsam mit J. Gielkens (1984); Robert Musil. Het postume werk van een levende. Übersetzung, Kommentar und Nachwort (1987).

Nordmann, Ingeborg, Dr. phil., Literaturwissenschaftlerin und Publizistin, lebt in Berlin, schreibt an einer Habilitation über Margarete Susman, Else Lasker-Schüler und Hannah Arendt. Veröffentlichungen u.a.: Arbeiten wie ein Mann und wie eine Frau dazu. Frauen in der DDR. In: Ästhetik und Kommunikation (Oktober 1979); Die halbierte Geschichtsfähigkeit der Frau. Zu Irmtraud Morgners Roman „Leben und Abenteuer der Trobadora". In: DDR-Roman und Literaturwissenschaft (1981); Alle Freiheit liegt in diesem Anfangenkönnen. Essay über Hannah Arendt. In: Freibeuter 24 (1985); „Fremdsein ist gut". Hannah Arendt über Rahel Varnhagen. In: Zeitschrift für Literaturwissenschaft und Linguistik 14 (1987).

Patsch, Sylvia M., Mag. Dr. Kulturpublizistin, Literaturwissenschaftlerin in Wien. Veröffentlichungen u.a.: W. B. Yeats: The Countess Cathleen (1974); Vom Buch zur Bühne: Dramatisierungen (1980); Exil als österr. britannien (1985); Österr. Schriftsteller im Exil in Großbritannien (1985); Österr. Schriftsteller im Exil – Texte (1986). Mitarbeit an Zeitschriften in Österreich, USA, Bundesrepublik.

Pazi, Margarita, Dr. phil., lehrt als Professorin an der Tel-Aviv University Deutsche Sprache und Literatur. Veröffentlichungen u.a.: Fünf Autoren des Prager Kreises (1978); Nachrichten aus Israel. Deutschsprachige Literatur in Israel (Hrsg.) (1981); Max Brod. Untersuchungen zu Max Brods literarischen und philosophischen Schriften. (Hrsg.) (1987); Beiträge in wissenschaftlichen Zeitschriften, Mitautorin in Werken über jüdische Autoren in deutscher Sprache, auch in Lexika etc. in USA, BRD, Österreich und Israel.

Pelz, Annegret, Literaturwissenschaftlerin, lebt in Hamburg. Veröffentlichungen u.a.: Europäerinnen und Orientalismus. In: Frauen – Literatur – Politik. Hrsg. gemeinsam mit M. Schuller, I. Stephan, S. Weigel und K. Wilhelms (1988); Lo Spatio del Carnevale. In: Viaggio et Scrittura (1988); Reisen Frauen anders? In: Reisekultur 1648–1848. Herausgegeben von H. Bausinger, K. Beyrer, W. Griep, G. Korff (1989).

Roebling, Irmgard, Dr. phil. habil., unterrichtet Deutsche Literatur und Ästhetik an der Universität Osnabrück. Veröffentlichungen u.a.: Das Problem des Mythischen in der Dichtung Georg Heyms (1975); Wilhelm Raabes doppelte Buchführung – Paradigma einer Spaltung (1988); verschiedene Aufsätze zu W. Raabe, Th. Storm, W. Busch, Ch. Wolf, M. Haushofer.

Sagarra, Eda, Dr. phil., lehrt als Professorin für Germanistik am Trinity College, University of Dublin; Herausgeberin der Reihe „Österreich-Symposion", Trinity College, Dublin. Veröffentlichungen u.a.: Tradition und Revolution. Deutsche Literatur und Gesellschaft 1830–1980; Quellenbibliographie autobiographischer Schriften von Frauen im deutschen Kulturraum 1730–1918. In: Internationales Archiv für Sozialgeschichte der deutschen Literatur, 11. Bd., S. 175–231 (1986); Theodor Fontane: Der Stechlin. Text und Geschichte (1986).

Schmid-Bortenschlager, Sigrid, Dr. phil. habil., lehrt deutsche Literatur und Komparatistik an der Universität Salzburg. Veröffentlichungen u.a.: Dynamik und Stagnation. Brochs ästhetische Ordnung des politischen Chaos (1980); Österreichische Schriftstellerinnen 1880–1938. Eine Bio-Bibliographie. Gemeinsam mit H. Schnedl (1982); Totgeschwiegen. Texte zur Situation der Frau von 1880 bis in die Zwischenkriegszeit (1982); Konstruktive Literatur (1985).

Schmidt, Ricarda, Dr. phil., Literaturwissenschaftlerin, ist wiss. Mitarbeiterin am Département d'Anglais der Université de Caen (Frankreich). Veröffentlichungen u.a.: Westdeutsche Frauenliteratur in den 70er Jahren (1982); Über gesellschaftliche Ohnmacht und Utopie in Christa Wolfs Kassandra. In: Oxford German Studies 16, S. 109–121

(1985); E.T.A. Hoffmann's „Der Sandmann“: An Early Example of Ecriture Féminine? A Critique of Trends in Feminist Literary Criticism. In: Women in German Yearbook 4, S. 21–45. Hrsg. von M. Burkhard und J. Clausen (1988).

Secci, Lia, Dr., lehrt als Professorin für Deutsche Literatur an der Universität von Perugia (Italien). Veröffentlichungen u.a.: Il Mito greco nel teatro tedesco espressionista (1969); Dal salotto al partito. Scrittrici tedesche tra rivoluzione borghese e diritto di voto (1982); Effetto Wagner. Dalla struttura alla recezione (1986); zahlreiche Übersetzungen deutscher Literatur ins Italienische.

Soltau, Heide, Dr. phil., lebt als freie Journalistin und Rundfunkautorin in Hamburg. Veröffentlichungen u.a.: Trennungs-Spuren. Frauenliteratur der zwanziger Jahre (1984); In den Fesseln der Geschichte. Liebe und Sexualität in der bürgerlichen Frauenbewegung der Jahrhundertwende. In: Widersprüche 23 (1987); Aus Verantwortung fürs Volkswohl. Frauen, Syphilis und ‚safer-sex'. In: Aids als Risiko. Hrsg. von V. Sigusch (1987).

Stoll, Andrea, Literaturwissenschaftlerin und Hörfunkautorin, lebt in Köln. Veröffentlichungen u.a. in: Frauen sehen ihre Zeit. Katalog zur Literaturausstellung (1984).

Thalmann, Rita, Dr. phil. habil., lehrt als Professorin für Sozial- und Kulturgeschichte der deutschsprachigen Länder an der Universität Paris 7. Veröffentlichungen u.a.: Die Kristallnacht (1986); Jochen Klepper. Ein Leben zwischen Idyllen und Katastrophen (1977); Frausein im Dritten Reich (1984).

Treder, Uta, Dr. phil., lehrt als Professorin an der Universität Florenz Deutsche Kulturgeschichte. Veröffentlichungen u.a.: L'assalto contro il confine. Vita e opera di Franz Kafka (1981); Sophie Mereau: la figurazione femminile del femminile. In: Studi dell'Istituto Linguistico VI, S. 83–115 (1983); Von der Hexe zur Hysterikerin. Zur Verfestigungsgeschichte des ‚Ewig Weiblichen' (^{2}1987).

Tunner, Erika, Dr. phil. habil., lehrt als Professorin für Literatur- und Kulturgeschichte der deutschsprachigen Länder an der Universität Lille III (Frankreich). Veröffentlichungen u.a.: Les romantiques allemands (1973); Clemens Brentano (1977); Frauenliteratur in Österreich von 1945 bis heute. Gemeinsam mit C. Kleiber (1986); zahlreiche Aufsätze zur deutschsprachigen Gegenwartsliteratur.

Wedel, Gudrun, Historikerin, zur Zeit wiss. Mitarbeiterin an der Freien Universität Berlin. Veröffentlichungen u.a.: Bemerkungen zum Altwerden und Altsein von Frauen im 19. Jahrhundert als Themen in ihren autobiographischen Schriften. In: Gerontologie und Sozialgeschichte. Wege zu einer historischen Betrachtung des Alters, S. 105–119. Hrsg. von C. Conrad und H.-J. von Kondratowitz (^{2}1985); Autobiographische Schriften deutscher Frauen aus dem 19. Jahrhundert, Dissertation (1989/90).

Wiedenmann, Ursula, arbeitet als wiss. Angestellte beim Institut für Deutsche Philologie der Universität München für die textkritische Ausgabe der Schriften Philipp Otto Runges. Veröffentlichungen u.a.: Beitrag über Elsa Bernstein-Porges (Ps. Ernst Rosmer) für den Katalog der Ausstellung ‚Geschichte und Kultur der Juden in Bayern' (1988/1989).

Wischermann, Ulla, Dr. phil., ist wiss. Angestellte am Feministischen Archiv und Dokumentationszentrum in Frankfurt. Veröffentlichungen u.a.: Frauenfrage und Presse. Frauenarbeit und Frauenbewegung in der illustrierten Presse des 19. Jahrhunderts (1983); Die Presse der radikalen Frauenbewegung. In: Feministische Studien 3 (1984); „Die Staatsbürgerin“. Hrsg. gemeinsam mit H. Gebhardt (1988).

Wittmann, Livia Z., Dr. phil., lehrt als Professorin für Literaturwissenschaft an der Universität Christchurch (Neuseeland). Veröffentlichungen u. a.: Alfred Andersch (1971); „Zwischen femme fatale und femme fragile – die Neue Frau?" In: Jahrbuch für Internationale Germanistik, Jg. XVII, H. 2, S. 74–110; Fernste Dinge erkannten sich. Kritische Studien zu Johannes R. Bechers früher Prosa (1987).

Wolf, Ruth, M.A., lebt als freie Schriftstellerin in den Niederlanden. Veröffentlichungen u. a: Heinrich Heine, schrijver in ballingschap (1986); Prins Joessoef van Thebe. Leven en werk van Else Lasker-Schüler (1986); Goethe in de brieven van Rahel Varnhagen-Levin. In „Maatstaf", Nummer 11/12 (1987).